Der Wettlauf um die Digitalisierung

Kai Lucks

Der Wettlauf um die Digitalisierung

Potenziale und Hürden in Industrie, Gesellschaft und Verwaltung

1. Auflage

Schäffer-Poeschel Verlag Stuttgart

Bibliografische Information der Deutschen Nationalbibliothek

Die Deutsche Nationalbibliothek verzeichnet diese Publikation in der Deutschen Nationalbibliografie; detaillierte bibliografische Daten sind im Internet über http://dnb.dnb.de abrufbar.

Print:	ISBN 978-3-7910-4675-4	Bestell-Nr. 10377-0001
ePub:	ISBN 978-3-7910-4676-1	Bestell-Nr. 10377-0100
ePDF:	ISBN 978-3-7910-4677-8	Bestell-Nr. 10377-0150

Kai Lucks
Der Wettlauf um die Digitalisierung
1. Auflage 2020

© 2020 Schäffer-Poeschel Verlag für Wirtschaft · Steuern · Recht GmbH
www.schaeffer-poeschel.de
service@schaeffer-poeschel.de

Bildnachweis (Cover): © Po Tika, shutterstock

Produktmanagement: Dr. Frank Baumgärtner

Schäffer-Poeschel Verlag Stuttgart
Ein Unternehmen der Haufe Group

Inhaltsverzeichnis

Abbildungsverzeichnis 21

Vorwort 23

Danksagung 27

Teil 1: Die Entwicklung der digitalen Welt 29

1   **Ursprünge und Umgebung der Digitalisierung** 31
1.1   Die analoge und die diskrete Denkwelt 31
1.2   Diskrete Schriftarten 32
1.3   Zahlschriften 32
      1.3.1   Bestandteile einer Zahlschrift: Inventar und Zahlensysteme 32
      1.3.2   Zahlensysteme 33
1.4   Die Digitalisierung 34
      1.4.1   Definition 34
      1.4.2   Vorteile der Digitalisierung 35
1.5   Meilensteine der Geschichte 36
      1.5.1   Das Ur-Modell des diskreten Rechners: der Abakus 36
      1.5.2   Digitalisierung und Digitaltechnik vom 17. bis zum 19. Jahrhundert 37
      1.5.3   Der lange Weg im 20. Jahrhundert 40

2   **Die industrielle Entwicklung in der Neuzeit: Kontinuum, Schübe, Disruptionen** 43
2.1   Grundsätzliches zur Geschichte 43
      2.1.1   Wellentheorien: belastbar oder nicht? 44
      2.1.2   Verwissenschaftlichung und Bezeichnungen 45
2.2   Meilensteine der Entwicklung 1750–1945 46
      2.2.1   Die »Erste industrielle Revolution« der Neuzeit 47
      2.2.2   Die sogenannte zweite industrielle Revolution: das »Europäische Zeitalter« 48
      2.2.3   Übergangs- und Kriegszeit in Europa von 1870 bis 1945 50
2.3   Die Nachkriegszeit 55
      2.3.1   Die USA 55
      2.3.2   Deutschland und Europa, im Kontext mit den USA 56
      2.3.3   Das aufstrebende China 58
      2.3.4   Japan: Vorhut in Asien 60
      2.3.5   Südkorea, der Wachstums-Champion 62
      2.3.6   Die globalen Treiber-Technologien der Nachkriegszeit 64
2.4   Die Globalisierung 65
      2.4.1   Definitionen und Faktoren 66
      2.4.2   Geschäftsmodelle und Geschäfte 67
      2.4.3   Globalisierung des Wissens 68

3	**Der Weg zur allumfassenden Digitalisierung**	**73**
3.1	Der Aufstieg des Silicon Valley	73
3.2	Das Internet und die Internet-Industrie	75
	3.2.1 Die Entwicklung des Internets	75
	3.2.2 Die Internet-Industrie	77
	3.2.3 Die Giganten der US-Internet-Industrie	78
	3.2.4 Die US-Internet-Giganten als Blaupausen für datengetriebene Geschäftskonzepte	84
	3.2.5 Der Einfluss von Datenschutz und Datenkontrolle	85
3.3	China auf dem Weg zur digitalen Weltmacht	87
	3.3.1 Industriespionage	87
	3.3.2 Hegemonie auf dem eurasischen Kontinent	88
	3.3.3 Digital-Diktatur	88
	3.3.4 Umsetzungskraft und Größenvorteile	89
3.4	Europa – zerrieben zwischen den USA und China?	94
	3.4.1 Die europäische Start-up-Szene	96
3.5	Ausgangslage und Perspektiven Deutschlands	97
	3.5.1 Industrielle Fokussierung nach innen	98
	3.5.2 Verlust an Technologiebranchen	98
	3.5.3 Schwache Ausgangslage	99
	3.5.4 Gründe für den Rückstand Deutschlands	99
	3.5.5 Besinnung auf deutsche Stärken	101
	3.5.6 Angreifbarkeit	101
	3.5.7 Wo ist die deutsche I/SD-Industrie?	101
3.6	Exkurs: die weltweit 10 größten Telekommunikationsunternehmen	111
4	**Wertschaffung in der »Industrie 4.0«**	**115**
4.1	Ausgangssituation Deutschland	115
4.2	Deutschland vor der Zerreißprobe	116
4.3	Europa bietet keinen Rückhalt	117
4.4	Handlungsimplikationen für Deutschland	119
4.5	Deutschlands Digitalstrategien	120
4.6	Die Segmentträger der Industrie 4.0	122
4.7	Unterschiedliche kontinentale Ansätze	123
	4.7.1 Europa	123
	4.7.2 USA	123
	4.7.3 China	125
4.8	Globale Herausforderungen für Deutschland	126
4.9	Implikationen für Unternehmer	127
4.10	Besondere Implikationen für Konzerne	127
4.11	Besondere Implikationen für den größeren Mittelstand (nahe 50 Mio. € Umsatz)	129
4.12	Besondere Implikationen für kleine und mittlere Unternehmen (KMUs 10 bis deutlich unter 50 Mio. € Umsatz)	130

4.13	Die Landschaft der Start-ups	130
4.14	Zusammenfassende Handlungsempfehlungen für Unternehmen zur Digitalisierung ihres Geschäftsmodells	131
5	**Das Krisengebiet**	135
5.1	Grundüberlegungen zur Definition und Abgrenzung	135
5.2	Weiterreichende Überlegungen	137
5.3	Zielorientierung	138
5.4	Zur weiteren Bestimmung des Betrachtungsfeldes	138
5.5	Das weitere Suchgebiet	138
5.6	Begrenzung der regionalen Betrachtung	139
5.7	Eingrenzung der Analyse	139
5.8	Analysefeld	140
5.9	Maßstäbe zur Gewichtung von I/SD	143
5.10	Einschluss und Ausschluss einzelner Unternehmen und Branchen	143
5.11	Referenzbranche IT	145
5.12	Gegenüberstellung der Positionen im Feld I/SD	146
5.13	Disclaimer	151
5.14	Resümee	152
6	**Digitaler Wandel: Chancen und Herausforderungen für Deutschland**	155
6.1	Das Moore'sche Gesetz und dessen Fortschreibung	155
6.2	Digitale Treiber und Visionen	156
6.3	Die digitalen Sektoren	158
6.3.1	Online Businesses	159
6.3.2	Smart Factory	159
6.3.3	Smart Mobility	160
6.3.4	Smart Energy	160
6.3.5	Smart Home	161
6.3.6	Smart Health	162
6.3.7	Smart Government	163
6.4	Applikationen	163
6.4.1	Global Reach	163
6.4.2	Simulation und Virtualisierung	163
6.4.3	Organischer Umbau	164
6.4.4	Externer Umbau	164
6.4.5	New Business Modelling	164
6.4.6	Digitale Ökosysteme	165
6.4.7	Cyber Security	165
6.5	Handlungsimperativ für Deutschland	165
6.6	Die weitere Zielorientierung	166

Teil 2: Branchenübergreifende Hebel und Ansätze 171

7   **Das Arsenal** 173
7.1   Zur Ausgangslage 173
7.2   Historisch-kulturelle Prägungen 173
7.3   Unsichere Zukunft 174
7.4   Die USA: ein Unsicherheitsfaktor 174
7.5   Bedrohungen aus China 174
7.6   Einfallschneise Osteuropa 175
7.7   Einfallschneisen in Deutschland 176
7.8   Das Projekt »Neue Seidenstraße« 176
7.9   China plus 16 177
7.10   Vision »China 2049« 177
7.11   Der weitere Weg 177
7.12   Arten der Auseinandersetzung 178
7.13   Die Siegerfrage 178
7.14   Wert und Werte 178
7.15   Interne Barrieren 179
7.16   Rettung aus eigener Kraft 180
7.17   Ein militärisch anmutendes Denkmodell 180
      7.17.1   Der »Datenkrieg« 180
      7.17.2   Die Instrumente und Prozesse 181
      7.17.3   Strategien 181
      7.17.4   Kenntnis um die Strategischen Instrumente 182
      7.17.5   Das Arsenal 182

8   **Elemente und Instrumente** 185
8.1   Grundlegende Entwicklungen 185
8.2   Künstliche Intelligenz 186
      8.2.1   Einsatzfelder 187
      8.2.2   Geschäftsmodelle 187
      8.2.3   Aufgabenteilung Mensch und Maschine 188
      8.2.4   Human Centered Design (HCD) 188
      8.2.5   Ausprägungen 189
      8.2.6   Forschung 190
      8.2.7   Methoden 190
      8.2.8   Anwendungsgebiete 191
8.3   Data-Mining 192
      8.3.1   Prozess 192
      8.3.2   Abgrenzungen und verwandte Felder 193
      8.3.3   Anwendungsfeld CRM und Marketing 193
      8.3.4   Anwendungsfeld stationärer Handel 194
      8.3.5   Anwendungsfeld Online-Handel 194
      8.3.6   Anwendungsfeld Risikoanalyse 194

8.3.7 Anwendungsfeld Text Mining 195
8.3.8 Anwendungsfeld Verbrechensbekämpfung 195
8.4 Automatisierung 196
8.4.1 Weiterentwicklung der Industrieautomatisierung im Zuge der sogenannten »Industrie 4.0« 197
8.4.2 Automatisierungsanwendungen jenseits der Fertigungs- und Dienstleistungsbranchen .. 199
8.5 Cyber-physische Systeme und ihre Vernetzung 201
8.6 Sensorik und Aktorik in einer hochvernetzten Welt 203
8.6.1 Hierarchieübergänge, Systemübergänge, »Sensor-to-Cloud« 205
8.7 Mensch-Maschine-Interaktion 206
8.7.1 Die Weiterentwicklung: Mensch-Maschine-Systeme in der »Industrie 4.0« 207
8.8 Erkennungssysteme 209
8.8.1 Gemeinsame Grundlagen 209
8.8.2 Optische Erkennung im Allgemeinen 209
8.8.3 Bild- und Logoerkennung 210
8.8.4 Objekterkennung und -prüfung 211
8.8.5 Gesichtserkennung und Biometrie 212
8.8.6 Spracherkennung 214
8.8.7 Texterkennung 216
8.9 Robotertechnik (Robotics) 217
8.9.1 Einordnung und Abgrenzung 217
8.9.2 Definitionen 218
8.9.3 Technik und Aufbau 218
8.9.4 Wichtigste Märkte 219
8.10 Die Blockchain-Technologie 220
8.10.1 Hauptmerkmale der Blockchain-Technologie 220
8.10.2 Die Block-Kette 221
8.10.3 Kryptografische Verkettung 221
8.10.4 Technik der Datenblöcke 222
8.10.5 Pilotanwendung Bitcoin 222
8.10.6 Transaktionsdatenbank 223
8.10.7 Reifegrad und Vorteile 223
8.10.8 Geschäftlicher Nutzen 224
8.10.9 Daten- und Dokumentensicherheit 224
8.10.10 Umwälzungen 224
8.10.11 Neue Einsatzfelder 225
8.11 Verhaltensmuster und -management 229
8.11.1 Verhaltensmuster 229
8.11.2 Verhaltensmanagement 230
8.11.3 Verhaltensökonomie 230
8.11.4 Theorie der Behavioral Finance 230
8.11.5 Modelle der Behavioral Finance 231
8.11.6 Digital Finance 231
8.11.7 Kaufverhaltensanalyse und -beeinflussung 232

8.11.8   Neurowissenschaftliche Ansätze 232

8.11.9   Kundenspezifische Preise: die »Losgröße 1« im B2C-Kundenmanagement 233

8.11.10 Der B2B-Kaufprozess 234

8.11.11 Strategische Instrumente 236

8.11.12 Finanzanlagenmanagement 238

8.11.13 Spieltheorie 240

8.12   Simulation und virtuelle Realität 242

8.12.1   Beispiel Strategie-Simulationen 243

8.12.2   Beispiel: Simulation kritischer Situationen 244

8.12.3   Beispiel Cyber Security: Simulation von Hackerangriffen 244

9   **Digitale Infrastruktur** 247

9.1   Netzausbau 247

9.1.1   Enttäuschung in Deutschland 247

9.1.2   Deutschland im internationalen Vergleich 248

9.1.3   Fortschritt im Netzausbau 249

9.1.4   Technische Grundlagen von 5G 249

9.1.5   Frequenzen und Kleinzellen 250

9.1.6   Glasfaser 251

9.1.7   Anwendungsspezifische Netze 251

9.1.8   5G für ultra-schnelles mobiles Breitband 251

9.1.9   5G für Kommunikation zwischen Maschinen (M2M) 252

9.1.10   5G als Hoch-Zuverlässigkeitsnetz 252

9.1.11   Technologien zur besseren Nutzung der Frequenzen 253

9.1.12   Wann kommt 5G in Deutschland? 255

9.1.13   Voraussetzungen für den 5G-Netzausbau 255

9.2   Speicher-Strukturen und Ausbau 256

9.2.1   Nachholbedarf beim Breitband 256

9.2.2   Fünfzigtausend Rechenzentren in Deutschland 256

9.2.3   Appell an die Bundesregierung 257

9.2.4   Deutschland im Vergleich mit den USA 257

9.2.5   Deutschlands größte Rechenzentren 258

9.2.6   Energiebedarf der Rechenzentren 259

9.2.7   Entwicklung zur Dezentralisierung 260

9.2.8   Fog Computing 260

9.2.9   Micro Data Center (Mikrodatenzentren) 260

9.2.10   Rechenzentren als Geschäftsmodell 261

9.2.11   Weltweiter Ausbau als Benchmark 262

9.2.12   Ausblick: 6G-Netz-Technologien 262

9.2.13   EU-Projekt Terranova 263

9.2.14   Substitution von Glasfaser 263

10   **Das Management des digitalen Wandels** 265

10.1   Was ist ein Geschäftsmodell? 266

10.2	Wandel und Innovation	266
10.3	Unternehmerischer Wandel – permanent und 360 Grad	267
10.4	Der Kristallisationspunkt: von der Vision bis zu den Zielen	268
10.5	Führungsmodelle	269
10.6	Eigentümer und Finanzierung	270
10.7	Ausbaumodelle	271
10.8	Technologischer Wandel	273
10.9	Value Generation	274
10.10	Märkte und Kunden	280
10.11	Geschäftsmodelle	282
10.12	Ebene 1: Strukturgeschäfte	285
	10.12.1 Infrastrukturbasierte Geschäftsmodelle	285
	10.12.2 Internetorientierte IKT-Anwendungen	285
	10.12.3 Internet-Dienste	286
10.13	Ebene 2: Kompetenzgeschäfte	287
	10.13.1 Datengetriebene Geschäftsansätze	287
	10.13.2 Geschäftsansätze mithilfe künstlicher Intelligenz	289
	10.13.3 Geschäftsansätze mit Erkennungsfunktionen	289
	10.13.4 Information als Geschäft	290
	10.13.5 Orientierung als Geschäft	290
	10.13.6 Sicherheit als Geschäft	292
10.14	Ebene 3: Produktgeschäfte	296
	10.14.1 Smart Products im Konsumgeschäft	296
	10.14.2 Smart Devices im Industriegeschäft	297
	10.14.3 Smarte Produkte für Dienstleistung und Verwaltung	297
10.15	Ebene 4: E-Commerce	298
	10.15.1 Online-Handel	298
	10.15.2 Consumer-Plattformen (B2C)	299
	10.15.3 Professionelle Plattformen (B2B)	300
	10.15.4 Online-Auktionen	300
	10.15.5 Subskription	301
	10.15.6 Freemium	301
	10.15.7 Pay per Use	302
	10.15.8 Add-on	302
10.16	Services	302
	10.16.1 Online-Services	302
	10.16.2 Logistik Services	303
	10.16.3 Bezahldienste (Payment Services)	305
	10.16.4 Mobilitätsdienstleistungen (Personenbeförderung)	305
10.17	Lösungen und Geschäftssysteme	308
	10.17.1 Industrie	308
	10.17.2 Dienstleistungsbranchen	310
10.18	Kultureller Wandel	312

11	**Simulation und Virtualisierung**	321
11.1	Definitionen und Abgrenzung	321
11.2	Einsatzbedarf	323
11.3	Vorgehensweise Simulation	323
	11.3.1 Simulationen ohne Computer	323
	11.3.2 Computersimulationen	324
11.4	Virtualisierung in der IT: virtuelle Computersysteme	324
	11.4.1 Virtual Machines	325
	11.4.2 Virtualisierung und Cloud Computing im Vergleich	326
	11.4.3 DevOps-Prozesse – ein Weg in die Digitalisierung der Wirtschaft	326
11.5	Simulationen: Anwendungsbeispiele	327
	11.5.1 Vorhersagen von Kundenverhalten	327
	11.5.2 Brandsimulation am Beispiel Siemens	327
11.6	Fertigungssimulationen	328
	11.6.1 Grundsätzliches zur Fertigungssimulation	328
	11.6.2 Planung von Produktionssystemen	329
	11.6.3 Zur Fertigungssimulation im Allgemeinen	329
	11.6.4 Instrumente zur Fertigungssimulation	330
11.7	Simulation der digitalen Fabrik am Beispiel Siemens	330
	11.7.1 Umfeld und Entwicklung	330
	11.7.2 Virtualisierung in Planung und Führung der digitalen Fabrik	334
	11.7.3 MindSphere	334
	11.7.4 Technomatics	335
11.8	Fazit	336
12	**Organischer Umbau: digital getriebene Wertschöpfung**	337
12.1	Der Kontext	337
	12.1.1 Einbettung der Führungsmodelle	337
	12.1.2 Der digitale Umbau	338
12.2	Kernziele	339
12.3	Konzepte	341
	12.3.1 Kaizen	341
	12.3.2 Lean Management	343
	12.3.3 Digitale Ökosysteme	345
12.4	Instrumente	348
	12.4.1 Agilität und agile Strukturen	348
	12.4.2 Datenorientierung	352
	12.4.3 Wertstrommanagement	353
	12.4.4 Vernetzung	359
12.5	Industriebeispiele	360
	12.5.1 Danaher (USA)	360
	12.5.2 Hitachi	361
	12.5.3 Porsche	362
	12.5.4 Start-ups als Führungsmodell?	363

12.6   Zusammenfassung 365
         12.6.1   Fachkräftemangel oder Ausräumung unproduktiver Tätigkeiten? 365
         12.6.2   Die Umsetzung: eine Abwägungsfrage 365
         12.6.3   Fazit 366

13   Externer Umbau: Digitalisierung M&A 367
13.1   Digitalisierung: die »7. M&A-Welle«? 367
13.2   Neue Treiber für M&A 368
13.3   Wachsende Handlungsoptionen, Mengen und Automatisierung 368
13.4   Änderungen im Risikoprofil 369
13.5   Digitalisierungsansätze in der M&A-Projektführung 370
         13.5.1   Grundsätzliche Führungsmodelle für M&A 370
         13.5.2   Erwartungshaltung an die Digitalisierung von M&A 371
         13.5.3   Hebel zur Digitalisierung des M&A Prozesses 373
         13.5.4   Aktuelle Beurteilung digitaler Tools bei M&A-Projekten 373
         13.5.5   Beispiel: die Digitalisierung im Prozess-Stufen-Modell 374
         13.5.6   Strategy, Management & Controlling 375
         13.5.7   Information 376
         13.5.8   Transaction & Legal 377
         13.5.9   Financial Engineering & Financing 378
         13.5.10 Measures, Value Generation & Valuation 379
         13.5.11 Change & Communication 382
         13.5.12 Projektphasen 383
         13.5.13 Die Vorbereitungsphase (Preparatory Phase) 383
         13.5.14 Die Transaktionsphase 384
         13.5.15 Die Implementierungsphase 388
13.6   Meinungsbild zu digitalem M&A und Erwerb digitaler Unternehmen 390
13.7   Transaktionsgründe 391
13.8   Käufer-Verkäufer-Rollen 391
13.9   Schlüsseltechnologien 392
13.10   Transaktionsformen 392
13.11   Bedeutung der IT in der Due-Diligence-Phase 392
13.12   Einbindung von IT-Experten 393
13.13   Bewertete IT-Themen 393
13.14   Nutzung digitaler Reifegrad-Assessments 393
13.15   Bewertungsthemen und Kaufpreisprämien für M&A-Targets 394
13.16   Transaktionsphase 394
13.17   Komplexität durch Digitalisierung 394
13.18   Organisatorische Verankerung der Digitalisierung im M&A-Team 395
13.19   Neue Formen von Vertragsgegenständen und Garantien 395
13.20   Post Signing 395
13.21   Entwicklungen im Nachgang zu M&A-Transaktionen 396
13.22   Erfolge mit M&A-Transaktionen im Bezug zur Digitalisierung 396
13.23   Individuelle Einschätzung zum Einfluss der Digitalisierung im M&A-Bereich 397

13.24   Fazit 397

14   Cyber Security 399
14.1   Typische Cyberrisiken 399
          14.1.1   Nicht kriminelle Ursachen 399
          14.1.2   Kriminelle Ursachen 400
14.2   Datenschutz und Datensicherheit 401
14.3   Praktische Beispiele für Cyberangriffe 407
          14.3.1   Typische Angriffstypen und deren Abwehr 407
          14.3.2   Cyberangriffe mit Ransomware: Kryptotrojaner 408
          14.3.3   Cyberangriffe mit künstlicher Intelligenz 410
          14.3.4   KI-Einsatz auf der Seite der Verteidiger 412
14.4   Konzertierte Abwehr von Cyberangriffen 412
          14.4.1   Cyber Simulationen 413
          14.4.2   Tipps zur Cybersicherheit 413
          14.4.3   Cyber Risk Management 414
14.5   Datensicherheit in der Fertigung 414
14.6   Dringender Handlungsbedarf 415
14.7   Charter of Trust: auf dem Weg zu einem globalen Standard 415
          14.7.1   Prinzipien und Zielsetzung der Charter of Trust 417
          14.7.2   Charter of Trust: Weiterentwicklung 420

Teil 3:   Wettbewerbsbestimmende Felder 421

15   Strategische Positionierung 423
15.1   Künstliche Intelligenz 423
15.2   Anwendungsfelder 424
15.3   Energiewirtschaft 424
15.4   Mobility 424
15.5   Online-Handel und -Vertriebsplattformen 425
15.6   Die Digitalisierung des Mittelstandes 425
15.7   Umwelt- und Kreislaufwirtschaft 425
15.8   Smart Government 426
15.9   Arbeitswelt in der digitalen Gesellschaft 426

16   Künstliche Intelligenz: Wettlauf mit den USA und China 427
16.1   Deutschland als Wiege künstlicher Intelligenz 427
16.2   Schlüsseltechnologien und Positionierungen 428
          16.2.1   KI-Technologien auf dem Chip: Umwälzungen der Wettbewerbslandschaft? ... 428
          16.2.2   Ausblick der »Big Four« der USA 428
          16.2.3   China bringt sich in Stellung 429
          16.2.4   Schwache Positionen für Deutschland und Europa 429
          16.2.5   Benchmarks und Potenziale für Deutschland 431
16.3   Verständnisse und Zielgebiete für die KI 431

16.4 Wirtschaftsfaktor KI 432

16.5 Grundlegende Trends 433

    16.5.1 Technische Trends 434

    16.5.2 Methodische Trends 434

    16.5.3 Geschäftliche Trends 435

    16.5.4 Gesellschaftliche Trends 435

16.6 KI in den USA 435

    16.6.1 KI-Strategieprogramme der US-Regierung 436

    16.6.2 KI im Militärbereich 437

    16.6.3 Spannungsverhältnis Staat/Wirtschaft 437

    16.6.4 Ablehnung aus der Hightech-Community 437

    16.6.5 KI bei Google (Alphabet) 438

    16.6.6 KI bei Amazon 440

    16.6.7 KI bei Apple 443

    16.6.8 KI bei Microsoft 445

16.7 KI in China 447

    16.7.1 China will den Markt für künstliche Intelligenz dominieren 447

    16.7.2 Läuft China den USA den Rang ab? 448

    16.7.3 Bereitschaft zu internationaler Zusammenarbeit- oder Beruhigungspille? ... 448

    16.7.4 Das Nationale KI Team 449

    16.7.5 Der chinesische KI-Masterplan 449

    16.7.6 China im KI-Wettlauf 452

16.8 KI in Europa: Investments und Masterplan 452

    16.8.1 Deutschlands Ziel: führender KI-Standort 453

    16.8.2 Problem Gießkanne 454

    16.8.3 Bürokratieabbau ist dringend nötig 455

    16.8.4 Es fehlt eine positive Vision 455

17 Energiewirtschaft und Digitalisierung 457

17.1 Digitalisierung und Energieverbrauch 457

17.2 Der Klima-Fußabdruck von I/SD 459

17.3 Zunahme der Energieintensität 460

17.4 Eskalationsrisiko Blockchain 460

17.5 Digitalisierung: Einsparpotenzial für den Energieverbrauch? 461

    17.5.1 Explodierende Strompreise in Deutschland 461

17.6 Stromkosten: Vergleich Deutschland/Europa/USA/China 463

17.7 CO_2-neutrale Energieerzeugung 463

17.8 Die Energiewende in Deutschland – und die fernere Zukunft 464

17.9 Elektromobilität, konkurrierende Antriebs- und Energiekonzepte 466

17.10 Keine Disruption sondern »Ökosystem Mobilität« 467

17.11 Problem Wasserstoffspeicher 467

17.12 Schließlich doch die Kernfusion? 468

17.13 Digitalisierung der Energiewirtschaft 469

17.14 Erosion der Branchengrenzen 470

17.15 Kulturwandel durch Digitalisierung 470

17.16 Digitale Transformation der Energiewirtschaft 470

17.17 Wandel in der Wertschöpfung 472

17.18 Kundenzentrierung 473

17.19 Das digitale Energieversorgungsunternehmen 473

17.20 Big Data Analytics für die Energiewirtschaft 473

17.21 Marktkommunikation und Branchenstandards 474

17.22 Digitale Infrastruktur 474

17.23 Digitalisierungsstrategien 474

17.24 Plattformstrategien 475

17.25 Neue Geschäftsmodelle – neue Wettbewerber 476

17.26 Aufbrechen der klassischen Leistungsketten 479

17.27 Neue technologische Treiber 479

17.28 Der europäische Verbund 480

17.29 Angriffe aus USA und China 481

17.30 Chinas Neue Seidenstraße 481

17.31 China und die europäische Kernkraft 482

17.32 China und der weltweite Energieverbund 482

17.33 Deutschland und Europa: Ausblick und offene Fragen 483

18   Mobility 485

18.1   Der integrale Ansatz 486

18.2   Die Digitalisierung: Lösungsbeiträge für alle Verkehrssysteme 487

         18.2.1 Luftverkehr 487

         18.2.2 Wasserverkehr 490

         18.2.3 Schienenverkehr: Rail Automation 492

18.3   Elektromobilität überall 498

18.4   Straßenverkehr: Angriffspunkte Elektromobilität und autonomes Fahren 500

         18.4.1 Der disruptive Wandel in der Autoindustrie 500

18.5   Vom Fahrassistenten zum autonomen Fahren 504

         18.5.1 Die »Big Five« der USA 505

         18.5.2 Autonomes Fahren in China 508

         18.5.3 Autonomes Fahren bei deutschen und europäischen Anbietern 511

         18.5.4 Weitere Kooperationen deutscher Hersteller 512

18.6   Zeithorizonte 513

18.7   Engpass Straßenverkehrsinfrastruktur 514

18.8   Intermodalität 517

19   Online-Handel und -Vertriebsplattformen 519

19.1   Definitionen und Eingrenzung 519

19.2   Weltmarkt 519

19.3   Markt China 521

19.4   Markt USA 522

19.5   Markt Deutschland 522

19.6	Marktführer Amazon	523
19.7	Streaminggeschäfte und Software as a Service (SaaS)	526
19.8	Kaufverhalten im europäischen Vergleich	527
19.9	Kampf um das stationäre Geschäft	527
19.10	Datenquelle Einzelhandel	528
19.11	Bedrohung für den lokalen Einzelhandel	529
19.12	Professionalisierung	529
19.13	Marke und Kundenbindung	530
19.14	Erfolg und Cash-Bedarf	530
19.15	Hilfe durch Netzwerke	531

20	**Digitalisierung des Mittelstandes**	533
20.1	Digitalisierung im Mittelstand	533
20.2	Digital Readiness: Wo steht Deutschland?	534
20.3	Infrastrukturelle Voraussetzungen	535
20.4	Digitalisierungsgrad im Deutschen Mittelstand	537
20.5	Branchenunterschiede	537
20.6	Digitalisierung zahlt sich aus	538
20.7	Digitaler Umbau im Mittelstand	539
20.8	Digitalisierungsprojekte im Mittelstand	540
20.9	Zusammenarbeit mit Start-ups	542
20.10	Förderung zur Digitalisierung im Mittelstand	543

21	**Umwelt und Kreislaufwirtschaft**	545
21.1	Umwelteffekte: Unsicherheit und Rückstand	545
21.2	Positive wirtschaftliche Effekte	546
21.3	Negativbilanz	546
21.4	Problem Elektromobilität	547
21.5	Problem Netze und Rechenzentren	548
21.6	Position Deutschland	548
21.7	China zum Vergleich	549
21.8	USA zum Vergleich	551
21.9	Digitale Umwelttechnik: Perspektiven für Deutschland	553
	21.9.1 CO_2-Einsparpotenzial	553
	21.9.2 Digitalisierung	554
	21.9.3 Zusätzliches Marktpotenzial durch Digitalisierung	555
21.10	Zusammenarbeit mit den USA	556
21.11	Zusammenarbeit mit China	556

22	**Smart Government**	559
22.1	Zur Definition	559
22.2	Frühe Ansätze – alte Barrieren	560
22.3	Entwicklungsphasen	560
22.4	Das Open-Government-Konzept	561

22.5   Neue Chancen – neue Barrieren 561

22.6   Kybernetische Politik 562

22.7   Brave New World? – Datenschutz 562

22.8   Potenzial 562

22.9   Once-Only-Prinzip 565

22.10   Smart Government in den USA 567

22.11   Lernen von den USA 568

22.12   Smart Government in China 570

22.13   Technische Potenziale 573

22.14   Data-Mining 574

22.15   E-Discovery – sichere Vertragsrecherche 576

22.16   Potenzial Blockchain – sichere Dokumentation von Prozessen 577

22.17   Beispiel Notariate und Kataster 578

22.18   Implikationen für Start-ups und M&A 579

22.19   Rechenleistung und Energiebedarf 579

22.20   Perspektiven 579

22.21   Das E-Government-Gesetz in Deutschland 580

22.22   Umsetzung: multidisziplinäre Teams und Offenheit 581

23   **Arbeitswelt in der digitalen Gesellschaft** 583

23.1   Innovationen und Innovationswettlauf 583

23.2   Industrieller Wandel 584

23.3   Automatisierungspotenziale 584

23.4   Neue Geschäftsmodelle 584

23.5   Entlastung des Menschen 585

23.6   Mensch-Maschine-Interaktion 585

23.7   Potenzialabschätzungen 586

23.8   Digital Readiness in der deutschen Industrie 587

23.9   Digital Readiness in der deutschen Bevölkerung 587

23.10   Junge Menschen und »Digital Nerds« 589

23.11   Ältere Mitarbeiter 589

23.12   Substitutionspotenziale und Ersatz menschlicher Arbeit 589

23.13   Aufwertung von Arbeitsfunktionen 590

23.14   Bedrohte Berufe 590

23.15   Stabile Berufsfelder 591

23.16   Beispiel: der Journalist 591

23.17   Arbeitsplatzsaldo: Gewinn oder Verlust? 592

23.18   Arbeitsplatzsubstitutionen: divergierende Prognosen 593

23.19   Schwache Datenlage 594

23.20   Historische Erfahrungen 595

23.21   Diametrale Gegensätze 595

23.22   Evaluierungsansatz für Deutschland 599

23.23   Die Faktoren in der Reihenfolge ihrer Wirkungsstärke 600

23.24   Das digitale Büro: ein Grundtypus 603

23.24.1 Was ist ein digitaler Arbeitsplatz? 603

23.24.2 Und wie sieht die Zukunft aus? 603

23.24.3 Fazit 603

23.25 Management des Übergangs zur »Industriegesellschaft 5.0« 604

23.25.1 Flexibilisierung und Agilität 604

23.25.2 Gestaltungsräume entwickeln 604

23.25.3 Gesetzliche Rahmenbedingungen 605

23.26 Macht künstliche Intelligenz dumm? 605

23.27 Eine Ausbildungsinitiative ist gefordert 606

23.27.1 Kindergarten und Schule 606

23.27.2 Hochschulen und gewerbliche Ausbildung 607

23.27.3 Betriebliche Weiterbildung 607

23.27.4 Life-long-learning 608

23.28 Nachholbedarf bei der öffentlichen Hand 609

23.28.1 Public-private-Partnerships 609

23.28.2 Empfehlung an die öffentliche Hand 610

23.29 Grundsicherung und Grundeinkommen 610

23.30 Ergebnisse aus Modellversuchen 612

23.31 Ein internationales Problem 613

23.32 »Ethik 4.0«? 613

Teil 4: Folgerungen für die digitale Zukunft Deutschlands 615

24 Wie aus unseren Industrieunternehmen die digitalen Champions von morgen werden 617

25 Digitalplan Deutschland: durch Zusammenarbeit zum Erfolg 619

25.1 Mittelstand als Schlüssel zum Erfolg 619

25.2 Digitale Austauschplattform 620

26 Der Handel auf dem Sprung zur Technologiebranche 621

26.1 Freiräume für Investitionen 621

26.2 Stärkung vitaler Innenstädte 622

26.3 Fairer Wettbewerbsrahmen 622

27 Herausforderungen des beruflichen und allgemeinbildenden Schulwesens durch die Digitalisierung 623

28 Anstöße zu einem Digitalprogramm Deutschland 625

28.1 Grundlegende Herausforderungen 625

28.1.1 Schwacher europäischer Verbund 625

28.1.2 Positions- und Branchenverluste Deutschlands 626

28.1.3 Ausbruch aus der Verliererspur 627

28.1.4 Umsetzungsoffensive 627

28.1.5 Kulturwandel 627

28.2 Problemlösungen 628

28.2.1 Die Rolle von Daten 629

28.2.2 Globale Datenströme 630

28.2.3 Kontrolle der Datenströme 630

28.3 Grenzen des Wachstums 630

28.3.1 Technische Grenzen 630

28.3.2 Energie: Bedarf versus Verfügbarkeit 631

28.3.3 Produktions- und Folgekosten 632

28.3.4 Einsparpotenziale 632

28.3.5 Geringe Belastbarkeit und politische Färbungen 632

28.3.6 Zusammentreffen mit der E-Mobilität 633

28.3.7 Dreifachbelastung aus Haushaltungen, E-Mobilität und Internet/Cloud 633

28.3.8 Summa summarum: Energieszenario 2030 634

28.3.9 Cyber Security 635

28.3.10 Kulturelle Widerstände 636

28.3.11 Intellekt versus Vermarktungskraft 636

28.3.12 Deutsche Versäumnisse 637

28.4 Strategien für Deutschland 637

28.4.1 Geteilte Hemisphären 637

28.4.2 Strategische Handlungsfelder und -optionen 637

28.4.3 Grundlagen sichern: bedarfsbestimmte digitale Infrastruktur 638

28.4.4 Gegenhaltestrategien oder Allianzen: Deutschland gegenüber USA und China 638

28.4.5 Wertschöpfung nach Deutschland holen – Digitalisierung als Hebel 639

28.4.6 Virtualisierung in der Wertschöpfung 640

28.4.7 Weltweite Lokalisierung von Fertigungsmodulen 640

28.4.8 Digitale Ökosysteme systematisch entwickeln 641

28.4.9 Ausweichstrategien gegenüber den USA und China 641

28.4.10 Beispiel: Online-Geschäfte und -Plattformen 641

28.4.11 Unternehmensgründungsprogramme: bürokratische Hürden abbauen 642

28.4.12 Hightech-Offensive: Leapfrogging durch Innovationen 642

28.4.13 Kritische Fragen 643

28.4.14 Die neue KI spezifisch fördern 643

28.4.15 Verkrustungen abbauen 644

28.4.16 Fokussierung der Fördermittel 644

28.4.17 Professionelles Assessment 644

28.4.18 Expertenlücken schließen 645

28.4.19 Auslandsakquise 645

28.4.20 Ausbildungsoffensive 646

28.4.21 Smart Government: Barrierenabbau 646

28.4.22 Einsatz von Defensivwaffen: Kartellverbote, Marktzugänge, Steuern und Abgaben 647

28.5 Mut! 649

Stichwortverzeichnis 651

Der Autor 667

Die Gast-Autoren 669

Abbildungsverzeichnis

Abb. 1:   Gliederung der Digitaltechnik   35

Abb. 2:   Zur Geschichte und Perspektiven der Industriellen Revolutionen   47

Abb. 3:   Die umsatzstärksten Unternehmen der USA   56

Abb. 4:   Die 20 größten börsennotierten Unternehmen Chinas   59

Abb. 5:   Die 20 größten börsennotierten Unternehmen Japans.   62

Abb. 6:   Börsenwerte der führenden Internet-Giganten.   95

Abb. 7:   Die umsatzstärksten Start-ups in Europa (Gründungen seit 2000)   97

Abb. 8:   Synopse von IT- und I/SD-Gründungen.   100

Abb. 9:   Datenorientierte Unternehmen in Deutschland   104

Abb. 10: Auswahl internetorientierter Unternehmen: Gründungszeitpunkt versus Marktwert   105

Abb. 11: Übersicht der europäischen Initiativen zur Digitalisierung der Industrie   118

Abb. 12: Von der durchgängigen Smart Factory sind wir noch weit entfernt   120

Abb. 13: Industrie 4.0 impliziert die Sprengung der Wertschöpfungsgrenzen   122

Abb. 14: Die Definitoren des Segmentes I/SD (Auswahl)   136

Abb. 15: Schichtenmodell der sogenannten Industrie 4.0   141

Abb. 16: Wertvergleich der Internet-/Smart-Data- und Smart-Devices-getriebenen Industrien (I/SD)   147

Abb. 17: Synopse Gewichtsvergleiche USA-China-Deutschland   149

Abb. 18: Vergleichswerte ausgewählter Online-Händler.   150

Abb. 19: Führende 10 Onlineshops in Deutschland nach Umsätzen 2017   151

Abb. 20: Auswirkungen der Digitalisierung auf alle Lebensbereiche   157

Abb. 21: Methodenansätze zur künstlichen Intelligenz   190

Abb. 22: Landschaft der Wissens- und Technologiefelder in der sogenannten Industrie 4.0   191

Abb. 23: Der Data-Mining-Prozess   193

Abb. 24: Automatisierung: Hierarchieebenen   197

Abb. 25: Das Siemens-Prozesshaus   198

Abb. 26: Das cyber-physische System (CPS)   202

Abb. 27: Systematik des Verhaltensmanagements   229

Abb. 28: Kaufprozess: Vergleich B2B versus B2C   235

Abb. 29: Leistungsentwicklung Mobilfunk   249

Abb. 30: Mobilfunkstandards   250

Abb. 31: Felder unternehmerischen Wandels   267

Abb. 32: Benchmarking – die Ebenen   275

Abb. 33: Baselining – der grundlegende Prozess   277

Abb. 34: Vom Benchmarking bis zu den Maßnahmen   278

Abb. 35: Die Felder digitaler Geschäftsmodelle   284

Abb. 36: Datagetriebene Industriegeschäfte   309

Abb. 37: Wandlung zur digitalen Kultur   313

Abb. 38: Systematik und Beispiele zur Simulation und Virtualisierung.   322

Abb. 39: Die Siemens Digitale Fabrik: MindSphere.   334

Abb. 40: Der Umbau des Wertschöpfungssystems   339

Abb. 41: Prinzip der Wertstromanalyse. 354

Abb. 42: Potenziale aus der Wertstromanalyse. 355

Abb. 43: Workshop-Folge für die Wertstromanalyse 356

Abb. 44: Die Hoshin-kanri-Matrix 357

Abb. 45: Digitalisierung im M&A-Projekt. 371

Abb. 46: Rahmen zur Definition des Zielbündels 375

Abb. 47: Bewertung als M&A-Prozess 381

Abb. 48: Integrations-Simulation im Vorfeld 384

Abb. 49: Digitally Driven Due Diligence. 386

Abb. 50: Der Härtegrad-Umsetzungs-Plan 389

Abb. 51: Datenschutz und Datensicherheit 402

Abb. 52: Cybersicherheit – Historie und Angriffe 416

Abb. 53: Wettbewerbsbestimmende Felder. 423

Abb. 54: Erwartetes BSP-Zusatzvolumen durch künstliche Intelligenz im Jahr 2030. 433

Abb. 55: Zusammensetzung des Strompreises für Haushaltskunden (2018) 462

Abb. 56: Digitalisierung in der Energiewirtschaft 469

Abb. 57: Digitale Transformation der Energiewirtschaft. 472

Abb. 58: Digitalisierung entlang der Energie-Wertschöpfungsstufen 475

Abb. 59: Die digitale Mobility-Landschaft für Personen und Cargo 487

Abb. 60: Umsatzstärkste Länder im E-Commerce. 520

Abb. 61: Die weltgrößten Onlineshops 520

Abb. 62: Die 10 größten Onlineshops in Deutschland 523

Abb. 63: Digital Readiness Länderranking der OECD (2016). 534

Abb. 64: Digitalisierungsgrade in unterschiedlichen Branchen. 536

Abb. 65: Grad des Glasfaserausbaus in vergleichbaren OECD-Ländern in % 537

Abb. 66: Zufriedenheit mit der Digitalisierung im Mittelstand. 539

Abb. 67: Die Digital Hubs in Deutschland 543

Abb. 68: Jährliche Produktionsmengen verschiedener Rohstoffe 547

Abb. 69: Der eGovernment Action Plan der EU-Kommission. 565

Abb. 70: E-Government-Dienste 574

Abb. 71: E-Discovery Workflow 576

Abb. 72: Digitale Affinität in Deutschland. 588

Abb. 73: Prognostizierte Arbeitsplatzverluste (OECD-Länder). 593

Abb. 74: Evaluierung zur Arbeitsplatzsubstitution 599

Abb. 75: Argumente zum Grundeinkommen 610

Vorwort

Wir befinden uns in der *Industriegesellschaft 5.0*, und zwar in ihrer kritischsten Phase. Es geht um die *allumfassende Digitalisierung*: in der Wirtschaft, in unserem sozialen Zusammenleben, in der Verwaltung und Staatsführung. Früher hielt Deutschland führende Positionen. Bei uns entstand das *World Wide Web*. An der *Bundeswehr-Universität München* wurden in den 80er Jahren die ersten *selbstfahrenden Autos* entwickelt und das *Deep-Learning*-Verfahren *LSTM*, ein künstliches neuronales Netz, wurde in den 90ern an der *TU München* erfunden. Die Umsetzung in marktgängige Produkte fand aber nicht bei uns statt. Angestoßen durch Entwicklungen im Dunstkreis der *Stanford-Universität* und um die Möglichkeiten, die das *Internet* eröffnete, bildete sich im *Silicon Valley* ein Industriecluster heraus, das mittlerweile die Welt dominiert. Im Zentrum heute die sogenannten »*Big Five*«, bestehend aus *Microsoft, Apple, Amazon (Alphabet), Google* und *Facebook*.[1]

Deutschland, das schon zahlreiche Industrien verloren hatte und noch verlieren sollte, partizipierte an dieser Entwicklung kaum. Selbst Unternehmen, die eigentlich prädestiniert für internetbasierte Geschäfte waren, gingen in Deutschland unter, wie etwa das Versandhaus *Quelle*. Bis auf wenige Unternehmen, die vom Internet profitieren konnten, fiel unser Land dramatisch zurück.

Jetzt stellt Deutschland die Weichen, die dafür entscheidend sind, ob wir Rückstände aufholen können, ob wir fähig sind, Widerstände und verkrustete Strukturen aufzubrechen, ob wir uns im globalen Wettlauf gegenüber den führenden Nationen *USA* und *China* stabile Positionen erkämpfen können und damit unseren Wohlstand sichern. Wenn wir das nicht schaffen, dann ist Deutschlands Rolle in der Welt gefährdet. Wir können dann unsere wirtschaftlich-sozialen Standards nicht mehr halten. Unsere Gegner würden das als Beweis sehen, dass unsere politische und freiheitliche Grundordnung den Systemen der USA und Chinas unterlegen ist. Deren Konzepte können und dürfen wir aber nicht ohne Weiteres übernehmen, überspitzt ausgedrückt: das *Digital-Kartell* der USA und die *Digital-Diktatur* Chinas. Kann das »Modell Deutschland«, das als Sozialstaat für attraktive Arbeitsplätze, für Wissenschaft, für freiheitliches Denken und Umweltschutz steht, überhaupt gegen die radikalen Digital-Ansätze in den USA und China erfolgreichen Widerstand leisten?

Die aktuellen Herausforderungen unseres Landes werden in diesem Buch im Kontext von Zeit und Raum erarbeitet, denn:

»*Nur wer die Vergangenheit kennt, kann die Gegenwart verstehen und die Zukunft gestalten.*« *(August Bebel)*

»*Nur dem, der die Weite kennt, wird die Heimat fruchtbar.*« *(Stefan George)*

---

1 Gelegentlich wird in diesem Buch auch über die »Big Four« der Internet-getriebenen Industrie berichtet. Das sind die hier im Vorwort genannten Unternehmen, jedoch ohne Facebook Inc., die das gleichnamige soziale Netzwerk betreiben. Facebook wird dann ausgeschlossen wenn es um Geschäfte geht, die sich im Kern außerhalb der sozialen Netzwerke bewegen. Dann sprechen wir von den »Big Four« der Internet-getriebenen Industrie. Diese sind aber nicht zu verwechseln mit den »Big Four« der Wirtschaftsprüfer, wiederum alle aus den USA stammend: Deloitte, PwC (Pricewaterhouse Coopers), KPMG und EY (Ernst & Young). Auch diese Gruppe wird im vorliegenden Buch aus dem Aspekt der Digitalisierung behandelt.

Das vorliegende Werk schlägt deshalb einen großen Spannungsbogen. Teil 1 behandelt die historische Entwicklung von den ersten Ansätzen »diskreter« also nicht analoger Denkweisen und Technologien. Schwerpunkt sind hier die Wandlungen in der Neuzeit, besonders die sogenannten »Disruptionen«. Diese sind technologisch, wirtschaftlich, gesellschaftlicher Natur.

Alle sprechen heute von der »*Industrie 4.0*«. Dieses Schlagwort offenbart aber mehrere Mängel: Vor allem dürfen wir den Blick nicht auf Technik und Industrie einengen. Es handelt sich bei allen grundlegenden Entwicklungsschüben vielmehr um gesamt gesellschaftliche Erscheinungen, ausgelöst durch neue wissenschaftliche Erkenntnisse aber auch durch neue Denkansätze, die zu Umwälzungen in der Arbeitswelt, im Sozial- und Staatswesen führten.

Ein Fehler liegt in der Zählung der sogenannten »*industriellen Revolutionen*« der Neuzeit. Eher einig sind wir uns über die Definition der »ersten industriellen Revolution«, die wir um die Jahre zwischen 1750 und 1780 ansetzen: die Mechanisierung, deren ausgeprägteste Erscheinungen der Webstuhl und die Dampfmaschine sind. Auch die Definition der »zweiten industriellen Revolution« findet zumeist Anhänger: der Zeitraum um 1850 bis 1870, geprägt durch die Elektrifizierung und Massenproduktionen. Gänzlich übersehen haben die Protagonisten der »*Disruptionslehre*« die dramatischen Entwicklungen zwischen 1885 und 1915, die wir hier mit dem Schlagwort »*Mobilisierung*« belegen. In dieser Periode wurde das Auto nicht nur »erfunden«, sondern auch bereits zu einem weltweiten Massenphänomen geführt. In diesen Zeitraum fallen große Fortschritte der *Chemie*. Eine entscheidende Entdeckung war dabei der *Phosphatdünger*. Ohne diesen wäre die Ernährung der heutigen Menschheit nicht möglich. Ohne diesen hätten die Bevölkerungsexplosionen nicht stattgefunden, damals schwerpunktmäßig in Europa und den USA. Wenn wir diese disruptive Phase einrechnen, dann leben wir heute nicht im Zeitalter der »Industrie 4.0«, sondern wir zählen bereits zur »*Industrie 5.0*«. Dies setzt natürlich voraus, dass wir uns über die disruptive Rolle der »Automatisierung« einig sind, deren schubartiger Fortschritt zwischen 1950 und 1960 stattfand und die bisher mit dem Begriff »*Industrie 3.0*« belegt wurde. Diese geht genau genommen gleitend in die aktuelle Technikentwicklung über, von der Elektronik getrieben, zunächst analog, dann zunehmend digital.

Die Entstehung des *Internets* ist sicherlich die Entwicklung, die unser heutiges Leben am entscheidendsten verändert hat. Dessen Entwicklung geht zurück auf Militäranwendungen in den USA im Zuge des Zweiten Weltkriegs. Daraus entstand das *Arpanet*, unmittelbarer Vorläufer des Internets. Das Internet brachte eine ganz neue Branche hervor, die in diesem Buch als *I/SD* bezeichnet wird. Dieses Kürzel steht für *Internet-/Smart-Data- und Smart-Devices-getriebene Geschäfte*. Die Herleitung und Prägung dieses Begriffes war notwendig, um das Kerngebiet zu bestimmen, das entscheidend für die aktuelle industriell-gesellschaftliche Auseinandersetzung ist. Im Allgemeinen wird hier nicht ausreichend differenziert. Wir treffen überall einen Begriffswirrwarr an. In den USA spricht man vorwiegend von der IT-Branche. Aber diese Definition reicht nicht aus, denn es sind ja auch internetgetriebene Online-Geschäfte, Plattformen und digitale Geschäftsmodelle einzubeziehen, die nicht reine IT sind. Andererseits haben sich klassische IT-Segmente wie die *Mikroelektronik* vor und unabhängig vom Internet entwickelt. Die Grenzen zwischen den beiden Segmenten zeichnen sich am deutlichsten in den Marktbewertungen ab: Die I/SD-getriebenen Geschäfte weisen aufgrund ihrer hohen Wachstumsraten sehr viel höhere Börsen-Multiples aus. Diese Grenzen sind zweifellos nicht ganz scharf zu ziehen, da auch innerhalb der Segmente ständig neue Wachstumsimpulse und Reifeprozesse zu beobachten sind.

Das I/SD-Segment bezeichnet die Branche, um die derzeit gerungen wird, das eigentliche »Krisengebiet«. In dieses Feld lassen sich Unternehmen einordnen, damit kann diese Branche auch bewertet werden. Die Gewichtsverhältnisse zwischen den USA, China und Deutschland liegen heute etwa bei 16 zu 4 zu 1. Andere Vergleiche stützen diese Gewichtsverhältnisse. Dies kennzeichnet die dramatische Lage, in der sich Deutschland befindet. Der *europäische Verbund* hilft uns dabei kaum, denn die anderen Länder bringen zu wenig auf die Waagschale, die europäischen Aktivitäten sind fragmentiert und die Zusammenarbeit ist eher schwach.

Dieses Buch setzt sich zudem mit den treibenden Technologien auseinander, die hinter I/SD stehen. Auch hier gibt es nur wenig Gemeinsamkeiten, wie diese zu definieren und voneinander abzugrenzen sind. Dazu werden in diesem Buch Systematiken angeboten. Im Zentrum steht zweifellos derzeit die sogenannte »*künstliche Intelligenz*« – mit ganz unterschiedlichen Verständnissen, was unter diesen Begriff fällt und was nicht. Landläufig wird mit den Begriffen fahrlässig umgegangen, gerade auch in den USA. Dies birgt letztlich das Risiko zu Fehlallokationen bei Entwicklungsinvestitionen. China hat dafür ein Investitionsprogramm von 300 Mrd. USD verabschiedet. Die aus der I/SD-Industrie der USA bereitgestellten Investitionen dürften sich in ähnlicher Größe bewegen. Europa legt dagegen 20 Mrd. € auf die Waage, Deutschland gerade mal 3 Mrd. €. Vielleicht kann jede einzelne Milliarde bei uns fokussierter auf die »neue« KI ausgegeben werden als in den USA und in China, denn der Börsenwert der »Big Five« der USA geht im Grunde auf die »alte KI« zurück. Aber die Größenverhältnisse verheißen dennoch nichts Gutes: Die I/SD-Konzerne der USA und Chinas brennen vor Ehrgeiz und bersten vor neuen Ideen.

Doch dies ist nur ein Schlaglicht eines umfassenderen Bildes, das in diesem Buch gezeichnet wird. Die deutsche *Autoindustrie ist* die gewichtigste Branche, über die wir verfügen. Sie hat bei den neuen Technologien, der *Elektromobilität* und dem *autonomen Fahren*, nie die Führung übernommen und hat sie auch heute nicht. Ende 2018 ist sie erschreckt aufgewacht und hat hektisch auf die ernste Bedrohung reagiert. Ein gewaltiges, historisch einmaliges Investitionsprogramm wurde aufgelegt. Allein der *VW-Konzern* will über 40 Mrd. € in neue Technologien investieren und sich so die weltweite Marktposition in der Autobranche sichern. Das ist rund die Hälfte des aktuellen Börsenwerts.

Das zu zeichnende Bild der Industrien ist recht bunt. Die Vielfalt der Einflussgrößen ist deshalb näher zu betrachten. Dies geschieht schwerpunktmäßig im Teil 2 dieses Buches, betitelt mit »Branchenübergreifende Hebel und Ansätze«. Dies beinhaltet Technologien und Prozesse. Dazu sind auch Betrachtungen über unsere Infrastruktur, Managementverfahren und *Cyber Security* anzustellen.

Teil 3 behandelt unter dem Titel »Wettbewerbsbestimmende Felder« herausragend wichtige Gebiete, deren weitergehende Digitalisierung wettbewerbsentscheidend ist. Diese Felder sind durchaus heterogen und sie reichen von der Künstlichen Intelligenz über *Energiewirtschaft*, *Mobilität* und *Online-Handel* bis zum *Smart Government*. Alle Kapitel der Teile 2 und 3 stellen Deutschland auch in Vergleiche und Beziehungen mit den USA und China. Die Auswirkungen und Herausforderungen für unser tägliches Leben sind im Kapitel 23 »Arbeitswelt in der digitalen Gesellschaft« nachzulesen.

Diese Betrachtungen und Analysen verdeutlichen eine Zwickmühle, in der sich Deutschland befindet. Wir sind einerseits einem Technologie- und Wirtschaftswettbewerb mit den USA und China ausgesetzt. Deutschland ist zwar insgesamt viel schwächer als diese beiden »Digital-Giganten«. Wir dürfen unseren

Standort aber auch nicht pauschal schlechtreden, denn in vielen Technologien, vor allem bei Grundlagen und im Fertigungsbereich sind wir stark. Über Siege und Niederlagen bestimmen aber nicht die Technologien allein. Wir werden sehen, dass das technologische Potenzial gewaltig ist. Entscheidend für den nachhaltigen Erfolg ist, wem es gelingt, diese als Erster in den Breitenmarkt zu tragen und sich dort als führender Spieler zu verankern. Dies bestimmen aber nicht die Technik und das unternehmerische Geschick allein, sondern auch die Rahmenbedingungen im Staat und in der Gesellschaft. In Deutschland sieht es nicht gut aus: Unsere digitale Infrastruktur liegt im *OECD*-Vergleich weit hinten, wir leisten uns die höchsten *Strompreise* weltweit. Unsere verbreitete Technik- und *Industriefeindlichkeit* steht im Gegensatz zur fortschrittgläubigen USA und dem aggressiven China. Verkrustungen in der Verwaltung, Überregulierungen, teure und langatmige Prozesse bei Behörden und systematische Abwehr gegen die Digitalisierung bremsen, ja blockieren unsere Entwicklung. Unser Schulsystem ist zu einem Versuchslabor verkommen. Die Ausbildung läuft am Bedarf vorbei: 2,7 Mio. Studenten stehen rund 1 Mio. gewerblich Auszubildende gegenüber. Unsere Politik hat versagt.

Die Schuld tragen aber nicht die Politik und die öffentliche Hand allein: Auch die Großindustrie und der Mittelstand mit seinen 3,6 Mio. Unternehmern müssen massiv nachlegen, denn deren Mehrheit bekennt, dass sie bei der Digitalisierung schwach ist und *Digitale Geschäftsmodelle* werden zu wenig gewagt, Mittelstand und *Start-ups* stehen sich zu oft mit Unverständnis gegenüber. Mit dem unternehmerischen Hebel, den *Smart Data* bietet, können viele Mittelständler wenig anfangen, *künstliche Intelligenz* stößt in der Breite der deutschen Wirtschaft immer noch auf Missverständnisse und Ablehnungen.

Zusammenfassend müssen wir konzedieren, dass Deutschland nicht nur dem *Außendruck*, vorwiegend aus den USA und China, standhalten muss, sondern dass innere Kräfte wirken, die ein zusätzliches *Implosionsrisiko* herbeiführen. Eine höchst gefährliche Mischung!

Antworten sind nicht leicht zu finden. Aber genaueres Hinsehen, besseres Verständnis und die Lokalisierung von Schwachstellen und Potenzialen können uns weiterhelfen, vor allem aber auch die Sicht nach außen: im Austausch zwischen Unternehmen, in der Zusammenarbeit zwischen Industrie und Verwaltung und vor allem auch die Sicht über die Landesgrenzen hinaus, besonders nach den USA und China. Dies alles soll dieses Buch liefern und damit einen Beitrag zur Orientierung.

In Teil 4, unter dem Titel »Folgerungen für die digitale Zukunft Deutschlands«, stellen wir Digitalisierungspfade aus der Perspektive führender Verbandsvertreter zur Diskussion. Das Buch schließt mit einer Zusammenschau von Anstößen zu einem »*Digitalprogramm Deutschland*«, basierend auf den zahlreich vorgestellten Untersuchungen, Modellen und Systematiken.

Danksagung

Dieses Buch wäre ohne die unzähligen Gespräche mit Freunden und Fachkollegen nicht zustande gekommen. Ich danke allen dafür. Auch den Kollegen im Bundesverband Mergers & Acquisitions sei zu danken, insbesondere im Arbeitskreis Digitalisierung. Nicht zu vergessen sind meine Co-Autoren des Praxishandbuches Industrie 4.0, mit denen bis heute ein lebhafter Austausch stattfindet.

Besonderer Dank gilt denen, die durch Rat, Fachgespräche und Durchsicht von Textteilen an diesem Buch mitgewirkt haben:

Dr. Dipl.-math. Helmuth Blaseio
Johann Renée Ebert
Martin Kügler
Prof. Dr. Reinhard Meckl
Dr.-Ing. Oliver Prause
Dr. jur. Thomas Sacher
Gerd Simon
Prof. Dr.-Ing. Ulrich Wagner
Ute Zinsmeister

Die vielfältigen Kontakte mit der jungen Generation erweiterten mir den Blick für Herausforderungen und Ideen zur digital getriebenen Industriegesellschaft. Besonders danke ich meinen Söhnen Hendrik, Severin und Konstantin, die ihren Weg als Wirtschaftsinformatiker, Software-Unternehmer bzw. als Unternehmensberater in digitale Welten gegangen sind, für zahllose Diskussionen und Anregungen.

Meiner Frau Martina danke ich für ihren Rat und die Geduld, die sie mir während der Recherche und Niederschrift entgegenbrachte.

Nicht zuletzt schulde ich dem Team des Schäffer-Poeschel Verlages Dank für hervorragende professionelle Betreuung, stellvertretend dafür dem Programmbereichsleiter Herrn Dr. Frank Baumgärtner und dem Lektoratsteam unter der Leitung von Claudia Dreiseitel.

München im Januar 2020, Kai Lucks

Teil 1:
Die Entwicklung der digitalen Welt

1 Ursprünge und Umgebung der Digitalisierung

Der Mensch ist ein analoges, auf biochemischen Prozessen basierendes Wesen. Seine Sprachen sind analoge Signale, Luftdruckwellen, die er ausstößt. Seine Bewegungen sind durchgängiger Natur. Unsere Umwelt entwickelt sich in »unterbrechungsfreien« Vorgängen. Schon die alten Römer erkannten: »Natura non facit Saltus«. Aber in ihrer Schrift drückt sich die Menschheit durch Zeichen aus, die Sprünge darstellen: unterschiedliche »Bilder« für den einzelnen Buchstaben und für die einzelne Zahl. Das »Ur-Zahlenmodell« geht auf die Basis »Zehn« zurück: dem Abzählen an den Fingern. Alle anderen Zahlensysteme sind den Menschen eher fremd. Über die Unterschiede der »Welt der Kontinuitäten« und der »Welt der Sprünge« machte sich der Mensch immer tiefe Gedanken, etwa über die »gegensätzlichen« Welten der uns vertrauten »analogen« Mathematik und der sogenannten »diskreten« Mathematik, die nur Datenpunkte definiert. Eine besondere Ausprägung ist die Welt der digitalen Zahlen. Das binäre, auf der Basis 1–0 beruhende Zahlensystem erlebt seinen Durchbruch erst durch die elektronische Speicherung, bei der im kleinsten System nur zwischen »Ladung« = 1 und »Nicht-Ladung« = 0 unterschieden werden kann. Die Entwicklung bis hin zur digitalen Rechenmaschine und der digitalen Nachrichtentechnik durchlief zahlreiche Technologie-Generationen. Ihren Weg kennzeichnen Rechenhilfen, angefangen vom Abakus, mechanische Steuerungen (Lochkarten für den Jacquard-Webstuhl ...), Nachrichtenübertragungen wie Rauchsignale (Landwehr ...), Lichtsignale (Schifffahrt ...) Morsetechnik und Systeme der Datenspeicherung, die bis heute Geltung haben können, z. B. Notenschriften und Blindenschriften (Braille ...).[2] Im Folgenden werden einige Beispiele geschildert.

1.1 Die analoge und die diskrete Denkwelt

Unsere *Denkwelt* ist, unserem Wesen und unserer Umwelt entsprechend, »analog« und bildet damit die fließenden Vorgänge in der Natur ab. Dies reflektiert bereits der Begriff »analog«. Er kommt aus dem Altgriechischen und bedeutet »verhältnismäßig«. Dementsprechend ist die uns geläufige *Mathematik* auch eine »analoge«, denn sie stellt fließende Vorgänge dar. Wir alle kennen dies auch aus der Schule, bei kontinuierlichen *Funktionen*, aus der *Geometrie* und aus *Kurvendiskussionen*.

Daneben hat sich eine andere, weitgehend unbekannte Mathematik etabliert: die »*diskrete Mathematik*«. Bei ihr spielt die *Stetigkeit* keine Rolle. Die in der diskreten Mathematik vertretenen Gebiete (wie etwa die *Zahlentheorie* oder die *Graphentheorie*) sind zum Teil schon recht alt, aber die *diskrete Mathematik* stand lange im Schatten der »kontinuierlichen« *Mathematik*, die seit der Entwicklung der *Infinitesimalrechnung* durch ihre vielfältigen Anwendungen in den *Naturwissenschaften* (insbesondere der Physik) in den Mittelpunkt des Interesses getreten ist. Erst im 20. Jahrhundert entstand durch die Möglichkeit der digitalen *Datenverarbeitung* durch *Computer* (die naturbedingt mit diskreten Zuständen arbeiten) eine Vielzahl von neuen Anwendungen der *diskreten Mathematik*. Gleichzeitig gab es eine rasante Entwick-

---

2   Auf das Gebiet der Dokumentation sprachlicher Informationen, etwa von der Keilschrift bis zu den heute verbreiteten Schriftarten, die zumeist durch die Verwendung von Bildern (Buchstaben, Zeichen ...) für Laute jeweils separaten, auch »diskreten« (sprungartigen) Charakter haben, soll im vorliegenden Buch nicht weiter eingegangen werden.

lung der diskreten Mathematik, die in großem Maße durch Fragestellungen im Zusammenhang mit dem *Computer* (*Algorithmen*, theoretische *Informatik* usw.) vorangetrieben wurde. [3]

Im Folgenden ist dies durch *Anwendungen,* sehr selektiv aus der *Sprachschrift*, deren Feld hier nicht weiter vertieft werden soll, und breiter bei *Zahlensystemen* zu hinterlegen.

1.2   Diskrete Schriftarten

Notenschriften: In vielen Kulturen wird die Partitur hauptsächlich über Zahlen, Buchstaben oder einheimische Zeichen dargestellt, die die Notenfolge repräsentieren. Dies ist beispielsweise der Fall bei der *chinesischen Musik* (*jianpu* oder *gongche*), bei der *indischen Musik* (*sargam*) und in *Indonesien* (*kepatihan*). Diese andersartigen Systeme werden zusammengefasst als *Ziffernnotation* bezeichnet und spannen den Bogen **bis hin zum Computernotensatz.**

Blindenschriftarten: Man unterscheidet zwei Richtungen: (1) die *Reliefschrift*, bei der die normalen lateinischen Buchstaben oder vereinfachte grafische Muster tastbar gemacht werden (z. B. das *Moonalphabet*), und (2) die *Punktschrift*, die die Buchstaben in einem Punkteraster nachbildet oder in einen Code übersetzt, zumeist in Form von erhabenen Punktwiedergaben, die von Blinden ertastet werden können. Es existieren verschiedene solche Systeme von Blindenschriften, von denen heute die im Jahr 1825 von *Louis Braille* (Coupvray/Frankreich, 1809 – Paris, 1852) entwickelte *Brailleschrift* am weitesten verbreitet ist. [4]

1.3   Zahlschriften

Eine *Zahlschrift* ist ein Schriftsystem für das Schreiben von Zahlen. Durch ihre *Schriftlichkeit*, die historisch auch Techniken des Ritzens, Kerbens, Stempelns und Meißelns einschließt, grenzt sich die *Zahlschrift* gegen die *Zahlwortsysteme* (*Numerale*) der natürlichen Sprachen und gegen Systeme, bei denen Finger- und Körpergesten, Rechensteine, Knoten, Lichtsignale oder andere, weder sprachliche noch im engeren Sinn schriftliche Zeichen für die Repräsentation von Zahlen eingesetzt werden, ab. [5]

1.3.1   Bestandteile einer Zahlschrift: Inventar und Zahlensysteme

Grundlage ist ein *Inventar von Einzelzeichen*. Diese sind die kleinsten, eine numerische Bedeutung tragenden Elemente, deshalb auch *Grundzahlzeichen* genannt. Ihnen wird ein *Zahlwert* als feste Bedeutung zugeordnet. Diese ergeben, einzeln notiert, kumulativ wiederholt oder untereinander kombiniert die numerischen Ausdrücke der *Zahlschrift*. Sie dienen primär zur Schreibung natürlicher Zahlen. Das

---

3   https://de.wikipedia.org/wiki/Diskrete Mathematik, abgerufen 25.9.2018. Zu verweisen ist auf das Lehrbuch: Angelika Steger: *Diskrete Strukturen Band 1, Kombinatorik, Graphentheorie, Algebra*, Springer-Verlag, Berlin, 1. korrigierter Nachdruck 2002.
4   https://de.wikipedia.org/wiki/Blindenschrift, abgerufen 24.9.2018.
5   https://de.wikipedia.org/wiki/Zahlschrift, abgerufen 24.9.2018.

Inventar kann durch *Hilfszeichen* ergänzt werden, die keine numerische Bedeutung tragen, sondern z. B. zur Gliederung numerischer Ausdrücke[6] dienen oder Beziehungen zwischen Zahlwerten ausdrücken – etwa *Vorzeichen*, *Bruchzeichen* oder *Dezimalkommata*. Heutzutage werden diese durch eigene Inventare mathematischer Symbole ergänzt, die hierbei die Grundzahlzeichen in der Schreibung komplexer mathematischer Objekte ablösen und die einfachen Hilfszeichen um weitere nichtnumerische Zeichen für die Formalisierung mathematischer Aussagen ergänzen.

Hinzu kommen: (1) ein *Inventar syntaktischer Regeln*, die die Wiederholbarkeit, Kombinierbarkeit und Positionierbarkeit der Einzelzeichen in der Bildung zusammengesetzter numerischer Ausdrücke regulieren, (2) arithmetisch basierte *semantischen Regeln* für die Transformation der Einzelzeichenwerte eines solchen Ausdrucks in dessen Gesamtwert, (3) weitere Regeln, wie z. B. die allgemeine *Schreibrichtung* und die Verwendung spezifischer *Schreibformen* für besondere praktische Anwendungsgebiete.

1.3.2   Zahlensysteme

Auf diesen Bestandteilen beruhen grundlegende *Zahlensysteme*, die die Reihe der natürlichen Zahlen mithilfe mindestens einer festgelegten Basiszahl und ihrer Potenzen in Einheiten aufsteigender Ordnung gliedern, sodass jede höhere Einheit an die Stelle der in ihr insgesamt enthaltenen niederen Einheiten treten kann, um den Bedarf an *Zeichen* zu *minimieren* und die Darstellung derjenigen Zahlen, die größer als die Basis sind, zu *ökonomisieren*.[7] Die Forschung unterscheidet zwischen additiven, hybriden und positionellen (Stellenwert-)*Zahlensystemen*.

1.3.2.1   Additionssysteme

In einem *Additionssystem* wird eine Zahl als Summe der Werte ihrer Ziffern dargestellt. Dabei spielt die Position der einzelnen Ziffern keine Rolle. Ein Beispiel ist das *Strichsystem*, auch als *Unärsystem* bezeichnet, das sich anbietet, wenn etwas schriftlich mitgezählt werden soll (wie zum Beispiel die Getränke auf einem Bierdeckel). Hierbei wird die Zahl durch Striche dargestellt. Dies ist eines der ältesten Zählsysteme überhaupt. Das *Unärsystem* wird bei der Darstellung größerer Zahlen sehr schnell unübersichtlich. Deshalb ist es meist üblich, die Zahlen in *Blöcke* zusammenzufassen, indem man etwa jeden fünften Strich quer über die vier vorangegangenen Einzelstriche legt. Obwohl es aus diesem Grund nicht geeignet ist, große Zahlen darzustellen, wird es im Alltag dennoch in manchen Situationen verwendet. Eine Addition um einen Zahlenwert ist einfach durch das Hinzufügen eines Striches möglich. Herkömmliche Systeme lassen eine so einfache und schnelle Erweiterung im Allgemeinen nicht zu.

---

6   Etwa zu ihrer Markierung und Abgrenzung gegen andere schriftliche Ausdrücke, als wertverändernde diakritische oder als Operatorzeichen dienen.

7   https://de.wikipedia.org/wiki/Zahlschrift, abgerufen 21.7.2018.

1.3.2.2   Stellenwertsysteme

Im Alltag und in der Wissenschaft wird eine Zahl üblicherweise durch Ziffern (0, 1, 2, …, 9, die allein die ersten zehn der natürlichen Zahlen darstellen, und Buchstaben), zusätzliche Zahlenzeichen wie Vorzeichen (Plus, Minus) und Trennzeichen (Komma, Leerzeichen) dargestellt. Die Anzahl der verwendeten Ziffern wird »Basis des *Stellenwertsystems*« genannt. Die gängigsten Basen sind 2 (beim *Dualsystem*), 8 (beim *Oktalsystem*), 10 (beim im Alltag gebrauchten *Dezimalsystem*) oder 16 (beim in der Datenverarbeitung wichtigen *Hexadezimalsystem*).

Die Ziffern haben eine durch *Konvention* festgelegte Reihenfolge ihres Wertes. Beim Hochzählen (das entspricht der Addition einer Eins) wird in dieser Reihenfolge zur nächsten Ziffer übergegangen. Dazu werden die Ziffern je nach ihrer Stelle unterschiedlich bewertet, wobei der Stellenwert eine Potenz der Basis ist (z. B. »Einerstelle«, »Zehnerstelle«, »Hunderterstelle«, …). Die Stelle mit der niedrigsten Bewertung steht in unserem – dem indisch-arabischen – System dabei ganz rechts. Auf diese Weise lässt sich in einem Stellenwertsystem jede natürliche Zahl darstellen. Für die Erweiterung auf negative Zahlen wird ein Vorzeichen links vor die Ziffernfolge gesetzt, mit dem angegeben wird, ob eine Zahl positiv oder negativ ist.[8]

1.3.2.3   Zahlenschriftarten

Ein zahlschriftlich auf der Grundlage eines *Zahlensystems* gebildeter numerischer Ausdruck gibt für eine natürliche Zahl stets zweierlei an: (1) welche *Potenzen* der Basis in der Zahl enthalten sind, angefangen bei der höchsten in ihr enthaltenen und (2) wie oft diese *Potenzen* in ihr enthalten sind. Die bekanntesten Zahlsysteme sind das *römische*, das *milesisch-griechische*, das *chinesische*, das *babylonische*, das System der *Maya* und das weltweit verbreitete, von uns verwendete, *indisch-arabische System*.[9]

1.4   Die Digitalisierung

1.4.1   Definition

Unter *Digitalisierung* versteht man allgemein die Aufbereitung von Informationen zur Verarbeitung oder Speicherung in einem digitaltechnischen System. Innerhalb der Digitaltechnik werden die Bereiche *Grundlagen*, *Schaltkreistechnik* sowie *Anwendungen* voneinander unterschieden. Hierin spiegelt sich

---

8   Durch die Verwendung negativer Exponenten lassen sich in einem Stellenwertsystem auch rationale Zahlen (Bruchzahlen) schreiben. Quelle: https://de.wikipedia.org/wiki/Zahlensystem, abgerufen 21.7.2018. Weiteres siehe: Georges Ifrah: *Universalgeschichte der Zahlen*, 2. Auflage, Campus-Verlag, Frankfurt/Main 1987; John D. Barrow: *Warum die Welt mathematisch ist*, Campus-Verlag, Frankfurt/Main 1993; Guido Walz (Hrsg.): *Lexikon der Mathematik*, Band 5: *Sed bis Zyl*, 2. Auflage, Springer, Mannheim 2017, S. 442 f. (*Zahlsystem*).

9   https://de.wikipedia.org/wiki/Zahlschrift, abgerufen 21.7.2018; Stephen Chrisomalis: Numerical Notation. A Comparative History, Cambridge University Press, Cambridge [u. a.] 2010; Geneviève Guitel: *Histoire comparée des numérations écrites*, Flammarion, Paris 1975; Karl Menninger: *Zahlwort und Ziffer. Eine Kulturgeschichte der Zahl*, 2., neu bearbeitete und erweiterte Auflage, Vandenhoeck & Ruprecht, Göttingen 1958, Nachdruck ebenda 1998.

wider, dass die Digitaltechnik auf *mathematischer Theorie* basiert und als Teilgebiet der *Elektronik* und der *Informatik* zugleich angesehen wird. Siehe Abb 1.

Abb. 1: Gliederung der Digitaltechnik

Der Begriff *Digitalisierung* bezeichnet das Umwandeln von *analogen Werten* in *digitale Formate*. Die so gewonnenen Daten lassen sich informationstechnisch verarbeiten, ein Prinzip, das allen Erscheinungsformen der *digitalen Revolution* in Wirtschafts-, Gesellschafts-, Arbeits- und Privatleben zugrunde liegt. Die *Digitalisierung* hat den Zweck, Informationen digital zu speichern und zu verarbeiten. Sie begann historisch meist mit einem *analogen Medium* (Fotonegativ, Diapositiv, Tonbandaufnahme, Schallplatte). Zunehmend wird unter *Objektdigitalisierung* jedoch auch die Erstellung primär digitaler Dokumentation mittels digitaler Video-, Foto- oder Tonaufzeichnung verstanden. Schätzungsweise 94 % der weltweiten technologischen Informationskapazität war 2007 bereits digital. 2002 wurden erstmals mehr Informationen digital als analog gespeichert. Dies kann auch als Beginn des »digitalen Zeitalters« ausgelegt werden. Die Digitalisierung treibt mit 0,5 Prozentpunkten die jahresdurchschnittliche Wachstumsrate der Bruttowertschöpfung.[10]

1.4.2 Vorteile der Digitalisierung

Das Vorliegen von Informationen und Daten in digitaler Form besitzt u. a. folgende Vorteile:
- Digitale Daten erlauben die Nutzung, Bearbeitung, Verteilung, Erschließung und Wiedergabe in elektronischen *Datenverarbeitungssystemen*.
- Digitale Daten können maschinell und damit schneller verarbeitet, verteilt und vervielfältigt werden.
- Digitale Daten können (auch wortweise) durchsucht werden.
- Der *Platzbedarf* wird mit zunehmender *Miniaturisierung* und *Integration* der elektronischen Bauteile immer geringer.
- Auch bei langen Transportwegen und nach vielfacher Bearbeitung sind Fehler und Verfälschungen (z. B. *Rauschüberlagerungen*) im Vergleich zur analogen Verarbeitung gering oder können ganz ausgeschlossen werden.

---

10 Quelle: Vereinigung der Bayerischen Wirtschaft, Volkswirtschaftliche Grundsatzfragen Volker Leinweber. Anfrage 25.9.2018.

Ein weiterer Grund für die Digitalisierung analoger Inhalte ist die *Langzeitarchivierung*. Geht man davon aus, dass es keinen ewig haltbaren Datenträger gibt, ist ständige *Migration* ein Faktum. Fakt ist auch, dass analoge Inhalte mit jedem *Kopiervorgang* an Qualität verlieren. *Digitale Inhalte* bestehen hingegen aus diskreten Werten, die entweder lesbar und damit dem digitalen Original gleichwertig sind, oder nicht mehr lesbar sind, was durch redundante Abspeicherung der Inhalte beziehungsweise *Fehlerkorrekturalgorithmen* verhindert wird.

Hinzu kommt noch die Digitalisierung analoger Originale zur Erstellung von *Benutzungskopien*, um die Originale zu schonen, denn viele Datenträger – darunter Schallplatten, analog vorliegende Spielfilme und Farbdiapositive – verlieren allein durch die Wiedergabe oder auch nur einfache Alterungsprozesse an Qualität. Auch gedruckte Bücher oder Zeitungen und Archivalien leiden unter Benutzung und können durch Digitalisierung geschont werden.

1.5   Meilensteine der Geschichte

1.5.1   Das Ur-Modell des diskreten Rechners: der Abakus

Der Abakus ist eines der ältesten bekannten *Rechenhilfsmittel* und vermutlich *sumerischen* Ursprungs. Ein Abakus ermöglicht die Durchführung der *Grundrechenarten* Addition, Subtraktion, Multiplikation und Division sowie das Ziehen von Quadrat- und Kubikwurzeln.

Der erste *Abakus* tauchte etwa zwischen 2700 und 2300 v. Chr. auf. Er durchlief mehrere *Entwicklungsstufen*: zunächst als Holz- oder Tontafel, die in Spalten unterteilt war, wobei jede Spalte eine Stelle im sumerischen *Sexagesimalsystem*[11] repräsentierte. Auf diese wurden gleich große Steine aus Ton oder kurze Schilfrohre gelegt. Die *Sumerer* erkannten, dass das Rechnen auf Linien oder Spalten effizienter war als mit verschiedenartigen Rechensteinen, bei denen die Größe oder Form die Position im Zahlensystem angab.[12] Die *Babylonier* übernahmen die Rechenbretter und übersetzten sie ins *Dezimalsystem*. Um 2000 v. Chr. kam es zu einem tiefgreifenden Wandel: Die *Babylonier* begannen nun die Zahlen direkt auf Tontafeln zu schreiben, Zwischenergebnisse konnten nach jeder Operation gelöscht und wieder neu geschrieben werden. Über den Handel verbreitete sich der *Abakus* von Babylonien nach *Indien*, *Persien* und in den Mittelmeerraum.[13] Als ältestes erhaltenes Rechenbrett nach dem Prinzip des *Abakus* gilt die *Salaminische Tafel* um 300 v. Chr.[14] Der römische *Abakus* wies Schlitzreihen auf, mit der sich die Rechensteine in festen Bahnen bewegen ließen. Im sechsten Jahrhundert wird in *China* erstmals eine »*Perlenrechnung*«, *Zhusuan* (珠算, *zhūsuàn* ›wörtl. ›das Rechnen mit Perlen‹) erwähnt.[15] Bei Ausgrabungen

---

11   Das Sexagesimalsystem (auch Hexagesimalsystem oder Sechziger-System) ist ein Stellenwertsystem zum Wert 60 (lateinisch *sexagesimus*). Es wird heute noch verwendet, um Winkel und geografische Längen und Breiten anzugeben. Ein Grad hat 60 Winkelminuten und eine Minute hat 60 Sekunden.
12   Yoshihide Igarashi, Tom Altman et al.: *Computing. A Historical and Technical Perspective*, CRC Press, 2014, S. 59–60.
13   Guido Walz (Hrsg.): Lexikon der Mathematik. Band 1: A bis Eif, 2. Auflage, Springer, 2017, S. 1; Yoshihide Igarashi, Tom Altman et al.: Computing. A Historical and Technical Perspective, CRC Press, 2014, S. 60.
14   Yoshihide Igarashi, Tom Altman et al.: *Computing. A Historical and Technical Perspective*, CRC Press, 2014, S. 61.
15   Guido Walz (Hrsg.): *Lexikon der Mathematik. Band 1: A bis Eif*, 2. Auflage, Springer, 2017, S. 1.

wurden auch *aztekische Abaki* (von etwa 900–1000 n. Chr.) gefunden. Etwa 1600 n. Chr. übernahmen die *Japaner* den Abakus von den Chinesen und vereinfachten ihn.

Der Abakus war im *Mittelalter* weit verbreitet und wurde bis etwa ins 17. Jahrhundert benutzt. Durch die Möglichkeit des schriftlichen Rechnens nach Einführung der *indischen Zahlschrift* nahm seine Bedeutung ab. Mitte des 17. Jahrhunderts wurde der Abakus durch die mechanischen *Rechenmaschinen* verdrängt, ist aber für Blinde noch als Rechenhilfsmittel in Gebrauch. Er wird in Osteuropa und Asien gelegentlich noch als preiswerte Rechenmaschine in kleinen Geschäften verwendet.[16]

1.5.2   Digitalisierung und Digitaltechnik vom 17. bis zum 19. Jahrhundert

1.5.2.1   Mathematik und Informatik

Erste Versuche zur *Digitalisierung analoger Informationen* führte *Gottfried Wilhelm Leibniz* (Leipzig, 1646 – Hannover, 1716) mit *Binärkalkulationen* und *kryptografischen Experimenten* durch. Vor *Leibniz* gab es bereits einige Mathematiker, die mit binären Zahlen operierten, etwa *Thomas Harriot* (Oxford, 1560 – London, 1621), dessen Aufzeichnungen jedoch unveröffentlicht blieben. Die erste Publikation zum binären Zahlensystem stammt 1670 von *Juan Caramuel y Lobkowitz* (Madrid, 1606 – Vigevano/Italien, 1682). *Leibniz* hat diese Schrift wahrscheinlich nicht gekannt. *Blaise Pascal* (Clermont-Ferrand/Frankreich, 1623 – Paris, 1662) und *Lobkowitz* haben ein *Zwölfersystem* untersucht. Für dieses System spricht, dass die Zahl 12 vier Teiler hat, ein Vorteil in der Anwendung auf Münzen und Gewichte. *Erhard Weigel* (Weiden/Oberpfalz, 1625 – Jena, 1699) propagierte 1673 das *Vierersystem*, das mit der »heiligen« Zahl vier durch die *Pythagoräer*[17] begründet wurde.[18] Trotz dieser Vorläufer ist *Leibniz'* Stellung in der Geschichte des *Binärsystems* wegen Umfang, Tiefe und öffentlicher Wirkung überragend.[19]

Aus mathematischer Sicht erhielt die *Digitalisierung* mit der *Boole'schen Algebra* (oder boolescher Verband) eine theoretische Basis. Die Boole'sche Algebra ist nach *George Boole* (Lincoln/England, 1815 – Ballintemple/Irland, 1864) benannt, da sie auf dessen *Logikkalkül*[20] von 1847 zurückgeht, in dem er erstmals algebraische Methoden in der *Klassenlogik*[21] und *Aussagenlogik*[22] anwandte. Diese verallgemeinert eine spezielle algebraische Struktur, die die Eigenschaften der *logischen Operatoren* »Und«, »Oder«, »Nicht« sowie die Eigenschaften der mengentheoretischen Verknüpfungen Durchschnitt, Vereinigung, Komplement umfasst. Die *Boole'sche Algebra* ist die Grundlage der Entwicklung von *digitaler Elektronik*

---

16   Helmut Herold, Bruno Lurz, Jürgen Wohlrab: *Grundlagen der Informatik*, Pearson Studium, München 2007, S. 25.

17   Vertreter des Weltbildes des Pythagoras (Samos, um 570 v. Chr. – Metapont, nach 510. v. Chr.).

18   Herbert Breger: Leibniz' binäres Zahlensystem als Grundlage der Computertechnologie. https://rep.adw-goe.de/bitstream/handle/11858/00-001S-0000-0007-3724-4/Article-29.pdf?sequence=1, abgerufen 26.9.2018.

19   In einem englischsprachigen Standardwerk wurden beispielsweise die ersten drei Kapitel mit »before Leibniz«, »Leibniz« und »The Rest of the 1700s« betitelt.

20   Formalisierung *(Kalkülisierung)* der Logik durch Zeichensymbole und Operationsregeln.

21   Die Klassenlogik ist im weiteren Sinn eine Logik, deren Objekte als Klassen bezeichnet werden. Im engeren Sinn spricht man von einer Klassenlogik nur dann, wenn Klassen durch eine Eigenschaft ihrer Elemente beschrieben werden. Diese Klassenlogik ist daher eine Verallgemeinerung der Mengenlehre, die nur eine eingeschränkte Klassenbildung erlaubt.

22   Die Aussagenlogik ist ein Teilgebiet der Logik, das sich mit Aussagen und deren Verknüpfung durch Junktoren befasst, ausgehend von strukturlosen Elementaraussagen (Atomen), denen ein Wahrheitswert zugeordnet wird.

und wird in allen modernen *Programmiersprachen* zur Verfügung gestellt. Sie wird auch in der *Satztheorie* und der *Statistik* verwendet.[23]

1.5.2.2   Technische Umsetzung

Frühe Rechenmaschinen: Die *Digitaltechnik* geht auf die ersten mechanischen *Rechenmaschinen* im frühen 17. Jahrhundert zurück. Die erste urkundlich erwähnte Rechenmaschine wurde 1623 von *Wilhelm Schickard* (Herrenberg, 1592 – Tübingen, 1635) beschrieben. Die Maschine habe aus einem Addier- und Subtrahierwerk sowie einer Vorrichtung zum Multiplizieren und Dividieren nach Art der *Napier'schen Rechenstäbchen*[24] bestanden. *Schickard* berichtete, er habe diese Maschine auch realisiert.

1645 führte *Blaise Pascal* (s. o.) seine Rechenmaschine »*Pascaline*« vor, die mit Zahnrädern und Sperrklinken funktionierte. Beide Maschinentypen hatten ein gemeinsames Problem. Sie eigneten sich nicht für den alltäglichen Einsatz als Rechenmaschinen. Sie enthielten wichtige Funktionsprinzipien, nicht aber Vorrichtungen, die das tägliche sichere Arbeiten ermöglichen. So fehlte der Maschine von Wilhelm *Schickard* die Möglichkeit, Energie für den Zehnerübertrag jeder Dezimalstelle zu speichern. Das bedeutet, dass die Rechnung 9 + 1 einfach zu bewältigen war, jedoch 9999 + 1 hohen Kraftaufwand erforderte und vermutlich zu Verklemmungen der Maschine führte.

Im Jahr 1673 stellte *Gottfried Wilhelm Leibniz* (s. o.) der Royal Society in London eine von ihm entwickelte *Staffelwalzen-Maschine* vor, entstanden etwa 1700–1716. Wie gut diese Maschine tatsächlich funktionierte, kann nicht mit letzter Sicherheit gesagt werden. Die damalige *Fertigungstechnik* konnte zwar Zahnräder und andere mechanische Teile sehr genau herstellen, war jedoch von einem *Serienbau* weit entfernt. Die einzelnen Teile mussten manuell gefertigt und durch Nacharbeit aneinander angepasst werden. Auch wenn die Konstruktion der Mechanik für die 10er-Stelle identisch zur 100er-Stelle war, konnte man die beweglichen Teile nicht zwischen beiden Stellen tauschen, ohne nacharbeiten zu müssen.

Weitere Konzepte und Bauten mechanischer Rechenmaschinen folgten in Europa Schlag auf Schlag: 1709 veröffentlichte der Mathematiker und Astronom *Giovanni Poleni* (Venedig, 1683 – Padua, 1761) die Konstruktionszeichnungen seiner hölzernen Rechenmaschine. 1727 wurde die vom Mechaniker *Antonius Braun* (Möhringen, 1686 – Wien, 1728) konstruierte *Sprossenradrechenmaschine* für den Wiener Hof fertig. Im selben Jahr veröffentlichte der deutsche Mechaniker *Jacob Leupold* (Planitz, 1674 – Leipzig, 1727) in seiner technischen Enzyklopädie *Theatrum Aritmetico Geometricum* Konstruktionszeichnungen einer von ihm erfundenen Rechenmaschine, die nach dem *Stellsegmentprinzip* arbeitete. Ab 1770 konstruierte der Pfarrer und Erfinder *Philipp Matthäus Hahn* (Scharnhausen, 1739 – Echterdingen, 1790) eine

---

23   Marshall Harvey Stone: *The Theory of Representations for Boolean Algebras*, in: *Transactions of the American Mathematical Society*, 40, 1936, S. 37–111; Steven Givant, Paul Halmos: *Introduction to Boolean Algebras. Undergraduate Texts in Mathematics*, Springer, New York 2009.

24   Napier'sche Rechenstäbchen – nach John Napier (Edinburgh, 1550 – Merchiston Tower/England, 1617) benannt, der diese in seinem 1617 erschienenen Werk *Rabdologiae seu numeratio per virgulas libri duo* beschreibt – sind Rechenstäbchen, mit denen Multiplikationen und Divisionen durchgeführt werden können.

Rechenmaschine in Dosenform mit konzentrisch angeordneten Zahnrädern, *Staffelwalzen* und einer zentralen Antriebskurbel. *Johann Helfrich von Müller* (Kleve, 1746 – Darmstadt, 1830) wurde bekannt, als es ihm zwischen 1782 und 1784 gelang, eine funktionsfähige *3-Spezies-Rechenmaschine* herzustellen, welche die vier Grundrechenarten mittels eines 14-stelligen Rechenwerkes ausführen konnte. Ab 1810 fertigte der Erfinder *Abraham Stern* (Hrubieszów/Polen, 1769 – Warschau, 1842) eine Reihe von Rechenmaschinen, die die vier Grundrechenarten durchführten und die Quadratwurzel zogen. 1834 erbaute der Mailänder *Luigi Torchi* (vermutlich 1812 – zweite Hälfte des 19. Jahrhunderts[25]) die weltweit erste Maschine zur Direktmultiplikation. 1844 ließ der Uhrmacher *Jean-Baptiste Schwilgué* (Straßburg, 1776–1856) eine *Tastenaddiermaschine* patentieren.

Herstellung und Markt: Obwohl die technischen Fertigungsmöglichkeiten zu dieser Zeit eine begrenzte Produktion dieser Maschinen zugelassen hätten und zumindest die Rechenmaschinen von Hahn brauchbar waren, wurde keine Maschine der oben genannten Erfinder in Serie gebaut. Dies mag darin begründet sein, dass die Rechenmaschinen am Beginn ihrer Entwicklung standen, infolgedessen für die praktische Anwendung noch nicht ausgereift genug und zu teuer in der Herstellung waren. Der wesentlichste Grund war jedoch, dass es noch keinen Markt für solche Maschinen gab. Staatliche Verwaltungen, das Militär oder Kaufleute litten nicht unter Zeitdruck oder Arbeitskräftemangel und brauchten sie nicht.

Erste Serienproduktionen: 1820 erhielt der Franzose *Charles Xavier Thomas* (Colmar, 1785 – Paris, 1870) ein französisches Privileg (Patent) für seine Rechenmaschinenkonstruktion. Nach weiteren Versuchen begann er um 1850 mit der weltersten Serienproduktion von Rechenmaschinen. Von 1820 bis 1878 wurden etwa 1.500 Geräte gefertigt. Das Modell, unter dem Namen *Arithmomètre*, funktionierte nach dem *Staffelwalzenprinzip* mit einem verschiebbaren Schlitten. Sie funktionierte zuverlässig, war jedoch zu ihrer Zeit Hochtechnologie und konnte nur in Paris gewartet und repariert werden. Durch die Verfügbarkeit von Rechenmaschinen entwickelte sich langsam auch ein Markt für numerische Berechnungen. So konnten Unternehmen erstmals wöchentlich oder gar täglich bilanzieren, Ingenieure konnten neben dem *Rechenschieber* auch algebraische Verfahren anwenden. 1876 konstruierte der Schwede *Willgodt Theophil Odhner* (Dalby/Schweden, 1845–St. Petersburg, 1905) eine *Sprossenradmaschine*, deren Bauprinzip der späteren europäischen Sprossenradmaschinenindustrie als Vorbild diente.

Applikationen: Bereits im 19. Jahrhundert wurden *Universalcodes* verwendet. Ein frühes Beispiel dafür ist die *Kartensteuerung* für den *mechanischen Webstuhl*[26], die 1805 vom französischen Seidenwerber *Joseph-Marie Jacquard* (Lyon, 1752 – Oullins/Frankreich, 1834) erfunden wurde und damit zur industriell einsetzbaren *Webmaschine* führte. Gesteuert durch je eine *Lochkarte* pro Schuss werden mit ihm Kettfäden einzeln hochgezogen und so das Weben groß gemusterter Gewebe ermöglicht. Des Weiteren zu nennen ist die zwischen 1825 und 1829 vom Franzosen *Louis Braille* (Coupvray/Frankreich, 1809 – Paris, 1852) entwickelte *Blindenschrift*. Sie besteht aus Punktmustern, die, meist von hinten in das Papier gepresst, mit den Fingerspitzen als Erhöhungen zu ertasten sind. Ein Meilenstein der *Kommunikationstechnik* gelang mit dem Konzept der *Morsetelegrafie*. Nachdem *Samuel Morse* (Charlestown/Massachusetts, 1791 – New York, 1872) 1833 den ersten brauchbaren elektromagnetischen *Schreibtele-*

---

25   Anon, »Macchina aritmetica inventata ed eseguita da Luigi Torchi milanese«, Gabinetto di scienze, arti ed industria , Supplemento a: La Fama, rassegna di scienze, lettere, arti, industria e teatri, Milano, P. Cominazzi, 1836–1840, Tab. X.

26   Der erste mechanische Webstuhl wurde 1785 vom Engländer Edmund Cartwright erfunden.

grafen gebaut hatte, fand der erste Testbetrieb 1837 statt. Der *Code* kann als Tonsignal, als Funksignal, als elektrischer Puls mit einer Morsetaste über eine Telefonleitung, mechanisch oder optisch (etwa mit blinkendem Licht) übertragen werden – oder auch mit jedem sonstigen Medium, mit dem zwei verschiedene Zustände (wie etwa *Ton* oder *kein Ton*) eindeutig und in der zeitlichen Länge variierbar dargestellt werden können.

1.5.3   Der lange Weg im 20. Jahrhundert

Die Dichte der Ergebnisse aus der Grundlagenforschung sowie der Erfindungen und ihrem industriellen Niederschlag erlaubt an dieser Stelle nur eine kleine Auswahl wichtiger Meilensteine aus dem engeren Feld »diskreter« technologischer Anwendungen:

Rechenmaschinen: Um die Wende zum 20. Jahrhundert gab es schon mehrere Firmen, die ausschließlich Rechenmaschinen herstellten. Das Unternehmertum eines *Charles Xavier Thomas* (s. o.), die *Landreformen* und die *sozialen Umbrüche* trugen dazu bei, dass sich ein florierender Markt für Rechenmaschinen entwickeln konnte. Die *Autarith* von *Alexander Rechnitzer* (Ungarn, 1879 – New York, 1922)[27] war 1906 die erste elektrisch angetriebene, vollautomatische Rechenmaschine. Als Krönung der Entwicklung der mechanischen Rechenmaschinen gilt die Taschenrechenmaschine *Curta* des österreichischen Ingenieurs *Curt Herzstark* (Wien, 1902 – Nendeln/Liechtenstein, 1988*).* Sie wurde von 1947 bis 1970 in Liechtenstein durch die Firma *Contina AG* in hohen Stückzahlen hergestellt.

Datenübertragung: Die *Morsetelegrafie* wurde mit der Einführung von *Fernschreibern* aus den Telegrafennetzen verdrängt. Grundlage war der von *Siemens & Halske* entwickelte *Zeigertelegraf.* Ein Fernschreiber, auch *Fernschreibmaschine* oder *Fernschreibapparat* genannt, ist ein *Telegrafie-Gerät* zur Übermittlung von Nachrichten in Schriftform mittels elektrischer Signale. 1938 wurde ein behördliches Fernschreibnetz in Hamburg von *Siemens & Halske* installiert. Bis 2007 bestand in Deutschland das *Telex-Netz* der *Telekom*. Bereits vor der *Morsetechnik*, im Jahr 1843, begann die Geschichte des *Fernkopier- oder Faximilegerätes,* als der schottische Uhrmacher *Alexander Bain* (Watten/Schottland, 1811 – Caithness, 1877) einen *Kopiertelegrafen* konstruierte. Die Übertragung von Dokumenten findet hier in Form eines in Linien und Pixel gerasterten Bildes über das Telefonnetz oder per Funk statt. Als Sender und Empfänger dienen dabei meistens analoge *Faxgeräte.* 1979 wurde der *Faxdienst* der *Deutschen Bundespost* eingerichtet. Das von *Rudolf Hell* (Eggmühl/Schierling, 1901 – Kiel, 2002), dem »Edison der grafischen Industrie«, zur breiten Marktreife entwickelte *Faxgerät* wurde von *Siemens* nach Übernahme der *Dr.-Ing. Rudolf Hell GmbH* beiseitegeschoben, um das *Fernschreiber*-Geschäft zu schützen. Dies war ein großer strategischer Fehler, denn der Fernschreiber wurde durch digitale Nachrichtenübertragung substituiert. Die Japaner übernahmen das aufblühende *Faxgeschäft*, das wegen der Übertragung der komplizierten Schriftzeichen schnell breite Anwendung fand, und führten es zu kommerziellem Welterfolg. Mit der allgemeinen Verbreitung des *Internets* ab Mitte der 1990er Jahre wurde der *Telefaxdienst*

---

27   Rechnerlexikon. Die große Enzyklopädie des mechanischen Rechnens. http://www.rechnerlexikon.de/artikel/Rechnitzer%2C_
    Alexander, abgerufen 26.9.2018.

zunehmend durch *E-Mail* verdrängt. Die private Nutzung von Faxgeräten verschiebt sich zugunsten von *Online-Faxdiensten*, die zum Teil sogar kostenfrei nutzbar sind.

Der größte *Innovationssprung* in der *Übertragungstechnik* der *Nachkriegszeit* war der Wandel von analogen, sprachgetriebenen Technologien zur *Digitalübertragung*, bei der die *Datenübermittlung* eine immer größere Rolle spielen sollte. Bei der *Sprachübertragung* ist die *Zeitkomponente* höchst kritisch, bei *Daten* weniger, weil die *Datenpakete* am Ende ihrer Reise mithilfe von speziellen Adressen und Zählern wieder in die richtige Reihenfolge gebracht werden können, selbst wenn sie unterschiedliche Wege über das Netz genommen haben und dadurch früher gesendete Pakete später ankommen können. Die Sprache so in *Pakete* zu zerlegen, dass ihr Zerschneiden und Wieder-Zusammenführen trotz unterschiedlicher Wege und Verzögerungen so ankommt, dass die Stimme scheinbar ungebrochen beim Hörenden ankommt, erfordert sehr hohe Rechner- und *Übertragungsleistungen*. Deshalb haben etablierte Anbieter gezögert und mit der neuen Technologie des sogenannten »*Package Switching*« haben sich neue Spieler zu Marktführern nach oben gearbeitet. Dazu später. Heute laufen Sprache, Daten und Bilder parallel über das integrierte Netz, das als *Integrated Data Services Network* (*ISDN*) vermarktet wird.

Speichermedien: Grundlagen der papierlosen Speicherung und Verarbeitung von Digitaldaten waren die *Flipflop-Schaltung* 1918, die – kontinuierliche Spannungsversorgung vorausgesetzt – ein Bit über unbegrenzte Zeit speichern kann, ferner die *Elektronenröhre* und der *Transistor* (1947). Für die massenhafte Speicherung und Verarbeitung existieren seit den 1960er Jahren immer leistungsfähigere *Speichermedien* und seit den 1970er Jahren *Mikroprozessoren*. Die zugrunde liegende *Halbleitertechnik* hat sich zur Schlüsseltechnologie des 20. Jahrhunderts entwickelt. Der *Kalte Krieg* und die daraus resultierenden militär- und informationstechnischen Bedürfnisse waren Geburtshelfer, Katalysator und sind bis heute entscheidende Triebfeder der Entwicklung (z. B. in der *Prozessortechnik, Datenspeicherung, Signalverarbeitung, Optoelektronik* etc.). Der Aufbau eines stabilen produktionstechnologischen Gerüsts wurde aber erst durch die kommerzielle Fertigung mikroelektronischer Schaltungen im großindustriellen Maßstab, z. B. für die ersten *Taschenrechner*, erreicht. Die heutige *Digitaltechnik* verarbeitet in der Regel ausschließlich binäre Signale. Da bei diesen nur zwischen zwei Signalzuständen unterschieden werden muss (0 oder 1 bzw. ›low‹ oder ›high‹), sind dadurch die Anforderungen an die Genauigkeit der *Bauteile* geringer – und infolgedessen auch die *Produktionskosten*.

Digitale Produktplattformen aus *Halbleiterspeichern, mikroelektronischen Schaltkreisen, Prozessoren, Sensorik* und *Aktorik* erlauben standardisierbare *Hardware-Plattformen*, die in riesigen Stückzahlen produziert werden können. Damit rechnen sich die milliardenschweren *Investitionen* und die hohen *Entwicklungskosten* in mikroelektronische Fertigungsanlagen. Die rechtzeitige Verfügbarkeit der jeweils jüngsten Generation von *halbleiter*basierten Technologien entscheidet über den Zeitpunkt des Markteintritts von Produkten und Systemen. Deutschland kämpft in dieser *Schlüsselindustrie* mit, um nicht in allen davon abhängigen Branchen den Anschluss zu verlieren: vor allem der *Siemens-Bereich Halbleiter*, nach seiner Ausgliederung *Infineon* genannt. Die eigentlichen Stückkosten in der Fertigung elektronischer Bauteile sinken dramatisch (siehe im Weiteren zum *Moore'schen Gesetz*) und werden so zu »Penny-Produkten«. Die »*Individualisierung*« wird von einem modularen Aufbau der *Hardware* und von der *Software* übernommen, deren Rolle lange unterschätzt wurde (siehe Aufstieg *Microsofts*). Dies wird durch *internationale Standards* ermöglicht, die von der *Technologie* bis zu den *Produkten* und Produkt übergreifenden *Schnittstellen reichen*. »Facilitator« ist die *Globalisierung*: Damit werden über sieben Milliarden Menschen mit ihren Industrien als Markt mit weitgehend einheitlichen bzw. angepassten Lösungen zugänglich.

Symbiose: Die *Mikroelektronik, Digitalisierung, Standardisierung, Software* und *Systemtechnik* (mit *Mechanik, Elektrotechnik* und *Mechatronik*) werden Treiber aller Industrie- und Dienstleistungen. Die *Informations- und Kommunikationsindustrie* (IK) ist damit die *Schlüsselbranche* des 20. Jahrhunderts. Den entscheidenden Durchbruch bringt das *Internet*, das den kostengünstigen Austausch von Sprache, Ton, Daten, Bildern, Fernsehen, Film, Spiele und Online-Services für jeden und mit jedem weltweit ermöglicht: eine epochale Erfindung, der Erfindung des *Buchdrucks* mit beweglichen Lettern entsprechend. Die Spitzenausprägungen, unter »*Big Data*« subsummierbar, bestimmen den *Wettbewerb* in der Gegenwart und der nächsten *Zukunft*. Wer die Treiber und Träger sind und wie sich Deutschland darin behauptet, soll in den folgenden Kapiteln herausgearbeitet werden.

2 Die industrielle Entwicklung in der Neuzeit: Kontinuum, Schübe, Disruptionen

Dieser Aufsatz nennt exemplarische Meilensteine aus der Grundlagenforschung und den technischen (Anwendungs-)Entwicklungen, die zum gesellschaftlichen und industriellen Fortschritt in der Neuzeit maßgeblich beitrugen. Die daraus resultierenden Entwicklungsschübe werden in der breiten Literatur gemeinhin als »Industrielle Revolutionen« bezeichnet. Die heute gängige »Zählung«, aus der die aktuelle sogenannten »vierte« Industrielle Revolution folgt, ist infrage zu stellen. Dies wird im Folgenden durch differenzierende Betrachtungen belegt: Zum Ersten verlaufen die Entwicklungen in den einzelnen Wissenschafts- und Industriesegmenten, insbesondere in Bezug auf ihre Schübe, nicht immer synchron. Zum Zweiten gibt es Phasen, in denen eher die Grundlagenentwicklungen im Vordergrund stehen, in anderen hingegen die Applikationen und ihre Massenverbreitung. Beide könnten berechtigterweise als »Revolution« bezeichnet werden. So wird in der Zählung, wie sie sich in der breiten Öffentlichkeit durchgesetzt hat, die starke Entwicklungsphase zwischen 1870 und 1950 vernachlässigt – eine Periode, in der Anwendungsentwicklungen mit großer Breitenwirkung in Wirtschaft, Gesellschaft, Umwelt und Industriestrukturen im Vordergrund standen. Darin sticht der Zeitraum zwischen 1885 und 1915 hervor, in den die gewaltigen Entwicklungsschübe durch die Motorisierung, die Chemie und Elektrotechnik fallen, insbesondere die Erfindung[28] und massenhafte Verbreitung des Autos sowie die Erfindung des Phosphatdüngers[29], der die Ernährung der Massengesellschaft des 20. Jahrhunderts erst ermöglicht hat. Diese bisher weitgehend übersehene Phase müsste eigentlich als »dritte« industrielle Revolution der Neuzeit bezeichnet werden. Wir geben ihr hier den Namen »Mobilisierung«. Demzufolge müssten wir die »Automatisierungsrevolution« (1950–1960) als »vierte« und die aktuelle, von Vernetzung und allumfassender Digitalisierung bestimmte Periode als die »fünfte« industrielle Revolution bezeichnen, nicht als die »vierte«, wie üblich. Letztere geht auf die Entwicklung des Internets zurück, der größten technischwirtschaftlichen »Kommunikationsrevolution« seit der Erfindung des Buchdruckes, die in alle wirtschaftlichen und sozialen Bereiche ausstrahlt. Das öffentliche Blickfeld der Gegenwart ist, wie die »vergessene« Revolution der »Mobilisierung« zeigt, zu sehr auf den Informations- und Kommunikationssektor (ICT) eingeengt. Damit übersehen wird auch die revolutionären Entwicklungen der Biotechnologie, die durchaus das Potenzial dazu besitzt, technologische Ansätze der Elektronik zu ersetzen und die uns in die nächste industrielle Revolution führen könnte.

2.1 Grundsätzliches zur Geschichte

Die Entwicklung der *Menschheitsgeschichte* verlief nicht in stetigen Bahnen, sondern sie war immer durch Schübe gekennzeichnet. Solche Schübe verlaufen in Prozessform – von der Entdeckung eines Phänomens über die erste Anwendung, die Verbreitung der Erkenntnis und das Finden von Anwendungen. Darüber hinaus überlagern sich Entwicklungen, verstärken sich gegenseitig und führen zu

---

28 Das »Erfindungsjahr« datieren die Technikhistoriker auf 1886, als Benz sein motorisiertes Dreirad-Auto vorstellte.
29 Zurückgehend auf Wilhelm Oswald; die industrielle Herstellung ist erstmals 1913 gelungen.

überraschenden Lösungen. Dabei kommt es scheinbar zu Brüchen, die wir heute als »Disruptionen« bezeichnen, die sich aber, genau gesehen, wieder in einzelne Prozesse zerlegen lassen. So entstand selbst das *Internet* nicht schlagartig, sondern es war ein über 20 Jahre laufender Entwicklungsprozess, wie noch zu zeigen ist. Neue Entwicklungen reizten auch immer zur *Perfektionierung* der überkommenen »reifen« Technologien, etwa der Technik der gefederten Pferdekutsche in Kombination mit der Logistik der Poststationen, die die *substituierenden* Technologien, in diesem Fall die *Dampflok,* später das *Auto* mit dem *Verbrennungsmotor,* in ihrer Verbreitung um Jahrzehnte verzögerten. Um zu einem industriellen Durchbruch zu führen, brauchte es meist mehrere Entwicklungsstränge, die sich gegenseitig durch Nachfrage-Effekte inspirieren mussten, etwa das Rad-Schiene-System (*Dampfmaschine* vs. *Stahlindustrie*) oder das *System Auto-Pneu-Fahrbahn* (*Verbrennungsmotor,* industrielle *Gummiherstellung, Makadamisierung*). Man kann an dieser Stelle regelmäßig *Staueffekte* erkennen, die sich dann quasi schlagartig lösen, wenn die neue Technologie einen Leistungsstand erreicht hat, der von der alten Technik nicht mehr bewältigt werden kann. Die vorlaufenden Entwicklungen brauchten häufig lange, bis sie sich in verschiedenen Branchen niederschlugen. So ist etwa das *3-D-Drucken,* das als Ausprägung der »*Industrie 4.0*« herangezogen wird, keinesfalls eine Erfindung des 21. Jahrhunderts, sondern es wurde bereits in den 80er Jahren des letzten Jahrhunderts als »Aufbauschweißen« in der Stahlindustrie angewendet. Insofern darf man den Begriff »*Disruption*« nur als Kennzeichnung eines schubartigen Wandels auf Branchen- und Unternehmensebene verwenden, wobei Beginn und Ende diffus sind, keinesfalls digital (»ein/aus«) und immer schwer vorhersehbar. Wie das Beispiel des Schienen- und Straßenverkehrs zeigt, kamen dabei meist mehrere Technologien zusammen. Zweifelsfrei gewannen dabei diejenigen Unternehmer, die die Protagonisten der neuen Entwicklung waren und es gingen die unter, die sich dagegenstemmten, weil die Zeit der alten *Technologie* abgelaufen war. Unternehmer, die den Wechsel über eine technologische »Revolution« hinweg überstanden, waren eher die Ausnahme. Die Zahl der Unternehmen, die mit einem Technologiewechsel untergingen, sind unüberschaubar groß: etwa *Kodak* mit dem Übergang zur *Digitalfotografie* oder *Siemens Kommunikationstechnik* mit dem Vordringen des digitalen *Package Switching* – und dies, obwohl beide Konzerne frühzeitig im Bereich der neuen Technik forschten, jedoch nicht das ganze Geschäft umstellten. Vielmehr verhalfen sie den neuen aufstrebenden Konkurrenten, wie *Apple* (denen *Kodak* die Patente zur Digitalfotografie verkaufte) und *Cisco* (für die Siemens den Vertrieb von deren Switching-Systemen übernommen hatte, obwohl sie frühzeitig *Cisco* hätten kaufen können), zu ihren einflussreichen Positionen. Das konventionelle Geschäft ging unter und die Branchen-Ikonen *Kodak* und *Siemens Kommunikationstechnik* mussten die Segel streichen. Der Glaube an die althergebrachte Technologie war immer wieder unerschütterlich. So war *Kaiser Wilhelm II.* überzeugt, dass das *Auto* nur eine periodische Erscheinung sei und dass das *Pferd mit Wagen* langfristig den Verkehr dominieren werde. 20 Jahre später war das Pferd aus dem Stadtbild verschwunden und Kraftfahrzeuge erzeugten die ersten Verkehrsstaus in den Metropolen – eine offensichtliche *Disruption,* wie sie markanter nicht hätte sein können.

2.1.1 Wellentheorien: belastbar oder nicht?

Es gibt unterschiedlichste Ansätze zur Deutung von technisch-wirtschaftlichen Entwicklungsschüben. Der vormalige SAP-Vorstand *Henning Kagermann* prägte das Schlagwort »Industrie 4.0« zur Beschreibung der aktuellen Entwicklungsphase, geprägt durch die weltumfassende Vernetzung von Menschen und Dingen durch das Internet. Die »vierte« industrielle Revolution, die er vermeldet, geht von der Annahme aus, dass es drei vorlaufende Technikrevolutionen gab, nämlich die der Mechanisierung (1750–1780), die Elektrifizierung (1850–1870) und die Automatisierung (1950–1960). Ihm ist dabei entgangen, dass es in der Übergangs- und Kriegszeit zwischen 1870 und 1945 eine weitere technisch-wissenschaftliche »Revolution« gab: diejenige die das Auto hervorbrachte und in der die Chemie einen großen Entwicklungsschub vollzog. Dazu gehörte die industrielle Produktion des Phosphatdüngers, die Voraussetzung zur Ernährung der Menschenmassen und Auslöser für die Bevölkerungsexplosion. Beide Entwicklungen, Auto und Chemie, waren epochemachend, gleichrangig mit den bereits genannten Technikrevolutionen. Wir nennen den Schub zwischen 1885 und 1915 »Mobilisierung« und müssten dann bereits dieser Periode den Namen »Industrie 3.0« geben, sodass wir folgerichtig die heutige Epoche als »Industrie 5.0« bezeichnen müssten. Auf diese Tatsache wird im Rahmen der historischen Betrachtung in diesem Kapitel näher eingegangen.

Die Zählung wird so mit einem grundsätzlichen Fragezeichen versehen, das die Belastbarkeit und Allgemeingültigkeit derartiger »Stempel«, die den Perioden aufgedrückt werden, hinterfragt. Unser deutsches Bild kann nur ein Ausschnitt aus einer Globalsicht sein und es gibt auch ganz andere Perspektiven. Am verbreitetsten sind wohl die nach *Kondratieff* benannten Wellen, die große fundamentale technologisch-soziale Entwicklungen beschreiben. Eine andere Sicht zeigte *Günter Müller-Stewens* mit dem Modell der neuzeitlichen *Wellen der Unternehmensfusionen (M&A)*[30]. Wiederum ganz anders argumentieren Wissenschaftler, die globale kulturell-wirtschaftliche Führungsrollen in den Vordergrund stellen. Sie sprechen vom (vergangenen) »europäischen« Zeitalter, vom (abklingenden?) »amerikanischen«, dem derzeit hervorbrechenden »asiatischen« Zeitalter und sagen in 10 bis 15 Jahren sogar ein »afrikanisches« Zeitalter voraus, wenn dieser Kontinent die Schwelle von 1 Mrd. Menschen erreichen und Europa unter großen Druck setzen könnte. Für 2050 werden sogar 2,5 Mrd. Bewohner in Afrika prognostiziert.

Die »Wellen«, wie die hier gezeigten Beispiele illustrieren, laufen nicht »synchron«. Verbindungen sind zwar durchaus vorhanden. Dennoch bietet sich nicht an, diese eher diffusen Bewegungen mit Nummern zu belegen. Anders als wir Deutsche, die die sogenannten »industriellen Revolutionen« durchzählen, weichen die Amerikaner und Chinesen diesem Problem aus. Vergleichbar mit unserer Bezeichnung (der sogenannten) »Industrie 4.0« kennzeichnen die Amerikaner die aktuelle Periode vorwiegend als Ausprägung von »IIoT« (*Industrial Internet of Things*). Die Chinesen sprechen pragmatisch von »*China 2025*«.

2.1.2   Verwissenschaftlichung und Bezeichnungen

Gesellschafts- und branchenübergreifend ist zu beobachten, dass die »Verwissenschaftlichung«, insbesondere die allgemeine (analoge) Mathematisierung stark voranschreitet, und die diskreten Lösungsansätze – bis hin zur Digitalisierung – alle (wissensbasierten) Branchen befruchteten und

---

30   Vgl. Günter Müller-Stewens et al.: Mergers & Acquisitions, Schäffer-Poeschel Verlag, Stuttgart 2010, M&A als Wellen-Phänomen, S. 35.

damit zu den Entwicklungen beitrugen. Hinzu kommt das grundsätzliche »Problem«, dass die maßgeblichen technischen *Grundlagenentwicklungen* der Neuzeit häufig um viele Jahrzehnte (teilweise um über 50 Jahre) vor der breiten industriellen Anwendung stattfanden. Dabei ist allerdings eine enorme *Beschleunigung* zwischen Grundlagenentwicklung und ihrem Transfer zu breiter industrieller Anwendung zu beobachten. Dies allein ist ein Kennzeichen für *Zeitenwenden*. Auch deshalb läge es nahe, von der im deutschen Sprachraum gängigen Nummerierung der *industriellen Revolutionen* Abstand zu nehmen.

In diesem Buch gehen wir über die Entwicklung von Technik und Wirtschaft hinaus und stellen gesamtgesellschaftliche Phänomene im Zuge der Digitalisierung dar, weil alle Bereiche des sozialen Lebens betroffen sind und sich diese auch gegenseitig befruchten und überlagern. Unter Einrechnung der Periode der Mobilisierung (siehe oben) müssten wir die heutige Zeit damit eigentlich mit »*Industriegesellschaft 5.0*« bezeichnen.

2.2 Meilensteine der Entwicklung 1750–1945

Im Folgenden werden die technisch-sozialen Revolutionen verkürzend und stichwortartig an jeweils herausragenden technischen Neuerungen festgemacht. Damit fokussiert sich die vorliegende Betrachtung auf die *wissensbasierten Industrien*. Diese sollen verdeutlichen, dass es sich um schubartige Entwicklungen handelte, die aber oft einen langen historischen Vorlauf hatten, weit vor der eigentlichen technischen »Revolution« und die bis zur Durchsetzung gegenüber der herkömmlichen Technologie eine Phase der technologischen Verbesserungen durchlaufen und sich gegen Optimierungen der herkömmlichen Technologien durchsetzen mussten. Dies schließt »schlagartigen« Wandel nicht aus. Aber auch dies sind meist Prozesse, die sich über mehrere Jahrzehnte erstrecken. Dies betrifft selbst die Entwicklung des *Internets*. Insofern ist auch der für die derzeit stattfindende Entwicklung gebräuchliche Begriff der »*Disruption*« mit Vorsicht zu verwenden. Diese kann von Branche zu Branche unterschiedlich gesetzt werden. Einzelne Branchenentwicklungen können aber durchaus Zeitenwenden markieren. Zur Übersicht technischer *Entwicklungsschübe,* die einen solch grundlegenden wirtschaftlich-*gesellschaftlichen Wandel* hervorriefen, dass sie als »*industrielle Revolutionen*« bezeichnet werden dürfen, siehe Abb. 2.

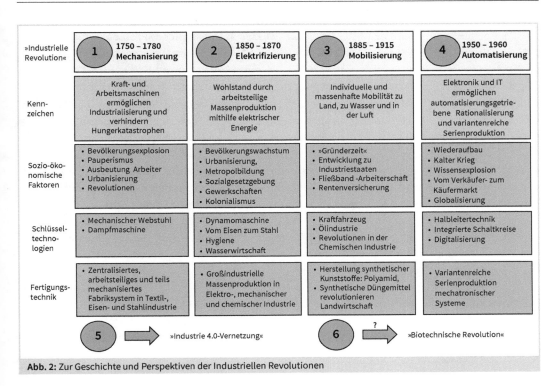

Abb. 2: Zur Geschichte und Perspektiven der Industriellen Revolutionen

2.2.1 Die »Erste industrielle Revolution« der Neuzeit

Die sogenannte erste industrielle Revolution wird üblicherweise in den Zeitraum von 1750 bis 1780 datiert. Sie gilt als Periode der *Mechanisierung.* Zentrale Erfindungen und Entwicklungen sind:

Der mechanische Webstuhl: Bereits im 16. Jahrhundert entwickelte man die ersten maschinellen Webstühle, die meist wassergetriebenen Bandmühlen. 1785 erhielt *Edmund Cartwright* (Nottingham, 1743 – Hastings, 1823) das Patent auf den ersten funktionsfähigen mechanischen Webstuhl. Dies führte zur Industrialisierung der Textilwirtschaft und letztlich zu sozialen Spannungen, wie den Weberaufständen.

Vom Eisen zum Stahl: Das Roheisen wird im seit 1742 angewendeten Gussstahlverfahren zusammen mit Schrott geschmolzen. Im Jahre 1784 entwickelte *Henry Cort* (Lancaster, 1740 – London, 1800) in England das Puddelverfahren. Dabei wird die schon zäh werdende Roheisenmasse mit Stangen gewendet, sodass möglichst viel der Oberfläche mit der Umgebungsluft in Berührung kommen kann. Durch diesen Sauerstoffkontakt wird das Roheisen gefrischt und so zu Stahl verarbeitet.

Die Dampfmaschine: Die Anwendungen der ersten funktionsfähigen Dampfmaschine von *Thomas Newcomen* (Dartmouth, 1663 – London, 1729) fanden sich ab Anfang des 18. Jahrhunderts im Steinkohlebergbau zur Wasserhaltung. *James Watt* (Greenock, 1736 – Heathfield, 1819) verbesserte die damals verbreitete *Newcomen*-Dampfmaschine ganz wesentlich. Seine Maschine von 1788 ebnete den Weg für Serien- und Massenproduktion, wie sie in Großbetrieben und Fabriken ablaufen.

Das Fließband: Bereits im späten 15. Jahrhundert wurden in Venedig Schiffe fließbandartig gefertigt. 1785 ließ *Honoré Blanc* (Avignon, 1736–1801) für *Ludwig XV.* Musketen in Massenproduktion herstellen. *Eli Whitney* (Westborough/Massachusetts, 1765 – New Haven/Connecticut, 1825) gewann 1798 den Auftrag der amerikanischen Regierung zur Fertigung von 10.000 Musketen. Er setzte als Erster das Fließband zur industriellen Massenfertigung ein, das von einer Dampfmaschine betrieben wurde. *Henry Ford* (Greenfield/Michigan, 1863 – Dearborn/Michigan, 1947) setzte die Fließbandfertigung erstmals 1913 in der Autoindustrie ein. Er soll dabei auf die Prozesse in den Schlachthöfen Bezug genommen haben.

Chemische Industrie: Meilensteine für die Entstehung der chemischen Industrie war u. a. das Bleikammerverfahren (1740, Richmond bei London) zur Herstellung von Schwefelsäure. Die Produktion von konzentrierter Schwefelsäure fand erstmals 1778 in Winterthur statt. Ein weiteres Schlüsselprodukt der Chemieindustrie war das Soda, das *Nicolas Leblanc* (Ivoy-le-Pré, 1742 – Paris, 1806) 1791 entwickelte. *Friedlieb Ferdinand Runge* (Hamburg, 1794 – Oranienburg, 1867) öffnete um 1833 bei Oranienburg den Weg zur Entwicklung der organischen Chemieindustrie, indem er ein Nebenprodukt der Steinkohleumwandlung zu Koks untersuchte, den Steinkohleteer.

Elektrotechnik, ein Brückenpfeiler zwischen Chemie und Physik: 1727 entdeckt *Stephen Gray* (Canterbury, 1666 – London, 1736) den Unterschied zwischen Leiter und Nichtleiter. 1800 konstruiert *Alessandro Volta* (Como, 1745–1827) die Volta'sche Säule, die erste funktionierende Batterie. 1821 stellt *Georg Simon Ohm* (Erlangen, 1789 – München, 1854) das Ohm'sche Gesetz auf.

Computertechnik: *Charles Babbage* (London, 1791 – Marylebone, 1871) und *Ada Countess of Lovelace* (London, 1815 – Marylebone, 1852) gelten durch die von *Babbage* 1837 entworfene *Rechenmaschine Analytical Engine* als Vordenker des modernen universell programmierbaren Computers, wobei *Babbage*[31] die Hardware verantwortete, und *Lovelace* das komplexe Programm entwickelte – das erste *Computerprogramm*[32] der Welt.

2.2.2   Die sogenannte zweite industrielle Revolution: das »Europäische Zeitalter«

Sie lässt sich etwa im Zeitraum von 1850 bis 1870 ansetzen. Sie ist durch die Stahlwirtschaft und Elektrifizierung gekennzeichnet. Zentrale Erfindungen und Entwicklungen sind:

Industrielle Stahlerzeugung: Im Windfrischverfahren werden Begleitstoffe des Eisens, vor allem Kohlenstoff, verbrannt und damit Stahl erzeugt. Das auch »saures Windfrischverfahren« genannte Bessemer-

---

31   Babbage entwickelte mit der *difference engine* und der *analytical engine* zwei mechanische Rechenmaschinen, von denen er zu Lebzeiten zwar kein funktionstüchtiges Exemplar fertigstellen konnte, Letztere aber als Vorläufer des modernen Computers gilt. Seine Interessen und Aktivitäten gehen aber weit über die Pionierleistung auf diesem Gebiet hinaus. Seine unter dem Titel *Economy of machinery and manufactures* erschienene Analyse des Fabrikkapitalismus wurde eine wichtige Quelle für Karl Marx, der dieses Buch umfassend rezipierte. Nach Babbage ist das Babbage-Prinzip benannt, das sich mit Lohnkosten befasst.

32   Es nahm wesentliche Aspekte späterer Programmiersprachen wie etwa ein Unterprogramm oder die Verzweigung vorweg. Aus diesem Grund wird Ada Lovelace heute nicht nur als erste Programmiererin der Welt, sondern als erster Programmierer überhaupt bezeichnet – fast einhundert Jahre vor den modernen Pionieren der Programmierung wie Grace Hopper, Jean Bartik oder Howard Aiken. Die Programmiersprache Ada und die Lovelace Medal wurden nach ihr benannt.

verfahren wurde 1855 von *Henry Bessemer* (Charlton/Hertfordshire, 1813 – London, 1898) entwickelt. Das Thomasverfahren (auch »basisches Windfrischverfahren« genannt) wurde 1878 von *Percy Carlyle Gilchrist* (Lyme Regis/England, 1851–1935) und *Sidney Thomas* (London, 1850 – Paris, 1885) erfunden. Das Siemens-Martin-Verfahren war die bevorzugte Stahlherstellungsmethode von seiner Erfindung 1864 an durch *Friedrich Siemens* (Menzendorf, 1826 – Dresden, 1904) und *Carl Wilhelm Siemens* (Gehrden, 1823 – England, 1883) und seiner Umsetzung zusammen mit *Pierre-Émile Martin* (Bourges, 1824 – Fourchambault, 1915) bis in die erste Hälfte des 20. Jahrhunderts.

Die Dynamomaschine wurde 1866 durch *Werner von Siemens* (Lenthe, Gehrden 1816 – Berlin 1892) erfunden. Sie erlaubte auf ökonomische Weise die Umwandlung mechanischer Energie in elektrische Energie.

Der Zeiger-Telegraf: Den ersten Zeigertelegrafen konstruierte *Charles Wheatstone* (Barnwood, 1802 – Paris, 1875) 1839. Im Jahr 1846 baute *August Kramer* (*Nordhausen,* 1817–1885) eine verbesserte Version, welche im Folgejahr von *Werner Siemens* (dito) und *Johann Georg Halske* (Hamburg, 1814 – Berlin, 1890) industriell hergestellt wurde und die Unternehmensgeschichte von *Siemens* begründete. Mit dem Zeigertelegrafen wurde die Kommunikationstechnik revolutioniert.

Die Dampflok war Kernstück der Entwicklung der Eisenbahn, dem Hauptabnehmer des Stahls. Das erste Modell mit damals sogenanntem Hochdruckdampf baute *Richard Trevithick* (Tregajorran/England, 1771 – Dartford, 1833) im Jahr 1797. Die erste im Dauerbetrieb brauchbare Dampflok baute 1814 *George Stephenson* (Wylam/England, 1781 – Tapton House, 1848). *Georg von Reichenbach* (Durlach, 1771 – München, 1826) brachte die Technik durch Industriespionage aus England nach Bayern.

Die chemische Industrie gewann Mitte des 19. Jahrhunderts große Schubkraft. Ab 1852 wurde *Schwefelsäure* nach Entwicklungen von *Friedrich Wöhler* (Frankfurt, 1800 – Göttingen, 1882), *Clemens Winkler* (Freiberg, 1838 – Dresden, 1904) und *Rudolf Knietsch* (Opeln/Polen, 1854 – Ludwigshafen, 1906) im Kontaktverfahren erzeugt. Aus der *Salzsäure* als Nebenprodukt des auf *Nicolas Leblanc* zurückgehenden Verfahrens[33] konnte 1791 *Chlorkalk* erzeugt werden. Dies wurde ab 1863 durch das nach *Ernest Solvay* (Rebecq/Belgien, 1838 – Ixelles/Belgien, 1922) benannte Verfahren zur Herstellung von *Soda* abgelöst.[34] Erkenntnisse über Inhaltsstoffe und Reaktionen eröffneten technisch nutzbare organisch-chemische Prozesse und die Industriezweige zu *synthetischen Farbstoffen, Arzneimitteln* und *Kunststoffen*. So gründete *Friedrich Engelhorn* (Mannheim, 1821–1902) 1865 in Mannheim die *Badische Anilin- und Sodafabrik*.

Die Hygiene und Wasserwirtschaft war Mitte des 19. Jahrhunderts der Schlüssel gegen Epidemien und für das Anwachsen der Städte. Grundlagen als »Vater der Hygiene« legte *Max von Pettenkofer* (Neuburg a. d. Donau, 1818 – München, 1901). 1878 gelang *Robert Koch* (Kgr. Hannover, 1843 – Baden-Baden, 1910) der Nachweis von *Staphylokokken* als Erreger von Wundinfektionen. Etwa zeitgleich entwickelte *Louis Pasteur* (Dole/Frankreich, 1822 – Marnes-la-Coquette, 1895) das nach ihm benannte Verfahren der *Pas-*

---

33   http://www.chemie.de/lexikon/Leblanc-Verfahren.html, abgerufen 17.9.2018.

34   https://www.google.com/search?q=sovay+verfahren&ie=utf-8&oe=utf-8&client=firefox-b, abgerufen 19.9.2018.

teurisierung. 1929 entdeckte Sir *Alexander Fleming* (Darvel/England, 1881 – London, 1955) die antibiotische Wirkung von *Penicillin* in Schimmelpilzkulturen.[35]

Sprengstoffe ziehen im Vorfeld von Kriegs- und Krisenzeiten die besondere Aufmerksamkeit von Regierungen, Forschung und Produktion auf sich. Bereits im 10. Jahrhundert benutzten die Chinesen das Schießpulver.[36] Der Turiner Chemiker *Ascanio Sobrero* (Casale Monterrato, 1812 – Turin, 1888) stieß bereits 1846 auf das *Nitroglyzerin.* Die Bändigung dieses Stoffes und die sichere industrielle Handhabung gelang *Alfred Nobel* (Stockholm, 1833 – Sanremo/Italien, 1896) mit der Erfindung des *Dynamits.*[37], das er 1867 patentrechtlich schützen ließ. Zu den bekanntesten Explosivstoffen der Kriegsführung gehört *Trinitrotoluol (TNT).* 1863 stellte der deutsche Chemiker *Julius Bernhard Wilbrand* (Gießen, 1839–1892) den hochexplosiven Stoff erstmals her.[38]

2.2.3   Übergangs- und Kriegszeit in Europa von 1870 bis 1945

Die Zeit zwischen etwa 1870 und 1945 wird in der Entwicklungsgeschichte von Wissenschaft und Technik weitverbreitet unterschätzt. Zeitlich wird sie durch die großen Kriege bestimmt, dem Deutsch-Französischen Krieg (1870/1871), dem Ersten Weltkrieg (1914–1918) und dem Zweiten Weltkrieg (1939–1945). Die Periode etwa von 1885 bis 1915 ist aber hinsichtlich der explosionsartigen technischen Weiterentwicklungen durchaus mit dem Gewicht der vorgenannten technischen Revolutionen gleichbedeutend. Die signifikantesten Entwicklungen waren das Auto, von der Erfindung (*Carl Benz*) bis zur massenhaften Fließbandfertigung (*Henry Ford*), sowie geradezu eine Überschwemmung von Erfindungen in der chemischen Industrie, von der *Kunststofffaser,* über *synthetische Farben* bis zur *Agrarchemie,* die wiederum die Landwirtschaft revolutionierte.

2.2.3.1   Die »Dritte« Industrielle Revolution 1885–1915: »Mobilisierung«

Abweichend von der gängigen Definition der industriellen Revolutionen sollte bereits die Periode von 1885 bis 1915 als »*dritte industrielle Revolution*« bezeichnet werden, unter dem Kennzeichen der »*Mobilisierung*« und der *Chemie* (vgl. Abb. 2). Das für alle Menschen dieser Zeit sichtbare Zeichen war die Veränderung des Straßenbildes: in den *Metropolen* am Anfang dieser Periode noch von Pferd und Wagen geprägt, am Ende dieser kurzen Phase der Geschichte fast völlig verdrängt durch massenhaft verkehrende Kraftfahrzeuge. Die Entwicklungsperiode insgesamt ist aber wesentlich breiter. Sie umfasst die Zeit der Aufrüstung, die seit den 60er Jahren des 19. Jahrhunderts um sich griff, etwa im *Reichsdeut-*

---

35   https://www.medperts.com/region/germany/specials-blog/-/blogs/eine-kurze-geschichte-der-hgiene, abgerufen 19.9.2018.
36   Eine Mischung aus Salpeter, Holzkohle und Schwefel. Erste Kenntnisse wurden in Europa vom Franziskanermönch Roger Bacon (1214–1294) schriftlich niedergelegt.
37   Auf dem Gelände des heutigen Helmholtz-Zentrums in Geesthacht.
38   Als Füllmittel für Granaten erlangte der Stoff in der deutschen Rüstungsindustrie zu Beginn des 20. Jahrhunderts immer größere Bedeutung. Mit einer Explosionsgeschwindigkeit von neun Kilometern pro Sekunde suchte er lange Zeit seinesgleichen. Mittlerweile wird aber auch diese Rekordleistung von noch wirkungsvolleren Substanzen in den Schatten gestellt.

schen Flottenbauprogramm. Die Aufbauzeit der kaiserlichen Marine liegt zwischen 1867 und 1880.[39] Dazu kam der Bau des *Kaiser-Wilhelm-Kanals* (heute Nord-Ostsee-Kanal), mit seinen *Schleusen* und *Stahlbrücken* eine große Ingenieur- und Logistikleistung. Dieser, bis heute stärkstbefahrene Kanal der Welt, sollte nicht nur der *Handelsschifffahrt* dienen, sondern war von Überlegungen der *Kriegsmarine* getrieben, die ihre Kontingente schnell verlegen wollte. Diese »*industrielle Revolution der Mobilisierung*« (im zivilen wie im militärischen Bereich) umfasste auch die *Luftfahrt* bzw. die *Luftwaffe*, wie an Beispielen unten noch zu zeigen ist. Deshalb ist sie umfassend zu begreifen, alle Sektoren eingeschlossen: zu Land, zu Wasser und in der Luft. Neben den Fahrzeugen umfasst sie die entsprechende *Infrastruktur*: Ein enormer Entwicklungsschub in der *Bautechnik* (*Stähle, Statik, Maschinisierung*) kennzeichnen diese Periode auf globaler Ebene. Es ist die Geburtszeit der *Hochhäuser,* vor allem in den USA[40] und im Tiefbau sind es *Untergrundbahnen*[41] und der besagte *Kanalbau.*[42]

Diese »Revolution« gab der seit den 60er Jahren des 19. Jahrhunderts sich entwickelnden *Ölindustrie* einen raketenhaften Schub. Es entstanden Konzerne, die in ihrem relativem Börsengewicht zu jener Zeit durchaus vergleichbar waren mit denen der heutigen internetgetriebenen Giganten. 1911 führte die damit verbundene Marktkonzentration in den USA zur Aufspaltung von *Standard Oil*[43], die 1891 bereits rund 70 % des Weltmarktes kontrollierte. Die Veränderung des Stadtbildes war auch geprägt durch *Warenhäuser* (Gründungen: *Hertie* 1882, *Karstadt* 1891) und durch die farbenfrohe Mode, die auf der o. g. Entwicklung von *Polyamidfasern* und synthetischen Farben beruhte und sich (etwas später) durch die Erfindung künstlicher *Dispersionsfarben* auch in der Architektur niederschlug. Auf das bunte Bild der Straßen, des Konsums und des Privatlebens fiel 1914 der Schatten des Ersten Weltkrieges.

Kriegszeiten wirken sich sowohl als Beschleuniger (»Der Krieg ist der Vater aller Dinge.«) als auch als Verzögerer technologisch-industrieller Entwicklungen aus – Beschleuniger vor allem für die kriegsvorbereitenden und kriegsbestimmenden Technologien und Märkte, Verzögerer vor allem für die weniger kriegsrelevanten Bereiche[44], durch Umlenkung der technischen Entwicklungen, Bindung der intellektuellen Ressourcen an und durch den Krieg selbst, Zerstörung und Flucht der Intellektuellen, insbesondere in der Nazizeit.

Treiber für die technologischen und industriell-gesellschaftlichen Entwicklungen im Zeitraum zwischen 1870 und 1945 sind die zunehmende *Mathematisierung*, die *Analytik, Verfahrens- und Produktionstechnik,* alle basierend auf analogen Ansätzen, vor allem aus *Mechanik, Chemie* und *Elektrotechnik.* Diskrete bzw. digitale Ansätze wurden weiterverfolgt und bereiteten damit die Grundlage für die nachfolgende »industrielle Revolution« in den 50er Jahren des 20. Jahrhunderts.

---

39   Siehe dazu Clas Broder Hansen: Deutschland wird Seemacht. Der Aufbau der Kaiserlichen Marine 1867–1880, Urbes-Verlag, Gräfelfing 1991.

40   Etwa die Hochhäuser in den USA, vor allem in New York und der »Geburtsstadt des Hochhauses« Chicago.

41   Älteste U-Bahn der Welt ist die 1863 in Betrieb gegangene Londoner »Underground«.

42   Suezkanal, Bau 1854–1869, Panamakanal (Eröffnung 1914). Zu erinnern ist dabei an Ferdinand Marie Vicomte de Lesseps (Versailles, 1805 – La Chesnaye bei Guilly, 1894), der den Suezkanal baute und erster erfolgloser Erbauer des Panamakanals war.

43   1863 von John D. Rockefeller gegründet.

44   Etwa Auflösung des Bauhauses, 1933, Verzögerungen der Bauentwicklung, bedingt auch durch die Stil-Ideologie der Nazizeit. Verlagerung auf strategische Bauvorhaben (Schutz- und Angriffsbauten, Letztere unter Einschluss von sogenannten fliegenden Bauten) und Wiederaufnahme des »modernen« Bauens erst nach dem Zweiten Weltkrieg.

Automobilindustrie, Verbrennungsmotor: *Nicolaus Otto* (Holzhausen a. d. Haide, 1832 – Köln, 1891) entwickelte 1876 in der Gasmotorenfabrik Köln-Deutz den 4-Takt-Gasmotor und 1884 den 4-Takt-Benzinmotor. 1893 begann *Rudolf Diesel* (Paris, 1858 – Ärmelkanal, 1913) zusammen mit der damaligen *Maschinenfabrik Augsburg* (heute MAN Diesel & Turbo SE) und dem Unternehmen *Fried. Krupp* in Essen (heute *ThyssenKrupp*), den ersten Versuchs-Dieselmotor zu konstruieren und zu testen. Der erste von *Carl Friedrich Benz* (Mühlburg/Karlsruhe, 1844 – Ladenburg, 1929) entwickelte stationäre Benzinmotor ist ein Einzylinder-Zweitakter, der 1879 zum ersten Mal läuft. Jedoch gilt das Jahr 1886 mit dem Motordreirad »Benz Patent-Motorwagen Nummer 1« vom Benz als das Geburtsjahr des modernen Automobils mit Verbrennungsmotor, da es große mediale Aufmerksamkeit erregte und zu seiner Serienproduktion führte.

Chemische Industrie & Pharma: Seit 1890 wurden *Chlor*, *Wasserstoff* und *Natronlauge* durch *Elektrolyse* aus *Natriumchlorid* hergestellt. Die *Chemie* und die *Chemiewirtschaft* galten in dieser Phase als friedens- und damit staatserhaltend. So bemerkte *Bismarck* einmal, dass »es weniger die friedliche Gesinnung aller Regierungen ist, die den Frieden bisher erhält, als die wissenschaftliche Leistungsfähigkeit der Chemiker«[45] Dies führte zu gewaltigen *Produktivitätssteigerungen* in der Landwirtschaft, bedingt durch *synthetische Düngemittel*, *Pflanzenschutzmittel* und *Herbizide*. Fortschritt in der Entwicklung von *Arzneimitteln* verbesserten den Gesundheitszustand und senkten das *Infektionsrisiko* bei gefährlichen und ansteckenden Krankheiten wie *Tuberkulose*, *Syphilis* und *Diphterie*. In summa führten die Fortschritte in der Industrie, im *Gesundheitswesen* und in der landwirtschaftlichen Versorgung zur gewaltigen Bevölkerungsexplosion und zur großen Verstädterung in Deutschland.[46] Dabei ist die Erfindung des Stickstoffdüngers der größte Durchbruch dieser Zeit.

2.2.3.2   Die Prägung der »dritten technischen Revolution« (1895–1915)

Wie bereits erwähnt, ist die »vergessene« technische Revolution in der »disruptiven« Periode zwischen 1895 und 1915 durch mehrere Technologien gekennzeichnet, nämlich der Marktreife des *Ottomotors*, der sich zu dieser Zeit in der allumfassenden *Mobilisierung* niederschlug, sowie durch die Fortschritte der Chemie und in der Elektrotechnik. Diese Technologien sind eng miteinander verzahnt, wie etwa beim Verbrennungsmotor ersichtlich, der ja letztlich eine Synthese aus Metallurgie, Mechanik, Chemie (Petrochemie, Verbrennungsführung) und Elektrik (Zündung) darstellt.

Agrochemie: Die *Agrochemie* geht auf *Justus von Liebig* (Darmstadt, 1803 – München ,1873) zurück. Schon 1840 formulierte er: »Als Prinzip des Ackerbaus muss angesehen werden, dass der Boden in vollem Maße wiedererhalten muss, was ihm genommen wurde ... Es wird eine Zeit kommen, wo man den Acker, wo man jede Pflanze, die man darauf erzielen will, mit dem ihr zukommenden Dünger versieht, den man in chemischen Fabriken bereitet.« Liebigs entscheidende Leistung bestand darin, dass er im Gegensatz zu seinen Zeitgenossen anorganische Stoffe als Nährstoffe der Pflanzen erkannte: einfache Salze und Säuren und nicht komplizierte organische Verbindungen. Damit war der gedankliche Weg frei für die industrielle Herstellung von Düngemittel. Ihm unterliefen jedoch Fehler. Sein erster, großtech-

---

45   Hans-Bernd Amecke: Chemiewirtschaft im Überblick, Verlag Chemie, Weinheim 1987, S. 10.
46   Näheres siehe Josef Ehmer: Bevölkerungsgeschichte und historische Demographie 1800–2010, Oldenbourg Verlag, München 2013.

nisch hergestellter Dünger auf der Basis von Pottasche mit kohlensaurem Kalk löste sich in Wasser nicht auf und blieb auf den Feldern praktisch wirkungslos. Dennoch bereitete Liebigs »*Agriculturchemie*«[47] in den nächsten Jahrzehnten den Weg für alle wesentlichen Entdeckungen der Düngemittelindustrie. So konnte *Adolph Frank* (Klötze, 1834 – Berlin, 1916) das Kalisalz für die Landwirtschaft erschließen. Das im Kalisalz gebundene Kalium ist einer der wichtigsten Nährstoffe für Pflanzen. Dem Chemiker *Wilhelm Ostwald* (Riga, 1853 – Großbothen/Grimma, 1932) gelang 1900 die *Ammoniaksynthese*. Allerdings nicht in einem industriell umsetzbaren Verfahren. Bis man Ammoniak, die wichtige Vorstufe für den *Stickstoffdünger*, in ausreichenden Mengen herstellen konnte, dauerte es noch 13 Jahre.[48] Stickstoffdünger ist noch heute der wichtigste Mineraldünger und macht mehr als die Hälfte des weltweiten verbrauchten Düngemittels aus.

Farbstoffe und Pigmente sollten das öffentliche Erscheinungsbild prägen. An dieser Stelle sind zwei Eckpunkte dieser komplexen und vielseitigen Entwicklung zu nennen: das erste deutsche Patent auf Farbstoff-Pigmente, das 1876 *Heinrich Caro* (Preußen, 1834 – Dresden, 1910) für Methylenblau erteilt wurde[49], sowie die breite Bereitstellung von Dispersionsfarbstoffen, die ab 1923 bei der *British Dyestuff Corp.*[50] entwickelt wurden. Wirtschaftlich große Verbreitung erlangte diese Entwicklung für das Färben von *Acetatseide* und später auch zum Färben von Polyesterfasern.

Kunstfasern revolutionierten das Wirtschaftsleben, indem sie Naturstoffe ersetzen, verbilligten, Leistungsmerkmale steigerten, den breiten Konsum und industrielle Anwendungen befeuerten. Sie erhöhten das Angebot an preiswerten Textilien, brachten neue Güter für Haushalte und Gewerbe. Natürliche Polymere sind seit Urzeiten verfügbar.[51] Als industrieller Meilenstein ist die *Synthetisierung von PVC* durch *Henri Victor Regnault* (Aachen, 1810 – Paris, 1878) in Gießen im Jahr 1838 zu werten. *Leo Hendrik Baekeland* (Sint-Martens-Latern/Belgien, 1863 – Beacon/New York, 1944) stellt 1907 den ersten vollsynthetischen Massenkunststoff her: *Bakelit*. Aus dem Labor von *du Pont* meldet der Chemiker *Wallace Hume Carothers* (Burlington/Iowa, 1896 – Philadelphia, 1937) im Jahr 1935 das Patent für eine *Polyamidfaser* an, das fortan unter dem Markennamen *Nylon* die Seidenraupe ablöst und die Welt erobert.[52] In den 50er Jahren des 20. Jahrhunderts setzt die breite Anwendung von *Kunststoffen* in der *Autoindustrie* ein.[53]

Elektrotechnik, Elektronik und Digitaltechnik in Europa: Der Nobelpreisträger *Ferdinand Braun* (Fulda 1850 – New York 1918) entdeckte 1874 den *Gleichrichtereffekt* der Halbleiter. 1925 meldet *Julius Edgar Lilienfeld* (Lemberg, 1882 – Charlotte/Virgin Islands, 1963) das erste Patent zum Prinzip des Transistors

---

47 1840 publiziert Liebig sein grundlegendes Werk über Agrikulturchemie. Die praktische Anwendung seiner Lehre führte seither zur Vervielfachung der Ernteerträge. Die Ernährung industriell und großstädtisch organisierter Gesellschaften wäre ohne Kenntnis der Liebig'schen agrikulturchemischen Grundaussagen nicht möglich.

48 Planet Wissen: Geschichte der Düngemittel. https://www.planet-wissen.de/gesellschaft/landwirtschaft/anbaumethoden/pwiegeschichtederduengemittel100.html, abgerufen 31.12.2018.

49 Seit 1884 im Vorstand der BASF.

50 Entstanden 1919 aus der Fusion von British Dyes Ltd. mit der der Levinstein Ltd. Größter Eigentümer war der britische Staat.

51 Zu den natürlichen Polymeren zählen die Vielfachzucker, die Proteine, Lignin, Naturkautschuk und Asphalt.

52 Der deutsche Chemiker Paul Schlack (1897–1987) trägt diese Technik durch Umgehung der US-Patente nach Deutschland. Er ist Leiter der Forschungsabteilung bei Aceta (Berlin), einer Tochter der IG Farben. Das Produkt wird später unter dem Namen Perlon vermarktet und hat zunächst kriegswichtige Bedeutung, und zwar für die Herstellung von Fallschirmseide.

53 Heute bestehen rund 25 % der Autoteile aus Kunststoff. Wichtigste Treiber sind Systemlösungen, Gewicht, Komfort und Sicherheit. Mit Einführung der Elektromobilität geht ein disruptiver Anstieg der Kunststoffteile einher, insbesondere zur Gewichtsreduzierung etwa beim Einsatz von Carbon-Verbundstoffen.

an. 1936 führte *Alan Turing* (Maida Vale/GBR, 1912 – Wilslow, 1954) das logische Modell der *Turingmaschine* ein. Diese gilt als Grundlage für den Rechner von *Konrad Zuse* (Berlin, 1910 – Hünfeld, 1995), der damit 1941 in Berlin den ersten frei programmierbaren *Computer* vorstellte.

Luftfahrt: Die Anfänge der Fluggeräte gehen bis auf die Zeit vor 1782 zurück. 1783–1890 wurden diverse *Fluggeräte* probiert. 1891–1899 fanden erste *kontrollierte Flüge* statt, 1900–1909 erste *Motorflüge*. Der Aufbau von *Luftfahrtindustrien* wird in die Periode 1910–1919 datiert. 1920–1929 entstand die reguläre *Passagierluftfahrt*, 1930–1939 dann auch *Fernflüge*. Industrielle Produktion von *Kampfflugzeugen* fällt in die Kriegszeit 1939–1945. Entwicklung von *Gasturbinenantrieben, Jets, Turboprops* und *Turbinenhubschrauber findet* 1950–1959 statt. *Überschalljets* entstehen 1960–1969, *Großraumjets* 1970–1979.[54]

Raketentechnik: Erste Nachweise zur Technik einer *Drei-Stufen-Rakete* aus der Zeit zwischen 1529 und 1556 gehen auf *Conrad Haas* (Wien, 1509 – Hermannstadt/Rumänien, 1576) zurück. Der Waffenkonstrukteur *Casimir Simienowicz* (Litauen, 1600–1651) hinterließ mit seinem Werk *Ars magna artilleriae pars prima* von 1650 die nächste bekannte Beschreibung zu dreistufiger Raketentechnik. Die Pionierleistungen der Raketentechnik des 20. Jahrhunderts gehen auf *Wernher von Braun* (Wyrzysk/Polen, 1912 – Alexandria/Virginia, 1977) zurück, führender Konstrukteur der ersten leistungsstarken, funktionstüchtigen *Flüssigkeitsrakete A4* (»*V2*«) zum Einsatz für die *Deutsche Wehrmacht*. Nach dem Zweiten Weltkrieg sicherten sich die USA und Russland große Teile des deutschen Raketen-Know-hows. Bereits zu Kriegszeiten suchten die USA gezielt deutsche Wissenschaftler, um sich ihres Wissens zu bemächtigen. Am 2.5.1945 stellte sich von Braun zusammen mit einigen Wissenschaftlern aus seinem Team den US-Streitkräften. Hohes Ansehen in der westlichen Welt gewann er wegen seiner leitenden Tätigkeit beim Bau von *Trägerraketen* für die *NASA*-Missionen.[55]

Fertigungskonzepte: Die Kriegswirtschaft zwang zu analytischer Tiefe in der Betrachtung kriegsentscheidender Faktoren. So wurden Zerstörungen und die Angemessenheit von Gegenmaßnahmen in der industriellen Produktion genau analysiert. Hierzu zählen z. B. die Untersuchungen des US-Kriegsministeriums über *Kostensenkungseffekte* bei der Herstellung von Militärflugzeugen, die darin begründet lag, dass große Finanzmittel zum Bau bereitgestellt werden mussten, um den voraussehbaren Verlust durch Abschüsse auszugleichen. Bei ihrer Montage wurde nämlich beobachtet, dass die Kosten pro Einheit nach bestimmten Regeln zurückgingen, und zwar proportional zum kumulierten Output. Dieser Effekt wurde als »*Industrieerfahrung*« bezeichnet. Die »Entdeckung« dieses Effekts wird in das Jahr 1942 datiert. Er stellt eines der wichtigsten Konzepte in der Disziplin der *Unternehmensstrategie* dar, das sich nach dem *Zweiten Weltkrieg* (siehe dort) dynamisch verbreiten sollte. Als strategische Messgrößen sind dabei reine *Mengeneffekte* (»*Scale*«) zu unterscheiden und die besagten sich kumulierenden *Lerneffekte*. Diese spiegeln die Kostensenkungen pro Doppelung der ausgebrachten Menge mit einem (nahezu) gleichbleibenden Faktor. Dementsprechend werden sie gängigerweise in der (halblogarithmisch-linear darstellbaren) sogenannten *Erfahrungskurve* niedergelegt.

---

54   https://de.wikipedia.org/wiki/Chronologie_der_Luftfahrt, abgerufen 17.9.2018.
55   https://www.zeit.de/wissen/geschichte/2012-03/wernher-von-braun. https://de.wikipedia.org/wiki/Wernher_von_Braun, abgerufen 17.9.2018.

2.3   Die Nachkriegszeit

Im engeren ist hier die Zeit des *Wiederaufbaues* und der *wirtschaftlichen Neuorientierung* unmittelbar nach dem *Zweiten Weltkrieg* zu betrachten. Als »politisches« Stichjahr könnte in *Deutschland* 1965 gesetzt werden, der Übergang von den »*Wirtschaftswunder-Jahren*« zur Stagnation und *studentischen Protestbewegungen* ab 1968. Die entscheidende *Zeitwende* stoßen jedoch die *USA* mit der Entwicklung des *Internets* an, im Konkreteren beginnend in den 60er Jahren. Vor diesen Hintergründen sind die *USA*, *China* und *Deutschland* näher zu betrachten, der Fokus dieses Buches. Darüber hinaus wird an dieser Stelle der Blick auf *Japan* und *Korea* erweitert, die mit *China* zusammen das »*Asiatische Zeitalter*« einläuten.

2.3.1   Die USA

Die USA fanden sich 1945 im nahtlosen Übergang vom Weltkrieg in den Kalten Krieg wieder. Damit setzten sich die Verteidigungsanstrengungen fort, die Grundlage letztlich auch für das *Internet*. Mit ihrem *Marshallplan* legten die USA die Basis für den Wiederaufbau Westeuropas und sicherten sich die politische und wirtschaftliche Führung der westlichen Welt. Die Wirtschaft der USA liegt weltweit an der Spitze. Sie weist 2018 ein Bruttoinlandsprodukt von rund 20,4 Bio. USD aus.[56] Der größte Teil der Inlandsproduktion wird von privaten Unternehmen erwirtschaftet. Nach dem Zweiten Weltkrieg erlebten die Vereinigten Staaten ein relativ stabiles Wirtschaftswachstum. Ende der 1960er Jahre heizte der *Vietnamkrieg* die Wirtschaft an; er trieb aber auch die Neuverschuldung der USA in die Höhe. Nach der ersten *Ölkrise* von 1973 kam es erstmals zu einer *Stagflation* und im Laufe der 1970er Jahre gab es kaum nennenswertes Wachstum. Der *keynesianische Ansatz*, der bis dahin dominiert hatte, verlor ab Beginn der 1980er Jahre viele Anhänger. Private Unternehmen produzieren die meisten Güter und Dienstleistungen. Fast zwei Drittel der Gesamtproduktion des Landes dienen dem privaten Konsum. Die *amerikanische Volkswirtschaft* verfügt über ein breites Spektrum von Unternehmen, das von Einmannbetrieben bis zu den weltweit größten Konzernen reicht. 99 % aller selbstständigen Unternehmen des Landes beschäftigen weniger als 500 Personen. Laut *U.S. Small Business Administration (SBA)* beschäftigen diese Kleinunternehmen 52 % aller amerikanischen Arbeitnehmer. 39 % der Hightech-Mitarbeiter arbeiten in mittelständischen Unternehmen. Die umsatzstärksten börsennotierten Unternehmen der USA (in Mrd. USD) aus dem Jahr 2017 sind in Abb. 3 aufgeführt.

Rang	Name	Sitz	Branche	Umsatz
1	Walmart	Bentonville	Einzelhandel	500
2	Exxon Mobil	Irving	Öl-Exploration/Handel	244
3	Berkshire Hathaway	Omaha	Konglomerat, Holding	242
4	Apple	Cupertino	Mikroelektronik	229
5	United Health Group	Minnesota	Gesundheitswesen	201

---

56   https://de.statista.com/statistik/daten/studie/14418/umfrage/bruttoinlandsprodukt-in-den-usa, abgerufen 22.9.2018.

Rang	Name	Sitz	Branche	Umsatz
6	Mc Kesson	San Francisco	Gesundheitswesen	199
7	CVS Health	Rhode Island	Gesundheitswesen	185
8	Amazon	Seattle	Online-Handel	178
9	AT&T	Dallas	Netzbetreiber	161
10	General Motors	Detroit	Kraftfahrzeuge	157

Abb. 3: Die umsatzstärksten Unternehmen der USA

Darunter finden sich die internetgetriebene Unternehmen *Apple* auf Position 4 und *Amazon* auf Position 8, die in Kapitel 3 weiter behandelt werden sowie der Telekom-Betreiber *AT&T*, auf den wir in Kapitel 3 gleichfalls zurückkommen. Bezeichnenderweise finden sich in dieser Liste nur diese drei Unternehmen der breiter definieren IT- und Kommunikationsbranche (Weiteres zur Branchendefinition und Segmentierung siehe Kapitel 3). Die Umsatzführer kommen aus dem Einzelhandel (*Walmart*) und aus dem Ölgeschäft *(Exxon)*. Allein drei Unternehmen repräsentieren das Gesundheitswesen. Durch den großen homogenen Markt mit rund 326 Mio. Einwohnern (2017) und dem hohen Lebensstandard verfügen die USA über einen der größten Absatzmärkte der Welt. Die US-Unternehmen profitieren davon durch einen Konsolidierungsvorteil etwa gegenüber Europa mit seinen vielen national fragmentierten Märkten. Dies führte zu Kostenvorteilen von über 30 % gegenüber den Europäern. Führende Positionen in Forschung und Technologie gehen auch auf die Eliteuniversitäten zurück, wie *Harvard* und *Stanford*[57], auf die im folgenden Kapitel näher einzugehen ist. Die Entwicklung in der *IT-Branche* und insbesondere Informationen zum *Internet* und der darauf aufbauenden internetbasierten Industrie sollen im Kapitel 3 detailliert vorgestellt werden.

2.3.2 Deutschland und Europa, im Kontext mit den USA

Der Zeitraum in Europa zwischen 1945 bis etwa 1965 wird in Deutschland gängigerweise als »*Dritte industrielle Revolution*« bezeichnet – obwohl deutlich gemacht wurde, dass diese Wortwahl irreführend ist, da sie die beschriebene »Industrierevolution« um die Jahre zwischen 1885 und 1915, mit der Erfindung und Verbreitung des *Automobils,* nicht berücksichtigt. Wie gezeigt wurde, führte dieser Durchbruch zur massenhaften *Mobilität des 20. Jahrhunderts*. Deshalb sollte man diesen Zeitraum, der gleichzeitig auch von den rasanten Fortschritten der *Chemie* (insbesondere die epochemachende industrielle Produktion des Phosphatdüngers) gekennzeichnet ist, bereits als »*dritte industrielle Revolution*« bezeichnen. Demnach ist die von der *Automatisierung*, der beginnenden *Digitalisierung* und den Anfängen der *Mikroelektronik* geprägte Periode zwischen 1950 und 1960 bereits als »*vierte industrielle Revolution*« anzusehen (vgl. Abb. 2).

---

57 Darunter die klassischen acht Universitäten der Ivy League, der sogenannten »Ancient Eight«, https://www.college-contact.com/usa/ivy-league, zu denen Harvard und Princeton zählen. Nach einer Untersuchung von Forbes im Jahr 2014 schaffte es keine von ihnen, unter die besten drei zu kommen. Stanford, außerhalb dieser Liste, ist US-weit die Nummer 2. https://www.forbes.com/sites/carolinehoward/2014/07/30/americas-top-colleges-2014/#d57650616e 16, abgerufen 13.9.2018.

Die »*Mobilitätsrevolution*« bettet sich in die bereits beschriebene, vor allem Europa betreffende Kriegsperiode von 1870 bis 1945 ein.[58] Der Beginn des Zweiten Weltkriegs 1939 löst den Aufstieg des *Silicon Valley* aus, der auf die Gründung *militärischer Forschungseinrichtungen* zurückgeht und der die Wirtschaft der USA nachhaltig prägen wird.

Das Ende des *Zweiten Weltkriegs* markiert vor allem in Europa den industriell-technologischen Epochenwechsel, geprägt durch das Ende der *Kriegswirtschaft*, den *Wiederaufbau* in Deutschland mit der Wiederherstellung der Industrie, die nunmehr wieder das *Massengeschäft* und den breiten *Konsum* im Auge hat. Erleichtert wird der *Wiederaufbau* in Deutschland durch die weniger zerstörten Strukturen »unter der Erde«, vor allem der kapitalintensiven *Montanindustrie*. Deutlichstes Markenzeichen in Deutschland wird der *Volkswagen*, der nun als »Auto für alle« neue *Mobilitä*t und Reisen ins europäische Ausland verspricht.

Politische Zeit-Determinanten: Untrennbar verbunden ist die Zeit des Wiederaufbaues in Deutschland mit dem Namen *Ludwig Erhards* (1897–1977) verbunden, Wirtschaftsminister 1949 bis 1963 und Vater der »*sozialen Markwirtschaft*«, dem wesentliche Erfolge des »Wirtschaftswunders« zugerechnet werden. Politisch markiert die *Wirtschaftskrise* 1965 das Ende jener Epoche, infolge derer Erhard, weniger glücklich als Kanzler (bis 1966), zurücktreten muss. Dies führte in der Folge zur immer kritischer werdenden Auseinandersetzung mit dem politischen System – vielfach evoziert von Wirtschaftsführern und Politikern, die sich aus der *Nazizeit* in die neue Republik hinübergerettet hatten. Dieses Spannungsfeld entlud sich 1968 mit den *Studentenprotesten*. Weltpolitischer Hintergrund dafür war vor allem der *Vietnamkrieg*[59], der im Februar 1965 durch den Befehl des US-Präsidenten *Lyndon B. Johnson* zum Bombardement *Nordvietnams* eine weitere Eskalationsstufe erfuhr, die dann 1968 eingestellt wurden. Studentenproteste in den USA und weltweit hatten dazu den öffentlichen Druck aufgebaut. Dies ist der politisch-soziale Hintergrund der Ereignisse, die sich ab den 60er Jahren in *Stanford* und dem *Silicon Valley* abspielen sollten und die eine neue *industrielle Revolution* einläuteten. Doch dazu später.

Wissens- und Personaltransfer: Deutsche Denker und Wissenschaftler waren bereits während der Nazizeit ins Ausland gegangen, vor allem in die USA. Nach dem Krieg forcierten die Amerikaner die Anwerbung führender Deutscher, was neben dem angestrebten Transfer von Wissen auch den Transfer von Technologien und Branchen zur Folge hatte und das dortige Raketen- und Raumfahrtprogramm befruchtete. So warben die US-Streitkräfte *Wernher von Braun* (Wrzysk/Polen, 1912 – Alexandria/Virginia, 1977), den Vater des deutschen Raketenprogramms (»V2«) zusammen mit seinem Team. Er wurde zum Wegbereiter der US-Raketenwaffen und der US-Raumfahrt schlechthin. Denkt man an die Landung der US-Raumfahrt auf dem Mond, so ist dieser Erfolg unzweideutig mit dem Know-how *Wernher von Brauns* verbunden.

---

58   Der Eintritt der Vereinigten Staaten in den Zweiten Weltkrieg erfolgte erst am 8. Dezember 1941 mit der Kriegserklärung an Japan nach dem Angriff auf Pearl Harbor am Tag zuvor. Wenige Tage später, am 11. Dezember, erfolgte die Kriegserklärung Deutschlands und Italiens an die USA. https://de.wikipedia.org/wiki/Eintritt_der_Vereinigten_Staaten, abgerufen 1.8.2018.

59   Da es sich hier um eine technikhistorische Zusammenstellung handelt, soll auf eine Darstellung weiterer Zusammenhänge mit dem Indochinakrieg (etwa ab 1946–1954) und dem Vietnamkrieg (etwa 1955–1975) verzichtet werden. Zu verweisen ist auf Wikipedia: https://de.wikipedia.org/wiki/Vietnamkrieg, aufgerufen 29.7.2018.

2.3.3   Das aufstrebende China

Die Wirtschaftspolitik der 1949 unter *Mao Zedong* (Saoshan, 1893 – Peking, 1976) neugegründeten Volksrepublik China setzte auf Planwirtschaft mit möglichst hohem Wirtschaftswachstum. China war zu diesem Zeitpunkt ein Agrarstaat. Das Bruttoinlandsprodukt wuchs 1952 bis 1975 um jährlich mehr als 5 %, allerdings unter extremer Bevorzugung des Investitionsgütersektors und unter Vernachlässigung der Bedürfnisse der Bevölkerung. Die Folge des gescheiterten großen Sprunges nach vorn waren massive Hungersnöte mit Millionen von Toten. Unter *Deng Xiaoping* (geb. Paifang, 1904) wurde die kollektivierte Landwirtschaft allmählich auf dem Pachtweg reprivatisiert. Seit 1979 gibt es *Sonderwirtschaftszonen*. Mit der Entwicklung von *Privatwirtschaft* kam es zu einem Kader-Kapitalismus, der die Familien wichtiger Funktionäre der *Kommunistischen Partei (KPCh)* bevorzugte. Ein schneller Ausbau der Infrastruktur war nötig, um dem Smog in vielen Städten entgegenzuwirken, der durch die weitverbreitete Verbrennung von Kohle im privaten wie im öffentlichen Bereich entstand. Die weltweit zunehmende CO_2-Belastung geht weitgehend auf China zurück. Dagegen stellt China den Ausbau der nicht-CO_2-treibenden *Energieversorgung*. So sollen bis 2030 110 *Kernkraftwerke* an das Netz angeschlossen sein. Weltweit führend ist China auch bei der *Solartechnik*, nach Übernahme zahlreicher Unternehmen im Ausland, auch der wichtigsten deutschen Akteure. Die industrielle Entwicklung wird zunehmend auf ganz China ausgedehnt. Die Regierung überzieht das Land mit neuen Straßen, Bahnlinien, Flughäfen und weiterer benötigter Infrastruktur wie Wasser- und Stromversorgung, Energie und Telekommunikationsanschlüssen. Die Restriktionen für ausländische Unternehmen zum selbstständigen Geschäftsausbau in China werden schrittweise abgebaut. An den politischen Rahmenbedingungen wurde jedoch bislang nichts geändert, weshalb das Wirtschaftssystem offiziell als »*sozialistische Wirtschaft chinesischer Prägung*« bezeichnet wird. Eine tragende Rolle in China spielen die *Staatsunternehmen*, die unter Präsident *Xi Jinping* (geb. Beijing 1953) bis Ende 2017 bereits alle in Kapitalgesellschaften umgewandelt wurden.

Rang	Fortune 500	Name	Sitz	Umsatz Mrd. USD	Gewinn Mrd. USD	Mitarbeiter	Branche
1.	2.	State Grid Corporation	Peking	315,199	9,571	926,067	Versorger
2.	3.	Sinopec	Peking	267,518	1,258	713,288	Öl und Gas
3.	4.	China National Petroleum	Peking	262,573	1,868	1,512,048	Öl und Gas
4.	22.	ICBC	Peking	147,675	41,883	461,749	Banken
5.	24.	China State Construction Engineering	Peking	144,505	2,492	263,915	Bau und Immobilien
6.	28.	China Construction Bank	Peking	135,093	34,841	362,482	Banken
7.	38.	Agricultural Bank of China	Peking	117,275	27,687	501,368	Banken

Rang	Fortune 500	Name	Sitz	Umsatz Mrd. USD	Gewinn Mrd. USD	Mitarbeiter	Branche
8.	39.	Ping An Insurance	Shenzhen	116,581	9,392	318,588	Versicherungen
9.	41.	SAIC Motor	Shanghai	113,861	4,818	97,582	Automobile
10.	42.	Bank of China	Peking	113,708	24,773	308,900	Banken
11.	47.	China Mobile	Peking/ Hongkong	107,117	9,614	463,712	Telekommunikation
12.	51.	China Life Insurance	Peking	104,818	0,162	143,676	Versicherungen
13.	56.	China Railway Group	Peking	96,979	0,924	292,215	Eisenbahnbau
14.	59.	China Railway Construction	Peking	94,877	1,192	336,872	Eisenbahnbau
15.	69.	Dongfeng Motor	Wuhan	86,194	1,415	189,795	Automobile
16.	84.	Huawei	Shenzhen	78,511	5,579	180,000	Technologie
17.	87.	China Resources National	Hongkong	75,776	2,580	420,572	Gesundheitswesen
18.	90.	Pacific Construction Group	Nanjing	74,629	3,168	362,128	Bau und Immobilien
19.	101.	China Southern Power Grid	Guangzhou	71,242	2,330	302,421	Versorger
20.	102.	China South Industries Group	Peking	71,151	0,580	232,817	Mischkonzerne

Abb. 4: Die 20 größten börsennotierten Unternehmen Chinas

Abb. 4 gibt eine Übersicht der 20 größten Kapitalgesellschaften Chinas; die führenden darin sind *Versorger, Banken und Bauunternehmen*. Die umsatzmäßig führenden Unternehmen mit IT-Orientierung sind darin die Telekom-Betreiber *China Mobile* (Pos. 11) und *China Telekom* (Pos. 28), der Telekom-Hersteller *Huawei* (Pos. 16) und der Computer-Hersteller *Lenovo* (Pos. 48). Die im Weiteren zu behandelnden *internetgetriebenen Unternehmen* (vgl. Kapitel 3 zur Definition des Feldes: »I/SD«) sind in Abb. 4 nicht genannt, weil sie den Umsätzen nach nicht unter die 20 größten fallen, wie etwa die Einzelhandelsplattform *Alibaba* mit rund 40 Mrd. USD Umsatz im Jahr 2016.

Im Folgenden werden ergänzend noch *Japan* und *Korea* vorgestellt, die in der Bewertung der IT- und internetgetriebenen Industrie jedoch nicht weiter behandelt werden, da diese bei der *Positionierung*

Deutschlands gegenüber den Weltmarktführern *USA* und *China* keine entscheidende Rolle spielen.[60] Lediglich im *Robotik-Bereich* ist *Japan* weltweit führend, wobei aber zu berücksichtigen ist, dass in Fernost (insbes. China und Japan) *Robotik* breiter definiert ist als in Deutschland. In *China*, resp. *Japan*, werden – anders als in Deutschland – z. B. einfache mechanische Handhabungseinrichtungen mit einbezogen.

2.3.4   Japan: Vorhut in Asien

Über Jahrhunderte hatte Japan die Gewohnheit, ausländisches Wissen an sich zu ziehen und damit die eigene Entwicklung zu beschleunigen. Der technologische Gewinn schlug sich in *Expansionskriegen* nieder: 1894 erster *Chinakrieg*, 1910 *Annektion Koreas*, im Ersten Weltkrieg Eroberung *deutscher Kolonien* in Asien, bis 1938 Eroberungen in China, mit Ausbruch des *Zweiten Weltkriegs* Verbündung mit dem *Hitler-Deutschland*.[61] Der Abwurf der US-Atombomben in *Hiroshima* und *Nagasaki* beendete im September 1945 den *Zweiten Weltkrieg*, aus dem Japan dennoch wesentlich weniger zerstört hervorging als *Deutschland*. Dem militärischen Niedergang folgte ab den 1950er Jahren ein extremer wirtschaftlicher Aufstieg. Der Lebensstandard wuchs im selben Maße, wie die japanische Wirtschaft sich erholte und in der ganzen Welt wettbewerbsfähig wurde. Dabei setzten die Japaner auf hohe *Effizienz, Kostenkontrolle und Qualität*. Vor allem im Bereich der *Unterhaltungselektronik* und im *Automobilbereich* wurde Japan in den 1980er Jahren zu einer der stärksten Wirtschaftsmächte der Welt. Größte Bedeutung gewann das »*Toyota-Produktionssystem*« mit seinem »*Kaizen*«*-Konzept schlanker Produktion* (»*Lean Manufacturing*«[62]). Dies gewann weltweite Aufmerksamkeit als »*Benchmark*« und wurde beispielgebend für alle Branchen.[63] In Kapitel 12 dieses Buches (»Organischer Umbau: digital getriebene Wertschöpfung«) wird darauf zurückzukommen sein, weil dies in Verbindung mit *datenorientierten Geschäftskonzepten* eine Weiterentwicklung erfahren wird. Die in Asien zu beobachtende *kulturelle Verankerung* des *Kopierens*[64] und *Verfeinerns* erlaubte Japan, weltweit führende Positionen aufzubauen, insbesondere in der *Unterhaltungsindustrie, IT-Industrie, Medizintechnik, Chemie* und *digitalen Fotografie*, in denen sie ganze Branchen (etwa in Deutschland) überflügelten und an sich zogen. Durch verschiedene politische und wirtschaftliche Krisen flachte sich das Wachstum aber in den Jahren nach 1985 deutlich ab. *Vergreisung* und Ausbleiben von *Reformen* haben dazu beigetragen, dass diverse asiatische Wirtschaftskrisen in Japan zu Problemen führten, von denen sich das Land bis heute nicht wieder vollständig erholt hat. Die *Fortschrittsgläubigkeit* hat aber in Japan einen sehr hohen Stellenwert. So gab es gegen neue *Atomkraftwerke* lange Zeit keine Kritik, da sie eine kostengünstige, importarme CO_2*-freie Energieversorgung* in

---

60   Anderenfalls würde dies die Komplexität der Untersuchungen unverhältnismäßig steigern und den Rahmen dieses Buches sprengen.

61   Weiteres siehe Japanwelt: Geschichte Japans Teil 2: Das moderne Japan, https://www.japanwelt.de/blog/japans-geschichte-teil-2-modernes-japan/, abgerufen 15.9.2018.

62   Fünf Grundgedanken: (1) Prozessorientierung, (2) Kundenorientierung, (3) Qualitätsorientierung, (4) Kritikorientierung, (5) Standardisierung.

63   Anfang der 1990er Jahre erschien ein Buch mit dem Titel »Die zweite Revolution in der Automobilindustrie«. Die Autoren James P. Womack, Daniel T. Jones und Daniel Roos hatten als Wissenschaftler des Massachusetts Institute of Technology fünf Jahre lang im Rahmen des *International Motor Vehicle Program* (IMVP) die Unterschiede in den Entwicklungs- und Produktionsbedingungen der Automobilindustrie untersucht, und waren dabei auf Toyota gestoßen.

64   Verbunden mit unternehmerischem Mut, Detailgenauigkeit, dem Verbessern in langen Diskussionsrunden (»Ringi«), sowohl bei Produkten als auch in den Fertigungsprozessen.

dieser an *fossilen Rohstoffen* armen Region sichern. Letztlich änderte auch der *Tsunami*, der 2011 zu den verheerenden Fehlfunktionen in den Reaktorblöcken von *Fukushima* führte, nichts an der *Nuklearpolitik Japans*.[65] Einen Einblick in die industriellen Stärken Japans gibt Abb. 5 über die bedeutenden Akteure an der Börse.

Rang	Fortune 500	Name	Sitz	Umsatz Mrd. USD	Gewinn Mrd. USD	Mitarbeiter	Branche
1.	5.	Toyota Motor	Toyota	254,694	16,899	364,445	Automobile
2.	29.	Honda Motor	Tokio	129,198	5,690	211,915	Automobile
3.	33.	Japan Post Group	Tokio	122,990	-0,267	248,384	Logistik
4.	44.	Nissan	Yokohama	108,164	6,123	137,250	Automobile
5	50.	NTT	Tokio	105,128	7,384	274,844	Telekommunikation
6.	72.	Hitachi	Tokio	84,558	2,134	303,887	Technologie
7.	73.	Softbank	Tokio	82,892	13,163	68,402	Telekommunikation
8.	88.	Æon	Chiba	75,772	0,194	274,760	Einzelhandel
9.	106.	Sony	Tokio	70,170	0,676	128,400	Technologie
10.	111.	Panasonic Corporation	Osaka	67,775	1,378	257,533	Technologie
11.	112.	Nihon Seimei Hoken	Tokio	67,388	2,787	85,171	Versicherungen
12.	117.	Marubeni	Tokio	65,792	1,434	39,952	Einzelhandel
13.	127.	JX Holdings	Tokio	63,629	1,477	26,247	Mischkonzern
14.	142.	Dai-ichi Seimei Hoken	Tokio	59,590	1,192	62,606	Versicherungen
15.	145.	Mitsubishi Motors	Tokio	59,303	4,063	77,164	Automobile
16.	164.	Mitsubishi UFJ Financial	Tokio	55,185	8,550	115,276	Banken
17.	167.	Seven & I Holdings	Tokio	53,858	0,893	54,712	Einzelhandel

---

65   Wohl aber an der Atompolitik Deutschlands, da Kanzlerin Merkel den »Atomausstieg« verkündete und damit der weltweit führenden deutschen Kernkraftindustrie ein Ende setzte – obwohl weder Tsunamis noch Erdbeben zu befürchten waren.

Rang	Fortune 500	Name	Sitz	Umsatz Mrd. USD	Gewinn Mrd. USD	Mitarbeiter	Branche
18	185.	Tepco	Tokio	49,446	1,226	42,060	Versorger
19	188.	MS&AD Insurance Group	Tokio	49,239	1,942	40,641	Versicherungen
20.	193.	Tokio Marine Holdings	Tokio	48,292	2,527	38,842	Versicherungen

Abb. 5: Die 20 größten börsennotierten Unternehmen Japans

Die Gewichte sind durchaus ähnlich wie in Deutschland. Vier *Autokonzerne* sind in den Top 20 vertreten, davon an der Spitze. Die zwei *Telekom-Betreiber* NTT und *Softbank* (dazu weiter im Kapitel 3) rangieren im ersten Viertel. Der *ICT-Markt* Japans ist die Nummer drei hinter *China* und den *USA*. Bis 2021 gehen Analysten von moderaten Wachstumsraten aus, für das Jahr 2021 werden Marktvolumina für *Computer Hardware* von 22,0 Mrd. USD, für *Software* 37,4 Mrd. USD und *IT-Services* 179,2 Mrd. USD erwartet.[66] Die größten Elektronik-Unternehmen finden sich im Konsumsektor, wie z. B. *Sony* (Pos. 9), *Panasonic* (Pos. 10). Größter *Computerhersteller* ist *Fujitsu* (Pos. 26), größter *Digitalkamera-Hersteller Canon* (Pos. 36). Japan ist Weltmarktführer im *Robotik*-Bereich und hält mit einem Wert von ca. 3,17 Mrd. USD ca. 50 % der weltweiten Marktanteile für *Industrieroboter*.[67] Mittlerweile hat sich auch die japanische Wirtschaft »*Industrie 4.0*« auf die Fahnen geschrieben. Die Wirtschaftsministerien Japans und Deutschlands haben im Jahr 2016 eine Kooperation im Bereich *Industrie 4.0* vereinbart und zur *CeBIT 2017* weiter vertieft. Für Premierminister *Shinzo Abe* ist die Digitalisierung der *Fertigungstechnik* zu einem integralen Teil seiner *Revitalisierungspolitik* für die Wirtschaft in Japan geworden. Die Diskussion um dieses für die japanische Industrie mittlerweile sehr wichtige Thema ist von Bewunderung für die Vorbild- und *Vorreiterrolle Deutschlands* geprägt. Die japanische »*Industrial Value Chain Initiative*« (*IVI*) soll Standards für eine *Vernetzung von Fabriken* erarbeiten und japanische Industriestandards weltweit verbreiten.[68]

2.3.5   Südkorea, der Wachstums-Champion

Die beiden Nachfolgestaaten des vormaligen japanischen *Protektorats Korea* (*Chōsens*) wurden 1948 im aufkommenden *Kalten Krieg* gegründet; der folgende *Koreakrieg* zementierte die *Teilung Koreas*. Mit rund 51,7 Mio. Einwohnern zählt *Südkorea* zu den 30 bevölkerungsreichsten Staaten der Erde und mit über 500 Einwohnern pro Quadratkilometer zu den dicht besiedelten Staaten. Etwa die Hälfte der Einwohner lebt im Großraum der Hauptstadt *Seoul*, mit der viertgrößten *Wirtschaftskonzentration* weltweit. Der rapide *Wirtschaftsaufschwung* ab 1962 wandelte Südkorea schnell von einem armen *Agrar-*

---

66   https://atradius.de/publikation/market-monitor-ict-japan-2018.html. Umrechnung von € zu USD, Kurs 1,14, abgerufen 16.9.2018.
67   https://i40.de/geschaeftsanbahnung-japan-robotik-und-it-dienstleistungen-fuer-die-industrie-10-15-juni-2018-nach-tokyo-nagoya-osaka-und-kyoto/, abgerufen 15.9.2018.
68   https://www.vdi-nachrichten.com/Technik-Wirtschaft/Japan-entdeckt-Industrie-40-fuer, aufgerufen 15.9.2018.

land zu einem modernen *Industriestaat*, einem der sogenannten *Tigerstaaten*.[69] In der Produktion von *Schiffen*[70] und elektronischen Produkten wie *Halbleitern*, *Mikrochips*, *Flachbildschirmen* und *Computern* hat die südkoreanische Industrie marktbeherrschende Stellungen erreicht. Südkorea hat innerhalb der *OECD* die höchste prozentuale Rate von Absolventen in Naturwissenschaften und Ingenieurwesen.[71] Außerdem führt das Land den *Bloomberg Innovation Index* an.[72] Des Weiteren ist die Gesellschaft Südkoreas besonders offen für *neue Technologien* und wird deshalb als *Testmarkt*, insbesondere für *Smartphone-Technik*, genutzt. Zahlreiche Erfindungen in *Neuen Medien* und *Apps* sowie *4G*- und *5G-Infrastrukturen* werden zuerst in *Südkorea* umgesetzt.[73] Südkorea gilt als »Mekka des *E-Sports*«. *Online-Spiele* und das traditionelle Brettspiel *Baduk* (japanisch: *Go*) entwickelten sich zu einem wichtigen Teil der südkoreanischen Kultur. Nach *Japan*, den *USA* und *Deutschland* verfügt *Südkorea* über den weltweit vierthöchsten Bestand von *Industrierobotern*[74]: In der *Servicerobotik* ist *Südkorea* neben *Japan* führend. 2005 entwickelten Forscher des *Korea Advanced Institute of Science and Technology* (*KAIST*) den weltweit zweiten, laufenden *humanoiden Roboter*, HUBO. Ein Team des *KAIST* entwickelte im Mai 2006 den ersten koreanischen *Androiden*, Ever-1.[75] Die 60 größten Konzerne des Landes (koreanisch *Chaebol*) erwirtschaften etwa zwei Drittel des gesamten Bruttoinlandsproduktes. Die fünf größten darunter sind:

- *Samsung Electronics*, Börsenwert 199 Mrd. USD (s. u.),
- *Hyundai Motors*, Börsenwert 32,9 Mrd. USD, gehört zu den Top-5-Autoherstellern weltweit,
- *SK Hynix* (ex Hyundai Electronics), Börsenwert 34 Mrd. USD, zweitgrößter Chiphersteller hinter *Samsung*,
- *Korea Electronic Power*, Börsenwert 27 Mrd. USD, verstaatlicht,
- *Hyundai Mobis* (ex Hyundai Precision & Industries Corporation), Börsenwert 24 Mrd. USD, einer der 10 weltweit führenden Automobilzulieferer.

Die im Jahre 1969 gegründete *Samsung Electronics* ist das Aushängeschild der südkoreanischen Wirtschaft und dominiert die Top 5 der größten Unternehmen in Südkorea. Das Unternehmen ist eines der weltgrößten Elektronikkonzerne[76] und ringt mit *Apple* um die Weltmarktführung bei *Mobiltelefonen*: Nach Stückzahlen hat Samsung den Vorsprung, das Hochpreissegment führt Apple. Bei *Speicherchips* und bei *LCD-Fernsehern* ist *Samsung* die unangefochtene Nummer eins im Weltmarkt.[77, 78] Größter *Seoul-*

---

69   Neben Taiwan (=Republik China), Singapur und Hongkong.

70   Zeitweise liegen die Tonnenpreise für abgelieferte Schiffe Südkoreas unter den Weltmarkt-Tonnenpreisen für den entsprechenden Stahl.

71   OECD (Hrsg.): *OECD Science, Technology and Industry Scoreboard 2015. Innovation for growth and society.* 2015, doi:10.1787/888933273567 (englisch, oecd-ilibrary.org), abgerufen 11.2.2017.

72   Michelle Jamrisko, Wei Lu: *These Are the World's Most Innovative Economies*, in: *Bloomberg*, 17.1.2017, abgerufen 11.2.2017.

73   Martin Pasquier: *Can South Korean startups (and the government) save its flailing giant tech conglomerates?* In: *TechCrunch*. 17.5.2016, abgerufen 11.2.2017 (englisch).

74   EFI (Hrsg.): *Gutachten zu Forschung, Innovation und technologischer Leistungsfähigkeit Deutschlands 2016.* Berlin, (Volltext [PDF; abgerufen 10.2.2017]), S. 52.

75   Victoria Gilman: *Photo in the News: Female Android Debuts in S. Korea*, in: *National Geographic*, 15.5.2006, abgerufen 10.2.2017.

76   Alexander Mittermaier in GeVestor: die 5 größten Unternehmen in Südkorea. https://www.gevestor.de/details/die-5-groessten-unternehmen-in-suedkorea-734486.html, abgerufen 16.9.2018.

77   https://www.onlinekosten.de/news/wettbewerb-im-smartphone-markt-verschaerft-sich_202383.html, sowie diverse Marktforscher, Stand September 2018.

78   https://www.handelsblatt.com/unternehmen/it-medien/starkes-chipgeschaeft-samsung-verbucht-neue-rekorde/20909372.html?ticket=ST-7215235-n9gg9FqjJfce75IEXtZn-ap4, abgerufen 16.9.2018.

ansässiger Gegenspieler in der Konsum- und Mikroelektronikindustrie ist *LG Electronics*.[79] Der koreanische *Information & Communication Technology Markt (ICT)* wird für 2018 mit 425 Mrd. USD Umsatz beziffert.

2.3.6   Die globalen Treiber-Technologien der Nachkriegszeit

Der wissenschaftliche Fortschritt beschleunigt sich, gelöst von den Bremseffekten der Kriegszeit und forciert durch Entwicklungen und Erkenntnissen aus den »Kriegsindustrien« sowie deren Übertragung auf die »Friedenswirtschaft«, sowohl im Industriegeschäft als auch im Konsumbereich. Sie lassen sich – vereinfachend gesprochen – durch *sechs Entwicklungen* kennzeichnen: (1) weitere *Verwissenschaftlichung* und *Mathematisierung,* (2) Erfassung aller *wissensbasierten Branchen*, (3) gegenseitige Befruchtung der Branchen, (4) *Überlappungen*, hybride und konkurrierende Lösungsansätze zwischen den Branchen,[80] (5) Fortschritte in der *Fertigung* durch neue Konzepte, *Automatisierung, Verfahrenstechniken,* (6) Beschleunigung des internationalen Austauschs.

Die wichtigsten **industrietreibenden Technologien in der Zeit nach dem Zweiten Weltkrieg** sind:

Die Halbleitertechnik: Sie geht auf die Entdeckung des Gleichrichtereffektes durch Ferdinand Braun im Jahr 1874 zurück (siehe dort). Die Wissenschaftler *John Bardeen*, *William Bradford Shockley* und *Walter Houser Brattain* entwickelten (vgl. Kapitel 3) in den *Bell Laboratories* 1947 den ersten *Bipolartransistor*. Dies begründete die Mikroelektronik, führte zu Entwurf und Fertigung von Produkten auf Basis von *Halbleitermaterialien*, vor allem *mikroelektronischer Baugruppen* (z. B. *integrierten Schaltungen*) und erschloss damit neue Produktgenerationen in nahezu allen Industrie- und Konsumsektoren.

Hochreines Silizium, das erstmals 1954 durch *Eberhard Spenke* (1905–1992) und seinem Team in der *Siemens & Halske* AG im *Zonenschmelzverfahren* hergestellt wurde, lieferte die Basis zur großtechnischen Herstellung des Basismaterials für die *Halbleiterproduktion*.

Die **Mikrosystemtechnik und Fotovoltaik,** leiten sich aus der Halbleitertechnik ab. Breite Anwendungsfelder finden sich im Konsum- und Investitionsgütergeschäft.

Parallel vollzog sich die **Digitalisierung von Produkten und Systemen.** Als erstes digitalisiertes System der *Siemens-Medizintechnik* ist z. B. das Ultraschall-Diagnosegerät zu nennen (1957).

Das letzte Viertel des 20. Jahrhunderts kann als das **Zeitalter der Biotechnologie** bezeichnet werden. Wesentliche Meilensteine waren 1975: Herstellung des ersten *monoklonalen Antikörpers*. 1976: Weltweit

---

79   Gegründet 1938, heute: Samsung Electronics und Samsung CT Corporation. https://www.samsung.com/de/aboutsamsung/home/, abgerufen 16.9.2018.
80   Beispiel für konkurrierende bzw. überlappende Technologien: Krebserkennung durch biochemische Analyseverfahren versus Hochfeld-Kernspin-Anwendungen »in vitro«. Im Übrigen enge Vernetzung: Eroberung neuer Diagnosefelder durch Kontrastmittel (z.B, Biochemie) für bildgebende Medizintechnik, etwa Ultraschall, Röntgen, Computertomografie (CT), Kernspin (MR) und Radiodiagnostik.

erstes *Biotechnologie-Unternehmen* wird gegründet.[81] 1977: Erste vollständige *Genomsequenz* veröffentlicht.[82] 1977: Entwicklung der *Gensynthese*.[83] 1983: Kopie der *Erbsubstanz; sie PCR* wird erfunden.[84] 1984: Das aktuell größte deutsche *Biotechnologie-Unternehmen* wird gegründet.[85] 1986: Das erste *Genomsequenzier-Gerät* kommt auf den Markt.[86] 1996: Das *Klonschaf Dolly* wird geboren.[87] 1998: *Stammzellen*, die Multitalente des Körpers, lassen sich erzeugen.[88] 2000: *Humangenom* wird entziffert und analysiert.[89] 2002: Genome konstruieren – erste Schritte in der *Synthetischen Biologie*.[90] 2008: US-Forschern um *Craig Venter* (geb. Salt Lake City, 1946) gelingt der Zusammenbau eines *Bakteriengenoms* von *Mycoplasma genitalium*.[91]

Diese Entwicklungen sind so revolutionär, das sie – nach der Entstehung des *Internets*, das für das *Zeitalter der Vernetzung* steht (Periode nach den 60er Jahren, bis hin in die 80er, als *fünfte Industrielle Revolution* zu bezeichnen) – durchaus rechtfertigt, hier die Entstehung einer »*Industrie 6.0*« anzusetzen, zumal die biotechnischen Ansätze das Potenzial dazu haben, *künstliche Intelligenz höheren Grades* (siehe Teil 4 dieses Buches über »Entwicklungen am Horizont«) mithilfe von *Bioreaktoren*, d. h. konkret durch Übernahme der Prozesse des *menschlichen Gehirns*, zu erzeugen. Der damit verbundene *Technologiesprung* könnte eine weitere »technologische Revolution« zeigen.

2.4   Die Globalisierung

Die vorgestellten Erfindungen und Konzepte fanden letztlich alle globalen Niederschlag. Dies gilt insbesondere für die vorgestellten *industriellen Revolutionen* (vgl. Abb. 2), von der Mechanisierung (1750–1780), der Elektrifizierung (1850–1870), der Mobilisierung (1885–1915), Automatisierung (1950–1960) und für die Revolutionen der Gegenwart: Digitalisierung und Vernetzung. Alle diese *technisch-wirtschaftlichen*

---

81   Am 7.4.1976 gründen der Biochemiker Herbert W. Boyer und der Investor Robert A. Swanson in San Francisco die Firma Genentech. 1977 beginnt Genentech mit der biotechnologischen Produktion von menschlichem Somatostatin, einem Wachstumshormon.

82   **1977:** Basierend auf der von ihm seit 1975 entwickelten Kettenabbruch-Synthese stellt Frederick Sanger die komplette Sequenz des Bakteriophagen X174 mit einer Länge von 5.386 Basenpaaren vor.

83   **1977** können erstmals Oligonukleotide mit einer Länge von 8 Basen hergestellt werden. In Kombination mit der sogenannten Überlappungsmethode unter Einsatz von Enzymen gelingt es so, DNA-Fragmente einer Länge von etwa 100 Nukleotiden zu synthetisieren.

84   **1983:** Der US-Forscher Kary Mullis erfindet in Kalifornien die Polymerase-Kettenreaktion (Polymerase Chain Reaction – PCR). Mithilfe des hitzestabilen Enzyms DNA-Polymerase wird es erstmals möglich, spezielle Abschnitte der Erbsubstanz DNA im Reagenzglas millionenfach zu kopieren.

85   **1984:** Als Ausgründung der Heinrich-Heine-Universität Düsseldorf wird die Qiagen AG ins Leben gerufen. Den Beginn der Unternehmenstätigkeit markiert die Entwicklung von Kits für die Aufreinigung von Nukleinsäuren. 1996 geht Qiagen als erstes deutsches Unternehmen überhaupt an die US-amerikanische Technologiebörse NASDAQ.

86   **1986:** Das von Applied Biosystems vorgestellte Gerät mit der Modellbezeichnung »ABI Prism 370A« macht den bisherigen Einsatz von Radioaktivität bei der Sequenzierung überflüssig. Die Sequenzbestimmung erfolgt über die Detektion von für jede Base spezifischen Fluorophoren.

87   Forscher um Ian Wilmut vom schottischen Roslin-Institut erzeugen mit dem Schaf Dolly das erste geklonte Säugetier.

88   **1998:** Dem US-Forscher James Thomson gelingt es erstmals, aus menschlichen Embryonen Stammzellen zu isolieren und diese als embryonale Stammzellen (ES-Zellen) im Labor zu kultivieren.

89   **2000:** Die Rohfassung des menschlichen Erbguts ist entziffert, das öffentlich geförderte Konsortium der »Human Genome Organization« und das Unternehmen Celera verkünden am 26. Juni mit US-Präsident Bill Clinton den Sequenzierungserfolg.

90   **2002:** Eckhard Wimmer synthetisiert im Reagenzglas das erste komplette Genom eines Poliovirus. Die Arbeit gilt als ein Meilenstein für das aufstrebende Fach der Synthetischen Biologie.

91   Alle vorgestellten Fußnoten basieren auf Biotechnologie.de, Meilensteine der Biotechnologie – ein Überblick. biotechnologie.de/knowledge_base_articles/2-meilensteine-der-biotechnologie-ein-ueberblick, abgerufen 17.9.2018.

Revolutionen spielten sich in relativ engen Perioden ab und verbreiteten sich in kürzester Zeit weltweit (zumindest auf die wirtschaftlich bedeutenden Länder). Sie sind also Ausdruck und Faktor der *Globalisierung* schlechthin. Dies betrifft übrigens auch technische Revolutionen vor der Neuzeit, etwa dem *Buchdruck (Gutenberg)*, der sich in Europa rasant verbreitete, wohingegen dessen weltweite Penetration langsamer vor sich ging.

2.4.1   Definitionen und Faktoren

Damit gelangen wir zur Frage nach Definitionen und Auslegungen, was »Globalisierung« eigentlich genau bezeichnet. Dieser Begriff, wohl in den 60er Jahren des 20. Jahrhunderts erstmals verwendet, bezeichnet im Engeren den weltweiten freien Warenverkehr, insbesondere die globale Ausdehnung des Geschäftes. In den 80er Jahren wurde daraus eine strategische Bewegung, ein unternehmerisches Glaubensbekenntnis und Modewort, sodass in der Industrie eine breite Bewegung zur »*Globalisierung*« der Geschäfte einsetzte. Im Weiteren bezeichnete die Globalisierung auch die schnelle Verbreitung von Ideen, Informationen, modischen Erscheinungen, Kaufentscheidungen, Einigungen auf international gültige technische, soziale, wirtschaftliche (Handel, Zölle, Vergaberichtlinien usw.) und ökologische *Standards*, die z. B. in den Abkommen der *World Trade Organization* (WTO) niedergelegt wurden. Dies betrifft auch *softwarebasierte Geschäfte*, war also bereits vom Internet beeinflusst (wenngleich, wie ausgeführt wurde, in den Anfangsjahren nur ein geringer Anteil der Informationen über das *Internet* liefen, und der Rest weiterhin über das »klassische« analoge Netz der Telekom-Betreiber). Die Globalisierung sollte auch immer den lokalen Märkten und Spielern zugutekommen, etwa durch schnellere Verfügbarkeit *innovativer Produkte* und *günstigere Preise*. Es galt die Grundregel: Die Globalisierung eines Geschäftes setzt die Lokalisierung, also breite *lokale Präsenz* in den wettbewerbsentscheidenden Ländern voraus. *Globalisierungsstrategien* bezeichnen seit den 80er Jahren die Eroberung nationaler Märkte durch organischen Eintritt (von der Montage über nationalisiert Produkte bis hin zu Vertrieb, Logistik und Service) oder durch *Unternehmensübernahmen (M&A)*. Ersteres erwies sich als zeitaufwendig, risikoreich und teuer wegen Preiskämpfen, Vorinvestitionen und Akquise bzw. Entsendung von Personal. Darüber hinaus birgt es das grundsätzliche Risiko, dass über viele Jahre nur unterkritische Marktanteile erobert werden und vielleicht nie der lokale »*Break-Even-Point*« erreichbar ist. Dazu gab es auch Erfahrungswerte, etwa das Ziel, »überkritische« lokale *Marktanteile* zu realisieren, die etwa in der Elektroindustrie im Bereich von 7 bis 15 % liegen können, um nachhaltige *Profitabilität* zu gewährleisten. Diese Art des »organischen« Vorgehens stieß auch an die Grenzen, die durch Finanzmittel, die Managementkapazität und durch das *Führungssystem* gegeben waren. Im Resultat können derartige »klassische« Eroberungen nationaler Märkte nur durch Fokussierung und hintereinander umgesetzt werden. Das führte im (Hardware-)*Produktionsgeschäft* dazu, dass sich die Umsetzung der Globalisierungsstrategie auf den Eintritt in wenige *Prioritätsmärkte* beschränkte. Anders sieht es aus, wenn *M&A (Mergers & Acquisitions* als Vorgehensweise gewählt werden. Ein nationaler Akteur ermöglicht den schlagartigen gezielten Positionsgewinn ohne Zeitverzug, mit genauer bezifferbarem Aufwand und klar quantifizierbarer Risiken, etwa aus dem Kaufpreis und der Integration, wenn die Strategie richtig umgesetzt wird.[92] Internationale Akteure als *Zielunternehmen* (»*Target*«) bedingen neben den vorgenannten Risiken noch die Komplexität der Führung, Zusatzprobleme

---

92   Weiteres hierzu siehe Kai Lucks (Hrsg.): M&A-Projekte erfolgreich führen, Schäffer-Poeschel Verlag, Stuttgart 2015.

aus Groß- oder Megaprojekten und einen sehr hohen Kapitaleinsatz – um nur einige zu nennen. Sie bieten jedoch als Vorteil die Globalisierung durch gleichzeitigen Eintritt in mehrere Regionalmärkte und in der Regel den Erwerb eines internationalen Führungssystems und somit die zeitgleiche – und somit schnellere – *Penetration* der regionalen Zielmärkte. Dies hat große Bedeutung etwa bei *Transatlantischen M&A*, die unterschiedlich zu beurteilen sind, ob sie nun von Ost nach West (also aus Europa nach den USA) erfolgen oder umgekehrt.[93] Europäische Unternehmen verfügen in der Regel über internationale *Führungssysteme*, weil sie – als Erfolgsfaktor – bereits in mehreren (meist europäischen) Ländern mit unterschiedlichen Sprachen, *Rechtssystemen*, Kulturen, lokalen Hürden (unterschiedlichen Erfolgsfaktoren im Wettbewerb, Administration, Besteuerung usw.) präsent sind. Die Mehrzahl der *US-amerikanischen Unternehmen* dagegen bediente in den 80er Jahren regulär nur den großen, homogenen *US-Markt*, verfügten also nicht über die Erfahrungen und Systeme multinationaler Geschäftsmodelle. Für diese war also der Erwerb eines Zielunternehmens, das Erfahrungen und ein Führungsmodell für internationale Geschäfte bietet, ein wichtiger Baustein zur Geschäftsausweitung. Weiteres dazu siehe Kapitel 4 und 13.

2.4.2   Geschäftsmodelle und Geschäfte

Diese Erfahrungen und Hürden haben sich mit der Durchdringung von *datengetriebenen Geschäften*, die letztlich erst durch das *Internet* ermöglicht wurden, relativiert: Die Eintrittsbarrieren in neue nationale Märkte werden niedriger, weil etwa an die Stelle *lokaler Niederlassungen* mit Marketing, eigener Produktion und Vertrieb die »elektronische«, über das Netz laufende – also fast kostenfreie – Markterschließung tritt. Die »*Lokalisierung*« besteht seitdem im Idealfall nur noch aus dem Gewinn von Kundendaten, der Ansprache der Kunden über »das Netz« und die lokale Logistik, die durch einen externen professionellen Paketdienst geleistet werden kann, etwa der *DHL/Deutsche Post*, die durch den Transport von online georderten Produkten zum Weltmarktführer der Logistiksparte wurde. Dieses hier vorgestellte Modell ist natürlich nur eine Schablone und muss von Branche zu Branche, von Geschäftsart zu Geschäftsart differenziert werden. Es gibt im Extremfall aber Geschäfte, die mittlerweile voll digitalisiert sind, wie etwa die *Musikbranche* die durch global operierende *Streamingdienste* dominiert wird.[94] Eines ist aber den meisten digital und netzgetriebenen Geschäften der »*Generation Industrie 4.0*« gemeinsam: Die Internationalisierung und Globalisierung der Geschäfte ist viel billiger, viel leichter als früher und geht viel schneller. Selbst kleine *Start-ups* können, haben sie das passende Produktangebot, ihr Geschäft fast schon schlagartig globalisieren. Damit sind die Wachstumsperspektiven natürlich viel größer und das Wachstum vollzieht sich viel schneller. Da dies wichtige *Werttreiber* bei der Unternehmensbewertung sind, resultieren daraus die enorm hohen Erwartungswerte etwa von Start-ups und den noch vorzustellenden Giganten der Internet-/Smart-Data- und Smart-Devices-getriebenen Industrie (zur Ableitung und Definition dazu siehe Kapitel 3).

Im Zusammenhang mit den enormen Marktanteilsgewinnen durch die internetbasierten Anbieter, insbesondere der »*Big Five* der USA und der Marktführer in China, ist zu prüfen, ob so hohe Marktanteile bis

---

93   Weiteres hierzu siehe Kai Lucks (Hrsg.): Transatlantic Mergers & Acquisitions. Opportunities and Pitfalls in German-American Partnerships, Publicis und Wiley, 2005.
94   Weiteres dazu siehe Jörg Caumanns: Auswirkung der Digitalisierung auf die Musikindustrie, S. 525–533, in: Kai Lucks (Hrsg.): Praxishandbuch Industrie 4.0, Schäffer-Poeschel Verlag, Stuttgart 2017.

in die nationalen führenden *ICT-, Consumer- und Business-Märkte* schädlich sind. Dazu an späterer Stelle. Die Vorteile, die die *Online-Geschäfte* dem Endkunden bieten, sind Intensivierung des Wettbewerbs, gute Preise und Leistungen sowie, in summa, eine enorme Breite im Lieferspektrum, wie sie stationäre Anbieter nicht vorhalten können. Die Fragen nach der Rechtskonformität (*Compliance*) ihrer Vorgehensweisen soll später behandelt werden, insbesondere ob hier *kartellrechtliche Belange* berührt werden. Fakt ist, dass die weltmarktbestimmenden *Online-Anbieter* die etablierten Anbieter mit stationären Geschäftsmodellen zurückdrängen und in den Konkurs treiben. Da die nationale Wertschöpfung der weltweit führenden *internetgetriebenen Anbieter* sehr gering ist, wird per saldo Wertschöpfung in Deutschland abgebaut. Darüber hinaus greifen diese Unternehmen in exzessivem Maße Kunden- und Markdaten ab. In den wissensbasierten Branchen, insbesondere im *Business-to-Business-Geschäft,* ist die Geschäftsbasis der stationär basierten Anbieter gefährdet durch: (a) mögliche Entwicklungsvorsprünge bei den großen internetbasierten Konzernen aufgrund exorbitant hoher Finanzmittel, die für Forschung und Entwicklung (FuE) und datenbasierte Geschäftsmodelle zur Verfügung stehen, (b) Verwendung dieser Gelder zu quasi beliebigen Unternehmensübernahmen, (c) Abhängigmachung stationärer national basierter Anbieter von digitalen Geschäftsmodellen, insbesondere durch Schaffung von Anbieterplattformen, nicht nur im *B2C-Bereich* (Online-Portale) sondern auch im professionellen *B2B-Geschäft.* Dadurch besteht für die klassischen Hersteller das Risiko, den direkten Kundenkontakt zu verlieren und zu (Unter-)Lieferanten degradiert zu werden. Per saldo bestehen also zwei Problemfelder: (1) auf volkswirtschaftlicher Ebene der *Verlust nationaler Wertschöpfung* und (2) auf Unternehmensebene die *Verdrängung aus dem klassischen Hersteller-Lieferanten-Kunden-Geschäft* in eine nachgeordnete *Unterlieferanten-Position.* Dieses Risiko ist für kleinere *mittelständische Unternehmen,* an denen Deutschland reich ist, besonders hoch. Schlussfolgerung ist, dass dieses hochrelevante Thema für den *Standort Deutschland* sogar kritischer als für jedes andere Land ist. Als Gründe dafür zählen: (1) die Geldabflüsse an die meist US-basierten, internetgetriebenen Anbieter, (2) die Existenz eines breiten und besonders gefährdeten Mittelstandes und (3) unsere Exportabhängigkeit. Das Folgekapitel (3) wird die Wichtigkeit dieser Thematik durch eine Gegenüberstellung der Gewichte, insbesondere *USA* vs. *China* vs. *Deutschland,* verdeutlichen.

2.4.3   Globalisierung des Wissens

Bevor wir zu diesem Kapitel kommen, ist ein Exkurs auf die weltweite *Wissensverbreitung und den Technologietransfer* angesagt, ein wichtiger Faktor in der Globalisierung. Seit jeher findet der intensivste industrielle Wissenstransfer durch die Beziehungen im Geschäftsverkehr statt und hierbei durch die Lieferung von Produkten, Systemen und Dienstleistungen an direkte Kunden. Dieser Prozess findet in mehreren Stufen statt: (1) durch Lernen am gelieferten Objekt, (2) durch Anregung und Ideen zur Verbesserung der Prozesse beim Kunden, (3) durch Rückkopplung an den Lieferanten, (4) durch gezieltes Analysieren des Produktes durch den Kunden, im Extremfall dem sogenannten »*Reverse Engineering*«, nachdem das Produkt in seine kleinsten Einzelteile zerlegt wurde. Letzteres ist in vielen Branchen industrielle Praxis, geht bislang sogar an kartellrechtliche Grenzen. So kaufen die Autobauer nicht nur regulär die Produkte ihrer Konkurrenten, um sie zu zerlegen und zu analysieren, die Autobauer unterhalten darüber hinaus sogar gemeinsame Joint-Venture-Unternehmen, die die neuen Modelle zerlegen und analysieren, um allen Herstellern die Erkenntnisse zufließen zu lassen. Das ist deshalb kein Rechtsbruch, weil die Erkenntnisse allen zugänglich sind und dieser Prozess zu einem gesteigerten Verbesserungspotenzial, einer Entwicklungsbeschleunigung und damit zu höherem Nutzen beim Endkunden führt.

2.4.3.1   Die Chinesen holen auf

Die technologische Aufholjagd der Chinesen wird wesentlich durch systematisches Abgreifen von Technologien, vor allem aus Deutschland und den USA, betrieben. Der Erfolg scheint die Mittel zu rechtfertigen – jedenfalls aus chinesischer Sicht. Die üblichen oben genannten Prozesse des industriellen Wissenstransfers sind den Chinesen nicht nur bekannt, sondern sie werden unternehmensübergreifend, mit staatlicher Unterstützung und teilweise exzessiv betrieben. Das trifft jedoch nicht nur auf China zu, sondern auch auf andere Staaten, deren *Geheimdienste* quasi als »Beifisch-Effekte« auch industrielles Wissen aufspüren und »unter der Hand« ihren nationalen Anbietern übergeben. Das trifft auf die USA zu, auf Japan, auf Russland, auf Israel und viele andere. China hat diese Praxis, wie mehrfach in diesem Buch angesprochen wird, geradezu perfektioniert. Das Abkopieren ist praktisch schon zum *Imageträger* »chinesischer Technologie« geworden. Die Welt wurde und wird immer noch von chinesischen Imitationen überschwemmt. Über die Joint-Venture-Praxis wurde schon berichtet: Man arbeitet so lange zusammen, bis das Pilotprodukt steht, dann kündigt man und produziert es für den Markt im Alleingang. Jüngstes Instrument sind die vom Staat verordneten »Parteisekretäre«, die nun in alle Gemeinschaftsunternehmen entsendet werden – mit den Aufgaben, Wissen abzugreifen und die Polit-Konformität der Mitarbeiter sicherzustellen. Im laufenden Parteiprogramm ist das Ziel verankert, technologisch schnell aufzuholen, dann zu überholen und schließlich die ausländischen Konkurrenten zu verdrängen. In einzelnen Brachen hat China den Westen bereits überholt, etwa in der Bahnindustrie – mit der CRRC bereits volumenmäßig, aber noch nicht auf allen Technologiesegmenten.

2.4.3.2   Globalisierung über das Internet

Mit dem Internet entstand eine neue Epoche des globalen Wissensaustauschs, ja geradezu eine »globale Wissensgesellschaft ohne Klassenunterschiede«. Wie zu zeigen ist, geht das *Internet* auf das *Militär* aber vor allem auf die *Vernetzung von Forschungsinstituten* zurück. Die professionellen *Online-Geschäfte*, *soziale Medien* und *Unternehmensanwendungen* kamen erst später. Weltweite und zeitnahe Verfügbarkeit von Informationen ist ein Kernkriterium für die Globalisierung. Auf der Ebene des Wettbewerbs unter Staaten und zwischen Unternehmen geht es immer darum, sich einen *Zeitvorsprung* im Zugang zu neuesten Erkenntnissen zu sichern. Es geht nicht nur um *kodifizierte Kenntnisse*, etwa *Patente*, sondern auch um *Erfahrungen*, die laufend in Unternehmen, bei Dienstleistern und von öffentlicher Hand gewonnen werden. Hier greifen Prozesse zwischen den unmittelbaren Spielern am Markt (insbesondere Lieferanten-Kunden-Beziehungen) sowie die Einschaltung Externer, insbesondere Unternehmensberater. Die Geschwindigkeit und Tiefe der Informationsweitergabe hat sich mit der Durchdringung des *Internets* enorm erhöht. Mit dem Vordringen *digitaler Geschäftsmodelle* (dazu Weiteres im Kapitel 10 »Das Management des digitalen Wandels«) und sich entwickelnder neuer Technologien im Digitalisierungssektor ist ein noch weit größeres Potenzial erschließbar.

Die allumfassende Digitalisierung, in Kombination mit der totalen Vernetzung, bis hin in die »einzelnen Dinge«, sprich »*Internet of Things & Services*« erschließt einen großen Sprung im Rahmen des Wissens- und Technologietransfers. Die Steigerung des Umfangs (z. B. »Big Data«, »Smart Data«), die globale Reichweite und die Beschleunigung werden die Abstände und Unterschiede zwischen den industriellen Spielern immer weiter verkleinern.

Die Beschleunigung des Wissenstransfers und seine Vertiefung, ausgelöst durch das »World Wide Web« und seine Nutzer werden die Zeitvorsprünge, die die USA und Deutschland etwa vor China haben, Jahr für Jahr und Branche für Branche abschmelzen lassen. Die *Wissensvorsprünge*, etwa Deutschland vor China (wir sprechen hier von bisher 5 Jahren), gehen deutlich zurück, drehen sich (durch Einschreiten des Staates, FuE-Fokus und Geldmittel) sogar um. Die angebrochene Zeit der sogenannten »*Industrie 4.0*« wird diese Prozesse noch dramatisch beschleunigen, durch *digitale Abbilder*, die *Cloud*, *digitale Geschäftsmodelle*, neue Formen der *Unternehmensvernetzung*, Marktplattformen insbesondere im B2B-Bereich, zwangsweise Weitergabe von *Know-how* (China), *Industriespionage* auf lokaler Ebene (meist eigene Mitarbeiter) und über das Netz (Eindringen in die *digitale Infrastruktur*). Wie noch zu zeigen sein wird, beschleunigen sich derzeit die Prozesse infolge der *Digitalisierung*. So reduziert sich die Entwicklungszeit am »*Digitalen Abbild*« gegenüber dem physischen Modell um Faktor zwei – mit massiven Auswirkungen hinsichtlich der globalen *Wettbewerbssituation*. Hierauf ist später noch einzugehen. In Verbindung mit dem internationalen Liefergeschäft, der *Virtualisierung* der Produkte, ihrer weltweiten Verfügbarkeit über die *Cloud* und der Zugriffsmöglichkeit für alle Beteiligten (und, bedingt, weiterer Interessenten) wird sich der Prozess des *Wissenstransfers* noch weiter beschleunigen und verbreitern. Auf dem Gebiet der *Forschung* und ihrer *Wissensdokumentation* ist dieser Prozess bereits so weit fortgeschritten, dass diese Tätigkeit ihren Niederschlag nur noch in der *Cloud* findet, die Sichtbarkeit der *Urheber* (Erfinder, Autoren) zurückgedrängt wird und die klassische Dokumentation (z. B. als Printausgabe) zukünftig als obsolet angesehen werden.[95]

2.4.3.3   Wissen als Profession

Als abschließender Exkurs soll noch ein Blick auf die Professionen geworfen werden, die ihre Aufgabe darin sehen, Wissen zu generieren, zu strukturieren und zu vermitteln.

Eine immer gewichtigere Rolle spielen **Universitäten** und (öffentliche) Forschungsinstitute, die zur Drittmittelakquise kommerzielle Arme in die Unternehmensberatung entwickeln und *Start-ups* initiieren. Hierbei spielt der Transfer von *Grundlagentechnologien*, technischen Entwicklungen bis hin zu *Produktdesigns*, *Prozessen* und *Software* eine immer größere Rolle. Ein frühes Beispiel ist die *Stanford-Universität*, der Geburtsort des *Internets*. Neben einzelnen Beraterprojekten kommen *Symposien*, *Messen*, Branchen- und *Fachverbände* immer mehr ins Spiel, besonders wenn sie sich für das internationale Publikum öffnen. Trotz der bei professionellen Beratern eingerichteten Barrieren (*Firewalls* und Abklingzeiten für Mitarbeiter, bevor sie bei konkurrierenden Unternehmen eingesetzt werden dürfen) kann dieses Wissen an Dritte weiterverkauft werden, und zwar nicht nur national, sondern auch global – und das immer schneller. Das bedeutet, dass jedes Wissen nach kurzer Zeit weltweit greifbar ist. Die Beratungsbranche nutzt derzeit besonders die Potenziale der *Digitalisierung*.

---

95   Dies geht zum Beispiel bis in die Sprachforschung hinein. Ein Beispiel ist die Romanistik an der LMU München, die im Verbund mit zahlreichen Instituten in Europa die laufend fortgeschriebenen Forschungsergebnisse in digitalen Karten festhält, auf die alle Beiträger Zugriff haben. Siehe: Prof. Thomas Krefeld: »Jenseits des Buches – webbasierte Forschungsumgebungen als Kern der Digital Humanities«. https://www.verba-alpina.gwi.uni-muenchen.de/?p=8004, abgerufen 20.9.2018.

Diese ist bereits zum wichtigsten Verkaufshebel geworden.[96] Die international tätigen Berater mit ihren weltweiten Niederlassungen bilden die Vorhut zur Globalisierung des Wissens.

Dies wird besonders an Spitzengruppe der **Wirtschaftsprüfer**, nämlich den »*Big Four*«, dem Oligopol der vier größten Berater der Welt deutlich:

- *Deloitte,* mit seinen rund 286.000 Mitarbeitern in mehr als 150 Ländern vertreten, erzielte im Geschäftsjahr 2017/2018 einen Umsatz von 43,2 Mrd. USD,
- *EY (Ernst & Young)* beschäftigte im Jahr 2017/2018 rund 261.600 Mitarbeiter an 700 Standorten in 150 Ländern, der Gesamtumsatz des weltweiten Netzwerks belief sich im Geschäftsjahr 2017/2018 auf rund 35 Mrd. USD,
- *KPMG* beschäftigte 2017 rund 200.000 Mitarbeiter an Standorten in 154 Ländern und erwirtschaftete insgesamt 26,4 Mrd. USD Umsatz,
- *PricewaterhouseCoopers (PwC)* hat heute Mitgliedsfirmen in 157 Staaten, die weltweit zusammen mehr als 208.000 Mitarbeiter beschäftigen, der Umsatz des Gesamtkonzerns belief sich im Geschäftsjahr 2015 auf 35,4 Mrd. USD.

Zusammengerechnet verantworten die »Big Four« mit ihren zahlreichen Branchen- und Lokaltöchtern rund 67 % des weltweiten Umsatzes in der Wirtschaftsprüfung.[97] Neben der *Wirtschaftsprüfung* haben sie ihre Geschäftsaktivitäten durch *Diversifikationen* und *Übernahmen* längst auf andere Bereiche ausgeweitet, neben ihrem Kerngeschäft der *Unternehmensprüfung* und *Steuerberatung* insbesondere *Rechtsberatung, Mergers & Acquisitions* und *Unternehmensstrategien* z. B. in Fragen zur *Digitalisierung von Geschäftsmodellen.* Gemeinsam beschäftigen die *Big Four* weltweit über 800.000 Mitarbeiter bei rund 140 Mrd. USD Umsatz.

Unternehmensberatungen spielen eine zentrale Rolle in der globalen Wissensverbreitung der Wirtschaft. Weltweit dürften über 1 Mio. *Consulting-Unternehmen* tätig sein. In Deutschland sind rund 19.000 *Beratungsfirmen* mit 118.000 Mitarbeitern registriert.[98] Durch den Erfahrungsgewinn aus ihren Kundenprojekten, durch Beschäftigung bei mehreren Kunden einer Branche und vorgreifende Forschungen verfügen sie über einzigartige *Wissenspools*, das Kapital für ihre Unternehmen.

Die in der Öffentlichkeit stark wahrgenommenen eigentlichen *Strategieberatungen* sind international fast genauso präsent wie die »Big Four« der Wirtschaftsprüfer aber personell um Größenordnungen kleiner. Ihre weltweit bekanntesten Exponenten sind in der Zeitreihe ihrer Gründung:

- *AD Little (ADL),* 1886 vom Chemiker *Arthur Dehon Little* in Cambridge (Massachusetts) gegründet, gilt als erste Strategie-Beratungsgesellschaft der Welt, nach einem wirtschaftlichen Einbruch heute noch mit 1.000 Mitarbeitern in weltweit 30 Büros tätig,
- *McKinsey & Company (McK),* von *James Oscar McKinsey* 1926 in Chicago gegründet, mit rund 28.000 Mitarbeitern in 65 Ländern präsent,

---

96 Äußerungen etwa von BDU-Präsident Hans-Werner Wurzel. https://www.bdu.de/media/18888/facts-figures-zum-beratermarkt-2015.pdf, abgerufen 20.9.2018.

97 Sam Fleming: *Accountants PwC, Deloitte, KPMG and EY face taming moves*, in: *Financial Times.* 12.2.2014, abgerufen 17.11.2017 (englisch, Paywall).

98 https://de.statista.com/statistik/daten/studie/261256/umfrage/anzahl-der-beratungsfirmen-in-deutschland/, abgerufen 20.9.2018.

- **Boston Consulting Group (BCG)**, Spring-off von ADL, 1963 von *Bruce D. Henderson* in Boston gegründet, 16.000 Mitarbeiter, 90 Büros in 50 Ländern,
- **Bain & Company**, 1973 von sieben BCG-Beschäftigten, darunter *Bill Bain*, gegründet, neben Strategie- und Strukturberatung insbesondere im Finanzsektor (»Private Equity«) tätig. Mit rund 8.000 Mitarbeitern betreibt das Unternehmen 56 Büros in 36 Ländern.

2.4.3.4   Wissenstransfer als Risiko

Cyberrisiken und *Compliance* sind hier im Kontext der *Globalisierung* vorgreifend kurz anzureißen. Das Suchen und Abgreifen von Wettbewerberwissen über das Netz gefährdet nicht nur die recherchierten Unternehmen sondern auch die recherchierenden. Methoden und Ausmaß der Recherchen sollten unbedingt mit Anwälten besprochen und durch diese abgesichert sein. Insbesondere kann *Industriespionage* ein Delikt sein, das international verfolgt wird, und in Deutschland ist der *Datenschutz* maßgebend, besonders die Einhaltung der *Datenschutz-Grundverordnung* (*DSGV*). Der Unternehmer, der *externe Netze*, das *Internet* und die *Cloud* nutzt, geht immer das Risiko des *Datenabflusses* bzw. des *Datenabgriffes* an bzw. durch Einheiten ein, die von Ihnen als »feindlich« eingestuft werden müssen. Dies sind nicht nur *Wettbewerber*, *Lieferanten* und *Kunden* im Inland und Ausland, sondern auch (gezielt) die großen *Online-Unternehmen* aus den USA oder aus China, bzw. deren *Geheimdienste*, die Daten der deutschen Industrie sammeln und konkrete Informationen an ihre jeweiligen nationalen Partner in der Industrie weitergeben. Aus diesem Grund ist es ratsam, *Vorsichtsmaßnahmen* zu entwickeln und einzuhalten, wie etwa: Sensible *Produkt-* und *Prozessdaten* dürfen das Betriebsgelände und das unternehmensinternes Netz nicht verlassen. Die Verbindungs- und Knotenpunkte nach außen müssen minimiert und kontrolliert (*Firewalls* in beide Richtungen) werden. Als *Cloud* kommen nur speziell gesicherte *Serverfarmen* am Standort Deutschland infrage. Unternehmen müssen ein *Risikomanagementsystem* etablieren, um die *Rechtskonformität* in allen Geschäften, Prozessen und für das Verhalten aller Mitarbeiter sicherzustellen – die sogenannte »Compliance« (mit Rechtsvorschiften national, international, auch branchenspezifisch, etwa im *Rüstungsbereich*, und bei *Dual-Use*-Möglichkeiten). Dabei sind auch die Rahmenbedingungen in allen Ländern zu prüfen, in denen das Unternehmen tätig ist. Es können auch *Quer-Risiken* entstehen, etwa das Verbot von Geschäftstätigkeit in den *USA* wegen Aktivitäten im *Iran*.

Die Fenster zum Datenabgriff sind sowohl die regulären Wege des Datenaustauschs, Schnittstellen mit Forschungseinrichtungen und Wissensplattformen, aber auch digitale Angriffe. Diese führen letztlich zum »*Cyber War*«. Eines der größten Risiken ist auf das unbewusst fehlerhafte oder kriminelle Verhalten von Mitarbeitern und Geschäftspartnern zurückzuführen. Dies wird in Kapitel 14 »Cyber Security« noch zur Sprache kommen.

3 Der Weg zur allumfassenden Digitalisierung

Deutschland und Europa wurden durch den Zweiten Weltkrieg und die Nachkriegszeit technisch-wissenschaftlich zurückgeworfen. Zu groß war der »Brain-Drain«, zu beschäftigt war man mit der Kriegswirtschaft und mit dem Wiederaufbau. Zu groß wurde der Skalenunterschied zwischen dem homogenen US-Markt und den fragmentierten europäischen Märkten. Die Europäische Union sollte den dauerhaften Frieden sichern. Auf industriell-wirtschaftlicher Seite galt der eingeschlagene Pfad der Entwicklung eines offenen homogenen Marktes, mit Teilhabe am Wettbewerb in allen EU-Ländern ohne Ansehen der Herkunft und des einzelnen Anbieters. Dazu wurden gemeinsame Industriestandards geschaffen. Aber die Konsolidierung der Industrien kam nur zögerlich voran. Jeder Staat versuchte, seine Champions zu schützen. Ein Beispiel ist die 2018 noch ausstehende Konsolidierung der europäischen Verteidigungsindustrie, immer noch geprägt durch nationale Lieferanten und das zentrale Hindernis für eine organische europäische Verteidigungstechnik. Hinzu kamen nationale Egoismen, staatlich gelenkte Konzernpolitik (insbesondere in Frankreich[99]) und einseitige nationale »Innensicht« (etwa in Deutschland[100]). Im »Windschatten« dieser Hürden Europas konnten die USA ihre dominante Position in der zeitbestimmenden Branche der Halbleitertechnik, Elektronik, Kommunikationstechnik und Software aufbauen: Das »Amerikanische Industriezeitalter« war angebrochen. Mahner in Europa kamen zu spät oder[101] erzeugten zu wenig Nachhall. Die USA verfügen in dieser Zeit über einen gewaltigen Optimismus, der mehrere Generationen von Gründern beflügeln sollte, und eine unerschütterliche Zukunftsgläubigkeit[102], die den Mut zu neuen Wegen eröffnete. Den Hauptpfad für die Zukunft eröffnete das Internet.

3.1 Der Aufstieg des Silicon Valley

Im Zweiten Weltkrieg war Silicon Valley als Standort militärischer Forschungslabors abseits von der Westküste sicher gelegen. Davon zeugen heute noch das *Ames Research Center* der NASA[103] und das

---

99 Hier ist zu verweisen auf die »Französischen Krankheiten«: (1) der Staat versuchte stets, Konzerne synthetisch »top down« zu schaffen, die etwa den deutschen Konzernen Paroli bieten konnten, z. B. Alstom (zeitweilig auch GEC-Alstom) in der anfänglichen Breite des Siemens-Konzerns, (2) die Besetzung von Konzernspitzen mit Politikern, zwar mit ENA-Ausbildung, aber schwachen Kenntnissen ihrer Forschungs- und Fertigungsstandorte, (3) die starken französischen Gewerkschaften.

100 So führte die enge Beziehung zwischen der Siemens-Telekommunikationssparte und dem Hauptkunden, nämlich der Deutschen Telekom, zum Vertrauen auf die Beständigkeit der Märkte und in analoge Technologien. Das aufkommende digitale Package Switching wurde unterschätzt, die zeitkritische Übermittlung von Sprache per Package Switching wurde verzögert, weil es technische anspruchsvoll war. Dies öffnete den Weg für das US-amerikansiche Cisco, das voll auf Package Switching, Digitalisierung und die Erschließung neuer Technologien durch den Kauf von Start-ups setzten. Zerrieben zwischen Cisco und dem vordringenden chinesischen Huawei, das damals die klassische Telekommunikation mit niedrigen Preisen besetzte, musste Siemens das Kommunikationsgeschäft aufgeben.

101 Ein wichtiger Mahner dieser Zeit war der Franzose Jean-Jacques Servan-Schreiber mit seinem 1967 erschienen Buch »Le Défi Americain«, das in seiner Übersetzung (Die Amerikanische Herausforderung) auch in Deutschland Furore machte.

102 Exponent dieser Entwicklung war etwa der US-Amerikaner Hermann Kahn (1922–1983), Zukunftsforscher und Guru seiner Zeit. Bekanntestes Buch war der in deutscher Übersetzung erschienene Titel »Ihr werdet es erleben« (US-Ausgabe 1967), einem »Rahmen für die Spekulationen über die nächsten 33 Jahre«. Kahn lag aber – aus heutiger Kenntnis mit vielen Prognosen falsch. Verweis: DIE ZEIT 01/1999, Artikel von Guenter Haaf.

103 Gegründet 1939 im Silicon Valley, 40 Meilen südlich von San Francisco, mit den Schwerpunkten Luft- und Raumfahrt sowie den damit verbundenen Technologiefeldern.

Lawrence Berkeley Laboratory[104]. Mitte der 1950er Jahre kam *IBM*[105] als erstes Unternehmen mit Industrieforschung nach San José, um Festplattenspeicher zu entwickeln. *Xerox*[106] folgte in den 1970ern. Wissenschaftliches Zentrum war die 1891 gegründete private *Stanford University.*[107] Ihr Aufstieg als Hightech-Zentrum begann zu Beginn des Zweiten Weltkriegs aus Geldnot, als der Dekan der elektrotechnischen Fakultät, *Fred Terman* (Indiana, 1900 – Palo Alto, 1982), Grundbesitz der Universität an Jungunternehmer verpachtete, um die Kassen anzureichern. So fingen 1939 in einer Garage in Palo Alto zwei von Termans Studenten, *William (»Bill«) Hewlett* (Ann Arbor/Michigan, 1913 – Palo Alto, 2001) und *David (»Dave«) Packard* (Pueblo/Colorado, 1912 – Stanford, 1996), an, Oszillatoren zusammenzubauen. Die entscheidenden Weichen stellte jedoch die bereits genannte Gruppe um den Physiker *William Bradford (»Bill«) Shockley* (London, 1910 – Stanford ,1989), mit den Physikern *Walter Houser Brattain* (Amoy/China, 1902 – Seattle, 1987) und *John Bardeen* (Madison/Wisconsin, 1908 – Boston, 1991), die gemeinsamen Erfinder des Transistors und 1956 zusammen Nobelpreisträger für Physik. *Shockley* kam von den *Bell Labs*[108] in New Jersey, um am *California Institute of Technology (»Caltech«)* eine Professur anzutreten. Er hatte erkannt, dass Silizium ein besseres Halbleitermaterial ist als Germanium, und fing an, damit zu experimentieren. Ausgestattet mit Finanzmitteln des Chemikers und Investors *Arnold Orville Beckman* (Cullon/Illinois, 1900 – Jolla/San Diego, 2004) gründete er das *Shockley Semiconductor Laboratory* in Mountain View. Shockley sammelte aus seinen Caltech-Tagen eine Gruppe hochtalentierter junger Forscher um sich, darunter *Gordon Moore* (s. o.), *Robert Noyce* (Burlington, 1927 – Austin, 1990) und *Eugene Kleiner* (Wien, 1923 – Los Angeles, 2003). Diese Gruppe kam aber mit *Shockleys* schwierigem Verhalten nicht zurecht. *Kleiner* fing an, sich neu zu orientieren. Er traf sich heimlich mit Bankiers aus New York, darunter auch mit dem Risikokapitalgeber *Arthur Rock* (geb. Rochester, 1926). Dieser fand Gefallen an Kleiner und mithilfe eines Darlehens vom Unternehmer *Sherman Fairchild* (Oneonta/New York, 1896 – New York, 1971[109]) half er einer Gruppe von acht abtrünnigen Forschern, Shockleys Labor

---

104   Lawrence Berkeley National Laboratory, ein Department des DOE (Department of Energy), zugehörig zur University of California, eines der weltweit erfolgreichsten technologischen Forschungslabors, das 13 Nobelpreisträger hervorbrachte und 70 Forscher, die Mitglied der National Academy of Sciences (NAS) wurden, eine der höchsten Auszeichnungen für Wissenschaftler in den USA. Quelle: https://www.lbl.gov/about/, abgerufen 31.7.2018. Das Berkely Lab wurde 1931 von Ernest Orlando Lawrence (1901–1958) gegründet, der 1939 den Physik-Nobelpreis für den Zyklotron gewann, ein Partikelbeschleuniger, der die Hochenergie-Physik erschloss.

105   Gegründet 1911 als *International Business Machines Corporation* mit Sitz in Armonk, New York. Diese wiederum ging zurück auf den deutschstämmigen Amerikaner Herman Hollerith (Buffalo, 1860 – New York, 1929), Erfinder der Lochkartenmaschine und Gründer der »Tabulating Machine Company« (1896). Um seine Erfindung kommerziell zu verwerten, verkaufte er diese, die dann mit der *Computing Scale Corporation* und der *International Time Recording Company* zur *Computing Tabulating Recording Corporation (CTR)* fusionierte. 1924 wurde CTR schließlich in *International Business Machines Corporation (IBM)* umbenannt.

106   *Xerox Corporation*, 1906 als *Haloid Corporation* gegründet, ein Technologie- und Dienstleistungsunternehmen im Dokument-management-Bereich. Der heutige Name des Unternehmens leitet sich von der Xerografie ab, der Drucktechnologie, die in den 1930er Jahren vom Physiker und Patentanwalt Chester Floyd Carlson (Seattle, 1906 – New York 1968) erfunden wurde.

107   Gegründet von Leland Stanford und seiner Frau, eine der forschungsstärksten und renommiertesten Universitäten der Welt. Seit ihrer Gründung wurden 30 Lehrkräfte mit dem Nobelpreis ausgezeichnet. Die Universität hat mehr Gewinner des Turing Awards (»Nobelpreis für Informatik«) als jede andere Einrichtung weltweit und aktuell 21 Nobelpreisträger, vier Träger des Pulitzer-Preises und 24 MacArthur-Fellows. Quelle: https://de.wikipedia.org/wiki/Stanford_University, abgerufen 1.8.2018.

108   Die *Bell Telephone Laboratories Inc.* wurde 1925 durch Walter Gifford (später Präsident von AT&T) als separate Einheit für die Forschungs- und Entwicklungsarbeit von Western Electric gegründet. Erster Präsident wurde Frank B. Jewett. Anteilseigner waren zu gleichen Teilen *Western Electric* und *AT&T*. Die Hauptaufgabe bestand im Entwickeln von Vermittlungsstellen für *Western Electric*, die an Firmen verkauft wurden, die das *Bell Telephone System* einsetzten. https://de.wikipedia.org/wiki/Bell_Laboratories, abgerufen 1.8.2018.

109   Sherman Mills Fairchild war Flugzeugkonstrukteur und Industrieller. Er gründete über 70 Unternehmen, darunter *Fairchild Aircraft*, *Fairchild Industries*, *Fairchild Aviation Corporation* und *Fairchild Camera and Instrument*. *Fairchild Semiconductor*, für das er das benötigte Startkapital beisteuerte. Er spielte eine wichtige Rolle bei der Entwicklung der Mikroelektronik in den 1960er Jahren. https://de.wikipedia.org/wiki/Sherman_Mills_Fairchild, abgerufen 1.8.2018.

zu verlassen und *Fairchild Semiconductors* zu gründen. Mit zu denen gehörten auch *Noyce* und *Moore*. Nachdem Fairchild Semiconductors von *Texas Instruments*[110] überholt worden war, gingen die meisten der acht ihre eigenen Wege. *Gene Kleiner*, von *Arthur Rock* angesprochen, gründete mit *Thomas Perkins* (White Plains/New York, 1932 – Marin County/Kalfornien, 2016[111]), von *Hewlett-Packard* kommend *Kleiner Perkins*, die erste bedeutende Venture-Capital-Partnerschaft der Westküste. *Robert Noyce* und *Gordon Moore* gründeten mit dem Verfahrenstechniker *Andrew Grove* (Budapest, 1936 – Los Altos/Kalifornien, 2016) zusammen *Intel*. *Arthur Rock* half der neuen Firma mit Risikokapital und als Chairman. Nach zehn eher schwachen Jahren als Speicherchip-Hersteller schaffte *Intel* Anfang der 1980er Jahre den Sprung in den Mikroprozessor-Markt für den neuen Heimcomputer von *IBM*, zusammen mit einem Start-up aus Redmond, das die Software lieferte. *Arthur Rock* hatte später noch ein ähnlich gutes Gespür, als er dem Computeringenieur *Steve Wozniak* (geb. San José/Kalifornien, 1950) Gründerkapital besorgte, der ihm den Prototyp eines Heimcomputers vorstellte. Dieser kam 1976 unter dem Namen »*Apple I*« 1976 auf den Markt: der erste für Privathaushalte erschwingliche Personal Computer[112]

3.2   Das Internet und die Internet-Industrie

3.2.1   Die Entwicklung des Internets

Das *Internet* ist ein weltweiter Verbund von Rechnernetzwerken, den autonomen Systemen. Es ermöglicht die Nutzung von Internetdiensten wie WWW, E-Mail, Telnet, SSH, XMPP, MQTT und FTP. Dabei kann sich jeder Rechner mit jedem anderen Rechner verbinden. In der Entwicklung unterscheidet man drei Phasen:

In der *Frühphase* ab Mitte der 1960er Jahre wurden die Grundlagen gelegt, die Technik demonstriert und zur Anwendungsfähigkeit entwickelt. Der Vorgänger des Internets geht auf militärtechnische Überlegungen zurück. Vor dem Hintergrund des Kalten Krieges wollten die USA ein Kommunikationssystem entwickeln, das eine sichere Nachrichtenverbindung zwischen militärischen Einrichtungen ermöglichte. Es startete am 29. 10. 1969 als *ARPANET*.[113] Grundlegendes technologisches Konzept war das sogenannte *Package Switching*, das die Nachrichten-Daten, zerhackt als »Pakete«, über die verschiedensten Pfade des Netzes senden sollte, um sie am Zielort durch entsprechende Adressen wieder zu konsistenten Nachrichten

---

110 *Texas Instruments* wurde 1951 von Cecil Howard Green, Jon Erik Jonsson, Eugene McDermott und Henry Bates Peacock gegründet und ging aus dem Vorläuferunternehmen *Geophysical Service Incorporated (GSI)* hervor, welches von Eugene McDermott im Jahr 1930 gegründet wurde. Alle vier Gründungsmitglieder waren Mitarbeiter bei GSI. https://de.wikipedia.org/wiki/Texas_Instruments, abgerufen 1.8.2018.

111 Perkins war 1972 Mitgründer von *Kleiner Perkins*, nachdem er die *Hewlett-Packard's Computer Division* aufgebaut hatte. Später war er Vorstandsmitglied einer Reihe von Hightech- und Media-Konzernen wie Compaq, Genentech und News Corp. https://www.recode.net/2016/6/9/11896260/venture-capitalist-tom-perkins-dies-84, abgerufen 1.8.2018.

112 Oliver Beige: eine kurze Geschichte des Silicon Valley, Gastbeitrag im Gründerszene Magazin 27.12.2016. Beige, PhD der UC Berkeley, hat von 1995 bis 2007 in Illinois und Kalifornien Dotcom-Boom, -Bust und -Revival miterlebt. Er ist derzeit Senior Project Consultant beim SAP Innovation Center in Berlin. https://www.gruenderszene.de/allgemein/eine-kurze-geschichte-des-silicon-valley?ref=next-mobile, abgerufen 29.7.2018.

113 Das ARPANET (*Advanced Research Projects Agency Network*) war ein Computer-Netzwerk und wurde ursprünglich im Auftrag der US-Luftwaffe ab 1968 von einer kleinen Forschergruppe unter der Leitung des Massachusetts Institute of Technology und des US-Verteidigungsministeriums entwickelt.

zusammenzusetzen.[114, 115] Tatsächlich wurden vor allem zivile Anwendungen gefördert, nämlich zur Vernetzung von wissenschaftlichen Großrechnern. Die erste überlieferte Beschreibung zur Nutzung für soziale Interaktionen soll von *J.V.R. Licklider* (St. Louis/Missouri, 1915 – Arlington/Massachussetts, 1990[116]) vom *Massachussets Institute of Technology* (*MIT*) stammen, der bereits im August 1962 das Konzept eines »*Galactic Network*« vorstellte. Die wichtigste Anwendung in der Anfangszeit war die E-Mail.

Ende der 1970er Jahre, gleichzeitig mit dem Wechsel von der militärischen zur akademischen Forschungsförderung, begann das Wachstum und die internationale Ausbreitung. In dieser Zeit geschah das, was gemeinhin mit der *wilden Phase* des ursprünglichen Internets assoziiert wird: eine Tauschökonomie für Software und Information, eine sich als Selbstorganisation entwickelnde Community im Hackergeist, der jede Beschränkung des Zugangs und des freien Informationsflusses zu umgehen weiß.

Tim Berners-Lee (geb. London, 1955[117]) entwickelte um 1989 am *CERN*[118] die Grundlagen des World Wide Web. 1990 begann mit der Abschaltung des ARPANET die *kommerzielle* Phase des Internets. Die US-amerikanische *National Science Foundation* hatte zu diesem Zeitpunkt beschlossen, das Internet für externe Zwecke nutzbar zu machen, wodurch es über die Universitäten hinaus öffentlich zugänglich wurde.

Es wird geschätzt, dass im Jahr 1993 das Internet lediglich 1 % der Informationsflüsse der weltweiten Telekommunikation ausmachte, während es im Jahr 2000 bereits die Mehrheit des technischen Informationsaustausches beherrschte (51 %) und im Jahr 2007 bereits klar dominierte (97 % der Bytes, die weltweit ausgetauscht wurden).[119] Die Verbreitung des Internets hat zu umfassenden Umwälzungen geführt. Es trug zu einem Modernisierungsschub in vielen Wirtschaftsbereichen sowie zur Entstehung neuer Wirtschaftszweige bei und führte zu einem grundlegenden Wandel des Kommunikationsverhaltens und der Mediennutzung im beruflichen und privaten Bereich. Die kulturelle Bedeutung dieser Entwicklung ist durchaus mit der Erfindung des Buchdrucks gleichzusetzen.

---

114 A Brief History of The Internet, Part I, von Barry Leiner et al. http://www.isoc.org/oti/articles/0597/leiner.html, abgerufen 5.8.2018.

115 Weiteres siehe M. Smouts: Packet Switching Evolution from Narrowband to Broadband ISDN. University of Michigan, Artech House 1992.

116 Joseph Carl Robnett Licklider, ausschließlich bekannt als J.C.R. Licklider oder einfach »Lick«, war ein amerikanischer Psychologie-Professor. Er prägte die Frühzeit der amerikanischen Informatik, indem er in leitenden Positionen neue Richtungen bei der Hardware- und Software-Entwicklung aufzeigte. Er gilt als Gründerfigur der künstlichen Intelligenz, moderner Interaktionskonzepte für Computer, sowie des Timesharings und des Internets. https://de.wikipedia.org/wiki/J._C._R._Licklider, abgerufen 4.8.2018.

117 Sir Timothy John Berners-Lee ist ein britischer Physiker und Informatiker. Er ist der Erfinder von HTML (Hypertext Markup Language) und der Begründer des World Wide Web. Heute steht er dem *World Wide Web Consortium (W3C)* vor, ist Professor am Massachusetts Institute of Technology (MIT) und hat seit 2016 einen Lehrstuhl an der Universität Oxford. Quelle: Tim Berners-Lee und Mark Fischetti: Der Web-Report. Der Schöpfer des World Wide Webs über das grenzenlose Potential des Internets. Aus dem Amerikanischen von Beate Majetschak. Econ, München 1999.

118 Problem am CERN, der europäischen Organisation für Kernforschung, war, dass sich ein Teil der Laboratorien auf französischem, ein anderer auf schweizerischem Gebiet befindet, mit unterschiedlichen Netzwerk-Infrastrukturen, die den Austausch von Informationen erschwerten. Am 12.3.1989 schlug Berners-Lee seinem Arbeitgeber CERN ein Projekt vor, das auf dem Prinzip des Hypertexts beruhte und den weltweiten Austausch sowie die Aktualisierung von Informationen zwischen Wissenschaftlern vereinfachen sollte. Quelle: ZEIT ONLINE: *25 Jahre World Wide Web. Du bist aber groß geworden!*; *Tim Berners-Lee's proposal,* info. cern.ch, 2008; Tim Berners-Lee: *Information Management: A Proposal*, März 1989, html-Version auf w3.org.

119 https://de.wikipedia.org/wiki/Geschichte_des_Internets.

3.2.2   Die Internet-Industrie

Wie gezeigt wurde, begann das Geschäft mit digitalen Rechnern bei Großanlagen, die ganze Hallen füllten und Millionen kosteten. Als entsprechend klein wurde der Markt eingeschätzt. Mehreren Protagonisten der 60er Jahre des 20. Jahrhunderts, darunter *Heinz Nixdorf*, wird die Aussage zugeschrieben, dass der Weltmarkt für Computer bei fünf Stück liegen dürfte. Das auf *Moore* zurückgehende Gesetz, dass sich die Leistung der Datenverarbeitungstechnik zu einem fixen Preis alle 18 Monate verdoppeln würde, hat letztlich dazu geführt, dass heutige Laptops für wenige 100 € mehr Leistung bringen als die millionenschweren Großrechner der 60er Jahre. Damit entstand ein Konsumentenmarkt an preisgünstigen Endgeräten, der nur noch auf die vielfältigen Anwendungen (Software, dann spezielle *Applikationen*, die sogenannten *Apps*) und auf das Netz wartete, das eine Unzahl von vorher nicht gesehenen Anwendungen und weltweite Kommunikationen ermöglichte. Diese erzeugten den Nutzen für die Geräte und den entstehenden Milliardenmarkt der breiten Informationstechnologie im professionellen und privaten Bereich. Die elektronische *Miniaturisierung,* kombiniert mit Software für Multifunktionalitäten erschloss ganz neue Märkte, wie *Smartphones* und *Smartwatches*. Die Entwicklung ist noch lange nicht zu Ende: Die Technologie der *organischen LEDs* (*Light Emission Devices*) erlaubt demnächst »Bildschirme« in dünnsten Flächenstrukturen, also als flexible Folien, die frei als »aktive Zeitungen« genutzt oder auf beliebige Objekte gedruckt werden können. In Verbindung mit hochintegrierten Schaltkreisen können sie z. B. als Teile von intelligenten Kleidungen getragen werden.

Wie gezeigt wurde, nahmen die *online*getriebenen *Geschäfte* in den USA ihren Anfang, als »Enabler« das *Internet*, ohne dass diese Entwicklung nicht vorstellbar gewesen wäre. Dies erschließt über das verfügbare feste und mobile Netz der Telekom-Betreiber auf der Basis der massenhaften Datenübertragung per Package Switching die globale Geschäftsausweitung, nur mit geringen Barrieren, im Gegensatz zum stationären Geschäft. Die weiteren Voraussetzungen dazu sind allerdings (a) Marketing für die weiteren Zielregionen, (b) Aufbau lokaler Logistik und (c) Zulassung zur Bedienung der lokalen Märkte, die nicht immer gegeben ist (siehe China). Die Erstanbieter gestalteten den Markt. Dies waren vor allem die »Big Five« aus dem Silicon Valley. Ihr Zeitvorsprung materialisiert sich in dominierenden Marktanteilen, nicht mehr einholbar durch die Nachfolger und so stark, dass sich weltweite oligopolartige Strukturen bilden konnten. Die alte strategische Regel greift hier auf exemplarische Weise: »Winners take it all.« Das Internet forcierte auch das Konsumentengeschäft mit Arbeitsplatzrechnern, deren erste Generation noch weitgehend von Geschäftsanwendungen bestimmt war. Daraus entstanden »*Internet-Pioniere*« wie *Microsoft*, die die Software als wichtigsten Geschäftstreiber identifiziert hatten und *Apple*, die das PC-Geschäft als Systemanbieter mit Hardware und spezieller Software angingen. Auf der Basis preisgünstiger Konsumenten-PCs entwickelte sich auch der *Online-Handel*, der den stationären Handel weltweit zurückdrängt, bis hin zur Gefährdung regionaler Versorgungsstrukturen. Auch ganz neue Geschäftsansätze – ohne das Internet nicht denkbar – entstanden, wie *soziale Medien*. Und schließlich wurden ganze Branchen revolutioniert, wie die Musik- und Unterhaltungsbranche, die zum reinen Datengeschäft mutieren sollten. Aus der Schallplatte wurden schließlich *Streamingdienste*, Bildnachrichten und Filme können anstelle des zeitdefinierten und breit gestreuten Fernsehens individuell vom Nutzer abgerufen werden. Der lang geträumte Traum vom »*Video-on-Demand*« wurde wahr. Entscheidende Ressource wurde das weltweite Netzwerk von Servern und Speicherfarmen, die die sogenannte *Cloud* bilden. Diese ermöglicht weltweite Speicherung auch von Geschäftsdaten, Software, Prozessen und virtuelle Abbilder von Produkten. Damit ist ein ganz neuer Geschäftsansatz im Entstehen, nämlich die weltweit verteilte Arbeit an virtuellen (softwarebasierten) Abbildern von Produkten und Anlagen anstatt am realen Produkt. Dies führt zu einer dramatischen Beschleunigung von Entwicklungsprozessen, zu dezentralen Fertigungsnetzwerken in sogenannten *Minifabs*, auch ermöglicht durch Fertigungsverfahren wie das *3-D-Drucken*, das in alle Herstellungsbranchen Einzug hält, wiewohl es in einzelnen Branchen schon in den 80er Jahren des 20. Jahrhunderts praktiziert wurde.[120] Die neuen Geschäftsmöglichkeiten lösten eine Welle von Innovationen technologischer Natur und neuer Geschäftsmodelle aus, etwa Marktplätze für Produkte und Dienstleistungen, zuerst im Konsumbereich, dann auch für professionelle Anwendungen. Klassische Geschäftskonzepte, wie die alleinige Herstellung von Produkten und deren Verkauf über den eigenen Vertrieb, sind dadurch gefährdet. Hinzu kommt der Erwerb, Handel und Verkauf von Daten. Neben den siloartigen Strukturen klassischer Anbieter (von der Zulieferung über Komponentengeschäfte, Produkte, bis zu Systemintegration, Verkauf und Service aus einer Kette von Leistungsträgern) entstehen *Netzwerke*, die durch rein datengetriebene Dienstleister den Anstoß erhielten. Die Geschäftsmodelle der Pioniere aus dem *Silicon Valley* wurden zur Blaupause für Online-Anbieter auf der ganzen Welt und als Modell für Zehntausende von Start-ups, die sehr schnell den globalen Markt erschließen können, damit gewaltige, nie gesehene Geschäftspotenziale in kurzer Zeit erschießen und in einer Dekade Unternehmenswerte im Multimilliardenbereich generieren können. Über die vielfältigen Typologien der Geschäftsmodelle wird an späterer Stelle zu berichten sein.

3.2.3   Die Giganten der US-Internet-Industrie

Die Internet-Wirtschaft wird von den sogenannten »*Big Five*«[121] der USA dominiert, die gleichzeitig die Börsenwerte anführen: *Microsoft, Apple, Amazon, Facebook* und *Google*. Nachfolgend werden die acht[122] gewichtigsten US-Unternehmen der Internet-Industrie in der zeitlichen Reihenfolge ihrer Gründung vorgestellt. Bezeichnenderweise sind sie alle im *Consumer-Geschäft* (B2C) angesiedelt. Zwischen ihnen bestehen zahlreiche Vernetzungen die letztlich zu Arbeitsteiligkeiten und zu einem gegenüber der Öffentlichkeit weitgehend verborgenen Austausch von Kundendaten führen, einer »*American Data Inc.*«, die damit ihre Geschäftspositionen sichert und ausbaut. Dies ist kartell- und datenrechtlich durchaus kritisch zu beurteilen. Sie werden beschuldigt, den Wettbewerb zu unterdrücken, Steuern zu vermeiden, in Privatsphären einzudringen und Demokratien zu untergraben.[123] Damit ist die Frage zu stellen, ob dadurch eine weltweite Bedrohung des Wettbewerbs gegeben ist, infolge derer klassische Marktspieler des B2C-Geschäftes (Bedrohung aus den USA) oder des B2B-Geschäftes (Bedrohung derzeit eher von chinesischen Plattformen, aber auch aus den USA) in ihrer Existenz gefährdet werden. Hinzu kommt, dass die Börsenwerte der »Big Five« größer sind als alle *DAX-30-Unternehmen* zusammen, sodass sie jedes deutsche Unternehmen in jeder Branche unfreundlich übernehmen und damit Branchenaufbau und Geschäftsmodelle nach ihrem Belieben verändern könnten. Diese Situation ist durchaus vergleichbar mit 1911, als *Standard Oil* wegen einflussreicher Monopolstellung im Ölmarkt in 14

---

120 Etwa in der Kraftwerkindustrie, bei der die deutsche Kraftwerkunion (KWU) Verfahren zum sogenannten Aufbauschweißen von Rotorwellen entwickelte, anstelle des Gießens dieser Großkomponenten.

121 Für die Gruppe von Amazon, Google, Facebook und Microsoft hat sich der Begriff als »Big Five« herauskristallisiert. Hier werden die sieben größten internetbasierten US-Unternehmen vorgestellt.

122 Darin die sogenannten »Big Five«, wie die Wertführer in den USA gängigerweise genannt werden: Apple, Google, Microsoft, Amazon und Facebook.

123 Süddeutsche Zeitung vom 4./5.8.2018: »Der Billionen-Club«.

unabhängige Gesellschaften zerschlagen wurde[124], ja sie ist heute viel dramatischer, weil viele Branchen weltweit bedroht sind und sich das datengetriebene Geschäft als ein viel stabileres herausdestilliert als die klassischen ortsgebundenen Herstellungs- und Servicegeschäfte. Hinzu kommt, dass die US-basierten Internet- Giganten teilweise Mitgründer der chinesischen Konkurrenten und bis heute zum Teil deren Minderheitsgesellschafter sind. Die chinesische Regierung hat den Amerikanern durch erfolgreiche Abschottung hohe Eintrittsgrenzen gesetzt. Seit Mitte 2018 ist jedoch zu beobachten, dass die Amerikaner einen neuen Anlauf auf den chinesischen Markt tätigen, indem sie der chinesischen Regierung Zusagen machen, die Daten nach Wunsch der Chinesen zu limitieren, um so den chinesischen Markt wieder für sich zu öffnen. Damit hülfen die USA, die »Digital-Diktatur« in China zu zementieren. Derzeit sieht es nicht so aus, dass Xi den USA neue Marktzugänge böte. Eher das Gegenteil ist der Fall. Die aktuellen Spannungen zwischen der *Trump*-Regierung und dem allmächtigen chinesischen Präsidenten *Xi Jinping* werden eine baldige Einigung auch wohl so schnell nicht erlauben.

Möglicherweise stellen die gewaltigen Börsenwerte der *US-Internet-Giganten* ein latentes ganz anderes Risiko dar: Aufgrund ihrer Finanzmittel diversifizieren sie – teilweise im Alleingang, teilweise auch abgesprochen und im Verbund – in die klassischen Schlüsselindustrien, sofern sich hier Chancen durch datengetriebene Geschäftsausweitungen ergeben. Betroffen ist u. a. die deutsche Autobranche. Ein Beispiel ist – wie noch zu zeigen sein wird – *Google*, das in das autonome Fahren einsteigt, in Drohnen und Flugtaxis. Mit einem Börsenwert von rund 760 Mrd. USD ist *Google* allein rund 10-mal so wertvoll wie einer der führenden deutschen Autohersteller und damit wertvoller als alle großen deutschen Autobauer zusammen, einschließlich ihrer Hauptzulieferer.[125]

Microsoft wurde 1975 als Software-Unternehmen von *Bill Gates* (geb. Seattle, 1955) und *Paul Allen* (geb. Seattle, 1953) mit Sitz in Redmond bei Seattle gegründet. Die Firma stellte 1981 ihr Betriebssystem MS-DOS vor, das im Auftrag von *IBM* entwickelt wurde und mit dem in den 80er Jahren die IBM PCs ausgestattet wurden. Somit verdankt Microsoft seinen kometenhaften Aufstieg dem Rückzug *IBM*s aus der Software. In den 1990er Jahren wurden das grafische Betriebssystem *Windows* und Microsofts Büro-*Software-Paket Office* Marktführer im Bereich der Personal Computer. *Satya Nadella*, seit 2014 CEO, leitete eine radikale Umorientierung vom Verkäufer von Software-Lizenzen zum digitalen Service- und Produktivitätsunternehmen ein, mit dem Fokus auf den Mobilmarkt und die Cloud.[126] 2016 folgte die Übernahme des webbasierten weltweit führenden Social-Media-Unternehmens *LinkedIn* für 27 Mrd. USD. Tochterunternehmen sind u. a.: *Yammer, Skype Technologies, Mojang*. Mit der Marktkapitalisierung von 869 Mrd. USD[127] ist Microsoft (Stand 13.3.2019) das wertvollste Unternehmen der Welt.

Apple, 1976 von *Steve Wozniak* (geb. Sunnyvale/Kalifornien, 1950), *Steve Jobs* (San Francisco, 1955 – Palo Alto, 2011) und dem vergessenen *Ron Wayne* (geb. Cleveland, 1934) gegründet, zählt zu den ersten

---

124 1911 befand der Oberste Gerichtshof der Vereinigten Staaten, dass Standard Oil gegen den *Sherman Antitrust Act* verstoßen hatte, und ordnete die Entflechtung des Unternehmens an. Dies fand vor dem Hintergrund eines epochalen Bedeutungsgewinns der Petro-Industrie statt, getrieben durch die explosionsartige Entwicklung des Kraftfahrzeugmarktes.
125 Laut Finanzen.net (abgerufen 7.8.2019) liegen die Marktkapitalisierungen von VW bei 72,937 Mrd. €, von Daimler bei 62,243 Mrd. € und BMW bei 58,877 Mrd. €, Continental bei 37,421 Mrd. €. Hinzu kommen die Hauptzulieferer Bosch (Stiftung), Schäffler 1,90 Mrd. €.
126 Handelsblatt 1.2.2018, Microsoft auf dem Weg zum Billionenkonzern.
127 NASDAC, Mittelwert August 2018.

Herstellern von Personal Computern und trug maßgeblich zu deren Entwicklung zum Massenprodukt bei. Bei der Einführung der *grafischen Benutzeroberfläche* und der *Maus* in den 1980er Jahren nahm Apple mit den Computern *Lisa* und *Macintosh* eine Vorreiterrolle ein. Aus der zeitweiligen Unternehmenskrise mit Konkursrisiko erfolgte 1997 die Rettung des Unternehmens mithilfe von *Bill Gates* durch Finanzmittel, Unternehmensumbau und vertraglicher Regelung zur Verwendung der MS-Office-Programme Word, Excel & Co. auf dem Mac.[128] Ab 2001 Aufbau einer eigenen Verkaufskette die 2018 rund 700 Läden umfasste, den *Apple Stores*. Seit 2007 Fertigung von iPhones durch die taiwanesische *Foxconn*.[129]Dies wird zu einer der bedeutendsten Technologiepartnerschaften der Welt[130], ist aber industriepolitisch nicht problemfrei.[131] Apple eröffnete 2008 als erster Hersteller eine *Online-Verkaufsplattform* namens *App Store* für Anwendungsprogramme.[132]

Mit dem Erscheinen des *iPods* (2001), des *iPhones* (2007) und des *iPads* (2010) weitete Apple sein Geschäft nach und nach auf andere Produktbereiche aus. Es legte damit die Basis für den bis heute anhaltenden Boom der Märkte für *Smartphones* und *Tabletcomputer*. Die Marktkapitalisierung übersteigt am 3.8.2018 als Nummer eins der Welt erstmals die Grenze von 1 Billion USD.[133] Der Wert schmilzt hernach aber wieder ab, vor allem durch stärker werdenden Wettbewerbsdruck aus China. Dem Stand vom 13.3.2019 zufolge beträgt die Marktkapitalisierung 846 Mrd. USD, damit ist Apple hinter Microsoft weltweit die Nummer zwei.

Altaba Inc., ehem. Yahoo, Suchmaschinen, 1994 von *David Filo* (geb. Wisconsin, 1956) und *Jerry Yang* (geb. Taipeh/China, 1956) gegründet, die gemeinsam als Doktoranden der Fakultät für Elektronik an der *Stanford University* an einer Navigationshilfe für das Internet arbeiteten. Der Börsengang erfolgte 1996. Bis nach der Jahrtausendwende nutzte Yahoo Datenbestände von *Altavista*, *Inktomi* und danach von *Google* für die eigene Suchmaschine, alle 2004 gekündigt. Bis zu einer 2009 mit *Microsoft* vereinbarten Suchallianz nutzte Yahoo eigene Suchalgorithmen und Indizes. Um gegenüber Google Boden gut zu machen, wurden 2003 mit *Overture Services* ein Spezialist für Online-Suche und -Marketing und im selben Jahr der Suchmaschinenbetreiber *Inktomi* übernommen. 2005 stieg Yahoo für 1 Mrd. USD beim chinesischen Online-Portalbetreiber *Alibaba* ein.[134] 2009 Allianz mit *Microsoft* im Bereich Internetsuche und zur Vereinigung der Suchtechnologien. 2010 Partnerschaft mit dem sozialen Netzwerk *Twitter*. 2016 Übernahme von Yahoo durch *Verizon*.[135] Verizon zahlte dafür 4,8 Mrd. €. Grund dafür war der Wettbewerb mit *Google* und *Facebook* auf dem Gebiet der Online-Werbung. Um mit denen konkurrieren zu können wurde Yahoo mit der Verizon-*Tochter AOL* zusammengelegt. Nach Abschluss des Verkaufs an *Verizon*

---

128 Mac & i. Vor 20 Jahren: Microsoft rettet Apple, in: https://www.heise.de/mac-and-i/meldung/Vor-20-Jahren-Microsoft-rettet-Apple-3793789.html, abgerufen 6.8.2018.

129 Foxconn Technology Group, 1974 als Hersteller von Kunststoffprodukten gegründet, heute einer der größten Fertigungsbetriebe für elektronische Produkte, übernahm 2016 u. a. Anteile des angeschlagenen japanischen Elektronikherstellers Sharp, laut Fortune 500 zu den 30 umsatzstärksten Unternehmen der Welt gehörend. Marktkapitalisierung 2018 von ca. 50 Mrd. USD.

130 Apple & Foxconn: ein Blick auf eine der wichtigsten Tech-Partnerschaften der Welt, in: Mobile Geeks 10.10.2017. *Hon Hai Precision on the Forbes Top Multinational Performers List*, in: *Forbes* (forbes.com, abgerufen 20.11.2017).

131 US-Präsident Trump droht 2018 mit einem Handelskrieg gegen China, von dem auch die Partnerschaft Apple/Foxconn betroffen wäre, will diese aber von Zöllen ausnehmen.

132 https://www.macwelt.de/news/Jubilaeum-im-Retail-Zehn-Jahre-Apple-Store-3239039.html, abgerufen 6.8.2018.

133 Wirtschaftspresse 5.8.2018.

134 Im Jahre 2012 verringerte Yahoo seinen Anteil an Alibaba auf 20 %.

135 Nate Swanner: *Report: Verizon is buying Yahoo for $5 billion*, in: thenextweb.com. 24.7.2016, abgerufen 24.7.2016 (englisch).

benennt sich das verbleibende Unternehmen um in *Altaba*.[136] *Yahoo* war in große Daten-Abhörskandale verwickelt, z. B. 2013 mit der *NASA*[137] und 2014 in einen Hackerangriff.[138] Die eigentliche Macht von *Altaba* liegt weniger in ihrer Marktkapitalisierung von rund 42 Mrd. USD (Stand 13.3.2019), sondern vor allem in der Weltmacht durch ihre Daten, deren Behandlung und Vernetzung mit den anderen Giganten der internetbasierten Industrie.

Amazon, 1994 von *Jeff Bezos* (geb. Albuquerque/New Mexico, 1964) gegründet, ist *Online-Versandhändler* mit einer breit gefächerten Produktpalette. Amazon hat als Marktführer im Internet-Handel die weltweit größte Auswahl an Büchern, CDs und Videos. Über die integrierte Verkaufsplattform *Marketplace* können auch Privatpersonen oder andere Unternehmen im Rahmen des Online-Handels neue und gebrauchte Produkte anbieten. Unter eigener Marke werden der *Amazon Kindle* als Lesegerät für elektronische Bücher, der Tabletcomputer *Amazon Fire HD*, das *Smartphone Fire Phone* (mittlerweile eingestellt), die *Set-Top-Box Fire TV* sowie der HDMI-Stick *Fire TV* Stick und das *Spracherkennungssystem Echo* vertrieben. Das dynamische und ungebremste Wachstum von Amazon ist höchster Aggressivität, einer Kombination aus Innovationen, organischem Geschäftsausbau, Unternehmenskäufen und Verbreiterung des Geschäftsspektrums zu verdanken. Zu den M&A-Meilensteinen gehört: 1998 Kauf der *ABC-Bücherdienst GmbH*, dem damals führenden deutschen Internet-Versandbuchhändler und Online-Pionier[139], 2004 Übernahme der chinesischen *E-Commerce-Website JOYO*,[140] 2005 Übernahme des digitalen Buchdruckers *Booksurge*[141] und damit Einstieg in das Print-on-Demand-Geschäft, 2012 Erwerb der *Kiva Systems*, ein Anbieter für Lagerhausautomation,[142] 2014 Übernahme des Streaming-Videoportals *Twitch*,[143] auf dessen Basis Amazon 2018 *Youtube* angreifen will,[144] 2017 Kauf der weltgrößten Biosupermarktkette *Whole Foods Market*. Amazon dringt in nahezu alle Bereiche des Consumer-Online-Geschäftes vor, seit 2010 auch für Lebensmittel,[145] bei denen jedoch auch Rückschläge zu verzeichnen waren. Seit 2017 steigt Amazon auch in das stationäre Geschäft ein.[146] Wichtigstes Standbein sind aber die Einzelhändler, die auf der *Amazon-Plattform* ihre Produkte anbieten. Amazon wird vorgeworfen, diese systematisch zu analysieren, bei Überschreitung gewisser Umsatz- und Ergebnisschwellen zur Offenlegung ihrer Lieferantenverträge zu zwingen und, wenn das Geschäft attraktiv erscheint, diese auszulisten und das Geschäft in Eigenregie zu übernehmen. Grundsätzliche Vorwürfe sind: (1) Marktmissbrauch durch Preisdiktate und Verkaufsbehinderungen, (2) unlauterer Wettbewerb durch »Preisparitätsklauseln« für Händler, (3) weitgehende Vermeidung von Steuerzahlungen, (4) Beschäftigung der Mitarbeiter auf Basis der niedrigen Logistik-Tarifverträge, (5) Arbeitsbedingungen in den Versandzentren,[147] (6) Kunden- und

---

136 Rest-Yahoo will sich in Altaba umbenennen, in: Handelsblatt.com, abgerufen am 11.1.2017; *Umbenennung in Altaba: Yahoo verliert Namen und Marissa Mayer* – golem.de, abgerufen am 11.1.2017.

137 Im Sommer 2013 wurde durch den Whistleblower Edward Snowden bekannt, dass die National Security Agency (NSA) an E-Mail-Provider herangetreten war, um im großen Ausmaß Kommunikationsdaten der Kunden anzufordern. Yahoo hat, wie andere Anbieter, im Nachlauf der Debatte über diesen Datenschutzskandal Transparenzberichte veröffentlicht.

138 Heise online: Yahoo-Hack mit Cookies hatte 32 Mio. Opfer, abgerufen 10.4.2017.

139 Meldung bei der amerikanischen Börsenaufsicht SEC.

140 *Amazon ups investment in China online shopping site*, 5.6.2007.

141 *Amazon druckt künftig selbst*, in: *Manager Magazin Online*, 5.4.2005, abgerufen 17.2.2013.

142 Übernahme von »Kiva Systems« für 775 Mio. USD.

143 Amazon kauft Twitch für 1 Mrd. USD.

144 http://winfuture.de/news,104601.html, abgerufen 19.8.2018.

145 Jürgen Kuri: *Amazon startet Online-Handel mit Lebensmitteln*, heise online, 1.7.2010.

146 Manager Magazin vom 18.12.2017: http://www.manager-magazin.de/unternehmen/handel/amazon-will-laeden-in-deutschland-eroeffnen-a-1183840.html, abgerufen 12.3.2019.

147 https://de.wikipedia.org/wiki/Amazon.com, aufgerufen 19.8.2018

Transaktionsdatenaustausch mit anderen Internet-Giganten wie *PayPal*. Mit dieser Kombination aus zweifelhaften Praktiken sichert sich Amazon Wettbewerbsvorteile und begründet sein unbegrenztes Wachstum. Deutschland ist der wichtigste Auslandsmarkt für Amazon. Amazon kam im August 2018 auf eine Marktkapitalisierung von rund 813 Mrd. USD.[148] Am 4.9.2018 überstieg Amazon erstmals kurzfristig die 1-Billion-USD-Marke. In den 12 Monaten davor war der Aktienkurs um 105 % gestiegen. Der Grund lag nicht allein im ständig gestiegenen Absatz des riesigen Warensortiments, sondern bei immer wieder neuen Geschäftsvorstößen, zuletzt beim *Cloud Computing*, digitalen Anzeigen, dem Online-Werbegeschäft und der weiteren globalen Expansion. Die Marktkapitalisierung liegt per Stichtag 13.3.2019 bei 823 Mrd. USD.

eBay, 1995 von *Pierre Omidar* (geb. Paris, 1967) in San José gegründet. Weltweit umsatzstärkster Anbieter von Internetauktionen mit über 276 Mio. angemeldeten Mitgliedern, die online Waren kaufen oder verkaufen.[149] Im Laufe der Jahre erweiterte sich das Angebot von einem Consumer-to-Consumer-Marktplatz mit flohmarktähnlichem Charakter zu einer Business-to-Consumer-Plattform: Es wird Neuware von kommerziellen Händlern angeboten, im Unterschied zu den Gebrauchtwaren privater Anbieter. 1997 investierte *Benchmark Capital* 6,7 Mio. USD in das Unternehmen. Zwei Jahre später waren diese Anteile 5 Mrd. USD wert und wurden zum besten Investment in der Silicon-Valley-Geschichte.[150] Ein erheblicher Anteil des Konzernumsatzes wird von den sogenannten *eBay-Partnern* (sogen. *Affiliates*) generiert. Diese vermitteln potenzielle Kaufinteressenten an eBay und erhalten im Gegenzug Provisionen. Um interessierte Verkäufer an eBay heranzuführen, wurden Verkaufsagenten (Händler auf Kommissionsbasis) etabliert. Es folge der Erwerb zahlreicher Auktionshäuser. 2002 wurde *PayPal* erworben, 2015 wieder verkauft. 2005 Erwerb von *Skype*, 2009 wieder abgestoßen.[151] Politik zur Steuervermeidung.[152] Diverse Sicherheitslücken, mangelhafte Verschlüsselungen.[153] Nach eigenen Angaben werden Kundendaten nicht weitergegeben.[154] Die Marktkapitalisierung beträgt (per 13.3.2019) rund 33 Mrd. USD.

PayPal, Sitz im kalifornischen San José, geht auf den Zusammenschluss von *Confinity* und *X.com* im Jahr 2000 zurück. Confinity wurde 1998 von *Max Levchin* (geb. Kiew/Ukraine, 1975), *Peter Thiel* (geb. Frankfurt 1967) und *Luke Nosek* (geb. Zgłobice/Polen, 1975) in Palo Alto/Kalifornien gegründet, ursprünglich als Unternehmen für Bezahlmethoden und Kryptografie. X.com wurde 1999 von *Elon Musk* (geb. Pretoria/Südafrika, 1971) gegründet, zunächst als Internet-Finanzdienstleister. 2002 erworben durch *eBay*.[155] Führender Betreiber eines Online-Bezahldienstes, der zur Begleichung von Mittel- und Kleinbeträgen z. B. beim Ein- und Verkauf im Online-Handel genutzt werden kann. Laut eigenen Angaben hat *PayPal* mehr als 192 Mio. aktive Nutzer in über 200 Märkten mit der Möglichkeit von Zahlungen in über 100

148 Finanzen.net, 18.8.2018.
149 *eBay Handelsupdate im 4. Quartal 2011,* auf: *eBay Pressemitteilungen.* 19.1.2012, abgerufen am 19.1.2017.
150 *Benchmark Capital History,* in: *International Directory of Company Histories.* Bd. 49, St. James Press, 2003, online auf FundingUniverse.com, abgerufen 19.1.2017 (englisch).
151 Volker Briegleb: *eBay stellt Skype auf den Prüfstand,* in: Heise.de. 18.4.2008, abgerufen 19.1.2017.
152 *Paradise Papers – Die Recherche der Süddeutsche Zeitung,* abgerufen 7.11.2017.
153 Daniel Bachfeld: *Erneute Datenpanne bei eBay,* Heise, 29.10.2007, online auf Heise.de, abgerufen 5.1.2017; Daniel Bachfeld: *eBay: Flash-Applets in Auktionen können Nutzerdaten stehlen,* Heise, 12.3.2008, online auf Heise.de, abgerufen 5.1.2017; Timo Brücken: *Kundendaten gestohlen: Was Sie zum Ebay-Datenklau wissen müssen,* Stern, 22.5.2014, online auf Stern.de, abgerufen 5.1.2017.
154 https://pages.ebay.de/help/account/protecting-privacy.html, abgerufen 7.8.2018.
155 Margaret Kane: *eBay picks up PayPal for $1.5 billion,* in: *CNET News.com,* CNET Networks, 8.7.2002, abgerufen 13.11.2007.

Währungen.[156] 2015 Trennung von eBay.[157] PayPal wird verdächtigt, Kunden- und Transaktionsdaten in großem Umfang an Drittunternehmen weiterzugeben. [158] Die Marktkapitalisierung beträgt (per 13.3.2019) rund 114 Mrd. USD.

Alphabet (Google) geht auf den Vorläufer *BackRub*, zurück, der 1996 den Echtzeitbetrieb aufnahm und von *Larry Page* (geb. East Lansing/Michigan, 1973) und *Sergey Brin* an der Stanford University entwickelt wurde. Seit 1997 ist die Suchmaschine unter dem Namen *Google* online.[159] Statistiken zeigen bei weltweiten Suchanfragen *Google* als Marktführer unter den Internet-Suchmaschinen und als die meistbesuchte *Website* der Welt.[160] Seitdem hat sich ihre Oberfläche nur geringfügig verändert. Durch den Erfolg der Suchmaschine in Kombination mit *kontextsensitiver Werbung* (Sponsorenlinks) auf den Ergebnisseiten aus dem *AdWords*-Programm konnte das Unternehmen eine Reihe weiterer Produkte finanzieren. Wohl bekanntester Dienst ist der Online-Kartendienst *Google Maps*, der 2005 gestartet wurde. Dabei kann die Erdoberfläche als Straßenkarte oder als Luft- oder Satellitenbild betrachtet werden.[161] Die Suche ist allerdings nach wie vor das Kern-Geschäftsfeld von *Google*. Pro Tag bearbeitet *Google* mehr als 3 Mrd. Suchanfragen und hatte im Dezember 2012 über 1,17 Mrd. Nutzer.[162] Die Google-Suche ist in viele *Webbrowser* standardmäßig integriert, so z. B. in Googles eigenem Webbrowser *Google Chrome*. Es existieren *Google-Apps* für *iOS*, 2012 führte Google den »*Knowledge Graph*« ein, eine semantische Suchfunktion. Ebenfalls werden ähnliche Suchbegriffe bzw. Objekte angezeigt. Der »Knowledge Graph« bietet die Grundlage für *Google Now* und *Google Home.* Die Informationen dafür stammen aus öffentlichen Lexika wie *Wikipedia* und dem *CIA World Factbook*,[163] *Android* und *Windows*, in denen unter anderem auch mit Sprache gesucht werden kann. Zudem gibt es die *Google Toolbar* für den *Internet Explorer*. Google steht in Konkurrenz zu Suchmaschinen wie z. B. *Bing*, *Yandex* in Russland und *Baidu* in China. In Europa und Deutschland hat *Google* einen Marktanteil von über 90 %. Die Suchmaschinen von *Google* und Facebook werden in jüngerer Zeit häufig wegen Datenschutzproblemen kritisiert.[164] Auch die Steuerung der Suche im Zuge der Personalisierung der Anfragen wird negativ gesehen. Im Rahmen einer Restrukturierung wurde 2015 die Dachgesellschaft *Alphabet Inc.* gegründet, zu dem nun die *Google LLC* als Tochtergesellschaft gehört.[165] Die Marktmacht und die hohe Börsenkapitalisierung ermöglicht Google den Einstieg in neue Geschäftsfelder, insbesondere wenn sie datengetrieben sind. So entwickelt Google als eines der ersten Unternehmen selbstfahrende Autos,[166] prüft das Geschäft mit Drohnen und startet Tests für Flugtaxis.[167] Mit dem Börsenwert von rund 763 Mrd. USD (Stand 13.3.2019) wäre

---

156 Stand: November 2016, laut Website von PayPal, abgerufen 21.11.2016 (englisch).

157 Robert Klatt: *eBay beendet Kooperation mit PayPal – Aktie stürzt ab*, in: *blueBit*. 1.2.2018, abgerufen 1.2.2018.

158 https://www.kuketz-blog.de/paypal-datenweitergabe-an-ueber-600-drittunternehmen/, aufgerufen 7.8.2018.

159 Im Rahmen einer Restrukturierung wurde 2015 die Dachgesellschaft Alphabet Inc. gegründet, zu der nun die Google LLC als Tochtergesellschaft gehört. *Our history in depth.* Google Inc., abgerufen 12.4.2010.

160 *Die meistgenutzten Suchmaschinen weltweit nach Anteil der Suchanfragen,* Statistisches Bundesamt, Juni 2009, abgerufen 26.8.2012.

161 *Google Maps geht mit der Zeit: Die Erde ist nun keine Scheibe mehr,* in: Chip_online, 5.8.2018, abgerufen 6.8.2018.

162 Felix Richter: *Infographic: 1.17 Billion People Use Google Search,* Statista Infographics, 12.2.2013, abgerufen 20.8.2016 (englisch).

163 Amit Singhal: *Introducing the Knowledge Graph: things, not strings,* Official Google Blog, 16.4.2012, abgerufen 20.8.2016 (englisch).

164 So wurden nach Ankündigung im Rahmen einer angeblichen »Vereinfachung« der Datenschutzbestimmungen ab März 2012 Daten über Nutzer quer über alle Dienste von Google Inc. ausgewertet, um einen möglichst vielfältigen Wissensstand über alle Lebensbereiche eines Nutzers aufbauen zu können.

165 Daniel AJ Sokolov: *Revolution bei Google: Abspaltungen und eine Holding*, in: *heise online*. 11.8.2015, abgerufen 11.8.2015.

166 Manager Magazin vom 21.11.2017: wie Google & Co Deutschlands Autobauer überholen.

167 Die von Google-Mitgründer Larry Page finanzierte Firma *Kitty Hawk* will in Neuseeland einen Flugdienst mit Lufttaxis aus eigener Entwicklung mit Namen Cora betreiben. https://www.heise.de/newsticker/meldung/Kitty-Hawk-Cora-Google-Mitgruender-zeigt-seine-elektrischen-Lufttaxis-3992040.html, abgerufen 7.8.2018.

es aus finanzieller Sicht kein Problem, einen der großen deutschen Automobilbauer zu übernehmen.[168] Jedenfalls würden die Cash-Reserven dafür bei Weitem ausreichen.[169]

Netflix, B2C-Plattform, 1997 von *Reed Hastings* (Geb. Boston, 1960) und *Marc Randolph* (geb. Chappaqua/New York, 1958) in Los Gatos/Kalifornien gegründet, beschäftigt sich mit der Vermietung und der Produktion von Filmen und Serien. Es agierte zunächst als Online-Videothek mit dem Versand von Filmen auf *DVD* und *Blu-Ray* an seine Abonnenten. Im Jahr 2007 stieg Netflix ins *Video-on-Demand*-Geschäft ein und machte die Inhalte per *Streaming* für Abonnenten zugänglich. Im Juni 2018 hatte Netflix weltweit 130 Mio. Abonnenten. Netflix war bis September 2010 nur in den Vereinigten Staaten verfügbar und begann dann seine internationale Expansion mit Kanada (2011), Lateinamerika und der Karibik (2012) sowie Mitteleuropa (2014).[170] Neben neuen Sendungen übernimmt Netflix bei anderen Sendern eingestellte Serien. Der Börsenwert liegt am 13.3.2019 bei 157 Mrd. USD.

Facebook, gegründet 2004 von *Mark Zuckerberg* (geb. White Plains/New York, 1984), betreibt ein soziales Netzwerk. Dies zählt im zweiten Quartal 2018 rund 2,23 Mrd. Mitglieder. *Facebook* liegt im vierten Quartal 2016 weltweit auf Rang 3 sowie deutschlandweit auf Rang 6 der meistbesuchten *Websites* und verzeichnete im Mai 2017 in Deutschland 30 Mio. aktive Nutzer. Seine Bedeutung als Nachrichtenkanal steigt stetig; demnach bezogen 41 % der Befragten in den USA und 23 % der deutschlandweit Befragten aller Altersgruppen ihre Nachrichten von *Facebook*. Laut einer Langzeitstudie der TU Darmstadt und der TU Dresden wurden im Jahr 2014 in Deutschland rund 91 % aller Online-Nachrichten der Mediengesellschaften über die *Facebook-Like- und -Teilen-Buttons* verbreitet. Die Probleme umfassen dabei die Verbreitung, respektive fehlende Eindämmung von Falschmeldungen (*Fake News*) im Netzwerk und die Wirkung der Filterblase, einer sich durch automatische Selektion verengenden Informationsbreite. Seit seiner Veröffentlichung steht Facebook aufgrund mangelhafter Datenschutzpraktiken unter Kritik, insbesondere von europäischen Datenschützern und Sicherheitsexperten. Der Bundesverband der Verbraucherzentralen in Deutschland riet 2010 gar davon ab, das Angebot zu nutzen. Der Börsenwert Facebooks beträgt 501 Mrd. USD (per 13.3.2019).

3.2.4   Die US-Internet-Giganten als Blaupausen für datengetriebene Geschäftskonzepte

Mit der Internet-Industrie geht das Entstehen ganz neuer, datengetriebener, Geschäftsmodelle einher: (a) Geschäfte mit den Daten, im B2C- und B2B-Geschäft, (b) Entstehen von Geschäftsplattformen, im

---

168 Dies müsste dann eine feindliche Übernahme sein. Allerdings ist dieses Szenario derzeit unwahrscheinlich wegen zahlreicher Hürden der Industrie und der Aktionäre. Vermutlich würde aber die deutsche Regierung auf Basis des Außenhandelswirtschaftsgesetzes (AWG) nicht eingreifen. Eine Gefährdung des Standortes Deutschland wäre nicht gegeben und Deutschland hat in den Letzten 10 Jahren einen großen Überhang bei der Milliarden-Übernahme von US-Unternehmen, während US-Firmen wesentlich weniger Mega-Übernahmen in Deutschland getätigt haben. Zum Vergleich: VW als weltgrößter Autobauer, mit einer Markkapitalisierung von rund 72,5 Mrd. €, (Quelle finanzen net, abgerufen 7.8.2018.), wäre besonders geschützt durch die Aktien in der Hand des Landes Niedersachsen.
169 Apple, Google und Microsoft verfügen zusammen über Cash-Positionen von 464 Mrd. USD. Quelle: CNN Money, von Matt Egan, am 19.7.2017. https://money.cnn.com/2017/07/19/investing/apple-google-microsoft-cash/, abgerufen 7.8.2018.
170 Netflix to Launch in Germany, Austria, Switzerland, France, Belgium and Luxembourg in Late 2014, Netflix, 20.5.2014, abgerufen 21.5.2014.

Internet und in der Cloud, (c) Lösungsanbieter, die sich zwischen die klassischen Hersteller und deren Kunden schieben, ohne über eigene Infrastruktureinrichtungen und Hardware zu verfügen.

Dadurch wurden ganze Branchen revolutioniert (s. o.), etwa die Videobranche, durch Streamingdienste wie *Netflix* (gegr. 1997). Beispiele dazu sind die Hotel- und Reisebranche (Booking.com und Airbnb, beide gegr. 2008, die selber über keine Betten verfügen) und das Taxigewerbe (das Unternehmen Uber, gegr. 2009, gebietet über das größte Netz an Fahrzeugen, ohne auch nur ein Taxi zu besitzen). Dieses Modell wurde von zahlreichen Start-ups aufgegriffen, vom *Konsumgeschäft (B2C)* bis in das professionelle *B2B-Geschäft*, bei der sich *Plattformen* als Makler und Auktionatoren anbieten, den unmittelbaren Kundenkontakt übernehmen und damit zukünftig den Weltmarkt bestimmen wollen.

Bei der Erschließung dieser Märkte bewahrheitete sich eine alte Strategieregel: Der Ersteinsteiger steigt zum Weltmarktführer auf und bestimmt fortan den Markt. Dies betrifft nicht nur die »*Big Five*«, sondern sollte sich auf allen Marksegmenten bestätigen. Insofern ist die Motivation und Suche nach neuen Arbeitsfeldern für *Start-ups* immer vom Wunsch getrieben, eine Nische oder ein großes Feld zu entdecken, dass ein gewaltiges Potenzial bis hin zur Weltmarktführung erschließt. Naheliegenderweise beinhaltet dies zwei grundlegende Risiken (a) man liegt falsch, dann kann man aber das Geschäftsmodell oder die Richtung ganz schnell ändern oder (b) andere haben dieselbe Idee, in einer anderen Region/einem anderen Land oder im direkten Wettbewerb, sodass es zum »*Endgame*« (durch Verdrängung oder Übernahmewettbewerb) kommt. Dies betrifft beileibe nicht nur Hightech-Ansätze, sondern in den meisten Fällen Lowtech und einfache Dienstleistungen, wie etwa Food Services und jedwede Transportleistung. Dabei gibt es aber auch immer wieder Gedankenblitze, die zu überraschenden vielversprechenden Lösungsangeboten führen, wie etwa Dienste für Zusammenfassungen von Fachpublikationen.

3.2.5   Der Einfluss von Datenschutz und Datenkontrolle

Eine lockere Handhabung des Datenschutzes hat es letztlich sowohl den USA als auch China ermöglicht, die Führungspositionen bei den internetgetriebenen Geschäften zu erreichen und immer noch weiter auszubauen. Deutschland nimmt den Schutz persönlicher Daten seit jeher sehr ernst. 1995 wurde die EU-Richtlinie zum Schutz natürlicher Personen bei der Verarbeitung personenbezogener Daten und zum freien Datenverkehr erlassen. Diese wurde 2018 durch die *Datenschutz-Grundverordnung* (DSGV) abgelöst und EU-weit vereinheitlicht. Dadurch soll einerseits der Schutz personenbezogener Daten innerhalb der Europäischen Union sichergestellt, und auch andererseits der freie Datenverkehr innerhalb des Europäischen Binnenmarktes gewährleistet werden. Letztlich führten aber unsere Regularien dazu, dass Europa und insbesondere Deutschland keine Weltmarktführer in den datengetriebenen Geschäften und bei sozialen Medien entwickeln konnten. Spätstarter wie *Xing*[171] spielen nur im deutschsprachigen Raum eine Rolle und verlieren derzeit auch wieder Marktanteile. Auch beim *Smart Government* liegen wir weit zurück: ein Ausdruck hoher Widerstände gegen institutionsübergreifenden Datenaustausch. In Kapitel 22 »Smart Government« gehen wir darauf tiefer ein. Junge europäische Länder, wie die Baltenstaaten,

---

171 Xing, gegründet im August 2003 unter dem Namen *Open BC (Open Business Club)*, zählte 2012 über 12 Mio. Benutzer, ist dabei aber auf die DACH-Länder begrenzt. https://de.wikipedia.org/wiki/XING, abgerufen 12.3.2019.

insbesondere *Estland*, die den Datenschutz pragmatischer auslegen, sind im Bereich der öffentlichen Verwaltung und des *Smart Government* weiter entwickelt und daher wegweisend. Aber auch in den USA gibt es starke Bürgerbewegungen, die sich für mehr Datenschutz aussprechen und die sich gegen die allzu breite Datenerfassung und den offenen Datenaustausch unter den Internet-Giganten wehren.

Ganz im Gegensatz dazu steht etwa *China*. Der Wille des Staatsapparates zur vollständigen Kontrolle der Bürger hat zu zwei Bewegungen geführt, nämlich (a) der Abschottung des chinesischen Datenmarktes vom Westen, der zur Verdrängung, Rückzug und Ausschluss westlicher, besonders US-amerikanischer Anbieter geführt hat und den Aufbau einer (staats-)eigenen Internet-Industrie und (b) einer zunehmenden Sammlung von Personendaten auf staatlicher Seite, deren Austausch, Diskussion und Interpretation (»Analytics«) vollkommen durchlässig zwischen Regierung, Partei, Ministerien und Staatsunternehmen erfolgt. Letzter und logischer Schritt ist hier die Bildung von *Sozialkonten* für jeden Bürger, in denen jegliche Informationen – von der Leistung am Arbeitsplatz bis hin zum Übertreten von Verkehrsregeln – erfasst und zur Bewertung gebracht werden. So wird durch einen Wald von Überwachungskameras jede Bewegung erfasst, durch Gesichtserkennung jeder Bürger identifiziert und damit jede Bewegung, jede Erfolgs- und Fehlleistung persönlich zugerechnet, im jeweiligen Sozialkonto gespeichert und saldiert. Wer gewisse Werte unterschreitet, wird verwarnt, pönalisiert, erhält keine Sozialleistungen mehr, verliert seinen Arbeitsplatz, seine Wohnung, wird arrestiert. Der jüngste Schritt ist die Ausweitung der Kontrolle auf ganze Unternehmen, sodass deren Systemtreue über Auftragsvergaben und Bestandssicherheit entscheiden. Mittlerweile greift das System auch auf Ausländer über. Wer sich kritisch gegenüber China äußert, wird aus der Zusammenarbeit ausgeschlossen, darf nicht mehr einreisen und muss in China mit Verfolgung rechnen. *George Orwell* hätte sich 1948 kaum vorstellen können, welches Schreckensszenario 2018 Realität werden würde. Auf industrieller Seite führte die »weitsichtige« Abschottung Chinas bei den datengetriebenen Geschäften nicht nur zum Aufbau einer eigenen Datenwirtschaft, sondern zu Giganten, die es als Einzige weltweit mit den US-Amerikanern aufnehmen können. Diese wurden bezeichnenderweise teilweise von den Amerikanern mitgegründet, teilweise sind die jeweiligen US-Unternehmen noch minderheitlich beteiligt. 2018 bemühen sich amerikanische Internet-Giganten sogar um den (Wieder-)Einstieg in den chinesischen Markt, indem sie China Algorithmen anbieten, die die selektive aber vollständige Abschottung des chinesischen Volkes von allen Informationen sicherstellen, die der chinesischen Regierung unliebsam sind – bis hin zur Informationsverfälschung (»Fakes«) zur Beschönigung und Korrektur tatsächlicher Lagen. Die Moral US-amerikanischer Internet-Giganten ist fragwürdig: Vorrang vor dem persönlichen Schutz hat das Geschäft. Dies spiegelt sich auch im Verhalten in der »freien« Welt wieder. So legen etwa *PayPal* und *Google* nicht offen, dass Transaktionsdaten (*PayPal*) an *Google* weitergeleitet werden, sodass Google ertüchtigt wird, die umfassenden Profile seiner Kunden – ja sogar von Nicht-Kunden – zu ergänzen und zu verfeinern. Mit den zusätzlichen Möglichkeiten, die durch das Gegeneinanderspielen immer größerer Datensätze, durch Ableitung beliebiger Korrelationen und den Einsatz von immer weiter entwickelter *künstlicher Intelligenz* gegeben sind, sind auch wir im Westen gegen die Risiken aus der Welt von »Big Brother« nicht gefeit. Dies geht bis auf die politische Ebene durch Einmischung in den Wahlkampf des Gegners. Wir haben nicht mehr die »klassische Ost-West-Konfrontation«, sondern beobachten einen scharfen »Datenwettbewerb« zwischen verschiedenen globalen Akteuren: unter den USA, Fernost, Europa, China, Russland, Lateinamerika und Afrika. Selbst das *Flüchtlingsproblem* ist datengetrieben: Sobald in Deutschland und im Mittelmeerraum eine Maßnahme verkündet wird, wird diese millionenfach per Mobilfunk nach Mittelafrika kommuniziert und initiiert oder bremst die dort startenden Flüchtlingsströme.

3.3   China auf dem Weg zur digitalen Weltmacht

Wie in den USA führen die internetgetriebenen chinesischen Unternehmen die Liga der größten nationalen Börsenwerte an. Die Hauptgründungsperiode in China liegt nur wenige Jahre hinter den USA (Silicon Valley) zurück. Das offene Internet ist jedoch auch eine Bedrohung für das postkommunistisch abgeschottete Land, das seinen Bürgern nur ein gefiltertes Bild der politischen Landschaft bietet, um stets die Kontrolle zu behalten. Ein Massaker wie auf dem *Tian'anmen-Platz* im Sommer 1989 soll sich nicht wiederholen. Vorausschauend werden Oppositionen oder gar Widerstandsnester ausgemacht, damit gar nicht erst Waffengewalt eingesetzt werden muss. Andererseits wurde erkannt, dass eine internetgetriebene Industrie ein wichtiger Erfolgsfaktor für die wirtschaftlich-technologische Aufholjagd darstellt und dass die private Nachfrage nach Online-Angeboten und sozialen Netzen erfüllt werden muss, denn durch die Zugänge zu den US-Angeboten und durch die Anschub-Investitionen der Amerikaner in China hatte sich schon eine kleine Internet-Community gebildet, die Forderungen nach offenem Informationszugang, offenem Meinungsaustausch und Online-Dienstleistungen stellte. Die chinesische Staatsregierung stand vor einem Dilemma, das es zu lösen galt. Vor diesem Hintergrund entschloss sie sich, eine eigene Internet-Industrie aufzubauen, womit dann gleich zwei Fliegen mit einer Klappe geschlagen werden konnten: einerseits Schutz dieser Industrie vor internationalem (vor allem amerikanischem) Wettbewerb, andererseits Steuerbarkeit der Inhalte nach Wunsch und Willen des Staates. Dadurch konnte sich, mit wenigen Jahren Rückstand gegenüber den Amerikanern, wie in einem Treibhaus, eine gesunde Internet-Industrie entwickeln – allerdings mit der Einschränkung, dass Informationsportale und Online-Händler weitgehend auf den nationalen Markt beschränkt waren. Anders sieht die Lage für chinesische Internet-Technik-Anbieter aus und sogar für »Low-end-Lieferdienste« (s. u.), die internationale Präsenzen erreichen konnten, weil ihr Angebot wettbewerbsfähig ist.

3.3.1   Industriespionage

Daneben machte eine Schlüsselkomponente des chinesischen Wirtschaftsmodells auch nicht vor dem Internet halt: die *Industriespionage*, insbesondere das Ausspionieren und Kopieren westlicher Technologien. Hier spielt das Abgreifen von Daten ausländischer Unternehmen, namentlich aus den USA und Deutschland eine wichtige Rolle. Dazu werden neben den *Geheimdiensten* auch *chinesische Hacker* systematisch in Position gebracht.[172] Entsprechend geschützt gehen Amerikaner und Deutsche in China vor, indem etwa strategisch wichtige Hardware- und Software-Komponenten sowie Parameter zu Fertigungs- und Betriebsprozessen nach Möglichkeit nur außerhalb Chinas gefertigt und gespeichert werden. Dies lässt sich aber nur beschränkt umsetzen, da die Chinesen, wenn sie

---

172 Unternehmen im Würgegriff der Cyberkriminellen. Nicht nur Chinas Geheimdienste sind aktiv. https://www.wiwo.de/technologie/darknet-nicht-nur-chinas-geheimdienste-sind-aktiv/13630890-4.html, abgerufen 5.9.2018.

keinen Zugang zu den gewünschten Daten erhalten, mit Entzug der Betriebsgenehmigungen drohen. Eine der neueren Strategien der Chinesen ist der Zwang, dass auch Auslandsunternehmen einen Parteisekretär beschäftigen müssen, dessen Mission durchschaubar ist. Ein wichtiges Instrument sind auch Gemeinschaftsunternehmen. So führten *Siemens* und das chinesische Eisenbahnministerium über ein Jahrzehnt lang ein Joint Venture zur Entwicklung einer »China-Lokomotive«. Als der Prototyp stand, kündigten die Chinesen das Gemeinschaftsunternehmen. Näheres dazu siehe Kapitel 4.

3.3.2   Hegemonie auf dem eurasischen Kontinent

Nach dem Aufbau gewaltiger Fertigungskapazitäten ist der chinesische Markt sektoral bereits überbesetzt, neben dem *Bahngeschäft* auch im *Stahl-* oder *Bauwesen* und vielen anderen Branchen. Neue Märkte müssen schnellstens her. Der langsame und mühselige Einstieg in Europa reicht nicht aus. Da hilft die Strategie der »*Neuen Seidenstraße« (Belt & Road Initiative)*: Mit einem Investitionsvolumen von rund einer Billion USD – dem größten Finanzierungsprogramm seit dem *Marshallplan* – bauen chinesische Unternehmen von Shanghai bis Duisburg eine der vielen aufgefächerten Trassen, die bis in die arabische Welt und auch zu afrikanischen Staaten führen. Ausländische Unternehmen, insbesondere Europäer, sind weitestgehend ausgeschlossen, da die Vergaben den europäischen Richtlinien und Sozialvorgaben nicht entsprechen. Höchstens technologische Lücken, die die Chinesen nicht abdecken, können sie als Subunternehmer ausfüllen. Derzeit bemühen sich Europäer, auch deutsche Unternehmen, dennoch zugelassen zu werden. Das Ziel Chinas ist klar: Hegemonie auf dem eurasischen Kontinent, bis tief hinein nach Europa. Die Trassen, um die es geht, sind: Straße, Schiene, Luftverkehr, Schifffahrt, Pipelines und das Internet, insbesondere die Hightech-Anwendungen, also konkret das Eindringen in die europäische *I/SD*-Industrie. Europa legt sich noch die Karten, hat keine Antworten, hat keine ausreichend starke *I/SD*-Industrie, um gegenhalten zu können. Diese Thematik wird im Teil über die wettbewerbsbestimmenden Felder vertieft behandelt.

3.3.3   Digital-Diktatur

Dazu kommt die geplante und teilweise schon umgesetzte Implementierung des bereits angesprochenen *Sozialkredit-Systems* in China, das weitreichende Auswirkungen auf Handlungsmöglichkeiten Betroffener haben soll und in eine Art »Daten-Diktatur«[173] führt. Bis 2020 sollen alle privaten und staatlichen Datenbanken in China miteinander verbunden sein. Ziel der kommunistischen Partei ist, jegliches Verhalten zu erfassen und zu bewerten. Jeder Bürger bekommt ein Punktekonto. Und auf dieser Grundlage kann der Staat sanktionieren oder auch belohnen. Pilotstädte der »braven« Bürger gibt es schon. Kriterien des Arbeits- und Privatlebens fließen im Kontostand ein. Andererseits ist die völlig barrierefreie Handhabung von Daten einer der Erfolgsfaktoren der Chinesen – in diametralem Gegensatz zu Deutschland, in dem wir uns Barrieren auferlegen, die eine konkurrenzfähige Entwicklung einer Internet-Industrie nicht nur behindern, sondern teilweise gänzlich unterbinden, uns damit vom

---

173 Chinas Sozialkredit-System: auf dem Weg in die IT-Diktatur, Deutschlandfunk Kultur im Weltzeit-Archiv vom 5.9.2017. https://www.deutschlandfunkkultur.de/chinas-sozialkredit-system-auf-dem-weg-in-die-it-diktatur.979.de.html?dram:article_id=395126, abgerufen 5.9.2018.

Wettbewerb völlig abhängen und uns paradoxerweise dann international von denjenigen Unternehmen in den USA und China abhängig machen, deren Datenpraxis von uns bekämpft wird. Immerhin sind diese so geschickt, dass sie speziell für Deutschland geschützte Versionen ihrer Prozesse anbieten.

3.3.4   Umsetzungskraft und Größenvorteile

Die besondere Kraft Chinas liegt nicht nur in der Größe des Marktes und des noch gewaltigeren Markpotenzials mit 1,3 Mrd. Bürgern, von denen 90 % noch nicht das Wohlstandsniveau des deutschen Mittelstandes erreicht haben. Sie liegt auch in der Rigidität der Umsetzung, etwa bei einem sofort anberaumten Abbruch ganzer Stadtviertel, um neuer Infrastruktur Platz zu machen, während hierzulande die Horizonte für Planung, Genehmigung und Umsetzung durchaus bei 20 Jahren und mehr liegen. Die Unterschiede liegen auch in der Größe der Geschäfte und dem Wachstumsanspruch der Unternehmen. Die *Eisenbahn*-Fertigungshallen der bereits genannten *CRRC* nehmen die Flächen mehrerer Fußballfelder ein, während die großen Standorte bei uns typischerweise für zeitgleiche Montagen von etwa an 10 bis 20 Zugsegmenten eingerichtet sind. Vergleichbar hohe Volumenunterschiede finden sich zwischen den chinesischen *Online-Anbietern* gegenüber Deutschland. So ist selbst der *konventionelle Küchenmarkt* ein riesiges Volumengeschäft: In China werden mit einem Auftrag gleich Hunderte von Küchen verkauft, nämlich die Ausrüstung ganzer Wohnhochhäuser, während die Hersteller in Deutschland von Einzelaufträgen leben.[174] Die Größenunterschiede werden selbst bei den *Online-Lieferdiensten* für Mahlzeiten deutlich: Chinas *Meituan-Dianping* deckt fast ganz China ab, ist in den USA aktiv, bedient 240 Mio. Kunden und verzeichnet täglich 10 Mio. Aufträge. Vergleichsweise bescheiden ist das europäische Geschäft: Der hiesige Marktführer, die niederländische *Takeaway.com* (zu der seit 2014 auch die deutsche *Lieferando* gehört), wickelt pro Jahr mit allen Tochtergesellschaften zusammen gut 68 Mio. Orders ab.[175] Mit anderen Worten: Nimmt man diese Zahl, dann ist der führende europäische Anbieter um Faktor 53 kleiner als sein chinesischer Rivale.

Als Einstieg in die *I/SD*-Industrie Chinas werden nachfolgend die 10 wichtigsten Player in der Reihenfolge ihres Rankings nach China Daily (2017) vorgestellt. Diese gehen durchaus auch auf internationale Vernetzungen zurück, z. B. auf Stanford-Abgänger, die an der Gründung chinesischer Internet-Companies beteiligt waren oder Geschäftsanteile der der US-amerikanischen »Big Five« an *Tencent* und anderen. Anders als die US-basierten Internet-Unternehmen, die sich vor allem auf *B2C-Konsumenten-Plattformen* konzentrieren, haben die Chinesen speziell auch das *B2B-Geschäft* im Auge, insbesondere *Alibaba*. Somit sind diese auch für die deutsche Industrie, die stärker auf B2B setzt, eine besondere Herausforderung.

Tencent Holdings Ltd[176], **Suchmaschinen, soziale Medien,** 1998 gegründet in Shenzhen von *Ma Huateng* (geb. Chaoyang/Provinz Guandong, 1971, auch Pony Ma genannt, heute Vorsitzender) und *Zhang Zhidong* (geb. 1971 auch Tony Zhang genannt, heute Chief Technology Officer) mit finanzieller Hilfe *US-amerikanischer Risikokapitalgeber*. Zu den breit gestreuten Aktivitäten *Tencents* zählen vor

---

174 Siehe Kai Lucks: Keine Angst vor China, die Hintergründe der Übernahmewelle aus Fernost, in: Möbel Kultur Nr. 7/2018, S. 22–23.
175 Geschäftsbericht Takeaway.com 2017. https://corporate.takeaway.com/investors/annual-reports/, abgerufen 13.8.2018.
176 Ranking Nr. 1 nach China Daily vom 16.10.2017.

allem Sofortnachrichtendienste, soziale Netzwerke im Internet, Onlinemedien (Webportale), Internet-Mehrwertdienste (stationär und im Mobilfunk), interaktive Unterhaltung und Onlinewerbung. Mit einer Marktkapitalisierung von gut 490 Mrd. USD (Stand Juni 2018) ist Tencent das größte Internetunternehmen der VR China und gehört zu den wertvollsten Unternehmen weltweit. Mit einem Jahresumsatz von 35,3 Mrd. USD und einem Nettogewinn von 10,6 Mrd. USD (Stand jeweils 2017) ist Tencent außerdem derzeit das profitabelste Internetunternehmen Chinas[177] und hält über 400 Patente (Stand 2009). Größter Einzelaktionär ist seit 2001 der südafrikanische Medienkonzern *Naspers*, weitere Anteilhaber sind die *Vanguard Group* und *BlackRock* (Stand Januar 2018).[178] 2016 war Tencent zusammen mit *Hon Hai Precision Industry* (*Foxconn*) und anderen Mitbegründer des chinesischen Gemeinschaftsunternehmens *Future Mobility Corporation* für die Entwicklung und Produktion von Elektroautos.[179] Im Jahr 2017 erfolgte der Erwerb einer Beteiligung von 5% am US-amerikanischen Elektroautohersteller *Tesla*. Tencent besitzt Anteile am Online-Geodatendienst *Here*, an dem auch *Daimler*, *Audi* und *BMW* beteiligt sind.[180] Der Marktwert Tencents beträgt per 13.3.2019 rund 433 Mrd. USD.

Alibaba Group,[181] **Online-Handel**, wurde 1999 von *Jack Ma* (geb. Hangzhou, 1964) und 17 weiteren Gründern lanciert. Die Gründung erfolgte im Jahr 2000 mithilfe von 20 Mio. USD Risikokapital vonseiten einer Investorengruppe, angeführt von *Softbank*.[182] Sitz in Hangzhou. Betreibt u.a. die gleichnamige *B2B-Plattform Alibaba.com* sowie das *Online-Auktionshaus Taobao* und ist nach eigenen Angaben die größte IT-Firmengruppe Chinas. 2018 beträgt die Zahl der Mitarbeiter rund 66.500.[183] An dem Unternehmen ist u.a. auch Yahoo beteiligt. Der Umsatz auf den von der Alibaba Group betriebenen chinesischen Einzelhandelsplattformen kumulierte sich 2017 auf über 4,8 Billionen Renminbi (768 Mrd. €). 2017 ging mit dem *Roewe RX5* das erste »Smartcar-SUV« der Welt in den Handel. Dieses arbeitet mit dem *Linux-Betriebssystem Yun OS*, das von der Alibaba-Tochter »AliCloud« entwickelt wurde.[184] Im selben Jahr gab die Alibaba Group eine Beteiligung in Höhe von gut einem Drittel an der *Sun Art Retail Group*, dem größten Betreiber von *SB-Warenhäusern* und Supermärkten in der Volksrepublik China, bekannt.[185] In den Forbes Global 2000 der weltgrößten Unternehmen belegt die *Alibaba Group* Platz 81 (Stand 2017). Alibaba notierte am 13.3.2019 einen Börsenwert von ca. 470 Mrd. USD und zählt damit zu den wertvollsten Unternehmen der Welt.

Ant Financial, Bezahl-Plattform, (Tochter von *Alibaba, Testlauf 2003*) ist die weltweit am höchsten bewertete Fintech Company (noch vor *PayPal*), mit einem Börsenwert von rund 650 Mrd. USD.[186, 187] Zu ihr gehören *Alipay*, die weltweit größte Mobile- und Online-Bezahl-Plattform mit mehr als 520 Mio. Nutzern und

177 *The World's Largest Public Companies*, in: *Forbes*. (forbes.com [abgerufen 18.07,2018]).
178 4-traders: *Tencent Holdings Ltd company: Shareholders, managers and business summary | Stock Exchange of Hong Kong: 0700 | 4-Traders*, abgerufen 5.1.2018.
179 Reuters: *China will bis 2020 mit einem eigenen selbstfahrenden Elektroauto den Markt aufmischen*, abgerufen 5.2.2017.
180 *NavInfo, Tencent and GIC to invest in HERE; companies to develop location services for Chinese market*. (here.com, abgerufen 4.2.2018).
181 Ranking Nr. 2 nach China Daily vom 16.10.2017.
182 *Alibaba Group*, abgerufen 20.11.2017 (englisch).
183 Alibaba Group Announces March Quarter 2018 and Full Fiscal Year 2018 Results (PDF) auf alibabagroup.com, abgerufen 4.5.2018.
184 *Betriebssystem vom Internet-Konzern Alibaba*. 12.7.2016, abgerufen 27.7.2017.
185 Alibaba kauft sich bei Chinas größtem SB-Warenhaus ein. Handelsblatt, 20.11.2017.
186 https://www.finanzen.net/aktien/Ant_Financial-Aktie, abgerufen 12.8.2018.
187 Manager Magazin vom 8.6.2018: Das teuerste Fintech der Welt kommt aus China.

über 50 % Marktanteil am Online-Geschäft in China,[188] *Yu'e Bao,* die den weltweit größten Geldmarkt Funds betreiben sowie das *Sesame Credit Rating System.* 2017 stellte *Ant Financial* ihr *Gesichtserkennungssystem* für Bezahltechnologien für die Alipay Services in den Markt. Aufgrund der umfassenden Vernetzung mit anderen Dienstleistungen der Muttergesellschaft und Schwestergesellschaften sowie eingehender Big-Data-Auswertung, die weit über das hinausgeht, was in Europa datenschutzrechtlich erlaubt ist, steht die Nutzung in Europa unter Kritik. Gerüchte besagen, dass Alibaba von der ersten Woche an Zahlungsdaten seiner Kunden mit Namen an die chinesische Regierung weitergegeben haben soll.[189] Außerdem war zu Beginn des Jahres 2018 bekannt geworden, dass Alibaba mit den Daten von *Alipay* ohne Wissen der Nutzer Bonitätsprofile erstellt, die das Unternehmen an andere Unternehmen weiterverkaufte.[190]

Baidu Inc.[191]**, Suchmaschinen, Internet Technologien,** gegründet 2000 von *Robin Li Yanhong* (geb. Yanquan/ Shanxi, 1968) und *Eric Xu Yong* (geb. Beijing, 1964), ist ein multinationales Technologieunternehmen, spezialisiert auf Internet-Services und -Produkte sowie auf künstliche Intelligenz[192] und darin weltweit die Nummer 4. Das global operierende Geschäft firmiert als *DU Group* oder *DU Apps Studio,* ist ein App-Entwickler und hat weltweit über 2 Mrd. aktive App-Nutzer. *Baidu* bietet international und in China digitale Vertriebskanäle namens *Baidu App Store* bzw. *Shouji Baidu,* über die Inhalte und Applikationen heruntergeladen werden können. Die Werbung läuft über die *DU Ad Platform. Baidu's Apollo Projekt* ist eines der weltweit führenden Programme für *autonomes Fahren* und *künstliche Intelligenz,* mit einem der größten Branchen-Ökosysteme mit über 100 Partnern, darunter *BYD, Dongfeng, Microsoft, Intel, Nvidia, Daimler AG, ZTE, Grab, Ford, Hyundai and Honda.*[193] *Baidu* verfügt über die zweitgrößte Suchmaschine der Welt und bedient über 76 % des chinesischen Suchmaschinengeschäftes. Im Dezember 2007 wurde *Baidu* als erstes chinesisches Unternehmen im *NASDAC-100-Index* gelistet.[194] Im Mai 2018 durchbrach *Baidu*s Marktkapitalisierung erstmals die 100-Mio.-USD-Schwelle.[195] Das Unternehmen ist international scharfem Wettbewerb ausgeliefert.

JD.com Inc.[196] vormals **Jingdong,**[197] **Online-Handel,** 1998 von *Liu Qiangdong* (nennt sich auch *Richard Liu*, geb. Sunqian/Jiangsu, 1974) gegründet, ist eine E-Commerce Company mit Sitz in Beijing. Sie ist nach Umsatz und Ergebnis einer der beiden führenden *B2C-Online-Händler* in China, Mitglied der *Fortune Global 500* und Hauptwettbewerber der von *Alibaba* operierten *Tmall.*[198] Hatte im ersten Quartal des Jahres 2018 30,8 Mio. aktive Nutzer.[199] Begann als Onlineshop für magneto-optische Artikel. Diversifizierte früh in Elektronik, Mobiltelefonie, Computer und weitere Konsumelektronik. Ihre B2C-Plattform ging 2004 online. Das Unternehmen änderte 2007 seinen Namen in *360buy.com* und dann zu JD.com im Jahr

---

188 *Ein Jahr Alipay in Deutschland: Erwartungen deutlich übertroffen,* in: www.pressebox.de, abgerufen 7.11.2017.
189 Ankenbach, Hendrik (15.2.2018), Chinas Antwort auf PayPal, FAZ.NET.
190 Ankenbach, Hendrik (26.5.2018), Lernen vom gläsernen Staat, FAZ, Nr. 120, S. 21.
191 Ranking Nr. 3 nach China Daily vom 16.10.2017.
192 http://ir.baidu.com/phoenix.zhtml?c=188488&p=irol-contacts, abgerufen 12.8.2018.
193 www.apollo.auto, abgerufen 12.8.2018.
194 Chmielewski, Dawn C. (10.12.2007). *Search site moves at the speed of China.* Los Angeles Times.
195 *Baidu offers rosy outlook after Google threat | IOL Business Report.* https://www.iol.co.za/business-report/technology/baidu-offers-rosy-outlook-after-google-threat-909984 abgerufen 6.10.2019.
196 Ranking Nr. 4 nach China Daily vom 16.10.2017.
197 China's B2C E-commerce Giant 360buy Rebrands, Berichtet von: https://en.wikipedia.org/wiki/JD.com, abgerufen 12.8.2018.
198 *Selling on JD.com in China.* Sampi. 14.10.2015, abgerufen 20.3.2016; *JD.com Announces First Quarter 2018 Results.* JD.com, in: https://en.wikipedia.org/wiki/JD.com, abgerufen 12.8.2018.
199 *JD.com Announces First Quarter 2018 Results.* JD.com, abgerufen 12.8.2018.

2013. *Tencent*, hält einen 20 %-Anteil der Company.[200] JD.com ist Weltmarktführer bei Anwendungen von *künstlicher Intelligenz* beim *Drohnen*-Lieferungsgeschäft mithilfe von *autonomen Führungssystemen* und *Robotics*, und besitzt das weltweit größte Liefersystem mithilfe von Drohnen, sowie die dazu gehörige Infrastruktur. 2017 hat *JD.com* Tests mit robotergeführten *Lieferdiensten* gestartet sowie den Bau von *Drohnen-Lieferflughäfen* und die autonome Belieferung durch *fahrerlose Lkws* aufgenommen, indem sie ihren ersten *autonom geführten Lieferwagen* vorstellten.[201] Im August 2018 kaufte *Google* JD.com-Aktien für 550 Mio. USD und erwarb damit einen Anteil von rund 1 %. Google will damit »neue Lösungen für Handelssysteme weltweit erkunden«.[202]

NetEase.Inc.[203]**, Internet-Technologien,** gegründet 1997 von *Ding Lei* (Geb. Ningbo/Zhejiang, 1971) in Guangzhou/Guandong, ist eines der führenden chinesischen Internettechnologieunternehmen. Der Umsatz von *NetEase* steigt seit der Gründung kontinuierlich. Dies ist zum größten Teil auf die Investitionen in die Suchmaschinentechnologie und das eigens entwickelte Onlinerollenspiel *Fantasy Westward Journey* zurückzuführen. Das Unternehmen arbeitet mit *Coursera* für die Bereitstellung von offenen Online-Kursen in China zusammen.[204] *NetEase* operiert *163.com*, eine Suchmaschine sowie ein *Webportal*. Laut einer Studie aus dem Jahre 2008 hat die Seite 1,8 Mio. Besucher jährlich. Zahlreiche chinesische Spammer verwenden diesen Dienst um ihre E-Mails zu verschicken (*vip.163.com*). Die Nummer 163 ist homofon zu »Gute Reise zu«.[205] In den *Forbes Global 2000* der weltweit größten Unternehmen belegt *NetEase* Platz 823 (Stand 2017). Das Unternehmen kam Mitte 2018 auf einen Börsenwert von über 35 Mrd. USD bei einem Umsatz von 8,0 Mrd. USD.

Sina Corp[206]**, soziale Medien,** 1991 gegründet von *Wang Zhidong* (geb. Guandong, 1967) und *Tan Yanchou*[207] als *Suntendy Electronic Technology and Research* in Beijing. Um das Unternehmen über China heraus zu expandieren, wurde das Nachfolgerunternehmen *SRS* 1998 mit dem von Studenten der *Stanford University* gegründeten Start-up *Sinanet* zusammengeschlossen. *Sinanet* bot Chinesen in den Vereinigten Staaten eine einfache Möglichkeit, sich mit Familie und Freunden in China in Verbindung zu setzen. Durch den Zusammenschluss wurde die Firma in *SINA Corporation* umbenannt und es wurde erstmals die Website *sina.com* ins Leben gerufen. Seit 2001 Firmensitz in Shanghai. Sina betreibt das größte Internet-Portal in chinesischer Sprache. Die Unternehmenszweige verteilen sich auf vier Segmente: *Sina Weibo*, *Sina Mobile*, *Sina Online*, und *Sinanet*. Das Unternehmen hat weltweit über 100 Mio. registrierte Nutzer. *Sina Weibo*, ein Twitter-ähnliches soziales Netzwerk mit Mikroblog-Struktur,

200 *Here's The Latest Sign That China's E-Commerce Market Is White Hot.* Business Insider, in: https://en.wikipedia.org/wiki/JD.com, abgerufen 12.8.2018.
201 Cyrus Lee (2.10.2017): *Chinese ecommerce giant JD eyes driverless deliveries,* in: ZDNet; *In China, an e-commerce giant builds the world's biggest delivery drone.* in: Popular Science; April Glaser (27.1.2017): *One of China's largest online retailers is adding dozens of drone delivery routes to rural villages in 2017,* in: Recode; Bill Esler (25.5.2017): *JD.com testing drones that can lift one ton load.* in: Woodworking Network; Lucy Handley (11.4.2017): *This Chinese retailer is building 150 drone delivery launch centers,* in: https://en.wikipedia.org/wiki/JD.com, abgerufen 12.8.2018.
202 Handelsblatt https://www.handelsblatt.com/unternehmen/handel-konsumgueter/e-commerce-google-steckt-550-millionen-dollar-in-alibaba-rivalen-jd/22701594.html?ticket=ST-2657238-P4fvS6pBbDf2FS6ZuDTF-ap3, abgerufen 12.8.2018.
203 Ranking Nr. 5 nach China Daily vom 16.10.2017.
204 *Coursera partners with NetEase to deliver free online learning in China,* abgerufen 12.8.2018.
205 Weigui Fang: *[ARCHIVE Du bist ein 286]* (Deutsch, HTML), in: *Telepolis.* Heise Online. 11.8.2003, archiviert vom Original am 5.5.2015, abgerufen 5.5.2015.
206 Ranking Nr. 6 nach China Daily vom 16.10.2017.
207 Keine persönlichen Daten verfügbar.

deckt 56,5 % des chinesischen *Mikroblogging*-Markts ab, basiert auf aktive Nutzer und zu fast 87 % basiert auf Browsing Zeit durch chinesische Wettbewerber wie *Tencent* und *Baidu*. Das soziale Netzwerk bedient über 500 Mio. Nutzer.[208] Nach Aussage des Unternehmens wächst er um 20 Mio. neue Nutzer pro Monat. Marktkapitalisierung 5,76 Mrd. USD im August 2018.[209]

Sohu.com Inc.[210], **Internet-Portale**, 1996 von *Charles Zhang* (Zhang Chaoyang, geb. Xi'an, 1964) gegründet, der bis heute Chairman und CEO ist. Sitz in Peking und betreibt eines der meistbesuchten *Internetportale* in der Volksrepublik China. Mit seinen Tochterfirmen ist *Sohu* aktiv in den Bereichen *Werbung im Internet*, Betrieb der *Suchmaschine Sogou.com*, Entwicklung und Vertrieb von *Multiplayer-Online-spielen* (ChangYou.com), Betrieb des *Videohostingportals Sohu TV* und mehr. Im Jahr 2008 war *Sohu* der *Official Internet Content Service Sponsor* (Entwickler, Betreiber und Hoster der offiziellen Website) der *Olympischen Spiele* in Peking. Seit 2000 an der Börse notiert. 2010 Umsatz von 612,8 Mio. €.[211] 2013 erwarb Tencent für 450 Mio USD eine Minderheitsbeteiligung an der Sohu-Tochterfirma *Sogou.com*, die die gleichnamige Suchmaschine betreibt.[212] *Sohu* beschäftigte im Jahr 2015 rund 10.600 Mitarbeiter.[213] Wechselhafter Erfolg. Das Geschäft mit Brand Advertisement und Online-Games läuft zuletzt enttäuschend, die Aktien brechen im Juli 2018 um über 22 % ein.[214]

Meituan-Dianping[215], **Online-Lieferservice,** wurde 2010 von *Xing Wang* mit Sitz in Beijing gegründet.[216] *Meituan* ist eine »local life service« O2O-Plattform (online-to-offline), die über 240 Mio. Konsumenten und 5 Mio. lokale Händler über ein umfassendes Spektrum von E-Commerce-Dienstleistungen und -Produkten bedient.[217] Damit ist *Meituan-Dianping* auch der weltgrößte online *On-demand-Lieferservice*, mit bis zu 10 Mio. Bestellungen täglich. Die strategische Prioritätsfolge von *Metuan* ist »consumer first, business second, the United States group third«. *Metuan* versorgt 600 Mio. Endkunden und knapp 4,5 Mio. Geschäftspartner in fast ganz China. Rund 35 Mio. Kunden nutzen täglich ihre *App*. *Meituan* bietet seinen Nutzern eine »*One-stop travel life*«-Service-Plattform, um die volle Abdeckung ihres Konsums an verschiedensten Orten zu erreichen. Dadurch werden zurzeit 70 Mio. Nutzer von Hotel- und Reisedienstleistungen bedient.[218] 2018 meldet *Meituan* einen Börsengang in Hongkong im Wert von 4 Mrd. USD an.[219]

208 Josh Ong (21.2.2013): *China's Sina Weibo grew 73 % in 2012, passing 500 million registered accounts.* in: thenextweb.com, abgerufen 31.5.2013.
209 https://www.finanzen.net/, abgerufen 12.8.2018.
210 Ranking Nr. 7 nach China Daily vom 16.10.2017.
211 *Sohu.com steigert Umsatz und Ergebnis*, in: it-times.de, 31.1.2011.
212 Sohu Playing Video With Tencent?, 7.3.2016, in: https://de.wikipedia.org/wiki/Sohu, abgerufen 12.8.2018.
213 10-k Report der Sohu.com.inc., abgerufen 24.7.2017.
214 Der Umsatz von Sohu.com Ltd. wuchs im Vergleich zum Vorjahreszeitraum im zweiten Quartal des Geschäftsjahres 2018 noch leicht um 5 % auf 486 Mio. USD. Quelle: IT Times 30.7.2018. http://www.it-times.de/news/sohu-geschaft-mit-brand-advertising-und-online-games-lauft-nicht-aktien-brechen-zeitweise-um-mehr-als-22-prozent-ein-129400/, abgerufen 12.8.2018.
215 Ranking Nr. 8 nach China Daily vom 16.10.2017.
216 https://www.chinamoneynetwork.com/2015/01/19/meituan-com-receives-700m-series-d-financing abgerufen 6.10.2019.
217 Meituan-Dianping. *Meituan-Dianping Taps into B&B Market With the Launch of Its Hazelnut B&B App.* www.prnewswire.com, abgerufen 10.5.2017.
218 *Meituan-Dianping Hotel & Travel Business Group – ITB China.* www.itb-china.com, abgerufen 10.5.2017.
219 Reuters Technology News: https://www.reuters.com/article/us-meituan-ipo/meituan-dianping-files-for-hong-kong-ipo-said-to-seek-over-4-billion-idUSKBN1JL04O, abgerufen 13.8.2018.

Ctrip[220]**, Online-Reisebüro,** wurde 1999 von *James Liang*, *Neil Shen*, *Min Fan*, and *Qi Ji* gegründet[221] und liefert Reisedienstleistungen wie Reservierungen, Transport, Kartenverkauf, Touren-Pakete und Reisemanagement für Unternehmen. Sie ist damit das größte Online-Reisebüro in China.[222] *Ctrip* baute das Geschäft durch zahlreiche Akquisitionen aus: 2013 der US-basierte *Tours4fun* für über 100 Mio. USD.[223], 2015 *The Priceline Group*, USA, zu der die Marke *Booking.com* gehört[224] und 2016 die Schottische *Travel Company Skyscanner*[225]. 2017 erwarb *Ctrip* die US-basierte Website *Trip.com*, für 1,7 Mrd. USD und übernahm deren Marke für die globale Website.[226] *Ctrip* ist bekannt für ihren wissenschaftlich-quantitativen Managementansatz unter rigoroser Datenanalyse zur Entscheidungsfindung.[227]

Quihoo 360 Technology Co. Ltd.[228]**, Online-Sicherheit,** gegründet 2005 von *Zhou Hongvi* und *Qi Xiandong*. Kernprodukt ist die kostenlose *Antivirus Software 360 Safeguard*. Angeblich rund 500 Mio. monatlich aktive PC-Internetnutzer und mehr als 640 Mio. mobile Nutzer (Juni 2014). Produkte und Dienstleistungen werden durch cloudbasierte Sicherheitstechnologie unterstützt, die nach Aussage des Unternehmens eine der fortschrittlichsten und stabilsten Technologien in der Internetsicherheitsbranche sein sollen. *Quihoo* finanziert sich primär durch Online-Werbeanzeigen und wertschöpfende Internetdienstleistungen.[229] Zahlreiche Rechtsstreitigkeiten wegen Kartellverletzungen[230] sowie Auseinanderetzungen mit *Tencent*, *Baidu* und *Sogu*.[231] Dem Unternehmen werden überhöhte Nutzermeldungen vorgeworfen, um die Werbeeinnahmen zu steigern.[232]

3.4 Europa – zerrieben zwischen den USA und China?

Die obige Zusammenstellung der Akteure aus den USA und China impliziert bereits, dass Europa abgeschlagen auf den hinteren Plätzen liegt. Die Darstellung des Rankings nach den Börsenwerten der zehn führenden internetgetriebenen Unternehmen macht dies deutlich: Mit Abstand führend sind die Amerikaner, die Chinesen sind in der zweiten Hälfte dabei, Europa ist nicht vertreten.

---

220 Ranking Nr. 9 nach China Daily vom 16.10.2017
221 *Russell Flannery (29.3.2010). Ctrip's Remarkable Journey: China travel boom fuels hotel chain IPO. Forbes,* abgerufen 2.1.2011.
222 *Where The Big Four Online Travel Agencies – Expedia, TripAdvisor, Ctrip, & Priceline – Are Placing Their Bets. CB Insights Research. 9.11.2017,* abgerufen 11.6.2018.
223 *Ctrip Reportedly Invests Over $100 Million in Overseas Travel Platform ToursForFun. TechNode. 7.1.2014,* abgerufen 7.11.2017.
224 *Ankit Ajmera (26.5.2015): Priceline to invest additional $250 million in China‹s Ctrip.com, Reuters,* aufgerufen 26.5.2015.
225 John *Russell (23.11.2016): China's Ctrip is buying flight search company SkyScanner for $1.74 billion. TechCrunch,* abgerufen 23.11.2016.
226 *Angel Tang: Ctrip launches global rebrand to Trip.com, Marketing Interactive,* abgerufen 4.1.2018.
227 *David Garvin (1.1.2012): Ctrip: Scientifically Managing Travel Services, Harvard Business School,* abgerufen 16.6.2014.
228 Ranking Nr. 10 nach China Daily vom 16.10.2017.
229 Homepage Quihoo, https://www.360totalsecurity.com/de/about/, abgerufen 12.8.2018.
230 Charles *Custer (24.2.2014): Qihoo 360 Loses In Court Again. Forbes Asia,* abgerufen 12.8.2018.
231 Charles *Custer (20.1.2015): Qihoo 360 loses again in China's courts, ordered to pay Sogou $8.2 million for unfair competition, Tech in Asia,* abgerufen 12.8.2018.
232 Phil Muncaster (3.7.2012): *China's internet wunderkind in the dock over alleged fraud,* The Register, abgerufen 12.8.2018.

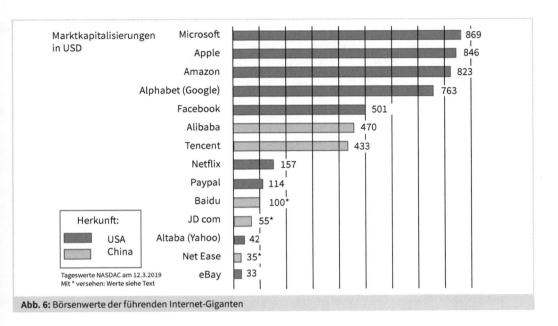

Abb. 6: Börsenwerte der führenden Internet-Giganten

Die europäische Industrie ist immer noch geprägt durch das Hochhalten nationaler Champions, teilweise bestehen immer noch Barrieren gegen ausländische Übernahmen (ausgeprägt in Frankreich), Widerstände gegen europaweite Konsolidierung, etwa in der *Verteidigungsindustrie*. Infolgedessen gibt es nur vergleichsweise wenige Konzerne, die in ihren Brachen größenmäßig mit den US-Amerikanern (und zunehmend auch mit den aus dem Staatsportfolio Chinas sich entwickelnden Giganten) mithalten können. Positive Ausnahme ist etwa *Airbus Industries*, die sich ein Kopf-an-Kopf-Rennen mit *Boeing* (USA) liefern. Unter dem Druck des vordringenden Chinas bemühen sich europäische Konzerne um defensive Zusammenschlüsse nationaler Marktführer, wie etwa *Siemens* mit *Alstom* auf dem Gebiet der Bahntechnik, um dem Vordringen des chinesischen Rivalen *China Railway Construction Company (CRRC)* Widerpart geben zu können. Die CRRC ist mittlerweile der größte Bahnhersteller der Welt, größer als die vier »Big Player« der westlichen Welt zusammen (*General Electric, Bombardier, Siemens und Alstom*). Die EU-Kartellbehörde hat den Zusammenschluss Siemens-Alstom Bahntechnik im Frühjahr 2018 untersagt. Die Regierungen in Berlin und Paris wollen an dem Vorhaben festhalten.

Die Schwächen Europas sind nach wie vor Fragmentierung der Märkte, Zentrifugalkräfte, Verharren auf etablierten Industrien, vergleichsweise schwache Innovationsförderung (dagegen hohe Agrarsubventionen), infolgedessen schwache Positionen im IT-Bereich. Im *Eurostoxx 50 Index* der wertvollsten 50 börsennotierten Unternehmen Europas findet sich kein internetgetriebenes Big-Data-Unternehmen, sondern nur klassische Branchen. Allerdings sind hier unter den Unternehmen der Kommunikations- und Informationsbranche die Telekom-Betreiber vertreten, die alle auf die ehemaligen nationalen Staatsunternehmen zurückgehen:

- **Vodafone Group plc**, Sitz Newbery, Berkshire, Großbritannien, weltweit Nr. 4, Wert 58 Mrd. USD, Umsatz 57 Mrd. USD.

- **Deutsche Telekom,** Sitz Bonn, weltweit Nr. 7, Wert 76 Mrd. USD, Umsatz 75 Mrd. USD.
- **Telefónica,** Sitz Madrid, weltweit Nr. 8, Wert 41 Mrd. USD, Umsatz 52 Mrd. USD.

Diese werden im Exkurs über die zehn weltweit führenden Telekom-Betreiber noch näher vorgestellt. Hinzu kommt:
- **Orange S.A.**, Sitz Paris, ehemalige France Télécom, Wert 48 Mrd. USD, Umsatz 50 Mrd. USD.

Und als Sonderfälle stehen hier:
- **Nokia Corp**, Sitz Espo, Finnland, ehemaliger Weltmarktführer im Mobiltelefongeschäft, nach Zurückdrängung durch *Samsung* und *Apple*, Verkauf dieses Geschäftes 2014 an *Microsoft*[233] und Konzentration auf die Telekommunikationsnetz- und Software-Sparte. Nach Übernahme von *Alcatel-Lucent* 2015 stieg Nokia zum weltweit größten Netzwerkausrüster auf, vor *Ericsson* (USA), *Huawei* und *ZTE* (beide China). Wert 30,8 Mrd. USD,[234]Umsatz (2016) 27 Mrd. USD.
- **Vivendi S.A.**, Sitz Paris, geht zurück auf die 1853 gegründete *Compagnie Générale des Eaux*, wurde nach mehreren grundsätzlichen Richtungs- und Namenswechseln zum größten französischen Medienkonzern, der in den Branchen Musik, Fernsehen, Film, Verlagswesen, Telekommunikation und Internet auch international tätig ist. Wert 33 Mrd. USD[235], Umsatz (2015): 12,3 Mrd. USD.

3.4.1   Die europäische Start-up-Szene

Hoffnungen bereitet indessen die europäische Start-up-Szene, die hier exemplarisch beleuchtet wird. Die seit 2000 gegründeten europäischen IT-Start-ups mit dem größten Wachstumspotenzial sind nach Ansicht der Investmentbank *GP Bullhound* 57 Unternehmen, die auf dem Weg sind, zu »Titanen« der Branche aufzusteigen, mit Werten von bis zu mehr als 50 Mrd. USD.[236] Spitzenreiter ist Spotify. Die führenden fünf Kandidaten sind:
1. **Spotify** (Schweden, Streamingdienst),
2. **Farfetch** (Großbritannien, Onlineshop für Mode),
3. **Klarna** (Schweden, Finanzdienstleitungen),
4. **Supercell** (Finnland, Spielentwickler),
5. **Unity** (Dänemark, Spiele-Entwicklung).

---

233 2016 schloss der finnische Elektronikhersteller HMD Global einen Lizenzvertrag mit Nokia, kaufte Microsoft Mobile die verbliebenen Nokia-Namensrechte ab und bietet seit 2017 weltweit exklusiv Nokia-Mobiltelefone an, die unter anderem auf Android basieren und von Foxconn produziert werden.
234 Finanzen.net: 26,97 Mrd. abgerufen 2.9.2018, Umrechnungskurs in USD 1,14.
235 Finanzen.net vom 4.9.2018, Umrechnungskurs zum USD 1,14.
236 Studie der Investmentbank GP Bullhound, https://www.it-markt.ch/news/2017-09-28/das-sind-die-kuenftigen-it-titanen-europas, aufgerufen 4.9.2018.

In der folgenden Grafik sind die europäischen Start-ups in der Rangfolge ihrer Umsätze von 2016 dargestellt:

Pos.	Gründung in	Unternehmen	Aktivität	Marktwert (USD)
1	SWE	Spotify	Musik Streaming	30 Mrd.
2	ISRAEL	Mobileye	Fahr-Assistenz-Systeme	15 Mrd.
3	NDL	Adyen	Zahlsysteme	14 Mrd.
4	GER	Zalando	Online-Handel: Schuhe etc.	13 Mrd.
5	RUS	Yandex	Suchmaschine	12 Mrd.
6	FIN	Supercell	Spiele-Entwickler	11 Mrd.
7	GER	Delivery Hero	Essens-Lieferdienst	10 Mrd.
8	SWE	Skype	Instant Messaging	8 Mrd.
9	DAN	Just Eat	Essens-Lieferdienst	7 Mrd.
10	GBR	Asos	Online-Handel: Mode & Beauty	6 Mrd.

Abb. 7: Die umsatzstärksten Start-ups in Europa (Gründungen seit 2000)

Die Studie gibt an, dass von den aufgeführten 57 Unternehmen 14 im Businessbereich tätig sind. Der Rest hat Produkte im Angebot, die sich an Endkonsumenten richten. 28 % der Start-ups sind zudem nicht profitabel, wie GP Bullhound festhält. Der Anteil an Unternehmen, die Gewinn machen, habe sich seit 2016 auf 72 % erhöht. Nach Herkunftsländern ist Großbritannien zahlenmäßig bei Start-ups Spitzenreiter. Die Schweiz taucht in der Liste nicht auf. Das heißt allerdings nicht, dass sich dort keine »Billion-Dollar«-Start-ups fänden – zum Beispiel die Lausanner Virtual-Reality-Firma *Mindmaz*.

3.5   Ausgangslage und Perspektiven Deutschlands

Der Wiederaufbau in Deutschland war, wie gezeigt wurde, etwa 1965 in den Grundzügen abgeschlossen. Die deutsche Industriepolitik blieb danach gewohnheitsgemäß stark innengerichtet und hätte sich in dieser Zeit viel stärker an den Entwicklungen im Ausland orientieren müssen, insbesondere an den USA, Japan und Fernost insgesamt. Stattdessen wurde vor allem auf den nationalen Markt gesehen. Auch die Wiedervereinigung war kein industrieller Glücksfall (hätte es unter anderer Steuerung aber sein können), denn sie lenkte von den am Weltenhorizont aufziehenden technologischen und wettbewerblichen Revolutionen ab. Stattdessen wurden die Standorte der verstaatlichten Unternehmen zumeist an Käufer aus dem Westen verteilt. Dagegen wanderte keine Hauptverwaltung eines westdeutschen Konzerns in die neuen Bundesländer und in den Folgejahren mussten die erworbenen und ausgebauten Überkapazitäten großteils wieder abgebaut werden.

3.5.1   Industrielle Fokussierung nach innen

Hauptlieferanten und Hauptkunden orientierten sich so eng aneinander, z. B. *Deutsche Post Telekom* versus *Siemens*, dass die Entwicklung des mit dem Internet einhergehenden *Package Switching* (anfangs für den Datenverkehr, dann für die Stimmenübertragung) völlig unterschätzt wurde. Siemens hätte seinerzeit den US-Anbieter *Cisco* kaufen können, bezog dann lieber die neue Technologie von ihm und machte ihn zum Marktführer. *Cisco* wurde daraufhin mit einem Börsenwert von kurzzeitig über 550 Mrd. USD zum teuersten Unternehmen der Welt, heute hat es einen Börsenwert von immerhin »noch« 215 Mrd. USD.[237] Das Vordringen des chinesischen Unternehmens *Huawei* in die konventionelle Vermittlungstechnik brachte Siemens in die Zwickmühle und zwang zum Rückzug aus der Branche. Auf dem PC-Gebiet erlaubte sich Siemens internen Wettbewerb durch unabgestimmte Angebote aus zwei Geschäftsbereichen. Der Zeitpunkt der Bündelung kam zu spät. Der führende Wettbewerb bei Großrechnern spielte sich längst in den USA ab. *Siemens* und *Nixdorf* bekämpften sich in Deutschland, bis Siemens nach *Heinz Nixdorfs* Tod das feindlich eingestellte Unternehmen übernahm. Das anschießende Joint Venture mit *Fujitsu* auf dem PC-Gebiet war von vornherein auf Rückzug gepolt. Im internetgetriebenen PC-Geschäft eilten IBM (Hardware) und Microsoft (Software) an der Spitze des Wettbewerbs davon. So ging Schritt um Schritt die »datengetriebene« IT-Branche für Deutschland verloren.

3.5.2   Verlust an Technologiebranchen

Zu viele Industrien haben wir durch eigene Fehler, politische Entscheidungen und Verdrängung schon verloren. Zu nennen seien noch die *Fotobranche* (Verdrängung durch die Japaner), die Unterhaltungselektronik (Verdrängung durch Fernost insgesamt), die *Magnetbahn Transrapid* (politisch-industrielle Fehlentscheidungen), die unter *Elon Musk* zurzeit (2018) als *Hyperloop* wieder auflebt, die Kernkraft (politische Entscheidung infolge öffentlichen Drucks), *Fotovoltaik* (Verdrängung, Ausverkauf an China). Durchaus bedroht ist unsere *Autoindustrie* unsere wichtigste Branche. Hier kommen drei Entwicklungen auf dramatische Weise zusammen: die *Elektromobilität*, das *autonome Fahren* und neue, durch die Digitalisierung, getriebene *Beschleunigung aller Unternehmensprozesse* (Weiteres im Teil »Wettbewerbsbestimmende Felder«). Ende 2018 hat die deutsche Autoindustrie zu einer dramatischen Aufholjagd geblasen. Dazu Weiteres in Kapitel 18 »Mobilität«. Dabei ist an dieser Stelle die *Autobranche* nur stellvertretend zu nennen, denn die Digitalisierung und Vernetzung wird so gut wie alle Branchen, von der Fertigung bis zur Verwaltung, erfassen – zweifellos in unterschiedlicher Weise, Geschwindigkeit und Durchdringung. Der weiteren Entwicklung stehen, wie in der Vergangenheit, besondere strukturelle Hürden entgegen. Diese liegen teilweise im föderalen System, den langen Entscheidungswegen, der Tendenz zur Basisdemokratie mit Wutbürgern in der Mitte und an den politischen Flanken, der verbreiteten Technikfeindlichkeit in Deutschland. Siehe dazu auch die Kapitel 22 »Smart Government« und 23 »Arbeitswelt in der digitalen Gesellschaft«. Es muss die Frage erlaubt sein, ob es auch der *Datenschutz* war, der die Ausbildung einer wettbewerbsfähigen Digitalwirtschaft verhinderte. Jedenfalls müssen wir uns beim Erfolg an Staaten wie China messen, die eine autokratisch geprägte Industriepolitik betreiben, die den Daten-

---

237   Finanzen.net vom 21.8.2018. Umrechnungskurs zum USD 1,14.

schutz niedrig halten, die Datenbarrieren gegen das Ausland so hochhalten, sodass ein eigenes *digitales Ökosystem* von internetgetriebenen Konzernen entsteht, das sich gegen die USA behaupten kann.

3.5.3   Schwache Ausgangslage

Die heutige schwache Ausgangsposition Deutschlands speziell im *IT-Bereich* und bei den *I/SD*-getriebenen Geschäften ist auf die konservierenden Kräfte zurückzuführen, die verbreitete Industrie- und Technikfeindlichkeit, die Bürokratisierung, Überregulierungen, mutlose Politik aber auch mangelnden unternehmerischen Mut und fehlende Weitsicht. Der Status quo sieht, wie gezeigt wurde, dementsprechend bescheiden aus. Es sind eine Reihe kritischer Fragen zu stellen: Brauchen wir eine andere industriepolitische Ausrichtung? Wie kann diese unter den Spielern aus Wirtschaft, Politik und Verwaltung im Konsens entwickelt werden? Wie kann daraus ein zukunftsfähiges und im globalen Wettbewerb durchsetzungsfähiges digitales Profil entwickelt werden? Diese Themen sollen in den Buchabteilungen »Branchenübergreifende Hebel und Ansätze« (Teil 2) und über »Wettbewerbsbestimmende Felder« (Teil 3) vertieft werden.

3.5.4   Gründe für den Rückstand Deutschlands

An dieser Stelle ist die Frage zu stellen, ob Deutschland im Vergleich zu den USA und zu China zu spät in die IT-Industrie und insbesondere in die Internet- und Big-Data-getriebene Branche eingetreten ist. Wenn man sich die Abbildung über die Gründungshistorien der drei Länder ansieht, dann ist diese Frage aber überraschenderweise zu verneinen.

Jahr	USA	China	Deutschland
1969			Software AG
1972			SAP
1975	Microsoft		
1976	Apple		
1988			United Internet, 1&1
1991		Sina Corp	
1992			Cancom
1994	Yahoo, Amazon		
1995	eBay		Deutsche Telekom
1996		Sohu.com	
1997	Google, Netflix	NetEase	
1998		Tencent, JD.com	Scout24
1999		Alibaba, Ctrip	Wirecard, Infineon

Jahr	USA	China	Deutschland
2000	Paypal	Baidu	T-Systerms
2003	LinkedIn	Ant Financial	Xing
2004	Facebook		
2005		Quihoo360	
2007			Rocket Internet
2008	Airbnb		Zalando
2009	WhatsApp, Uber		
2010		Meituan-Dianping	
2011			Delivery Hero
2015			AXXOOM

Abb. 8: Synopse von IT- und I/SD-Gründungen

Es ist nicht der Zeitrückstand allgemein – immerhin wurden die deutsche *Software AG* und die *SAP* 1969 bzw. 1972 gegründet, deutlich vor den Gründungen von *Microsoft* und *Apple* –, sondern es sind die Aufsetzpunkte auf das Internet-Geschäft, die der USA einen uneinholbaren Zeitvorsprung sicherten. Für China, die deutlich später (mit der *Sina Corp.* erst 1991) einstiegen, ist der entscheidende Erfolgsfaktor die Abschottung des chinesischen Marktes, aber auch technologische Anschübe und Beteiligungen aus den USA taten ihre positive Wirkung. Die *SAP* hat sich erst später dem internetgetriebenen Geschäft zugewendet. Sie liegt damit etwa vergleichbar in der Position der US-Software-Schmiede *Oracle*, die gleichfalls »außerhalb« der Internet-Welt gegründet wurde und in der Größenordnung ihrer Marktkapitalisierung mit der SAP vergleichbar ist. Die ersten deutschen vorwiegend internetbasierten Gründungen, nämlich *United Internet* (gegr. 1988) und *Cancom* (gegr. 1992) gehören zur »zweiten Generation« der »Internet-Familie« und liegen wertmäßig abgeschlagen hinter den Amerikanern und Chinesen. Zu dieser Gruppe gehört nach Gründungsphase und Wertentwicklung nur die chinesische *Sina Corp.* Wie noch zu zeigen ist, lässt sich der Rückstand Deutschlands im Smart-Data-getriebenen Geschäft auf mehrere Faktoren zurückführen, nämlich :(1) Ignorieren der Internet-Gründungsphase, seit etwa 1965, (2) frühe Gründungen wie SAP sind Ableger der »klassischen« IT-Industrie, zurückzuführen etwa auf *IBM*[238], (3) Limitierungen durch den geografischen und sprachlichen deutschen Raum, (4) besonders ausgeprägter Daten- und Rechtsschutz, der sowohl in den USA als auch in China (mit unterschiedlichen Hintergründen) großteils ignoriert wird, wenn dieser nicht sogar ein Hauptfaktor für deren Erfolg ist.

---

238 Deshalb wird im Folgenden versucht, eine Abgrenzung/Lokalisierung und Überlappungsbereiche zwischen »IT-Industrie« und »Internet-/Big-Data-getriebene Industrie« darzustellen. Diese fehlt in der bisherigen Literatur gänzlich. In der Praxis werden die Begriffe kaum differenziert, wie zu zeigen ist.

3.5.5 Besinnung auf deutsche Stärken

Zweifellos erzeugt der Blick in die Vergangenheit keinen Optimismus über mögliche Erfolge im zukünftigen Wettbewerb der *totalen Digitalisierung*. Unsere Ausgangspositionen sind dabei, wie gezeigt wurde, eher schwach. Aber die Bewältigung dieser Aufgabe erfordert Optimismus, Entscheidungswillen, Mut zum Risiko und vor allem Beharrungsvermögen und Nachhaltigkeit. Dabei kommen uns Strukturen und Eigenschaften zugute, die Deutschland auf einzigartige Weise auszeichnen. Dies ist unsere Industriestruktur, bestehend aus einer breiten Palette von Konzernen in vielen Branchen, die bereits alle in der sogenannten »*Industrie 4.0*« unterwegs sind. Dazu kommt vor allem der breite Mittelstand mit noch sehr unterschiedlichem Engagement gegenüber Internet- und datengetriebenen Geschäften. Das Niveau unserer Hochschulen liegt aufgrund der großen Breite, anders als das auf ganz wenige Spitzenuniversitäten konzentrierte Bildungswesen der USA, vielleicht sogar mit an der Spitze der Welt. Das enge Netzwerk zwischen Industrie und Forschung, insbesondere die Duale Ausbildung, ist ein Erfolgsmodell. Das Profil unserer Begabung (Ideenreichtum anstelle nachmachen und kopieren wie in China), die Exportstärke und die Einbindung in ein vielseitiges Europa – trotz seiner Heterogenität – sind Pfunde, mit denen wir wuchern können.

3.5.6 Angreifbarkeit

Alle diese Stärken und Positionen sind angreifbar, zum Beispiel durch die enorme »Produktion« von IT-Fachleuten in China, die Deutschlands Abgängerzahlen um mehr als eine Größenordnung übertreffen. So werden nach OECD-Auswertung 37 % der Hochschulabsolventen weltweit aus China kommen. Die USA zertifizieren immerhin noch 4,2 % und Deutschland kommt auf 1,4 %,[239] mithin ist China dabei 25-mal so stark wie Deutschland. Zweifellos stehen wir damit vor den größten Herausforderungen der Industriegeschichte. Wege zur Bewältigung soll dieses Buch aufzeigen. Aber zunächst zurück zur Ausgangsposition. Illustrierend sollen dazu ausgewählte Internet- bzw. datengetriebene Unternehmen kurz vorgestellt werden. Hierbei beschränkt sich die Schilderung wiederum auf die enge Branchenauswahl von IT, Internet-Plattformen, Online-Handel und -Services.

3.5.7 Wo ist die deutsche I/SD-Industrie?

Anders als in den USA und China fällt einem für Deutschland nicht sofort eine Liste von *internet*orientierten und *Smart-Data*-getriebenen Unternehmen (I/SD) ein. Die Ausnahme schlechthin ist *SAP*, mittlerweile das wertvollste deutsche DAX-Unternehmen, und vielleicht der *Siemens*-Konzern, der in den 2000er Jahren mehr Software- und IT-Mitarbeiter hatte als *Microsoft* und der sich in den letzten Jahren zunehmend auf softwaregetriebene Wertschöpfung konzentriert hat. Eine Blütezeit der Entwicklung datengetriebener Geschäfte wie im *Silicon Valley* oder in China hat Deutschland nicht zu verzeichnen; eine »Disruption« der ganzen Industrie und Verwaltung bisher erst recht nicht. Dennoch kann man aus der folgenden Abbildung Strukturveränderungen ablesen. Drei Phasen zeichnen sich ab: (1) die 60er und

---

239 Bericht aus der OECD-Studie: Aus diesen Ländern stammen die Ingenieure der Zukunft, Manager Magazin vom 11.5.2015.

70er Jahre, in denen vorwiegend die heute großen und marktführenden Software-Firmen gegründet wurden, allen voran die *SAP*, (2) die 90er Jahre, in denen bereits das *Internet* mit Providern, IT-Diensten und neuer Kommunikationstechnologie im Vordergrund stand, (3) die Zeitspanne ab 2000, in der auch *Social Media*, *Internet-Handel*, *Inkubatoren* und *Business Plattformen* verzeichnet werden.

In vielen Branchen haben sich neue datengetriebene Spieler etabliert und das Rennen um Spitzenpositionen aufgenommen. Herausragend ist hier sicherlich die Story von *Wirecard*, dem jungen *Fin-Tech-Spieler,* der im August 2018 im Börsenwert sogar die *Deutsche Bank* überholt hat. Alle wissensbasierten Spieler im *DAX* und im *Tech DAX* haben die Relevanz von *Big Data und Analytics* mittlerweile erkannt und Wege zu datengetriebenen Geschäften, Lösungsgeschäften, Geschäftsplattformen auf dem *Internet* und zu neuen Technologien eingeschlagen. Dies betrifft nicht nur die »Großen«, sondern auch den breiten deutschen *Mittelstand*: Wir zählen in der BRD rund 3,6 Mio. Unternehmen, davon rund 340.000, die in Mittelstandsverbänden organisiert sind, rund 60.000 Unternehmen mit einem Umsatz von über 50 Mio. € und 1.000 Weltmarktführer. Ein Anteil von 42 % der Unternehmen hat das Thema Digitalisierung inzwischen fest in der Geschäftsstrategie verankert.[240] Die Zuordnung zu internetgetriebenen und nicht internetgetriebenen Geschäften ist gleitend. Abb. 9 soll einen Eindruck über die aktuelle Situation in Deutschland geben, wobei dies nur eine Momentaufnahme ist, die sich aufgrund der teils starken Börsenbewegungen – Boom neuer Geschäftskonzepte einerseits versus Abstrafungen für verzögerten Geschäftsumbau – schnell ändern. Einer späteren Betrachtung über die Sondersituationen in exponierten Bereichen und Branchen soll an dieser Stelle nicht vorgegriffen werden. Hierbei ist auf Teil 3 dieses Buches »Wettbewerbsbestimmende Felder« zu verweisen. Die nachfolgende Zusammenstellung fokussiert sich deshalb auf IT-, Software-, Daten- und Kommunikationsgeschäfte.

Gründungsjahr	Unternehmen	Branche	Börse	Marktkapital (Streubesitz) Mrd. €	Gründer
1961	RIB Software SE	Software für Bauwesen	Tech DAX	0,741	Fritz Leonhardt + F.W. Bornscheuer
1963	Nemetschek Group	Software für Bauwesen	Tech DAX	1,9	Georg Nemetschek
1968	Siltronic, ex Wacker-Chemietronic	Halbleiter	Tech DAX	2,878	Wacker Chemie
1969	Software AG	Software	Tech DAX	2,099	Peter Kreis et al.
1972	SAP SE	Software	DAX	123,49	Claus Wellenreuther et al.

---

240 Studienüberblick: die digitale Transformation im deutschen Mittelstand, https://www.digitalisierungsindex.de/studie/gesamtbericht/, abgerufen 6.9.2018.

Gründungsjahr	Unternehmen	Branche	Börse	Marktkapital (Streubesitz) Mrd. €	Gründer
1981	Dialog Semiconductor, ex IMP Europe	Halbleiter	Tech DAX	1,059	International Micro-electronic Products, USA
1983	Aixtron SE	Halbleiter/Ma-schinenbau	Tech DAX	1,23	RWTH Aachen
1983	Bechtle AG	IT-Dienstleistun-gen	Tech DAX	1,975	Klaus von Jan et al.
1984	Compu Group Medical SE, ex Compu	Software für Ge-sundheitswesen	Tech DAX	1,1	Jürgen Riebling et al.
1988	United Internet AG	Internet Provider	Tech DAX	13,5	Ralph Dommermuth und Wendelin Abresch
1988	1&1 Drillisch AG	Telekommuni-kation	Tech DAX	3,003	Ralph Dommermuth und Wendelin Abresch
1988	ProSiebenSat.1 Media AG	Fernsehsender	M DAX	5,21	Gerhard Ackermans et al.
1990	S&T AG, ex Gericom, Quanmax (Österreich)	IT-Dienstleister	Tech DAX	1,064	Hermann Oberlehner
1992	Cancom SE	IT-Dienstleistun-gen	Tech DAX	1,483	Claus Weinmann et al.
1995	Telefónica Deutsch-land Holding AG	Telekommuni-kation	Tech DAX	2,264	VIAG
1998	Deutsche Telekom AG	Telekommuni-kation	DAX	67,52	ex Privatisierung Deut-sche Bundespost
1999	Scout24 AG	Online Markt-plätze	MDAX	4,69	Joachim Schloss
1999	Wirecard AG	SW, IT-Dienste Zahlungsverkehr	Tech DAX	21,2	Markus Braun
1999	Infineon AG	Mikroelektronik	DAX	24,93	Siemens-Ausgliede-rung Halbleiter
2000	RTL Group (Sitz: Lu-xemburg)	Fernsehen	M DAX	9,62	Fusion CLT-UFA (D-Luxemb.) + Pearson (GBR)
2003	Xing SE	Social Media	Tech DAX	0,807	Lars Hinrichs

Gründungsjahr	Unternehmen	Branche	Börse	Marktkapital (Streubesitz) Mrd. €	Gründer
2007	Freenet AG	Telekommuni-kation	Tech DAX	3,044	Mobilcom et al.
2007	Rocket Internet	Start-up-Inku-bator	M DAX	4,82	Samwer-Brüder
2008	Zalando	Internet-Handel (Mode)	MDAX	11,14	Samwer-Brüder
2011	Delivery Hero SE	Online Liefer-dienste	MDAX	8,56	Niklas Östberg et al.
2015	Trumpf AXOOM	IoT-Plattform	Trumpf	k.A.	Trumpf & Co. KG

Abb. 9: Datenorientierte Unternehmen in Deutschland

Dieses Bild erlaubt dennoch keine Gesamtaussage (Hochrechnung) über den Standort Deutschland, weil Branchenspieler, Mittelstand, Dienstleister wie Anwälte und Wirtschaftsprüfer und Verwaltung (noch) nicht betrachtet werden. Dazu später.

Trotz vergleichbarer Gründungszeiten ist es, wie bereits begründet wurde, deutschen Unternehmen nicht gelungen, die weltweit führenden Marktpositionen zu erreichen, wie die großen US-Konkurrenten und selbst China. Das geht, neben den o. a. Rahmenbedingungen, vor allem auf die Schnelligkeit und Durchsetzungsfähigkeit der Amerikaner und Chinesen zurück. Denn in dem datengetriebenen Geschäft gibt es keine Grenzen, wie wir sie aus physischen Geschäften kennen, es sei denn, ein Staat wie China schirmt seine Bürger von Datenströmen aus dem Ausland ab und baut »unter dem Schutz der Mauer« ein eigenes *Ökosystem* an Datenunternehmen auf. Das Ergebnis für die Internet-/Smart-Data- und Smart-Devices-getriebenen Branchen (*I/SD*) macht Abb. 10 deutlich:

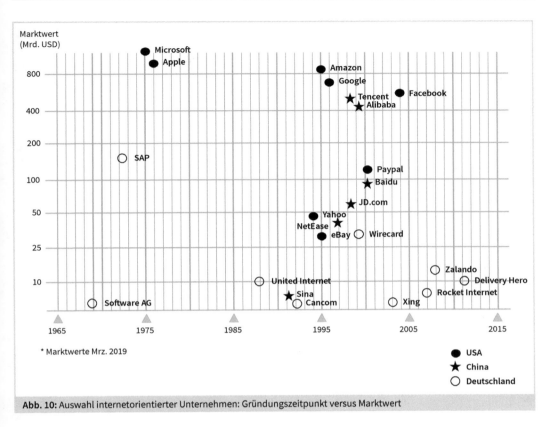

Abb. 10: Auswahl internetorientierter Unternehmen: Gründungszeitpunkt versus Marktwert

Hierbei stechen nicht nur Herkünfte und die Größengruppierungen heraus, sondern auch die Gründungsphasen. Im Einzelnen zeigt sich: Die »reinen« internetbasierten Gründungen (angefangen von *Microsoft* und *Apple*) konnten viel höhere Marktwerte erreichen als die »Vorgängergeneration«, die aus dem reinen (nicht internetbasierten) IT-Geschäft kamen. Dies betrifft auch die hier nicht gezeigten Weltmarktführer im Software-Geschäft, nämlich *IBM* (Gründung des Vorgängers C-T-R: 1911, Marktkapitalisierung 2018: 132 Mrd. USD) und *Oracle* (Gründung: 1977, Marktkapitalisierung 2018: 192 Mrd. USD). In Deutschland trifft dies auf die *SAP* zu und auf die *Software-AG*, beide mittlerweile (als Nachzügler) auch im internetgetriebenen Geschäft tätig. Außer dem DAX-Wert- Führer *SAP* liegen alle deutschen rein internetgetriebenen Gründungen weit abgeschlagen in Börsenwerten im Umkreis von 10 Mrd. USD. Drei »Gründungsgenerationen« sind unterscheidbar. Was die »Generationsfrage« betrifft, werden auch vier Fakten deutlich: (1) Deutschland hat keinen grundsätzlichen Zeitrückstand bei den Gründungen gegenüber den USA, (2) die erste reine internetgetriebene Gründungsgeneration war ausschließlich von den USA getrieben, Deutschland war in dieser Zeit nur durch Software-Gründungen präsent, China gar nicht, (3) in der »zweiten Generation« teilten sich die USA und China die großen Player. Deutschland blieb (bei Marktwerten im Bereich von 10 Mrd. USD) zurück, (4) in der »dritten Generation«, angeführt durch die hier nicht dargestellten *Uber* (Autovermietung, gegründet 2009) und *Airbnb* (Zimmervermittlung, gegründet 2008) waren alle, auch Chinesen und Deutsche, mit dabei, Deutschland liegt jedoch im unteren Wertebereich.

Um ein vergleichbares Bild von Deutschland zu bekommen wie die oben dargestellten Unternehmen aus den USA und China, werden nachfolgend einige interessante Profile deutscher Smart-Data-getriebener Unternehmen vorgestellt. Das ergibt ein eher heterogenes Gesamtbild: verschiedene Herkünfte und Entwicklungen, unterschiedliche Branchen und Geschäftsmodelle, aber auch kleinere Werte. Große, von Beginn an vom Internet getriebene Geschäfte deutscher Provenienz gibt es nicht.

SAP, Software-Hersteller und wertvollstes Unternehmen im DAX, gegr. 1972 von fünf ehemaligen *IBM*-Mitarbeitern, wie *Hasso Plattner* (geb. Berlin, 1944) und *Dietmar Hopp* (geb. Heidelberg, 1940). Nach Umsatz ist *SAP* der größte außeramerikanische Software-Hersteller. Tätigkeitsschwerpunkt ist die Entwicklung von Software zur Abwicklung sämtlicher *Geschäftsprozesse* eines Unternehmens. SAP setzte von vornherein auf die Eingabe per Bildschirm, bezeichnete ihre Software als *Realtime-System*, deshalb trugen die Produkte bis in die späten 1990er Jahre immer ein *R* in ihren Namen. Mit dem modularen *Standard-Software-Paket R/2* eroberte sich SAP eine Quasi-Monopol-Position auf dem Gebiet der kommerziellen Standardsoftware. Dieses Software-Paket lief nur auf *IBM*-Hardware und auf kompatiblen *Siemens*-Rechnern. 1991 kam zusätzlich R/3 als Lösung für den Mittelstand auf den Markt. R/3 war für die damals neue *AS/400* von *IBM* konzipiert worden. Die *IBM*-Hardware war mit dem neuen System jedoch überfordert. SAP musste daher auf *UNIX*-Workstations mit *Oracle*-Datenbank ausweichen und im *Client-Server-Prinzip* arbeiten. Die neue Lösung traf aber auf so große Resonanz bei den Kunden, dass es zunehmend das bisherige Standard-Software-Paket *R/2* ersetzte und den *SAP*-Umsatz zwischen 1991 und 1996 mehr als verfünffachte. Folgende weitere Produktfamilien sind hervorhebenswert: (1) *SAP Business One*, Ausweitung des Geschäftes auf den *Mittelstand*. (2) *SAP Business All-In-One*, ein vorkonfiguriertes, kleines *ERP-System* für größere Mittelständler oder Tochterunternehmen großer Konzerne, das die Vorteile eines *ERP-Systems* einschließlich branchentypischer Funktionalität bei voller Kompatibilität zum »großen« *SAP ERP* der Konzernmutter bietet, (3) SAP *Business ByDesign*, eine vollständig integrierte *On-Demand-Unternehmenssoftware*, die in *Echtzeit* Abfragen und Reports generieren kann, (4) *BusinessObjects*, die die zugekauften Produktfamilien von *Outlooksoft*, *Cartesis* und *BusinessObjects* zusammenfassen, (5) *SAP Cloud Platform*, ein *Platform-as-a-Service(PaaS)*-Angebot der *SAP*, das Dienste für die Entwicklung, Integration und den anschließenden Betrieb moderner *Cloud*-Anwendungen und kundenindividueller Erweiterungen von Cloud- und *On-Premise-Landschaften* zur Verfügung stellt. *SAP Cloud Platform* stellt auf der einen Seite mehrere »offene« Technologien bereit. Die jüngsten Akquisitionen weisen auf die Ausrichtung hin zur sogenannten »*Industrie 4.0*«, *Big Data*, *Cloud*: u. a. *Calidus Software*, USA (2018), *Recast AI*, Frankreich, Plattform für konversationelle *Bots* und maschinelles Lernen (2018), *Fieldglass*, USA, cloudbasiertes Zeitarbeitsmanagement (2014), *KXEN*, Prognose und Data-Mining, USA (2014).[241] *SAP* ist nach *Microsoft*, *IBM* und *Oracle* die Nummer vier unter den weltweit führenden Software-Unternehmen, beschäftigt (August 2018) 91.120 Mitarbeiter[242] und kommt auf eine Marktkapitalisierung von 146,86 Mrd. USD.[243]

Die Siemens Digitale Fabrik, Weltmarktführer in der Fabrikautomatisierung, ist in dieser Liste aus drei Gründen aufgenommen: (1) wegen ihres Gewichtes für das Big-Data-orientierte Geschäft, (2) aufgrund

---

241   https://de.wikipedia.org/wiki/SAP, abgerufen 18.8.2018.
242   SAP Website, abgerufen 18.8.2018.
243   Finanzen.net, abgerufen 18.8.2018. Marktkapitalisierung 128,28 Mrd. €. Umrechnungskurs selben Datums 1,1449, ergibt 146,86 Mrd. USD.

ihrer Weltmarktführung und damit Bedeutung für den Standort Deutschland und (3) infolge der neueren Ausrichtung als *Plattformanbieter* für das *B2B-Geschäft*, das von den US-basierten *Internet-Plattform-*Anbietern (noch) nicht, aber von den Chinesen schon teilweise adressiert wird. Kern des Konzeptes der »Digitalen Fabrik« ist der »*digitale Zwilling*«, das heißt das Software-Abbild des herzustellenden Produktes und der dazugehörigen Produktions- und Anwenderprozesse. An diesem, in der Cloud abzulegenden Abbild werden das *Design*, die *Zulieferungen*, die *Fertigung*, die *Verwaltung* und das *Lifecycle-Geschäft* (Service und Recycling) geplant, umgesetzt und verfolgt. Nach *Siemens*-Aussage nutzen bereits knapp 48 % der Kunden einen *digitalen Zwilling* in ihren Unternehmen oder planen den Einsatz für das nächste Jahr.[244] Siemens hat mehr als 10 Mrd. € in den Ausbau seiner digitalen Strategie und des PLM-Portfolios investiert. Dazu wurde 2007 das US-Software-Unternehmen *United Graphic Systems (UGS)* übernommen sowie 2017 *Mentor Graphics*. Die Herausforderungen für die Fähigkeiten eines ganzheitlichen *Product Lifecycle Managements (PLM)* entsprechen in ihrer Komplexität und technologischen Vielfalt (HW und SW) etwa dem *autonomen Fahren*. Mithilfe von *digitaler Simulation* lässt sich der Aufwand dafür drastisch reduzieren, wenn nicht sogar halbieren. Das Ziel von *Siemens PLM* ist es, einen digitalen roten Faden durch den gesamten Lebensprozess eines Produktes zu ziehen. So lassen sich etwa *Materialeigenschaften* simulieren, *Bauteil-Designs* am Computer optimieren und mithilfe von *additiver Fertigung* einfach herstellen. *Sensoren* liefern die Daten aus dem *Live-Betrieb* und lassen sich zur Entwicklung zurückspielen, um Fehler noch vor dem eigentlichen *Konstruktionsprozess* zu minimieren. Das Prinzip des *digitalen Zwillings* umfasst dabei nicht nur das Produkt, sondern nach *Siemens PLM* die gesamte Produktion. So lassen sich ganze Fertigungsstraßen simulieren, selbst schädigende Positionen für menschliche *Mitarbeiter* lassen sich so bereits im Vorfeld aufzeigen. Dabei verknüpft PLM nicht nur mächtige *Software-Tools*, sondern greift auch auf neue Technik wie *Augmented* oder *Virtual Reality* zurück. So lassen sich etwa simulierte Werkshallen betreten und erleben oder ganze *Prototypen* digital evaluieren. Auch im *Servicebereich* kann die neue Technik gewinnbringend eingebracht werden, etwa zur *Fernwartung*, *Predictive Maintenance* oder zur Verkaufsförderung im *Sales-Bereich*.[245] Die *Siemens Digitale Fabrik* betreibt unter dem Namen *MindSphere* ein *cloudbasiertes, offene IoT-Betriebssystem*, das *Produkte, Anlagen, Systeme* und *Maschinen* der Kunden verbindet und es ermöglicht, die Fülle von Daten aus dem *Internet der Dinge (IoT)* mit umfangreichen *Analysen* zu nutzen.[246] Siemens realisierte 2017 mit dem Geschäft *Digitale Fabrik* 13 % seines Umsatzes. Mit diesem Gewichtsanteil käme dieses Geschäft auf einen Börsenwert von knapp 14 Mrd. USD[247]

Die United Internet AG, Internetprovider, von *Ralf Dommermuth* (geb. Dernbach/Westerwald, 1963) und *Wendelin Abresch* in 1988 mit Sitz in Montabaur gegründet, ist ein *Internetprovider*, der neben *Webhosting-*Paketen auch einen eigenen *Onlinedienst* anbietet und mit insgesamt 13 Marken und zahlreichen Tochtergesellschaften aktiv ist. Keimzelle des Konzerns ist die *1&1 Internet SE*, die den größten Teil des Konzernumsatzes erwirtschaftet und einer der weltweit größten *Internetprovider* ist, wobei sie oftmals

---

244 Robert Horn zur Konferenz »PLM-Connection 2017«: »Siemens zeigt die digitale Fabrik«, vom 16.11.2017.

245 Weiterführende Informationen, insbesondere zur Technik, Rolle des Internets, Big Data und Cloud-Technologie, sind nachzulesen im Beitrag von Anton Huber, bis 2017 CEO der Siemens Digitalen Fabrik, in: Kai Lucks (Hrsg.), Praxishandbuch Industrie 4.0, a. a. O. »Digitalisierung und Industrie 4.0 bei Siemens«, S. 303–320.

246 https://www.siemens.com/global/de/home/produkte/software/mindsphere-iot.html, abgerufen 20.8.2018.

247 Grundlage: Siemens-Geschäftsbericht 2017, umsatzgewichtet: Die Siemens Digitale Fabrik steht für 13 % des Umsatzes der Siemens AG. Siemens Börsenwert per 16.8.2018: 93,60 Mrd. € nach Finanzen.net. Ergibt einen umsatzgewichteten Wert für die Siemens Digitale Fabrik von 12,168 Mrd. €, umgerechnet 13,87 Mrd. USD.

auf die technische Infrastruktur anderer Netzbetreiber zurückgreift. Die Gesellschaften des Konzerns sind einem der drei Teilkonzerne *1&1 Internet SE, 1&1 Telecommunication Holding SE* oder *United Internet Ventures AG* zugeordnet. Seit 2015 hält United Internet über die *United Internet Ventures AG* einen Anteil von rund 20 % an *Drillisch*, einem der größten, deutschlandweit tätigen *Mobilfunk-Serviceprovider.*[248] Der Börsenwert des Konzerns beträgt im August 2018 gut 10 Mrd. USD.[249]

Cancom SE, IT-Dienstleister, gegründet 1992 von *Klaus Weinmann*, mit Sitz in München, ist ein deutsches Unternehmen für *IT-Dienstleistungen* mit Fokussierung auf den Bereich *Cloud-Computing*. *Cancom* zählt zu den drei größten *Systemhäusern* in Deutschland.[250] Die Firmengruppe ist unter anderem Partner von *Hewlett-Packard, Microsoft, Cisco, IBM, SAP, Symantec, Citrix, VMware, Apple* und *Adobe* in Deutschland. In 2000 wurde der Geschäftsbetrieb der *Teampoint AG* übernommen, 2010 erwirbt *Cancom* den Geschäftsbereich *SAP Hosting* und *IT-Services* der *Plaut Systems & Solutions GmbH* in Ismaning. Rund die Hälfte des Konzernumsatzes wird im Bereich IT-Solutions erzielt, Weiteres im *E-Commerce/trade*. Das Produktangebot deckt circa 50.000 Artikel ab, die über Kataloge, im Onlineshop oder in den Systemhausniederlassungen vertrieben werden. Neben Produkten bietet *Cancom* auch *IT-Dienstleistungen* an.[251] Die Marktkapitalisierung beläuft sich im August 2018 auf rund 1,6 Mrd. USD.[252]

Scout24, Internet-Portal, wurde 1998 von Internetunternehmer *Joachim Schoss*[253] (geb. Essen, 1963) mit Sitz in München gegründet und betreibt europaweit verschiedene *Online-Marktplätze* in mehreren Branchen. Zu den größten Online-Plattformen des Unternehmens zählen *ImmobilienScout24* und *AutoScout24*. Die *Scout24-Gruppe* ist in 18 Ländern aktiv und stellt ihre Angebote und Dienstleistungen in Deutschland monatlich mehr als 17,5 Mio. Nutzern zur Verfügung.[254] 2018 wurde das Portal *Finanzcheck. de* übernommen.[255]

Die Otto-Group, Handel, 1949 von *Werner Otto* (Seelow, 1909 – Berlin, 2011) in Hamburg gegründet, ist ein deutscher Handels- und Dienstleistungskonzern, mit weltweit rund 50.000 Mitarbeitern. Die Aktivitäten der *Otto Group* sind in die drei Unternehmensbereiche *Einzelhandel, Finanzdienstleistungen* und *Service* gegliedert. Der Einzelhandel ist der Geschäftskern der Otto Group. Über 65 % aller Erlöse in diesem Segment erzielt der Konzern über seine weltweit rund 100 *Onlineshops*. Somit ist die Otto Group im *Konsumentengeschäft (B2C)* einer der größten Onlinehändler weltweit nach *Amazon.com* sowie der größte Onlinehändler für Mode und Lifestyle für den Endverbraucher in Europa. Im Ranking der 500 größten Familienunternehmen in Deutschland nahm die Gruppe 2019 den 18. Platz ein.[256] Mit Beteiligungen an 3 *Suisses International* begann 1974 die Entwicklung zum internationalen Konzern. Im selben Jahr stieg Otto beim Karlsruher Unternehmen *Heinrich Heine* ein. 1980 folgte die Gründung der *Otto Reisen GmbH*. 2009 sicherte sich die Otto Group nach der Insolvenz der *Quelle*-Mutter *Arcandor*

---

248 https://de.wikipedia.org/wiki/United_Internet, abgerufen 20.8.2018.
249 Finazen.net, abgerufen 20.8.2018, Umrechnungskurs zum USD 1,14. Kurs damit 10,26 Mrd. USD.
250 *Die größten Systemhäuser 2013* – ChannelPartner vom 29.8.2013.
251 https://de.wikipedia.org/wiki/Cancom, abgerufen 20.8.2018.
252 Finanzen.net vom 20.8.2018, Umrechnungskurs zum USD 1,14.
253 *Gründer von Scout24: Die zwei Leben des Joachim Schoss*, in: Augsburger Allgemeine. 28.10.2013, abgerufen 24.1.2015.
254 *AGOF Studie 12-2016 Digital Facts Ranking Gesamtangebote Digital*. Dezember 2016, abgerufen 15.3.2017.
255 manager-magazin.de: Scout24 kauft Vergleichsportal Finanzcheck.de.
256 https://die-deutsche-wirtschaft.de/die-liste-der-1000-groessten-familienunternehmen-in-deutschland/ abgerufen 6.10.2019.

(2007) in einem Bieterverfahren die Rechte an der *Marke Quelle* und zahlreicher *Handelsmarken* wie *Privileg*.[257] Mit 17 Mrd. € Umsatz setzt sich der Konzern die Zielmarke für 2022/2023. »Um die ambitionierten Wachstums- und Renditeziele zu erreichen, verfolgt die Gruppe für ihre drei Segmente – *Multichannel-Einzelhandel, Finanzdienstleistungen* und *Service* – eine fokussierte *Wachstumsstrategie* mit gezielter Investition in marktrelevante Geschäftsmodelle und Konzerngesellschaften. Im Segment *Multichannel-Einzelhandel* agiert die Otto Group mit den drei Geschäftsmodellen ›*Plattform & Händler*‹, ›*Markenkonzepte*‹ und – seit 2008 – in ›*Corporate Ventures*«.[258] Den Wert des Familienunternehmens schätzt der Autor auf eine Größenordnung von 5 Mrd. USD.

Die **Wirecard AG Finanzdienstleistungen,** 1999 gegründet[259] (bis 13. März 2005: *InfoGenie AG*[260]), ist ein börsennotiertes und weltweit tätiges *Technologie- und Finanzdienstleistungsunternehmen* mit Sitz in Aschheim bei München. Sie ist über Tochtergesellschaften auf allen Kontinenten vertreten.[261] *Wirecard* bietet ihren Kunden Lösungen für den *elektronischen Zahlungsverkehr*, das *Risikomanagement* sowie die Herausgabe und Akzeptanz von *Kreditkarten*. Die Tochtergesellschaft *Wirecard Bank AG* verfügt über eine deutsche *Banklizenz* und hält eine Lizenz von *VISA* und *Mastercard*. Dazu bestehen u. a. Verträge mit *American Express, Discover/Diners, JCB, Alipay, Apple Pay* sowie *China UnionPay. Wirecard* bietet Produkte und Dienstleistungen in den Bereichen *mobiles Bezahlen, E-Commerce, Digitalisierung* und *Finanztech-nologie* an. Dies umfasst klassischerweise die Einbindung von *Zahlungsmethoden* sowie die Abwicklung von Zahlungen im *E-Commerce* sowie an der stationären Kasse (*POS*). Hierin arbeitet *Wirecard* (Stand: Ende 2017) mit insgesamt 36.000 großen und mittleren sowie 191.000 kleinen Unternehmen zusammen-[262]darunter u. a. *Orange Bank, KLM, Rakuten* oder *O2/Telefónica*.[263] Darüber hinaus gibt das Unternehmen Kredit- und Geschenkkarten heraus.[264] Seit 2015 bietet *Wirecard* die digitalisierte *mobile App boon.* für Bezahlvorgänge an, die auf einer *virtuellen Prepaid-Mastercard basiert*.[265] Beim *Online-Handel* hat sich *Wirecard* als *Payment-Service-Provider* und im Bereich Acquiring spezialisiert.[266] Ein Schwerpunkt ist Travel und Transport, worin Wirecard 2007 die Zahlungsabwicklung und Kreditkontrolle für den Reise-anbieter *TUI*[267] und 2014 für die *KLM Royal Dutch Airlines*[268] übernahm. Auch das Produkt Supplier and Commission Payments (SCP) der *Wirecard* ist auf die Travel-Branche zugeschnitten. Es basiert auf der automatischen Herausgabe von *virtuellen Kreditkarten* und ermöglicht elektronische Auszahlungen an Partner und Zulieferer, z. B. für Provisionszahlungen. So können internationale Zahlungen über den elek-tronischen Versand von *virtuellen Kreditkartennummern* abgewickelt werden. Am 16.8.2018 überholte

257 *Otto übernimmt Quelle-Markenrechte,* Deutscher Fachverlag GmbH, 5.11.2009, abgerufen 5.6.2013.
258 https://www.ottogroup.com/de/die-otto-group/Strategie.php, abgerufen 20.8.2018.
259 Frankfurter Allgemeine Zeitung: *Hightech aus Aschheim: Die cleveren Jungs von Wirecard,* 14.7.2017, abgerufen 10.10.2017.
260 *InfoGenie Europe heißt jetzt Wire Card AG,* in: FinanzNachrichten.de, abgerufen 7.10.2017, https://de.wikipedia.org/wiki/Wirecard, abgerufen 6.10.2019
261 *3 Gründe, warum Wirecard erneut ein Rekordquartal abgeliefert hat,* in: The Motley Fool Deutschland, 18.11.2016 (fool.de, abgeru-fen 10.10.2017).
262 *Investor Relations Center – Handelsblatt Online,* abgerufen 7.10.2017.
263 *The World's Largest Public Companies,* in: Forbes (forbes.com, abgerufen 17.7.2018).
264 *Deutschlands digitale Durchstarter,* in: manager magazin, 22.2.2016, abgerufen 6.8.2018.
265 *Social-Media-Barometer: Wirecard stellt neue Bezahl-App vor* (handelsblatt.com, abgerufen 15.10.2017).
266 Heinz-Roger Dohms: *Spätzünder aus Aschheim,* in: sueddeutsche.de, 2015 (abgerufen 15.10.2017).
267 *TUI Leisure Travel lagert Zahlungsprozesse ihrer neuen Vertriebsplattform an Wirecard aus,* in: OTS.at (abgerufen 15.10.2017).
268 *Die eine deutsche Aktie, um in die Payment Revolution zu investieren,* in: The Motley Fool Deutschland, 28.5.2015 (fool.de, abgeru-fen 15.10.2017).

Wirecard mit einem Börsenwert von 24,17 Mrd. USD erstmals knapp die *Deutsche Bank*[269] und wird damit zum viertgrößten Wert in der deutschen Finanzbranche (nach der *Allianz*, *Munich Re* und der *Deutschen Börse*). Der Kampf um den ersten Platz der Banken ist im besonders wettbewerbsintensiven deutschen Finanzmarkt allerdings hart. Zum Vergleich: Die US-Bank *JPMorgan* ist an der Börse rund 390 Mrd. USD wert.[270]

Zalando, Online-Händler, wurde 2008 von *David Schneider* und *Robert Gentz* in Berlin mit Investorenkapital der drei *Samwer-Brüder* gegründet.[271] Vorbild Zalandos war der US-amerikanische Versandhändler *Zappos*.[272] Bereits im selben Jahr weiteten die Unternehmer das ursprünglich auf das Schuhgeschäft ausgerichtete Unternehmen auf das ganze Modespektrum aus. 2012 stieg Zalando auch in das stationäre Geschäft ein, mit Eröffnung eines Outlet-Stores in Berlin-Kreuzberg.[273] Mit etwa 50 % Rückläufern weist der Onlinehändler neben *Amazon* auf dem deutschen Markt die höchste Retourenquote auf: Der Mittelwert der Online-Händler im deutschsprachigen Raum liegt nahe 20 % (Stand 2014).[274] Während Zalando zunächst mit dem Slogan »Schrei vor Glück – oder schick's zurück« warb, verzichtete das Unternehmen später auf den zweiten Teil des Spruches. Dennoch erklärte der Unternehmenschef Robert Gentz 2016, dass er keine Probleme mit den vielen Rückläufern habe. »Kunden, die sehr viel Ware retournieren, sind in der Regel profitablere Kunden, weil sie letztlich das Konzept bewusster nutzen. Was nicht passt, schicken sie zurück, und mit dem, was sie behalten, sind sie wirklich happy. Kunden, die weniger zurücksenden, haben oft einen tieferen Zufriedenheitswert.«[275] Im August 2015 kam es zur Abmahnung von Zalando durch die Wettbewerbszentrale. Grund hierfür war die auch bei anderen Onlineshops beobachtete Methode, mittels irreführender Verknappungsstrategien Käufer zu beeinflussen. Hierbei entsprachen die angezeigten Warenbestände nicht den tatsächlich vorrätigen Einheiten. Außerdem werden schwerwiegende Verstöße gegen das Arbeitsrecht berichtet.[276] Durch den Börsengang im Oktober 2014 konnten 605 Mio. € eingenommen werden, was rund 11 % der Unternehmensanteile entspricht. Dadurch stieg der Unternehmenswert von Zalando auf 6 Mrd. €.[277] Im Juni 2018 gab Zalando seinen Markteintritt in Irland und Tschechien bekannt. Mit den beiden neuen Standorten ist das Unternehmen in insgesamt 17 Ländern

269 Handelsblatt vom 20.8.2018: Ulf Sommer und Christian Schmidt, »Wirecard ist erstmals mehr wert als die Deutsche Bank«. https://www.handelsblatt.com/finanzen/maerkte/aktien/finanzbranche-wirecard-ist-erstmals-mehr-wert-als-der-deutsche-bank/22911468.html?ticket=ST-7960269-UEFUkgg6pbKXHVvKrlEs-ap3, abgerufen 20.8.2018.

270 T&N digital pioneers vom 15.8.2018, https://t3n.de/news/wirecard-ist-jetzt-mehr-wert-als-die-deutsche-bank-1102015/, abgerufen 16.8.2018.

271 Melanie Wassink: *Zalando mischt den Internethandel auf,* in: abendblatt.de, 3.2.2012, https://www.abendblatt.de/wirtschaft/article107731137/Zalando-mischt-den-Internethandel-auf.html, abgerufen 24.4.2019. https://de.wikipedia.org/wiki/Zalando abgerufen 6.10.2019.

272 André Vollbracht: *Zu Besuch beim Zalando-Vorbild in Las Vegas,* in: vc-magazin.de, 19.11.2012, https://www.google.com/search?client=firefox-b-d&q=Zu+Besuch+beim+Zalando-Vorbild+in+Las+Vegas, abgerufen 24.4.2019.

273 Zalando Outlet Store Berlin in Kreuzberg, in: www.berlin.de, 9.5.2012, https://thebetterdays.de/zalando-outlet-berlin/, abgerufen 24.4.2019.

274 manager-magazin.de: Wie Amazon, Zalando und Otto mit Retouren umgehen, https://www.manager-magazin.de/unternehmen/handel/retouren-wie-amazon-zalando-und-otto-mit-ruecksendungen-umgehen-a-1213173.html, abgerufen 24.4.2019.

275 Handelszeitung, https://www.handelszeitung.ch/unternehmen/warum-sich-zalando-ueber-viele-ruecksendungen-freut-1251952, abgerufen 3.5.2018.

276 Lukas Bay, Martin Dowideit: *Zalando geht juristisch gegen RTL-Journalistin vor,* in: handelsblatt.com, 15.4.2014, https://www.golem.de/news/nach-undercover-recherche-zalando-geht-juristisch-gegen-rtl-journalistin-vor-1404-105902.html, abgerufen 24.4.2019.

277 Wirtschaftswoche vom 1.10.2014, https://www.wiwo.de/finanzen/boerse/erstnotiz-im-boersenhandel-knapper-erfolg-fuer-boersenneuling-zalando/10778736.html, abgerufen 24.4.2019.

vertreten.[278] Im Mai 2018 wurden bei Zalando über 1.500 Marken angeboten,[279] darunter 16 Eigenmarken der Zalando-Tochter *zLabels*.[280] Zalando steigerte im zweiten Quartal 2018 seinen Umsatz um rund 21 % auf 1,33 Mrd. €. Der operative Gewinn betrug 94 Mio. €.[281]Die Marktkapitalisierung Zalandos lag im April 2019 bei 10,5 Mrd. €, mit einem geschätzten Umsatz von 6,5 Mrd. € für 2019.[282]

Trumpf AXOOM: Des Weiteren könnte an dieser Stelle exemplarisch der Maschinenbauer *Trumpf* behandelt werden, mit seiner Business-to-Business-Plattform *AXOOM*. Trumpf tritt dabei gegen den »Platzhirsch« *Siemens Digitale Fabrik* auf und hat mit seiner Ausgründung internationale Aufmerksamkeit erzeugt. Wegen der – im Vergleich zu den vorgestellten Unternehmen – jedoch späten Gründung und noch geringen Größe wird Trumpf AXOOM in diesem Buch nicht weiter behandelt.[283]

3.6   Exkurs: die weltweit 10 größten Telekommunikationsunternehmen

Wenn es um das World Wide Web geht, um die weltweite Datenübertragung und Big Data, dann kommt man an den »klassischen« Telekommunikationsunternehmen nicht vorbei, auch wenn der Fokus der vorliegenden Betrachtung bei Internet-/Smart-Data-getriebenen Geschäften liegt. Wie an anderen Stellen gezeigt wurde, sind auch hier die Abgrenzungen fließend, haben sich die »klassischen« Telekom-Betreiber gewandelt, betreiben eigene Datengeschäfte und sichern ihre Zukunft durch neue Technologien bei Netzen, Software und Produkten ab. Letztlich liefern sie das infrastrukturelle »Rückgrat« der *Internet-Industrie* und vertreiben auch die Produkte der vorgestellten Internet-Giganten. Wie noch zu zeigen ist, soll ein Vergleich der Telekom-Betreiber eine Referenzgröße zum Internet- und *Smart-Data-Geschäft* (I/SD) liefern, um den Positionsvergleich von Deutschland mit den USA und China zu stützen und an dieser Stelle repräsentativ das Blickfeld auf die Welt zu erweitern. Nachfolgend werden die weltweit größten zehn Telekommunikationsunternehmen in der Reihenfolge ihrer Größe vorgestellt. Dabei werden neben dem Umsatz auch Gewinne und Marktkapitalisierungen herangezogen.[284]

Nr. 1 weltweit: China Mobile, (WKN 909622). Wenn es nur nach der Anzahl der Kunden ginge, wäre China Mobile der größte Telekommunikationskonzern der Welt. Mehr als 834 Mio. Kunden zählte das Unternehmen mit Sitz in Hongkong im Jahr 2016. Nach Börsenwert über 189 Mrd. USD[285] (August 2018) zählt China Mobile, bei einem Umsatz von über 108,78 Mrd. USD zu den größten Unternehmen Asiens – und sichert sich im vorliegenden Ranking den Spitzenplatz. [286]

---

278 *Neue Märkte für Zalando,* in: Gründerszene, 4.7.2018, abgerufen 6.6.2018; https://www.haz.de/Nachrichten/Wirtschaft/Deutschland-Welt/Zalando-expandiert-nach-Tschechien-und-Irland, abgerufen 24.4.2019.

279 *Gegenwind für Zalando,* in: tagesschau.de, 8.5.2018, abgerufen 2.8.2018.

280 *Berliner Modemacher Schwarze Zahlen schreiben die wenigsten.* berliner-zeitung.de, 5.7.2018, abgerufen 2.8.2018.

281 Zalando wird persönlich. https://www.welt.de/wirtschaft/bilanz/article181813116/Online-Shopping-Zalando-wird-persoenlich.html, in: *Welt,* 9.10.2018, abgerufen 24.4.2019.

282 https://de.marketscreener.com/ZALANDO-18100088/fundamentals/, abgerufen 24.4.2019.

283 Zu verweisen ist dagegen auf das Interview, das der Autor mit Dr. Stephan Fischer, Head of Software Development bei Trumpf Werkzeugmaschinen GmbH & Co. KG geführt hat. Nachzulesen in: Kai Lucks (Hrsg.), Praxishandbuch Industrie 4.0, Schäffer-Poeschel Verlag, Stuttgart 2017, S. 275–289.

284 Das Ranking beruht auf den Bewertungen von GeVestor, https://www.gevestor.de/details/die-10-groessten-telekommunikationsunternehmen-der-welt-723079.html, abgerufen 31.8.2018.

285 Finanzen.net abgerufen 30.8.2018, Kurs € zu USD 1,14.

286 https://www.gevestor.de/details/die-10-groessten-telekommunikationsunternehmen-der-welt-723079.html, abgerufen 31.8.2018

Nr. 2 weltweit: Verizon Communications, (WKN 868402). Das New Yorker Unternehmen Verizon konnte im Jahr 2017 knappe 126 Mrd. USD umsetzen und verfügt im August 2018 über einen Marktwert von 219 Mrd. USD[287]. Der zweitgrößte Telekommunikationskonzern der Welt hat mehr als 183.000 Mitarbeiter und wird in einen engen Zusammenhang mit der Überwachung durch die NSA gebracht. So wurde bekannt, dass die USA regelmäßig die Herausgabe der Verbindungsdaten aller Kunden von Verizon gefordert und auch erhalten haben. [288]

Nr. 3 weltweit: AT&T, (WKN A0HL9Z). Über 160,55 Mrd. USD hat der nordamerikanische Telekommunikationskonzern mit Sitz in Dallas im Jahr 2017 umgesetzt. AT&T gehört sogar zu den wertvollsten Marken der Welt. Durch die Übernahme des Satelliten-TV-Anbieters *DirecTV* will AT&T zukünftig auch im Mediensektor aktiv sein und auf diese Weise noch weiter wachsen. 2011 wollte AT&T die Deutsche Telekom-Tochter *T-Mobile* USA kaufen, aufgrund der Klage des US-Justizministeriums bei den Wettbewerbsbehörden in den USA ist dieser Deal aber nie zustande gekommen.[289] Der Marktwert liegt im August 2018 bei 226 Mrd. USD[290].

Nr. 4 weltweit: Vodafone Group plc, (WKN A1XA83). Auf dem vierten Platz der zehn größten Telekommunikationsunternehmen der Welt liegt die Vodafone Group, mit Sitz in Großbritannien, zu der auch die deutsche Tochter Vodafone gehört. Vodafone steht für VOice, DAta und FOne und ist auf fast allen europäischen Mobilfunkmärkten aktiv. Das Unternehmen setzte 2017 57 Mrd. USD um und hat einen Marktwert von 58 Mrd. USD.[291]

Nr. 5 weltweit: Nippon Telegraph & Telephone Corp, (WKN 893732). Der japanische Marktführer NTT hat im Jahr 2017 über 106 Mrd. USD umgesetzt. Der Konzern hat seinen Sitz in Tokyo und wurde 1985 privatisiert. Das Unternehmen ist in der Forschung und Entwicklung sehr aktiv und hat beispielsweise 2005 eine Technik vorgestellt, die den menschlichen Körper zur Datenübertragung nutzt. Ein Marktwert von 93 Mrd. USD[292], gekoppelt mit dem Umsatz, verschafft Nippon Platz 5.[293]

Nr. 6 weltweit: SoftBank, (WKN 891624), ist ein Telekommunikations- und Medienkonzern aus Japan und blickt für 2017 auf einen Jahresumsatz von über 82 Mrd. €. Das Unternehmen ist in den Bereichen Festnetztelefonie, Breitbandfernsehen, Internet, E-Commerce, Robotik, Technologie, Finanzen und Service tätig und hat mehr als 62.000 Mitarbeiter.[294] Der Marktwert beläuft sich im August 2018 auf 98 Mrd. USD[295].

Nr. 7 weltweit: Deutsche Telekom AG. Die Deutsche Telekom (WKN 555750) hat im Jahr 2017 rund 75 Mrd. USD umgesetzt und ist der siebtgrößte Telekommunikationskonzern der Welt. Knapp 230.000

---

287 Finanzen.net abgerufen 30.8.2018, Kurs € zu USD 1,14.
288 https://www.gevestor.de/details/die-10-groessten-telekommunikationsunternehmen-der-welt-723079.html, abgerufen 31.8.2018.
289 https://www.gevestor.de/details/die-10-groessten-telekommunikationsunternehmen-der-welt-723079.html, abgerufen 31.8.2018.
290 Finanzen.net abgerufen 30.8.2018, Kurs € zu USD 1,14.
291 https://www.gevestor.de/details/die-10-groessten-telekommunikationsunternehmen-der-welt-723079.html, abgerufen 31.8.2018.
292 Finanzen.net abgerufen 30.8.2018, Kurs € zu USD 1,14.
293 https://www.gevestor.de/details/die-10-groessten-telekommunikationsunternehmen-der-welt-723079.html, abgerufen 31.8.2018.
294 https://www.gevestor.de/details/die-10-groessten-telekommunikationsunternehmen-der-welt-723079.html, abgerufen 31.8.2018.
295 Finanzen.net abgerufen 30.8.2018, Kurs € zu USD 1,14.

Mitarbeiter hat die Telekom weltweit beschäftigt, Tendenz steigend. Die Aktie der Deutschen Telekom ist im DAX notiert.[296] Der Marktwert liegt im August 2018 bei 76 Mrd. USD[297].

Nr. 8 weltweit: Telefónica S.A. Der spanische Konzern Telefónica (WKN 850775) ist überwiegend in Europa und auf den wachsenden Märkten in Südamerika aktiv. Das achtgrößte Telekommunikationsunternehmen der Welt, das in Deutschland unter der Marke *O2* auftritt, hat im Jahr 2017 52 Mrd. USD umgesetzt und verfügt über einen Marktwert von 41 Mrd. USD[298]. Ihren Hauptsitz hat die Firma in Madrid.

Nr. 9 weltweit: América Móvil. Der mexikanische Telekommunikationskonzern América Móvil (WKN 603115) ist der größte Mobilfunkanbieter in Lateinamerika und hat im Jahr 2017 47,1 Mrd. USD umgesetzt. Das Unternehmen liegt somit auf dem neunten Platz des Rankings und verfügt über rund 363 Mio. Kunden (Stand 2016).[299] Der Marktwert liegt bei 38 Mrd. USD[300].

Nr. 10 weltweit: China Telecom Corp Ltd., (WKN A0M4XS). Der größte Telekommunikationsanbieter, China Telecom, ist seit 2002 an den Börsen in Hongkong und New York gelistet. Ursprünglich ein staatseigener Monopolbetrieb, trennte sich das Unternehmen im gleichen Jahr von den nördlichen Geschäftsaktivitäten, die in die China Netcom überführt wurde. Rund 35 Mio. chinesische Anschlüsse werden durch China Telecom kontrolliert, das 2017 43,5 Mrd. € Umsatz erwirtschaftete[301] und im August 2018 eine Marktkapitalisierung von 6,2 Mrd. USD aufweist.[302]

---

296 https://www.gevestor.de/details/die-10-groessten-telekommunikationsunternehmen-der-welt-723079.html, abgerufen 31.8.2018.
297 Finanzen.net abgerufen 30.8.2018, Kurs € zu USD 1,14.
298 Finanzen.net abgerufen 30.8.2018, Kurs € zu USD 1,14.
299 https://www.gevestor.de/details/die-10-groessten-telekommunikationsunternehmen-der-welt-723079.html, abgerufen 31.8.2018.
300 Finanzen.net abgerufen 30.8.2018, Kurs € zu USD 1,14.
301 https://www.gevestor.de/details/die-10-groessten-telekommunikationsunternehmen-der-welt-723079.html, abgerufen 31.8.2018.
302 Finanzen.net abgerufen 30.8.2018, Kurs € zu USD 1,14.

4 Wertschaffung in der »Industrie 4.0«

Die Industrie 4.0 impliziert die Sprengung der klassischen Wertschöpfungsgrenzen und eröffnet durch Dienste (»Services«) neue Geschäftsmodelle. Jeder Industrieteilnehmer ist aufgefordert, sich damit auseinanderzusetzen, sonst droht ihm, in die Abhängigkeit als Zulieferer verdrängt oder völlig getilgt zu werden. Dies ist ein globales Phänomen. Im Folgenden werden die Implikationen für deutsche Unternehmen vor dem Hintergrund vor allem der US-amerikanischen und chinesischen Initiativen beleuchtet. Dabei wird Industrie 4.0 von Unternehmen aus verschiedenen Geschäftssegmenten getragen. Im Folgenden werden wir diese als »Segmentträger für die Smart Factory« bezeichnen. Die Hauptherausforderungen für fertigende Unternehmen werden nach Größenkategorien vorgestellt. Schließlich wird ein 8-Punkte-Programm präsentiert, nach dem Unternehmen ihre Digitalisierungsstrategie umsetzen können.

4.1 Ausgangssituation Deutschland

Insgesamt verfügt Deutschland über 3,65 Mio. Unternehmen, vom Konzern bis zum Kleinunternehmen. Diese scheinbar große Zahl wird relativiert, wenn man ihr die jährlichen Neugründungen in China gegenüberstellt: knapp 4 Mio. Mit der Globalisierung geht ein hoher Anpassungsdruck einher, der zu Produktivitätssteigerungen und Strukturwandel zwingt. Durch Effizienzsteigerungen, die Verlagerung arbeitsintensiver Fertigungen und die Spezialisierung auf hochwertige Spezial- und Nischenprodukte (z. B. technische Textilien, Spezialstähle) konnte dem erhöhten Wettbewerbsdruck erfolgreich begegnet werden. Die deutsche Industrie ist auch durch eine gesunde Größenstruktur gekennzeichnet: Einerseits belegen deutsche Industrieunternehmen in europäischen und globalen Größenrankings vordere Plätze. Zugleich aber gibt es in Deutschland einen leistungsfähigen industriellen Mittelstand, der vielfach auch international sehr gut aufgestellt ist. Über 99 % aller Unternehmen in Deutschland sind Mittelständler. Sie erwirtschaften mehr als die Hälfte der Wertschöpfung, stellen fast 60 % aller Arbeitsplätze und rund 82 % der betrieblichen Ausbildungsplätze bereit.[303] Nicht wenige Mittelständler haben sich erfolgreich auf eine Marktnische spezialisiert und konnten dadurch als so genannte »Hidden Champions« internationale Spitzenpositionen erlangen. Schätzungen gehen davon aus, dass rund 1.000 deutsche Unternehmen Weltmarktführer auf ihrem Gebiet sind. Dies wird von Großkonzernen und einem starken Mittelstand getragen, von denen gut 12.600 einen Umsatz von über 50 Mio. € pro Jahr erwirtschaften[304]. Die Anteile forschungsintensiver Güter und wissensintensiver Dienstleistungen an der gesamten Wertschöpfung sind in Deutschland vergleichsweise hoch. Ausgaben für Forschung und Entwicklung sind in Deutschland kontinuierlich gestiegen. Deutschland investiert mittlerweile annähernd 3 % seiner jährlichen Wirtschaftsleistung in Forschung und Entwicklung. Weltweit zählt Deutschland zu den zehn forschungsintensivsten Volkswirtschaften. Der Anteil der Bruttoinlandsausgaben für Forschung und Entwicklung am jährlichen Bruttoinlandsprodukt (FuE-Intensität) liegt in Deutschland deutlich über dem Durchschnitt der EU und über dem Wert der USA.[305] Fraglich ist aber:

---

303 https://www.bmwi.de/Redaktion/DE/Dossier/politik-fuer-den-mittelstand.html, abgerufen 29.12.2018.
304 Statistisches Bundesamt, Angaben für 2014.
305 https://www.bmbf.de/pub/Bufi_2018_Datenband.pdf, abgerufen 29.12.2018.

Wie viel bekommen wir davon auf die Straße, d. h. auf den Markt? Machen unsere Wettbewerber mehr daraus?

Die aktuelle technisch-soziale Revolution in Deutschland kann nicht isoliert gesehen werden. Unsere Position als Export-Weltmeister ist abhängig von der Wettbewerbsfähigkeit *aller* Branchen im globalen Markt, stärker noch von der Position in den wissensbasierten Industrien und vor allem in den *I/SD*-befeuerten Geschäften – meist im Verbund mit klassischen Geschäftsansätzen.

4.2   Deutschland vor der Zerreißprobe

Deutschland ist besonders bedroht durch die großen US-amerikanischen Internet-Unternehmen, durch die riesige Welle von Start-ups, die aus den USA kommen, angetrieben von einem Venture-Capital-Volumen von rund 60 Mrd. USD im Jahr 2016[306]. Deutschland liegt dagegen weit zurück. Im selben Zeitraum wurden hierzulande gerade einmal 1,6 Mrd. USD als Wagniskapital erfasst.[307] Regelmäßig kaufen die USA Start-ups in Deutschland und verlagern dann nach kurzer Zeit deren Sitz in die USA.

Wir sind auch bedroht von der Aufholjagd Chinas mit seinem Entwicklungsprogramm »*Made in China 2025*«. Die Initiative wurde 2015 als Zehnjahres-Wirtschaftsplan des chinesischen Regimes vorgestellt. Sie umreißt die Ziele für die Entwicklung von 10 inländischen Industriezweigen: »(1) fortschrittliche Informationstechnologie; (2) Robotik und automatisierte Werkzeugmaschinen; (3) Flugzeug- und Flugzeugkomponenten; (4) Schiffe und Schiffstechnik; (5) fortschrittliche Schienenfahrzeuge; (6) neue Energiefahrzeuge; (7) elektrische Erzeugungs- und Übertragungsgeräte; (8) landwirtschaftliche Maschinen und Geräte; (9) neue Materialien; und (10) Arzneimittel und fortschrittliche medizinische Geräte. Angeregt zu diesem Programm wurden die Chinesen durch den deutschen Vorstoß zur *Industrie 4.0*. Das deutsche *Mercator Institute for China Studies*[308] beobachtet sorgsam die Entwicklung Chinas und berichtet, dass Beijing den Begriff nicht mehr in ihrer öffentlichen Rhetorik verwendet. China verfolgt jedoch die gesetzten Ziele unbeirrt weiter und ist längst in die Umsetzungshase eingetreten. Bis 2025 will China Schlüsselpositionen in den genannten Industriezweigen besetzen. Das Ziel Chinas besteht nicht nur darin, die Selbstversorgung in den oben genannten Sektoren zu erreichen, sondern auch mit ausländischen Firmen weltweit zu konkurrieren und sie sogar zu verdrängen.[309] Bis Ende 2018 verabschiedete die Zentralregierung 445 Dokumente, in denen konkrete Maßnahmen und Instrumente der Strategie fixiert wurden. Das bisherige Investment dazu lässt sich nicht beziffern. Allein 2018 gab China rund 300 Mrd. USD für Forschung und Entwicklung aus – rund 2,2 Prozent des chinesischen Bruttoinlandsprodukts. Darüber hinaus kündigte Beijing zudem knapp 4000 Projekte zu neuen Technologien an. Auch wurden sogenannte natio-

---

306 Laut Statista betrug das Venture-Capital-Volumen im Jahr 2016 58,59 Mrd. USD, 2015 hingegen 73,36 Mrd. USD, https://de.statista.com/statistik/daten/studie/217698/umfrage/volumen-der-venture-capital-investitionen-in-den-usa-seit-1995.

307 2015 waren es dagegen noch 3,6 Mrd. USD https://de.statista.com/statistik/daten/studie/657682/umfrage/volumen-der-venture-capital-investitionen-in-deutschland/, abgerufen 29.12.2018.

308 Das Mercator Institute for China Studies (MERICS) ist eine Initiative der Stiftung Mercator. MERICS soll für ein realistisches China-Bild in Deutschland sorgen, um Politik, Wirtschaft und Gesellschaft mit grundlegenden Informationen zu dienen. https://www.stiftung-mercator.de/de/, abgerufen 30.12.2018.

309 https://www.epochtimes.de/politik/welt/warum-der-plan-made-in-china-2025-eine-bedrohung-fuer-westliche-volkswirtschaften-ist-auch-fuer-deutschland-a2397499.html, abgerufen 29.12.2018.

nale Demonstrationsstädte und -zonen eingerichtet, unter anderem in Ningbo/Provinz Zhejiang. Daraus entstanden bereits vielversprechende Zentren für intelligente Fertigungen.[310]

4.3   Europa bietet keinen Rückhalt

Dagegen hat Europa wenig zu bieten, wie in Kapitel 3 gezeigt wurde. Die zusätzlichen Gewichte, die das europäische Ausland bei den *I/SD*-getriebenen Geschäften auf die Waage legen kann, gleichen die relativ schwache Position Deutschlands nicht aus. Eine Verbesserung ist derzeit auch nicht in Sicht. Der *Brexit* schwächt das Gewicht der nordeuropäischen Staaten und schadet vor allem Deutschland. *Frankreich* erholt sich jetzt nach einer tiefen wirtschaftlichen Depression. Die Signale sind aber noch gegenläufig. Trotz Rekordbeschäftigung hat die französische Industrie global Marktanteile verloren. Ihr Anteil an den weltweiten Exporten sank 2017 auf 3 %. Im Jahr 2000 lag er noch bei 4,7 %. Dies spricht für eine anhaltende Wettbewerbsschwäche.[311] Das größte Gewicht im IT-Sektor Frankreichs ist das Softwarehaus *Dassault Systèmes*,[312] hinter *SAP* die Nummer zwei in Europa. SAP verzeichnet jedoch nahezu den neunfachen Umsatz mit Software und beschäftigt etwa viermal so viele Mitarbeiter in Forschung und Entwicklung.[313] Frankreich setzt alle Kraft darauf, im I/SD-Sektor aufzuholen. Dazu gehören Steuervorteile und ein ausgesprochen ehrgeiziges Gründerprogramm für Start-ups.[314]

Italien ist immer noch in einer kritischen Lage, weil ohne Kurskorrektur immer noch die Staatspleite droht.[315] Das Thema *Industrie 4.0* gewinnt aber auch hier an Sichtbarkeit. In den vergangenen Jahren haben vor allem einzelne Regionen Fördermaßnahmen ergriffen, um die Digitalisierung der Industrie voranzubringen. Mit dem neuen Plan *Industria 4.0* sollen die Rahmenbedingungen auf nationaler Ebene verbessert werden. Dazu wurden 13 Mrd. € öffentliche Mittel in den Haushalt 2017 eingestellt.[316] Ob das reicht, zum internationalen Player zu werden ist höchst fraglich. Die Rettung Italiens kann es kaum sein.

Insgesamt dominieren in *Europa* die zentrifugalen Kräfte. Wir sind bedroht von zahlreichen separatistischen Bewegungen, angefangen von der *Visegrád-Gruppe*[317] über *Spanien* (6 Regionen[318]), Italien (*Norditalien*[319]) Österreich (*Südtirol*) bis *Belgien* (*Flandern*), die eher dem wirtschaftlichen Alleingang das Wort reden, denn der Zusammenarbeit frönen. Die *Europäische Kommission* hat eine

---

310   Mercator-Studie vom 2.7.2019. https://www.merics.org/de/papers-on-china/evolving-made-in-china-2025. Abgerufen 6.10.2019.

311   Spiegel online 19.2.2018 http://www.spiegel.de/wirtschaft/soziales/frankreich-wirtschaft-im-aufwind-a-1194215.html, abgerufen 29.12.2018.

312   Ein Ableger des Flugzeugbauers Dassault.

313   https://www.silicon.de/41592389/100-groessten-softwarefirmen-europas, abgerufen 29.12.2018.

314   In Paris wurden Anfang 2017 5000 Start-ups gezählt und das angeblich »weltweit größte« Gründerzentrum eröffnet. Bauherr ist Telekom-Milliardär Xavier Niel. https://www.deutschlandfunkkultur.de/start-up-boom-in-frankreich-paris-ist-das-europaeische.979.de.html?dram:article_id=372160, abgerufen 29.12.2018.

315   Clemens Fuest, ifo-Institut, 11.10.2018 im Handelsblatt.

316   https://www.gtai.de/GTAI/Navigation/DE/Trade/Maerkte/suche,t=italien-stellt-nationalen-plan-fuer-industrie-40-vor,did=1541632.html, abgerufen 29.12.2018.

317   Auch Visegrád-Staaten genannt und unter der Bezeichnung **V4** bekannt, besteht aus den mitteleuropäischen Staaten Polen, Tschechien, Slowakei und Ungarn.

318   https://www.watson.ch/international/spanien/979739684-in-diesen-6-regionen-sind-spaniens-separatisten-am-staerksten, abgerufen 29.12.2018.

319   Die Idee vom norditalienischen »Staat Padanien«, der Venetien und Friaul-Julisch Venetien, die Lombardei, das Piemont, Ligurien, Trentino-Südtirol, die Emilia-Romagna und das Aostatal zusammenfassen sollte.

Vernetzungsstelle nationaler Initiativen zur Digitalisierung geschaffen. Zweimal jährlich kommen Vertreter und Vertreterinnen aus den Initiativen der Mitgliedsstaaten, aus der Industrie und von den Sozialpartnern im Rahmen eines High-Level Round Table der EU-Kommission in Brüssel zusammen, um den europaweiten Austausch mit Leben zu füllen. Hier sind auch Vertreter der deutschen *Plattform Industrie 4.0* eingebunden. Eine Übersicht über die Digitalisierungsinitiativen der Mitgliedsländer bietet Abb. 11.[320] Analysen zu den kombinierten Geschäftspositionen im Vergleich mit den USA und China, geschweige denn ein gesamteuropäischer strategischer Aktionsplan zur Entwicklung eines gemeinsamen Gegengewichtes zu den USA und China sind aber nicht erkennbar.

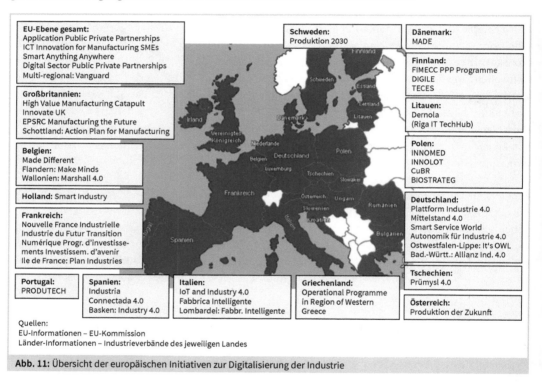

Abb. 11: Übersicht der europäischen Initiativen zur Digitalisierung der Industrie

Die partikularen Wege der europäischen Staaten könnten am Ende sogar dazu führen, dass *China* auch im *I/SD-Sektor* Europa überrollt. Die »*Belt & Road*«*-Initiative* Chinas, die sogenannte »*Neue Seidenstraße*« ist eindeutig darauf angelegt, die Hegemonie auf dem *eurasischen Kontinent* zu erreichen. Zu den verschiedenen »Straßen« gehören ausdrücklich nicht nur die Autobahnen, die Schienen, die Luftfahrt und die Seewege, sondern explizit auch die Netze für Strom und Telekom. Die großen Vier der chinesischen Internet-Industrie sind schon für den Vorstoß bereit. Ihre Strategien sehen sogar vor, sich auf die Besonderheiten des europäischen Marktes einzustellen, auf ihren Datenschutz und die Informationsöffnung – aber China davor weiter zu schützen. Das »chinesische Internet« soll ein abgeschottetes »*China-Intranet*« bleiben. Die »*elektronische Seidenstraße*« wird eine »Einbahnstraße«.

---

320 Bundesministerium für Wirtschaft und Energie, Plattform Industrie 4.0. https://www.plattform-i40.de/I40/Navigation/DE/In-der-Praxis/Internationales/EuropaeischeEbene/europaeische-ebene.html, abgerufen 30.12.2018.

4.4   Handlungsimplikationen für Deutschland

Die inneren Schwächen Europas insgesamt und die Bedrohungen von außen implizieren, dass Deutschland sich zunächst allein helfen muss. Zur Frage, wie denn eine gesamteuropäische I/SD-Offensive aussehen könnte, kommen wir in Kapitel 28 »Anstöße zu einem Digitalprogramm Deutschland«. Aus dem Grundgedanken heraus, dass *I/SD* nicht isoliert gesehen werden darf, sondern als treibendes Segment in einer gesamtindustriellen Strategie, geht es letztlich um die optimale Verbindung zweier Ziele: Wertschöpfung in Deutschland zu halten und Wertschöpfung kundennah in den Zielländern zu erbringen, etwa um der US-amerikanischen Bedrohung zu Strafzöllen gegenüber Importen etwas entgegensetzen zu können und nicht aus dem Markt verdrängt zu werden. Ein Hebel dazu ist die Entwicklung *virtueller Produkte*, die über das World Wide Web an lokale Partnerunternehmen in den Zielländern geschickt werden, um hier – etwa durch *3-D-Drucker* – in Realprodukte umgewandelt zu werden. Dies ist aufgrund des technischen Fortschritts heute nicht nur für Losgröße 1 möglich, sondern auch für die Serienproduktionen von über 1.000 Stück per Los. Deutschland muss hier in allen relevanten (Export-)Branchen Lösungen anbieten. Nach wie vor lautet die Regel, dass in den eingeschwungenen Märkten der geldwerte Teil der Wertschöpfung national erbracht werden muss, der im jeweiligen Lande konsumiert wird.

Eine allgemeingültige Antwort, wie dies umzusetzen ist, gibt es nicht. Die Lösung ist von Branche zu Branche, von Unternehmen zu Unternehmen unterschiedlich. Die Wirkungen werden nur dann voll zum Tragen kommen, wenn alle Technologien und Lösungsansätze kombiniert verfolgt werden. Das sind einzeltechnische Verfahren und Lösungen, das ist die volle Digitalisierung, die alle Wertschöpfungsstufen durchdringende *IT*, das ist die eingebettete Intelligenz, das *Internet of Things*, das Netz und die *Cloud* – um nur die wichtigsten Hebel zu nennen. Die Lösungsansätze liegen potenziell sowohl bei sprunghaften Änderungen (»Disruption«) als auch bei Migrationen (Entwicklungsschüben), die uns in den kommenden 10 bis 30 Jahren begleiten werden. Die Zeithorizonte kann niemand mit voller Sicherheit beurteilen. Allein in der *Autoindustrie* sagen die Auguren Disruptionen voraus, etwa das der *Elektroantrieb* in wenigen Jahren den *Verbrennungsmotor* verdrängen wird. Andere reden u. a. von der breiten Tragkraft und Reife des *Diesels,* der mithilfe der *Harnstofftechnologie* an Umweltfreundlichkeit mit dem E-Mobil mithalten kann und noch über weitere 20 Jahre weiter gekauft werden wird. Beide Szenarien sind denkbar und die Autohersteller stellen sich auf beides ein, indem die aktuell geplanten Fertigungslinien für gemischte Produktion von E-Mobilen und Verbrennern eingerichtet sind.

Am Markt werden sich jedoch nur die Global Player behaupten, die sich schon jetzt mit der Zukunft auseinandersetzen. Das neue Credo wird das alte (Skaleneffekte, anhaltende Lernkurven, Lean Manufacturing, Kaizen u. a.) nicht außer Kraft setzen, sondern diesem neue Schubkraft verleihen. Auch das Nebeneinander unterschiedlicher Fertigungsgenerationen wird möglich sein, wie Erfahrungen aus dem *Flugzeugbau*[321] belegen. Andere Branchen, wie beispielsweise die Musikindustrie, sind schon voll in die *Industrie 4.0* eingetaucht. Unterschiede wird es auch zwischen diskreter Fertigung versus Prozessfertigungen geben.

---

321 Siehe dazu: Michael Santo: Verspätete Revolution im Flugzeugbau – die Luftfahrtindustrie auf dem Sprung von 2.0 nach 4.0. S. 589–594. In: Kai Lucks (Hrsg.): Praxishandbuch Industrie 4.0, Schäffer-Poeschel Verlag, Stuttgart 2017.

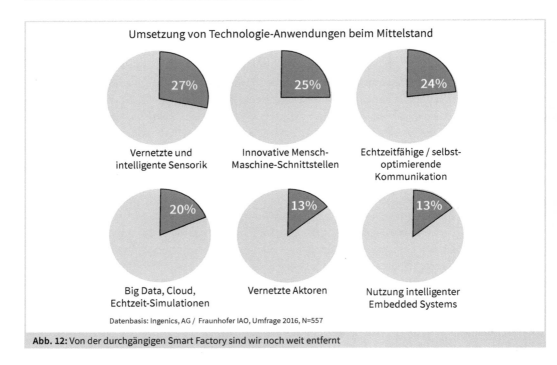

Umsetzung von Technologie-Anwendungen beim Mittelstand

27%
Vernetzte und
intelligente Sensorik

25%
Innovative Mensch-
Maschine-Schnittstellen

24%
Echtzeitfähige / selbst-
optimierende
Kommunikation

20%
Big Data, Cloud,
Echtzeit-Simulationen

13%
Vernetzte Aktoren

13%
Nutzung intelligenter
Embedded Systems

Datenbasis: Ingenics, AG / Fraunhofer IAO, Umfrage 2016, N=557

Abb. 12: Von der durchgängigen Smart Factory sind wir noch weit entfernt

4.5 Deutschlands Digitalstrategien

Die durchgängige »**Smart Factory**« ist für die meisten Unternehmen immer noch eine Vision. Die Umsetzung erfolgt erst schrittweise, auch weil die meisten Fabriken in Deutschland keine »*Green Field*«-Neubauten sind, sondern sich in permanenter Anpassung an die aktuell gebotenen Technologien befinden, insbesondere beim Mittelstand. Für Deutschland als eine der führenden Nationen der industriellen Fertigungstechnik ist dies ein brennendes Thema, denn es geht um die Sicherung der Wertschöpfung im Lande, der heutigen Notwendigkeit, Wertschöpfung nach Deutschland zurückzuholen und dem Fertigungswettbewerb vor allem aus Fernost Paroli bieten zu können, die mehr als in Deutschland auch auf gänzliche Neuanlagen setzen können. Die Digitalisierung und Automatisierung unter Einsatz aller Technologien, die im Zuge von »*Industrie 4.0*« erschlossen werden können, ist dazu die zentrale strategische Baustelle. Der Unternehmer wird in diesen komplexen bestandskritischen Fragen nicht allein gelassen. Wir verfügen in Deutschland über starke Wissensplattformen unter Teilhabe von Forschung, Beratung und Industrie. Zu nennen sind hier z. B. das *Fraunhofer-Institut für Arbeitswirtschaft und Organisation IAO* Stuttgart mit seinem Projekt »Smart Factory Hub für intelligente Fabriken«, in Zusammenarbeit mit dem *Institut für Arbeitswissenschaft und Technologiemanagement IAT* der Universität Stuttgart sowie mit der *TU Berlin* und anderen Hochschulen.[322] Des Weiteren zu nennen ist das in Kaiserslautern beheimatete »*smart*

---

factory«-Netzwerk mit rund 50 Akteuren aus Industrie und Wissenschaft, die gemeinsame Forschungs- und Entwicklungsprojekte rund um *Industrie 4.0* und die Fabrik der Zukunft durchführen.[323]

Der Umsetzungsstand zur »Smart Factory« in der Industrie ist wie folgt: Rund ein Drittel der Unternehmen haben bereits vernetzte und intelligente **Sensorik**, ein Viertel verfügt über innovative **Mensch-Maschine-Schnittstellen** und jedes fünfte Unternehmen nutzt die Cloud zu **Echtzeit-Simulationen**. Nur 13 % der Befragten nutzen **vernetzte Aktoren** und intelligente **Embedded Systems**[324]. Dies zeigt, dass die Hürden zur Installation einer *Industrie 4.0* in den Werken noch hoch sind. Diese sind insbesondere:

- Bildung globaler Netzwerke in allen Wertschöpfungsstufen,
- Kompatibilität der intelligenten Maschinen als IoT (Internet of Things),
- Datensicherheit und Intrusionsschutz,
- Rechtliche Fragen (Verträge, Datenrechte) z. B. bei Embedded Systems,
- Zertifizierungen für Nachbaupartner, z. B. Automobilindustrie,
- Strategische Allianzen, Kooperationsmodelle, insbesondere (Finanz-)Beteiligungen, Joint Ventures, Konsortien, Partnerschaften (punktuell, zeitlich und thematisch begrenzt),
- Managementkapazität zur Führung und Steuerung der Netzwerke,
- Finanzierung, Leasing und Abrechnung.

Industrie 4.0 sprengt darüber hinaus die klassisch tradierten Wettbewerbsrollen und Wertschöpfungsgrenzen. Wir haben am Beispiel der großen *Internet-Software-Companies* bereits gehört, dass sich eine breite Bewegung zum Erschließen neuer Geschäfte und Geschäftsmodelle Raum geschaffen hat, die ständig nach Übernahmekandidaten und *Start-ups* sucht. Am gefährlichsten für die herstellende Industrie sind die neu eintretenden Plattform- und Lösungsanbieter, die sich mit ihren Services zwischen den Produkt- und Systemlieferanten und seinen Kunden schieben und damit den Hardware-Hersteller zum Zulieferer degradieren. Alle industriellen Anbieter sind heute gefordert, ihre bisherige Rolle zu hinterfragen und über eine Vertikalisierung in Richtung von Lösungsangeboten und Vertrieb über B2B-Plattformen nachzudenken.

---

323 Die Technologie-Initiative SmartFactory KL e. V. wurde 2005 als gemeinnütziger Verein gegründet, um Akteure aus Industrie und Forschung in einem »Industrie 4.0«-Netzwerk zusammenzubringen und gemeinschaftlich Projekte zur Fabrik der Zukunft durchzuführen. Heute ist die SmartFactory eine der weltweit führenden herstellerunabhängigen Demonstrations- und Forschungsplattformen. Kontakt:info@smartfactory.de.

324 Ingenics, AG/ Fraunhofer IAO, Umfrage im Mittelstand 2016, N=557.

Abb. 13: Industrie 4.0 impliziert die Sprengung der Wertschöpfungsgrenzen

4.6   Die Segmentträger der Industrie 4.0

Dabei wird Industrie 4.0 von Unternehmen aus verschiedenen Geschäftssegmenten getragen. Im Folgenden werden wir diese als »*Segmentträger für die Smart Factory*« bezeichnen (siehe Abb. 13). Dazu gehören: (1) die **Hersteller von Automatisierungsausrüstung,** (2) die **Automatisierungsprozess-Unternehmen,** (3) die **IT Equipment Companies,** (4) **Enterprise SW Providers** und (5) die von den USA dominierten **Internet Software Companies**.

All diese haben die Herausforderungen von »Industrie 4.0« erkannt und richten ihre Strategien organisch und durch Übernahmen auf die Veränderungen aus. Noch nie in der Industriegeschichte hat es eine so große und breit getragene Veränderung der *Geschäftsmodelle* gegeben. Die Entwicklung neuer Ansätze auf Basis einer Lebenszyklus- und Service-Orientierung steht jedoch erst am Anfang. Im Mittelpunkt der zukünftigen Ausrichtung liegt die Erschließung von *Sonderwünschen* in der *Großserienfertigung*, die Produktion von *Kleinserien* und *Nischenprodukten* – idealerweise sogar in ein- und derselben vernetzten Produktion. In diesem Zusammenhang ist auf die zunehmende Bedeutung der »*Losgröße 1*«, der sich entwickelnden »*digitalen Ökosysteme*«, der Möglichkeiten aus der *Simulation* und *Virtualisierung* (vom Produkt bis zur ganzen Fabrik, siehe Kapitel 11), dem Aufbau weltweiter Wertschöpfungs-Netzwerke zu verweisen, in deren Knotenpunkten lokale und kundennahe »*Minifabs*« stehen. Das disruptive Potenzial von *Geschäftsmodell-Innovationen* für den Einzelnen wird jedoch vielfach noch unterschätzt. Die *IT* wird dabei immer tiefer in die Wertschöpfung produzierender Unternehmen vordringen und speziell das *I/SD-Segment* senkt dramatisch die Schwellen zur *regionalen Ausweitung* des Geschäftes, zur Vernetzung in der gesamten Wertekette und zur Erschließung neuer Geschäftsmodelle. Die Vielfalt der Lösungen ist groß und wird in den Fertigungstechnologien unterschätzt. Dabei werden offene *Software-Plattformen* entstehen, mit denen eine Vielfalt von Speziallösungen, etwa als Apps, verbunden werden kann, wie dies am Beispiel von *Trumpf* in diesem Buch gezeigt wird. Daneben werden sich neue und unabhängige Software-Plattformen mit kleinen Speziallösungen entwickeln. Unabhängige Steuerungs- und

Optimierungs-Software wird künftig im Wettbewerb mit proprietärer Maschinenbau-Software stehen. Besondere Aufmerksamkeit wird der Schnittstelle zwischen Maschinen-/Anlagenbau und *IT* zu widmen sein. Gerade die klassischen Branchengrenzen zwischen IT und Maschinenbau werden durch *Industrie 4.0* verschoben werden. Dadurch sind Regelbrüche und Markteintritte durch Dritte wahrscheinlicher. Zusammenfassend kann gesagt werden, dass die zukünftigen Geschäftsmodelle stärker auf eine umfassende Wertschöpfung ausgelegt sein werden. Die Bewegungen sind vielfältig, sie verlaufen jedoch an erkennbaren Mustern. Darauf soll in Kapitel 10 vertiefend eingegangen werden.

4.7   Unterschiedliche kontinentale Ansätze

4.7.1   Europa

Der deutschsprachige fertigungsorientierte und auf High End ausgerichtete Raum ist geprägt von durchschlagenden technisch-sozialen Revolutionen, nicht nur aktuell, sondern auch historisch. Denn hier lagen die Ursprünge der Entwicklungen, die zum Teil in England ihren Ausgangspunkt hatten und auf Kontinentaleuropa übergriffen, wie etwa die Geburt der *Stahlindustrie*, der *Dampfmaschine* und des *Eisenbahnwesens*. England hat sich dagegen durch den *Thatcherismus* aus der industriellen Wertschöpfung zurückgezogen, in der es einmal führend war. Mit dem *Brexit* tendiert auch die verbleibende Finanzbranche zur Verlagerung nach Kontinentaleuropa. Paris und Frankfurt sind die Ziele. Frankreich hat infolge der starken Gewerkschaftsbewegung, staatsorientierter »sozialistischer« Wirtschaftspolitik[325], falscher Entscheidungen zur Entwicklung von nationalen Konzernen[326], der fehlenden Kraft zum Aufbau einer mittelständischen Wirtschaft und zu geringen Anstrengungen in der Produktivitätssteigerung[327] industrielle Wertschöpfung abgebaut. Die Europäische »Südschiene« liegt zurück, konnte sich aus der Low-end-orientierten (*Spanien* und *Italien*) bzw. landwirtschaftlich bestimmten und von geringer Wertschöpfung geprägten Wirtschaft (*Griechenland*) nicht befreien. Neben seinen strukturellen Vorteilen kann Deutschland in Europa zweifellos von Skaleneffekten als größter Binnenmarkt profitieren. Nimmt man die Autoindustrie als Indikator, so konnte Deutschland jeweils rund 100.000 Arbeitsplätze aus der Branche von Italien und von Frankreich »absaugen«. Osteuropa wird als Low-Cost-Zulieferer und Outsourcing-Quelle, wegen seiner Nachbarschaft, besonders durch Deutschland genutzt.

4.7.2   USA

Die USA sind von den großen Internet-Aktivisten wie *Google, Amazon, Microsoft, Apple, Airbnb und Uber* geprägt. Wie bereits gesagt wurde, drängen sich diese zwischen die Lieferanten physischer Produkte und Dienstleistungen und deren Endkunden. Dieses Geschäftsmodell hat sich zur Blaupause von Tausenden von *Start-ups*, vor allem im *Silicon Valley*, entwickelt, die in allen Marktsegmenten versuchen, auf diese Weise den US-Markt und den Weltmarkt zu durchdringen. Dies geht vom Low-End-Lieferservice bis

---

325 Die großen Wirtschaftsführer kommen aus der Politik und kennen ihre Fertigungsstandorte nicht.
326 Zu nennen wäre etwa von GEC-Alsthom, bis zur heutigen Rest-Alstom, die ursprünglich als Gegenstück zu Siemens angelegt war. Dazuzurechnen sind auch die hoch-konzentrierte Energiebranche und die Computerindustrie.
327 Z. B. 30-Stunden-Woche und relativ hohe Lohnstückkosten.

zur High-End-IT, vom kleinen Nischenanbieter bis zu globalen Spielern wie dem Autobauer *Tesla*, dem Fachleute attestieren, er könnte dereinst einmal das globale Geschäft mit *Batterien* dominieren. Es ist praktisch kein Liefergeschäft denkbar, dass nicht auf diese Weise angegriffen wird, im B2B-Geschäft wie im B2C-Geschäft. Darüber hinaus wird in der Breite der ganzen Industrie und der Dienstleistungsbranche dem *Industrial Internet of Things (IIoT)* gefrönt, mithilfe von *Embedded Systems*, dem Netzwerk und der *Cloud*. Die USA sind in höchster Weise auf diese Offensiven angewiesen, denn die Old Economy leidet unter niedrigem technischen Qualitätsniveau, schlechter Ausbildung der Mitarbeiter und verwahrlosten alten Industrieregionen. Dies ist besonders in der Fertigung spürbar. *Trump* wird sich noch umsehen, wenn er Importe etwa mit 35 % Zöllen belegt, wie er dies immer wieder periodisch vertritt. Dies wird dann zur Verteuerung von notwendigen Zulieferungen und rückläufigem Technologietransfer aus dem Ausland führen und schließlich die nationale Industrie zurückwerfen[328], die nationalen Endprodukte verteuern und verschlechtern. Selbst die führende Industrienation wird es sich nicht leisten können, sich von der übrigen Welt abzukoppeln. Der große, homogene US-Markt – der größte der Welt – lässt die Amerikaner in der Illusion wiegen, sie bräuchten den Rest der Welt nicht. Dabei verführt dies den amerikanischen Mittelstand dazu, den Markt lediglich national zu erschließen, nicht global. Im Gegensatz zu Deutschland wird in den USA das Risiko zu *FuE-Investitionen* als höher eingeschätzt als eine Unternehmensübernahme. Deshalb kaufen Amerikaner lieber ein Unternehmen mit neuen Technologien auf, als diese selber zu entwickeln. Wie bereits gezeigt wurde, liegt die FuE-Quote in den USA entsprechend niedriger als in Deutschland. So kaufen die Amerikaner seit Jahren regelmäßig rund 130 deutsche Mittelständler pro Jahr auf, nicht nur um auf neue *Technologien* und Produkte Zugriff zu haben, sondern auch, um international diversifizierte Unternehmensstrukturen und -führungssysteme übernehmen zu können, denn selbst deutsche Mittelständler sind wegen des multinationalen Europas international strukturiert. Deutschland realisiert dagegen nur einen Bruchteil mittelständischer Übernahmen in den USA, ist dagegen aber beim Kauf amerikanischer Großkonzerne stark überlegen, wie dies etwa die Übernahme des Saatgut-Unternehmens *Monsanto* durch *Bayer* zeigt. Doch diese Übernahme könnte für Bayer »nach hinten« losgehen, denn kaum haben die Deutschen das Ruder übernommen, werden von den USA-Gerichten Klagen von jedweder Seite angenommen, wegen potenzieller Umwelt- und Artenschäden. Aus scheinbarer Wertschaffung könnte eine große Wertvernichtungsmaschine werden. Trump heizt die Stimmung gegen Deutschland noch an, denn wir sind neben China der größte Konkurrent für amerikanische Produzenten. Er unterliegt jedoch einem Irrtum, denn die Fertigungskonzepte im Zuge von *Industrie 4.0* werden es erlauben, Zollbarrieren mithilfe von digitalen *Ökosystemen*, *Virtualisierung* und *vernetzter Produktion* (s. o.) zu unterlaufen. Am Ende werden nur die Produkte in den USA teurer und weniger wettbewerbsfähig. Die Situation der *I/SD-Branche* ist dabei anders zu beurteilen. Durch sie fließen jährlich rund 240 Mrd. USD an Lizenzgebühren nach den USA, ein so großer Leistungsbeitrag, dass er den anhaltend negativen Handelssaldo der USA,[329] der sich unter der Trump-Administration sogar noch verschlechtert hat,[330] mehr als ausgleicht.[331]

---

328 Bekanntermaßen ist z. B. die US-amerikanische Autoindustrie nicht auf demselben technologisch hohen Standard wie die deutschen Kfz-Hersteller und -Zulieferer.

329 https://de.statista.com/statistik/daten/studie/250560/umfrage/handelsbilanz-der-usa-nach-monaten/, abgerufen 29.12.2018.

330 Tagesschau vom 6.12.2018.

331 Reuters Wirtschaftsnachrichten vom 22.6.2018: Die USA haben in ihrer Leistungsbilanz mit der EU nach Analysen des ifo-Instituts im ersten Quartal erneut einen Überschuss erzielt. Das Plus liege bei 2,4 Mrd. USD, teilte das Institut mit und berief sich dabei auf amtliche US-Zahlen. Damit seien die wirtschaftlichen Beziehungen der EU mit den USA, anders als es US-Präsident Donald Trump immer wieder darstellt, »relativ ausgeglichen«, erklärte ifo-Außenhandelsexperte Gabriel Felbermayr. Das sei schon 10 Jahre so. »Die USA haben seit 2008 insgesamt Überschüsse von 115 Milliarden US-Dollar erwirtschaftet.«

4.7.3   China

China ist im Low-End- und Mid-Range-Markt zu Hause, dem weltweit führenden Volumenmarkt. Mit dem jetzigen *13. Fünfjahresplan* wurde »*Made in China 2025*« ausgerufen, mit dem Anspruch auf eine Aufholjagd im Technologiebereich. Im technologischen High-End-Markt ist China bislang aber nur in Ausnahmefällen vertreten. Diese Fälle mehren sich aber von Jahr zu Jahr. So verfügt China mittlerweile über eine weltweit konkurrenzfähige *Eisenbahnindustrie*, die sich aus dem Eisenbahnministerium herausschälte, der *Chinese Railway Rolling Stock Corporation (CRRC)*[332], dem heute weltweit größten Eisenbahnhersteller, größer als die vier führenden Wettbewerber der westlichen Welt zusammen.[333] Durch systematisches Kopieren aus Joint Ventures, die aufgekündigt wurden, sobald sich die Technik den Chinesen erschloss[334], wurden Hochgeschwindigkeitszüge mit druckfesten Kabinen, die in den höchsten Bergregionen fahren können und Temperaturen zwischen ±50°C problemlos bewältigen, entwickelt. China ist dabei, die von Deutschland sträflich beiseitegeschobene *Magnetbahntechnologie* (der »*Maglev*«, der von *Siemens* und *Thyssenkrupp* in Shanghai gebaut wurde) zu übernehmen und weiterzuentwickeln, um diese einmal weltweit zu vermarkten. Systematisch kauft China Technologieunternehmen auf, angeführt von meist branchenfremden großen Konzernen, hinter denen sich der Staat versteckt, um etwaige Kartellverstöße nicht aufdecken zu müssen. So kaufte der Weiße-Ware-Hersteller Midea den deutschen Roboterbauer KUKA – eine Strategie, die sich nur erschließt, wenn man den Staat hinter Midea als Drahtzieher entlarvt. Bereits jetzt baut China unbeobachtet Positionen als zukünftigen Zugang zum Technologiesektor in Zentraleuropa auf, indem es Standorte in Osteuropa entwickelt und dort Unternehmen kauft. Im Übrigen handeln sie nach dem *13. Fünfjahresplan* fair und sie entwickeln die von ihnen erworbenen deutschen Technologieunternehmen vorteilhaft für Deutschland: Es gibt Standortgarantien, nationale Forschung und Entwicklung in Deutschland wird gestärkt, es wird kein Cash abgezogen und es werden weltweite Vertriebsrechte vergeben, wie etwa für den Betonpumpenhersteller *Putzmeister*, dessen chinesische Mutter *Sany* sich die exklusive Bedienung des chinesischen (Low-End- und Mid-Range-)Marktes vorbehalten hat. China hat gelernt, was die Amerikaner seit Jahrzehnten üben: gute Staatsbürger im Gastland zu sein. Auf dem hier besonders interessierenden Gebiet »China 2025« gibt China sich bislang verschlossen. Dies sind nationale Programme, an die kein Ausländer herankommt. Dazu sei auf die von Premier *Li Kequiang* im März 2015 angestoßene Initiative »*Internet Plus*« verwiesen. 10 strategische Sektoren sollen dazu gefördert werden.

Die Abwehrbewegungen der USA und Europas gegen China, insbesondere auch das europäische und deutsche *Außenhandels-Wirtschaftsgesetz (AWG)*, das in Zukunft noch stärker zur Wirkung kommen soll, sowie die Belastung des Renmimbi durch exzessive Unternehmenskäufe und deren Finanzierung im Ausland, haben dagegen aber Wirkung gezeigt. So wurde das »Outbound-M&A-Volumen« der Chinesen in der letzten Zeit stark gedrosselt. Möglicherweise will die chinesische Staatsregierung damit auch weitergehenden Restriktionen entgegenwirken. Um guten Willen zu beweisen, hat China zuletzt den

---

332 Der Konzern entstand durch den Ende 2014 angekündigten und per 1. 6. 2015 komplettierten, mittels Aktientausch durchgeführten Zusammenschluss der beiden staatseigenen Unternehmen China CNR Corporation Limited (CNR) und CSR Corporation Limited (CSR).

333 Siemens-Alstom, Bombardier und General Electric.

334 Eine bittere und über ein Jahrzehnt laufende Siemens-Erfahrung.

Inbound-M&A-Markt nach China sowie die Beteiligungsmöglichkeiten von Ausländern an chinesischen Unternehmen gelockert. China weiß aber um die Schwachstellen und Bruchlinien in Europa. Seit fünf Jahren arbeitet Peking beharrlich daran, sie zu nutzen. Das 2012 geschaffene *16+1-Format* mit mittel- und osteuropäischen Ländern öffnet den Chinesen ein Tor in die EU – es ist ein Weg, der nicht über Brüssel führt.[335]

4.8   Globale Herausforderungen für Deutschland

Summa summarum müssen die oben beschriebenen Entwicklungen aus globaler Sicht in Bezug auf ihre Wirkung auf Deutschland und auf die Herausforderungen für deutsche Unternehmen betrachtet werden. In allen Kontinenten stehen starke Veränderungen, Disruptionen oder breite Entwicklungsschübe an. Weitermachen wie bisher ist keine Option mehr. Das umfasst nicht nur die wissensbasierten Industrien, sondern betrifft alle. Die anstehenden Änderungen implizieren regelrechte Bedrohungen:

*   Die *Continental Scale Factory* ist nicht mehr das einzige Fernziel. Vielmehr sind es *digitale Ökosysteme*, globale Netzwerke an deren Knotenpunkten weltweit verteilte kundennahe »*Minifabs*« stehen.
*   Die USA rücken von Europa ab, die Chinesen rücken näher: Auf dem »*eurasischen Kontinent*« streben sie nach Hegemonie, mittels ihrer »*Belt & Road*«-Offensive greifen sie bereits nach den osteuropäischen Staaten.[336]
*   Deutschland als »Exportweltmeister« und technologiegetriebener Anbieter ist am meisten bedroht.
*   Populistische Bewegungen in den USA sowie in Europa und Deutschland gefährden die Internationalität der Märkte.
*   Die Staatswirtschaft in China schlägt dieselbe Richtung ein, trotz gegenläufiger Bekundungen.
*   Die Bedrohung geht quer durch alle Branchen und durch Vernetzung auf allen Ebenen.

Letztlich ist dies auf eine sich exponentiell steigernde Leistungsfähigkeit der *IT* zurückzuführen, die sich in allen Wertschöpfungsstufen und in der Performance der Netze niederschlägt. Damit bekommen Lösungsgeschäfte das Primat. *Industrie 4.0* und die gleichgerichteten amerikanischen und asiatischen Modelle zur Förderung ihrer *I/SD*-getriebenen Industrien müssen in der gesamten Wertschöpfungskette beobachtet werden.

Nochmals: Die *Globalisierung* allein auf Basis von Continental Scale Factories ist »out«. Als zweiter Lösungsweg zur Globalisierung und *Regionalisierung* der Geschäfte positioniert sich der Pfad *IIoT/Cyber Craft*: intelligente Systeme, die in der Cloud kommunizieren, kombiniert mit virtuellen Produkten, die über die weltweiten Netze verschickt und lokal produziert oder kundenspezifisch angepasst werden können. Damit sind beträchtliche Kosteneinsparungen erreichbar, weil Lagerhaltungen und Logistik vermieden werden können und Zeit (Kapitalkosten) eingespart wird. Demzufolge ist auch wieder eine Re-Lokalisierung der Wertschöpfung möglich. Dies kann bereits eine strategische Antwort auf die weltweit zu beobachtende De-Globalisierung sein. Die heute genannten potenziellen Kosteneinsparungen durch die Digitalisierung in einer Größenordnung von 40 % gleichen die Skalenvorteile von »World Scale

---

335   Süddeutsche Zeitung 28.11.2017, nach dem China-Osteuropa-Gipfel.
336   Die Marktanteile deutscher Unternehmen in Osteuropa nehmen bereits ab, China gewinnt.

Factories« aus bzw. schaffen neue wirtschaftliche Vorteile. Die Kostenlücke zwischen »Scale« und Los-größe 1 wird zunehmend kleiner. *3-D-Drucken* hat gegenüber dem *Aufbauschweißen* der 90er Jahre enorm an Reife gewonnen: Preissenkungen, Breite der Anwendung und Senkung der laufenden operativen (Produktions-)Kosten.

4.9   Implikationen für Unternehmer

In vielen Unternehmen herrscht Unsicherheit hinsichtlich der Größe des Umbruchs und der Breite der Entwicklung. Eine Frage ist vor allem, welche Ressourcen wende ich auf und in welchen Strukturen bewältige ich es. Die Antworten sind von Branche zu Branche unterschiedlich. Sie sind in Industrieunternehmen anders als bei Dienstleistern. Die Grenzen zwischen beiden schwinden. Auch Größenvorteile (Mittelständler versus Konzerne) werden unwichtiger: Nicht Größe entscheidet, sondern die Verfügbarkeit von Daten und der *Zeitvorsprung*. Für alle gilt: *Business-Lebenszyklen* werden immer kürzer, Entscheider müssen heute Veränderungen im Kunden-, Markt-, Lieferanten- und Wettbewerbsumfeld laufend analysieren und Chancen und Risiken erkennen. Neben der Aufgeschlossenheit braucht es dafür die entsprechende Aufmerksamkeit und Kapazität, die relevanten Informationen zu sammeln und auszuwerten, die strategischen Optionen abzuwägen und die Anpassungsgeschwindigkeit des jeweiligen Geschäftsmodells zu erhöhen. Die zu finden-den Lösungsansätze sind neben dem Bedarf stark von den Strukturen und Möglichkeiten bestimmt, deshalb nachfolgende Kategorisierung.

Im Folgenden werden Implikationen für Unternehmen genannt, wobei die dabei verwendeten Kategoriegruppen nicht »digital scharf« abgrenzbar sind. Die Aussagen gelten im Prinzip für alle, sind hier jedoch schwerpunktmäßig zugeordnet.

4.10   Besondere Implikationen für Konzerne

Großunternehmen tun sich aufgrund ihrer vielen unterschiedlichen Bereiche und Abteilungen besonders schwer damit, zu definieren, was der Wandel genau für sie bedeutet und wie sie darauf reagieren sollen. Dennoch sollte es ihnen aufgrund ihrer angestammten Differenzierung der Zuständigkeiten im Vorstand, der Verfügbarkeit eines *CTO* oder *CIO* und der Breite der Stäbe möglich sein, auf deren Kompetenzen aufzusetzen und die Fähigkeiten in Richtung *Industrie 4.0* auszuweiten. Insbesondere verfügen sie in der Regel über entsprechende Strategieabteilungen, eigene M&A-Abteilungen[337] und etablierte geschäftsprozessorientierte Organisationen. So sollten der geschäftspolitische Umbau und die Veränderung der Wertschöpfung (Insourcing versus Outsourcing) zu den ständigen Aufgaben des Vorstands gehören. Prinzipiell ist das Potenzial vorhanden, alle Pfade auszuloten und durch Versuchsanordnungen »auszuprobieren«.

---

337 Siemens verfügt zum Beispiel allein bei M&A über 30 Fachabteilungen, die mehr oder weniger stark in M&A-Prozesse einzubinden sind.

Um Widerstände gegen die Perspektiven und Veränderungen zu minimieren, ist es sinnvoll, diese außerhalb des Tagesgeschäftes anzugehen, etwa durch einen Verantwortlichen für Veränderungsmanagement im Vorstand oder einen unmittelbar an der Geschäftsleitung liegenden *CDO* (»*Chief Digital Officer*«) bzw. den bestehenden *Chief Technology Officer*, den *Chief Strategy Officer* oder den *CIO* (*Chief Information Officer*) unmittelbar damit zu beauftragen bzw. eine Taskforce aus diesen zu gründen. Es kann dabei sinnvoll sein, neue Geschäftsansätze und -modelle außerhalb der bestehenden Organisation aufzustellen, etwa als »*interne Start-ups*«. Diese sollten direkt dem Vorstand unterstellt werden, trotz der zunächst geringen Größe. Um die Aufmerksamkeit im Vorstand zu erhöhen, sollte ein Vorstandmitglied dazu als direkt verantwortlicher Coach oder Pate ausgewiesen werden.

Die Erfahrung zeigt, dass die besten Ansätze durchaus in der IT-Strategieentwicklung zu finden sind und beim Technologiemanagement. Die »Industrie 4.0«-relevanten Themen erstrecken sich jedoch (a) über alle operativen Geschäfte, (b) über die gesamte Wertschöpfungskette, (c) über alle Regionen, unter Berücksichtigung auch der geschäftlich nicht abgedeckten Länder, da von hier aus Bedrohungen unter dem Vorzeichen der Globalisierung/De-Globalisierung im Sinne von Angriffen auf (neue) Fokusgebiete erwartet werden können. Letzteres ist umso wahrscheinlicher, weil *Industrie 4.0* eine Re-Regionalisierung von Geschäften impliziert, via *virtueller Produkte*, die übers Internet an *Minifabs* übertragen werden können, um dort in Losgröße 1 oder höher gefertigt zu werden. Im Gegenzug steigt damit aber auch das Eindringrisiko von neuen Wettbewerbern, die ihrerseits – etwa aus dem Ausland kommend – weitere Teile der Wertschöpfung in die Nähe des Endkunden verlagern können. Besonders zu beachten sind hierbei die USA und China, für die Deutschland das wichtigste Einfallstor zu Europa darstellt.

In den Wertschöpfungsstufen jenseits der IT wird der Wandel ebenfalls vorangetrieben, aber eben nicht als Teil einer ganzheitlichen Strategie und einer gezielten Weiterentwicklung des Unternehmens. In der Produktentwicklung zum Beispiel werden *digitale Services* immer häufiger mit eingebunden. Was aber auch hier fehlt, ist eine übergeordnete Verankerung der Aktivitäten in der Unternehmensstrategie inklusive der Formulierung entsprechender Ziele für alle angesprochenen Bereiche. So müssen Haupttrends der vollständigen Digitalisierung systematisch ausgelotet werden, und zwar für die gesamte Wertschöpfungskette etwa durch (1) Nutzung der *künstlichen Intelligenz*, (2) integrierte und Grenzen auflösende Mensch-Maschine-Systeme unter Einsatz von *Augmented Reality*, etwa durch intelligente Brillen (»Smart Glasses«), was zur weitgehenden Vermischung digitaler und analoger Inhalte führt, (3) totale Vernetzung, Stichwort *Internet of Things (IoT)*. Daneben ist ein Aufschwung datenbasierter Geschäftsmodelle zu forcieren. So bietet *Bosch* zum Beispiel die Aufrüstung älterer Produktionsanlagen durch Sensorik und Embedded Systems an, sodass diese voll in die digitalisierte Fertigung eingebunden werden können. Ein weiteres Beispiel ist *Thyssenkrupp* mit der Erfassung von Nutzungsdaten bei Aufzügen, um die Wartungsintervalle an den tatsächlichen physischen Bedarf anpassen zu können. *BMW* rüstet beispielsweise ihre Fertigung zunächst punktuell und versuchsweise mit »Industrie 4.0«-Anwendungen aus, um diese bei Erfolg dann flächendeckend einzusetzen.

Des Weiteren sollte an externe Lösungen gedacht werden. Das Stahlhaus *Klöckner* setzt etwa für den Handel auf die von *Trumpf* gegründete Plattform *AXOOM* auf. Dort wo Widerstände zu befürchten sind oder wo ganz neue Wege beschritten werden sollen, bieten sich außerhalb der bestehenden Geschäftseinheiten interne Ventures oder Start-ups sowie separate Software-Initiativen an. Diese können auch mit externen Partnern verschmolzen werden oder mit denen kooperieren. Wichtig ist, dass diese nicht in die Ablehnungsfalle der angestammten Geschäfte laufen.

4.11   Besondere Implikationen für den größeren Mittelstand (nahe 50 Mio. € Umsatz)

In Deutschland sind rund 12.600 Unternehmen mit einem Umsatz von über 50 Mio. €, davon rund 4.600 im verarbeitenden Gewerbe. Vieles von dem oben Gesagten gilt auch für diese Größenklasse an Betrieben. Dennoch gibt es Struktur- und Ressourcenunterschiede, die für die Einführung digitaler Geschäftsmodelle von Relevanz sind. Kennzeichen dieser Unternehmensklasse ist, dass sie in der Regel eine eigene Strategieabteilung haben, jedoch im Umsatzbereich nahe 50 Mio. € keine eigenständige M&A-Abteilung. Sie sind bei Technologiewechsel besonders gefährdet, weil häufig eine weit zurückliegende technologiebasierte Gründung vorliegt und weil der Gründungsunternehmer die strategische Basis für das Unternehmen legte. Besonders gefährdet sind hier die familiengeführten Unternehmungen. Leichter haben es da managementgeführte Unternehmen, insbesondere wenn das Management aus Konzernen kommt und die Konzern-Denkweise mitbringt. Vorteilhaft ist, wenn eine eingespielte Zusammenarbeit mit Beratern stattfindet, sodass durch Coaching und Projekte eine Sensibilisierung und eine »Guidance« zu Digitalisierungsoptionen geboten werden.

Angesichts der Limitierung der eigenen Ressourcen greifen Vorstände und Abteilungsleiter gern auf externe Quellen zurück, wie Konferenzen und Institutionen, etwa Veranstaltungen der Unternehmensverbände und tauschen sich in Gremien mit Führungskräften anderer Unternehmen über Digitalisierung aus. Darüber hinaus ist aber von zentraler Bedeutung, eine intensive Kommunikation im eigenen Hause über das Thema zu führen. Wenn es nämlich um den Austausch mit den eigenen Leuten gehen soll, fällt das Thema wegen Zeitmangels beziehungsweise akuter Überlastung gerne aus. Es darf nicht zum »Herrschaftswissen« degradiert werden, sondern erfordert die Einbindung aller (Weiteres zum organischen Umbau siehe Kapitel 12).

Besondere Bedrohung besteht, wenn sich besagte Lösungsgeschäfte zwischen den mittelständischen Hersteller und seine Kunden schieben können. Dem ist vorzubeugen durch Überlegungen zu eigenen Lösungsangeboten oder Partnerschaften. Durch grundlegende Suche sollten Handlungsoptionen durch softwaregetriebene Geschäfte, *Cloud-Computing*, Vernetzung der Anlagen, Nutzung von Internet in Einkauf und Vertrieb sowie bedarfsgetriebene Serviceangebote geprüft werden. Systematik und breite Abdeckung über alle Geschäfte und die gesamte Wertschöpfung sind im Zuge der Digitalisierung stärker gefordert denn je. Lösungen aus eigener Hand sind zu prüfen, Zusammenarbeit mit Lösungsanbietern der Start-up-Szene sind ins Auge zu fassen.

4.12   Besondere Implikationen für kleine und mittlere Unternehmen (KMUs 10 bis deutlich unter 50 Mio. € Umsatz)

Auch hier gilt prinzipiell das oben Gesagte, diese Größenklasse von Unternehmen beziffert sich auf rund 41.200 Firmen, davon 11.700 im verarbeitenden Gewerbe[338]. Die Lebensdauer bei Technologiegründungen gleicht häufig dem Tätigkeitszeitraum des Unternehmers. Die Betriebe sind meist familiengeführt[339]. Die Strategieentwicklung realisiert sich zumeist »Im Kopf des Unternehmers«. Es gibt meist keine eigene Strategieabteilung, geschweige denn M&A-Experten. Gerade für kleine und mittlere Unternehmen bieten die regionalen *Industrie- und Handelskammern* Veranstaltungen und Plattformen zum Wissensaustausch. Das *Bundesministerium für Wirtschaft und Energie* hält Studienergebnisse und ein *Infoportal* zu *Industrie 4.0* speziell für den Mittelstand bereit. Angesichts des Fehlens entsprechender Ressourcen sind die Bedrohungen in dieser Unternehmensklasse durch *Industrie 4.0* am höchsten[340]. Dies betrifft fünf Funktionsbereiche: *Assistenzsysteme,* Datenerfassung und -verarbeitung, Vernetzung und Integration, Dezentralisierung und Service-Orientierung, Selbstorganisation und *Autonomie.* An Unternehmensbereichen werden angesprochen: Produktion, Intralogistik, Mitarbeiter, Sales & After-Sales, Instandhaltung und Qualität, Supply Chain und Forschung und Entwicklung. An Herausforderungen wird vor allem die Produktion genannt, und zwar steigende Qualitätsanforderungen, hoher Kostendruck und Beherrschung der Komplexität.

Als ein herausragender Hebel in der Fertigung werden *Assistenzsysteme* genannt. Im Funktionsbereich der Assistenzsysteme werden alle Technologien zusammengefasst, die die Beschäftigten bei der Ausführung ihrer Arbeit unterstützen und ihnen ermöglichen, sich auf ihre Kernkompetenzen zu konzentrieren. Vor allem: *Visualisierung/Augmented Reality*, mobile Endgeräte, die *Mensch-Maschine-Interaktion*, *3-D-Druck und Scan* sowie *Simulation* von Produkten und der Produktion. Ziel hierbei ist es, dem Beschäftigten möglichst einfach und schnell, zu jeder Zeit und an allen Orten die Information zur Verfügung zu stellen, die er gerade benötigt. Als die Hauptrisiken sind z. B im Zuge der Einführung von Assistenzsystemen zu adressieren: (1) die fehlende Akzeptanz der Mitarbeiter, (2) die hohe Abhängigkeit von der IT, (3) ein hoher Betreuungs- und Pflegeaufwand, (4) fehlende einheitliche Standards und mangelnde Kompatibilität von verschiedenen Assistenzsystemen, (5) geringe Anwendungsflexibilität, (6) Weiterbildungsaufwendungen und (7) ggf. mitbestimmungspflichtige Systeme. Für den Einkauf und für den Vertrieb sollte das Hauptaugenmerk auf die Nutzung des Internets gerichtet werden.

4.13   Die Landschaft der Start-ups

Am deutschen *Start-up-Monitor* 2018 haben 1.550 Start-ups teilgenommen, die gut 3.800 Gründerinnen und Gründer mit knapp 17.700 Mitarbeitern zählen.[341] Tatsächlich dürfte die Zahl der Start-ups in

---

338 Alle hier genannten Daten zur Anzahl von Unternehmen stammen vom Statistischen Bundesamt.
339 Von den rund 3,6 Mio. Unternehmen in Deutschland zählt die deutsche Wirtschaft rund 3 Mio. familiengeführte Unternehmen.
340 https://industrie-40-mittelstand.agiplan.de/agiplan-industrie/?page=infoportal.
341 Start-up-Monitor vom 22.11.2018.

Deutschland in der Größenordnung von 2.000 bis 3.000 liegen.[342] Die Zahl der Start-ups geht in Deutschland derzeit zurück. Zum Vergleich: In den USA gibt es um die 40.000 Start-ups.[343] Dies ist insofern bemerkenswert, weil viele der Start-up-Unternehmer nach einer nationalen Einführungs- und Erprobungsphase den Ehrgeiz haben, ihr Geschäft zu globalisieren. Damit sind amerikanische Start-ups möglicherweise Wettbewerber aber durchaus auch potenzielle Partner für deutsche Unternehmen und Mittelständler. In dieser Vielzahl, der Mannigfaltigkeit der Ausprägungen und der regionalen Entfernung ist es eine große Herausforderung, das spezielle Start-up zu finden, das für ein Problem die ideale Lösung bereithält. Und es ist ein nicht zu vernachlässigendes Risiko, dass jemand an anderer Stelle genau das gleiche macht.

Kennzeichen von Start-ups sind, dass sie unter 10 Jahre alt sind. Sie haben teilweise Vorerfahrungen mit Gründungen: 1/3 der Gründer hat ein vormals gegründetes Start-up eingestellt. Start-ups sind mit ihrer Technologie oder ihrem Geschäftsmodell hoch innovativ. Sie streben ein signifikantes Mitarbeiter- und Umsatzwachstum an. Sie haben hohe Ambitionen bei neuer Technologie oder IT-gestützten Lösungs-modellen. Sie haben einen hohen Spezialisierungsgrad. In ihrer Komplementarität bieten sie sich als Partner für »klassische« Unternehmen an. Durch ihre hohe Flexibilität kann schneller Richtungswech-sel erfolgen. Damit sind sie auch schwer greifbar. Zur Suche ist breites zeitnahes Screening in und um die Hochschullandschaft herum erforderlich. Die hat starke Auswirkungen im *M&A-Prozess* (siehe dazu Kapitel 13). Business Angels sind nach »Family & Friends« die zweitwichtigste Finanzierungsquelle. Die Hauptgründungsregionen sind ihrem Gewicht nach Berlin, Hamburg, München, Rhein-Ruhr und Stutt-gart-Karlsruhe. 15,3 % der Gründungen (i.e. rund 150 Start-ups) verfolgen *Software as a Service*, 8,6 % IT/Software-Entwicklung und 0,5 % IoT (Internet of Things). 2/3 sind nur im deutschsprachigen Raum tätig, 1/3 weltweit. Das Gründungsalter ist im Schnitt 29 Jahre. Jedes fünfte Unternehmen erzielte im Jahr 2015 einen Umsatz von mehr als 1 Mio. €. Mit rund 30 % ist der Anteil der mittels *Venture Capital* finanzierten Start-ups in Berlin am höchsten. Mehr als 1/3 der Gründer von Start-ups arbeitet aktiv mit Hochschulen und Forschungseinrichtungen zusammen.

4.14   Zusammenfassende Handlungsempfehlungen für Unternehmen zur Digitalisierung ihres Geschäftsmodells

Dies kann etwa nach dem Muster des nachfolgenden 8-Punkte-Programms erfolgen:

1. **Ausgangslage**
   a) **Digital Readiness Assessments** für die bestehende Organisation zur Findung eines gemeinsa-men Verständnisses zur Ausgangslage des Unternehmens. Digitalisierungsstrategien gelingen nur, wenn Unternehmen zuvor ihren Status quo analysieren. Hierbei ist der digitale Reifegrad der Organisation festzustellen.
   b) **Szenario-Analysen** zur Bedrohungslage unter der digitalen Transformation unter Einbezug aller

---

342 Dies geht aus Analysen und Hochrechnungen des Autors hervor, der 2015 eine umfangreiche Untersuchung über Start-ups in der Medizintechnik und Biotechnologie durchgeführt hat. In zahlreichen Gesprächen mit Co-Autoren dieses Buches wurde diese Schätzung bestätigt. Genaue Analysen hierzu gibt es nicht.

343 Hinsichtlich der Anzahl der Start-ups in den USA liegen nur Schätzungen vor. Diese liegen 2016, um die Größenordnung zu beziffern, bei 40.000 Start-ups. GTAI Germany Trade & Invest, https://www.gtai.de/GTAI/Navigation/DE/Trade/Maerkte. Die Hauptgründungsregionen in den USA sind neben dem Silicon Valley: New York City, Los Angeles, Boston, Chicago und Seattle.

Geschäfte, Wertschöpfungsstufen, Regionen und Stäbe. Falls notwendig und intern nicht vorhanden, durch externen Coach aus der Beraterszene (klassische Unternehmen) oder von Business Angels und Hochschul-Kontaktträgern (Start-ups).

2. **Verantwortliche und Zielvereinbarungen**
   a) **Darstellung der Ziele,** schriftlich und bildlich (Präsentationen) zur Digitalisierung der Unternehmensstrategie. Dabei sollten die Definitionen, Meilensteine (Zeit, Ressourcen) so genau wie möglich formuliert werden. Daraus Abbildung des Weges in einem strukturierten Prozess (»Push von oben bzw. aus der Zentrale«).
   b) **Definition von Verantwortlichkeiten** für die Prozesse, die mit der Transformation einhergehen, z. B. Benennung eines *Chief Digital Officers* (*CDO*) für Konzerne und große Mittelständler, Betrauung eines Vorstandes oder Geschäftsführers mit dieser Aufgabe (kleinere Mittelständler) oder einer regelmäßigen Gesprächsrunde aller (für Start-ups), mit unmittelbaren Richtungsentscheidungen und Reichweiten für die Phasen der Entwicklung.

3. **Integration aller Mitarbeiter**
   a) Von Anfang an **Führung einer breiten Kommunikation** über die Ziele, Meilensteine, Verantwortlichkeiten und Maßnahmen im Zuge der Digitalisierungsstrategie. Diese Kommunikation muss offen, *upside-down* und *downside-up*, geführt werden, um im letzteren Fall Ideen aus der Organisation aufzunehmen und zur Ideengenerierung anzuregen (»Pull von unten bzw. aus der Peripherie«).
   b) Damit **Schärfung des Verständnisses** der Chancen und Gefahren in der gesamten Organisation und Dokumentation derselben als Basis für die fortlaufenden Workshops- und Gesprächsrunden.
   c) Initialisierung eines **Cultural-Change-Prozesses und personellen Ausbildungsprogramms,** um die Motivation, den Konsens über den Weg und die Akzeptanz im Falle von zu erwartenden »Widerstandsnestern« zu fördern bzw. um Ignorieren auszuschließen (»Mich fragt ja niemand, also brauche ich mich auch nicht darum zu kümmern.«). Jeder ist betroffen, jeder muss mitmachen!

4. **IT-Landschaft**
   a) **Schaffung einer einheitlichen Plattform** für das Digitalisierungsprogramm, insbesondere eine einheitliche IT-Landschaft (CIO). Risiko- und Performance-Bewertung (CFO). Jede IT-Infrastruktur muss so aufgestellt sein, dass sie auch den aktuellen Bedrohungsszenarien des Digitalisierungszeitalters gewachsen ist.
   b) **Demokratisierung der Datenverfügbarkeit** für alle Protagonisten des Programms sowie für alle Umsetzungsverantwortlichen, etwa auf einer Intranet-Plattform (»War Room«).

5. **Maßnahmenprogramm**
   a) **Start von Digitalisierungsmaßnahmen,** auf der Basis von Optionenbewertung (Prioritäten) eventuell an einzelnen Brennpunkten in der Fertigung, etwa als punktuelle Versuchsanordnungen: Zeit ist kritisch!
   b) **Einkaufs- und Vertriebswege über das Internet erschließen.** Der Einkauf von Commodities wird zukünftig zunehmend über globale auktionsbasierte Transaktionsplattformen erfolgen. Selbst bei komplexen Investitionsgütern hat sich bereits ein großer Teil der »*Customer Journey*« in den

digitalen Raum verlagert. Digitale Technologien werden im Vertrieb eine zunehmende Rolle spielen.

6. **Externe Partnerschaften**

   a) **Entscheidungen zu Kooperationen und M&A.** Die Unternehmensgrenzen werden in *digitalen Ökosystemen* unscharf. Das Auslagern von Teilen der Wertschöpfungskette, die Übernahme von immer größeren Teilen der Entwicklungsleistung durch Zulieferer und die Vernetzung von Teams an unterschiedlichen Standorten in unterschiedlichen Zeitzonen sind Beispiele dafür.

   b) **Sicherstellung der Identitäten mit den externen Partnern,** insbesondere hinsichtlich *Start-ups*, deren Übernahme aus Kulturgründen häufig scheitert. Durch Kooperation kann die Unabhängigkeit der Gründer gewahrt werden.

7. **Sicherheit**

   a) **Risiko-Assessment,** insbesondere gegenüber *Cyberrisiken*, Wettbewerbsrisiken und passiven Risiken wie etwa das Mithören oder Mitlesen von Datenströmen.

   b) **Limitierungen bei kritischen Themen,** ggf. Kreis der in kritische Überlegungen zur Digitalisierungsstrategie einzubeziehenden Mitarbeiter begrenzen.

   c) **Cybersicherheit** muss in allen Bestandteilen der Wertschöpfungskette betrachtet werden und bei allen involvierten Partnern und Dienstleistern gesichert sein.

8. **Zielkontrolle**

   a) **Durchgängige Bewertung des Erfolges von Digitalisierungsschritten,** in einem Meilensteinkonzept, von der Maßnahmenentdeckung bis zur finanziellen Auswirkung. Hierbei federführende Einbindung des *Chief Financial Officers* (CFOs). Entweder bei punktuellen Piloteinsätzen oder zur flächendeckenden Ausweitung und Implementierung.

   b) **Langfristige Bewertung der Zielerreichung.** Die Messung muss sich auch an anderen Kenngrößen orientieren als an den traditionell üblichen, z. B. Steigerung der Agilität, Veränderung/Ausweitung der Wertschöpfungskette oder die Fähigkeit, neue Partnernetzwerke zu entwickeln und Partnerschaften einzugehen. Dabei immer ein Auge auf das Chancen-Risiko-Profil werfen.

Weiteres dazu findet sich in den Kapiteln 10 (Das Management des digitalen Wandels), 12 (Organischer Umbau: Digitalisierung Kaizen) und 13 (Externer Umbau: Digitalisierung und M&A).

5 Das Krisengebiet

Der Wettlauf um die allumfassende Digitalisierung entscheidet sich in der Industrie. Nicht primär das, was technisch möglich ist, bestimmt letztlich die Wettbewerbspositionen. Es sind vielmehr die Technologie-Affinitäten der Sozialgemeinschaften, die Bereitschaft der öffentlichen Hand, vor allem der Politik, die die Umsetzungsgeschwindigkeiten und die Penetrationstiefen zulassen. Das heute entscheidende »Krisengebiet«, um das der Wettbewerb tobt, ist nicht die Informationstechnik im Allgemeinen, sondern vielmehr das Feld, das unmittelbar durch die Möglichkeiten des Internets getrieben wird, mithilfe der Endgeräte, die den Zugang zum Internet ermöglichen – den »Smart Devices« – sowie den Technologien, die die Sammlung massenhafter Rohdaten (»Big Data«) zu wertvollen Auswertungen verhelfen, hier »Smart Data« genannt. Dieses Feld der Internet-/ Smart-Data- und Smart-Devices-getriebenen Geschäfte belegen wir mit dem Kürzel »I/SD«[344]. Im Unterschied zum allgemeinen Feld der Informations- und Kommunikationstechnik (mit IKT oder auch IT bezeichnet) beinhaltet I/SD nicht die mittlerweile eher »reifen« Geschäfte der IT, wie etwa die Mikroelektronik (wiewohl dort z. B. »More than Moore« mit der Überwindung der physikalischen Grenzen des Moore'schen[345] Gesetzes noch große Weiterentwicklungen verheißt[346]) und die physischen Netz- und Speicherarchitekturen. Dagegen umschließt I/SD aber alle onlinebasierten Angebote und Dienstleistungen, die per Definition »nicht IT« sind. Dieser Aufsatz lokalisiert die in den USA, China und Deutschland anzutreffenden wichtigsten Player des I/SD-Segmentes und leitet daraus die jeweiligen Marktwerte von I/SD ab. Dies erscheint als die belastbarste Methode, um die relativen Stärken der USA, Chinas und Deutschlands auf dem eigentlichen »Krisengebiet« mit vertretbarem Aufwand einander gegenüberzustellen.

5.1 Grundüberlegungen zur Definition und Abgrenzung

Die Übermacht der USA und China im gesamten Bereich der IT-Industrie, speziell in den internet- und datagetriebenen Branchen und Unternehmen ist allgegenwärtig. Es gibt mittlerweile kaum ein Feld des sozio-kulturellen Zusammenwirkens, das nicht in irgendeiner Form vom *Internet* berührt wird. Wie aus

---

344 Zum I/SD-Segment zählen genau genommen auch die zugrunde liegenden Technologien, also etwa auch die Algorithmen, für Erkennungssysteme und zur Ableitung von Smart Data.

345 Wurde von Gordon Moore 1965 formuliert. In dem nach ihm benannten mooreschen Gesetz (englisch Moore‹s law) wird postuliert, dass sich die Komplexität integrierter Schaltkreise zu etwa stabilen Kosten regelmäßig verdoppelt. Moore ging zunächst von 12 Monaten aus, beugte sich dann aber der Diskussion, in der ein Mittelwert von 18 Monaten angenommen wird.

346 Die Halbleitertechnologie gerät derzeit an ihre physikalischen Grenzen. Die fortschrittlichsten Mikroprozessoren sind heute mit Strukturen ausgestattet, die etwa 14 Nanometer groß sind, kleiner als die meisten Viren. Anfang der 2020er Jahre werden wir mit den größten Anstrengungen die Grenze von zwei bis drei Nanometern erreichen. Der weitere Fahrplan für die Forschung und Entwicklung basiert deshalb erstmals nicht mehr auf dem Moore'schen Gesetz. Stattdessen folgt er einer Strategie, die gängigerweise mit »more than Moore«, »mehr als Moore«, umschrieben wird. Es geht nicht länger darum, die Chips besser zu machen und die Anwendungen folgen zu lassen, sondern umgekehrt von den Anwendungen auszugehen – von Smartphones über Supercomputer bis zu Datenzentren für die Cloud – und daraus abzuleiten, welche Chips künftig notwendig sind. Dazu zählen dann neue Generationen von Sensoren, Schaltkreisen für das Energiemanagement und anderen Siliziumbauelementen, die in der zunehmend

mobilen Welt der Computertechnik benötigt werden. Ansätze bieten auch neue Verfahren zu vielschichtig verbundenen Halbleiterebenen, mithilfe von Verbindungsebenen, sogenannten Interposers. Der Autor ist als Berater auf diesem Gebiet tätig. Vergleiche dazu: https://www.spektrum.de/news/mehr-als-moore/1405206, abgerufen 14.4.2019.

den Betrachtungen der Kapitel 3 und 4 hervorgeht, liegt das Spannungsfeld bei denjenigen Branchen und Unternehmen, die ihre Entstehung und Entwicklung hauptsächlich dem Internet verdanken oder – umgekehrt – das Internet erst ermöglichten. Dazu gehören netzfähige »Smart Devices«. Diese bedienen sich qualifizierter Informationen, die aus zahllosen Daten (»Big Data«) verschiedenster Quellen und Medien (also z. B. von Datensammlungen bis hin zu Bildinformationen) mithilfe verschiedenster Techniken herausdestilliert werden. Das Resultat sind die sogenannten »Smart Data«.

Die Hardware der Smart Devices und die Software hinter den Smart Data schufen in Verbindung mit dem Internet neue Geschäfte wie *Online-Handel*, onlinebasierte Märkte (*Portale*) und *Dienstleister*, zusammengefasst als »Smart Services«. Aus dem Zusammenwirken von Internet, Smart Devices, Smart Data und Smart Services entstand somit die bereits genannte hochdynamische Branche der *I/SD-Unternehmen*. Dies wird in Abb. 14 verdeutlicht.

Im Vorgriff auf vertiefende Betrachtungen ist hier das zentrale Untersuchungsfeld »*Internet-/Smart-Data und Smart-Devices*« (*I/SD*) mit seinen Definitoren vorzustellen.

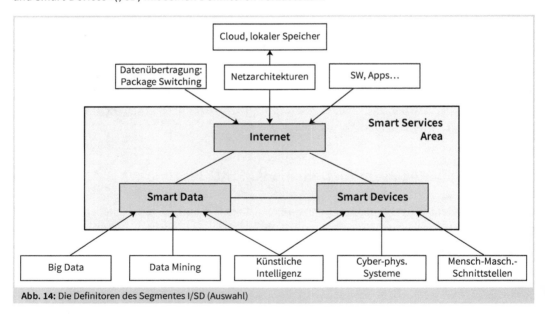

Abb. 14: Die Definitoren des Segmentes I/SD (Auswahl)

Wie bereits erläutert, sind die beiden härtesten Kriterien zur Abgrenzung des Segmentes *I/SD* von der allgemeinen *Informations- und Kommunikationstechnik* (*IKT*) der *Innovationsgrad*, die damit verbundenen hohen *Wachstumsraten* und die daraus abzuleitenden hohen *Unternehmenswerte*. Die drei genannten Faktoren haben nur im Verbund miteinander Bestand: ohne *Smart Devices* keine Nutzung des *Internets*, ohne *Smart Data* kein Nutzen aus den Smart Devices. Dies sind auch die Grundlagen für die bereits genannten »Smart Services« und die sich daraus ableitenden onlinebasierten Geschäfte (s. u.). Der »Rohstoff« für die »veredelten« Smart Data sind Mengen von Daten: »Big Data«. Der hier gewählte Begriff »Smart Device« umfasst die Gesamtheit der Netz- und Endgeräte aller Anwendungsfelder, also – für alle sichtbar – zunächst der Konsumsektor (etwa Smartphone, Tablet, Laptop …) aber auch die

Peripherie anderer Anwendungsfelder und der einzelnen Branchen, wie die der Roboter. Im Breiteren sind Smart Devices solche, die auch als *cyber-physische Systeme* (CPS) bezeichnet werden, die sich – als grundlegendes, gemeinsames Kriterium – durch die *Konnektivität* ins Internet auszeichnen. Der größere Kontext wird unten stehend erläutert (vgl. Abb. 15). Hier sind zunächst die Zusammenhänge im Kreis der engeren »Definitoren« vorzustellen. Als »*Kohärenzfaktor*« des Kernsegmentes I/SD kann der Bereich auch als »*Smart Services Area*« bezeichnet werden. Dieser Begriff wird häufiger auch im Zusammenhang mit »*Internet of Services*« (IoS) genannt, ergänzend zu »*Internet of Things*« (IoT). An späterer Stelle werden wir diesen Komplex wieder aufnehmen, wenn es um digitale Geschäftsmodelle geht. Hierbei ist der Begriff *XaaS* (stehend für »*Everything as a Service*«) im Zusammenhang mit anderen »Smart-Services-Ansätzen« vorzustellen. Insofern ließe sich der Kernuntersuchungsbereich I/SD auch summarisch als architektonisches Fundament (oder »Backbone«) für XaaS definieren.

Die Abb. 14 stellt des Weiteren die wichtigsten Faktoren zum Zustandekommen (»Facilitators«) für I/SD vor. Dies sind die im oberen Bereich dargestellten Hardware-Software-Lösungen. Dazu zählen die *Netzarchitekturen* und die zu ihrer Nutzung notwendigen Technologien der massenhaften Übertragung aller Formen von Daten, wobei hier die maßgebliche Technologie der Lenkung von Datenströmen, nämlich das *Package Switching* besonders herauszustellen ist. Daneben ist der breite Bereich von Software per se zu nennen, bis hin zu *Nutzer-Apps*. Im Hintergrund, quasi komplementär zum Netz, liegt die sogenannte *Cloud* als Bezeichnung für die weltweit verteilten *Server-Plattformen*, um die Daten möglichst sicher zu speichern und zu bearbeiten. Im unteren Bereich der Abbildung finden sich beispielhaft hervorgehoben die wichtigsten Ausgangsgrößen und Technologien, etwa die »rohen« Big Data, deren Veredelung durch Data-Mining, diese wiederum ertüchtigt mithilfe *künstlicher Intelligenz* die bereits genannten *CPS* und die Schnittstelle von Mensch und Maschine, auf die wir im Folgenden näher eingehen.

5.2   Weiterreichende Überlegungen

Das beschriebene Fokusgebiet *I/SD* strahlt auf alle sozio-kulturellen Bereiche aus. Das ist auch der Grund, weshalb in diesem Buch von »*allumfassender Digitalisierung*« gesprochen wird. Das heißt jedoch nicht, dass sich alles digitalisieren wird, dass alles mit dem Internet verknüpft wird. Der Mensch ist letztendlich ein »analog« funktionierendes Wesen, *alle Mensch-Maschine-Schnittstellen* haben deshalb eine analoge Seite. Jede Mechanik hat analoge Grundlagen, selbst die im Eingangskapitel genannten Vorrichtungen, die sprungfixe Vorgänge simulieren, wie etwa der *Abakus* und mechanische Rechner, deren Elemente ja »analog« geschoben oder gedrückt werden müssen. Entscheidend für die Größenbestimmung des I/SD-Segmentes ist die Frage, wie groß der Anteil ist, den dieser in allen Bereichen des wirtschaftlichen, des privaten und sozialen Lebens hat. Diese Frage kann zweifellos niemand exakt beantworten. Nur darin wird Konsens zu finden sein: (1) dieser Anteil wird immer größer, (2) dieser Anteil bestimmt durch seinen Wachstumsfaktor zunehmend den Wert der jeweiligen Einheit, (3) es besteht ein Wettlauf um die Wertsteigerung, (4) wer weniger aktiv ist als sein Vergleichsobjekt (Benchmark) fällt zurück, (5) wer zurückfällt, der wird übernommen oder fällt schließlich ganz aus (»der unternehmerische Tod«). Deshalb ist es so entscheidend, sich mit diesen Zusammenhängen zu beschäftigen, die – wie gesagt – alle Bereiche des Lebens betreffen.

5.3   Zielorientierung

Ziel dieses Buches ist, Wege für Deutschland in der allumfassenden Digitalisierung zu finden. Um den Weg zu bestimmen, ist eine Standortanalyse erforderlich. Dies ist die Aufgabe des vorliegenden Kapitels. Wie oben gezeigt wurde, kann dieser Standort mit begrenzten Mitteln nicht quantitativ exakt definiert werden, weil die Grenzen diffus sind und weil die Dynamik der Entwicklung so groß ist, dass eine tagesgenaue Festlegung auch wenig aussagt. Es herrscht hohe Volatilität, nicht nur in der Expansion, sondern auch im Wechsel von Wachstums- und Schrumpfungsphasen, bis hin zum Abgleiten von einer »Supernova« zum »normalen Stern«, wie es das *Beispiel Cisco* gezeigt hat, einst das wertvollste Unternehmen weltweit, nun auf weniger als die Hälfte seines Spitzenwertes geschrumpft. Selbst das engste Feld der »Big Five« der US-Internet-Industrie verzeichnet Aufstiegsphasen und Abstiege, zuletzt die Wertverluste von *Apple*, nachdem im Herbst 2018 die Eine-Billion-Dollar-Hürde geknackt wurde. Nun greifen *Samsung* und eine Handvoll von Chinesen an und der Stern von Apple senkt sich am Firmament des Mobiltelefon-Wettbewerbs, sodass sich der Konzern immer neueren »Content-orientierten-Geschäften« zuwenden muss. So geht es letztlich allen reifenden Industrien: den Wandel treiben oder ausscheiden. Gerade die Treiber der *Internet-/Smart-Data* und *Smart-Devices* eröffnen allen Bereichen des Lebens neue Perspektiven im Sinne von Effizienz, Erschließung des gewaltigen Potenzials der ganzen Welt, Ressourcenschonung und vielem anderen, was sich in der Steigerung von Komfort im Privatleben und der Wertsteigerung für Industrieunternehmen ausdrücken lässt.

5.4   Zur weiteren Bestimmung des Betrachtungsfeldes

Der Fokus der Betrachtung in diesem Buch ist das hoch dynamische, hoch bewertete Gebiet, das sich aus den Potenzialen des *Internets* und der technischen Möglichkeiten von »*Smart Data & Smart Devices*«, insbesondere als Folge des dramatischen Preisverfalls für IT-Hardware ergeben. Dies ist der strategisch entscheidende Bereich – nicht die IT im Allgemeinen, von der dieses Gebiet zum Zweck der vertiefenden Diagnostik und Therapie abgegrenzt werden muss.

Dazu ist im Folgenden eine schrittweise Eingrenzung vonnöten. Die zielorientierte Kernfrage ist: Wo liegt die Bedrohung? Mehrere Problemebenen sind zu bewältigen: (1) weder in der Literatur noch in der Praxis werden diese Gebiete unterschieden, (2) diese (»Teil«-)Gebiete lassen sich nach außen hin schwer abgrenzen (Fragen: Wo beginnt, wo endet IT? Sprechen wir von den »eigentlichen« IT-Companies oder auch von den IT-basierten Aktivitäten der anderen Branchen?), (3) zwischen diesen Teilgebieten gibt es große Überlappungen, (4) es sind alle Arten von onlinebasierten Services einzubeziehen, die zwar das Internet als »Backbone« haben, jedoch nicht unmittelbare IT-Aktivitäten sind, wie etwa der Handel, soziale Netze und daran hängende »operative« Aktivitäten wie Logistik und Zustellung.

5.5   Das weitere Suchgebiet

Zu betrachten sind zunächst drei Felder, nämlich (1) die IT-Industrie, bestehend aus Datenverarbeitung und Telekom, (2) das Betreibergeschäft der Netze, insbesondere die Telekom-Unternehmen,

(3) die Geschäfte mit unmittelbarem Internet-/Smart-Data- und -Devices-Bezug, nicht nur Technik, auch Dienstleistungen. Grundsätzlich sind alle sektoralen Anwendungen einzubeziehen, nämlich:

- die IT-Industrie im Engeren,
- die I/SD-Branche im Weiteren, insbesondere die davon getriebenen Liefergeschäfte, Lösungsgeschäfte und Portale,
- andere Industrien und Branchen, die sich der IT bedienen bzw. die Mittel und Wege von I/SD nutzen, wie bei Produktion, Konsumption, und Recycling (als »upstream«, »midstream« bzw. »downstream« zu bezeichnen),
- Dienstleister, wie Ingenieure, Anwälte, Wirtschaftsprüfer, medizinisch-sozialer Bereich,
- die öffentliche Hand, von der Bundes- und Landespolitik bis zur Veraltung in den verschiedenen Ebenen,
- der private Sektor, insbesondere Haushaltungen und Konsum,
- Infrastrukturen, insbesondere Kommunikation, IT, Energie, Verkehr, sonstige Versorgung und Entsorgung,
- Forschung und Lehre,
- parteien- und sektorübergreifende Prozesse wie Steuern, Mergers & Acquisitions,
- nationale und internationale Vernetzungen und Beziehungen aller vorgenannten Sektoren, insbesondere Industrieverbände, Vereinigungen, Handelskammern und dergleichen.

5.6   Begrenzung der regionalen Betrachtung

Wie einleitend beschrieben, richtet sich die Aussage des vorliegenden Buches auf die Bedrohungslage durch die weltbeherrschenden Spieler *USA* und *China* bzw. auf Strategien, wie Deutschland darauf reagieren soll. Deshalb werden diese drei Länder dargestellt, verglichen und Perspektiven bzw. Strategien daraus abgeleitet. Andere Regionen wurden, weil weniger im Mittelpunkt stehend (aber immerhin bedeutend) zur Reduktion der Komplexität ausgeklammert und sollen nur punktuell betrachtet werden. Dies wurde beim vorangegangenen kurzen Abschnitt über Europa bereits deutlich. Ausgeklammert, aber dennoch von großer Bedeutung sind beispielsweise *Korea*, die immerhin ganz große Spieler wie *Samsung* beheimaten. Auch *Japan* wird nicht vertieft behandelt, vielfach bedeutend in der IT-Industrie, aber bei der Telekommunikation bereits genannt. Im Späteren soll aber selektiv die Thematik des aus Japan kommenden und die ganze Industriewelt beeinflussenden »*Lean Managements*« betrachtet werden, deren Ansatz sich neuerdings auch mit unserem Untersuchungsfeld zu Internet und Big Data (*I/SD*) verbindet. Dies jedoch erst in Teil 2 und in besonderer Beziehung zur Frage nach der *optimalen Wertschöpfung*. Siehe dazu insbesondere Kapitel 12 »Organischer Umbau: digital getriebene Wertschöpfung«.

5.7   Eingrenzung der Analyse

Die größte Herausforderung für die Thematik dieses Buches ist das Problem der Machbarkeit: Top-down gibt es, wie bereits erläutert, keine einheitlichen Vorstellungen und Quellen, bottom-up, etwa nach Branchen und Teilnehmern ist die Summe der notwendigen Einzelanalysen nicht realisierbar. Dies würde auch den Rahmen eines Buches sprengen. Deshalb müssen wir uns auf repräsentative Vertreter des I/

SD-Sektors beschränken. Zur Sicherung der Qualität und der Aussagen beziehen wir aber immer wieder Referenzgrößen und Referenzbeispiele ein, wie etwa eine Betrachtung der Marktseite (*IT-Branche*) und ein Exkurs auf die *Telekom-Betreiber* (die »Big 10« im Weltmarkt). Wir lenken die Aufmerksamkeit somit auf die hauptsächlich relevanten Spieler: Also nur Unternehmen, bei denen IT- und (Online-) Dienstleistungen im Mittelpunkt stehen, klammern also die Wertbeiträge der Spieler anderer Branchen (Automotive, diskrete Fertigungen,[347] Prozessindustrien usw.), der Dienstleister, des privaten Sektors, von Forschung und Lehre, öffentlicher Hand, parteienübergreifender Prozesse sowie internationaler Vernetzungen derselben aus. Die wichtigsten Anwendungsfelder dazu werden in Teil 3 dieses Buches vertiefend behandelt.

Wir limitieren somit die Wertbetrachtung auf die hauptsächlichen werttreibenden aktiven Einheiten (»Aktivisten«) in den Ländern USA, China und Deutschland, deren Wettbewerbsposition im Fokus dieses Buches liegt.

5.8   Analysefeld

Damit wird das Analysefeld (wie oben) so definiert: die primär durch *Internet-/Smart-Data-* und *Smart-Devices*-Bezug entstandenen Unternehmen. Dies Feld wird im Weiteren mit dem Kürzel »*I/SD*« bezeichnet. Das Betrachtungsfeld wird auf die vorgestellten »auffälligen« Firmen beschränkt, die als repräsentativ für die drei zu vergleichenden Länder angesehen werden. Im Zentrum stehen die »*Big Five*« (nämlich *Microsoft*, *Apple*, *Alphabet/Google*, *Amazon* und *Facebook*) der USA und die sogenannten »*BAT-Konzerne*« Chinas, nämlich *Baidu*, *Alibaba* und *Tencent*. Hinzu zählen wir weitere wichtige I/SD-getriebene Unternehmen dieser Länder, limitiert aber auf Unternehmen im Multimilliardenbereich, obwohl ihre IT-Branche mit über tausend Anbietern insgesamt überaus groß ist.

Die Auswahl und Abgrenzung in Deutschland ist besonders schwierig, weil unser Land, außer *SAP,* keinen ganz großen Player zu bieten hat. Besonders kritisch ist zugegebenermaßen die Grenze des Einbezugs von großen IT- und Software-Unternehmen in die nachfolgende vergleichende Bewertung der nationalen Gewichte von den USA, China und Deutschland. Unter Berücksichtigung des heutigen Anteils an *I/SD*-getriebenen Aktivitäten wurden z. B. *IBM*, *Oracle* und *SAP* einbezogen, sowie die *Siemens Digitale Fabrik.*

Die nachfolgende Grafik illustriert den Versuch, das zentrale Untersuchungsfeld der *Internet-/Smart-Data- und Smart-Devices-getriebenen Geschäfte (I/SD)* ins Verhältnis zum Gebiet der allgemeinen IT-Industrie, bestehend aus Datenverarbeitung und Telekommunikation zu setzen.

---

347 Unter diskreten Fertigungen sind Stückfertigungen zu verstehen, die zu unterteilen sind in Serien- und Einzelfertigung. Häufig ist dazu eine Vielzahl von Fertigungs- und Montageprozessen erforderlich, was einen mehrstufigen Planungsprozess (Grob- und Feinplanung) zur Folge haben kann. Die wesentlichen Unterschiede zwischen diskreter und Prozessfertigung liegen im operativen Bereich. Administrative Aufgaben wie Buchhaltung, Controlling etc. sind ähnlich.

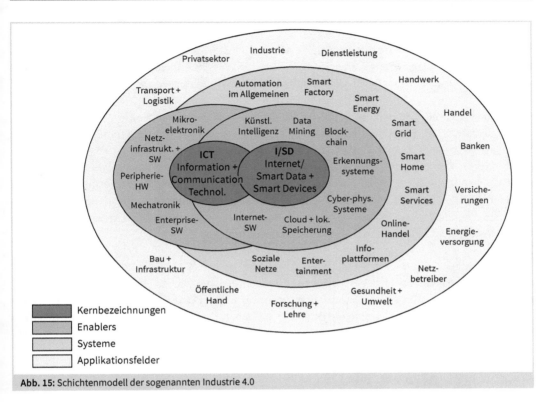

Abb. 15: Schichtenmodell der sogenannten Industrie 4.0

Die zentralen Segmentbezeichnungen des hier vorgestellten »Schichtenmodells« sind einerseits »*ICT*« für »*Information & Communication Technologies*« und andererseits das postulierte Segment »*Internet-/ Smart Data & Smart Devices*«, mit dem Kürzel »*I/SD*«. Der Hauptdifferenzierungsfaktor zwischen diesen beiden sich überlappenden Segmenten ist, wie noch genauer erläutert wird, das Spektrum der Markt-multiplikatoren (Marktwert versus Umsatz), das im Segment I/SD extrem hoch liegt, im Unterschied zu den reiferen Geschäften der ICT im Allgemeinen. Dies weist I/SD auch als ein strategisch besonders wichtiges Gebiet aus, mit enormen *Wachstumspotenzialen*, etwa durch *Diversifikation* auch über die ange-stammten Geschäfte hinaus.

Das Segment ICT wird vor allem durch die Marktfelder der *Mikroelektronik* (von den Grundstoffen über die Halbleiterproduktion, bis zu integrierten Schaltkreisen und Prozessoren …) geprägt, den Grund-bausteinen des gesamten Feldes. Darauf bauen einerseits die Komponenten der *Netzinfrastruktur* auf, andererseits deren *Peripherie*, insbesondere Großrechner. Hinzu kommt Software, auf dieser Seite insbesondere Enterprise-SW und Standard-SW etwa für Konsumprodukte. Letztere gehören als Bei-spiele in das Überlappungsgebiet zwischen ICT und I/SD – insbesondere wegen der »intelligenten Funktionen«. Schließlich ist die Mechatronik zu nennen, der im Überlappungsbereich zur Mechanik eine zentrale Rolle zukommt. Aber auch diese ist eher im überlagerten Bereich zu verorten, etwa als Bestandteil der Robotik.

Auf der *I/SD*-Seite liegen vor allem die Elemente und Instrumente, wie sie in Kapitel 8 detaillierter vorge-stellt werden. Hierzu sind die »Smart Devices« zu zählen, von *Laptops* über *Tablets* und *Smart Phones* bis hin zu Mikroanwendungen im Konsumbereich (etwa *Smart Watches*, Überwachung von Vitalfunktionen und viele noch zu erwartende Anwendungen), sowie *professionelle Applikationen* wie *Mikrorechner* als eingebaute Systeme (*embedded Systems*), z. B. in *Micro-Machines*. Die Aufzählungen unter »IT« und unter »I/SD« verdeutlichen den gleitenden Übergang zwischen beiden Bereichen.

Hinzu zählen als breites »*Grundlagen-Technologiefeld*« das *Data-Mining* und die Anwendungen der *künstlichen Intelligenz*. Eine Systematik der Technologien und Anwendungen wird in Kapitel 8 »Elemente und Instrumente« vorgestellt. Auch die *Blockchain-Technologie* ist hier anzusiedeln, vielleicht die erfolgversprechendste »Erfindung« für viele Anwendungen, von *Kryptowährungen* ausgehend. *Erkennungssysteme* in vielfacher Ausprägung sind hier als Sammelbegriff zu nennen. *Cyber-physische Systeme* (*CPS*) sind hier vor allem wegen ihrer Vernetzungsfunktionen vertreten. Die *Cloud* – und komplementär dazu *lokale Speichermedien* – sind, soweit »intelligent« und »vernetzt« I/SD zuzuordnen, schließlich das große Feld der Internet-Software, die auch das Gebiet der Apps umfasst.

Auf der nächsthöheren Ebene liegen die intelligenten und vernetzten Branchenanwendungen wie Automation als Querschnittslösungsfeld im Allgemeinen und die speziellen Branchenkonzepte wie *Smart Factory*, *Smart Energy*, *Smart Grid*, *Smart Home*. Diese sind als Netzwerke miteinander verbunden und in Teil 3 zu behandeln. Schließlich sind die eindeutig aus dem Internet entsprungenen Felder wie *Online-Handel*, *Info-Plattformen*, *Entertainment* und *soziale Netzwerke* zu I/SD zuzuordnen.

Um den Kernbereich herum gliedern sich alle Aktivitäten, die »auch« *IT*- bzw. *I/SD*-Relevanz haben, also heute praktisch alle Bereiche des gesellschaftlichen Lebens, die – sei es als Backbone oder Instrumente der Wertschöpfung – IT, *Internet* und (teilweise) *Smart-Data-Technologien* nutzt. Dies betrifft nicht nur die Protagonisten in ihrer scheinbaren Einzelstellung, sondern vielmehr auch in der Vernetzung in der *Wertschöpfungskette* (die bisher meist siloartig geprägt ist). Die immer mehr auf uns zukommende mehrdimensionale Vernetzung führt zu den sogenannten digitalen *Ökosystemen*, im nationalen sowie im internationalen Kontext. So sind besonders in der *Industrie* und bei *gewerblichen Dienstleistern* zunehmend internationale Strukturen vorzufinden, mit Auslandsaktivitäten, ausländischen Netzwerken und auch im internationalen Eigentum (*Aktionäre*), sodass sich eine nationale Zuordnung auf die Frage nach den bedienten Hauptmärkten, dem Hauptsitz, der Verteilung der Wertschöpfung (inklusive Gehälter und Steuern) richtet.

Festzuhalten ist heute, dass *Sitz* und *Steuerpflicht* leider gerade bei den ganz großen *I/SD*-Unternehmen der USA für Deutschland und Europa kritische Themen sind. Dies gehört in das sogenannte »Arsenal« *an Instrumenten und Verfahren (siehe Kapitel 7)*, das noch zu beleuchten ist. Ein besonders spannendes Thema ist der Bereich *Transport* und *Logistik*, der u. a. das heikle Thema *Automotive* beinhaltet, mit den Herausforderungen aus der *Elektromobilität* und *autonomer Fahrzeugführung*. Neben den in der Abbildung aufgeführten industriell-gewerblichen Sektoren sind noch der gesamte *Privatsektor*, *Gesundheit/Umwelt*, *Forschung und Lehre*, die *öffentliche Hand* sowie *Bau* und *Infrastruktur* besonders relevant. Die wichtigsten Felder davon sollen in Teil 3 dieses Buches vertieft werden.

5.9   Maßstäbe zur Gewichtung von I/SD

Es gibt zahlreiche mögliche Messgrößen, z. B. *Nutzerzahlen* (Kunden, Subunternehmer, Händler auf den *Internet-Plattformen*), *Impact* (z. B. öffentliche Wahrnehmung, Einflussgewicht – bis selbst in die Politik hinein –, Grad der politischen Zuwendung …), *volkswirtschaftliches Gewicht* (z. B. Wertschöpfung (einschl. Ergebnis, Löhne, Steuern)/Marktgröße bestehend aus der Summe der Umsätze/Unternehmensergebnisse – darin verschiedene betriebswirtschaftliche Messgrößen, Unternehmenswerte). Ein Beispiel für die Vielfalt und Gewichtung dieser Faktoren sind die Auswahlkriterien der »*China Daily*«, die für die Priorisierung der vorgestellten chinesischen Unternehmen zugrunde gelegt wurden.[348] Problematisch bei den meisten Messgrößen sind (1) die Verfügbarkeit von Daten, (2) die qualitative Bewertung der Einzelkriterien, (3) die Gewichtung der Kriterien untereinander, d. h. das Problem der Quoten und »Summenbildung«. Aus diesen Gründen wurde ein einziges Kriterium als repräsentativ gewählt, nämlich der jeweilige *Marktwert* des zu betrachtenden Unternehmens, der gleich ist mit dem *Börsenwert* oder auch *equity value*. Der Börsenwert oder Marktwert erscheint deshalb besonders geeignet, weil er (meist) verfügbar ist und die Summe der Einschätzungen des Marktes, insbesondere der Eigentümer (Aktionäre) darstellt. Letzteres spiegelt vor allem die Erwartungen (Umsätze, Ergebnisse, Wachstumsraten …) des Geschäftes, ist also besonders für wachstumsgetriebene Geschäfte aussagefähig. Das erwartete Wachstum im *I/SD*-Segment ist der hauptsächliche Treiber für deren Marktwerte. Somit bietet sich die *Marktwert-Ergebnis-Relation* als wichtigstes »scharfes« Kriterium für die Definition dieser Branche an. Denn in Wachstumsbranchen wird das Wachstum meist »erkauft«, das heißt, dass die aktuellen Ergebnisse häufig negativ sind. Aber Vorsicht: Kein Wachstum ist unendlich, sobald die Wachstumserwartungen zurückgehen, fallen die Werte dramatisch, sofern die Rückgänge nicht schon vorher eingepreist sind. Dieses Phänomen ist auch aus anderen Branchen bekannt und wird auch eines Tages die *I/SD*-Branche treffen. So weit ist es aber noch nicht. Noch ist der Markt groß genug, um neue Wachstumspotenziale zu erschließen. Dies beinhaltet aber naheliegenderweise Überschätzungen (»Hypes«) der Wachstumsraten und der Ausdehnungshorizonte. Dies ist bei reiferen Unternehmen nachweisbar, wie beispielhaft an *Cisco* gezeigt wurde, ehemals das wertvollste Unternehmen der Welt, immer noch hoch innovativ, zum Großteil auch (aber eben nicht nur) internetgetrieben, selber auch auf die *Stanford-Universität* zurückgehend, dem Kristallisationspunkt des Internets und der meisten *internetgetrieben*en US-Unternehmen, und dennoch gegenüber dem Höchststand um ca. 40 % zurückgegangen (Stand August 2018). Auch die Volatilität um *Apple* ist als ein Indikator für Reife, steigenden *Wettbewerbsdruck* und schrumpfendes *Differenzierungspotenzial* zu werten – berührt also auch schon das I/SD-Segment.

5.10   Einschluss und Ausschluss einzelner Unternehmen und Branchen

Einerseits wird aus den genannten Gründen *Cisco* bei der nachfolgenden vergleichenden Bewertung mit aufgenommen, andererseits werden in China keine Unternehmen mit dieser starken Internet- und

---

348   Das China Daily Rating der Top 10 Positionen von 2017 findet sich in: http://www.chinadaily.com.cn/business/2017top10/2017-10/16/
content_33308079.htm. Weitere Priorisierungen chinesischer I/SD-Player finden sich unter anderem in der MIT Technology Review,
speziell für Artificial Intelligence: https://www.technologyreview.com/s/612813/the-future-of-chinas-ai-industry-is-in-the-hands-of-
just-three-companies/. Eine andere Gewichtsfolge, mit Toutiao als Anführer bei AI bringt Quartz ins Spiel: https://qz.com/1177465/
forget-bat-chinas-next-generation-tech-giants-are-tmd/. Unterschiedliche Bewertungsansätze der BAT-Konzerne nennt Sampi:
https://sampi.co/china-bat-baidu-alibaba-tencent/, alle abgerufen 14.4.2019.

Innovationsausrichtung in der Kommunikationsindustrie gesehen und in Deutschland ist nach dem Rückzug von *Siemens* aus dem Computer- und Telekommunikationsgeschäft auch kein entsprechendes Unternehmen der (herstellenden) Telekom-Industrie sichtbar. Bewusst ausgeschlossen aus der nachfolgenden Betrachtung sind alle *Telekom-Betreiber*, insbesondere die bereits vorgestellten 10 größten Telekom-Unternehmen der Welt, obwohl auch diese *I/SD*-Relevanz besitzen, aber kein Übergewicht in der *I/SD*-Wertschöpfung vorweisen. Dennoch sollen die aus den USA, China und Deutschland stammenden Vertreter der »Big 10« der *Telekommunikationsunternehmen* als Referenzgrößen hinzugezogen werden. Auch Unternehmen der *Unterhaltungsindustrie* müssen angesprochen werden, nämlich (digitaler) Rundfunk, Fernsehen und Film. Auch diese werden hier nicht berücksichtigt, obwohl Bezug (Vertrieb, Vernetzung vom Produzenten bis zum Kino) zum *Internet* und eindeutig mit »Smart-Eigenschaften« besteht, wenn man die zu generierenden und zu übertragenden Datenqualitäten sowie die einzusetzenden *Smart Devices* zum Empfang von Bild und Ton berücksichtigt. Der Grund des Ausschlusses ist die im Durchschnitt der Produktionen vergleichsweise geringe Komplexität der Daten, die kleinere Anzahl der Protagonisten (im Vergleich zum *Online-Handel*) und geringerer Einsatz intelligenter Instrumente (Weiteres dazu siehe Kapitel 8).

Aufgrund ihrer branchentypisch hohen Marktkapitalisierungen wären Streamingaktivitäten mit aufzunehmen, wie sie z. B. von *Netflix*, *Disney* und *Amazon* betrieben werden. Das Streaming, etwa von Software und IT-Leistungen, wird in Zukunft eine immer größere Rolle spielen. Die im professionellen Sektor bereits üblichen Geschäftsmodelle werden zunehmend auch im Konsumsektor und der Softwarenutzung Einzug halten (Weiteres zum Thema Streaming siehe Kapitel 19 »Online-Handel und Vertriebsplattformen«). Dies ist auch besonders interessant wegen Cloud-Nutzungen, Verbindungen mit Online-Zahlungsströmen (z. B. *FinTech*), Potenzialen für (dezentrale, moderatorenfreie) *Blockchain*-Anwendungen und seiner Wachstumsdynamik. Auch die *Spieleindustrie*, in der Deutschland zugegebenermaßen schwach ist und leider auch noch zurückfällt, müsste wegen ihrer Markt-Multiplikatoren zu *I/SD* gerechnet werden.

Um die Analyse nicht ausufern zu lassen und dem Problem der Abgrenzung von »*non-I/SD*«-Geschäften gegenüber I/SD-Aktivitäten innerhalb einzelner Unternehmen auszuweichen[349], haben wir in der nachfolgenden Betrachtung nur die jeweils wichtigsten Akteure in unsere Bewertung zum I/SD-Segment aufgenommen, die hauptsächlich I/SD-Aktivitäten betreiben. Die Spezialisten der Spieleindustrie haben wir wegen ihrer Besonderheiten (etwa starke Volatilität) aus der weiteren Betrachtung ausgeklammert.

Dem Vergleich der Länderpositionen von USA, China und Deutschland werden die vorgenannten Definitionen, Einschränkungen und die gewählte Dimension der Börsenwerte (=Marktwerte) zugrunde gelegt. Doch zunächst als Referenzgröße und zur Plausibilisierung der Länderpositionen bei I/SD ein Exkurs zu den IT-Märkten der besagten Länder.

---

349 Die Abgrenzung ist insofern auch schwierig, weil der dynamische Wandel in der Ausrichtung der Geschäfte ständig die Grenzen zwischen den Segmenten verschiebt.

5.11   Referenzbranche IT

Als Exkurs wird eine vergleichende Größenbetrachtung der IT-Industrien der drei Länder vorgestellt.

Diese dient als Referenz- und Bezugsgröße, um die Relevanz der Ergebnisse zur Größe des Feldes I/SD zu plausibilisieren.

Definitionen: Die Definitionen und Abgrenzungen sind unterschiedlich. *Statista* berichtet nach: (1) Geräten, (2) Datencenter-Systemen, (3) Software, (4) IT-Services, (5) Telco-Diensten[350]. Dagegen werden die folgenden Bereiche (s. u. USA) als sogenannte »IT-Branchen« geführt: (1) Cloud Computing, (2) Gaming, (3) IT Security, (4) Mobile Apps, (5) Social Media, also Segmente der Internet-Industrie.[351]

Die USA: In den Quellen wird die Internet-bezogene Industrie (auch *I/SD*) als Teil der IT-Branche behandelt. Eine Abgrenzung von *Online*- und *Lieferdiensten* wird nicht vorgenommen. Die Größenangaben sind eher diffus und widersprüchlich. Das Marktforschungsunternehmen *Heise online* meldet für 2013 (letzte Zahl) einen Branchenumsatz der USA von 474 Mrd. USD, gestiegen vom Vorjahr um 8 %. Von den über 100.000 Software- und IT-Unternehmen in den USA zählen 99 % zu den kleinen und mittelständischen Unternehmen und werden in der Rechtsform der Corporation (Kapitalgesellschaft) geführt[352]. An die 100.000 Beschäftigte in der US-amerikanischen IT-Branche haben laut einer US-Studie im vergangenen Jahr ihren Arbeitsplatz verloren. Gründe dafür liegen in den Umstrukturierungen, Übernahmen (Konsolidierungen) und im verstärkten Einsatz von Cloud-Servern[353]. Über Stellenabbau wird 2017/2018 insbesondere bei *Dell, Intel, Cisco, Microsoft* berichtet.

China: Auch für China gibt es keine einheitlichen Definitionen und Abgrenzungen im Bereich des IT-Markts. China strebt an, der Innovationsführer bei IT zu werden, insbesondere bei der *Mobilkommunikation* (5G), beim *Internet-Equipment* der nächsten Generation, bei *Smart Devices, Internet of Things, Cloud Computing*, und neuen Display-Technologien. So plant etwa *China Mobile* Investitionen von 52 Mrd. USD zum Ausbau der *Cloud Services*[354]. Diverse Marktanalysten rechnen internetbasierte Aktivitäten wie *E-Commerce* und *mobile Bezahlsysteme* dem IT-Sektor zu. Im laufenden Fünfjahresplan hat China die IT-Industrie zu einem der sieben strategischen Branchen erklärt, in denen es sich vom Niedriglohn-Outsoucing-Anbieter in einen innovationsgetriebenen Weltklassespieler und eine Hochtechnologiegesellschaft verwandeln will.[355] Die Größe der Software-Industrie einschließlich der Services wird vom *Ministry of Industry and Information Technology* für 2013 mit einem Umsatz von 493 Mrd. USD angegeben.[356] Im Jahr 2016 wird berichtet, dass China über 500 Mio. *Internet-Nutzer* verfügt und 1 Mrd. Mobiltelefon-Kunden. Das Wachstum der Nutzer von sozialen Netzen und Smartphones ist »exponentiell«. Die vier Hauptgebiete

---

350 Statista: https://de.statista.com/statistik/studie/id/3081/dokument/d3-baseline-scenario-for-2020/ abgerufen 1.9.2018.
351 Diverse Quellen, bei denen sich die Definitionen stark unterscheiden.
352 Berichtet von der American Chamber of Commerce, http://www.gaccwest.com/industrien/informationstechnologie-it/, abgerufen 22.8.2018.
353 Heise online vom 18.2.2017, abgerufen 22.8.2018.
354 Studie von KPMG. Verwiesen in: www.allianceexperts.com/en/knowledge/countries/asia/the-it-industry-in-china/, abgerufen 22.8.2018.
355 Alliance Experts. https://www.allianceexperts.com/en/knowledge/countries/asia/the-it-industry-in-china/, abgerufen 22.8.2018.
356 https://en.wikipedia.org/wiki/Software_industry_in_China, abgerufen 22.8.2018.

der Branche seien (1) *Telekom*, eine »restricted industry«, ohne ausländische Teilnahme nur innerhalb von Joint Ventures mit dominanten chinesischen Spielern – meist *State Owned Enterprises* (SOEs) oder Privaten Unternehmen mit engen Verbindungen zur Regierung –, (2) *Hardware*, ein reifer Markt, »not restricted« mit dünnen Margen und dauerhaftem Druck auf Preise und Gewinne, (3) *Software*, sowie (4) *IT Services*[357]. Im Jahr 2018 starten *China* und *Indien* ein *IT-Industrie-Cluster* in der südwestchinesischen Provinz *Guizhou*. Damit soll die Kooperation zwischen den beiden Ländern durch eine integrierte Entwicklung aufgewertet werden[358]. Der *Economist* berichtet, dass China die USA beim E-Commerce und mobilem Bezahlen bereits überholt hat.[359]

Deutschland: Das Marktvolumen im Bereich Informationstechnologie hat in Deutschland im Jahr 2017 zum dritten Mal in Folge die Marke von 80 Mrd. € überschritten. Im Jahr 2017 wurden in Deutschland mit Hardware, Software und IT-Services Umsatzerlöse von rund 86 Mrd. € erzielt, i.e. knapp 100 Mrd. USD.[360] Das Marktvolumen für 2016 belief sich auf 83 Mrd. €. Umsatzstärkstes Segment war die *IT-Dienstleistungsbranche* mit 39 Mrd. €, gefolgt von den Bereichen *Hardware* (24 Mrd. €) und *Software*[361]. Die IT-Industrie trägt ihren Teil dazu bei, dass die deutsche Wirtschaft sehr exportstark ist. Im Jahr 2017 konnte der Sektor seinen Export um 7 % auf 38,1 Mrd. € ausbauen. Den stärksten Anteil daran hatte der Hardware-Sektor, der um 19 % auf 19,5 Mrd. € anzog.[362]

Zusammenfassend kann gesagt werden, dass sich die USA und China Kopf an Kopf in einer IT-Marktgröße von über 500 Mrd. USD bewegen, beide ambitioniert, die Führung zu erhalten bzw. zu gewinnen. Deutschland verzeichnet mit rund 100 Mrd. USD Umsatz rund 1/5 im Vergleich mit den USA und China. Dies sind angesichts der teils unterschiedlichen, teils diffusen Marktdefinitionen nicht vollständig vergleichbare Werte. Um die Industriestärken zu beurteilen, müsste man auf die industrielle »Leistung« kommen, die sich aus Markt plus Export minus Import errechnet. Hinzu kommen die erforderlichen Prognosen über Wachstum, Margen und Veränderungen des Produktmixes. Dafür liegen aber keine belastbaren Daten vor, sodass die festgestellte Größe an dieser Stelle als Kernaussage ausreichen muss.

5.12   Gegenüberstellung der Positionen im Feld I/SD

Die Auswahl der vorgestellten deutschen *Internet-/Smart-Data-* und *Smart-Devices*-getriebenen Unternehmen (*I/SD*) zeigt die großen Unterschiede zu den USA und China. Einem Gesamtwert für die US-Unternehmen über 4,53 Billionen USD steht eine vergleichbare Summe von 1,10 Billionen USD für die chinesischen Akteure gegenüber (Stand Börsenwerte August 2018).[363]Die US-I/SD-Unternehmen werden

---

357 https://www.allianceexperts.com/en/knowledge/countries/asia/the-it-industry-in-china/, abgerufen 22.8.2018.

358 German.China.org.cn. vom 29.5.2018. http://german.china.org.cn/txt/2018-05/29/content_51529444.htm, abgerufen 22.8.2018.

359 https://www.economist.com/graphic-detail/2018/02/16/chinas-tech-industry-is-catching-up-with-silicon-valley, abgerufen 22.8.2018.

360 Umrechnungskurs vom € in USD: 1,14.

361 Statista: https://de.statista.com/themen/1373/it-branche-deutschland/, abgerufen 22.8.2018.

362 Bitcom, berichte in: http://winfuture.de/news,102601.html, abgerufen 22.8.2018.

363 Die durch die Volatilität der Börsenwerte anfallenden Verschiebungen, etwa der Wertverlust von Apple zwischen August 2018 und März 2019, können bei dieser Betrachtung vernachlässigt werden, weil sie durch gegenläufige Bewegungen anderer Spieler ausgeglichen werden bzw. weil gleichlaufende Bewegungen auch in den anderen hier betrachteten Regionalmärkten stattfanden. Die Gesamtproportionen der Länder verändern sich dadurch kaum.

also in der Summe rund viermal so hoch bewertet wie die Unternehmen aus China. Demgegenüber fällt der Gesamtwert der deutschstämmigen I/SD-Unternehmen mit rund 236 Mrd. USD sehr bescheiden aus. Dieser Wert repräsentiert nur 5 % dessen der US-Unternehmen und rund 21 % der Unternehmen aus China.

Das Wertverhältnis USA: China : Deutschland beträgt im I/SD-Sektor insgesamt rund 16 : 4 : 1.

Branche	USA		China		Deutschland	
	Company	Wert	Company	Wert	Company	Wert
Systeme und Produkte (HW und SW)	IBM	132,3			SAP	142,5
	Oracle	192	Baidu, s. u.		Software AG	3,6
	Microsoft	753				
	Apple	1.000				
Suchmaschinen / Internet-Portale	Alphabet (Google)	740	Tencent	491,3	Scout 24	
	Altaba (Yahoo)	56	Sohu com.			
			Baidu	79		
Internet Tech und IT	Cisco	215,3	Net Ease	35	United Internet	9,1
			Quihoo 360 Technology		Cancom	1,6
Soziale Medien	Facebook	498,8	Sina Corp	5,8	Xing	1,9
	LinkedIn				Rocket Internet	5,5
Online Handel	Amazon	813	JD com	55	Zalando	12,1
	eBay	33,5	Alibaba	432	Otto Group	5
Lieferservices	Amazon, oben enth.		Meituan-Dianping	4	Delivery Hero	9,7
B2C-Plattform	Netflix		Ctrip			
	Airbnb					
	Uber					
B2B-Plattform					Siemens Digitale Fabrik	14
FinTech	Paypal	99,8	Ant Financial (Alibaba)		Wirecard	30,5
Summenwert		4.533,7		1.102,1		235,5

Abb. 16: Wertvergleich der Internet-/Smart-Data- und Smart-Devices-getriebenen Industrien (I/SD)

Zu den Werten im Einzelnen: Der Gesamtwert für die USA wird zu fast 54% von den »Big Five« (*Microsoft*, *Apple*, *Alphabet/Google*, *Facebook* und *Amazon*) getragen. Diese allein sind zehnmal so wertvoll wie der gesamte deutsche *I/SD*-Sektor. Der Wert Chinas wird von den zwei größten, nämlich *Tencent* und *Alibaba*, bestimmt, die zusammen in die Nähe von 1 Billion USD kommen (genau: 923 Mrd. USD), damit 84% des Wertes der hier versammelten *I/SD*-Unternehmen Chinas ausmachen und viermal so wertvoll sind wie die hier vertretenen deutschen Unternehmen. Dabei ist der Wert Deutschlands noch günstig gerechnet, weil *SAP* und *Siemens Digitale Fabrik* mit aufgenommen sind. Ohne diese fiele der Wert deutscher *I/SD*-Unternehmen auf zusammen 79 Mrd. USD, 38% davon trüge allein *Wirecard*, der deutsche High Flyer der *FinTech-Branche*. Der Wert von *SAP* allein macht 60% des Gesamtwertes der deutschen *I/SD*-Branche aus. Nimmt man aus dem US-Gesamtwert von insgesamt 4,4 Billionen USD die beiden, etwa *SAP* entsprechenden Software-Unternehmen »klassischer« Herkunft (also vor dem Internet gegründet) heraus, nämlich *IBM* und *Oracle*, würde sich der Wert der *I/SD-Branche* der USA nur um 7% verringern. Sie haben also beileibe nicht das Marktgewicht, das *SAP* im *I/SD*-Markt Deutschlands hat. Wie die Tabelle zeigt, gibt es zudem starke sektorale Gewichtsunterschiede zwischen den hier betrachteten drei Ländern. Um diese aufzuschlüsseln, fehlen aber teilweise die Marktwerte, insbesondere die Aufschlüsselung der Umsätze (besser noch: der Teilwerte) der hier vertretenen Akteure auf die Einzelsegmente. Diese werden auch in den Geschäftsberichten nicht ausgewiesen bzw. sind nicht vergleichbar. Das hängt auch damit zusammen, dass sich die Geschäfte sehr dynamisch entwickeln, ständig neue Geschäftsaktivitäten aufgenommen werden, etwa in dem hier nicht ausgewiesenen Segment *Automotive*, insbesondere *Autonomes Fahren*, in dem z. B. *Google*, *Amazon* und *Apple* engagiert sind. Siehe dazu Kapitel 18 »Mobility«. Diese arbeiten dabei teilweise zusammen, teilweise konkurrieren sie und hüten sich davor, ihren Wettbewerbern ihre Zahlen, die erreichten strategischen Meilensteine und technologischen Kompetenzen preiszugeben. Während des Schreibens dieser Zeilen verhandelt *Elon Musk* sogar die Anlehnung seiner Autosparte *Tesla* an eines der vorgenannten Unternehmen. *Apple* wird in der Presse konkret genannt.[364] *Volkswagen* will mit *Amazon Web Service (AWS)* in den kommenden fünf Jahren an einer umfangreichen Vernetzung aller Produktionsanlagen arbeiten.[365] An dieser »Industrial Cloud« wird auch Siemens mitarbeiten: als Integrationspartner, der über deren IoT-Plattform *MindSphere* Produktionssysteme, Maschinen und Anlagen unterschiedlicher Hersteller verbindet.[366]

Die daraus resultierenden großen Gewichtsverschiebungen illustrieren die Dynamiken im *I/SD-Sektor*. Deshalb ist zu betonen, dass die vorgestellten Bewertungen nur eine Momentaufnahme des Status August/September 2018 darstellen können. Die Informationen und Gerüchte über Marktwachstum, Marktanteilsgewinne, Geschäftsausbau und -rückzüge stellen darüber hinaus ein enormes Momentum dar, das sich in großen Wertverschiebungen, nach oben, aber auch nach unten niederschlägt. Zwei Beispiele unter vielen: *Amazon* berichtet über Marktanteilsgewinne im deutschen Markt, sogar zulasten der *Otto-Gruppe*, die 2017/2018 rund 57% ihres Umsatzes als *e-Commerce*-getrieben ausweisen, nämlich

---

364 Im August 2018 denkt Musk, vor dem Hintergrund der sich ständig ausweitenden Quartalsverluste, zuletzt wurden 750 Mio. USD genannt, Tesla von der Börse zu nehmen. Die Verhandlungen mit einem arabischen Investor stocken jedoch, weil das Risiko (Übernahme freier Aktien in Größenordnung von 40 Mrd. USD plus Schulden in Größenordnung von 30 Mrd. USD) zu hoch erscheint. Die vorgenannten US-Player im I/BD-Sektor könnten dies, jeder für sich, jedoch stemmen. Nach Einschätzung des Autors wäre das Geschäfts- und Börsenrisiko aber für jeden Einzelnen zu groß. Weiteres ist im Kapitel 18 »Mobility« zu berichten.

365 Auf diese Weise soll die Produktivität in der Fertigung bei VW binnen weniger Jahre um knapp ein Drittel steigen. Meldung der Süddeutschen Zeitung vom 27.3.2019. Weiteres siehe: https://www.sueddeutsche.de/wirtschaft/amazon-vw-kooperation-1.4385157, abgerufen 14.4.2019.

366 Bericht 4.4.2019 von Dirk Srocke und Florian Karlstetter, in: https://www.cloudcomputing-insider.de/auch-siemens-macht-bei-vw-industrial-cloud-mit-a-816095/, abgerufen 14.4.2019.

rund 7,9 Mio. € (i.e. rund 9 Mio. USD) und das Geschäft als Plattform mit darauf aufsetzenden speziellen Einzelhändlern nach dem Modell von *Amazon* weiterentwickeln.[367] Andererseits kommt *Amazons* Geschäft mit der Lebensmittelauslieferung nicht in die Gänge, sodass *Amazon* sich temporär wieder zurückzieht.[368] Dagegen baut Amazon Präsenzen im stationären Handel auf und baut seinen Marktanteil im deutschen Einzelhandel noch stärker aus.

Ein weiteres großes Risiko, insbesondere für die »*Big Five*« der USA sind die steuer-, personal- und kartellrechtlichen Bemühungen – vor allem auf *EU-Ebene* –, um die wettbewerbsverzerrenden Vorteile dieser Großen einzudämmen. Wie bereits gesagt, wachsen die Bäume nicht in den Himmel, dürfen es auch nicht. Regierungen und Behörden sind gefordert, derzeit überfordert, müssen ihre Möglichkeiten nutzen und ausbauen. Dazu jedoch Weiteres in den Teilen 2 und 3 über die »Branchenübergreifenden Hebel und Ansätze« und die »Wettbewerbsbestimmenden Felder« in den *I/SD-Geschäften*.

Die hier vorgestellte Bewertung des Untersuchungsgebietes *I/SD* fällt nicht aus dem Rahmen, wenn man die Gewichtsverhältnisse von USA, China und Deutschland für die *IT-Branche*, die *Telekom-Betreiber* und *I/SD* gegenüberstellt, siehe Abb. 17. Die Summen dieser drei Länder sind immer auf 100 % gesetzt.

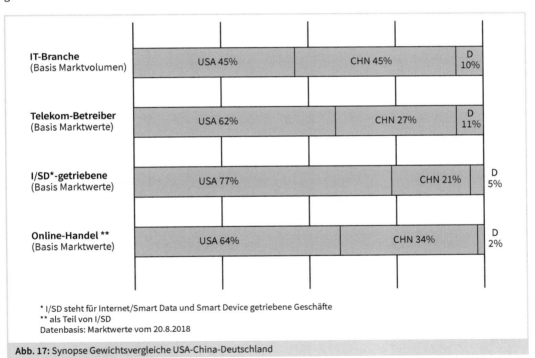

* I/SD steht für Internet/Smart Data und Smart Device getriebene Geschäfte
** als Teil von I/SD
Datenbasis: Marktwerte vom 20.8.2018

Abb. 17: Synopse Gewichtsvergleiche USA-China-Deutschland

367 Die Otto-Gruppe berichtet für die Geschäftsperiode 2017/18 einen Gesamtumsatz von 13,653 Mrd. €, davon 7,880 Mrd. € E-Commerce-Umsatz. Kennzahlen der Otto-Gruppe, https://www.ottogroup.com/de/die-otto-group/daten-fakten/Kennzahlen. php, abgerufen 2.9.2018.
368 Amazon stellt Lieferdienst »Fresh« teilweise ein. Frankfurter Allgemeine Zeitung vom 4.11.2017, http://www.faz.net/aktuell/ wirtschaft/diginomics/amazon-erleidet-rueckschlag-im-lebensmittelgeschaeft-15276177.html, abgerufen 2.9.2018.

Zunächst einmal ist die Gesamtaussage klar: Die USA sind das weltweit dominierende Gewicht in allen Betrachtungsfeldern – der *IT-Branche* (nach Marktvolumen), der Firmensitze der *Telekom-Betreiber*, in den *I/SD*-getriebenen Geschäften und im Online-Handel als Teil von *I/SD*. China kann in der IT-Branche nach Marktvolumen gegenüber den USA mithalten. In den anderen Bereichen bringt es die Hälfte bis ein Drittel der USA auf die Waage. Deutschland ist überall weit abgeschlagen, zwischen 11 % und 2 % des Marktes bzw. der Werte, am schwächsten ist es in den strategisch entscheidenden *I/SD*-Geschäften. Der Vorsprung der USA ist dramatisch. Bei *I/SD* bringt Deutschland (günstig gerechnet, etwa mit dem vollen Wert der *SAP*) nur 6 % der USA auf die Waage – ein Verhältnis, das sich aufgrund der vorgenannten Marktgewinne auch noch weiter zugunsten der USA zu verschieben scheint, wenn kein entscheidender Eingriff von oben oder eine strategisch geniale Gegenbewegung aus dem Markt heraus Fuß fasst. Soweit erkennbar, ist die Position Deutschlands in den Teilsegmenten von *I/SD* nicht besser, wie der untere Balken der Darstellung zum Online-Handel exemplarisch zeigt. Dies soll Abb. 18 im Detail illustrieren:

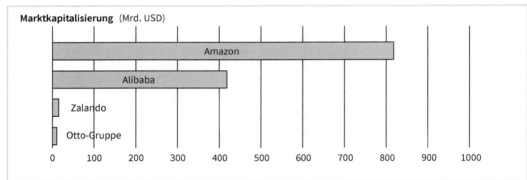

Unternehmen	Amazon	Alibaba	Otto-Gruppe	Zalando
Gründungsjahr	1994	1999	1949	2008
Marktkapitalisierung	813 Mrd. USD (1)	432 Mrd. USD (1)	5 Mrd. USD (2)	12 Mrd. USD (1)
Mitarbeiter	575.700	66.500	51.800	15.090
Umsatz	177,9 Mrd. USD	36,4 Mrd. USD	16,3 Mrd. USD	5,4 Mrd. USD
davon online	nahe 100 % (4)	100 %	über 80 % (3)	100 %

(1) Marktwerte vom 20.8.2018
(2) Schätzung des Autors. Wird nicht veröffentlicht. Forbes-Schätzung von 2014 war 3,5 Mrd. USD
(3) Nach Aussage Otto-Gruppe
(4) Derzeit auch Einstieg in stationären Handel

Abb. 18: Vergleichswerte ausgewählter Online-Händler

Amazon, einer der »*Big Five*« im *I/SD*-Bereich dominiert bekanntermaßen den Online-Handel in der westlichen Welt. Geschützt von der chinesischen Regierung konnte sich die fünf Jahre später gegründete *Alibaba* als fast 50-prozentiges Gegengewicht (nach Marktwerten) positionieren. Deutschland wird durch den 2008 gegründeten (im internationalen Vergleich) »Spätzünder« *Zalando* vertreten, der immerhin eine sehr erfolgreiche Strategie mit sukzessiver Geschäftsausweitung, Gewinn von Marktanteilen und Börsenwert aufzuweisen hat. Mit etwa 1/3 des Umsatzes der *Otto-Gruppe* erzeugt er (geschätzt) einen doppelt so hohen Unternehmenswert wie die aus der »Old Economy« stammenden *Otto-Gruppe*, die ihr Online-Geschäft tapfer ausweitet und (s. o.) ihren Umsatz nahezu vollständig über den Online-Handel abwickelt. Die Lücke im deutschen Versandhandel wurde durch die Auflösung der *Quelle-Gruppe* erzeugt, die 2007 noch einen Umsatz von rund 2,5 Mrd. € ausweisen konnte. Quelle war 1927 gegründet worden und 1999 als *Quelle Schickedanz AG & Co.* mit dem Warenhauskonzern *Karstadt* fusioniert. Im Zusammenhang mit der Insolvenz der Mutter *Arcandor* (bis 2007 *Karstadt-Quelle AG*) reichte *Quelle Deutschland* 2009 den Insolvenzantrag ein. Schwere strategische Fehler, insbesondere das Verkennen von strategischen Unterschieden zwischen dem ortsgebundenen Warenhausgeschäft und dem Versandhandel, waren Gründe dafür. Immerhin hätte ein Zeitraum von über 15 Jahren bestanden, das Geschäft grundlegend auf die Regeln des Online-Handels umzustellen. Im Jahr 2009 wurde der Markenname *Quelle* mitsamt Kundendaten für Deutschland und die mittelosteuropäischen Auslandsmärkte an die *Otto Group* verkauft. Heute dominiert Amazon den deutschen Online-Markt. Abb. 19 stellt einen Umsatzvergleich der 10 führenden Shops dar. Doch der stationäre Mittelstand in Deutschland wacht auf: circa 30 % der Unternehmen haben bis 9/2018 nebenher auch den Verkauf über das Internet aufgenommen. Ob und wie sie sich gegen die großen Spieler durchsetzen können, wird die Zeit erweisen.

Quelle: Statista / EHI – E-Commerce-Markt Deutschland 2018

Abb. 19: Führende 10 Onlineshops in Deutschland nach Umsätzen 2017

5.13 Disclaimer

Wie bereits angesprochen, erlaubt die vorliegende Analyse keine finale Bewertung des I/SD-Segmentes: *I/SD* lässt sich nicht scharf von anliegenden Marktfeldern abgrenzen, die Auswahl der zugrunde gelegten, hauptsächlich *I/SD*-getriebenen Unternehmen erfolgte nach plausibilisierenden Kriterien. Innerhalb dieser Unternehmen gibt es »non-I/SD«-getriebene Geschäfte, wie das stationäre Geschäft, die mangels gesonderter Ausweisung nicht aussortiert werden konnten. Aktivitäten von Spielern anderer

Branchen, die sich mit *Smart Data & Devices* befassen, wurden ausgeschlossen.[369] Dazu aber später in Teil 3. Insbesondere wäre der in Deutschland auffallend starke *Mittelstand* einzurechnen und nicht zuletzt die *Start-ups* der verglichenen Länder. Die Einzelwerte der genannten Unternehmen sind stark volatile Marktpreise und (»outside-in«-)Betrachtungen. Individuell angebotene *Kaufpreise* für Übernahmen können dagegen von (»inside-out«-)Unternehmensbewertungen stark abweichen.[370] Außerdem befinden wir uns, bedingt durch Markt und aktueller Kapitalkosten, in einem Hype, was aber nicht heißt, dass die Erwartungswerte einzelner Protagonisten nicht noch erheblich in die Höhe gehen können. Unendliche Steigerungen gibt es aber nicht – deshalb müssten Dämpfungen, Zyklen, dauerhaft abnehmende Wachstumsraten, Übergänge zur Reife und Schrumpfung, ja auch Konkursrisken und weitere Disruptionen eingerechnet werden. Dabei ist etwa daran zu erinnern, dass *Apple* schon einmal vor dem Konkurs stand und von *Bill Gates* gerettet wurde. Die klassischen Bewertungsansätze, insbesondere in Deutschland die sogenannten »gerichtsfesten«, sind dazu ungeeignet. Dazu später in Kapitel 13 «Externer Umbau: Digitalisierung M&A« im Teil »Branchenübergreifende Hebel und Ansätze«.

5.14   Resümee

Die vorgelegten Bewertungen des *I/SD*-Bereiches, gerade im Vergleich zu *IT* und *Telekom*, bestätigen jedoch, dass – in Anbetracht der Wahl des Bewertungsmaßstabes (»Marktwerte«) und trotz aller Unsicherheiten aus der Zuordnung der Unternehmen, der Verteilung ihrer Geschäfte – die dargestellte Größe des aktuellen Rückstandes Deutschlands belastbar ist. Immerhin wird darin auch die aktuelle Zukunftserwartung gespiegelt, insbesondere die Wachstumsraten, die meist nach einer vereinfachenden Annahme unter einem »ewigen« Wachstum berechnet werden. Träfe das auf mittlere Perspektive zu, dann würde sich die Position Deutschlands noch weiter verschlechtern. Dafür spricht, dass die Amerikaner besonders stark in den strategisch wichtigsten Segmenten des *I/SD*-Geschäftes sind. Dafür spräche auch eine alte Strategieregel, die da heißt »Winners[371] take it all« – und sogar die alte Strategieerfahrung »Last come first left«, mit anderen Worten: Wer später kommt, der erreicht nur schwächere Marktpositionen als der Erste. Und der zuletzt Eintretende wird bei einem späteren Konsolidierungswettbewerb als Erster wieder verdrängt (geschlossen, muss verkaufen o. ä.). Die *Verdrängung* aller weiteren Wettbewerber und die totale *Monopolisierung* hat aber aus vielerlei Gründen in der Wirtschaftsgeschichte nie vollständig stattgefunden. Allen Branchen und allen Regionen ist letztlich zu eigen, dass Spieler mit Reifung ihrer Branchen und Geschäftsmodelle zurückfallen und innovativen Konzepten weichen. Der Ehrgeiz der *I/SD*-Spieler der USA ist deshalb, immer bei innovativen Geschäftsmodellen ganz vorn zu sein und jeden Hebel, sei es an den Grenzen der Legalität und darüber hinaus, zu nutzen.

---

369 Insbesondere Branchen, die die Ausweitungen ihrer Wertschöpfung betreiben, z. B. die Autoindustrie.

370 Über die Bewertungsthematik wird an späterer Stelle noch gesprochen. Hier nur folgende Anmerkungen: Bei »klassischen« Geschäftskonzepten mit »konventioneller« Discounted-Cash-flow-Methode liegen meist über 70 % des Wertes im sogenannten »Terminal Value«, d. h. bei Geschäftsergebnissen in fernerer Zunft. Bei stark wachsenden Unternehmen, mit negativem Cashflow, kann dies extrem abweichen. Ein aktueller Fall ist Tesla, mit 750 Mio. USD Verlust im zweiten Quartal 2018, ohne signifikante Perspektiven zur Ergebnisverbesserung (entgegen Aussagen des Gründers Musk), mit derzeit ca. 10 Mrd. USD Schulden und (trotzdem) einem Börsenwert von 50,81 Mrd. € (i.e. 59,45 Mrd. USD). Quelle: Finanzen Net vom 16.8.2018.

371 Gemeint sind hier die dominierenden Marktführer.

Weitere Beispiele zeigen auch das Bemühen etablierter Spieler verwandter Tätigkeitsfelder, aber auch aus ganz anderen Branchen, von alten Geschäftsansätzen in neue Industrien wie *Software, IT, Kommunikation, Dienstleistungen, Plattform-Ökonomien* und ganz neue *datengetriebene Geschäftsmodelle* zu migrieren und damit den »reinen« *I/SD*-getriebenen Riesen Paroli zu bieten. Der Standort Deutschland zeigt auch die viel stärkere Herkunft und Orientierung auf *Business-to-Business*-Geschäfte, die in den USA noch eine nachrangige Stellung besitzen und möglicherweise Potenzial bergen.[372] Das mag beruhigen, darf es aber nicht, denn es muss strategisch geplant und zügig gehandelt werden. Von allein und aus der Hoffnung am Horizont kommt nichts. Alleingänge von Einzelunternehmern reichen auch nicht mehr aus. Die Amerikaner zeigen uns eine koordinierte Offensive. Auch die Politik ist viel stärker gefordert. Ohne eine konzertierte Zusammenarbeit zwischen Industrie, Verwaltung und Regierung geht es nicht. Und entscheidend sind letztlich Haltung und Offenheit der Gesellschaft gegenüber dem digitalen Wandel. Hiermit greifen wir jedoch vor. Dazu im Detail später, in den Teilen 2 und 3 über die branchenübergreifenden Hebel und die wettbewerbsbestimmenden Faktoren des I/SD-Bereiches.

---

372 Einschränkend muss an dieser Stelle hinzugefügt werden, dass die Chinesen dieses Feld bereits ins Auge gefasst haben und hier angreifen. Die US-Amerikaner werden nicht lange auf sich warten lassen. Eile und Nachdruck sind geboten.

6 Digitaler Wandel: Chancen und Herausforderungen für Deutschland

Dieses Kapitel bildet die Brücke zwischen der bisherigen historischen Betrachtung und der industriellen Ausgangslage einerseits und andererseits dem Blick auf die Perspektiven für unsere Zukunft. Diese liegt in einem breiten Szenariofeld zwischen dem, was technisch-wirtschaftlich machbar erscheint und den Bremseffekten aus bürgerlicher Akzeptanz (auch: Bequemlichkeit, Angst ...), politischen Fehlsteuerungen, aus unserem Rechtssystem (insbesondere zum Datenschutz), aus kosten- und zeitintensiven Verwaltungsakten, die aus Unternehmersicht wertvernichtend sind. Hinzu kommen Schwachpunkte bei Industrie und Dienstleistern selber, aus Unterschätzung des technischen Potenzials und Unterlassungen bei dringendem Handlungsbedarf angesichts anhaltend großer Chancen und Herausforderungen. Als Kernfrage drängt sich auf: »Schaffen wir das, was zu tun ist, angesichts dessen, was wir in den letzten Jahrzehnten so vernachlässigt haben«? Benchmarks der Digitalisierung sind die USA und China. Dennoch können und sollten wir deren Weg nicht übernehmen. Deutschland muss seinen eigenen Weg finden. Erfolgreich sind wir nur, wenn sich alle gesellschaftlichen Kräfte zusammentun. Das Kapitel schließt mit einem 10-Punkte-Rahmen für die Digitalisierung Deutschlands.

6.1 Das Moore'sche Gesetz und dessen Fortschreibung

Nach gängiger Interpretation des nach Gordon Moore (geb. 1929) benannten Gesetzes verdoppelt sich die Anzahl der Transistoren pro Mikroprozessor alle 18 Monate[373]. Die daraus folgende Leistungssteigerung erlaubt das »Big Data«-Phänomen und führt damit zu der sogenannten »Industrie 4.0« und der aktuellen Revolution, die alle Lebensbereiche des Menschen berührt. Wenngleich die einander folgenden Prozessorgenerationen sprunghafte Fortschritte ermöglichen, folgt die Gesamtentwicklung einer exponentiellen Kurve, also keiner eigentlichen »Disruption«, von der viele sprechen, sondern einer mehr oder weniger vorhersehbaren Entwicklung. Die physikalischen Grenzen zur Steigerung der Integrationsdichte sind bald erreicht, sodass diese allein keine weiteren Leistungssteigerungen mehr verspricht.[374] Aber es gibt auch die Aussicht auf vollkommen neue Ansätze, denen die Grundlagenforschung heute bereits nachgeht, und die den technologischen IT-Fortschritt beständig antreiben und eventuell sogar dem Moore'schen Gesetz zu andauernder Gültigkeit verhelfen könnten. Dazu zählen alternative Trägermaterialien für elektronische Schaltkreise wie Graphen oder

---

373 Gordon Moore, einer der Begründer von Intel, prognostizierte in den 60er Jahren, dass sich die Zahl der Transistoren von integrierten Schaltungen (ICs), die zu gleichen Kosten hergestellt werden können, jährlich verdoppeln. 1975 revidierte er seine Aussage auf alle 2 Jahre. Sein Kollege David House brachte eine Abschätzung von 18 Monaten ins Spiel, sodass heute in den Medien meist von einer Verdoppelung der Integrationsdichte von allen 18 Monaten gesprochen wird.

374 Auf der Anwendungsseite werden mit zunehmender Integrationsdichte Engpässe an anderer Stelle deutlich, die durch weitere Integration nicht lösbar sind. Im Bereich höchster Rechneranforderungen ist dagegen seit etwa 2003 eine deutliche Verletzung des Moore'schen Gesetzes zu beobachten. Die Zeit, die je finitem Volumen (cell) und je Iteration des Solvers benötigt wird, sinkt seither gar nicht oder nur noch marginal. Grund ist der Von-Neumann-Flaschenhals. Tatsächlich werden viele integrierte Schaltungen gar nicht an dieser Grenze betrieben, eine höhere Rechenleistung würde sich dann nicht unmittelbar in einen Anwendernutzen niederschlagen.

Kohlenstoffnanoröhrchen, sogenannte *spintronische Elemente*[375], *neuromorphe Systeme*[376], die Integration von Speicher- und Prozessorfunktionalitäten in das gleiche Bauteil[377]. Darüber hinaus entstehen *dreidimensionale Chip-Architekturen*[378], in denen mehrere Wafer-Ebenen übereinandergelegt werden, wobei die vertikalen Kontakte zwischen den Chips durch *Bumps* hergestellt werden und die darunter nötigen horizontalen und querliegenden Verbindungen mittels einer Zwischenebene, den sogenannten *Interposers*[379]. Durch die hohe Verdichtung könnten damit enorme »*Formvorteile*« erreicht werden, wie z. B. ein Computer in einer Tablette, die man schlucken kann. Die daraus möglichen Applikationen sind wahrhaft revolutionär und reichen in größter Breite in eine Vielzahl von Branchen.

Schließlich steht auch die mögliche Entwicklung eines *Quantencomputers* am Horizont, der die gesamte digitale Welt revolutionieren könnte. Einen ganz anderen Weg verspricht die *Bioinformatik*. Diese verfolgt unter anderem den Weg künstlicher DNA-Moleküle, bei denen die Datenspeicherung über die verschiedenen Elemente an der Doppelhelix erfolgt. Auch wenn einige dieser Optionen bislang kaum den Schritt aus dem Labor herausgeschafft haben, oder noch Konzepte[380] sind, werden der Forschung und der Industrie die Ideen zum weiteren Ausbau der digitalen Möglichkeiten wahrscheinlich nicht ausgehen. Interpretiert man daher das Moore'sche Gesetz allgemeiner, dass sich einfach der Nutzen der elektronischen Grundbausteine für die Anwender alle 18 Monate verdoppelt, so ist davon auszugehen, dass das Gesetz noch lange seine Gültigkeit behalten wird. Man spricht hier bereits vom »*More Moore*«. Denn der menschlichen Kreativität sind kaum Grenzen gesetzt. Die *nächste digitale Revolution* ist am Horizont bereits erkennbar[381]. Deutschland ist bei diesen Grundlagenentwicklungen gut positioniert und einzelne der hier vorgestellten Verfahren stehen sogar kurz vor der industriellen Anwendung.

6.2   Digitale Treiber und Visionen

Im Folgenden soll von der Ist-Situation der Bogen zu den (heute erkennbaren) Perspektiven, die aus der weiter fortschreitenden Digitalisierung erwachsen, geschlagen werden. In Kapitel 5 wurde das für die weitere Entwicklung entscheidende Geschäftssegment herausgearbeitet: das durch die Treiber »*Internet*«, »*Smart Data*« und »*Smart Devices*« bestimmte »Krisengebiet«, für das das Kürzel *I/SD* eingeführt wurde. Zur Definition siehe Abb. 14. Die Überlappungen, Komplementaritäten und Bezugsgrößen im

---

375   Die nicht, wie herkömmliche elektronische Schaltungen, mit sich bewegenden Elektronen arbeiten, sondern mit den umklappenden Spins der Elektronen.

376   Deren Elemente sich an der neuronalen Struktur unseres Gehirns orientieren.

377   Sogenannte »Mem-Computer«.

378   In der, statt flache Schaltkreise auf die Oberfläche eines Silizium-Wafers zu ätzen, dünne Siliziumschichten mit Schaltkreisen übereinander gestapelt werden. Dies ist bereits die Regel bei Speicherchips, deren Architektur Ebene für Ebene gleich ist, sodass die Verbindungen vertikal durchgestochen werden können. Hier gibt es auch keine Wärmeprobleme, da sie nur bei einem Speicherzugriff Energie verbrauchen.

379   Die heute verfolgte Interposer-Technologie beruht auf Silizium-Basis, wofür mehrstufige teure Prozesse erforderlich sind. Besonders teuer ist die Herstellung der für die Ätzung nötigen Masken. Es gibt aber auch revolutionäre neue Verfahren dazu, die enorme Kostensenkungen versprechen. An einem Projekt dieser Richtung arbeitet der Autor mit.

380   Etwa das DNA-Computing. Siehe dazu den Bericht der »22nd International Conference on DNA-Computing and Molecular Programming«, München 2016, sowie LM Adleman: Molecular computation of solutions to combinatorial problems, in: *Science*, 266(5187):1021–4, 1994. http://bioinfowelten.uni-jena.de/2016/08/17/die-zweckentfremdung-der-dna-teil-2-rechner-der-zukunft/, abgerufen 15.3.2019.

381   https://www.silicon.de/41628261/das-ende-des-mooreschen-gesetzes-was-treibt-den-fortschritt-nun-voran?inf_by=5c2657e2671db879648b4faf, abgerufen 28.12.2018.

Verhältnis zur allgemeinen Informations- und Kommunikationstechnik (IKT) sind in Abb. 15 dargestellt. Für die I/SD-getriebenen Aktivitäten hat sich in Deutschland der Begriff »*Industrie 4.0*« eingeprägt, wobei diese Wortwahl irreführend bzw. unzureichend ist. Die bereits angeführten Hauptargumente sind:

a) die *industrielle Revolution* zwischen 1885 und 1915 in der Auflistung der technologisch-wirtschaftlichen »Disruptionen« wurden von den Protagonisten der »Industrie 4.0« außer Acht gelassen. Zur historischen Einordnung siehe Kapitel 2. Dieser Periode haben wir in diesem Buch den Namen »Mobilisierung« gegeben. In dieser Zeit wurde nicht nur das Auto »erfunden«, sondern auch weltweit bis zum Massenmarkt und Massenverkehr geführt. Gleichzeitig fand die *Mobilisierung* durch *Motorisierung* zu Luft und Wasser sowohl im *zivilen Bereich* als auch *militärisch* statt. Darüber hinaus war diese Periode durch einen gewaltigen Entwicklungsschub in der *Chemie* geprägt, mit der industriellen Produktion des *künstlichen Phosphatdüngers*, der erst die Ernährung der Massengesellschaft im weiteren 20. Jahrhundert ermöglichte.

b) der Begriff »*Industrie 4.0*« (nach den in Kapitel 2 vorgestellten technischen und sozialen Revolutionen müsste man von »*Industrie 5.0*« sprechen) impliziert Entwicklungen, die nur auf die Wirtschaft beschränkt sind. Tatsache ist jedoch, dass die Digitalisierung alle Lebensbereiche des Menschen ergriffen hat und sich überall immer tiefer verankert. Weiteres dazu siehe unten.

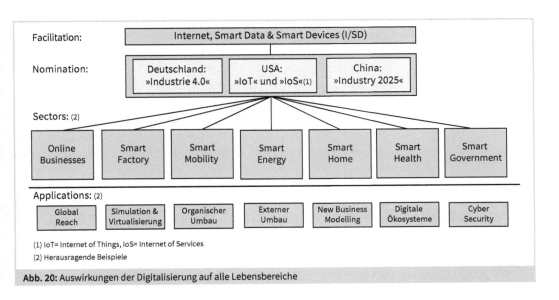

Abb. 20: Auswirkungen der Digitalisierung auf alle Lebensbereiche

Den Fehler, die aktuelle Periode lediglich als »Industriell« zu kennzeichnen, machen die Amerikaner und Chinesen übrigens auch. Die Amerikaner kennzeichnen diese Epoche vornehmlich mit »*Internet of Things*« (*IoT*, auch *IIoT* für *Industrial Internet of Things*), manchmal weiten sie dieses aus auf »*Internet of Services*«, *IoS* – darauf aufbauend benutzen sie auch den Begriff »*Internet of Things and Services*« (*IoT&S*). Letztere Usance fand ihren Niederschlag in der Konzeption, dass internetgetriebene Geschäfte eigentlich alle servicegetrieben seien, die zur Aussage »*Everything as a Service*« (*XaaS*) führt. Dies ist mittlerweile sogar ein definitorischer Rahmen für die ganze Bandbreite besagter Geschäftskonzepte. Auf diese Weise ist sogar ein internetgetriebenes Produktgeschäft ein »Service«, nämlich »*Product as a Service*« (*PaaS*). Damit können ja wohl nur Services um das eigentliche Produkt herum gemeint sein, wie etwa

Handel, Geschäftsportale, Leasing und *Finanzierung über das Internet*. Darauf aufbauend werden sogar reguläre Konferenzen und Ideenworkshops zur Findung neuer internetgetriebener »Service«-Geschäftsideen abgehalten. Diese Einengung wird jedoch der ganzen Bandbreite geschäftlicher Möglichkeiten nicht gerecht. In Kapitel 10 wird eine Systematik internetgetriebener Geschäftskonzepte vorgestellt. Siehe dazu Abb. 35. Entgegen der namentlichen Eingrenzung der Digitalisierungsepoche auf den industriellen Sektor sind es aber gerade die Amerikaner, die die Ausweitung der Digitalisierung auf alle Lebensbereiche, die »*allumfassende Digitalisierung*« (siehe dazu Kapitel 3) als Erste entdeckt haben und systematisch weiterentwickeln. Hierzu zählen dann auch die dienstleistenden Berufe, die Infrastruktur und der gesamte öffentliche Bereich.

China ist, was die »Nomenklatur« betrifft, einen anderen Weg gegangen: Ausgehend vom Konzept der *Fünfjahrespläne,* haben sie das aktuelle Programm zum digitalen Umbau mit »*Made in China 2025*« bezeichnet. Auch hier wird also die Industrie in den Mittelpunkt gestellt. Ihre Vorstellungswelt kommt dieser Eingrenzung am nächsten: Hauptziel ist der technologisch-wirtschaftliche Aufholprozess gegenüber den *USA* und *Europa*. Die Forcierung der Digitalisierung bei gleichzeitigem Schutz chinesischer Digitalunternehmen gegen das Ausland und dem systematischen Abgreifen von Technologien aus den USA und Europa verdeutlicht dies zur Genüge. Die Praxis zeigt aber auch hier, dass noch viel mehr gemeint ist, vor allem die Sicherung des politischen Systems in der Volksrepublik China, etwa durch die »*Sozialkonten*«, bei denen alle Bürger erfasst werden. Ihr Verhalten wird in einem Punktesystem festgehalten, dass ihre Leistungen am Arbeitsplatz, ihre politische Gesinnung, ihr persönlicher Umgang und ihr tägliches Verhalten, z. B. im Straßenverkehr erfasst und summarisch bewertet. In dieser »*Digital-Diktatur*« bleibt nichts mehr unentdeckt: Die Bürger leben in ständiger Angst und passen sich dem Druck und den Gegebenheiten an. Technisch ist dieses Konzept perfekt hinterlegt. Die Chinesen sind mittlerweile sowohl technologisch als auch nach der Marktgröße weltweit führend in der *Gesichtserkennung*. Dass dies nur mit einem Totalausfall jeglichen *Datenschutzes* zu bezahlen ist, interessiert den obersten Volkskongress nicht. Im Gegenteil: Dieses Instrument konsolidiert perfekt das politische Gefüge. Erstmals auf der Welt wurde eine »kommunistische« Diktatur in ein perfektes »*politisches Digitalmodell*« überführt. Die Dreistigkeit der chinesischen Staatsregierung geht sogar so weit, anderen Ländern ihr Staatsmodell nahezulegen. So empfahl ein hochrangiger chinesischer Regierungsvertreter der deutschen Bundesregierung kürzlich, unseren restriktiven Umgang mit Daten aufzugeben, da dies unweigerlich zum Untergang Deutschlands in der digitalen Welt führen werde. Weiteres dazu im Kapitel 22 »Smart Government« und in Teil 4 »Digitalplan Deutschland«.

6.3 Die digitalen Sektoren

Zusammenfassend kann konstatiert werden, dass sowohl in den USA, als auch in China und Europa bzw. Deutschland die Vision einer »allumfassenden Digitalisierung« angekommen ist, auch jenseits des wirtschaftlich-industriellen Sektors, dem zweifellos die Rolle als Explorationsfeld und Pilotmarkt zukommt, angefangen in der sogenannten »Industrie 3.0« mit der Digitalelektronik. Im Folgenden werden die heute wichtigsten Sektoren des wirtschaftlich-gesellschaftlichen Lebens vorgestellt, mit ihren hauptsächlichen Anwendungsfeldern, die sich aus der Digitalisierung ergeben. Dies dient an dieser Stelle der zusammenfassenden Orientierung. Diese Felder sind im Einzelnen noch vertieft zu behandeln (im Teil 2 »Branchenübergreifende Hebel und Ansätze« und im Teil 3 »Wettbewerbsbestimmende Faktoren«).

6.3.1   Online Businesses

Das Feld der unmittelbar vom Internet angeheizten bzw. neu entwickelten Geschäfte liegt auf dem Gebiet der IT-Produkte (insbesondere PCs, Software, mit den »Pilotanbietern« *Microsoft* und *Apple*). Hinzu kommen vor allem der Online-Handel, Handels-Plattformen, sogenannten »Handels-Portalen«. Zu unterscheiden ist zwischen *Konsum*-orientierten *Portalen* (B2C) und *Business-Portalen* (B2C). Das Portalkonzept wurde auf alle gesellschaftlichen Bereiche ausgedehnt, insbesondere Informationsportale, Wissensportale – und letztlich auch Software-Produkte (etwa Musik-Streaming, Filme, Spiele...) und die sozialen Medien. Zur Historie und den weltweiten Markführern ist auf Kapitel 1.3 zu verweisen. Eine Systematik der Online (insbesondere I/SD-) getriebenen Geschäfte heute wird in Kapitel 2.4 vorgestellt).

Zunächst ist das Attribut »*smart*« zu erläutern, das hier bei der Mehrzahl der Sektoren-Bezeichnungen verwendet wird. »Smart« bedeutet hier »vernetzt mithilfe des Internets« oder sinngemäß »bereinigt«, etwa bei »*Smart Data*«, die im Gegensatz zur einfach nur »großen« Datenmengen (»Big Data«) einen Prozess zur Herausarbeitung von aussagekräftigen Informationen durchlaufen haben. »Smarte« Produkte sind durch ein »Sammelattribut« gekennzeichnet, nämlich deren Kommunikationsfähigkeit, insbesondere dem Uplink zum Internet, das damit zum »*Internet of Things*« (IoT, s. o.) wird. Da dies nicht nur Konsum- und Büroanwendungen (Laptop, Mobiltelefon...) betrifft sondern alle Produkte und Systeme in allen Anwendungsgebieten sprechen wir hier überbegrifflich von »*Smart Devices*«, zu denen dann z. B. Roboter in der Fertigung, vernetzte Einrichtungen im Gesundheitswesen usw. gehören.

6.3.2   Smart Factory

Der Sektor der »*Digitalen Fabrik*« ist seit dem Aufkommen von Software-Lösungen zur betrieblichen Steuerung und Controlling in den späten 50er Jahren des 20. Jahrhunderts (»*Industrie 3.0*«) von Bedeutung und hat sich ständig weiterentwickelt. Heute gibt es ganzheitliche Lösungsansätze, die von der *Simulation/Virtualisierung* ganzer Fabriken, ihrer Fertigungsflüsse und der (sich zunehmend öffnenden) Fertigungsinseln und Einrichtungen (Robotik) definieren. Zu ihrer Grundausstattung gehören Sensoriksysteme und Aktorik, Antriebe zur Bewegung und zum Handling von Objektes und dementsprechend die Kommunikationsfähigkeit. Damit gehören sie zu den cyber-physischen Systemen (CPS). In gleichem Maße kann der Mensch durch automatisierte Kommunikation, Anbindung an das Internet zum »*CPS-vernetzten Mitarbeiter*« aufgerüstet werden, möglicherweise zusätzlich durch *Visionalisierung* auf Basis von virtuell eingespiegelten Bildern und Sensoriken in den Arbeitshandschuhen ertüchtigt werden. Die Einbindung von verlinkten Robotern und Menschen in die gesamte Wertschöpfung – von der Bestellung bis zu Ablieferung, Post-Sales-Business, Logistik und Kundenverhalten – gehört mittlerweile dem Konzept eines umfassenden »*Mensch-Maschine-Netzwerkes*« an. Weiteres dazu siehe in diesem Kapitel unter »Applications«. Digitale Grundlagen dazu wurden bereits in den 80er Jahren des 20. Jahrhunderts gelegt, z. B. im Konzept der »fraktalen Fabrik«, ein Produktionsmodell, das auf *Hans-Jürgen Warnecke* (geb. Braunschweig, 1934) zurückgeht.[382] Fraktale sind autonome, dynamische Gebilde, die nach dem

---

382 Hans-Jürgen Warnecke: Die Fraktale Fabrik, Revolution der Unternehmenskultur, Rowohlt 1992.

Prinzip der Selbstorganisation und Selbstoptimierung als eigenständige Unternehmenseinheiten agieren. Das Zusammenwirken der Fraktale erfolgt nach Regeln der Kooperation und des Wettbewerbs in Unternehmen in flachen Hierarchien und netzwerkartigen Strukturen. Das Produktionsmodell des fraktalen Prinzips umfasst auch Ansätze wie z. B. das Just-in-Time-Konzept und die schlanke Produktion (Weiteres dazu siehe im Kapitel 12 zum organischen Umbau). Fraktale wirken an ihrer Entstehung, Veränderung und Auflösung aktiv mit und richten ihre Aufgabe an den Unternehmenszielen aus. Um dies zu bewältigen, sind sie bereits mit der damals verfügbaren Kommunikations- und Computertechnologie ausgerüstet und in deren lokale Infrastrukturen eingebunden. Die Weiterentwicklung zur *Industrie 4.0* findet durch die Vernetzung mit externen Rechenzentren und weltweit über das Internet in die Cloud statt.

6.3.3   Smart Mobility

Unter diesem Sammelbegriff sind die digital induzierten Veränderungen in allen zivilen Verkehrsbereichen – von der Straße zur Schiene, am Wasser und in der Luft sowie ihr Verbund (der sogenannte multimodale Verkehr) – sowohl aus der Sicht der Fahrzeuge, der Infrastruktur, Steuerung, Automatisierung, der Nachfrage nach Transportleistungen, Kapazitätsausbau und Umwelt zu behandeln. Dieser Sektor ist zweifellos der für Deutschland wirtschaftlich bedeutendste und auch kritischste, weil er den größten Veränderungen unterworfen ist, denen vor allem aus dem Straßenverkehr kommende Herausforderungen wie *Elektromobilität* (etwa mit offenen Fragen nach Bestandskraft des *Diesels*, Perspektiven der *Wasserstoff-Technologie,* der Verfügbarkeit von Energie, und Umweltverträglichkeiten), *autonomes Fahren*, neue Fertigungskonzepte, neue Nutzermodelle (z. B. vom Autohersteller zum *Mobilitätsanbieter*) zugrunde liegen. Eng verbunden sind damit der öffentliche Nahverkehr (»*Mass Transit*«) und der erdgebundene Fernverkehr (v.a. Schiene, »*Main Line*«). Die systemübergreifende Digitalisierung, Automatisierung und das Informationsgeschäft zur optimalen Reisegestaltung werden diesen Markt wie wohl keinen anderen Sektor revolutionieren. Die Fokussierung der öffentlichen Aufmerksamkeit verstellt die Automatisierungen, die bereits im Flugverkehr und zur See (bis zur *Hafenautomatisierung*) um sich gegriffen haben und das enorme Potenzial, was hier noch schlummert. In all diesen Betrachtungen sind der *Personenverkehr* und die *Güterzustellung* im Verbund zu betrachten, auch hinsichtlich der Veränderungen, die aus dem vordringenden Online-Geschäft resultieren. Dabei zeigt sich aber, dass sich Modelle aus dem Personenverkehr nicht so einfach auf den Güterverkehr übertragen lassen, welches Potenzial der Einsatz künstlicher Intelligenz schließlich eröffnet und wo deren praktische und wirtschaftliche Grenzen liegen. Die alles ist in den Kapiteln über Energiewirtschaft (Kapitel 17) und Mobility (Kapitel 18) näher zu behandeln, insbesondere in der Gegenüberstellung der Positionen der USA, Chinas und Deutschlands.

6.3.4   Smart Energy

Es klingt vielleicht überraschend, dass das Energiethema so viel an Wichtigkeit in Bezug auf die Digitalisierung gewinnt. Das hat vielerlei Gründe. Wenig bekannt ist zum Beispiel, dass das weltweite *Datennetz* und die daran hängenden *Rechenzentren* (in summa »die *Cloud*«) etwa so viel Energie verbrauchen wie der gesamte weltweite Luftverkehr. Mit einmal klicken wird so viel Energie verbraucht, wie etwa benötigt wird, um eine Tasse Tee zu erhitzen.[383] Die Energiekosten sind in Deutschland so hoch, dass im Land tätige US-amerikanische Rechenzentrenbetreiber entschieden haben, hier keine weiteren Kapazitäten mehr aufzubauen. »Smart« als Attribut des Begriffes »Energy« bedeutet konkret, dass alle Versorgungs- und Netzstufen auf Basis der Kundennachfrage und Liefersituation optimierend gesteuert werden, also ein außerordentlich komplexes Thema für »Big Data & Analytics«. Die zu betrachtenden Versorgungs- und Netzstufen beinhalten die Stromerzeugung (alternativ die Elektrolyse zur Wasserstoffabspaltung), die (Höchstspannungs- und Hochspannungs-)Netze zur Fernübertragung von Strom, dann die Verteil- netze (Mittelspannung) und die lokalen Anschlüsse bis zu den Verbrauchern. Die Energienetze können gleichzeitig auch zur Datenübertragung genutzt werden. Das geschieht etwa zur Steuerung der Ener- gieversorgung selber. Entscheidend ist die Energieversorgung etwa für die Elektromobilität. Bei vol- lem Ersatz der Verbrennungsmotoren durch Elektroantriebe verdoppelt sich etwa der Strombedarf in Deutschland, was jedoch die Energieversorgung nach jetzigem Stand auf allen Versorgungs- und Netz- ebenen gar nicht leisten kann. Es ist fraglich, ob der notwendige Ausbau mit dem Nachfrageschub zur Elektromobilität Schritt hält oder ob die Stromversorgung zum kritischen Engpass wird. Die Thematik der Energieversorgung im Rahmen der Elektromobilität hat auch Umweltkomponenten – vor allem ob zur Verstromung Kohlekraftwerke herangezogen werden müssen und wie die Umweltbilanz der Elektro- batterien zu werten ist. Diese wirkt nämlich, wenn man die Produktion, Lebensdauer und Entsorgung mit einbezieht, nicht besonders attraktiv. Diese Themen werden in den Kapiteln 17 (Energiewirtschaft) und 18 (Mobility) vertiefend behandelt.

6.3.5   Smart Home

Eng verbunden mit dem Thema »Smart Energy« ist das Segment des »*Smart Homes*«, also das voll ver- netzte Haus, in dem die Einschaltung der Stromverbraucher einerseits von der Entscheidung des Nut- zers bestimmt wird, andererseits aber vom Stromangebot und -preis des *Netzanbieters*. Die »Intelligenz« im Netz des Smart Homes (bzw. in den einzelnen Geräten) bestimmt, ob und wann zu welchem Preis Strom abgefordert wird. Dazu können Szenarien gewählt werden, wie etwa »jetzt unbedingt Gerät anschalten« bis hin zu »Gerät schaltet erst ein, wenn Strompreis minimal«. Durch Energiespeicher, eigene Stromerzeugung (Fotovoltaik auf dem Dach, Gasmotoren im Keller usw.) kann der Verbraucher auch zum *Stromerzeuger* werden. Die Verrechnung von zusätzlichem Bedarf aus dem öffentlichen Netz oder Einspeisung von überschüssiger Energie aus der Eigenerzeugung in das öffentliche Netz läuft über intelligente Steuerungen, in die die sogenannten *Spotmarktpreise* (momentane Markpreise) sowie Kal- kulationen der Netzbetreiber einfließen. Mehrere Eigenstromerzeuger können sich auch zu einem »*vir- tuellen Kraftwerk*« zusammenschließen, ihre Über- und Unterschüsse untereinander ausgleichen und durch Bündelung eventuell bessere Konditionen am Spotmarkt erzielen. Theoretisch kann auch die Speicherkapazität des *Elektroautos* mit einbezogen werden, indem bei hoher Nachfrage aus dem öffent- lichen Netz Strom aus der Autobatterie gezapft wird. Davon wird viel gesprochen, ob die dafür zu ent- richtenden Preisprämien der »Öffentlichen«, der Strombedarf des E-Autos nach Stromentzug ins Netz, die beschleunigte Alterung der Batterien und die aufwendige Installation und Steuerung dies erlauben,

---

383 Eine vielfach kolportierte Aussage, die jedoch zu relativieren ist. In Kapitel 17 »Energiewirtschaft und Digitalisierung« wird diese in
      einen breiteren Kontext von Daten und Vergleichen gestellt.

ist noch völlig offen. Wie an anderer Stelle bemerkt wird, gibt es zwischen dem technisch Machbaren und der zu erwartenden Zurückhaltung der zu Beteiligenden oft erhebliche Abweichungen. Die Erfahrung zeigt, dass solche Unsicherheiten erhebliche Verzögerungen in der Einführung nach sich ziehen, weil zahlreiche Modellversuche notwendig sind und sich die Anbieter von entsprechenden Steuerungen zurückhalten, bis nachgewiesen ist, dass sich das erforderliche Investment lohnt. Vielleicht kommt es aber auch ganz anders, dass nämlich das *Smartphone* mithilfe von speziellen »Smart-Home-Apps« und notwendigen Interfaces die »intelligente Steuerung« bzw. die notwendige Aktorik übernimmt – vielleicht dann auch nicht für jeden, sondern für Technologiebegeisterte, für die die Bedienung, Programmierung und Nutzung für das eigene Smart Home ein Hobby ist.

6.3.6   Smart Health

Auch dieses ist ein breites und vielseitiges Feld. Hier begegnen sich *Biochemie, Biotechnik, Mechanik, Pharmakologie, Mikroelektronik* und *Nachrichtentechnik.* Zu unterscheiden sind zunächst die Örtlichkeiten der Einsätze, etwa im Krankenhaus, in der interinstitutionellen Kommunikation, in Heimen, in der Verwaltung, zu Hause beim Patienten bzw. intrakorporal. Daraus resultieren spezielle Gerätschaften und integrale Lösungen. Diese können sein: die erweiterte »intelligente« Krankenkarte bzw. Krankenakte, die *Ferndiagnostik* von einer Zentralklinik zu einem Regionalkrankenhaus. Diese kann durch diagnostische *Erkennungssysteme* mithilfe von künstlicher Intelligenz unterstützt sein. Auf dem Gebiet der Therapie wird vor allem an der *computerunterstützten Chirurgie* geforscht, bis hin zur Automatisierung für Routinehandgriffe, die besondere Feinheit und genaue Reproduzierbarkeit erfordert. Ein weiteres Feld ist die *Patientensicherheit,* etwa durch Diagnostik, die am Körper getragen wird und bei speziellen Zuständen oder Parameterwerten ein *Interventionsteam* aktivieren, etwa für ältere Leute. Zur Unterstützung von Pflegekräften ist eine große Bandbreite von Gerätschaften in Umsetzung und Planung, beginnend von Patientenhebegeräten, elektromechanischer Bewegungsunterstützung bis hin zum humanoiden *Pflegeroboter.* Das klassische Geschäft mechanischer Implantate, wie etwa »passive« *Gelenkprothesen* wird ergänzt werden durch »aktive« Mobilisierung, etwa Impulse aus dem Gehirn, die elektromotorische Antriebe zur Bewegung von Gliedmaßen in Gang setzen. Diese können mithilfe elektronischer Steuerungen auch komplexer Natur sein, wie sie der natürlichen Bewegung entsprechen. Ein gewaltiges Einsatzfeld öffnet sich noch weiter als bisher durch immer noch höher integrierte mehrlagige Schaltungen, verbunden mit *Mikromechanik* und piezoelektrischen *Mikrodispensern.* So werden sich implantierbare, immer kleiner und effizienter werdende, mit differenzierter und »intelligenter« Diagnostik versehene Mikropumpen verbreiten, die notwendige Medikationen am oder im speziellen Organ verabreichen. Aktuelle Fortschritte der hochverdichteten mehrlagigen Mikroelektronik versprechen sogar, dass diese wie eine Tablette geschluckt werden können. Dies erschließt vor allem neue Felder der *intrakorporalen Diagnostik*[384]. Die mit der heute verfügbaren Technik möglichen Einsatzgebiete sind quasi unerschöpflich. Die Frage, wann was kommt, wird primär davon bestimmt, was ökonomisch machbar ist, wie groß der Markt ist, vom »*Blockbuster*« bis zur »*personalisierten Medizin*«, vom Volumenmarkt bis zur »Losgröße 1«.[385]

---

384 Der Autor arbeitet mit einer hierbei tätigen Entwicklungsgruppe zusammen.
385 Der Autor ist Mitglied im Jurorenkreis für Start-ups in der Medizinbranche, im Zuge der jährlichen Preisverleihung »Die goldene Tablette/Das Innovativste Produkt« im Deutschen Museum München.

6.3.7 Smart Government

Der Begriff »*Smart Government*« steht für die Digitalisierung und Automatisierung der Interaktionsprozesse zwischen Bürgern und öffentlichen Institutionen sowie im Netzwerk der Institutionen untereinander. Die Digitalisierung nimmt so schnell an Fahrt auf, dass Politik und Verwaltung immer stärker dazu getrieben werden, digitale Technologien einzusetzen. Die Erwartungshaltungen der Bürger sind, aus Erfahrungen mit anderen digitalisierten Bereichen, hoch. Das Einspar- und Verbesserungspotenzial gleichfalls, wenn man allein die mühseligen Behördengänge und verkrustete, kostentreibende Dokumentations- und Genehmigungsprozeduren betrachtet, mit denen etwa Unternehmer konfrontiert sind. Das Angebot an einsatzfähigen Lösungen ist groß: von der Möglichkeit onlinebasierter »*Verwaltungsportale*«, auf denen virtuelle Behördengänge, Ausfüllen von Dokumenten, Erteilung von Genehmigungen ablaufen können, bis hin zum Einsatz von *blockchain*-getriebenen »unlöschbaren« Prozessdokumentationen, die Amtssiegel und *notarielle Beurkundungen* ersetzen können. Die Verwaltungsprozesse können durch Standardisierung, digitalen Datenaustausch und Automatisierung erheblich verschlankt, hoch abgesichert und beschleunigt werden. Im angloamerikanischen Raum hat dies bereits so breit Fuß gefasst, dass teilweise sogar automatisierte Verfahren vorgeschrieben sind, wie das »*E-Discovery*« bei besonderen Vertragsprüfungen. Der zeitnahen Umsetzung in Deutschland wirken Beharrungskräfte der Verwaltung, althergekommene Pfründen und möglicherweise überzogener Datenschutz entgegen, obwohl neue digitale Technologien gerade hier Lösungen anbieten. Diese Thematik wird im Kapitel 22 »Smart Government« vertieft behandelt.

6.4 Applikationen

In allen vorgenannten Sektoren kommen typische Effekte, Maßnahmen und neue Ziele zum Tragen, die auf die Digitalisierung, insbesondere auf die Möglichkeiten des Internets sowie von Smart Data und Smart Devices (*I/SD*) zurückgehen. Summarisch sind diese hier unter dem Begriff »*Applications*« (vgl. Abb. 20 unten) zusammengefasst. Im Folgenden werden hervorstechende Beispiele dazu erläutert:

6.4.1 Global Reach

Das Internet ermöglicht, dass jede Idee, jede Nachricht, fast zeitgleich global verbreitet werden kann und dass sich fast jedes Geschäftskonzept in kürzester Zeit und mit geringen Einstiegsbarrieren in neue Regionalmärkte übertragen, also letztendlich »globalisieren« lässt. Davon profitieren insbesondere Konsumenten, Unternehmensgründer und Investoren.

6.4.2 Simulation und Virtualisierung

Die gewaltigen Leistungssteigerungen der Digitaltechnologien hinsichtlich Datenspeicherung, Datenübertragung und Datenbehandlung – unter immer niedrigeren Kosten – ermöglichen es, reale Vorgänge und Produkte modellhaft in Form von *Simulationen* durchzuspielen, bzw. als »*Software-Zwilling*« zu entwickeln. Mit Simulationen können kostengünstig Szenarien und ihre Resultate abgeleitet werden, um daraus die erfolgversprechendsten zur Umsetzung zu führen. Die *Virtualisierung* erlaubt die Arbeit am Software-Modell und ersetzt damit ganze Entwicklungslabors, die am realen Pilotprodukt arbeiten müssten. Dadurch werden Kosten und Zeit in erheblichem Maße eingespart. Das »*Software-Abbild*« kann durch die ganze Gestehungskette eines Produktes durchgeschoben werden und ermöglicht letztlich weltweit verteilte Zuarbeiten und dezentrale kundennahe Fertigungen, etwa in sogenannten »*Minifabs*«, die auch in der Lage sind, zeitnah und kostengünstig in »Losgröße 1« kundenspezifisch zu fertigen. Diese Thematik wird im Kapitel 11 durchleuchtet.

6.4.3   Organischer Umbau

Stärker denn je wird organischer Umbau gefordert, um den Ansprüchen eines digital getriebenen Umfeldes, digitaler Prozesse und neuer »*digitaler*« *Geschäftsmodelle* genüge zu leisten. Anders als die herkömmliche Vorstellung, dass sich der dazu notwendige unternehmerische Wandel auf die Einführung neuer *Technologien* in der Prozessführung und bei der Leistungserbringung beschränkt, ist zu zeigen, dass ganzheitliche Ansätze erforderlich sind, die keinen Bereich ausschließen, von der Mission, Vision, Kultur über Führungs- und Finanzmodelle bis hin zur Infragestellung der Art der abzuliefernden Leistung. Weiteres dazu findet sich in den Kapiteln 10 und 12.

6.4.4   Externer Umbau

Über den organischen Umbau hinaus kann es nötig werden, die angestammten Betriebsgrenzen durch externe Maßnahmen zu sprengen, etwa durch Anschluss eines *Start-ups*, durch Zusammengehen mit einem Wettbewerber (*Joint Venture*), durch Unternehmenskauf (*M&A*), Anlehnung an einen stärkeren Partner oder Verkauf. All dies kann im Zuge einer Digitalisierung des *Geschäftsmodells* und der Automatisierung der Prozesse zur Leistungserbringung erfolgen.

6.4.5   New Business Modelling

In besonders gravierenden Fällen ist die Infragestellung des überkommenen Geschäftsmodells nötig, die zum Schluss führen kann, dass das Modell grundlegend geändert werden muss. Solche Veränderungen können zum Beispiel notwendig werden, wenn sich zwischen das betreffende Unternehmen und deren Direktkunden sogenannte *Lösungsanbieter* schieben, die den Direktanbieter zum Zulieferer degradieren. Auch das Auftreten von internetbasierten *Verkaufs- und Versteigerungsportalen* kann die Verhandlungs- und Preisbildungsmacht erheblich schwächen. Ganze Branchen und selbst große Konzerne können vor solchen Herausforderungen stehen, etwa die Automobilindustrie, deren Mitglieder von reinen Herstellern zu Mobilitätsanbietern migrieren. Weiteres dazu findet sich in Kapitel 18.

6.4.6 Digitale Ökosysteme

Die Digitalwirtschaft und -verwaltung führt zu gänzlich neuen Strukturen der *Werterbringung* in einzelnen Sektoren/Branchen und kann darüber hinaus deren Grenzen sprengen. An die Stelle herkömmlicher »*Silostrukturen*« in Form von linear hintereinandergeschalteten Leistungserbringern (etwa vom Rohstofflieferanten über den Zulieferer, den Komponentenhersteller dann den Montagebetrieb und Integrator bis zum Kunden) entwickeln sich Netzwerke, in die auch direkte Wettbewerber eingebunden werden können (»*Coopetition*«). Die Daten in den komplexen Netzwerken können einen größeren Steuerungsaufwand nötig machen aber auch erheblichen Mehrwert generieren. Dies kann durch *Data-Mining*, *Big Data Analytics* bis hin zu Einsätzen von *künstlicher Intelligenz* führen. Für diese Leistungen können an zahleichen Stellen spezielle Datenanbieter eingeschaltet werden. Dies sind gleichzeitig Chancen für neue Unternehmensmodelle.

6.4.7 Cyber Security

Die großen Antagonisten der allumfassenden Digitalisierung sind Datenraub und Angriffe auf Rechenzentren von Organisationen, die zur Unterbrechung von Geschäftsaktivitäten führen können, bis hin zum Konkurs von ganzen Unternehmen. Zu deren Abwehr sind leistungsfähige Vorkehrungen zum (v.a. persönlichen) *Datenschutz* und zur (v.a. institutionellen) *Datensicherheit* erforderlich, hier zusammengefasst unter dem Begriff »*Cyber Security*«. Für die freie Entwicklung der online aktiven Gesellschaft ist Vertrauen in deren Datensicherheit die Grundlage schlechthin. Dazu sind konsistente Maßnahmenprogramme erforderlich, die nicht nur die digitale Infrastruktur umschließen, sondern auch die Physis der Organisationen, insbesondere Mitarbeiterverhalten und deren Loyalität. Weiteres wird in Kapitel 14 behandelt.

6.5 Handlungsimperativ für Deutschland

Deutschland startet den Wettlauf um die Digitalisierung mit schwachen Positionen und mit einer schlechten Erfolgsbilanz. Beispiele sind:

- Rückstand bei der **Digitalisierung**: Deutschland auf dem drittletzten Platz bei der Breitbandverkabelung. Wir reden von G5, aber selbst G4 funktioniert nicht flächendeckend, Funklöcher selbst auf den wichtigsten Autobahnen und im ICE-Netz. Fehlsteuerung des Bundes bei der letzten Netzversteigerung: Die extrem hohen erzielten Preise hindern Netzbetreiber daran, in Netze zu investieren.
- Hohe **Energiekosten**, insbesondere infolge des Ausstiegs aus der Kernkraft: Die Energiekosten für das weltweite Netz, Rechner und Speicher (Cloud) liegen mittlerweile so hoch wie der Verbrauch für die weltweite Flugzeugflotte. Wegen hoher Stromkosten werden weitere Investitionen in Rechenzentren zunehmend aus Deutschland hinausverlagert. Um energieintensive Industrien zu halten,

werden diese subventioniert. Die Zeche zahlt der kleine Verbraucher, mit den höchsten Strompreisen weltweit[386].

- Die Metropolen fahren in den **totalen Verkehrsinfarkt**. Umsetzungen für Massenverkehrsprojekte dauern über 20 Jahre. Der Individualverkehr explodiert förmlich. Elektromobilität und autonomes Fahren allein ändern nichts an dieser Perspektive. Intelligente Verkehrsführungs- und Reisemanagementsysteme sind gefordert, ihre Umsetzung ist aber angesichts hoher Barrieren zwischen den Verkehrsträgern schwierig.

- **Schwerfällige Verwaltung**: Insgesamt blieben per Ende 2018 von den Behörden 25 Mrd. € unabgerufen, die eigentlich für Breitbandverkabelung und Schulbau bereitgestellt waren. Gründe sind fehlende technische Kapazität und Kompetenz in der Verwaltung, um Ausschreibungen durchzuführen, sowie Auslastung der Bauunternehmen infolge des aktuellen Baubooms.[387]

Die Probleme liegen zumeist in der »non-digitalen Welt«. Dürfen wir die Digitalisierung überhaupt isoliert sehen, ohne die »konventionelle« nötige Vorarbeit zu leisten, z. B. erst Wertströme zu optimieren, wertvernichtende Aktivitäten aus der öffentlichen und privaten Verwaltung auszusortieren? Ein sogenanntes »*Leapfrogging*« (d. h. Überspringen der Probleme) ohne Heilung der alten Krankheiten wird nach allgemeiner Erfahrung kaum möglich sein. Können wir wirklich glauben, in der nächsten Entwicklungswelle alle diese Hürden zu überwinden, nachdem wir die bisherigen Herausforderungen eher schlecht als recht gemeistert haben? Sind die neuesten Bekenntnisse der Bundesregierung zum digitalen Aufbruch wirklich glaubhaft? Haben die neu geschaffenen Gremien der Bundesregierung wirklich die nötige Durchschlagskraft? Sind Regierung und Verwaltung überhaupt in der Lage, die eigene Verschlankung durch Digitalisierung umzusetzen, um damit die wettbewerblichen Rahmenbedingungen zum Aufholen gegenüber den USA und China zu schaffen? Ist etwa die Ausrufung zu spezieller Förderung der *künstlichen Intelligenz* wirklich die richtige Baustelle? Wie stehen wir da im Vergleich zu den USA und China? Wir kommen an diesen kritischen Fragen nicht vorbei. Und es ist ein Irrtum, die »allumfassende« Digitalisierung isoliert anzugehen, ohne die alten Strukturen und Prozesse von Grund auf zu reformieren.

6.6 Die weitere Zielorientierung

Wie gezeigt wurde, hat die Digitalisierung eine lange Geschichte, geprägt durch vielfältige technologische, wirtschaftliche und gesellschaftliche Kräfte. Der Fortschritt war nie ein Kontinuum, nie selbstverständlich voranschreitend. Hungersnöte, Epidemien und Kriege warfen die Menschheit zurück. Ihre Not lähmte die Entwicklung, zeugte aber auch Fortschritte. Evolutionäre Prozesse brachen wiederholt in Schüben (»Disruptionen«) aus, wenn sich die passenden Faktoren einstellten. Die Geschwindigkeit des Fortschritts war und ist immer durch den Vektor aus den treibenden und den beharrenden Kräften bestimmt. Technologien und Gewinnerwartungen treiben den Fortschritt. Sie erzeugt damit aber nicht nur Hoffnungen auf Besseres, sondern auch Ängste vor dem Neuen. Das gebiert immer auch Unsicherheit. Dem Wunsch nach Sicherheit entspringen Regeln, Strukturen; in ihrer Folge aber auch Verharrung

---

386 Nach ZDF Faktencheck vom Dezember 2018 lag nur noch Dänemark höher. https://correctiv.org/faktencheck/artikel-faktencheck/2017/09/21/bezahlen-die-deutschen-den-hoechsten-strompreis-auf-der-welt, abgerufen 28.12.2018. Seit Frühjahr 2019 werden in Deutschland die weltweit höchsten Strompreise gezahlt.
387 Quelle: Nachrichten des Bayerischen Rundfunks, Bayern 5, am 27.12.2018.

und Pfründe. Welche Richtung der Vektor des Fortschritts nimmt und welche Kraft er hat, lässt sich schwer vorhersagen. Die großen Zukunftsforscher des 20. Jahrhunderts sind kläglich daran gescheitert. Ihre Voraussicht schuf wenig zusätzliche Sicherheit. Besser ist, aus der Geschichte zu lernen und damit eine realistische Perspektive für die Weiterentwicklung abzuleiten.

Immer wieder gab es »*Hypes*«, spekulative Überhöhung zukünftiger Erwartungen und damit völlig überzogenen Einschätzungen über deren Marktwerte. Die Gewinner waren die, die früh dabei waren – die aber meist auch rechtzeitig wieder ausstiegen, denn die Marktwerte kehren früher oder später wieder in einen »Normalkorridor« zurück. Wer in dem Hype steckt, glaubt fest daran, dass es immer so weiter geht. Das schlägt sich auch in Verfahren der Unternehmensbewertung nieder: dem sogenannten »*Terminal Value*«[388] aus ewigem hohem Wachstum. In diesen Zeiten werden die einfachsten Gegenargumente nicht wahrgenommen, nämlich dass es unendliches Wachstum nicht geben kann, dass der Umsatz eines Unternehmens nicht größer sein kann als das Marktvolumen insgesamt und dass dieser durch die Entscheidung der Kunden auf diesem Markt bestimmt wird und der Summe der Kaufkraft, die sie diesem Markt widmen – dem Kundenwert.

Hohe spekulative *Gewinnerwartungen* ziehen immer mehr Unternehmer an. Hohe Erwartungen gehen mit großem *Risiko* einher. Das ist heute nicht anders als früher. Von den aktuellen Start-ups der Ägide »Industrie 4.0« gehen weit über 95 % unter, viele bereits in der ersten und von außen unsichtbaren Phase der »Friends & Family«-Finanzierung. Da das Konkursrisiko in die gängige Bewertungspraxis nicht einfließt, bleibt ein gewichtiger Faktor unberücksichtigt. Dies betrifft selbst Unternehmen, die sich in scheinbar stabilen Märkten befinden. Wir rechnen mit Konkursquoten von 1 % pro Jahr, das heißt 10 % über 10 Jahre. Im Schnitt lebt ein Unternehmen nicht länger als das Berufsleben eines Normalbürgers. Wenn große Veränderungen anstehen, wie Technologiewechsel, neue Geschäftsmodelle, neue Märkte, dann steigt das Konkursrisiko massiv an. Die Mehrzahl der Unternehmen überlebt grundsätzliche Wechsel von Schlüsseltechnologien und Geschäftsmodellen nicht oder fällt in ihrem Gewicht auf einen Bruchteil des vormaligen Marktwertes zurück.

Dies ist in der aktuellen Wirtschaft nicht anders. Die Epoche der »*allumfassenden Digitalisierung*«, in der wir uns befinden, wird überall *digitalisierte Organisationen* schaffen, von der *Industrie* bis in die *öffentliche Verwaltung*, je nach Sektor und Branche unterschiedlich ausgeprägt. »Wer zu spät kommt, den bestraft das Leben« (*Gorbatschow*), wer zu früh kommt, den auch. Timing, Tiefe und Prozessmanagement sind erfolgsentscheidend, und vor allem eine ganzheitliche »integrale« Vorgehensweise, die die kulturelle Seite und den Mitarbeiter einbezieht. Die Digitalisierung ist es also nicht allein. Vor dem digitalen Wandel stehen die Gesundung der Organisation, deren Verschlankung und Orientierung auf wertezeugende Tätigkeiten. Die Digitalisierung als solche erschließt dazu ganz neue Möglichkeiten für Organisationen aller Art. Sie lässt sich aber nicht auf verknöcherte Strukturen aufpfropfen, die im Grunde Werte vernichten. Diese Erkenntnis bleibt jedoch aus der Innensicht solcher Einheiten meist verborgen. Es herrscht der Glaube, dass alles letztlich so bleiben kann, wie es ist, weil es sich in der Vergangenheit so bewährt hat und »dass es nicht anders geht«. Das können gewaltige Fehlschlüsse sein. Die heute ver-

---

388 Das ist aus dem errechneten Gesamtwert eines Unternehmens der »Restwert« nach Abzug des abgezinsten Wertes aus den ersten Jahren der diskreten Planung, die üblicherweise fünf Jahre umfasst. Der »Terminal Value« ergibt sich damit theoretisch aus den Gegenwartswerten der Jahre 6 bis unendlich.

fügbaren Technologien beweisen dies bereits. Und die anstehenden Weiterentwicklungen zeigen schon jetzt das Potenzial auf, das erschlossen werden kann. Exemplarisch ist hier auf die rechtssicheren, personengetriebenen und formularbasierten Verwaltungsverfahren hinzuweisen, die wir in Deutschland entwickelt haben, pflegen und immer weiter ausbauen wie wohl kein anderes Land auf diesem Globus. Vieles von dem ist aus Sicht des Bürgers – und insbesondere aus Unternehmersicht – zeitlich belastend, zu teuer, schlicht: wertvernichtend! Denn das Wertpotenzial misst sich immer an dem, was möglich ist. Und hier stehen datenbasierte, automatisierte, Internet-verankerte Verfahren am Startblock, die alles das können: Zeitersparnis, Kostensenkung, Rechts- und Prozesssicherheit, Bürgerfreundlichkeit – Werterzeugung statt Wertvernichtung für die Allgemeinheit. Daneben können wir uns von deprimierenden Routinearbeiten befreien, die der Automat übernimmt. Dies betrifft den Privatier, die Industrie und die öffentliche Verwaltung in gleichem Maße. Arbeitskräftemangel in Deutschland gehört dann der Vergangenheit an, denn sinnlose Jobs fallen weg und dringend benötigte Kräfte können dann an werterzeugende Arbeitsstellen wechseln. Dies wird im Kapitel 12 vertieft und belegt.

Aus dieser Betrachtung sind drei Folgerungen zu ziehen:

Erstens: Der digitale Wandel kann nur im engen Schulterschluss aller Beteiligten erfolgreich umgesetzt werden. Hier sind Wissenstransfer, Erfahrungsaustausch und Zusammenarbeit zwischen Industrie, beratenden Berufen, Politik, Verwaltung, Wissenschaft und Lehre erforderlich. Ideal wäre sogar Personalaustausch, Ringwechsel, wie er etwa in den USA praktiziert wird.

Zweitens: Wir müssen uns an den Besten im Digitalisierungsprozess messen. Die Höhe der Messlatte bestimmen die USA und China. Deren Modelle sind aber nicht ohne Weiteres übertragbar, sollten und können zum Teil auch nicht übertragen werden. Zwei Stichwörter dazu: Datenschutz und Industriestrukturen. Damit werden wir uns in diesem Buch an vielen Stellen auseinandersetzen müssen.

Drittens: Der Teufel steckt im Detail. Oberflächliche Beiträge dominieren die politische Diskussion. Die Lösungen sind nicht einfach; die Lösungsprozesse sind aufwendig. Jeder muss sich bewegen. Zur Absicherung ist Tiefgang geboten. Ordnung ist in das Geschehen zu bringen, angefangen von den Begriffen, die jeder anders verwendet. Die Strukturen sind genau zu analysieren, Zusammenhänge sind offen zu legen. Digitalisierung ist kein isolierbarer Vorgang (siehe Kapitel 10), sondern vielfältig mit allen Faktoren der organischen Restrukturierung (siehe Kapitel 12) und des externen Umbaus (siehe Kapitel 13) verbunden.

Für die weitere Abarbeitung der Aufgabe, die mit diesem Buch gestellt wurde, kann daraus ein Zielrahmen gesetzt werden. Aus den bisher behandelten Themen leiten sich folgende 10 Punkte ab:

1. Bereitschaft zum digitalen Wandel muss auf allen Gebieten unserer Lebensgemeinschaft geschaffen werden: im Privaten, in der Wirtschaft, in der Verwaltung, im öffentlichen Leben, in der Ausbildung.
2. Dabei müssen überall wertvernichtende Strukturen und Prozesse aufgedeckt werden und es muss nach Möglichkeiten gesucht werden, diese durch schlanke Lösungen zu ersetzen.
3. Digitalisierung ist sowohl ein Prozess, der Zeit braucht als auch einer, der Disruptionen durch ganz neue Ansätze in Technologien und Organisationsformen berücksichtigt.

4. Augenmaß bei der Instrumentenwahl zur Digitalisierung ist wichtig: Erst auf Verschlankung und Wertbeitrag setzen, dann revolutionäre Technologien einbeziehen.
5. Die Behandlung der Digitalisierungsfrage muss im Kontext mit dem weiteren technologisch-wirtschaftlich-sozialen Umfeld erfolgen, keinesfalls aber davon isoliert.
6. Die Betrachtung Deutschlands muss immer im Vergleich mit den USA und China stattfinden. Dabei ist zwar der Verbund in Europa nicht zu vernachlässigen, das Potenzial daraus ist aber leider gering (wenig Kraft, Heterogenität).
7. Es muss nach eigenen Wegen, eigenen Stärken gesucht werden. Direkte Konfrontationen und Kollisionen mit den USA und China sind zu vermeiden, da ziehen wir nur den Kürzeren.
8. Unsere Positionen müssen notfalls auch gegen die USA und China in dauerhaften Dialogen vertreten werden. Die Erfahrung zeigt, dass man uns nicht nur anhört, sondern auch darauf eingeht.
9. Der internationale Verbund muss gesucht werden. Die Probleme dieser Welt sind so groß, dass wir sie nur gemeinsam lösen können. Die Digitalisierung bietet auch Lösungsansätze für die »anderen« Probleme, wie Umwelt, Armut, Klima, Kriege – damit ist die Digitalisierung auch darin ein zentraler Hebel.
10. Unsere ganz großen Stärken müssen wir in die Waagschale legen, das sind vor allem unser Ideenreichtum, unsere Nachhaltigkeit und unser demokratisches Modell.

Diese Punkte können für das Erreichen einer international wettbewerbsfähigen und wertegetriebenen »Digital-Gemeinschaft Deutschland in Europa« entscheidend sein. Das abschließende Kapitel 28 »Anstöße zu einem Digitalprogramm Deutschland« fügt diese in einen breiteren Rahmen ein, vor dem Hintergrund der Erkenntnisse, die in den Teilen 2 und 3 dieses Buches vermittelt werden sollen.

Wenn denn einmal die geschäftlichen Positionen der digitalen Wirtschaft der »Industrie 4.0« stehen, wird der Bessere gegen den Guten kämpfen. Dann wird eine Marktbereinigung einsetzen, die Prämien vom jetzigen Hype wieder auf »normale Marktwerte« fallen und eine neue Epoche beginnen, vielleicht eine weitere »industrielle Revolution« – »Nummer 6«, da wir uns, wie gezeigt, bereits in der *fünften industriellen Revolution* befinden. Technologien dazu sind schon am Horizont erkennbar, jedoch ist nicht die Technologie allein entscheidend, sondern ihr Wirken und ihre Akzeptanz in der (dann wieder neuen) Gesellschaft spielen eine erhebliche Rolle.

Teil 2:
Branchenübergreifende Hebel und Ansätze

7 Das Arsenal

Dieses Kapitel führt in den Teil 2 dieses Buches unter dessen Titel »Branchenübergreifende Hebel und Ansätze« ein. Damit behandeln wir die Herausforderungen und Lösungen zur Bewältigung der Digitalisierung. Dieser Komplex wird hier eingebettet in Betrachtungen zur geopolitischen Lage, insbesondere der Angriffe auf und Bedrohungen für Europa. Dies ist der »Außendruck«, der im Wesentlichen technologisch und wirtschaftlich ausgeübt wird und der immer noch stärker anzieht. Ein weiteres Spannungsfeld ist die innere Aufstellung Europas und insbesondere Deutschlands, belastet etwa durch Rückstände in der digitalen Infrastruktur sowie durch die weltweit höchsten und noch weiter steigenden Stromkosten. Hinzu kommen verkrustete Verwaltungsstrukturen, Überregulierungen und eine verbreitete Technikfeindlichkeit. Auch wichtige Branchen der Industrie haben Jahre verschlafen – und wachen nun völlig verschreckt auf. Selbst in unserer wichtigsten Branche, der Autoindustrie, haben wir die technologische Führung verloren: sowohl bei der Elektromobilität als auch beim autonomen Fahren. Zum Druck von außen gesellt sich also noch ein »Implosionsrisiko«. Haben wir unter diesen kritischen Vorzeichen wirklich die Kraft zu Befreiungsschlägen? Sind die gesellschaftlichen Systeme, die die USA und China im Zuge der Digitalisierung hervorgebracht haben, so überlegen, dass wir in unserer freien gesellschaftlich-sozialen Grundordnung bestehen können? Hier zeigen wir das »Arsenal« der Instrumente und Verfahren, um uns im Wettlauf um die Digitalisierung zu behaupten.

7.1 Zur Ausgangslage

Erste Frage: Was steht uns an Mitteln zur Verfügung, um den »Deutschen Weg« zur Digitalisierung in der Welt und besonders angesichts der Überdominanz von USA und China erfolgreich zu gehen? Der Begriff »Mittel« ist dabei breit gefasst. Im Kontext der in diesem Buch behandelten »allumfassenden Digitalisierung« deckt dieser mehrere Bereiche ab, vor allem unser Humankapital, die deutsche Geschichte, Kultur und Gesellschaft, die technologisch-industriellen Voraussetzungen, die finanziellen Ressourcen, die wir einsetzen können und dann ein heterogener Komplex, der hier unter »Waffen« zusammengefasst ist. Darauf wird später eingegangen.

7.2 Historisch-kulturelle Prägungen

Mehrere Aspekte sind zu beleuchten. Der historische Hintergrund, von den Anfängen über die Entwicklungen der Neuzeit wurde im ersten Teil des Buches bereits behandelt. Die kulturellen Prägungen und die unterschiedlichen politisch-sozialen Systeme bestimmen in hohem Maße die Wege, die die verschiedenen Nationen bei der Digitalisierung beschreiten. Dies können starke Antriebskräfte sein, Richtungsgeber – oder können Entwicklungen auch bremsen. Dies ist zunächst wertfrei zu verstehen. Nicht jeder technologisch machbare Pfad ist ethisch vertretbar, nicht jedes politische System erfüllt die Freiheitswünsche der Menschen. Letztere können sogar ganz unterschiedlich sein, je nachdem, welchem kulturhistorischen Hintergrund sie entsprungen und von welcher Weltanschauung sie geprägt sind. Was von einer Massengesellschaft Chinas noch akzeptiert wird (ob »freiwillig« oder unter diktatorischem Druck), ließe sich in der abendländischen, von Christentum und Aufklärung geprägter Welt, mit dem Hintergrund der Erfahrungen aus den Kriegszeiten wohl nicht auf Dauer durchsetzen. Aber Vorsicht!

7.3   Unsichere Zukunft

Was macht uns so sicher, dass wir niemals in eine »Digital-Diktatur« etwa nach chinesischem Modell abdriften würden? Aus Unachtsamkeit? Weil uns die Werte einer freiheitlich-demokratischen Grundordnung abhanden gehen? Aus Dummheit (die These »künstliche Intelligenz macht dumm« wird z. B. in Kapitel 23 behandelt)? Weil unser soziales System auf Dauer nicht hält, und Armut nach Potentaten ruft? Aus Druck von außen, etwa wenn China sein politisches Modell im Hegemoniestreben auf unserem gemeinsamen Kontinent (»Belt & Road«) durchsetzen und seine erkennbaren Zersetzungsversuche der EU (etwa »16 plus 1«) zum Erfolg führen könnte? – wir kommen darauf noch zu sprechen. Vielleicht ist diese eine allzu pessimistische Darstellung.

7.4   Die USA: ein Unsicherheitsfaktor

Aber wollen wir denn das US-amerikanische Modell aufnehmen? Der Datenschutz ist dort ja auch nicht gerade zuhause! Die »Big Five« tauschen alles (!) munter aus: ein nie dagewesenes Kartell, eine Macht, die ganze Staaten bedrohen kann, auch eine potenzielle Gefährdung Europas und Deutschlands, wenn man die Börsenwerte, das Übernahmepotenzial (allein Google könnte aus seinem Cash alle großen Autohersteller Deutschlands kaufen) und die teils immer noch wachsende Marktmacht (z. B. Amazon) betrachtet. Auch der Westen driftet auseinander, entgegen gemeinsamen abendländischen Wurzeln. Die »Cowboy-Kultur« greift wieder mehr Raum in den USA. Der »Rust Belt« erzeugt sozialen Druck. Trump ist gekommen. Und mit ihm die Relativierung der Wahrheit, die Infragestellung der Nachkriegsordnung: Freund und Feind sind nicht mehr klar zu unterscheiden. Trump hat, in militärischer Sprache, Probleme mit der »friend-foe-detection«. Mal ist Deutschland Freund, mal Feind (weil exportorientiert), mal mag er Putin, mal wieder nicht. So stimmungsgetrieben Trump erscheinen mag, so berechenbar ist er letztlich auch. Rigoros und überraschend konsequent setzt er sein Wahlmotto um: »America first«. Auf eine irgendwie freundschaftliche Basis kann Europa nicht rechnen. Jüngst verkündete Trump das weltweit größte militärische Digitalisierungsprogramm, um auch für den »Cyber War« gerüstet zu sein, der ja latent auch schon läuft, wenn man die Aktivitäten Putins einmal zusammenzählt – auch diejenigen gegen Deutschland.

7.5   Bedrohungen aus China

Aber Donald Trump und Wladimir Putin sind nicht allein in dieser Auseinandersetzung. Viel größer ist die Bedrohung Europas durch China. Deren Staatspräsident Xi Jinping, in der Machtfülle Maos, der »Vater der Digital-Diktatur«, ist vor allem (noch!) am Zugang zu unserer Technik interessiert. In dem Maße, wie seine Wirtschaft aufholt, baucht er uns nicht mehr. Vielmehr lugt er auf den deutschen Markt, den er mit seinen aufstrebenden Industriegiganten überrollen möchte. Der »Chinesische Staat als Unternehmer« ist zur Bedrohung der freien Weltwirtschaft geworden. Unter den Deckmänteln privater chinesischer Konzerne veranlasst er die Übernahme von Technologiefirmen in Deutschland. So konnte der Weiße-Ware-Hersteller *Midea* den deutschen Roboterbauer *KUKA* erwerben, obwohl allen klar war, dass dieser Deal aus Midea-Sicht keinen hinreichenden strategischen Sinn ergab. Zur staatlichen Rolle als Unternehmer gibt es viele andere Beispiele. Dem *Reifenhersteller CNRC* wurde 2015 nur durch staatliche Zuschüsse möglich, den italienischen Konkurrenten *Pirelli* zu übernehmen. Nach Belieben werden Industrien in China gefördert, durch vergünstigte Einkaufspreise, billigere Energie, staatliche Investitionen und viele sonstige Beihilfen. Was die Zentralregierung nicht macht, das machen die Kantone in eigener Regie. Davon weiß häufig das Zentralkomitee nichts. So entstehen ohne Durchgriff der Zentrale auch gewaltige Überkapazitäten in China, die nach Beschäftigung suchen und in Exportmärkte drücken – häufig zu Dumpingpreisen. Der Staat fungiert aber auch noch als Heiratsvermittler im Inland. Dortige Fusionen werden aus dem Ausland kaum wahrgenommen, bis »plötzlich« ein neuer nationaler Champion entstanden ist. Dann geht es weiter mit staatlich protegierten Übernahmen im Ausland.

7.6   Einfallschneise Osteuropa

Da sich Westeuropa gegen Übernahmen von Hightech und Infrastruktur zunehmend wehrt (z. B. unser *Außenhandels-Wirtschaftsgesetz, AWG*), weicht China auf *Osteuropa* aus. Dort hat *Xi* eine weiche Flanke entdeckt, denn dort sind die Mittel klamm und den europakritischen und zentrifugal agierenden Potentaten, vor allem in den *Visegrád-Staaten*, sind Finanzmittel sehr recht – egal woher sie kommen.

Die »Einfallsschneise« Ost- und Südeuropa als Weg zu einer potenziellen Kolonialisierung der EU hat China früh erkannt. Zunächst waren es einzelne Baustellen, wie etwa der griechische Hafen *Piräus*, um den sich China bemühte. Bereits seit 2002 arbeitet die chinesische Großreederei *Cosco* daran, sich dieses Filetstück der europäischen Logistik zu sichern. Cosco »gehört dem chinesischen Volk«, ist also ein staatlich geführtes Unternehmen. Piräus ist derzeit der drittgrößte Hafen Europas. Die klammen Griechen waren froh, einen Investor zu finden. Europa lud China geradezu ein: Der große Durchbruch gelang schließlich mit dem Privatisierungsprogramm, zu dem die EU und der Internationale Währungsfonds (IWF) Griechenland aufgrund der Schuldenkrise zwangen. Für rund 280 Mio. € übernahm Cosco 2016 vom griechischen Staat 51 % der Hafengesellschaft *Piräus Port Authority* (PPA). Damit sicherte sich Cosco bis 2052 die Betreiberrechte für mehrere Container-, Auto- und Passagierterminals. Weitere PPA-Anteile kann Cosco übernehmen, wenn der Konzern bestimmte Investitionsauflagen erfüllt: Bis 2026 müssen die Chinesen insgesamt 350 Mio. € in die Hafenanlagen investieren. Weitere 200 Mio. € sollen in angrenzende Projekte fließen. Dank seiner geostrategischen Lage, der Geldmittel, die China investiert und dank chinesischer Hightech durch *Großkräne*, *Digitalisierung* und *Vollautomatisierung* hat Piräus nun eine atemberaubende Perspektive: Mit dem schnellsten Wachstum aller europäischen Sea Ports wird Piräus in wenigen Jahren den *Hamburger Hafen* – der größte in Deutschland und Nummer drei in Europa – überholt haben, sowohl beim Container-Umschlag als auch für die Passagier-Schifffahrt.

7.7   Einfallschneisen in Deutschland

China lernte aus dem frühen Piräus-Projekt, wie man Europa optimal erschließen kann, nämlich durch systematischen Einstieg per Hintertürchen in deren Logistik. Damit kann man auch in Deutschland erfolgreich sein, z. B. bei den unwirtschaftlichen regionalen Flughäfen, für die Geschäftskonzepte und Finanziers gesucht wurden. So lief das Programm dann ab:

- 2007 Kauf Flughafen *Schwerin-Parchim,*
- 2014 Flughafen *Hahn* im Hunsrück wird regelmäßig von Wuxi (Ostchina) mit Frachtfliegern angesteuert,
- 2017 Chinesische Post erklärt Flughafen Hannover zum Logistik-Zentrum,
- 2017 Kooperationsvertrag Flughafen *Leipzig* mit der Provinz Hebei,
- 2016 Chinesischer Investor Shanghai Yang Trading kauft Hahn und kann nicht zahlen,
- 2018 Hahn wird für 15 Mio. € von der *HNA Group* übernommen und zum zentralen Drehkreuz der DHL erklärt, trotzdem defizitär.

Wie zu erkennen ist, ging China dabei nicht allein den Weg der Übernahme. Primär geht es um den Zugang zu Deutschland, der Logistik für weitere chinesische Aktivitäten, sei es die Versorgung für chinesische Akquisitionen in Deutschland oder die Transportwege für den Vertrieb chinesischer Exporte. Da die Engagements der Chinesen willkommen waren und halfen, fehlgesteuerte Investitionsruinen zu retten, genehmigte die EU z. B. 2018 Betriebsbeihilfen von 25 Mio. €. Somit wurden die Eintritte Chinas nach Europa auch noch weitgehend von uns selbst finanziert.

7.8   Das Projekt »Neue Seidenstraße«

Piräus und andere frühe Infrastrukturprojekte Chinas in Europa waren nur die Vorhut. 2013 stellte das Zentralkomitee Chinas das »Belt & Road«-Projekt vor, bekannter unter dem Namen »Neue Seidenstraße«. In dieses wurden nachträglich alle Vorläufer-Investments einbezogen, also auch Piräus und Schwerin. Fast 1 Billion € will China in seiner Seidenstraßen-Initiative investieren, um mehr als 60 Länder in Asien, Europa und Afrika miteinander zu vernetzen. Als »Straße« sind dabei alle Modalitäten abgedeckt:

- **Landwege:** Autobahnen,
- **Schienenwege:** Cargo, HGV, Schiene, Bahnhöfe, Verschiebebahnhöfe,
- **Wasserwege:** Seeschifffahrt, Flüsse, Kanäle und Häfen,
- **Luftfahrt:** Cargo-Liner und Cargo-Flughäfen, Personenfliegerei,
- **Strom:** HGÜ-Trassen und Kraftwerke,
- **Telekom:** Leitungen, Rechenzentren, Internet,
- **Verwaltung:** Rathäuser, Ministerien und andere öffentliche Bauten,
- **Finanzmittel:** Finanzierungen, Bankbeteiligungen (z. B. HNA an DB[389]),
- **Politische Einflusssphäre:** Ausdehnung auf Europa, Naher und mittlerer Osten und Afrika,
- **Informationelle Kontrolle:** Vorposten außerhalb Chinas, Export von IT-Ausrüstung.

---

389 Das chinesische Konglomerat HNA hatte, veranlasst durch die chinesische Regierung, rund 9 % an der Deutschen Bank übernommen, kam selber ins Schlingern und muss sich wohl deshalb wieder zurückziehen (Stand März 2019).

Das ist das größte Finanzierungsprogramm seit dem *Marshall-Plan*.[390] Über das Projekt der »Neuen Seidenstraße« (*Belt and Road-Initiative*) strebt China die Hegemonie auf dem *Eurasischen Kontinent* an, tätigt dort Übernahmen und unterwandert systematisch die EU. Teil des gigantischen Programms ist z. B. die »*16 plus 1*« Initiative.

7.9   China plus 16

»*16 plus 1*« ist der Name einer Regionalorganisation, die aus 16 mittelosteuropäischen Staaten besteht – und China. Flächendeckend verbindet die 2012 von Peking ins Leben gerufene Initiative den Ländergürtel vom Finnischen Meerbusen (*Estland*) bis tief in den *Balkan* hinein. Hernach als Teil des Seidenstraßen-Projektes deklariert, gilt dieser Vorstoß den Staaten Osteuropas, die immer mehr Aufmerksamkeit der Chinesen auf sich ziehen. Der Kapitalbedarf dieser Länder öffnet ihre Märkte für China. Das Programm wurde im November 2015 mit einem Gipfel in *Suzhou*, nahe von Shanghai, gestartet.[391] »16 plus 1« ist ein doppelter geopolitischer Schachzug: gegen die Expansion der westlichen Einflusssphäre – NATO- und EU-Erweiterung nach 1990 – und gegen den Einfluss *Russlands* in der Region. Man kann nie wissen. Die chinesische Politik denkt in langen Zeiträumen.[392] Durch die Wirtschaftsförderungen und Investitionen Chinas in Osteuropa sind die Marktanteile westlicher Unternehmen bereits zurückgegangen. Langsam macht sich nun Nervosität in der EU breit und die Sorge, dass die europäische Einheit noch weiter geschwächt werden könnte.

7.10   Vision »China 2049«

Kurzfristig will China mit der Initiative »Neue Seidenstraße« Überkapazitäten seiner Industrie auslasten. Doch langfristig will Peking damit die Weltordnung zu seinen Gunsten beeinflussen: Mit dem Zieljahr 2049. Hundert Jahre nach der Gründung der Volksrepublik China soll der »Traum« eines modernen Sozialismus verwirklicht sein. Dazu wurde die Vision »China 2049« ausgerufen: Ein reicher Staat, weltweit führend, militärisch stark, demokratisch, zivilisiert und »harmonisch«. Aber schon *Napoleon* erkannte: »*Wenn China erwacht, wird die Welt erzittern*«.[393]

7.11   Der weitere Weg

Warum dieser Exkurs in die breiteren Motive und Konzepte der USA und China? Damit soll verdeutlicht werden, dass unsere Zeit der *Unilateralismus* stärker denn je fordert, dass jedes Land am Ende allein für Wohl und Wehe seiner Volkswirtschaft, seiner Gesellschaft verantwortlich ist, im Idealfall in eine größere

---

390 Marshallplan (European Recovery Programm ERP) für Westeuropa: 1948, mit 12,4 Mrd. USD dotiert.
391 Über Weiteres zum Eröffnungsgipfel in Suzhou berichtete das Handelsblatt am 24.11.2015, https://www.handelsblatt.com/politik/international/der-161-gipfel-china-will-neue-seidenstrasse-nach-osteuropa/12626548.html, abgerufen 2.3.2019.
392 Ostexperte.de, Nachrichten Russland und China. Morgenkommentar vom 18.5.2017. https://ostexperte.de/16-plus-1/, abgerufen 2.3.2019.
393 Weiteres nachzulesen in: Die Welt Kultur vom 27.9.2018, https://www.welt.de/kultur/plus181676808/Wie-China-im-Jahr-2049-die-Welt-beherrschen-wird.html, abgerufen 2.3.2019.

Gemeinschaft eingebunden, wie *Deutschland* in der *Europäischen Union*. Dies trifft in besonders hohem Maße auf den Wettlauf um die Digitalisierung zu, dem Streben nach Führung in der kommenden Industriegesellschaft.

7.12   Arten der Auseinandersetzung

Es müssen keine Kriege sein, keine Datenkriege, um sich gegen andere Nationen durchzusetzen, wohl wissend, dass Letztere ja schon an der Tagesordnung sind, im Kleinen wie im Größeren (aber glücklicherweise nicht im ganz großen, finalen! Weiteres dazu findet sich im Kapitel 14 »Cyber Security«). Angesichts der Kräfteverhältnisse im Allgemeinen, besonders aber aus der Schwächeposition Deutschlands bei der Digitalisierung heraus, können wir uns frontale Auseinandersetzungen gegen die USA und China keinesfalls leisten. Wie noch gezeigt wird, ist Deutschlands Wirtschaft sogar noch viel verletzlicher gegenüber digitalen Schädigungen aus dem Ausland, als andere Länder, die weniger von hohen Löhnen, hohen Kosten und Exporten abhängig sind als andere Nationen der zweiten Reihe, zu der wir zweifellos zählen. Am ehesten vergleichbar ist unsere Position noch mit der alternden Industriegesellschaft *Japans*. Da war es ein kluger Schachzug, dass wir kürzlich mit *Tokyo* eine Freihandelszone errichtet haben.

7.13   Die Siegerfrage

Wir müssen uns der Frage stellen, wer denn letztlich als »Sieger unter den digitalen Gesellschaften« hervortritt. Wenn wir die Summe der in Kapitel 5 »Das Krisengebiet« vorgestellten Marktwerte für die *I/SD*-Segmente zugrunde legen, dann positioniert sich Deutschland weit hinten. Wie wir sehen werden, verschlechtert sich die Situation Deutschlands noch, und zwar so stark, dass geradezu Verzweiflungstaten in Industrie und Staatsmacht zu beobachten sind. (Siehe dazu Teil 3 dieses Buches, insbesondere die Kapitel 18 »Mobility« und 22 »Smart Government«). Wenn wir aber ethische Werte, politische Freiheiten mit einbeziehen, dann sehen die Werturteile im Vergleich unter den verschiedenen Modellen der »Digitalen Gesellschaft« möglicherweise anders aus.

7.14   Wert und Werte

Die USA und China haben beim Stand ihrer Digitalisierung, ihrer Anstrengungen und Perspektiven unzweifelhaft die Nase vorn. Wie gezeigt wurde, beträgt der Wert ihrer Investitionen im *I/SD*-Segment ein Vielfaches von dem in Deutschland. Aber Marktpreise und Renditen können nicht die einzigen Maßstäbe im Wettlauf um die Digitalisierung sein. Die Grundordnungen und Rahmenbedingungen von USA und China zur Verfolgung ihrer digitalen Ziele sind nicht mit den ethischen Wertvorstellungen und der freiheitlich-demokratischen Grundordnung Deutschlands vereinbar. Die Digitalisierung ist nicht »wertefrei«. Das Wertesystem der »Digitalen Gesellschaft der Zukunft« ist auch nach ethischen, moralischen und sozialen Kriterien zu messen.

Stimmen aus den USA und China zeigen, dass auch dort dem jeweiligen nationalen »*Mainstream der Digitalisierung*« durchaus widersprochen wird. Bürger und Vereine der USA diskutieren die Monopolisierungen im *I/SD-Bereich* auch kritisch. Selbst die US-Kartellbehörde *FTC* beobachtet argwöhnisch den unkontrollierten Datenaustausch zwischen *Google, Amazon, Yahoo* & Co. Präsident *Trump* ist nicht ihr bester Freund, da deren Gründer seine politische Agenda harsch kritisieren. Er hält sich aber zurück, um die Cashbringer der Nation nicht zu gefährden.

Auch in China gibt es kritische Stimmen, trotz Druck und Drohungen seitens des Staates. Das Zentralkomitee hat längst wahrgenommen, dass führende Wissenschaftler das Land verlassen und in die USA – ja sogar nach Europa – gehen, um sich dem Druck und der Kontrolle zu entziehen. Chinesische Geschäftsreisende dürfen sich immer nur in abgezählten Tagen im Ausland bewegen. Chinesischen Diplomaten wird vorgegeben, mit wem sie sich außerhalb der Landesgrenzen treffen dürfen. Wenn ihre Amtszeit abläuft, werden sie gezwungen, ins Reich der Mitte zurückzukehren, auch wenn sie die Freiheit in Deutschland zu schätzen gelernt haben und lieber bleiben würden. *Xi* hat möglicherweise das Rad schon überdreht, denn Angst vor dem eigenen Staat breitet sich aus.

Vielleicht ist die Hoffnung zu groß, dass es auf Dauer nicht so bleiben kann, dass langfristig beide Systeme, USA (die ja nicht so stark entfremdet sind) und China (in seiner Digital-Diktatur), in eine gemäßigtere Digital-Epoche eintreten werden. Aber eines ist bekanntlich sicher: Nichts ist so stetig, wie der Wandel.

7.15   Interne Barrieren

Die treibenden Faktoren, seien es die Marktwerte und Technologiepositionen, seien es ethische Visionen, sind es aber nicht allein, die einen erfolgreichen Übergang in »freiheitliche Digitaldemokratien« bestimmen werden. Viel entscheidender könnten die inneren Einstellungen der Gesellschaften, die Bereitschaften zum Wandel und die Technologieaffinitäten sein. Auch dabei ist Deutschland in einer kritischen Lage.

Ob Technologien allein also Deutschland im »digitalen Wettlauf« wirklich retten werden, ist offen. Denn die internen *Barrieren*, die wir als kulturell-politisches Erbe (etwa: 68er-Generation, Technik- und Industriefeindlichkeit) mitbekommen haben und die wir uns zusätzlich auch noch aufbürden, etwa durch Fehlsteuerungen (in der *digitalen Infrastruktur*) oder infolge politischer Entscheidungen (*Strompreise* …) sind so gravierend, dass man die Frage stellen muss, ob Deutschland durch die Übermächte USA und China von außen zerdrückt wird oder aufgrund struktureller interner Schwächen »implodiert«. Wenn beides zur Wirkung kommt, sind schwerwiegende Folgen kaum zu vermeiden! Das ist die »technische« Seite, da können wir moralisch noch so sehr punkten, das wird uns nicht retten, wenn wir nicht in der Lage sind, die richtigen Hebel in Bewegung zu setzen, um im Wettlauf bei der Digitalisierung mitzuhalten, idealerweise sogar aufzuholen. Nur so können wir den Industriestandort Deutschland in die neue Epoche hinüberretten, die durch die »allumfassende Digitalisierung« geprägt ist, nicht nur in *Industrie*, sondern auch in der gesamten *öffentlichen Hand* und im Privatleben.

7.16   Rettung aus eigener Kraft

Wie oben dargestellt, ist Deutschland bei der Digitalisierung weitgehend auf sich allein gestellt. Freunde von außen werden uns nicht helfen, insbesondere die USA und China nicht. Und Europa ist zu schwach, zu zersplittert, zu heterogen, zu zögerlich – könnte zwar Kräfte bündeln, die sind aber so schwach, dass wir darauf nicht setzen können. Bleibt also primär nur der Weg, uns »am eigenen Schopf« aus dem Sumpf, in dem wir zweifellos stecken, herauszuziehen. Leider heißt das dreierlei, nämlich (1) nachträgliches Aufholen bei den vernachlässigten Bereichen, insbesondere Infrastruktur, Energie und Ausbildung, (2) Erschließen der neuen Technologien und Schaffung von Rahmenbedingungen, dass diese auch zum Tragen kommen und (3) erfolgreiche Positionierung Deutschlands gegenüber den USA und China – vielleicht auch im Verbund der EU, wenn sie wirklich aufwachen, signifikante Beiträge und Schlagkraft durch konzertierte Aktionen bieten würde. Letzteres zeigt Brüssel nur mit mäßigem Elan. Also bleibt uns nichts anderes, als uns primär auf unsere nationalen Kräfte zu besinnen – die sollten wir aber bündeln und den Schulterschluss zwischen *Industrie*, *Gesellschaft* und *Verwaltung* suchen.

7.17   Ein militärisch anmutendes Denkmodell

7.17.1   Der »Datenkrieg«

Dieses vorausgesetzt kommen wir zur Frage nach dem Vorliegen eines »*Datenkrieges*«. Wir sind nicht die Ersten, die diesen im Kontext der Digitalisierung ins Spiel bringen. Der »Globale Datenkrieg« war eines der Topthemen auf dem *DC Executive Club* des *Diplomatic Councils* im Juni 2018 im Schlosshotel Kronberg bei Frankfurt.[394] 2012 sprach die Welt bereits vom israelisch-arabischen Datenkrieg.[395] Der Skandal um die Auswertung von *Facebook-Daten* durch *Cambridge Analytics* und deren Nutzung durch das Trump-Team im Wahlkampf wurde 2018 gleichfalls als »Datenkrieg« bezeichnet.[396]

Haben wir es nun mit einem veritablen »Datenkrieg USA versus China versus Europa« zu tun? Ist aus der schwachen Position Deutschlands heraus überhaupt ein »Krieg« angesagt? Oder besser gesagt, diplomatische Lösungen: Allianzen, Suche nach strategischen Nischen, Wechsel der Schlachtfelder: etwa weg von der Technik-Optimierung, hin zu einer »menschenorientierten Digitalisierung«? Sollte man sogar Überzeugungsarbeit für gesellschaftlich-soziale Grundordnungen leisten, bei denen Deutschland als Referenzmodell dienen könnte?

Letztere lehnt *Xi Jinping* ja vehement ab: aus politischer Überzeugung, aus dem Glauben an die Überlegenheit eines »*Digitalstaates*«. Er soll sogar unserer Kanzlerin angeraten haben, von »überzogenem *Datenschutz*« abzulassen, weil das Deutschland im Digitalisierungswettbewerb ins Abseits führen wird.

---

394 Diplomatic Council, Thought Leadership, https://www.diplomatic-council.org/de/node/196, abgerufen 28.2.2019.
395 Frankfurter Allgemeine Zeitung vom 18.1.2012: Israelisch-arabischer Datenkrieg: Auge um Auge, Byte um Byte. https://www.faz.net/aktuell/politik/ausland/naher-osten/israelisch-arabischer-datenkrieg-auge-um-auge-byte-um-byte-11612671.html, abgerufen 28.2.2019.
396 Bericht über die Ermittlungen: ORF News, https://orf.at/v2/stories/2430685/2430684/, abgerufen 28.2.2019.

7.17.2   Die Instrumente und Prozesse

Sprechen wir dennoch hier von »Waffen«, so sind damit alle Hebel gemeint, die wir ziehen können und müssen, um uns aus dem Dilemma der Rückständigkeit, belastender Randbedingungen und (im Vergleich zu USA und China) schwacher Finanzmittel zur Aufholjagd zu befreien. Diese Mittel sind äußerst vielfältig und beileibe nicht nur technologisch-wissenschaftlicher Natur.

Der vor uns liegende Teil bietet dazu eine Rundumschau und liefert darüber hinaus Definitionen und Strukturen insbesondere dort, wo diese in der öffentlichen Diskussion fehlen. Diese mögen auch zu Widerspruch führen. Den aktuellen Diskussionen fehlen vielfach die gemeinsamen Verständnisgrundlagen. Die politische Diskussion ist sogar so eingeengt, dass nur besserer Infrastruktur und Ausstattung von Schulen das Wort geredet werden. Neuerdings stürzt sich alles auf die »*künstliche Intelligenz*« – verkürzt auf ein Buzz-Word, unter dem nur wenige wirklich wissen, wie die zu definieren ist und was dazugehört. Zweifellos sind die Abgrenzungen der Begriffsfelder vielfach nicht scharf. Es ist aber die weitverbreitete Bequemlichkeit, nicht zu hinterfragen, nicht zu recherchieren – aber ohne tieferes Wissen überall daherzureden, um sich ins Rampenlicht zu stellen. Diese Art von Diskussion hat verheerende Folgen, denn (1) verdeckt sie die speziellen Felder und Hebel, die zur Lösung unserer Probleme zu bearbeiten sind und (2) werden Prognosen und Ziele in die Welt gesetzt, die entscheidender Grundlagen entbehren. So etwa Vorhersagen zur Markteinführung von autonomen Systemen, besonders im Straßenverkehr, nicht wissend, welcher technologische Level gemeint ist, welches Verkehrsumfeld und welcher Durchdringungsgrad im Markt. Krass weichen deshalb die Prognosen internationaler Institutionen (*OECD* ...), vom Bund (*BMWi* ...) Beratern (*McKinsey* ...) voneinander ab.

Vor dem Hintergrund solcher Einschränkungen wurde für den hier einzuführenden Teil der Sammelbegriff »Waffen« gewählt. Dies antizipiert aber nichts zu deren Einsatz. Ob wir zum Angriff blasen, Allianzen suchen sollten, stark zunehmen oder Speerspitzen entwickeln, das müssen wir dann entscheiden, wenn wir uns das zur Verfügung stehende Arsenal angesehen und die Verfahren durchleuchtet haben. Die Kenntnisse des Arsenals und der Verfahren sind erfolgsbestimmend für jeden Pfad, zu dem wir uns entscheiden. Nicht-Wissen ist in dieser Situation unentschuldbar und führt sowohl zu falschen Entscheidungen als auch zu fehlerhafter Umsetzung. Das gilt für Deutschland insgesamt, insbesondere aber für alle Adressaten dieses Buches, seien sie aus der *Industrie*, aus *Verwaltung*, *Regierung* oder Vertreter *gesellschaftlicher Gruppen*.

7.17.3   Strategien

Damit ist ein weiterer Fragenkomplex angerissen, nämlich nach einer deutschen Gesamtstrategie zur Digitalisierung (die top-down entwickelt werden könnte), oder mit der Entwicklung von mehr oder weniger unabhängigen Einzelstrategien (bottom-up zu planen) sowie nach dem Bezug zwischen dem Ganzen und dem Einzelnen.

China macht das ganz einfach: Der Staatsapparat überlässt den sogenannten *BAT-Unternehmen* die Initiative, vertrauend auf den Geschäftssinn ihrer Führer. Der gesetzliche Rahmen wird so weit gespannt, dass es wenig Einschränkungen gibt, außer etwa der strikten Einhaltung der »IT-Außengrenze«: Nichts darf nach China hinein, nur unter Ausnahmegenehmigung des Staates. Chinas IT-Raum ist ein geschlossenes »nationales *Intranet*«. Der Pakt zwischen den *I/SD-Unternehmen* Chinas und dem Staatsapparat beruht auf Gegenseitigkeit. Der Staat schützt die chinesischen Unternehmen vor unliebsamer Konkurrenz aus dem Ausland. Dafür sind die BAT-Unternehmen und die weiteren Vertreter des *I/SD*-Segmentes dem Staat gegenüber verpflichtet, alle ihre Technologien, ihre Daten und internen Prozesse jederzeit dem Staat gegenüber zu öffnen und ihm Verfahren, die sich innerbetrieblich als erfolgreich erwiesen haben, zur Verfügung zu stellen. Wer das nicht tut, wird sanktioniert, im Extremfall wird der Betreffende isoliert, sogar eliminiert und durch eine Persönlichkeit ersetzt, die dem Staatsapparat genehm ist. Somit finden wir hier ein geschlossenes System vor, mit Top-down-Dominanz und Aktivierung von Bottom-up-Initiativen, um dem Staat immer die neuesten Erkenntnisse aus industrieller Anwendung transferieren zu können. Dieses »geschlossene Modell« ist auch eine der zentralen Säulen für die Entwicklung des Systems der Bürgerüberwachung, des Betriebs der »*Sozialkonten*« und der schnellstmöglichen Implementierung technischer Neuerungen aus industrieller Erfahrung. In Kapitel 23 »Arbeitswelt in der digitalen Gesellschaft« wird noch gezeigt, wie der zeitnahe Transfer von Methodiken zur Mitarbeiterüberwachung aus BAT-Unternehmen zum Bürgerüberwachungssystem des Staates funktioniert.

7.17.4   Kenntnis um die Strategischen Instrumente

Auf den Standort Deutschland zurückkommend ist zu fordern, dass jede Einheit aus Wirtschaft, Gesellschaft und Verwaltung sich im Sinne der nachfolgend erklärten Kompetenzen (»Waffen«) kundig macht, die Passung zu deren Einsatz prüft und dazu ein Programm zur weiteren Digitalisierung entwickelt. Erste Priorität haben das Wohl der jeweiligen Einheit sowie die positive Ausstrahlung und Wirkung auf Gesellschaft und Staat. Insofern wird hier – im Gegensatz zu China – der »Bottom-up-Priorität« das Wort geredet. Sehr zu empfehlen ist dabei der horizontale Erfahrungs- und Wissensaustausch, mit vergleichbaren Einheiten, in *Verbänden* und quer über die Gruppen: insbesondere zwischen *Industrie, Verwaltung* und deutschen *NGOs*. Wir kommen später (wiederum in Kapitel 23) noch dazu, dass dieser Austausch auch grenzüberschreitend stattfinden sollte. Eine der besonderen Stärken, um die uns das Ausland (auch die USA und China) beneiden, sind die vielfältigen wissenschaftlichen Unternehmen und Institute, die sich auf hohem Niveau Themen der Digitalisierung widmen, forschen und beraten. Auch diese stehen im *Wissensnetzwerk Digitalisierung* zur Verfügung. Anforderungen und Wünsche sollten über *Industrieverbände* gesammelt und den Bundesministerien vorgetragen werden. Dabei können die Verbände auch regelmäßige persönliche Vorsprachen in den Ministerien organisieren. Nur dadurch können wir die Ministerien ertüchtigen, die richtigen Weichen zu stellen, d. h. top down ist in Deutschland nur fruchtbar, wenn dezentrales Kompetenzmanagement, Quer-Austausch und Bottom-up-Prozesse funktionieren. Als eine Grundlage zum Aufbau von Kompetenzen ist dieser Teil zu verstehen.

7.17.5   Das Arsenal

Kommen wir zum Titel dieses einführenden Aufsatzes, zum Teil 2 des Buches, zurück: »*Das Arsenal*«. Dieser Begriff summiert im Sinne moderner Kriegsführung neben den *Waffengattungen* auch die *Kompetenzen*, deren man sich zu versichern hat, bevor ein Feldherr (hier: CEO, CIO, Behördenchef, Minister, Vereinsvorstand ...) sich überlegt, welchen Weg er wo gehen sollte: Angriff (wo?), Verteidigung (wo?), Diplomatie (wo?) und welches sind die Grenzlinien (in heutiger Strategiesprache: »walk-away-point« usw.).

Die »Waffen« sind beileibe nicht nur Technologien zur Digitalisierung (zusammengefasst in Kapitel 8 »Elemente und Instrumente«) sondern auch die nötigen digitalen Infrastrukturen (siehe Kap. 9).

Die Kompetenzen umfassen alle Prozesse des Wandels, des internen (Kapitel 12 »Organischer Umbau: digital getriebene Wertschöpfung«) sowie des externen (Kapitel 13 »Digitalisierung M&A«). Der Platz des Buches reicht natürlich nicht aus, alles, was unter Umbau verstanden werden kann, hier auszubreiten. Wir beschränken uns auf die wichtigsten Strömungen der Nachkriegszeit (nach 1945).

Auseinandersetzungen und diplomatische Vorstöße bereiten vorausschauende Anführer sorgsam vor. So auch zur Digitalisierung. Dies wird im Kapitel 11 »Simulation und Virtualisierung« mit besonderem Augenmerk auf die Verfahren, die uns methodisch im breiten Feld der Digitalisierung zur Verfügung stehen.

Der große technische »Antagonist« digitaler Offensiven ist das Risiko, das nicht nur »digital«, sondern auch durch persönliche Angriffe oder Unterlassungen auftritt. Dies beleuchtet das abschließende Kapitel des hier vorzustellenden Teils 2, nämlich Kap. 14 »Cyber Security«.

8 Elemente und Instrumente

In diesem Kapitel stellen wir den grundlegenden »Werkzeugkasten« vor, der der Implementierung zur »digitalen Industriegesellschaft 5.0« zur Verfügung steht. Bereits jetzt wird eine Vielzahl von technischen Konzepten und Anwendungen unter dem Begriff der sogenannten Industrie 4.0 gefasst. Die Industrie ist der Schrittmacher für die »allumfassende Digitalisierung«, sowohl als Pilotanwender als auch durch ihre Ausstrahlung auf alle Bereiche des sozialen Lebens. Deshalb wurde sie als »Ausgangspunkt« für die Betrachtung in diesem Kapitel gewählt. Darüber hinaus werden hier herausragende Anwendungen und Entwicklungen anderer Felder vorgestellt, vor allem im Bereich Medizin/Krankenpflege, dem Finanzsektor, dem Online-Handel und in der Öffentlichen Verwaltung, in der das hier vorzustellende »Toolkit« gleichfalls Einzug hält. Umgekehrt befruchten andere Branchen die Industrie, wie etwa die aus dem Finanzsektor kommende Blockchain-Technologie, die wohl neben dem Internet und der fortschreitenden Entwicklung der sogenannten »künstlichen Intelligenz« zu den wichtigsten Säulen der »Industriegesellschaft 5.0« zu rechnen ist. Im Folgenden wird der Versuch gemacht, die grundlegenden Elemente und Instrumente im Kontext vorzustellen, die aktuellen Ausprägungen in der sogenannten »vierten industriellen Revolution« zu erläutern und weitere Entwicklungen aufzuzeigen, ausgehend vom Status quo. Damit wird ein Spannungsbogen geschlagen, vom »Grundelement« der Industrie 4.0, nämlich den »cyber-physischen Systemen (CPS)« bis zur Automatisierung in der jüngsten Generation mit den dahinter liegenden Technologien, wie etwa der Erkennungssysteme, Robotics, Verhaltensmustern und deren Management sowie Simulationen und virtueller Realität. Als »Grundlagentechnologie« ist die künstliche Intelligenz anzusehen, die deshalb allem voranzustellen ist. Die Applikationsfelder umfassen alle Bereiche des Lebens.

8.1 Grundlegende Entwicklungen

Die Welt und mit ihr die Wirtschaft befinden sich inmitten eines Paradigmenwechsels, der unser *soziokulturelles Umfeld*, insbesondere unser Privat- und Wirtschaftsleben nachhaltig verändern wird. Die Vernetzung aller Akteure innerhalb der Wertschöpfungskette der Wirtschaft und der »*Nutzenkette*« des öffentlichen und privaten Lebens und die vollständige Digitalisierung relevanter Informationen nehmen ihren Lauf und mit ihr wandelt sich die Rolle des Menschen. Bereits jetzt wird eine Vielzahl von technischen Konzepten und Anwendungen unter dem Begriff *Industrie 4.0* vermarktet. Doch was bedeutet dieser Begriff und welche Implikationen hat er für die Betroffene? Als kennzeichnende Elemente sind fünf zentrale Felder zu nennen:

- **Standardisierung,** durch die einheitliche Kommunikationsstandards und Schnittstellenstandards zur Datenverarbeitung geschaffen werden.
- **Einbettung** von Sensoren als Bestandteile physischer Akteure, die zu einer Verschmelzung von Hard- und Software führen.
- **Digitalisierung,** mit der Informationen erfasst und aufbereitet werden können, und so die Schaffung eines digitalen Abbilds des Warenflusses ermöglicht wird.

- **Vernetzung,** zwischen Mensch und Maschine als zentraler Bestandteil entlang der Wertschöpfungskette.[397]
- **Automatisierung,** durch die zunehmend datengetriebene Entscheidungen.

Wenn es gelingt, diese Daten nutzbar zu machen, können *Automatisierungskonzepte,* intelligente Maschinen und Roboter zu *Effizienzsteigerung, Arbeitsentlastung* und *Ressourcenschonung* beitragen. Zudem ist es möglich, durch Daten neue *Geschäftsfelder* und *digitale Geschäftsmodelle* zu generieren. Noch bestehen zwar zumeist digitale Insellösungen, werden diese jedoch nach und nach miteinander verschmelzen und in eine *umfassende Vernetzung* münden. Spätestens dann wird die Entgrenzung von Produkten und Prozessen durch selbstständige Denk- und Kommunikationsfähigkeit neue Dienstleistungsansätze hervorbringen und auch die Rollen und Funktionen des Menschen in der Gesellschaft werden sich wandeln. Der vernetzte *Mensch* wird dann mehr und mehr zum integralen Bestandteil der »*Cyberwelt*« – wohlgemerkt als deren Schöpfer, wichtigster Treiber und »Kapitän«. Seine Rolle im *Wertschöpfungsprozess* ändert sich dadurch nachhaltig. Daraus entstehen Fragen nach seiner zukünftigen Rolle und Arbeitsleistung, seiner Beschäftigungsmöglichkeiten und Entlohnung, die noch nicht beantwortet sind, etwa zum (»bedingungslosen«?) *Grundeinkommen.* (Weiteres dazu siehe Kapitel 23 »Arbeitswelt in der digitalen Gesellschaft«.) Treiber sind Systeme aus *Sensorik* und *Aktorik,* intelligente Netze für Kommunikation und Energieübertragung, neue Energiespeichersysteme, sogenannte »*smarte*« Anwendungen in allen Lebensbereichen, angeschoben durch intelligente *Automatisierung.* Diese verbinden sich zu *cyber-physischen Systemen (CPS),* dem Grundelement der »Industrie 4.0«. Allumfassende Vision ist der Aufbau übergreifender *Cyberstrukturen,* die die Welt verändern werden wie wohl noch nie zuvor in der Geschichte der Menschheit. Im Folgenden werden die Haupt-Wissensfelder, Komponenten und Einsatzgebiete in ihrem Verbund der Landschaft einer »Industrie 4.0« in ihren Zusammenhängen vorgestellt.

8.2   Künstliche Intelligenz

Künstliche Intelligenz (englisch *artificial intelligence, AI*) ist Teilgebiet der Informatik, die sich mit der Automatisierung intelligenten Verhaltens und maschinellem Lernen befasst. Der Begriff ist nicht klar abgrenzbar, da es bereits an einer genauen Definition von »Intelligenz« mangelt (Weiteres dazu siehe Kapitel 16 »Künstliche Intelligenz: Wettlauf mit den USA und China« im Teil 3 »Wettbewerbsbestimmende Felder« dieses Buches). Dennoch wird er in Forschung und Entwicklung verwendet. Hinsichtlich der bereits existierenden und der als Potenziale sich abzeichnenden Anwendungsbereiche gehört *künstliche Intelligenz* zu den wegweisenden Antriebskräften der Digitalen Revolution. Im Allgemeinen bezeichnet *künstliche Intelligenz* den Versuch, menschenähnliche Entscheidungsstrukturen, etwa einen Computer so zu bauen oder zu programmieren, dass er eigenständig Probleme behandeln kann. Oftmals wird damit aber auch eine *nachgeahmte Intelligenz* bezeichnet, wobei durch meist einfache Algorithmen ein »intelligentes Verhalten« simuliert werden soll, etwa bei *Computerspielen.*

Künstliche Intelligenz (KI), also die Automatisierung intelligenten Problemlösungsverhaltens, hat in den vergangenen Jahren enorme Entwicklungssprünge gemacht. In den Führungsetagen der Konzerne ist *KI*

---

397 Industrie 4.0 – Die fünf zentralen Elemente. Stuttgarter Controller Forum 2015, 14.10.2015.

das große Zukunftsthema, denn sie hat das Potenzial, die Gesellschaft und Wirtschaft grundlegend zu verändern. KI bietet Unternehmen eine große Chance, das Geschäft zu optimieren und ganze Branchen neu zu ordnen. Doch die Herausforderungen sind groß. Die wichtigste Frage lautet: Welche Voraussetzungen muss KI erfüllen, um einen Mehrwert für Unternehmen und Kunden zu schaffen? Intelligente Algorithmen allein reichen dafür nicht aus. KI muss in einem menschlichen Bezugsrahmen stehen, um Entscheidungen im Unternehmen auf einem viel höheren Niveau als bislang vorzubereiten, zu prüfen und umzusetzen. Ein Beispiel ist das große Feld der smarten Konsumprodukte – den meisten fällt dabei nur das *Smartphone* ein –, die ja deshalb als »smart« bezeichnet werden, weil sie mit einem gewissen Maß an künstlicher Intelligenz ausgestattet sind. (Weiteres dazu im Teil 3 dieses Buches) Bezeichnenderweise ist die *Konsumbranche* zu einem der wichtigsten Treiber zur Weiterentwicklung von KI geworden und hat die Liga der wertvollsten Unternehmen der Welt umgekrempelt.

8.2.1   Einsatzfelder

Schon heute kommen in der Fertigung, der Verwaltung oder dem Finanzwesen in weiten Teilen automatisierte Verfahren zum Einsatz, doch handelt es sich hierbei noch nicht um *künstliche Intelligenz*, sondern um *Robotic Process Automation (RPA)*. Dabei werden Abläufe lediglich von Software gesteuert. Solche Programme können hochkomplex sein, doch sie laufen stets gleich ab. *künstliche Intelligenz* hingegen kann selbstständig Muster erkennen, sich selbst verbessern und die Arbeit eigenständig besser organisieren. Sie wird z. B. in Form *kognitiver Technologien* wie folgt eingesetzt:

- **Maschinelles Lernen** (*machine learning*) bezeichnet die Fähigkeit von Computersystemen, ihre Leistung eigenständig durch gezielte Sichtung und Analyse von Daten zu verbessern, ohne dabei explizit programmierten Anweisungen folgen zu müssen.
- Als **Predictive Analytics** bezeichnet man eine Methode, die mithilfe von Datenmodellen Vorhersagen für die Zukunft trifft und gleichzeitig Handlungsempfehlungen gibt, um die Eintrittswahrscheinlichkeit prognostizierter Ereignisse zu beeinflussen.

8.2.2   Geschäftsmodelle

Grundsätzlich nutzen Unternehmen KI heute auf zwei unterschiedliche Weisen:
- Große Konzerne wie *Google*, *IBM* oder *Microsoft* entwickeln eigene intelligente Plattformen mit künstlicher Intelligenz und bieten sie ihren Kunden gegen Gebühr zur Nutzung an.
- Die Mehrzahl der Unternehmen nutzt die *KI-Dienste* dieser Plattformanbieter, um ihr eigenes Geschäft zu optimieren. Beispiele hierfür sind: Maschinen- und Anlagenbauer testen Plattformen für die vernetzte Produktion, *Versandhändler* erproben damit *Chatbots*[398] für das *Customer Relations Management*, Banken verbessern mit ihrer Hilfe *Zahlungsverkehr* und *Anlageberatung*.

Ihre Ziele sind ähnlich: Künstliche Intelligenz soll in allen Lebensbereichen nicht nur Abläufe effizient steuern oder verwalten, sondern ihr Ziel sollte es sein, Entscheidungen eines Tages schneller, präziser

---

398 Ein Chatbot oder kurz Bot ist ein textbasiertes Dialogsystem, welches das Chatten mit einem technischen System erlaubt.

und zuverlässiger zu treffen als der Mensch. Doch bis dahin ist es noch ein weiter Weg. Denn intelligente Maschinen müssen sich auf den Menschen einstellen können, um ihre Vorzüge ausspielen zu können, insbesondere:

- Maschinen müssen die individuellen Bedürfnisse ihrer Nutzer in der jeweiligen Situation kennen (*goal relevance*).
- Es muss klar sein, wann der Mensch die Kontrolle von der Maschine übernehmen muss (*hands-off*).
- Maschinen müssen *Feedback-Schleifen* vermeiden. Dieses Phänomen schleicht sich ein, wenn Maschinen nur das finden, was sie aufgrund der zuvor verarbeiteten Daten erwarten und nicht das, was wirklich passiert.

8.2.3   Aufgabenteilung Mensch und Maschine

Maschinen verfügen bereits heute über weitreichende analytische Fähigkeiten und sind in der Lage, hochkomplexe Entscheidungen zu fällen. Doch das dafür verwendete explizite Wissen reicht nicht in jedem Fall, damit diese Entscheidungen von Menschen auch als richtig empfunden werden. Denn Menschen lassen neben der Logik auch implizites Wissen in ihre Entscheidungen einfließen, etwa *Intuition*. Intelligente Maschinen können Intuition heute nur durch die Auswertung riesiger *Datenmengen* nachahmen und auf Probleme anwenden, die immer in ähnlicher Weise auftreten, beispielsweise bei der *Rechnungsprüfung*.

Bei wichtigen Einzelfallentscheidungen in der Wirtschaft ist Intuition jedoch von zentraler Bedeutung. Wenn ein *Versicherung*skonzern etwa ein nie dagewesenes Risiko einschätzen muss, kann er nur begrenzt auf Daten der Vergangenheit zurückgreifen. Ähnliches gilt beispielsweise für *Personalentscheidungen*, in denen soziale Faktoren wie Auftreten, Teamfähigkeit und Führungsqualitäten des Kandidaten eine herausragende Rolle spielen.

8.2.4   Human Centered Design (HCD)

Um die Vorteile der künstlichen Intelligenz für die Entscheidungsfindung zu nutzen, muss klar sein, worauf Menschen ihre Entscheidungen treffen. Die aktuelle Technik kann das noch nicht leisten. Damit künstliche Intelligenz ihren Nutzen voll ausspielen kann, muss sie sich daher an einem menschlichen Bezugsrahmen im Sinne eines *Human Centered Design* (HCD) orientieren. Das Konzept des HCD sieht vor, dass intelligente Algorithmen in jeder Stufe der Entscheidungsfindung menschliches Urteilsvermögen einbeziehen, und schafft so die Voraussetzung für den erfolgreichen Einsatz von künstlicher Intelligenz in Unternehmen, Verwaltungen und Privatleben. Computer und Mensch arbeiten als Partner konstruktiv zusammen. Das ist aber nur möglich, wenn *Algorithmen* die folgenden Voraussetzungen erfüllen:

- Berücksichtigung des Umfelds, in dem Entscheidungen getroffen werden.
- Anwender müssen die Arbeitsweisen der Algorithmen verstehen.
- Die Arbeitsweise der Algorithmen muss im Unternehmen geprüft und begutachtet worden sein. Nur dann vertrauen Mitarbeiter dem Einsatz intelligenter Technik.

Für Unternehmen heißt das zum Beispiel, ihre Organisation an dieses *Human Centered Design* anzupassen und dadurch die Grundlage des menschlichen Bezugsrahmens für die KI zu schaffen. Dabei sind mehrere Aspekte wichtig:

- Annahmen, Grenzen und Arbeitsweisen des Algorithmus müssen klar kommuniziert werden.
- Vorschriften und Richtlinien von Unternehmen müssen Rechnung tragen und entsprechend angepasst werden.
- Unternehmen müssen festlegen, in welchen Fällen Vorhersagen durch intelligente Systeme zu konkreten Handlungsanweisungen für die Beschäftigten werden dürfen.
- Es muss klar sein, unter welchen Bedingungen die Nutzer die Vorgaben der Algorithmen ignorieren oder ihre Ergebnisse mit anderen Informationen kombinieren dürfen.

Daten und *Digitalisierung* sind nur die technischen Grundlagen für KI. Den Mehrwert für das Unternehmen schafft erst das *Design*. Mit seiner Hilfe lassen sich die Ergebnisse sinnvoll einordnen, umsetzen und nutzen. Das verschafft allen Beteiligten eine bessere Grundlage und mehr Zeit, um Entscheidungen vorzubereiten, zu prüfen und umzusetzen. *Künstliche Intelligenz* soll den Menschen nicht überflüssig machen. Ziel muss es sein, durch ihren Einsatz einen Wandel herbeizuführen, von dem alle Menschen in allen ihren Rollen und Lebenslagen gleichermaßen profitieren.[399]

8.2.5 Ausprägungen

In der wissenschaftlichen Literatur wird zwischen »starker« und »schwacher« *künstlicher Intelligenz* unterschieden.[400] Im Gegensatz zur *starken KI* geht es bei der *schwachen KI* darum, konkrete Anwendungsprobleme des menschlichen Denkens zu meistern. Das *menschliche Denken* soll hier in Einzelbereichen unterstützt werden.[401] Die Fähigkeit zu lernen ist eine Hauptanforderung an KI-Systeme und muss ein integraler Bestandteil sein, der nicht erst nachträglich hinzugefügt werden darf. Ein zweites Hauptkriterium ist die Fähigkeit eines KI-Systems, mit *Unsicherheit* und *probabilistischen Informationen* umzugehen.[402] Insbesondere sind solche Anwendungen von Interesse, zu deren Lösung nach allgemeinem Verständnis eine Form von »Intelligenz« notwendig zu sein scheint. Letztlich geht es bei der *schwachen KI* somit um die *Simulation* intelligenten Verhaltens mit Mitteln der Mathematik und der Informatik, es geht ihr nicht um Schaffung von Bewusstsein oder um ein tieferes Verständnis von Intelligenz. Während die Schaffung starker KI an ihrer philosophischen Fragestellung bis heute scheiterte, sind auf der Seite der *schwachen KI* in den letzten Jahren bedeutende Fortschritte erzielt worden.

---

399 Deloitte: Künstliche Intelligenz für eine neue Dimension der Entscheidungsfindung. In: »Smarter together – Why artificial intelligence needs human-centered design«, Deloitte Review Ausgabe 22 https://www2.deloitte.com/de/de/pages/technology-media-and-telecommunications/articles/kuenstliche-intelligenz-ki.html, abgerufen 7.10.2018.

400 Siehe dazu insbesondere die Schriften und Interviews von Prof. Jürgen Schmidhuber, der als führender deutscher Informatiker mit Spezialisierung auf die künstliche Intelligenz gilt. Siehe dazu https://de.wikipedia.org/wiki/J%C3%BCrgen_Schmidhuber abgerufen 6.10.2019.

401 Nilsson, Nils J. The Quest for Artificial Intelligence. A History of Ideas and Achievements, New York, Cambridge University Press, 2009.

402 Bostrom, Nick. Superintelligenz. Szenarien einer kommenden Revolution, Suhrkamp 2016, S. 42.

8.2.6   Forschung

Neben den Forschungsergebnissen der *Kerninformatik* selbst fließen in die Erforschung der KI Ergebnisse der *Psychologie, Neurologie* und *Neurowissenschaften*, der *Mathematik* und *Logik, Kommunikationswissenschaft, Philosophie* und *Linguistik* ein. Im Gegenzug nimmt die Erforschung der KI auch Einfluss auf andere Gebiete, vor allem auf die Neurowissenschaften. Dies zeigt sich in der Ausbildung des Bereichs der *Neuroinformatik*, der der biologieorientierten Informatik zugeordnet ist, sowie der *Computational Neuroscience*. Bei künstlichen *neuronalen Netzen* handelt es sich um Techniken, die ab Mitte des 20. Jahrhunderts entwickelt wurden und auf der *Neurophysiologie* aufbauen. KI stellt also kein geschlossenes Forschungsgebiet dar. Vielmehr werden Techniken aus verschiedenen Disziplinen verwendet, ohne dass diese untereinander verbunden sein müssen.

8.2.7   Methoden

Methodisch lässt sich künstliche Intelligenz grob in zwei Dimensionen einordnen: *symbolische vs. neuronale KI* und *Simulationsmethode* vs. *phänomenologische Methode*. Die Zusammenhänge veranschaulicht Abb. 21 Methodenansätze zur künstlichen Intelligenz. Die neuronale KI verfolgt einen Bottom-up-Ansatz und möchte das menschliche Gehirn möglichst präzise nachbilden. Die *symbolische KI* verfolgt umgekehrt einen Top-down-Ansatz und nähert sich den *Intelligenzleistungen* von einer begrifflichen Ebene her. Die *Simulationsmethode* orientiert sich so nah wie möglich an den tatsächlichen kognitiven Prozessen des Menschen. Dagegen kommt es dem *phänomenologischen Ansatz* nur auf das Ergebnis an. Ältere Methoden basieren auf *heuristischen Lösungsverfahren*. In jüngerer Zeit spielen *mathematisch fundierte Ansätze* aus der *Statistik*, der *mathematischen Programmierung* und der *Approximationstheorie* eine bedeutende Rolle.

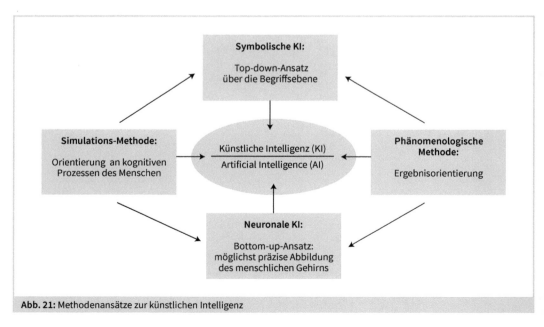

Abb. 21: Methodenansätze zur künstlichen Intelligenz

Die konkreten Techniken der KI lassen sich einteilen in:

- **Suchen** mithilfe speziell entwickelter Suchalgorithmen.
- **Planen** mithilfe der Schritte Zielformulierung, Problemformulierung und Ableitung von Aktionsfolgen, die Agentensysteme ausführen, um die Ziele zu erreichen.
- **Optimierungsmethoden,** zu lösen mit Suchalgorithmen aus der Informatik oder, zunehmend, mit Mitteln der mathematischen Programmierung. Bekannte heuristische Suchverfahren aus dem Kontext der KI sind evolutionäre Algorithmen.
- **Logisches Schließen**: dazu Erstellung von Wissensrepräsentationen, die dann für automatisches logisches Schließen benutzt werden können. Menschliches Wissen wird dabei so weit wie möglich formalisiert, um es in eine maschinenlesbare Form zu bringen.[403]

8.2.8   Anwendungsgebiete

Künstliche Intelligenz findet als »*Grundlagentechnologie*« ihren Einsatz auf allen Feldern des *Daten-Handlings,* der *Erkennung* und der *Automatisierung*, wie sie in den folgenden Abschnitten dieses Kapitels an wichtigen Beispielen erklärt werden. Dies umfasst auch alle *Hierarchieebenen*, auf unterster Ebene etwa vom »intelligenten« *Sensorsystem* bis zu den übergeordneten *Umsetzungstechnologien* (siehe Abb. 22). Dies schlägt sich in allen Anwendungsfeldern und allen Lebensbereichen nieder, wie Konsum, Wirtschaft, Kommunikation, Forschung, Dienstleistung, Verwaltung, Energie, Umwelt, Politik und Sicherheit.

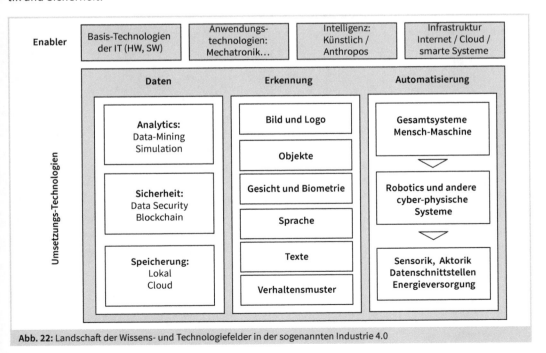

Abb. 22: Landschaft der Wissens- und Technologiefelder in der sogenannten Industrie 4.0

---

403 https://de.wikipedia.org/wiki/K%C3%BCnstliche_Intelligenz, abgerufen 7.10.2018.

8.3   Data-Mining

Unter *Data-Mining* versteht man die systematische Anwendung statistischer Methoden auf große Datenbestände (insbesondere »Big Data« bzw. Massendaten) mit dem Ziel, neue Querverbindungen und Trends zu erkennen. Solche Datenbestände werden aufgrund ihrer Größe mit computergestützten Methoden verarbeitet. In der Praxis steht der Begriff *Data-Mining* für den gesamten Prozess der sogenannten *»Knowledge Discovery in Databases«* (englisch für Wissensentdeckung in Datenbanken; *KDD*) übertragen, der auch Schritte wie die Vorverarbeitung und Auswertung beinhaltet, während *Data-Mining* im engeren Sinne nur den eigentlichen Verarbeitungsschritt des Prozesses bezeichnet.

Leistungsstarke *Speichermedien* ermöglichen heute, große Datenmengen aufzubewahren. Mithilfe intelligenter *Lernalgorithmen* generieren *Data-Mining-Verfahren* daraus wertvolle und neue Informationen, die sich in Entscheidungsprozessen niederschlagen. In besonderem Maße tragen diese Methoden durch eine automatisierte *Identifizierung* von Zusammenhängen, etwa über *Kaufentscheidungen* bei Kunden oder zur Analyse potenzieller *Risikofaktoren* in einem *Risikomanagementsystem* bei.

1982 schrieb *John Naisbitt* (geb. Salt Lake City 1929) in seinem Buch *»Megatrends«* den oft zitierten Satz: »We are drowning in information but starved for knowledge.«[404] Einem aktuellen Bericht von *John Gantz* und *David Reinsel* zufolge wird sich der weltweite Datenbestand alle zwei Jahre verdoppeln.[405] Insofern trifft die Aussage von *Naisbitt* heute mehr denn je zu. Aus unternehmerischer Sicht besteht die Herausforderung, die vorhandenen Datenmengen für sich zu nutzen und daraus verwertbare Informationen zu gewinnen. Hinter dem Begriff Data-Mining verbirgt sich exakt diese Leistung.

8.3.1   Prozess

In der Praxis ist *Data-Mining* ein mehrschichtiger Prozess, der stark vom organisatorischen Umfeld abhängt. Als Erstes müssen die *Unternehmensziele* und die aktuelle Situation des Unternehmens im Detail aufbereitet werden. Auf dieser Basis werden die Vorgaben für das *Data-Mining* formuliert und mithilfe der vorliegenden Daten die richtigen Verfahren spezifiziert. Dabei unterscheidet man zwischen sogenannten *Beobachtungs-* und *Prognoseproblemen*. Erstere zielen auf die Entdeckung kausaler Zusammenhänge in der Datenbasis und bedienen sich Methoden der Cluster-, Abweichungs- und Abhängigkeitsanalyse, wohingegen bei *Prognoseproblemen* die *Klassifikations-* und die *Regressionsanalyse* zum Einsatz kommen und bekannte Konstellationen einer vordefinierten Zielgröße zuweisen. Nach der Durchführung der Analyse erfolgt die *Evaluation* der Ergebnisse. Schließlich werden daraus Entscheidungen und Strategien des Unternehmens abgeleitet. Im Optimalfall ist es ein wiederkehrender Ablauf, bei dem die einzelnen Schritte ineinandergreifen[406, 407], siehe Abb. 23.

404   U. D. Prasad und S. Madhavi, »Prediction of churn behavior of bank customers using data mining tools«, Business Intelligence Journal, S. 96–101, 201.

405   J. Gantz und D. Reinsel, »The Digital Universe in 2020: Big Data, Bigger Digital Shadows, and Biggest Growth in the Far East«, Auszug aus IDC iView, 2012. Online-Quelle abgerufen am 8.5.2015, http://www.emc.com/collateral/analyst-reports/idc-the-digital-universe-in-2020.pdf.

406   C. Shearer, »The CRISP-DM model: the new blueprint for data mining«, Journal of Data Warehousing, Bd. 5, Nr. 4, S. 13–22, 2000.

407   J. Cleve und U. Lämmel, Data Mining, München, De Gruyter Oldenburg, 2014.

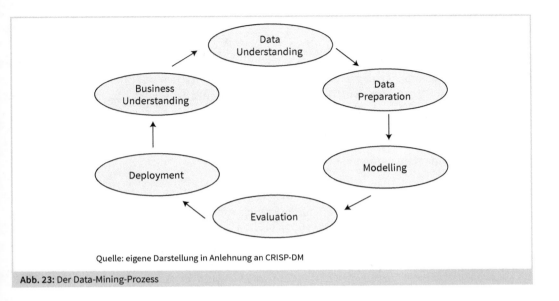

Quelle: eigene Darstellung in Anlehnung an CRISP-DM

Abb. 23: Der Data-Mining-Prozess

8.3.2   Abgrenzungen und verwandte Felder

Viele der im *Data-Mining* eingesetzten Verfahren entstammen der *Statistik*, insbesondere der *multivariaten Statistik* und werden oft nur in ihrer *Komplexität* für die Anwendung im *Data-Mining* angepasst, oft dabei zuungunsten der Genauigkeit. Eng verwandt ist das Thema *maschinelles Lernen*, jedoch ist bei *Data-Mining* der Fokus auf dem Finden *neuer* Muster, während im maschinellen Lernen primär *bekannte* Muster vom Computer automatisch in neuen Daten wiedererkannt werden sollen. Die Forschung im Bereich der *Datenbanksysteme*, insbesondere von *Indexstrukturen* spielt für das *Data-Mining* eine große Rolle, wenn es darum geht, die *Komplexität* zu reduzieren. *Information Retrieval* (*IR*) ist ein weiteres Fachgebiet, das von Erkenntnissen des *Data-Minings* profitiert. Hier geht es vereinfacht gesprochen um die computergestützte Suche nach komplexen Inhalten, aber auch um die Präsentation für den Nutzer. *Data-Mining-Verfahren* wie die *Clusteranalyse* finden hier Anwendung um die Suchergebnisse und ihre Präsentation für den Nutzer zu verbessern, beispielsweise indem man ähnliche Suchergebnisse gruppiert. *Text Mining* und *Web Mining* sind zwei Spezialisierungen des *Data-Minings*, die eng mit dem *Information Retrieval* verbunden sind. Nachfolgend werden einige Beispiele zu Anwendungsfeldern vorgestellt.

8.3.3   Anwendungsfeld CRM und Marketing

Für den unternehmerischen Kernprozess des *Customer Relationship Managements* (*CRM*) kann mit *Data-Mining* die *Clusterung* von verschiedenen *Kundengruppen* vorgenommen werden, um daraus die attraktivsten Produktangebote und deren *Marketingstrategien* abzuleiten. Die Clusterung findet aufgrund von Schlüsseldaten von Kunden und deren Kaufpräferenzen statt. Daraus werden besonders attraktive *Handlungsmuster* abgeleitet, die sich auf die ganze Gruppe oder deren einzelne Segmente übertragen lassen.

8.3.4   Anwendungsfeld stationärer Handel

Im *Einzelhandel* wird *Data-Mining* nicht nur im *CRM*, sondern auch bei der *Warenkorbanalyse* eingesetzt. So sammelt die US-amerikanische Supermarktkette *Walmart* täglich alle Transaktionen (ca. 20 Mio.) in einer zentralen Datenbank. Die dann erstellten Warenkorbanalysen unterstützen dann die *Verkaufsraumgestaltung* und die *Bestellmengenplanung*.[408]

8.3.5   Anwendungsfeld Online-Handel

Für den *Online-Handel*, insbesondere bei den bereits vorgestellten »*Big Playern*« ist die Anwendung von *Data-Mining* die Informationsquelle schlechthin, um ständig sich verbessernde und sich anpassende *Kundencluster* zu bilden, das *Kaufverhalten* von *Kundengruppen* bis hin zum einzelnen Kunden vorhersagen zu können. Hierbei werden Verfahren aus der bereits vorgestellten *künstlichen Intelligenz* mit eingebunden. Die Anbieter großer *Verkaufsportale* setzen Data-Mining auch zur *Verhaltensanalyse* der auf ihren Plattformen operierenden mittelständischen und kleinen Anbieter ein. Dabei werden auch die herausragend erfolgreichen Geschäftssegmente identifiziert. Wenn sich daraus besonders attraktive Geschäfte für den *Plattformbetreiber* herauskristallisieren, wird versucht, das Geschäft der kleineren *Online-Anbieter* zu übernehmen und diese aus dem Geschäft zu drängen. Dies geschieht unter dem Zwang zur Offenlegung der Konditionen ihrer Lieferanten und der Lieferanten-Kontakte. Im Übrigen tauschen die vorgestellten »Big Five« der USA offen Kundendaten aus und erweitern damit maximal die Datenbasis, die dem Data-Mining zugrunde gelegt wird.

8.3.6   Anwendungsfeld Risikoanalyse

In der *Risikoanalyse* decken *Data-Mining*-Methoden verborgene Zusammenhänge in der *Datenbasis* eines Unternehmens auf und helfen dabei, die *Risiken* besser zu quantifizieren und zu steuern. Dargelegte Beziehungen zwischen den einzelnen Risiken führen zu einer besseren Bewertung von *Zukunftsprognosen*. Konkret profitieren *Versicherungen* und *Banken* von *Clusterverfahren* bei der Einteilung der Kunden in *Risikoklassen*, wodurch *Kreditausfälle*[409] und *Versicherungsschäden* besser kalkuliert und abgesichert werden können. *Abhängigkeitsanalysen* nutzen historische Daten und *Kundenstammdaten*, um möglichen Kundenaustritten vorzubeugen und gruppenspezifische Produktportfolien anzubieten. *Klassifikationsmodelle* erkennen Muster in den Datensätzen, die zu Betrugsfällen führten, und wenden direkt das angeeignete Wissen an, um potenzielle *Betrüger* zu identifizieren. Des Weiteren setzen Unternehmen Data-Mining-Verfahren ein, um ihre *Investmentrisiken* zu reduzieren.[410]

---

408 Holger Dürr: Anwendungen des Data Minings in der Praxis. Seminararbeit Universität Ulm, Wintersemester 2003/2004 Prof. Dr. Franz Schweiggert.

409 A. C. P. d. L. F. d. Carvalho, J. M. P. Gama und T. B. Ludermir, Credit risk assessment and data mining, Encyclopedia of Information Science and Technology. IGI Global, S. 800–805, 2009.

410 S. Pulakkazhy und R. V. S. Balan, Data mining in banking and its applications – a review, Journal of Computer Science, Bd. 9, Nr. 10, S. 1252–1259, 2013.

Organisationen, die weiterhin nur den herkömmlichen *hypothesengetriebenen Analyseverfahren* (*OLAP*) vertrauen, bleiben dagegen wertvolle Zusammenhänge vorenthalten. Da diese Methoden lediglich in der Lage sind, bereits bestehende Hypothesen zu verifizieren oder zu falsifizieren, können hieraus keine gänzlich neuartigen Erkenntnisse gewonnen werden.

8.3.6.1 Anwendungsfeld Anleihenanalyse

Anleihen können aufgrund unterschiedlicher Bewertungsindikatoren eingestuft werden. Im folgenden Beispiel wird eine *Analyse von Anleihen* anhand der Laufzeit in Jahren und der Effektivverzinsung durchgeführt. Diese Daten werden mithilfe des *k-Means-Algorithmus* (Clusterverfahren) in drei Kategorien (k=3) eingeteilt:

- Anleihen mit geringer Verzinsung und kurzer Laufzeit,
- Anleihen mit hoher Verzinsung und mittlerer Laufzeit,
- Anleihen mit hoher Verzinsung und langer Laufzeit.

Wie sich zeigt, liegt die *Effektivverzinsung* in der Gruppe der mittleren Laufzeit zum Teil sogar über jener mit hoher Laufzeit. Dies wirft Fragen nach den Ursachen dieses Musters auf. Die grafische Darstellung bietet die Möglichkeit, Ausreißer leicht zu identifizieren und gesondert zu betrachten. »We are data rich, but knowledge poor.«[411] Dieser Satz trifft leider auf viele Unternehmen zu. Data-Mining eröffnet dagegen neue Wege.

8.3.7 Anwendungsfeld Text Mining

Die Technologien des unten beschriebenen Wissensfeldes der *Texterkennung* werden u. a. dem sogenannten *Text Mining* zugrunde gelegt. Im Unterschied zur reinen Suche nach Wörtern werden durch Algorithmen und *künstliche Intelligenz* Wort- und Sinnzusammenhänge identifiziert. In der Produktentwicklung dient *Text Mining* z. B. der Analyse von *Fachartikeln*, *Projektberichten* und *Patentdatenbanken*. Auf diese Weise kann der Unternehmer frühzeitig Informationen über laufende Projekte und entstehende Eigentumsverhältnisse (*Patente*, *Lizenzbeziehungen* ...) an Wissen aus der Forschung, der Konkurrenz und seiner Geschäftspartner ziehen.

8.3.8 Anwendungsfeld Verbrechensbekämpfung

Zur Aufklärung ungelöster Kriminalfälle werden mittlerweile auch Data-Mining-Verfahren eingesetzt. So etwa bei *Scotland Yard* in Großbritannien, wo mithilfe des Abgleichs von *Täterbeschreibungen* und Verhaltensweisen Täter gruppiert werden, um dem Einzelkriminellen per *Rasterfahndung* näherzukommen.

---

411 M. D. Dikaiakos: Grid Computing, Nicosia, Springer, 2004.

8.4 Automatisierung

Der Begriff »*Automatisierung*« geht auf griechische Wurzeln zurück mit der Bedeutung von »selbsttätigem Handeln«. Automatisierungssysteme sind demnach in der Lage, Aufgaben bzw. Probleme gleichbleibender oder auch wechselnder Art eigenständig zu lösen. *Automatisierung* kennzeichnet im engeren Sinne das innewohnende Bestreben von Systemen, durch selbsttätiges bzw. selbstständiges (autonomes) Handeln *Ziele* zu erreichen, veränderlichen Zielen zu folgen, Ziele zu bilden und aufrechtzuerhalten oder bei Zielerreichung Aktivitäten zur Stabilisierung des Systems trotz vorhandener Störungen zu entfalten.[412] Die Anwendungsfelder der Automatisierung verbreitern sich ständig. Die Wichtigsten betreffen:

- *Industrieautomatisierung* in Beschaffung, Fertigung und Logistik,
- *Verwaltung und Dienstleistungen,*
- *Verkehr* (siehe Kapitel 18 »Mobility«),
- *Gesundheitswesen,*
- *Konsumbereich.*

Kerngebiet der Automatisierung ist die *Überwachung, Steuerung* und *Regelung* von *Prozessen*.[413] Hierbei handelt es sich je nach Typ um die Kontrolle des ordnungsgemäßen Betriebs von *Prozessanlagen*, die zielorientierte Einhaltung eines gewünschten Prozesszustandes trotz störender Umgebungseinwirkung oder die Realisierung vorgegebener oder alternativ ausgewählter Prozessabläufe.

Abzugrenzen ist die Automatisierung von der reinen *Mechanisierung*, wenn etwa bei einem manuellen *Arbeitsprozess* Maschinen genutzt werden, um körperlich anstrengende Arbeiten zu verrichten. Hierbei bleibt der Prozessablauf weiterhin vom Menschen gelenkt. Dagegen wird bei der *Automatisierung* auch der Prozessablauf von Maschinen (Automaten) gesteuert. Der Mensch überwacht den automatisierten Gesamtprozess und führt die nicht-automatisierten Prozessschritte aus. In Wortwahl und Abgrenzung sind jedoch internationale Unterschiede anzutreffen. So werden etwa in Japan (elektro-)mechanische *Handhabungshilfen* mit zur Automatisierung gezählt. Dies schlägt sich auch in der Statistik nieder, wonach in solchen Ländern die Anzahl und das *Investment* in sogenannten Automatisierungseinrichtungen höher angesetzt werden als nach unserer Zahlungsart. Klassische für den deutschen Sprachraum geltende Definitionen für die Automatisierung in der Produktionstechnik sind:

1. Laut DIN V 19233: »Das Ausrüsten einer Einrichtung, so dass sie ganz oder teilweise ohne Mitwirkung des Menschen bestimmungsgemäß arbeitet«.[414]
2. In der Betriebswirtschaftslehre: der Umrüstungsprozess eines Unternehmens auf technische Fertigungsanlagen zur selbstständigen Produktion unter Ausschluss von humaner Arbeitskraft. Der Zustand der vollendeten Automatisierung wird als Automation bezeichnet.[415]

---

412 Wolfgang Weller: Automatisierungstechnik im Überblick. Was ist, was kann Automatisierungstechnik? Beuth Verlag, Berlin; Wien; Zürich 2008 sowie als E-Book.

413 Hans-Joachim Zander: Steuerung und Regelung als Grundfunktionen der Automatisierung. In: Steuerung ereignisdiskreter Prozesse. Neuartige Methoden zur Prozessbeschreibung und zum Entwurf von Steuerungsalgorithmen, Springer Vieweg Verlag, Wiesbaden 2015, S. 1–15.

414 Deutsches Institut für Normung e. V.: DIN V 19233: Leittechnik – Prozessautomatisierung – Automatisierung mit Prozessrechensystemen, Begriffe.

415 Vgl. Edmund Heinen: Industriebetriebslehre, 6. Auflage, Gabler, Wiesbaden 1979, S. 568 ff.

3. In der Datenverarbeitung: die Zusammenfassung von wiederkehrenden Funktionsabläufen in *Makros* oder neuen *Programmfunktionen*, z. B. in der *Textverarbeitung*, in der *Bildbearbeitung* oder in *geografischen Informationssystemen*. Genauso wird bei der unbeaufsichtigten Installation der *Konfigurationsprozess* automatisiert.

Herkömmlicherweise wird die Automatisierung in der Fertigung in vier Hierarchiestufen gegliedert, siehe Abb. 24.

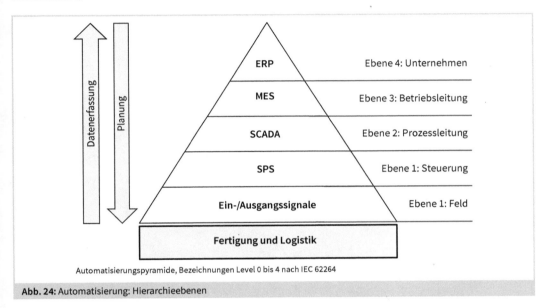

Abb. 24: Automatisierung: Hierarchieebenen

Jeder Ebene kommt eine eigene Aufgabe in der Produktion zu, wobei es je nach betrieblicher Situation fließende Grenzen gibt. Entsprechend der Aufgabe der Ebene haben sich spezifische Techniken der analogen und auch digitalen Datenübertragung und -verarbeitung entwickelt. Auf der Unternehmensebene liegt die *Produktionsgrobplanung* und *Bestellabwicklung*. Hier werden sogenannte *ERP-Systeme* eingesetzt. Die *Betriebsleitebene* zeichnet verantwortlich für die *Produktfeinplanung*, *Produktdatenerfassung*, *KPI-Ermittlung*, *Material- und Qualitätsmanagement*. Diese werden durch Prozessleitsysteme gelöst, wie etwa *HMI* oder *SCADA*. Die Steuerungsebene wird durch *Speicherprogrammierbare Steuerungen (SPS)* besetzt. Die Feldebene liefert die Schnittstellen zum technischen Produktionsprozess über Prozess-Signale unter Einsatz von *Feldbussen*. Die Ebene der Sensoren und Aktoren erhebt Daten, meist binärer Natur, über Verdrahtungen oder intelligente Systeme, z. B. *AS-Interface* oder *IO-Link*.

8.4.1   Weiterentwicklung der Industrieautomatisierung im Zuge der sogenannten »Industrie 4.0«

Die aktuelle Entwicklung der *Fertigungsautomatisierung* ist durch die weitere Leistungssteigerung der *Informationstechnik*, insbesondere der Datenverarbeitung, Datenspeicherung, und Datenübertragung getrieben. Damit weitet sich das Feld der betrieblichen Automatisierung auf folgende Bereiche aus:

(a) überbetriebliche Bereiche wie Netze (*Internet*), Speicherung (*Cloud*), (b) zwischenbetriebliche Abstimmung, (c) die ganze Lieferkette »upstream« und »downstream« von den Rohstoff-Lieferanten bis zum Endkunden, (d) die gesamte Wertschöpfung: von der Beschaffung bis zu *Post Sales-Services* und *Recycling*. Dies deckt nach dem Modell der *Prozessorganisation* alle Kern- und Unterstützungsprozesse ab, namentlich die Management-Prozesse, das *Customer Relationship Management (CRM)*, das *Supply Chain Management (SCM)* das *Product Lifecycle Management (PLM)* sowie alle Unterstützungsprozesse. Besonders zu betonen ist dabei, dass dazu auch die Prozesse des sogenannten »tertiären« Sektors der betrieblichen Planung, Steuerung und Verwaltung gehören – in denen es ein enormes zu hebendes Automatisierungspotenzial gibt. (Vergleiche dazu als Beispiel Abb. 25). Weiteres dazu siehe Kapitel 11 »Simulation und Virtualisierung«.

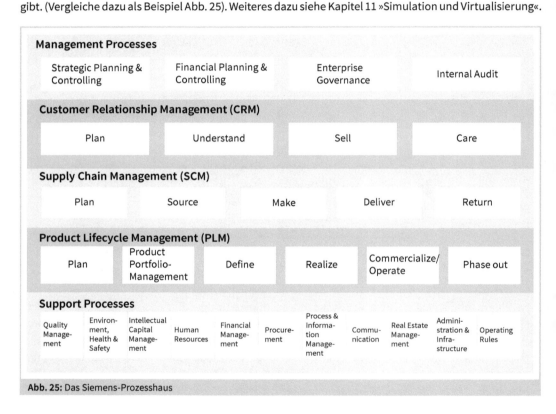

Abb. 25: Das Siemens-Prozesshaus

Die industrielle Leistung und Verwaltung wird dabei mit integraler Informations- und Kommunikationstechnik verzahnt. Mit ihrer Hilfe wird weitgehend automatisierte und *selbstorganisierte Betriebsführung* möglich: Menschen, Maschinen, Anlagen, Logistik und Produkte kommunizieren und kooperieren in der sogenannten Industrie 4.0-Generation direkt und barrierefrei miteinander.

Durch den Übergang in die *intelligente Automation*, vorwiegend durch den Einsatz von *Assistenzsystemen*, wird der Mensch bei seiner Arbeit zunehmend entlastet. Künftige Automatisierungssysteme sind mit *künstlicher Intelligenz* (s. u.) ausgestattet, vernetzen sich selbstständig, diagnostizieren und passen sich optimal an. Hierfür existieren bereits viele Teillösungen, aber noch keine ganzheitlichen Lösungen in der Automation. Es besteht also ein hohes Potenzial in der Schnittstelle zwischen Ingenieurwissenschaften und Informatik. Ganze Fabriken funktionieren inzwischen vollständig automatisiert und vernetzt. Für die Umsetzung moderner, vernetzter und automatisierter Fabriken spielen *Sensoren* eine zentrale Rolle (s. u.). Sie sind das Fundament erfolgreicher Automatisierung.

Einige Arten von *Automatisierungssystemen* können auch mit einem adaptiven Verhalten ausgerüstet sein, vor allem die *Regelungssysteme*.[416] Die Adaption befähigt solche Systeme, ihr Verhalten den Veränderungen ihrer Umgebung anzupassen. Damit wird erreicht, das vorgesehene Verhalten in möglichst gleicher Qualität auch unter sich langsam ändernden Verhältnissen zu gewährleisten. Die Automatisierung ermöglicht auch die Realisierung *selbstoptimierender Systeme*. In diesem Fall kann das angestrebte Ziel nicht a priori angegeben werden, sondern ergibt sich unter Verwendung eines nichtlinearen Kriteriums indirekt als Extremwert eines *Leistungsparameters*. Die Funktionalität besteht in diesem Fall darin, durch Generierung zielorientierter Pendelbewegungen zu diesem Endergebnis zu führen und dieses dann einzuhalten bzw. bei Veränderungen der Umgebung ein verändertes Ziel zu erreichen. Andere Automatisierungssysteme sind dadurch gekennzeichnet, dass sie aus mehreren miteinander konkurrierenden *Subsystemen* mit diametral gegenüberstehenden eigenen Zielstellungen bestehen. Das selbsttätige Verhalten besteht dann im Bemühen um das Erreichen und das Aufrechterhalten eines a priori unbekannten Gleichgewichts.

Im Verlauf der weiteren Entwicklung sind noch weit anspruchsvollere Problemstellungen automatisierungsseitig zu lösen. Hierbei handelt es sich vor allem um die Automatisierung von *Problemlösungsprozessen*. In diesem Fall tritt der Mensch als Auftraggeber für solche Automaten auf, der an diese oftmals wechselnde Aufträge delegiert, wobei er auch das zu erreichende Ziel vorgibt, nämlich die geforderte Problemlösung. Die Ausführung dieser zumeist komplexen Aufgaben überlässt er dann komplett dem beauftragten Automaten, der dann nicht nur selbsttätig, sondern wegen der a priori unabsehbaren Umgebungsbedingungen, nun selbstständig handeln muss.

Damit sind die Grenzen der Einsatzmöglichkeiten der Automatisierung noch keinesfalls erreicht. Automatisierungssysteme übernehmen immer komplexere Aufgaben und werden dabei tendenziell immer »intelligenter«. Im Zuge dieser Entwicklung gibt es längst schon Lösungen, die über die Fähigkeit des Lernens – sowohl mit als auch ohne Belehrung – verfügen. Diese *lernfähigen Automatisierungssysteme* enthalten einen sogenannten *Metaalgorithmus*, der ihnen das Lernen ermöglicht und das Gelernte anwendungsbereit verarbeitet. Das Ziel erhält somit auch eine weitere Ebene – das *Lernziel*.[417]

8.4.2 Automatisierungsanwendungen jenseits der Fertigungs- und Dienstleistungsbranchen

Die Automatisierung findet auch jenseits des Industrie- und *Dienstleistungssektors* vielfältige Anwendungen, die sich beständig noch ausweiten. Zur Verdeutlichung des derzeitigen Leistungsspektrums

---

416 Heinz Unbehauen: Regelungstechnik. Vieweg + Teubner, Wiesbaden, 3 Bände: Band 1: Klassische Verfahren zur Analyse und Synthese linearer kontinuierlicher Regelsysteme, Fuzzy-Regelsysteme. 15. Auflage 2008, Band 2: Zustandsregelungen, digitale und nichtlineare Regelsysteme. 9. Auflage 2007, Band 3: Identifikation, Adaption, Optimierung. 7. Auflage 2011.
417 Wolfgang Weller: Lernfähige Steuerungen. Verlag Technik, Berlin und Oldenbourg Verlag, München 1985.

dieser Disziplin wird hier eine Auswahl charakteristischer Beispiele vorgestellt, die wesentliche Einsatzgebiete betreffen:

Smart Power:

- Optimierung des Einschaltens verschiedener Kraftwerktypen je nach Verfügbarkeit *regenerativer Energien*, Spot-Markt-Preisen für Energieeinspeisung bzw. -abgabe, Preise für fossile Rohstoffe und Umweltbelastung,
- Dies differenziert auf regionaler Ebene (BRD Nord versus Süd), bundesweit und international gegen- über angrenzendem Ausland, z. B. Zukauf von Nuklearstrom,
- Selbstoptimierung von *Windkraftanlagen* im Echtzeitbetrieb zwecks Maximierung der gewinnbaren elektrischen Leistung aus der jeweils herrschenden Luftströmung,
- Bündelung von *Energieeinspeisungen* aus mehreren dezentralen Einrichtungen zu einem »*virtuellen Kraftwerk*«.

Smart Grid:

- Interaktive Steuerung mehrstufiger Prozesse in Haushaltsgeräten zur Optimierung zwischen Strom- verfügbarkeit, Energiekosten, Netzbelastung und Leistungsabforderung durch den Endkunden,
- Verknüpfung der Steuerung der hierarchisch geschalteten Netze: Höchstspannung/Mittelspan- nung/Verteilnetz/Home-Netz.

Smart Home:

- Regelung der Temperatur und ggf. auch der Feuchte in Wohn- und Arbeitsräumen bezüglich definier- ter Sollwerte bzw. auf Basis komplexer zeitbedingter Szenariovorgaben,
- beständige Überwachung von Prozessen, Anlagen, Räumen oder Außenanlagen bezüglich des Auf- tretens definierter Ereignisse mit selbsttätiger Auslösung von Aktionen (bspw. Ausgabe von Alar- men, Einschaltung von Beleuchtungen und im Brandfalle von Sprinkleranlagen, Meldungen an ver- antwortliche Personen oder Zentralen u. a.),
- selbstständige Betätigung von Reinigungs- oder Mährobotern.

Gesundheitswesen:

- Regelung körpereigener Parameter (Körpertemperatur, Blutdruck, Blutzucker, Gleichgewicht u. a.) zur beständigen Aufrechterhaltung unserer Lebensfunktionen,
- *Notrufe* basierend auf Parametermessung etwa durch intelligente Uhren bis hin zu *Parametermel- dungen* und Auslösung von *Notfalleinsätzen*,
- selbstständige Steuerung der Bewegungen und Handlungen von persönlichen Assistenten zur Aus- führung übertragener Dienstleistungen wechselnder Art für Behinderte.

Verkehr:

- Kursregelung von Flugzeugen mittels *Autopiloten* sowie beständige Überwachung des umgebenden Luftraumes auf mögliche *Kollisionsgefahren* zur Entlastung der Flugkapitäne,
- Integration der *Luftnavigation* (s. o.) mit der *Bodennavigation* (sogenannte *Taxiing*) von Gangway zu Gangway – somit Realisierung des vollautomatischen Fliegens »end-to-end« – derzeit eine Vision,

- Realisierung eines verbesserten Sicherheitsstandards in den Autos durch eine Anzahl integrierter, selbsttätig arbeitender *Assistenzsysteme*, Befreiung von häufigen bzw. komplizierten Tätigkeiten (z. B. Einparken), Sicherheit (z. B. Spurführungskontrolle, Brems-Eingriffe ...) und *autonome Fahrzeugführung* (dazu Weiteres im Teil 3),
- selbstständige Navigation von *Transportdrohnen* zur Lieferung dringend benötigter Medikamente oder Ersatzteile in abgelegene Gebiete.

Ökologie:
- Herbeiführung und Aufrechterhaltung von *Gleichgewichtszuständen* in ökologischen Systemen, etwa mehrere Populationen natürlicher Wesen mit eigenen Zielstellungen,
- intelligentes selbstständiges Management der zur Bedarfsdeckung einsetzbaren ökologischen *Energiequellen* in *energieautarken Wohneinheiten*.

Forschung:
- selbstständige Steuerung der Bewegung autonomer *Tauchroboter* zwecks Absuchen von Gewässern oder Tiefen der Ozeane mit automatischem Wiederauftauchen,
- selbstständige Ausführung anspruchsvoller Missionen der *Raumfahrt* mit unterschiedlicher Aufgabenstellung (autonome Andockmanöver, selbstständiges Absenken einer Raumkapsel, Ausführung von Arbeitsaufträgen für Roboter usw.),
- systematisches Screenen von möglichen Stoff-Verbindungen in *Chemie* und *Pharma* sowie automatische Auswertung ihrer Wirkungen.

Materialtechnik und Verschleiß:
- Einbau von *RFID*s in Flugzeugkomponenten und Maschinenbauteilen zur Messung von Verschleiß, etwa *Feinrissbildung* und kontinuierliche Meldung der Parameter an *Überwachungssysteme*.

8.5   Cyber-physische Systeme und ihre Vernetzung

In allen vorgenannten Gebieten, vor allem bei der industriellen Fertigung findet der »Grundbaustein« der Automatisierung seinen Einsatz: *cyber-physische Systeme (CPS)*. CPSe bestehen aus mechanischen Komponenten, Elektronik und Software. Durch die Vernetzung der einzelnen Komponenten über Netzwerke, wie das Internet, lassen sich komplexe Infrastrukturen steuern, regeln und kontrollieren. Der Austausch von Informationen der miteinander vernetzten Gegenstände und Systeme kann in *Echtzeit* drahtlos oder kabelgebunden erfolgen. Zu den Bestandteilen cyber-physischer Systeme gehören sowohl *mobile Einrichtungen* als auch *stationäre Maschinen*, ganze *Anlagen* und *Roboter*. Für die Industrie 4.0 übernehmen die *cyber-physischen Systeme* eine zentrale Rolle. Technologische Grundlagen für das CPS liefern Wissenschaften wie die Informatik, Mathematik, Maschinenbau, Elektrotechnik und Robotik.[418]

Cyber-physische Systeme ermöglichen die Steuerung und die Kontrolle von komplexen Anlagen und Infrastrukturen. CPS sind Netzwerke kleiner mit *Sensoren* und *Aktoren* ausgestattete *Computer* oder Pro-

---

418   https://www.bigdata-insider.de/was-ist-ein-cyber-physisches-system-cps-a-668494/, abgerufen 29.9.2018.

zessoren (siehe Abb. 26),[419] die als sogenannte *eingebettete Systeme* in Materialien, Gegenstände, Geräte und Maschinenteile eingebaut und über das *Internet* miteinander verbunden werden. In einem derartigen *Internet der Dinge* verbindet sich die physische und die digitale Welt. Anlagen, Maschinen und einzelne Werkstücke tauschen kontinuierlich Informationen aus. Hierbei werden sämtliche *Produktions- und Logistikprozesse* integriert. Als *Schlüsseltechnologie* leiten sich daraus zahlreiche industrielle Anwendungen ab. Zukünftig werden viele Prozesse in Echtzeit über große Entfernungen gesteuert und koordiniert. Voraussetzung dafür ist die *Standardisierung* und *Modularisierung* einzelner Prozessschritte und die Programmierung von virtuellen Modellen dieser Prozessmodule, d. h. an ihrem Software-Abbild, das weiterbearbeitet werden kann. Mit ihrer Hilfe werden künftig betriebliche Prozesse geplant, gesteuert und kontrolliert.

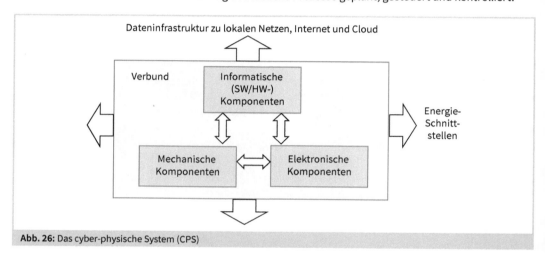

Abb. 26: Das cyber-physische System (CPS)

In einem derartigen *Internet der Dinge* verbinden sich die physische und die digitale Welt. Anlagen, Maschinen und einzelne Werkstücke können dadurch kontinuierlich Informationen austauchen. Sämtliche Produktions- und Logistikprozesse werden integriert. Aus dieser *Schlüsseltechnologie* leiten sich zahlreiche industrielle Anwendungen ab: Viele Prozesse können damit in Echtzeit über große Entfernungen gesteuert und koordiniert werden. Voraussetzung dafür ist die Standardisierung und Modularisierung vieler einzelner Prozessschritte sowie die Programmierung ihrer virtuellen (Software-)Abbilder, an denen betriebliche Prozesse geplant, gesteuert und kontrolliert werden können.

Die *Vernetzung* schafft die Voraussetzung für den kontinuierlichen Austausch von Daten, aus denen automatisch situationsgerechte Prozessanpassungen abgeleitet werden. Der Einsatz von *CPS* erlaubt zudem die *Dezentralisierung* der Prozesssteuerung, die dann beispielsweise von den Werkstücken selbst übernommen wird, indem sie mittels *eingebetteter Systeme Umgebungsdaten* verarbeiten und daraus Steuerungsbefehle ableiten. Auf diese Weise wird *Produktion* erheblich flexibler. Flexibilität wird zusätzlich durch Maschinen erreicht, die in direkter zeitlicher Abfolge unterschiedliche Funktionen ausführen oder Werkzeuge einsetzen. Ihre Umrüstung und *Rekonfiguration* erfolgt kostenneutral, da der

---

419 Ein Prozessor ist ein (meist sehr stark verkleinertes) (meist frei) programmierbares Rechenwerk, also eine Maschine oder eine elektronische Schaltung, die gemäß übergebenen Befehlen andere Maschinen oder elektrische Schaltungen steuert und dabei einen Algorithmus (Prozess) vorantreibt, was meist Datenverarbeitung beinhaltet.

vielseitige Einsatz der Maschinen weitgehend automatisch organisiert wird. Der hohen Flexibilität in der Produktion liegen komplexe *Rechenleistungen* zugrunde, die auf den verschiedenen Steuerungsebenen im Unternehmen ablaufen und untereinander verbunden sind. Die vertikale Integration aller Prozesse – von der Bearbeitung der Auftragseingänge, über das *Ressourcenmanagement* und die Fertigung bis hin zur Auslieferung – revolutioniert die industrielle Produktion: Die Prozessebenen des Unternehmens werden durchgängig miteinander verknüpft und können auf Grundlage der jeweils aktuellsten Prozessdaten immer wieder neu aufeinander abgestimmt werden.

Das *Internet* ermöglicht die ständige Koordination auch zwischen weltweit verteilten Standorten und über Unternehmensgrenzen hinweg. Die horizontale Integration, also die Vernetzung zwischen mehreren Unternehmen, ist Ausgangspunkt der flexiblen Gestaltung ihrer gemeinsamen Wertschöpfungsprozesse. Unternehmen bilden künftig *dynamische Netzwerke*, aus denen heraus sie auftrags- und produktspezifisch ihre Kapazitäten zu virtuellen Produktionsgemeinschaften zusammenschließen. Dies kann sogar direkte Wettbewerber umfassen. Man spricht hier von »*Coopetition*«. Eine zentrale Funktion solcher Wertschöpfungsnetzwerke erfordert die kontinuierliche Optimierung aller Prozesse auf Basis aktueller Daten aus den Märkten und aus der Produktion selbst. Die Optimierung erfolgt unter Berücksichtigung mehrerer *Kennziffern* gleichzeitig: Zeit, Qualität, Kosten, Ressourceneinsatz oder Energiekosten sind nur die wichtigsten. Das Ziel der Optimierung wird über den gesamten *Produktlebenszyklus* hin verfolgt. Digitale Produktgedächtnisse zeichnen Daten aus Fertigung, Logistik, Nutzung und Entsorgung auf und stellen sie für die Produkt- und Prozessoptimierung zur Verfügung.[420]

8.6 Sensorik und Aktorik in einer hochvernetzten Welt

Sensorik und *Aktorik* bilden die Grundlage für das *Internet der Dinge:* »Daten sind das Öl des 21. Jahrhunderts«, denn, richtig kombiniert und interpretiert, lassen sich aus ihnen umfangreiche neue Erkenntnisse generieren. Ein hoher Anteil der Daten wird von Sensoren erzeugt. Ob *Smart City, Smart Industry, Smart Grids, Smart Cars* oder *Smart Home* – »*Smartness*« beginnt immer mit Sensoren, die eine wie auch immer geartete *Intelligenz* mit Informationen aus der Basis versorgen. Damit hat die Sensorindustrie in den letzten Jahren weltweit eine wichtige Rolle eingenommen.[421]

Sensortechnologien sind der Schlüssel zu vielen neuen Leistungskriterien in den Fertigungs- und Logistikprozessen der Automobil-, Konsum- und Industrieelektronikwelt. *Intelligente Sensorik* ist notwendig, um die erforderliche Autonomie von Maschinen und Anlagen im Wandel zu *cyber-physischen Systemen (CPS)* im Kontext von Industrie 4.0 zu erreichen und gleichzeitig das Engineering von CPS zu vereinfachen. Man spricht hier von einem *intelligenten Sensor*, einem sogenannten »*Smart Sensor*«. Dieser übernimmt neben der eigentlichen Messgrößenerfassung auch die komplette *Signalaufbereitung* und *Signalverarbeitung*. Solche komplexen Sensoren beinhalten meist u. a. einen *Mikroprozessor* oder *Mikrocontroller*, wenn nötig auch zusätzlich mit *DSP-Funktionalität*[422] und dergleichen mehr, komplexe Logikeinheiten,

420 Bundesministerium für Bildung und Forschung: Zukunftsbild »Industrie 4.0«. https://www.plattform-i40.de/I40/Redaktion/DE/Downloads/Publikation/zukunftsbild-industrie-4-0.pdf?__blob=publicationFile&v=6, abgerufen 28.9.2018.
421 https://blog.electronica.de/2017/12/06/die-zukunft-der-sensortechnologie/, abgerufen 28.9.2018.
422 Ein digitaler Signalprozessor (engl. *digital signal processor*, DSP) dient der kontinuierlichen Bearbeitung von digitalen Signalen (z. B. z. B. Audio- oder Videosignale) durch digitale Signalverarbeitung.

wie z. B. FPGAs[423], stellen standardisierte Schnittstellen zur Kommunikation mit übergeordneten Systemen bereit, z. B. über *Feldbussysteme, Sensornetze, IO-Links*.[424]

Hierbei geht es nicht mehr nur um Ist-Darstellungen und -Dokumentationen, sondern durch die Kombination verschiedener Parameter und der Verfolgung des zeitlichen Verlaufs der *Messwerte* um Vorhersagen über zukünftige Ereignisse. Daraus können *Risikovorsorgen* getroffen werden, etwa wenn Erhitzungen einen kommenden Schwelbrand ankündigen oder auch vorbeugende Wartungsmaßnahmen eingeleitet werden, wenn sich etwa Rollwiderstände erhöhen oder Vibrationen entstehen. Dies erfordert in der betreffenden Anlage auch *verteilte Sensorik* und die Messung/Kombination verschiedener Parameter. Die Auslösung von *Meldesignalen* erfolgt dann nicht mehr »statisch« (beim Überschreiten einer Schwelle) sondern durch vernetzte Sensorik, Kombination von Parametern und durch den Abgleich mit Erfahrungen aus *Zeitverläufen*. Dazu werden per Software Muster hinterlegt. Anwendung findet dies etwa in der Vorhersage, Meldung und *Abwehr von Bränden* auf allen Ebenen, in einer Maschine selber, einer Fertigungsinsel und in der Leitzentrale. Dies hat z. B. bedeutende Minderungseffekte bei der *Brandversicherung*.

Die dazu gehörige komplette anspruchsvolle Aufgabe solcher *Sensorsysteme* kann damit ohne einen externen Rechner erfüllt werden. Die dezentralen *Minicomputer* erhöhen die Zuverlässigkeit, reduzieren Kosten und verbessern die Flexibilität. Die technologische Basis dafür, dass solche komplexen intelligenten Sensoren in Miniaturform überhaupt realisiert werden können, bieten u. a. die *Mikrotechnik, Mikrosystemtechnik* und *Nanotechnologie*.

Smarte Sensoren können mit den unterschiedlichsten Schnittstellen ausgestattet sein, leitungsgebunden, kontaktloser optisch-induktiver Ankopplung oder nicht leitungsgebunden über passive wie aktive Funktechniken[425].[426] Ohne neueste Sensortechnologien wäre das *Internet of Things and Services* kaum sinnvoll.[427] *Sensorik* und *Aktorik* sind somit wesentliche Schlüssel- und Querschnittstechnologien für zahlreiche Branchen. Im Umfeld von Industrie 4.0 wird *Sensoren der Zukunft* eine disruptive Rolle prognostiziert.[428]

Der Einsatz von Sensoren wird nicht nur in neuen Fertigungssystemen und -anlagen praktiziert. In den meisten Fällen werden *Fertigungslandschaften* kontinuierlich angepasst und umgebaut. Darin spielen »alte«, abgeschriebene Maschinen eine dauerhafte Rolle. Auch diese können nachträglich mit intelligenter Sensorik ausgestattet werden, die vernetzt wird und die Meldungen an die verschiedenen Netzebenen, bis zur *Cloud*, weitergibt. Bosch hat aus dieser Idee heraus einen Geschäftsansatz entwickelt. Somit

---

423 Ein Field Programmable Gate Array (FPGA) ist ein integrierter Schaltkreis (IC) der Digitaltechnik, in welchen eine logische Schaltung geladen werden kann.

424 Mit dem Markennamen IO-Link ist ein Kommunikationssystem zur Anbindung intelligenter Sensoren und Aktoren an ein Automatisierungssystem in der Norm IEC 61131-9 unter der Bezeichnung *Single-drop digital communication interface for small sensors and actuators* (SDCI) normiert. Die Standardisierung umfasst dabei sowohl die elektrischen Anschlussdaten als auch ein digitales Kommunikationsprotokoll, über das die Sensoren und Aktoren mit dem Automatisierungssystem in Datenaustausch treten.

425 Zu nennen sind: I²C, SENT, LIN-Bus, Ethernet, Profibus, USB, FireWire, CAN, CANopen, MOST-Bus, LON, RFID, Bluetooth, WPAN, GSM, UMTS,

426 https://de.wikipedia.org/wiki/Smart-Sensor, abgerufen 28.9.2018.

427 https://www.elektroniknet.de/markt-technik/messen-testen/sensor-universum-der-zukunft-153586.html, abgerufen 28.9.2018.

428 https://www.computer-automation.de/feldebene/sensoren/artikel/149805/1/, abgerufen 28.9.2018.

kann eine überkommene »dumme« Fertigungseinrichtung zu einem intelligenten *cyber-physischen System (CPS)* aufgerüstet werden.

Auch intelligente Infrastrukturen, wie *Umweltsysteme*, *Stromnetze*, *Gesundheitssysteme*, *Verkehr* und *Mobilitätssysteme* werden zukünftig ganz wesentlich durch die in diesen Systemen einzusetzenden Sensoren und Aktoren bestimmt. Der technische Fortschritt in diesem Technologiefeld verspricht große wirtschaftliche und gesellschaftliche Chancen. *Smarte Sensoren* sind somit eine *Schlüsseltechnologie* der sogenannten Industrie 4.0.

8.6.1   Hierarchieübergänge, Systemübergänge, »Sensor-to-Cloud«

Waren früher die *Steuerungs- und Leitungsebenen* für betriebliche Prozesse klar voneinander abgegrenzt, so besteht in den Strukturen der sogenannten *»Industrie 4.0«* Durchlässigkeit. Ein *cyber-physisches System* kann unterschiedliche Integrationsgrade haben (etwa ein Bauteil, ein Modul, eine Maschine, eine Fertigungsinsel) und auf unterschiedlichen betrieblichen Ebenen angesiedelt sein. Dies hat bestimmte Effekte, Risiken und Vorteile. Zu den Effekten gehört, dass nun viel mehr Daten abgeliefert werden, dass sie redundant, widersprüchlich und komplementär sein können. Die *Datenmenge* kann mit der steigenden Leistungsfähigkeit der IT bewältigt werden. *Redundanz* kann die *Sicherheit* erhöhen. Dies ist insbesondere in *Hochsicherheitssystemen* wie *Verkehrssteuerung*, *Kraftwerken*, *Stromnetzen* und vielen anderen Gebieten unabdingbar, auch innerhalb der Fertigung und der *Betriebssteuerung*. Zur Erhöhung der Sicherheit ist zudem auch *Komplementarität* eine absolute Notwendigkeit, um *Fehlermeldungen* auszuschalten, Ausfälle anderer Systeme zu kompensieren und um Prozesse abzusichern. So werden etwa die *Signal- und Weichensteuerung*, der *Kraftwerk-Fahrbetrieb* und *Stromnetze* seit Langem über redundante Pfade gesteuert, plausibilisiert und damit kontrolliert: Die Steuerung läuft parallel über mehrere Software-Programme, die von unterschiedlichen Quellen programmiert wurden, die Sensorik ist redundant und komplementär ausgelegt, die Ausführung eines Befehls wird durch Sensorik an der jeweiligen peripheren Einheit gemessen und zurückgemeldet. Für die Steuerung und Sicherheit sind zentrale *Agenten* verantwortlich. Zukünftig könnte hier die *Blockchain-Technologie* breite Anwendungen finden. Dies wird im Weiteren behandelt.

Ein integrales Konzept unter Einbezug mehrerer Steuerungsebenen bietet die Vision der sogenannten *SensorCloud*. Sie liegt in einer zentralen und hochskalierbaren Plattform für *global vernetzte Sensoren* von der Aufnahme von Sensordaten über die *multidimensionale Analyse* und Verwertung dieser Daten bis hin zur Steuerung von *Aktoren* und *intelligenten Infrastrukturen*. So selbstverständlich, wie E-Mail heute die Menschen weltweit verbindet, soll die *SensorCloud* die Verbindung von Sensoren/Aktoren und Anwendungen auf der ganzen Welt ermöglichen. Die *SensorCloud* bietet offene Schnittstellen (*APIs*[429]). Sensoren und Aktoren stellen über diese *APIs* ihre Daten und Funktionen zur Verfügung. Unabhängige Anwendungsentwickler (ISV) können über die Schnittstellen eigene, innovative Anwendungen mit den *Sensorikdaten* der *Cloud* verknüpfen. Die hochverfügbare und sichere Kernarchitektur der *SensorCloud*

---

429 Eine Programmierschnittstelle, genauer *Schnittstelle zur Anwendungsprogrammierung*, häufig nur kurz API genannt (englisch *application programming interface*, wörtlich ›Anwendungsprogrammierschnittstelle‹), ist ein Programmteil, der von einem Software-System anderen Programmen zur Anbindung an das System zur Verfügung gestellt wird.

bietet somit die Basis für die Verknüpfung von Sensoren, Aktoren und Anwendungen im globalen Maßstab – ein *Ökosystem* unabhängiger Komponenten, welches völlig neue Wertschöpfungsketten ermöglicht.[430, 431]

8.7   Mensch-Maschine-Interaktion

Ein *Mensch-Maschine-System (MMS)* ist die Beziehung beobachtbarer oder messbarer Prozesse, die bei der Verrichtung zielgerichteter, bewusst kontrollierter menschlicher Tätigkeiten zur Lösung vorgegebener oder selbst gewählter Aufgaben unter Einsatz von Maschinen auftreten, zu einem System.[432]

Bekannte Beispiele für *MMS*e sind bei der *Führung von Fahrzeugen* aller Art (Fahrräder, Autos, Schiffe, Flugzeuge usw.) zu finden, wo das Zusammenspiel von Mensch und Technik unmittelbar deutlich ist. Aber auch *Fertigungsstätten, Operationssäle, Forschungslaboratorien* liefern Beispiele für *MMS*e. Selbst *Dienstleistungs- und Verwaltungssysteme*, bisher (fast) ausschließlich der menschlichen Arbeit vorbehalten, werden sich zukünftig mithilfe von *Datenabgleich* und *Erkennungssystemen* und zunehmend durch *Roboter-Einsatz* zu *Mensch-Maschine-Systemen* wandeln. Die Zusammenarbeit Mensch-Maschine findet auf allen Hierarchiestufen der *Automatisierung* und in der operativen Abarbeitung der Aufgaben aller Wertschöpfungsstufen statt, von der Beschaffung (Logistik) über die Entwicklung, Fertigung/Montage bis hin zu Administration und Marketing/Vertrieb. Diese umfassende Zusammenarbeit ist das Neue am »Mensch-Maschine-System 4.0« und wird durch das durchlässige Zusammenspiel aller Hierarchieebenen ermöglicht (vgl. Abb. 24).

Auf die *Steuerung von Prozessen* bezogen wird zwischen vier Stufen der Mensch-Maschine-Interaktion unterschieden:

Stufe 1: direkte Steuerung
Das Einwirken des Operateurs auf den zu bearbeitenden Prozess erfolgt fortlaufend und unmittelbar. Dabei kann die Aufgabe und ihr jeweiliger Bearbeitungszustand von dem Operateur oder der Operateurin unmittelbar wahrgenommen werden.

Stufe 2: manuelle Steuerung
Die Bearbeitung der Aufgabe erfolgt manuell. Operateur oder Operateurin sind direkt einbezogen; sie greifen in den teilmechanisiert ablaufenden Prozess an definierten Stufen und bei Bedarf ein.

---

430 Bundesministerium für Wirtschaft und Technologie: Sensor Cloud. https://www.digitale-technologien.de/DT/Redaktion/DE/Veranstaltungen/2018/2018_07_04_iot_konferenz.html abgerufen 6.10.2019.

431 Am »Konsortium SensorCloud« sind beteiligt: die QSC AG als Konsortialführer, die RWTH Aachen University (Lehrstühle Communication & Distributed Systems, Software Engineering, Technik – und Organisationssoziologie), die Fachhochschule Köln (Institut für Nachrichtentechnik), die symmedia GmbH und die Dillenburger Unternehmensgruppe.

432 https://de.wikipedia.org/wiki/Mensch-Maschine-System, abgerufen 1.10.2018.

Stufe 3: Überwachungssteuerung

Die Bearbeitung der Aufgabe erfolgt weitgehend selbsttätig, wobei aufgrund von Sensorinformation durch geeignete Algorithmen erzeugte *Stellsignale* dafür sorgen, dass die *Stellglieder* auf den zu bearbeitenden Prozess einwirken. *Operateur* oder *Operateurin* sind nur noch indirekt einbezogen; sie überwachen durch Ablesen der Anzeigen die Vorgänge und greifen gelegentlich in *Konflikt- oder Störfällen* ein.

Stufe 4: vollautomatische Steuerung

Die Aufgabe wird ohne jegliche Beteiligung eines Operateurs vollständig von einem *Automaten* bearbeitet.

Darüber hinaus ist der Mensch seit jeher Faktor und Leistender in allen Wertschöpfungsstufen. Durch die Digitalisierung und *Vernetzung* wird er (der »Arbeiter«, der »Verwalter«, der »Dienstleister« …) selbst ein »Element« im Sinne des *cyber-physischen Systems*.

8.7.1 Die Weiterentwicklung: Mensch-Maschine-Systeme in der »Industrie 4.0«

Dem Industrie-4.0-Paradigma folgend werden nicht nur alle *Gegenstände der Fabrikwelt* mit integrierter Sensorik, Rechenleistung und Kommunikationsfähigkeit ausgestattet, sondern auch alle »*Humanbeteiligten*«. Dies betrifft also keineswegs nur die *Maschine-zu-Maschine-(M2M)*-Kommunikation, sondern hat auch weitreichende Folgen für das Zusammenspiel zwischen Mensch und Maschine. Ein solch enges Zusammenspiel zwischen Mensch und CPS wirft auch sozio-technologische Fragen bezüglich der *Autonomie* und *Entscheidungsbefugnis* auf. Mit dem *Gesetz von der erforderlichen Varietät* liefert die *Kybernetik* hierzu eine Antwort.[433] Die primäre Aufgabe des Menschen ist zwar eine Produktionsstrategie vorzugeben und deren Umsetzung innerhalb der selbstorganisierten Produktionsprozesse zu überwachen, aber er wird innerhalb des *CPS-Systems* als operativ-denkend Tätiger selber zum »*cyber-physischen Element*«. Der klassische, ortsgebundene Arbeitsplatz (z. B. Leitstand, Büro, Fertigungsinsel oder Fertigungsarbeitsplatz) wird aufgrund der umfassenden Vernetzung und mobilen Verfügbarkeit von Echtzeit-Informationen zunehmend an Bedeutung verlieren. Die Entscheidungs- und Überwachungsprozesse können sowohl unmittelbar am Ort des Geschehens als auch aus der Ferne – und für eine Vielzahl von unterschiedlichen Produktionsanlagen – erfolgen. Damit geht die Annahme einher, dass der einzelne Mitarbeiter zukünftig einen – auch in räumlicher Hinsicht – größeren Wirkungs- und Verantwortungsbereich übernehmen wird. Weiterhin wird dem Menschen bei Vorliegen von *komplexen Problemen* – und als eine Art *letzte Instanz* innerhalb des cyber-physischen Gefüges – die Rolle des kreativen Problemlösers zuteil. Dieser Fall tritt beispielsweise ein, wenn es eine vorliegende *Störung* zu beheben oder ein *Optimierungspotenzial* zu erschließen gilt, indem er etwa ein *Feldgerät* austauscht.[434] Aber selbst diese Verantwortung bleibt nicht mehr allein dem Menschen vorbehalten, denn es sind bereits *Roboter* im Einsatz, die, ausgerüstet mit intelligenter Sensorik und IT, ihren Ausfall im Herstellungsprozess vorhersehen können und

---

433 Ashby'sches Gesetz. Das Gesetz von der erforderlichen Varietät (engl. Ashby's Law) genannt. Das Gesetz besagt, dass ein System, welches ein anderes steuert, umso mehr Störungen in dem Steuerungsprozess ausgleichen kann, je größer seine Handlungsvarietät ist.
434 Dominic Gorecky; Mathias Schmitt; Matthias Loskyll: Mensch-Maschine-Interaktion im Industrie 4.0-Zeitalter. In: Industrie 4.0 in Produktion, Automatisierung und Logistik, Springer-Verlag, S. 525–542.

sich aus der Wertschöpfungskette autonom gesteuert zurückziehen, nachdem sie einen Ersatz angefordert haben, der ihren Platz in der Fertigung – ohne Unterbrechung des Arbeitsflusses – einnimmt.

Die aktuelle Diskussion geht damit an der eigentlichen wirtschaftlichen Fragestellung vorbei: Es kann nicht das Ziel sein, die maschinelle Automatisierung einfach zu maximieren, sondern es geht darum, die Fertigung zu flexibilisieren (von größeren Losen bis zur Losgröße eins) und dabei den Einsatz von Arbeitsfaktoren zu optimieren: unter möglichst niedriger Kapitalbindung (Investitionen in Maschinen, Anlagen und Immobilien) möglichst wirtschaftlich (laufende Kosten), sozialverträglich, ökologisch (ressourcenoptimierend …), nachhaltig (einschließlich Wiederverwendung und Recycling) und mit dem Ziel höchsten Kundennutzens (Leistungsparameter, Qualität, Lebensdauer …). Dies klingt extrem ambitioniert, ist »multidimensional« (also zugegebenermaßen z. T. im mathematischen Sinne überbestimmt), entspricht aber durchaus den hohen Zielen der neuen »*Industriegeneration 4.0*«. Hierin wächst dem Menschen in der »Wertschöpfung der nahen Zukunft« eine neue Rolle zu, mit viel interessanteren – weil flexiblen – Arbeitseinsätzen, von der Steuerung bis in die »Hands-on-Fertigung«. Wie »greifbar« (im wahrsten Sinne des Wortes) das ist, soll im Kapitel 12 »Organischer Umbau: digital getriebene Wertschöpfung« über die Verbindung neuer Managementkonzepte erläutert werden, insbesondere, wie sich das aus Japan stammende »*Lean Management*« in Zukunft mit den Möglichkeiten der Vernetzung und Big Data *(I/BD)*, also mit dem »High End« der sogenannten Industrie 4.0, einer optimierenden Symbiose, verbinden lässt.

Die technischen Konzepte und Mittel der »*Industrie 4.0*« stehen dazu schon bereit und täglich kommen neue Erfindungen dazu, mit immer kürzer werdenden Abständen zwischen Idee und Umsetzung. Dabei spielt die offene Zusammenarbeit zwischen den etablierten Spielern, *Start-ups* und *Beratern*, die auf *digitale Geschäftsmodelle* spezialisiert sind, eine treibende Rolle. Einige aktuelle Entwicklungen, die bereits in einigen Branchen, wie etwa in der *Automobilindustrie*[435], Fuß gefasst haben, sind hier zu nennen:

- anstelle von abgeschlossenen *Fertigungsinseln*, in denen aus Gründen der Taktung, Steuerung und Sicherheit ausschließlich Roboter und Maschinen tätig sind, werden zunehmend *offene Fertigungsräume,* in denen Roboter und Menschen interaktiv und direkt zusammenarbeiten, entwickelt,
- *Bilderkennung* und *intelligente Sensoriksysteme* ermöglichen Robotern, Objekte, Bewegungen und menschliche Beteiligte zu erkennen und sich flexibel anzupassen,
- Menschliche Mitarbeiter können flexibler an verschiedensten Stellen und Aufgaben eingesetzt werden, weil ihnen durch *virtuelle Realität* (etwa eingespiegelt durch Brillen oder durch Laser in 3D im Raum projiziert) die nächsten Arbeitsschritte gezeigt werden,
- »*Datenhandschuhe*«, ausgerüstet mit Sensorik, Mikrocomputern und mit dem Netz (bis direkt in die Cloud) verbunden, holen sich von den verschiedenen Ebenen der Automatisierung (vgl. Abb. 24) die Anordnungen, melden die fachgerechte Ausführung zurück und sorgen für deren Dokumentation. Insofern wird der Mensch selber zum *cyber-physischen System*, mit direktem Uplink in die Cloud.

---

435 Siehe z. B. Kai Lucks: Pfade der BMW-Werke zu Smart Factories der Industrie 4.0. S. 379–390. In: Kai Lucks (Hrsg.): Praxishandbuch Industrie 4.0, Schäffer-Poeschel Verlag, Stuttgart 2017.

8.8   Erkennungssysteme

Hierunter sind folgende Technologiefelder zu subsummieren (siehe Abb. 22):
- *Bild- und Logoerkennung,*
- *Objekterkennung und -prüfung,*
- *Gesichtserkennung und Biometrie,*
- *Spracherkennung,*
- *Schrifterkennung.*

Die Anwendungsfelder dazu sind breit gestreut, siehe Teil 3 dieses Buches.

8.8.1   Gemeinsame Grundlagen

Die Bilderkennung, auch unter den Begriffen wie maschinelles Sehen oder Bildverstehen erfasst, ist ein *Teilgebiet der Mustererkennung*. Letztere umfasst neben der optischen Deutung (Bilder, Gesichter, Schriften …) auch die *akustische Erkennung* (Sprache, Geräusche), die Deutung von *Mustern* aus *Temperatur* und *Strahlungen* sowie die Erkennung von *Gerüchen* und dem *künstlichen Geschmackssinn*. Neben der Einzelerkennung dient die *Mustererkennung* auch der Klassifikation und Zuordnung zu Typen und Mengen, etwa bei industriellen Einsätzen.

Die *Mustererkennung* beschreibt im Allgemeinen *computergestützte Lösungen* von Aufgabenstellungen, die sich an den Fähigkeiten der menschlichen *Sinnesorgane* orientieren. Ein angrenzendes Gebiet ist die bereits beschriebene Sensorik sowie deren Aggregation zu intelligenten sensorischen Systemen in *cyber-physischen Einheiten (CPS)*. Sowohl sensorischen Systemen als auch der *Bilderkennung* liegen als unterste Ebene *Sensoren, Detektoren* und *Kameraeinheiten* zugrunde, denen mithilfe passender Software zur »*Erkennung von Mustern*« verholfen wird. Die Abgrenzung zwischen sensorischer und bildbasierter Mustererkennung ist nicht scharf. Die Applikationen überlappen sich in Teilfeldern und ergänzen sich. Die Entscheidung, ob die eine oder andere Technologie verwendet werden soll, ist eine wirtschaftliche und schließt eine Frage nach der geforderten *Exaktheit* ein. Um die *Sicherheit* zu erhöhen, im Sinne von *Redundanz* und *Komplementarität*, kann der parallele Einsatz beider Technologien erforderlich sein. Die folgende Darstellung beinhaltet eine Auswahl der wichtigsten Technologiefelder der *Mustererkennung* und ihrer Anwendungsgebiete. Die dahinter liegenden Techniken überlappen sich teilweise, teils sind sie aber anwendungsspezifisch.

8.8.2   Optische Erkennung im Allgemeinen

Nur ein geringerer Teil der aktuellen Forschungsprojekte beschäftigt sich damit, tatsächlich den Sinn oder den Inhalt von Bildern zu *verstehen*; meistens geht es eher darum, in Bildern Objekte zu *detektieren*, sie zu beschreiben, ihre Eigenschaften zu vermessen, sie zu *klassifizieren*, und aufgrund dieser Ergebnisse Entscheidungen zu treffen oder Prozesse zu steuern. Da es beim Bildverstehen meistens um den Entwurf oder die Anwendung von Rechenverfahren geht, handelt es sich um ein Teilgebiet der *Infor-*

matik, das starke Querbeziehungen zu *Photogrammetrie*, Signalverarbeitung und *künstlicher Intelligenz* aufweist. Die Werkzeuge des Maschinensehens stammen meistens aus der Mathematik, insbesondere aus Geometrie, linearer Algebra, Statistik, *Operations Research* (Optimierung) und *Funktionalanalysis*. Typische Aufgaben des *Maschinensehens* sind die *Objekterkennung* und die *Vermessung* der geometrischen Struktur von Objekten sowie von Bewegungen (Fremdbewegung, Eigenbewegung). Dabei wird auf Algorithmen aus der Bildverarbeitung zurückgegriffen, z. B. auf Segmentierung, und auf Verfahren der Mustererkennung, beispielsweise zur Klassifizierung von Objekten.

In komplexeren Erkennungsaufgaben werden oft *Modelle* eingesetzt. Diese beinhalten *Vorwissen*, das zur Erkennung eines Gegenstandes benutzt werden kann. Beispielsweise ein *Gesichtsmodell*, dass sich die Nase immer zwischen dem Mund und den Augen befinden muss. Somit weiß ein Suchalgorithmus, wo er den Mund suchen muss, wenn er Augen und Nase schon gefunden hat. Häufig verwendete Techniken sind: starre 2-D- oder 3-D-Modelle und statistische (deformierbare) Modelle wie *Active Shape Model*[436] oder *Point Distribution Model*.[437]

8.8.3   Bild- und Logoerkennung

Die *Bilderkennung* verfolgt das Ziel, Objekte in einem Bild zu finden und nach einem vorgegebenen Muster zuzuordnen. Den Objekten wird eine *Beschreibung* zugewiesen, aber es wird nicht nach Zusammenhängen zwischen den Objekten gesucht, wie es in der *Musteranalyse* üblich ist. Anwendungsgebiete sind beispielhaft:

- **Gesichtserkennung** für zahlreiche Anwendungen, wie Zugangskontrollen, als »visuelles« Passwort für Öffnung persönlicher IT (etwa Smartphone), Fahreridentifikation usw.
- **Verkehr:** Erkennung von Schildern und Symbolen. Direkte Übertragung der Resultate in die Fahrerleitsysteme. Gilt für alle Verkehrsträger. Erkennung von Radarfallen (rechtlich kritisch).
- **Datenbanken:** Objekte in Bildern automatisch beschriften (taggen), z. B. bei flickr.com oder Cloud Vision API von Google).
- **Medien:** Bilder bzw. Bildausschnitte von Medienprodukten erkennen und dem entsprechenden Produkt zuordnen. Daraufhin Zuspielung von spezifischen Inhaltsinformationen, Genre, Zuordnung, Kritik, Reviews usw.
- **Online-Handel:** Produktidentifikation (»Make & Model«), daraufhin Zuspielung von Produktinformationen, Bezugsquellen, Weiterleitung an Produktvergleichsportale.
- **Produktionssteuerung** in der Industrie: Vermessung elektronischer Bauteile, und Passmarken, um eine möglichst genaue Bestückung zu erzielen.
- **Qualitätssicherung** in der Fertigung: Sortierung und Fehlererkennung von Komponenten und Produkten.

---

436 Active Shape Models (ASM) sind eine von Cootes und Taylor entwickelte Methode der Bildverarbeitung. Siehe: Tim F. Cootes, Chris J. Taylor: Active Shape Models – »Smart Snakes«. In: David Hogg u. a. (Hrsg.): BMVC92. Proceedings of the British Machine Vision Conference; 22.–24. September 1992, Leeds. Springer-Verlag, Berlin 1992, S. 266–275.
437 Point Distribution Models werden im Bildverstehen eingesetzt. Man kann damit zweidimensional oder dreidimensional Objekte aus der wahren Welt modellieren. Ihre Stärke entfaltet sich bei Objekten, die sich in einer flüssigen Art und Weise deformieren können, wie z. B. z. B. Gesichtszüge. https://de.wikipedia.org/wiki/Point_Distribution_Model, abgerufen 3.10.2018.

- **Geografie und Katasterpläne:** z. B. Object-based image analysis (OBIA), eine Methodik, mithilfe derer Objekte über automatischer Bilderkennung identifiziert und räumlich eingeordnet werden können. [438]
- **Medizin:** Bilderkennung im digitalen Röntgen (etwa Mammografie) und in digitalen Schnittbildverfahren (Computertomografie, Kernspintomografie) zur Diagnose-Unterstützung.
- **Sicherheitstechnik:** Automatisiertes Erkennen »abnormalen Verhaltens« von Personen in den Videodatenströmen öffentlicher Überwachungskameras zur Kriminalitätsprävention.[439]
- **Militär:** Freund-Feind-Erkennung (international: *friend-foe-detection systems*).[440]

Herkömmliche *Bilderkennungssensoren* (reine *Kameraoptik* und -mechanik mit *CCD- oder CMOS-Sensor*) erfassen nur das Bild und senden diese Rohdaten analog oder digitalisiert an einen dafür mit geeigneter Schnittstelle ausgestatteten Computer zur weiteren Bildverarbeitung, wie etwa Kantenextraktion und andere *Klassifikationen*. Erst in einem zentralen Rechner wird durch *Mustererkennung* und andere Bilderkennungsschritte entschieden, ob z. B. das inspizierte Muster die Anforderungen erfüllt, damit verwendet, oder aussortiert wird. Dagegen genügt bei einem *smarten Bilderkennungssensor* allein die zusätzlich zur reinen Kamerafunktion integrierte Rechentechnik (Hardware und Software), um das erfasste Objekt komplett anhand der geforderten Eigenschaften in Echtzeit sofort an Ort und Stelle zu bewerten und das Ergebnis aufbereitet zur Verfügung zu stellen, etwa mithilfe der *Smart Camera*.[441]

8.8.4 Objekterkennung und -prüfung

Auf zahlreichen Gebieten ist eine durchgängig aktive (24/7) und schnell verfügbare Erkennung von Objekten gefordert, z. B. im:

- **Straßenverkehr:** Fahrzeugidentifikation (Kfz, Fahrrad …), Behinderungen und Risikostellen (Baustelle, gestaute Fahrzeuge), Fahrzeugzustand (z. B. fließender Verkehr versus Parken), Maut (Erkennung, bis hin zum automatischen Inkasso),
- **Flugverkehr:** Klassifizierung und Identitätsprüfung von Fliegern, insbesondere bei Mischung von Linien- und Privatverkehr,
- **Schiffsverkehr:** Klassifizierung zur Freigabe von Fahrrouten etwa im Kanalverkehr,
- **Produktion:** Identifikation von Komponenten (Bilder und Vermessung, etwa Vergleich mit hinterlegten Bildern und Messgrößen), sowohl bei der Komponentenzuführung als auch beim Produktionsergebnis,
- **Automatisierung:** Einsatz maschinell sehender Systeme etwa integriert in Robotern,
- **Qualitätssicherung:** Erfassung optischer Zustände und Vergleich mit hinterlegten Mustern (»gut versus schlecht«),

---

438 Weiteres siehe https://de.wikipedia.org/wiki/Object-based_image_analysis abgerufen 6.10.2019.
439 Siehe das EU-Projekt INDECT und Videoüberwachung China mit Niederschlag in den sogenannten Sozialkonten.
440 Eine weiterführende technische Übersicht liefert Kneissl: Bildverstehen, Grundlagen Bilderkennung und Bildverstehen. http://www.kreissl.info/bilderkennung, abgerufen 3.10.2018.
441 https://de.wikipedia.org/wiki/Smart-Sensor#Ein_smarter_Bilderkennungssensor_als_Beispiel, abgerufen 28.9.2018.

- **Sicherheit:** Erkennung von risikobehafteten Objekten, etwa beim *Gepäckscanning*.[442], in *Zutritts-kontroll-Systemen* und zur automatischen Erkennung von *Gefahrensituationen* (Kombination von Objekt, Lage und Bewegungen im Raum).

Dazu einzusetzende und – im Bedarfsfall zu kombinierenden – Verfahren der automatischen optischen Inspektion sind:
- *Objekterkennung* (breiteste Anwendung),
- *Lageerkennung* (v.a. Qualitätssicherung, Sicherheit …),
- *Oberflächeninspektion* (Qualitätssicherung …),
- *Defekterkennung* unter Oberflächen (z. B. durch Eddi-Current),
- *Form- und Maßprüfung* (Qualitätssicherung),
- *Schichtdickenmessungen* (etwa zur Feststellung von Lack-Reparaturen an Fahrzeugen),
- *Mengenbestimmung* (von der Auslieferung bis zur automatischen Rechnungstellung),
- *Vollständigkeitsprüfung* (etwa bei der Zusammenstellung von Liefer-Sätzen; z. B. *LEGO*).

Wie bereits betont, sind die *optischen Verfahren* je nach Bedarf, technischem und finanziellem Risiko sowie der Sicherheitsstufe, in der die jeweilige Branche einzuordnen ist, durch andere Verfahren, insbesondere durch Sensorik und Einsatz smarter Sensoriksysteme, zu ergänzen.

8.8.5   Gesichtserkennung und Biometrie

Die *Gesichtserkennung* bezeichnet die Analyse der Ausprägung sichtbarer Merkmale im Bereich des frontalen Kopfes, gegeben durch geometrische Anordnung und Textureigenschaften der Oberfläche. Sie ist damit ein Teilgebiet der *Biometrie*. In der jüngsten Technologiegeneration gehören dazu Anwendungen *künstlicher Intelligenz* zum Sammeln von demografischen Daten und zum Erfassen von Körpermerkmalen. Auf Basis der gesammelten Informationen können intelligente Geräte nicht nur *Identitäten* feststellen, sondern auch *emotionale Reaktionen* analysieren, um daraus etwa Rückschlüsse für die Kaufbereitschaft zu ziehen und Kunden selektiv zu motivieren.[443]

Die grundsätzliche »*Architektur der Gesichtsmodelle*« und der sich daraus ableitende Suchalgorithmus wurde bereits angesprochen. Es ist zwischen der *Lokalisation* eines Gesichts im Bild und der *Zuordnung* des Gesichts zu einer bestimmten Person zu unterscheiden. Im ersten Fall wird geprüft, ob und wo ein Gesicht zu sehen ist, im zweiten, um wen es sich handelt.

Bei der Gesichtserkennung sind zwei Fälle zu unterscheiden: Geschieht dies durch Menschen, wird im englischen Sprachraum von *face perception* gesprochen, während eine Gesichtserkennung durch Maschinen als *face recognition* bezeichnet wird. Die Gesichtserkennung wird sicherheitstechnisch, krimi-

---

442 Hier werden automatisch zugeschaltet: opto-chemische Analyseverfahren, wie etwa Spektralanalysen zur Identifikation und Mengenmessung chemischer (Kampf- und Risiko-)Stoffe.
443 Siehe Accenture: Künstliche Intelligenz: Die Zukunft für Unternehmen. Zum Stichwort Biometrics: https://www.accenture.com/de-de/artificial-intelligence-index?c=de_de_artificialintel_10288222&n=psgs_generic_0618&gclid=Cj0KCQjw0dHdBRDEARIsAHjZY YA1QiqsWFQVVXmxsdCGgHDHye4GG8l0Q0vlM6oIcH5oKyh45qSS574aAqncEALw_wcB, abgerufen 3.10.2018.

nalistisch und forensisch eingesetzt, zum Zweck der Identifikation oder Verifikation (*Authentifizierung*) natürlicher Personen. Die technische, computergestützte Gesichtserkennung dient primär der Zutrittskontrolle zu Sicherheitszonen, der öffentlichen Sicherheit (Kamera-Überwachung) und zur Suche nach Dubletten in Datenbanken, beispielsweise in Melderegistern zur Vermeidung von *Identitätsdiebstahl*.

Maßgeblich für die Erfassung und digitale Verarbeitung von *Gesichtsbildern* für *interoperable Zwecke*, insbesondere zur Verwendung in elektronischen Reisepässen und *Kriminalistik*, ist der internationale Standard *ISO/IEC 19794-5*. Seine detaillierten Spezifikationen hinsichtlich Bildinhalt und Aufnahmetechnik zielen auf hohe Erkennungsqualität.

Einfachere *Gesichtserkennungsverfahren* verwenden eine zweidimensionale (2D) geometrische Vermessung besonderer Merkmale (z. B. Augen, Nase, Mund). Hierbei wird deren Position, Abstand und Lage zueinander bestimmt. Neuere Verfahren setzen meist auf komplexe Berechnungen wie die *Wavelet-Analyse*[444] (z. B. mittels *Gabor-Transformation*[445]) oder *Hauptkomponentenanalyse*.[446] 2001 entwickelten zwei Informatiker die nach ihnen benannte Viola-Jones-Methode[447] zur Gesichtserkennung. Das Verfahren beruht auf maschinellem Lernen, erkennt auch Strukturen anderer Art, etwa *Verkehrszeichen* für das *rechnerunterstützte Fahren*. Das *National Institute of Standards and Technology (NIST)* hat wiederholt vergleichende Untersuchungen verschiedener kommerzieller und universitärer Verfahren durchgeführt. Die Fehlerrate soll bereits Mitte 2006 von den leistungsfähigsten Verfahren auf nur 1 % reduziert worden sein. Diese Rate liegt in der gleichen Größenordnung wie die aktuellen *Fingerabdruck*- oder *Iriserkennungsverfahren*[448] und soll die Fähigkeiten der menschlichen Gesichtserkennung übertreffen.[449] In der praktischen Massenanwendung werden noch *Erkennungsdefizite* kritisiert.[450] Jüngste Einsätze zeigten jedoch erfreuliche Resultate.[451]

3-D-Verfahren: Neben der zweidimensionalen *biometrischen Gesichtserkennung*, bei der für die Erfassung handelsübliche Kameras genutzt werden, verbreitet sich zunehmend die dreidimensionale (3D) Erfassung (z. B. mittels *Streifenprojektion*[452]). Durch zusätzliche Informationen sollen höhere *Erkennungsgenauigkeit*, bessere *Posenunabhängigkeit* und *Überwindungssicherheit* erzielt werden.

444 Als Wavelet-Transformation (WT, englisch *wavelet transform*) wird eine Familie von linearen Zeit-Frequenz-Transformationen in der Mathematik und den Ingenieurwissenschaften (primär: Nachrichtentechnik, Informatik) bezeichnet.

445 Die Gabor-Transformation (nach Dennis Gábor) ist ein Spezialfall der Kurzzeit-Fourier-Transformation. Sie ist eng mit der Wavelet-Theorie verwandt und wird in vielen Bereichen der digitalen Bildverarbeitung eingesetzt.

446 Die Hauptkomponentenanalyse oder englisch Principal Component Analysis (PCA) ist ein Verfahren der multivariaten Statistik. Sie dient dazu, umfangreiche Datensätze zu strukturieren, zu vereinfachen und zu veranschaulichen, indem eine Vielzahl statistischer Variablen durch eine geringere Zahl möglichst aussagekräftiger Linearkombinationen (die »Hauptkomponenten«) genähert wird.

447 Die Viola-Jones-Methode ist ein mathematisches Verfahren zur Mustererkennung in digitalen Bildern. Sie wurde 2001 von Paul Viola und Michael Jones vorgestellt und wurde weltweit bekannt wegen ihrer Effizienz. Die Viola-Jones-Methode erkennt in Echtzeit markante Objekte wie Gesichter in einem Bild.

448 Face Recognition Vendor Test, FRVT 2006 and ICE 2006 Large-Scale Results, März 2007, S. 5.

449 P. Jonathon Phillips et al.: RVT 2006 and ICE 2006 Large-Scale Results, March 2007. http://citeseerx.ist.psu.edu/viewdoc/download ?doi=10.1.1.136.4454&rep=rep1&type=pdf, abgerufen 6.10.2019.

450 Z. B. Erfahrungen in Wales 7.5.2018: https://tarnkappe.info/wales-fehlerrate-bei-gesichtserkennung-von-menschenmassen-liegt-bei-92-prozent/, abgerufen 3.10.2018; Testlauf am Berliner Südkreuz, berichtet 2.8.2017, https://web.de/magazine/digital/technik-gesichtserkennung-32458158, abgerufen 3.10.2018.

451 Innenminister de Maizière ist zufrieden: Ein Test zur automatischen Gesichtserkennung in Berlin läuft nach seinen Worten gut. Nun soll das Projekt, das bei Datenschützern auf Kritik stößt, verlängert werden. Berichtet von NTV 15.12.2017.

452 Die Streifenprojektion, die manchmal auch als Streifenlichttopometrie bezeichnet wird, umfasst optische Messmethoden, bei der Bildsequenzen zur dreidimensionalen Erfassung von Oberflächen verwendet werden.

Testergebnisse des US-basierten National Institute of Standards and Technology (NIST) zeigen, dass mit Stand 2006 die 2D-Verfahren hinsichtlich der Erkennungsleistung den 3-D-Verfahren noch überlegen waren. Eines der Einsatzprobleme für 3D ist die Notwendigkeit spezieller Hardware, insbesondere von *3-D-Kameras*. Neuere Untersuchungen weisen aber nach, dass 3D viele Probleme besser lösen kann, sich der Prozess beschleunigen lässt und prophezeien zukünftig wachsende Marktanteile bei Identifikation und *Authentifizierung*.[453]

Authentifizierung: Ein erkanntes Gesicht kann als biometrischer Beweis für die Identität verwendet werden. In China wird solche KI-gestützte Gesichtserkennung für deren System der Sozialkonten eingesetzt.[454] Anwendungen, die insbesondere im Bank- und Finanzbereich beheimatet sind, basieren auf der Software Face++ von den chinesischen Start-ups *SenseTime* und *Megvii*,[455] die von sich behaupten, die Welttechnologieführer in der Realumsetzung bei der Gesichtserkennung zu sein.[456] Grundlage dafür sind ihre Erfahrungen im Einsatz für die von der chinesischen Regierung angeordneten sogenannten »Sozialkonten«, denen u. a. die Gesichtserkennung aller Bürger im öffentlichen Raum zugrunde liegt. Bei der Technologie handelt es sich um eine auf das *Deep Learning – Framework Brain++*[457] aufbauende *biometrische* Anwendung. Die dahinterstehenden Algorithmen werden mit Hilfe von großen Datensätzen trainiert. Dieses *maschinelle Lernverfahren* nutzt ein großes, mehrschichtiges *neuronales Netzwerk (Deep Neural Networks, DNNs)*, das seine Parameter in der Trainingsphase so lange anpasst, bis das Gesicht einer Person zuverlässig erkannt wird.

8.8.6   Spracherkennung

Die automatische Spracherkennung ist ein Überlappungsgebiet der angewandten *Informatik*, von Ingenieurwissenschaften und der *Computerlinguistik*. Sie beschäftigt sich mit der Untersuchung und Entwicklung von Verfahren, die Automaten, insbesondere Computern, die gesprochene Sprache der automatischen Datenerfassung zugänglich macht. Die *Spracherkennung* ist zu unterscheiden von der Stimm- bzw. *Sprechererkennung*, einem *biometrischen Verfahren* zur Personenidentifikation.

Zu unterscheiden sind *sprecherunabhängige* und *sprecherabhängige Spracherkennung*. Charakteristisch für *sprecherunabhängige Spracherkennung* ist die Eigenschaft, dass der Benutzer ohne eine vorhergehende Trainingsphase sofort mit der Spracherkennung beginnen kann. Der Wortschatz ist jedoch auf einige tausend Wörter begrenzt. *Sprecherabhängige Spracherkennungssysteme* werden vom Benutzer vor oder (in neueren Systemen) während der Anwendung auf Besonderheiten der Aussprache trainiert.

453 Benjamin Kees, Alexander Boll: Gesichtserkennung, 5.7.2011, Mathematisch-Naturwissenschaftliche Fakultät II, Institut für Informatik, Humboldt-Universität Berlin.

454 https://www.stern.de/digital/technik/china--gesichtserkennung-durch-sonnenbrille---polizei-auf-futuristischer-verbrecherjagd-7859296.html, abgerufen 6.10.2019.

455 Berichte von Harrison Jacobs und Pat Ralph, Business Insider 8.7.2018. https://www.businessinsider.de/china-facial-recognition-tech-company-megvii-faceplusplus-2018-5?r=US&IR=T, abgerufen 4.10.2018.

456 Will Knight: In China, you can pay for goods just by showing your face, in: MIT Technology Review. https://www.technologyreview.com/s/603494/10-breakthrough-technologies-2017-paying-with-your-face/, abgerufen 6.10.2019.

457 Vivienne Sze et al.: Efficient Processing of Deep Neural Networks: A Tutorial and Survey. Veröffentlicht in: Proceedings of the IEEE (Volume: 105, Issue: 12, Dec. 2017), https://ieeexplore.ieee.org/abstract/document/8114708, abgerufen 4.10.2018.

Ein zentrales Element ist die individuelle Interaktionsmöglichkeit mit dem System, um ein optimales sprecherabhängiges Ergebnis zu erzielen. Aktuelle Systeme enthalten mehr als 300.000 Wortformen.

Zu unterscheiden ist ferner zwischen *Front-End-Systemen* und *Back-End-Systemen*. In *Front-End-Systemen* erfolgt die Verarbeitung der Sprache und Umsetzung in Text unmittelbar, sodass er das Ergebnis praktisch ohne nennenswerte Zeitverzögerung ablesen kann. Die Umsetzung kann auf dem Computer des Benutzers oder *cloudbasiert* erfolgen. Durch die unmittelbare Interaktion zwischen Benutzer und System wird höchste *Erkennungsqualität* erzielt. In *Back-End-Systemen* wird die Umsetzung zeitversetzt durchgeführt, meist auf einem entfernten Server. Der Text steht erst mit Verzögerung zur Verfügung. Solche Systeme sind im *medizinischen Bereich* noch verbreitet. Da keine unmittelbare *Interaktion* zwischen dem Sprecher und dem Erkennungsergebnis erfolgt, ist eine herausragende Qualität nur dann zu erwarten, wenn der Nutzer bereits Erfahrung mit Spracherkennung hat. Aktuelle Systeme haben beim Diktat von *Fließtexten* auf Personal Computern Erkennungsquoten von ca. 99 % und erfüllen damit für viele Einsatzgebiete die Anforderungen der Praxis, z. B. für wissenschaftliche Texte, Geschäftskorrespondenz oder juristische Schriftsätze. Heute werden Spracherkennungssysteme u. a. in *Smartphones* eingesetzt, etwa bei *Siri*, *Google Now*, *Cortana* und *Samsung S Voice*. Aktuelle Spracherkennungssysteme müssen nicht mehr trainiert werden. Entscheidend für eine hohe Treffsicherheit außerhalb der Alltagssprache ist dabei die Plastizität des Systems. Um hohen Ansprüchen gerecht zu werden, bieten professionelle Systeme dem Anwender die Möglichkeit, durch Vorschreiben oder Vorsprechen das persönliche Ergebnis zu beeinflussen.

Ein Spracherkennungssystem besteht aus den Elementen *Vorverarbeitung* (Zerlegung der analogen Sprachsignale), *Abtastung* (Digitalisieren, um es weiterverarbeiten zu können), *Filterung* (Abtrennung von Hintergrundgeräuschen), *Transformation* (der Signale im selektierten Frequenzbereich), *Merkmalsvektor* (Herausarbeitung von Merkmalen aus dem digitalen Sprachsignal), *Cepstrum* (Erkennung von Periodizitäten der Stimme), sowie die *Sinnerkennung*. Dazu spielen *Hidden Markov Modelle*[458] (HMM) eine wichtige Rolle. Diese ermöglichen es, die Phoneme zu finden, die am besten zu den Eingangssignalen passen. Mit der großen Rechenkapazität moderner PCs kann fließende (kontinuierliche) Sprache erkannt werden, indem größere *Hidden Markov Modelle* gebildet werden, die aus mehreren Wörtern und den Übergängen zwischen ihnen bestehen. Alternativ werden Versuche unternommen, *neuronale Netze* für das akustische Modell zu verwenden. *Time Delay Neural Networks*[459] sollen dabei Veränderungen im Frequenzspektrum über den Zeitablauf analysieren und zur Erkennung verwenden. Ein *Sprachmodell* versucht schließlich, die Wahrscheinlichkeit bestimmter Wortkombinationen zu bestimmen und dadurch falsche oder unwahrscheinliche Hypothesen auszuschließen. Dazu kann entweder ein Grammatikmodell unter Verwendung *formaler Grammatiken* oder ein statistisches Modell mithilfe von *N-Grammen*[460] eingesetzt werden.[461]

---

458 Das Hidden Markov Model (englisch, HMM) ist ein stochastisches Modell, in dem ein System durch eine Markow-Kette – benannt nach dem russischen Mathematiker A. A. Markow – mit unbeobachteten Zuständen modelliert wird.

459 Ein Time Delay Neural Network (TDNN, auf Deutsch etwa *zeitverzögertes neuronales Netz*) ist ein mehrschichtiges künstliches neuronales Netz, das durch die Verwendung von Zeitfenstern über mehrere Eingaben in der Lage ist, zeitliche Abhängigkeiten von Eingaben zu verarbeiten.

460 **N-Gramme** sind das Ergebnis der Zerlegung eines Textes in Fragmente. Der Text wird dabei zerlegt, und jeweils N aufeinanderfolgende Fragmente werden als *N-Gramm* zusammengefasst. Die Fragmente können Buchstaben, Phoneme, Wörter und Ähnliches sein.

461 https://de.wikipedia.org/wiki/Spracherkennung#Aktueller_Stand, abgerufen 4.10.2018. Zur Literatur: Pirani, Giancarlo, ed.: Advanced algorithms and architectures for speech understanding, Vol. 1. Springer Science & Business Media, 2013.

8.8.7   Texterkennung

Die *automatische Texterkennung* oder auch *optische Zeichenerkennung* genannt (englisch *optical character recognition OCR*), erweitert die Möglichkeiten optischer Eingabegeräte (Scanner oder Digitalkameras, aber auch Faxempfänger), die als Ergebnis ausschließlich *Rastergrafiken* liefern können, also in Zeilen und Spalten angeordnete Punkte (Pixel). *Texterkennung* bezeichnet dabei die Aufgabe, die so dargestellten Buchstaben als solche zu erkennen, d.h. zu identifizieren und ihnen den *Zahlenwert* zuzuordnen, der ihnen nach üblicher *Textcodierung* zukommt (*ASCII, Unicode*). Im deutschen Sprachraum werden *automatische Texterkennung* und *OCR* oft als Synonym verwendet. In technischer Hinsicht bezieht sich OCR jedoch nur auf den Teilbereich der *Mustervergleiche* von separierten Bildteilen als Kandidaten zur Erkennung von Einzelzeichen. Diesem *OCR-Prozess* geht eine *globale Strukturerkennung* voraus, in der zuerst Textblöcke von grafischen Elementen unterschieden, die Zeilenstrukturen erkannt und schließlich Einzelzeichen separiert werden. Bei der Entscheidung, welches Zeichen vorliegt, kann über weitere Algorithmen ein sprachlicher Kontext berücksichtigt werden.

Die Leistungsfähigkeit moderner Computer und verbesserte Algorithmen erlauben inzwischen auch die Erkennung von »normalen« *Druckerschriftarten* bis hin zu *Handschriften* (etwa bei der *Briefverteilung*); wenn jedoch Lesbarkeit durch Menschen nicht vorrangig ist, werden drucktechnisch und erkennungstechnisch einfacher handhabbare Strichcodes genutzt.

Verfahrenstechnisch sind folgende Schritte üblich: Herstellung einer *Bilddatei* (per Scanner, Digitalkamera ...), *Mustererkennung* (Mustervergleich aus Datenbank), *Fehlerkorrektur* auf Zeichenebene (per OCR, s.o.), *Fehlerkorrektur* auf Wortebene (per *IWR, Intelligent Word Recognition*), evtl. manuelle *Fehlerkorrektur* (für nicht erkannte Zeichen), *Codierung* in das Ausgabeformat (Datenbank oder Textdatei). In jüngster Zeit erzielten künstliche *neuronale Netzwerke* bei *Handschriftanwendungen* oft bessere Ergebnisse als konkurrierende Lernverfahren.[462]

Die maschinelle Übersetzung (engl. *machine translation, MT*) bezeichnet die automatische Übersetzung von Texten aus einer Sprache in eine andere Sprache durch ein Computerprogramm. Die maschinelle Übersetzung wird als Teilbereich der *künstlichen Intelligenz* in der *Computerlinguistik* erforscht. Der Fortschritt der maschinellen Übersetzung wurde bis in die 2010er Jahre hinein als unbefriedigend empfunden. Einen Meilenstein der Texterkennung erreichte die künstliche Intelligenz des *IBM Watson*. Die Maschine wird heute u.a. dazu eingesetzt, Ärzte bei der Diagnose von *Krankheiten* zu unterstützen.[463] Auch kann Watson *Rechtsanwälte* bei der rechtlichen Recherche entlasten (*Legal Tech*). So können Maschinen heute Schrift und Sprache (s.o.) erkennen und verstehen, Antworten auf gestellte Fragen suchen und diese in natürlicher Sprache oder in Schriftform wiedergeben. In einfacher Form wird dies u.a. in *Smartphones* eingesetzt z.B. bei *Siri, Google Now, Cortana* und *Samsungs S Voice*.

---

462 https://de.wikipedia.org/wiki/Texterkennung, abgerufen 4.10.2018.
463 Watson geht an die Arbeit, ibm.com, abgerufen 6.10.2019.

Seit 2016 werden für *Übersetzungsprogramme* zunehmend *künstliche neuronale Netze* eingesetzt, die den Fortschritt stark voranbrachten. Beispiele sind *DeepL, Google Übersetzer* sowie der *Bing Translater*. Im März 2018 teilte *Microsoft* mit, durch eine *KI* Chinesisch-Englisch-Übersetzungen mit der Qualität eines professionellen menschlichen Übersetzers zu erreichen. Das sei ein Durchbruch bei der maschinellen Übersetzung.[464]

Der Markt für *maschinelle Übersetzungen* steigt derzeit stark an, getrieben sowohl durch die verstärkt gegebenen technischen Möglichkeiten als auch durch drängende Nachfrage. Texte sind heute zunehmend digital verfügbar, also leicht für den Computer zu verarbeiten. Die *Globalisierung* erfordert die Übertragung von immer mehr Texten in immer mehr Sprachen. Der Markt für Übersetzung verdoppelt sich alle vier Jahre, wohingegen die Popularität der Berufe des Übersetzers und Dolmetschers stagniert.

8.9 Robotertechnik (Robotics)

8.9.1 Einordnung und Abgrenzung

Dieser Abschnitt steht bewusst in der Mitte dieses Kapitels, denn *Roboter* – also *Handhabungsautomaten* – integrieren alle vorgenannten Elemente und Fähigkeiten und sie nutzen die in den nachfolgenden Abschnitten zu behandelnden Kompetenzen. Sie binden sich in die Hierarchie der Automatisierung ein (vgl. Abb. 21), sind aber selber Teil der Basis, also der Fertigung sowie der Logistik (im Industrie-Kontext) oder, allgemein gesprochen: Sie sind die »Ausführenden«. *Roboter* finden – außerhalb von *Fertigung* und *Logistik* – ihren Platz in zahlreichen Anwendungen: in der *Medizin* (Roboter-unterstütztes Operieren, in medizinisch-technischen Labors …), in der *Pflege* (zur physischen Unterstützung und Substitution von Pflegediensten …), in *Gefahrensituationen* (*Munitionsentschärfung*, Polizeieinsätze …), und in menschenfeindlichen Umgebungen (Kraftwerke – insbesondere *Kernkraftwerke* – *Unterwasser*, Brand und Explosionen, vergifteter Umgebung, *Bergbau, Luft- und Raumfahrt*), um nur die bekanntesten Anwendungsfelder zu nennen. Der technologische Fortschritt, nicht nur auf den in diesem Kapitel behandelten Themenkreisen, erschließt laufend neue Anwendungen: in nahezu allen Branchen, bis hin in privatwirtschaftliche Dienstleistungen und im öffentlichen Dienst (vom »Müll-Roboter« bis zum »automatisierten Bürogehilfen«). Die Anwendungen werden fast »grenzenlos« und die bisherige (Sicherheits-)Barriere zwischen Mensch und Maschine (im Letzteren der Roboter) schwindet zunehmend, wie im Abschnitt über Automatisierung im Allgemeinen erläutert wurde. Obwohl Roboter also nahtlos mit Menschen und anderen Automatisierungssystemen (Computer, rein-mechanische *Manipulatoren* …) zusammenwirken, lassen sie sich doch relativ gut von diesen abgrenzen: es handelt sich (a) um künstliche Gebilde, im Gegensatz zum Menschen, und (b) sie integrieren die Mechanik in Antrieb und Handhabung (dem Manipulator, insbesondere dem Roboter-Arm) mit künstlicher Intelligenz. Sie sind also ein »höher integriertes artifizielles Wesen« innerhalb oder außerhalb der Familie der cyber-physischen Systeme. Ich nutze die letzten beiden Parameter (mechanische Manipulation und künstliche Intelligenz) um den vor-

---

464 https://www.golem.de/news/microsoft-research-computersystem-uebersetzt-praktisch-simultan-1803-133343.html, abgerufen 6.10.2019.

liegenden Abschnitt eingrenzen zu können. Spezialfälle, wie etwa der »*künstliche Autofahrer*« schließe ich hier aus, aber nicht-vernetzte, autonom geführte Roboter (in Pflege, Haushalt …) sind auch zu berücksichtigen, auch wenn diese nach engerer Definition (wegen fehlender Einbindung ins Netz, in die Cloud) nicht den cyber-physischen Systemen zuzurechnen sind. Aber auch hier, wen wundert es, ist der Übergang fließend: Denn Roboter können ja zeitweise *autonom* operieren, zeitweise *interoperabel* (in *Mensch-Maschine-Systemen* aber auch in der *Maschine-Maschine-Interaktion*), zeitweise verbunden mit dem Netz.

8.9.2 Definitionen

Ein *Roboter* ist eine technische Apparatur, die dazu dient, dem Menschen mechanische Arbeit abzunehmen. *Roboter* können sowohl ortsfeste als auch mobile Maschinen sein und werden von *Computerprogrammen* gesteuert. Die Wortbedeutung hat sich allerdings im Laufe der Zeit gewandelt. Während der Entwicklung von *Handhabungsgeräten*, die immer komplizierter wurden, entstand die Bezeichnung »Roboter«, die ursprünglich nur für *humanoide Roboter* verwendet wurde. Die Verwendung dieses Begriffes weitete sich mit der Zeit fast beliebig auf verschiedenste *Handhabungsgeräte*, mechanische *Unterstützungseinrichtungen*, ja selbst auf reine *IT-Anwendungen* (etwa »Robotersteuerungen« …) aus. Entsprechend unterschiedlich ist die Definition eines Roboters von Land zu Land. So kommt es, dass 1983 von *Japan* 47.000 dort installierte Roboter gemeldet wurden, von denen in Deutschland nach VDI-Richtlinie 2860 nicht einmal 3.000 als Roboter gegolten hätten.

Nach *VDI* sind »Industrieroboter … universell einsetzbare *Bewegungsautomaten* mit mehreren Achsen, deren Bewegungen hinsichtlich Bewegungsfolge und Wegen bzw. Winkeln frei (d. h. ohne mechanischen bzw. menschlichen Eingriff) programmierbar und gegebenenfalls sensorgeführt sind. Sie sind mit Greifern, Werkzeugen oder anderen Fertigungsmitteln ausrüstbar und können Handhabungs- und/oder Fertigungsaufgaben ausführen«.[465] Die *US Robotic Industry Association* definiert: »A robot is a reprogrammable, multifunctional manipulator designed to move material, parts, tools or specialized devices through variable programmed motions for the performance of a variety of tasks«. Aktueller ist die Auffassung, dass man unter einem Roboter ein Gerät versteht, das mindestens über drei frei bewegliche Achsen verfügt.[466] Die *Japan Industry Association* unterscheidet verschiedenste Klassen und definiert als höchste Roboterklasse den »*intelligent Robot*«, Geräte, die über verschiedene Sensoren verfügen und damit in der Lage sind, den Programmablauf selbsttätig den Veränderungen des Werkstücks und der Umwelt anzupassen.

8.9.3 Technik und Aufbau

Technisch realisiert werden Roboter hauptsächlich im Zusammenspiel der Disziplinen *Mechanik, Elektrotechnik* und *Informatik*. Aus der Verbindung dieser hat sich die *Mechatronik* als Forschungs- und Stu-

---

465 Wortlaut der VDI-Richtlinie 2860.
466 http://definitions.uslegal.com/r/robotics/, abgerufen 16.4.2012.

dienfeld etabliert. Um *autonome Systeme* zu entwickeln, die eine gewisse Eigenständigkeit (etwa »*Path-finding*«) aufweisen, werden immer mehr wissenschaftliche Disziplinen in die Robotik eingebunden. Ein Schwerpunkt der Verbindung liegt bei Konzepten der *künstlichen Intelligenz* oder der *Neuroinformatik* und ihrer biologischen Vorbilder (*biologische Kybernetik*). Aus der Verbindung von Biologie und Technik entstand wiederum die *Bionik*.

Wichtigste Bestandteile eines Roboters sind die (1) *Sensoren* zur Erfassung der Umwelt und der Achs-positionen, (2) die *Aktoren* zum Agieren innerhalb der erfassten Umgebung, (3) die *Robotersteuerung* und (4) das *mechanische Gestell* inklusive der *Getriebe*. Ein Roboter muss nicht unbedingt vollständig autonom handeln können. Darum sind autonome und ferngesteuerte Roboter zu unterscheiden. Der mechanische Aufbau eines Roboters wird mithilfe ihrer *Kinematik* beschrieben. Dabei gelten folgende Kriterien:

- Bewegungsform der Achsen,
- Anzahl und Anordnung der Achsen,
- Formen des Arbeitsraumes (kartesisch, zylindrisch, kugelig).

Außerdem wird unterschieden in *offene Kinematiken* und *geschlossene Kinematiken*. Eine *offene Kinematik* ist dadurch gekennzeichnet, dass alle Achsen der kinematischen Kette hintereinanderliegen, wie an einem menschlichen Arm. Nicht jedes Glied der Kette ist also mit zwei anderen Gliedern verbunden. In einer *geschlossenen Kinematik* hingegen ist jedes Glied mit mindestens zwei anderen Gliedern verbunden (Beispiel: *Hexapodroboter*[467]). Um Roboter in Bewegung setzen zu können, müssen sie mathematisch beschrieben werden. Dies geschieht durch *Transformationen* (siehe auch *Koordinatentransformation*). Bei der Wahl eines Roboters sind verschiedene Kriterien von Bedeutung: die Traglast (deren Schwerpunkt und Eigenträgheit), der Arbeitsbereich in dem der Prozess stattfinden soll, die Prozessgeschwindigkeit, Zykluszeit und Genauigkeit des Roboters. Letztere wird auf der Basis der ISO 9283 ermittelt. Dabei wird im Wesentlichen zwischen der Genauigkeit der Position (hier wird auch von Pose gesprochen) und der Bahngenauigkeit unterschieden. Zahlreiche Effekte aus physischer Belastung und Bewegungsabläufen sind dabei interaktiv zu berücksichtigen.[468]

8.9.4   Wichtigste Märkte

Industrieroboter: Durch die Vielseitigkeit von Industrierobotern sind diese bis heute am weitesten ver-breitet. Zu den Industrierobotern zählen neben den zuvor angesprochenen »Arm-Architekturen« auch die sogenannten *Portalroboter,* die beispielsweise bei der Produktion von Wafern, in Vergussanlagen oder in der Messtechnik zur Qualitätssicherung und Koordinatenbestimmung eingesetzt werden. Wei-tere Einsatzgebiete liegen in der Logistik und vielen anderen Handhabungsaufgaben.

---

467 Ein Hexapod ist eine räumliche Bewegungsmaschine mit sechs Antriebselementen.
468 Zum Beispiel der Beginn und das Ende einzelner Bewegungen, bei denen Beschleunigungen und Verzögerungen auftreten. Dies
     führt z. B. beim Einsatz eines Laserkopfes zum Schneiden oder Schweißen zu »Ausbeulungen«, sodass die Energiezufuhr zum
     Laser entsprechend angepasst werden muss. Ein anderer Effekt sind Verbiegungen der Glieder eines Roboters infolge der Lasten,
     die er trägt. Auch dies muss mathematisch-messtechnisch ausgeglichen werden.

Medizinroboter werden in verschiedenen Bereichen der Medizin eingesetzt. Diese liegen unter anderem in der Chirurgie, Diagnostik und Pflege. Die treibenden Faktoren sind dabei höchst unterschiedlich und erweitern den Bereich menschlicher Tätigkeiten: Genauigkeit und Reproduzierbarkeit von Bewegungen (etwa in der Chirurgie), serielle Arbeiten unter Zuordnung von Patientendaten und Dokumentation von Prozessen (etwa in der Labordiagnostik) und Unterstützung bei schwerer physischer Arbeit (etwa bei der Patientenbewegung). Die bekanntesten kommerziellen Vertreter sind das *Da-Vinci-Operationssystem*[469] der *Artis Zeego*[470] und der *Care-O-bot*.[471] Daneben gibt es eine hohe Zahl wissenschaftlich medizinischer Robotersysteme in der Forschung.

Persönliche Roboter, sogenannte »*Personal Robots*« sind Roboter, die dazu bestimmt sind, zur Unterstützung von Personen und in Arbeitsteilung mit anderen Personal Robots in Netzwerken oder autonom zu agieren. Zu unterscheiden sind öffentlich genutzte Personal Roboter wie Serviceroboter und personengebundene Personal Roboter wie *Spielzeugroboter*. Durch die abgeschlossene Konstruktion funktionieren diese Maschinen weitgehend unabhängig, autonom, autark und selbstständig. Personal Robots sind zunehmend lernfähig. Vielfache Schnittstellen ermöglichen eine Kommunikation in Netzwerken, d. h., mit anderen Robotern, Computern usw. Personal Robots reagieren mithilfe ihrer Sensoren auf äußere Einflüsse wie Berührung, Töne, Laute, optische Veränderungen usw. Sie können Daten und Informationen speichern. Erworbene Erfahrungen beeinflussen ihr weiteres Handeln.

8.10   Die Blockchain-Technologie

Die Bedeutung der *Blockchain-Technologie* ist vergleichbar mit der Erfindung des Internets. Die Idee für die Technologie entstand schon 2008. Doch heute steht sie nach Einschätzung vieler Experten unmittelbar vor dem Durchbruch: *Blockchains* werden in nur wenigen Jahren die Welt auf den Kopf stellen. Was verspricht diese revolutionäre Erfindung? Warum geraten durch sie die *Geschäftsmodelle* ganzer Branchen in Gefahr – und wie können Unternehmen das gewaltige Nutzungs- und Transformationspotenzial dieser neuen Technologie ausschöpfen?

8.10.1   Hauptmerkmale der Blockchain-Technologie

Ein *unveränderliches Transaktionsregister* ist das zentrale Element jeder Blockchain. Alle Datensätze werden in einer *dezentralen Datenbank* gespeichert, die auf einer Anzahl von Rechnern (Nodes) im Netzwerk redundant gehalten wird. Das *Transaktionsregister* ist strikt additiv – nichts kann rückwirkend verändert oder entfernt werden. Das Register wächst also, während andauernd neue Datensätze hinzugefügt werden. Bestimmte Verfahren stellen sicher, dass nur zulässige Datensätze akzeptiert werden und dass die gespeicherten Versionen der Datenbank auf allen Nodes identisch sind. Vollständig ausgereift

---

469 Intuitive Surgical, Sunnyvale, CA, USA.
470 Siemens Healthineers, Erlangen, Deutschland.
471 Fraunhofer IPA, Stuttgart, Deutschland; nicht kommerziell erhältlich.

könnte die *Blockchain* mit diesen Eigenschaften in Hinblick auf *Sicherheit*, *Authentizität*, *Privatsphäre* und *Zugänglichkeit* einen revolutionären Fortschritt für viele Unternehmensbereiche und Branchen bedeuten.

8.10.2   Die Block-Kette

Eine *Blockkette* (engl. Blockchain) bezeichnet eine kontinuierlich erweiterbare Liste von Datensätzen, genannt »Blöcke«, die mittels *kryptografischer Verfahren* miteinander verkettet sind.[472] Jeder Block enthält dabei typischerweise einen kryptografisch sicheren *Hash* (Streuwert) des vorhergehenden Blocks,[473] einen Zeitstempel und Transaktionsdaten.[474]

Der Begriff *Blockchain* wird verwendet, wenn ein *Buchführungssystem* dezentral geführt wird und der jeweils *richtige* Zustand dokumentiert werden muss, weil viele Teilnehmer an der *Buchführung* beteiligt sind. Dieses Konzept wird als dezentral geführte *Kontobuchtechnologie* (*Distributed-Ledger-Technologie*; *DLT*) bezeichnet.[475] Was dokumentiert werden soll, ist für den Begriff der *Blockchain* unerheblich. Entscheidend ist, dass spätere *Transaktionen* auf früheren *Transaktionen* aufbauen und diese als richtig bestätigen, indem sie die Kenntnis der früheren Transaktionen nachweisen. Damit wird es unmöglich, Existenz oder Inhalt der früheren Transaktionen zu manipulieren oder zu löschen, ohne alle späteren Transaktionen ebenfalls zu zerstören. Andere Teilnehmer der *dezentralen Buchführung*, die noch Kenntnis der späteren Transaktionen haben, würden eine manipulierte Kopie der Blockchain daran erkennen, dass sie *Inkonsistenzen* in den Berechnungen aufweist.

8.10.3   Kryptografische Verkettung

Das Verfahren der *kryptografischen Verkettung* in einem *dezentral geführten Buchführungssystem* ist die technische Basis für *Kryptowährungen*. Die Technologie kann aber darüber hinaus prinzipiell in anderen *verteilten Systemen* zur Verbesserung bzw. Vereinfachung der *Transaktionssicherheit* im Vergleich zu zentralen Systemen eingesetzt werden (siehe unten). Ihre Funktionsweise ähnelt einem *Journal zur Buchführung* und wird daher auch als »*Internet der Werte*« (*Internet of values*) bezeichnet. Eine *Blockchain* ermöglicht es, dass in einem dezentralen Netzwerk eine Einigkeit zwischen den Knoten erzielt werden kann.

---

472 Economist Staff: Blockchains: The great chain of being sure about things. In: The Economist, 31.10.2015, abgerufen 18.6.2016: »The technology behind bitcoin lets people who do not know or trust each other build a dependable ledger. This has implications far beyond the crypto currency.«

473 Arvind Narayanan, Joseph Bonneau, Edward Felten, Andrew Miller, Steven Goldfeder: Bitcoin and cryptocurrency technologies: a comprehensive introduction. Princeton University Press, Princeton 2016.

474 Jörn Heckmann: Programmierte Verträge als Zukunft der Blockchain. In: com! Nr. 2/2017, S. 100.

475 Blockchain #Banking: ein Leitfaden zum Ansatz des Distributed Ledger und Anwendungsszenarien, Hrsg.: Bundesverband Informationswirtschaft, Telekommunikation und neue Medien. – Berlin, 2016, abgerufen 19.12.2017.

8.10.4   Technik der Datenblöcke

Neue Blöcke werden über ein *Konsensverfahren* geschaffen und anschließend an die *Blockchain* ange-hängt.[476] Das populärste Konsensverfahren ist hierbei die *Proof-of-Work-Methode*; es bestehen jedoch auch andere Formen, Konsens herzustellen.[477] Die Daten in der Blockchain können nachträglich nicht geändert werden, ohne die Integrität des Gesamtsystems zu beschädigen. Hierdurch wird die *Manipu-lation* von Daten erheblich erschwert. Durch den dezentralen *Konsensmechanismus* besteht keine Not-wendigkeit einer vertrauenswürdigen dritten Instanz zur *Integritätsbestätigung* von Transaktionen.

8.10.5   Pilotanwendung Bitcoin

Die bekannteste (und erste) Anwendung einer *Blockchain* ist die *Kryptowährung Bitcoin*. Eine Person oder Gruppe mit dem Pseudonym *Satoshi Nakamoto* hatte die Software dafür 2008 unter dem Eindruck des Versagens von Banken und Regierungen während der Finanzkrise entwickelt. Aus dieser Skepsis gegenüber institutionellen Vermittlern resultiert das *Open-Source-Prinzip* der Bitcoin-Blockchain: Das neue *Transaktionsregister* sollte keine zentrale Instanz mehr erfordern und offen sein für alle. Hier besteht eine *Blockchain* aus einer Reihe von *Datenblöcken*, in denen jeweils eine oder bis zu ca. 100 Transaktionen zusammengefasst und mit einer *Prüfsumme* versehen sind, d.h., sie werden jeweils paarweise zu einem Hash-Baum[478] zusammengefasst. Die Wurzel des Baumes[479] wird dann im zugehörigen *Header* gespeichert. Der gesamte *Header* wird dann ebenfalls gehasht; dieser Wert wird im nachfolgenden *Header* abgespeichert. So wird sichergestellt, dass keine Transaktion verändert werden kann, ohne den zugehörigen *Header* und alle nachfolgenden Blöcke ebenfalls zu ändern.[480]

Prinzipiell sind die *Transaktionsdaten* der *Bitcoin-Blockchain* öffentlich. Die Teilnehmer einer Transaktion weisen sich nur per *Kontonummer* (dem sogenannten *Public Key*) aus, die sie in ihrem »Wallet«, einem digitalen Schlüsselbund, speichern. Ein solches Verfahren, das ohne Klarnamen auskommt, nennt man pseudonym. Nur mit ihrem *Private Key* im *Wallet* weisen die Benutzer nach, dass ihnen die der *Kontonum-mer* zugeordneten Bitcoins gehören. Und nur ihr *Private Key* erlaubt es ihnen, *Bitcoins* zu transferieren, da er als *kryptografischer Schlüssel* die Transaktion autorisiert.

Damit ermöglicht die *Bitcoin-Blockchain* (übrigens ebenso wie *Ethereum* und andere inzwischen von dieser Technologie abgeleitete Plattformen) auch Anwendungsmöglichkeiten, die weit über den Han-

---

476 Bitcoin Developer Guide – Mining. In: Bitcoin Developer Guide. The Bitcoin Foundation, abgerufen 22.9.2014 (englisch): »Mining adds new blocks to the block chain, making transaction history hard to modify«.
477 Etwa: Proof of Stake, Proof of Capacity, Proof of Burn, Proof of Activity.
478 Ein Hash-Baum (englisch *hash tree* oder Merkle tree, nach dem Wissenschaftler Ralph Merkle) ist eine Datenstruktur in der Kryptografie und Informatik. Ein Hash-Baum ist ein Baum aus Hashwerten von Datenblöcken, beispielsweise von einer Datei. Hash-Bäume sind eine Erweiterung von Hash-Listen und dienen gleichermaßen dazu, die Integrität von Daten sicherzustellen.
479 Auch Merkle-Root, bzw. Top-Hash genannt.
480 Bitcoin Developer Guide – Block Chain Overview. In: Bitcoin Developer Guide. The Bitcoin Foundation, abgerufen 10.11.2016 (English): »A block of one or more new transactions is collected into the transaction data part of a block. Copies of each transac-tion are hashed, and the hashes are then paired, hashed, paired again, and hashed again until a single hash remains, the merkle root of a merkle tree. The merkle root is stored in the block header. Each block also stores the hash of the previous block's header, chaining the blocks together. This ensures a transaction cannot be modified without modifying the block that records it and all following blocks.«

del mit einer *Kryptowährung* hinausgehen. Da Buchungstexte frei gewählt werden können, lassen sich beliebige Informationen in die Blockchain schreiben. Und weil diese dort unabänderlich, für alle Zeit und mit einem Zeitstempel versehen abgelegt werden, erfüllt die *Blockchain* wichtige Anforderungen an *Dokumentenaufbewahrungspflichten* – für *Wirtschaftsunternehmen* ein höchst attraktives Anwendungsgebiet.

8.10.6 Transaktionsdatenbank

Rein technisch betrachtet ist die Blockchain eine *verteilte Transaktionsdatenbank*. Das Besondere ist ihr Aufbau: Sie wächst, indem sich ein digitaler Block an den anderen hängt. Damit hat jeder Block genau einen chronologischen Vorgänger und einen chronologischen Nachfolger. Mehr Verbindungen zwischen den Blocks gibt es nicht, die Verknüpfungen mit dem vorangegangenen und folgenden Block sind allerdings unlösbar. Aus dieser digitalen Verkettung entsteht eine Liste, die die Werte ihrer Benutzer sowie sämtliche abgespeicherten Datensätze zu jedem Zeitpunkt dokumentiert: ein globales Transaktionsregister.

Damit wird die *Blockchain* zu einem gewaltigen digitalen Datensatz, der chronologisch aktualisiert wird und Transferaktivitäten innerhalb eines Netzwerks von Teilnehmern – kryptografisch versiegelt – archiviert. Im Gegensatz zu herkömmlichen Datenbanken befindet sich die Blockchain dabei nicht auf einem einzelnen Server, sondern liegt in riesiger Zahl identisch vor: Alle Teilnehmer des Netzwerks (sogenannte »*Nodes*«) besitzen eine vollständige, zu 100 % identische Kopie der kompletten Blockchain in ihrem lokalen Speicher.

8.10.7 Reifegrad und Vorteile

Noch ist es nicht so weit, dass alle mit der Blockchain verbundenen technischen Herausforderungen gemeistert sind. Aber an der Lösung der offenen Fragen wird unter Hochdruck gearbeitet. Denn die Eigenschaften, die sich mit dem Prinzip der Blockchain verbinden (s. o.), versprechen für Unternehmen gewaltige Vorteile:

- Die Blockchain ist unveränderlich. Mit einem *Zeitstempel* werden alle aufeinanderfolgenden Vorgänge eindeutig und nachprüfbar dokumentiert.
- Die Daten der Blockchain sind bei allen *Nodes* identisch. Das sorgt für eine Integrität der gespeicherten Daten und macht Hackerangriffe auf das gesamte Netzwerk äußerst schwierig oder tatsächlich fast unmöglich.
- Transfers finden – statt bisher in Stunden oder Tagen – nahezu in *Echtzeit* statt. Es gibt keine Möglichkeiten, Besitz zurückzuhalten oder ein zweites Mal zu verkaufen.
- Jeder Wert lässt sich zweifelsfrei einem Teilnehmer zuordnen. Unklarheiten über Ansprüche an Werten sind ausgeschlossen.
- Durch Kryptografie gewährleistet die Technologie je nach Bedarf *Nachprüfbarkeit* und *Transparenz* oder auch Vertraulichkeit und Anonymität.
- Sämtliche Transaktionen zwischen den Teilnehmern erfolgen ohne vermittelnde Zwischeninstanzen wie Banken, Notare oder Staaten. Dieser Verzicht auf vertrauensbildende *Intermediäre* und das dar-

aus resultierende Automatisieren von Geschäftsprozessen führt zu Zeit- und Kostenersparnissen. Solange das Netzwerk also stark und sicher genug ist, kann die *Blockchain* mit diesen Eigenschaften eine große Zahl Vertrauensanforderungen lösen, die heute Geschäftsprozesse und Interaktionen belasten. Die Vorteile der Technologie lassen sich somit für viele finanzielle und nicht-finanzielle Anwendungsmöglichkeiten nutzen. Das Potenzial der Blockchain für Disruption und Kostensenkungen ist enorm!

8.10.8   Geschäftlicher Nutzen

Im täglichen Geschäft bietet die neue Technologie außergewöhnliche Möglichkeiten zur Vereinfachung, Automatisierung und Steigerung der Verlässlichkeit. *Einsparpotenziale* betreffen vor allem Buchhaltung, Dokumentation, Rechnungserfassung und die Wirtschaftsprüfung. Der Transfer von Werten lässt sich in der Blockchain so abbilden, dass darüber bei beiden Seiten vollständige Einigkeit hergestellt ist. Unternehmen müssen die interne Buchhaltung also nur noch gegen die Blockchain spiegeln, um ihre Transaktionen vollständig zu erfassen. Das Abstimmen der Konten innerhalb des Unternehmens und im Verhältnis nach außen ist nicht mehr erforderlich, da die Blockchain die allein gültige, vollständige Wahrheit über die Transaktionen enthält.

8.10.9   Daten- und Dokumentensicherheit

Mit der Blockchain lässt sich zudem auch die *Integrität* elektronischer Dokumente kostengünstig sicherstellen: Dafür wird ein *elektronischer Fingerabdruck* des gescannten Dokuments erstellt und in die Blockchain geschrieben. So kann zu jedem späteren Zeitpunkt der Fingerabdruck der archivierten Datei mit dem in der Blockchain gespeicherten abgeglichen und – bei Übereinstimmung der Fingerabdrücke – die Integrität zweifelsfrei bewiesen werden. Der Einsatz der Blockchain zur Integritätssicherung kann so redundante Kontroll- und Validierungsprozesse minimieren, außerdem können elektronische Daten zum Beispiel per E-Mail versendet werden, ohne ihre *Integrität* zu gefährden. Dieses revisionssichere Speichern von Dokumenten mit steuerbarer Sichtbarkeit in einer für jedermann zugänglichen Datenbank wird zu deutlichen Vereinfachungen in den Bereichen Buchhaltung, Buchprüfung, Erfüllung von *Aufbewahrungspflichten*, Nachweis geistigen Eigentums etc. führen. Unternehmen werden sich der *Blockchain-Technologie* also bedienen, um zumindest in zwei Bereichen von ihr zu profitieren.

1. Sie werden die vom Gesetzgeber vorgeschriebene revisionssichere Archivierung bestimmter Dokumente in der Blockchain umsetzen.
2. Sie werden Transaktionen zwischen zwei Unternehmen direkt ohne Einschaltung von Moderatoren und Vermittlern sicher und kostengünstig abwickeln.

8.10.10   Umwälzungen

Die Möglichkeiten der Blockchain werden sich auf zahlreiche Branchen auswirken. Insbesondere Wirtschaftszweige mit vielen *Intermediären*, in denen Vertrauen essenziell ist, könnten bald vor gewaltigen Umwälzungen stehen, da die *Blockchain-Technologie* die Möglichkeit bietet, Transaktionsregister fälschungssicher und ohne Bemühung zentraler Instanzen wie *Zentralbanken, Zentralregistern, Grundbuchämtern* und *Notaren* zu führen. So kann jede Form von Handel, der derzeit von Vermittlern ausgeführt wird, zu drastisch niedrigeren Transaktionskosten auf eine Blockchain-Plattform migriert werden. Gleiches gilt für Vermögensgegenständen, die sich eindeutig über eine Nummer identifizieren lassen: Autos durch ihre *Fahrgestell-Nummer, Diamanten* durch unveränderliche Laser-Kennungen.[481] Wo die Zuordnung zu einer *Identifikationsnummer* fehlt, kann diese in den meisten Fällen durch physisches Verbinden mit einem Mikrochip erzeugt werden.

8.10.11   Neue Einsatzfelder

Weitere Einsatzmöglichkeiten ergeben sich etwa in weiteren Bereichen des *Kapitalmarkts*, des Finanz- und *Steuerwesens*, im *Automobilsektor*, im *Energiebereich*, bei *Medien* und in der *Gesundheitsbranche*.

8.10.11.1   Kapitalmärkte

Die *Blockchain* wird als Anwendung in den Kapitalmärkten in Betracht gezogen. Das *R3 Konsortium* hat mit mehreren Finanzinstitutionen die Plattform *Corda* veröffentlicht, welche einen Unterbau für *Blockchain-Anwendungen* für Kapitalmärkte darstellen soll. Die größten Anwendungsgebiete für Kapitalmärkte bestehen im Bereich des *Settlements von Aktien* und anderen Finanzinstrumenten, der Ausgabe von *Konsortialkrediten* und der *Eigenkapitalfinanzierung* von Unternehmen.

8.10.11.2   Finanzdienstleister

Für Banken kann die Technologie das gesamte *Handelsgeschäft* mit Aktien, Bonds und Derivaten von Grund auf revolutionieren: *Wertpapierhandel* erfolgt dann peer-to-peer und nicht mehr über zahlreiche Stationen von Haus- und Depotbanken. Beim internationalen *Geldverkehr* werden sich die Gebühren reduzieren, Vertragsabschlüsse sind in Echtzeit möglich, und beim Transfer von einer Bank zur anderen werden sich die Reibungsverluste deutlich reduzieren, und Forderungen werden mithilfe der *Blockchain-Technologie* automatisch mit vertrauenswürdigen Datenquellen und kodierten Geschäftsregeln verarbeitet. Von der Bitcoin-Blockchain abgeleitete *Blockchain-Plattformen* mit erweiterten Funktionalitäten – wie etwa *Ethereum* – erlauben es zusätzlich, Software zu speichern, die dann zuverlässig durch die Blockchain ausgeführt wird. Bei Ethereum lässt sich so beispielsweise ein digitales Finanzinstrument in der *Blockchain* anlegen, das dem Begünstigten in frei wählbaren Abständen Beträge überweist, die von einem bestimmten Finanzindex abhängen. Keine Frage: Finanzdienstleister wie Banken und Versicherungen nehmen bei der aktuellen Weiterentwicklung der Blockchain eine Vorreiterrolle ein.

---

481 Selbst zur Kontrolle des weltweiten *Diamantenmarktes*, vom Abbau bis zum Schmuckstück, denkt man an den Einsatz der *Blockchain-Technologie* nach, da jeder Rohdiamant besondere Strukturen aufweist, die sich durch künstliche Kennungen mithilfe von Lasersignaturen so ergänzen lassen, dass sie sich über alle *Verarbeitungsstufen* nicht verändern lassen. Damit könnte man der *Wirtschaftskriminalität* und *Korruption* auf diesem Sektor mithilfe von *Blockchains* eine unübertreffliche Technologie entgegenstellen.

8.10.11.3   Wirtschaftsprüfung und Steuerwesen

Die revisionssichere *Archivierung* bestimmter Dokumente durch die *Blockchain-Technologie* und das Spiegeln von Transaktionen zwischen Unternehmen in ihrer Accounting-Systeme wird die Sicherheit der ordnungsgemäßen Verbuchung deutlich erhöhen, da Manipulationsmöglichkeiten beseitigt sind. Dies betrifft auch die Steuerberatung und die Interaktion mit Finanzbehörden. Damit wird sich auch die Aufgabe reduzieren, ordnungsgemäße Abläufe zu testieren. Zusätzlich macht eine hochautomatisierte Form der Prüfung unzählige händische Buchungen und anschließende Prüfungen unnötig und birgt damit ein erhebliches Optimierungspotenzial.

8.10.11.4   Automotive

Im *Straßenverkehr* wird die *Blockchain* sich in vielen verschiedenen Bereichen auswirken. Bei *Carsharing-Angeboten* und *Vermietungen* helfen zum Beispiel die neuen Möglichkeiten des *Identitätsmanagements* bei der *Risikoabwägung*, und auch *Versicherungsfragen* sind schneller und zuverlässiger beantwortbar. Hinzu kommen erhebliche Vereinfachungen im Zahlungsverkehr, beim *Eigentumsnachweis* und der Rekonstruierung der Vergangenheit des Fahrzeugs. Ebenso lassen sich Kundenbindungsprogramme und Backoffice-Prozesse mithilfe der Blockchain optimieren.[482]

Zu den wirtschaftlichen Applikationen können technische Anwendungsfelder kommen. So dürfte die Blockchain-Technologie auch beim *autonomen Fahren* eine zentrale Rolle spielen, etwa bei der Abstimmung unter den Fahrzeugen vor, an und in einer Straßenkreuzung. Durch »*car-to-car-Kommunikation*« kann dies mithilfe Blockchain ohne einen zentralen Agenten (etwa durch die infrastrukturbasierte IT der Kreuzungsanlage oder ihrer in der Cloud-hinterlegten Steuerungsalgorithmen) erfolgen.[483] Bis zu dieser Lösung sind jedoch weitreichende Entwicklungsarbeiten erforderlich, die vor allem die Schnelligkeit der Steuerung und die Belastbarkeit der IT (durch Dokumentation versus Löschung von Befehlen) betreffen.

8.10.11.5   Energiewirtschaft

Die *Energiebranche* wird durch die Blockchain-Technologie vermutlich besonders schnell vor disruptive Veränderungen gestellt. Verbraucher werden den beispielsweise mit einer eigenen *Solaranlage* produzierten Strom unabhängig von Energieversorgern vertreiben. Selbst *Ladestationen* für Elektroautos lassen sich einfacher denn je im *Internet* vermieten – eine Zwischeninstanz ist nicht mehr nötig. Insgesamt verlangt das komplizierte Geflecht der Hierarchien der *Stromversorgung*, vom Kraftwerk bis zum Verbraucher, von der Preisbildung (etwa in Spotmärkten), zur Qualitätssicherung, Dokumentation,

---

482 Teile und Anregungen zum vorliegenden Abschnitt wurden dem Deloitte-Artikel: Blockchain – ein Gamechanger entnommen: https://www2.deloitte.com/de/de/pages/innovation/contents/Blockchain-Game-Changer.html, abgerufen 5.10.2018.

483 Derzeit (Oktober 2018) sind sich die deutsche Autoindustrie und die Infrastrukturindustrie weder über die Standards der Car-to-car-Kommunikation noch über die Car-to-Infrastructure-Kommunikation einig, zumal diese als konkurrierende Ansätze gesehen werden. Dies ist eine wesentliche Hürde vor der Einführung des autonomen Fahrens und könnte diese beträchtlich verzögern.

Rechnungslegung, Inkasso bzw. Einbindung von Bezahlsystemen ein sicheres System, das durch die Blockchain-Technologie abgedeckt werden kann.

8.10.11.6   Medien

Neue blockchainbasierte Zahlungsmethoden könnten Teile der *Medien-Wertschöpfungskette* stark verändern. Sie hätten Auswirkungen auf Preisgestaltung, Werbeerlöse, Umsatzbeteiligungen und Lizenzgebühren, weil das Erteilen von Aufträgen und die Abwicklung von Zahlungen nicht mehr zentral erfolgen müssen. Der Zahlungsverkehr selbst wäre weniger kostspielig, und die Verteilung der Umsatzerlöse auf die Besitzer der Urheberrechte würde auf Basis vordefinierter Smart Contracts erfolgen.

8.10.11.7   Gesundheitswesen

Noch sind *Gesundheitsakten* nicht miteinander verbunden und werden aufgrund einer fehlenden gemeinsamen technologischen Architektur und nicht eingehaltener Standards separat verwaltet. Die *Blockchain* würde die *Datenintegrität* und die digitale *Identität von Patienten* stärken sowie eine reibungslose Konnektivität ermöglichen, die durch *Smart Contracts* und eine konsistente Autorisierung für den Abruf *elektronischer Patientendaten* unterstützt wird. Dies würde spürbare Verbesserungen im Bereich innovativer Patientenversorgung nach sich ziehen.

8.10.11.8   Reifegrad

Die Blockchain-Technologie ist allerdings für diese Anwendungen noch nicht ausgereift. Aber sie hat das Potenzial dazu. Die Folgen wären gravierend: Da das Abgleichen von Konten entweder automatisiert oder hinfällig wird, weil die zugrunde liegenden Transaktionen nicht manipulierbar sind, fallen traditionelle Prüfungstätigkeiten weg. Auf der anderen Seite werden höherwertige Tätigkeiten, wie zum Beispiel Bewertungsfragen, relativ an Bedeutung gewinnen.

8.10.11.9   Hürden und ihre Überwindung

Für *Business-Anwendungen* im Internet steht das Vertrauen in Sicherheit und Verlässlichkeit im Mittelpunkt aller Überlegungen. Noch gibt es keine *Blockchain*, die von allen Teilnehmern akzeptiert und genutzt wird. Dies aber wird sich ändern, wenn die *Blockchain-Technologie* über einen längeren Zeitraum nachweislich sicher funktioniert und zusätzlich in einen akzeptierten rechtlichen und regulatorischen Rahmen eingebunden ist – auch international. So ist es etwa zurzeit Banken untersagt, Daten an ihnen unbekannte Dritte (den *Nodes* in der Blockchain) zu geben. Und auch zentrale Ansätze des *Datenschutzes* (zum Beispiel das Recht auf Vergessen) vertragen sich nicht ohne entsprechende Lösungsansätze mit den Charakteristika der Blockchain.

Hinzu kommt, dass etwa die *Bitcoin-Blockchain* für viele Anwendungen zu langsam ist, weil zur Gewähr-leistung der Sicherheit vor Manipulationen durch die ja unbekannten Betreiber der Nodes ein höchst aufwendiges Verfahren nötig ist. Würde man dagegen den Teilnehmerkreis einschränken, sodass die Betreiber der *Nodes* bekannt sind und als vertrauenswürdig vorausgesetzt werden können, würde die Plattform ungleich performanter. Bestrebungen in diese Richtung – zum Beispiel durch das *Konsortium internationaler Großbanken R3* – gibt es bereits. Ein solches Konsortium ist dann allerdings genau jene zentrale Instanz, die den Gründern der Bitcoin-Blockchain so suspekt ist.

Aus Sicht von Experten müssen sich einige wenige Plattformen herauskristallisieren, in die alle Energie der Weiterentwicklung geht und die die großen Volumina bündeln, um der Technologie zum Durchbruch zu verhelfen.

Da das *disruptive Potenzial* dieser Innovation kaum zu überschätzen ist, gehen Experten davon aus, dass alle wesentlichen genannten Hürden schon innerhalb der nächsten fünf Jahre überwunden sein könn-ten. Keine dieser Hürden ist unüberwindlich, und in allen genannten Bereichen entfaltet sich bereits eine Vielzahl von Aktivitäten. Denn sehr viele Akteure haben ein massives Interesse, die Blockchain zum Erfolg zu führen und investieren bereits entsprechend.

Ganz so weit, dass die Blockchain ihre volle Wirkung entfaltet, ist die Technologie noch nicht. Kommt es aber dazu, wird sie für Unternehmen zum »*Game Changer*«. Ihre Auswirkungen auf die internationale Wirtschaft könnte die Erfindung der *doppelten Buchführung* sogar noch übertreffen: Die neue Technolo-gie wäre dann nur noch vergleichbar mit den Erfindungen des Rads, der Druckerpresse oder des Inter-nets!

Unternehmen auf diese Zukunft vorzubereiten ist für ihre Entscheider schon jetzt zwingend. Denn einer-seits wird eine deutliche Senkung der Transaktionskosten zu mehr Handel und drastisch verbesserten Erlösmodellen führen. Andererseits werden Unternehmen, die derzeit von einer Moderatoren- und Vermittlerrolle leben, einer Bedrohung ausgesetzt, auf die sie eine Antwort finden müssen. Es ist also ratsam, frühzeitig in diese Technologie zu investieren, Fähigkeiten aufzubauen, Prototypen laufen zu lassen, Erkenntnisse zu gewinnen.

8.10.11.10   Weitere Anwendungsfelder in der Zukunft

Denkbar sind weitere neue Einsatzgebiete, die folgende Ansprüche stellen: (1) hohe Sicherheit, (2) feh-lender bzw. schwer erreichbarer zentraler Moderator bzw. Konkurrenz von Moderatoren, (3) aufwendige Datenübermittlung zur Zentrale. Somit könnten in weiterer Zukunft Gebiete wie *Luft- und Raumfahrt*, Steuerung und Abstimmung zwischen *hierarchisch verbundenen Versorgungsnetzen*, weltweite Abstim-mung zur Lebensmittel- (insbesondere der *Agrar-Informatik* – Weiteres siehe Kapitel 21 »Umwelt und Kreislaufwirtschaft«) und Wasserversorgung sowie Dokumentation *natürlicher Rohstoffe*, deren Ver-brauch und Wiederverwendung im nationalen und zwischenstaatlichen Rahmen erfolgt, eingebunden werden.

8.11 Verhaltensmuster und -management

8.11.1 Verhaltensmuster

Als *Verhaltensmuster* (englisch *pattern of behavior* oder *behavioral patterns*) bezeichnet man in der Psychologie und Verhaltensbiologie angeborene und erlernte *Bewegungsabfolgen* oder Verhaltensweisen, die in einer bestimmten Situation jeweils in einer bestimmten Weise gleichzeitig[484] und/oder in gleicher Reihenfolge stattfinden (*Reaktionskette*). Verhalten wird wissenschaftlich als eine *Anpassungsleistung* an eine relativ stabile Umwelt gedeutet. Im Kontext der aktuellen technologisch-sozialen Umwälzungen sowie der durch Vernetzung und künstliche Intelligenz gegebenen Potenziale ist dieser Begriff jedoch weiter zu fassen. Er umgreift neben der *Erkennung* auch die *Prognostik* und *Beeinflussung* von Verhalten. Somit ist das Verhalten anpassend aber auch führend und steuernd zu definieren. Im Folgenden wird dieses Feld – abweichend von der bisherigen Eingrenzung auf die *Verhaltensökonomie* (behavioral finance) auf das *sozio-politische Verhalten* (insbesondere der *Meinungsäußerung*) und das *Bewegungsverhalten* im Raum (mikro und makro) erweitert. Eine Übersicht über die Systematik des »Verhaltensmanagements« (von der Erkennung über Prognostik bis zur Beeinflussung) liefert die Abb. 27.

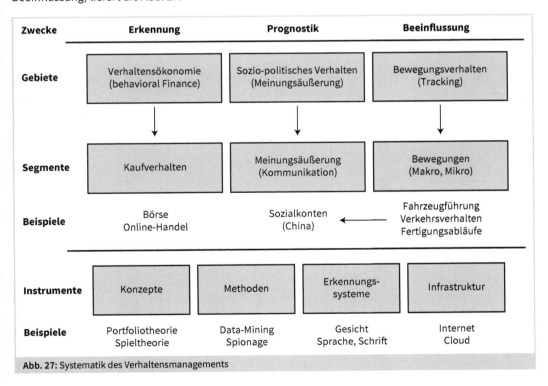

Abb. 27: Systematik des Verhaltensmanagements

---

484 Hersh Shefrin: Beyond Greed and Fear: Understanding behavioral finance and the psychology of investing, Oxford University Press, 2002.

8.11.2   Verhaltensmanagement

Komplexe Zukunftsfragen und der harte Wettbewerb auf globalisierten Märkten machen Innovationen immer wichtiger. Doch bringen neuartige Entwicklungen zunächst unsichere Erfolgsaussichten und Spannungen zwischen kurz- und langfristigen Unternehmenszielen. Die Lösung: ein weitsichtiges Management von Innovationen, das die Entscheidungsfindung über Investitionen in vielversprechende Ideen grundlegend verändert. Neue Handlungs- und Denkmuster sind vonnöten. Ansätze aus der *Verhaltensökonomie* schaffen dabei Abhilfe.

8.11.3   Verhaltensökonomie

Geht es um Wirtschaftsfragen, handeln Menschen wohlüberlegt. Sie glauben zu wissen, welche *Risiken* sie eingehen, sammeln Informationen über Anlageoptionen und bauen ein diversifiziertes Portfolio von Wertpapieren auf. So weit die Kapitalmarkttheorie. In der Realität verhalten sich Anleger meistens irrational: Sie fahren auf Sicht, hängen am Status quo und investieren zu wenig in die ferne Zukunft. Kurzfristige Erwägungen schlagen den langfristigen Nutzen. Der Grund: Emotionen, Verlustängste und mentale Modelle beeinflussen unsere Entscheidungen. Inwieweit lassen sich solche verhaltensökonomischen Erkenntnisse auf das Innovationsmanagement übertragen? Dies ist ein Forschungs- und Anwendungsfeld der Verhaltensökonomie.

Die *Verhaltensökonomie* (englisch *behavioral economics,* auch Verhaltensökonomik) ist ein Teilgebiet der Wirtschaftswissenschaft. Sie beschäftigt sich mit menschlichem Verhalten in wirtschaftlichen Situationen. Dabei werden Konstellationen untersucht, in denen Menschen im Widerspruch zur Modell-Annahme des Homo oeconomicus, also des rationalen Nutzenmaximierers, agieren. Derartige Fragestellungen werden weiterhin auch von der *Spieltheorie* untersucht. Das Spezialfeld *verhaltensorientierte Finanzmarkttheorie* (engl. *behavioral finance*) beschäftigt sich mit vermeintlich irrationalem Verhalten auf Finanz- und Kapitalmärkten.

8.11.4   Theorie der Behavioral Finance

Es gibt drei hauptsächliche Themen in der Theorie der *behavioral finance and economics:*
* Heuristik: Menschen treffen Entscheidungen häufig auf Grundlage einer einfachen, schnellen und stabilen Faustregel, nicht nur aufgrund einer Analyse aller Möglichkeiten.
* Einordnung *(englisch framing):* Die Art und Weise, wie ein Problem oder eine Entscheidung vorgestellt wird, beeinflusst die Handlung des Entscheidenden.
* Unvollkommene Märkte *(market inefficiencies):* Versuche, beobachtete Markthandlungen zu erklären, die vernünftigen Erwartungen und der Markteffizienz zuwiderlaufen. Diese beinhalten fehlerhafte Bepreisung, unvernünftige Entscheidungen und Anomalien beim Gewinn. Besonders *Richard Thaler* hat in einer Vielzahl von Aufsätzen besondere Marktanomalien aus der Perspektive des Behaviorismus beschrieben.

8.11.5   Modelle der Behavioral Finance

Seit über 50 Jahren dominiert die neoklassische *Kapitalmarkttheorie* unser Verständnis für die Abläufe an Finanzmärkten. Sie hat eine Vielzahl von Theorien und Konzepten (z. B. *Portfoliotheorie*, *Capital Asset Pricing Model* oder *Value at Risk*) hervorgebracht und basiert ganz wesentlich auf der Annahme eines streng rationalen Homo oeconomicus.[485] Einige Finanzmodelle, die bei der Geldanlage und der Anlagebewertung eingesetzt werden, verwenden Parameter der *Behavioral Finance,* z. B.:

- Thalers Modell der Preisreaktionen auf neue Informationen, mit drei Phasen, Unterreaktion, Anpassung und Überreaktion, die einen Preistrend hervorrufen;
- der Koeffizient der Aktienbewertung.

8.11.6   Digital Finance

Verantwortlich für die Ableitung und Umsetzung ökonomischer Entscheidungen im unternehmerischen Kontext sind die Träger der von deren Finanzfunktionen. *Intelligente Technologien*, die schnell massenhafte Daten erfassen und auswerten, leiten dafür einen tief greifenden Arbeitswandel ein und eröffnen große Chancen für Unternehmen. Sie werden Finanzexperten von Routinetätigkeiten entlasten und ihnen mehr Zeit für anspruchsvolle Management- und Strategieaufgaben verschaffen. Zugleich stellt der digitale Wandel die Finanzfunktion vor große technische und organisatorische Herausforderungen.

Immer mehr Unternehmen werden ihr Geschäft rein digital betreiben und dabei äußerst erfolgreich sein. Der Handlungsdruck wird sich durch die weltweite Zunahme digitaler Informationen noch verstärken. Schätzungen zufolge wurden 90 % aller vorhandenen Daten erst in den vergangenen zwei Jahren erzeugt. Diese Daten bilden den Rohstoff für neue Technologien, die das Geschäftsleben revolutionieren – auch in der Finanzfunktion. Derzeit experimentieren vor allem globale Finanzorganisationen mit digitalen Technologien. Einer ihrer Schwerpunkte liegt auf den eher einfacheren transaktionalen Prozessen wie z. B. der Rechnungsprüfung. Dank digitaler *Workflow- und Analysesysteme* müssen immer weniger Dokumente per Hand bearbeitet werden. Sie werden vielmehr automatisch verteilt, zugeordnet und bezahlt. Doch dabei wird es nicht bleiben.

Im nächsten Entwicklungsschritt werden Maschinen erkennen, welche Rechnungen Vorrang haben, sie werden Doppelzahlungen verhindern und betrügerische Muster erkennen. Selbstlernende Computer werden in der Lage sein, Daten zu interpretieren, eigene Erfahrungen zu sammeln und diese auf neue Fälle anzuwenden. Diese als *Machine Learning* bezeichnete Technologie ist neben *Predictive Analysis* ein Schritt in Richtung *künstlicher Intelligenz* im Finanzsektor. Die daraus entwickelten *kognitiven Verfahren* sind extrem leistungsfähig und werden in der Lage sein, effizienter und präziser zu arbeiten als die versiertesten Fachleute. Damit haben sie das Potenzial, zum wichtigsten Faktor der *Entscheidungsfindung* im Bereich des Finanzvorstandes (CFO) zu werden. Wie Studien und Praxis zeigen, erachten CFOs die Entscheidungsunterstützung schon heute als eine Kernaufgabe der Finanzfunktion.

---

485 Shlomo Benartzi und Richard H. Thaler: Myopic Loss Aversion and the Equity Premium Puzzle. In: The Quarterly Journal of Economics. Band 110, Nr. 1, 1995.

Der Einsatz *künstlicher Intelligenz* wird deshalb im Finanzbereich extrem schnell zunehmen und dort den Handlungsdruck verstärken.[486]

8.11.7 Kaufverhaltensanalyse und -beeinflussung

Die Analyse von *Kaufverhalten* und die daraus abzuleitende Kommunikation an die Kunden, um deren Entscheidungen zu beeinflussen, ist eine Kernkompetenz unter anderem des *Online-Handels*. Hier kommen umfassende Anwendungen des *Data-Minings* mithilfe *künstlicher Intelligenz* zum Tragen. Sowohl beim Umfang der Anwendung als auch in ihrer Technologie sind die »Big Five« des US-Internet- und Smart-Data-Sektors (*I/SD*) mit ihrem Netzwerk an Beteiligungen und Kooperationen an Recherche-Unternehmen weltweit führend und bestimmend.

Einblicke in das menschliche Verhalten und in Entscheidungsfindungsprozesse der Kunden sind der Schlüssel zum Erfolg im Online und im *stationären Einzelhandel*. Es ist zwingend notwendig die Wahrnehmung von *Ladendesign*, *In-Store-Marketing* und *Preispromotionen* zu verstehen, um sich im harten Wettbewerb durchzusetzen. Dabei existieren verschiedene Möglichkeiten, um diese Informationen zu sammeln. Klassische Methoden wie Interviews bergen das Risiko, dass die Ergebnisse bewusst oder unbewusst beeinflusst werden. Moderne *neurowissenschaftliche Methoden* geben einen besseren Einblick in *Entscheidungsprozesse* und sind weniger anfällig für Beeinflussungen oder persönliche Tendenzen.[487]

8.11.8 Neurowissenschaftliche Ansätze

Neurowissenschaften erlauben die Untersuchung von realem Kundenverhalten, ohne dabei die *Customer Journey* zu stören.[488] Daher bieten *Neurowissenschaften* Einblicke, die über klassische Methoden hinausgehen. Sie können genutzt werden, um Informationen über Motivation, Wahrnehmung und Zufriedenheit von Kunden zu liefern. Die Anwendung etablierter, neurowissenschaftlicher Methoden wie Elektroenzephalografie (EEG) und *Eye Tracking* erlaubt es, zusätzliche Informationen, die über die bewusste Kundenwahrnehmung hinausgehen, zu gewinnen. Weltweit führende Unternehmen wie *Google*, *Microsoft* oder *Daimler* haben neurowissenschaftliche Methoden bereits mit großem Erfolg in ihr Geschäft integriert (Sahu & Sin, 2013). Daher werden sich immer mehr Unternehmen überlegen, neurowissenschaftliche Methoden für die Optimierung ihrer *Unternehmensstrategie* zu nutzen.[489]

---

486 Weiteres dazu siehe Deloitte CFO Survey Analyse Frühjahr 2018. https://www2.deloitte.com/de/de/pages/finance-transformation/articles/cfo-survey.html, abgerufen 9.10.2018.
487 Knutson, 2007; Berns & Moore, 2012; Falk et al., 2012.
488 Vgl. Benny Briesemeister, Freie Universität Berlin, Forschungsschwerpunkt in den Bereichen Emotionen, Wortverarbeitung, Neuromarketing und Neurokognitive Psychologie. http://discover-neuro.de/, abgerufen 11.10.2018.
489 Deloitte-Studie: Verkaufsstrategien der Zukunft – Neurowissenschaften erklären unbewusstes Kaufverhalten von Kunden. https://www2.deloitte.com/content/dam/Deloitte/de/Documents/Innovation/Point-of-Sale-Design-Neurowissenschaftliche-Methoden-Studie-Deloitte-Neuroscience-Institute.pdf, aufgerufen 9.10.2018.

8.11.9   Kundenspezifische Preise: die »Losgröße 1« im B2C-Kundenmanagement

Das *B2C-Geschäft* erfordert in der heutigen vernetzten Welt ganz besondere Kenntnisse, Erfahrungen und Instrumente. Kunden jagen am liebsten (neueste, billigste) Produkte und kümmern sich nicht darum, wieviel Zeit sie damit verbringen. Der Kauf spielt für die heutige Gesellschaft eine ähnliche Rolle, wie die Jagd für unsere Vorgänger aus der Steinzeit – sie ist ein wichtiger Teil unserer Existenz. Individuelle Kunden lieben das Surfen und schießen die Ware, die am besten und billigsten ist.

Das »ultimative« Instrument im Kunden- und Ertragsmanagement ist die Bildung kundenindividueller Preise. Dies ist im *B2B-Geschäft* selbstverständlich, durch *multivariable Produktkonfigurationen* (Bezug wiederum: Losgröße 1 in der Fertigung), Verhandlungsstrategien (siehe im Folgenden zu Spieltheorie) und zahlreiche kundenspezifische Faktoren wie Standorte (Logistikkosten …), branchenspezifische Marktpreise[490] usw. Dies setzt bereits umfangreiches Datenmanagement über Produkte und Kunden voraus, unterstützt durch Datenmanagement und Datenanalyse.

Die zunehmende Tiefe der Erfassung und Analyse von *Kundenverhalten* erlaubt die Generierung von »*Smart Data*« bis zum einzelnen Kunden hinunter, auch im (B2C-)*Konsumgeschäft*. Diese haben bereits in großem Umfang im *Online-Handel* eingezogen. Durch Kenntnisse etwa, was der Kunde gekauft hat, kann man z. B. die *Kundengruppen* fein segmentieren. Dies führt zu Kenntnissen, die sogar für den Kunden selber und für das unmittelbare Kundenumfeld überraschend sind.[491] Auf der Basis der Kenntnisse des Kaufverhaltens, der Kundenmotivation und der Ziele für das Management der Kundentreue lassen sich dann – Produkt für Produkt – spezifische Preise für spezifische Kunden, über das gesamte Produktspektrum, sowohl im *Online-Handel* als auch für *stationäre Geschäfte*, bilden. Die Umsetzung ist bereits in vollem Gange, bei Online schon weiter, als im stationären Segment. Im Online-Geschäft kann sogar bei ein- und demselben Kunden unterschieden werden, ob er gerade über das *Smartphone* operiert oder über den *PC*. Wegen der eher spontan geprägten *Smartphone-Nutzung* können dort die Preise höher liegen als über den PC, der einen längeren Such- und Entscheidungsprozess impliziert, etwa unter Einbindung von *Vergleichsportalen*. Auch der wiederholte Besuch einzelner Portale kann die Preisbildung beeinflussen. So etwa bei *Reiseportalen*, wo ein wiederholter Besuch zu höheren Preisen führen kann, weil der potenzielle Kunde sich auf spezielle Reiseziele »festgebissen« hat.

Im stationären *Einzelhandel* laufen derzeit Versuche, weil die notwendigen Kundenreaktionen noch bewertet, die Technologien getestet und die Infrastruktur bereitgestellt werden müssen. So ist es etwa notwendig, dass die Warenauszeichnung voll elektronisiert werden muss und das »*elektronische Preisschild*« den individuellen Kunden erkennen muss, um ihm seinen spezifischen Preis zu nennen. Dazu muss eine Mensch-Maschine-Interaktion eingerichtet und geschaltet werden. Kunden können z. B.

---

490   Es werden z. B. in den Branchen für Elektrodistributoren versus Sanitärdistributoren für baugleiche Komponenten in den branchenüberlappenden Segmenten unterschiedliche Preise gezahlt. Hersteller bauen dazwischen künstliche Barrieren auf, wie etwa unterschiedliche Produktmarken und Designs.

491   So wurden etwa durch Kaufverhaltensanalysen festgestellt, welche Kundin schwanger ist. Dies wurde durch den Online-Händler der Familie bekannt gemacht, noch bevor eine Schwangerschaftsuntersuchung dies nachwies.

über das mitgeführte Smartphone identifiziert werden oder durch *RFID*-Tags, die an der Warentheke vom Produkt erkannt werden. Somit wird das einzelne Produkt zum »Thing« des Internets (bzw. der darunter liegenden IT-Infrastruktur des Händlers). Auch das *Kassensystem* ist anzupassen, etwa durch automatische *Produkterkennungssysteme*. Die können optischer Natur sein (*Objekterkennung*) oder elektronisch durch *RFID*. Nach anfänglichem Hype hat sich *RFID* wegen der relativ hohen *Kosten für die Tags* (relativ zu dem im Einzelnen niedrigen Preis) im niedrigpreisigen *Massengeschäft* nie durchsetzen können. Anders im *Modehandel* und bei anderen wertvolleren Waren, etwa *Konsumelektronik*, bei der die einzelne Ware mit *Sicherheits-Tags* untrennbar verbunden sind, die nur an der Kasse gelöst werden können. An der Kasse selber kann man bei derartigen Systemen sogar den Kassierer einsparen, weil beim Kunden beim Durchschreiten der »*Kassenlinie*« der Warenkorb elektronisch ausgelesen wird, die Kaufsumme saldiert und über die Verbindung mit dem *Smartphone* direkt bei der Bank abgebucht wird. Somit kann durch ein solches durchgängiges IT-gestützten Systems der gesamte *Kaufprozess* automatisiert und darüber hinaus sogar der Bestell- und Logistikprozess gesteuert werden. Diese Prozesse sind natürlich nicht unumstritten, denn der Kunde könnte sich übervorteilt fühlen und die Kontrolle über seine Handlungen verlieren. Wenn es dem Einzelhandel aber gelingt, dem Kunden das Gefühl zu vermitteln, daraus Vorteile zu ziehen, durch Hilfe für gute *Produktwahl*, günstige Preise, *Erlebniswerte*, und bessere *Bequemlichkeit* beim Kauf und in der Abwicklung (bis automatische Abbuchung), dann könnte diese Entwicklung rasant um sich greifen. Hintergrund und Basis sind natürlich in allen Stufen das Netz und *Smart Data*.

8.11.10   Der B2B-Kaufprozess

Der *B2B-Kaufprozess* läuft grundsätzlich anders als der B2C-Kaufprozess (siehe Abb. 28). Entsprechend unterschiedlich ist das *Verhaltensmanagement* für die Kunden aufzusetzen, und damit der Einsatz der Technologien und Instrumente, die die »Generation Industrie 4.0« bereithält. Unternehmen im B2B-Geschäft, die schneller wachsen als ihre Konkurrenten, sind zum Beispiel Nutzer der *Marketing-Automatisierung*. Unternehmen, die mit Marketing-Automatisierung arbeiten, generieren doppelt so viele Leads, als Unternehmen, die nur auf eine gute *Website*- und *E-Mail-Software* setzen.[492]

---

492 http://blog.salesmanago.de/marketing-automation/neues-konzept-fuer-die-marketing-automation-strategie/, abgerufen 9.10.2018.

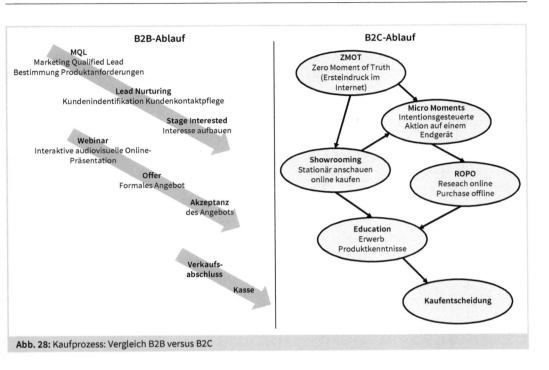

Abb. 28: Kaufprozess: Vergleich B2B versus B2C

Mehr und mehr Unternehmen entdecken das *Marketing-Automatisierungspotenzial* für ihr Geschäft. Doch vor der Anwendung steht die Entscheidung, welche Art von *Marketing-Automatisierungs-Tools* am besten zum jeweiligen Unternehmen passt. Welche *Optionen* werden funktionieren? Welche *Kanäle* nutzt die Zielgruppe der Kunden am meisten? Welche *Kommunikationsstrategie* ist für das Unternehmenswachstum am effektivsten? Es hängt von der Art der Transaktionen ab, die das Unternehmen in seinem Handel ausführen will. *B2B-Unternehmen* müssen sich nicht im gleichen Umfang wie B2C auf den Aufbau starker Beziehungen über ihre *Websites* konzentrieren, denn B2B-Verbindungen sind sehr oft »offline« gebaut und sollen für eine lange Zeit dauern. Es ist ineffektiv, die Geschäftspartner oft zu wechseln. *Wertsteigernde Strategien* im B2B-Geschäft erfordern vielmehr zuverlässige, langjährige Partnerschaften, sowohl mit Kunden als auch mit Lieferanten. Vorausgesetzt, dass nicht blind agiert wird, sondern quantitativ hinterlegt, durch belastbare Strategien und Methoden, wie die unten beschriebenen (mathematisch hinterlegten) spieltheoretischen Ansätze.

Was definiert *Einzelkäufe bei B2C*? Sie sind vorwiegend impulsiv und subjektiv. Den meisten Kunden geht es nicht darum, eine starke Beziehung mit dem Verkäufer aufzubauen. Wie man sich vorstellen kann, unterscheidet sich das sehr von dem Charakteristikum der B2B-Einkäufer, die systematisch nach hervorragenden Produkten suchen und die nach tiefer Analyse sowie Konsultationen mehrerer Seiten (Berater, Kunden, Lieferanten …) entwickelt wurden.

Eine leistungsstarke Strategie für die Kundenbindung ist *Customer Value Marketing (CVM)*. Es konzentriert sich mehr auf *Bindung bestehender Leit-Kunden* (Leads) statt auf *Neukunden-Gewinnung (Lead-Generation)*. Die Hauptmethode, die es ermöglicht, dieses Ziel zu erreichen, ist die *RFM-Analyse* (Recency, Frequency, Monetary). Es berücksichtigt nicht nur den traditionellen monetären Aspekt der

Einkäufe, sondern fügt diesem auch ihre Wiederholbarkeit und Häufigkeit hinzu. Auf diese Weise liefert die *RFM-Analyse* Daten, die es ermöglichen, das Angebot an das Verhalten des Kunden anzupassen. Die wichtigsten Ergebnisse der Umsetzung des *CVM-Ansatzes* sind:

- Realer Umsatz und Umsatzwachstum durch Marketingaktivitäten, die auf den Kundenwert ausgerichtet sind (Kundenaufwand und Rentabilität im Zeitablauf),
- Umsatzmaximierung von jedem erfassten Kunden (»Share of Purse«),
- Marketingkampagnen angepasst an den ständig wachsenden Kundenwert,
- unterschiedliche Marketingstrategien für unterschiedliche Kundengruppen, basierend auf deren Einkaufstätigkeit.[493]

Es versteht sich von selbst, dass solche Tools umso schlagkräftiger sind, wenn sie durch qualitativ hochwertige (smarte) Daten über Kunden, ihr Kaufverhalten und Produkte, mit den werttreibenden Parametern, hinterlegt sind und dies ständig nachtariert wird. Führende Unternehmen haben deshalb kontinuierliche Prozesse der Datenerfassung, Datenauswertung (etwa *Data-Mining*), Markt- und Wettbewerbsanalyse (etwa: *Benchmarking*) und *Prozessoptimierung* (über den gesamten Wertschöpfungsprozess) etabliert. Hier besteht noch ein gewaltiges Verbesserungspotenzial durch die Technologien der sogenannten »*Industrie 4.0*«.

8.11.11   Strategische Instrumente

Über die Erkennung von ökonomischen Verhaltensmustern hinausgehend liefern die strategischen Modelle, wie etwa die *Portfoliotheorie* und die *Spieltheorie* dem Unternehmer Empfehlungen über zu präferierende – weil besonders erfolgversprechende – Entscheidungspfade. Damit umfassen sie den gesamten Prozess von der Erkennung über Prognostik bis zur Beeinflussung und Steuerung. Letztere liefert dem Auftraggeber konkrete Handlungsanweisungen zur Strategieimplementierung bzw. -umsetzung. Die *Portfoliotheorie* und die *Spieltheorie* sind Teilgebiete der *quantitativen Strategieableitung*. Sie basieren somit auf Datenerfassung und -handling, setzen deshalb Verfahren des *Data-Minings* und damit Anwendungen der *künstlichen Intelligenz* ein, wenngleich bisher noch in begrenztem Maße. Zu den »harten« datenorientierten Verfahren zählen wirtschaftsmathematische Ansätze wie die o. g. *Value at Risk* und *CAPM*.

Der Begriff Value at Risk (VaR, auf Deutsch: Wert im Risiko) bezeichnet ein Risikomaß für die *Risikoposition* eines *Portfolios* im Finanzwesen. Der *Value at Risk* zu einem gegebenen Wahrscheinlichkeitsniveau gibt an, welche Verlusthöhe innerhalb eines gegebenen Zeitraums mit dieser Wahrscheinlichkeit nicht überschritten wird.

Das *Capital Asset Pricing Model* (*CAPM*; auf Deutsch: Preismodell für Kapitalgüter bzw. *Kapitalgutpreismodell*) ist ein *Kapitalmarktgleichgewichtsmodell*, das die *Portfoliotheorie* um die Frage erweitert, welcher Teil des *Gesamtrisikos* eines Investitionsobjekts nicht durch Risikostreuung (*Diversifikation*) zu

---

493   Sales Manago Blog: Neues Konzept für die Marketing Automation Strategie, 7.12.2016. http://blog.salesmanago.de/marketing-automation/neues-konzept-fuer-die-marketing-automation-strategie/, abgerufen 9.10.2018.

beseitigen ist und erklärt, wie risikobehaftete Anlagemöglichkeiten im Kapitalmarkt bewertet werden. Der Kern des *CAPM*, das Modell der Wertpapierlinie, beschreibt eine lineare Abhängigkeit der zu erwartenden Rendite einer Kapitalanlage von nur einer Risikoeinflussgröße (Ein-Faktor-Modell). Ziel des *CAPM* ist es letztlich, Gleichgewichtskurse für einzelne riskante Anlagemöglichkeiten (z. B. Wertpapiere) im Portfoliozusammenhang unter *Unsicherheit* (Entscheidung unter Risiko) herzuleiten.

8.11.11.1   Portfoliotheorie

Zu unterscheiden ist hier zwischen *Produktportfolios* strategisch gesteuerter Unternehmen und den *Anlageportfolios* von *Finanzinvestoren*.

8.11.11.2   Produktportfoliomanagement

Dieses Gebiet behandelt das *Gleichgewichtsmanagement* der Produkte im Angebotsportfolio eines Unternehmens. Im Sinne eines Portfoliomodells, etwa von *McKinsey* oder der *Boston Consulting Group,* werden hier Produkte (HW/SW/Dienstleistungen) nach den Dimensionen ihrer *Ertragspositionen* und *Wachstumserwartungen* gegenübergestellt. Ziel ist eine nachhaltige, stabile und zukunftssichere Geschäftsführung zu sichern.

Mit dem Einzug der sogenannten Industrie 4.0 spielt die Entwicklung innovativer Produkte, Dienstleistungen und Geschäftsmodellen eine zunehmend tragende Rolle für alle Spieler aller Branchen. Dazu stellen Unternehmensberatungen ihrerseits neue Ansätze vor, etwa:

Business Inkubatoren:
- Beratungsangebote zusammen mit Partnern aus dem Ökosystem,
- Behandlung aller Fragestellungen entlang des Innovationsprozesses,
- Trendevaluation, Ideenfindung und -modellierung,
- Erarbeitung neuer Geschäftsmodelle und Dienstleistungen bis hin zur dazugehörigen Vermarktung neuer Produkte.

Digital Ventures:
- Fachlicher Schwerpunkt der Beratungsleistungen ist die digitale Transformation,
- Dazu Angebot ganzheitlicher Lösungen beginnend mit der Strategiedefinition über die Konzeption bis hin zur organisatorischen und technischen Umsetzung,
- Somit Sicherstellung der Wettbewerbsposition im Zuge der Digitalisierung der gesamten Wirtschaft (branchenübergreifend, im Wettbewerb innerhalb der Branche, in der Wertschöpfungskette vom Zulieferer bis zum Kunden).

Data Analytics:
- Bereitstellung von Kompetenzzentren für Data Analytics,
- Dazu Auswertung der relevanten Markt- und Geschäftsdaten,
- Darauf aufbauend Beratungsdienstleistungen in integrierten Ansätzen,

- Unterstützung bei der Problemdefinition und Ideenkonzipierung,
- Entwicklung zukunftsträchtiger Geschäftsstrategien,
- Nachhaltige Verankerung dieser in den jeweiligen geschäftlichen und technologischen Strukturen.

Design Studios:
- Zusätzliche Service Angebote durch sogenannte Design Studios,
- Interdisziplinäre Teams aus Beratern und Designern bereiten dazu komplexe oder »sperrige« Informationen visuell auf und machen diese so für die Zielgruppe im Unternehmen verständlich,
- Dazu Nutzung vielfältiger kreativer Formate, beispielsweise Infografiken, interaktive PDFs, Realvideos, animierte Erklärvideos und die gesamte Bandbreite klassischer Printprodukte,
- Darüber hinaus Leistungen als »Corporate Storyteller«, die einzelne Kommunikationsmaßnahmen zu wirksamen Kampagnen zusammenfügen und so Geschichten erzählen, die maßgeblich zum Erfolg von Projekten, Initiativen und Programmen beitragen – intern und extern.

Zukunftscenter (für »Long Range-Planning«):
- Entwicklung von Zukunftsszenarien,
- Dazu innovatives Szenariodesign unter Erkennung von Zukunftsentwicklungen,
- Einsatz innovativer Methoden, Prozesse und Lösungen zur Entwicklung strategischer Zukunftsszenarien und den entsprechenden Handlungsoptionen,
- Robuste Ansätze zu Management und operativer Implementierung von Zukunftsstrategien.

8.11.12 Finanzanlagenmanagement

Im Finanzsektor der Generation »Industrie 4.0« spielen sogenannte *Robo-Advisors* eine zunehmende Rolle, eine Untergruppe von Beratern der *Finanztechnologie*. Die Bezeichnung ist ein Kofferwort, zusammengesetzt aus den englischen Wörtern *Robot* (Roboter) und *Advisor* (Berater); dementsprechend haben *Robo-Advisors* das Ziel, die Dienstleistungen eines traditionellen Finanzberaters zu digitalisieren und zu automatisieren.[494] Die meisten *Robo-Advisors* stützen ihre Anlagestrategie auf regelbasierte Modelle zur Bestimmung der Portfoliostruktur, die dementsprechend überwacht und gegebenenfalls angepasst wird. Als Finanzdienstleister betreiben *Robo-Advisors* ein erlaubnispflichtiges Gewerbe. Je nach Art der Dienstleistung sind unterschiedliche Genehmigungen erforderlich. Die Anlageberatung, Anlagevermittlung bzw. der Vertrieb von Finanzinstrumenten unterliegt grundsätzlich der Aufsicht, so in Deutschland der *Bundesanstalt für Finanzdienstleistungsaufsicht (BaFin)*.[495]

Das durch *Robo Advisor* verwaltete Vermögen wächst stetig. Noch aber ist völlig unklar, welche der dahinterstehenden Algorithmen und Strategien sich durchsetzen werden. Dabei machen gerade Algorithmen den Unterschied.

---

494 Wie Robo Advisors die Krise meistern. Capital. https://www.capital.de/wirtschaft-politik/wie-robo-advisors-die-krise-meistern, abgerufen 27.4.2018.
495 Gemeinsames Informationsblatt der Bundesanstalt für Finanzdienstleistungsaufsicht und der Deutschen Bundesbank zum Tatbestand der Anlageberatung. Bundesanstalt für Finanzdienstleistungsaufsicht und Deutsche Bundesbank, Juli 2013, abgerufen 7.10.2019.

Robo Advisors sind voll automatisierte *Asset-Management-Lösungen*, die Algorithmen zur Umsetzung ihrer Anlagestrategie einsetzen. Durch kostengünstige und individuell auf Kunden zugeschnittene Portfolios mit vollständig automatisiertem Risikomanagement haben sie das Potenzial, die ganze Branche zu verändern. Die auf dem Markt angebotenen Produkte unterscheiden sich jedoch hinsichtlich der verwendeten Algorithmen und Anlagestrategien.

8.11.12.1   Robo Advisory: Kosten und Nutzen

Eine neue Generation von Kunden bringt andere Ansprüche und Erwartungen an die Banken mit sich. Die Kunden dieser Generation sind durch Technologieunternehmen geprägt und verwenden Vergleichsportale, um das beste Kosten-Nutzen-Verhältnis zu finden. Die Anwendung von Algorithmen zur vollständigen *Automatisierung des Asset Managements* bildet für sie eine Brücke zwischen technologischem Serviceangebot und niedrigen Managementgebühren.

Die zum *Asset Management* eingesetzten Algorithmen und Strategien sind das Herz des *Robo Advisors* und werden deshalb von den Anbietern auch nur teilweise offengelegt. In einer von *Deloitte* durchgeführten Marktanalyse hat sich gezeigt, dass nur etwa jeder zweite bis dritte Anbieter Angaben zu der von ihm verwendeten Strategie macht. Analysiert wurden dabei weit mehr als 100 verschiedene internationale Anbieter. Die Ergebnisse der Analyse basieren ausschließlich auf Informationen, welche von den Anbietern offengelegt wurden.

8.11.12.2   Potenziale von Robo Advisory für deutsche Finanzinstitute

Das Volumen der verwalteten Vermögenswerte durch *Robo Advisor* kann im Jahre 2020 auf bis zu 8 Billionen USD ansteigen. 40 % der Anbieter im deutschen Markt, die eigene Lösungen anbieten, sind *Robo Advisory Fintechs*. Jedoch treten auch deutsche Banken als Teil ihrer Digitalisierungsstrategie in den *Robo Advisory Markt* ein – eigenständig oder in Form von Kooperationen mit *Fintechs*. Es ist allerdings wichtig zu wissen, welche Lösung zum eigenen Unternehmen und vor allem zu seinen Kunden passt, um sich unabhängig am Markt zu positionieren und eine gute Performance zu liefern.

8.11.12.3   Strategien im Robo-Advisory-Umfeld

Häufig verwendete Strategien sind das *Mapping* der *Kundenpräferenzen* auf *Musterportfolios* sowie die Strategie der *Constant Portfolio Weights*. Beide Methoden weisen einen geringen Grad an Individualisierung des Kundenportfolios auf. Die am meisten verwendete Methode hierfür ist die *Moderne Portfolio Theorie* (*MPT*). Sie ermöglicht zwar ein vollständig individualisiertes Portfolio, wird von den meisten *Robo Advisors* jedoch zumindest nicht in Reinform angewandt. Die wichtigste Einflussgröße der *MPT* sind die *Renditeerwartungen*, die nur unzuverlässig aus historischen Daten zu schätzen sind. Durch diverse Erweiterungen wird allerdings versucht, Kritikpunkte an der *MPT* zu beheben. Für die Durchführung der Optimierung wird eine Vielzahl an zusätzlichen Nebenbedingungen wie die Begrenzungen der *Portfoliogewichte* verwendet, um stabile Ergebnisse zu erzielen. Die Optimierungsalgorithmen selber sind komplexer. Vielfach wird zur Optimierung der *Value at Risk* (s. o.) als Risikomaß verwendet. Zusammenfassend lässt sich feststellen, dass sich die *MPT-Modelle*, die in den *Robo Advisors* verwendet werden, sich weit von der ursprünglichen Theorie entfernt haben, auch wenn sie so bezeichnet werden. Mit zunehmendem Wettbewerbsdruck im Robo-Advisory-Umfeld wird die Effizienz der verwendeten Algorithmen und Strategien stärker in den Fokus rücken.[496]

8.11.13 Spieltheorie

Die *Spieltheorie* ist eine interaktive Entscheidungstheorie zur Lösung von *Konflikten* mit mehreren Akteuren (Spielern). Sie basiert auf mathematischen Theorien, in der *Entscheidungssituationen* modelliert werden. [497] Ziel ist dabei unter anderem, das rationale Entscheidungsverhalten in sozialen Konfliktsituationen abzuleiten. Im Unterschied zur klassischen *Entscheidungstheorie* modelliert diese Theorie also Situationen, in denen der Erfolg des Einzelnen nicht nur vom eigenen Handeln, sondern auch von dem anderer abhängt (*interdependente Entscheidungssituation*).[498] Die Spieltheorie ist eher ein Satz von Analyseinstrumenten als eine zusammenhängende. Anwendungen liegen vor allem im *Operations Research*, bei den *Wirtschaftswissenschaften*, in der *ökonomischen Analyse* des Rechts, in der *Politikwissenschaft*, der *Soziologie*, der *Psychologie*, der *Informatik*, der *linguistischen Textanalyse* in der *Biologie* – aus der sich insbesondere die evolutionäre Spieltheorie ableitet.

Die Spieltheorie modelliert die verschiedensten Situationen als ein Spiel. Dabei ist der Begriff »Spiel« durchaus wörtlich zu nehmen: In der mathematisch-formalen Beschreibung wird festgelegt, welche Spieler es gibt, welchen sequenziellen Ablauf das Spiel hat und welche *Handlungsoptionen* (Züge) jedem Spieler in den einzelnen Stufen der Sequenz zur Verfügung stehen.

Seit 1970 ist eine sehr stürmische Entwicklung der Spieltheorie und ein Ausufern in andere Disziplinen zu beobachten. In diesem Sinne entstanden seit damals die kombinatorische und die *algorithmische Spieltheorie* als sehr mathematisch orientierte Zweige sowie die *evolutionäre Spieltheorie,* die am stärksten von der Annahme *bewusster* Entscheidungen abrückt.

8.11.13.1 Einsatz für den Einkauf

Das praktische Hauptanwendungsfeld der Spieltheorie ist der *Einkauf*.[499] Die spieltheoretische Optimierung einer *Einkaufsverhandlung* betrifft zunächst den *Vergabeprozess*: Seine Schritte müssen spezifische Eigenschaften erfüllen und in einer bestimmten Reihenfolge durchgeführt werden: Ein zentrales Element stellt u. a. das *Preismodell* dar, welches sämtliche *Preisbestandteile* periodengenau

---

496 Deloitte: Robo Advisory – wie Algorithmen eine Branche umkrempeln. https://www2.deloitte.com/de/de/pages/risk/articles/robo-advisory-krempelt-branche-um.html, abgerufen 9.10.2018.
497 https://de.wikipedia.org/wiki/Spieltheorie, abgerufen 4.10.2019.
498 Weiteres dazu Forschungsgruppe Thermodynamische Quantenalgorithmen. Grundlagenforschung: Spieltheorie. Mathematisches Institut der LMU München, www.mathematik.uni-muenchen.de/~schotten/tqa/tqa_research_gt.php, abgerufen 10.10.2018.
499 Weiteres in: Gregor Berz: Spieltheoretische Verhandlungs- und Auktionsstrategien: Mit Praxisbeispielen von Internetauktionen bis Investmentbanking. Schäffer-Poeschel Verlag, Stuttgart 2007.

erfasst und den *Barwert der Gesamtkosten* ermittelt. Weiterhin werden im Rahmen einer sogenannten *Deltabewertung* in intensiver cross-funktionaler Zusammenarbeit die relevanten Unterschiede zwischen Lieferanten identifiziert und monetär bewertet. Durch die so erzielte Transparenz und Vergleichbarkeit wird die vorliegende Wettbewerbssituation spieltheoretisch analysierbar. Und erst jetzt können im Einkauf erfahrene Experten eine Folge präzise beschriebener Verhandlungsschritte und -regeln entwickeln, die für die konkret vorliegende Situation den größten Verhandlungserfolg versprechen. Diese Regeln werden auch mit den Begriffen *Vergabedesign*, *Mechanismendesign* oder *Verhandlungsmechanismus* bezeichnet und haben einen enormen Einfluss auf den erzielbaren Verhandlungserfolg. Sie müssen immer für die konkrete Wettbewerbssituation entwickelt werden.

Ist auf Basis des abgeschlossenen cross-funktionalen Bewertungsprozesses der Verhandlungsmechanismus entwickelt und optimiert, wird er den Lieferanten präzise erläutert. Üblicherweise wird auch eine Art *Verhandlungsvertrag* geschlossen, in dem sich das einkaufende Unternehmen schriftlich verpflichtet, den Auftrag gemäß dem beschriebenen Regelwerk zu verhandeln, zu vergeben, jedes regelgerecht erzielte Ergebnis zu akzeptieren und nicht nachzuverhandeln. Die Anbieter ihrerseits erkennen die Regeln an und garantieren ihre Teilnahme an der Verhandlung. Dieses *spieltheoretische Verhandlungskonzept* wird mit den Initialen *GAIN* bezeichnet (*Game Theory In Negotiations*). Mithilfe des *GAIN-Konzeptes* wird systematisch die Intensität des Wettbewerbs einer Verhandlungssituation maximiert.[500] Dies gelingt durch Optimierung sämtlicher gestaltbarer Größen und betrifft u. a. Vergabeprozess, Zahl der Wettbewerber, Verhandlungsmechanismus und Anreiz für die Anbieter, den Auftrag zu gewinnen. Sieger einer spieltheoretisch optimierten *GAIN-Vergabe* wird stets der Anbieter mit dem aus cross-funktionaler Bewertung besten Preis-Leistungs-Verhältnis.

GAIN ist ein hochinnovativer Ansatz, da die Entscheidung über den Lieferanten auf der Basis spieltheoretisch optimierter Regeln allein dem Wettbewerb, also Marktkräften überlassen bleibt. In letzter Konsequenz kann sich jeder freigegebene Anbieter den Auftrag aus eigener Kraft sichern. Dafür muss er als Ergebnis der verschiedenen Verhandlungsphasen das Angebot mit dem besten Preis-Leistungs-Verhältnis unterbreiten oder akzeptieren. Der Ansatz erzielt seit Jahren in allen Branchen, Materialfeldern und Regionen wiederholbar herausragende Ergebnisse. Deshalb übersteigt das mit ihm optimierte Vergabevolumen inzwischen einen dreistelligen Milliardenbetrag.

Um Aufträge spieltheoretisch optimiert mithilfe von *GAIN* verhandeln und vergeben zu können, müssen drei Voraussetzungen erfüllt sein: Erstens muss der Auftrag für die Anbieter interessant sein – sie müssen ihn haben wollen. Zweitens muss es Wettbewerb geben, d. h. mehrere akzeptable Anbieter. Drittens muss die Einkaufsleitung die strategische Entscheidung fällen, den Ansatz auszuprobieren und sich anhand einer geeigneten Vergabe ein eigenes Urteil zu bilden. Mit dem spieltheoretischen Vergabeansatz *GAIN* steht innovativen Unternehmen eine wirkungsvolle Methode zur Optimierung ihres Einkaufes zur Verfügung.[501]

---

500 Gero von Grawert, Principal, Drozak Consulting München, Einsatz der Spieltheorie im Einkauf. In: Beschaffung aktuell. Das Magazin für Strategischen Einkauf, Materialwirtschaft und Logistik, 04/2015.

501 Beschaffung aktuell: Einsatz der Spieltheorie im Einkauf. https://beschaffung-aktuell.industrie.de/allgemein/einsatz-der-spieltheorie-im-einkauf/, abgerufen 10.10.2018.

8.11.13.2   Einsatz für Auktionen

Die Spieltheorie hat bei schwergewichtigen *Auktionen* Einzug gehalten. So bei der Vergabe der *Netzfrequenzen* für *schnelles Internet 2015*. Die beteiligten Firmen wissen, wie sie eine Eskalation der Preise in der Auktion vermeiden können: »Wir haben hier in Deutschland nun ein Auktionsdesign, das wir kennen und in der Vergangenheit schon erfolgreich nutzen konnten. Deswegen gehen wir optimistisch in die Auktion« (Telekom-Chef *Tim Höttges* auf der Telekom-Hauptversammlung im Mai 2015). Alle Firmen hatten *Spieltheoretiker* für die Auktion verpflichtet, um eine optimale Strategie auszuarbeiten. Da alle Beteiligten wussten, welche Frequenzblöcke optimal zu den bestehenden Netzen der jeweiligen Unternehmen passen, konnten sie schon vorab abschätzen, wer um welche Blöcke kämpfen wird. »Die Firmen kennen sich gegenseitig und haben aus den vorangegangenen Auktionen gelernt«, kommentierte *Mathias Oberndörfer* von der *KPMG* die Auktionstaktik. »Über ihr Bietverhalten können die Bieter den Mitbietern der Konkurrenz Hinweise geben, wie man sich verhalten wird. Auf diese Weise können die Firmen vermeiden, dass sie sich gegenseitig zu sehr hochschaukeln.« Augenscheinlich hat das in den ersten Runden der Auktion so gut funktioniert, dass die am wertvollsten eingeschätzten 700-MHz-Blöcke beim Mindestgebot blieben.[502] Offiziell ging die Versteigerung über 181 Runden, die im Verlauf von 16 Tagen stattfanden.[503]

8.12   Simulation und virtuelle Realität

Die Begriffe »*Simulation*« und »*virtuelle Realität*« werden für unterschiedliche Felder verwendet und gehören doch zusammen. Denn beide richten den Blick auf die Zukunft und verlassen sich nicht auf fertige Testprodukte oder den optischen Blick in die (ja bereits bestehende) reale Welt. Denn das physische Testprodukt ist teuer, der »Blick aus dem Fenster« reicht zu wenig in die Zukunft und »einfach losschießen« ist riskant, besonders im Dunkeln. Um es an Beispielen zu präzisieren: Prozesse und Verfahren, Produkte und Services lassen sich alle simulieren anstelle sie konkret herzustellen oder im Detail zu planen. Die *virtuelle Realität* kann hinzugezogen werden, etwa aus softwarebasierten dreidimensionalen Abbildungen von Produkten, die auf dem Bildschirm in allen Dimensionen gedreht werden können oder sogar per Laser dreidimensional in den freien Raum projiziert werden können. Auch die unmittelbar bevorstehenden Momente können optisch durch *virtuelle Realität* simuliert werden, wenn etwa die *Sichtverhältnisse* schlecht sind. So zu Beispiel für Landungen von Hubschraubern im Wüstensand, wo der aufgewirbelte Staub die sich die dynamisch verändernde Lage verdeckt. Die Wortbegriffe verschwimmen hier, denn was der eine »*Simulation*« bezeichnet, kann aus der Sicht eines anderen Anwenders »*virtuelle Realität*« sein, zumindest dann, wenn es sich um *optische Darstellungen* eines Bildes oder eines bewegten Vorganges handelt. Die Bandbreite der Anwendungen ist groß und wird mit zunehmender Leistung der IT mit der Übertragungsrate der Netze und dem dynamischen Preisverfall immer breiter. In der nahen Zukunft wird es kaum einen Bereich geben, in den nicht Simulationen, virtuelle Bilder

---

502 Webwelt & Technik, Benedikt Fuest: Frequenzauktion droht zum Mini-Geschäft zu werden, veröffentlicht 27.5.2015, https://www.welt.de/wirtschaft/webwelt/article141563657/Frequenzauktion-droht-zum-Mini-Geschaeft-zu-werden.html, abgerufen 10.10.2018.
503 Frequenzauktion 2015: Das sind die Ergebnisse. https://www.teltarif.de/frequenzauktion-2015-endergebnis-verteilung-frequenzen/news/60092.html, abgerufen 10.10.2018.

und Filme eingezogen sind. Hinzu kommt, dass digitale Simulationen und virtuelle Bilder weltweit über das Netz jederzeit zu niedrigen Kosten abgerufen werden können. Damit können alle Mitspieler in der Wertschöpfungskette synchron und global eingebunden werden. Beide Gebiete sind nicht neu. Software zu ihrer Erzeugung gibt es bereits seit über 30 Jahren. Die Anwendungen waren jedoch in der Vergangenheit auf besondere Bereiche begrenzt, die wenig kostensensibel oder hoch sicherheitsrelevant (oder beides, weil sie sich ja bedingen) waren. Der Autor dieser Zeilen war seit 30 Jahren in beide Felder involviert: in der Medizintechnik in der Kerntechnik, in militärischen Anwendungen, bei der Simulation von Unternehmensfusionen. Mit den Möglichkeiten, die uns die Generation der sogenannten »Industrie 4.0« beschert, wird alles schneller, viel exakter, viel günstiger. Über die insulären Einzellösungen hinausgehend gibt es nun Standard-Software, die sogar von Branche zu Branche ausgetauscht werden kann. Die Entwicklung auf diesem Gebiet erlaubt Beschleunigungen und Steigerungen der *Komplexität* in bisher unerreichten Größen. So lässt sich die Entwicklung von Motoren und anderen Aggregaten um Faktor zwei beschleunigen, wenn Entwickler am »*digitalen Abbild*« arbeiten können. Es können ganze *Fabriken simuliert* werden, mit allen Prozessen, der gesamten Ausrüstung, der Investitionen, laufender Kosten, und ihrer Produkte.

Alle Unternehmen (!) verwenden *experimentelle Verfahren*, um ihre Produkte und Dienstleistungen zu testen. In turbulenten Zeiten wie jetzt, in der sich die Digitalisierung aller Prozesse und darüber hinaus neue »*digitale*« *Geschäftsmodelle* ihre Plätze sucht, ist die Wahl von Strategien mit hohem Risiko verbunden. Deshalb müssen Unternehmen ihren Spielraum zur *Simulation* verbreitern, inklusive *neuer Geschäftsmodelle* und unorthodoxer strategischer Pfade. Traditionelle Verfahren können teuer und zeitaufwendig werden und sie können das Unternehmen mit unverhältnismäßig großer Komplexität belasten. Markttests und Pilotversuche unter Offenlegung der eigenen Firma könnten die eigene Marke und die Kundenwahrnehmung beschädigen. *Marktforschung* auf Basis von *Kundenwahrnehmungen* kann ein äußerst schwaches Prognoseinstrument sein, wenn es um grundlegend neue *Produktkonzepte* und deren Strategien geht. Um diese Barriere zu überwinden, verwenden besonders anpassungsfähige Unternehmen ein Spektrum neuer Ansätze und Technologien, um das Sichtfeld und die Belastbarkeit von Experimenten zu vergrößern. Dadurch erreichen sie einen »*Simulationsvorsprung*«, der wirtschaftliche Simulationsvorteile beinhaltet, also »*Economies of Experimentation*«. Mit anderen Worten: Solche Unternehmen bauen Erfahrungen auf, mit der sie eine größere Zahl von Simulationen generieren, testen, wiederholen schneller, kostengünstiger und mit weniger Risiken, als ihre Wettbewerber durchführen können. Im Kapitel 11 »Simulation und Virtualisierung« dringen wir systematisch in dieses Gebiet ein. An dieser Stelle präsentieren wir vorgreifend einzelne Breitenanwendungen.

8.12.1   Beispiel Strategie-Simulationen

Hier geht es um die Frage, wie der Unternehmenswert durch *Strategieszenarien* pro Markt und Marktsegment optimiert werden kann. Dazu werden unter anderem *CFROI-Modelle*[504] verwendet und einer nicht-linearen Szenario-Simulation (Erfahrungskurven-Simulation) unterzogen. Diese simulieren den *Unternehmenswert* als Funktion der *Produktionsmenge*, der *Sortimentsbreite*, des *Operating Cash Cycles*,

---

504 Der *Cash Flow Return on Investment* (*CFROI*) ist eine finanzwirtschaftliche Renditekennzahl.

der *Kapitalstruktur*, der *Wertschöpfungstiefe* und der *Qualitätsverbesserungen* mit einem *hedonischen Preisindex*.[505] Dies hilft dem Konzern-Controller bei der strategischen Planung, dem externen Analysten bei der Unternehmensbewertung, dem Investor bei der Prüfung von *Geschäftsmodellen* und dem strategischen Planer bei der Auswahl unter konsistenten strategischen *Handlungsoptionen*, ohne dass die Kosten und der Zeitbedarf für die Analysen in unverantwortliche Höhen steigen.[506] Darüber hinaus bewähren sich Simulationen zum Verhalten von Schlüsselkunden (*Customer Analytics & Simulation*[507]).

Auf spielerische Weise vermittelt die *Boston Consulting Group* (BCG) mit einer *Serious Gaming App* Business Strategien. Mit der iPad-Anwendung »Your Strategy Needs A Strategy« können Manager und Gründer anhand einer Wirtschaftssimulation lernen, wie unterschiedliche Unternehmensstrategien erfolgreich eingesetzt werden. Der Berliner App-Spezialist *Neofonie Mobile* hat die Hybrid-App für *BCG* entwickelt und umgesetzt.[508]

8.12.2   Beispiel: Simulation kritischer Situationen

Auf der Grundlage des § 44 *Kreditwesengesetzes* (KWG) und des *Single Supervisory Mechanism* (SSM) der *Europäischen Zentralbank* (EZB) führt die *Bundesanstalt für Finanzdienstleistungsaufsicht* (BaFin) oder die *Bundesbank* auch ohne besonderen Anlass (Routine-)Prüfungen von Unternehmen und Finanzinstituten durch. Mit dem Gesetzestext ist festgeschrieben, dass Kredit- und Finanzdienstleistungsinstitute und ähnliche Unternehmen ebenso wie ihre Mitglieder und Organe verpflichtet sind, der *BaFin* wie der Bundesbank auf Verlangen Auskünfte über alle Geschäftsangelegenheiten zu erteilen und Unterlagen vorzulegen. Durch die Simulation einer *Aufsichtsprüfung* werden mögliche fachliche Verbesserungspotenziale aufgezeigt, Mitarbeiter werden mit Prüfungssituationen vertraut gemacht und situationsspezifisch gecoacht. *KPMG* begleitet die Simulation der Aufsichtsprüfung als externer Coach und übernimmt zudem die Rolle der Aufsicht.[509]

8.12.3   Beispiel Cyber Security: Simulation von Hackerangriffen

Cyber Security ist ein so sensibles und wichtiges Thema geworden, dass praktisch alle großen *Unternehmungsberatungen* und die Big Four der *Wirtschaftsprüfer* dazu Programme anbieten, in denen Simulationen gestellt werden. *Simulationen* werden bei einzelnen Anbietern zu *interaktiven Rollenspielen*, um realistische Szenarien nachzustellen. *Deloitte* simuliert z. B. einen *Hackerangriff*, um Lücken im Unternehmen aufzuzeigen, Schwachstellen zu schließen und das Sicherheitsniveau zu heben. *Cloud*

---

505   Als »hedonisch« bezeichnet man eine Bewertungsmethode, die ein Objekt nach seinen intrinsischen (inneren) und extrinsischen (äußeren) Werten beurteilt.

506   Weiteres dazu im Buch von Markus Breuer (BCG): Strategie-Simulation, 2014.

507   Pwc: Analytics & Simulation 16.12.2015. https://www.pwc.de/de/managementberatung/analytics-and-simulation.html, abgerufen 7.10.2019.

508   Pressemitteilung BCG vom 9. Juni 2015: Neue Serious Gaming App von BCG simuliert Business-Strategien. Die App steht bereit zum Download unter: https://itunes.apple.com/de/app/your-strategy-needs-strategy/id951248714?mt=8.

509   https://assets.kpmg.com/content/dam/kpmg/de/pdf/Themen/2016/simulation-und-begleitung-von-aufsichtspruefungen-2016-KPMG.pdf, abgerufen 10.10.2018.

Services, BYOD[510] und *soziale Netzwerke* verändern den Umgang mit Informationen in Unternehmen. Geschäftskritische Daten können immer und überall abgerufen werden – jedoch allzu oft auf Kosten der *Sicherheit*. Die IT-Landschaft wird heterogener, komplexer und damit leichter verwundbar. *Firewalls* und klassische *Virus Scanner* bieten nicht mehr ausreichend Schutz gegen raffinierte *Cyber-Attacken*, die in immer kürzeren Zeitabständen von einer steigenden Zahl motivierter und technisch versierter Angreifer gestartet werden. Spezialisierte *Cyber-Security-Dienstleistungen* können hier Abhilfe schaffen. Mit *Cyber Simulation Services* spezialisierter Berater können Unternehmen Cyberrisiken frühzeitig identifizieren, koordiniert auf *Cyber-Attacken* reagieren und ein effektives Krisenmanagement entwickeln. Merke: Die Abwehrkette eines Unternehmens ist nur so stark wie ihr schwächstes Glied.[511] Weiteres dazu siehe Kapitel 14 »Cyber Security«.

---

510 Bring Your Own Device (BYOD) ist die Bezeichnung dafür, private mobile Endgeräte wie Laptops, Tablets oder Smartphones in die Netzwerke von Unternehmen oder Schulen, Universitäten, Bibliotheken und anderen Bildungsinstitutionen zu integrieren.

511 Deloitte Cyber Simulation. https://www2.deloitte.com/de/de/pages/risk/solutions/cyber-simulation.html, abgerufen 10.10.2018; kpmg IIoT cyber security simulation. https://assets.kpmg.com/content/dam/kpmg/xx/pdf/2017/07/iiot-cyber-security-simulation.pdf, abgerufen 10.10.2018; ey Cybersecurity incident simulation exercises. https://www.ey.com/Publication/vwLUAssets/EY_-_Cybersecurity_Incident_Simulation_Exercises/$FILE/EY-cybersecurity-incident-simulation-exercises-scored.pdf, abgerufen 10.10.2018.

9 Digitale Infrastruktur

Die digitale Infrastruktur bestimmt Machbarkeit und Nutzen für die internetgetriebenen Geschäfte, besonders im Segment I/SD (Internet/Smart Data & Smart Devices). Drei Komponenten bestimmen die Qualität: die Netze, die Speicherung und die dafür bereitgestellte Software. Die Leistungsansprüche für die verschiedenen Anwendungen sind unterschiedlich. Für die allgemeinen Internet-Anwendungen, insbesondere im Konsumbereich, aber auch in den entsprechenden professionellen Sektoren reichen die Datenraten aus, die heute mit 4G erzielt werden, um wünschenswerte Ladezeiten im Download-Verkehr zu erreichen. Die schnelleren Ladezeiten, die 5G bietet, werden bei Konsumenten praktisch nicht mehr wahrgenommen. Daneben spielt hier die Breitbandqualität eine entscheidende Rolle, besonders bei hochauflösenden Bildübertragungen etwa von Fernsehen und Streamingdiensten. Auch dies kann mit 4G, insbesondere in LTE-Qualität, erreicht werden. 5G unterscheidet sich darüber hinaus durch die extrem schnelle Bereitstellung von Daten, der sogenannten Latenzzeit von einer Millisekunde. Diese kurzen Reaktionszeiten sind vor allem für hochanspruchsvolle Realzeit-Datenübermittlungen und -darstellungen gefordert, wie sie insbesondere für das autonome Fahren, für die (remote-) Steuerung von Fertigungen oder auch im Krankenhausbetrieb für hochauflösende Realzeit-Bildübertragungen von pulsierenden Funktionen notwendig sind, insbesondere im Herz-Kreislauf-Bereich. Diese müssen flächendeckend zur Verfügung gestellt werden, weil der produzierende Mittelstand weit über das Land verteilt ist und entlegene Gesundheitszentren den Online-Zugang zur Ferndiagnose aus Krankenhäusern der Spitzenversorgung benötigen. Insofern ist diese Forderung eine der wichtigsten Maßnahmen zum Ausbau flächendeckender Infrastruktur. Bezüglich der Netze ist für die Fernübertragung eine Kombination von Mobilübertragung und Festnetzen vorzusehen und für den direkten Anschluss an den Ort der Nutzung die Glasfaser. Neben der Übertragung von Daten ist deren Speicherung notwendig und strategisch kritisch. Deutschland verfügt hier über wichtige Netzknoten und die größten Rechenzentren. Darin sind auch amerikanische und fernöstliche Investoren engagiert. Das zentrale Drehkreuz ist Frankfurt. Aufgrund hoher Stromkosten und langer Genehmigungen wollen die Big Five jedoch nicht weiter in Deutschlands Infrastruktur investieren. Zukünftig spielen kompakte dezentrale Lösungen eine stark wachsende Rolle, wie Edge Computing und autonom operierender Micro Data Center. Entwickler beschäftigen sich bereits mit der nächsten Netzgeneration, 6G. Deutsche Institute sind mit dabei.

9.1 Netzausbau

9.1.1 Enttäuschung in Deutschland

Bereits 2014 wollte der vor Kurzem ernannte Minister für Netzinfrastruktur, *Alexander Dobrindt*, Deutschland in die digitale Champions League führen. Gemeinsam mit seinen Regierungskollegen *Sigmar Gabriel* und *Thomas de Maizière* versprach er in der *Digitalen Agenda*, dass bis Ende 2018 ganz Deutschland mit mindestens 50 MBit/s versorgt sein soll. Das Ziel hatten die Politiker zu hoch gesteckt: Noch 2017 verfügten nur rund 77 % der Haushalte über einen schnellen Breitbandanschluss, wie die *Bundesnetzagentur* in ihrem »Tätigkeitsbericht 2016/2017« zu Protokoll gab. Dabei sind Stadtbewohner im Vorteil: Laut dem

Regulierer werden 90 % der urbanen Gebiete mit bis zu 50 MBit/s versorgt, während auf dem Land nur ein Drittel der Gemeinden damit rechnen kann. Trotz Förderung der Bundesregierung kommt Breitband in ländlichen Regionen nach wie vor nur sehr schleppend voran. Dabei ist dies für den in den Regionen tätigen mittelständischen Unternehmer entscheidend. Der Grund: Die hohen Investitionen lohnen sich für die Anbieter meist nicht. Vielleicht wurde nach den Auktionen von ihnen zu viel Geld abgezogen, das jetzt für den Bau fehlt. Auch ist der administrative Aufwand für die Beantragung der Fördermittel für kleinere Gemeinden, die über wenig Personal verfügen, oft zu groß. Das Verfahren sei zu komplex und müsse dringend vereinfacht werden, sind sich die Bundesverbände der Glasfaser- und Kabelbetreiber einig. Dazu kommt ein größeres Problem: Vielerorts mangelt es an Firmen, die den für Glasfaser notwendigen Tiefbau durchführen können. Die Folge: Der Bund bleibt auf seinen *Fördergeldern* sitzen. Von den 4 Mrd. die seit drei Jahren bereitstehen, wurden bis Februar 2018 lediglich gut 22 Mio. € abgerufen.[512] Nach den vergangenen Enttäuschungen liegt jetzt die Hoffnung auf 5G. Die Regierung zeigt sich verständig. Kann sie auch den Bau durchdrücken?

9.1.2   Deutschland im internationalen Vergleich

Die Vorreiter beim *5G-Netzausbau* kommen aus Asien und den USA: Dort soll die neue Mobilfunkgeneration mit superschnellem Internet spätestens Ende 2019 starten. In Deutschland dauert es mindestens bis 2020 – und selbst dieser Starttermin ist noch ungewiss. Anders als in anderen Regionen der Welt stehen hierzulande nicht die Verbraucher im Mittelpunkt. Schon beim Ausbau von 4G, der aktuellen Mobilfunkgeneration, war Deutschland eher langsam: 2010 startete der Ausbau von *LTE* hierzulande. Norwegen und Schweden etwa waren schon ein Jahr früher dran. Und auch heute noch hinken wir hinterher: Spitzenreiter bei der Netzabdeckung mit LTE ist Südkorea mit 97 %, gefolgt von Japan mit 94 % und Norwegen mit 92 %, so das Analyse-Unternehmen OpenSignal im Februar 2018[513].

Deutschland liegt gerade einmal bei 66 % und belegt damit Rang 70 weltweit – zwischen Albanien und Kolumbien. Aber das ist noch nicht alles: Die Deutschen surfen via LTE im Schnitt mit einer Geschwindigkeit von 23 MBit/s, so die Zahlen von *OpenSignal*. Zum Vergleich: Bei den Spitzenreitern Singapur, den Niederlanden, Norwegen und Südkorea sind es zwischen 40 und 44 MBit/s. Die *Deutsche Telekom* hat die zugrunde gelegte OpenSignal-Messmethode zwar kritisiert, doch das Statistikportal Statista schrieb zu den Zahlen: »Wer zuverlässig und schnell mobil surfen will, sollte nicht in Deutschland leben«[514].

---

512 Josefine Milosevic: Glasfaserausbau in Deutschland – wie weit sind wir? Vom 15.2.2018. ttps://www.connect.de/ratgeber/glasfaser-ausbau-internet-breitband-ftth-trenching-3198434.html, abgerufen 28.11.2018.

513 https://t3n.de/news/schnellsten-lte-netze-europa-deutschland-2018-957520, abgerufen 7.10.2019.

514 https://web.de/magazine/digital/5g-netzausbau-internationalen-vergleich-deutschland-mittelmass-33178626, abgerufen 26.11.2018.

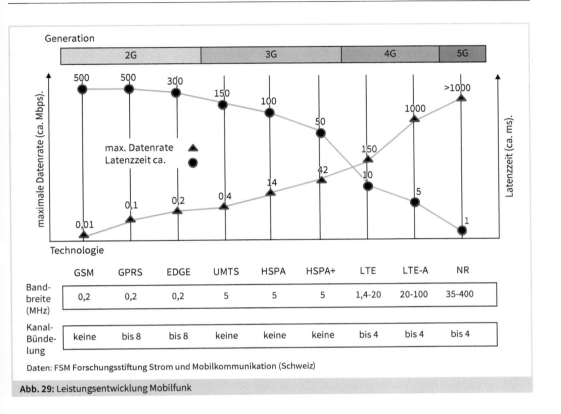

Abb. 29: Leistungsentwicklung Mobilfunk

9.1.3 Fortschritt im Netzausbau

Die Entwicklung im *Mobilfunk* schreitet aber voran: Während die Netzbetreiber in Deutschland zuletzt deutlich in den Ausbau der LTE-Mobilfunknetze, der sogenannten vierten Generation, investiert haben, wird parallel die Nachfolgetechnik entwickelt. Erste Tests der fünften Mobilfunkgeneration, kurz 5G, finden derzeit statt. Ein erster, weltweit einheitlicher Standard wurde im Dezember 2017 verabschiedet.

9.1.4 Technische Grundlagen von 5G

Der Hauptunterschied von 5G zu den Vorgängernetzen *LTE* (4G) und *UMTS* (3G) wird sein, dass die Zahl der in einem Gebiet sendenden Mobilfunkstationen bei den 5G-Netzen nicht mehr so sehr von der Besiedlungsdichte abhängen wird, wie dies bisher der Fall ist. Die Architektur des Netzes der *5. Mobilfunkgeneration* richtet sich vielmehr stark nach den Anforderungen der Anwender vor Ort: Ob in einem Gewerbegebiet ein sehr breitbandiges Netz mit hohen Datenraten, an einem Verkehrsweg ein schnelles Netz mit Fokus auf extrem kurzen *Antwortzeiten* und hoher Zuverlässigkeit oder in einer Werkshalle ein Netz errichtet wird, das eine extrem große Zahl von Geräten und Menschen gleichzeitig miteinander arbeiten lässt – das entscheiden die Nutzer mit ihren Wünschen vor Ort. Gleichzeitig sind die Versorgungsauflagen der *Frequenzvergabe* beim Netzausbau zu berücksichtigen. Flächendeckend werden sich wahrscheinlich zunächst vor allem Teilverbesserungen von 5G ausbreiten, die auf 4G aufsetzen.

4G- und 5G-Netze werden gemeinsam, beziehungsweise parallel betrieben, sodass der Ausbau stufenweise erfolgen kann. Diese Fortentwicklung setzt auf bestehenden Trends auf, die zum Teil schon bei LTE erkennbar geworden sind – insofern wird es keinen technologischen Bruch geben.

Generation	2G		3G (UMTS)		4G
Standard	GPRS	EDGE	HSPA	HSPA+	LTE
Abkürzung	G	E	H	H+	LTE
Max. Downloadrate	54 KBit/s	220 KBit/s	7,2 MBit/s	42 MBit/s	500 MBit/s

Abb. 30: Mobilfunkstandards

Die heutigen Mobilfunknetze bestehen aus klassischen *Dachstandorten* und freistehenden Masten, die sowohl die Flächenabdeckung als auch die Netzkapazität für ein bestimmtes Gebiet zur Verfügung stellen. Mit 5G wird es nicht nur größere räumliche Abweichungen in der Standortdichte geben, sondern die Standorte werden sich auch optisch und von ihrer Leistungsfähigkeit her deutlicher unterscheiden als bisher. Neben den weiter benötigten Dachstandorten wird insbesondere die kleinzellige Netzarchitektur weiter ausgebaut. Die Vielzahl der zum Teil konkurrierenden Anforderungen führt dazu, dass es kein gleichförmiges 5G-Netz für alle geben wird, sondern viele individuelle, virtuelle Spezialnetze, die auf die jeweiligen Anwendungen zugeschnitten sein werden. Diese Netze werden unter einer Art »5G-Dach«, das heißt auf Basis einer gemeinsamen physischen Infrastruktur betrieben. Trotz aller Neuerungen werden die bestehenden Standorte auch das Grundgerüst für das 5G-Netz bilden. Die bereits bestehenden Standorte werden nach und nach mit neuer Technologie ausgestattet, dazu wird auch der vermehrte Anschluss an das Glasfasernetz gehören.

9.1.5   Frequenzen und Kleinzellen

Eine der wichtigsten Ressourcen im Mobilfunk wird knapp: das Spektrum an Frequenzen. Denn steigende Datenmengen und höhere Übertragungsgeschwindigkeiten erfordern ein breiteres Spektrum. Doch das Spektrum ist in heutigen Mobilfunkbändern weitgehend ausgeschöpft. LTE beispielsweise ist in Deutschland auf den *Frequenzbändern* bei 800, 1800 und 2600 MHz verfügbar. Für den weiteren Ausbau der Mobilfunkkapazitäten werden daher neue Frequenzen benötigt.

Die Bundesregierung sieht hier Potenzial für 5G im Spektrum um 3,5 GHz oder den sehr hohen Frequenzen im sogenannten Millimeterband oberhalb von 24 GHz. Der Nachteil dieser hohen Frequenzen ist eine Signalreichweite von nur wenigen 100 Metern. Damit erfordert 5G auch eine neue Architektur des Mobilfunknetzes auf Basis von Kleinzellen (Small Cells) mit kleinen Antennen. Diese Kleinnetze können Mobilfunkmasten ersetzen, 5G wird damit zu einer Art »Netzwerk aus Netzwerken«.

9.1.6 Glasfaser

Um die großen Datenmengen mit geringer Latenz abführen zu können, müssen die Mobilfunkstationen, also die in der Fläche verteilten Basisstationen der Kleinzellen, Funkmasten oder Häuser mit Antennen gut an die übergeordneten Netzkomponenten angebunden sein. Der Fachbegriff dafür ist *Backhaul*. Die Backhauls müssen heute hohe Übertragungsraten bei möglichst geringen Verzögerungszeiten und Verlustraten bereitstellen. Neben Richtfunk laufen die Verbindungen teilweise auch heute schon über Glasfaserleitungen.

5G ist mit seinen hohen Anforderungen an Datenrate, Latenz und Ausfallsicherheit ohne weiträumigen Glasfaserausbau nicht realisierbar. 5G-Netze erfordern ein Glasfaser-Grundgerüst und konvergente Glasfaser-/Mobilfunknetze. Glasfaser-Internet ist die Königsklasse der Breitbandtechnologien. Glasfaser zeichnen sich durch geringe Dämpfung (dadurch größere Entfernungen möglich) und relativ gute Resistenz gegen elektro-magnetische Störeinflüsse (Störfelder von Maschinen, Schaltern, Blitz, Sendern) und Lichteinflüsse aus.[515]

9.1.7 Anwendungsspezifische Netze

Techniker differenzieren beim 5G-Netz zwischen drei unterschiedliche Anwendungsbereiche: das ultra-schnelle mobile Breitband (*Enhanced Mobile Broadband*), die Kommunikation zwischen Maschinen und Anwendungen (*Massive Machine Type Communications, M2M*) sowie ein Hoch-Zuverlässigkeitsnetz mit kurzen Antwortzeiten (*Ultra-Reliable and Low Latency Communications*). Für alle drei Bereiche gibt es unterschiedliche Herausforderungen und technische Rahmenbedingungen. Das Netz der Zukunft muss hochflexibel sein, um möglichst allen Anforderungen gerecht zu werden. Der 5G-Standard verspricht mehr Durchsatz, Kapazität und gleichzeitig sinkende Betriebskosten. Die direkte Anbindung der Mobilfunkstationen an das Glasfasernetz gewinnt bei der 5. Mobilfunkgeneration weiter an Bedeutung. Neben dem Ausbau der mobilen Infrastruktur wird es auch einen weiteren Ausbau der Glasfasernetze geben müssen, damit 5G voll zum Einsatz kommen kann.

9.1.8 5G für ultra-schnelles mobiles Breitband

In den letzten Jahren hat die mobile Internetnutzung stark zugenommen, von Jahr zu Jahr ist die mobil übertragene Datenmenge um mehr als 50 % gewachsen. Es ist damit zu rechnen, dass die Nutzung auch in Zukunft weiter deutlich steigen wird. Für die zu erwartende hohe Datenmenge zum Beispiel durch das *Streaming* hochauflösender Videos (4K oder 8K-Videos) benötigen die Nutzer sowohl hohe Datenraten als auch eine hohe Kapazität des mobilen Netzes. 5G bietet mit Datenraten im Bereich von bis zu 10 Gigabit pro Sekunde hierfür die geeignete technische Basis. Anwendungen im Gebiet der virtuellen oder erweiterten Realität (Virtual Reality und Augmented Reality) sind mit 5G-Technik ebenso darstellbar. Solche Anwendungen benötigen auf den Punkt genau hohe Datenraten und eine große Kapazität.

---

515 https://www.greenit-solution.de/ohne-glasfaser-kein-5g-mobilfunk, abgerufen 29.11.2018.

Ihr Einsatzgebiet kann vom mobilen Reparaturservice lokaler Handwerker bis hin zum medizinischen Operationssaal genutzt werden. Die dramatische Leistungssteigerung zwischen den Mobilfunkgenerationen lässt sich am Beispiel der Download-Zeit für einen James-Bond-Film illustrieren: bei 2G: 64 Tage; bei LTE 50 sec.; bei 5G: 5 sec.

9.1.9   5G für Kommunikation zwischen Maschinen (M2M)

Die Vernetzung von Märkten, Branchen, Industrien und der Gesellschaft wird sich weiter verändern. Steht heute die Vernetzung von Menschen im Vordergrund, wird es in Zukunft um die Vernetzung von Dingen gehen. Begriffe wie Industrie 4.0, *Machine-to-Machine-Kommunikation* (M2M) oder das *Internet der Dinge* (Internet of Things – IoT) beschreiben die Vernetzung von Maschinen und Geräten aller Art. Dabei geht es sowohl um Industrie- und Produktionsanwendungen als auch um die Anbindung und Vernetzung vieler Alltagsdinge wie Kühlschränke, Haustechnik oder Alltagsgegenstände wie Sportschuhe. Alle Anwendungen haben hierbei eine Gemeinsamkeit: Sie übertragen in aller Regel nur kleine Datenmengen. Dafür rechnen Experten allerdings mit einer rasant steigenden Zahl der vernetzten Geräte. Kleine Datenmengen bei gleichzeitig großer räumlicher Verbreitung benötigen ein großflächiges Netz, das eine hohe Anzahl an kommunizierenden Geräten verarbeiten kann. Die Übertragungsgeschwindigkeit spielt bei diesen Anwendungen nur eine untergeordnete Rolle, wichtiger dabei ist die Minimierung des Energieverbrauchs.

9.1.10   5G als Hoch-Zuverlässigkeitsnetz

Für das derzeit viel diskutierte *vernetzte Fahren* und den *autonom fahrenden öffentlichen Personennahverkehr* werden wiederum andere Anforderungen an die Netze gestellt: Ultraschnell und zuverlässig müssen die Informationen übermittelt werden. Dabei kommt die kurze Latenzzeit der 5G-Technologie zum Tragen. Bei den 3G-Netzen lag die Antwortzeit bei rund 100 Millisekunden, im 4G-Netz noch bei etwa 30 Millisekunden und im 5G-Netz nur noch bei einer Millisekunde. Das bedeutet, dass Daten nahezu in *Echtzeit* übertragen werden. Bei Anwendungen wie dem autonomen Fahren kommt hinzu, dass höchste Zuverlässigkeit des Übertragungsnetzes erforderlich ist. Auch für spezielle schnell ablaufende Prozesse, wie bildgebende Verfahren für schnell bewegte Objekte in der Medizin oder der Industrie, sind solche Netze notwendig. Ziel bei 5G sind – neben der Geschwindigkeit – also auch die *Datensicherheit* und die hohe *Verfügbarkeit*: URLL (*Ultra Reliable Low Latency*). Die Erwartung an die Sicherheit wird bei 5G eine noch größere Rolle spielen als bei 4G LTE: Großunternehmen werden zunehmend eigene 5G-Netze aufbauen, ohne direkten Zugang zu öffentlichen Netzen. Zugänge liegen dann auf besonderen Ebenen mit dedizierten und besonders abgesicherten Übergängen in das öffentliche Netz. Zur Verbindung zwischen weit auseinanderliegenden unternehmenseigenen (»proprietary«) 5G-Netzen (»Inseln«) muss das öffentliche Netz genutzt werden, unter dem Schutz besonders hoher Verschlüsselung.

9.1.11 Technologien zur besseren Nutzung der Frequenzen

9.1.11.1 Kanalbündelung – Carrier Aggregation

Technisch lässt sich eine extrem hohe Bandbreite durch die sogenannte Kanalbündelung (Carrier Aggregation) erreichen. Die Bündelung der genutzten Funkfrequenzbereiche eines Netzbetreibers (Kanäle in einem Frequenzblock) erlauben die Datenrate pro Nutzer zu erhöhen. Dabei werden einem Nutzer mehrere einzelne Carrier, also Frequenzblöcke, zugewiesen. Die maximale Datenrate pro Nutzer erhöht sich dabei um die Anzahl der Frequenzblöcke. Auch die Gesamtdatenrate pro Zelle wird durch eine verbesserte Ausnutzung der einem Betreiber zur Verfügung stehenden Frequenzen erhöht. Nachteil ist, dass die hohe Kapazität mit einer geringen Reichweite einhergeht, da auch Frequenzen mit geringerer Reichweite für die Bündelung herangezogen werden. Insgesamt sind diese Konzepte der Frequenzbündelung schon bei 4G/LTE in der Anwendung und werden mit 5G weiterentwickelt.

9.1.11.2 Einsatz von Kleinzellen – Small Cells

Kleinzellen (*Small Cells*) kommen an Orten mit hoher Nutzerdichte heute schon zum Einsatz. Zum Beispiel in Fußgängerzonen oder auf hoch frequentierten Plätzen können Kleinzellen Engpässe im bestehenden Netz beheben. Small Cells ersetzen die klassischen Mobilfunk-Dachstandorte nicht, sondern ergänzen diese und verdichten das Netz an Orten mit besonders hoher Nachfrage (Hotspots). Mehr Zellen in einem kleinen Gebiet bedeutet auch, dass die Kapazität, also die Anzahl möglicher gleichzeitiger Nutzer mit gleichzeitig hohem Datendurchsatz, signifikant erhöht wird. Small Cells sind somit für sehr hohe kapazitive Anforderungen auf kleiner Fläche geeignet (Innenstädte, Veranstaltungszentren, Festplätze, Stadien, etc.). Die Nutzer von mobilen Endgeräten profitieren von der Leistungsregulierung zwischen Sendeanlage und Handy, da der Akku weniger belastet wird.

Eine Small Cell ist eine Mobilfunkzelle mit geringer Sendeleistung und damit resultierenden kleinem Versorgungsbereich, ähnlich einem *WLAN-Hotspot*, aber mit Einbindung ist das allgemeine Mobilfunknetz. Der Versorgungsradius liegt bei etwa 150 Metern. Dadurch, dass diese sehr nah an den Nutzern installiert werden, müssen entsprechend viele Zellen für eine unterbrechungsfreie Versorgung in einem Gebiet wie zum Beispiel einer Fußgängerzone installiert werden. Small Cells werden mit einer niedrigen Sendeleistung (kleiner als 10 Watt EIRP[516]) betrieben und benötigen daher keine Standortbescheinigung. Sie werden aber dennoch der Bundesnetzagentur angezeigt. Die verwendeten Antennen sind deutlich kleiner als herkömmliche Mobilfunkantennen. Sie können an Hauswänden, Litfaßsäulen oder öffentlichen Telefonanlagen montiert werden. Möglicherweise werden solche Zellen zukünftig auch linienförmig entlang von Verkehrswegen, beispielsweise in Straßenlampen verbaut.

---

516 Die EIRP (Equivalent Isotropic Radiated Power) gibt an, mit welcher Sendeleistung man eine in alle Raumrichtungen gleichmäßig (isotrop) abstrahlende Antenne versorgen müsste, um im Fernfeld dieselbe Leistungsflussdichte zu erreichen, wie mit einer bündelnden Richtantenne in ihrer Hauptsenderichtung.

9.1.11.3   Mehrantennen-Systeme – Massive Multiple Input Multiple Output (MIMO)

Für die weitere Steigerung der Kapazität kommen größere Mehrantennen-Systeme (*Massive Multiple Input Multiple Output, MIMO*) zum Einsatz. Die Mehrantennen-Systeme ermöglichen die Nutzung mehrerer Sende- und Empfangsantennen zur drahtlosen Kommunikation. Ein spezielles Codierungsverfahren nutzt sowohl die zeitliche als auch die räumliche Dimension zur Informationsübertragung (*Space-Time-Coding*). So lassen sich die Qualität und die Datenrate deutlich verbessern, obwohl nicht mehr Frequenzen herangezogen werden. Nachdem Frequenzen das wichtigste Gut in der mobilen Datenübertragung sind, ist dies ein enormer Vorteil: Die Leistung der 5G-Netze kann mit großen Mehrantennen-Systemen deutlich gesteigert werden. Die Netzwerke und die Nutzer profitieren von höheren Datenraten und von einer verbesserten Zuverlässigkeit. Die Technologie baut aktuell auf 4G auf und kann in bestehende Netze eingebunden werden. Derzeit werden Mehrfachantennen-Systeme mit bis zu 200 Antennen-Elementen entwickelt, erste Tests mit 64 x 64 Sende- und Empfangseinheiten laufen bereits.

9.1.11.4   Variable Ausrichtung auf die Endgeräte – Beamforming

Eine weitere technische Möglichkeit im Rahmen der Mehrfachantennen (MIMO) liegt in der gezielten Versorgung einzelner Teilnehmergeräte durch ein sogenanntes *Beamforming*. Dabei wird die Antennensenderichtung so verändert, dass ein maximales Signal am gewünschten Ort (Endgerät) ankommt. Mit der Bündelung der Funkwellen kann, statt der sonst üblichen kreisförmigen Ausbreitung der Funksignale, eine präzise Ausrichtung des Signals in Richtung des Kunden bzw. des Gerätes erreicht werden. Die Hauptsenderichtung wird beim Beamforming räumlich so eingestellt, dass einzelne Endgeräte mit dem ihnen zugewiesenen Signal angesprochen werden – sei es direkt bei Sichtverbindung oder indirekt über Reflexionsflächen in der Umgebung. Zum einen reduziert sich der Energiebedarf im Sender deutlich, zum anderen gibt es weniger Störungen. Die Sendeleistung kann dabei entsprechend der Anwendungen angepasst werden. Das beste Ergebnis wird erreicht, wenn eine Sichtverbindung besteht. Das Beamforming liefert auch ein klareres Signal, da es sich deutlich gegenüber dem Hintergrundrauschen abhebt. Dadurch können Daten gleichzeitig an mehrere Mobilgeräte im gleichen Frequenzbereich übertragen werden. Zudem findet eine geringere Streuung der Sendeleistung statt, was zur Effizienzerhöhung beiträgt. Erste Tests mit Beamforming laufen derzeit bereits.

9.1.11.5   Virtuell geteiltes Netz – Networkslicing und Verlagerung der Intelligenz an die Funkstation

Da unterschiedliche Nutzer und Anwendungen einen individuellen Bedarf an Kapazität, Datenraten und Zuverlässigkeit haben, ist es sinnvoll, künftige Netze flexibel zu gestalten. Durch das sogenannte *Networkslicing* ist die Aufteilung eines Netzes für unterschiedliche Bedürfnisse auf Ebene des gesamten Netzes möglich. Ein Netzbetreiber kann bestimmte Qualitätsmerkmale für eine Kundenkategorie bereitstellen – zum Beispiel mit einer zugesicherten Datenkapazität oder einer bestimmten Reaktionszeit (Latenz). Ein Netzbetreiber kann also über eine gemeinsame physische Infrastruktur mehrere virtuelle Netze verwalten und betreiben. Bildlich gesprochen »schneidet« der Netzbetreiber die Scheibe aus dem Netzwerk heraus, die für den jeweiligen Anwendungsfall passt. Häufig verwendet wird in diesem Zusammenhang das Schlagwort »*Network-as-a-Service*«.

Ein weiterer Bestandteil der 5G-Netzarchitektur ist die Möglichkeit, einen Großteil der für die Übertragung erforderlichen Rechenleistungen situativ an die jeweiligen Funkstationen zu verlagern. *Mobile Edge Computing (MEC, vgl. u.)* ist ein standardisiertes Konzept, das flexible Rechenressourcen in unmittelbarer Nähe zu den mobilen Nutzern bereitstellt. Dazu werden die Basisstationen mit IT-Infrastruktur in der Nähe erweitert. Dies ermöglicht eine geringere *Reaktionszeit* bei der Kommunikation. Beispielsweise könnten beim vernetzten Fahren Sensoren und Kameras in vorausfahrenden Autos messen, ob die Straße (nicht nur unmittelbar vor dem Fahrzeug des Nutzers) frei ist und die Information über das Mobilfunknetz an das Auto des Nutzers senden. Ein Server berechnet aus den Daten zum Beispiel, ob ein Überholvorgang gefahrlos möglich ist oder nicht. Die Installation der dafür notwendigen Rechenleistung in der Nähe der Mobilfunksender sorgt dafür, dass die Information schnellstmöglich beim vernetzt fahrenden Auto ankommt.

9.1.12 Wann kommt 5G in Deutschland?

Mitte Mai 2018 hat die *Bundesnetzagentur* (BNetzA) den Ablauf der *Frequenzvergabe* angekündigt. Unter anderem hat die Bundesnetzagentur die Aufgabe, ein objektives, transparentes und diskriminierungsfreies Verfahren zu gewährleisten. Im ersten Schritt werden die Vergabebedingungen geregelt. Diese legen fest, welche Rechte und Pflichten mit der Nutzung der Frequenzen verbunden sind. Unter anderem können diese auch Auflagen zur Verbesserung der Mobilfunkversorgung sein. Im zweiten Schritt legt die Bundesnetzagentur die Auktionsregeln für die konkrete Durchführung der Frequenzversteigerung fest. Ende 2018 lagen die finalen Vorgaben für die Versteigerung vor. Die Auktion lief Mitte März 2019 an und wurde am 11. Juni abgeschlossen. Sie brachte dem Staat 6,6 Mrd. € ein.[517]

Neben den bundesweiten Frequenznutzungsrechten für die klassischen Mobilfunknetzbetreiber wird erstmals auch die explizite Vergabe von Frequenzen für die regionale Nutzung diskutiert. Aus Wirtschaft und Industrie wurde dazu Interesse signalisiert.[518]

9.1.13 Voraussetzungen für den 5G-Netzausbau

Bis allerdings 5G in Deutschland vollständig nutzbar ist, müssen zunächst weitere Voraussetzungen geschaffen werden. Hier kommt dem *Glasfaserausbau* eine besondere Bedeutung zu, denn ohne eine Anbindung der Mobilfunkstationen an das *Glasfasernetz* können die vielen Vorteile der neuen Technologie nur bedingt genutzt werden. Parallel läuft die internationale Standardisierung für die 5G-Technologie: Im Juni 2018 sind 5G-Standards vom zuständigen Gremium *Third Generation Partnership Project (3GPP)* verabschiedet worden. Auf dieser Basis haben bereits einige Unternehmen erste 5G-Chips für

---

517 Weiteres siehe https://www.sueddeutsche.de/wirtschaft/5g-lizenz-versteigerung-ergebnis-1.4394410, abgerufen 7.10.2019.
518 Die Bundesnetzagentur veröffentlicht laufend die Informationen zum Verfahren auf ihrer Webseite: www.bundesnetzagentur.de/mobilesbreitband, abgerufen 7.10.2019.

Smartphones, Funkzellen oder Router sowie Systemtechnik, Netzwerkausrüstung und Antennentechnik entwickelt, die sie aktuell für Labor- und Feldtests nutzen. Die kommerzielle Einführung von 5G könnte somit bereits ab 2019 stattfinden. Insgesamt bedeutet das Ausrollen der 5G-Technologie einen investitionsintensiven Netzausbau. Der Ausbau wird dabei von mindestens drei Faktoren stark beeinflusst: Höhe der nach einer Auktion zur Verfügung stehenden Investitionsmittel, generelle Auflagen bei der Vergabe sowie die Genehmigungsverfahren für neue Standorte.[519]

9.2   Speicher-Strukturen und Ausbau

Rechenzentren stellen gemeinsam mit einer leistungsfähigen *Breitbrandinfrastruktur* das Rückgrat der Digitalisierung dar und haben einen wesentlichen Einfluss auf die aktuelle und künftige wirtschaftliche Entwicklung. Die Bedingungen sind hierzulande aber suboptimal. In diesem Bereich sind zwar vor allem in den Jahren 2014 bis 2017 große zusätzliche Kapazitäten hierzulande aufgebaut worden, dennoch nimmt der Anteil Deutschlands an den weltweiten Kapazitäten für Datenzentren vor allem gegenüber Nordamerika und Asien kontinuierlich ab.

9.2.1   Nachholbedarf beim Breitband

Die verschiedenen Ebenen digitaler Infrastrukturen sind hierzulande unterschiedlich gut ausgebildet. Während bei den *Breitbandanschlüssen* von Unternehmen und Haushalten im weltweiten und europaweiten Vergleich deutlicher Nachholbedarf herrscht, stellt sich die Situation bei den Internetaustauschknoten und Rechenzentren deutlich besser dar. Mit dem *De-CIX* sitzt in Frankfurt, am Datendurchsatz gemessen, der größte Internetknoten der Welt. Gegenwärtig werden jährlich mehr als 8 Mrd. € in den Bau, die Modernisierung und in die IT von Rechenzentren investiert. Davon hängen insgesamt mehr als 200.000 Arbeitsplätze ab.

Bei den *Standortfaktoren* punktet Deutschland mit der vorhandenen *Stromversorgungsinfrastruktur*, der Anbindung an Internetknoten sowie den Themen Datenschutz und IT-Sicherheit. Abgeschlagen ist die Bundesrepublik dagegen in den Bereichen Fachkräfteverfügbarkeit, bei den *Strompreisen* und der Dauer von *Genehmigungsprozessen*. Während skandinavische Länder wie Schweden und Norwegen sowie China bewusst versuchten, die Betreiber von Datenzentren anzulocken, ist das für die Bundesregierung bislang keine Priorität. Allenfalls einzelne Bundesländer wie Hessen machen sich darüber Gedanken.

9.2.2   Fünfzigtausend Rechenzentren in Deutschland

Die rund 50.000 Rechenzentren in Deutschland gehörten zu den energieeffizientesten weltweit, ihr Energiebedarf liegt dennoch mit 12,4 Mrd. kWh pro Jahr bei etwa 2,3 % des gesamten deutschen Strom-

---

[519] https://www.bundesnetzagentur.de/DE/Sachgebiete/Telekommunikation/Unternehmen_Institutionen/Frequenzen/
OeffentlicheNetze/Mobilfunknetze/mobilfunknetze-node.html, abgerufen 26.11.2018.

verbrauchs. Ein Schwachpunkt ist, dass Deutschland beim Strompreis weltweit an der Spitze liegt. In anderen Ländern gibt es *Subventionen* für Datenzentren. Die Skandinavier punkten darüber hinaus mit ihrem nordischen Klima sodass der Energieverbrauch für die Kühlung spezifisch niedriger liegt. Viele Anbieter verlagern daher Anlagen nach Skandinavien. Die deutsche Politik sollte die standortentscheidenden so leistungsfähigen digitalen Infrastrukturen als maßgebliches Element für den Wirtschaftsfaktor anerkennen.

9.2.3 Appell an die Bundesregierung

Die beiden hier behandelten Grundsäulen – Netze und Rechenzentren – sind gleichermaßen für den professionellen Datenverkehr erfolgsbestimmend: Der rasche Ausbau flächendeckend verfügbarer Breitbandnetze ist alternativlos. Zudem sollte mit einer konsistenten Strategie der *Rechenzentrumsstandort Deutschland* gestärkt und weiterentwickelt werden. Teil davon ist die gezielte Ansiedlung leistungsfähiger und energieeffizienter *Cloud-Computing-Verbünde*, um etwa im Bereich künstliche Intelligenz eine zentrale Infrastrukturrolle einnehmen zu können[520].

9.2.4 Deutschland im Vergleich mit den USA

Die großen Rechenzentren der Welt stehen überwiegend in den Vereinigten Staaten. Ein im direkten Vergleich mit den USA so kleines Land wie Deutschland unterhält gigantische Rechenzentren. Das fünftgrößte Rechenzentrum der Welt steht in Frankfurt am Main, dem digitalen Drehkreuz Deutschlands. Der überwiegende Teil der großen Data Center Deutschlands ist in Frankfurt beheimatet. Selbst *Apples* großes Data Center in den USA kommt mit 44.000 m² nicht an das *e-shelter Rechenzentrum* in Frankfurt mit seinen 65.000 m² heran (s. u.).[521]

Der größte *Internetknoten* der Welt ist in Frankfurt am Main zu Hause. Die Stadt beherbergt zudem so viele Flächen in Rechenzentren, die nicht zu einem Telekommunikations- oder Computerkonzern gehören, wie das wesentlich größere London. Die Rechenzentren und die darin befindlichen Hochleistungsrechner sind ein wesentliches Rückgrat des globalen Datenverkehrs und dementsprechend wichtig für den Standort Frankfurt.

Die wichtigste Dienstleistung der in Frankfurt am Main ansässigen Data Center ist das Angebot an sogenannten *Colocations*, für das Frankfurt die führende Rolle in Deutschland spielt. Ihre Aufgabe ist die sichere Stromzufuhr, die Kühlung und letztendlich auch die Sicherheit der vermieteten Infrastruktur. Nachfolgend werden die vier größten *Rechenzentren* in Deutschland kurz vorgestellt.

---

520 https://www.heise.de/newsticker/meldung/Studie-Deutschland-braucht-eine-erstklassige-digitale-Infrastruktur-4076762.html, abgerufen 29.11.2018.
521 Der Flächenbedarf bei Rechenzentren verteilt sich erfahrungsgemäß zu etwa 50 % auf die eigentliche IT (Server) und zu 50 % auf die Sekundär-Einrichtungen wie etwa unterbrechungsfreie Stromversorgung und Kühlung.

9.2.5   Deutschlands größte Rechenzentren

Die hohen Wachstumsraten des Internets und der Datengeschäfte erfordern einen dynamischen Ausbau der Kapazitäten in den Rechenzentren. So besteht unter den Rechenzentren-Anbietern besteht ein ständiger Größen-Wettbewerb. Dadurch können sich auch die Positionen unter den führenden deutschen Rechenzentren immer wieder verschieben. Die aktuelle (Oktober 2019) Reihenfolge der größten Standorte in Deutschland ist wie folgt:

Gemessen an der installierten Serverkapazität ist das **Rechenzentrum** von **e-shelter** in Frankfurt das **größte in Deutschland**. Insgesamt bietet der e-shelter Campus in Frankfurt eine Serverfläche von 65.000 m², die sich auf drei Standorte verteilen, wobei die Anlage »Frankfurt 1« der Hauptstandort des Unternehmens und gleichzeitig auch das größte Zentrum mit 60.000 m² Serverfläche ist. Der e-shelter Campus ist damit auch Europas größter einzelner Rechenzentren-Standort und Nummer fünf weltweit. Ein interessanter Fakt ist die Unterhaltung eines eigenen 110-kV-Umspannwerks zur Stromversorgung.[522] Im Juni 2019 wurde der Abschluss des ersten Bauabschnittes für das vierte Campus in Frankfurt bekannt gegeben.[523]

Das **zweitgrößte Data Center Deutschlands** steht im sächsischen Vogtland in der Gemeinde Falkenstein. Es gehört dem **Großprovider Hetzner,** das seit 2009 in Betrieb ist und befindet sich im weiteren Ausbau. Insgesamt wird derzeit ein Ausbauziel von 100.000 m² genannt. Wie weit dieses erreicht ist, kann nicht mit Bestimmtheit gesagt werden. Deren Data-Center-Park ist nicht ausschließlich für Hetzner-Kunden konzipiert, sondern stellt ein Angebot auch an die Betreiber anderer Rechenzentren dar, sich bei Hetzner entsprechend einzukaufen. Hetzner selber betreibt zum größten Teil eigene Server in seinen Zentren.[524] Das Angebot zu *Colocation*, also der Unterbringung von Dritt-Servern in Hetzner Rack-Space, ist sehr begrenzt und beläuft sich nach Angaben Hetzners auf lediglich 3.500 m², wenn man die Rechenzentren in Falkenstein und Nürnberg kombiniert betrachtet.

Platz 3 in Deutschland nimmt **Equinix** in Frankfurt ein, mit über 44.000 m² Fläche. Der börsennotierte amerikanische Konzern bietet im Raum Frankfurt am Main an sechs Standorten zusammen über 44.000 m² Serverfläche an und ist damit derzeit die Nummer 3 in Deutschland. Equinix ist hauptsächlich Dienstleister für große multinationale Unternehmen wie Banken und andere. Equinix betreibt einen seiner Standorte direkt am *DE-CIX*. Hinsichtlich der Ausbaugeschwindigkeit liefert sich das Unternehmen ein Kopf-an-Kopf-Rennen mit *Interxion*, das Equinix im Jahr 2018 noch für sich entscheiden kann. *Equinix* betreibt 2019 nach eigner Aussage insgesamt 202 IBX-*Rechenzentren* in 24 Ländern und 52 Märkten auf einer Gesamtfläche von 22,2 Mio. Quadratmetern und plant den Bau von 12 neuen Rechenzentren sowie 22 Erweiterungen.[525]

---

522 https://www.e-shelter.de/, abgerufen 8.10.2019.

523 https://www.e-shelter.de/sites/default/files/pm_fra4_open_de.pdf, abgerufen 8.10.2019.

524 Zu den Standorten der Hetzner-Rechenzentren, deren technische Ausrüstung und Kunden siehe: https://www.hetzner.de/unternehmen/rechenzentrum, abgerufen 8.10.2019. Zum Unternehmen siehe https://www.hetzner.de/unternehmen/ueber-uns, abgerufen 8.10.2019.

525 Bis 1,92 Mrd. USD will Equinix noch 2019 in den Bau und Ausbau von Rechenzentren investieren: https://www.datacenter-insider. de/equinix-plant-fuer-dieses-jahr-12-neue-rechenzentren-und-23-erweiterungen-a-827934/, abgerufen 8.10.2019.

Interxion in Frankfurt am Main ist mit 40.000 m² das **viertgrößte Rechenzentrum** in Deutschland. Interxion richtet sich an Firmen aus dem Bereich Cloud-Computing, Digital-Media-Services und an den Finanzmarkt. Interxion Frankfurt ist ebenfalls direkt an den Internetaustauschknoten DE-CIX angebunden. In seinem Campus bietet es mit seinen 14 untereinander vernetzten Standorten skalierbare Infrastruktur für den Betrieb von geschäftskritischen IT-Systemen und vielfältige Connectivity-Optionen. Insgesamt betreibt Interxion in Europa 50 Rechenzentren in 13 Städten. [526] Das Rechenzentrums-Camp Frankfurt umfasst 13 Rechenzentren für über 700 Carrier. Derzeit entsteht in Frankfurt FRA 15, eines der größten Rechenzentren von Interxion weltweit.[527] Mit den bereits im Bau befindlichen Erweiterungen wird die in Frankfurt angebotene Fläche auf rund 50.000 m² wachsen. Interxion richtet sich an Firmen aus dem Bereich Cloud-Computing, Digital-Media-Services und an den Finanzmarkt. Interxion Frankfurt ist ebenfalls direkt an den Internetaustauschknoten DE-CIX angebunden, dem wichtigsten Netzknoten in Deutschland.[528,529]

Eine Übersicht über die Rechenzentren in Deutschland liefert das *Rechenzentrum Datacenter*, mit der Möglichkeit, per Online Angebote für Leistungen einzuholen.[530]

9.2.6   Energiebedarf der Rechenzentren

Das Fraunhofer-Institut schätzt den Energiebedarf für Rechenzentren in Deutschland bei derzeit 10 bis 15 TWh.[531] Wenn man dieser Zahl den mittleren Energieverbrauch eines Einpersonenhaushalts in Deutschland von rund 1.500 kWh gegenüberstellt, dann entspräche das 10 Mio. Menschen. Da die Zunahme der Nutzungsintensität von Rechenzentren pro Jahr weit über dem Bevölkerungswachstum liegt – Experten gehen von Verdoppelungen alle zwei Jahre aus – kann man hochrechnen, wann die Serverpopulation (im Energiebedarf gemessen) größer als die Bevölkerung Deutschlands sein müsste. Dabei sind aber technische Fortschritte bei der Energieeffizienz einzukalkulieren, die den Wachstumseffekt dämpfen. Dies illustriert die Dramatik der Entwicklung und macht deutlich, dass es so nicht auf Dauer weitergehen kann und nicht weitergehen wird. Die Grenzen des Wachstums von Internet- und Cloud-Nutzung sind durch deren Energiebedarf bestimmt. Weitere Daten und Vergleiche dazu siehe im Kapitel 17 »Energiebedarf und Digitalisierung«.

---

526 https://www.interxion.com/de/Unsere-Standorte/, abgerufen 8.10.2019.
527 https://www.interxion.com/de/unsere-standorte/rechenzentrum-frankfurt/?gclid=CjwKCAjw5_
      DsBRBPEiwAIEDRW82f1MoBNjPOvxz-pvzB8BHJEciu64I3vTCfGR7UNPm04x4fNpxNphoCyQUQAvD_BwE, abgerufen 8.10.2019.
528 https://www.drweb.de/10-groessten-rechenzentren-deutschlands/, abgerufen 29.11.2018.
529 Weiterführende Informationen liefert das Interxion Factsheet, das über folgenden Link heruntergeladen werden kann: https://
      www.interxion.com/de/factsheets/campus/frankfurt/, abgerufen 8.10.2019.
530 http://www.rechenzentrum-datacenter.de/, abgerufen 29.11.2018.
531 Nach Aussage von Clemens Rohde, Leiter des Geschäftsfelds Energieeffizienz beim Fraunhofer Institut für System- und Innovati-
      onsforschung in Karlsruhe. Zitiert in: https://www.swr.de/wissen/20-jahre-google-umweltfacts-zu-suchmaschinen/-/id=253126/
      did=22378814/nid=253126/d2azhl/index.html, abgerufen 23.5.2019.

9.2.7   Entwicklung zur Dezentralisierung

Die Auslagerung von Rechenleistungen aus den Betrieben hin zu professionellen Rechenzentrumsbetreibern ist heute Standard. Das »*Corporate-Rechenzentrum*« ist tot. Dennoch finden lokale Teillösungen wieder ihren Platz.

Jahrelang lautete das Mantra der Industrie: Daten in die *Cloud*, dort ist der Speicherplatz unbegrenzt. Das ist für einen Standort im gut erschlossenen Gewerbegebiet mit Glasfaser-Infrastruktur kein Problem, aber mit dem Siegeszug des Internets der Dinge gibt es immer mehr Anwendungen, die auf schmalbandige und unzuverlässige Funkverbindungen angewiesen sind. Oder die Latenzzeiten für eine Datenverbindung in die Cloud sind einfach so groß, dass die gesamte Anwendung technisch oder wirtschaftlich nicht tragfähig ist. In diesen Fällen müssen die Daten vor Ort verarbeitet oder zumindest vorverarbeitet werden. Die Angebote für leistungsfähiges Equipment an der sogenannten Edge werden immer größer. Anwender fragen sich sogar: Ist die *Cloud-Hype* vorbei?[532] Die Lösung für kundennahe Datenspeicherung und -verarbeitung in schlechter erschlossenen Regionen sind sogenannte *Edge Data Center*, standardisierte IT-Blöcke mit der dazugehörigen Infrastruktur (s. o.). Diese könnten theoretisch sogar die Rechenleistung für den gesamten Frankfurter Raum übernehmen, wenn man (im Großraumradius vom Zentrum bis Eschborn) etwa eine Einheit pro Quadratkilometer aufstellen würde.

9.2.8   Fog Computing

Die Latenzzeit für einen sogenannten *Roundtrip* (Reisezeit der Daten vom Nutzer zu den weltweit in der Cloud verteilten Datenzentren plus Datenverarbeitung in der Cloud und dann wieder zurück zum Nutzer) kann trotz 5G rund 100 Millisekunden dauern. Damit ist dieser Weg nicht für Realzeit-Applikationen wie Maschinensteuerung geeignet (s. o.). Für solche Zwecke müssen ortsnahe Rechenzentren angesprochen werden, die quasi »eine Ebene niedriger« in der Region angesiedelt sind. Bildlich übersetzt spricht man hier vom »*Fog Computing*«. Dies hat nebenher den Vorteil für deutsche Anwender, dass die Daten in nationalen Rechenzentren (oder in unmittelbarer europäischer Nachbarschaft) gespeichert und verarbeitet werden und sich mithin weitgehend dem Zugriff etwa amerikanischer Behörden und Wettbewerbern entziehen. Im Wesentlichen besteht die Fog-Computing-Ebene aus einem Netz von kleinen lokalen Rechenzentren. Diese Ebene stellt mithin den mittleren Level zwischen dem unternehmensinternen Computing und der Cloud dar. Solche User-nahen Kompaktlösungen erlauben wegen kurzer Datenwege die angestrebten Latenzzeiten von einer Millisekunde (für upstream, Rechenleistung und downstream), also praktisch »real-time computing«.

9.2.9   Micro Data Center (Mikrodatenzentren)

Im Spannungsfeld zwischen der klassischen Rechenzentrums-IT und IT als Service aus der Cloud etablieren sich folglich sogenannte *Micro Data Center* als neue Spielart der IT-Infrastruktur. Sie verbinden

---

532 https://www.elektroniknet.de/elektronik/embedded/computer-hersteller-zeigen-klare-kante-151047.html, abgerufen 29.11.2018.

die Flexibilität einzelner Racks mit dem Sicherheitsniveau spezieller Rechenzentrumsraumkonzepte.[533] Micro Data Center vereinen alle Aggregate in einem Container oder Schrank, von der IT bis zur unterbrechungsfreien Stromversorgung, Kühlung usf. Diese sind modular aufgebaut und laufen autonom. Mikrodatenzentren wurden für die Lösung verschiedener Problemtypen entwickelt, die unterschiedliche Arten von Rechenlasten erfordern, die für herkömmliche Einrichtungen nicht erforderlich sind. Diese sind für die Aufstellung beim Endkunden prädestiniert. Viele Anbieter von IT-Infrastruktur haben heute bereits ein Mikrorechenzentrum (Micro Data Center) im Programm. Motor der Entwicklung ist die Ausbreitung des IoT (Internet der Dinge). IoT-Umgebungen haben mehrere Schichten:

1. Sie bestehen aus Endgeräten aller Art mit *Sensoren* und *Aktoren*,
2. Sie besitzen in der Regel komplexe Software, *IoT-Plattformen*, die unter anderem die entstehenden digitalen Datenmassen sammeln, permanent auswerten und weiterleiten,
3. Sie sind in der Regel mit einer oder mehreren zentralen *Clouds* verbunden, wo die Daten aus allen an eine IoT-Umgebung angeschlossenen Endgeräten zusammenfließen, mit Daten aus anderen Bereichen, etwa Wetterdaten, Daten aus dem *Social Web* oder anderen, zusammengeführt und aufgabenspezifisch analysiert oder aufbereitet werden,
4. Sie gehören zu IoT-Umgebungen: Applikationen, die entweder auf die Systeme am unteren Ende der Pyramide steuernd durchgreifen oder aber aus den erzeugten Daten einen Nutzen ziehen, für den es nicht erforderlich ist, das Endgerät selbst zu beeinflussen. In der zentralen Cloud können auch Metadaten zu den Daten gebildet werden, so können zudem analytische Ergebnisse als Hilfsmittel für intelligentere lokale Entscheidungen an den Netzwerkrand, das Edge, zurückfließen.

Gerade bei steuernden Applikationen ist der Weg der Sensordaten von der Edge zur zentralen Cloud meist zu langwierig, um die oft erforderlichen Echtzeit-Entscheidungen zu ermöglichen. Außerdem ist es auch oft gar nicht sinnvoll, alle Daten aus dem *Edge Computing* in die Cloud zu schicken, vielmehr ist es oft sinnvoller, sie vor Ort zu verarbeiten. Wer beispielsweise ein *intelligentes Haus* steuern will, braucht die Intelligenz dazu eigentlich im Rechnerraum der *Hauszentrale* und nicht irgendwo »da draußen«. Wer ein intelligentes Microgrid ausbalancieren möchte, benötigt eine intelligente Ressource dort, wo sich dieses Microgrid befindet. Wer komplexe *Verkehrssituationen* elektronisch steuern will, braucht möglicherweise rechnende, intelligente Einheiten in jedem Viertel oder alle paar Straßenzüge, die ihre lokalen Entscheidungen zwar unter Zuhilfenahme von der zentralen Cloud gesendeter Daten, im Prinzip aber autonom treffen.[534]

9.2.10   Rechenzentren als Geschäftsmodell

Die geschäftlichen Perspektiven für Netze und Rechenzentren sind gewaltig: Bis 2021 sind 25 Mrd. *Endgeräte* zu vernetzen. Das jährliche Wachstum aus der Sensorik der cyber-physischen Systeme liegt bei

---

533 https://www.computerwoche.de/a/micro-datacenter-erweitern-herkoemmliche-it-infrastrukturen,3223641, abgerufen 29.11.2018.
534 Data Center Insider: Edge Computing, e-Book. Vogel Communications Group.

10 % p. a. Der Datenverkehr wird bis 2021 auf 300 Trillionen Bytes pro Monat wachsen. Das autonome Fahren wird eine *Latenzzeit* von einer Millisekunde abverlangen.[535]

Die *Kundentreue* und das stabile Wachstum sind entscheidende Werttreiber des Rechenzentrumgeschäftes. Haben sich Unternehmer einmal entschieden, an wen sie die Rechenleistungen auslagern, dann bleibt diese Entscheidung für Jahre unrevidiert, vorausgesetzt der RZ-Betreiber hält in seinen Investitionsentscheidungen hinsichtlich technischer Leistungsparameter im Wettbewerb mit. Die sind aber planbar. Im Unterschied zu Menschen als Mitarbeiter laufen Server nicht weg: Ein Server-Park verhält sich also wie ein »*Hotel California*« mit ewigen (diesmal elektronischen) Gästen. Ein Problem in Metropolen wie in Frankfurt ist bereits, die nötige Grund- und Gebäudefläche für den weiteren Ausbau zu bekommen. Hier gibt es aber schon witzige Ansätze: Das aufkommende *Edge-Computing* erlaubt sehr kleine Einheiten. Die könnte man auf dem Grünstreifen am Rande der Stadtautobahnen aufstellen, wo auch die Verkabelung und Kühlung relativ günstig machbar sind. Es gibt bereits Interessenten, die Grünstreifen in Deutschland aufkaufen. Das Marktwachstum für Edge-Computing ist mit derzeit 300 % p. a. äußerst attraktiv. Die Kaufpreise für Edge-RZ-Betreiber sind entsprechend gesalzen. Dreimal so viel Umsatz wurde im November 2018 gezahlt.

Das Konzept des *Edge-Computings* wurde in den USA entwickelt. Dort gibt es etwa 100 Hersteller in diesem Geschäftssegment. Deutschland war nicht an der Entwicklung beteiligt. Auf dem Gebiet der Micro Data Center gibt es jedoch zahlreiche deutsche Anbieter, vor allem Integratoren.

9.2.11   Weltweiter Ausbau als Benchmark

Trotz Attraktivität des RZ-Geschäftes und trotz des großen bereits bestehenden Engagements der Amerikaner in Deutschland haben die »*Big Five*« signalisiert, dass sie aufgrund hoher Infrastruktur- und Betriebskosten (vor allem Strom) und langer Genehmigungsprozesse nicht weiter in deutsche Rechenleistung und deutsche Netze investieren wollen.

Der Ausbau von Datenleitungen und der Bau von Rechenzentren auf dem amerikanischen Kontinent läuft viel dynamischer als in Europa. Es wurden bereits durchgängige Glasfasernetze von *Florida* bis *Brasilien* verlegt. Die »*Big Five*« finanzierten die Verlegung von Glasfaserleitungen durch *Afrika*, gebaut von einer Firma aus *Angola*. *Russlands* Präsident *Putin* plant eine Glasfasertrasse über *Finnland*, die sogar Frankfurt anbinden soll.

9.2.12   Ausblick: 6G-Netz-Technologien

Weltweit forschen die Netzausrüster bereits an 6G als weiteren Mobilfunkstandard der Zukunft. Die Komplexität der *Generation 6G* ist so groß, dass alle Netzausrüster und -betreiber zusammenarbeiten

---

535 Vortrag im Bundesverband Mergers & Acquisition von Bernd Mitternacht, Geschäftsführer der INTENOS GmbH Frankfurt, am 15.11.2018 vor dem Arbeitskreiskreis »Digitalisierung M&A«, Arbeitsgruppe »Emerging Technologies« in Eschborn.

müssen. Dieser Generation widmen sich bereits die US-Anbieter wie AT&T und Verizon. Vorreiter auf diesem Gebiet ist China, denn der Staat investiert bereits im großen Stil in die Forschung. Die Nachfrage für immer noch schnelleres Internet ist offensichtlich sehr groß. *Yang Chaobin*, der Präsident der 5G-Produktlinie von *Huawei* prophezeit, dass das erste kommerzielle 6G-Netz nicht vor dem Jahr 2030 errichtet wird.[536] Das Digitalministerium des Landes betitelt den übernächsten Standard bereits als finale Entwicklung. Features sind u.a.: automatische Authentifizierung und die Dezentralisierung von *künstlicher Intelligenz*, die damit in die Subsysteme wandert. Möglich sind dann wohl auch schon Datenübertragungen im Terabit-Bereich. US-Präsident Donald Trump ist offenbar großer Fan von Mobilfunktechnologien der nächsten Generation – und der darauffolgenden. Per Twitter verkündete er, dass man 5G- und sogar 6G-Mobilfunk so schnell wie möglich in den Vereinigten Staaten einführen müsse.[537] Aber auch Deutschland spielt mit: Forscher des *Fraunhofer-Instituts für Angewandte Festkörperphysik (IAF)* arbeiten gemeinsam mit Kooperationspartnern an technischen Lösungen, um höhere Übertragungsraten zu schaffen. Ziel: drahtlose Übertragungen von bis zu 400 Gigabit pro Sekunde. Für die sechste Generation mobiler Kommunikation spielt die Verknüpfung von Terahertz-Funklösungen und Glasfasertechnik eine entscheidende Rolle. Durch das Nutzen neuer Frequenzbänder soll ein belastbares und verlässliches Netz mit Bandbreiten neuer Dimensionen entstehen.

9.2.13 EU-Projekt Terranova

Wissenschaftler des *Fraunhofer Heinrich-Hertz-Instituts (HHI)* arbeiten parallel dazu an einem Projekt mit dem Namen »Terranova«, das sich mit der Verschmelzung von unterschiedlichen Netzzugängen befasst. Bis dato gibt es nämlich keinen nahtlosen Übergang von WLAN und 4G aufgrund abweichender Zugangsdaten. Mit einer Verschmelzung unterschiedlicher Netze wäre die größte Hürde für eine leistungsfähigere Kommunikation mobiler Endgeräte gemeistert. Hierfür arbeiten die Forscher an neuen Funkmodulen als *System-on-Chip-Lösung*. Diese Chips müssen dabei so konzipiert sein, dass sie sich in Smartphones integrieren lassen.[538]

9.2.14 Substitution von Glasfaser

Der Kommunikationsstandard 6G könnte die bisherigen Mobilfunknetze ablösen und gleichzeitig Alternativen zum klassischen *Glasfasernetz* liefern – denn der Glasfaserausbau ist nicht die adäquate Antwort auf das Problem zunehmenden Datenverkehrs. Die aktuell genutzten Frequenzen sind nicht in der Lage, die angestrebten Bandbreiten via Glasfaser zu realisieren, es gilt vielmehr, das Potenzial der Glasfaser voll auszuschöpfen und auf Funkstrecken zu übertragen. Sollten Frequenzen im Terahertz-Bereich realisiert werden, dann könnte die genannte Datenrate von 400 GBit/s Realität werden.

---

536 Bericht von Simran Singh am 29.3.2019 in GIZMOCHINA. https://www.gizmochina.com/2019/03/29/huawei-6g-plans-2030/, abgerufen 23.5.2019.

537 Tweet von Donald Trump am 21.2.2019: »I want 5G, and even 6G, technology in the United States as soon as possible. It is far more powerful, faster, and smarter than the current standard. American companies must step up their efforts, or get left behind. There is no reason that we should be lagging behind.«

538 Blogbeitrag Michelle Holtmeyer 24.6.2018: 6G: https://blog.deinhandy.de/6g-was-bringt-der-mobilfunk-der-zukunft, abgerufen 23.5.2019.

10 Das Management des digitalen Wandels

»Digitale Geschäftsmodelle« zählen sicher zu den »Hauptwaffen« der sogenannten »Industrie 4.0«. Ein gemeinsames Grundverständnis über deren Typologie gibt es aber nicht. Hinzu kommt, dass die Abgrenzung zwischen »digitalem« und »konventionellem« Geschäft nicht scharf sein kann: Durch den Einsatz digitaler Endgeräte, digitaler Netze, digitaler Betriebssoftware ist praktisch jedes Geschäft graduell auch »digital«. Die Digitalisierung von Geschäftsansätzen geht auch weit über die Technik hinaus. Einzubeziehen sind vielmehr Finanzierung, Wertgenerierung, Kunden, Lieferanten, der Wettbewerb und anderes. Die daraus erwachsenden Veränderungen von Verhaltensweisen führen schließlich zur Entwicklung einer »Digitalkultur«. Auf dem Weg dazu müssen alle Hebel des unternehmerischen Wandels angefasst werden. Deshalb sind diese hier in ihren Ausprägungen und »digitalen« Wirkungen vorzustellen. Aus diesem breiteren Kontext heraus wird eine Systematik der »digitalen Geschäftsmodelle« entwickelt. Dies kann keine final abgrenzbare Landschaft sein, auch nicht mit dem Anspruch auf Bestand in einem großen Zeithorizont. Denn: Es handelt sich hier schlichtweg um Innovation auf allen Ebenen – und die kann man nicht in eine »Box« packen (sonst wäre ja der Wandel am Ende nicht innovativ), noch kann man auf längere Sicht belastbare Vorhersagen »Out-of-the-Box« treffen. Deshalb ist die nachfolgende Darstellung letztlich auch nur wieder als Versuch zu verstehen, ein ganzheitliches in sich logisch-konsistentes Bild zu zeichnen. Um dieses abzusichern, dienen Ansätze zu Definitionen, angefangen vom »Geschäftsmodell«. Was ist das? – selbst darin sind sich Wissenschaft und Praxis uneins. Dann ist die Frage nach der Innovation zu stellen, denn »digitale Geschäftsmodelle« sind ein Innovationsthema. Dabei stoßen wir auf den Sachverhalt, dass viele Theoretiker und Marktteilnehmer das Gebiet der Innovation auf den wissenschaftlich-technischen Sektor beschränken. Das ist zu eng gedacht. Denn die unternehmerische Ur-Herausforderung ist der Wandel in seiner ganzen Breite. Ein Unternehmen hat nur solange Bestand, wie es mit dem externen Wandel mithält, im besten Fall diesen antizipiert. Da spielt die technische Innovation zweifellos eine zentrale Rolle. Es gibt aber viele weitere Stellgrößen zum Wandel. Deshalb wird hier der Versuch gemacht, die wesentlichen Felder des unternehmerischen Wandels zusammenzuführen, in ihrem Kontext zu diskutieren und ihren Beitrag zur Digitalisierung herauszuarbeiten. Die Entwicklung neuer Geschäftsmodelle ist keinesfalls ein »neues« Thema aus der »Industrie 4.0«, sondern war immer schon ein Ausdruck des permanenten Wandels, unter Einbezug aller Aspekte technischer, wirtschaftlicher, sozialer, und – vor allem verhaltenspsychologischer Natur. Dies alles umgreifen wir im Folgenden als Kennzeichen zur Entwicklung »digital orientierter« Führungskonzepte, dem »Management des digitalen Wandels«.

10.1 Was ist ein Geschäftsmodell?

Ein Geschäftsmodell[539] ist ein selbst erstelltes Regelwerk, das die Zusammenhänge ordnet, wie einer Organisation Wert für den Kunden liefert und daraus Unternehmenswert generiert. Zur Entwicklung von Geschäftsmodellen sind etwa folgende Fragen zu stellen:

- Wer sind meine Kunden?
- Was ist mein unternehmerisches Angebot an den Kunden?
- Welchen Wert biete ich meinem Kunden?
- Wie akquiriere ich die Kunden?
- Wie wird die Leistung erbracht?
- Wie gestalte ich meine Wertschöpfungskette?
- Wie wird der Liefer- und Zahlungsprozess mit den Kunden gestaltet?
- Wie wird der Umsatz generiert?
- Welche Kosten entstehen?
- Wie sichere ich langfristig meine Marge und meine Rendite?
- Welchen Wert generiert das Kundengeschäft bei mir?
- Wie sichere ich die nachhaltige Existenz meines Unternehmens?

10.2 Wandel und Innovation

Beständig ist nur der Wandel. Jedes Geschäft ist ständigem Wandel unterzogen, durch Veränderungen der Kundenbedürfnisse, des wirtschaftlich-sozialen Umfeldes, Veränderung des Wettbewerbsumfeldes und durch Innovationen. Nur ein solches Unternehmen kann in diesem Wandel bestehen, wenn es Veränderungen antizipiert oder sich so schnell anpasst, dass es mit der Geschwindigkeit des externen Wandels Schritt hält. Schafft es das nicht, muss es sich an andere Marktteilnehmer anlehnen, aus dem Markt gezielt ausscheiden[540] oder sein Geschäft, solange es noch werthaltig ist, an einen anderen Unternehmer verkaufen. Mithalten im Wettbewerb ist mithin der Schlüssel für den nachhaltigen Bestand eines Unternehmens. Klassischerweise wird Innovation als wirtschaftlicher Leistungswettstreit zwischen Wirtschaftssubjekten am Markt auf der Grundlage des Hervorbringens und der Diffusion von Innovationen definiert. Diese Problematik wird meist auf die Umsetzung wissenschaftlich-technischer Neuerungen und damit fokussiert auf den optimalen Zeitpunkt für das Einführen eines neuen Produktes am Markt eingegrenzt. Diese Betrachtungsweise ist jedoch zu eng. Der Unternehmer ist letztlich gefordert, alle Stellschrauben seines Unternehmens ständig nachzujustieren, wenn Signale zum Wandel aus dem Umfeld, dem Markt, den Kunden und Lieferanten erkennbar sind. Das Erkennen früher Signale kann dabei von entscheidender Bedeutung sein, denn Richtungsänderungen erfordern immer Zeit, Überzeugung und Geld. Hinzu kommt, dass man nicht gleichzeitig an zu vielen Schrauben drehen kann. Schon mancher Unternehmer ist daran gescheitert, dass er zu viele Projekte und Felder des Wandels gleichzeitig angegangen ist. Sogenannte Disruptionen implizieren schlagartige Änderungen. Das ist aber

---

539 Seit den 80er Jahren wurden viele Definitionen von Geschäftsmodellen vorgeschlagen; manche Definitionen sind detaillierter, andere kompakter. Trotzdem konnte bisher noch keine allgemeingültige Definition erarbeitet werden. Quelle: Gabler Wirtschaftslexikon, https://wirtschaftslexikon.gabler.de/definition/geschaeftsmodell-52275, abgerufen 6.11.2018.
540 Etwa per antizipativer Cash-out Strategien, Schließung, Anlehnung oder Joint Venture.

nur ein theoretisches Bild. Die Praxis beweist, dass es frühe Signale gibt – etwa voreilende Protagonisten am Markt oder in anderen Märkten –, die man beobachten sollte, Mitarbeiter mit besonderer Hellhörigkeit und Sensitivität. Selbst sogenannte Disruptionen sind Prozesse, die einem zeitlichen Ablauf in meist mehreren Entwicklungsstufen folgen. Aber auch das ist möglich, wenn etwa ein Konkurrent Konkurs anmeldet und sofort zum Verkauf steht. Meist kündigt sich dies aber über Monate hinweg an. Man muss nur die frühen Signale erkennen und deuten. Die zentrale Herausforderung ist immer den richtigen Zeitpunkt für die Weichenstellung zu finden. »Zu früh« kann genauso ruinös sein wie »zu spät«. Die Mehrzahl der Verlierer kommt aber nicht zu früh, sondern verpasst den vom Umfeld gegebenen Zeitraum des Wandels und muss aus diesem Grund aufgeben. Erschreckend ist die Erkenntnis, dass es vielen Unternehmen nicht gelingt, einen fundamentalen technologischen oder einen grundlegenden Wandel im Geschäftsmodell zu überstehen. Diese Erkenntnis wird meist übersehen, selbst bei der heute gängigen und »gerichtsfesten« Unternehmensbewertung, in die etwa das Konkursrisiko nicht einfließt. Dazu wird im Kapitel 2.7 »Externer Umbau: Digitalisierung M&A« eingegangen.

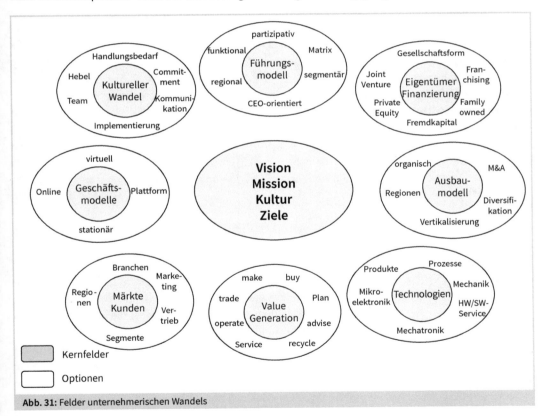

Abb. 31: Felder unternehmerischen Wandels

10.3   Unternehmerischer Wandel – permanent und 360 Grad

Panta rhei – alles fließt, nichts bleibt, wie es ist. Das gilt auch für Unternehmen und Unternehmer. *Heraklit* meint das wirklich umfassend. »Nichts« ist so »heilig«, dass es immer unangetastet werden darf. In einem nachhaltig geführten Unternehmen darf somit grundsätzlich alles infrage gestellt werden. Auch an den »Grundfesten«. Zu viele Änderungen in zu kurzer Zeit an zu vielen Stellen kann jedoch die Mitarbeiter überfordern und verunsichern, denn Stabilität ist die andere Seite der Medaille. Ohne Stabilität und Kraft gegen die Anwürfe des Lebens und der Umwelt kann ein Unternehmen den Sturm des Wettbewerbs nicht überstehen. Deshalb ist der Weg eines Unternehmers auch immer eine Gratwanderung zwischen Wandel und Stabilität. Wandel kann auch nicht an beliebiger Stelle, zu beliebiger Zeit, beliebig häufig und beliebig breit ausgerollt werden. In unserer schnelllebigen Zeit sind Unternehmen wiederholten »Wellen des Wandels« durch äußere Faktoren (Marktveränderungen, Technologien ...), durch innere (organischer Unternehmensumbau) oder durch Unternehmenszusammenschlüsse (M&A) ausgesetzt, die in ihrem tiefsten Grund Prozesse des Wandels sind, bei denen alle Bausteine des Unternehmens »einmal umgedreht« werden. Ich habe viele Geschäfte begleitet, war selber Täter und Opfer in immer neuen »Wellen des Wandels«, bei denen Kollegen und Mitarbeiter frustriert waren, weil »permanent neue Säue durchs Dorf gejagt wurden«. Dies kann zu gefährlichen Widerständen führen, andererseits kann die Erwartung und Hoffnung auf einen Wandel auch die Bereitschaft erhöhen. Das Timing ist entscheidend. Bei M&A liegt der optimale Zeitpunkt unmittelbar nach dem Closing (der rechtlichen Wirksamwerdung des Eigentumswechsels). Passiert dann nichts, wird die Chance zum Wandel vertan und es verhärten sich die Fronten. Der Bedarf eines Wandels will deshalb sorgfältig analysiert, seine Ansatzpunkte genau lokalisiert, seine Umsetzung exakt dosiert werden. Zu viele Baustellen gleichzeitig kann man nicht bearbeiten, führen zur Zersplitterung der Kräfte. Also geht es darum, weit vorauszuschauen (»long range planning«), zu priorisieren, den Zeitbedarf und die Ressourcen zu planen, und zu überlegen, welche Baustellen gleichzeitig angegangen werden können und welche hintereinander, mit welchem Zeithorizont sie zu bearbeiten sind. Diese unternehmerische »Grundweisheit« gilt es auch zu beherzigen, wenn es um den sogenannten »*digitalen Wandel*« geht – denn dieser kann dramatisch und umfassend sein. Darauf wird später ausführlicher eingegagen. Zunächst – als Einführung und Standortbestimmung – zum unternehmerischen Wandel aus der Erfahrungspraxis ganz allgemein.

10.4   Der Kristallisationspunkt: von der Vision bis zu den Zielen

Die Grundsäulen eines jeden Unternehmens sind die Vision und die Mission, manchmal schriftlich niedergelegt, manchmal nur als unausgesprochene »gelebte« Vereinbarung zwischen Eigentümern, Führung und Mitarbeitern, eben ihrer »Kultur« des unternehmerischen Zusammenlebens. Diese ist meist so grundlegend, dass sie scheinbar »heilig« und unumstößlich ist. Doch selbst diese muss »fließend« gestaltet und dynamisch gelebt werden, um dem ständigen Wandel der Umwelt gerecht zu werden. Die daraus abzuleitenden Ziele sind ständig zu hinterfragen, periodisch neu zu setzen. Praktischerweise sollte daraus eine im Zyklus der Jahresplanung stattfindende neue Zieldefinition erwachsen. Diese kann auch einen über mehrere Jahre reichenden Zielhorizont beinhalten, drei bis fünf Jahre, je nach der Dynamik des Geschäftes. Die Dynamiken sind den jeweiligen Unternehmern meist bekannt, besonders bei technologie- und wissensgetriebenen Geschäften. Im *Maschinen- und Anlagenbau* gibt es beispielsweise Erfahrungswerte und Programme, wonach Grundlegende Neuentwicklungen für Motoren etwa im Zyklus von 10 Jahren angestoßen werden, Systemteile wie Strukturen etwa im fünf-Jahreszyklus. In der *Elektronik*, etwa im *Halbleiterbereich* und bei mikroelektronischen Lösungen kann die Frequenz zur Einführung von Neuprodukten bis auf einen Zeitabstand von etwa sechs Monaten heruntergehen. Die dahinter liegenden Entwicklungszeiten können dagegen mehrere Jahre in Anspruch nehmen, sodass die »*Entwicklungspipeline*« gleichzeitig mit mehreren Produktgenerationen gefüllt ist. Der Konsum- und Modebereich wird dagegen vorwiegend jahreszeitlich bestimmt, mit Produktwechseln spätestens zweimal im Jahr, manchmal auch ereignisbestimmt, etwa rechtzeitig zum Weihnachtsgeschäft. Entsprechend sind Design, Produktion, Logistik und Kapitalkosten zu planen.

Die mit der »*Industrie 4.0*« einhergehenden Veränderungen versprechen dagegen gewaltige Einschnitte, und zwar gleichzeitig an mehreren Stellen: So wird etwa die *Virtualisierung* sämtlicher Prozess- und Produktentwicklungen den Zeitbedarf etwa halbieren. Wie bereits beschrieben, steht dahinter der Wechsel von der Arbeit am realen Pilotprodukt (bzw. dem analogen Prozess-Abbild) zu seinem »virtuellen« Software-Abbild. Dies hat Auswirkungen auf praktisch alle Prozesse, auf die Planungshorizonte, auf die Produktfrequenz, auf die weltweite Verteilung der Wertschöpfung – von der Entwicklung bis zur Produktion – und auf den Wettbewerb. Als weiterer Treiber kommen Produktionsverfahren hinzu, wie etwa das *3-D-Drucken*, nicht ganz neu aber nun in einer großen Breite von Materialien, Anwendungen und Industrien. Dies wird sich tief in die Neuformulierung von Visionen, Missionen, Unternehmenskulturen und Zielen niederschlagen. Hinzu kommt eine Innovationswelle von branchenspezifisch wirkenden Technologien und Systemverbindungen, bis etwa in die *Modeindustrie* hinein, mit neuen Materialien, die klassische Gewebe ersetzen oder Kleidung mit Intelligenz ausstatten und damit zu »smarten« Produkten aufrüsten, die als *cyber-physische Systeme* im Internet mit anderen Dingen (Internet of Things) oder mit Menschen (*Mensch-Maschine-Systeme*) kommunizieren.

Mit anderen Worten: Der auf »Industrie 4.0« vorbereitete Unternehmer muss sich damit auseinandersetzen, ob, wann und wie er die bisherigen scheinbaren »Grundfesten« seines Unternehmens neu ausrichten muss – und dabei die wichtigste Ressource, nämlich seine Mitarbeiter, nicht nur im Boot halten, sondern zu Treibern der Bewegung motivieren kann.

10.5 Führungsmodelle

Eine zentrale Rolle kommt dabei der Weiterentwicklung des *Führungsmodells* zu. Dies ist erfahrungsgemäß eines der am wenigsten »beweglichen« Themen und im Wesentlichen durch die aktuelle Führungsriege bestimmt. Ein Wandel ist immer dann zu erwarten, wenn ein Wechsel stattfindet, das heißt konkret: wenn der neue CEO dem Unternehmen seinen Stempel aufdrückt. Führungsmodelle sind stark national geprägt. In den USA liegt die Macht meist beim CEO konzentriert, in Deutschland haben wir eher ein Gremiums-Modell: Aufgabenteilung und Abstimmungsentscheidungen im Gesamtvorstand. Darunter finden sich die klassischen Organisationsmodelle nach Produkt/Segmentgliederung, Regionalverantwortung, funktionale oder als Matrix.

Als »Gegenmodell« werden heute *partizipative Führungen* propagiert, die sich durch Entscheidungen unter stärkerer Mitwirkung von Mitarbeitern, etwa durch Verbesserungswesen in Treffen auf Werksebene niederschlagen. Im Zuge von »Industrie 4.0« versuchen klassische Unternehmen, die Innovations- und Arbeitskultur von Start-ups zu assimilieren, indem sie *Start-ups* kaufen oder über Modelle des »Internal Ventures« jungen Mitarbeitern Freiraum zur Entwicklung neuer Geschäfte unter freier Wahl ihrer Arbeits-, Organisations- und Zeitmodelle gewähren. Als schwierig hat sich erwiesen, wie sich diese Strukturen (sei es nach Aufkauf eines externen Start-ups, sei es ein internal Venture) in die Grundstruktur einbinden lassen. Es geht hier um die Abwägung zwischen Freiraum und Verpflichtung, etwa auf Ziele. Der Autor hat miterlebt, wie ein führender IT-getriebener DAX-Konzern seriell Start-ups übernommen hat, aber kein einziges dieser Unternehmen zum Erfolg brachte. Zeitgleich wurden seriell klassische M&A-Übernahmen getätigt, die alle erfolgreich waren. Bei genauerer Analyse stellte sich dann heraus, dass die klassischen Erfolgskriterien bei Start-ups nur bedingt anwendbar sind, etwa Controlling über vereinbarte Meilensteine. Vielmehr war es nötig, den Start-ups breite Möglichkeiten für »Trial and Error« einzuräumen und zu erlauben, schnell und ohne größere Genehmigungsprozesse die geschäftliche Richtung zu ändern, wenn sich ein Pfad als weniger erfolgversprechend und ein anderer als attraktiver erweisen sollte. Für die notwendige Anbindung an die Gesamtorganisation hat sich das Modell eines Coaches als sinnvoll herausgestellt, der möglichst hoch auf der Hierarchieebene des Unternehmens angesiedelt sein sollte. Diesem müssten weitreichende Entscheidungskompetenzen zugeteilt werden und er sollte sowohl zeitlich als auch örtlich für die Start-ups gut erreichbar sein. Idealerweise biete sich dafür eine junge Kraft mit innovativer Offenheit an, die Chancen auf Spitzenpositionen hat. Der Grundgedanke hinter der Übernahme von Start-ups bzw. von deren interner Entwicklung sollte immer sein, ob die neuen Modelle geeignet sind, für Teile oder sogar für das Ganze des Unternehmens übernommen zu werden. Dazu gehören nicht nur die Geschäftsmodelle, auf die wir noch zu sprechen kommen, sondern auch die Innovationsfelder und Arbeits- und Motivationsmodelle in allen ihre Ausprägungen (Räumlichkeiten, Zeitmodelle, Arbeitsteilung, Erfolgsprämien …). Aus der Gefahr heraus, dass sich Start-ups in den internen Strukturen totlaufen, haben sich auch hybride oder ganz externe Modelle etabliert, etwa Minderheitsbeteiligungen an Start-ups, Teilhabe an Finanzierungsrunden mit Optionen zur Beteiligung oder zur Übernahme. Um Unternehmer in dieser schwierigen Entscheidung nicht allein zu lassen, haben sich verschiedene Organisationen den Erfahrungsaustausch auf die Fahne geschrieben. Da sind vor allem die großen regionalen Industrie- und Handelskammern aktiv, Universitäten wie die TU München mit ihrem Gründerzentrum in Garching[541], die den Kontakt zu Erfahrungsträgern auf beiden Seiten (Unternehmer und Start-ups) herstellen können. Es gibt auch eigene Beratungszentren für Start-ups, die Businessplanangebote liefern und Zuschüsse vom Bund vermitteln können, wie etwa *UNIVARGO*.[542]

10.6   Eigentümer und Finanzierung

Ein weiteres der »stabilen« Faktoren von Unternehmen ist die Eigentums- und Finanzierungsthematik. Aber auch hier könnte der Bedarf nach großem Wandel das überkommene Modell infrage stellen. So steht der erfolgreiche Unternehmer vor der Entscheidung, sich entweder »nach der Decke zu strecken« und das Unternehmen nur so stark auszubauen, wie es die einlaufenden Finanzmittel eben erlauben, oder, wenn sich große aber teure Chancen bieten, andere Wege zu gehen. Über die Beschaffung von Fremdkapital hinaus, die ja durch die Sicherheits-Regularien der Banken begrenzt ist, gibt es externe Möglichkeiten, die aber die Selbstständigkeit einengen. Dazu gehört z.B. der Zusammenschluss mit einem anderen Unternehmen (unter Führung oder *Anlehnung*), die Bildung von *Joint Ventures* oder der

---

541 Gate – Garchinger Technologie- und Gründerzentrum GmbH, Lichtenbergstraße 8, 85748 Garching, GF: Christian Heckemann.
542 UNIVARGO Start-ups & Jungunternehmer, Tel. 05509 94 21 70. https://www.die-startup-berater.de/?gclid=CjwKCAiAt4rfBRBKEiwA C678KXxPCFpZr2mFPgx8HyPXpMNtyeV7Drg9JcBMVxDNRKMYg7_Ai3fa-xoC1JUQAvD_BwE, abgerufen 7.11.2018.

Börsengang. Als mögliche Partner stehen auch *Private Equity* oder *Familien-Investoren* zur Verfügung, auf Dauer oder temporär.

Der große Umbaubedarf hin zu »Industrie 4.0« erfordert häufig einen Modellwechsel in der Führung und Strukturen. Das kann sowohl durch die damit verbundenen neuen Strukturen (anderes Führungspersonal, neues Geschäftsmodell, globale Ausrichtung ...) aber auch durch die Notwendigkeit zur Begrenzung von Risiken angeraten sein. Besonders teuer sind natürlich neue *Fertigungseinrichtungen*, wenn sie zur Digitalisierung, Vernetzung und neuer Fertigungsverfahren erforderlich sind. Relativ »billig« kommt dagegen der Ausbau des Vertriebes mithilfe von Online-Ansätzen, da der Unternehmer weitgehend auf die Gründung lokaler Niederlassungen verzichten kann. Ein anderer Weg ist die Nutzung von Vertriebsplattformen Dritter, etwa *AXOOM* von *Trumpf*, die weit über die Maschinenbaubranche hinaus ein führendes Angebot für Unternehmer im Köcher haben, auf der sich Anbieter vom Stahlhandel bis zur Blumenerde niedergelassen haben. Noch vor der Investitionsentscheidung stehen also die Fragen nach den unternehmerischen Weichenstellungen.

10.7 Ausbaumodelle

Es gibt mehrere Modelle zum Geschäftsausbau, die heute, wenn man alle Potenziale nutzen will, kombiniert anwenden sollte. Zweifellos sind damit besondere Prozess- und Geschäftsrisiken verbunden, die abzuwägen sind. Am naheliegendsten ist der *organische Ausbau* aus eigener Kraft im angestammten Geschäft, mit eigenem Personal und eigenen Finanzmitteln. Hier dürfte das Risiko auch am niedrigsten sein, aber das Ausbaupotenzial ist begrenzt. Die große Zeit der *Diversifikation* ist vorüber, heute liegt eher die Fokussierung auf Spezialisierung im Vordergrund. Zunehmender Druck kommt neuerdings durch *aktivistische Investoren* (sofern es sich um eine Publikumsgesellschaft handelt), die die Zerschlagung von Unternehmen durchsetzen (Beispiel *Thyssenkrupp*) oder – in voreilendem Gehorsam des Vorstands – vergleichbare Modelle, wie *Siemens* mit seinen Separationen (Healthineers, das nicht genehmigte Bahn-Joint-Venture mit *Alstom*, Windenergie-JV mit *Gamesa* und andere). Diese Fokussierungen eröffnen sicherlich auch weitere Potenziale für den Ausbau. Der regionale Ausbau sollte nach speziellen Logiken erfolgen (etwa der Priorisierung von Produkt- und Regionalmärkten), muss wegen begrenzter Personal- und Finanzmittel schrittweise stattfinden, bis etwa ein »globales« Modell steht, das sich aber auf bestimmte priorisierte und ertragsreiche Regionen beschränken kann. Auch die *Vertikalisierung* ist ein möglicher Weg, etwa die *Rückwärtsintegration* in Zusammenschluss mit einem Lieferanten oder vorwärts im Verbund mit einer Kundengruppe. Aber Vorsicht: Hier treten regulär Kollisionen mit anderen Marktspielern auf, sodass es zu Abschmelzverlusten kommen kann. Die Erfahrung zeigt, dass Lernphasen einzuplanen sind, insbesondere wenn es sich um Ausbau außerhalb des angestammten Geschäftes handelt (wie etwa die angesprochene Internationalisierung und Vertikalisierung im Sinne von Vorwärts- oder Rückwärtsintegration). Grundsätzlich sollte man schrittweise Erfahrung aufbauen, mit kleinen überschaubaren Projekten beginnen und die gewonnene Erfahrung dann auf größere Vorhaben transferieren. Das erfordert Zeit, aber die ist gut investiert, sollte aber in einem »Ausbauplan« vorgesehen werden.

Eine besondere Herausforderung ist der externe Ausbau über Unternehmenskauf (*Mergers & Acquisitions*) oder Zusammengehen mit einem Partnerunternehmen (etwa *Joint Ventures*). Hierfür ist grundsätzlich Lernen und Erfahrungsaufbau vor der Realisierung des ersten Projektes vorzusehen. Die Erfahrung zeigt nämlich, dass Unternehmen, die bisher kein *M&A* betrieben haben oder sehr selten Übernahmen tätigen und danach die Erfahrung nicht mehr pflegen, schlechte Erfolgsperspektiven haben. Erfolgreicher dagegen sind regelmäßige Käufer, besonders wenn sie sich auf ein Modell eingeschossen haben, das wiederholt werden kann, weil große Ähnlichkeiten in der Folge der M&A-Projekte bestehen: z. B. gleiche Wertschöpfungsstufen, gleiches Geschäftsmodell, selbe Region, vergleichbare Größe (Umsatz, Investment …). Hier sprechen wir von einer »String-of-Pearls-Strategie«. Sollten diese Voraussetzungen nicht gegeben sein, aber der Handlungsdruck groß oder die Gelegenheit »vor der Flinte«, dann ist dringend geboten, externe Kompetenzen für den *M&A-Prozess* zu engagieren. Hierbei sollten alle Phasen bedacht werden: das Vorfeld, die Transaktionsphase und insbesondere die Umsetzung und Integration nach dem Closing. Aus ihr erwachsen die größten Risiken. Diese Phase wird meist hinsichtlich Kapazitäts- und Kompetenzbedarf unterschätzt. Weiteres wird im Kapitel 13 erläutert.

Der Geschäftsausbau in Richtung »digitaler Geschäfte« ist ein besonders heikles Thema, weil zwei Risiken gleichzeitig zum Tragen kommen, nämlich (1) die »klassischen« Ausbaurisiken, die oben kurz angerissen wurden und (2) die Neuartigkeit des »digitalen« Geschäftes, sofern hier Neuland betreten wird. Naheliegenderweise suchen Unternehmen zunächst Mitarbeiter mit IT-Hintergrund auf dem Arbeitsmarkt, besser noch mit operativer Erfahrung auf Geschäften, die aus Ansätzen der »Industrie 4.0« erwachsen sind. Diese sind jedoch schwer zu finden, weil diese sehr gesucht sind und der »fit« nach Geschäftstyp, Erfahrungs- und Ausbildungshintergrund schwer zu treffen ist. Hinzu kommen Führungsprobleme, wenn man eine neue Truppe zusammenstellt, aber selbst nicht über die spezifische Geschäftskompetenz verfügt. Wir[543] haben diese Problematik in einer Umfrage deutschen Mittelständlern zur Diskussion gestellt[544], mit dem klaren Ergebnis, dass über 60 % der Befragten dafür plädiert haben, einen Geschäftsausbau in Richtung digital getriebener Segmente nicht über Personalsuche, sondern über den Einkauf ganzer Unternehmen zu betreiben, idealerweise durch den Kauf von *Start-ups*, Beteiligung an denselben oder Modellen der schrittweisen Übernahme, etwa (Stufe 1) Projektaufträge, (Stufe 2) Minderheitsbeteiligung und (Stufe 3) Übernahme Mehrheit. Bei Letzterem ist zu überlegen, ob man den führenden Mitarbeitern (auf die etwa die Gründung des Start-ups zurückgeht) eine Minderheitsbeteiligung oder eine vergleichbare Erfolgsprämie zusichert, etwa bei Erreichen bestimmter Meilensteine. Wie oben argumentiert, ist dies jedoch nicht unkritisch, vor allem wegen der erforderlichen Beweglichkeit bei der Zielsetzung. Der M&A-Prozess als solcher ändert sich derzeit durch Innovationen aus der Digitalisierung, Automatisierung, Big-Data-Analysen und branchenspezifischer Technologien (z. B. Fin Tech, Legal Tech). Weitere Änderungen treten auf, wenn es sich um die Übernahme spezifisch datengetriebener Geschäfte (»Industrie 4.0«) handelt. Vertieft wird dies im Kapitel 13 »Externer Umbau: Digitalisierung M&A« behandelt[545].

---

543 Der Bundesverband Mergers & Acquisitions gemeinsam mit der Data Group, Projektleitung Andreas Baresel und der Technischen Hochschule Nürnberg, Prof. Dr. Roland Zimmermann.

544 Projekt »Einfluss von Digitalisierung auf den M&A-Prozess«, hier: Zwischenbericht der Ergebnisse, vorgestellt auf dem Corporate M&A-Kongress am 13.11.2018.

545 Grundlage dazu sind zahlreiche Veranstaltungen des Bundesverbandes Mergers & Acquisitions, Publikationen dazu und der Stand des laufenden Projektes »Digitalisierung M&A« unter Gesamtleitung des Autors. Weiteres zu den Quellen findet sich im besagten Kapitel.

10.8 Technologischer Wandel

Wie eingangs erläutert, ist der technologische Wandel nicht das einzige unternehmerische Innovationsfeld, sondern es steht im Kontext eines allumfassenden Innovationsmodells, wie in Abb. 22 dargestellt. Dennoch sind die Technologien und die Technologiepositionen von entscheidender Bedeutung für Ertrag, Nachhaltigkeit des Unternehmensmodells und Sicherheit für seinen Bestand eines Unternehmens. »Technologie« ist dabei auch breiter zu definieren, als einfach die Technik des Produktangebotes. Vielmehr beinhaltet sie die Prozess-Seite, einerseits in Bezug auf das Angebot für den Kunden, andererseits bezogen auf die Herstellung des Produktangebotes. Der Terminus »Produkt« umfasst seinerseits sowohl Hardware als auch Software sowie die Prozesse, die auf der Kundenseite damit ermöglicht werden. Des Weiteren wird dieser Terminus hier übergreifend für alle Angebote an den Kunden verwendet, seien es Produkte, Komponenten, Systeme und Anlagen. Dies gilt für Liefergeschäfte. Dem reinen Dienstleistungsgeschäft liegen dagegen andere Arten von Innovationen zugrunde, etwa leistungstechnischer Art (Arbeitsteiligkeit, Veränderungen von Regularien und Gesetzgebung, Änderungen bei der Leistungserbringung, wie etwa durch Einsatz von künstlicher Intelligenz, Mustererkennung, Internet- und Smart-Data-getriebenen Technologien, I/SD), wie sie im Kapitel 8 »Elemente und Instrumente« zusammenfassend vorgestellt wurden. Dies führt etwa zum sukzessiven Ersatz von Steuerberatungsgehilfen durch entsprechende Automatisierung.

Im Bereich der fertigenden Industrie liegen die Innovationsfelder einerseits in den Grundlagen-Technologien, etwa in den physikalisch-chemischen Prozessen, in den Technologien aus der Zulieferseite (etwa Metallurgie, Mikroelektronik …) und in der eigenen Wertschöpfung, die (vereinfachend) der Elektronik, Mechanik und (integriert) der Mechatronik zuzurechnen sind. Neben den Produkttechnologien in HW, SW, Dienstleistungen wie Service und Recycling, sind vor allem die Fertigungstechnologien unter dem Gesichtswinkel der Innovationen zu beachten und hierin technologische Weiterentwicklungen wie das 3-D-Drucken, das frühere Aufbauschweißen. Spätestens seit den 50er Jahren wurden die unternehmerischen Prozesse durch Informationstechnische (IT) Instrumente hinterlegt, also durch Software unterstützt. Somit sind seit der sogenannten »Industrie 3.0« die meisten Geschäftsprozesse zumindest teilweise »digital«, insbesondere dann, wenn Fertigungseinrichtungen in übergeordnete Infrastrukturen zur Steuerung und Überwachung eingebunden sind. Die »Industrie 4.0« ist eine Weiterentwicklung, die sogenannte »Disruption« fand, wie gezeigt wurde, durch die sich schlagartig verbreiternden Möglichkeiten der internetbasierten Kommunikation statt.

Welche technologischen Schübe gehen in diesem Zusammenhang bei Unternehmen im Zuge von »Industrie 4.0« vonstatten? Die Bezüge zu den Technologiefeldern liefert im vorgenannten Kapitel 8 die Abb. 22. Als grundlegender »Enabler« wurde »künstliche Intelligenz« vorgestellt. Darunter wurde die Landschaft der Umsetzungs-Technologien in die Felder »Daten« (mit Analytics, Sicherheit und Speicherung), »Erkennung« (Bild/Logo, Objekte, Gesicht/Biometrie, Sprache, Texte, Verhaltensmuster) und Automatisierung (Gesamtsysteme Mensch-Maschine, Robotics und andere cyber-physische Systeme, Sensorik/Aktorik) gegliedert. Diese Liste verdeutlicht die enorme Bandbreite der potenziellen Einsatzfelder und den gewaltigen potenziellen Hebel sowohl auf das klassische Geschäft als auch zur Entwicklung neuer Geschäftsansätze. Es führt an dieser Stelle zu weit, die möglichen Applikationen in den Branchen darzustellen. In Teil 3 dieses Buches soll das für besonders herausragende Industrien beispielhaft erfolgen. Drei grundsätzliche Anmerkungen sind an dieser Stelle jedoch angebracht:

(1) die vorgenannten Umsetzungs-Technologien finden ihren Niederschlag in allen Unternehmens-prozessen, insbesondere bei Fertigung, Logistik und Verwaltung; (2) die Vernetzung, in Verbindung mit der Virtualisierung von Produkten und Prozessen sowie mit neuen Fertigungsverfahren führen zu neuen Unternehmensstrukturen, insbesondere weltweit verteilter Wertschöpfung in Mini-Fabs zu digitalen Ökosystemen; (3) die Potenziale für den Ersatz von menschlicher Arbeitskraft[546] und zur Beschleunigung/Kostensenkung[547] sind gewaltig; (4) die Ausschöpfung dieser Potenziale ist jedoch auf absehbare Zeit stark beschränkt. Diese Beschränkung liegt vor allem bei nicht-technischen Fak-toren, nämlich bei der Akzeptanz (Lieferanten und Kunden), aktuell eher geringem Handlungsbedarf (die aktuellen Geschäftsmodelle erfüllen nach ihrer *Ertragsstärke* noch die Erwartungen) und hohe *Umstiegsbarrieren* (etwa: fehlende Kompetenz zur Führung technologisch und organisatorisch kom-plexer Projekte zur Evaluierung und Implementierung neuer *I/SD*-basierter Technologien). Anstelle »disruptiver« Gesamtansätze werden »insuläre« Versuche priorisiert, so der Einsatz von vernetzten Datenbrillen in der Fertigung, um Mitarbeiter als *»humanoide cyber-physische Systeme«* in das Steu-erungs- und Produktionsnetz einzubinden. Auch die Versuche im administrativen Bereich sind eher »insulär«, wie bei *Legal Tech*, wo es um Versuche geht, welche Anwendungen bzw. welches Anspruchs-niveau für automatisiertes Abarbeiten geeignet ist. Einer der limitierenden Fakten ist dabei heute auch noch die Breite des Einsatzes von künstlicher Intelligenz, die heute noch eher schmal und spezialisiert ist und fast immer begrenzt »within-the-box«. Einzelne Befragungen bestätigen die Zurückhaltung. So liegt der Fokus des Interesses an neuen Anwendungen digitaler Technologien derzeit eindeutig bei relativ reifen heute schon beherrschbaren Ansätzen mit Erweiterungspotenzial, wie etwa Big-Data-Applikationen und Analytics, während ausgreifendere Technologien wie etwa *Blockchain*-Anwendun-gen derzeit als weniger geschäftsentscheidend angesehen werden.[548] Im Bereich von Kundenkontak-ten (speziell beim *Point of Sale*) besteht gleichfalls hohes Automatisierungspotenzial (darüber wurde bereits berichtet: vom personalisierten Preis über die automatisierten Kassen mit Abbuchung vom Kundenkonto). Kritisch sehen Shopper alle digitalen Technologien, die keinen erkennbaren Vorteil für den Einkauf bieten. Die wachsende Offenheit ist aber am Faktum zu erkennen, dass die Zurückhaltung gegen die Abgabe persönlicher Daten abnimmt.[549]

10.9   Value Generation

Wertgenerierung (»*Value Generation*«) ist eine der grundlegenden Säulen zur Bestandssicherung eines jeden Unternehmens. Wert wird nur erzeugt, wenn die Einnahmen nachhaltig höher sind als die Aus-gaben, unter Ansatz marktspezifischer Kapitalkosten (Eigenkapital plus Fremdkapital). Die Einnah-men eines Unternehmens werden wiederum durch den *Kundennutzen*, den seine Aktivitäten stiften, bestimmt. Man spricht hier auch vom »*Kundenwert*«. Dieser setzt sich aus dem Basiswert (aktueller Deckungsbeitrag des Kunden, zu entnehmen aus dem Rechnungswesen) und dem Wachstumswert, das

---

546 Das Potenzial zur Substitution z. B. von Gehilfen, etwa bei der Steuerberatung wird bei bis zu 100 % angesetzt.

547 Die Beschleunigung bei der Produktentwicklung etwa im Maschinenbau wird bei bis zu Faktor 3 angesetzt.

548 Umfrage zur Digitalisierung im M&A-Prozess. Partner: Technische Hochschule Nürnberg, Prof. Dr. Roland Zimmermann, mit der Data Group und dem Bundesverband Mergers & Acquisitions. Stand November 2018.

549 GS1 und GfK: Neue Studie zu Akzeptanz digitaler Technologien. https://www.gs1-germany.de/service/presse/meldung/meldung/neue-studie-zu-akzeptanz-digitaler-technologien-541/, abgerufen 11.11.2018.

heißt die zukünftigen Erwartungen aufgrund Veränderungen der Marktlage und der Marktposition, etwa Markanteil, Technologieposition und Kundenpräferenz.[550] Der Wertbeitrag kann auf alle Unternehmens-prozesse heruntergebrochen werden (vgl. Abb. 24), vereinfacht auf die wichtigsten Wertschöpfungs-stufen: Planung (plan), Einkauf (buy), Herstellung (make), Verkauf (trade), Beratung (advise), Betrieb (operate), Dienstleistung (service) und Rückführung (recycle). Letztere wird im folgenden Abschnitt unter »Kunden und Märkte« beispielhaft vertieft. Jede dieser Stufen ist zu analysieren und im Wettbe-werb mithilfe der erreichten Geschäftspositionen zu vergleichen. Dazu empfiehlt sich ein sogenanntes »*Benchmarking*«, also der Vergleich im Wettbewerb. Dies wird bei führenden Unternehmen regelmäßig durchgeführt.[551]

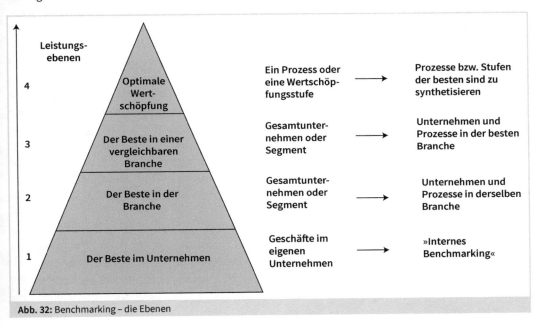

Abb. 32: Benchmarking – die Ebenen

Dabei werden Vergleiche der Geschäfte durchgeführt, hinsichtlich der wertbeitragenden Faktoren, etwa Umsatz, Personaleinsatz, Umsatzrendite, Kapitalrendite, Wachstum und andere entscheidende Größen, die in der jeweiligen Branche bestimmend sind.[552] Insofern ist dieses Verfahren »multifakto-riell« und auch offen für weitere Parameter und Vertiefungen, die sich im laufenden Untersuchungs-prozess anbieten. Dazu kommen mehrere Ebenen des Benchmarkings. Diese sind in der Abb. 32 in Pyramidenform hierarchisch dargestellt, weil die jeweils höhere Ebene zu immer anspruchsvolleren Zielvergleichen führen kann. Als Basis für diversifizierte Unternehmen sollte ein unternehmensin-terner Vergleich mit anderen Geschäften angestellt werden, das »Internal Benchmarking«. Auf der

---

550 Eine vertiefende Darstellung der Zusammenhänge liefern Sandra Börs et al.: Wertgenerierung für Kunden und Unternehmen – Wie können Unternehmen Kundennutzen in Kundenwert transformieren? https://madoc.bib.uni-mannheim.de/27715/, abgerufen 7.10.2019.

551 Nach seiner Einführung bei Siemens im Rhythmus von allen zwei Jahren.

552 Dieses Verfahren kann nach Bedarf erheblich ausgeweitet werden, bei fertigenden Unternehmen etwa Einkaufskonditionen, Wertschöpfungstiefe, Durchlaufzeiten. Dieses Thema wird im Zusammenhang mit Lean Management und Wertstromanalyse noch vertieft.

nächsthöheren Ebene bietet sich der Vergleich mit Konkurrenten derselben Branche an. Das Problem ist hierbei, an diese Daten überhaupt heranzukommen, weil sie dem Wettbewerber ungern offengelegt werden. Eine Möglichkeit sind hier »outside-in-Analysen«, d. h., Simulationen durch externe (am Markt verfügbare oder über Berater abgreifbare) Daten. Eine gewisse Offenheit für den Datenaustausch kann man erreichen, wenn man mit einem Wettbewerber ein gemeinsames Benchmarking vereinbart, unter Austausch der Ergebnisse. Das kann beiden Seiten helfen. Als weiterer Schritt bietet sich die Analyse in der weiteren *Wertschöpfungskette* an, also gegenüber Zulieferern und Abnehmern, um herauszufinden, in welcher Wertschöpfungsstufe welche Erträge bzw. Werte erzeugt werden. Die nächste Hierarchieebene beinhaltet den Vergleich mit anderen Branchen, die als besonders erfolgreich gelten, weil sie »*best practice*«-Unternehmen vorweisen. Das müssen natürlich Branchen sein, die eine gewisse Vergleichbarkeit mit der eigenen Industrie vorweisen, etwa Art der Werterbringung, Technologien, Länder usw. Insbesondere der Vergleich der regionalen Wertschöpfung und Vermarktung kann die Gründe für große Unterschiede offenlegen.[553] Auf oberster (ehrgeizigster) Ebene des Benchmarkings bietet sich der Vergleich auf der Ebene einzelner Wertschöpfungsstufen an. Hierzu werden pro Wertschöpfungsstufe Unternehmen herangezogen, die aufgrund ihrer Spezialisierung und ihrer Leistung vermuten lassen, dass sie in speziellen Wertschöpfungsstufen besonders erfolgreich sind. Das können beispielsweise Handelsunternehmen sein, für die der Einkauf erfolgsentscheidend ist – für die Fertigung Auftragsfertiger oder Versandunternehmer für die Logistik. Das Gesamtergebnis des Benchmarkings ist demzufolge eine Synthese der »best practices« aus der Summe der »besten« Lösungen. Diese kann dann als Ziel für die Verbesserung herangezogen werden. Die Einschränkung bei dieser Vorgehensweise ist jedoch, dass es sich nur um ein »statisches« Ziel handelt, also aufgrund einer Momentaufnahme der Gegenwart.

Daraus ist abzuleiten, dass auch »dynamische« Verfahren heranzuziehen sind. Ein solches liefert das sogenannte »*Baselining*«. Dieses lässt sich so definieren: Baselining ist ein Prozess in einem Programm oder einem Projekt, in dem sich alle Funktionsträger auf Ziele und Leistungsanforderungen einigen und sich auf entsprechende Umsetzung verpflichten. Damit ist dies – auf den Zielzeitpunkt der Planperiode zu beziehen – zukunftsorientiert.

---

553 Etwa die Unterschiede zwischen dem harmonischen US-Markt und dem weitgehend fragmentierten europäischen Markt. So haben etwa Analysen bei Siemens hervorgebracht, dass die Produktvielfalt in den USA um Faktoren kleiner sein kann als in Europa gesamt. Aus Marktgröße und geringer Produktvielfalt der US-Produzenten resultiert, dass US-Unternehmen mit vergleichbarer Wertschöpfung in vergleichbaren Branchen erhebliche Volumenvorteile erreichen und dementsprechend deutlich höher bewertet werden als ihre EU-Konkurrenten. Im Elektromaschinebau lagen die Kostenunterschiede bei 30 %.

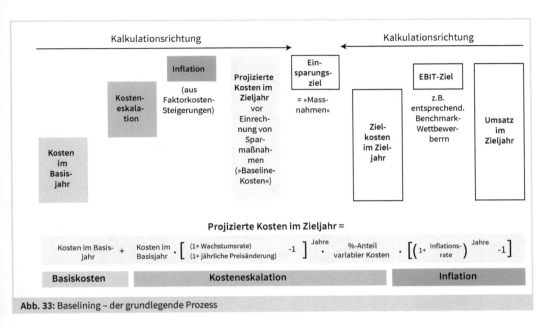

Abb. 33: Baselining – der grundlegende Prozess

Mit dieser breiten Definition kann ein Benchmarking auf alle Ziele eines Unternehmens, eines Unternehmensteils, eines Prozesses oder einer Funktion ausgerichtet sein. Es gebietet sich, die Ausrichtung nicht auf nur eine Zielgröße auszurichten. Insbesondere sind immer strategisch-operative Zielgrößen im Verbund mit Finanzgrößen zu untersuchen. Der Hintergrund für dieses Prinzip ist, dass sich Zielwerte substituieren lassen, also »strategische« Planungs-Manipulationen stattfinden können. So können etwa die Finanzzahlen kurzfristig geschönt werden, wenn sich längerfristig auswirkende operative Maßnahmen verschoben oder gemindert werden, sodass sich deren Kosten in der Gewinn- und Verlustrechnung (GuV) weniger niederschlagen. Die Konsequenz ist meistens, dass sich das Mindern wettbewerbsnotwendiger Ausgaben rächt und langfristig in eine Verschlechterung von Positionen im Wettbewerb niederschlägt. Diese Problemstellung soll hier nicht weiter vertieft werden. Um den Gedankengang und die Methodik des Benchmarkings zu erläutern, wird an dieser Stelle exemplarisch die Ableitung eines Finanzziels vorgestellt.

Wie die Abb. 33 zeigt, steht hier die Herleitung der Ergebnisverbesserung im Zieljahr (Annahme: Planjahr 5) im Visier. Dazu sind die Kosten im aktuellen Jahr zugrunde zu legen, Kosteneskalation und Inflation über die Planjahre sind zu addieren (von links nach rechts in der Grafik). Im Gegenzug (rechts nach links in der Grafik) sind die Kosten im Zieljahr abzuleiten, die auf das Umsatzziel und Zielergebnis zurückzuführen sind. Ergebnis dieser Simulation ist das Einsparungsziel, das im Zieljahr zu erreichen ist.

Die nächste Analysestufe richtet sich auf die Sammlung und Kostenauswirkung der Maßnahmen. Dies ist in Abb. 34 dargestellt. Die Ableitung des Ergebnisziels ist dem zuvor erläuterten Benchmarking zu entnehmen, hier vereinfachend im Vergleich mit direkten Wettbewerbern dargestellt, dazu kommen »Best-practice«-Zuschläge. Im nächsten Schritt folgt die »top-down«-Ableitung des Ergebnisziels (EBIT). Dem wird das Ausgangsergebnis zugrunde gelegt, korrigiert um Veränderungen von Faktorkosten (über den zu betrachtenden Planhorizont), zu erwartender Preisverfall, Effekte aus Goodwill[554] und Volumensteigerungen. Als Delta zwischen dem »unkorrigierten« zu erwartenden Ergebnis und dem Zielergebnis (ex Wettbewerb bzw. Best Practice) ergibt sich das top-down abgeleitete »dynamische« Gesamt-Ergebnisverbesserungsziel in Form des EBIT.[555] Dieses Gesamtziel ist nun »bottom-up« zu hinterlegen durch die Einsparungswirkungen der einzelnen oder gebündelten Maßnahmen, die im Maßnahmenprogramm im Managementteam vereinbart werden.

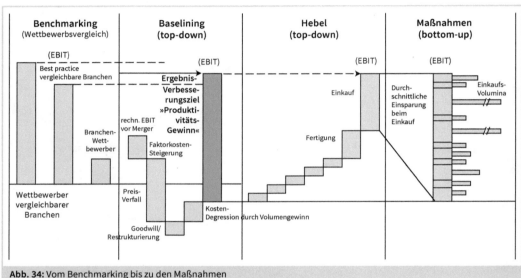

Abb. 34: Vom Benchmarking bis zu den Maßnahmen

Was sind nun die Botschaften aus der oben beschriebenen Praxis des Wertmanagements für die Generation neuer Geschäftsmodelle und »digitaler« Geschäftsansätze der »Generation Industrie 4.0«? Diese sind vielfältig. Zunächst: jedes Geschäft, ob konventionelles Konzept oder auf »disruptive« Ideen zurückgehend, muss Wert erzeugen, der sich auf einen Mehrwert für die Kunden zurückführen lässt. Sofern bei Start-ups und neuen intern (organisch) aufgebauten Geschäften über einen längeren Zeitraum Verluste (negative Cashflows) anfallen, das heißt ein – über diese Periode gerechneter – stark negativer (!) Geschäftswert, dann muss das durch stark (!) positive Geschäftswerte in den weiteren Perioden überkompensiert werden. Das wird bei rund 90 % der Start-ups und gänzlich neuen Geschäften nicht erreicht. In toto für das Einzelunternehmen und über die gesamte Volkswirtschaft müssen aber die »erfolgreichen« Neugeschäfte in Summa so hohe Werte erzeugen, dass sie die Negativwerte der erfolglosen Geschäfte nicht nur überkompensieren, sondern so hoch übersteigen, dass sich das eingegangene Risiko lohnt, d. h. konkret: eine Risikoprämie ist zusätzlich abzudecken. Dabei kann der Unternehmer vor dem Hintergrund der sich rasant verbreitenden neuen Hebel und Geschäftsansätze durch die Digitalisierung, gänzlich neuer Geschäftsmodelle, durch technologische Innovationsschübe in der Branche

---

554 Der Geschäfts- oder Firmenwert (»Goodwill«) ist im Rechnungswesen die Bezeichnung für einen immateriellen Vermögensposten im Unternehmen, der durch entgeltlichen Erwerb von anderen Unternehmen oder Unternehmensteilen entsteht. Er muss abgeschrieben werden, wenn für die Übernahme ein Preis bezahlt wurde, der den Zeitwert übersteigt.

555 EBIT: Earnings before Interest and Tax.

und durch Veränderungen der Kunden- und Wettbewerbslandschaft geradezu gezwungen sein, zur Sicherung des nachhaltigen Unternehmensbestandes Risiken zum »disruptiven« Wandel einzugehen. Wertmanagement in der »Unternehmensgeneration der Industrie 4.0« ist also nicht allein eine Frage der Abdeckung einer zusätzlichen Risikoprämie, sondern oft die Entscheidung in einer Weggabelung: entweder hin zu massiver Erneuerung (wie gezeigt wurde: alle potenziellen Felder des Wandels sind zu betrachten) mit dem Ziel risikogerechter massiver Wertsteigerungen oder wertsicherndem Rückzug, etwa cash-out, rechtzeitiger Verkauf, Anlehnung oder sonstige sich bietende Pfade. Nichts-tun ist aus-zuschließen, denn es führt unweigerlich zu »disruptivem« Wertverlust, Absturz, Vernichtung des Unter-nehmens, der Arbeitsplätze, der Rolle in der Gesellschaft (etwa der Wertbeitrag als Steuerzahler).

Noch nie waren die Herausforderungen an die strategische Entscheidung, die nachfolgende Planung und Umsetzung in dieser Weggabelung so groß wie heute. Sie ist, wie hier gezeigt wird, vor allem eine Ent-scheidung zur »Value Generation Strategie«. Die Entscheidung selber ist in höchstem Maße anspruchs-voll und muss strategisch hinterlegt sein. Für die Richtungsgebung von Start-ups kann dies noch über-schaubar gestaltet werden, etwa durch »trial and error«, also schnelle Richtungswechsel, bevor Geld in Sackgassen weiter verbrannt wird. Deshalb ist der Erwerb von Start-ups vergleichsweise risikoarm. Die großen Risiken kommen später: wenn erfolgversprechende neue Unternehmensmodelle auf etab-lierte Unternehmen in der Breite ausgerollt werden müssen und wenn milliardenschwere Investitions-entscheidungen zu fällen sind. Zu erinnern ist etwa an bereits genannte Beispiele aus der Fotoindustrie und Kommunikationstechnik. Die zu treffenden vorbereitenden Maßnahmen werden in ihrer Breite, dem Kompetenz- und Zeitmanagement weit unterschätzt. Die zuvor beschriebenen Analysetools haben weiter Bestand, müssen also weiter betrieben und auf die, bei neuen Geschäftsansätzen im Vordergrund stehenden Hebel (etwa lange Verlustperioden versus lange Wachstumsperioden) angepasst werden. Nicht-Wissen und Ignorieren ist gefährlich, oder, wie ein alter Professor mal sagte: »Um zu wissen, wie man es anders macht, muss man wissen, wie man es macht«.

Deshalb kommen zu der exemplarisch beschriebenen Methodik andere »Methodikwelten« hinzu. Als eine der wichtigsten, weil werttreibendsten, Ansätze ist die *Wertstromanalyse* und das darauf basie-rende Wertstrommanagement. Diese wird im Kapitel 12 »Organischer Umbau: digital getriebene Wert-schöpfung« näher vorgestellt. An dieser Stelle soll nur der Kerngedanke angerissen werden: Zu betrach-ten sind alle Geschäftsprozesse nach dem Gesichtspunkt der wertschöpfenden Beiträge versus der wertvernichtenden Aktivitäten, wie Stillstandszeiten, Wartezeiten, erratische Suche. So werden in der Prozessplanung bei der Fertigung meist nur die »aktiven« Zeiten analysiert und optimiert, die aber typi-scherweise zusammen nur wenige Prozente des Gesamt-Zeitbedarfs zwischen Anlieferung und Ablie-ferung zu und aus der Fertigung belegen. Dieser Sachverhalt betrifft nicht nur die Fertigung sondern auch Entwicklung, Verwaltung – den ganzen Wertschöpfungsprozess inklusive aller Unterstützungsprozesse. Und zwar nicht nur in der Industrie sondern auch bei Projekten der Infrastruktur, bei *M&A* (das wird noch gesondert behandelt) und in erschreckend hohem Maße in der öffentlichen Verwaltung, in der Politik und ihrer Ministerien. Diese Führungsphilosophie kam unter dem Schlagwort »Kaizen« aus Japan auf uns zu und trägt den Gedanken des »*Lean Managements*«.

Mit den neuen Ansätzen aus der »*Generation Industrie 4.0*« kommen nun zusätzliche neue Konzepte, neue Hebel zur Wertsteigerung, wie etwa die mehrfach angerissene Möglichkeit der »*Virtualisierung*« aller Prozesse (Entwicklung, Produktion, Verwaltung …), durch Hinterlegung ihrer Daten in die Cloud,

Datenzugriff, Analyse und Bearbeitung ohne geografische Beschränkungen. Wie beschrieben lassen sich dadurch die Bearbeitungszeiten halbieren bis dritteln. Dies schlägt sich in dramatischen *Wertsteigerungspotenzialen* nieder. Was heute jedoch übersehen wird, ist, dass vergleichbar hohe Wertsteigerungen in der Vergangenheit durch systematischen Einsatz von Benchmarking/Baselining und Wertstrom-Analysen herbeigeführt wurden. Unsere heutige methodisch-praktische Herausforderung ist also nicht eine neue Betrachtung (etwa »Virtualisierung«, neue Geschäftsmodelle wie »*Plattformkonzepte*« und »*digitale Ökosysteme*«) isoliert anzustellen sondern diese aufbauend und im Verbund mit den »klassischen« Methoden anzuwenden. Denn alle diese Pfade versprechen Kostensenkungen in mittlerer bis hoher zweistelliger Größenordnung.

Damit komme ich zu einem weiteren Problemfeld: *Komplexitäts-* und *Zeitrisiken*, die ihrerseits *Wertvernichtungspotenziale* erzeugen. Die Erfahrung zeigt nämlich, dass nur eine begrenzte Zahl von Verbesserungsprojekten und *Verbesserungsmaßnahmen* parallel durchgeführt und für Management und Mitarbeiter bearbeitbar und erträglich sind. Eine hohe Zahl gleichzeitig laufender Initiativen, vieler Projekte führt dazu, dass die Ressourcen dafür zersplittert werden und die Ergebnisse schwer harmonisierbar sind. Die Vielzahl der einzusetzenden Maßnahmen erfordert deshalb eine sehr sorgfältige Analyse und Prioritätensetzung. Dazu muss evaluiert werden, welche Ressourcen welche Initiative benötigt: Finanzmittel, Zeit, Mitarbeiterkapazitäten und -kompetenzen. Weil die Abdeckungsbreite groß, der Ressourcenbedarf (selbst bei bestem Management) hoch ist, ist der Gesamtaufwand beträchtlich. Die Gefahr, am falschen Hebel zu arbeiten und zu spät zu kommen, ist groß. Deshalb empfiehlt sich eine Art von *Generalplan* unter Zusammenwirkung und Einbindung aller Hierarchieebenen, mit einem starken Anschub (Prio-1-Projekte) und mit einem Übergang in einen Prozess des dauerhaften Wandels. Früh anfangen, Zeithorizonte planen, Meilensteine setzen und anhaltend weiterführen, mit definierten, einheitlichen und nachvollziehbaren Einstiegshürden (etwa neue Geschäfte) und Ausstiegskriterien (etwa reife Geschäfte, *Rückzugsgebiete*) versprechen den besten Erfolg, bei Minimierung von Risiken (»downsides«) und zur Wertmaximierung (»upsides«).

10.10   Märkte und Kunden

Änderungen der Kundenansprüche, Verschiebungen der Märkte, neue Technologien gab es schon immer. Diese sind inhärente Faktoren des stetigen unternehmerischen Wandels. Aber mehr als jeder *Kondratjeff'sche Zyklus*, jede Historie des unternehmerischen Ausbaues (Diversifikation, Vertikalisierung, …), jede M&A-Welle es vermocht haben, führt die vielfältigen Bewegungen der allumfassenden Digitalisierung zu Chancen und Infragestellungen von Markt- und Kundenausrichtungen: Neue Märkte entstehen, alte gehen unter, neue Geschäftskonzepte mit neuen Kunden bieten sich an, der direkte Zugang zu angestammten Kundengruppen geht verloren, neue können gewonnen werden. Grenzen zwischen den Teilnehmern in der Wertschöpfungskette verschwinden, aus den altgewohnten Silostrukturen (vom Lieferanten bis zum Kunden) werden Netzwerke, »Ökosysteme«, Wettbewerber schließen sich zusammen (»Coopetition«), es entstehen ganz neue »virtuelle Fahrbahnen« neben der klassischen Wertschöpfungskette, nämlich Dienstleister, die sich den Datenströmen widmen, neue Kenntnisse im gesamten Prozess entwickeln, vom Zulieferer bis zum Endkunden. Durch Datensammlung, »*Analytics*« werden wertvolle »*Smart Data*« generiert, die zusätzlichen Wert für die angestammten Teilhaber in der »klassischen« Wertkette erzeugen, selbst Wert generieren und zunehmend Machtzentren im Gesamtprozess und im Netzwerk bilden. Es entstehen Machtverschiebungen, damit Verschiebungen der Geschäftswerte: Aufsteiger, Absteiger, Aussteiger – bei Anbietern und Verbrauchern. Allein im klassischen Produktbereitstellungsprozess erlaubt die Sammlung von »Big Data«, ihre Analyse und Verarbeitung zu »Smart Data« eine große Bandbreite neuer Geschäftsansätze. In allen Stufen wird die Möglichkeit zur Individualisierung von Produkten und Service-Leistungen Einzug halten. Neue und angepasste Fertigungsverfahren *(z. B. 3-D-Drucken)* ermöglichen in Verbindung mit dezentraler Fertigung die kundennahe Produktion. Durch Hinterlegung etwa von Körpermaßen können z. B. Kleidungsstücke kundenspezifisch nach virtuellen Bekleidungsbildern des jeweiligen Käufers hergestellt werden. In der Konsequenz wird sich die Fertigung von der asiatischen Kleiderfabrik direkt zum lokalen Händler oder zum Online-Anbieter verlagern, denn den Zuschneide- und Nähautomaten kann er vor Ort einsetzen. Da nur noch die Stoffe eingekauft werden müssen (und in nahegelegenen Logistikzentren schnell verfügbar sind), lassen sich Kapital- und Lagerkosten dramatisch senken. Wenn die Ausrüstungsinvestitionen *(Roboter)* wegen hoher Stückzahl günstiger werden und ihre Kosten dank neuer Eigentums- und Finanzierungsmodelle attraktiver, dann kann dies auch zu einer Neubelebung des lokalen Einzelhandels führen. Das hier beschriebene Modell der käuferspezifischen Einzelproduktfertigung lässt sich auf viele Branchen übertragen, sei es die *Kosmetik, Werkzeuge, Möbel-* und *Küchenindustrie* sowie *Bioprodukte* jeglicher Couleur nach individuellen Kundenwünschen, um nur einige zu nennen. Auch der *Regionalisierung* von Fertigprodukten kann Vorschub geleistet werden, indem Rohstoffe aus lokaler Herkunft zugrunde gelegt werden. Weiteres ist im Absatz zu neuen Geschäftsmodellen zu vertiefen.

Die allumfassende Digitalisierung hat nicht nur das Potenzial, neue Geschäfte zu entwickeln, sondern auch die *Umwelt* zu entlasten und *Ressourcen* zu schonen. So erschließen sich neben den »klassischen« Upstream-(Herstellungs-)Geschäften neue Potenziale im gesamten Downstream-Prozess, von der *Entsorgung* über Zerlegung, Reststoff-Identifikation, seiner Sortierung, Rückführung zu sortenreinen Rohstoffen und Wiedereingliederung in den Fertigungsprozess. Dies ist in einzelnen Schritten und suboptimal auch heute schon möglich. Die unveränderliche Grundstoff-Kennzeichnung bei Produkten erlaubt bei und nach ihrer Zerlegung genaue automatische Sortierung. Dazu können verschiedene Technologien der »Generation Industrie 4.0« genutzt werden, wie (1) Lasermarkierungen an Komponenten, (2) automatische Messung physikalisch-chemischer Parameter, (3) visuelle Erkennung von Materialien und Komponenten anhand geometrischer, farblicher und textureller Eigenschaften. Mithilfe von hinterlegten Datenprofilen und Data Analytics lassen sich die Teile und Stoffe mit großer Sicherheit identifizieren und den zur Abarbeitung nötigen speziellen Prozessketten automatisch zuführen. Stoffe, die nicht wiederverwendet werden können, werden zuvor aussortiert und nach energieoptimierenden Kriterien der Verbrennung oder Kompostierung zugeleitet. Die Vernetzung von lokal verteilten Abarbeitungsketten und die Sammlung zu wirtschaftlich sinnvollen Chargen erlaubt einen kostenoptimalen Abtransport und die Einbindung von spezialisierten Abarbeitungsketten, die aus Investitions- und Kostengründen an unterschiedlichen Stellen zu konzentrieren sind. Ermöglicht wird dies durch den Verbund von *Big Data Analytics,* Erkennungssystemen, Robotics und Rechnersystemen, die die Logistik optimal steuern. Im weiteren Zeithorizont wird auch die Blockchain-Technologie hier ihren Einzug halten und den gesamten Upstream- und Downstream-Prozess manipulationssicher steuern können, sodass Investitionen und Kosten der genutzten Systeme den Verursachern (Herstellern) in Rechnung gestellt werden können. Dies wird den Herstellern, den Verbrauchern, den Entsorgern und der öffentlichen Verwaltung helfen, da die Kosten auf alle Prozessteilnehmer gerecht verteilt werden können, damit eine erheblich höhere *Recyclingquote* erreicht werden kann und letztlich die Rückführung aller Stoffe im Inland sichergestellt werden kann – anstatt sie im mehr oder weniger »grauen« *Entsorgungsmarkt Entwicklungsländern* aufzubürden. Die durchgängige Materialverfolgung kann sogar zur Aufdeckung von Straftaten (wilde Entsorgung und Korruption) genutzt werden, spätestens dann, wenn *Blockchain*, Materialerkennung, Herkunftszuordnung und Prozessverfolgung unfälschbar miteinander verkoppelt sind. Das Gleiche gilt für die eindeutige Identifikation der Herkunft von Rohstoffen, wie etwa *Holz* aus sogenannten zertifizierten Betrieben. Die heute verfügbaren chemischen Verfahren in Verbindung mit selbstlernenden Material-Datenbanken werden die Tür zu einer neuen Epoche der Ressourcenschonung und Umweltentlastung öffnen.

10.11   Geschäftsmodelle

Der Wandel von *Geschäftsmodellen* kann auf unterschiedliche Ursachen zurückgehen: eher marktexterne Faktoren wie gesellschaftlicher Wandel, Wohlstand, usw. bzw. eher marktgetriebene Veränderungen wie Internationalisierung, Technologiewandel, Moden, Verhaltensänderungen von Kunden, Wettbewerbern, Veränderungen der Prozesse, Kosten und Preise. Der Wandel erfordert (fast) immer Verhaltensänderungen im Management und bei den Mitarbeitern, teils sogar den Austausch unter Neueinstellungen. Er gehört damit zu den einschneidenden Veränderungen, gegen die sich häufig Widerstände aufbauen, die durch Information, Schulung und kulturelle Veränderungen abgebaut werden können. Größere bzw. diversifizierte Unternehmen verfolgen häufig mehrere Geschäftsmodelle nebeneinander, manchmal mit denselben Kernkompetenzen, etwa in der Kombination von Komponenten-, Produkt- und Systemgeschäften für jeweils verschiedene Kundengruppen oder ein Modell, unterschiedlich appliziert auf verschiedene Kundensegmente. Ein Beispiel dazu ist die *Siemens Gebäudetechnik*, für Installateure der *Elektrobranche* und *Sanitärbranche*, mit teilweise überlappenden Produkten, deren Marken, Preise und Designs unterschiedlich gehalten sind. Wer bereits in einem Geschäftsmodell reüssiert, hat es leichter, ein Produktsegment in ein anderes Geschäftsmodell zu überführen. Innerhalb der Digitalisierung, Phase »*Industrie 3.0*«, gab es bereits mehrere Anlässe, Geschäftsmodelle zu wechseln. Bekannt ist der Wechsel vom frühen vertikalisierten Hardware-Geschäft der Computerbranche zur »Horizontalisierung«, das heißt zur Zerlegung der Wertschöpfungskette in Komponentenhersteller, Integratoren und Herausbildung reiner Software-Anbieter. Daraus entstand *Microsoft*. *Apple* war lange und weitgehend vertikal ausgerichtet und lieferte führende Hardware sowie Software aus eigener Hand – bis die Pleite drohte und das Unternehmen ausgerechnet vom Software-Konkurrenten *Bill Gates* (Microsoft) gerettet wurde. Ein anderes Beispiel war der Markt der mittleren Datentechnik, geprägt von Verkäufern von Standard-Hardware. Als die Kunden zunehmend Lösungen für ihre Branchen suchten, mussten IT- und Software-Spezialisten eingekauft werden, ein schwieriger Umbau für die damalige *Siemens-Datentechnik*, die zuvor gerade die *Nixdorf AG* übernommen hatte. Solche Wechsel sind immer schmerzhaft, führen zu Positionswechsel und Arbeitsplatzverlusten sowie dem Anheuern von anderen Kompetenzträgern, die die »Alten« verdrängen.

Das Gleiche passiert nun wieder mit dem Vordringen der *Internet-* und *Smart-Data/Smart-Devices (I/SD)* getriebenen Geschäfte. Die Modelle lassen sich nach verschiedenen Mustern einordnen. Ein bekanntes ist das »Service«-Modell, nach dem alle Neuerungen nach ihrer Service-Komponente sortiert werden. In Summe ist dann alles servicegetrieben, im US-amerikanischen »Everything as a Service«, mit dem Kürzel *XaaS* bezeichnet. Andere gliedern die neuen Geschäftsmodelle nach den großen (»Big Five«) internetgetriebenen Giganten und den umgebenden Firmen der Sozialen Netze zu. Beide Modelle sind unzureichende Erklärungen. Eine umgreifende allgemein anerkannte Gesamtschau gibt es nicht, zumal die Palette der Modellvarianten »offen« ist für jegliche Innovation und jegliche Treiber (siehe Kapitel 8 »Elemente und Instrumente«), die auch frei miteinander kombiniert werden können. Damit schließen sich auch allgemeingültige Segmentgrenzen aus. Kein Modellraster kann also alle Möglichkeiten abdeckend umfassen. Im Folgenden wird dennoch der Versuch zur Zeichnung eines Gesamtbildes unternommen, hinterlegt durch verschiedene Ansätze, wie die oben beschriebenen, und begrenzt auf ein Spektrum häufiger anzutreffender Lösungsmodelle.

»Digitale Geschäftsmodelle« gibt es schon seit Beginn der »*3. Industriellen Revolution*«, also seitdem es digitale Datenverarbeitung, Software und IT-orientierte Dienstleistungen gibt. Großzügig definiert wäre dann fast jedes Geschäft »digital« (zumindest »angehaucht«), weil unter Einsatz von Computern und mehr oder weniger durchdrungen von IT-Systemen.

Die bisher in der Literatur behandelten, von Verbänden, von der Industrie und von der Bundesregierung vorgestellten Sammlungen zu digitalen Geschäftsmodellen beschränken sich auf allgemeine Appelle,[556] sind unsystematisch, eingeengt,[557] oder basieren mehr oder weniger zufallsbedingt auf einzelnen Projektanträgen, die jedoch jeweils nur relativ kleinere Flächen größerer Anwendungsfelder abdecken.[558] Nachfolgend wird der Versuch einer Systematik vorgestellt.

---

556 Etwa das Themenheft Mittelstand-digital »Digitale Geschäftsmodelle« des Bundesministeriums für Wirtschaft und Energie. https://www.bmwi.de/Redaktion/DE/Publikationen/Mittelstand/mittelstand-digital-digitale-geschaeftsmodelle.pdf?__blob=publicationFile&v=7, abgerufen 19.11.2018.

557 Etwa das Modell »Everything as a Service XaaS«, das praktisch jede Tätigkeit in eine onlinebasierte Dienstleistungskategorie mit Cloud-Bezug presst. Dies ist mittlerweile eine branchenübergreifende Community geworden, mit Austauschplattformen und Kongressen. Z. B.: https://www.xaas-evolution.de/, abgerufen 18.11.2018.

558 Etwa die Sammlung von Förderprojekten der Bundesregierung zur Digitalisierung: (1) Die vom Bundeswirtschaftsministerium identifizierten Technologiefelder, https://www.digitale-technologien.de/DT/Navigation/DE/Home/home.html, abgerufen 19.11.2018; (2) ein aktueller Bericht aus dem PAiCE-Projekt des Wirtschaftsministeriums https://www.digitale-technologien.de/DT/Redaktion/DE/Downloads/Publikation/PAiCE_Monitor_en.html, abgerufen 19.11.2018.

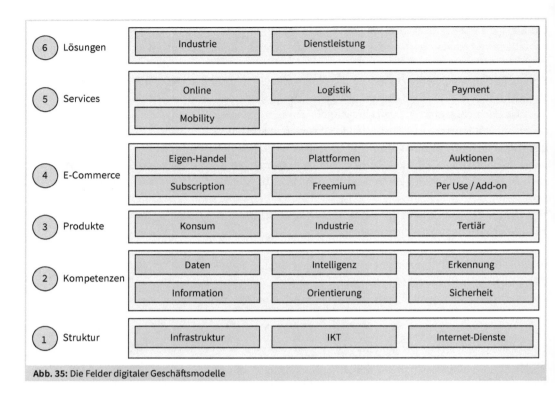

Abb. 35: Die Felder digitaler Geschäftsmodelle

Einschränkend ist daran zu erinnern, dass wir hier den Fokus auf die Internet- und Smart-Data- bzw. Smart-Devices-Geschäfte legen, dafür wurde das Kürzel *I/SD* eingeführt. Wie in Kapitel 5 gezeigt wurde, sind die Segmente der allgemeinen »IT«-basierten Geschäfte und der hier zu adressierenden *I/SD*-getriebenen Geschäfte nicht scharf abgrenzbar. Die Gliederung der Felder *digitaler Geschäftsmodelle* beinhaltet demzufolge auch Geschäfte aus der ursprünglichen IT-Branche. An dieser Stelle sollen jedoch die großen Neuerungen aus dem Segment I/SD hervorgehoben werden. Diese bestimmen das Perimeter für die Sammlung der Geschäftsfelder. Die Sammlung digitaler Geschäftsmodelle ist jedoch nicht allein im Sinne »diskreter« abgeschlossener »Kästchen« zu verstehen, wie die Grafik implizieren könnte. Vielmehr gibt es Überlappungen unter den bezeichneten Feldern und die Praxis bietet:

a) Umsetzungen der strukturellen Ansätze (Ebene 1) und Kompetenzen (Ebene 2) in allen darüber liegenden Ebenen,

b) Denkanstöße »out-of-the box« (das betrifft alle dargestellten Felder) und

c) jegliche Kombinationen von Geschäftsmodellen unter den dargestellten Feldern.

Erst dadurch ergibt sich eine »Quasi-Unendlichkeit« möglicher Geschäftsansätze, wie sie für die Praxis zu erwarten ist. Die Felder digitaler Geschäftsmodelle lassen sich in sechs Hierarchieebenen gliedern (siehe Abb. 35).

10.12 Ebene 1: Strukturgeschäfte

Als »Fundament« dienen die strukturorientierten Geschäfte, die sich unmittelbar mit der Infrastruktur beschäftigen, der allgemeinen Informations- und Kommunikationstechnik als »Enabler« für die I/SD-Geschäfte sowie die zugrunde legenden Internet-Dienste, ohne die im Internet quasi »nichts läuft«.

10.12.1 Infrastrukturbasierte Geschäftsmodelle

Diese können in **Vernetzung** und **Speicherung** segmentiert werden. Zu Ersteren zählen die Geschäfte der großen öffentlichen Netze der Telekom-Betreiber sowie das Internet mit seiner Infrastruktur und seinen technischen Diensten. Das Speichergeschäft gliedert sich in die Betreiber großer Serverfarmen, vor allem zur sicheren Speicherung kritischer Daten, den »Cloud-Rechenzentren«. Strategisch entscheidendste Größe ist die Datensicherheit, weshalb hier Strukturen zur Redundanz und Datenwiederherstellung geschaffen sind, etwa Speicherung in verschiedenen Server-Farmen an verschiedenen Orten. Daneben gibt es lokale Rechenzentren, vor allem sogenannte »Edge-Rechenzentren«[559], möglichst kundennah, vor allem in den Metropolen. Hier werden vor allem schnell abrufbare Daten gespeichert, die aus den Unternehmens-internen betrieblichen Steuerungssystemen extern verlagert werden. Wichtig ist die Latenzzeit, i.e. die schnelle Zugriffszeit. Als unterste Ebene entwickeln sich derzeit *Micro Data Center*, bei denen alle Speicher- und Rechenfunktionen sowie sekundäre Einrichtungen wie unterbrechungsfreie Stromversorgung, Feuer- und Zugriffssicherheit kompakt in einem Schrank untergebracht sind. Diese funktionieren völlig autark, können zwar bei Kunden stehen, werden aber von Datenbank-Betreibern betrieben und gewartet. Der Betrieb Unternehmens-eigener Rechenzentren beschränkt sich zunehmend auf große Firmen.

10.12.2 Internetorientierte IKT-Anwendungen

Im weiteren Sinne steht *Informations- und Kommunikationstechnik* für jegliche Kommunikationsanwendung, darunter Radio, Fernsehen, Handys, Hardware und Software für Computer und Netzwerke, Satellitensysteme sowie für die verschiedenen Dienstleistungen und Anwendungen, die damit verbunden sind. Die Software-Branche liefert zunehmend Lösungen, die spezielle auf Internet-Anwendungen zugeschnitten sind. Im Konsumbereich war *Microsoft* einer der Pilot-Anbieter. Im professionell-industriellen Sektor verschiebt sich das Geschäft mit Systemangeboten, das ursprünglich auf (mehr oder weniger) isolierte Rechenzentren großer Unternehmer gerichtet war, zunehmend in die Segmente mittlerer und kleiner Unternehmen, ermöglicht durch das *Internet* und die *Cloud*. Auch spezielle »Smart Software« ist hier zu nennen, insbesondere als Beiträger für smarte Produkte wie interaktive Displays (Bildung,

---

559 Als Edge-Computing wird meist das Verarbeiten von Daten möglichst nahe an ihrem Entstehungsort bezeichnet. Folgt man dieser Definition, dann sind Edge-Rechenzentren solche Rechenzentren, die nahe am Entstehungsort von Daten platziert werden. Entscheidend ist oft, dass die Datenmenge zu groß ist, um sie unverarbeitet in ein entferntes Rechenzentrum zu übertragen oder dass die Latenzzeit der Datenübertragung für die konkrete Anwendung zu lang ist. Weiteres siehe: Kapitel 9 »Digitale Infrastruktur«.

Dienstleistung und Industrie) und, als Beispiel, interaktive Bildungssoftware für sogenanntes »*Smart Learning*«.[560]

10.12.3   Internet-Dienste

Diese lassen sich in **Zugang**, **Hosting**, **Content** und **Anwendungsdienstleistungen** gliedern. Die Zugangs-Leistung besteht aus der Bereitstellung von Internet-Konnektivität, also dem Transfer von IP-Paketen in und aus dem Internet. Der Transfer kann über *Funktechnik* (als Wireless Internet Service Provider), Wählleitungen, Standleitungen, Breitbandzugänge erfolgen. Wenn der Zugang zu einem Server erbracht wird, der beim Anbieter steht, kann der Transfer durch ein einfaches Netzwerkkabel geschehen. Die Weiterleitung ins Internet kann dabei durch direkte Zugänge zu Internetknoten oder die Netze von anderen Internetdienstanbietern stattfinden.

Domain-Hosting: (Registrierung und Anbieten einer Domain) umfasst die Registrierung und meist zusätzlich auch den Betrieb von Domains innerhalb des Domain Name Systems.

Server-Hosting: (direktes Anbieten von Inhalten, Applikationen und Servern) Server-Hosting ist der Betrieb von virtuellen und dedizierten, also physischen, Servern, optional mit wichtigen Zusatzleistungen wie Wartung und Datensicherung.

Webhosting: Darunter versteht man die Unterbringung (Hosting) von Webseiten auf einem Webserver eines Internetdienstanbieters. Der *Webhoster* genannte Anbieter stellt, üblicherweise gegen Bezahlung, seine Ressourcen zur Verfügung. Dazu gehören insbesondere die Bereitstellung und der Betrieb von Webservern und deren Netzwerkanbindung. Der Leistungsumfang von Webhosting-Angeboten variiert erheblich. Die Angebote beginnen mit einer einfachen Webpräsenz über Server mit Skriptsprachenunterstützung und Back-end-Datenbank bis hin zu Paketen, die ein Web-Content-Management-System beinhalten, Monitoring, Datensicherung, statistischen Auswertungen, Lastverteilung oder Hochverfügbarkeit.

Mail-Hosting: Unter E-Mail-Hosting versteht man das Zur-Verfügung-Stellen von E-Mail-Diensten, insbesondere eines Mailservers, auf vom Anbieter betriebenen Hosts. Optional kann dies auch Filterung (so der Spam- und Virenschutz) und eine Webschnittstelle zur Verwaltung des eigenen E-Mail-Postfaches beinhalten.

Content-Geschäfte bezeichnen das Erzeugen von Inhalten: Der Inhaltsanbieter stellt eigene redaktionelle Beiträge und Inhalte zur Verfügung oder hält ein entsprechendes Programm (CMS[561]) auf Mietbasis bereit. Dabei ist es egal, bei welchem Internetanbieter die jeweiligen Seiten oder Domains tatsächlich liegen, denn die Inhalte werden vom Inhaltsanbieter lediglich verlinkt. Dies hat den Vorteil, dass der Kunde ein CMS nutzen kann und sich nicht um einen eigenen Server zu kümmern braucht.

---

560 https://smarttech.com/de-de, abgerufen 19.11.2018.
561 CMS = Kürzel für Content Management System.

Anwendungsdienstleistungen: Anwendungsanbieter (Application Service Provider, ASP) stellen Kunden spezifische Anwendungen im Internet zur Verfügung. Es handelt sich hier um Dienstleistungen, die eine Anwendung (z. B. ein ERP-System) zum Informationsaustausch über ein öffentliches Netz (z. B. Internet) oder über ein privates Datennetz anbietet. Der ASP kümmert sich um die gesamte Administration, wie Datensicherung, das Einspielen von Patches usw.

10.13   Ebene 2: Kompetenzgeschäfte

Diese Ebene repräsentiert die geschäftlichen Umsetzungen, die primär aus den *I/SD-Technologien* (vgl. Abb. 22) erwachsen. Ihre Anwendungen finden sie in einzelnen Wertschöpfungsstufen von Produktgeschäften (Ebene 3), im E-Commerce (Ebene 4), bei Services (Ebene 5) und in branchenspezifischen Lösungen (Ebene 6).

10.13.1   Datengetriebene Geschäftsansätze

Diese bieten sich in allen Wertschöpfungsstufen von Industrie und Dienstleistung sowie im Konsumbereich an. Dies führt zu unterschiedlichen Geschäftsansätzen, teilweise prozessübergreifend, teils als Support für bestehende Geschäfte aber auch als Basis ganz neuer Geschäftsmodelle. *Google* oder *Facebook* sammeln und nutzen Unmengen an Nutzerdaten – und stehen deshalb auch stark in der Kritik. Sie ermöglichen ihnen gezieltes Marketing, die Ermittlung von Einsparpotenzialen, die Verbesserung von Produkten oder Services und effektive Marktanalysen. Vermeintlich kostenlose Inhalte oder Services bezahlen wir also oft mit unseren Daten, durch die wir etwa spezifisch auf uns zugeschnittene Suchergebnisse oder Werbeanzeigen erhalten.

Datenerhebung und -sammlung ist die Grundlage für fast alle nachfolgenden Segmente. Dies kann aber ein selbstständiges Unternehmenskonzept sein. Das ist nicht neu: So schalten die Statistik-Unternehmen meist lokale Datenerheber ein. Durch Automatisierung, Massensammlung, Datenübertragung und hohe Steigerung der Arbeitsgeschwindigkeit erschließen sich weitere Möglichkeiten (etwa Verfeinerung durch Iterationen innerhalb einzelner Befragungsprozesse) und neue Märkte durch Erschließung immer feinerer Marktsegmente.

Datengenerierung: Die Erzeugung ganz neuer Daten erschließt durch Verbindung verschiedener Technologien ganz neue Geschäftssegmente. So bieten statistische Verfahren, in Verbindung mit komplexen Optimierungen von Besucherströmen neue Geschäftsansätze, etwa in großen Infrastruktureinrichtungen, um die Kaufkraft maximal auszuschöpfen. Dies wird zum Beispiel in *Großflughäfen* genutzt, indem die Gates so ausgewählt werden, dass Fluggäste zwar schnell vom oder zum Gate kommen aber (in Kenntnislage der Fluggastsegmente) zu möglichst vielen spezifisch passenden Kaufangeboten hingeführt werden.[562]

---

562 Dies leistet zum Beispiel das Start-up »Smart Data Lab« von Katharina Schüller, dargestellt im Beitrag »Von Daten zum unternehmerischen Handeln: Entwicklung datenbasierter Geschäftsmodelle in der Industrie 4.0«, in: Kai Lucks (Hrsg.) Praxishandbuch Industrie 4.0, Schäffer-Poeschel Verlag, Stuttgart 2017, S. 697–700.

(Big) Data Analytics ist einer der größten Werttreiber des I/SD-Geschäftes. Im Grundsatz geht es darum, aus (großen) Datenmengen zeitnah für die Masse von (Online- und stationären) Kunden oder in Echtzeit für den Einzelkunden möglichst wertvolle »Smart Data« abzuleiten. Diese beinhalten dann möglichst genaue (etwa kundenspezifische) Aussagen zum Kaufverhalten, um die Kundenwerbung und Kundenakquise möglichst kostengünstig und effektiv gestalten zu können. Hierzu werden häufig mehrere Technologien der Erkennung und Datenbehandlung eingesetzt und miteinander verbunden. Darüber hinaus gibt es ein breites Feld von Einsatzmöglichkeiten in der Fertigung (etwa Lokalisierung von Fehlerquellen), in der *Logistik* (Optimierung von Fahrstrecken), im *Energiesektor* (von der Erzeugung über alle Netzebenen bis zum *Smart Home*) und im Dienstleistungsbereich (etwa im Steuersektor, sowohl bei der Beratung als auch bei *Finanzämtern*).

Data-Mining ist dabei eines der »klassischen« Instrumente, um Rohdaten in wertvolle »Smart Data« zu verwandeln. Auch dies ist eine separierbare Geschäftsstufe, ein Modell, das sich für IT-Spezialisten eignet, und zwar als Wertbeitrag für Kunden, die sich das allein nicht leisten können und deshalb auf externe Zusammenarbeit angewiesen sind. Der Data-Mining-Unternehmer genießt dabei die Vorteile, die er aus praktischer Erfahrung, der Automatisierung (Programmierung) und aus dem Transfer von Lösungen von einem Kunden zum anderen (aber: wettbewerbskritisch!) sowie quer über mehrere Branchen ziehen kann.

Datenaustausch unter direkten Wettbewerbern rechtlich kritisch aber ein interessanter Wertbeitrag. Dies haben die »Big Five« der US-Internet-Industrie schon lange erkannt und praktizieren es ausgiebig. So liefert (darüber wurde schon berichtet) *PayPal* alle Transaktions- und Kundendaten an *Google* und *Amazon*, die sich durch Daten-Rückflüsse revanchieren. Um rechtliche Probleme durch Weitergabe individueller Kundendaten zu umschiffen, bieten sich externe Lösungen an, wie etwa die im M&A-Geschäft praktizierten »*Clean Teams*«, die originäre Kunden- und Geschäftsdaten sammeln (die die Gegenseite nicht sehen darf), diese analysieren, bündeln und aggregiert weitergeben dürfen (weil dann wettbewerbsrechtlich und kartellrechtlich unkritisch). Dies lässt sich auch auf die Profilierung von Einzelkunden übertragen, sodass dem Auftraggeber nicht mehr die kritischen persönlichen Daten ausgehändigt werden, sondern aggregierte Aussagen über dessen Kaufpräferenzen. Der Lösungsansatz über die »Externalisierung« bietet Chancen für I/SD-orientierte Dienstleister und Neugründungen.

Datenveredelung kann als Zwischenstufe angesehen werden, ist aber ein eigenständiges und erfolgversprechendes Geschäftsmodell. Hier geht es, nach bisheriger Praxis, weniger um Lösungen für einzelne Kunden, sondern um standardisierte Software-Angebote und um Aggregationen und Übertragung in kommunikationsfördernde Profile, wie Bild (statistische Grafiken), Ton (Texte vorlesen) und Film/Fernsehen. Die Sammlung und Veredelung allgemein zugänglicher Daten betreibt in Deutschland etwa *Statista*. Diese werden in der Breite kostenlos verteilt, genauere Darstellungen werden aber nur im Bezahl-Abo angeboten (vgl. *Freemium*, s. u.).

Datenhandel bietet sich gleichfalls als Geschäftsbasis an, zumal Daten Werte darstellen, die auf der einen Seite (dem Abgebenden) möglicherweise weniger Wert darstellen (weil sie nebenher anfallen), auf der anderen Seite (dem Datenkäufer) jedoch höhere Werte. Dadurch ergeben sich gleich mehrere Geschäftsmodelle, nämlich direkter Datenverkauf (B2B) oder der Betrieb von Märkten, insbesondere Plattformen und Portale (siehe Kapitel 19 »Online-Handel und Vertriebsplattformen«).

10.13.2   Geschäftsansätze mithilfe künstlicher Intelligenz

Künstliche Intelligenz wurde in Kapitel 8 als »Enabler« (bzw. Grundlagen-Technologie) dargestellt. Dieses ist derzeit eines der am meisten beachteten Felder mit wohl der breitesten Wirkung auf die I/SD-Geschäfte. Eines der führenden Unternehmen auf diesem Gebiet ist *IBM* mit seinem breiten Angebot unter dem Namen »*Watson*«[563], einem Set von APIs[564] und SaaS[565]-Angeboten. Derzeit boomt der Ausbau des Gebiets der *künstlichen Intelligenz* wie wohl kein zweites. Die zahlreichen Forschungsprogramme[566], Neuschaffung von Lehrstühlen, Aufmerksamkeit der Regierung, und unternehmerische Initiativen[567] zeigen dies. Damit bietet sich diese Wertschöpfungsstufe auch als eigenständiges Geschäftsmodell an, was die Menge der darauf ausgerichteten *Start-ups* derzeit beweist.[568]

10.13.3   Geschäftsansätze mit Erkennungsfunktionen

Wie im Kapitel 8 ausgiebig behandelt, bieten die Technologien und Anwendungsfelder zur *Erkennung* (von Bildern, Logos Objekten, Gesichtern, anderen biometrischen Daten, Sprache, Texte und Verhaltensmustern) eine ungemeine Breite von Geschäftsansätzen unterschiedlichster Art: in der Entwicklung, bei Dienstleistungen, in (smarten) Produkten (HW, SW) und Lösungen (etwa Erkennung von Verkehrszeichen und Übertragung auf fahrerunterstützende Systeme). Grundlage sind meist spezielle Ansätze von (mehr oder weniger komplexer) künstlicher Intelligenz. Als Bestandteil von Systemen (etwa *Robotics*, autonomes Fahren) sind dies HW- bzw. SW-Komponenten, bisweilen unter Integration von Optik, Mikroelektronik, Sensoriksystemen. Dies erlaubt spezielle Produkte (Foto- und Fernsehindustrie …) Zuliefergeschäfte (Fertigungsautomatisierung …), Sehhilfen, oder auch Branchenlösungen (z. B. Schrifterkennung als Grundlage etwa für Legal Tech).

---

563 IBM Watson: die innovative KI-Plattform für Unternehmen. In: https://www.bechtle.com/at/it-loesungen/business-applications/kuenstliche-intelligenz/ibm-watson, abgerufen 15.10.2019.

564 Eine Schnittstelle zur Anwendungsprogrammierung, häufig nur API genannt (englisch application programming interface).

565 Software as a Service (SaaS) ist ein Teilbereich des Cloud Computings. Das SaaS-Modell basiert auf dem Grundsatz, dass die Software und die IT-Infrastruktur bei einem externen IT-Dienstleister betrieben und vom Kunden als Dienstleistung genutzt werden.

566 Darunter das Deutsche Forschungszentrum für Künstliche Intelligenz (FKI) in Berlin, https://www.dfki.de/web/, abgerufen 19.11.2018.

567 Etwa Siemens: 600-Mio-Investment in Berlin Siemensstadt zur Ansiedlung von Forschungs- und Gründungszentren, u. a. für künstliche Intelligenz. ttps://www.hannovermesse.de/de/news/siemens-investiert-bis-zu-600-mio.-euro-in-berlin-104772.xhtml, abgerufen 19.11.2018.

568 Laut Wirtschaftswoche-Umfrage setzen 43 % der deutschen Start-ups nach eigenen Angaben heute bereits künstliche Intelligenz in ihrem Unternehmen ein, weitere 33 % planen den Einsatz der Technologie aktuell. Stand vom 1.8.2018. http://gruender.wiwo.de/start-ups-volle-kraft-auf-kuenstliche-intelligenz/, abgerufen 19.11.2018.

10.13.4   Information als Geschäft

Mit dem Vormarsch des *tertiären Sektors* wurden »Information« und »Wissenserzeugung« bereits in den 60er Jahren des 20. Jahrhunderts zur wichtigsten Wertschöpfungsstufe in Wirtschaft und Verwaltung.[569] Aktuelle Schätzungen gehen davon aus, dass sich das Wissen der Welt etwa alle fünf bis zwölf Jahre verdoppelt, wobei sich diese Rate noch beschleunigt. Immer mehr Datensätze entstehen ohne Zutun eines Menschen. Dazu gehören nicht nur Randdaten (bei der Nutzung elektronischer Infrastruktur), sondern auch wissenschaftliche Inhalte wie Gensequenzen oder astronomische Durchmusterungen. Die aktuelle Beschleunigung bei der Verbreitung von Informationen ist vor allem dem Internet geschuldet. Demzufolge verdoppelt sich die Datenmenge jährlich. Im Jahr 2025 werden weltweit rund 163 Zettabyte (das ist eine 163 mit 21 Nullen) an Daten generiert werden – das ist das zehnfache im Vergleich zum Jahr 2016 (16 Zettabyte). Das entspricht allen derzeit bei *Netflix* gespeicherten Serien und Filmen – knapp 500 Mio. Mal betrachtet. Dabei liegt die jährliche Wachstumsrate aller Daten zwischen 2015 und 2025 bei 30 %.[570] Eines der erfolgreichsten deutschen Informationsunternehmen ist die *Burda-Gruppe*. Deren Umsätze sind im Print-Bereich seit Jahren stabil. Der Geschäftsbereich Digitalmarken National wuchs laut Burda im Jahr 2017 um 19 % auf 1,4 Mrd. € und trägt damit 52 % zum Gesamtumsatz bei. Zu den größten Umsatzbringern gehörten dabei die Business-Plattform *Xing*, die inzwischen 1 Mio. zahlende Mitglieder im deutschsprachigen Raum hat, sowie die E-Commerce-Unternehmen *Cyberport* und *Computeruniverse*.[571]

10.13.5   Orientierung als Geschäft

Dies können Produkte oder Dienstleistungen sein. Zu den Produktgeschäften gehören digitale Karten für den Straßenverkehr. Zu unterscheiden sind Offline-Karten und online-unterstützte Karten mit aktuellen Straßenzustandsinformationen (Kartendienste).

Weltweit führender Anbieter bei Offline-Karten und Online-Navigation ist *Google* (*Google Earth*), die kostenlos Straßenkarten aller Gemeinden weltweit abdecken. Das kostenlose *Google Maps* beinhaltet exakte Stauprognosen und konkurriert mit kostenpflichtigen Navigationslösungen. Das Programm unterstützt nicht nur mit Straßeninformationen, sondern ist auch direkt als Routenplaner eingerichtet. Google Maps für *iPhone* und *iPad* sowie für *Android-Smartphones* und *Android-Tablets* ist eine Navigations-App für Autofahrer, Radfahrer und Fußgänger, aber auch für Benutzer des öffentlichen Nahverkehrs. Unter dem Boom der Smartphones leiden die früher populären Navigationsgeräte fürs Auto. So ging der Absatz von portablen und fest eingebauten Navis im vergangenen Jahr laut *Home Electronics Markt Index Deutschland (HEMIX)* um 21,4 % zurück.[572]

---

569 Die ersten Versuche, das Wachstum des Wissens zu quantifizieren, stammen aus den 1950ern. In der UdSSR untersuchte Gennadi Michailovic Dobrov 1971 mithilfe statistischer Analysen die Wissensproduktion. In den USA erschien 1963 ein Buch von Derek de Solla Price »Little Science, Big Science« (deutsch 1974).

570 http://blog.wiwo.de/look-at-it/2017/04/04/weltweite-datenmengen-verzehnfachen-sich-bis-zum-jahr-2025-gegenueber-heute/, abgerufen 19.11.2018.

571 Bericht des Burda-Vorstands am 19.4.2018, https://www.horizont.net/medien/nachrichten/18-Prozent-Plus-Burda-meldet-hoechsten-Umsatz-der-Unternehmensgeschichte-166441, abgerufen 19.11.2018.

572 https://www.allesbeste.de/test/das-beste-navi/, abgerufen 20.11.2018.

In Deutschland bieten über 30 Hersteller digitale Karten an, vor allem in der Auftragskartografie. Meist kommen sie aus der Gedrucktkarten-Herstellung.[573] Auch Online-Kartografie ist ein Geschäft, etwa zur Belieferung mit individuellen Vektor-Karten.[574] Mit der Technik des *Mappings* entwirft die Firma *HERE* hochpräzise digitale Straßenkarten und schafft so die Grundlage für autonomes Fahren. *BMW* nutzt diese Karten, um Autos intelligent zu machen. Neue HD-Karten zeigen eine Fülle von Informationen, nicht nur Straßen und Routen. In ihren vielen Billionen Pixeln ist die Umgebung sozusagen vollständig enthalten: von Bäumen am Wegrand bis hin zu Details im Zentimeterbereich wie sogar die Höhe der Bordsteine. All das wird dreidimensional erfasst und dargestellt. Das Rohmaterial für die Karte liefert keine Kamera, sondern ein *Lidar* (*Light Detection and Ranging*). Ein hochempfindlicher *Laserscanner*, montiert auf das Dach eines Messfahrzeugs, sendet in hoher Frequenz Lichtpulse aus. Diese werden von Objekten reflektiert und kehren zum Sensor zurück, welcher damit die Entfernung jedes einzelnen Punktes messen kann. Eine Technologie, die beispielsweise die NASA nutzte, um den Mond exakt zu vermessen.[575]

Auch für Verkehrsträger aus **Luft- und Seefahrt** gibt es digitale Karten und Dienste für Routenführungen. Am bekanntesten sind die Dienste der Flugsicherung. Die *DFS Deutsche Flugsicherung GmbH* hat ein umfassendes Innovationsprogramm zur Optimierung und Modernisierung von Luftraum und Navigationsinfrastruktur in Deutschland gestartet. Das Erneuerungsprogramm ermöglicht den dynamischen Übergang von der primär konventionellen bodengebundenen zur modernen Flächennavigation. Bis zum Jahr 2029 werden die Flugverfahren an mehr als 60 deutschen Flugplätzen schrittweise auf präzisere *Flächennavigationsverfahren* unter Einbeziehung von *Satellitennavigation* umgestellt.[576] Die Digitalisierung in der *Schifffahrt* führt unweigerlich zum »autonomen Schiff«. Die in Kiel ansässige *Raytheon Anschütz* ist seit über 100 Jahren der Weltmarktführer für moderne Schiffsnavigation: gestern die Erfindung des Kreiselkompasses, heute Vorreiter für integrierte Brückensysteme.[577]

Das Bundesministerium für Verkehr und digitale Infrastruktur hat das Programm »Indoor Assist« aufgesetzt. Dies bietet digitale **Navigation für Blinde und Sehende** in Bahnhöfen und weiteren Gebäuden. Im Indoorbereich fehlt das nötige Satellitensignal, wodurch die Navigation unterbrochen wird. Das Ziel ist die Umsetzung einer breit einsetzbaren Navigation in Räumen, welche von allen Smartphone-Nutzern verwendet werden kann. Das System soll, sobald es in Gebäuden installiert ist, in andere Smartphone-Apps integrierbar sein. Somit können beispielsweise im Nah- und Fernverkehr neue und ortsbezogene Anwendungen ermöglicht werden. Damit sollen ortsunkundige und auf Hilfe angewiesene Menschen dabei unterstützt werden, das Ziel im Gebäude selbst zu finden.[578]

---

573 Wer liefert was? https://www.wlw.de/de/firmen/digitale-landkarten?q=Landkarten%2C+digitale&filter%5Bsort%5D=package&q= Landkarten%2C+digitale&utf8=%E2%9C%93&filter%5Bregion%5D=&filter%5Bradius%5D=50&filter%5Blat%5D=&filter%5Blng% 5D=&utf8=%E2%9C%93&filter%5Bsupplier_types%5D%5B%5D=manufacturer, abgerufen 20.11.2018.

574 Z.B. geodressing.de http://www.geodressing.de/?gclid=Cj0KCQiA_s7fBRDrARIsAGEvF8QfrLnoZg1w3Xz62OrmkPfVvZuQFWGD4rwe PmCjlFnFNBRKmH4g4-4aAm2PEALw_wcB, abgerufen 20.11.2018.

575 https://www.bmw.com/de/innovation/mapping.html?tl=sea-goog-ming-bra-miy-com1-sear-Mappingg-20180816-.-cc_de, abgerufen 20.11.2018.

576 https://www.dfs.de/dfs_homepage/de/Presse/Pressemitteilungen/2017/22.09.2017.-%20Die%20Deutsche%20Flugsicherung%20 startet%20Navigation%20der%20Zukunft/, abgerufen 20.11.2018.

577 Bericht aus der »Digitalen Woche Kiel« vom 14.9.2018 mit dem Titel »Das Autonome Schiff – Digitalisierung in der Schifffahrt«. In: https://www.linkedin.com/pulse/diwokiel-autonomes-schiff-im-ran-dock-niels-moeller/, abgerufen 15.10.2019.

578 https://www.bmvi.de/SharedDocs/DE/Artikel/DG/mfund-projekte/navigation-in-gebaeuden-indoorassist.html, abgerufen 20.11.2018.

10.13.6   Sicherheit als Geschäft

Das Geschäft mit der Sicherheit setzt sich zusammen aus Produkten (HW/SW) und Dienstleistungen, die jeweils online beschafft bzw. geleistet und unterstützt sein können. In vielen Fällen handelt es sich um Verbundlösungen aus Produkten und Dienstleistungen, online und vor Ort.

Datenschutz und -sicherheit

Auch unter dem Begriff *Cyber Security* subsumiert, sind die ureigensten Domänen des I/SD-getriebenen Geschäftes. Der Datenschutz betrifft alle Stufen des Arbeitsprozesses, von der Kundenakquise bis zu Daten-*(Akten-)Vernichtung*. Spezielle Datenschutz-Richtlinien gibt es in den meisten schutzrelevanten Bereichen, etwa in der Gesundheitsversorgung. Online-induzierte Betriebsunterbrechungen gehören zu den neuen Risiken von Unternehmen, etwa weil sich ein *Hacker* Zugang über ihre IT verschafft hat und die Website-Daten ändert, blockt oder ganz löscht. Nach der DSGVO sind bei einem Datenverlust auch die Betroffenen zu informieren. Nach *DSGVO* können bis zu 4 % ihres Vorjahresumsatzes bzw. 20 Mio. € als Bußgeld für Datenschutzverletzungen anfallen. Mit Einführung der DSGVO bedarf es eines komplexen Datenschutz-Management-Systems. Vor diesem Hintergrund hat sich eine ganze Branche von Beratern und Dienstleistern gebildet. Gemäß deutschem Recht werden Websitebetreibern einige Pflichten auferlegt, um den Datenschutz der Seitenbesucher zu gewährleisten:

- Datenschutzerklärung: Jede Website muss ihre Nutzer darüber informieren, welche personenbezogenen Daten gespeichert und erhoben werden.
- Auskunftspflicht: Möchte ein Besucher erfahren, welche Daten über ihn gespeichert wurden, hat er das Recht, kostenlose Auskunft zu erhalten.
- Berichtigungs- und Löschpflicht: Sind gespeicherte Daten falsch, müssen diese auf Wunsch des Betroffenen berichtigt oder gelöscht werden.
- Impressumspflicht.

Facebook-Angebote entsprechen nicht dem personenbezogenen Datenschutz.[579] Dienstleistungs- und Lösungspakete für Datenschutz und -sicherheit im Online-Geschäft bietet etwa *Google Analytics*[580] Die Anbieter im Markt sind hochdifferenziert. Zahlreiche lokale Dienstleister helfen vor Angriffen, Computerviren und Trojanern.[581]

Personen- und Finanzsicherheit

Auch hier werden praktisch alle Geschäftsmodelle verfolgt. Zu diesem Segment zählen auch personenbezogene Finanzverpflichtungen.[582] Im Vordergrund des Online-Breitengeschäftes stehen Sicherheitsprodukte, die zunehmend vernetzt sind. IT-Lösungen für Sicherheitsdienstleister bietet etwa *Bosy*

---

579   Allein die Einbindung eines Facebook-Like-Buttons über das Facebook-Plugin führt dazu, dass personenbezogene Daten über die Websitebesucher an die Facebook Inc. weitergeleitet werden – ohne dass dagegen **widersprochen** werden kann. https://www. datenschutz.org/facebook-like-button-datenschutz/, abgerufen 20.11.2018.

580   https://www.datenschutz.org/google-analytics-datenschutz/, abgerufen 20.11.2018.

581   Zum Beispiel Teamware in Bayern: https://tw.de/sicherheit?gclid=Cj0KCQiA_s7fBRDrARIsAGEvF8SZIPDc8s9geKlymar7z-C-AW4gD BRwcDYFoTciBsixDtoMT3nPJP4aAuR1EALw_wcB, abgerufen 20.11.2018.

582   Etwa: schuldrechtliche Ansprüche eines Gläubigers gegen dritte Sicherungsgeber, die sich vertraglich verpflichten, dass der Kreditnehmer seine Verpflichtungen erfüllt. Quelle: Gabler Wirtschaftslexikon. https://wirtschaftslexikon.gabler.de/definition/ personensicherheit-45249, abgerufen 20.11.2018.

Protect an.[583] Als bester B2B Marktplatz für Personensicherheit in Deutschland empfiehlt sich die Online-Plattform »*Wer-liefert-was*«.[584] Die Dienstleistungen des Personenschutzes und Ordnungsdienste sind zwingend onlinebasiert tätig. Die Rechtslage erlaubt »Normalbürgern« lediglich, sich und ihr Eigentum über private Dienste abzusichern. Diese erst geben im Gefahrenfall die Meldung an die Polizei weiter. Nur besonders gefährdete Personenkreise haben die Möglichkeit, direkt an das polizeiliche Netz angeschlossen zu werden. Dahinter stehen Hochsicherheits-IT-Systeme besonders zertifizierter Systemlieferanten.

Objektschutz

Dieser ist eng mit dem Personenschutz verbunden, zumal (kein Paradox!) Objekte vor allem gegen Personen geschützt werden müssen – neben *Elementarschäden* vor allem. Der Schutz erfolgt meist mit installierten Anlagen, in die statische und dynamische (Bewegungs-)Erkennungssysteme integriert sind. Die Infrastruktur (Sensorik, Netze und Zentralen) für Sicherheit und für Feuer sind aus haftungs- und versicherungsrechtlichen Gründen physisch getrennt und können nur durch ein übergeordnetes Beobachtungssystem zusammengeführt werden. Planung und Bau erfolgen durch entsprechend spezialisierte Planer und Systembauer, die Überwachung selber wird vorwiegend an Dienstleister übertragen. Internet und Cloud erlauben zunehmende Zentralisierung, teils weitab vom Einsatzort unter dem Begriff »*Security as a Service*« – in Verbindung mit lokalen Einsatzkräften, evtl. als Subunternehmer eines Geschäftes das sich durch I/SD zunehmend internationalisiert.

Transportsicherheit im Verbund mit Transportleistungen

Transportschutz bzw. Transportsicherung oder Warensicherung ist im Wesentlichen ein Produktgeschäft für physischen Schutz, online angeboten durch zahlreiche Spezialgeschäfte. softwarebasierte Transportmanagementsysteme decken die end-to-end-Lieferkette auch unter Sicherheitsaspekten ab. Der weltweite Markt für Transportmanagementsysteme wird voraussichtlich von 2017 bis 2025 jährlich um durchschnittlich 13,6 % wachsen.[585] Eine Online-Plattform für Transportvermittlung bietet *pamyra*.[586] Online-Frachtbörsen (inklusive aller Nebenleistungen wie Sicherheit, Transportüberwachung und -verfolgung) konnten sich bisher nicht durchsetzen, entgegen optimistischer Erwartungen, dass schon in naher Zukunft Online-Frachtbörsen, darunter die Branchengrößen *Timocom*, *Teleroute* oder *Anyvan*, den Großteil des Logistikgeschäfts abwickeln würden. Freien Laderaum ins Internet stellen, auf den Klick eines Warenversenders warten und anschließend den Transport für den Online-Kunden abwickeln. Das Modell von *Uber*, *Airbnb* oder *eBay* funktioniert in der Logistik bisher nicht. Digitalisierung und die bisher auf »within-the-box« ausgelegte künstliche Intelligenz können nicht das offene Kompetenz- und Aktivitätenfeld klassischer Speditionen abdecken. Nicht ohne Grund: 39 einzelne Arbeitsschritte zählen Spediteure, wenn es um die Abwicklung eines Transportauftrages nach Übersee geht. Durchschnittlich elf Mitarbeiter seien mit dem Bearbeiten eines Frachtauftrags beschäftigt, berichten andere.[587] Dennoch

583   https://bosy.com/?gclid=Cj0KCQiA_s7fBRDrARIsAGEvF8ShsX7NNukmd2RfPVDlgeKcekTAIVBGw9kelbky3T_
        Q2B3TM3npXHcaAp0FEALw_wcB, abgerufen 20.11.2018.
584   https://www.wlw.de/de/unternehmen/start, abgerufen 20.11.2018.
585   https://www.transwide.com/de/transport-management-system/?WKTS_CAMPAIGN_ID=70157000000eYaeAAE&WKTS_
        LEADSOURCE=SEA&gclid=Cj0KCQiA_s7fBRDrARIsAGEvF8Q6geXw0eAwo9op4mfjdQZHXl1yMpcdQMzmw8Ibq1wawyYLl1vUUaAs
        S6EALw_wcB, abgerufen 21.11.2018.
586   https://www.pamyra.de/ratgeber/speditionen-vergleichen, abgerufen 21.11.2018.
587   Christoph Schlautmann: Fracht ist dumm – warum Online-Transportbörsen sich nicht durchsetzen können, Handelsblatt vom
        5.6.2018.

sind hier Durchbrüche zu erwarten, insbesondere wenn sich weitere Standardisierungen, einheitliche Schnittstellen und onlinebasierte Technologien zur Warenverfolgung (insbesondere zum Wiederauffinden »verlorener« Waren) durchsetzen, etwa *RFID*-basierte und mit uplinks ausgerüstete automatische Ortungssysteme. Das ist aber eine Kostenfrage.

Feuer- und Katastrophenschutz

Für den Feuerschutzmarkt gibt es spezielle Online-Anbieter. Im Infrastrukturgeschäft werden alle Ebenen miteinander online verbunden, von funkgesteuerten Warnanlagen mit Rauch- und Gasmeldern über Netze bis zu den privaten und öffentlichen Sicherheitsdiensten. Grundlage des Katastrophenschutzes sind *Geo-Informationssysteme* (*GIS*). GIS basierte Risikomanagementsysteme erleichtern Maßnahmen zur Vorbereitung auf Krisen. GIS kommen auch im Krisenmanagement zum Einsatz. Die Privatwirtschaft bietet dazu Plattformen an, die alle relevanten Daten und Informationen mit dem Bezug zum Raum verbinden. Damit können sämtliche Einsatzfaktoren ausgewertet werden. Im Krisen- und Katastrophenfall werden aktuelle Daten wie Wetter oder Infrastruktur eingebunden. Wenn nach Großschadenslagen Infrastrukturen zerstört und Transportwege blockiert sind, ist es entscheidend für die Leitung von Rettungskräften, die aktuelle Situation zu beschreiben und die Möglichkeiten zu bewerten. Für den Katastropheneinsatz werden Lösungen vom Server bis zur App auf mobilen Endgeräten angeboten.[588]

Umweltschutz

Jegliche wirtschaftliche Tätigkeit ist unvermeidbar mit ökologischen Effekten verbunden. Für die Durchführung des integrierten Umweltschutzes bestehen verstärkte Innovationsaktivitäten. Der Innovationsdruck wird durch die sich verschlechternde Qualität des Ökosystems bei fortgesetzter traditioneller Wirtschaftsweise verstärkt. Umweltschutz, Klimaschutz, Nachhaltigkeit und Ressourcenschonung sind wichtige Treiber für Innovationen. Innovationsstrategien sollten diese zu einem integralen Bestandteil machen. Dabei sind gesetzliche Vorgaben wie die Öko-Design-Verordnung als Chance zu begreifen. Das Umwelt-Bundesamt bietet online eine Übersicht über die Arbeitsfelder, aus der sich geschäftliche Ansätze ableiten lassen.[589] Beratung im Feld Wasser und Umwelt bietet etwa *Dornier Consulting*.[590] Umwelt online gibt ein *Rechtskataster* heraus, eine datenbankgestützte Anwendung, mit der die Einhaltung relevanter Vorschriften im eigenen Unternehmen überprüft und dokumentiert werden kann.[591] Um die *Zertifizierung* eines *Managementsystems* zum Beispiel nach ISO 50001, ISO 14001, ISO 45001, EMAS oder OHSAS 18001 vornehmen zu lassen, ist die Einhaltung der geltenden Rechtsvorschriften eine Grundvoraussetzung.[592]

Prozess-Sicherheit

»Industrie 4.0« birgt viele Vorteile, aber auch gravierende Sicherheitsrisiken. Die durchgreifende Digitalisierung bringt erhebliche und neuartige Sicherheitsrisiken mit sich, auf die sich die Wirtschaft einstellen muss. *Hartmut Pohl*, Sprecher des Präsidiumsarbeitskreises »Datenschutz und IT-Sicherheit«

---

588 https://www.esri.de/branchen/gis-fuer-oeffentliche-sicherheit/katastrophenschutz, abgerufen 21.11.2018.
589 https://www.umweltbundesamt.de/themen, abgerufen 21.11.2018.
590 https://www.dornier-consulting.com/de/water-environment-main/, abgerufen 21.11.2018.
591 https://www.umwelt-online.de/, abgerufen 21.11.2018.
592 https://www.rechtskataster-online.de/?gclid=CjwKCAiAodTfBRBEEiwAa1haunctJZk3lu5FTJQH8dOEV3XAWyCo5klYDg9LpVOdbPW8yk162IEEThoCv_AQAvD_BwE, abgerufen 21.11.2018.

der *Gesellschaft für Informatik*, schlägt Alarm: Das Thema Sicherheit wird für die Industrie 4.0 immer noch unterschätzt. Nicht nur klassische Gefahren wie *Viren* oder *Trojaner* bedrohen die zunehmend via Internet vernetzten Produktionsanlagen, sondern auch neuartige und auf industrielle Kontrollsysteme maßgeschneiderte Attacken à la *Stuxnet*, *Duqu* und *Flame*. Da sie unbekannte Sicherheitslücken ausnutzen, können sie von *Intrusion-Detection-Systemen* nicht erkannt werden. Die sich aus der Komplexität der Vernetzung von Systemen ergebenden Risiken sind aber gravierend. Durch die Verknüpfung über Abteilungs-, Unternehmens- und sogar Ländergrenzen hinaus können Sicherheitslücken auf Kunden und Lieferanten durchschlagen. Die Motive hinter Manipulationsversuchen sind häufig Industriespionage sowie Produktpiraterie. Auch die organisierte Kriminalität setzt zunehmend online auf Betrugsmaschen und Erpressungsmethoden durch Sabotage. Die produzierenden Unternehmen werden sich dessen zunehmend bewusst und setzen auf diverse Abwehrtechniken wie *Security by Design*, *Trusted Platform Modules*, *Whitelisting* und neue, noch genau zu entwickelnde Standards.[593] Prozess-Sicherheit und verfahrenstechnische Beratungen sind Dienstleistungen, die auch online angeboten werden.[594]

Hochsicherheitssystem-Geschäfte

Hochsicherheitsbereiche wie *Militär*, *Kraftwerke* (insbesondere *Kernkraftwerke*), *Bahntechnik* und kritische Fertigungsanlagen (etwa Chemie, Pharma) benötigen Hochsicherheitssysteme. Diese müssen per Definition redundant (mehrere Systeme parallel und gestaffelt) und komplementär (in Hardware, Software und Programmdesign) angelegt sein. Das trifft auch auf die IT zu: Rechner, Netze und redundante softwarebasierte Steuerungen unterschiedlicher Provenienz. Darüber hinaus müssen Netze und weitere IT-Infrastrukturen wirksam von öffentlichem Zugang getrennt sein, am besten durch physisch separierte, eigenständig mit Energie versorgte Anlagen mit möglichst wenigen, zentralisierten und besonders geschützten Übergängen zur Öffentlichkeit.

In vielen Bereichen verwenden sicherheitskritische Anwendungen die gleichen Technologien wie öffentliche *Telekommunikationsnetze*. Es gibt jedoch wesentliche Unterschiede, die bei der Planung und für den Betrieb solcher Netze berücksichtigt werden müssen. Während für das öffentliche Netz eine Verfügbarkeit von 99,999 % – entspricht einem Ausfall von maximal fünf Minuten pro Jahr – gefordert ist, beträgt der entsprechende Wert für sicherheitskritische Anwendungen, etwa bei der Energieversorgung, 99,9999 % – also maximal 32 Sekunden Ausfall pro Jahr. Die Kommunikation basiert auf der Transportebene zum größten Teil auf *SDH-Netzen*. Hier werden die Übertragungswege mit Funktionen wie »*Path Protection*« (Schutzschaltung auf Leitungsebene) oder »*Multiplex Section Protection*« (eine Ersatzverbindung schützt genau eine Faserverbindung) abgesichert. Typischerweise sind Umschaltzeiten unter 50 Millisekunden nötig. Bestimmte Ethernet/IP-basierte Schutzmechanismen (*RSTP*,[595] redundante Routing-Pfade), wie sie teilweise in öffentlichen Netzen eingesetzt werden, eignen sich für den Einsatz in hochverfügbaren Netzen nicht. Die Weiterentwicklung sicherheitskritischer Kommunikationsnetze bewegt sich immer im Spannungsfeld zwischen Kompatibilität mit den Bestandssystemen und der Integration von Standardkomponenten in individuelle Lösungen sowie zwischen nationalen und inter-

---

593 https://www.computerwoche.de/a/sicherheit-in-der-industrie-4-0,2557573, abgerufen 21.11.2018.

594 Etwa durch Porec: https://prorec-berlin.com/de/2017/02/20/prorec-flyer-zu-berechnungsdienstleistungen-prozess-sicherheit-online/, abgerufen 21.11.2018.

595 RSTP: Das Rapid Spanning Tree Protocol ist ein Netzprotokoll, um redundante Pfade in lokalen Netzen zu deaktivieren, bzw. im Bedarfsfall wieder zu aktivieren.

nationalen Sicherheitsstandards wie *CENELEC 50159* (sicherheitsrelevante Kommunikation in Übertragungssystemen für *Bahnanwendungen*) oder IEC 61508 (funktionale Sicherheit sicherheitsbezogener elektrischer/elektronischer/programmierbarer elektronischer Systeme).[596] Ein aktuelles Lösungsbeispiel für Hochsicherheitsbereiche liefert *AREVA* Erlangen, der vormalige Nuklearteil der *Siemens KWU*.[597]

10.14   Ebene 3: Produktgeschäfte

»Produkt« ist hier breit zu definieren: Einerseits beinhaltet dies sowohl Hardware als auch Software. Andererseits sind wegen der nach Branchen unterschiedlichen Definition des Begriffes »Produkt« hier auch Roh- und Hilfsstoffe (Stahlbrammen, Öle, …), Energie (Strom, Treibstoffe …), Lebensmittel und technische Komponenten (HW, SW) im Produktgeschäft sowie im System- und Anlagengeschäfte mit einzubeziehen. Alle sind im Segment der Internet- und Smart-Data-getriebenen Geschäfte zu erfassen.

10.14.1   Smart Products im Konsumgeschäft

Dieses Geschäftsfeld beinhaltet eine große, durch weitere Differenzierung und Erschließung neuer technischer Möglichkeiten sich ständig erweiternde Bandbreite von Konsumprodukten, wie Mobiltelefonie, insbes. *Smartphones*, *Tablets*, *Laptops*, *Towers* sowie eine dazugehörige Peripherie und Zusatzgeräte. Hinzu kommen weitere Informations- und Unterhaltungsprodukte zu *Radio*, *Fernsehen*, *Fotoausrüstungen*[598], *Computerspielen* (HW, SW) usw. Alle Produkte des »Smart Homes« sind hier zuzurechnen, beinhaltend alle mit Intelligenz (etwa zur Verbrauchssteuerung oder Orientierung …) bzw. Kommunikationsfähigkeit ausgestatteten Geräten sowie die Ausrüstung zur Steuerung, Kommunikation und Datenübertragung in die übergeordneten Versorger- und Kommunikationsnetze. Am weitesten verbreitet und mit autonomen Kompetenzen durchdrungen sind derzeit *Saugroboter* und *Mähroboter*. Hinzu kommen die schon für *Smart-Home*-Anwendungen vorbereitete *weiße Waren* (Waschmaschinen, Geschirrspüler, Herde …). Zu den direkten online-induzierten Liefergeschäften (B2C) kommen Zulieferungsgeschäfte (B2B), etwa in Form von Nutzerhandbüchern/Gebrauchsanleitungen, die »on-the-spot« und Einzelgerät-spezifisch von Online-Spezialdruckereien auf der Basis von direktem Datenaustausch aus dem Produktionsprozess von den Herstellern eingespeist werden.[599] Auch die Ausgliederung von

---

596   https://www.it-business.de/kernpunkte-sicherheitskritischer-kommunikationsnetze-a-318431/, abgerufen 21.11.2018.

597   https://www.logistik-express.com/areva-setzt-auf-uwb-ortung-fuer-personensicherheit/, abgerufen 20.11.2018.

598   Das Segment der »Smart Cameras« wird bei einfachen kompakten Produkten in der automatischen Sicherheitsüberwachung eingesetzt. Das Segment der einfacheren »smarten« Konsumkamera wird zunehmend aufgesogen durch die Smartphones. Damit wird das auf »Bilderzeugung« spezialisierte Kompaktkamerasegment praktisch eliminiert. Im höherwertigen Kamerasegment wird heute neben den – von der Analogfotografie abgeleiteten – digitalen Kameras mit Spiegelsystemen ein Segment von intelligenten mit GPS und WLAN-Kommunikation ausgerüsteten spiegellosen Kameras mit automatischer Bilderkennung, Lokalisierung und (in naher Zukunft) Orts- und Objekterkennung sowie deren Benennung angeboten, die sich über Bluetooth mit allen anderen Smart Products der Konsumelektronik vernetzen können, um Daten, Bilder und Nachrichten auszutauschen. Auch der Zugriff über das Internet zur Speicherung der Bilder in der Cloud ist in der Diskussion. Damit wird die Kamera zu einem vollwertigen cyber-physischen System (CPS). Im professionellen Hochleistungsmarkt ist dies bereits erreicht, da es etwa bei der Fußball-Berichterstattung darauf ankommt, Bilder so schnell als möglich an die Redaktionen zu übertragen. Wer der Schnellste ist, bekommt das Geld, die anderen gehen leer aus. Damit können die Medien in wenigen Sekunden nach einem Treffer Stand- und Bewegtbilder der Öffentlichkeit anbieten.

599   Weiteres siehe im Beitrag »Industrie 4.0-Best-Practice-Beispiel: Hoffmann Druck + Medien – Fertigung im Kundentakt« von Thorsten Kelp, S. 545–550 in Kai Lucks (Hrsg.) Praxishandbuch Industrie 4.0, Schäffer-Poeschel Verlag, Stuttgart 2017.

Leistungen an Logistiker, etwa Endausrüstung mit marken- oder kundenspezifischen Features, Integration der Lieferteile und Verpackung können hier einbezogen werden. Ein weiteres Beispiel ist die online-induzierte Produktion und Lieferung von Fotoabzügen.[600]

10.14.2 Smart Devices im Industriegeschäft

Zu den »Smart Devices« im Industriegeschäft zählen Roboter und jegliche Handlingsysteme, angefangen von großen tonnenschweren Portalkränen bis zu den feinsten im Submillimeterbereich arbeitenden Pick-and-Place-Ausrüstungen zur Fertigung mikroelektronischer Bauteile. Gemeinsames Kriterium als »smart« ist hier wieder die Kommunikationsfähigkeit, also die Einbindung in die Betriebssteuerung, Logistik, Timing, Leistungserfassung, Qualitätskontrolle, automatische Abrechnung usw. Hinzu kommen nach Bedarf Fähigkeiten der Objekterkennung, der Interaktion mit anderen Maschinen und Menschen, die zunehmend in direkt stattfindet (anstelle von abgetrennten Sicherheitszellen). Dies erfordert die Erfassung und Einrechnung zahlreicher Parameter, ist nicht neu, wird aber durch komplexere *Sensoriksysteme* ermöglicht und unter Abgleich zahlreicher Input-Daten, automatischer Entscheidungen (*künstlicher Intelligenz*), schnellster Reaktionszeiten (geringstmögliche *Latenz* als strategisch entscheidendes Kriterium) durch Breitband-Datenübertragung (lokal, im Netz, in und von der Cloud) in höchste Leistungsklassen der Automatisierung, *Autonomie* und *Mensch-Maschine-Interaktion* getrieben. Zu den hier beschriebenen Anwendungen der sogenannten diskreten Fertigung kommen die Prozessindustrien, wie Stahlerzeugung, Papierindustrie, Chemie, Pharma, Biotechnik, in die intelligente Roboter mit zusätzlichen Fähigkeiten einziehen, etwa der automatischen chemisch-physikalischen Analytik, sowohl zur Prozessoptimierung, Qualitätskontrolle als auch *Umwelttechnik* (Arbeitsbedingungen, Recycling von Stoffen in den Fertigungsprozess, Energieeinsprung, Energierückführung, Umweltbelastung …). Durch *Big Data Analytics*, künstliche Intelligenz, Vernetzung (über den Betrieb hinaus mit Lieferanten, Kunden, Logistikern, Wettbewerbern …) können enorme Einsparpotenziale unter Minimierung von Einsatzfaktoren und Entlastung der Umwelt erschlossen werden. Dies betrifft nicht nur die (produzierenden) Upstream-Geschäfte, sondern auch die Steigerung des Nutzens beim Kunden und die Rückführung von Produkten von der Schrottsammlung über die materialgerechte Zerlegung bis zur Reaggregation von Rohstoffen, die erneut in den Produktionsprozess zurückgeführt werden können. Gerade in letzterem Sektor besteht ein enormes Marktpotenzial für neue industrielle Smart Devices.

10.14.3 Smarte Produkte für Dienstleistung und Verwaltung

Die unter 1.14.1 genannten Produkte für den Konsumbereich – teilweise auch die 1.14.2 – Produkte für die Industrie – finden sinngemäß auch Absatz in Dienstleistung und Verwaltung. Während früher die professionellen Anwendungen höhere technische Leistungen abforderten, hat sich dieses Bild verändert: Es gibt Produktsegmente, in denen die Anforderungen des *Konsumbereiches* höher liegen als im *Profi-Sektor*. Ein Beispiel dafür ist die *Spiele-Industrie*, die hinsichtlich Geschwindigkeit, Datenmengen, Bild-

---

600 Weiteres siehe im Beitrag »Print 4.0 – Digitalisierung und Vernetzung in Druckereien und von Druckprodukten« von Anne König, S. 535–544 in: Kai Lucks (Hrsg.): Praxishandbuch Industrie 4.0, Schäffer-Poeschel Verlag, Stuttgart 2017.

auflösung und Virtualisierung die höchsten Ansprüche an Hardware und Software stellen und durch die Masse den Markt dominieren. Bei der *Bildgebung* hat etwa die *Medizintechnik* noch höhere Ansprüche, das Gleiche gilt für spezielle Industrieanwendungen (Mikroelektronik, Fehlererkennung usw.). Zur Erfüllung der Anforderungen einer großen Vielfalt dienstleistender und verwaltender Berufe hat sich eine Unzahl von Spezialanbietern positioniert, insbesondere bei Software und softwarebasierten Lösungen, während die Hardware (mit Ausnahmen wie etwa Zeichnungserstellung über Plotter, Laser und andere) im Wesentlichen aus Standardprodukten beschafft wird. Beispielhaft zu nennen ist die große Bandbreite *ingenieurtechnischer Software*, etwa für *Statik, Baukonstruktion, Vermessung, Straßenbau, Chemie*. Herauszuheben sind die im Engeren als »Büroarbeiten« zu verrichtenden Leistungen, insbesondere bei *Anwälten, Wirtschaftsprüfern, Steuerberatern, Maklern* und *Verwaltern* (z. B. Haus & Grund), sowie ihre Counterparts in der *öffentlichen Verwaltung*, wie etwa *Finanzämter, Grundbuchämtern, Gerichten*. Hier befinden sich neue Software-Produkte in der Anwendung und in der weiteren Entwicklung. Diese laufen unter Schlagwörtern wie »*Legal Tech*«, »*Finance Tech*« und »*Tax Tech*«. Ihnen liegen verschiedene Erkennungs-Technologien zu Schrift, Sprache, Zahlen und deren Kontexten in Dokumenten und Datenbanken zugrunde. In Verbindung mit datenorientierten Kompetenzen aus dem Data-Mining bis hin zu spezifischen Anwendungen der künstlichen Intelligenz werden daraus automatisierte Verfahren entwickelt, die bereits heute das Potenzial haben, ganze Berufsgruppen, die mit Standard-Arbeiten beaufschlagt sind, zu substituieren.[601] Besondere Produkte in HW und SW werden in allen Versorgungs- und *Entsorgungsbranchen* (Energie, Wasser, Kommunikation …), im *öffentlichen Verkehr* (*Fernverbindungen*, »*Main Line*«, und City-naher »*Mass Transit*«) und der *Polizei*[602] eingesetzt. Hochintegrierte Produkte drängen zunehmend in das Lösungsgeschäft ein (siehe Ebene 6), substituieren Teile der Systeme bzw. bieten kundennahe Dezentralisierung (etwa besagte *Micro Data Center* im Schrankformat).

10.15   Ebene 4: E-Commerce

Umsatzstärkstes onlinebasiertes Geschäftssegment ist der *E-Commerce*, das heißt der Handel. Neben dem direkten Handelsgeschäft hat sich die Bereitstellung von sogenannten *Online-Plattformen* oder *-Portalen* als eine weitere Geschäftsart entwickelt. Plattformen sind *onlinebasierte Marktplätze*, auf denen verschiedene Händler ihre Produkte anbieten können. Man unterscheidet im Konsumbereich Handels-, Vermittlungs- und Vergleichsportale. Im Geschäftssegment (B2B) stehen Handelsplattformen und Einkaufsplattformen zur Verfügung.

10.15.1   Online-Handel

Eines der wohl bekanntesten digitalen Geschäftsmodelle ist der *Online-Handel*. Es überträgt das klassische Offline-Modell des stationären Handels mit materiellen Gütern auf die Internet-Welt. Heraus-

---

601 Hohe Substitutionspotenziale bestehen etwa bei Steuergehilfen, Schreibkräften und in vielen Verwaltungsakten. Das technische Substitutionspotenzial von derartigen Tätigkeiten liegt heute bereits bei bis zu 100 %. Die Akzeptanz ist in vielen Fällen jedoch noch niedrig. Die Hinderungsgründe sind jedoch alle nicht-technischer Natur.
602 Bei der Polizei zunehmend auch spezielle Profi-Hardware zu Ortung, Bewegungsprofilen, Foto- und Filmaufnahmen mit Gesichtserkennung.

ragender Vertreter und Weltmarktführer in diesem Geschäft ist *Amazon*, die im Buchhandel starteten. Der umsatzstärkste deutsche Vertreter ist die *Otto-Gruppe*, die aus dem klassischen Versandkatalog-Geschäft kommen, mittlerweile fast ihren ganzen Umsatz über das Internet abwickeln und 2019 erstmals keinen gedruckten Katalog mehr herausgeben. Nach eigener Aussage differenziert sich Otto durch Nischenangebote von Amazon, die sich auf das Breitengeschäft ausgerichtet haben. Nach Otto ist *Zalando*, aus dem Schuhgeschäft kommend, der zweitgrößte deutschstämmige Online-Händler, der aber speziell für das Internet-Geschäft gegründet wurde. Mittlerweile ziehen viele Unternehmen aus dem stationären Handel nach und bieten zusätzlich zu ihren *Offline-Kanälen* einen Onlineshop, um konkurrenzfähig zu bleiben. Der deutsche Online-Handel wuchs 2017 auf ein Volumen von 48,9 Mrd. €. Die Wachstumsrate ist in der jüngsten Entwicklung rückläufig. Der stationäre Handel holt auf. Auch wenn der Fachhandel noch unterdurchschnittlich vom Onlinewachstum profitiert, ist der stationäre Handel online stärker gewachsen als die Online-Händler mit Online-DNA. Der Onlineumsatz der stationären Händler steigt insbesondere über den Amazon Marketplace.[603]

10.15.2   Consumer-Plattformen (B2C)

Neben dem Online-Eigenhandel bietet *Amazon* eine **Handelsplattform** für mittelständische Unternehmen an. Das Angebot »*Amazon Webstore*« ist eine gehostete E-Commerce-Plattform und »eine sichere und skalierbare Lösung für Händler, mit der sie einen Onlineshop aufbauen und verwalten können«, teilt der Online-Händler mit. Sie ermögliche auch eine Kombination mit anderen Amazon-Services, etwa »*Verkaufen bei Amazon*«. Dazu bietet Amazon zum Beispiel eine Suchmaschinenoptimierung des jeweiligen Shops, etwa durch die automatische Erzeugung eines *Google*-Produkt-Feeds oder die automatische Übermittlung einer Sitemap an wichtige Preisvergleichsportale.[604] Neben dem Direktgeschäft fungiert auch Otto mittlerweile als Consumer-Plattform und beherbergt mittelständische Online-Händler.

Plattformen spielen eine besondere Rolle in intransparenten Märkten. Neben dem Handel gibt es im Konsumbereich **Vermittlungsplattformen**, etwa in den Bereichen Reisen oder Immobilien. Plattformen wie ImmobilienScout24 oder Expedia vereinen auf ihren Seiten die Angebote verschiedener Anbieter und machen dem Nutzer damit die Suche und den Vergleich leichter. Aufgrund der hohen Reichweite und Bekanntheit der Plattformen ist es für Immobilien- oder Hotelanbieter durchaus attraktiv, hier gegen eine Gebühr zu erscheinen.

Vergleichsportale sind das dritte Segment unter den wichtigsten Consumer-Plattformen. Angebote in Deutschland bestehen für eine große Bandbreite von Produkten und Dienstleistungen, vor allem in den Bereichen Kfz, Versicherungen, Versorger, Finanzen und Reisen. Bekannteste Anbieter sind *Check 24*, *Verivox* und *Tarifcheck*. Der Anbieter »*Vergleichsportal finden*« liefert Übersichten über Anbieter und ihr Leistungsspektrum.[605]

---

603 Handel Digital. Online-Monitor 2018 des Handelsverbandes der Deutschen Industrie. https://www.einzelhandel.de/index. php?option=com_attachments&task=download&id=9449, abgerufen 19.11.2018.
604 https://etailment.de/news/stories/Amazon-bietet-Shop-Plattform-fuer-Onlinehaendler-14263, abgerufen 19.11.2018.
605 https://www.vergleichsportal-finden.de/vergleichsportale-liste/#Reiseportale_Liste, abgerufen 19.11.2018.

10.15.3   Professionelle Plattformen (B2B)

Im professionellen Sektor sind Handelsplattformen für den Verkauf zu finden, sowie Einkaufsplatt-formen und Informationsplattformen für Unternehmen. B2B-Plattformen (auch B2B-Suchmaschinen genannt) sind per se vertrieblich orientiert und das digitale Äquivalent eines Messeauftritts. Ein Gesamt-überblick über die in Deutschland tätigen mehr als 1.500 B2B-Portale mit unterschiedlichen Branchen- und Regionalschwerpunkten ist kaum möglich. Mit der richtigen Plattformpräsenz haben B2B-Unter-nehmen jedoch eine gute Möglichkeit, schnell potenzielle Kunden zu erreichen und somit ihren Umsatz zu steigern. B2B-Plattformen lassen drei wesentlichen Typen zuordnen:

1. Reichweitenportale zur Traffic-Generierung,[606]
2. Reichweitenportale zur Anfragen- und Lead-Generierung,[607]
3. Trading-Portale zur teilweisen oder vollständigen Geschäftsabwicklung.

Eine Liste nationaler und internationaler B2B-Portale liefert *PARK 7 Blog.*

Die in Deutschland führende Industrieplattform unterhält der *Siemens*-Geschäftsbereich *»Digitale Fabrik«.* Darin bietet der Konzern *»SIMATIC* Software as a Service« an und scheibt: »Rechenleistung, Nutzungsdauer, Bandbreiten – die tatsächlich benötigten Ressourcen beim Engineering variieren je nach Programmieraufgabe. Cloud-Computing ermöglicht hier die bedarfsabhängige Bereitstellung von virtuellen Ressourcen in einer zentralen IT-Infrastruktur, der Cloud. Abgerechnet wird abhängig von der Nutzung. Im Verbund der verschiedenen Cloud-Servicemodelle ist *»Platform as a Service«* der ideale Cloud-Service für eine effiziente Bereitstellung von Programmierumgebungen und Entwicklerwerkzeugen.[608, 609]

Die Nummer zwei in Deutschland ist der Maschinenbauer *Trumpf,* der mit *AXOOM* eine sehr erfolgreiche Industrie-Plattform gegründet hat. Sie ist auf allen Ebenen der Fertigungsautomatisierung aktiv und bietet sich als offene Plattform für drei Produktlinien an: (1) als *Daten-Integrations-Plattform*, mit der der »digitale Zwilling« erstellt werden kann, (2) für die horizontale Prozessintegration mit besonderem Fokus auf den Shopfloor-Prozess und (3) als Integrationspunkt für Partneranwendungen in die horizontale Prozesskette.[610]

10.15.4   Online-Auktionen

Online-Auktionen haben durch die Digitalisierung einen Aufschwung bekommen und sind durch das Internet für Privatleute zugänglich geworden. Wohl bekanntester Nutzer des Auktionsmodells im

---

606 Traffic Generierung wird im Internet die Erzeugung eines höheren Besucherstroms auf Webseiten bezeichnet. Das Generieren von Traffic soll bewirken, dass sich die Besucherzahl einer Webseite erhöht.
607 Die Funktionsweise von Lead Generierung basiert auf den Leads. Genau betrachtet sind die Leads in diesem Zusammenhang Personen, die Interesse an bestimmten Produkten oder Dienstleistungen haben und ihre persönlichen Daten hinterlassen, um beispielsweise noch mehr über das entsprechende Gut zu erfahren.
608 https://www.siemens.com/global/de/home/produkte/services/industrie/digital-industry-services/simatic-software-platform-as-a-service.html, abgerufen 19.11.2018.
609 Weiteres siehe Anton Huber: Digitalisierung und Industrie 4.0 bei Siemens, S. 303–320. In: Kai Lucks (Hrsg.) Praxishandbuch Indus-trie 4.0, Schäffer-Poeschel Verlag, Stuttgart 2017.
610 Weiteres siehe Kai Lucks: »Interview mit Dr. Stephan Fischer, Head of Software-Development, Trumpf Werkzeugmaschinen GmbH & CO. KG«, S. 275–290. In: Kai Lucks (Hrsg.) Praxishandbuch Industrie 4.0, Schäffer-Poeschel Verlag, Stuttgart 2017.

Consumer-Bereich ist *eBay*. Hier werden Produkte an den Höchstbietenden verkauft. In Abhängigkeit vom Verkaufspreis erhält eBay eine Provision. Die Nutzer profitieren von der Möglichkeit der Preisbeeinflussung.[611] Mit mehr als 14 Mio. Mitgliedern ist eBay die unangefochtene Nummer eins auf dem digitalen Auktionsmarkt. Parallel versuchen in Deutschland circa 150 Internet-Auktionshäuser, dem Versteigerungsgiganten Marktanteile abzunehmen.[612] Auch die *öffentliche Hand* ist auf diese Erfolgsschiene gesprungen und bietet Objekte auf dem Weg der Online-Versteigerung an.[613]

Weniger bekannt ist, dass Online-Auktionen mittlerweile auch in Unternehmenskreisen einen hohen Stellenwert genießen. Viele Einkaufsabteilungen von Konzernen und Mittelständlern nutzen regelmäßig **Business-to-Business(B2B)-Auktionen**. Sie funktionieren nach demselben Prinzip wie eBay, nur umgekehrt – daher heißen sie auch *Reverse Auctions*: Den Zuschlag erhält nicht das höchste, sondern das niedrigste Gebot. Ein Automobilzulieferer benötigt beispielsweise 1 Mio. Schrauben. Statt sie direkt bei einem Hersteller oder Lieferanten zu kaufen, veröffentlicht er seinen Bedarf auf einer der zahlreichen B2B-Plattformen wie *Ariba*, *Procuri*, *Perfect*.com, *SynerTrade* oder *Portum*. Dort lässt das Unternehmen für den Auftrag bieten. Der Hersteller oder Lieferant, der die Schrauben zum niedrigsten Preis liefern kann, bekommt in der Regel den Zuschlag.[614] Strategien und Prozesse professioneller Auktionen können auf Basis *spieltheoretischer Ansätze* abgeleitet werden. Dies wird im Kapitel 11 »Simulation und Virtualisierung« näher beleuchtet.

10.15.5   Subskription

Wer bei *Netflix* Filme schauen oder bei *Parship* einen Partner suchen will, muss bei diesen Anbietern einen monatlichen Beitrag zahlen. Sie nutzen das sogenannte Subskriptions- oder Abonnement-Modell. So wie es früher normal war, Zeitungen in Papierform zu abonnieren, lässt sich das Modell mit digitaler Technologie einfach auf unzählige Produkte und Services übertragen. Für ein Unternehmen mit diesem Geschäftsmodell sind Erlöse vergleichsweise stabil und vor allem gut planbar. Für Kunden bedeutet es, dass ein Service im Gegensatz zum Pay-per-Use-Modell für sie permanent verfügbar ist.

10.15.6   Freemium

Bekannte Beispiele für das Freemium-Modell sind *Dropbox* oder *Spotify*. Sie bieten ihren Basisservice zwar gratis an, gegen einen Aufpreis erhalten die Nutzer aber auch den Premiumservice – sei es mehr Speicherplatz oder das unbegrenzte Musikhören ohne Werbeunterbrechung. Die Basisversion lockt eine

611 Entlehnt aus etventure: digitale Geschäftsmodelle. https://www.etventure.de/blog/digitallearning-5-digitale-geschaeftsmodelle/, abgerufen 27.10.2018.

612 https://www.focus.de/digital/internet/ebay/tid-10165/online-auktionen-es-muss-nicht-immer-ebay-sein_aid_305260.html, abgerufen 19.11.2018.

613 Das virtuelle Auktionshaus von Bund, Ländern und Gemeinden. Anbieter sind von Zoll-Auktion zugelassene Behörden und Institutionen von Bund, Ländern und Gemeinden sowie sonstige öffentlich-rechtliche Körperschaften, Anstalten und Stiftungen, soweit diese im Rahmen der ihnen gesetzlich übertragenen Aufgaben tätig werden. Anbieter können auch entsprechende Institutionen der Mitgliedstaaten der Europäischen Union sein, https://www.zoll-auktion.de/auktion/, abgerufen 19.11.2018.

614 McKisney Wissen: Interview mit Axel Ockenfels. http://ockenfels.uni-koeln.de/fileadmin/wiso_fak/stawi-ockenfels/pdf/Presse/ Wer_bietet_weniger.pdf, abgerufen 19.11.2018.

hohe Anzahl an Kunden an. Zahlende Premiumkunden gibt es zwar weniger, aber sie cross-finanzieren das kostenlose Angebot. Das Freemium-Modell eignet sich sehr gut, um einer großen Anzahl von Nutzern einen Service erst in der kostenlosen Version schmackhaft zu machen, sodass sie dann gerne bereit sind, für die Premiumvariante zu bezahlen.

10.15.7   Pay per Use

Beim Pay-per-Use-Modell zahlt der Kunde keinen fixen Beitrag, sondern nur für die tatsächliche Nutzung. Oft findet sich dieses Modell im Transportbereich oder bei Medieninhalten. Ein bekanntes Beispiel ist *car2go*. Bei dem Carsharing-Dienst zahlt der Nutzer einen Minutenpreis für eine absolvierte Fahrt. Umsätze sind dementsprechend schwerer zu kalkulieren als beim Subscription-Modell. So ein On-Demand-Service kommt bei Kunden gut an, die flexibler in der Nutzung sein möchten und nicht bereit sind, einen monatlichen oder jährlichen Beitrag zu zahlen.

10.15.8   Add-on

Beim Add-on-Modell gibt es ein relativ günstiges Kernprodukt, aber zusätzlich auch eine Vielzahl an Extras. Die Kunden erhalten somit ein variables Angebot, das speziell zu ihren Bedürfnissen passt. Für Software-Produkte ist dieses Modell besonders interessant. Firmenkunden brauchen beispielsweise oft ein auf sie zugeschnittenes Programm. Unternehmen wie *SAP* bieten deshalb ein Basisprodukt, das mit den entsprechenden Add-on-Modulen zu relevanten Themenbereichen für die Kunden maßgeschneidert werden kann.

10.16   Services

10.16.1   Online-Services

Praktisch alle Dienstleistungen können über das Internet verkauft oder sogar geleistet werden. Vor diesem Hintergrund hat sich eine Community gegründet, die sämtliche Online-Lieferungen als cloudbasierte Dienstleistungen beschreibt und unter dem Titel »*Anything as a Service*« (*XaaS*) subsumiert. Oft wird parallel die Bezeichnung *Everything as a Service* (*EaaS*) verwendet. Hierbei wird sehr großzügig mit den Geschäftsdefinitionen umgegangen.[615] Es lassen sich zahlreiche Modelle[616] unterscheiden.[617] Hier sind einige häufig genannte Beispiele[618]:

---

615   Vgl. Cloud Computing Insider. https://www.cloudcomputing-insider.de/was-ist-xaas-anything-as-a-service-a-670272/, abgerufen 21.11.2018.
616   Es gibt dazu keine einheitliche Klassifizierung; hier wurden die am häufigsten vorkommenden Klassifizierungen ausgewählt.
617   Einen Gliederungs- und Strukturierungsversuch mit Erklärungen und Bewertungen unternimmt Alexander Lapp, Geschäftsführer der Adacor Hosting GmbH in: https://blog.adacor.com/was-xaas-bedeutet_4264.html, abgerufen 21.11.2018.
618   Weitere genannte besonders wichtige Dienstleistungen werden nachfolgend in separaten Abschnitten vorgestellt.

1. Value as a Service (VaaS) mithilfe von personalisierten Diensten zur Bedürfniserfüllung, auch als Überbegriff verwendet.[619]
2. Software as a Service (SaaS), ein Outsourcing-Modell, etwa Bezug von Software-Dienstleistungen nach dem Modell »pay as you use« für helpLine, Serviceware oder Careware.
3. Software plus Service (S+S). Dahinter verbirgt sich Microsofts Angebot, in dem serviceorientierte Architekturen (SOA), SaaS, Hosting und Cloud Computing aufgehen.
4. Assembly as a Service von Foxconn.
5. Modules as a Service (MaaS) mit offenen Hard- und Software-Modulen zur Komposition personalisierter Dienste.
6. Platform as a Service (PaaS). Hier werden Life-Cycle-Umgebungen und Kommunikation zur Bereitstellern von Software-, Hardware- und Servicemodulen geliefert. Als Beispiele zu nennen, sind App Stores (Apple), Produktionsplattformen wie eMachineShop als Online-Bearbeitungs-Werkstatt mit freier CAD-Software, Virtual Fort Knox (Fraunhofer-Gesellschaft) und Home Applications (First Built).
7. Infrastructure as a Service (IaaS) bietet Infrastrukturlandschaften als Basis für Plattformen und zur Bereitstellung von Modulen. Hierzu zählen die Cloud Infrastructure von IBM, Mobile Communication der Telekom und Netze, die EnBW betreibt.
8. Health as a Service (HaaS), Kombination von Technologien, Infrastruktur, Dienstleistungen zur Sicherstellung eines ganzheitlichen Ansatzes der lebenslangen Gesundheit.[620]
9. One Identity as a Service (OIaaS), etwa von Dell zur Identitätsverwaltung, Bereitstellung, Governance und Zugriffsteuerung in Betrieben, öffentlicher Verwaltung geboten.[621]

Die Liste ließe sich beliebig erweitern und differenzieren, insbesondere wenn man die zahllosen Nischenansätze hinzurechnen würde, wie sie von der Start-up-Szene besetzt werden (können). Insofern möge diese Aufstellung dem Leser Anregungen zur Entwicklung neuer Geschäftsansätze bringen. Kostenvorteile sind jedoch nur durch gemeinsamen unternehmensübergreifenden Betrieb zu erreichen. Im Zuge der Produktdefinition muss geklärt werden, ob die Ansprüche an die Lösungen mit dem unternehmerischen Ansatz und dessen Anpassungsmöglichkeiten umgesetzt werden können. Einzelkundenspezifische Lösungen sind eher unüblich und dürfen nur verfolgt werden, wenn es übergreifende Synergien gibt, keine Komplexitätssteigerung und keine Hürden für die Systemwartung.

10.16.2 Logistik Services

Hier sind vor allem die Paketzustelldienste zu nennen, die aus Online-Bestellungen resultieren bzw. als neue Geschäftsmodelle in einzelnen Segmenten aufgegriffen werden. Zum Ersteren zählen die Aktivitätsfelder der großen Logistiker wie die *Deutsche Post DHL*, weltweiter Marktführer im Pakettransport. Durch den Online-Handel haben die Paketlogistiker einen enormen Wachstumsschub erreicht. Im weltweiten Containerlogistik-Geschäft sind darüber hinaus die in Deutschland beheimateten *DB Mobility Logistics AG* (inklusive *Schenker*), *Kühne & Nagel KG, Dachser SE* und *Rhenus AG* zu nennen. Diese sind

---

619 Rob Bernshteyn verwendet in seinem im August 2016 herausgegebenen Buch »Value As a Service – Embracing the Coming Disruption« diesen Begriff als Oberbegriff.
620 Siehe dazu auch: https://www.accenture.com/us-en/blogs/blogs-new-health-digitals-redefine-healthcare-service.
621 Auch zur Sicherstellung der Identität von Flüchtlingen und der Verfolgung der damit veranlassten Dienstleistungen.

auch im großen Stückgut- und Schüttgut-Verkehr tätig. Zur zweiten Gruppe zählen spezielle Liefer-dienste für Lebensmittel oder lokale Auslieferer von Speisen wie *Lieferando*. Im Folgenden konzentrie-ren wir uns auf das Paketzustellungsgeschäft.

Es ist zwischen Upstream- und Downstream-Logistik zu unterscheiden. Die Upstream-Logistik übernimmt in der Regel der Hersteller oder Großhändler von der Fabrik in die Logistikzentren der Online-Händler. Je nach Bedarf können Sammelzentren zur Zusammenführung verschiedener Lieferketten zwischenge-schaltet werden, die von Logistikern betrieben werden. Die Schnitt- und Übergabe-Drehscheibe zwischen den großen Online-Händlern und dem Transport zum Endkunden sind die von den Online-Händlern in Eigenregie betriebenen Logistikzentren. *Amazon* als führender Online-Händler plant derzeit den Aufbau eines eigenen Transport- und Logistikdienstes, der die Strecke bis zum Endkunden übernimmt.

Mit der weiteren Zerlegung der Wertschöpfungskette infolge von *Industrie 4.0*, durch die zunehmende Vernetzung und durch die Einbindung neuer datenorientierter Geschäfte wird sich das *Logistikgeschäft* nachhaltig verändern. onlinebasierte Logistikplattformen sind, wie gezeigt wurde, in den vergange-nen Jahren nicht so vorangekommen, wie von Neugründern erwartet. Ein stärkerer Einsatz von Tech-nologien zur Automatisierung, Verfolgung und Steuerung von Warenströmen sowie zur Optimierung von Strecken und Fahrzeugauslastungen lässt jedoch erwarten, dass hier noch erhebliche Potenziale erschließbar sind. Dies betrifft auch die weitere Auslagerung von letzten Fertigungsstufen aus den Fab-riken (Integration von Modulen, Anbringung von Montageteilen, marken- und kundenspezifische Fea-tures …), die Zuführung von Produktdokumentationen (etwa von Online-Druckereien oder elektronisch mit Druck am Kunden-Sammelpunkt), Verpackung sowie kundenspezifische Kommissionierung auf die Logistiker. Eine weitere Veränderungswelle ist zu erwarten, wenn infolge der *Virtualisierung* von Pilot-produkten und der darauffolgenden *Dezentralisierung* der Fertigung in lokale *Minifabs* unter Nutzung neuerer Fertigungsverfahren (z. B. 3-D-Drucken) weitere Möglichkeiten zur kundennahen Lokalisierung, zur Losgröße 1 bieten. Auch automatisierte Bestellungen (»*Machine to Machine*« M2M) sind zu erwar-ten, wegen vorhergesagten Ausfällen in Fabriken und Fertigungseinrichtungen. *Amazon* denkt darüber nach, im fahrenden Fahrzeug Produkte via 3-D-Drucken herzustellen. Dies wird auf der Straße wohl an Fahrzeugbewegungen und Vibrationen scheitern. Darüber hinaus hat Amazon unter dem Begriff »*Antici-patory Shipping*« ein Patent angemeldet. Das Modell hat zum Ziel, Waren schon vor der Bestellung in die Region des potenziellen Kunden zu transportieren. Funktionieren kann das aufgrund von Big Data, mit dessen Hilfe Online-Händler das Kaufverhalten ihrer Kunden antizipieren können. So kann schneller und günstiger geliefert werden. Die vorläufig letzte Stufe in der Logistikleistung wird wohl kommen, wenn sich auch hier das *autonome Fahren* durchsetzt, in Form von automatisch geführten »*Containern auf der Straße*« – analog zum autonomen Personenverkehr. Der Einbezug des Luftraums in die lokale Zuliefe-rung über *Drohnen* wird diskutiert. Inwieweit sich dies in der Breite durchsetzen wird, ist angesichts der gewaltigen Mengen, die über Straße, Schiene und See transportiert werden können, fraglich. Auch über den Städten können zwar definierte und automatisch abzufahrende »virtuelle Straßen« definiert wer-den, sodass hier größere und sichere Lufttrassen zur Bewältigung einer relativ großen Verkehrsdichte erschlossen werden können. Dennoch gibt es Barrieren, wie höherer spezifischer Energiebedarf beim Fliegen und Sicherheit – insbesondere Personengefährdung beim Landen usw. Vermutlich wird sich die *Nah-Logistik* im *Luftraum* aber in besonderen Geografien (entlegene Orte, Inseln, Berge …), im Premium-Schnellverkehr, für Notfälle und besondere Einrichtungen (Polizei, Krankenhäuser …) etablieren.

10.16.3   Bezahldienste (Payment Services)

Diverse Studien belegen, dass die in einem Onlineshop angebotenen Zahlungsarten signifikanten Einfluss auf die Konversionsrate und demnach den Erfolg eines Shops ausüben.[622] Der weltweite Vorreiter und Marktführer bei Online-Bezahldiensten, PayPal, wurde bereits vorgestellt. Mit 2,4 Mrd. Bezahlvorgängen pro Jahr wickelt er ein Transaktionsvolumen von rund 150 Mrd. USD ab. Allein in Deutschland sind 50.000 Online-Händler an PayPal angeschlossen. Die bekanntesten deutschen Anbieter sind *SOFORT-Überweisung*, *giropay*, *eps* und *ideal*. Die Zahlungsverfahren im deutschen Online-Handel und deren Marktanteile (Anzahl Transaktionen im Jahr 2017) sind: Rechnung (28 %), Lastschrift (20 %), PayPal (20 %), Kreditkarte (11 %), Vorkasse (5 %), Zahlung bei Abholung (4 %) Ratenkauf mit Finanzierung (4 %), Nachnahme (2,7 %), Sofortüberweisung (2,5 %), Amazon Pay (1 %) und sonstige.[623] Kreditkartenzahlungen laufen von *Visa* über *Mastercard* bis hin zu *JCB*, *Diners Club* oder *American Express*. Weltweit operierende Payment Service Provider bieten über 200 Zahlungsverfahren in 160 Ländern an.[624] Zertifizierte Zahlungsanbieter wie *Paymill* (Marktführer in DACH-Raum)[625] können Onlineshop-Betreiber beraten, welche Zahlungsarten und Kreditkarten besonders relevant für die jeweiligen Kundenzielgruppen sind. Online-Bezahlsysteme sind eine ideale Alternative für Kunden, die keine Kreditkarten besitzen und sollten daher in jedem Payment-Mix enthalten sein.

10.16.4   Mobilitätsdienstleistungen (Personenbeförderung)

Zu den unter 1.16.1 (XaaS) subsumierten onlinebasierten Diensten gehören auch »*Mobility as a Service (MobaaS)*« oder »*Transportation as a Service (TaaS)*«. Wegen ihres großen zu erwartenden Gewichtes und ihrer Vielfalt werden sie hier gesondert vorgestellt. International bekannt für die Vermittlung von Fahrdienstleistungen ist das 2009 ursprünglich als Limousinen-Service gegründete Unternehmen *Uber*, mit Sitz in San Francisco. Es bietet in vielen Städten der Welt Online-Vermittlungsdienste zur Personenbeförderung an. Die Dienste *UberX* und *UberBlack* vermitteln Fahrgäste an Mietwagen mit Fahrer, *UberPop* vermittelt sie an private Fahrer mit eigenem Auto. *UberTaxi* vermittelt reguläre Taxis. Die Vermittlung erfolgt über eine *Smartphone-App* oder eine Website. Das Unternehmen erhebt dabei eine Provision von bis zu 20 % des Fahrpreises. Nach Ansicht vieler Juristen und zweier deutscher Gerichte[626] ist das Angebot in weiten Teilen rechtswidrig. So ist für die Personenbeförderung von zahlenden Kunden in Deutschland u. a. ein spezieller Führerschein zur Fahrgastbeförderung vorgeschrieben. Uber erlitt vor dem *Europäischen Gerichtshof* eine schwere Niederlage. Dieser stufte das Unternehmen als Verkehrsdienstleister ein statt als reinen Vermittler und machte damit das ursprüngliche Geschäftsmodell zunichte. Der Dienst unterscheidet sich nun rechtlich nicht mehr wesentlich von klassischen Taxidiensten, sodass auch Uber-

---

622 Web-Magazin e-Strategy. https://www.estrategy-magazin.de/ausgabe-04-2011/online-zahlungsanbieter-der-ultimative-marktueberblick.html, abgerufen 22.11.2018.

623 https://de.statista.com/statistik/daten/studie/224827/umfrage/marktanteile-von-zahlungsverfahren-beim-online-handel/, abgerufen 22.11.2018.

624 Z. B. Heidelpay https://www.heidelpay.com/de/integration/zahlungsarten/?gclid=CjwKCAiAodTfBRBEEiwAa1haupPrOixZlfjHN7gZ o6VXMCUFV_Y6FYQSWSwgMYtwHDMgTlfky8HcPRoCDiEQAvD_BwE, abgerufen 21.11.2018.

625 https://www.paymill.com/de/?cam=DE__S_Tec_020009___Zahlungsanbieter&gclid=CjwKCAiAodTfBRBEEiwAa1haug-kMlRxM_mlVnD9ZmCfyKkcqUCvAos--P6fetdz3gQJEmSg7ZlkzRoC3UIQAvD_BwE, abgerufen 22.11.2018.

626 Vgl. dazu: Benjamin Linke, Gewerbefrei oder »Uber«-reguliert? – Die Vermittlung von Personenbeförderungsdiensten auf dem Prüfstand, Neue Zeitschrift für Verwaltungsrecht, S. 476–480.

Fahrer eine Lizenz benötigen dürften. Es sei Sache der EU-Mitgliedstaaten, die Bedingungen zu regeln, unter denen solche Dienstleistungen erbracht würden.[627] In den USA werden Uber mittlerweile Grenzen gesetzt. So untersagte die Stadtverwaltung *New York* die Zulassung weiterer Lizenzen für Fahrer, über Uber ihre Dienste anbieten. Hintergrund ist, dass die mittlerweile rund 70.000 kursierenden Fahrzeuge dem öffentlichen Nahverkehr so viele Fahrgäste entziehen und dabei den Straßenverkehr so blockieren, dass dies nicht mehr akzeptabel sei.

In *London* wurde Uber die Lizenz entzogen. Die Londoner Behörden meinen, das Unternehmen Uber sei nicht »fähig und geeignet«, um eine Verlängerung der Lizenz zu erhalten. Die zuständige Behörde *Transport of London* teilte mit, dass Uber nicht genug Verantwortungsbewusstsein hinsichtlich der Fahrgastsicherheit zeige. Dabei handelt es sich bei den englischen Fahrern um lizenzierte Fahrer, keine Privatpersonen. In Deutschland ist das Unternehmen mit seiner alten Strategie gescheitert: Ende 2013 versuchte Uber den Fahrdienst *UberPop* auf dem deutschen Markt zu starten. Aber das deutsche Personenbeförderungsgesetz erlaubt UberPop nicht. Ohne Personenbeförderungserlaubnis darf in Deutschland niemand Personen gewerblich transportieren. Nach dem Verbot von UberPop ist der Konzern nur noch in Berlin und München aktiv. Das Unternehmen bietet nur noch eine *Taxi-App* an. Deshalb arbeitet das US-Unternehmen an neuen Konzepten. *UberX Berlin* soll der Grundstein sein. Das neue Konzept heißt *UberPool*. Dabei werden mehrere Fahrten kombiniert, Fahrgäste teilen sich den Fahrpreis. Zudem soll UberPool die Verkehrs- und Parkplatzsituation in Berlin entlasten. Da sich mehrere Leute ein Fahrzeug teilen, gibt es weniger Fahrzeuge in der Innenstadt. In den USA läuft das Konzept bereits erfolgreich, in San Francisco ist jede zweite Uber-Fahrt eine geteilte Fahrt. Doch auch hier gibt es Probleme. In Deutschland ist *Carpooling*, also das Teilen von Fahrzeugen, verboten. Städte vergeben in wenigen Fällen Ausnahmegenehmigungen, aber nur für wenige Fahrzeuge.[628]

Dabei ist Carpooling als Beitrag zur Lösung der brennendsten Verkehrsprobleme in den Innenstädten geeignet nämlich der Überlastung der Straßen durch den Individualverkehr. Der anstehende Wandel zum *autonomen Fahren* wird dieses Problem nicht lösen. Die Anzahl der Fahrzeuge wird sich bei Nutzung nur durch Einzelfahrgäste nicht reduzieren, sondern wegen Fehlens von Parkplätzen und durch autonome Leerfahrten statt Parken, bis zur Abholung anderer Fahrgäste, sogar noch erhöhen.

Auch die neuen Angebote des *Carsharings* verringern nur unwesentlich den fließenden und ruhenden Verkehr. Sie sind vor allem Finanzierungsmodelle. Inzwischen gibt es in Hunderten Städten und Gemeinden in Deutschland Carsharing-Anbieter. Insgesamt sind in Deutschland mittlerweile ca. 165 Carsharing-Anbieter aktiv, bei denen über 2,1 Mio. Bundesbürger registriert sind (Stand Anfang 2018). Die größten Anbieter sind gleich in mehreren Städten vertreten und haben inzwischen Tausende von Kunden und Autos an Stationen im ganzen Bundesgebiet verteilt. Die führenden Anbieter sind: *DriveNow* (BMW, 1 Mio. Kunden, 3.370 Fahrzeuge, 5 Städte)[629], *car2go* (Mercedes, 985.000 Kunden, 4.110 Fahrzeuge,

627 Schwerer Schlag für das ursprüngliche Uber-Geschäftsmodell In: nzz.ch, 20.12.2017, abgerufen am 21.12.2017.
628 Wirtschaftswoche, Rebecca Welsch: Uber, Neue Konzepte für Deutschland. https://www.wiwo.de/unternehmen/dienstleister/uber-neue-konzepte-fuer-deutschland/20378496.html, abgerufen 22.11.2018
629 DriveNow Fact Sheet, Stand November 2018.

7 Städte)[630] und *flinkster* (Deutsche Bahn, 315.000 Kunden, 4.000 Fahrzeuge, 300 Städte)[631]. Die deutschen Autohersteller geben mit ihren Carsharing-Angeboten den Wandel ihres Geschäftsmodells vom Hersteller zum Mobilitätsanbieter zu erkennen. Im März 2018 haben BMW und Mercedes vereinbart, ihre Töchter car2go und DriveNow zusammenzulegen. Der neue Mobilitätskonzern soll es mit Wettbewerbern wie Uber aufnehmen.[632] Ohne Websites im Internet und entsprechende Apps zur Ortung und Mietung der Fahrzeuge würde das Carsharing-Modell jedoch nicht funktionieren. Und der fließende Verkehr wäre bei Einzelnutzung kaum zu reduzieren.

Es müssen Anreize gegeben werden, dass Fahrzeuge von mehreren Fahrgästen gemeinsam genutzt werden, sei es Privatauto, Fahrservices oder Carsharing, um dem zu erwartenden totalen Verkehrsinfarkt in Großstädten Einhalt zu gebieten. Eine Lösung liefert nur der Verbund zwischen privatem (Individual-) Verkehr und öffentlichem Nahverkehr, der *intermodale Verkehr*. Der *öffentliche Nahverkehr* wird das Problem nämlich allein auch nicht lösen, insbesondere in den stark wachsenden Metropolen. Die Planungen für den schienengebundenen Verkehr (U-Bahn/S-Bahn …) kommen zu spät, dauern zu lange, sind kapazitätsmäßig zu kurz ausgelegt und die Bauzeit bis zur Inbetriebnahme zieht sich in die Länge. Zwischen Entscheid zu einer Strecke und Inbetriebnahme können 15 Jahre und mehr vergehen. Flexibler und zeitnäher sind Planung und Umsetzung durch *Busverkehr*, der durch umweltfreundliche Lösungen (*Gasbetrieb*, *Batterien*, *Brennstoffzelle*) besticht. Aber das Problem ist hier wiederum der begrenzte Straßenraum, die Notwendigkeit zu reservierten Spuren, die damit für den Individualverkehr verloren gehen. Wenn das autonom geführte Fahrzeug sich durchsetzt, dann wird die Grenze zwischen Individualverkehr und öffentlichem Personenverkehr fallen. Zur Verringerung des fließenden Verkehrs dürften sich dann Fahrzeuge mit differenzierten Fahrgastkapazitäten etablieren.[633] Fachberater sprechen heute schon von »Fahrbehältern«.[634]

Das nachhaltigste Instrument ist bereits heute weit verbreitet und wird sich in Zukunft auch zur Optimierung von *Reiserouten* und *Fahrzeiten* durchsetzen: das *Smartphone*. Viele Anbieter, darunter die *Deutsche Bahn* und die *regionalen Verkehrsverbünde* bieten heute schon Apps zur Sichtung von Transportangeboten, Fahrplänen und Buchung an. Dies sind heute jedoch zumeist »Insellösungen«. Es wird in Zukunft unvermeidlich sein, dass alle Verkehrsträger – sei es für den Personentransport oder für die Güterlogistik – ihre Informations- und Buchungssysteme öffnen und so standardisieren, dass sie »intermodal« funktionieren. Das heißt: Ein Fahrgast gibt ein Ziel ein, automatisch wird sein Standort lokalisiert und der optimale Weg (nach Wunsch kürzeste Strecke, kürzeste Zeit, niedrigste Kosten, größter Komfort …) unter Einbezug aller Verkehrsträger im Nah- und Fernverkehr (Straße, Schiene, Luft und Wasser) ermittelt. Es kann durchgängig gebucht werden, der Preis wird nach genutzter Strecke abgerechnet, automatisch abgebucht und mit Belegen dokumentiert, regional- und länderübergreifend. Die Hürden zur Durchsetzung sind hoch, vor allem gegenüber den zahlreichen Verkehrsträgern, Kundenvereinigungen und vor dem Hintergrund verschiedener Geschäfts- und Erlösmodelle. Wir kommen aber daran über-

---

630 2car2go Fact Sheet, Stand November 2018.
631 3Flinkster Pressemeldung, Stand Mai 2017.
632 Handelsblatt vom 28.3.2018.
633 MMI Metroplitan Mobility Infrastructure, Gauting, GF: Dr. rer. math. Helmuth Blaseio und Prof. Dr. Kai Lucks.
634 GESI Deutsche Gesellschaft für Systeminnovation mbH, GF: Christoph Stroschein.

haupt nicht vorbei. Eine positive Botschaft kann sich doch entfalten: Zahlreiche neue Geschäftsmöglich-keiten winken, insbesondere *I/SD*-getriebene.

10.17   Lösungen und Geschäftssysteme

10.17.1   Industrie

Zahlreiche Faktoren aus dem Internet-Smart-Data-Segment (I/SD) sind Treiber für neue Geschäftssys-teme in der Industrie. Sie schaffen Chancen für die einen, Risiken für die anderen. Letztlich bildet der Gesamtbereich der Technologiefelder die »Klaviatur« für neue geschäftliche Ansätze (vgl. Abb. 35). Die Möglichkeiten sind schier unendlich. Beschränken wir uns hier auf die wichtigsten Faktoren, die den unternehmerischen Wandel zur Industrie 4.0 treiben können:

Virtualisierung: Die Schaffung von Software-Abbildern realer Produkte und Prozesse, deren Hinterle-gung in der Cloud und Zugriffe über Hochleistungs-Netze, die geringe *Latenzzeiten* sicherstellen, erlaubt nicht nur die Beschleunigung von Produktentwicklungen und Produktionszeiten (gesprochen wird von Faktor 2 und höher), sondern auch die Prozesssteuerung und Wartung aus der Ferne.

Neue Fertigungsverfahren: wie *3-D-Drucken* erschließen kostengünstige Verfahren, die kleine Losgrö-ßen bis zu kundenspezifischen Fertigungen erlauben. Kostenvorteile und geringerer Materialverbrauch rechtfertigen jedoch auch mittlere Losgrößen: *Siemens* fertigt durch 3-D-Drucken (Aufbauschweißen) zum Beispiel *Turbinenschaufeln* in Losgrößen bis über 1.000 Stück.

Kombination: Aus der Kombination beider lassen sich lokal und kundennah operierende *Minifabs* ablei-ten, die ihre Fertigungsdaten aus der Cloud beziehen. Die Daten wurden von weltweit verteilten und miteinander vernetzten Entwicklungsteams hinterlegt, die vom »Produkt-Owner« über das Netz koordi-niert und von Zertifizierungsbetrieben dort abgenommen wurden.

Wettbewerb: Durch die Virtualisierung und Vernetzung, von der Grundlagenentwicklung angefangen, bietet sich die Zusammenarbeit zwischen direkten Wettbewerbern, deren Zulieferern, Logistikern und Kunden an. Damit wird die bisherige »Silostruktur« der Wertschöpfung aufgebrochen und durch ein Netz ersetzt. So entsteht ein »wertschaffendes Ökosystem«. Daraus resultieren Vorteile für Kapazitätsaus-lastungen und Zeit, somit Einsparungen. Die Zusammenarbeit zwischen direkten Wettbewerbern auf derselben Wertschöpfungsstufe muss vertraglich geregelt und kartellrechtlich abgesichert sein.

Markt: Mithilfe von *Minifabs* als Teil solcher Netze können lokale Märkte weltweit erschlossen und bedient werden. Durch die weltweite Verteilung der Wertschöpfung lassen sich Forderungen nach local content erfüllen. Abschottungen von Märkten durch Zollbarrieren, wie vom *US-Präsidenten Trump* derzeit im Handelskrieg (nicht nur gegen *China,* sondern auch gegen Europa und ganz speziell gegen Deutschland) eingesetzt, lassen sich durch flexible Dislozierung der Fertigung in die betreffende Markt-region umschiffen. Industrie 4.0 macht dies möglich.

Lösungsgeschäfte: B2B-Plattformen mit Einkaufs- und Verkaufsfunktionen ermöglichen Einkauf und Integration beliebiger Komponenten zu Lösungen. Derartige Lösungen können über B2B- oder B2C-Plattformen in den Markt gedrückt werden. Über ihre Marktportale können derartige Integratoren ihre Zulieferer (die bisher auch direkt am Markt tätige Lösungsanbieter waren) vom Kunden abdrängen, eine ernste Gefahr für »klassische« Lösungshäuser und im stationären Geschäft verharrende Produkthersteller.

Datengetriebene Geschäfte: Ganz neue Geschäftspotenziale erschließen sich durch datengetriebene Geschäfte. Dies kann am Beispiel eines *Ökosystems* in der Fertigungskette illustriert werden (Abb. 36).

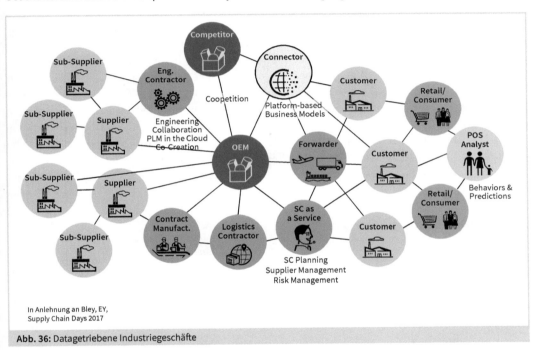

In Anlehnung an Bley, EY,
Supply Chain Days 2017

Abb. 36: Datagetriebene Industriegeschäfte

Im Zentrum steht der Haupthersteller (*OEM, Original Equipment Manufacturer*). Dieser teilt seine Arbeit bedarfsweise (Kapazitäten, Kompetenzen …) mit einem Wettbewerber/»Competitor« auf Basis eines Vertrages und kartellrechtlich geprüft. Dies geschieht durch Netz- und cloudbasierten Daten- und Informationsaustausch, der *Coopetition*. Damit ist die überkommene (stand-alone erbrachte) Wertschöpfung teilweise zu digitalisieren. Komponenten werden bezogen von *Auftragsfertigern* (*Contract Manufacturers*), eingebunden in das Datennetz. Davor liegt ein ganzes weiteres Netzwerk von *Sublieferanten* (grau dargestellt), deren Lieferungen (Rohstoffe, Hilfsstoffe, Energie, Bauteile und Materialien) on-the-spot, nach Spezifikation des OEM, preislich in *Auktionen* fixiert (die spieltheoretisch hinterlegt sind), also alles mit Daten verbunden bzw. durch Daten-Geschäfte ermöglicht. Der *Logistik Contractor* verwaltet die Verträge (= Daten) und sorgt für die qualitätsgerechte Abwicklung (Ausgang, Transport, Eingang, Qualitätskontrolle …). Die Fertigungskette des OEM selber wird durch einen externen *Supply Chain Management Dienst* gesteuert, der gleichzeitig das *Risikomanagement* in der gesamten Kette übernimmt. Ein datengetriebenes Geschäft, zur Steuerung operativer Eingriffe. Der *Logistiker* (über dieses

Geschäft wurde berichtet) übernimmt die weitere Kette zu den *Großhändlern* (»Customer«), von deren Verteilzentren der *Einzelhandel* versorgt wird. Soweit der *Downstream*, auch der Daten. Im »Gegenlauf« startet vom *Point-of-Sale* des Einzelhändlers ausgehend die *Upstream-Meldekette*. Sekundengenau werden von den Regalen ausgehend und an den Kassen gesammelt, die Warenausgänge dokumentiert und zurück an den Supply Chain Manager und Logistiker gemeldet, um den weiteren Bedarf zu bestimmen, nach Produkt, Zeit und Ort. Durch Erkennungssysteme (vgl. Abb. 22) können auch Kundenwünsche genau erfasst, durch *Data-Mining* sogar Veränderungen diagnostiziert werden, sodass Anforderungen über Produktänderungen in die Pipeline gegeben werden können. Alles zusammen digital, aber nicht immer rein digital. Vielmehr sind Tausende von operativen Handgriffen anzustoßen, die teils wiederum automatisiert (Robotics) ausgeführt werden, teils manuell, teils interaktiv (Mensch-Maschine-Systeme). Am Beispiel der *Paketlogistik* wurde dieses Dilemma erläutert: Geschäfte, die rein von künstlicher Intelligenz abgewickelt werden, gibt es nur in spezifischen Branchen, etwa in *Streamingdiensten*. Zusammengefasst ist zu sagen, dass die Integration von physischen Abläufen mit digitalen in der breiten Menge der Prozesse und Märkte zu »teil-digitalen« Neuerungen führt, in zahlenmäßig weniger Fällen zu ganz neuen »rein-digitalen« Geschäftsansätzen, die allerdings herausragende Werttreiber sein können. Diese sind aber in der Lage, die ganze Werterzeugung in einer Kette, zulasten konventioneller Schritte auf sich konzentrieren, sodass reife Beiträge sogar in die Verlustzone geraten können. Vom simplen Schwarz-Weiß-Bild nicht-digitaler versus reiner Datengeschäfte müssen wir aber Abstand nehmen. Beides gibt es, die Menge wird aber im Graubereich (von hell bis dunkel) liegen. Unternehmerische Aktivitäten ohne jegliche Datenberührung wird es jedenfalls nur ganz wenige geben.

10.17.2   Dienstleistungsbranchen

Die Digitalisierung betrifft nicht nur die Industrie, Engineering, Administration und die öffentliche Verwaltung, sondern auch in erheblichem Maße die beratenden Branchen, voran die *Anwälte*, *Wirtschaftsprüfer*, *Steuerberater*, *Ingenieure* und *Architekten*.

Bereits jetzt können 45% der Tätigkeiten der Steuerberater über digitalisierte Prozesse übernommen werden.[635] Das Automatisierungspotenzial von Wirtschaftsprüfern wird bei 73% gesehen. Selbst Ingenieure und Architekten sind betroffen. Roboter könnten heute schon 33% bzw. 21% ihrer Tätigkeit übernehmen. Dies trifft den Kern der deutschen Wirtschaft. Von den in Deutschland registrierten 3,6 Mio. Unternehmen sind 70% im Dienstleistungssektor angesiedelt.

Das Automatisierungspotenzial im Dienstleistungssektor ist besonders hoch bei seriell standardisierbaren Tätigkeiten. So kann die Arbeit von *Steuerfachangestellten* zu 100% von IT-Systemen abgedeckt werden. Große international agierende Unternehmen weisen bereits heute, welchen Trend diese Entwicklung nimmt. Große Beratungshäuser bieten bereits eine automatisierte Prüfung der Rechnungswesensysteme an, ohne eine zusätzliche Belastung in der Organisation der Mandanten zu verursachen. Ihr Tool analysiert die *Workflows* und untersucht die Prozessabläufe und Datenströme hinsichtlich potenzieller Risiken. Mithilfe von Robotic-Lösungen können Computer relevante Informationen aus Aufträgen,

---

635 Quelle. Online-Tool »Job-Futuromat« https//job-futuromat.iab.de/.

Liefernachweisen und Rechnungen digitalisiert auslesen, strukturell aufbereiten und dokumentieren. Durch konsequente Weiterentwicklung haben solche Lösungen das Potenzial, den Abschlussprüfer zukünftig auch in komplexeren Prüffeldern zu unterstützen.

Durch neue Technologien wird sich der Ersatz menschlicher Arbeit durch Maschinen bei der privaten Dienstleistung und Verwaltung noch dramatisch ausweiten. Anwendungen im Massenbereich sind heute schon weitgehend technisch erobert. Der individuelle Sektor lässt sich durch die Nutzung von internetbasierten Plattformen, IT-geführten Prozess-Leitfäden und virtueller Realität erschließen.

Der Mittelstand hat im Bereich der Digitalisierung nach wie vor Aufholbedarf. Als Hauptgründe gegen die Automatisierung gibt die *DATEV* für die Steuerberatungs- und Wirtschaftsprüfungsbranche die mangelnde Akzeptanz bei Mitarbeitern und Mandanten an. Technische Barrieren wie Datensicherheit und Komplexität werden im untersten Bereich genannt. Die Bereitschaft zum Wandel ist zu gering, weil die aktuelle Wirtschaftslage (zu) gut ist, die Bereitschaft zu Investitionen in Beratung und Technik zu gering und weil wenig Erfahrung im anspruchsvollen Projekt- und Change-Management besteht.

Am Beispiel von juristischen Unternehmensprüfungen (*Due Diligences*, DD, im Zuge von *Unternehmensakquisitionen*) durch führende *Anwaltskanzleien* ist beispielhaft zu erläutern, in welchem Stadium sich der Vormarsch von Automatisierungslösungen befindet und wo Deutschland dabei steht. Die DD ist eine der »High-End-Anwendungen«, im Vergleich mit einfacheren Suchprogrammen, die in vielfältiger Form angewendet werden.

Die technische Infrastruktur (Programme, Bedienoberfläche …) wird von Automatisierungs-Spezialisten entwickelt. Das Angebot ist breit. Einer der führenden Anbieter ist *Kira*, die u. a. ein automatisiertes *Extraktionstool* vertreibt. Programme wie *Kira* und *RAVN* haben eine Marktreife erreicht, die den Kanzleien den Einstieg erleichtert: Sie sind intuitiv zu benutzen und leicht zu trainieren. Damit markiert *AI-Software* eine zweite Welle der Technisierung, die derzeit in die Kanzleien schwappt. Sie wird, anders als die ersten Digitalisierungsschritte, alle Praxisbereiche betreffen.[636] Kanzleien füttern diese Infrastrukturen mit den Ergebnissen aus realen Testfällen (»test badges«). Dann laufen die Programme mehrere Lernrunden, mithilfe derer sie quasi-intelligent gemacht werden. Der Real-Einsatz findet dann in Projekten statt, bei denen die Programme großvolumig[637] relevante Fälle (z. B. Verträge) von irrelevanten unterscheiden. Die Reduktion der vertieft zu analysierenden Fälle kann dabei auf eine Größenordnung von 10 % geschehen. Diese werden von Anwälten dann detailliert geprüft. Das Verfahren nennt man »E-Discovery« und kommt aus dem anglo-amerikanischen Rechtsraum. Dort wird es von Behörden bereits vorgeschrieben wegen der hohen Trefferquote bei kritischen Sachverhalten, die durch personelle Sucharbeit nicht erreicht werden kann. Deutschland liegt weit zurück: Nur ca. sechs große international tätige Kanzleien nutzen diese Programme und Verfahren derzeit (Stand November 2018). Diese werden sich jedoch innerhalb weniger Jahre auch in der mittelständischen Beratung bei Beratern und

---

636   Juve: wie künstliche Intelligenz die Welt der Kanzleien verändert. https://www.juve.de/nachrichten/
namenundnachrichten/2016/11/wachwechsel-wie-kuenstliche-intelligenz-die-welt-der-kanzleien-veraendert, abgerufen
22.11.2018.

637   Zur Analyse der Auswirkungen des Brexit auf die Handelsverträge wurden beispielsweise 130.000 Verträge der Industrie
per »E-Discovery« gescreent.

Kunden etablieren. Ein Treiber wird die öffentliche Hand in Deutschland sein, die automatisierte Such-programme bereits heute einsetzt, z. B. von *Steuerbehörden. Anwälte, Wirtschaftsprüfer* und *Steuerbe-rater* müssen sich in der Breite auf diese Entwicklung einstellen.[638] Dieses Beispiel zeigt auch klar, in welchem Stadium sich der Einsatz *»künstlicher Intelligenz«* heute in der Praxis befindet.

10.18   Kultureller Wandel

Ohne kulturelle Veränderung bleibt die ***digitale Transformation*** erfolglos.[639] Die ***Unternehmenskultur*** gilt als eine der größten Hürden auf dem Weg zu einer digitalen Organisation. Führungskräfte und Mitarbeiter nehmen den ***Digitalisierungsgrad*** ihres Unternehmens ganz unterschiedlich wahr. Das behindert eine digitale Transformation. Das Thema »kultureller Wandel« (eng. *Change*) ist hier jedoch bewusst als letztes Feld des *digitalen Wandels* aufgeführt, obwohl es so entscheidend ist: Erst wenn die technisch-betriebswirtschaftlichen Weichenstellungen angedacht sind, kann man einschätzen, welcher kulturelle Wandel durchgestanden werden muss und wie man das schaffen könnte. Deshalb sollte die Frage nach den kulturellen Maßnahmen schon aufgeworfen werden, bevor die Weichenstellungen getroffen sind.

Zuständigkeit

Mittlerweile herrscht weitgehend Einigkeit darüber, dass die *Digitalisierung* eine der wichtigsten Her-ausforderungen für Unternehmen ist. Uneinigkeit besteht jedoch weiterhin beim Thema: Wer ist für die digitale Transformation im Unternehmen zuständig? Das Top-, Middle- oder Lower-Management? Ein *Chief Digital Officer*? Oder sogar die Mitarbeiter? Fakt ist: Die Überforderung beim Thema Digitalisierung nimmt hierzulande eher zu als ab. Die Verantwortlichkeiten für die Umsetzung von unternehmensbezo-genen Transformationsprozessen sind häufig intransparent oder verschieben sich. Noch vor zwei Jahren lag bei mehr als einem Drittel der Unternehmen (37 %) die Hauptverantwortung für die Umsetzung der Digitalisierungsstrategie beim jeweiligen CEO. Diese Zahl ist drastisch gesunken: Nur noch 8 % der CEOs sind federführend für die Entwicklung und Umsetzung der *Digitalstrategie*.[640] Mit zunehmendem *Digi-talisierungsgrad* sinkt die Einbindung des Firmenchefs zur Leitung einzelner Projekte, da diese immer häufiger funktionalen Führungskräften zugewiesen wird. Behindern immer mehr technische Aspekte die kulturelle digitale Transformation, anstatt diese voranzutreiben?

Bedeutung des kulturellen Wandels

Die digitale Transformation kann nur mit der entsprechenden Unternehmenskultur zu einem Erfolg wer-den. Die »digitale Kultur« stellt die größte Hürde für die Transformation dar. Dieser Aussage stimmten 72 % der Deutschen Unternehmer, aus der weltweit angelegten Studie zum Thema »The Digital Culture Challenge: Closing The Employee-Leadership Gap«[641] zu. Viele Unternehmen streben im Zuge der digita-len Transformation bisher vor allem nach Innovation und Veränderung durch intelligente Technologien

---

638   Quelle: Expertengespräche des Autors mit den Kanzleien Ashurst (RA Dr. Michael Holzhäuser) und Osborne Clarke (Hr. RA Martin Sundermann) zwischen dem 13. und 23.11.2018.

639   Dieser einleitende Satz ist Titel der Studie von Capgemini Consulting, veröffentlicht am 6.10.2017.

640   Das ergab eine neu aufgelegte Studie der Managementberatung Horváth & Partners (»Digital Value 2018«). https://www.horvath-partners.com/de/media-center/studien/detail/digital-value-2018/, abgerufen 24.11.2018.

641   https://www.capgemini.com/fi-en/resources/the-digital-culture-challenge-closing-the-employee-leadership-gap/, abgerufen 24.11.2018.

und Daten. Der digitale Wandel ist aber nicht allein ein technischer, sondern insbesondere ein kultureller Wandel im Unternehmen. Das Streben nach einer digitalen Unternehmenskultur, diese zu etablieren und zu leben, ist der Grundbaustein für die Transformation. Dabei ist die Frage nach der Definition einer »digitalen Kultur« nicht eindeutig zu beantworten, zumal – wie gezeigt wurde – die unter »digital« zu subsumierenden Geschäftsmodelle äußerst vielfältig sind. Letztlich bestimmen die jeweils wichtigsten Zielgrößen die im Einzelfall abzuleitende »digitale« Kultur. Abb. 37 bietet beispielhaft einen Ansatz (oberer Bereich), aus dem sich die jeweils wichtigsten Hebel zur Umsetzung ableiten lassen (unterer Bereich der Abbildung).

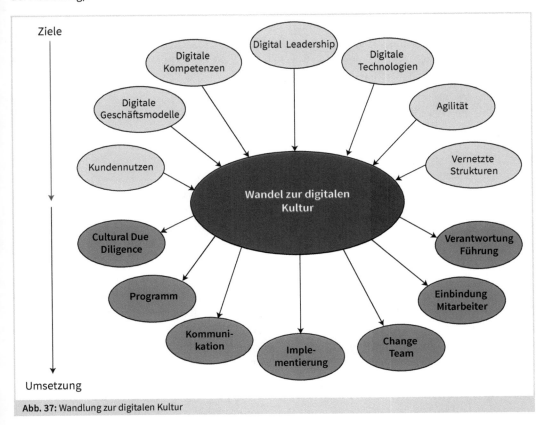

Abb. 37: Wandlung zur digitalen Kultur

Daten als kultureller Trendsetter

Seit jeher werden Unternehmen in den USA stärker auf der Basis von Daten geführt als europäische – messbar an der Quartalsberichterstattung oder dem in den USA entwickelten »Value based Management«. Im Zuge der Digitalisierung werden Unternehmen noch mehr als bisher Daten und quantitativ abgeleitete Prognosen in operative und strategische Prozesse einbinden.[642] Der Regionalvorsprung der USA kann dabei möglicherweise noch größer werden als bisher, vor allem wegen der Ausstrahlung der

642 Bi Survey: Top Business Intelligence Trends 2019. What 2.679 BI Professionals Really Think. https://bi-survey.com/top-business-intelligence-trends, abgerufen 22.11.2018.

Big Four der US-internetbasierten Unternehmen auf die gesamte *US-Wirtschaft*. Eine datengetriebene Unternehmenskultur ersetzt Bauchgefühl durch Entscheidungen, die auf Daten und Fakten beruhen. Dies ist vor allem ein Problem des *deutschen Mittelstandes*, bei dem sich die Visions- und Strategie-entwicklung mehr in den Köpfen der Gründer-Unternehmer abspielt als in definierten Prozessen und Zuständigkeiten bei Führung und Mitarbeitern.[643] Eine *datenbasierte Führung*, wie sie im Besonderen in der »Industrie 4.0« gefordert ist, stellt für viele Unternehmen, vor allem des Mittelstandes, einen äußerst großen Sprung im kulturellen Wandel dar.

Vorfeldanalyse

Dem Aufsetzen eines Programms zum digitalen Wandel geht eine Analyse voraus. Als **erster Schritt** ist der Ausgangspunkt genau zu verifizieren, sofern noch nicht klar definiert: Was ist das bestehende Geschäftsmodell? – Was sind die aktuellen Werttreiber? – Welcher Grad an Digitaldurchdringung und Digitalkompetenz ist schon vorhanden? – Wo liegen die?

Als **Schritt 2** sind die **Herausforderungen** (Technologiedruck, Kundendruck, Änderungsdruck auf das Geschäftsmodell …) zu lokalisieren: Welche Felder des unternehmerischen Wandels sind zu behandeln (vgl. Abb. 31)? Welche der vielen möglichen digitalen Geschäftsmodelle kommen infrage? In welcher Kombination? Gleich mehrere? An verschiedenen Stellen im Unternehmen? Anzuwenden nur für einen (neuen?) Sektor oder für die ganze Firma?

Daraufhin (**Schritt 3**) müssen die **Handlungsoptionen** systematisch verglichen und priorisiert werden, vor allem hinsichtlich Wertsteigerungspotenzial, Risikoabwägung und Umsetzbarkeit (Mitarbeiter, Finanzmittel, Einbezug von Start-ups …).

Schritt 4 betrifft das **priorisierte Modell**. Dies erfordert nun eine detaillierte Beschreibung, gegebenen-falls eine *Simulation,* wie es aussehen könnte, bzw. eine Bandbreite wahrscheinlicher Ausprägungen und Entwicklungsszenarien. Hier sind die in Abb. 37 oben in grau dargestellten »Zielfelder« abzuarbeiten: vom Kundennutzen bis zur Überführung der bisherigen (wahrscheinlich linearen) Lieferkette in ein netz-förmiges »digitales Ökosystem« unter möglichem Datenverbund mit allen Partnern, die Wertbeiträge liefern können, auch unter Einbindung direkter Wettbewerber, in Form einer *»Coopetition«*.

Als **Schritt 5** empfiehlt sich eine Untersuchung, wie weit das **priorisierte Geschäftsmodell vom Status-quo-Modell entfernt** ist, wer die Veränderungen im Unternehmen tragen würde (CEO, CDO, weitere) und welcher Umfang an Veränderungen notwendig ist, um das Delta zu erreichen (Gesamtzeitbedarf, Kompetenzen, Kapazitäten, Kooperationen, Akquisitionen, externe Beratung …). Damit lässt sich die **Veränderungshöhe** bestimmen, ein wichtiger Indikator für Aufwand und Gesamtrisiko des Projektes für den digitalen Wandel.

Schritt 6 prüft, ob und wie dieses **Delta kulturell zu bewältigen** ist. Erst wenn dies bestätigt und mit Lösungsmodellen hinterlegt werden kann (etwa Beschaffung neuer Mitarbeiter mit Industrie 4.0-Erfah-

---

[643] Dies lässt sich bereit aus gegenwärtigen Strukturen ableiten: Die meisten Mittelständler verfügen weder über eine Strategieabtei-lung noch über ein M&A-Team.

rung in einem extrem engen Personalmarkt, oder stattdessen Kauf/Zusammenarbeit mit *Start-ups*), darf der Startschuss zu einem entsprechenden Umbauprojekt zum digitalen Wandel gegeben werden.

Vorgenannte Schritte sollen nicht den Umbau verunmöglichen oder verzögern – vielmehr sollen diese den großen unternehmerischen Schritt daten- und faktenbasiert hinterlegen, ganz im Sinne der »*Industrie 4.0*«. Das muss nicht viel Zeit und Geld kosten. Die Erfahrung zeigt vielmehr, dass frühe und möglichst exakte Untersuchungen relativ wenig *Ressourcen* in Anspruch nehmen und später zu treffende teure Umsteuerungen im Projekt vermeiden können, die meist auch Zeitverlust mit sich bringen.

Veränderung in einem disruptiven Wandel

Change Management muss Chefsache sein, muss Unsicherheit in Grenzen halten – emotional, inhaltlich und prozessual – und phasenspezifische Schwerpunkte setzen – mit Verstand und Herz. Top-Führungskräften verstehen oft zu wenig, sogenannte *weiche Faktoren* erfolgreich zu gestalten. Die Hauptursachen sind: Der Einfluss der weichen Faktoren auf den Unternehmenserfolg wird meist unterschätzt, weil ihre Wirkung auf Qualität und Menge des operativen Outputs schwer quantifizierbar ist. Auswirkungen zeigen sich nicht nur in den weichen Faktoren selber, z. B. sinkende *Mitarbeitermotivation,* sondern haben handfeste Konsequenzen, u. a. Leistungsdefizite in der aktuellen Tätigkeit und Verweigerungen bei der Partizipation am digitalen Wandel, die sich umgehend in Erfolgen bei der *Kundenarbeit* und in Form von inneren oder realen *Kündigungen* niederschlagen.

Führung im Topteam

Ein so umfassender Umbau wie die Digitalisierung von Geschäften erlaubt keine Delegation dieser Aufgabe auf nachgeordnete Ebenen. Gerade der kulturelle Umbau, der mit ganz neuen Geschäftsansätzen verbunden ist, erfordert, dass sich der Vorstand, am besten der *CEO* in Person, als »*Champion zur Digitalisierung*« an die Spitze der Bewegung setzt. Die Persönlichkeit des CEOs, seine Sichtbarkeit für alle Mitarbeiter, seine Überzeugung und sein Glaube an die neue Ausrichtung des Unternehmens kann Berge versetzen. Als weiteres Vorstandmitglied sollte ihm ein Verantwortlicher für die Umsetzung des Projektes zum digitalen Wandel zur Seite gestellt werden. Das könnte der *CDO (Chief Digital Officer)* sein. Dieser muss auf oberster Ebene die fachlichen Richtungsvorgaben und die Penetration in alle Mitarbeiterebenen verfolgen. Dies ist als Hauptaufgabe zu definieren, möglichst mit einer Arbeitsplatzbeschreibung und Zielvereinbarung hinterlegt. Die neue Geschäftsphilosophie ist datenorientiert – das gilt auch für den Vorstand! Das Verhalten von CEO und CDO, ihre Identifikation mit der »*digitalen Vision*«, ihre unmittelbare Ansprechbarkeit von allen Mitarbeitern und ihre Präsenz in Gesprächsrunden auf allen Ebenen sind entscheidend. »Management by walking around« war noch nie so angesagt, wie bei einem so tief greifenden unternehmerischen Umbau wie der Digitalisierung. Erfolgreiche Führungsmuster aus *Start-ups* und aus dem *Lean Management* sollten hier eingesetzt werden: immer bereit zur Diskussion, Zuhören ohne hierarchische Attitüden, ständig offen für Verbesserungen, Bereitschaft zum schnellen Umsteuern, wenn ein Pfad sich nicht als optimal erweist, dabei aber das Grundziel nicht aus den Augen verlieren.

Insgesamt muss auf oberster Ebene ein zukunftsorientiertes *Topteam* zum digitalen Wandel gebildet werden, in die alle (!) *Vorstände* und wichtigste *Entscheidungsträger* des Unternehmens eingebunden sind. Nur wenn Konsens zur Digitalisierung und für den Weg dazu erreicht ist, lässt sich dieser Pfad trotz der für Einzelne zu erwartende Einschnitte (neue Aufgaben, neue Ziele, neue Werte, neue Konkurrenten im Unternehmen ...) nachhaltig umsetzen. Niemand sollte verloren gehen, aber von anhaltenden Widerständlern muss man sich – möglichst im Einvernehmen – auch trennen.

Digital Change Team

CEO und CDO sollten durch ein speziell zu bildendes »*Digital Change Team*« unterstützt werden. Ihm obliegen fachliche Begleitung, Coaching der Führung, Bereitstellung nötiger Kompetenzen und Kapazitäten. Je nach Bedarf sind *externe Change-Berater* mit spezieller Erfahrung aus Digitalisierungs-Projekten hinzuzuziehen. Die Vielfalt der Themen und Aufgaben, das Weitertragen erfolgreicher Ansätze quer durch das Unternehmen und die Anzahl vergleichbarer Veranstaltungen und Initiativen auf allen Ebenen des Unternehmens, in allen Geschäftssegmenten (Produktbereiche, Regionen, Fachabteilungen, operative Einheiten ...) erfordern *Erfahrungsaufbau*, *Wissenstransfer*, Kommunikation nach unten, wie auch nach oben, Auffinden und Löschen von »Brandherden«. Das Change Team plant und organisiert Vorbereitungsworkshops, in denen klare Ziele definiert, die *Zielkultur* sowie *Governance-Strukturen* erarbeitet werden. Daraus entstehen Grundsätze für betriebliche Vereinbarungen, die die Einigkeit fördern, den Übergangsprozess stabilisieren, Erfolgspotenziale nutzen und die stetige Weiterentwicklung der Kultur fördern. In Wellen von Folgeveranstaltungen werden diese über die ganze Organisation verbreitet. »Digital Change« muss deshalb für eine Kerntruppe die zentrale Aufgabe sein und darf nicht als »Nebenjob« marginalisiert werden.

Analysephase

Die erste Phase des Projektes zum digitalen Wandel sollte eine *Cultural Due Diligence* beinhalten. In dieser wird analysiert, welche Stärken und Schwächen die bestehende *Unternehmenskultur* aufweist und wie kompatibel die Kultur zur Überführung in »digital orientierte« Geschäftsmodelle ist. Tendiert eine Kultur zur Risikovermeidung, indem sie Bewährtes bewahrt und Fehler vermeidet, oder zur Erneuerung, indem sie Fehler als Chance zum Lernen nutzt und dies nicht nur theoretisch verstanden hat? Ist das Verhalten eher individualistisch oder kollektivistisch geprägt? Passt die Projektführung aus Vorstand und Change Team? Was können die Mitarbeiter bezüglich Einstellungen und Verhalten voneinander lernen, insbesondere wenn »alte Kämpfer« und neue Kolleginnen und Kollegen aus der Digitalwelt aufeinandertreffen? Wie werden Führungskräfte und Mitarbeiter reagieren, ist z. B. mit ungewollter *Mitarbeiterabwanderung* zu rechnen? Die Antworten sollten die weitere *Projektstruktur*, *Programme* und *Maßnahmen* bestimmen. Leider werden solche Fragen zum Schaden der Unternehmen selten beleuchtet.

Einzusetzen ist ein *Methodenmix*, der auch davon abhängt, wie weitreichend die Veränderungen sind (das o. g. »Delta« zwischen heute und morgen), wie breit diese im Unternehmen auszurollen sind und welche Bereitschaft zur Mitwirkung im Mitarbeiterkreis zu erwarten ist. Dazu sind Mitarbeiterbefragungen in der Breite angesagt, Dokumente zu analysieren wie etwa Mitarbeiterzeitschriften (Beispiel für eine Outside-in-Methode). Hinzu kommen Beobachtungsdaten aus Vor-Ort-Besuchen und Tiefeninterviews, idealerweise auf allen Hierarchieebenen sowie mit Kunden und Lieferanten. Wichtig sind hierbei speziell geschulte Interviewer, die das Oberflächliche überwinden und echte Einblicke in das zu bewältigende Kulturdelta erlangen.

Erfolgsfaktoren

Zusammenfassend sind folgende Faktoren zum Erfolg für den digitalen Umbau und dem damit einhergehenden Kulturwandel zu nennen:

1. **Klare Verantwortlichkeiten:** Das gesamte Unternehmen ist beim Vorantreiben der digitalen Kultur mit einzubinden, vom CEO, dem CDO, dem Management bis hin zu jedem einzelnen Mitarbeiter.

2. **Die Leadership-Isolation überwinden:** Für Führungskräfte ist es hilfreich, das Denken und die Motivation hinter den Aussagen und Fragen ihrer Mitarbeiter zu untersuchen.

3. **Silos entfernen:** Eine digitale Unternehmenskultur bedeutet auch, Silos zwischen Abteilungen, Funktionen und Berichtslinien zu entfernen und stattdessen funktionsübergreifende Teams zu schaffen, die selbst organisiert arbeiten, nicht hierarchisch sind und die Möglichkeit erhalten, Projekte von Anfang bis Ende auszuführen.

4. **Ausbildung von Change Agenten und Investitionen in Kompetenzen und Fähigkeiten:** Mitarbeiter dazu befähigen, selbst zur digitalen Kultur beizutragen und die digitale Transformation voranzutreiben.

5. **Klare Kommunikation und offene Feedbackkultur:** die Chance, gemeinsam über die digitale Vision zu diskutieren und den stetigen Austausch rund um den aktuellen Digitalisierungsfortschritt im Unternehmen zu fördern.

6. **Digitalen Kulturwandel greifbar machen:** z. B. durch die Etablierung des o. g. Projektteams, welches die Kultur sichtbar vorantreibt und intern dazu kommuniziert. Personen aus allen Unternehmensebenen sollten hier mit eingebunden werden.

7. **Mehr Fragen stellen:** Teamübergreifende Hospitationen initiieren, um verschiedene Einblicke und Perspektiven zu erhalten, wie der digitale Kulturwandel vorangetrieben wird.

8. **Digitale Kollaborations-Tools einsetzen:** Transparenz sicherstellen und einen engen Kontakt zu den Mitarbeitern herzustellen.

9. **KPIs festlegen:** Kennzahlen, die auf die digitale Unternehmenskultur abzielen.

10. **Risikoaversion durchbrechen:** denn stillstehende Unternehmen profitieren vom digitalen Wandel am wenigsten. Digitale Konzepte öffnen die Tür zu kleinen Experimenten, die im Falle eines Ausfalls mit begrenzten Kosten verbunden sind, aber sehr wertvolle Entdeckungen hervorbringen können.[644]

Implementierung: Fokus und Zeit

Wie an anderen Stellen bereits angesprochen, handelt es sich beim »digitalen Umbau« um eine höchstkomplexe und vielfältige Aufgabe. Die Erfahrung zeigt, dass die Themen nicht alle gleichzeitig und gleichgewichtig aufgearbeitet werden können. Am ehesten ist ein derartig anspruchsvoller Umbau mit dem Projekt einer Unternehmensfusion vergleichbar, bei der auch alle Bausteine des Unternehmens neu ausgerichtet werden müssen.[645] Zu viele Aufgaben gleichzeitig überlasten die Teams und zu viele Themen erzeugen eher Widerstände bei den Mitarbeitern als Zustimmung und Motivation. Dies erfordert eine sorgfältige Planung der Maßnahmen, die Definition von Projektphasen mit Meilensteinen, Kompetenzmanagement (etwa die Planung zum Einsatz spezieller Kompetenzträger von innen und von extern), Kompetenzaufbau (Schulungen, Akquise neuer Mitarbeiter, Aufbau eines internen Wissensportals ...)

---

644 Weiteres siehe: Theresa Glöde, in: Squared Online, 22.2.2018. https://www.wearesquared.de/blog/digital-culture-warum-der-kulturwandel-in-unternehmen-nur-gemeinsam-funktioniert, abgerufen 23.11.2018.

645 Bei Unternehmen mit M&A-Expertise empfiehlt sich deshalb, M&A-Erfahrungsträger zur Kompetenz-, Zeit- und Kapazitätsplanung digitaler Change-Projekte heranzuziehen.

und *Kapazitätsmanagement*, insbesondere wegen zusätzlicher Belastung der Mitarbeiter durch spezielle Workshops (fachlich, Verbesserungsvorschläge, Cultural Alignment-Veranstaltungen, externe Veranstaltungen …) und Training. Dafür muss Zeit veranschlagt werden, einfach nur »obendrauf-packen« hilft nicht und führt nur zu Widerständen. Schließlich muss auch Zeit bleiben, die Veränderungen innerlich aufzunehmen, zu verarbeiten. Das ideale Ziel wäre, wenn jeder Mitarbeiter sich als »*Change Agent*« in der neuen Sache verstehen würde. Die Hintereinanderschaltung von Phasen, Projekten und Initiativen führt in Summe zu größeren Zeitstrecken. Angesichts der zur Verfügung stehenden Zeit, des Wettbewerbs- und Kundendrucks sind ehrgeizige Planungen (»*stretched Goals*«) unvermeidlich. Schließlich will ein sogenannter »*disruptiver Wandel*« durchgesetzt werden. Dieser findet aber nur statt, wenn man die Motivation der Mitarbeiter nicht verliert – und diese wichtigste Ressource wird letztlich den Wandel tragen müssen, der Roboter ist nur ein Instrument.

Kommunikation

Eine multidirektionale und ehrliche Kommunikation, die nicht nur informiert, sondern auch Veränderung fördert, ist ein Geheimnis erfolgreichen Wandels. Die Frage, wann was an wen kommuniziert wird, sollte bereits in der *Programmplanung* enthalten sein. Das Change-Team muss aber flexibel auf neue Umstände reagieren. Der Fokus auf Ziele, Fakten und Information hilft – Unsicherheit und Gerüchte sind von Anfang an zu reduzieren. Im weiteren Prozess liegt der Kommunikationsfokus dann vorwiegend auf Anregungen zum kulturellen Wandel. Sie finden eher von Angesicht zu Angesicht statt, regen zu Austausch an und haben einen positiven Unterton. Auswirkungsschwere Informationen sollten nicht als »Big Bang« z. B. in einer Betriebsversammlung kommuniziert werden, sondern kaskadenartig in den normalen Führungsbeziehungen. Führungskräfte sind darauf vorzubereiten, wie sie mit schwierigen Kommunikationssituationen umgehen und wertschätzend-konstruktiven Dialog fördern können.

Besondere Chancen aber auch Risiken ergeben sich bei der Integration von *Start-ups* in etablierte Organisationen. Erstens darf ihre oft agile, innovative und kollektivistische Kultur nicht »untergehen«, da sonst wichtige Assets verloren gehen. Zweitens besteht die Chance, dass beide Kulturen in einem begleiteten Prozess voneinander lernen. Das Start-up kann zum Beispiel oft beim strukturellen Arbeiten zulegen, das etablierte Unternehmen lernt an Agilität dazu. Empfehlenswert ist hier z. B. ein Reverse-*Mentoring*, bei dem meist junge Mitarbeiter des Start-ups als Mentoren für ältere Mitarbeiter des etablierten Unternehmens fungieren und erfahrene Mitarbeiter der übernehmenden Organisation ihr Netzwerk für die neuen Kollegen aus Start-ups öffnen.

Implementierung

Die Implementierung beginnt bei *Digitalisierungsprojekten,* sobald die *Cultural Due Diligence* durchgeführt und die Zielarchitektur des digitalen Wandels festgelegt ist. Entgegen der gängigen Vorstellung, einen schlagartigen »disruptiven« Wandel herbeiführen zu müssen, braucht der Wandel Zeit, denn es müssen zahlreiche Ziele und Maßnahmen abgeleitet, diskutiert, und von den Mitarbeitern angenommen werden. Insofern handelt es sich um einen »Prozess des Wandels«, wenn auch durchaus ehrgeizig in Höhe und Geschwindigkeit. *Change-Methoden* können helfen, indem sie Zielkonsens herbeiführen, neue Führungsstrukturen und Führungskompetenzen fördern, die weiterentwickelte Unternehmenskultur verankern und Verantwortungsübernahme und Selbstwirksamkeit aller Mitarbeiter fördern.

Der vielleicht folgenschwerste Fehler im *Change-Management* der Umsetzungsphase ist eine zu frühe Beendigung nach dem Motto: »So, nun ist offiziell umgestellt, jetzt sollen die Leute sich nicht anstellen, es wird schon laufen«. Nachhaltige Change-Projekte verlaufen nicht »disruptiv«, sondern erfordern 1 bis 3 Jahre, wobei die ersten Monate die wichtigsten sind und die Intensität der Change-Begleitung danach Schritt für Schritt reduziert werden kann.

Instrumente zum Wandel

Erfahrungen aus vergleichbar komplexen Projekten des kulturellen Wandels, wie Unternehmensfusionen, lassen sich gut auf den geschäftlichen Umbau zur Digitalisierung übertragen. Hier bieten sich Change-Maßnahmen entlang von vier Hebeln[646] an:

- In »Was bedeutet der Wandel des Geschäftsmodells für mich?«-Workshops werden sowohl »harte« als auch »weiche« Faktoren wie Haltung, Rollenverständnis und Spielregeln angesprochen, sowie der offene, lösungsorientierte Umgang mit der Unsicherheit geübt.
- Mit »New World Trainings« werden Fähigkeitslücken bei Mitarbeitern und Führungskräften gezielt geschlossen. Wichtig ist hierbei, dass alle Teilnehmer sowohl in der Rolle des Lernenden als auch des Trainers eingebunden werden, sodass maximal Praxisrelevantes trainiert und »voneinander Lernen« zur Normalität wird – dies dient vor allem dem Austausch zwischen »altgedienten« Mitarbeitern und neuen Kräften aus der Start-up-Szene.
- Optionales Change Leader Coaching, das Führungskräften hilft, durch unsichere Zeiten zu führen, indem ein erfahrener Coach sie methodisch und menschlich ausgewogen begleitet. Dabei gibt der Coach keinen Rat, sondern unterstützt durch Fragen und Methodenangebote den Entwicklungs- und Lösungsprozess des Coaching-Klienten.
- Aufsetzen eines Retention-Systems, um Leistungs- und Wissensträger zu halten und »Layoff-Survivor-Sickness« entgegenzuwirken. Z. B. die Analyse der besonders haltenswerten und wechselgefährdeten Mitarbeiter, denen ein »*Stay-Bonus*« angeboten wird und deren persönliche Entwicklungsperspektive attraktiv gestaltet und besprochen wird.

Fazit

Die digitale Transformation im Unternehmen erfordert während der gesamten Reise eine aktive Unterstützung des *CEO*. Unternehmen sollten darüber hinaus der Tatsache ins Auge blicken, dass es eines *Chief Digital Officers* bedarf, der für die gesamte digitale Agenda verantwortlich ist. Und dass darüber hinaus für eine sich wirklich verändernde Kultur die Unterstützung durch die Managementhierarchie bis hin zu jedem einzelnen Mitarbeiter benötigt wird. Alle Führungskräfte müssen deshalb ihren Stil vom Top-Down-Entscheidungsträger hin zum *Trainer* verschieben. Zudem brauchen Unternehmen eine starke Vision von den digitalen Möglichkeiten und der Erfahrung des Unternehmens im digitalen Bereich, die ihnen Glaubwürdigkeit bei den Mitarbeitern verleiht. Das wiederum schafft Vertrauen und damit auch die Chance, dass sich die Kluft zwischen Führungsebene und Mitarbeitern schließen kann.

---

646 Siehe: Michael Timmermann: Change Management als Schlüssel zur Verwirklichung von M&A-Potenzialen im Rahmen von Industrie 4.0, in: Kai Lucks (Hrsg.): Praxishandbuch Industrie 4.0, Schäffer-Poeschel Verlag, Stuttgart 2017, S. 801–808.

Bei allen Maßnahmen sollte eine Kombination aus Strukturiertheit, kreativer Energie, zugewandtem Herzen und psychologischer Expertise eingesetzt werden. So wird eine Aufbruchsstimmung gefördert, in der die Menschen an einen positiven Wandel glauben, statt in Unsicherheit zu erstarren.

Der Digitalisierungsprozess sollte auch kulturell weniger als problematische Herausforderung, sondern als Chance zu *positiver Veränderung* gesehen werden. Denn wenn von vornherein Zeit und Ressourcen für Change Management eingeplant und professionelle Begleitung angeboten wird, werden sowohl Führung als auch die Mitarbeiter am Ende wirtschaftlich und menschlich die echten Gewinner sein.[647]

---

647 Vgl. Michael Timmermann: Change Management ist der Schlüssel zur Verwirklichung von M&A-Erfolgspotenzialen – speziell vor dem Hintergrund von Industrie 4.0, in: Kai Lucks (Hrsg.) Praxishandbuch Industrie 4.0, S. 801–806, Schäffer-Poeschel Verlag, Stuttgart 2017.

11 Simulation und Virtualisierung

Die Simulation von Zuständen ist dem Menschen als eine »Grundtugend« gegeben, um sich bedrohliche Situationen vorzustellen, damit sie diese dann praktisch besser meistern. Wir bezeichnen das im Alltag als Fantasien und Angstbilder. Simulationen sind seit Langem für die vorausschauende Planung in Wissenschaft, Technik und Wirtschaft unerlässlich. Die Potenziale zur Virtualisierung von Produkten, Zuständen und Prozessen können erst durch Big Data Analytics, Netzwerke und Einsatz künstlicher Intelligenz voll erschlossen werden. Der häufigste Anwendungsbereich ist die Simulation von IT-Systemen und -Arbeitsplätzen. Darüber hinaus führen Simulationen und die Virtualisierungen sogar so weit, dass ganze Geschäftsmodelle und biologische sowie digitale Ökosysteme dadurch abgebildet, geprüft und weiterentwickelt werden und sogar neue digital getriebene Lösungen daraus erwachsen. Dies ist ein übergreifendes Phänomen, das alle sozialen Bereiche umfassen kann und sich auch dort durchsetzen wird, wo es noch nicht zu Hause ist. Neben den aus Simulationen und Virtualisierungen erwachsenden Innovationen sind die Haupttreiber die Senkung der Faktorkosten. Deshalb ist dieses Feld eng mit den Themen des (digitalen) organischen Umbaues (siehe Kapitel 12) und des externen Umbaues (siehe Kapitel 13) verbunden. So haben die Anwendungen zur Gestaltung von Fertigungen und für Unternehmensfusionen den Nachweis erbracht, dass selbst komplexe Anlagen und Prozesse erfolgreich und mit konkreten Hinweisen zu Designpfaden, Risiken und zur Hebung von Werten aus Simulationen profitieren. Auch im Bereich von Sicherheit und Cyber Security finden Simulationen und Virtualisierungen praktische Anwendungen (siehe dazu Kapitel 14). Deshalb ist diese Thematik hier als »Grundlagenverfahren« vorgeschaltet.

11.1 Definitionen und Abgrenzung

Die **Simulation** ist eine Vorgehensweise zur *Analyse* und Herstellung (virtueller) Bilder von Systemen, die für die theoretische oder formelmäßige Behandlung zu komplex sind. Dies ist überwiegend bei *dynamischem Systemverhalten* gegeben. Bei der Simulation werden Experimente an einem Modell durchgeführt, bzw. ganze Modelle »virtuell« erzeugt, um Erkenntnisse über das reale System zu gewinnen. Mithilfe einer Simulation wird ein Modell einer schlüssigen Lösung entwickelt, an der dann die Vitalität und der Erfüllungsgrad der in die Lösung gesetzten Ziele geprüft werden. Das *Simulationsmodell* stellt eine Abstraktion des zu simulierenden Systems dar (Struktur, Funktion, Verhalten). Der Ablauf des *Simulationsprozesses* mit konkreten Werten (Parametrierung) wird als *Simulationsexperiment* bezeichnet. Dessen Ergebnisse können dann interpretiert auf das Simulationsmodell übertragen werden. Der Vergleich verschiedener Simulationsmodelle erlaubt die Auswahl der zu realisierenden Lösung.

Die **Virtualisierung** bezeichnet in der *Informatik* die Nachbildung eines Hard- oder Software-Objekts durch ein ähnliches Objekt vom selben Typ mithilfe eines Abstraktions-Layers. Dadurch lassen sich *virtuelle (d. h. nicht-physische) Geräte oder Dienste* wie emulierte Hardware, Betriebssysteme, Datenspeicher oder Netzwerkressourcen erzeugen. Dies erlaubt es, Computer-Ressourcen (insbesondere im Server-Bereich) transparent zusammenzufassen oder aufzuteilen, oder ein Betriebssystem innerhalb eines anderen auszuführen.[648] Im Zuge von *Industrie 4.0* wird dieser Begriff vor allem für die Arbeit am »*Software-Zwilling*« realer Produkte und Systeme verwendet, von der Entwicklung über die Fertigung bis zu Logistik und Service. Wie bereits beschrieben, resultieren daraus ganz neue Geschäftsmodelle, etwa weltweit vernetzte Entwicklung, Speicherung in der Cloud, dezentraler Abruf für lokale Fertigung usw. (Vgl. dazu Kapitel 8 »Elemente und Instrumente«)

Die Simulation kann auch als Schritt vor der Virtualisierung (d. h. Planung am virtuellen Abbild) gesehen werden. Die Virtualisierung, etwa von größeren Anlagen etwa als »*Szenarioplanung*« kann in einem frühen Planungsstadium auch als Simulation verstanden werden, womit beide Begriffe *synonym* verwendet sind. Zwischen beiden gibt es also mindestens einen gleitenden Übergang, weshalb diese Lösungspfade hier zusammenhängend behandelt werden. Die zusammenhängende Behandlung eröffnet auch weiterreichende operative Ansätze, die zusätzliche Potenziale zur *Einsparung* von Faktorkosten (Zeit, Personal, Investitionen, Logistik …) erschließen. Das ermöglicht innerhalb von Unternehmen die Bildung eines Bereiches »Simulation & Virtualisierung« mit hohen Synergien unter übergreifenden Ansätzen aus der *Digitalisierung* beider. Dies ist nicht neu und wird beispielsweise in der Siemens Digitale Fabrik umgesetzt, über die es hier noch zu berichten gilt. Eine Systematik der Einsatzfelder mit Beispielen im Gesamtfeld Simulation und Virtualisierung findet sich in Abb. 38.

	Produkte (HW)	Branchen und Sektoren	Lösungen	Prozesse
Digitales Ökosystem (alle Partner)			Kooperations-netzwerke	Kunden-verhalten
Übergreifende Infrastrukturen (all-in-all)				Verkehrsführung
Corporate-Ebene (all-in-all)				Organischer Umbau M&A
Divisions-Ebene (all-in-all)	Virtualisierung Produkte			Fertigung (digital Factory)
Lokale Netze und Systeme (IKT…)				
Arbeitsplatz-ebene (IKT…)		Corporate Infokom		
Feldebene (Sensorik-systeme…)				Physikalisch-chemische Experimente

Abb. 38: Systematik und Beispiele zur Simulation und Virtualisierung

---

648 https://de.wikipedia.org/wiki/Virtualisierung_(Informatik), abgerufen 11.12.2018.

11.2   Einsatzbedarf

Gemeinsame Ziele von Simulationen und Virtualisierung sind die Vermeidung von Kosten, Zeit und Ressourceneinsatz, die bei der Entwicklung von Produkten, Lösungen und Prozessen anfallen würden, wenn man am *physisch-realen Modell* arbeiten würde. Die Verfahren finden besonderen Einsatz, wenn es um *Optimierungen* komplexer Zielbündel geht, für die mehrere physische Entwicklungspfade versuchsweise angegangen werden müssten. Somit sind Simulationen und die Arbeit an der virtuellen Lösung in ihrer systematischen Anwendung das Gegenteil vom kostenintensiven *»trial & error«*.

11.3   Vorgehensweise Simulation

Deshalb ist der erste Schritt einer Simulation stets die *Modellbildung*. Wird ein neues Modell entwickelt, spricht man von Modellierung. Ist ein vorhandenes Modell geeignet, um Aussagen über die zu lösende Problemstellung zu machen, müssen lediglich die Parameter des Modells eingestellt werden. Das Modell, respektive die Simulationsergebnisse können dann für Rückschlüsse auf das Problem und seine Lösung genutzt werden. Daran können sich – sofern stochastische Prozesse simuliert wurden – statistische Auswertungen anschließen.

Die Methode der Simulation wird für viele Problemstellungen der Praxis eingesetzt. Bekannte Felder des Einsatzes von Simulationen sind Strömungs-, Verkehrs-, Wetter- und Klimasimulationen.[649]

11.3.1   Simulationen ohne Computer

Physikalische Experimente werden auch als Simulationen bezeichnet: Ein Auto-Crashtest beispielsweise ist eine Simulation für eine reale Verkehrssituation, in der ein Auto in einem Verkehrsunfall verwickelt ist. Dabei wird die Vorgeschichte des Unfalls, die Verkehrssituation und die genaue Beschaffenheit des Unfallgegners stark vereinfacht. Keine Personen sind in den simulierten Unfall verwickelt, stattdessen werden Crashtest-Dummies eingesetzt, die mit realen Menschen gewisse mechanische Eigenschaften gemeinsam haben. Ein Simulationsmodell hat also nur ganz bestimmte Aspekte mit einem realen Fall gemeinsam. Welche Aspekte dies sind, hängt maßgeblich von der Fragestellung ab, die mit der Simulation beantwortet werden soll.

In dieselbe Kategorie fallen Versuche in Strömungswindkanälen. Hier können beispielsweise an einem maßstäblich verkleinerten physischen *Modell* Aussagen über Luftwiderstand und Auftrieb von Flugzeugen gemacht werden. Das Gleiche gilt für *Brandsimulationen*: Gefährliche Situationen wie Brände in geschlossenen Räumen oder Fahrzeugen werden nachgestellt und mit echtem Personal zu Ausbildungszwecken der Rettung bzw. Löschung trainiert oder neue Materialien auf ihre Brandschutzeigenschaften hin geprüft. Dazu folgt unten noch Weiteres.

---

649 https://de.wikipedia.org/wiki/Simulation, abgerufen 11.12.2018.

11.3.2   Computersimulationen

Unter »Simulation« versteht man heute fast immer *Computersimulationen* zur Untersuchung der dynamischen Eigenschaften komplexer Prozesse. Simulationen dienen (1) dem Versuch einer konsistenten Beschreibung verschiedener Einzelbefunde, (2) der Überprüfung der Eigenschaften von Hypothesen und (3) der Vorhersage von noch nicht untersuchten Eigenschaften des betrachteten Systems. Diese können dann im Experiment getestet werden. Wichtige Gegenstände der Simulation sind sowohl physikalische Eigenschaften (z. B. Trägheit) als auch Eigenschaften der Informationsverarbeitung in neuronalen Netzwerken, insbesondere bei Netzen mit Rückkopplungen (Regelung). Komplexe Anwendungsfelder finden sich etwa in der Biokybernetik, Bionik, und Biophysik.[650]

Audi setzt z. B. für Crash-Simulationen ein Super-Computer-Netzwerk, ein Verbund aus 320 Rechnern, mit einer Rechnerleistung von 15 Teraflops auf. Das entspricht 15 Billionen Rechenoperationen pro Sekunde. Damit handelt es sich um einen der leistungsstärksten Computer-Cluster in der Automobilindustrie und einen der 150 schnellsten weltweit. Dennoch: Abhängig von der Komplexität des simulierten Unfalls kann die Berechnung zwischen 30 Minuten und einer Woche dauern. Ein Modell des Automobilbauers durchläuft bis zum ersten physischen Unfall rund 100.000 virtuelle Crashs am Computer.[651]

Siemens bietet mit dem *Simcenter 3D* ein einheitliches, skalierbares und offenes Umfeld für dreidimensionales *Computer Aided Engineering* (*CAE*) an, zum Design, testen und Datenmanagement. Dabei wird der Simulationsprozess durch best-in-class geometrische Ausgabeverfahren, assoziativer Modellierung der Simulation und multidisziplinaren Lösungen unter Einbindung jeweiliger Industrieexperten angeboten. Spezielle Angebote darin betreffen akustische Simulationen, die Optimierung von Komposit-Lösungen und Flussdynamiken.[652]

11.4   Virtualisierung in der IT: virtuelle Computersysteme

Eines der etabliertesten Anwendungsfelder für *Virtualisierungen* liegt in der Informations- und Kommunikationsindustrie (IKT). Das Prinzip der Virtualisierung ist einfach: Mithilfe von Software werden Hardwarefunktionen simuliert und es wird ein virtuelles Computersystem erstellt. Auf diese Weise können IT-Organisationen mehrere virtuelle Systeme– und mehrere Betriebssysteme und Anwendungen– auf einem einzigen Server ausführen. So können Größenvorteile und eine höhere Effizienz erzielt werden. Durch Virtualisierung können Agilität, Flexibilität und Skalierbarkeit der IT verbessert werden, bei gleichzeitigen beträchtlichen Kosteneinsparungen. Größere Workload-Mobilität, höhere Performance und Verfügbarkeit von Ressourcen, automatisierte Abläufe sind die Vorteile der Virtualisierung, die das Management der IT vereinfachen und ihren Betrieb kostengünstiger machen. Hinzu kommen:

- Geringere Investitions- und Betriebskosten;
- Minimale bzw. keinerlei Ausfallzeiten;

---

650   https://www.spektrum.de/lexikon/biologie/computersimulation/15019, abgerufen 12.12.2018.
651   https://www.stern.de/digital/computer/computersimulationen-ganz-nah-an-der-wirklichkeit-3085410.html, abgerufen 12.12.2018.
652   https://www.plm.automation.siemens.com/global/en/products/simcenter/simcenter-3d.html, abgerufen 12.12.2018.

- Erhöhte Produktivität, Effizienz, Agilität und Reaktionsfähigkeit der IT;
- Schnellere Bereitstellung von Anwendungen und Ressourcen;
- Bessere Business Continuity und Disaster Recovery;
- Einfacheres Management von Rechenzentren;
- Verfügbarkeit eines echten Software-Defined Data Center.

Unabhängig von der Unternehmensgröße ist die Virtualisierung bei Weitem der effektivste Weg, die IT-Ausgaben zu senken und gleichzeitig Effizienz und Agilität zu steigern.

11.4.1   Virtual Machines

Ein virtuelles Computersystem – die so genannte *virtuelle Maschine* (VM) – ist ein vollständig isolierter Software-Container mit einem Betriebssystem und einer Anwendung. Jede eigenständige VM ist völlig unabhängig. Die Nutzung mehrerer VMs auf einem einzigen Computer ermöglicht die Ausführung mehrerer Betriebssysteme und Anwendungen auf nur einem physischen Server oder »Host«.

Durch **Servervirtualisierung** können mehrere Betriebssysteme auf einem einzigen physischen Server als hocheffiziente virtuelle Maschinen ausgeführt werden. Die wichtigsten Vorteile:
- Größere IT-Effizienz;
- Weniger Betriebskosten;
- Schnellere Workload-Bereitstellung;
- Gesteigerte Anwendungsperformance;
- Höhere Serververfügbarkeit;
- Kein Serverwildwuchs und keine Komplexität.

Bei der **Netzwerkvirtualisierung** handelt es sich um die vollständige Reproduktion eines physischen Netzwerks in Software. Anwendungen werden im *virtuellen Netzwerk* genau auf dieselbe Weise wie im physischen Netzwerk ausgeführt. Durch *Netzwerkvirtualisierung* stehen für verbundene Workloads logische Geräte und Services zur Verfügung: Ports, Switches, Router und Firewalls, logischer Lastausgleich, logische VPNs[653] usw. Virtuelle Netzwerke bieten neben den gleichen Funktionen und Qualitäten wie ein physisches Netzwerk zusätzlich noch die betrieblichen Vorteile und die Hardwareunabhängigkeit von Virtualisierungslösungen.

Desktop-Virtualisierung: Mit der Bereitstellung von *Desktops* als *Managed Service* können IT-Organisationen schneller auf sich ändernde Anforderungen am Arbeitsplatz und neue Chancen reagieren. Virtualisierte Desktops und Anwendungen können außerdem schnell und einfach für Zweigstellen, Mitarbeiter an externen bzw. ausgelagerten Standorten sowie mobil arbeitende Mitarbeiter auf iPads und Android-Tablets bereitgestellt werden.

---

653 VPN bezeichnet ein virtuelles privates (in sich geschlossenes) Kommunikationsnetz. Virtuell in dem Sinne, dass es sich nicht um eine eigene physische Verbindung handelt, sondern um ein bestehendes Kommunikationsnetz, das als Transportmedium verwendet wird. Das VPN dient dazu, Teilnehmer des bestehenden Kommunikationsnetzes an ein anderes Netz zu binden.

11.4.2   Virtualisierung und Cloud Computing im Vergleich

Virtualisierung und *Cloud Computing* sind zwar beides Technologien, die im Trend liegen, sind jedoch nicht austauschbar. Virtualisierung benötigt eine Software, die Computerumgebungen von einer physischen Infrastruktur unabhängig macht, während Cloud Computing ein Service ist, der gemeinsam genutzte Computing-Ressourcen (Software und/oder Daten) bei Bedarf über das Internet bereitstellt. Da sich diese Lösungen ergänzen, können Unternehmen zunächst ihre Server virtualisieren und dann für noch mehr Agilität und Self-Service auf Cloud Computing umsteigen.[654] In summa geht es um die Realisierung von Kostensenkungspotenzialen, beschleunigter Bereitstellung standardisierbarer Anwendungen, Erhöhung der Sicherheit und Reduktion der Geschäftsrisiken. Dazu werden am Markt leistungsstarke Vorlagenfunktionen für Infrastrukturen mit Code und sogenannten *DevOps-Prozessen* (s. u.) angeboten.[655]

11.4.3   DevOps-Prozesse – ein Weg in die Digitalisierung der Wirtschaft

DevOps beschreibt einen Prozessverbesserungsansatz aus den Bereichen der Software-Entwicklung und Systemadministration. *DevOps* ist ein Kunstwort aus den Begriffen *Development* (engl. für *Entwicklung*) und IT *Operations* (engl. für *IT-Betrieb*). *DevOps* soll durch gemeinsame Anreize, Prozesse und *Software-Werkzeuge* (*tools*) eine effektivere und effizientere Zusammenarbeit der Bereiche *Entwicklung*, *Betrieb* und *Qualitätssicherung* (QS) ermöglichen.[656] Mit *DevOps* soll die Qualität der Software, die Geschwindigkeit der Entwicklung und der Auslieferung sowie das Miteinander der beteiligten Teams verbessert werden.[657]

Die digitale Wirtschaft zeichnet sich durch ein veränderbares und schnelllebiges Geschäftsklima aus. Diese Schnelllebigkeit hat die Bereitstellung von Anwendungen und Software neu definiert. Dabei haben sich DevOps und Continuous Delivery zu Kernkompetenzen entwickelt. Die bisherigen Tools und Verfahren, die primär auf menschlichem Know-how und manuellen Fertigkeiten beruhten, sind nicht mehr allein gefragt. Gleichzeitig erfordern die Entwicklung und der Support moderner Anwendungen eine *kollaborative Entscheidungsfindung*, die in zunehmendem Maße von bereichsübergreifenden Fähigkeiten, Know-how und gutem Urteilsvermögen unterstützt werden sollte.[658]

---

654 https://www.vmware.com/de/solutions/virtualization.html, abgerufen 11.12.2018.

655 https://www.oracle.com/de/virtualization/?gclsrc=aw.ds&src2=wwmk181105p00114c0003&gclid=Cj0KCQiA3b3gBRDAARIs
      AL6D-N9XaKS7LqDlwMaWbDWUum8uuVlyrUq9YYTSbruGdMG1Ea-fS9lyFCcaAj5IEALw_wcB&elqCampaignId=178493&mkwi
      d=s4xq20l13|pcrid|77209305023|pkw|virtualisierung|pmt|e|pdv|c|sckw=srch:virtualisierung&src1=ad:pas:go:aw:virt&SC=sc-
      kw=WWMK181105P00114C0003, abgerufen 11.12.2018.

656 Wilhelm Hasselbring: *DevOps*. Softwarearchitektur an der Schnittstelle zwischen Entwicklung und Betrieb. In: GI-Fachtagung
      Architekturen 2015, Hamburg. 10.7.2015, abgerufen 24.2.2016.

657 https://de.wikipedia.org/wiki/DevOps, abgerufen 12.12.2018.

658 https://www.riverbed.com/de/forms/ema-paper-devops-continuous-delivery-tooling-launchpad-for-the-digital-enterprise.
      html?utm_source=google&utm_medium=cpc&utm_term=Devops%20prozess&_bk=devops%20prozess&_bt=303216312239&_
      bm=e&_bn=g&gclid=Cj0KCQiAgMPgBRDDARIsAOh3uyKBSRT1mRZktLqnQeLx0MAH27dbN2Ll0-7mriDp1g2fXuB-_
      bypAhIaAqzDEALw_wcB, abgerufen 12.12.2018.

11.5   Simulationen: Anwendungsbeispiele

11.5.1   Vorhersagen von Kundenverhalten

Die Gewinner von morgen verfügen über die *Kernkompetenzen*, *Kundendaten* zielgerichtet auszuwerten und zu nutzen. Es geht nicht nur darum, Produkte, Preise und Services maßzuschneidern und zu personalisieren, sondern auch zunehmend um das Timing, dem richtigen Kunden zum richtigen Zeitpunkt das richtige Angebot zu machen. *Customer Analytics* sollte jede Dimension einer Kundenstrategie unterstützen können, von der Gestaltung der Customer Experience, über Marketing, vom Vertrieb bis zur Verbesserung der Services. Mit modernen Analysemethoden und -instrumenten lässt sich ein 360-Grad-Blick auf einen Kunden oder ein Segment gewinnen, indem Kundendaten mit verhaltenswirtschaftlichen, soziodemografischen und zum Beispiel auch Wetterdaten verknüpft werden. Dazu sind die richtigen Fragen zu stellen:

- Wie sieht die Strategie für *Analytics* aus? Können zusätzliches Umsatzpotenzial sowie Kosteneinsparungen durch die »richtige« Informationsbasis abgeschätzt werden?
- Welche Daten werden gesammelt, analysiert, und welche Entscheidungen werden dadurch gesteuert?
- Besteht ein ganzheitlicher Blick auf die Kunden? Fließen die Erkenntnisse direkt in ein verbessertes Kundenangebot ein?
- Welche internen Fähigkeiten bestehen zur Umsetzung der Analytics-Strategie? Sind die Mitarbeiter vertraut im Umgang mit neuen Datenquellen und deren Integration, und gibt es eine klare Verantwortung für die Daten? Wie sieht es mit der Nutzung neuer Modell- und Simulationstechniken aus?
- Werden *Social Media* (Analytics) Tools eingesetzt und fördern diese die Online-Interaktion mit und zwischen den Kunden, zum Beispiel über User-generated Content und Fallstudien?

Beispiele aus der Konsumgüterindustrie und der Kommunikationsindustrie zeigen dazu, wie Unternehmen ihre Möglichkeiten im Bereich »*Analytics*« nutzen.[659]

Im Weiteren soll an zwei sehr unterschiedlich gelagerten Beispielen aus der *Siemens AG* die Bandbreite der *Simulations-* bzw. *Virtualisierungsthematik* erläutert werden, und zwar auf der Feldebene die Brandsimulation und auf der Division-Ebene die Simulation einer digitalen Fabrik.

11.5.2   Brandsimulation am Beispiel Siemens

Zum Ausbau des Bereiches Gebäudetechnik erwarb Siemens 1998 die technischen Geschäfte der schweizerischen *Elektrowatt AG*.[660] Diese betreibt zur Unterstützung des *Brandmeldegeschäftes* ein Labor zur *Brandsimulation*. Dort werden reale Brände im Labormaßstab durchgeführt und mit unterschiedlichsten Sensorkonfigurationen, Sensorsystemen, dezentraler und zentraler Datenerfassung in Zeitreihen analysiert. Die Messwerte aus den verschiedensten Brandszenarien (Vorfeld mit langsa-

---

659 https://www.pwc.de/de/managementberatung/analytics-and-simulation.html, abgerufen 11.12.2018.
660 Die Leitung der M&A-Integration lag beim Autor. Quelle: Elektrowatt-Erwerb durch Siemens genehmigt, In: AG – Die Aktiengesellschaft, Heft 1/1998, S. R3.

mer Anwärmung, Schwelbrände, verschiedene Phasen bis zum Ausbrechen offener Brände ...) in verschiedenen räumlichen Aggregaten (etwa innerhalb einer Maschine, eines Systems, eines Raumes) und unterschiedlicher Anordnung der Sensorik werden in Zeitreihen analysiert. Daraus werden typische »Brand-Stories« abgeleitet. Diese werden analysiert und darauf aufbauend die jeweils passenden Strategien zur *Vorfeld-Erkennung* von Bränden, Brandausbruch, -entwicklung und Bekämpfung bis hin zu explosionsartiger Entwicklung abgeleitet. Damit werden die verschiedenen Ausrüstungen unterschiedlicher Ebenen, angefangen von Sensoren und Sensorsystemen, »intelligent« gemacht. Bereits auf die Ebene intelligenter Sensorik kann man damit erkennen, welcher Brandtypus vorliegt und im Idealfall ein entstehendes Brandrisiko melden und durch vorbeugende Abhilfe den Ausbruch vermeiden. Sollte der Ausbruch unvermeidbar sein, sind möglichst räumlich begrenzende *Schutzmaßnahmen* (etwa Schließen von Feuerschutztoren) oder personalisierte *Abwehrmaßnahmen* (Löschtrupps mit Schaumlöschern), unter Berücksichtigung besonderer Risiken (etwa bei stromführenden Anlagen) über das zentrale Brandmeldesystem einzuleiten. Findet der Brand bereits statt, kann automatisch über Schadensminimierung (CO_2-Atmosphäre, wenn dazu ausgerüstet) entschieden werden oder Begrenzung bei der Aktivierung von Sprinkleranlagen, denn der Wassereinsatz wird am Ende oft teurer als der Schaden durch den Band selber. Dieses Beispiel soll die Komplexität eines scheinbar einfachen Sachverhalts zeigen und die Herausforderungen, die beim Einsatz von *Big Data Analytics*, »*künstlicher Intelligenz*« zur *Automatisierung* in Erkennung und Abwehr auf verschiedenen Systemebenen und zur Abwehr mithilfe verschiedenster Systeme nötig sind. Dabei liegt der *Nutzen* (sprich: der *Kundenwert*) nicht allein bei der Minimierung von Schäden, sondern auch darin, dass nach der Installation derartiger Systeme erhebliche Nachlässe bei der Brandversicherung herausgehandelt werden können.

11.6   Fertigungssimulationen

11.6.1   Grundsätzliches zur Fertigungssimulation

Systeme zum simulativen Entwurf von Fertigungen beinhalten Software zur Simulation, Analyse, Visualisierung und Optimierung von *Produktionsprozessen*, *Materialfluss* und *logistischen Abläufen*. Das Software-Portfolio, zu dem *Plant Simulation* gehört, zählt innerhalb der *Plant Design*- und *Optimization-Solution* zusammen mit den Produkten der Digitalen Fabrik und des Digital Manufacturing zum Bereich der *Product-Lifecycle-Management*-Software (PLM), die es mithilfe von *Computersimulationen* erlaubt, komplexe Produktionsalternativen inklusive der darin enthaltenen Ablauflogiken miteinander vergleichbar zu machen.

Plant Simulation ist eine Materialflusssimulations-Software (*Discrete Event Simulation; DES-Software*). Mithilfe der Simulation werden komplexe, insbesondere dynamische Unternehmensabläufe berechnet, um zu mathematisch abgesicherten unternehmerischen Entscheidungen zu gelangen. Das Computermodell ermöglicht es dem Anwender, Experimente durchzuführen und Was-wäre-wenn-Szenarien durchzuspielen, ohne die tatsächliche Produktion zu beeinflussen –wenn sie in der Planungsphase eingesetzt wird, lange bevor das reale System existiert. Im Allgemeinen wird die *Materialflussanalyse* eingesetzt, wenn Produktionsprozesse diskret (d. h. nicht stetig)[661] ablaufen und sich aufgrund zahlreicher Abhängigkeiten mathematischen Beschreibungen und Ableitungen heftig widersetzen. Die meisten Fragestellungen der Materialflusssimulation wurden vor der Verfügbarkeit leistungsfähiger Computer mithilfe von *Warteschlangentheorien* und Methoden der *Operations Research* beschrieben.

11.6.2   Planung von Produktionssystemen

Bei der Planung von *Produktionssystemen* spielen verschiedene Einflussfaktoren eine Rolle. Abhängig vom Produktspektrum, der Variantenvielfalt, den Fertigungsprozessen und den zur Verfügung stehenden Ressourcen steigt die Komplexität der Planung. Im Gegensatz zu statischen Betrachtungen berücksichtigt eine *Materialfluss- bzw. Ablaufsimulation* auch bei komplexen Produktionssystemen alle dynamischen Effekte wie z. B. Losgrößen, Rüstzeiten, Störungen, Ausschuss, Nacharbeit, Stückzahlschwankungen oder flexible Arbeitszeitmodelle. Die von einschlägigen Produktions-Engineering-Firmen abgedeckten Leistungspakete beinhalten typischerweise:

- Überprüfung und Bewertung von Produktionssystemen mithilfe *dynamischer Simulationen*;
- Vergleich verschiedener Planungsvarianten;
- Auslegung und Dimensionierung von Anlagen, Maschinen, Maschinengruppen, Pufferbereichen, Arbeitsplätzen und Montagestationen im geplanten Produktionssystem unter Berücksichtigung dynamischer Einflüsse und Effekte, wie z. B. Störungen und Bottlenecks;
- Optimierung von stationsbezogenen Fertigungsinhalten, der Austaktung von Produktionslinien sowie der Auslastung von Maschinen und Maschinengruppen;
- Investitionsabsicherung unter Berücksichtigung der Unternehmensziele und Leistungskennzahlen.[662]

11.6.3   Zur Fertigungssimulation im Allgemeinen

Eine Herstellungssimulation ist die *computergestützte Modellierung* eines realen Produktionssystems. Simulationen ermöglichen es, Unternehmen in der Fertigungsindustrie zu analysieren und mit den gewonnenen Daten zu experimentieren. So können ihre Prozesse in einer virtuellen Umgebung geprüft werden. Damit kann der mit physikalischen Tests verbundene hohe Zeitbedarf entfallen. Inventar, Montage, Transport und Produktion sind dabei in einem Simulationsmodell zu untersuchen. Die gewonnenen Informationen und Modelle erlauben Produktivitätssteigerungen unter minimalisiertem Kostenaufwand.[663]

---

661   Beziehungsweise: Teil ist da oder ist nicht da, Schicht findet statt oder findet nicht statt, Maschine ist in Ordnung oder meldet Fehler.

662   https://www.protema.de/operations/simulation-von-produktionssystemen/?gclid=CjwKCAiAo8jgBRAVEiwAJUXKqCGGoJnohp-B3 AHE67xmpVVlSFdctYsRo2R0YnHJja9IKKz24hP2BRoCelkQAvD_BwE, abgerufen 7.10.2019.

663   https://www.process-simulator.de/index.php?gclid=CjwKCAiAo8jgBRAVEiwAJUXKqE1dXPZOFQ0NA7TBEauqQVo8H4UAbrwhznEh OU7wbRzhKLyusVhhvRoCJTsQAvD_BwE, abgerufen 14.12.2018.

11.6.4   Instrumente zur Fertigungssimulation

Dazu werden am Markt möglichst einfach zu bedienende *Simulationswerkzeuge* angeboten. Eine innovative Simulations-Engine bietet die Grundlagen für *Drag & Drop-Steuerung*, Dropdown-Listen und viele andere Funktionen, die eine intuitive Nutzung für alle ermöglichen soll, die Versuche an Simulationsmodellen durchführen wollen. Simulationsmodelle können maßstabsgerecht erstellt, sowie mit eigenen 3-D-Grafiken ausgestattet werden. Dadurch lassen sich ganz einfach Engpässe, Planungsfehler sowie Mängel im Produktionssystem erkennen und direkt geeignete Gegenmaßnahmen ableiten. *Flexible Fertigungssimulationen* sind das passende Werkzeug für Entscheidungsträger, um die Leistungsfähigkeit der geplanten Prozesse abzusichern und mit eindrucksvollen statistischen Auswertungen und Analysen direkt in der Simulationssoftware darzustellen.[664]

11.7   Simulation der digitalen Fabrik am Beispiel Siemens

11.7.1   Umfeld und Entwicklung

Der Portfolioumfang der industriellen Software bei der Siemens-Division »Digital Factory« ist heute, dank organischem Ausbau und Akquisitionen, weltweit einmalig. Product Lifecycle Management und Manufacturing Execution System werden heute bei Siemens zu einem Closed Loop Manufacturing gebündelt. Eine durchgängige digitale Unterstützung des gesamten industriellen Wertschöpfungsprozesses setzt die vollständige digitale (virtuelle) Repräsentanz von Produkt und Produktionsprozess voraus. Dies treibt Big Data und Analytik. Hier hat die Cloud-Technologie großes Zukunftspotenzial, sowohl für die Speicherung von Daten als auch für hoch skalierbare Rechenleistung. *Cyber Security* ist dabei eine besondere Herausforderung. *Autonome Fertigungssysteme* verleihen gegenüber den heutigen starren Systemen eine relativ hohe Flexibilität. Kostengünstige kollaborative Roboter versprechen hohes Wachstumspotenzial. 3-D-Druck für bestimmte Anwendungen wird für Jahresstückzahlen bis zu 10.000 Stück bald wettbewerbsfähig sein.

Siemens beschäftigt weltweit über 350.000 Mitarbeiter, davon ca. 33.000 Ingenieure in der Entwicklung, und betreibt über 280 Fabriken. Im Geschäftsjahr 2016 hatte die Division »Digital Factory« einen Umsatz von ca. 10 Mrd. € und beschäftigte etwa 45.000 Mitarbeiter. Der Prozess der Digitalisierung der eigenen Prozesse ist bei dieser Einheit am weitesten fortgeschritten. Das hat vorrangig damit zu tun, dass diese Division Weltmarktführer bei der Automatisierung von Produktionsanlagen zur industriellen Herstellung diskreter Güter ist.[665] Angestoßen durch Anforderungen aus dem Markt, die sich dort aufgrund des *Digitalisierungsdrucks* beziehungsweise der Internetwirtschaft ergeben, hat die *Siemens-Division Digitale Fabrik* (DF) das Angebot für ihre Kunden, speziell bei Software, seit Jahren kontinuierlich erweitert. Zwischenzeitlich lassen sich mit ihren Produkten gesamte industrielle Wertschöpfungsprozesse, beginnend bei der Entwicklung von Produkten über die Fertigung bis hin zum After-Sales Service, digital abbilden und automatisieren.

---

664 https://www.flexsim.com/de/manufacturing-simulation/, abgerufen 14.12.2018.
665 Zu diskreten Gütern zählen Produkte wie Autos, Kühlschränke, Smartphones aber auch Windräder, Werkzeugmaschinen.

Bereits im Jahr 2001 wurde mit der Akquisition des kleinen italienischen Software-Unternehmens Orsi der Grundstein für das Geschäft mit industrieller Software gelegt. Mit dem Kauf des US-amerikanischen Software-Unternehmens UGS für 3,5 Mrd. USD wurde 2007 eine erhebliche Beschleunigung beim Aufbau eingeleitet. In Summe wurden zum Aufbau des industriellen Software-Geschäftes zwischen Anfang 2001 und Juni 2016 für einen mittleren einstelligen Milliarden-Euro-Betrag 13 Software-Unternehmen mit Schwerpunkt in USA gekauft und ausnahmslos erfolgreich integriert. Der Erwerb des Software-Unternehmens Mentor Graphics für 4,5 Mrd. USD (2016/2017) hebt die ohnehin bereits starke Marktposition von Siemens auf dem Gebiet der industriellen Software noch einmal signifikant.

Bei Siemens wurde der technische Trend, den die Industrie in Richtung Digitalisierung und Software nehmen würde, früh erkannt, lange vor der Industrie-4.0-Initiative, auch vor IoT und Big Data. Konsequent und unter Einsatz enormer finanzieller Mittel (bis dato ca. 9 Mrd. €) hat der Konzern den Aufbau seines industriellen Software-Geschäftes betrieben und ist heute auf diesem Gebiet das weltweit führende Unternehmen.

Siemens ist von den Veränderungen, die Industrie 4.0 mit sich bringen wird, zweifach signifikant betroffen. Zum einen, weil es seine Markführerschaft in der Automatisierung behalten und weiter ausbauen möchte und damit die entsprechenden Industrie-4.0-tauglichen Technologien und Produkte für seine Kunden benötigt. Zum anderen, weil es bei seinen über 280 Fabriken weltweit dafür sorgen muss, dass diese entsprechend um- und hochgerüstet werden, damit sie in der Internetwirtschaft der Zukunft bestehen können.

In den technischen Wertschöpfungsbereichen der etablierten Unternehmen findet man heute immer noch mehrheitlich sich selbst abgrenzende Wertschöpfungsinseln, die sich mit Spezialsoftware zum Teil sehr hoch optimiert haben. Eine ressortübergreifende Zusammenarbeit im Sinne durchgängiger, transparenter Workflows mit konsistenter Datenhaltung ist heute erst in wenigen Fällen zu beobachten. Insbesondere etablierte Unternehmen, die ein umfangreiches historisches Produktportfolio zu pflegen haben und lang eingeübte, zum Teil sehr komplexe technische Abläufe verwenden, tun sich schwer, neue, durchgängig softwaregestützte Arbeitsprozesse einzuführen. Deshalb ist in den Wertschöpfungsbereichen solcher Unternehmen eine wesentliche Beschleunigung und Flexibilisierung der Arbeitsabläufe durch Automatisierung kaum möglich. Das ist auch der Grund dafür, dass die hohen, dort schlummernden Produktivitätspotenziale nicht voll erschlossen werden können.

Dieser Umstand ist besonders deshalb kritisch zu sehen, weil heute in vielen produzierenden Unternehmen die Personalkosten in den indirekten Bereichen der technischen Wertschöpfung (Marketing, Entwicklung, Einkauf, Qualität usw.) bereits erheblich über den Kosten des direkten Fertigungspersonals liegen. Seit Jahrzehnten wird in der Produktion durch Arbeitswirtschaft bzw. Industrial Engineering die Produktivität systematisch erhöht. In den indirekten Bereichen, in denen so etwas dringend notwendig wäre, ist das wegen fehlender struktureller Voraussetzung (fehlende durchgängige digitale Repräsentanz der implementierten Prozesse) nicht, oder nur sehr eingeschränkt möglich. Darüber können auch die vielen Lean Ansätze, die in diesem Umfeld versucht werden, nicht hinwegtäuschen. (Vgl. dazu Kapitel 12 »Organischer Umbau: digital getriebene Wertschöpfung«)

Die Lösung dieser Problematik liegt in der Einführung eines integrierten *PLM-MES-Systems*, dass kostengünstige Anpassungsmöglichkeiten (mithilfe entsprechender Konfiguration) zulässt. Damit kann die Software flexibel an alle Arbeitsprozesse angepasst werden. So wird eine systematische und nahtlose Unterstützung des gesamten technischen Workflows möglich. Dabei ist immer auch zu bedenken, dass die technischen Wertschöpfungsprozesse eines Unternehmens mit denen seiner Lieferanten datentechnisch nahtlos verbunden werden müssen, weil sonst ein großer Teil des möglichen Produktivitätspotenzials nicht gehoben werden kann.

Einfluss des Internets

Eine der wesentlichsten Auswirkungen der Digitalisierung auf produzierende Unternehmen ist zunächst eine indirekte. Mithilfe digitaler Technologien wurde das *Internet* geschaffen und dieses forciert nun in immer mehr Geschäften eine erhebliche Beschleunigung bei den Geschäftsprozessen, insbesondere im *Business-to-Consumer(B2C)*-Bereich. Nicht nur muss sich die Liefergeschwindigkeit enorm erhöhen, der Endkunde hat mithilfe des Internets auch eine immens große Auswahl und kann sich das für ihn am besten passende Produkt bestellen.

Die produzierenden Unternehmen müssen sich auf die immer bessere Beherrschung der durch die Internetwirtschaft entstehenden Prozesse einstellen. Die immer weiter steigende Geschäftskomplexität und die kontinuierlich zunehmenden Prozessgeschwindigkeiten bei ständig steigenden Qualitätsanforderungen können Unternehmen nur noch mithilfe ganzheitlicher Verbesserungen ihrer Geschäftsprozesse erreichen. Diese müssen gleichzeitig entlang der gesamten Wertschöpfungskette durchgeführt werden.

Genau dieser Herausforderung, der gesamtheitlichen Verbesserung und Automatisierung der technischen Wertschöpfungsprozesse hat sich die Automatisierungstechnik von Siemens bereits vor Jahren gestellt. Sie hat sich zwischenzeitlich von einem Unternehmen zur Automatisierung von Produktionsprozessen zu einem für die Automatisierung von gesamten technischen Workflows gewandelt. Die Automatisierung beginnt bereits bei der Produktdefinition und zieht sich durch den gesamten Wertschöpfungsprozess hin bis zum After-Sales Service des Produkts.

Eine durchgängige digitale Unterstützung des gesamten industriellen Wertschöpfungsprozesses setzt die vollständige digitale Repräsentanz von Produkt und Produktionsprozess voraus. Damit wird die Entwicklung und Optimierung von Produkt und Produktionsprozess vollständig in digitaler Form, also virtuell, möglich. Das bedeutet nicht nur, dass damit die üblichen Iterationsprozesse in der Produktentstehung dramatisch verkürzt werden können, es bedeutet zugleich auch, dass keine teuren physischen Prototypen mehr angefertigt und vermessen werden müssen. Parallel dazu kann gleichzeitig auch die Produktionseignung des jeweiligen Produktstandes untersucht und optimiert werden. Damit wird ein langgehegter Wunsch der Industrie, »*Design for Manufacturing*« systematisch und breit in der Praxis anwenden zu können, Wirklichkeit. Produkt, Produktionsmittel und Produktionsprozess können tatsächlich parallel entwickelt und optimiert werden. Die Fähigkeit, Produkt und Produktionsprozess simulieren zu können, stellt sich in diesem Zusammenhang als der ganz entscheidende Wettbewerbsvorteil heraus. Die dazu notwendige Modellbildungskompetenz bei sich aufzubauen, ist für die Unternehmen der Zukunft überlebenswichtig.

Bei dem skizzierten Bild handelt es sich keinesfalls nur um eine Vision. Ein konkretes Beispiel repräsentiert ein bekannter japanischer Hersteller von *Digitalkameras*. Dieser ist bereits seit 2008 in der Lage, eine neue Kamera vollständig ohne physische *Prototypen* zu entwickeln und in die Produktion überzuleiten. Extensive Simulation ersetzt die Prozessschritte des Prototypenbaus und der entsprechenden Vermessung. Die Markteinführung eines neuen Produktes hat sich dadurch um ca. 40 % verkürzen lassen. Der Datenbestand, der dieses Produkt und seine Produktion repräsentiert, liegt zwischenzeitlich bei weit über 300 Terabyte. Es ist leicht einzusehen, dass es eines hoch performanten Datenmanagementsystems bedarf, um die Daten vieler parallel arbeitender Ingenieure in Echtzeit verwalten zu können und jedem Beteiligten, zu jeder Zeit, den aktuellen Stand seiner Komponente im Gesamtkontext des Projektes statisch, grafisch oder mithilfe entsprechender Animation dynamisch zeigen zu können.

Big Data und Cloud

Wie aus dem vorhergehenden Beispiel bereits zu erkennen war, erzeugt die immer weiter *raumgreifende Digitalisierung* in der Industrie enorme Datenmengen. Professionelle Big Data Analytics wird es möglich machen, dass Optimierungen der in den Daten repräsentierten Produkte und Prozesse möglich werden, die mit einzelnen Menschen in relevanten Zeiträumen nie zu erzielen wären. Diese großen und zum Teil sehr dynamischen Datenmengen sind auch ein ausgezeichnetes Feld, um mithilfe *künstlicher Intelligenz* (*KI*) menschliche Arbeit zu unterstützen, sie weniger ermüdend und fehlerfreier zu gestalten. Aus dieser Sicht lässt sich für die Geschäftsfelder Big Data Analytics und künstliche Intelligenz für viele weitere Jahre attraktives Wachstum voraussagen.

Industrie 4.0

Wie bereits erwähnt, beschäftigt sich die »Industrie 4.0« in erster Linie mit den Auswirkungen der Digitalisierung auf die Produktion und versucht neue Lösungswege aufzuzeigen. Es gibt heute bereits sehr viele anwendbare Technologien, die bei systematischem und flächendeckendem Einsatz von großem Nutzen bei der Digitalisierung in Industrieunternehmen sein können. Leider ist festzustellen, dass die systematische Anwendung gerade in den hoch industrialisierten Ländern erheblich hinter ihren Möglichkeiten herhinkt. Ganz besonders betrifft das den systematischen Einsatz von Software. Dazu gehören letztendlich *autonome Fertigungssysteme*. Ihre wesentliche Charakteristik ist, dass solche Systeme nicht immer eine zwangsläufige, in allen Details festgelegte Abfolge von Prozessschritten haben. Autonome Systeme verfügen über einen Vorrat an Reaktionsmöglichkeiten, von denen sie Gebrauch machen, je nachdem, welche Informationen sie von ihrer *Sensorik* über den aktuell vorherrschenden Prozessstatus erhalten. Damit könnte man heutigen starren Produktionssystemen eine relativ große Flexibilität verleihen. Welche Zustände aber in der Praxis auftreten können, muss lückenlos vorgedacht werden und jede zugehörige Reaktion muss im *Reaktionsvorrat* repräsentiert sein. Bei *sicherheitskritischen Systemen*, wie sie in der Industrie oft vorkommen, artet das sehr schnell zu einer sehr komplexen Aufgabe aus. Gerade an solchen Applikationen wird deutlich, wie leistungsfähig *menschliche Intelligenz* ist und welch großer technischer Aufwand oftmals schon für sehr wenig »Smartness« notwendig ist. Es gibt zweifellos sehr interessante Anwendungsmöglichkeiten für eine solche Technologie. Aus heutiger Sicht ist aber noch eine Menge Forschung notwendig, bis an einen breiten Einsatz in der Praxis gedacht werden kann.[666]

---

666 Anton Huber: Digitalisierung und Industrie 4.0 bei Siemens. S. 304–320. In Kai Lucks (Hrsg.): Praxishandbuch Industrie 4.0, Schäffer-Poeschel Verlag, Stuttgart 2017.

11.7.2   Virtualisierung in Planung und Führung der digitalen Fabrik

Siemens bietet im Markt Software-Pakete an, die Prozesse und *Tools zur Simulation* hochkomplexer Produktionssysteme und Steuerungsstrategien beinhalten. Die Tools zeichnen sich durch objektorientierte, grafische und integrierte Modellierung, Simulation und Animation von Systemen und Geschäftsprozessen aus. *Plant Simulation* ist ein wichtiger Bestandteil und das Einstiegswerkzeug in das Thema Digitale Fabrik im Software-Portfolio der *Siemens PLM*.[667]

11.7.3   MindSphere

Das Betriebssystem MindSphere ist das cloudbasierte, offene IoT-Betriebssystem von Siemens, das Produkte, Anlagen, Systeme und Maschinen verbindet und ermöglicht, die Fülle von Daten aus dem Internet der Dinge (IoT) mit umfangreichen Analysen zu nutzen. MindSphere bietet eine breite Palette von Protokolloptionen für Geräte- und Unternehmensanwendungen, Branchenanwendungen, umfangreiche Analysen und eine innovative Entwicklungsumgebung, die sowohl die offenen *PaaS-Funktionen* (Open *Platform as a Service*) von Siemens als auch den Zugriff auf *AWS-Cloud-Dienste*[668] nutzt (siehe Abb. 39).

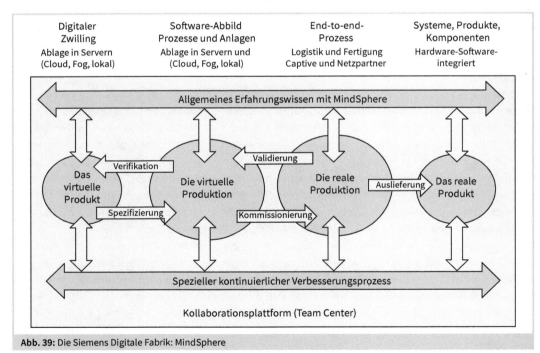

Abb. 39: Die Siemens Digitale Fabrik: MindSphere

---

667   Ausführliche Informationen über Siemens Plant Simulation, die verschiedenen Lizenzarten und Angebote sind erhältlich über die Webseite www.Plant-Simulation.de. Dort ist auch eine kostenfreie Testversion verfügbar.

668   AWS = Amazon Web Services zum Aufbau anspruchsvoller Anwendungen mit steigender Flexibilität, Skalierbarkeit und Zuverlässigkeit, insbes. Rechenleistung, Datenbankspeicher, Inhaltsbereitstellung oder andere Funktionen. https://aws.amazon.com/de/, abgerufen 14.12.2018.

Durch diese Funktionen verbindet MindSphere reale Dinge mit der digitalen Welt und bietet leistungsstarke Branchenanwendungen und digitale Dienste, die den Geschäftserfolg fördern. Durch die offenen PaaS-Funktionen ermöglichte MindSphere die Entwicklung und Bereitstellung neuer Branchenanwendungen in einem vielfältigen Partner Ecosystem. Als MindSphere-Partner können Siemens-Kunden ihren Abnehmern dabei helfen, die Digitalisierung der einzelnen Geschäftsbereiche voranzutreiben, um die Produktivität und Effizienz des Unternehmens zu erhöhen. Auf dem sicheren, cloudbasierten, offenen IoT-Betriebssystem mit offener *API*[669] und skalierbarer Entwicklungsumgebung können Kunden ihre Anwendungen planen. Damit können sie auch neue Umsatzquellen aus Applikationen und professionellen Services innerhalb der unterschiedlichen Industriezweige erschießen. Siemens bietet ein Programm für Partner jeglicher Art und Größe. Das MindSphere Partner Programm bietet ein umfassendes Paket an technischen, vertrieblichen und finanziellen Leistungen, welche die Partner dabei unterstützen, ihre Applikationen und Services schneller auf MindSphere zur Verfügung zu stellen. Dadurch können Partner ihren Kunden helfen, das Potenzial von IoT-Technologien zu nutzen, um reale Lösungsansätze zu erarbeiten.

11.7.4   Technomatics

Unter der Marke *Technomatics* bietet Siemens ein abdeckendes Software-Portfolio zur Simulation und Planung für die digitale Fabrik. Das reicht von der Produktentwicklung, Herstellungsengineering, Produktion bis zum Service, mit dem Ziel der Effizienzoptimierung und Beschleunigung von Innovationen. Darin sind folgende Angebotsmodule enthalten:

Digital Twins: Entwicklung digitaler Abbilder (»twins«) real zu entwickelnder Fertigungen in 3-D-Modellen und Navigation in den Bildern dieser Modelle.

Virtual Commission Automation Systems: Optimierung der Automatisierungssysteme und debug PLC programming in einem virtuellen Umfeld vor realer Installation und Produktionshochlauf.

Human Centered Design & Planning: Optimierung der Ergonomie des »Plant Designs«, deren Sicherheit, Effizienz, und Komfort der Arbeitsumgebung, unter Verwendung von virtuellen Mitarbeitern (»virtual humans«).

Offline Program Robotics & Automation: Programmierung und Simulation des Robotereinsatzes, um präzise, wie auch komplexe Montagen einzurichten, mit flexiblen Ausbaumöglichkeiten unter Verbesserung der Produktivität in der Fertigung.

Understand Impact of Dimensional Variation: Abdeckung dimensionaler Varianten bei Montagevorgängen bereits in der Planung und Qualitätssicherung in der Produktion.

---

669 Eine Programmierschnittstelle, genauer Schnittstelle zur Anwendungsprogrammierung, häufig nur kurz API genannt (englisch application programming interface, wörtlich ›Anwendungsprogrammierschnittstelle‹).

Streamlining Work Instruction Delivery & Execution: Integration elektronischer Arbeitsanweisungen mit der Herstellungsplanung und Ausführung unter Nutzung aktuellster Informationsstände während der Produktion.

Synchronization Process Design to Deliver Better Plans: Rechnungsmanagement für Engineering-, Herstellungs- und Prozessführungsleistungen in einer einheitlichen Software-Umgebung und Lieferung besserer Herstellungspläne.

Conduct Assembly Simulation for Virtual Process Verification: Montagesimulationen zur virtuellen Prüfung aller Prozessstufen und ihrer Details, die im Manufacturing Process Plan hinterlegt sind.

Optimize Production Logistics & Material Flow: Simulation des Produktionssystems zur Verbesserung der Genauigkeit und Effizienz in der Fertigung, bei gleichzeitiger Erhöhung von Durchsatz und Performance.

Layout Configurations of Digital Factories: Design und Konfiguration eines 3-D-Fabriklayouts für effiziente Fabrikführung unter Anwendung einer integralen Produktionslinienumgebung.[670]

11.8   Fazit

Simulation und Virtualisierung, in unterschiedlicher Zeit mit verschiedener Zielrichtung entwickelt, wachsen zunehmend zusammen. Die Überlappung und *synergistische Nutzung* nimmt umso mehr zu, wenn es sich um komplexe Thematiken wie bei der Fabrikautomatisierung handelt. Weniger komplexen Anwendungen, wie das gezeigte Brandlabor (Simulation) und die Arbeit am Software-Abbild eines realen Hardware-Produktes (Virtualisierung), bleiben dagegen eher noch dem einen oder anderen Lager verhaftet. *Big Data Analytics*, besonders aber der heraufziehende Einsatz *künstlicher Intelligenz* und weitere Kostensenkungen (besonders im Vergleich mit immer teurer werdenden Realansätzen) werden den Einsatz und das Zusammenwachsen stark treiben. Vor allem wird die Virtualisierung von Produkten, Systemen und Prozessen die Simulation mit einfach verständlichen Bildern anreichern und damit *Mensch-Maschine-Systemen* einen großen Vorschub leisten. Auch in Branchen und Anwendungen hinein, die aus Akzeptanz- und Kostengründen heute noch verschlossen sind.

---

670 https://www.plm.automation.siemens.com/global/de/products/tecnomatix/, abgerufen 14.12.2018.

12 Organischer Umbau: digital getriebene Wertschöpfung

Der Umbau zu einem digital getriebenen Managementsystem, eingebettet in digitale Ökosysteme, stellt Voraussetzungen, die zum Start eines solchen Wandlungsprozesses erst einmal erfüllt sein müssen: eine schlanke Organisation, prozessbasiert, mitarbeiterorientiert und auf den Kunden ausgerichtet. Ohne diese Voraussetzungen gelingt der Umbau nicht und das Unternehmen würde auch nicht von den Netzwerkpartnern eines digitalen Ökosystems akzeptiert. Als Grundlage werden hier die Führungssysteme des Kaizen und des darauf aufbauenden Lean Managements vorgestellt, im Verbund mit ihren Kernzielen und den einzusetzenden Instrumenten des Wandels. Hierbei entdecken wir Gemeinsamkeiten unter den Führungskonzepten, die den Aufbau von Geschäftssystemen der »Generation Industrie 4.0« verständlich machen und erleichtern.

12.1 Der Kontext

12.1.1 Einbettung der Führungsmodelle

Seit über 100 Jahren beschäftigt sich die Wissenschaft explizit mit Führungsstilen und Führungsmodellen.[671] Unter »Führungsmodelle« oder »Führungsstile« wird sehr Unterschiedliches verstanden. Es kann an dieser Stelle nicht die Aufgabe sein, eine Systematik zu entwickeln und alle Modelle an der Digitalisierung zu spiegeln. Deshalb basieren wir die hier vorgestellte Betrachtung auf einen operativen Ansatz, der sich in der Nachkriegszeit weltweit wohl als der nachhaltigste und wirkungsvollste herausgestellt hat und ständig weiterentwickelt wurde: das ursprünglich bei *Toyota* entwickelte Kaizen, das international in »Lean Management« überführt wurde und in dem nun, in der Generation der »Digital Natives« ein neuer Aspekt in den Vordergrund gerückt wurde: die »agilen Strukturen«. Als Kernmethode bietet sich die Wertstromanalyse an, aus der sich das Wertstromdesign ableitet, ein quantitatives Verfahren zur Prozessoptimierung. Allen vorgestellten Konzepten zu eigen ist die konsistente Datenorientierung, weshalb sich gerade *Kaizen* und *Lean Management* als »Vorstufen« für digital orientierte Geschäftsmodelle eignen. Getrieben vom Internet, von vernetzten Produkten und Systemen und damit insbesondere vom »Internet of Things« (IoT) spielt die allumfassende Vernetzung in der heutigen Industriegeneration eine entscheidende Rolle.

---

671 Zu den historisch prägendsten Vertretern der deutschen Schule gehört Max Weber (1864–1920). Er unterscheidet die Führungsstile nach autokratisch, patriarchalisch, charismatisch und bürokratisch. Herausragender Protagonist ist des Weiteren der Psychologe Kurt Lewin (1890–1947), der die Stile nach autoritär, kooperativ und laissez-faire unterscheidet. In der Nachkriegszeit bedeutend war das Harzburger Modell von 1956, das Gruppenkonzept von Likert (1961) und das St. Gallener Modell (Anfang der 70er Jahre). Vgl. Hesse/Schrader, https://www.berufsstrategie.de/bewg-karriere-soft-skills/fuehrungsmodelle-fuehrungsstile.php, abgerufen 29.11.2018.

12.1.2 Der digitale Umbau

Der digitale Umbau und digitale Geschäftsmodelle werden zumeist isoliert gesehen, ohne den Kontext zu betrachten und auf die Voraussetzungen zu achten. Der digitale Wandel im Allgemeinen und insbesondere digitale Geschäftsmodelle wurden bereits in Kapitel 6 behandelt. Hier geht es nun um die ganzheitliche unternehmerische Umsetzung, nicht nur um das »Andocken« von Start-ups und der damit verbundene Wunsch und Wille, daraus zu lernen und Erfahrungen auf das Gesamtunternehmen zu übertragen.

Der Umbau eines Unternehmens in einem Betrieb, der sich in die *digitalen Ökosysteme* der »Industrie 4.0« einbettet, bewährt und als nachhaltiger Gewinner hervorgehen soll, setzt besondere Einstellungen und Kompetenzen voraus, kostet Zeit und Energie. Zu den Voraussetzungen gehören grundlegende Einstellungen und Überzeugungen des Top Managements. Auch angemessene strukturelle und kulturelle Voraussetzungen müssen erst einmal geschaffen werden. Der Umbau kann nicht in Form einer »Disruption«, schlagartig, quasi in einem Gewaltakt von oben aufgedrückt werden. Er muss vielmehr gelernt, vorgelebt, eingeführt und in einem kontinuierlichen Prozess verbessert werden. Dass darin einzelne Umstellungs- und Implementierungsschritte erforderlich sind, wie etwa Datennutzung, Vernetzung, Methodiken usw. versteht sich von selbst. Aber auch das erfordert Verstehen, Vorbereitungen, schrittweises Vorgehen. Ohne genaueres Verstehen und die Überzeugung vom Nutzen dieses grundlegenden Wandels geht das nicht. Das Management muss mit seinem Verhalten beispielgebend sein. Dazu gehört vor allem, Verantwortung zu tragen, auf allen Ebenen des Unternehmens Präsenz zu zeigen, besonders in persönlicher Teilhabe an Workshops und Verbesserungsinitiativen. Dies wurde schon früher einmal als Führungsinstrument des »*Mananagement by Walking Around*« gefasst. Das persönliche Commitment und die Wertbeiträge aus den Führungsebenen müssen unmittelbar und für alle Mitarbeiter erkennbar sein. Letztlich kann die Penetration nur kaskadenweise von oben nach unten erfolgen, mit schnellen Bottom-up-Rückkoppelungen. Diese müssen so aktiv geschaltet sein, dass sich jeder Mitarbeiter berufen fühlt, Initiative zu zeigen, mit Ideen zu Verbesserungen zu kommen. Im Unternehmen sollte immer das Prinzip gelten »das Bessere ist der Feind des Guten« – woher es auch immer kommt, »von oben« oder »von unten«. Um das zu gewährleisten, sind Gesprächsrunden auf allen Ebenen erforderlich und die Verknüpfung der Ebenen untereinander, indem sich das Management persönlich als Teilnehmer in Shop-Floor-Verbesserungskreise einbringt. Merke dazu: *Alphatiere* sind nicht immer die intelligenteren, sondern vielleicht nur die passenderen Führer und im Idealfall begabte Moderatoren und Integratoren. Der *Verbesserungsdruck* kommt aus der Nahsicht und -erfahrung, unmittelbar an der Maschine, am Bürotisch und am Rechner.

Dies sind Grundlagen und Gemeinsamkeiten für die hier näher vorzustellenden Managementkonzepte und damit geht dieses Kapitel über die reine Systematik der Geschäftsmodelle, insbesondere der »digitalen« hinaus, die im Kapitel 8 »Elemente und Instrumente« vorgestellt wurden.

In die breite Welt der *Prozessanalytik* steigen wir hier nicht weiter ein, wiewohl große und systematisch angelegte »Werkzeugkästen« durchaus auch als Führungskonzepte herhalten können.[672] Herausragend hat sich darin die auf *General Electric* zurückgehende Methodensammlung von *Six Sigma* etabliert.[673]

Als Ausgangspunkt widmen wir uns nun den Kernzielen und dann gehen wir der Abb. 40 folgenden Systematik vor.

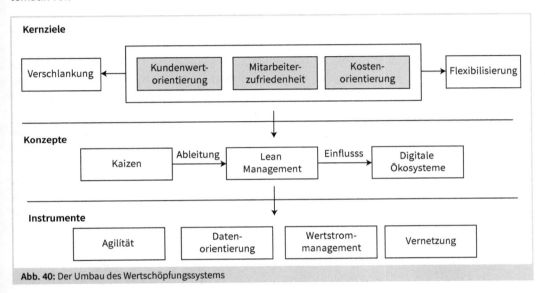

Abb. 40: Der Umbau des Wertschöpfungssystems

12.2 Kernziele

Viele Elemente und Instrumente der heute propagierten »Digitalen Ökosysteme« wurden bereits in altbekannten Managementkonzepten vorgelebt. Auch die *Kernziele* haben sich nicht grundsätzlich gewandelt. Diese sind nämlich nach wie vor der *Kundenwert*, aus dem sich in Kombination mit der *Kostenorientierung* letztlich der *Unternehmenswert* ableitet. Hinzu kommt die *Mitarbeiterzufriedenheit* als Messgröße für den wichtigsten Einsatzfaktor, dem Menschen im Unternehmen. Diese können zusammen auch als Voraussetzung für die *Nachhaltigkeit* gewertet werden, sowohl auf der streng-ökonomischen Seite als auch aus unternehmenskultureller Sicht. Der anhaltende wirtschaftliche Bestand drückt sich zum Beispiel in dem heute dominierenden Verfahren der *Unternehmensbewertung* auf der Basis

---

672 Dies schlägt sich auch in der praktischen Begriffsverwendung nieder, in der sich keine scharf abgegrenzte allgemein verwendete Terminologie in der Unterscheidung von Methoden und Instrumenten durchsetzen konnte. Deshalb ist die hier vorgestellte Systematik zum (schließlich »digitalen«) Umbau des Wertschöpfungssystems und die Abb. 40 auch als ein Beitrag zur weiteren Diskussion zu sehen.
673 Six Sigma wird an dieser Stelle auch deshalb nicht behandelt, weil dies ein Methodenkonglomerat ist, das weitgehend auf Kaizen und Lean Management zurückgeht. Six Sigma hat den Werkzeugkasten der Prozessgestaltung um eine Reihe analytischer Techniken erweitert. Überlegungen zum Stichprobenumfang, Datensammelplan, Prozessfähigkeit oder Hypothesentests ziehen demzufolge mehr und mehr in die Prozesserhebung und -analyse ein. Die Prozessgestaltung profitiert davon, dass Six Sigma auch statistische Überlegungen für Prozessoptimierungen nutzt.

des diskontierten Net Cash Flow aus. Hier ist zwischen dem Wert aus zukünftigen Erträgen, die aus der konkreten und diskreten Planung der kommenden Jahre – meist werden 5 Jahre zugrunde gelegt – und dem sogenannten Terminal Value jenseits dieser Planjahre, der von einem langjährigen Weiterleben des Betriebes ausgeht, zu unterscheiden. Dieser basiert auf besonderen Annahmen über den weiteren Wandel (etwa Wachstum, Kapitalrenditen) und Begrenzungen gegenüber einem ewigen Weiterleben des Unternehmens (etwa Einrechnung von Konkursrisiken). Die Einstellung und Solidarität der Mitarbeiter mit dem Unternehmen und das Engagement für die Mitarbeiter können dabei als die *kulturelle Seite* gesehen werden. Kurz gefasst, sind damit harte (z. B. finanzielle, technologische) und weiche (z. B. Unternehmenskultur wesentlich basierend auf Mitarbeiter- und Kundenzufriedenheit) Faktoren zu bündeln, die zusammen das nachhaltige Bestehen des Unternehmens sichern. In jüngerer Zeit werden weitere Faktoren immer stärker gewichtet, insbesondere im Umweltbereich, die sich zum Beispiel im sogenannten ökologischen Fußabdruck manifestieren. Der Wertbeitrag eines Unternehmens weitet sich somit auf das nachhaltige Wirken im Kontext von Umwelt und Gesellschaft aus. An dieser Stelle ist kein Raum zur Diskussion der zahlreichen Zielmodelle für Unternehmen. Dies muss der anhaltenden wissenschaftlich-praktischen Diskussion vorbehalten bleiben. Die hier vorgetragene Argumentation zu den Kernzielen konzentriert sich jedoch auf eine ganz grundlegende Kernaussage: Niemals darf es ein Einzelziel sein, dem sich ein Unternehmen widmet und verpflichtet – immer sind es *Zielbündel*, insbesondere im Spannungsfeld zwischen den angesprochenen *harten und weichen Zielen*. In der Praxis werden diese immer wieder gegeneinander ausgespielt, eher selten aus bösem Willen, meist als Schnellschüsse gegen Fehlentwicklungen. Als Beispiel ist hier etwa das Nicht-Erreichen von gesetzten finanziellen Meilensteinen zu nennen. Um die Erreichung zu erzwingen, werden dann typischerweise Ausgaben gestrichen, die keinen kurzfristigen Effekt haben, wie Werbung und Forschung. Die Wirkung auf lange Sicht ist dann aber fatal: etwa durch das Verfehlen von mittel- bis langfristigen Technologie- und Umsatzzielen. Damit leidet der *Kundenwert* des Unternehmens. Harte versus weiche Ziele gegeneinander auszuspielen gefährdet die Nachhaltigkeit des Unternehmens, sogar in ökologischer Sicht.[674]

Die zunehmende Dynamik der Wirtschaft, die Beschleunigung der Innovationen, die Verkürzung der Produktionszyklen, das Anwachsen der Einflussfaktoren, höhere konjunkturelle Risiken, zunehmende Öffnung von (technologischen und geografischen) Marktbarrieren erhöhen den Druck auf Unternehmen, sich schnell neuen Gegebenheiten anzupassen. Immer weniger sind es die *Größenvorteile* (*scale*), die wettbewerbsentscheidend sind, sondern immer mehr die *Zeitvorteile*. Ballast kann sowieso niemand mehr mit sich herumschleppen. *Verschlankung* hat oberste Priorität. Größe kann zum Nachteil werden, weil der Abbau von Strukturen und Mitarbeitern schwerer ist, als der unbelastete Neuanfang, insbesondere in Zeiten, in denen ganz neue Perspektiven bestehen: dem Zeitalter des *Internets*, in dem *Start-ups* mit neuen Ideen, neuen Geschäftsmodellen, neuen Technologien in kürzester Zeit per Online den Weltmarkt erobern können. Dies praktizieren sie insbesondere durch flexibles Verhalten: ausprobieren und schneller Richtungswechsel, wenn sich andere bessere Pfade abzeichnen. Die *Flexibilisierung* wird zum Mantra dieser Generation von Unternehmen. Die Großen lernen von den Kleinen. *Kundennähe* schlägt sich durch kundenspezifische Lösungen nieder. Scale-Vorteile müssen mit Spezialvorteilen verbunden

---

674 Etwa durch frühestmögliche Einführung von Produkten durch neue Technologien, die im Gesamtlebenszyklus etwa einen niedrigen CO_2-Fußabdruck hinterlassen. Neue digitale Technologien setzen hier vielversprechend an.

werden. Neben die »World Scale Factory« gesellt sich die kundennahe »lokale *Minifab*« – »Losgröße eins« muss bei beiden möglich sein.

Hiermit schließt sich der Kreis: die Migration in der Gewichtung und Kombinatorik der Kernziele spiegelt sowohl den Wandel in den Konzepten und in der Logik der Abfolge: von *Kaizen* über *Lean* bis hin zu den *Digitalen Ökosystemen,* die nunmehr auch die Grenzen des einzelnen Unternehmens sprengen.

12.3 Konzepte

Wer die grundlegenden Tugenden der wichtigsten nachhaltig wirkenden Führungskonzepte wie Kaizen und Lean Management nicht beherrscht und nicht lebt, besitzt eigentlich nicht die Voraussetzungen, um noch einen Schritt weiter in die Richtung digitaler Ökosysteme zu gehen.

In diesem Kapitel präsentieren wir deshalb die vorgenannten Führungskonzepte in ihren Zusammen-hängen mit deren gemeinsamen oben angeführten *Kernzielen*. Zudem stellen wir besonders wichtige *Instrumente* vor und die Verbindungen, die zwischen reiferen und neuen Konzepten bestehen. Darü-ber hinaus ist die Erkenntnis wichtig, dass auch reifere Ansätze wie Kaizen sich ständig wandeln und Anstöße aus der Digitalisierung und Vernetzung aufnehmen.

12.3.1 Kaizen

Kaizen ist ein kontinuierlicher Verbesserungsprozess, der sich auf Erhöhung des Kundennutzens ausgerichtet ist. Auf diesem Weg sind Standards zu definieren und diese sind ständig im Sinne der Nutzenverbesserung anzupassen. Hierzu werden verschiedene Methoden angewandt (z. B. PDCA, ein universelles Modell zur Optimierung des Qualitätsmanagements in Unternehmen). Eingebettet ist dies in einen umfassenden Organisationsansatz, der alle Mitarbeiter einbezieht.[675]

Zielorientierung

An den *Unternehmenszielen* orientiert, geht es im Geist von Kaizen darum, ständig wachsam zu sein, sich entsprechend der Gegebenheiten in kleinen oder auch großen Schritten zu verändern, diese zu reflektieren, und dann weitere Schritte zu gehen, um das nächste Ziel zu erreichen. Dabei werden alle Mitglieder der Organisation jeden Tag und überall einbezogen, geprägt durch ein Miteinander von Ver-trauen und gegenseitigem Respekt. Die wesentliche Motivation liegt darin, die externen und internen Kundenwünsche bestmöglich zu erfüllen und den zu schaffenden Wert möglichst verschwendungsfrei im Prozess zu erzielen.

---

675 Siehe dazu das Buch »Kaizen – der Schlüssel zum Erfolg der Japaner im Wettbewerb« von Masaaki Imai und Franz Nitsch. https://www.amazon.de/Kaizen-Schl%C3%BCssel-zum-Erfolg-Wettbewerb/dp/3548700195/ref=sr_1_1?hvadid=174667437584&hvdev=c&hvlocphy=9061163&hvnetw=g&hvpos=1t1&hvqmt=b&hvrand=16493703416508841566&hvtargid=kwd-2473548874&keywords=kaizen+masaaki+imai&qid=1557409780&s=gateway&sr=8-1, abgerufen 8.5.2019.

Ständiger Wandel

Der flexible Umgang mit *Veränderungen* wird durch das Implementieren eigenständiger Teams unterstützt. Diese Teams interagieren, über die Prozesskette vernetzt, querfunktional und integrieren die Neuerungen ganzheitlich. Der Vorteil: autonom und übergreifend funktional agierende Teams sind in der Lage, sich schnell an neue Gegebenheiten anzupassen und eigenständig Entscheidungen zu treffen. Dank regelmäßiger Teammeetings auf allen Ebenen werden Verschwendungen aufgedeckt und beseitigt, effizienzsteigernde Lösungen erarbeitet, neue und bessere Standards gebildet sowie Wissen vermittelt und Innovationen geschaffen. Mit anderen Worten: *Agilität* befähigt die Organisation, Innovation und Effizienz auch im ständigen Wandel zu leben.[676]

Klima für kreatives Experimentieren

Mit dem gleichzeitigen Leben von Effizienz und Innovation innerhalb einer Organisation kommt Führungskräften in allen Bereichen sowie auf allen Ebenen und in den Teams eine wesentliche Rolle zu. Als Coach und Mentor unterstützen sie die Mitarbeiter dabei, eigenverantwortlich und kontinuierlich Verbesserungen zu realisieren und diese zielorientiert umzusetzen. In einem gesetzten Rahmen wird von den Beschäftigten gefordert, kreativ zu experimentieren, um Problemlösungen bis hin zu *disruptiven Innovationen* zu entwickeln und iterativ neue Standards zu definieren. Es sind die Führungskräfte, die für die Umsetzung und das Leben der *Kaizen*-Prinzipien verantwortlich zeichnen. Sie sorgen für das perfekte Wechselspiel von *Innovation, Effizienz* und *Nachhaltigkeit.*[677] [678]

Der Kaizen-Ansatz in der digitalisierten Welt

Mit *Industrie 4.0* werden neue Bedingungen geschaffen, die den Abschied von traditionellen Unternehmensstrukturen bedeuten. Im Klartext: Zentrale Entscheidungsmechanismen, Hierarchien und starre Grenzen einzelner Wertschöpfungsschritte gehören bald der Vergangenheit an. Die japanische Arbeits- und Lebensphilosophie Kaizen liefert dazu grundlegende Ansätze, vor allem weil sie Prinzipien der heute viel diskutierten *agilen Organisationen* vorwegnimmt. Eine agile Organisation besitzt die Fähigkeit, nicht nur Risiken abzuwenden, sondern auch Chancen, Erfolgspotenziale oder Wettbewerbsvorteile in komplexen und dynamischen Umwelten zu erkennen und wahrzunehmen. Kaizen-Prinzipien liefern die Grundlage, eine agile Organisation nachhaltig zu realisieren und dabei Effizienz und Innovation gleichzeitig zu leben, also die beiden Faktoren, die für das Ausschöpfen der Potenziale von Industrie 4.0 erforderlich sind. Im Zusammenwirken bieten Industrie 4.0 und Kaizen somit eine Chance, die Wettbewerbsfähigkeit auch für die Zukunft zu sichern.[679] Zu deren Instrumente siehe Kapitel 12.4.1 Agilität.

---

676 Andreas Skuin: Kaizen – Wandel zum besseren? https://www.computerwoche.de/a/kaizen-wandel-zum-besseren,3330469, abgerufen 29.11.2018.

677 Masaaki, Imai (2012): Gemba Kaizen: A Commonsense Approach to a Continuous Improvement Strategy, McGraw-Hill Education Ltd., New York, Chicago.

678 Weiterführende Literatur: The Toyota Way: Fourteen Management Principles from the World's Greatest Manufacturer, Jeffrey Liker, 2004, McGraw-Hill Education Ltd.

679 Weiteres dazu siehe: Agiplan GmbH, Hrsg. (2015): Erschließen der Potenziale der Anwendung von Industrie 4.0 im Mittelstand, Kurzfassung der Studie, Erscheinungsdatum: Juni 2015; Kienbaum Management Consultants GmbH, Hrsg. (2015). Agility – überlebensnotwendig für Unternehmen in unsicheren und dynamischen Zeiten. https://www.computerwoche.de/a/kaizen-wandel-zum-besseren,3330469, abgerufen 13.5.2019.

12.3.2   Lean Management

Einordnung

Methoden wie *Kaizen*, *KVP* (*kontinuierlicher Verbesserungsprozess*), *TQM* (*Total Quality Management*), *Qualitätszirkel*, *BVW* (*betriebliches Vorschlagswesen*), *Ideenmanagement*, *Lernstatt* oder *Werkstattzirkel* werden häufig in einem Topf geworfen. Dagegen unterscheiden sich die Konzepte jedoch nach Herkunft, Vorgehensweisen, Techniken oder Rollen zum Teil deutlich. Einige der Ansätze setzen eher auf die individuelle, spontane Entdeckung von Optimierungsmöglichkeiten am Arbeitsplatz oder in dessen Umfeld. Andere spüren mit moderierten Workshops Fehler und Verschwendungen auf. Wiederum andere gehen noch systematischer vor und zielen anhand vorgegebener Checklisten und Prinzipien auf die einzelnen Schritte ganzer Arbeitsabläufe. Am Ende ist jedoch der große gemeinsame Nenner all dieser Methoden ihr partizipativer *Ansatz*.

Wie ist Lean Management hier einzuordnen? Zunächst ist festzustellen, dass mit dem Lean-Konzept nicht unbedingt einzelne Vorgehensweisen im vorhergehenden Sinne gemeint sind. Vielmehr sind mit Lean-Prinzipien, wie beispielsweise »Fluss-Prinzip umsetzen« oder »Pull-Prinzip einführen«, Visionen von optimalen Prozessen gemeint. Wie dieser Idealzustand erreicht wird, ist grundsätzlich frei wählbar. So sind etwa grundlegende Prozesslösungen wie »*One-Piece-Flow*« oder »*Kanban*« eher in größer angelegten Projekten top-down anzugehen.[680]

Die Umsetzung von Lean Management ist eine Frage des Kulturkreises, der Unternehmenskultur und des Prozesstyps. Die Frage, ob Lean-Prinzipien besser top-down oder bottom-up erreicht werden können, kann in Asien, Amerika oder Europa unterschiedlich beantwortet werden. Immer wieder wird betont, dass das Entscheidende beim Lean Management der *Kulturwandel* (*Kata*) ist. Insofern ist genau zu prüfen, ob der eingeschlagene Weg zu einem schlanken Unternehmen mit der Firmenkultur kompatibel ist. Derzeit gewinnt das »klassische« Thema Lean Management wieder an Bedeutung, indem die Lean-Prinzipien aus der Produktion in die Verwaltungsbereiche übertragen werden. Unter Titeln wie »Lean Office« oder »Lean Administration« untersuchen nun auch die indirekten Bereiche von Industrieunternehmen sowie Dienstleistungsfirmen, Banken oder Versicherungen ihre *Wertströme*. Erfahrungen aus Massenfertigungsprozessen in der Automobilbranche sind durchaus geeignet, auch auf Routineprozesse im tertiären Sektor übertragen zu werden.[681]

Der Begriff »Lean Management«

Der Begriff *Lean Management* (*schlankes Management*) bezeichnet die Gesamtheit der Denkprinzipien, Methoden und Verfahrensweisen zur effizienten Gestaltung der gesamten Wertschöpfungskette industrieller Güter.[682] Im Kern geht es beim Lean-Gedanken um die Vermeidung von Verschwendung

---

680 Weiterführende Literatur: Sehen lernen, Mike Rother, John Shook, 2004, Lean Management Institut.
681 In wieweit Pull, das Flussprinzip oder Muda (sieben Arten der Verschwendung) eins zu eins auch auf andere Prozesstypen wie **Regel-** und **Ad-hoc-Prozesse** angewandt werden können, ist diskussionswürdig. Da diese Prozesstypen den Löwenanteil der Prozesse von Dienstleistungsunternehmen stellen, ist dieser Transfer der Lean-Prinzipien gerade bei vielen Lean-Einführungen die größte Herausforderung. Das gilt sowohl für bottom-up als auch top-down angelegte Lean-Einführungen.
682 Werner Pfeiffer, Enno Weiß: Lean-Management: Zur Übertragbarkeit eines neuen japanischen Erfolgsrezepts auf hiesige Verhältnisse. (= Forschungs- und Arbeitsbericht Nr. 18 der Forschungsgruppe für Innovation und Technologische Voraussage (FIV), Nürnberg: Lehrstuhl für Industriebetriebslehre des Fachbereichs Wirtschafts- und Sozialwissenschaften der Friedrich-Alexander-Universität Erlangen-Nürnberg), 1991, S. 2. Die Autoren entwickeln mit dieser Definition den Begriff Lean-Management als Erweiterung von Lean Production.

jeglicher Art (*muda*). Dabei werden ursprünglich sieben Arten der Verschwendung unterschieden. Entstanden sind die Methoden des Lean Managements seit Mitte des 20. Jahrhunderts bei dem japanischen Automobilhersteller *Toyota*, dem es auf diese Weise gelungen ist, stabile Prozessorganisationen zu gestalten, die Grundlage des erreichten Qualitätsniveaus seiner Produkte sind. Beschrieben wurden die Methoden zuerst in den Büchern von *James P. Womack* und *Daniel T. Jones* (»The Machine That Changed The World«, »Lean Thinking«), am Beispiel von Toyota, aber auch anderer Unternehmen. Womack und Jones haben auch den Begriff »*Lean Thinking*« geprägt, der in der deutschen Übersetzung (»lean« = »schlank«) häufig missverstanden wird.[683]

Dazu gilt es, das bestehende System aus zwei Perspektiven zu überprüfen und zu verbessern: aus der Sicht des Kunden, dessen Wünsche nach Verfügbarkeit, Individualität, Qualität und Preisgestaltung (Business on Demand) es möglichst optimal zu erfüllen gilt, und aus der Sicht des Unternehmens selbst, das profitabel funktionieren und seine Wettbewerbsfähigkeit verbessern muss.

Ergebnis sind Prozesse mit einer hohen *Kundenorientierung*, da die gezielte und flexible Erfüllung des Kundenwunsches Grundlage für wirtschaftliches Arbeiten und eine hohe Effizienz ist. Genaue Prozessdefinitionen und Schnittstellenbeschreibungen, klare Verantwortlichkeiten, frühes Reagieren auf Fehler und einfache Organisationsmethoden führen zu stabilen Prozessen, aus denen qualitativ hochwertige Produkte entstehen.

Die Entwicklung zeigt, dass sich das aus der Autobranche kommende Lean-Konzept auch für andere Sektoren eignet. Viele Unternehmen anderer Herkunft haben damit begonnen, den Optimierungsansatz weiterzuentwickeln, bspw. zum *Lean Service Management* hin. Auch von *Lean Engineering*, *Lean Construction*, *Lean Selling*, *Lean Mining*, *Lean Administration*, *Lean Government*, *Lean Medicine* oder *Lean Hospital* wird heute gesprochen. Lean Management wird inzwischen weltweit in nahezu allen Branchen erfolgreich angewendet, zum Beispiel bei der Erstellung von *Dienstleistungen* oder als unterstützende Prozesse, zum Beispiel bei der *Auftragsabwicklung*. Viele namhafte Unternehmen haben Lean Projekte und Produktionssysteme eingerichtet, die das *Toyota Production System* zum Vorbild haben. Auch in Deutschland ist seit einigen Jahren wieder vermehrtes Interesse an Lean Management zu beobachten, das auch in der *Forschung* zum Thema wurde.

Implementationsbarrieren für Lean Management
Diese liegen aus praktischer Erfahrung fast ausschließlich bei jahrelangem Fehlverhalten im obersten Management: in der mangelnden Überzeugung, stets nach Verschlankung der Strukturen zu suchen, unzureichendem Vorleben des dazugehörigen Verhaltens und der Arbeitsweisen, eingeschränkter Lean-

---

683 Aus dieser Begriffstransformation ging im Weiteren eine Bedeutungsverschiebung hervor. Stand ursprünglich die Produktion im Fokus des Interesses, war mit der folgenden Adaption durch Manager und Unternehmensberater eine Führungsphilosophie »Lean Management« entstanden. Folglich wurde zuweilen sehr beliebig mit dem Attribut »Lean« operiert, sodass die ursprünglichen Prinzipien häufig kaum noch erkennbar waren. Generell lässt sich heute sagen, dass Lean Management ein Führungs- und Organisationskonzept ist, das sich komplementär zur Lean Production verhält, in Erweiterung jedoch darauf abzielt, nicht nur in der Produktion, sondern in allen Bereichen jede Form von Verschwendung, Fehlern und unnötigen Kosten zu vermeiden, bei gleichzeitigem Streben nach bestmöglicher Qualität.

Kompetenz und geringer Nachhaltigkeit. Daraus leiten sich Widerstände gegen die Einführung von *Lean-Management-Strategien*[684] und alle weiteren Barrieren ab, z. B.:

- mangelhafte Kenntnisse und eingeschränktes Verständnis von Lean Management;
- mangelnde Unterstützung durch das Top-Management;
- schablonenhafte Konzeptgestaltung;
- zu hohe Geschwindigkeit bei der Einführung;
- starke Opposition im mittleren Management;
- mangelnde Teamfähigkeit;
- Rollenprobleme der Führungskräfte;
- beschränktes Verständnis für Prozessdenken, Kundennähe und ein falsches Qualitätsverständnis.

In einem Informations- und Überzeugungsprozess sowie offener Diskussionen, persönlich gecoacht von der Unternehmensführung und unter Einbezug aller Mitarbeiterebenen, können diese überwunden werden. Die folgenden Ausführungen sollen das Verständnis erleichtern.

Gestaltungsansätze für Lean Management

In der Fachliteratur finden sich mehr oder weniger lange Aufstellungen, die mit unterschiedlicher Gewichtung Punkte auflisten, welche zu *Lean* führen sollen. Exemplarisch wird hier eine Liste von Graf-Götz und Glatz[685] gezeigt:

1. Ausrichtung aller Tätigkeiten auf den Kunden (*Kundenorientierung*);
2. Konzentration auf die eigenen Stärken;
3. Optimierung von *Geschäftsprozessen;*
4. ständige Verbesserung der Qualität (*kontinuierlicher Verbesserungsprozess*, KVP);
5. interne Kundenorientierung als *Unternehmensleitbild;*
6. Eigenverantwortung, *Empowerment* und Teamarbeit;
7. dezentrale, kundenorientierte Strukturen;
8. Führen ist Service am Mitarbeiter;
9. offene Informations- und *Feedback*-Prozesse;
10. Einstellungs- und Kulturwandel im Unternehmen (*Kaikaku*).

12.3.3   Digitale Ökosysteme

Das Konzept und die Betrachtungsweise digitaler Ökosysteme geht über das Einzelunternehmen hinaus und bezeichnet *Wertschöpfungsnetze*, die den vollen *Upstream* und *Downstream* von Produkten und Leistungen umfassen, somit idealerweise auch die Rohstoffgewinnung, Energieversorgung, Herstellung, den Kunden, das Lifecycle-Management und Recycling bis wieder zurück zum Rohstoff.

Wieso gerade digitale Ökosysteme als Industrie-4.0-typisches Konzept? Es könnten ja auch andere Konzepte der Digitalwirtschaft sein, die hier exemplarisch vertieft werden sollten, wie etwa »*Everything as a*

---

684 v. Eckardstein u. a. (Hrsg.): Management. Schäffer-Poeschel Verlag, Stuttgart 1999.
685 Friedrich Graf-Götz, Hans Glatz: Organisation gestalten. Beltz-Verlag, Weinheim 2001.

Service« (XaaS) oder *digitale Plattformen*. (Siehe dazu Kapitel 8 »Elemente und Instrumente«) Wie bereits angesprochen, geht es an dieser Stelle nicht um digitale Geschäftsmodelle per se, sondern vielmehr um *methodische Verbesserungskonzepte*, und zwar um diejenigen, die sich unter der Vielfalt der angebotenen Verfahren (Vergleiche dazu das breite Angebot der Berater, der Wissenschaft, Forschung und der betrieblichen Praxis) als besonders leistungssteigernd herausgestellt haben (wie eben *Kaizen* und »*Lean*«), bzw. besonders nachhaltige Wirkung versprechen. Dies scheint bei dem Konzept der »digitalen Ökosysteme« der Fall zu sein, und zwar erstens wegen des grundlegenden Neuigkeitsgrades, der dem neuen *Internet-* und *Smart Data-/Smart Devices-(I/SD)*-getriebenen Industriegeneration am besten Vorschub leistet und zweitens wegen der Verwendbarkeit von Instrumenten und Erfahrungen aus *Kaizen* und »*Lean*« – das heißt im Klartext: Übertragung und Weiterentwicklung von Best-Practice-Erfahrungen aus der etablierten Restrukturierungskonzepten, nun aber über das Einzelunternehmen hinaus auf das gesamte oben bezeichnete Wertschöpfungsnetzwerk im gesamten *Upstream-Downstream-Zyklus*. Im Informationskontext wird hier auch vom »*Roundtrip*« gesprochen.

Der aus der Physik entlehnte Begriff des Ökosystems zielt auf den Idealzustand vollkommener *Entropie*.[686] Dahinter steht ein Prozess stetigen Wandels, bei dem jeder Teilnehmer immer wieder nach Gelegenheiten sucht, energetisch nicht voll genutzte Räume auszufüllen: wie in einem *Regenwald* mit ständigem Wachstum und Vergehen, unter optimaler Nutzung der Einsatzfaktoren, damit man also nicht nur ökonomisch, sondern auch ökologisch immer auf neue quasi optimale Zustände zielt.

Die »Methodiken« die hinter dieser sich immer wieder neu orientierenden Optimierung steht, sind weitgehend intrinsischer Natur, Versuchsgetrieben, oft mit unfertigen Produkten in kleinen Testmärkten. Hebel in der digitalen Welt sind die Daten, die Auswertungsmethoden, Erkennung von Mustern bis hin zur Nutzung von Instrumenten und Verfahren, die der *künstlichen Intelligenz* zugerechnet werden.

Die netzförmigen Werterzeugungsstrukturen beinhalten in der »digitalen« Welt zahlreiche Mitspieler, die sich der Beschaffung, Auswertung und Nutzung von Daten widmen, um das komplexe Netz funktionsfähig zu halten. Diese Spieler verbinden Ergebnisse aus Daten, die bei einzelnen Wertbeiträgern gewonnen werden als auch solche, die das Zusammenwirken der Spieler erklären, regeln und vorhersagen. Die damit erreichbare Feinsteuerung führt zu temporär idealen Zuständen – kommt also dem Ideal einem stabilen und nachhaltig lebensfähigen »digitalen Biotop« nahe.

Bisher dominiert die konsekutive Denkweise: Lieferanten, Hersteller, Händler, Endkunden und Recycler reichen sich Schritt für Schritt die Produkte weiter. Digitale Ökosysteme sind dagegen Netzwerkstrukturen unter Einbindung verschiedenster Partner, z. B.:

*   Der Haupthersteller (OEM) arbeitet im Extremfall nur noch als »Business Integrator«. Er besitzt die Marke, Netzwerke und den größten Teil des Produktdesigns. Er hat dann im Idealfall keine eigenen Fabriken mehr.

---

686 Entropie ist in der Physik das Maß für den Grad der Zerstreuung bzw. Grad der nicht verfügbaren Energie. Der wahrscheinlichste Zustand ist der mit maximaler Entropie (thermodynamisches Gleichgewicht); ein unwahrscheinlicher Zustand ist dagegen durch geringe Entropie gekennzeichnet. Siehe auch: https://wirtschaftslexikon.gabler.de/definition/entropie-36459, abgerufen 14.5.2019. Weiterführende Literatur: z. B. Reiner Kümmel: Energie, Entropie, Kreativität: was das Wirtschaftswachstum treibt und bremst. Verlag Springer Spektrum.

- Der OEM arbeitet mit Konkurrenten in spezifischen Bereichen zusammen z. B. für sektorspezifische Plattformen, gemeinsame Produktentwicklung. Man spricht hier von »Coopetition«.
- Es findet gemeinsames Engineering mit Lieferanten und spezialisierten Ingenieurfirmen statt, unterstützt durch cloudbasiertes Lebenszyklus-Management der Produkte und ausführende CAD-Systeme.
- Der Trend wird zunehmen, die Logistik und den Transport auszulagern und durch Zusatzleistungen wie Montage und Dokumentation anzureichern.
- Lieferantenmanagement und Supply Chain Risk Management werden als Outsourcing-Services angeboten, basierend auf Realtime-Information in der *Cloud* über Lieferanten-Performance und Risiken für die Versorgungskette.
- Neue Dienstleister entstehen, so kann die Supply-Chain-Planung outgesourct werden, basierend auf Planungssystemen in der Cloud. Dies kann den Informations- und Materialfluss im gesamten Netzwerk definieren, basierend auf einem synchronisierten Plan für das ganze Netzwerk.
- Sogenannte *Konnektoren* (*Connectors*) bieten Plattformen an, die dem OEM Zugang zu Kunden geben, die er allein nicht erreichen könnte, sowie zu zusätzlichen Produkten und Diensten. Im Falle starker Connectors, die die Mehrheit eines Ökosystems dominieren, werden diese als »*Gatekeeper*« bezeichnet. Die Kunden sehen diese oft als »Eigentümer« des Ökosystems an.
- Die Versorgungsketten im *B2C-Geschäft* werden durch Informationen aus dem Einzelhandel und von Konsumenten gesteuert: Dem treuen Kunden werden »persönliche« Preise angeboten.
- Analog findet dies im *B2B-Geschäft* statt, um einen Versorgungsplan für das gesamte Netzwerk aufzustellen.

Im Zentrum digitaler Ökosysteme steht häufig eine *Plattform*, über die verschiedenste Systeme und Leistungen integriert werden können. Ziel ist es durch diese Verbindungen, gemeinsam einen neuen und einzigartigen Kundenmehrwert zu generieren.

Ökosysteme können, wie oben beschrieben, auch Abnehmer integrieren. Funktionsgrenzen in der Wertekette werden durchlässig: Der Kunde wird auch zum Hersteller (»*Prosumer*«) und kann sogar spezielle strategische Vorteile einbringen, wie Nachfrageengpässe, in denen er Versorgungslücken füllen und damit Preisprämien realisieren kann (speziell in Spot-Märkten im Europäischen Stromversorgungsverbundmarkt). Diese Funktion wird heute als »*Flexumer*« bezeichnet. (Weiteres dazu siehe Kapitel 17 »Energiewirtschaft und Digitalisierung«)

Die Potenziale eines digitalen Ökosystems lassen sich nur bei Unternehmen heben, die bereits den entsprechenden *Reifegrad* haben, also schon besonders schlank sind und die unter Kapitel 12.2 genannten Kernziele schon so weitreichend erschlossen haben, wie es unter dem klassischen Wertschöpfungsmodell der konsekutiven Beiträge in der Wertekette eben möglich ist. Also in der Optimierung des einzelnen Wertbeitrags in einer mehr oder weniger eindimensionalen Abfolge. Ein Unternehmen, das die dazugehörigen Kriterien nicht erfüllt, ist wegen suboptimaler Leistungen gar nicht attraktiv genug, in die digitalen Netzstrukturen solcher Ökosysteme aufgenommen zu werden.

Spezialität »Deep Tech Ecosystems«
Neuerdings entwickeln sich »*Deep Tech Ecosystems*«, auf Hochtechnologien ausgerichtete Ökosysteme, die Kompetenzen und Interessen von Forschungsunternehmen, Regierungsstellen, Unternehmen,

Start-ups, Investoren und sogenannten Facilitators (Konnektoren, internationale Netzwerke, Mentoren, Kompetenz- und Kapazitätsträgern …) miteinander vernetzen. Deep Tech oder Deep Technologies sind neuartige Technologien, die erhebliche Fortschritte gegenüber den derzeit verwendeten Technologien darstellen. Drei Eigenschaften kennzeichnen Deep Tech im Business: das Potenzial, große Auswirkungen zu haben, längere Entwicklungszeiten und erhebliche Kapitalinvestitionen.

Sogenannte *Hochtechnologien* hat es immer gegeben – damit werden die Vorreiter in den jeweiligen technologischen Leistungssegmenten bezeichnet. Heute stellt sich die Frage, ob die klassischen Technologietreiber wie Konzerne in wissensbasierten Industrien, Forschungsinstitute usw. ihre tragende und treibende Rolle an Technologie-Start-ups abgeben. Großunternehmen müssen jedenfalls zunehmend die besonderen Bedürfnisse von *Hightech-Start-ups* berücksichtigen (Agilität, Flexibilität, ungewöhnliche Arbeits- und Denkweisen …), um diese als Partner zu gewinnen. Umgekehrt sind solche Start-ups gehalten, ihrerseits die Vernetzungsfähigkeit mit etablierten Unternehmen (Technologieträger, Finanziers …) zu gewährleisten. Nur durch allseits offene Strukturen und Verhaltensweisen kann sich ja ein derartiges (digitales) Ökosystem entwickeln.

Die Grundregel für alle angehenden Spieler, die Interesse an neuen Technologien haben, ist, sich ihre Ziele zu setzen und in das Spiel einzusteigen. Deep Tech zieht weltweit ein beispielloses Maß an Interesse und Aktivität an – und der Aufstieg des Deep-Tech-Ecosystems ist eine der interessanteren Geschäftsentwicklungen unserer Zeit. Dies spiegelt sich in einem enorm wachsenden Kapitalzufluss in den letzten 5 Jahren, mit einer CAGR von 22 % auf weltweit rund 18 Mrd. USD im Jahr 2019. Die zentrale Veranstaltung dazu ist der jährliche *Hello Tomorrow Global Summit*, der im März 2019 in Paris stattfand. Sowohl physische als auch virtuelle Teilnehmer waren eingeladen, ihre Wahrnehmung von morgen durch ein Programm mit visionären Keynotes und Expertenpanels zu erweitern.[687]

12.4   Instrumente

12.4.1   Agilität und agile Strukturen

Agilität ist ein Merkmal des Managements einer Organisation (Wirtschaftsunternehmen, Non-Profit-Organisation oder Behörde), flexibel und darüber hinaus proaktiv, antizipativ und initiativ zu agieren, um notwendige Veränderungen einzuführen.[688] »Klassische« (»stabile«) Organisationsstrukturen sind eher prozessorientiert (z. B. Automobilindustrie, Behörden), projektorientiert (z. B. Bauindustrie, Hilfsorganisationen) oder eine Mischform daraus. Vor dem Hintergrund eines turbulenten, unbeständigen Umfelds können diese Organisationsstrukturen aufgrund ihrer Hierarchien möglicherweise dem Wandel

---

687 Siehe dazu Bericht der Boston Consulting Group, Mailing Mai 2019: BCG Partners with Hello Tomorrow. https://www.bcg.com/partnerships/hello-tomorrow/default.aspx?utm_medium=Email&utm_source=201905TECH&utm_campaign=201905_TECH_IANDI_NONE_GLOBAL&utm_usertoken=24a02fb09131cbbf60e775dfdbe099cd68e956cb&redir=true, abgerufen 14.5.2019.
688 *Agilität | Onpulson*. In: *Onpulson*. (onpulson.de), abgerufen 29.11.2018.

nicht Schritt halten. Agilität bedeutet die Fähigkeit, in einer *Wettbewerbsumgebung* gewinnbringend zu operieren, die durch ständige unvorhersehbar sich verändernde Kundenwünsche charakterisiert ist.[689]

Das agile Manifest

Das *agile Manifest* (original »Manifesto for Agile Software Development« bzw. »Agile Manifesto«) wurde im Jahr 2001 von einer Gruppe von 17 renommierten Software-Entwicklern formuliert. Darunter z. B. *Jeff Sutherland* und *Ken Schwaber*, die Begründer des Scrum Frameworks und *Ken Beck*, der Schöpfer der agilen Methode *Extreme Programming*. Das agile Manifest ist einer der wesentlichen Meilensteine der modernen agilen Bewegung. Trotz oder gerade wegen seines Ursprungs in der Software-Entwicklung bietet das agile Manifest ein Referenzmodell auch für die Zusammenarbeit von Teams in anderen Industrien und Problemdomänen. Chip und Dan Heath, zwei Verhaltensökonomen aus den USA haben für solche Vergleiche den Begriff des Sinatra Tests geprägt.

Das Fundament des agilen Manifests bilden vier Leitsätze. Zur Verdeutlichung seiner Kernaussagen greift das agile Manifest dabei auf eine Gegenüberstellung zurück. Agile Werte werden in Abgrenzung zu herkömmlichen und traditionellen Vorgehensmodellen deutlich gemacht.

Wir erschließen bessere Wege, Software zu entwickeln, indem wir es selbst tun und anderen dabei helfen. Durch diese Tätigkeit haben wir diese Werte zu schätzen gelernt:

1. *Individuen und Interaktionen stehen* **über** *Prozessen und Werkzeugen.*
2. *Funktionierende Software steht* **über** *einer umfassenden Dokumentation.*
3. *Zusammenarbeit mit dem Kunden steht* **über** *der Vertragsverhandlung.*
4. *Reagieren auf Veränderung steht* **über** *dem Befolgen eines Plans.*

Der Mensch steht im Fokus und der direkte Austausch ist wichtiger als Formalismen. Das heißt, jeder noch so ausgefeilte und gut dokumentierte Prozess kann ein persönliches Gespräch nicht ersetzen. Welche Bedeutung der persönliche Austausch für agile Teams hat, zeigt auch die Forderung, dass ein Team räumlich möglichst eng zusammensitzt. Durch die räumliche Nähe wird die osmotische Kommunikation gefördert.

Der Kunde nimmt in der Arbeit agiler Teams eine zentrale Rolle ein. Der Kunde ist Teil des Prozesses, mit seinen Bedürfnissen und Problemen sogar immanenter Teil des Teams. Eine (persönliche) Auseinandersetzung mit dem Kunden ist dabei wichtiger als ein formaler und möglicherweise wasserdichter Vertrag. Auch mit diesem Punkt stellt das agile Manifest den direkten Austausch über Formalien.

Anpassungsfähigkeit: Agile Teams sind sehr adaptiv und verlangen von sich eine hohe Anpassungsfähigkeit. Jedoch bedeutet das nicht, dass agile Teams keinen Plan haben, willkürlich, sprunghaft oder chaotisch arbeiten. Agile Teams sind auf ein Ziel fokussiert, weichen aber auch gerne vom eigentlichen

---

689 Steven L. Goldman (Hrsg.): Agil im Wettbewerb: die Strategie der virtuellen Organisation zum Nutzen des Kunden. Springer, Berlin. Heidelberg, 1996, abgerufen 29.11.2018.

Plan ab, wenn es für das Team, die Organisation und den Kunden sinnvoll ist und es Aussicht auf einen höheren Wertbeitrag gibt.[690]

Vision, Mission und Strukturen

Die Agilität eines Managements drückt sich bereits in *Vision*, *Mission* und strategischen *Unternehmenszielen* aus. Agile kundenorientierte Organisationen sind von *Netzwerkstrukturen* statt von Hierarchien geprägt. Der Fokus liegt auf den teambasierten Abläufen. In agilen kundenorientierten Organisationen werden ihre Prozesse, Produkte und Leistungen iterativ statt nach dem *Wasserfallprinzip* geplant. Hierdurch wird der Zeitaufwand für Planung und Konzeption verringert. Die Kunden erhalten die Produkte und Leistungen in rascher Abfolge in kleineren Teilen statt nach einem längeren Zeitraum in einem Stück. Agile Prozessverbesserungen finden eher *inkrementell* statt. Sie fokussieren sich auf kurzfristige Ergebnisse und ermöglichen eine schnelle Anpassungsfähigkeit an veränderte Rahmenbedingungen. Fehler werden frühzeitig erkannt und können zeitnah korrigiert werden.[691] In stabilen Organisationen wird dem *Qualitätsmanagement* (QM) ein hoher Stellenwert eingeräumt. »Klassisches« QM ist stark prozessorientiert. Ein QM-System, das an die Bedürfnisse agiler Organisationen angepasst ist, gibt es bisher noch nicht. Ungesteuerte Agilität in der Führung von Organisationen kann daher auch zulasten der Qualität der Produkte und Leistungen gehen.[692]

Beispiele für agile Methoden sind:

Scrum: *Scrum* ist die bekannteste Methode des agilen Projektmanagements. Sie stammt aus der Software-Entwickung und trägt durch ein iteratives Vorgehen dem Umstand Rechnung, dass die zu entwickelnde Lösung zu Beginn des Projekts noch nicht bis ins Detail geplant werden kann. In kurzen Intervallen von in der Regel 14 Tagen (»sprints«) werden immer nur autonome Teillösungen eines Produkts erstellt. Die umzusetzenden Anforderungen werden kontinuierlich pro Sprint im sogenannten »Backlog« priorisiert.

Design-Thinking: Design-Thinking ist eine Methode, die zur Lösung komplexer Problemstellungen herangezogen wird. Sie zeichnet sich vor allem dadurch aus, dass in Teams mit interdisziplinär arbeitenden, denkenden bzw. ausgebildeten Experten an neuen, kreativen Lösungen für Kunden gearbeitet wird.

Lean Start-up: *Lean Start-up* beschreibt einen Ansatz der iterativen Entwicklung neuer Produkte bzw. Unternehmen. Es wird zunächst ein Produkt (Prototyp) entwickelt, das die wesentlichsten Anforderungen aus Kundensicht enthält (»*minimum viable product*«). Das Produkt wird dann mit Kunden getestet und so lange in einem »Build–measure–learn«-Prozess verbessert, bis eine vermarktbare Version vorliegt. Die Vorteile der iterativen, auf Kunden-Feedback basierten Produktentwicklung liegen in der höheren Entwicklungsgeschwindigkeit und dem Effizienzgewinn durch Reduzierung von Flop-Raten sowie dem fokussierten und sparsameren Einsatz von Ressourcen.

---

690   In 12 Leitsätzen und deren Erklärungen wurden die agilen Prinzipien fixiert: Das agile Manifest in die Anwendung. Siehe dazu: https://digitaleneuordnung.de/blog/agiles-manifest/, abgerufen 15.5.2019.
691   Haufe-Lexware GmbH: Agiles Management: Agilität ist mehr als Flexibilität. In: Haufe.de News und Fachwissen. (haufe.de), abgerufen 29.11.2018.
692   Agilität und Qualitätsmanagement, Deutsche Gesellschaft für Qualität, abgerufen 2.12.2016.

Business Model Canvas: *Business Model Canvas* ist eine Visualisierungsmethode für neue oder bestehende Geschäftsmodelle. Die strukturierte Zerlegung eines Geschäftsmodells in seine wesentlichen Bestandteile (Infrastruktur, Angebot, Kunden, Kosten, Umsatzquellen, Kundenbindung, Ressourcen, Produktion, Vertriebskanäle) hilft, um Interdependenzen, Rollen von Partnern z. B. in Wertschöpfungsnetzwerken, Engpässen, Unklarheiten, Chancen und Risiken frühzeitig zu diskutieren und zu klären.

Rapid Prototyping: *Rapid Prototyping* stammt aus der Fertigung und beschreibt die schnelle und einfache Produktion von Prototypen (Mustern). Im Rahmen der Digitalisierung versteht man unter Rapid Prototyping die vereinfachte, günstige und schnelle Programmierung von Software-Prototypen, z. B. durch Verwendung und nur geringfügige Modifikation bereits bestehender Software-Lösungen.

Hackathon: Ein *Hackathon* ist eine kollaborative Software- und Hardwareentwicklungsveranstaltung. Ziel eines Hackathons ist es, innerhalb der kurzen Zeit der Veranstaltung (in der Regel zwei Tage bis eine Woche) gemeinsam nützliche und kreative Software-Produkte herzustellen. Die Teilnehmer kommen aus verschiedenen Gebieten der Software- oder Hardwareindustrie und bearbeiten ihre Projekte in cross-funktionalen Teams. Unternehmen können Hackathons nutzen, um neue prototypische Software-Lösungen von Experten entwickeln zu lassen.

DevOps: *DevOps* setzt sich zusammen aus den englischen Begriffen »development« und »operations« und bezieht sich dabei auf die jeweiligen Bereiche in der IT. Ziel ist, durch IT bei den intern interdisziplinär besetzten Software-Entwicklungsteams die Entwicklungszeit zu reduzieren, mehr Deployments zu ermöglichen sowie die Qualität der Auslieferung zu verbessern. DevOps unterstützen auch das Streben nach »continuous delivery«, also der laufenden Entwicklung von Software und Vermeidung langer Release-Zyklen.

Agile Organisationen zeichnen sich vor allem dadurch aus, dass sie einerseits kurzfristig und adäquat Veränderungen und Ereignisse in der Unternehmensumwelt wahrnehmen und andererseits schnell und flexibel im Markt, in der Organisation sowie im jeweiligen Unternehmensumfeld agieren. Eine agile Organisation besitzt damit die Fähigkeit, nicht nur Risiken abzuwenden, sondern auch Chancen, Erfolgspotenziale oder Wettbewerbsvorteile in komplexen und dynamischen Umwelten zu erkennen und wahrzunehmen.

Umsetzung agiler Strukturen in der Industrie 4.0

Die Quantifizierungen und Digitalisierung im Zuge der Umsetzung einer *Industrie-4.0-Strategie* bietet die Möglichkeit, Menschen, Objekte und Systeme zu einem dynamischen, echtzeitoptimierten und sich selbst organisierenden, unternehmensübergreifenden Wertschöpfungsnetz zu verbinden. Dieses Netz zielt darauf ab, alle Phasen des *Produktlebenszyklus* zu integrieren. Es lässt sich dabei nach unterschiedlichen Kriterien wie zum Beispiel Kosten, Verfügbarkeit und Ressourcenverbrauch ganzheitlich optimieren. So können speziell Kundenwünsche von der Produktidee bis zum Recycling einschließlich verbundener Dienstleistungen mitgedacht, verfolgt und in jeder Phase des Prozesses angepasst werden.

12.4.2 Datenorientierung

Allen hier vorgestellten Konzepten ist die starke Datenorientierung, insbesondere die Entwicklung und Bewertung von Prozessen und ihrer Einsatzfaktoren durch Kennzahlensysteme charakteristisch. Damit werden auch die Verwandtschaften, Gemeinsamkeiten aber auch die Unterschiede deutlich, wie in den betreffenden Absätzen gezeigt wurde.

Für eine datenstromgeführte Steuerung in einem Wertschöpfungsnetz ist ein hoher *Lean-Reifegrad* erforderlich (siehe Absatz zum Lean Management). Ohne stabile und robuste Prozesse mit klaren Regeln und Standards wird die Steuerung variantenreicher und kurzzyklischer Kundenanforderungen schwierig.[693]

Unternehmen sollten letztlich ein individuelles Kennzahlensystem entwickeln, das übersichtlich, transparent und zielorientiert ist, das sich anwenden lässt und das mit konkreten Maßnahmen verknüpft werden kann. Denn schließlich sind alle betrieblichen Abläufe und Geschäftsvorfälle immer einmalig und in jedem Unternehmen anders gestaltet und bearbeitet. Da es in einem Unternehmen zahlreiche Fachbereiche gibt, da Kennzahlen Produkte, Kunden und Märkte beschreiben, entsteht eine Fülle von unterschiedlichen Kennzahlen. Ein Kennzahlensystem soll diese in einen Zusammenhang und eine Systematik bringen, sodass es für Management und Mitarbeiter überschaubar und nachvollziehbar bleibt. In einem solchen System sind einzelne Kennzahlen logisch zu ordnen. Das Kennzahlensystem und seine einzelnen Größen ermöglichen betriebswirtschaftlich sinnvolle Aussagen über ein Unternehmen und seine Teile (Fachbereiche, Produkte, Kunden, Märkte). Die einzelnen Kennzahlen sind entweder rechentechnisch miteinander verknüpft (= *Rechensystem*) oder stehen in einem bloßen Systematisierungszusammenhang zueinander (= *Ordnungssystem*). Ein Unternehmen kann ein eigenes Kennzahlensystem entwickeln, das speziell auf die Ziele und Strategien dieses Unternehmens ausgerichtet ist. Die *Balanced Scorecard* (BSC) etwa ist ein Rahmen für solche individuellen Kennzahlensysteme. Daneben wurden zahlreiche Kennzahlensysteme entwickelt, die sich gewissermaßen als Standard etabliert haben. Beispiele dafür sind:
- Rentabilitätskennzahlensysteme,
- DuPont-System,
- Discounted Cash Flow System (DCF),
- Economic Value Added System (EVA).

Es gibt einige standardisierte Kennzahlen und Kennzahlensysteme, die von vielen Unternehmen eingesetzt werden. Gründe dafür sind:
- Die Kennzahlen und Kennzahlensysteme müssen nicht selbst erfunden und entwickelt werden (Definition, Messmethode, Anwendung); das Unternehmen spart Aufwand.
- Die Leistungen von unterschiedlichen Unternehmen lassen sich miteinander vergleichen, indem auf dieselbe Kennzahl Bezug genommen wird (Benchmarking).

---

693 Siehe dazu auch Studien der Staufen AG: Lean Service im Maschinen- und Anlagenbau (2016): https://www.staufen.ag/fileadmin/ HQ/02-Company/05-Media/2-Studies/STAUFEN.-studie-lean-service-im-maschinen-und-anlagenbau-2016-de_DE.pdf. Der Staufen Value Streamer. Lean Transformation, 3-Phasen-Konzept. https://www.staufen.ag/es/demo/valuestreamerr, abgerufen 14.5.2019.

- Kennzahlen und Kennzahlensysteme werden für die externe Berichterstattung (Rechnungswesen, Bilanzierung) genutzt und basieren deshalb auf gesetzlichen Regelungen.[694]

Produktivitätskennzahlensysteme fördern schlanke Strukturen

Messbar werden die erreichten Fortschritte mit einem *Kennzahlensystem*, das zum Beispiel die *Gesamtanlageneffektivität* (GEFF, englisch *Overall Equipment Effectiveness* oder OEE), Bestände, Durchlaufzeit, Verrichtungszeit, Arbeitszeit, Anzahl der Mitarbeiter umfasst. Eine effiziente Planung, Steuerung und Durchführung von Prozessen entlang der Wertschöpfungskette ist somit der Schlüssel zum Erfolg. Dieser Grundsatz gilt auch für die Fertigungsebene. Moderne Maschinen und Anlagen liefern heute eine Fülle von Zustands- und Qualitätsdaten, die auf eine zweckmäßige Verwendung warten. Werden diese grundlegenden Daten erfasst, zu Kennzahlen (sogenannte Key Performance Indicators bzw. KPI) verdichtet und zielgerichtet ausgewertet, verwandeln sie sich zu wertvollen Informationen, um erfolgversprechende Optimierungsprozesse einleiten zu können. Sensoriksysteme und Data Analytics liefern dazu die Grundlagen für eine »*smart factory*«.

12.4.3 Wertstrommanagement

Wertstromanalyse

Kernmethode ist die Wertstromanalyse, in der die involvierten Prozesse schematisch dargestellt werden. Das Bild des Ist-Zustandes, das dabei entsteht, macht die einzelnen Prozesse transparent und zeigt den Gesamtzusammenhang des *Produktionsablaufes* übersichtlich auf, der so nicht selten für viele Beteiligte erstmals sichtbar wird. So werden die häufig versteckten Unwirtschaftlichkeiten erkennbar, zum Beispiel Bestände, Nacharbeiten aufgrund mangelnder Qualität, unnötige Wege aufgrund falscher *Layoutplanung* oder Verschwendung durch Aktivitäten, die keinen Beitrag zur Wertschöpfung leisten. Typischerweise ergeben sich in der Umsetzung enorme Verbesserungen im zweistelligen Prozentbereich bspw. bei Durchlaufzeit, Bestand, Kosten und Qualität. Mit dieser Vorgehensweise lässt sich in kurzer Zeit der Unternehmenswert steigern und das Payback für Investitionen verkürzen. Die grundlegende *Zielorientierung* ist die Optimierung des Kundennutzens. Dieser Kundennutzen wird durch wertschöpfende Prozesse im Unternehmen realisiert.

---

694 Nicht angesprochen werden hier die gesetzlichen Regelungen, insbesondere für Handels- und Steuerbilanzen (zum Beispiel nach HGB, IFRS und den Steuergesetzen der jeweiligen Länder) für Eigentümer, Anteilseigner, Aktionäre oder das Finanzamt. Aber auch externe Interessengruppen wie Banken, Versicherungen, Arbeitnehmer oder Arbeitnehmervertreter haben Interesse und stellen Anforderungen an einheitlichen, klaren, verständlichen und eindeutigen Kennzahlen über Unternehmen hinweg.

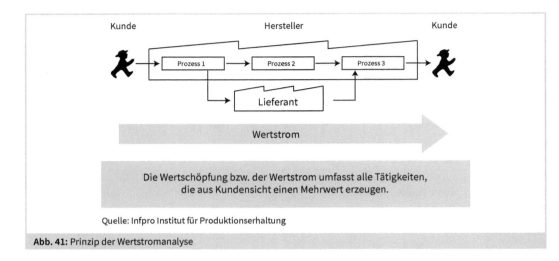

Abb. 41: Prinzip der Wertstromanalyse

Unter dem Begriff »*Wertschöpfung*« versteht man all diejenigen Tätigkeiten in einem Unternehmen, die einen unmittelbaren *Kundennutzen* erzeugen. Dem Kundennutzen kommt somit eine überragende Bedeutung zu, denn nur Produkte und Dienstleistungen, die dem Kunden einen *Mehrwert* bieten, sorgen für einen Wertbeitrag. Der Mehrwert wird durch vielfältige, wertschöpfende Prozesse erzeugt, die möglichst schlank und kosteneffizient ablaufen sollen. Typischerweise weisen diese Prozesse jedoch einen sehr hohen Anteil von Verschwendung auf (z. B. Wartezeiten, Störungen, Nach- und Doppelarbeit, Ausschuss, usw.), die sowohl die Leistungsfähigkeit als auch die Kostensituation im Unternehmen negativ beeinflussen. Die Fokussierung auf die Wertschöpfung ist somit ein Erfolgsfaktor[695] für die Schaffung von Werten im Unternehmen. Um Werte zu schaffen, ist somit der Sicherung bzw. dem Steigern des Wachstums die höchste Priorität einzuräumen.[696]

Die Wertstromanalyse/-design[697] ist eine Methode zur Ist-Bewertung und Verbesserung der Prozesse in der Produktion. In gleicher Weise sind auch die Prinzipien der Wertstromanalyse oder *Makigami*[698] für administrative Prozesse anwendbar. Damit lässt sich diese Methodik in allen Bereichen von der Beschaffung über Fertigung bis hin zu Vertrieb und Post-Selling-Services anwenden. Zur zielführenden Verbesserung aller Prozesse dient ein ganzheitliches Wertschöpfungsmanagementsystem. Es wird damit inhärenter Bestandteil des *Kernprozesses*[699] zur Strukturierung und kulturellem Wandel[700], der, wie die anderen Kernprozesse auch, als End-to-End-Aktivität, vom Start des Projektes bis zum formalen Ende der Umsetzung anzusetzen ist.

---

695 M&A-Projekte erfolgreich führen, Kai Lucks (Hrsg.), Schäffer-Poeschel Verlag, Stuttgart 2013, S. 632.
696 M&A-Projekte erfolgreich führen, Kai Lucks (Hrsg.), Schäffer-Poeschel Verlag, Stuttgart 2013, S. 75.
697 Sehen lernen, Mike Rother, John Shook, 2004, Lean Management Institut.
698 Unter dem Japanischen stammende Begriff Makigami versteht man eine Methode, um Unternehmensprozesse jeder Art zu visualisieren und zu analysieren. Insbesondere eignet sich dieses Verfahren zur Reduzierung von Verlusten in administrativen Abläufen.
699 Grundsätzliches zum Prozessansatz bei M&A siehe Lucks, Kai und Meckl, Reinhard: Internationale Mergers & Acquisitions. Der prozessorientierte Ansatz. 2. Auflage, Springer Heidelberg 2015.
700 Ebenda: zum Prozessmodell siehe S. 88 ff. Als Kernprozesse werden hier »Strategy«, »Dealmaking« und »Structure & Change« definiert.

Mit einer strukturierten Vorgehensweise wie Wertstromanalyse oder Makigami werden die Kernprozesse im Unternehmen untersucht. Im ersten Schritt sind die relevanten Kernprozesse wie bspw. Entwicklungs-, Beschaffungs-, Fertigungs- und Logistikprozesse zu identifizieren. Im Vorfeld sollten auch betriebliche Daten wie produktspezifische ABC/XYZ-Analysen, Auftragsmengen, Auftragsdurchlaufzeiten, Liefertreue, etc. gesammelt werden. Für die eigentlichen Analysen sind nicht die Daten in IT-Systemen, sondern die realen Daten vor Ort relevant. Werksbesichtigungen sind hier ein elementarer Bestandteil der Untersuchungen.[701]

Basierend auf den Analyseergebnissen werden für jeden Prozess optimale Soll-Zustände definiert. Aus dem Soll-Ist-Vergleich lassen sich die Potenziale von wesentlichen Performance-Kennzahlen (z. B. Durchlaufzeit, Bestände, Kosten) ermitteln. Die Verbesserung dieser Kennzahlen liegt üblicherweise im zweistelligen Prozentbereich.

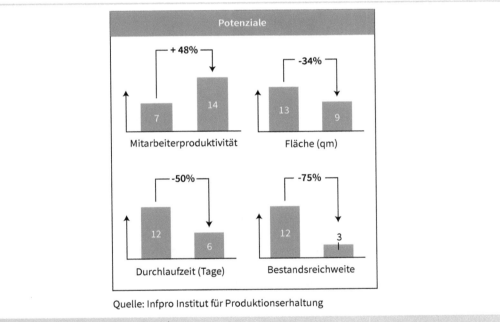

Quelle: Infpro Institut für Produktionserhaltung

Abb. 42: Potenziale aus der Wertstromanalyse

Typische Verbesserungen durch Wertschöpfungsmanagement zeigt Abb. 42. Die Wertstromanalyse, das Design und die Evaluierung der Potenziale wird je nach Umfang des Prozesses mit einem Team von 3–6 Personen erarbeitet und beansprucht pro Wertstrom etwa 3–5 Tage.

---

701 M&A-Projekte erfolgreich führen, Kai Lucks (Hrsg.), Schäffer-Poeschel Verlag, Stuttgart 2013, S. 181.

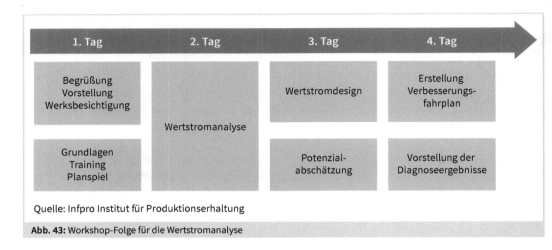

Quelle: Infpro Institut für Produktionserhaltung

Abb. 43: Workshop-Folge für die Wertstromanalyse

Hierbei ist äußerst systematisch vorzugehen, (a) in der Analyse der Organisation: welche Business Units, welche Fertigungen, welche administrativen Einheiten, welche Standorte sind abzuarbeiten, (b) in der Ansprache von Mitgliedern des Managements und der Fachabteilungen um die abzuarbeitenden organisatorischen Einheiten und die einzubindenden Führungskräfte zu lokalisieren, zu priorisieren und zu gewichten, (c) in der Organisation und Durchführung von Workshops (d) Konsolidierung und Auswertung der Ergebnisse, sowie (e) Entwicklung eines Umsetzungsplanes, der sich in das übergeordnete Maßnahmenprogramms einfügen muss.

Strategische Planung und Wertschöpfungsmanagementsystem
Die *strategische Umsetzungsplanung* wird mittels einer »*Hoshin kanri*«-Matrix[702] strukturiert und visualisiert. Hierbei ist auf die Ausrichtung der zukünftigen Betriebsstrategie über die komplette Wertschöpfungskette zu achten[703]. Diese Matrix wird von der obersten Führungsebene erstellt. Die Matrix beinhaltet die langfristige Unternehmensvision, strategische Handlungsfelder, strategische Projekte und Kennzahlen sowie anspruchsvolle Unternehmensziele. Alle genannten Themen werden in der Matrix und auch miteinander in Beziehung gesetzt.

---

702 Unter »hoshin kanri« versteht man die Ausrichtung der gesamten Mitarbeiterschaft auf eine Unternehmensvision, aus der gemeinsame Ziele abgeleitet werden. Im Japanischen steht »hoshin« für Stern oder Kompassnadel, »kanri« bedeutet Management/Planung.
703 M&A-Projekte erfolgreich führen, Kai Lucks (Hrsg.), Schäffer-Poeschel Verlag, Stuttgart 2013, S. 171.

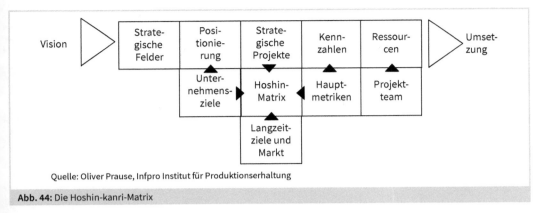

Quelle: Oliver Prause, Infpro Institut für Produktionserhaltung

Abb. 44: Die Hoshin-kanri-Matrix

Die Ergebnisse der Wertstromanalyse sind wesentlicher Bestandteil der Planung, um die verbesserungsbedürftigen Prozesse und die dazugehörigen Fachabteilungen zu berücksichtigen sowie die wesentlichen Fortschrittskennzahlen zu definieren. Neben den klassischen Performance-KPI's (z. B. Produktivität, Qualität, Liefertreue) sind auch anspruchsvolle *KCI's* (*Key Change Indicators*) zu definieren. KCI's stellen anspruchsvolle Durchbruchsziele dar, werden mit den Executives vereinbart und dienen als Messgröße und Indikator für deren Transformationswillen. Die Matrix wird durch einen taktischen Implementierungsplan (TIP) ergänzt und dient dem monatlichen *Projektmonitoring* und der strukturierten Problemanalyse. Die Berichterstattung erfolgt anhand einfacher, definierter Kriterien. Das monatliche Monitoring ist für die Executive Ebene verpflichtend einzurichten.

Neben der strategischen Planung ist ein ganzheitliches Wertschöpfungsmanagementsystem (siehe *Toyota* Produktionssystem[704]) von entscheidender Bedeutung für die Zielerreichung und den nachhaltigen Erfolg der Transformation. Das Managementsystem beschreibt strukturelle, prozessuale, personelle und methodische Prinzipien und Standards. Die Elemente des Systems gewährleisten eine einheitliche Vorgehensweise (z. B. Fluss, Pull, *PDCA*[705]/*KVP*[706], Agilität) bei der Transformation der bestehenden Wertstromprozesse in Richtung »Operational Excellence«. Dieses System sollte mit Unterstützung von Experten gestaltet werden und die Marktanforderungen des Unternehmens (z. B. Anlagen-, Prozess-, Konsumgüterindustrie) berücksichtigen. Das System ist als verbindlicher Standard in der Organisation durch das Management zu implementieren, wobei sich ein kleines Expertenteam im Sinne eines »Dienstleisters« als hilfreich erwiesen hat. In einer frühen Phase sind die Arbeitnehmervertreter einzubeziehen, um die Transformation zu unterstützen.

Das »Executive Excellence Event«
Als besonders erfolgversprechendes Instrument hat sich ein mehrtägiger Workshop der obersten Führungsebene unmittelbar nach Projektstart erwiesen, der »*Executive Excellence Event*«. Daran nehmen

704   The Toyota Way: 14 Management Principles from the World's Greatest Manufacturer, Jeffrey Liker, 2004, McGraw-Hill Education Ltd.
705   Demingkreis oder auch Deming-Rad, Shewhart Cycle, PDCA-Zyklus beschreibt einen iterativen drei- bzw. vierphasigen Prozess für Lernen und Verbesserung des US-amerikanischen Physikers Walter Andrew Shewhart.
706   KVP = Kontinuierlicher Verbesserungsprozess [engl.: Continual Improvement Process].

alle obersten Führungskräfte persönlich teil. Die physische Teilnahme ist verpflichtend. Die Teilnehmer führen bspw. unter Anleitung der Senior Executives und Wertschöpfungsexperten eine Wertstromanalyse durch, um die Wertschöpfung »sehen zu lernen«, die enormen Verbesserungspotenziale zu erkennen und einfache Umsetzungsmaßnahmen zu identifizieren. Hierbei erfolgt eine Evaluierung der Führungskräfte, um deren Eignung für den nachfolgenden Transformationsprozess festzustellen.

Executive Präsenz während der Transformation

Die operative Umsetzung erfolgt vor Ort in den Fertigungen und Verwaltungen. Aufbauend auf den Wertstromplänen des zentralen Teams sind die Wertströme auf den nächstniedrigeren Ebenen (z. B. Produktsegmente, Standorte) zu analysieren und zu optimieren. Deshalb müssen die jeweils betroffenen bzw. verantwortlichen Mitglieder des *Executive Teams* und die *Wertschöpfungsexperten* an den Standorten präsent sein und mit den örtlich Verantwortlichen die Untersuchungen und Maßnahmen aktiv unterstützen. Wichtig ist, dass die Executive Ebene persönlich an ausgewählten Transformations- bzw. Kaizen-Workshops teilnimmt und bei Ergebnisabweichungen persönlich in der Verantwortung bleibt.

Hauptfehlerquellen vorbeugen

Tatsache ist aber, dass mit dem durchgängigen Konzept der Wertstromanalyse (die ja neben den Kernprozessen von Forschung und Entwicklung und Fertigung auch Verwaltung, Vertrieb und den Post-Selling-Bereich abdecken soll) Erkenntnisse über die Verfahren und Ableitung enormer *Verbesserungspotenziale* in den Kerntätigkeiten gewonnen werden. Diese möglichst frühen Lerneffekte können für nachlaufende Aktivitäten in Produktsegmenten und Standorten genutzt werden. An die Stelle erster Aktivitäten an der Peripherie und bei Zulieferern gehört also eine Priorisierung »von innen nach außen«, etwa nach dem Bild einer Zwiebel. Die Verantwortung für Analyse, Umsetzung und Controlling wird gern auf die nächstuntere Ebene delegiert, weil das Tagesgeschäft Vorrang hat und spezielle Verbesserungsprojekte immer eine Doppelbelastung (aus dem Geschäft und aus dem Projekt) implizieren. Dies ist nicht erlaubt: Die Verantwortung und die physische Beteiligung an den entscheidenden Workshops muss in der Hand der ersten Executive-Ebene bleiben.

Das *Wertschöpfungsmanagementsystem* beschreibt die erforderlichen Prinzipien und Standards für die kontinuierlichen Verbesserungsaktivitäten der Teams. Aus der strategischen Planung werden die Verbesserungsprojekte in die Organisation herunter kaskadiert und die Projektfortschritte wieder in der strategischen Planung verdichtet. Von entscheidender Bedeutung für den Erfolg ist es, die wertschöpfenden Prozesse als Wertreiber zu erkennen, die Prinzipien und Methoden der Verbesserung zu verstehen und kontinuierlich die Umsetzung voranzutreiben. Dies setzt bei den Entscheidern eine innere Überzeugung in das Wertschöpfungsmanagement voraus, erfordert eine hohe Disziplin in der Umsetzung und benötigt einen langen Atem für den Kulturwandel im Unternehmen.[707]

Einbeziehung Mitarbeiter

Die frühzeitige Einbeziehung der *Mitarbeiter* in die Konzeption und Umsetzung der Maßnahmen sowie ihre Sensibilisierung für Fehler und Verschwendung ist ein wichtiges Element von Lean Projekten. So

---

707 Kai Lucks und Oliver Prause: Mit Wertschöpfungsmanagement den Unternehmenswert steigern, in M&A Review, November 2018, S. 387–392.

wird nicht nur für Motivation der Mitarbeiter gesorgt, sondern auch deren Know-how genutzt. Die Präsenz der Führung und Partizipation von Management und Mitarbeitern an den Problemlösungen, Prozessen und Veranstaltungen spielen dabei im Sinne von Kaizen eine zentrale Rolle.

Datenstromgeführte Steuerung im Wertschöpfungsnetz

Grundlegend ist die »Dreifaltigkeit«: Kunde, Prozesse und Mitarbeiter. Darauf sollten sich alle vernetzten Strukturen und Datenströme ausrichten. Lean Management und Digitalisierung verbinden vor allem: Rationalität, zahlenbasiertes Design, Betrieb und Controlling. Die Wertfluss-Analyse legt diejenigen Aktivitäten im Arbeitsprozess offen, in denen kein Wertbeitrag geliefert wird, insbesondere *Stillstandszeiten*, Zeitverluste durch schlechte *Arbeitsplatzorganisation* und *Suchvorgänge*. Bis zu 40% ihrer Zeit und Arbeitskraft verschwenden Mitarbeiter für *Blindleistung*, die nicht der Wertschöpfung dient. Nur für den erzeugten Mehrwert ist der Kunde bereit, Geld zu bezahlen. Am Übergang von linearen Produktionsprozessen zu Netzwerken und Ökosystemen stoßen hierarchische Führungsmodelle an ihre Grenzen, weil es vorab nicht mehr bestimmbar ist, wo Entscheidungen getroffen werden. Die aktuellen Stichwörter »Agility« und »New Leadership« sind kein Hype, wenn sie in unseren Organisationen im Verbund mit ihrer Umgebung konsequent angewendet werden. Die Trennlinien in Hierarchien, zwischen Abteilungen und Funktionen verschwinden zugunsten einer kundenorientierten Gesamtleistung. Große Projekte, die unter der großen Dynamik ihres Umfeldes Gefahr laufen, unter Komplexität und Zeitdruck zermalmt zu werden, können in kurzzyklischen Schritten iterativ abgearbeitet werden. Ansatzpunkte finden sich überall im Wertschöpfungsprozess. Die neuen Möglichkeiten der Industrie 4.0 unter Vernetzung von Menschen und Maschinen (mit dem bereits genannten *Datenhandschuh*), der Führung von Produktionsschritten etwa durch Einspiegelung virtualisierter Bilder für den nächsten Handgriff, setzen genaueste Kenntnisse der Arbeitsabläufe und ihrer Optimierung voraus. Dies kann nur zusammen mit den unmittelbar betroffenen Mitarbeitern, vor dem Hintergrund ihrer Erfahrungen und Ideen gelöst werden. Permanentes Feedback bei gleichzeitig konsequenter Eigen- und Teamreflexion führt zu einer bisher nie gekannten Selbstoptimierung. Im Zusammenwirken mit hohem Selbstorganisationsgrad vernetzter Strukturen führt das zu flacheren Hierarchien und weniger Führungsaufwand.

12.4.4   Vernetzung

Die umfassende Vernetzung ist das Kernelement für die sogenannte »Industrie 4.0« und damit vor allem die Voraussetzung zur Formierung und Betrieb digitaler Ökosysteme. Dies schafft das Internet mit *Smart Data-Technologien* und *Smart Devices* (I/SD-Segment) und als Rückgrat dazu die IT-Infrastruktur, deren Kernelemente mobile und feste Netze sind, sowie die weltweit vernetzten Rechenzentren, unter dem Sammelbegriff der »Cloud«. Die Anforderungen der Netznutzer sind unterschiedlich: Reicht für die allgemeine Kommunikation die heute verfügbare LTE-Technologie aus, so sind für spezielle »*Real-Time-Anwendungen*« *Latenzzeiten* von einer Millisekunde erforderlich, im betrieblichen Bereich besonders für die Steuerung von Fertigungen, die Vernetzung von Fabriken untereinander und anderen besonders zeitkritischen Wertbeiträgern innerhalb *digitaler Ökosysteme*. Derartig schnelle Reaktionszeiten verspricht das kurz vor der Umsetzung stehende *5G-Netz*. Dies jedoch nur im Nahbereich. Sollten Speicherung und Rechenleistungen in der weltweiten Cloud stattfinden, dann verlängert sich der sogenannte »*Roundtrip*« (Upside-Übermittlung der Daten plus weltweit verteilte Rechenleistung plus Downside-Übermittlung der Daten) auf rund 100 Millisekunden. Dies ist für realzeitbedürftige

Anwendungen nicht tolerabel. Um diesem Dilemma zu entgehen, sind weitere Infrastruktureinrichtungen erforderlich, nämlich ortsnahe oder (für größere Fertigungen) lokale und kompakte Rechenkapazitäten bereitzustellen, wie sie das »Edge Computing« bietet. Diese können einen Teil der dezentralisierbaren »Real-Time-Rechen- und Steuerleistungen« übernehmen. Deren Vernetzung mit anderen Standorten kann aus den oben genannten Gründen nicht in der Cloud erfolgen, sondern in einer neuen, darunter liegenden und regionalen Ebene von Rechenzentren und Serverkapazitäten. Diese Ebene wird als »Fog« (engl. für Nebel) bezeichnet. Man spricht hier auch von »Fog-Computing«. Siehe dazu Kapitel 9 »Digitale Infrastruktur«. Über vergleichbare Lösungen verfügen bereits Konzerne mit ihren weltweit verteilten Fertigungs- und Logistikeinrichtungen. Durch Edge Computing und Fog Computing kann die Realzeitkompetenz dem gesamten produzierenden und steuernden *Mittelstand* verfügbar gemacht werden, insbesondere auch den Leistungsträgern in *digitalen Ökosystemen*, die die datenorientierten Tätigkeiten übernehmen.

Zusammenspiel von IT und Energieversorgung
Neben den Kommunikations- und Datennetzen spielt die *Energieversorgung* eine entscheidende Rolle. Deren Netz ist eng mit dem Datennetz verbunden, teilweise sogar physisch (etwa lokal durch »*Powerlines*« und durch Mitnutzung von Energiefernübertragungseinrichtungen für die Kommunikation). Ohne deren daten- und steuerungstechnische Integration sind orts- und unternehmensübergreifende *Energiemanagementsysteme* heute undenkbar. Die Abstimmung vom Endnutzer (etwa der Fertigung) über alle Ebenen der Verteilung bis hinauf zu den zentralen und dezentralen Energieerzeugern in einem kontinentalen Energienetz und wieder zurück, ist sowohl hinsichtlich der Energieversorgung mit hoher *Stromqualität* (besonders wichtig für IT-Einrichtungen, die gegen Netz- und Frequenzschwankungen besonders empfindlich sind) als auch bezüglich der Übereinanderschaltung ihrer verschiedenen Steuerungsebenen (Abnehmer – lokale Integration und Verteilebene – verschiedene Netzebenen – zentrale Erzeuger, virtuelle Kraftwerke, dezentrale Erzeuger und »Prosumer« …) außerordentlich anspruchsvoll. Hier liegt noch eine beträchtliche Wegstrecke zur Bereitstellung von Software und Hardware für die (mehr oder weniger) zentralen und peripheren Einrichtungen vor uns, zumal die zentrale versus dezentrale Leistungserbringung zukünftig immer mehr durchmischt sein wird. In längerer Zeitperspektive wird hier dezentrale *künstliche Intelligenz* (vom Smart Device bis zur Verteilung im Netz) eine große Rolle spielen. Dies wird eine der Richtungen sein, die in dem perspektivisch auf uns zukommenden »*6G-Netz*« eine große Rolle spielen wird. Weiteres dazu wurde im Kapitel 9 »Digitale Infrastruktur« ausgeführt.

12.5   Industriebeispiele

12.5.1   Danaher (USA)

Der Mischkonzern *Danaher* gilt in den USA als leuchtendes Beispiel für die Einführung schlanker Strukturen. Der Unternehmenserfolg beruht vor allem in der Übernahme schwach geführter Unternehmen und ihrer anschließenden Restrukturierung, bei weitgehendem Erhalt ihrer Eigenständigkeit. Unter ihrem CEO *Larry Culp* wurde Danaher eines der größten Technologie- und Wissenschaftskonglomerate der Welt. Leitbild der Danaher-Philosophie ist die von Toyota entwickelte Managementmethode Kaizen. Die Grundüberlegung ist, dass in den meisten Unternehmen nur 5 % aller Aktivitäten zur Wertschöpfung beitragen. Weitere etwa 35 % erwirtschaften keinen zusätzlichen Nutzen, sind aber unverzichtbar. Die restlichen 60 % sind »Muda« oder Abfall, der nur Geld kostet und den es zu beseitigen gilt. Diese Aufgabe verfolgt Danaher mit Verve. »Für viele Unternehmen ist Kaizen lediglich ein Werkzeugkasten«, so ex-CEO Larry Culp. »Für Danaher ist es kein Werkzeug mehr, sondern ein grundlegender Wert. Es ist Teil unserer Kultur.« Damit das auch wirklich jeder mitbekommt, steht neben Danahers Logo in fetten blauen Lettern: »Kaizen ist unser Way of Life«. Danaher ist in Deutschland vor allem durch das Aufkaufen der deutschen Unternehmen *Kavo Dental* und *Leica Microsystems* bekannt geworden. Kritik wird auch geäußert: Bei übernommenen Unternehmen versucht das *Danaher Business System* die Rendite oft mit allen Mitteln zu maximieren, auch indem Betriebe und Standorte gegeneinander ausgespielt werden. Wolfgang Gehrmann diagnostiziert in DIE ZEIT: »Die traditionelle (deutsche) Konsenskultur in den Betrieben ist ihnen vollkommen egal«.[708] Dennoch: Die Culp'schen Erfolge bei Danaher brachten ihm im Oktober 2018 den Vorsitz bei *General Electric* ein, dem seit einigen Jahren wieder »schwankendem Riesen«.[709]

12.5.2   Hitachi

In Japan hat *Hitachi* bereits die Führungsqualitäten eines »*Artificial-Intelligence-Bosses*« getestet. AI übernahm effektiv die Steuerung der Prozesse in einem Auslieferungslager: Im Vergleich zu einem Betrieb mit einem herkömmlichen Lagerverwaltungssystem sparte der AI-Boss immerhin 8 % der Arbeitszeit ein. Das Spannende daran: Die Effizienzgewinne wurden nicht allein durch den Einsatz von *Big Data Analysen* erzielt. Sondern auch durch *Kaizen*.

In der Regel werden auch bislang schon Nachfrageschwankungen, zum Beispiel saisonaler Hochbetrieb vor Weihnachten, beim Entwurf von Lagerverwaltungssystemen berücksichtigt. Schwierig bleibt allerdings nach wie vor der Umgang mit kurzfristig eintretenden Änderungen, wie schlechtem Wetter oder plötzlichen Peaks – wahrscheinlich würden sich gegenwärtig viele Kommunen einen AI-Boss für die Lager wünschen, aus denen die Ausstattung für Flüchtlingsunterkünfte bezogen wird. Aber es scheint: Sie ist zwar schon besser, aber ganz so schlau ist die Hitachi-Entwicklung noch nicht. Sie trifft ihre Entscheidungen auf der Basis ähnlicher Situationen aus der Vergangenheit. Und so viele Flüchtlinge hatten wir ja noch nicht.

Vielleicht könnte Kaizen weiterhelfen. Die Erfahrungen und Kompetenzen der Arbeiter macht sich der Hitachi AI-Boss auch zunutze: Wenn ein Beschäftigter mit einem neuen Arbeitsweg seine Aufgaben effizienter erledigt, bleibt das nicht unbemerkt. »The AI automatically analyzes the outcome of these new approaches, and selects processes which produce better results and applies it to the next work order. By understanding and applying the ideas of on-site workers and their kaizen activity to work instructions on a daily basis, it is possible to create an environment where humans and AI mutually cooperate to continuously raise efficiency.« So die offizielle Mitteilung von Hitachi.[710]

---

708 Wolfgang Gehrmann: Prediger des Profits. In: DIE ZEIT: 21/19.5.2005.
709 CNBC 1.10.2018: The ›fantastic‹ and ›lucrative‹ Larry Culp: What the incoming CEO brings to the troubled GE. https://www.cnbc.com/2018/10/01/what-incoming-ceo-larry-culp-brings-to-ge.html, abgerufen 30.11.2018.
710 Monika Gatzke: https://cps-hub-nrw.de/blog/2015-09-16-tarifautonomie-und-industrie-40-und-kaizen, abgerufen 29.11.2018.

12.5.3   Porsche

Die nachhaltige Implementierung von Wertschöpfungsmanagement hat auch in Deutschland Einzug gehalten. Zu nennen sind hier Unternehmen wie *Porsche*.

Im Jahr 1993 hatte Porsche allen Grund zur Sorge: Mit annähernd 240 Mio. DM Verlust musste Porsche das Unternehmen den größten Aderlass in der Firmengeschichte bekannt geben. Sechs Jahre später zählte die schwäbische Sportwagenschmiede bereits zu den am besten verdienenden Automobilunternehmen rund um den Globus. Dies gelang, indem Lean Production, Lean Management und Lean Thinking entschlossen, zügig und konsequent in allen Bereichen der Firma eingeführt und umgesetzt wurde. Allein, da waren sich alle Verantwortlichen einig, konnte dieser Prozess nicht eingeleitet, geschweige denn durchgehalten werden. So führten die ersten Schritte, um am Standort Stuttgart selbstständig weiterproduzieren zu können, in die namhaften Automobilfabriken Japans. Dort lernten die deutschen Manager nach eigenen Angaben eine Menge über die japanische Unternehmensphilosophie des schrittweise kontinuierlichen Verbesserungsprozesses »Kaizen« und setzten die neuen fernöstlichen Erkenntnisse im urschwäbischen Unternehmen um. »Natürlich war es für viele langgediente Porscheaner ein wahrer Kulturschock, als plötzlich japanische Berater in unseren eigenen heiligen Hallen demonstrierten, wie Sportwagen effizient gebaut werden«, erinnert sich der damalige Porsche-Chef *Wendelin Wiedeking*. In enger Kooperation mit dem Betriebsrat und gemeinsamer intensiver Überzeugungsarbeit sei es aber rasch gelungen, auch die letzten Bedenkenträger von der neuen Strategie zu überzeugen. Um die Prozess- und Entscheidungsabläufe dauerhaft effizient zu gestalten, mussten auch die Management- und Organisationsstrukturen völlig neu geordnet werden. Der erste Schritt war es, das Produktionsressort von sechs auf vier Managementebenen zu restrukturieren. Dadurch wurde die Zahl der Führungskräfte in kurzer Zeit um 38 % – von 362 auf 226 – reduziert. In der Produktion bedeutete dies die Einführung einer neuen Teamstruktur. Meistereien, die früher bis zu 80 Mitarbeiter umfassten, setzen sich heute aus bis zu drei Teams mit jeweils sechs bis acht Leuten zusammen. Auch sei es gelungen, die Ebenen »Obermeister« und »Gruppenleiter« vollständig abzuschaffen. Auf diese Weise wurden nicht nur Entscheidungs- und Produktionsprozesse deutlich beschleunigt, sondern auch die Motivation der Mitarbeiter gesteigert, da sich deren Verantwortungsbereich ausweitete. Zudem wurde die Produktion zu einem neuen und extrem leistungsfähigen System ausgebaut. So lässt sich heute jeder Modellmix auf nur einer Produktionslinie fahren, womit hochflexibel auf Nachfrageschwankungen reagiert werden kann. Der Produktivitätsfortschritt drückt sich in einfachen Zahlen aus: Im Geschäftsjahr 1989/1990 produzierte ein Mitarbeiter 4,9 Sportwagen. 1997/1998 waren es 8,5 Fahrzeuge. Darüber hinaus wurden die Bereiche Karosserie, Lackierung, Motoren, Montage und Auftragsmontage in Cost-Center und die Abteilungen Einkauf, Qualitätskontrolle sowie Methoden und Planung in unterstützende Einheiten umgewandelt. Den Cost-Centern wurden dabei die klassischen, gesamtheitlichen Produktionsaufgaben zugewiesen. »Letztlich war es unser Ziel, Null-Fehler-Fahrzeuge zu produzieren«, umreißt Wiedeking das hochgesteckte Ziel. Aufgrund der geringen Fertigungstiefe von 20 % ließen sich zur Qualitätsverbesserung auch die Lieferanten einbinden. Gemeinsame Projektteams wurden gebildet und Zielvereinbarungen zur Fehlerreduktion eingeführt. Auf Basis der eigenen Erfahrungen und Erfolge konnte der interne Verbesserungsprozess in Form des »Pole«-Programms auf die Lieferanten übertragen werden. »Pole steht für Prozessoptimierung durch Lieferanteneinbindung«, definiert Wiedeking, »wobei die gesamte Prozesskette zwischen den Vorlieferanten, dem Zulieferbetrieb und Porsche auf alle Arten von Verschwendung untersucht wird«. Die Manager gingen außerdem daran, das interne Vorschlagswesen in Ordnung zu bringen. »Die entfachte Dynamik übertraf unsere kühnsten Erwartungen«, erinnert sich der Vorstandsvorsitzende. Der Führungsmannschaft war bald klar, dass »die Nichtnutzung dieses unerschöpflichen Potentials eines der größten Versäumnisse in der Vergangenheit war.« Letztendlich hätten alle von der Produktivitätsoffensive profitiert, wie Wendelin Wiedeking aufzählt: »Das Unternehmen, die Belegschaft, die Zulieferindustrie und der Kunde.«[711]

Weitere bekannte Beispiele zur Implementierung von Wertschöpfungsmanagentsystemen sind *Daimler*, *SEW-Eurodrove, Schmitz Cargobull* und der aus Holland stammende Pflegedienst *Buurtzorg*.[712]

12.5.4 Start-ups als Führungsmodell?

Die meisten Start-ups scheitern. Aber viele dieser Fehler sind vermeidbar. Das Lean Start-up ist ein neuer Ansatz, der auf der ganzen Welt eingeführt wird und die Art und Weise verändert, in der Unternehmen gegründet und neue Produkte eingeführt werden.

Eric Ries definiert ein Lean Start-up als eine Organisation, die sich der Aufgabe verschrieben hat, unter extremer Unsicherheit etwas Neues zu schaffen. Dies gilt ebenso für eine Person in einer Garage oder eine Gruppe erfahrener Profis in einem Fortune-500-Sitzungssaal. Was sie gemeinsam haben, ist eine Mission, diesen Nebel der Unsicherheit zu durchdringen, um einen erfolgreichen Weg zu einem profitablen Unternehmen zu finden. Als zentrale Botschaft stellt Ries heraus: »We must learn what customers really want, not what they say they want or what we think they should want.«

Zur Methodik

Ries beschreibt in seinem Buch »*The Lean Startup*« eine Methode, mit der Start-ups und Konzerne durch schnelle Produktentwicklung und das kontinuierliche Auswerten von Kundenfeedback profitable Geschäftsmodelle entwickeln können. Inspiriert durch Lehren aus der *Lean Manufacturing*, beruht es auf »*validiertem Lernen*«, schnellen wissenschaftlichen Experimenten sowie einer Reihe von kontraintuitiven Praktiken, die Produktentwicklungszyklen verkürzen, den tatsächlichen Fortschritt messen und lernen, was Kunden wirklich wollen. Es ermöglicht einem Unternehmen, mit Agilität die Richtung zu wechseln und Pläne schnell zu ändern. Anstatt Zeit für die Erstellung ausgefeilter Geschäftspläne zu verschwenden, bietet *The Lean Startup* Unternehmern die Möglichkeit, ihre Vision kontinuierlich zu testen und anzupassen, bevor es zu spät ist. Ries bietet mit *The Lean Startup* einen wissenschaftlichen Ansatz zur Erstellung und Verwaltung erfolgreicher Start-ups in einem Zeitalter, in dem Unternehmen mehr denn je innovativ sein müssen und zieht zahlreiche Fallstudien aus den letzten Jahrzehnten zur Untermauerung heran.

---

711 Aus: Ingenieur.de vom 8.1.1999. https://www.ingenieur.de/technik/fachbereiche/produktion/bei-porsche-regiert-schlanke-produktion/, abgerufen 15.5.2019.
712 »Wie kommt das Buurtzorg-Modell nach Deutschland?« http://www.buurtzorg-in-deutschland.org/buurtzorg/, abgerufen 1.12.2018.

Management des Richtungswechsels

Viele Start-ups und Unternehmer glauben an den Mythos, dass das Wichtigste an einer erfolgreichen Gründung »Hustle« und Durchhaltevermögen ist. Der Mythos lautet: Ein Gründer mit einer genialen Idee kämpft solange für den Erfolg, bis er es endlich erreicht. Aber die Realität ist häufig härter. Vielleicht hat das Unternehmen einfach ein Produkt auf den Markt gebracht, das der Markt nicht will. Um das richtige Geschäftsmodell zu finden, ist daher häufig ein grundlegender Kurswechsel von Nöten. Es geht also um das Hinterfragen der grundlegenden Annahmen, die du und dein Unternehmen ohne Datenanalyse getroffen haben. Ein solcher Wechsel kann verschiedene Formen annehmen. Manchmal wird der Hauptnutzen noch enger oder auch breiter gefasst. Ein anderes Mal rückt eine neue Kundengruppe in den Fokus. Hin und wieder reicht auch die Änderung des Vertriebskanals.

Die erste Lehre: die Lean Start-up Methode

Lean Start-up beschreibt eine Methode, mit der Start-ups und Konzerne durch schnelle Produktentwicklung und das kontinuierliche Auswerten von *Kundenfeedback* profitable Geschäftsmodelle entwickeln können. Inspiriert durch Lehren aus der Lean Manufacturing, beruht es auf »validiertem Lernen«, schnellen wissenschaftlichen Experimenten sowie einer Reihe von kontraintuitiven Praktiken, die Produktentwicklungszyklen verkürzen, den tatsächlichen Fortschritt messen und lernen, was Kunden wirklich wollen. Es ermöglicht einem Unternehmen, mit *Agilität* die Richtung zu wechseln und Pläne schnell zu ändern. Anstatt Zeit für die Erstellung ausgefeilter Geschäftspläne zu verschwenden, bietet Lean-Start-up-Unternehmern die Möglichkeit, ihre Vision kontinuierlich zu testen, anzupassen, bevor es zu spät ist. Ries offeriert damit einen wissenschaftlichen Ansatz zur Erstellung und Verwaltung erfolgreicher Start-ups in einem Zeitalter, in dem Unternehmen mehr denn je innovativ sein müssen, und zieht zahlreiche Fallstudien aus den letzten Jahrzehnten zur Untermauerung heran.

Die zweite Lehre: Kurswechsel beim Geschäftsmodell

Viele Start-ups und Unternehmer glauben an den Mythos, dass das Wichtigste an einer erfolgreichen Gründung »Hustle« und Durchhaltevermögen ist. Der Mythos lautet: Ein Gründer mit einer genialen Idee kämpft solange für den Erfolg, bis er es endlich erreicht. Aber die Realität ist häufig härter. Vielleicht das Unternehmen einfach ein Produkt auf den Markt gebracht, das der Markt nicht will. Um das richtige Geschäftsmodell zu finden, ist daher häufig ein Pivot von Nöten. Man kann Pivot am besten mit dem Wort »Kurswechsel« übersetzen. Es geht also um das Hinterfragen der grundlegenden Annahmen, die du und dein Unternehmen ohne Datenanalyse getroffen haben. Ein solcher Pivot kann verschiedene Formen annehmen. Manchmal wird der Hauptnutzen noch enger oder auch breiter gefasst. Ein anderes Mal rückt eine neue Kundengruppe in den Fokus. Hin und wieder reicht auch die Änderung des Vertriebskanals.

Die dritte Lehre: Wachstumsmanagement

Jedes Unternehmen braucht einen Wachstumsmotor. Dieser ist fundamentaler Bestandteil jedes Geschäftsmodell und die Hauptquelle zur nachhaltigen Werterzeugung. Deshalb sollte er möglichst schnell zum Laufen gebracht werden, um die Liquidität zu sichern. In seinem Buch *The Lean Startup* unterscheidet Eric Ries zwischen drei verschiedenen »Motoren« (engines). Selbstverständlich kann jedes Geschäftsmodell mehrere Wachstumsmotoren gleichzeitig anwenden. Dennoch sollte sich ein neues Start-up darauf konzentrieren, einen zu aktivieren.

Sticky engine: Die sticky engine soll bestehende Kunden halten, die dann regelmäßig Umsatz bringen. Der Fokus liegt also nicht primär darauf, durch Marketing neue Kunden zu gewinnen, sondern durch eine hohe Kundenzufriedenheit bestehende Kunden zu halten.

Viral engine: Die viral engine funktioniert, indem die vorhandenen Kunden das Marketing für das Unternehmen übernehmen. Die Bekanntheit des Produkts verbreitet sich von Person zu Person per Mundpropaganda, wodurch einige Kosten im Marketing eingespart werden können.

Paid engine: Beim paid engine bringen bestehende Kunden Gewinne ein, die wiederum verwendet werden können, um wieder in die Akquise von Neukunden zu reinvestieren. Dabei ist wichtig, dass die Akquise eines Neukunden niedriger sein muss, als die Gewinne die dieser Kunde später einbringt. Dafür ist die Berechnung des customer lifetime values essentiell.[713][714]

12.6   Zusammenfassung

12.6.1   Fachkräftemangel oder Ausräumung unproduktiver Tätigkeiten?

In Deutschland haben wir eigentlich keinen *Fachkräftemangel*, sondern ein Defizit an konsequenter Umsetzung effizienter Organisationsmodelle. Wir leisten uns in Deutschland zu viele unproduktive Tätigkeiten. Dort könnten Mitarbeiter eingespart und an wertschöpfende Aktivitäten versetzt werden. Das verbessert auch die Mitarbeiterzufriedenheit. Unternehmen, die ihre Hausaufgaben machen, indem sie mehr für ihre Fitness tun, erschließen sich ungeahnte Potenziale.[715] Die Herausforderungen für die kommenden Jahre sind damit klar: die Implementierung von Wertschöpfungsmanagement unter Einsatz smarter Digitaltechnologien und Datenströme. Diese helfen, die Prozesse zu analysieren, zu dokumentieren, zu optimieren und reproduzierbar abzusichern, von der Massenfertigung über die Losgröße 1 bis zum individuellen Arbeitsplatz. Und dies unter Ausweitung der »klassischen« Betrachtung siloartiger Abläufe der Fertigung hin zu netzförmigen Ökosystemen, die sowohl die Herstellung (»upstream«), das Folgegeschäft beim Kunden (Sevice, upgrades, Beratung …) als auch die Entsorgung, Rückbau und Wiederverwendung der Rohstoffe (»downstream«) erfasst – verursacher- und materialgenau verfolgt durch Daten und ihre Datenströme.

12.6.2   Die Umsetzung: eine Abwägungsfrage

Brauchen wir dafür die Beispiele aus *Start-ups*? Ja, wenn sie uns das Bild hochinnovativer und zielorientierter Teams wieder vor Augen führen müssen, weil wir sie in der Breite der Organisation verloren haben. Der Glaube aber, dass das ohne Strukturen und Messgrößen geht, ist irrig. An dieser Stelle füllen die Datenorientierung, die datengetriebenen Geschäftsmodelle eine Lücke, also »Industrie 4.0«. Diese

---

713 Eric Ries: *Lean Startup*: Schnell, risikolos und erfolgreich Unternehmen gründen. Zusammenfassung unter: https://unternehmerkanal.de/buecher-2/formalien-gruendungsprozess/the-lean-start-up/, abgerufen 15.5.2019.

714 Zur weiteren Lektüre sei das Buch »Joy Inc. How We Build a Workplace People Love« von Richard Sheridan zu empfehlen.

715 Winfried Weber, Herbert Doppler, Oliver Prause: Wir haben keinen Fachkräftemangel, Frankfurter Allgemeine Zeitung 21.11.2018.

sind auch geeignet, die ständig notwendigen (»inkrementellen«) Verbesserungen anzumahnen und zu verfolgen, wie sie im *Kaizen-Modell* niedergelegt sind. Denn, nochmals zur Erinnerung, vergleiche Kapitel 10 »Das Management des digitalen Wandels«: Das einzig Beständige ist der Wandel. Dieser kann auch disruptiv sein (mit der Einschränkung, dass auch die Bewältigung von »Brüchen« Zeit braucht), etwa um auf die Höhe des »digitalen Zeitalters« zu kommen. Wer notwendige Disruptionen nicht umsetzt, obwohl er sie erkennt (ich erinnere an das Beispiel *Kodak*), kann auch durch wiederholte »inkrementelle« Verbesserungen nicht überleben. Beides ist nötig, grundsätzliche »disruptive« Kurswechsel und kontinuierliches Verbesserungsmanagement: jedes zu seiner Zeit. Es liegt in der Hand des Unternehmers, den passenden Zeitpunkt zu finden.

12.6.3   Fazit

Hoch entwickelte Wertschöpfungssysteme sind die Basis sowohl für agile Einzelunternehmen als auch für leistungsfähige Unternehmensverbünde. Die *Kaizen-Prinzipien* liefern die Grundlage, eine *agile Organisation* nachhaltig zu realisieren und dabei Effizienz und Innovation gleichzeitig zu heben, also die beiden Faktoren, die auch für das Ausschöpfen der Potenziale *digitaler Ökosysteme* in der »Generation« von Industrie 4.0 erforderlich sind. Aus der »Dreifaltigkeit« Kunde – Prozesse – Mitarbeiter leiten sich letztlich alle weiteren Inhalte und Methoden ab. Dies gilt für Kaizen, für Lean Management und für digitale Ökosysteme gleichermaßen. Wer Letztere entwickeln will, muss auf bereits schlanke Strukturen der einzelnen Partner aufbauen können. Digitale Geschäftsmodelle schaffen Möglichkeiten, um auf die individuellen Markterfordernisse und die zunehmende Komplexität flexibel eingehen zu können. Zeitnahe Umsteuerungen und grundlegende Kurswechsel können notwendig werden und erfolgsentscheidend sein. *Lean Start-ups* leben uns dies vor. Um die damit verbundenen Chancen nutzen zu können, ist es bedeutsam, organisatorische Veränderungen hin zu agilen Strukturen aktiv anzugehen. Mit dem Gedankengut von Kaizen und »Lean« im Gepäck bietet Industrie 4.0 eine große Chance, die Wettbewerbsfähigkeit auch für die Zukunft im digitalen Zeitalter zu sichern.[716]

---

716 Vgl. dazu: Agiplan GmbH, Hrsg. (2015): Erschließen der Potenziale der Anwendung von »Industrie 4.0« im Mittelstand, Kurzfassung der Studie, Erscheinungsdatum: Juni 2015; Kienbaum Management Consultants GmbH, Hrsg. (2015). Agility – überlebensnotwendig für Unternehmen in unsicheren und dynamischen Zeiten.

13 Externer Umbau: Digitalisierung M&A

Internationale Unternehmensakquisitionen (Mergers & Acquisitions) gehören zu den wichtigsten unternehmerischen Herausforderungen im Zusammenwirken zwischen Deutschland, USA und China. Die klassischen Treiber von M&A wandeln sich unter einer Industrie 4.0. Dabei weiten sich die herkömmlichen M&A-Handlungsoptionen durch die wachsende Vielfalt der Geschäftsmodelle der sich bildenden Ökosysteme und einer zunehmenden Modellvielfalt der Zusammenarbeit in den unternehmerischen Netzwerken aus. M&A-Projekte werden immer komplexer, müssen immer belastbarer hinterlegt werden, sind damit arbeitsintensiver und stehen unter immer noch zunehmendem Zeit- und Kostendruck. Dies alles kann aufgefangen werden durch zahlreiche digitale Instrumente, die übergreifend für die Projektführung, schwerpunktmäßig in den Projektphasen oder in einzelnen Prozessen, Einzug halten. Damit verändert sich grundlegend die Arbeitswelt der M&A-Praktiker bei Corporates und M&A-Dienstleistern. Im Zentrum der folgenden Abhandlung steht ein M&A-Führungsmodell, anhand dessen die M&A-Prozesse, Arbeitsschritte, deren Veränderungen durch Digitalisierung sowie die Einbindung digitaler Tools vorgestellt werden.

13.1 Digitalisierung: die »7. M&A-Welle«?

Große industrielle Veränderungen haben immer auch Rückwirkungen auf M&A gehabt. Das zeigen die historischen Wellen von M&A.[717] Jede Welle hatte neue unternehmerische »Glaubensbekenntnisse« als Auslöser, etwa die Konglomeratsbildung (1963–1969), und die Mega-Merger (1991–2000). Der globale M&A Markt hat 2018, und damit zum fünften Mal in Folge, ein Transaktionsvolumen von mehr als 4 Bio. USD. Damit stellt sich die Frage, ob wir uns aktuell in der siebten Merger-Welle befinden. Dazu werden in der Fachwelt *vier Trends* gehandelt, die den globalen M&A-Markt zu neuen Höhen treiben könnten: (1) Neue *regulatorische Rahmenbedingungen*, insbesondere in der Finanzindustrie und in der Energiewirtschaft, führen zu einer Überarbeitung der Konzernportfolios über parallele Desinvestitions- und expansive M&A-Strategien, (2) M&A in neuen technologischen Ecosystemen. Insbesondere global führende Technologie-firmen wie *Apple, Google, Amazon, Tencent,* und auch soziale Netzwerkunternehmen wie *Facebook* und *Alibaba* verwenden externe Wachstumsinitiativen, um ihr Service- und Produktportfolio auszubauen; (3) eng hiermit verbunden sind die M&A-Aktivitäten der Marktführer und »Newcomer« in traditionellen Industrien, wie dem *Automobilbau*, der *Pharmaindustrie*, dem *Mediensektor* und der *Telekommunikation*; (4) ein starker, sehr neuer Treiber für den M&A-Markt ergibt sich aus der Kombination der Faktoren zwei und drei: Der Markteintritt von »*Digital Natives*« in traditionelle Industrien durch Early-Stage-Transaktionen. Ein Beispiel ist hier die Medienindustrie, wo die *Streaming-Revolution* insbesondere von *Netflix* und *Amazon* eine Transaktionswelle ausgelöst hat.[718]

Die Realität zeigt sich gegen Ende des Kalenderjahres 2019 jedoch zunächst ganz anders: der Wirtschaftskrieg zwischen den USA und China, die restriktive Geldpolitik Chinas haben die M&A-Märkte weltweit

---

717 Weiteres dazu siehe Vorwort.
718 Vgl. Thorsten Feix: Digitalisierung, Business Innovation und M&A. In M&A Review 29.9.2018.

einbrechen lassen und die neuen digitalen Ökosysteme mit ihren dynamisch sich verändernden Partner-Netzwerken entwickeln sich eher als Substitute denn als Anschübe für neue M&A-Transaktionen. [719]

13.2   Neue Treiber für M&A

Vieles ändert sich mit dem Eintritt in eine Generation »Industrie 4.0«, sodass sich M&A neu ausrichten muss. Nicht mehr reine Volumenvorteile einer »*World Scale Factory*« werden wettbewerbsentscheidend, sondern die Verfügbarkeit über die Daten des Produktes und der Kunden. An die Stelle bisher »linearer« Wertschöpfungsketten treten Netzwerke und bilden sogenannte *Business Ecosystems*, von der Rohstofflieferung bis zum Endkunden und im Downstream-Recycling wieder zurück zur Rohstoff-Aufbereitung. Konkurrenten werden zu Partnern, »*Coopetition*« ist angesagt. Über das *Internet* dringen zahllose *Plattformanbieter* in die Märkte ein. Hersteller, die bisher direkte Kundenkontakte hatten, werden zu Zulieferern degradiert und müssen *Verteidigungsstrategien* entwickeln. Vor die Realisierung der Produkte schiebt sich deren *Virtualisierung*, d.h. die Arbeit am *Software-Abbild*. Dies betrifft die gesamte Wertschöpfungskette, angefangen von der Entwicklung, die auf der Basis von virtuellen Modellen abläuft und den Prozess der *Produktbereitstellung* enorm beschleunigt. Das virtuelle Produkt kann so über Internet und Cloud in lokale Fertigungen vermittelt werden, sodass sich die Herstellung in *Losgröße 1* bis hin zur *Personalisierung* von Consumer- und Geschäftsprodukten wirtschaftlich realisieren lässt. Damit können *Minifabriken* (»Fabs«) weltweit angesteuert werden, die in der Nähe von Kunden anzusiedeln sind. So entfällt eine ausgedehnte Lagerhaltung und weltweiter Transport. Damit reduziert sich der *Kapitaleinsatz*. *Datengetriebene Geschäftsmodelle* schieben sich in den Vordergrund. Sie ermöglichen erst die Steuerung der komplizierten Netzwerke, schaffen selber Wert durch Mehr-Wissen über Kaufentscheidungen aller Netzwerk-Partner untereinander bis hin zu Prognosen über deren Verhalten. Klassische Anbieter sind gefordert, selber datengetriebene Geschäfte aufzubauen. Sie benötigen dazu neue Kräfte, die sie auf dem Arbeitsmarkt nicht finden, sondern nur durch Kooperationen mit oder Übernahmen von Datenspezialisten und Start-ups. M&A wird zu einer wichtigen *Verteidigungsstrategie* gegen *Kannibalisierung* und zugleich zu einer *Vorwärtsstrategie* hin zu *digitalen Geschäftsmodellen*.

13.3   Wachsende Handlungsoptionen, Mengen und Automatisierung

Die wachsende Vielfalt der strategisch möglichen Pfade und das immer breiter werdende Angebot an möglichen Partnern und Akquisitionskandidaten führen zu einer massiven Verbreiterung der *Handlungsoptionen*. Damit steigen die Ansprüche an einen M&A-Prozess dramatisch, angefangen von der *Strategiedefinition*, über die *Kandidatenwahl* bis zur *Unternehmensprüfung*. M&A wird immer mehr zu einem »Mengengeschäft«, bei dem viele Informationen über zahllose Kandidaten beschafft und ausgewertet werden müssen. Gleichzeitig erhöht sich der *Zeit- und Kostendruck* auf den Unternehmenskäufer und die M&A-Teams, speziell zur *Sicherung von Qualität* bei immer stärkerer Arbeitsbelastung. Hier bieten sich *automatisierte Verfahren* an, zum Handling von »*Big Data*«, zur *Datenanalyse*, *Entscheidungsunterstützung* und *Dokumentation*. IT-basierte Systematiken, *Data Analytics* und der Einsatz *künstlicher Intelli-*

---

719 Kai Lucks: Die große Zeit von M&A passé? Kolumne in der Welt Online Oktober 2019.

genz sind angesagt. Damit verschieben sich auch Arbeitsschwerpunkte: mengenbestimmte *Routineaufgaben* bei M&A wandern vom Assistenten oder »Associate« zum Roboter. Hochintelligente Tätigkeiten mit viel Berufserfahrung türmen sich bei den Partnern der Rechts- und Wirtschaftsprüfung an. Neben diese Fachspezialisten sind zunehmend IT-Spezialisten, die anlassspezifisch die Automatisierung weiter vorantreiben können sowie erfahrene Projektmanager aus Wirtschaft und Technik gefragt. Die *Digitalisierung* von M&A führt also notgedrungen zu starken Veränderungen in den geforderten Arbeitsprofilen. M&A wird zu einem komplexen »*Mensch-Maschine-System*«.

13.4 Änderungen im Risikoprofil

Vom Apple-Gründer *Steve Jobs* stammt der Spruch »disrupt your business or you will be disrupted«. Mit größer werdenden Veränderungen des Umfeldes steigt auch das *Geschäftsrisiko*. Grundsätzlich ist festzustellen, dass das Risiko aus verschiedenen »Polen« kommt: Entweder die Veränderungen finden zu schnell ohne ausreichenden Wandel des Unternehmens statt oder der Unternehmer setzt alles auf eine Karte und vollzieht einen Radikalumbau, den der Markt macht, jedoch noch nicht mitträgt. Unterschiedliche Modelle des Wandels erfordern jeweils andere *Handlungsmuster*.[720] Aufmerksamkeit ist gefragt und möglicherweise, im Zweifelsfall, eine *Anlehnungsstrategie* angesagt. Zusammengehen mit einem Partner und das Setzen auf eine offene Plattform können Wege sein, um *Risiken* zu begrenzen. Diese kommen sowohl aus dem sich dramatisch verändernden Markt als auch aus der Knappheit von Ressourcen, insbesondere hinsichtlich *Finanzkraft*, *Kompetenzen* und *Managementkapazität*. Kooperationen, Minderheitsbeteiligungen und Joint Ventures sollten grundsätzlich neben Alleingang und Vorwärtsakquisition mit ins Kalkül gezogen werden. M&A ist und bleibt auch in der »digitalen Welt« ein besonderes Risiko. Denkbar ist auch die *Pilotierung* eines neuen *Unternehmenskonzeptes* in einem begrenzten Segment und dort das Zusammengehen mit einem *Start-up*. Diesem muss jedoch großer Freiraum gegeben werden und die Möglichkeit zu selbstständiger Entwicklung unter Verbrauch von Cash, denn in Frühphasen neuer Geschäftsansätze sind es noch die alten Modelle, die Cash generieren und die neuen, die Cash verbrauchen. Daraus darf nicht der Schluss gezogen werden, dass dies auf Dauer so bleibt. Zu bedenken ist auch, dass eines der »generischen« und Industrie-4.0-typischen Pfade, nämlich vom Produktgeschäft kommend in das Lösungs- und Software-Geschäft einzusteigen, auch *Gegenreaktionen* von *Wettbewerbern*, *Lieferanten* und *Kunden* hervorrufen kann. Deren Verhalten ist vorab einzuschätzen – möglicherweise ist Kooperieren besser als Gegenhalten. Schließlich gibt es grundsätzliche »technische« Risiken, wie die *Datensicherheit* in den Netzen und in der Cloud, insbesondere der Abgriff von *Know-how*. Dies muss auf technischen Pfaden und auf juristischem Wege abgesichert werden, Aufgaben, die bei »digitalem M&A« stärker in den Vordergrund rücken.

---

720 Zu differenzierenden Modellen des Wandels siehe die Studie »Geschäftsmodell-Innovation durch Industrie 4.0« von Wieselhuber & Partner gemeinsam mit der Fraunhofer IPA vom März 2015.

13.5   Digitalisierungsansätze in der M&A-Projektführung

13.5.1   Grundsätzliche Führungsmodelle für M&A

In der unternehmerischen Praxis haben sich verschiedene *Grundtypen* von *Führungsmodellen* für M&A-Projekte etabliert.[721] Dazu gehören *Funktions- oder Stufenmodelle* (Abarbeitung schrittweise nach Zuständigkeiten), *Matrixmodelle* (operative Funktionen versus Stäbe) sowie *Prozessmodelle*. Stufenmodelle sind wegen ihrer einfachen Handhabbarkeit besonders für kleine und einfach gestaltete Vorhaben geeignet. Matrixorganisationen finden sich bei komplexen Vorhaben. Prozessmodelle sind durch »End-to-end«-Aufgabenstellungen gekennzeichnet, die primär dem Ziel dienen, durchgängige Verantwortungen sicherzustellen. Daneben gibt es *Hybride*, z. B. Kombinationen zwischen Prozessen und deren Abarbeitung in Meilensteinen, die für alle Prozesse gelten (also reine Stufen) oder nach prozessspezifischen Meilensteinen gegliedert sind.

Die Führungsmodelle sind hinsichtlich ihrer Eignung für den Einsatz digitaler Instrumente zu prüfen. Dabei ist zwischen der *Aufgabenebene* (Prozess, Arbeitsstufe ...) und der *Ebene der* einzelnen (klassischen oder digitalen) *Instrumente zu unterscheiden*. Als Grundraster mit Lokalisierung von Digital- und Automatisierungstools stellen *Feix/Popp* das von ihnen *tfx-advisory M&A-Prozessmodell* vor, mit »Phasen« für M&A-Strategie, M&A-Transaktionsmanagement und Post Merger Integration. Hinzu kommen zwei End-to-end-Prozesse, nämlich *Synergiemanagement* sowie *M&A-Projektmanagement & Governance*.[722]

Der weiteren Betrachtung wird ein *Hybridmodell* zugrunde gelegt, bestehend aus End-to-end-Prozessen und Projektstufen (die hier vereinfacht dargestellt sind), aus dem möglichst verständlich die Führungsphilosophie und die inhaltliche Gliederung hervorgehen (siehe Abb. 45).

Der grundlegende Führungsgedanke liegt in der *Zielorientierung* für jeden Prozess, von Anfang an und in durchgängiger Verantwortung für das Führungsteam des jeweiligen Prozesses. Während der Prozesse ändern sich die Arbeitsschwerpunkte entsprechend den dargestellten Projektstufen. Das Projekt gliedert sich in drei Phasen, die durch *Hauptmeilensteine* definiert sind. Erst mit einem formalen Arbeitsauftrag (»formal Start«) durch den Vorstand darf das Projekt beginnen, um vorlaufende unkontrollierte Arbeiten, unnötige Kosten und unautorisierte Kontakte zu verhindern. Die *Vorbereitungsphase* (»Preparatory Phase«) endet mit Abschluss einer *Simulation* der Übernahme, um alle Chancen, Risiken und Herausforderungen möglichst realitätsnah erfassen zu können. Werden diese vom Vorstand als erfolgversprechend beurteilt, erteilt er die *Verhandlungsfreigabe* (»Investment Permission«). Damit beginnt die *Transaktionsphase* (»Transaction«), die juristisch mit dem *Closing*, also mit der staatlichen Genehmigung des Deals abschließt. Zuvor muss genügend Zeitraum für die *Integrationsvorbereitung* gegeben sein – hier vereinfachend dargestellt mit Beginn beim *Signing* (der Unterzeichnung der Verträge). Das kann aber viel zu kurz sein, wenn etwa keine Genehmigungsvorbehalte vorliegen und das Closing sehr schnell nach dem Signing erfolgen kann. Deshalb ist früh im Vorfeld zu kalkulieren, wieviel Zeit für die Inte-

---

721 Zur Systematik der Führungsmodelle bei M&A siehe: Kai Lucks: Führungsmodelle für M&A – Aufbau, Ablauf, Instrumente, S. 29–41, in: Kai Lucks (Hrsg.), M&A-Projekte erfolgreich führen, Schäffer-Poeschel Verlag, Stuttgart 2013.
722 Torsten Feix, Karl-Michael Popp: Die Digitalisierung von M&A-Prozessen. In: M&A Review 9/2018, S. 280–284.

grationsvorbereitung anzusetzen ist, denn eine professionelle und umfassende Planung ist die zentrale Voraussetzung für die erfolgreiche Implementierung. Entscheidend dabei ist auch die exakte (»generalstabsmäßige«) Gestaltung des »*Day One*« nach dem Closing, dem ersten Tag mit vollem Zugang zum Übernahme-Target. Die Implementierung (oder auch Integration, mehr oder weniger tief, je nach Plan) gliedert sich in die *Kurzphase* (erste 100 Tage), in der die Programme abzustimmen und zu vereinbaren sind und in die *Umsetzungszeit*, die erforderlich ist, bis das (interimistische) M&A-Projektteam mit vorab definierten Zielen die Führung an das definierte (aus beiden Parteien bestehende) Projektteam übergibt. Damit ist das formale Ende vom Vorstand zu verkünden, mit Maßgabe zur Abfassung von *Performance-Berichten*, Niederlegung von Erfahrungen und neu erarbeiteten Tools auf der *intranetbasierten M&A-Wissensdatenbank*. Vieles von dem hier beschriebenen wird bereits mit IT und datengetriebenen Tools realisiert.

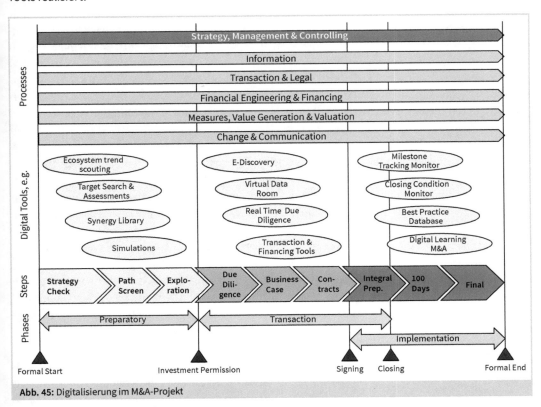

Abb. 45: Digitalisierung im M&A-Projekt

13.5.2 Erwartungshaltung an die Digitalisierung von M&A

M&A-Projekte wurden über die Zeit immer *komplexer*, durch breiter werdende *Handlungsoptionen* (Kandidatenvielfalt, Transaktionsmodelle, Integrationsmodelle), zunehmend fremdere Akquisitionsfelder (fremde Regionen, Globalisierung, neue Geschäftssegmente, andere Kulturen …) *Erfahrungsgewinn* (Fehlervermeidung), Entwicklung immer differenzierter Instrumente, Absicherung des Managements gegen *Unterlassungsklagen*, bessere Datenbasis, wachsende Anforderungen an die *Dokumentation*,

Prozess- und Datensicherheit sowie aufwändigere Verträge getrieben. Damit eskalierte der Anspruch hinsichtlich *Kapazitäten* (Zeit, Personal), *Kompetenzen* (interne und externe Kräfte) und finanziellem Aufwand für die Projektführung, für die Transaktion, Integration und Erfolgskontrolle. Gleichzeitig stieg die Erwartung an bessere *Erfolgsquoten,* zumal sich gerade diese nicht in gewünschtem Maße erhöht hatte. Dies alles steigerte die Forderungen nach dem Einsatz erfolgversprechender *Instrumente,* nach besserer Absicherung von Analysen und dennoch begrenzter Kosten für die Transaktion. Lösungen versprachen digitale Instrumente, wie die *Office-Applikationen* von *Microsoft* und anderen Anbietern, seit Mitte der 80er Jahre die Entwicklung von *Wissensmanagement* bei M&A (Tools, Trainings, Performance-Monitoring ...), sowie die Hinterlegung und Verfügbarmachung von M&A-Wissen auf den *Intranets* der Unternehmen. Spätestens seit Ende der 80er waren digitalisierte Instrumente fester Bestandteil des M&A-Geschehens, etwa bei *Projektmanagementtools,* bei der *Unternehmensbewertung, Maßnahmenentwicklung* und -verfolgung, z. B. das *Härtegradkonzept.* Die Erwartungshaltungen an M&A insgesamt steigen angesichts hoher Risiken immer mehr an und damit die Forderung sowohl nach besseren Instrumenten als auch auf Zugriff zu externem Wissen und Daten, insbesondere verfügbar gemacht durch das Internet, durch Hersteller *digitaler M&A-Infrastruktur* (z. B. Bereitstellung virtueller Datenräume) und eine geradezu explodierende Landschaft von *Lösungsplattformen.* Grundlage dazu liefern die digitalen »Basistechnologien« von *Big Data Analytics* bis zu Ansätzen von *künstlicher Intelligenz.* Hier ist aber genau zu unterscheiden zwischen reifen Lösungen, neuen technologisch fundierten Angeboten und Chimären, die teilweise in Phantasmagorien übergehen. Hierunter verstecken sich idealisierte und rein konzeptionelle Ideen, bereits bestehende *Internet-Plattformen* (etwa von Start-ups), die aber praktisch noch leer sind und »Versuchsballons« bis zu reinen Gehirngespinsten. Die Bandbreite liegt zwischen »real erprobt« und »Hoffnung«. Manches einfache Konzept wird mit verführerischem Marketing verkauft. So ist das Gros der heute käuflichen Lösungen auf Basis »künstlicher Intelligenz« schlichtweg Systematik, kluge Abbildung von logischer Entscheidungsketten, Worterkennung. Aber gerade solche, meist auf der Kombination von *menschlicher Intelligenz* und *automatisierter Suchfunktionen* beruhende Lösungen bringen uns heute bei M&A erheblich weiter – und die Verbesserung der Instrumente sowie ihre Verbreitung schreiten schnell voran. Vereinfachend kann gesagt werden, dass die Digitalisierung, beginnend mit individuell bei Beratern und Corporates gestrickten Lösungen, durch Nutzung der bestehenden IT-Infrastruktur der Unternehmen, überall bei M&A Einzug gehalten hat. Dazu gehört der wachsende und sich immer weiter auffächernde Markt käuflicher Produkte von Lösungsanbietern und die wachsende Palette IT-hinterlegter Lösungen, bei Strategieberatern, Wirtschaftsprüfern, Steuerberatern, Anwälten und Transaktionshäusern. Bei M&A ist vieles schon teilweise digital – mal mehr, mal weniger. Große Unterschiede gibt es in den Anwendungsfeldern, von »hoch durchdrungen« (etwa bei virtuellen Datenräumen und Due Diligence) bis »schwach präsent« (etwa bei Spitzenaufgaben von der Sondierung bis Implementierung über die Beurteilung komplexer juristischer Sachverhalte oder wenn es um Abwägungen zwischen technisch Machbarem und sozial Verträglichem geht). Aber Computer-Unterstützung ist selbst hier angesagt, etwa durch speziell gestrickte Programme. Dies führt uns nun zu einem grundsätzlichen Problem, nämlich dem Mangel an durchgängigen automatisierten Infrastrukturangeboten (beinhaltend HW und SW). Die heute in der Praxis eingesetzten IT-Lösungen sind fast alles Inseln. Selbst die führenden Beratungshäuser (etwa die Big Four der Wirtschaftsprüfung oder die vier weltweit führenden Anwaltskanzleien – alle amerikanischer Herkunft) setzen auf eine Vielzahl von Tools, durchgängige Angebote gibt es nur wenige und dann auch nur auf Basis einfacherer Technologien, etwa für eine durchgängige Datenverwaltung mit Kontext- und Suchfunktionen vom Vorfeld bis zum Abschluss der Implementierung. Zweifellos ist aber gerade dies ein ganz großer Gewinn, da uns damit ein Mittel zur Behebung von einer der größten Fehlerquellen und *Kosteneskalationen* an die Hand gegeben wird, nämlich die *Informationsverluste* durch die Brüche zwischen den Projektphasen: im Übergang vom Vorfeld auf die Transaktionsphase, wenn die führende Verantwortung von den *Strategen* auf die *Investmentbanken*, *M&A-Boutiquen*, *Wirtschaftsprüfer* und *Anwälte* übergeht, und wiederum bei der Weitergabe der Stafette auf die Mannschaft, die für die Implementierung verantwortlich ist. Zusammengefasst: Die heute schon relativ reifen Automatisierungstools liefern bereits einen großen *Wertbeitrag* für M&A. Große Sprünge sind weiter zu erwarten. Weitreichende Möglichkeiten zeichnen sich am Horizont ab – die daraus abgeleiteten Versprechungen sind aber oft noch mit wenig Substanz und Inhalten hinterlegt. In die nachfolgende Darstellung werden vor allem reifere Instrumente vorgestellt, aus der fast beliebigen Zahl neuer Ideen wurden einige wenige beispielhaft ausgewählt.

13.5.3   Hebel zur Digitalisierung des M&A Prozesses

In der aktuellen M&A-Forschung[723] wird folgenden Feldern zur Digitalisierung des M&A-Prozesses die größte Hebelwirkung zugesprochen:
- End-to-end-Prozessunterstützung,
- M&A-Wissensdatenbank,[724]
- Digitales Lernen aus M&A,
- Semantische Analyse von Dokumenten,
- Assistenzsysteme,[725]
- Datenräume, verbunden mit Big Data Analytics,
- Automatisierung der IT Due Diligence,[726]
- Automatische Analyse des Inhalts bestehender ERP-Systeme.[727]

13.5.4   Aktuelle Beurteilung digitaler Tools bei M&A-Projekten

Grundsätzlich lassen sich die digital getriebenen Instrumente, die bei M&A zum Einsatz kommen, in drei Kategorien gliedern: (1) *Basis-Technologien*, (2) darauf basierende Instrumente und (3) *Plattformangebote* von Systemanbietern, meist über das Internet zugänglich, oder im (käuflichen) Beratungspaket von M&A-Dienstleistern enthalten. Hier beschränken wir uns auf die Behandlung von softwarebasierten Lösungen und setzen die dafür nötige Hardware voraus. Im Zuge von M&A werden diesbezüglich am häufigsten genannt: (1) Digitale Infrastruktur, wie Internet, Intranet und selbstverständlich weltweit digital vernetzte Büro-Infrastruktur mit der ganzen Bandbreite von Office-Anwendungen (2) Internet of Things sowie (3) cyber-physische Systeme.

---

723 Insbesondere zu nennen ist hier Karl-Michel Popp: Let us cover the final frontier of digitalization: M&A-processes! Veröffentlicht 29.6.2018. https://www.linkedin.com/pulse/let-us-cover-final-frontier-digitalization-ma-processes-popp/, abgerufen 6.12.2018.
724 Entwicklung z. B. der Siemens M&A Integration Knowledge Base unter Leitung des Autors seit 2000.
725 Z. B. Chatbots, zu Risikoanalyse und Abwehrstrategien.
726 Mithilfe von digitalen Scannern zur Analyse von Netzen, Applikationen und Interfaces.
727 Bei M&A insbesondere für Due Diligence, M&A-Integration und Migrieren von ERP-Systemen.

Zu den **Basistechnologien** sind Software-Applikationen zu zählen (1) *Big Data Analytics*, (2) *E-Discovery*, (3) *Artificial Intelligence*, (4) *Blockchain*.

Die aktuell wichtigsten darauf aufbauenden **Instrumente** liegen bei (1) *Kandidatenscreening*, (2) *Textanalyseanwendungen* besonders im juristischen Bereich, (3) *virtuellen Datenräumen*, (4) darauf aufbauenden Versuchen zu durchgehendem *Datenmanagement*, (5) zahlreicher Ansätze im Feld von *Due Diligence*, (5) *Implementierungsverfolgungstools*, aufbauend auf jahrzehntelanger Erfahrung.

Die Bandbreite der heute verfügbaren **Plattform-Angebote** ist sehr groß, vor allem wenn man allgemeine unternehmensorientierte Lösungen einbezieht, wie *Wettbewerberdatenbanken*, *Wettbewerbspositionsbestimmung*, *Bewertungsangebote* u.v.m. M&A-spezifische Plattformen und Dienste liegen auf Feldern wie (1) *Ecosystem Trend Scouting*, (2) *Target Search & Assessments*, (3) *Synergy Library*, (4) *Milestone Tracking Monitor*, (5) *Best Practice Databases* und (6) *Digital Learning* aus dem M&A-Prozess. Diese werden im Kontext der M&A-Projektorganisation kurz erläutert. Über den *Reifegrad* und *Seriosität der Angebote* sollte sich der potenzielle Anwender sorgfältig informieren. Hier liegen etablierte Verfahren, Pilotangebote und Marktversuche eng nebeneinander.

13.5.5   Beispiel: die Digitalisierung im Prozess-Stufen-Modell

Der Grundgedanke dieses Projektansatzes liegt in der Sicherstellung der direkten Verbindung zwischen verbindlicher *Zielsetzung* zum Start des Projektes, des *zielorientierten Managements* und der *Zielrealisierung* zum Abschluss. Sicherzustellen ist dies in durchgängigen Arbeitsprozessen und Verantwortung durch die Prozessleiter. Der Lauf der Prozesse kann, wie in Abb. 45 dargestellt, in Phasen und Projektstufen gegliedert sein. Das gebietet, zu Beginn des Projektes Ziele festzulegen, gegebenenfalls im Zuge des Projektfortschrittes die Ziele zu verfeinern und diese Zeile als Maßstäbe des Erfolges auch einzuhalten. »Ziele« heißt hier konkret »Zielbündel aus Strategie, Finanzen und Implementierung«, wie am Beispiel in Abb. 46 dargestellt. Beim Zielmanagement zu beachten ist, dass die Teilziele nicht substituierbar sind. So dürfen etwa operative Maßnahmen nicht so hingebogen werden, dass Finanzziele, trotz Problemlagen, kurzfristig erreicht werden können, indem an Maßnahmen gespart wird, die langfristig für das Erreichen strategischer Ziele entscheidend sind. Dazu gehören z. B. notwendige Vorleistungen wie der Aufbau einer angemessenen Vertriebsmannschaft, Marketingmaßnahmen usw.

Dem Unternehmer oder dem Projektleiter bleibt es vorbehalten, spezifisch für M&A ein *Zielverfolgungstool* (etwa excelbasiert) zu entwickeln oder sich eines digitalen Zielmanagementtools zu bedienen, das am Markt angeboten wird, etwa der *ValueMiner* von *cogitum*, das auch die *Visionalisierung*, hierarchisch gegliederte Teilziel und das Delegieren in Organisationseinheiten, hier also auf die weiteren Prozesse, ermöglicht.[728] Nachfolgend werden die Prozesse und beispielhaft die darin zu verortenden digitalen Tools vorgestellt.

---

728 Cogitum ValueMiner – Zielmanagement Software. https://www.cogitum.ch/strategisches-zielmanagement/valueminer/, abgerufen 6.12.2018.

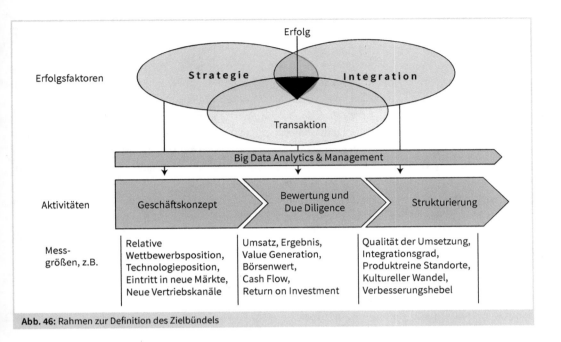

Abb. 46: Rahmen zur Definition des Zielbündels

13.5.6   Strategy, Management & Controlling

Konzept und Inhalt: Diesem Prozess obliegt die Gesamtführung des Projektes. Die Philosophie dieses Aufgaben-Clusters liegt darin, über alle Projektphasen hinweg die jeweils projektübergreifenden und Gesamterfolgs-bestimmenden Aktivitäten zu bündeln. Im Vorfeld dominiert die Strategieentwicklung, deren Realisierung aber bis zum Projektende nachgehalten werden muss. Management und im Controlling richten sich im gesamten Prozess an den Gesamtzielen aus, die nach einem *Meilensteinplan* abzuarbeiten sind. Der *Erfüllungsgrad* ist für jeden Prozess und für jeden Meilenstein anzuzeigen, etwa nach einem »Ampelkonzept«.

Instrumente: In diesem Prozess ist ein digitales Instrument zum *Projektmanagement und Meilensteinverfolgung* einzusetzen. Die Besonderheiten des kaufenden Unternehmens und des jeweiligen M&A-Projektes machen es nötig, dieses Tool hausintern zu entwickeln, eventuelle unter Zuhilfenahme externer *M&A-Dienstleister* aus der *Unternehmensberatung* (v.a. Strategie und Implementierung) und von den M&A-Abteilungen der großen *Wirtschaftsprüfer*. Die größten Herausforderungen liegen dabei in der *End-to-end-Prozessführung* (Längskonsistenz) und der Harmonisierung aller Prozesse (Querkonsistenz). Allumfassende *automatisierte Managementsysteme* unter vollständig abdeckender Hinterlegung mit *künstlicher Intelligenz* sind nicht zu erwarten. Der Mensch bleibt als Führer und Ideengeber immer im Mittelpunkt, besonders weil die Dynamik und unvorhersehbare Situationen ständigen Wechsel der Management-Modi erfordern: mal Continuity-Management, mal Disruption, mal Härte-dominierte Zielverfolgung, mal Dominanz weichen Wandels, mal Druck, mal Milde. Keine künstliche Intelligenz wird dies jemals erreichen, was hunderttausend Jahre Entwicklung des Homo sapiens hervorgebracht haben. Der Einsatz datengetriebener Instrumente, bis hin zu (graduell unterschiedlichen Ebenen) künstlicher Intelligenz füllt jedoch dort Lücken, wo der intelligenteste Mensch nicht mithalten kann: systematische Heranziehung riesiger Datenmengen, Vermeidung von Flusigkeit durch Ermüdung, Systematik in der Lösungsauswahl und sogar (Machine Learning) die »Erfindung« neuer Lösungen. Die Zukunft liegt in der Verbindung von menschlicher Intelligenz in Verbindung mit künstlicher. Es bieten sich jedoch heute schon einzelne End-to-end-Tools an, wie Projektdatenbanken, die von Beginn bis zum Ende des Projektes gespeist, gepflegt und genutzt werden. Hinzu kommen (spezielle) *Projektmanagement-Instrumente* wie die *Härtegradverfolgung* bei der Maßnahmenplanung und -umsetzung, die im Verbund mit *Benchmarking* und *Baselining* (diese werden im Weiteren vorgestellt) ein konsistentes *Managementsystem* für M&A darstellen. Zur Orientierung bei der Entwicklung gibt es online ein breites Angebot an *Projektmanagementsoftware*.[729] Als weiteres digitales Tool bietet sich eine *Double Sided Consulting Platform* an, zur Suche nach passenden Beratern. Ein Angebot ist z. B. die *consulting searcher*, die 5.000 Berater in ihrer Palette haben. Bei M&A bieten sie derzeit 64 Berater an – die großen Marktführer sind aber nicht dabei.[730] Hinzu kommen jede Menge von *Digital Assistants & Templates* mit KI-basierten Fähigkeiten. Diese gibt es für zahlreiche Branchen, bis hin zu Online-Anbietern, die helfen, solche Digital Assistants aufzubauen.[731] Zu nennen sind auch cloudbasierte *digitale Projektunterstützungsdienste*.[732] Wer sich in der *M&A-Literatur* über *best practice* informieren möchte, kann das auch mithilfe von *Onlineshops* machen. *Online M&A Education*-Angebote finden sich bei den Big Four Wirtschaftsprüfungen.[733] Zu M&A-Ausbildungsangeboten in Deutschland wäre der *Bundesverband Mergers & Acquisitions* zu kontaktieren.[734] Bei revolvierenden M&A-Vorhaben (etwa bei sogenannten »String-of-Pearls-Strategien«) bietet sich der Aufbau vom *Kompetenzmanagement-* und *Lernplattformen* an, auf die in der Behandlung der abschließenden *Implementierungsphase* noch einzugehen ist.[735]

13.5.7   Information

Konzept und Inhalt: Der zugrunde liegende Kerngedanke zur *Bündelung aller Informationsaktivitäten* im gesamten M&A-Prozess liegt darin, dass in der »klassischen« Phasenorganisation große Brüche zwischen der Vorfeld- und Transaktionsphase bzw. im Übergang zur Implementierung entstehen können. Insbesondere ist zu beobachten, dass sich die Informationssammlung durch die *Strategen* sowie deren Auswertungen nicht als Input und Richtungsvorgaben für die *Due Diligence* niederschlägt. Darüber hinaus ist die Informationsbeschaffung, Auswertung und Dokumentation eine *Querschnittsfunktion*, die

---

729 Z. B. von Capterra https://www.capterra.com.de/directory/30002/project-management/software?account_campaign_id=1614291582&account_adgroup_id=61665041275&target=%2Bprojektmanagement%20tools&ad_id=311996938461&matchtype=b&gclsrc=aw.ds&&utm_source=ps-google&gclid=Cj0KCQiArqPgBRCRARIsAPwlHoXdsoAC7tra0VR8FtO3dW_ffIJaXHA7pBc6c-ab-iHX4vlpj-69IbUaAsDKEALw_wcB, abgerufen 6.12.2018.

730 https://www.consultingsearcher.com/Beratungskompetenzen-finden/(service)/0-170, abgerufen 6.12.2018

731 https://docs.microsoft.com/en-us/azure/bot-service/bot-builder-virtual-assistant-introduction?view=azure-bot-service-4.0, abgerufen 6.12.2018.

732 https://rachaelshah.com/2015/05/25/tips-on-how-to-manage-your-next-digital-project/, abgerufen 6.12.2018.

733 Z. B. Deloitte: https://www2.deloitte.com/us/en/pages/mergers-and-acquisitions/articles/mai-learning-and-experience.html, abgerufen 6.12.2018.

734 Über den Autor bzw. den Hochschul-Beauftragten im Vorstand, Prof. Dr. Reinhard Meckl. Siehe: www.bm-a.de.

735 Zum Thema digitales Kompetenzmangement finden sich zahlreiche Beispiele im Internet, z. B. https://kaireinhardt.de/digitales-kompetenzmanagement/, abgerufen 8.12.2018. https://joel-krapf.com/2018/08/13/wie-agiles-kompetenzmanagement-zur-digitalen-transformation-gelingt-und-warum-es-eigentlich-nicht-mehr-um-kompetenzen-geht/, abgerufen 8.12.2018.

allen Prozessen zugänglich und verfügbar (pull und push!) gemacht werden muss. Dazu hat sich bei größeren Projekten die Vergabe von Aufgaben zu definierten Brückenfunktionen als sinnvoll herausgestellt.

Instrumente: in zentraler Verantwortung beim Projektmanagement ist eine *Project Database*, im besonders gesicherten Bereich auf dem *Intranet* anzusiedeln; diese[736] erhalten nur namentlich definierte Projektmitarbeiter mit einem persönlichen Code, die in einer Liste der Vertrauensträger in diesem Projekt von der Rechtsabteilung geführt werden.[737] Somit sollte diese eng mit dem o. g. *Projektmanagementtool* verbunden sein, um Brüche und Inkonsistenzen zu vermeiden, wie diese aus »Insellösungen« entstehen können. Zugang Als Grundlage zum Aufbau solcher *Projektdatenbanken* stehen *professionelle Online-Anbieter* bereit. Es ist jedoch im Einzelfall zu prüfen, ob Anwendungserfahrungen bei M&A zugrunde liegen. Zum Informationsprozess gehören auch die Instrumente eines *Virtual Data Rooms*, die Verfahren *digital-unterstützter Due Diligence* sowie das Verfahren der *E-Discovery*. Da diese ihren Einsatzschwerpunkt in der *Transaktionsphase* haben, werden sie dort näher vorgestellt.

13.5.8   Transaction & Legal

Konzept und Inhalt: In diesem Prozess sind alle transaktionsorientierten Aktivitäten gebündelt. Dazu gehören im engeren die juristischen Tätigkeiten vom vertraglichen Vorfeld über Vertragsverhandlungen, Signing, Closing und Post-Closing-Aktivitäten. Der Arbeits- und Verantwortungsschwerpunkt liegt in der *Transaktionsphase*. Aber auch diese Aktivität ist als »end-to-end« einzurichten: Bereits zum Projektstart sind *Anwälte* einzubinden, etwa bei Absicherung des Vorstands bei Sondierungen. Im Weiteren sind auch *Notare* und *Behörden* einzubeziehen. Zur Zielableitung und Zielverfolgung ist Unterstützung angesagt, um etwaige *kartellrechtliche Formalfehler* auszuschließen.[738] Nach dem Closing und bis über das offizielle Projektende hinaus sind Aktivitäten zur *Umsetzungsverfolgung* aus vertraglichen Regelungen erforderlich.

Instrumente: Hinter dem breit verwendeten Begriff *Legal Tech* verbergen sich zahlreiche digitale Software-Infrastrukturen zur Automatisierung juristischer Tätigkeiten bei M&A. Erste Priorität hat dabei die Optimierung juristischer Arbeitsprozesse. Dahinter stehen Logiken, *selbst lernende Regelwerke* und *Big-Data-Analysen*. Die unter dem Schlagwort »*E-Discovery*« zusammengefassten Verfahren, die insbesondere in der Legal Due Diligence Einzug halten, werden im Abschnitt über die Transaktionsphase näher behandelt. In den führenden international tätigen Anwaltskanzleien haben sich verschiedenste Instrumente zur *IT-unterstützten Dokumentenerstellung,* insbesondere zur *Vertragsentwicklung* etabliert bis hin zu teilautomatisierten Verfahren. Dies sind etwa Software-Lösungen zum *Management der Vertragsentwicklung*. Diese können grafisch strukturiert sein, um Hierarchien, netzartige Zusammenhänge und den Fortschritt bei der Vertragsentwicklung für die in einer Kanzlei beteiligten Anwälte in einem M&A-Projekt aufzuzeigen. Daneben bestehen Zugriffe auf modular strukturierte *Vertragsdatenbanken*.

---

736   Technisch natürlich auch auf externen Servern möglich, oder cloudbasiert. Als besonders zu sichernder Bereich jedoch am besten unternehmensintern, durch eine firewall geschützt.

737   Diese ist auf Anweisung von Behörden offen zu legen. Deshalb genaue Angabe zur Person, Beginn der Zugriffsberechtigung, Art und Breite/Tiefe der Berechtigung, Unterschriften seitens Projektleiter/Unternehmer und betreffender Mitarbeiter.

738   Dazu gehört die Frage der Marktdefinition. Bei zu engen Definitionen können sich kartellrechtlich kritische Marktanteile ableiten. Bestimmte Ziele oder Zieldefinitionen müssen unbedingt vermieden werden, etwa zur Preisbildung von Leistungen.

Dazu sind *Module* abrufbar, wie etwa zu *Preisanpassungslösungen*. Hinzu kommen externe wie interne digitale *juristische Wissensplattformen*, systematisch aufbereitet und hinterlegt auf Basis von Rechtsnormen und Rechtsprechung. Hierbei sind Ansätze auf Basis *künstlicher Intelligenz* auf dem Vormarsch. Für die grundlegenden *IT-Lösungen* und die Arbeiten am konkreten Vertrag werden in Zukunft an die Seite der Anwälte vermehrt *Projektmanager* mit Erfahrung aus anderen Branchen und *IT-Spezialisten* treten, die keinen speziellen juristischen Ausbildungshintergrund haben.[739] Dies sind *High-end-Ansätze*, die bereits von führenden Kanzleien praktiziert werden. In der Breite juristischer Anwendungen kann man bereits auf Dienstleister zurückgreifen, die strukturierte *juristische Textanalysen* anbieten, zur *digitalen Strukturierung*, *Recherche* und *Bearbeitung*.[740] Die digitalen Instrumente sind vor allem zur Abdeckung von Routinen und zur Selektion von Besonderheiten geeignet. Die Bearbeitung komplexer Fragestellungen und Lösungsansätze bleibt in der Hand von erfahrenen Juristen. IT-Ansätze haben dabei eher *Support-Funktionen*, aber auch zur *Vermeidung von Fehlern und Auslassungen*. Dies ist nicht nur eine Frage des erreichbaren »Grades« *juristischer künstlicher Intelligenz*, sondern auch eine juristische per se: Bei der *Haftung* für automatisierte Prozesse,[741] bis hin zu (noch nicht erreichten) *autonomen juristischen Systemen*.

13.5.9   Financial Engineering & Financing

Konzept und Inhalt: Unter oberster Verantwortung des CFO wird dieses Cluster gebildet durch das Zusammenwirken der internen Fachabteilungen mit externen Spezialisten aus *Transaktionshäusern* (im Kleinen sogenannte *M&A-Boutiquen*, im Großen die *Investmentbanken*), mit finanzierenden Banken, Wirtschaftsprüfern und Steuerberatern. Auch dies ist ein End-to-end-Prozess, beginnend mit vorsichtigen ersten Indikationen über Preise und Werte im Rahmen von Sondierungen, bis hin zur Endabwicklung von Zahlungsströmen im Zusammenhang mit der Transaktion, Verträgen und deren Anlagen.

Instrumente: Alle erfahrenen und zu beteiligenden externen M&A-Dienstleister verfügen nicht nur über Sammlungen einzelner Lösungen, sondern darüber hinaus über eigene *Wissensdatenbanken* und systematisch aufbereiteter Lösungsansätze für Standards. Je größer der M&A-Case, je komplexer und je schwieriger die Verhandlungspartner, desto mehr müssen Lösungen »taylor made« entwickelt, vorgeschlagen und verhandelt, also der *Verhandlungsmacht* der Parteien entsprechend angepasst werden. In diesem Spannungsfeld liegt einerseits die Verwendung *digital hinterlegter Tools* – und andererseits intelligenter Lösungsfindung durch M&A-erfahrene Fachleute. *Banken* greifen auf ihre eigenen *Datenbanken und Finanzierungsstandards* zurück, die stark von der öffentlichen *Finanzregulatorik* bestimmt

---

739   Hieraus werden anwaltsrechtliche Probleme entstehen, denn Partner einer Kanzlei kann nur ein Anwalt sein. Hochdotierte Projektmanager mit anderem Ausbildungshintergrund und IT-Spezialisten werden erwarten, auch in den Partner-Status zu kommen. Dies verbietet das deutsche Anwaltsrecht. Das liberalere angloamerikanische Recht könnte hier zum Vorreiter werden, sodass wir in Deutschland ins Hintertreffen geraten können.

740   Ein Anbieter dazu ist die DATEV, u. a. mit ihrer LEXinform-Datenbank. https://www.datev.de/web/de/top-themen/rechtsanwaelte/juristische-textanalyse/?stat_Mparam=ext_sumkad_10_c-juristische%20datenbanken, abgerufen 6.12.2018.

741   Von Programm-Fehlern bis zu fehlerhaften oder nicht aktuellen Eingaben.

sind. Auch diese bieten öffentlich zugängliche *Wissensportale* an, etwa die *BaFin* (Bundesanstalt für Finanzdienstleistungen).[742]

13.5.10 Measures, Value Generation & Valuation

Konzept und Inhalt: Oberstes Ziel des Wertmanagements ist der Unternehmenswert, der auf den Wert zurückgeht, den der Kunde den Leistungen des Unternehmens beimisst. Die reine finanzorientierte Bewertung ist darin nur ein Teil der Betrachtung. Auch hier gilt, dass es sich um einen *End-to-end-Prozess* handelt und vom Arbeitsspektrum her um ein *zusammenhängendes Cluster*. Zentraler Gedanke ist die *integrale Betrachtung des Projektes*. Das bedeutet, dass die beiden zu fusionierenden Geschäfte sowie die zu generierenden *Synergien* immer in toto zu behandeln sind. Dies ist aus zweierlei Gründen wichtig: (1) Wertrisiken und Chancen bestehen bei den (zunächst) stand-alone betriebenen Geschäften, durch Geschäftseinbrüche nach Eigentums- und Managementwechsel oder Gegenhaltemaßnahmen von Wettbewerbern nach Bekanntwerden des Deals. Synergien stellen ein zusätzliches *Werterzeugungs-* und *Wertvernichtungspotenzial* dar. Gesamt-Chancen- und Risikopotenzial sind immer die Summe des Ganzen. Deshalb ist eine separate Behandlung von *Synergien*, wie von anderen Autoren verfolgt, strikt abzulehnen (2) erst die integrale Behandlung des »M&A-Cases« unter Einbezug der Wertschöpfung, des Portfolios und der Standorte und Synergistischen erschließt den *Gesamthebel* auf das Geschäft, der allen Analysen, Planungen und Instrumenten zugrunde zu legen ist. So ist, wie in Abb. 33 gezeigt, das zusammengeführte Geschäft (aus der Summe beider Partner incl. Synergiepotenzialen) schon in der *Simulation* zugrunde zu legen (Weiteres dazu in den Erläuterungen zur Vorbereitungsphase) und in den nächsten Schritten das *Gesamtziel*, deren *Hebel* und deren *Maßnahmen* abzuleiten – immer aus dem Gesichtswinkel des Neuen Ganzen. Die erreichbaren Ziele sind infolge der integralen Betrachtungsweise höher als die Summe der Ziele aus beiden Kandidaten plus (separater) Betrachtung von Synergien. Erst auf der Ebene der Maßnahmen kann man spezielle als »synergistische« kennzeichnen und damit Personen verantwortlich machen, die genau diese verfolgen. Diese Betrachtungsweise geht bis in die Anwendung einzelner Tools hinein, also das in Kapitel 12 behandelte *Wertmanagement*, speziell der *Wertstromanalyse*[743] und -optimierung, die für die (ex-)Organisationen beider Seiten gleich und unter gemeinsamen Lernen durchzuführen ist (vgl. Abb. 40 bis 43). Darüber hinaus bringt die integrale Betrachtung einen essenziellen *psychologischen Vorteil*, der sich als einer der wichtigsten Hebel im *Change Management* (siehe nächster Prozess) niederschlägt, nämlich das gemeinsame Team-Gefühl für die Miterbeiter von beiden Seiten der zu fusionierenden Geschäfte.

Value Generation: Aufgrund der Themenbreite kann der Gesamtprozess »Value Management und Valuation« auch in verschiedene *Subprozesse* gegliedert werden, z. B. Value Generation versus Valuation. Das *Wertgenerierungskonzept* (Value Generation) wurde in der Vorgehensweise bereits in Kapitel 10.3 vorgestellt, in den Schritten: (1) Zielableitung durch Benchmarking, (2) Top-Down-Bestimmung Gesamtziel, (3) Herunterbrechen desselben auf die Hebel, etwa nach Wertschöpfungsstufen, Geschäften, Standor-

---

742 BaFin Datenbanken und Übersichten: https://www.bafin.de/DE/PublikationenDaten/Datenbanken/Datenbanken_node.html, abgerufen 6.12.2018.

743 Siehe dazu Aufsatz von Kai Lucks und Oliver Prause: Mit Wertschöpfungsmanagement den Unternehmenswert steigern. In: M&A Review 29. Jg 11/2018, S. 387–392.

ten, (4) Entwicklung von Maßnahmen, (5) Ableitung des Maßnahmen-Programms, dass bottom-up in Summe das Gesamtziel abdecken muss. Aus diesem folgt die Programmableitung mithilfe eines sogenannten Härtegradkonzeptes, das noch näher vorzustellen ist.

Valuation: Die damit eng verbundene Aktivität der *Bewertung* selber kann in einem Fachteam abgearbeitet werden, bestehend aus Fachleuten beider (!) Seiten und, bei Bedarf, externer Unterstützung. Auch dies ist ein End-to-end-Prozess, schrittweise oder nach speziellen Meilensteinen ständig zu wiederholen, siehe Abb. 47.

Controlling: Die Bewertung hat dabei sowohl zieldefinierenden Charakter als auch *Controllingfunktionen*. Bei Unterschreitung definierter Grenzwerte kann sie Signale zum Abbruch und Ausstieg aus dem Projekt liefern. Dazu sind Meilensteine festzulegen. Manche Unternehmen separieren die Controllingfunktion in ein *Controllingteam*, das außerhalb des Integrationsteams operiert.[744] Der Autor rät aber davon ab, weil dies die wachsende Zusammenarbeit des Integrationsteams und das schrittweise zu integrierende Management aus beiden Seiten belastet.

Bewertungsverfahren: Ein entscheidender Schritt ist die Festlegung des (inside-out) *Bewertungsverfahrens* und die Frage der Gegenüberstellung mit den (outside-in-)Marktwerten. Dies ist bis zum Closing alleinige Aufgabe des Käufers. Naheliegenderweise sollten die gewählten Verfahren und *Inputgrößen* nach dem Closing (nun im kombinierten Team) beibehalten werden. Aufmerksamkeit bei der *Wahl der Verfahren* und der Inputgrößen sollte dem Problem gewidmet werden, dass keine vergangenheitsbasierten Faktoren Einfluss nehmen (etwa die vergangene Volatilität der Börsenkurse) sondern zukunftsorientierte, insbesondere auch Betrachtungen über die zu erwartende *Lebensdauer* der fusionierten Geschäfte und deren *Insolvenzrisiken*. Die heute gängigen *DCF-Verfahren* nach IDW-Standards[745] sind zwar »gerichtsfest« und werden von vielen Wirtschaftsprüfern (nolens volens) vehement verteidigt, sind jedoch für neue Geschäftsansätze, wie wir sie in der »Industrie 4.0« verfolgen, nur mithilfe besonderer Anpassungen geeignet. Der *Bundesverband Mergers & Acquisitions* hat deshalb Mitte 2018 zusammen mit der *EACVA* und unter fachlicher Betreuung der *Future Value Group* ein Projekt aufgesetzt, das die notwendigen Innovationen im Bewertungsprozess sowie die Verfahrensvielfalt und Verfahrensauswahl beinhaltet.[746] An dieser Stelle kann die Bewertungsfrage für M&A nicht in der Breite ausgerollt werden. Erkenntnisse speziell zur Bewertung junger *Technologieunternehmen* und *Start-ups* liefert die jüngste Fachliteratur.[747] Einfache Modelle für den Mittelstand werden im Internet angeboten.[748] Integrierte Dienstleistungsangebote von der Modellierung bis zur Bewertung liefern z. B. die »Big Four« der *Wirtschaftsprüfer*. Diese umfassen sämtliche Dienstleistungen im Zusammenhang mit Bewertungen sowie der Entwicklung von integrierten Finanzmodellen.[749]

---

744 General Electric setzt z. B. nach dem Closing ein separates Prüfungsteam auf, das in einer kurzen Periode danach tätig wird.

745 https://www.idw.de/the-idw/idw-pronouncements/idw-standards, abgerufen 12.12.2018.

746 Projekt und Team »Unternehmensbewertung« mit den Themen: Methoden und Kriterien für Methodenauswahl, Risikoinformationen, Insolvenzrisiko, Rating, Existenzdauer von Unternehmen. Leitung des Projektes: Prof. Dr. Werner Gleissner (Future Value Group) und der Autor.

747 Beispielhaft zu verweisen ist auf den Beitrag von Annette Blöcher und Viola Kronshage: Bewertung von jungen Technologieunternehmen aus Sicht strategischer Investoren. In: M&A Review 29. Jg. 11/2018, S. 377–386.

748 Z.B Nimbo online-Unternehmensbewertung. https://www.nimbo.de/, abgerufen 16.10.2019.

749 Z. B. Deloitte: Valuation & Modelling Services: Valuation & Modelling Services. https://www2.deloitte.com/de/de/pages/finance/solutions/Transaction-Advisory-Services.html, abgerufen 6.12.2018 https://www.nimbo.de/?gclid=CjwKCAiA0ajgBRA4EiwA9gFORyU9_xbD72DDa4YPNjj7F3qRkzEzvtbu_LTtXdQqBj938GXmb7TfFBoChwkQAvD_BwE, abgerufen 7.12.2018.

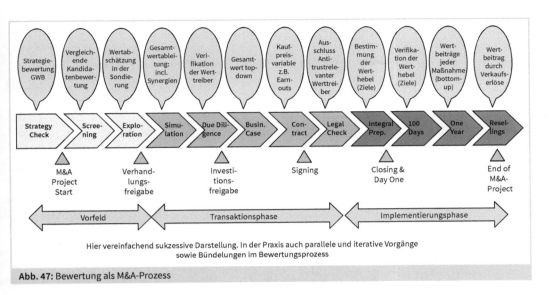

Abb. 47: Bewertung als M&A-Prozess

Instrumente: Als Ausgangsbasis für die Zusammenführung von Aktivitäten zweier Unternehmen empfehlen sich *digitale Standortatlanten*, wie sie etwa *Siemens* für alle Fertigungs-Locations weltweit bereithält.[750] Für die Planung eines Mergers und die vorzuschaltenden Szenarioplanungen[751] empfehlen sich *digitale Produkt-Standort-Matrizen* mit Details über die Wertschöpfung. Auch dies sind Lösungen, die komplexere Unternehmen grundsätzlich entwickeln sollten und die im Bedarfsfall bei M&A-Projekten zugrunde gelegt werden können. Im Idealfall können darauf aufbauend KI-hinterlegte Tools zur *modellhaften Zusammenführung* entwickelt werden. Der Zusammenführungsprozess als solcher sollte, wie gezeigt mit einem *Härtegradmodell* hinterlegt werden, wie dies bei Siemens seit Beginn der 2000er Jahre auch bei M&A praktiziert wird. Dieses Instrument wird später im Kontext der *Implementierungsphase* näher vorgestellt.

Bewertung: Nimmt man den Bereich Bewertung, sind uns keine *Plattformen* bekannt, die wir als (methodisch) gut einordnen würden. Die Wirtschaftsprüfer haben unserem Wissen nach, keine (offenen) online Plattformen und auch mit der Methodik hapert es. Die meisten WPs arbeiten aktuell mit Excel. Nur bei einem liegt ein System vor, das bei Präsentationen und Diskussionen mit großen Kunden eingesetzt wird (und technisch online basiert ist). Dessen methodische Aufrüstung wird seit Jahren geplant, das Ergebnis entspricht aber nicht dem aktuellen Bedarf.[752] Auf dem Internet werben Dienstleister, die auch einzelne *Plattformen* betreiben[753] jedoch mit Vorsicht zu verwenden sind. Das sind nicht die führenden Anbieter.

---

750 Etwa unter Angabe aller Flächen, Assets, deren Werte und Verwendung.
751 Die Erfahrung zeigt bei Viel-Standort-Fusionen die Notwendigkeit zur Entwicklung verschiedener Produkt-Standort-Szenarien, wobei das aggressivste Szenario zur Ableitung eines Werterhöhungs-Benchmarks verwendet werden kann. Im Zuge der Verhandlungen mit Betriebsräten und Gewerkschaften sind dann andere, etwa sozialverträglichere Szenarien, bereitzuhalten. Die Vorlage verschiedener Szenarien macht die Entwicklung grundlegender Tools und Templates sinnvoll und wirtschaftlich.
752 Stellungnahme der Future Value Group vom 11.12.2018.
753 Z. B. Nachfolge.de für Nachfolge und Verkauf. https://nachfolge.de/?gclid=CjwKCAiA0ajgBRA4EiwA9gFOR7R7Hl4EPCn1SGAPn KfY1_Wr-F7SOmITPtx79ru74_P9JWL8zWQd8BoCHEMQAvD_BwE#, abgerufen 7.12.2018.

Insofern besteht die Herausforderung des jeweiligen M&A-Treibers darin, selber *digitale Tools* zu entwickeln, die in einer *Wissensplattform*, etwa auf dem Intranet hinterlegt, aufgrund von Erfahrungsgewinnen fortgeschrieben und für nachfolgende Projekte wiederverwendet werden können.

13.5.11   Change & Communication

Konzept und Inhalt: Auch hier gelten wieder die Prinzipien eines End-to-end-Prozesses und des zusammenhängenden Clusters. Der Prozess beginnt bereits weit im Vorfeld von M&A, wenn die Investoren-Community positiv auf zu erwartende M&A-Projekte einzustimmen ist. Partizipation der Mitarbeiter ist der Schlüssel für die Umsetzung der Digitalisierung. Dieser Prozess gehört zu den »langen«, mit Nachhalten auch nach dem offiziellen Ende des eigentlichen M&A-Projektes, denn es gilt zu vermeiden, dass »alte Seilschaften« aus vor-M&A-Zeiten, wieder die Oberhand gewinnen und die kulturelle Zusammenführung sprengen. Kommunikation mit allen Stakeholdern (interne: Management, Mitarbeiter/externe: Politik, Presse …) ist das Fundament für den kulturellen Wandel. Wichtigstes Mittel ist die persönliche Präsenz, z. B. beim »Management by walking around« des Vorstands, in persönlichen Treffen, in Town Hall Meetings usw. alle klassischen Medien sind zu bespielen (Print, Funk, Fernsehen …) und darüber hinaus die zahlreichen Möglichkeiten, die das Intranet und das Internet bieten.

Instrumente: Zu den *onlinebasierten Möglichkeiten* gehört vor allem *Homepage, Newsletters, Soziale Medien* und *Chat Rooms*, um die Vielzahl der Stakeholder anzusprechen, teils gesamt, zunehmend aber auch differenziert nach Gruppen. Sogenannte »*Pulse Checks*« gehören dazu, um Meinungen und Stimmungen abzuholen und darauf basierend die nächste Kommunikationswelle passend zu gestalten. Mithilfe von *Datenanalysen* lassen sich Handlungserfordernisse, speziell ausgerichtet auf Standorte, Berufsgruppen und Geschäftssegmente ableiten.

Digital hinterlegte Change Tools

Die geradezu »klassische« Plattform für den Kommunikator sind *digitale Mediendatenbanken*. Auf den M&A-bezogenen Kommunikator kommen zahlreiche *onlinebasierte Instrumente* hinzu, die durch Algorithmen und künstliche Intelligenz angetrieben werden, wie z. B. der *digitale Journalist*, dem nur noch bestimmte Schlagwörter, Namen und Daten zugespielt werden müssen, um eine *automatisierte Pressemeldung* zu einer *Dealmeldung herauszugeben*. Die schreibt dann der Computer. Weitere Möglichkeiten bieten die Online-Medien: Vorstände bedienen sich, nach dem Vorbild Trumps, immer häufiger *Twitter*, um börsenrelevante *Ad-hoc-Meldungen* abzugeben, mit dem Risiko, Pflichtblätter nicht zeitgerecht einzubinden oder ganz zu übergehen. Das kann empfindliche Geldstrafen nach sich ziehen.

Der Einsatz *künstlicher Intelligenz* im *Change-Prozess* ist bereits bei der *Mitarbeiterbeurteilung* weit fortgeschritten: Ein international führendes Personalberatungsunternehmen setzt dazu *automatisierte Analysen der Sprache* von Kandidaten ein. Dieses Verfahren wurde in Deutschland von einem Start-up entwickelt. Als Datenbasis wurden über 30.000 Stimmaufzeichnungen Computer-hinterlegten Interviews gewählt. Per Computer werden den Probanden standardisierte Fragen gestellt, die ihn auch emotional aufwühlen sollen. Je nach Frage antwortet der Proband mit anderen Mitteln der Stimme, etwa variierend in Tonhöhe, Stimmdruck, Geschwindigkeit, Pausen usw. Diese Stimmprofile wurden analysiert. Dem individuellen Stimmprofil wurde die Erfolgs-Vita des Probanden gegenübergestellt: welche Karriere, welche Branche, welche funktionale Stellung usw. Dazu wurden die Vitae genau analysiert und die sich daraus ergebenden Profile (personenneutral) gespeichert. Die Daten wurden vielfach gegeneinander gespielt (»Machine Learning«). Nunmehr wird diese »*digitale Stimmen-Personen-Datenbank*« zu *Eignungstests* für künftige berufliche Einsätze verwendet, mit einer Vorhersagequalität, wie sie persönliche Interviews bisher nicht erreicht haben.[754]

13.5.12   Projektphasen

Big Data und Analytics sind nicht mehr Randerscheinungen im M&A-Prozess, sondern sie werden fundamentaler Bestandteil der Prozesse vom Anfang bis zum Ende. Noch sind es einzelne Instrumente (z. B. *E-Discovery*), Projektphasen (Vorfeld, Screening) oder Projektstufen (Due Diligence), die von Big Data getragen werden. Noch gibt es wenige Felder, in die digitale »end-to-end«-Anwendungen Einzug gehalten haben, wie Projektdatenbanken und Wissensmanagement-Systeme. Meist haben diese unterstützende Funktionen. Doch in ihren unkorrumpierbaren Abläufen sind sie den Menschen mittlerweile bereits überlegen. So sind Kanzleien in England bereits verpflichtet, *E-Discovery-Systeme* einzusetzen, weil damit Fehler ausgeschlossen werden können, die den Associates durch Ermüdung bei der Durchsicht tausender von Dokumenten[755] unterlaufen. Im Folgenden sind digitale Tools mit Schwerpunkten in den Projektphasen vorzustellen.

13.5.13   Die Vorbereitungsphase (Preparatory Phase)

Konzept und Inhalt: Grundlage für das M&A-Projekt ist eine belastbare Strategie. Liegt dies nicht in aktueller Form vor, ist eine *Strategieprüfung* für das angedachte M&A-Feld durchzuführen. Stellt sich dabei M&A als der zu priorisierende Weg dar, ist als Nächstes eine Untersuchung über die möglichen Pfade und ein *Screening* der damit verbundenen Kandidaten erforderlich, denn jede Kandidatengruppe impliziert einen anderen Pfad, geschäftlich, technologisch, regional und transaktionsspezifisch (z. B. Vollerwerb, Minderheit, Anlehnung, Joint Venture ...).

Instrumente: als digital hinterlegtes Instrument steht dazu etwa ein *Ecosystem trend scouting* im Raum zur Erforschung des technologischen Umfeldes und der Markttrends.[756] Diese gibt Aufschluss über Entwicklungen, zu priorisierende Pfade und Lösungsangebote zu optimaler Marktausschöpfung. Vertiefend können *digitale Patent- und IP-Analysen* mithilfe *Data-Mining* eingesetzt werden. Mithilfe von *Big-Data-Analysen* in Verbindung mit *Machine Learning* können Kundentrends erforscht werden, aus der teilautomatisiert Erfolgsvorhersagen zu Produktangeboten ableitbar sind. Hierzu sind *hybrid intelligence-*

---

754 Basis: Interviews am 11.12.2018. Aus Gründen der Geheimhaltung können die Quellen nicht offengelegt werden.
755 So waren z. B. im Auftrag der britischen Regierung 130.000 Verträge zu sichten, um Auswirkungen des Brexits auf die Wirtschaft quantifizieren zu können.
756 Weiteres siehe z. B. https://www.management-circle.de/blog/trend-scouting-wie-bringt-man-innovative-produkte-auf-den-weg/, abgerufen 8.12.2018.

Ansätze geeignet.[757] Weitere Digitalisierungspotenziale liegen in der systematischen Kandidatensuche (»*Target Search & Assessments*«) inklusive strategischer Fit-Analysen. Ergänzende Details, etwa über Mitarbeiterbewegungen, liefern Suchmaschinen wie *Google Meta Search* oder *LinkedIn Sales Navigator*.[758] [759] Datenbanken wie *Pitchbook*[760] können passende Unternehmen vorschlagen. Damit können *Digital Libraries* und *Synergy Libraries* gefüttert werden, die als Instrumente durchgängig über den ganzen weiteren Prozess nutzbringend sind. Vor der *Genehmigung zur Freigabe von Investitionen* gehört eine Zusammenführung aller Informationen, am besten in einem *Simulationsmodell* über das Target und die Synergien, ergo dem Gesamt-Case, wie er sich aus Daten und (logisch simulierten) Ableitungen ergeben, in Kenntnis wettbewerbstheoretischer Instrumente.[761] Ein solches Modell ist in Abb. 48 dargestellt.

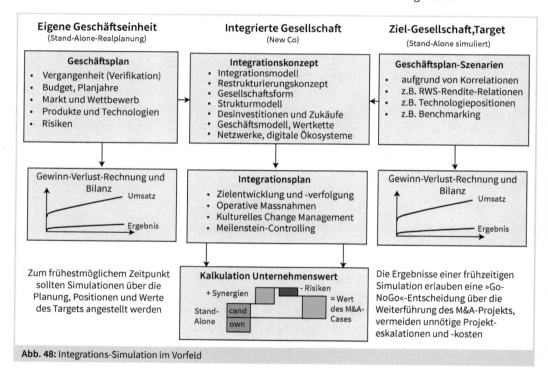

Abb. 48: Integrations-Simulation im Vorfeld

13.5.14   Die Transaktionsphase

Konzept und Inhalt: Die Transaktionsphase beinhaltet die *Due Diligence*, die Hauptstufe der *Unternehmensbewertung*, die Entwicklung des Business Case, die Verhandlung und Niederschrift der *Verträge*, die

---

757 Vgl. Dellermann D./Popp K.M. et al. (2017): Finding the Unicorn: Predicting Early Stage Startup Success Through a Hybrid Intelligence Method. https://papers.ssrn.com/sol3/papers.cfm?abstract_id=3159123, abgerufen 8.12.2018.

758 Metasuchmaschinen leiten Suchanfragen an mehrere andere Suchmaschinen gleichzeitig weiter.

759 https://www.google.com/search?q=LinkedIn+Sales+Navigator&ie=utf-8&oe=utf-8&client=firefox-b-ab, abgerufen 8.12.2018.

760 https://pitchbook.com/, abgerufen 8.12.2018.

761 Z. B. Ableitung der Kosten des Targets in Kenntnis der eigenen Kosten, Volumens- und Technologiepositionen.

Akquisitionsfinanzierung und *Kaufpreisallokation*.[762] Diese Phase endet mit dem *Signing*, dem Zeitpunkt zu dem der *Kaufvertrag* »eingefroren« wird und nationalen wie internationalen Behörden zur *Genehmigung* vorzulegen ist. Insbesondere werden von denen *kartellrechtliche* und *branchenrechtliche* (etwa Militär, Dual Use-)*Belange* geprüft. Spätestens zu diesem Zeitpunkt, mindestens jedoch 3 Monate vor dem Closing beginnt die Integrationsvorbereitung, die spätestens zum »Day One« nach dem Closing abgeschlossen sein muss.[763] Mit dem Closing endet die Transaktionsphase, denn zu diesem Zeitpunkt geht das Eigentum am Target auf den Käufer über.

Instrumente: Quasi eine »**Grundlagentechnologie**« für die Analyse von Texten und Datensätzen, wie sie insbesondere in der Transaktionsphase fällig ist, ist das Verfahren der »**E-Discovery**«. Damit werden Vorgehensweisen bezeichnet, bei denen Daten lokalisiert, gesichert und durchsucht werden, um diese als Beweismittel in zivil- oder strafrechtlichen Verfahren verwenden zu können, in unserem M&A-Feld vor allem zur Analyse von Verträgen des Targets. E-Discovery kann sowohl auf einzelnen Computern als auch im Netzwerk durchgeführt werden. Am Beispiel für Anwaltskanzleien sei die Bereitstellung und Verwendung des Tools kurz zu erläutern. Die zugrunde zu legende Software-Infrastruktur wird von spezialisierten *Automatisierungsunternehmen* entwickelt. Ihre Kunden, die Kanzleien, füttern diese Infrastrukturen jeweils mit den Ergebnissen aus ihren realen Testfällen (»*test badges*«). Damit wird die Lösung eine kanzleispezifische. Dann laufen die Programme mehrere Lernrunden, mithilfe derer sie *quasi-intelligent* gemacht werden. Der Realeinsatz findet dann in Projekten statt, bei denen die Programme nach ausgewählten Fallmustern relevante Fälle von irrelevanten unterscheiden: Damit können die vertieft zu analysierenden Fälle auf eine Größenordnung von erfahrungsgemäß 10 % reduziert werden. Diese werden von erfahrenen Partneranwälten dann detailliert geprüft. Routinesucharbeit, die im Wesentlichen von den Associates geleistet wird, entfällt.

Die zentrale Infrastruktur für die durchzuführende *Due Diligence* ist der virtuelle Datenraum. In einem *virtuellen Datenraum* (*Virtual Data Room*) sind alle Informationen aus der Unternehmensprüfung (*Due Diligence*) zu speichern. Diese müssen im Hintergrund mit der *Project Database* (s. o.) gespiegelt werden, insofern besteht ein *Vernetzungsbedarf,* der per IT hinterlegt werden kann. Einzelne Datenraumanbieter setzen in bestimmten Branchen bereits *Blockchain*-gesicherter Datenräume ein[764]. Blockchain reduziert dabei die Abhängigkeit von begrenzten und weniger komfortablen Speicherformen. Die Vorteile *dezentraler Datenhaltung* sind dabei, dass es keinen einzelnen Schwachpunkt mehr gibt, an dem Daten beschädigt oder gehackt werden können. Darüber hinaus gibt es keine einzelne Organisation oder einen Dritten, der diese Daten kontrolliert; die Blockchain selbst ist der vertrauenswürdige Dritte. In unserer

---

762 Nach allen gängigen Rechnungslegungsstandards – HGB, IFRS und US-GAAP – ist die Erstkonsolidierung eines erworbenen Unternehmens mit einer Kaufpreisallokation verbunden (Purchase Price Allocation/»PPA«). Dabei wird die Differenz zwischen dem Kaufpreis und dem Buchwert des erworbenen Eigenkapitals auf die bilanzierten und nicht bilanzierten Vermögenswerte, Verbindlichkeiten und Eventualverbindlichkeiten verteilt. Die Bewertung erfolgt gemäß einem Fair-Value-Konzept, also zum aktuell beizulegenden Zeitwert und ist z. B. vom International Accounting Standards Board (IASB) im Standard IFRS 3 »Unternehmenszusammenschlüsse« geregelt.

763 Dies ist zeitkritisch. Im Vorfeld ist zu klären, wie lange der Zeitabstand zwischen Signing und Closing sein wird. Gegebenenfalls muss die Integrationsplanung früher einsetzen. Der Integrationsmanager sollte bereits mit der Investitionsgenehmigung bestimmt sein, um sich einarbeiten zu können. Der Day One ist generalstabsmäßig zu planen, mit Stundenrhythmus, für die Einsätze aller Beteiligten, vom Vorstand über das Integrationsteam bis zum Management des übernehmenden Geschäftes.

764 Drooms ist wohl das erste Unternehmen, das die Blockchain-Technologie im Immobilien- und M&A-Transaktionsgeschäft einführt. Dabei ersetzt Drooms die traditionelle Archivierung, die in Form von DVDs, CDs, USBs und Festplatten erfolgt, durch sichere Datenräume, die über eine Blockchain für die rechtliche Garantiephase einer Transaktion validiert werden.

Zeit, in der der Fokus auf *Cybersicherheit* und *Datenschutz* immer wichtiger werden, bietet die Block-chain-Technologie eine Lösung, die über das Vertrauen in das System »Benutzername und Passwort« hinausgeht: Digitale Informationen sind manipulationssicher und können nicht verändert werden. Die Originalität des Archivs ist anhand von zeitgestempelten Daten sekundengenau zu erkennen.[765] In Abb. 49 sind das Aufgabenspektrum einer digital getriebenen »360-Grad-Due Diligence« und ihre not-wendigen Vernetzungen dargestellt.

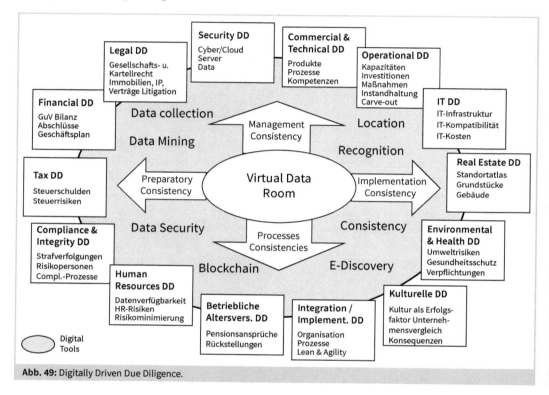

Abb. 49: Digitally Driven Due Diligence.

In einer Due Diligence sind in kurzer Zeit enorme Mengen an strukturierten (z. B. aus *ERP* oder *Buchhal-tung*) sowie unstrukturierten Datensätzen zu analysieren. Ihre Automatisierung über Big Data- und *NLP-Analysen*[766], Suchmaschinen und E-Discovery (s. o.) erschließt enorme Gewinne in Effizienz, Qualität und Zeitersparnis, die sich besonders unter dem Druck beim Angebotswettbewerb niederschlagen. Digitale Extraktion von Vertragsinhalten, deren automatische Sortierung nach Gebieten[767] und dann mithilfe von E-Discovery, unterstützt mit *Machine-Learning*-Programmen analysiert werden. In Verbindung mit modular aufgebauten (meist kanzleieigenen) Datenbanken können Lösungsvorschläge und Vertrags-texte abgeleitet werden.

---

765 https://drooms.com/de/blockchain, abgerufen 2.12.2018.
766 NLP steht für Neuro-Linguistisches Programmieren.
767 Etwa Reps & Warranties, Exklusivitätsvereinbarungen, Change-of-Control-Klauseln, IP-Rechte, Compliance, Tax.

Im Rahmen der *Technical Due Diligence* werden zunehmend Analysen der verwendeten technologischen Plattformen, der IT und *ERP-Systeme* aufgrund standardisierter digitaler Assessments und Checklisten durchgeführt. Dazu gehören auch automatisierte Analysen der Systemarchitektur, Verwendungscharakteristiken und Schnittstellen. Instrumente dazu, wie *SNP-Interface-Scanner* sind teilweise schon am Markt erhältlich. Ein digitaler System Scan liefert statistische und strukturelle Informationen über das ERP-System.

Auch die systematische Analyse der Endbenutzerarbeitsplätze sollte in eine technische DD einbezogen werden, da hier erhebliche Kostenblöcke und Systembrüche bei der Zusammenführung zweier Unternehmen drohen, die mit hohem Aufwand durch Migrationen, Neuausrüstung und Risikoabwehr (etwa wegen *Compliance*) behoben und geheilt werden müssen.

Der klassischen Due Diligence liegen *digitalisierte Dokumente* zugrunde. Dadurch entstehen *Bruchstellen* durch Einlesen, Auslesen, Erstellung neuer Dokumente. Aus Sicht der Informationstechnologie ist es schwer einsehbar, warum Informationen, die elektronisch vorliegen – sogenannte strukturierte Daten – zunächst in unstrukturierte Daten in Form von Dokumenten überführt werden, nur damit diese anschließend auf der Käuferseite wieder in eine auswertbare, d.h. strukturierte Form zu bringen. Der Weg führt jedoch in eine neue Welt durchgängiger Datenströme von Verkäufer zu Käufer, die sich in einer datenorientierten Due Diligence manifestiert. Diese Generation wird hier als »*Real Time Due Diligence*« bezeichnet, in der der Verkäufer nicht mehr Dokumente, sondern strukturierte Daten zur Verfügung stellt, auf die der Kaufinteressent Zugriff hat und die in einem Realzeitdialog zwischen Informationssender und -empfänger auch nach Bedarf ergänzt oder tiefer hinterlegt werden können. Voraussetzung dafür ist eine hohe Standardisierbarkeit, die derzeit sichtbar zunimmt, gegen die sich viele Marktteilnehmer jedoch noch wehren. Die Technologien sind reif und es können enorme Kosten- und Zeiteinsparungen erreicht werden. Am Horizont steht die Einführung *künstlicher Intelligenz*, die die im Transaktionsprozess beteiligten Individuen von belastender Routinearbeit entlastet und es ermöglicht, sich auf wertschöpfende geistige Tätigkeiten zu konzentrieren. Gelingt es nachstehende Erfolgsfaktoren umzusetzen, wird der Weg frei für eine Zusammenarbeit in *Echtzeit*, mit dem Zeitbedarf und Kosten erheblich gesenkt werden bei gleichzeitiger Verbesserung der Qualität.[768]

Die Digitalisierung und Automatisierung ist in die **M&A-Transaktion und -finanzierung** noch nicht einbezogen. Dafür liegen die Fälle zu speziell, sodass sich die *Sammlung von Referenzfällen* und die *Bildung von Clustern*, zur Speisung von Datenbanken, aus denen man Vergleichsfälle herausziehen kann, bis auf Weiteres nicht anbietet. Bei der **Innenfinanzierung** sieht es anders aus, etwa über den Verkauf von *Forderungen* und *Factoring*. Neuester Trend sind dazu eingerichtete Plattformen, an die der Interessent die für seinen Fall einem Excel-sheet zusammengestellten relevanten Daten sendet. Auf der Plattform werden diese dann veröffentlicht, sodass Investoren darauf bieten können. Solche Plattformen können das klassische Bankprozedere ersetzen. Auch im **allgemeinen Kreditwesen** sind *Plattformlösungen* mit »*quasi-künstlicher Intelligenz*« im Kommen. Wenn der Kunde seine Eckdaten (Finanzierungsbedarf, Verschuldung, Branche, Region usf.) angibt, dann können durch Abgleich mit hinterlegten Beispielen ver-

---

768 Kai Lucks und Michael Klawon: Realtime Due Diligence. S. 761–770. In: Kai Lucks (Hrsg.), Praxishandbuch Industrie 4.0, Schäffer-Poeschel Verlag, Stuttgart 2017.

gleichbare Angebote herausgefiltert werden. Damit gewinnt etwa ein mittelständisches Unternehmen Zugang zu einer Vielzahl *professioneller Investoren,* die es sonst nie erreichen könnte.[769]

13.5.15   Die Implementierungsphase

Konzept und Inhalt: Die Umsetzung der *stand-alone-Implementierung* (etwa bei Unternehmenskauf durch *Private Equity*) oder der *Integration* zweier Geschäfte (nach Kauf durch einen strategischen Investor) basiert auf der *pre-Closing Implementierungsplanung,* beginnt mit *Day One* nach dem Closing. Sie läuft über das *100-Tage-Programm,* in dem alle Informationen nun durch direkten Zugang zum Target geprüft und das Implementierungs- bzw. Integrationskonzept unter Teilhabe der Vertreter aus dem Target verifiziert und vereinbart werden. Darauf folgt die »harte« *Umsetzung* der vereinbarten Maßnahmen, zu der das »weiche« kulturelle *Change Management* parallel läuft. Mit der *Übergabe des Projektes* an das neue *Management Team,* das sich aus geprüften Vertretern beider Seiten rekrutiert, endet formal das M&A-Projekt. Im Nachlauf wird die Umsetzung des Maßnahmenprogramms weiterverfolgt und durch ein kleines Change Team begleitet, das die Konsistenz und Unumkehrbarkeit des Wandels sicherstellt.

Instrumente: Das zentrale Instrument, das nun auf Basis der Gesamtzielableitung zum Einsatz kommt, ist die schrittweise **Härtegradverfolgung** zur Umsetzung der einzelnen Maßnahmen. Das bei *Siemens* eingesetzte System unterscheidet pro *Maßnahme* 5 Stufen, nämlich (1) Definition der Maßnahme unter Verpflichtung eines Verantwortlichen, (2) Startpunkt der Umsetzung unter Zugrundelegung des *Wertbeitragsziels,* (3) Meldung, dass alle relevanten Aktionen definiert wurden, (4) Meldung, dass alle Aktionen durchgeführt sind, (5) Rückmeldung aus dem Controlling, dass die kassenwirksamen Ergebnisse eingetroffen sind. Monatlich werden die Maßnahmen je nach Stufe aufsummiert, sodass sich bottom-up ein *Härtegradbild* ergibt, das insgesamt das vorgegebene (top down) ermittelte *Gesamtziel* ausfüllt. Das (harte) Ziel des M&A-Projektes ist dann erreicht, wenn alle geplanten Maßnahmen zu 100 % im »Härtegrad 5« angekommen sind, das heißt, den Ziel-cash (bzw. den *Gesamtwertbeitrag* des Projektes) erreicht haben.

Dieses Grundmodell ist als zentrales *Tracking Tool* digital aufzusetzen, unter Hinzunahme besonderer *Meilensteinziele.* Dem können orientierende und unterstützende digitale Instrumente zur Seite gestellt werden, wie ein *Synergie-Monitoring* (als Teilaufgabe) sowie das digital hinterlegte *Controlling*-Instrumentarium des kaufenden Unternehmens. Um die vergleichende Außensicht nicht aus dem Auge zu verlieren, kann eine *Best Practice Database*[770] zugrunde gelegt werden, die sich auf dem genannten *Benchmarking* und *Baselining* aufbaut. Hier muss jedoch genau recherchiert und fallspezifisch aggregiert werden. Die »eierlegende« Best Practice Database schlechthin gibt es nicht und ist – trotz künstlicher Intelligenz – auch nicht zu erwarten. Dafür ist die Wirtschaftswelt zu vielfältig, die Dynamik zu groß, und »das Neue« deduktiv schwer ableitbar. Insofern kommt der Unternehmer nicht daran vorbei, selbst in die Hände zu spucken und unter Einbezug interner und externer Ansätze »sein« *Best-Practice-Zielbündel*

---

769 Info: Gespräch mit Dominik Spanier, Lincoln International, am 10.12.2018.
770 Dazu gibt es einige Online-Angebote, etwa im Bereich Pharmaceutical, Biotech, Medical Device and Healthcare Industries. https://www.best-in-class.com/database, abgerufen 8.12.2018.

zu entwickeln, das dann, für alle Beteiligten in der *Projektdatenbank* hinterlegt werden kann. Aber: Auch hier gilt das Prinzip des End-to-end-Prozesses mit ständiger Überwachung was sich extern tut, ob die internen Zielsetzungen noch genügen oder angepasst werden müssen. In letzter Konsequenz führt dies zu einer »rollierenden« *dynamisierten Planung* »open-end«.

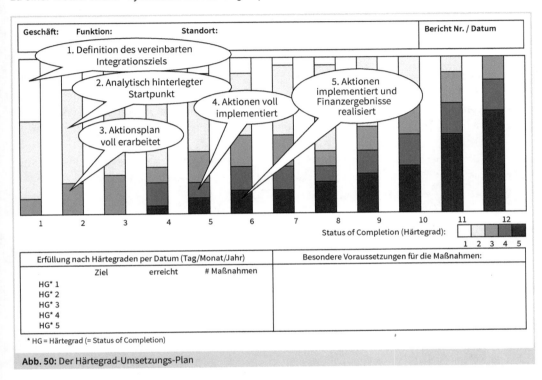

Abb. 50: Der Härtegrad-Umsetzungs-Plan

Zur Weiterführung des Prozesses »Transaction und Legal« über das Closing hinaus empfiehlt sich ein *Closing Condition Monitor*, der die Umsetzung der in den Verträgen vereinbarten Maßnahmen und Ziele, insbesondere die aus Zielverfehlung ableitbaren Haftungen des Verkäufers im Auge behält und ggf. einfordert. Auch dies kann in einer digitalen Datenbank hinterlegt werden, die sich aus den Vertragsvereinbarungen und den Anlagen speist.

Am Ende jedes M&A-Projektes sollte eine *Performance-Analyse* stehen, unter Herausstellung besonderer werttreibender und wertvernichtender Hebel. Erfahrungsgemäß kann dies erst nach Auswirkung aller Maßnahmen, also etwa zwei Jahre nach dem Closing, realitätsnah erledigt werden. Eng verbunden damit ist ein *Erfahrungsbericht*, der allgemeine Erkenntnisse und neue Tools umfassen muss, die dann in die *M&A Knowledge Base* einfließen und einem digital hinterlegten Trainingsprogramm für M&A dient, das Grundlage für die *Rekrutierung* von Mitarbeitern zu M&A-Folgeprojekten ist. Hiermit schließt sich dann der (digital hinterlegte) M&A-*Wissensmanagement-Kreislauf.*

13.6   Meinungsbild zu digitalem M&A und Erwerb digitaler Unternehmen

Die Digitalisierung des M&A-Prozesses hat besondere Relevanz, wenn Unternehmen mit digitalen Geschäftsmodellen übernommen werden sollen. In einer Studie fragten wir im Sommer 2018 mittelständische Unternehmen nach ihrer Einstellung hinsichtlich *Digitalisierung von M&A* bzw. Übernahme von digitalen Unternehmen.[771] Das Ergebnis der Studie liest sich (Stand Oktober 2018) wie folgt:

»In der vorliegenden Studie von Sommer 2018 werden Aspekte der Digitalisierung beleuchtet, die einen Einfluss auf Mergers-and-Acquisitions (M&A) haben. Die Teilnehmer der Studie sind zu größten Teilen M&A-Experten aus dem deutschsprachigen Raum, z. T. mit Geschäftsführungserfahrung und zumeist fünf oder mehr Jahren M&A-Erfahrung, sodass ihre Meinungsäußerungen relevantes Gewicht haben.

Aktuell dominiert bei den Befragten die Erwartung, dass digitale Technologien die frühen Phasen einer M&A-Transaktion stark verändern werden, also während der Suche nach *Targets* und in der *Due-Diligence*-Phase.

Dominierende Transaktionsgründe sind der *Einkauf von Digitalisierungskompetenzen* und Intellectual Property. Zurückhaltender wird dagegen der Erwerb von Daten bewertet und auch die Fähigkeit, Mitarbeiter durch M&A zu gewinnen, wird unterschiedlich bewertet.

Das vorherrschende Szenario ist der Kauf von jungen »Digitalfirmen«, die von etablierten Firmen erworben und dann mindestens in einer Mehrheitsbeteiligung geführt werden. Dabei liegt das Augenmerk derzeit vor allem auf *Schlüsseltechnologien*, die analytischen Charakter (Big Data) und/oder Plattformpotenziale bieten. Themen wie *Blockchain* und *künstliche Intelligenz* werden von den Beteiligten noch nicht in gleichem Maße für relevant erachtet.

Im Rahmen der Due Diligence zeichnet sich ab, dass IT-Experten immer früher eingebunden werden, oft schon zu Beginn des Prozesses. Ein Fokus in den Bewertungen liegt insbesondere auf dem *Intellectual Property*, das in eigener Software, in Geschäftsmodellen oder in angepasster Standardsoftware vorliegt …«

»… Auf der anderen Seite werden Transaktionen im Digital-Umfeld für ungleich komplexer gehalten, insbesondere der Datenschutz ist an der Stelle ein Treiber, der noch vor drei Jahren (2015) als deutlich weniger bedeutsam erachtet wurde, als heute« (2018).

Aber auch in der Umsetzung (*Post-Transaction-Phase*) stehen die M&A-Experten vor Herausforderungen, denn es zeichnet sich ein sehr uneinheitliches Bild ab, wie z. B. *Carve-Outs* gelingen können. Ob diese im Digitalumfeld leichter oder schwerer werden, wird sehr unterschiedlich bewertet. Hier scheint eine große Unsicherheit zu herrschen, sodass Käuferunternehmen mit Erfahrungswissen oder Zugang zu

---

[771] Studie des Bundesverbandes Mergers & Acquisitions e. V. in Kooperation mit der Technischen Hochschule Nürnberg Prof. Dr. Roland Zimmermann und der Data Group, Andreas Baresel. Einfluss von Digitalisierung auf M&A-Prozesse. Zwischenbericht vom Oktober 2018.

diesem in Carve-Out-Prozessen bei M&A-Transaktionen derzeit evtl. einen strategischen Vorteil gegenüber anderen Kaufinteressenten genießen könnten.

Die abschließende Bewertung der bisherigen Erfolge, durch M&A *digitale Kompetenzen* und Wettbewerbsvorteile zu erlangen, sind tendenziell positiv, differieren aber stark je nach Zielsetzung. Vergleichsweise erfolgreich war bislang die Sicherung des Zugangs zu Bestandskunden sowie der Hinzugewinn von Fachpersonal, wobei in letzterem Punkt zugleich auch die negativsten Erfahrungen gemacht wurden. Das deutet darauf hin, dass gerade bei dem Ziel »Gewinnung von Fachkompetenzen« besondere Sorgfalt hinsichtlich der Weiterführung von bisherigen Firmenstrukturen und -kulturen zu bedenken sein könnte. [772]

13.7   Transaktionsgründe

In der Phase vor einer M&A-Transaktion gibt es zahlreiche Gründe, warum Akquisitionen im Hinblick auf Digitalisierungsaspekte anvisiert werden. Am stärksten ausgeprägt, d.h. in der Einschätzung der Befragten die höchste Relevanz mit jeweils mehr als 50% der Befragten haben die Gründe:
- Digitalisierungskompetenz einkaufen,
- Sicherung von Intellectual Property,
- Hinzugewinn von Fachpersonal (Acqui-Hiring).

Als deutlich weniger relevant wird ein Divestment zur Fokussierung auf digitale Geschäftsmodelle oder eine Schutzakquisition zur Verdrängung disruptiver Wettbewerber gesehen.

Interessant erscheint, dass der Einkauf von *Datenbeständen* als nur begrenzt relevant gesehen wird. Eine Hypothese zur Erklärung könnte sein, dass hier auch Fragen der Nutzbarkeit zugekaufter Daten, nicht zuletzt unter Aspekten rechtlicher Regelungen wie der *DSGVO*, eine Rolle in der Bewertung durch die Teilnehmer spielen.

13.8   Käufer-Verkäufer-Rollen

Im Hinblick auf die Rollenverteilung zwischen Käufer und Verkäufer dominiert der Ansatz, dass etablierte Firmen junge »*Digitalfirmen*« erwerben, diesen Ansatz halten mehr als 80% der Befragten für mindestens hoch relevant. Konsistent dazu halten ebenso viele der Befragten das Gegenteil – also den Kauf etablierter Firmen durch junge »Digitalfirmen« – für wenig bis nicht relevant erachtet wird. Auch der Zusammenschluss mehrerer kleiner bzw. junger »Digitalfirmen« wird eher als weniger relevant erachtet, obwohl die Meinungen hier stärker divergieren: So halten immerhin 27% der Befragten diese Option für hoch relevant bis sehr relevant.

---

772 Zitate und Aussagen siehe Studie des Bundesverbandes Mergers & Acquisitions e.V. in Kooperation mit der Technischen Hochschule Nürnberg Prof. Dr. Roland Zimmermann und der Data Group, Andreas Baresel. Einfluss von Digitalisierung auf M&A-Prozesse. Zwischenbericht vom Oktober 2018

13.9   Schlüsseltechnologien

Die Teilnehmer der Studie haben auch zu relevanten *Schlüsseltechnologien* Stellung bezogen und bewertet, welche Technologien bei M&A-Targets aktuell im Jahr 2018 im Fokus stehen. Als besonders gesucht, stellt sich das Thema »*Analytics*«, insbesondere unter dem Aspekt »*Big Data*« heraus sowie Targets, die *digitale Plattformen* anbieten bzw. betreiben. Beide Aspekte spielen in erfolgreichen digitalen Geschäftsmodellen eine besonders zentrale Rolle, da viele Ansätze auf der Auswertung von Daten fußen, die durch Trends wie *Social Media*, Internet-of-Things und (mobile) Online-Märkte erst in den letzten Jahren in großem Umfang möglich geworden sind. Zugleich sind in der *Digitalökonomie* die Firmen im Vorteil, die Plattformen bei einem großen Kundenkreis etablieren zu können und damit einen selbstverstärkenden Wettbewerbsvorteilskreislauf zu kreieren. Typische Beispiele für erfolgreiche Vertreter dieser Plattformökonomie sind Amazon, Facebook, Instagram, Apple mit iTunes und zahlreiche weitere. Die Vermutung liegt nahe, dass M&A-Targets unter dem speziellen Blickwinkel dieser Wettbewerbsvorteile gesucht werden.

Dagegen erscheint das Thema »*Blockchain-Technologie*« noch in einer früheren Phase, hier sind viele Teilnehmer eher noch zurückhaltend. Ein wenig gilt dies auch für das Themenfeld der *künstlichen Intelligenz*, auch wenn hier bereits fast 50 % der Teilnehmer dies für mindestens hoch relevant einschätzen. Zwei weitere Technologien wurden in der Befragung von einzelnen Teilnehmern unter dem Punkt »Sonstiges« genannt: *E-Commerce* und Security, insb. *Cyber Security*.

13.10   Transaktionsformen

Große Einigkeit besteht unter den Teilnehmern, wenn es um die *Transaktionsart* geht. Fast 90 % bevorzugen mindestens eine Mehrheitsbeteiligung, immerhin 75 % möchten sogar einen vollständigen Anteilserwerb an Targets realisieren. Dagegen werden Minderheitsbeteiligungen für nicht sonderlich interessant erachtet – lediglich 30 % der Befragten halten diese Art der Transaktion für mindestens »mittel relevant« oder höher. Insgesamt wird sehr deutlich, dass eine möglichst vollständige Kontrolle der Targets angestrebt wird. Die Optionen auf Allianzen und Joint Ventures werden als mittel relevant eingestuft, allerdings ändert sich das Bild, wenn ein Fokus auf lediglich die Teilnehmer gewählt wird, die sich der Rolle »Corporate/Strategie« zugeordnet haben (vgl. Abbildung unten). In dem Fall werden Allianzen deutlich besser gewertet, allerdings ist die Fallzahl hier sehr gering (lediglich sieben (7) Teilnehmer der Rolle »Corporate/Strategie« haben diese Frage zu »Allianzen« beantwortet). Joint-Ventures werden ebenfalls als nur bedingt relevant eingeschätzt.

13.11   Bedeutung der IT in der Due-Diligence-Phase

Bis vor drei Jahren (2015) haben IT-Themen in der Due-Diligence-Phase nach Überzeugung der Teilnehmer nur eine mittlere bis untergeordnete Rolle gespielt (>85 %). Dies hat sich in den letzten Jahren drastisch gedreht, heute (2018) halten 80 % die Bedeutung von IT-Themen in dieser frühen Phase für hoch bis sehr hoch. Dieser Trend setzt sich nach Einschätzung der Teilnehmer noch weiter fort, sie betonen damit die gewandelte Wahrnehmung von Digitalthemen innerhalb der letzten Jahre.

13.12   Einbindung von IT-Experten

Die Einschätzung »gestiegene Bedeutung der IT« wird konsistent von allen Teilnehmern auch in einer ergänzenden Frage geteilt. So werden IT-Experten inzwischen mindestens im Verlauf der Due-Diligence eingebunden, dies war im Jahr 2015 noch deutlich weniger der Fall. In Zukunft soll die Einbindung im Normalfall (>70 % der Befragten) bereits zu Beginn der Due-Diligence-Phase erfolgen.

13.13   Bewertete IT-Themen

Zur Bewertung der IT werden in den meisten Fällen sowohl Investitionsbedarfe für existierende Business-Applikationen betrachtet, als auch dafür anfallende zukünftige Lizenzkosten – ca. 70 % der Teilnehmer tun dies häufig oder immer. Dagegen wird der Betrieb existierender und neuer IT-Systeme nicht ganz so konsequent bewertet, so bewerten 40 % der Teilnehmer diesen Aspekt der IT höchstens in der Hälfte aller Due-Diligence-Prozesse oder seltener.

Große Bedeutung kommt der Bewertung des *Intellectual Property* (IP) zu. Dabei spielt es keine Rolle, ob IP in eigenentwickelter Software oder in stark angepassten Standard-IT-Systemen gebunden ist. Noch etwas relevanter wird IP bewertet, das durch digitale Services oder Geschäftsmodell entstanden ist und damit direkt umsatzwirksam sein könnte. Mehr als 75 % der Teilnehmer bewerten diese Form von IP fast immer. Die Einschätzungen hier sind damit konsistent mit den Gründen für M&A-Aktivitäten mit digitalem Hintergrund, bei denen der Zukauf von IP ebenfalls ganz oben in der Bewertung rangiert. Das schwer zu fassende Thema der Qualität einer IT-Architektur wird – wenig überraschend – bislang zwar nicht vernachlässigt, aber nicht so konsequent betrachtet, wie andere IT-Felder.

13.14   Nutzung digitaler Reifegrad-Assessments

»… Was bislang noch wenig durchgeführt werden, sind Assessments des Digitalen Reifegrades, wobei fast alle Befragten erwarten, dass diese bis 2021 zu einem regelmäßigen Bewertungsbestandteil werden.«

»… Neben einer Untersuchung und Bewertung existierender IT-Systeme wenden bislang noch sehr wenige M&A-Experten explizite Assessments an, die den digitalen Reifegrad von Targets messen. Vor drei Jahren haben fast 50 % der Befragten derartige Assessments noch gar nicht angewendet, inzwischen werden solche Analysemethoden zumindest in geringem Umfang (45 % »wenig Nutzung«) eingesetzt. Offenbar ist hier ein deutlicher Nachholbedarf bereits erkannt worden, denn mindestens 50 % der Teilnehmer planen in drei Jahren (2021) eine häufige oder intensive Nutzung digitaler Reifegradmodelle vor einer Investition.«

Es steht zu vermuten, dass ein solches Assessment in Zukunft eine Standardbewertungsmethode werden könnte. Kritisch ist sicherlich zu hinterfragen, inwieweit Assessments des digitalen Reifegrades miteinander vergleichbar sind und ob in diesem Bereich Standardisierungsbemühungen nötig werden.

13.15   Bewertungsthemen und Kaufpreisprämien für M&A-Targets

»Für die Bewertung im Rahmen der Due-Diligence sind für die Teilnehmer insbesondere Geschäftsmodelle, Produkte oder Services mit digitalem Charakter bewertungsrelevant. Ebenso werden stark digitalisierte Unternehmensprozesse, also die interne Prozesslandschaft als bewertungsrelevant betrachtet.

Vergleichsweise weniger von Bedeutung für die Bewertung sind digitale Fähigkeiten der Mitarbeiter sowie Datenbestände und Algorithmen. Dies scheint in einem gewissen Widerspruch zu stehen zu den Gründen, die für M&A-Akquisitionen angeführt werden. Es könnte hypothetisch sein, dass Fähigkeiten von Mitarbeitern weniger hoch bewertet werden, weil durch Mitarbeiterfluktuation dieses personengebundene Wissen nur schwer abzusichern ist …«

»… Konkretisierend wurde eine Frage zur numerischen Einschätzung von Kaufpreisprämien gestellt. Die Teilnehmer sollten eine konkrete Zahlenangabe als Faktor zwischen 1 und 20 definieren, der als Multiplikator für einen Kaufpreis ›vor Digitalaufschlag‹ gelten kann … Für Digital-Ressourcen werden deutliche *Kaufpreisprämien* als angemessen erachtet, so hält der größte Teil der Befragten einen Faktor auf einen Rohkaufpreis ›vor *Digitalaufschlag*‹ zwischen zehn (10) und fünfzehn (15) für gerechtfertigt.«[773]

13.16   Transaktionsphase

Für die Transaction-Phase wird in der Untersuchung analysiert, wie sich die Komplexität, gerade auch im Hinblick auf vertragliche Regelungen, entwickelt. So stellen die hohen Kaufpreisprämien, die als Ergebnis der Due-Diligence-Phase von den Teilnehmern als gerechtfertigt angesehen werden, sicherlich einen Anlass dar, vertragliche Regelungen zur Absicherung der dahinterstehenden »digitalen Werte« zu definieren.

13.17   Komplexität durch Digitalisierung

Über 40 % der Befragten nehmen an, dass die *Komplexität* der Transaktion deutlich steigt im Vergleich zu einer Transaktion eines traditionellen Targets und einen leichten Anstieg sehen noch fast 30 % der Befragten. Nur rund 10 % der Befragten glauben dagegen an eine sinkende Komplexität der Transaktionsprozesse. In einer weiteren Frage wurde ein Komplexitätstreiber – das Thema »Datenschutz« – konkretisiert. Hier zeigt sich, dass die Bedeutung von Datenschutzthemen in den letzten drei Jahren offenbar drastisch zugenommen hat. In 2015 glaubten noch mehr als 80 % an geringen bis keinen (unver-

---

773   Dazu Erläuterung von Projektleiter Andreas Baresel zur Bewertung: Um welchen Faktor ändert sich die Bewertung zwischen einer Bewertung des Targets komplett ohne Digitalkomponente und mit Digitalisierung? Wir haben in der Befragung den Bewertungsansatz selbst offen gelassen und nur nach dem Änderungsmultiplikator zwischen Digital und Nicht-Digital gefragt. Die Streuung zeigt, dass hier recht unterschiedliche Sichtweisen existieren. Einerseits wird mit Faktor 5 (13 % der Befragten), der bspw. aus einem EBIT-Multiple von 5 eines komplett nicht digitalen Targets eine Bewertung von 25 x EBIT macht, die Bewertung von Unternehmen mit klassischen Geschäftsmodellen aber schon recht hohem Digitalisierungsgrad abgebildet. Andererseits gibt es aber auch Faktor 15 (24 % der Befragten), der im gleichen Szenario dann bei 75 x EBIT eher der Bewertung von reinen Digital-Unternehmen entspricht (bspw. Amazon aktuell bei über 80).

änderten) Einfluss des Themas auf die Komplexität von M&A-Transaktionen. Sicherlich nicht zuletzt auch durch die *DSGVO* und die damit einhergehende Diskussion sowie die zunehmende Sensibilisierung der Gesellschaft für Fragen von Sicherheit und Privatheit könnte die Bedeutung rechtlicher Regelungen zum Datenschutz deutlich gestiegen sein und nach Einschätzung der Teilnehmer wird diese Bedeutung noch weiter steigen bis 2021.

13.18   Organisatorische Verankerung der Digitalisierung im M&A-Team

Die gestiegene Bedeutung von IT-Themen für den Bereich M&A spiegelt sich auch in der Teambildung wider. So geben 41 % der befragten Teilnehmer an, dass sie das Thema »Digitalisierung« durch eigene, für IT verantwortliche Mitarbeiter (IT-Experten) abbilden. Lediglich 17 % geben an, dass sie bislang noch keine explizite Verantwortung für Digitalkompetenzen in ihren M&A-Teams haben.

13.19   Neue Formen von Vertragsgegenständen und Garantien

In einer offenen Frage zu neuen Formen von Vertragsgegenständen wurden folgende Themen genannt:
* IP-Rechte in eigener Software und deren konkrete vertragliche Beschreibung,
* Beweissicherung bspw. durch Datenraumprovider,
* Block Chain Assets und Smart-Contracts,
* Digitale Assets: Webportale, Domains, Bekanntheitsgrad, Social Media Account Activities, Suchmaschinenranking, Backlinks,
* Garantien für schwere Kopierbarkeit der IT,
* Earn-out-Modelle,
* Umgang mit erworbenen Datenbeständen sowie deren Verwendung,
* Verlässlichkeit der Systeme/Infrastruktur.

13.20   Post Signing

In der Phase nach Vertragsabschluss, also der Durchführung der Transaktion, lassen sich sowohl organisatorische Prioritäten als auch die Bedeutung von Digitalisierungsaufgaben untersuchen. Die organisatorische Verankerung von Digitalisierungsaktivitäten innerhalb der ersten 100 Tage nach Abschluss einer Transaktion gewinnt nach Ansicht der Teilnehmer in den nächsten Jahren deutlich an Einfluss. So nehmen rund 40 % der Befragten an, dass Digitalisierungsaufgaben zu den Top-2-Prioritäten in den ersten 100 Tagen zählen werden. Dagegen waren vor drei Jahren noch mehr als 50 % der Befragten der Meinung, dass derartige Aktivitäten nicht einmal unter die Top-5-Prioritäten in einem 100-Tage-Programm gehörten.

13.21   Entwicklungen im Nachgang zu M&A-Transaktionen

Interessant ist, dass offenbar eine recht große Unsicherheit bzw. sehr unterschiedliche Meinungen vorherrschen, was den Zeitbedarf für *Carve-Outs* angeht. Es glauben fast gleich viele Personen, dass Carve-Outs schneller gehen werden wie auch langsamer. Hier ist sicherlich ein Ansatzpunkt für prozessuale Verbesserungen und professionelle Carve-Out-Angebote gegeben.

In ähnlicher Form sind sich die Teilnehmer auch uneinig, ob neu erworbene »Digitalfirmen« in einen bestehenden Firmenverbund tiefer oder eher weniger tief integriert werden sollten. Hier wären Studien anzuraten, die den Erfolg von Integrationen untersuchen und damit praktikable Best-Practice-Anweisungen anbieten könnten.

Lediglich bei der Dauer der Amortisation tendieren die Befragten eher in eine Richtung: Der Zeitraum für Amortisationen verkürzt sich danach im Vergleich zu nicht-digitalen Projekten.

Das Thema »*Cloud*« wird tendenziell als ein Enabler für leichtere Carve-Outs betrachtet, zumindest stimmen mehr Teilnehmer zu, dass mithilfe der Digitalisierungsoptionen, insb. Cloudtechnologien, heute leichter Greenfield-Ansätze für Carve-Outs realisiert werden können als früher.

13.22   Erfolge mit M&A-Transaktionen im Bezug zur Digitalisierung

Zum Abschluss der Bewertung haben die Teilnehmer aus ihrer eigenen Erfahrung heraus die Erfolge von M&A-Transaktionen beurteilt, die einen Bezug zur Digitalisierung hatten. Danach hatten offenbar Transaktionen mit den folgenden Zielen relativ gute Erfolge:
- Digitalisierungskompetenz einkaufen,
- Intellectual Property erwerben,
- Zugang zu Bestandskunden (des Targets) sichern.

Wiederum etwas schwieriger stellt sich das Thema »Dateneinkauf und Nutzung von Datenbeständen« heraus – hier ist vergleichsweise wenig Erfolg zu erkennen. Das Gleiche gilt in ähnlicher Form für die Gewinnung von Fachpersonal. Auch dies hat z. T. nur geringe oder sogar in einem Fall auch gar keinen Erfolg gezeigt. Damit sind diese Erfolgsbewertungen im Einklang mit den Gründen für Transaktionen, die zu Beginn der Untersuchung von den Teilnehmern erfragt wurden.

13.23   Individuelle Einschätzung zum Einfluss der Digitalisierung im M&A-Bereich

In einer abschließenden offenen Frage konnten die Teilnehmer ihre persönliche Einschätzung zum Einfluss von Digitalisierung auf M&A-Prozesse formulieren. Im Folgenden sind Themenbereiche aufgelistet, die von den Teilnehmern dazu genannt wurden:

- Aus heutiger Sicht sind viele Themen noch wenig greifbar,
- Aufwand für DD steigt, Bewertung wird schwieriger,
- Fähigkeit zum Digitalisieren von Produkten/Services entscheidend,
- Chancen durch Matching von Käufer/Verkäufer und in der Abwicklung/Beschleunigung des Prozesses,
- Komplexität der Transaktion und Post-Merger-Integrationsaufwendungen steigen,
- Einkauf digitaler Kompetenz durch etablierte Unternehmen – Gefahr der Inkompatibilität von Geschäftsmodell und -kultur,
- Digitalisierung als Schlagwort mit Unschärfe – Präzisierung nötig, auch für M&A,
- Neue Wettbewerber im M&A-Beratungsmarkt zu erwarten.[774]

13.24   Fazit

Als Fazit ist festzuhalten, dass das Thema »Digitalisierung« sowohl die M&A-Prozesse – dabei besonders die früheren Phasen – technisch verändern wird als auch die Akquise von digitalen Kompetenzen zunehmend relevant ist und sich die M&A-Branche auf diese Änderungen z. B. durch die frühzeitige Integration von IT-Experten einstellen will.[775]

---

774 Studie des Bundesverbandes Mergers & Acquisitions e. V. in Kooperation mit der Technischen Hochschule Nürnberg Prof. Dr. Roland Zimmermann und der Data Group, GF Andreas Baresel: Einfluss von Digitalisierung auf M&A-Prozesse. Zwischenbericht vom Oktober 2018.
775 Ebenda.

14 Cyber Security

Industrie 4.0, künstliche Intelligenz, Smart Data und digitale Geschäftsmodelle sind Megatrends unserer Zeit. Doch ihr Potenzial für neue Produkte und Services kann nur zur Entfaltung gelangen, wenn die Umsetzung von Anfang an das Thema Cyber Security mitberücksichtigt. Cybersicherheit wird damit zum wichtigsten Sicherheitsthema unserer Zeit. Diese verbindet technische und organisatorische Aspekte, zum Beispiel Sicherheitssysteme, Prozessdefinitionen, Leitlinien oder Pflichtenhefte. Auch Schulungen zur Sensibilisierung von Mitarbeitern spielen eine Rolle. So umfasst der Begriff »Cyber Security« den Schutz von Daten und Informationssystemen im weitesten Sinne: Über herkömmliche Computer- und Netzwerk-Sicherheit hinausgehend, gehören dazu sowohl der physische Schutz von Gebäuden und Serverräumen, als auch Schutzmaßnahmen gegen Malware, Netzwerksicherheit sowie die Sicherung von Infrastrukturen für Netze und Speicher. Damit ist Cyber Security umfassender zu definieren als die herkömmliche IT-Security. Dieses Kapitel bietet eine Systematik der Cyberrisiken an, eine Abstufung der Gefährdungen, sowohl menschen-, als auch maschineninduziert, Beispiele für Angriffe und die besondere Rolle der künstlichen Intelligenz – sowohl in der Bedrohung als auch zum Schutz gegen Cyberattacken. Schließlich werden konzertierte Aktionen gegen Cyberrisiken vorgestellt, vor allem die Charter of Trust – denn gegen die noch zunehmenden Bedrohungen kann sich die Industrie nur im Verbund der Wertschöpfungsketten bzw. der unternehmerischen Ökosysteme wehren, im Schulterschluss mit Regierungen.

14.1 Typische Cyberrisiken

Cyberrisiken werden generell in zwei Hauptursachen eingeteilt. Auf der einen Seite sind die nicht kriminellen Ursachen und auf der anderen Seite die kriminellen Ursachen zu nennen. Beide Ursachen können dabei in drei Untergruppen unterteilt werden.[776]

14.1.1 Nicht kriminelle Ursachen

14.1.1.1 Höhere Gewalt

Höhere Gewalt kann zu einem empfindlichen Datenverlust führen oder zumindest die Verfügbarkeit von Daten einschränken, indem Rechenzentren durch Naturkatastrophen wie beispielsweise Überschwemmungen oder Erdbeben zerstört werden. Ebenso sind Stromausfälle denkbar.

---

776 St. Gallen News: Cyber Risk Risikomanagement und Versicherbarkeit. https://stgallennews.wordpress.com/2016/01/20/frisch-aus-st-gallen-topnews-cyber-risk-risikomanagement-und-versicherbarkeit/, abgerufen 19.12.2018.

14.1.1.2   Technisches Versagen

Hardwaredefekte können zu einem herben Datenverlust führen. Neben einem Überhitzen von Rechnern sind Kurzschlüsse in der Systemtechnik oder Headcrashes von Festplatten typische Vorfälle.

14.1.1.3   Menschliches Versagen und Fehlverhalten

Als Cyberrisiken sind auch unbeabsichtigtes und menschliches Fehlverhalten denkbar. Hierunter zählt das versehentliche Veröffentlichen von sensiblen Informationen. Möglich ist eine falsche Adressierung, Wahl einer falschen Faxnummer oder das Hochladen sensibler Daten auf einen öffentlichen Bereich der Homepage.

14.1.2   Kriminelle Ursachen

14.1.2.1   Hackerangriffe

Hackerangriffe oder Cyberattacken sind in der Regel die Szenarien, die die Presse dominieren. Häufig wird von spektakulären Datendiebstählen auf große Firmen oder von weltweiten Angriffen mit sogenannten *Kryptotrojanern* (s. u.) berichtet. Opfer kann am Ende aber jeder werden. Ziele, Methoden und auch das Interesse sind vielfältig. Neben dem finanziellen Interesse können Hackerangriffe auch zur Spionage oder Sabotage eingesetzt werden. Mögliche Hackermethoden sind unter anderem: Social Engineering, Trojaner, *DDoS-Attacken*[777] oder Viren.

14.1.2.2   Physischer Angriff

Die Zielsetzung eines physischen Angriffs ist ähnlich dem eines Hackerangriffs. Dabei wird nicht auf die Tools eines Hackerangriffs zurückgegriffen, sondern durch das physische Eindringen in Unternehmensgebäude das Ziel erreicht. Häufig sind es Mitarbeiter, die vertrauliche Informationen stehlen, da sie bereits den notwendigen Zugang zu den Daten besitzen.

14.1.2.3   Erpressung

Obwohl die Erpressung aufgrund der eingesetzten Methoden auch als Hackerangriff gewertet werden kann, ergibt eine Differenzierung Sinn. Erpressungsfälle durch die bereits erwähnten *Kryptotrojaner* sind

---

777 Unter einem DDoS-Angriff (Distributed Denial of Service) versteht man den Versuch, eine Website oder einen Onlinedienst mit Traffic aus verschiedenen Quellen zu überfluten und diese so für Nutzer unverfügbar zu machen. Da Unternehmen ihre Daten zunehmend online speichern und ihre Geschäfte online abwickeln, nehmen Denial-of-Service-Angriffe in Umfang und Häufigkeit zu. Zur Verteidigung gegen einen DDoS-Angriff benötigen Unternehmen eine schnelle, einfache und effektive Lösung zum Schutz ihrer Onlinepräsenz, Marke und Umsätze.

eines der häufigsten Schadenszenarien für kleinere und mittelständische Unternehmen. Außerdem sind auch Erpressungsfälle denkbar, bei denen sensible Daten gestohlen wurden und ein Lösegeld gefordert wird, damit sie nicht veröffentlicht oder weiterverkauft werden.[778]

14.2 Datenschutz und Datensicherheit

Im allgemeinen Sprachgebrauch werden häufig zwei Begriffe als Synonyme verwendet: *Datenschutz und Datensicherheit.* Inhaltlich ist zwischen beiden jedoch eine maßgebliche Unterscheidung zu treffen: Der **Datenschutz** ist auf die informationelle Selbstbestimmung und den Schutz der Privatsphäre begrenzt und bezieht sich spezifisch auf **personenbezogene Daten**. Die **Datensicherheit** ist hingegen wesentlich weiter gefasst und betrifft grundsätzlich **jedwede Form von Daten,** die vor dem unbefugten Zugriff und Missbrauch geschützt werden sollen.[779] Im Weiteren beschäftigen wir uns mit der Datensicherheit, insbesondere der unternehmerischen Datensicherheit. In der betrieblichen Datenverarbeitung umfasst Datensicherheit alle technischen und organisatorischen Maßnahmen zum Schutz von Daten vor Verfälschung, Zerstörung und unzulässiger Weitergabe.[780] Datensicherheit bedeutet insbesondere den Schutz digitaler Daten, wie sie in einer Datenbank vorkommen, vor zerstörerischen Kräften und vor unerwünschten Aktionen unautorisierter Benutzer, wie z. B. einem Cyberangriff oder einer Datenpanne. Aus Abb. 51 gehen weitere Zusammenhänge hervor.

Im Zentrum des Datenschutzes und der Datensicherheit stehen die Daten selber, hier aggregiert dargestellt und als »Digital Content« bezeichnet. Zugriff zum jeweiligen »Digital Content« sollte nur der entsprechende Eigentümer der Daten haben. In dem dargestellten »Zwiebelmodell« stellen Datensicherheit und Datenschutz die äußere Sicherheitshülle dar. Die schützenswürdigen Daten liegen auf der physischen Infrastruktur (Rechenzentren usw.) bzw. durchlaufen sie das physische Netz (Festnetz, Mobilfunknetz …), das von den Netzprovidern bereitgestellt wird. Neben den öffentlichen Netzen gibt es (meist physisch getrennte) Sicherheitsnetze, die etwa den Geheimdiensten »gehören« oder dem Militär zuzurechnen sind. Teilweise nutzen auch diese das »physische« öffentliche Netz, jedoch besonders hoch verschlüsselt. Das physische Netz wird vom *Internet* bzw. von deren »geheimer Schwester«, dem *Darknet* genutzt. »Cloud« steht hier stellvertretend für die Speicherung der Daten – das kann zentral oder dezentral geschehen.

Cyberangriffe können sowohl direkt über das öffentliche Netz erfolgen, als auch von einem *Geheimdienstnetz* ausgehend, etwa wenn Staaten, deren Ministerien, insbesondere deren Geheimdienste Cyberangriffe lancieren. In der Regel laufen sie über das Internet/Darknet. Der Internetzugang wird von Service Providern geleistet. Das sind Anbieter von Diensten, Inhalten oder technischen Leistungen, die für die Nutzung oder den Betrieb von Inhalten und Diensten im Internet erforderlich sind. Deren Leistung besteht aus der Bereitstellung von Internetkonnektivität, also dem Transfer von IP-Paketen in und aus dem Internet. Der Transfer kann über Funktechnik (dann könnte man den Anbieter als Wireless Internet

---

778 http://www.asscompact.de/nachrichten/was-ist-das-eigentlich-cyberrisiken-verst%C3%A4ndlich-erkl%C3%A4rt#prettyPhoto/0/, abgerufen 19.12.2018.
779 https://www.datenschutz.org/, abgerufen 15.12.2018.
780 https://wirtschaftslexikon.gabler.de/definition/datensicherheit-31209, abgerufen 15.12.2018.

Service Provider bezeichnen), Wählleitungen, Standleitungen, Breitbandzugänge erfolgen. Wenn der Zugang zu einem Server erbracht wird, der beim Anbieter steht (Rechenzentrum, Colocation des Anbieters), kann der Transfer durch ein einfaches Netzwerkkabel geschehen. Die Weiterleitung ins Internet kann dabei durch direkte Zugänge zu Internet-Knoten oder die Netze von anderen Internetdienstanbietern stattfinden.[781]

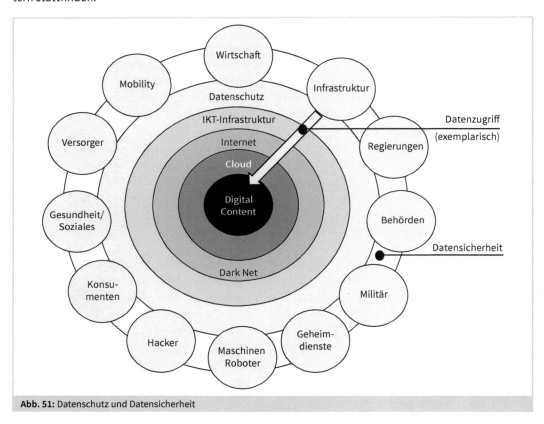

Abb. 51: Datenschutz und Datensicherheit

Je nach Größe ihrer Netze lassen sich Anbieter in die Kategorien Tier-3 (lokale Anbieter), Tier-2 (Betreiber von großen, wichtigen, überregionalen Netzwerken) und Tier-1 (Betreiber von globalen *Internet-Backbones*) einordnen. Größere Betreiber stellen sich auch gegenseitig ihre Leitungskapazität im Rahmen einer kostenfreien Zusammenschaltung zur Verfügung. Tier-1-*Carrier* (›Betreiber‹) verwalten eine eigene Infrastruktur, wohingegen Tier-2- und Tier-3-Carrier keine eigenen Internet-Backbones betreiben und sich daher bei anderen Anbietern Datenverkehr (engl. *traffic*) einkaufen müssen.[782]

Die verschiedenen »Spielergruppen« auf dem Internet/Darknet sind in Abb. 51 an der Peripherie angesiedelt – ihr Datenzugriff geht über die dargestellten Schichten bis zum »Zwiebelkern«, dem eigentli-

---

781 Vgl. dazu Kapitel 9 »Digitale Infrastruktur«.
782 https://de.wikipedia.org/wiki/Internetdienstanbieter, abgerufen 18.12.2018.

chen »Content«. Die Darstellung symbolisiert die »Globalität« aller Gruppen, denn aus dem Blickwinkel des Internets ist es zunächst gleichgültig, woher der Nutzer kommt. Denn das »Package Switching« zur Datenübermittlung kontrolliert er nicht. So können auch örtliche Übermittlungen von Informationen teilweise in »Datenpakete« gelangen, die aus Kapazitätsgründen quer über den Globus laufen. Andere Pakete können aufgrund der automatisierten Steuerung des Netzes einen mehr oder weniger »dezentralen«, vielleicht sogar »lokalen« Weg gehen. Damit sind die Datenflüsse letztlich überall von der Welt von allen Teilnehmern »abgreifbar«. Lediglich bei der Speicherung der Daten haben die Nutzer einen gewissen Einfluss (wenn sie diesen überhaupt einfordern und sicherstellen), indem ihre Daten in definierten Rechenzentren gespeichert werden, insbesondere für deutsche Unternehmen im Inland, um den Zugriff von ausländischen Mächten zu erschweren.

Um die Risikoträchtigkeit verschiedener Grade von Fehlverhalten herauszustellen, werden diese nachfolgend in *Risikoklassen* gegliedert, wohlwissend, dass es eine allgemein anerkannte Risikoklassifizierung nicht gibt und dass die Ebenen auch nicht scharf abgegrenzt werden können.

Risikoebene 1: Verletzungen des Datenschutzes und der Datensicherheit

Diese Ebene kennzeichnet Verletzungen des Datenschutzes entsprechend der *Datenschutz-Grundverordnung (DSGVO)*. Diese beinhaltet, keine persönlichen Daten von Amt zu Amt weiterzugeben, wenn der Betroffene nicht zugestimmt hat. Es bezieht sich bereits auf das Verhalten zwischen verwandten Institutionen (Behörden und Unternehmen untereinander …), die damit auch die Datensicherheit unterlaufen, wenn über die Personendaten hinaus weitergehende Informationen transferiert werden (Weiteres dazu siehe Kapitel 22 »Smart Government«). Ein wohlbenannter Fall ist der unlimitierte Austausch von Kundendaten und Informationen zum Kaufverhalten unter den »*Big Five*« der US-amerikanischen Internet-Wirtschaft, von der US-Regierung toleriert, aber rechtlich höchst umstritten.

Ein weiterer Fall ist die datentechnische Abgrenzung versus Zusammenarbeit zwischen Unternehmen. Die Steuerung der Wertschöpfungskette erfordert Datenaustausch. Die zunehmende Vernetzung der Produktion, bis hin zu den genannten »*digitalen Ökosystemen*« steigert dies bis hin zum definierten Austausch mit direkten Wettbewerbern, der »*Coopetition*«. Dies betrifft nicht nur fertigungstechnische und lieferbezogene Daten, sondern auch Informationen über Kunden. Der Austausch von ganzen Datensätzen kann »versehentlich« auch die unerlaubte Weitergabe von bestimmten Daten beinhalten. Dies ist bereits strafbar. Daneben ermöglichen die von externer Stelle erhaltenen Daten mithilfe von Analysen, teilweise KI-gestützt, vertiefende Kenntnisse über Wettbewerb, Lieferkette und Kunden. Dies ist kaum justiziabel, aber ein Risiko der »Klasse 1«, dessen sich Unternehmer, Konsumenten und Behörden bewusst sein müssen. Zur Vorbeugung sollte immer nur ein Minimum an Informationen weitergegeben werden, auf das Notwendigste für den jeweiligen Fall, am besten keine ganzen Dokumente sondern nur die jeweils herauszuziehenden Daten.

Risikoebene 2: gezielter Datenabgriff

Als nächsthöhere Risikoebene ist der Datenabgriff von Konkurrenten innerhalb der jeweiligen Nutzergruppe zu sehen, insbesondere (aber nicht nur) der grenzüberschreitende Eingriff. Hier schlummert ein bedeutend höheres Schadenspotenzial, wenn z. B. Ausländer deutsche Unternehmen hacken, um an Bauzeichnungen, Berechnungen und Technologien heranzukommen. Dies ist wohl das größte »Massenphänomen« und das am breitesten gestreute Risiko für die deutsche Industrie, Konzerne wie Mittelstand. Dieser Pfad wird zunehmend riskanter und in einzelnen Staaten gezielt als »Länderstrategie« eingesetzt. So hat etwa *China* verfügt, das jetzt auch in Deutsch-Chinesischen Joint Ventures »Parteisekretäre« angesiedelt sind. Ihre Aufgabe ist unzweifelhaft der Abgriff geheimer Unternehmensdaten, wo sich immer die Gelegenheit bietet. In den deutschen Auslands-Niederlassungen schlummern regulär Doppelagenten. Neben China betrifft dies vor allem *Russland*, aber auch die *USA* Es ließe sich eine Rangliste der IT-basierten *Länderrisiken* erstellen. In den gängigen Risikobewertungen ist dies (noch?) kein Kriterium[783].

Ein bereits auf dieser Ebene bestehendes Phänomen ist die »*Freund-Feind-Erkennung*« (*friend-foe-detection),* ein Begriff aus dem militärischen Bereich, bei dem die Identifikation und Zuordnung von Kampfeinheiten essenziell ist, auch bei gezielten Versuchen zu deren Verstellung. Im Datensektor ist dies jedoch viel schwieriger als bei militärischen Auseinandersetzungen. Die Player können nämlich datentechnisch gleichzeitig »Freund« und »Feind« sein, weil sie auf einer Seite Geschäftspartner sind, auf anderer Seite aber versuchen können, an geheime wettbewerbsrelevante Daten heranzukommen. Schutztechnisch entscheidend ist also bereits auf dieser Ebene die situative (!) Einstellung als Freund oder Feind zu erkennen.

Risikoebene 3: punktuelles Hacking

Zweifellos eine höhere Kategorie an Sicherheitsrisiko repräsentieren professionelle Hacker, sowohl wegen ausgefeilter Technologien als auch wegen des Schadenspotenzials. Diese Risikoebenen ließen sich so definieren, dass essenzielle Daten professionell abgegriffen werden, erheblicher »lokaler« oder »individuell« begrenzbarer Schaden hervorgerufen wird, aber noch keine unternehmensweite Störung vorliegt. Die Schäden können mit »Bordmitteln« eingegrenzt und deren Wiederholung durch neue Sicherheitsmaßnahmen unterbunden werden. Neben den viel beklagten Hackern zählen hier auch (weniger bekannt) Behörden, die sich mittlerweile mit intelligenten Suchprogrammen Zugang zu Unternehmen und Individuen beschaffen. Dies wird zum Beispiel sogar Finanzbehörden nachgesagt.

Risikoebene 4: systematische Cyberattacken

Die Übergänge zwischen den hier definierten Risikoebenen sind gleitend und ein niedrigeres Risiko kann schnell eskalieren, bei zu später Entdeckung oder geplanten Angriffsstufen, etwa wenn ein Hacker Geld erpressen will. Die hier als vierte Ebene bezeichnete Kategorie bezeichnet systematische und umfassende Cyberattacken, die ganze Unternehmen oder Behörden gefährden, meistens durch professionelle Spieler ausgelöst: Hacker der Spitzenkategorie, ausländische Regierungen, deren Militär- und Geheimdienste. Hier kann es um »grenzüberschreitende Erkundigungen« gehen, also Staat gegen Staat, sogar »unter Freuden«, wie selbst deutsche Aktivitäten gegen andere Europäer gezeigt haben. Auch hier gibt es den »*Beifischungseffekt*«, sodass »nebenher« Erkenntnisse über Wettbewerber aus dem Ausland gewonnen werden. So ist es gang und gäbe, dass US-amerikanische Geheimdienste Erkenntnisse über deutsche Unternehmen an die US-Konkurrenz weitergeben.

---

783 Exemplarisch: https://www.risknet.de/themen/risknews/bewertung-von-laenderrisiken/6ffac6d778b49931c1fafe7aaf963237/, abgerufen 19.12.2018.

Risikoebene 5: »Cyber War«

Ohne Zweifel ist heute (bisher zeitlich und regional begrenzt) bereits die höchst kritische Ebene 5 erreicht, der veritable datentechnische »Cyber War«. Besonders Russland und der Nahe Osten haben hier massiv aufgerüstet. Russen haben im US-Wahlkampf eingegriffen und möglicherweise den dünnen Abstand zwischen Hillary Clinton und Donald Trump so verändert, dass (durch das US-Wahlrecht ermöglicht) Trump Präsident wurde. Russen haben das Sicherheitsnetz der Bundesregierung geknackt. Im arabischen Raum ist ein Cyber War zwischen den Hauptmächten *Saudi Arabien* und *Iran* ausgebrochen, der mittlerweile die *Türkei* (als dritten Staat mit Hegemonieanspruch) umgreift, sowie *Israel*, die Cybersoftware an Saudi Arabien verkauft haben,[784] um ihren Erzfeind und Bedroher Iran in die Schranken zu weisen. Unterschwellig dürfte es mittlerweile zum »Cyber War« zwischen allen Großmächten gekommen sein. Hauptziel ist dabei nicht mehr allein der Militärbereich, sondern die Schwächung der inneren Ordnung (Wahlen!), der Wirtschaft (nicht nur »Beifang«, sondern auch Totalausfälle) und die versorgungskritische Infrastruktur, insbesondere Energieerzeugung, Energienetze, Telekommunikation, Rechenzentren. Hier vorzubeugen ist sicher ein Kernthema für die Deutsche Industrie. Ein junges Beispiel ist der Hackerangriff Ende November 2018 auf Krauss Maffei, der die gesamte Produktion des Konzerns stillgelegt hatte.[785]

Zweifellos in die »Kategorie 5« gehören Angriffe auf Hochsicherheitsstrukturen, wie Militär und Abschirmdienste, Kernkraftwerke, die Magistralen der Höchstspannungsnetze, das Train-Control-System der europäischen Bahnen und in Zukunft vor allem auf die Infrastrukturen für das *autonome Fahren*, bestehend aus der *Car-to-Car-Kommunikation* und der *Car-to-Infrastructure-Kommunikation*. Diese ist, wie bereits erläutert, auf das zukünftige 5G-Netz angewiesen. Die Hauptnutzer dieses Netzes kommen alle aus dem Bedarf nach quasi »real-time«-Datensteuerung, also mit der angestrebten Latenz von einer Millisekunde. Auf diese Werte sind noch *Fertigungssteuerungen* und *Krankenhäuser* (besonders im Verbund zwecks Ferndiagnostik) angewiesen, auch dies noch in der Anschubphase. Auch Angriffe auf diese Netze wären in Zukunft als »Cyber War« zu bezeichnen, die lebens- und wirtschaftsbedrohend für weite Teile des Landes wären. Hinzu kommt die gesamte Wasserwirtschaft, von der Versorgung bis Entsorgung sowie die Gewässerführung mit dem Hochwasserschutz. Themen, die mit dem Klimawandel noch kritischer werden. Summa summarum: Das Cyberrisiko, insbesondere das Cyber-War-Risiko ist beträchtlich und wird in den kommenden 20 Jahren noch massiv zunehmen.

Sonderfall: Roboter-Risiken

Zu wenig Beachtung finden Cyberrisiken, die von intelligenten Maschinen und Robotern ausgehen. Mithilfe von Lern-Verfahren (mehr oder weniger »künstlicher Intelligenz«) sind sie schon heute in der Lage, Menschen zu simulieren und die Frage »sind Sie ein Roboter?« menschengleich zu beantworten. Immer mehr sicherheitskritische Bereiche sind mit Robotern besetzt. Die Programmierung unter Zugrundelegung von Regeln, mit anschließender Fütterung durch Testfälle und mehrfachen Datendurchläufen hat bereits jetzt

---

784 Diese haben es letztlich ermöglicht, das Informationsnetz des saudischen Enthüllungsjournalisten Kashoggi aufzudecken, was schließlich zu dessen Mord geführt hat – unmittelbar veranlasst durch Kronprinz bin Salman. Quelle: zahlreiche Berichte der Washington Post, u. a.: https://www.washingtonpost.com/opinions/global-opinions/the-khashoggi-killing-had-roots-in-a-cutthroat-saudi-family-feud/2018/11/27/6d79880c-f17b-11e8-bc79-68604ed88993_story.html?noredirect=on&utm_term=.a3572cdacaee, abgerufen 19.12.2018.

785 http://www.nordbayern.de/region/treuchtlingen/hackerangriff-produktion-bei-krauss-maffei-steht-still-1.8353350, abgerufen 19.12.2018.

in zahlreichen Anwendungsgebieten zu menschenähnlichen Höchstleistungen geführt, wie beim japanischen Spiel Go[786], bei der Kandidatenbeurteilung für zu besetzende Posten (siehe Kapitel 11) oder bei der Vertragsprüfung per »E-Discovery« (siehe Kapitel 13) durchführt wird. Die maschinelle Fähigkeit zu endlosen Wiederholungen von Aktionen, zu quasi grenzenloser Abwandlung von Vorgehensweisen prädestiniert Roboter, stattet die entsprechende »künstliche Intelligenz« zukünftiger »Hackern der Spitzenklasse« aus – vielleicht nicht in der Auffindung unter der Vielfalt möglicher neuer Pfade, wie sie (noch?) der menschlichen Fantasie vorbehalten ist, aber in der geradezu »unmenschlichen« Penetranz und Systematik.

Risikoebene 6: cyberinduzierter heißer Krieg
Gott möge uns davor bewahren! – ein heißer Waffengang, ausgelöst und gesteuert durch Maschinen, denen wir »künstliche Intelligenz« beigebracht haben. Schon heute werden einzelne Einsätze durch Drohnen geführt, die (noch) durch Menschen fernab gesteuert werden. Doch zunehmend wird die Erkennung und damit die Zielauswahl Automaten überlassen. In den Machtzentren dieser Welt werden ständig militärische Strategieszenarien aller Art durchgespielt – mithilfe von Computersimulationen. Allgemein bekannt ist die Tatsache, dass nur die Partei einen Atomkrieg »gewinnen« kann, die den Erstschlag durchführt. Dieser »GAU« für die Menschheit wird von allen Seiten so stark gefürchtet, dass nur diese Regel helfen kann: eine weltweite Vereinbarung, dass jeder auf einen »Erstschlag« verzichtet. Der Chef der *Münchner Sicherheitskonferenz*, *Wolfgang Ischinger*, hat kurz vor Beginn des internationalen Spitzentreffens im Januar 2018 ein düsteres Bild von der aktuellen weltpolitischen Gefährdungslage gezeichnet. »Wir haben noch nie seit dem Ende der Sowjetunion eine so hohe Gefahr auch einer militärischen Konfrontation von Großmächten gehabt«, sagte er im Deutschlandfunk. Insbesondere das Misstrauen zwischen den Militärführungen in Moskau und Washington sei abgrundtief. »Es könnte gar nicht schlimmer sein.« Damit steige die Gefahr von Missverständnissen, von Fehlkalkulationen, die zu ungewollten militärischen Auseinandersetzungen führen könnten. Diese sei größer, als er sie in den letzten 30 Jahren in Erinnerung habe, sagte Ischinger.[787]

Machine Learning: Dies ist aber nicht nur eine Frage der konventionellen und atomaren Bewaffnung von der Komplexität der heute polyzentralen Welt, sondern darüber hinaus auch ein zunehmendes »Cyberrisiko«. In dem Maße, indem der Mensch maschinengetriebenen Entscheidungen folgt, eskaliert das Risiko, zumindest nach heutiger Handhabung des »*Machine Learnings*«. Denn, wie an mehreren Beispielen gezeigt wurde, müssen den Maschinen die Regeln einprogrammiert werden. Dann werden Probefälle (sogenannte »test badges«) per Computer untersucht und mit den von Menschen getroffenen Entscheidungen verglichen. Auf diese Weise wird zwischen »fit« und »non fit« sowie zwischen »richtiger« und »falscher« Entscheidung sortiert, sodass der Computer bei Realanwendung die Standardfälle zuordnen bzw. »beurteilen« kann und die Spezialfälle zur persönlichen Bearbeitung an Partneranwälte weiterleitet. Dieser Prozess kann in mehreren Durchläufen wiederholt werden. Das ist das eigentliche »Machine Learning«, mit dem »die Maschine« »intelligent« gemacht wird.

Machine Decision: So ausgerüstet wird die Maschine dann »in die Schlacht geschickt«. Wenn sich der Mensch nun aus seiner (moralisch-ethisch getriebenen) Verantwortung für kriegerische Entscheidungen

---

786 Alexander Armbrüster: Computer bringt sich selbst Go bei – und wird Weltklasse. In: Frankfurter Allgemeine Zeitung vom 19.10.2017.
787 Wolfgang Ischinger: Leiter der Sicherheitskonferenz warnt vor Krieg. In: ZEIT ONLINE 11.2.2018.

stückweise zurückzieht und diese den (letztlich »angelernten«) Maschinen überlässt, dann eskaliert das Risiko beträchtlich – jedenfalls nach den heute gängigen (und noch immer meist unausgereiften) Techniken. Ein Beispiel dazu: Bei den »Big-Data-Kundenanalysen« der »Big Four« der Internetbranche in den USA kam heraus, dass die Automaten nach einigen Datenläufen deutlich rassistische Haltungen zeigten. Der Grund dafür kann eigentlich nur sein, dass in den Eingaben, wenn auch nur ganz latent und von menschlichen Prüfern nicht erkennbar, rudimentäre Zusammenhänge mit der Hautfarbe enthalten sind.

Machine Hybris: Da »*Data Analytics*« darauf ausgerichtet ist, Zusammenhänge herauszuarbeiten, auch wenn sie noch so schwach sind, führt dies nach zahlreichen Datenläufen zu Überinterpretationen, also etwa zu »rassistischer« Einstellung gegenüber Schwarzen und Randgruppen. Übertragen auf mögliche Auslöser für einen cyberinduzierten Krieg heißt dies, dass »Feinde« herausdestilliert werden, darauf basierend werden Risikoszenarien abgeleitet und im letzten Schritt werden diese »Feinde« bekämpft.

Maschinen-induzierter GAU: Dies kann auf lokaler Ebene beginnen, sich regional ausweiten und die ganze Welt erfassen. Ich bin weit davon entfernt, diesen wirklichen GAU zur Auslöschung der Menschheit zu beschwören. Dieses Szenario liegt auch jenseits der Arbeitsthese dieses Buches, bei der es ja »nur« um die Digitalwelt geht. Hier gibt es aber, wie auf anderen Gebieten auch, Wechselwirkungen mit der »realen, analogen« Welt – aber im militärischen Bereich um ein Vielfaches dramatischer! Wir können nur hoffen, dass die Verantwortlichen diesen Sachverhalt erkennen und verstehen, der Digitaltechnik Grenzen setzen und Hürden einbauen. Möglicherweise kann auch die Steuerung in der Weiterentwicklung der künstlichen Intelligenz selbst zur Lösung beitragen. Bereits jetzt, und erst recht mit dem Fortschreiten der künstlichen Intelligenz, verändert sich die Situation aber noch »disruptiv«. Es müssen grundlegende Abwehrstrategien entwickelt werden, an denen die heute gegeneinanderstehenden Weltmächte zusammenarbeiten, etwa wie in der gemeinsamen Weltraummission (die Trump leider gekündigt hat). Andernfalls wird die Maschine zum Feind des Menschen und löscht ihn aus.

14.3   Praktische Beispiele für Cyberangriffe

Um die Charakteristika und Vehemenz von Cyberangriffen zu verstehen, werden nachfolgend besonders verbreitete bzw. besonders gravierende Vorgänge näher erläutert.

14.3.1   Typische Angriffstypen und deren Abwehr

Targeted Attacks: Oftmals sind hochrangige Mitarbeiter von Unternehmen, Ziel individueller Angriffe, dem sogenannten Spear phishing, Whaling oder auch CEO Fraud. Diese Attacken sind auf herkömmlichem Wege quasi nicht zu entdecken. Spezialisierte Cyberschutzdienstleister setzen auf ein ganzes Bündel an Erkennungsmechanismen, um diese Art von Angriffen effektiv zu unterbinden.[788]

---

788 Etwa Hornetsecurity mit Sitz in Hannover.

Blended Attacks kombinieren verschiedene Angriffswege, um erfolgreich zu sein. Die E-Mail kann zum Beispiel einen Dateianhang enthalten, in dem sich wiederum ein Link zu einer Downloadseite mit Malware verstecken kann.

Digitale Spionage: Über die Hälfte der deutschen Unternehmen war laut Umfrage des IT-Branchenverbandes Bitkom bereits von Datendiebstahl, Sabotage oder Spionage betroffen.

Professionelle Abwehrsysteme erkennen sowohl bekannte als auch komplett neue Muster zum Ausspähen von Informationen. Solche Systeme reagieren sofort und alarmieren die Mitarbeiter, bevor schützenswerte Informationen das Unternehmen verlassen. Alerts benachrichtigen in Echtzeit über akute Angriffe auf Unternehmen und ermöglichen eine schnelle Einleitung weiterer interner Maßnahmen und juristischer Vorgehensweisen. Zudem lassen sich Mitarbeiter sensibilisieren, um weitere Angriffswege zum Beispiel per Telefon zu erkennen. Falls bereits zugestellte E-Mails nachträglich als potenziell schädlich erkannt werden, ermöglicht Ex-Post-Alarmierungen eine Untersuchung der betroffenen Konten oder Systeme.

14.3.2   Cyberangriffe mit Ransomware: Kryptotrojaner

Ransomware-Angriffe haben äußerst unangenehme Folgen für Unternehmen. Bei Ransomware handelt es sich um *polymorphe Viren* wie Locky, Tesla oder Petya, die den Rechner oder ein ganzes Netzwerk durch Verschlüsselung der lokal gespeicherten Dateien lahmlegen. Bekannteste Spezies davon sind *Kryptotrojaner,* die bereits Firmen in ihrer Existenz bedrohen oder sogar in die Insolvenz getrieben haben. Ein »Worst-Case-Szenario« eines Ransomware-Angriffs beginnt typischerweise bei einem Mitarbeiter eines Unternehmens, der sich auf dem Dienstrechner einen *Kryptotrojaner* einfängt. Anschließend dauert es nicht lange, bis sich der Schädling über das gesamte Firmennetzwerk ausgebreitet hat.

Fallbeispiel Maersk: Mit einem ähnlichen Fall hatte auch die weltweit größte Reederei A. P. Møller Maersk zu kämpfen. Das Unternehmen musste im Juni 2017 einen massiven und globalen Ausfall der IT-Systeme hinnehmen. Laut Bundesamt für Sicherheit in der Informationstechnik (BSI) handelte es sich bei der eingesetzten Schadsoftware hier um den **Kryptotrojaner** Petya. A. P. Møller Maersk reagierte prompt mit der Teilabschaltung von ganzen Systemen. Somit konnte zwar ein Worst-Case-Szenario, wie die Gefährdung der Steuerungssysteme der Container-Schiffe unterbunden werden, jedoch kam es noch wochenlang zu Unterbrechungen in der Container-Schifffahrt. Nicht ohne finanzielle Folgen für A. P. Møller Maersk. Man geht davon aus, dass der Hackerangriff dem Unternehmen insgesamt 200 bis 300 Mio. € gekostet hat.[789]

Typische Schadenshöhe: Experten beziffern die durchschnittliche Ausfallzeit, die mit einem Angriff durch *Kryptotrojaner* einhergeht, mit 9 bis 16 Stunden, wie aus dem »Second Annual State of Ransom-

---

789 Siehe diesbezüglicher Bericht im »Spiegel« Juni 2017. Des Weiteren: https://www.heise.de/newsticker/meldung/NotPetya-Maersk-erwartet-bis-zu-300-Millionen-Dollar-Verlust-3804688.html, abgerufen 21.3.2019.

ware Report«[790] zu entnehmen ist. Insgesamt sind es mehrere Kostenfaktoren, die bei der Wiederherstellung des Betriebs und der Entfernung des *Kryptotrojaners* zusammenspielen. Zum einen ist es der Verlust von Datensätzen, der entsteht, wenn das betroffene Unternehmen in der Vergangenheit nicht regelmäßig oder gar keine Back-ups durchgeführt hat. Für jeden verlorenen Datensatz rechnen die Herausgeber der Studie »Cost of Data Breach« mit umgerechnet durchschnittlich 325 €. Wenn man bedenkt, dass hier schnell einige Tausend verlorene Datensätze zusammenkommen, dann wird man sich leicht des möglichen Kostenumfangs bewusst, den ein Datenverlust mit sich ziehen kann. Hinzu kommen Kosten für die Analyse über das Ausmaß des Angriffs. Hierbei ist insbesondere zu überprüfen, welche Geräte und Daten verschlüsselt wurden und um welche Art von Kryptotrojaner es sich handelt. Nicht selten ziehen Unternehmen hierzu IT-Expertenteams zurate, die durchaus mehrere Tage für solch eine aufwendige Untersuchung benötigen können. Kosten, die hierfür entstehen, können dann schnell in den fünfstelligen Bereich schießen. Zudem können weitere Kosten hinzukommen – so etwa für Anwälte und Gerichte, die Benachrichtigung der Öffentlichkeit, die Datenrettung, zu zahlende Strafen an Regulierungsinstitutionen sowie Überstunden für Angestellte.

Beispiel Krankenhäuser: Für Krankenhäuser, die ebenfalls Ziel von *Kryptotrojanern* waren, haben Experten einen groben Richtwert ermittelt, wie hoch die Schadenssumme in der ersten Woche des Angriffs insgesamt ausfallen kann: Diese beliefen sich auf 630.000 € bis 1,3 Mio. € . Das Volumen hängt natürlich ganz von der Größe des Krankenhauses und der Verfügbarkeit von Back-ups ab.[791] Zur Gegenwehr werden Basischecks empfohlen.[792]

Insolvenzrisiko: Ein Fünftel aller Unternehmen meldet nach Kryptotrojaner-Attacke Insolvenz an. Ein Angriff durch Ransomware kann für Unternehmen die unterschiedlichsten Konsequenzen haben. Zwar leisten die meisten Firmen den Tipps von Experten Folge, das geforderte Lösegeld nicht zu bezahlen, allerdings treten bei beiden möglichen Wegen meist erhebliche negative Folgen ein. Nach Expertenschätzungen müssen insgesamt 20 % aller Unternehmen, die Opfer eines **Kryptotrojaners** wurden, den Betrieb vorläufig komplett einstellen. Weitere 15 % mussten erhebliche Umsatzverluste hinnehmen. Auch waren 25 % der Unternehmen nicht in der Lage, das Einfallstor zu identifizieren. Dies führte dazu, dass sich der Schädling ungehindert im Netzwerk ausbreitete. Sind Schädlinge wie Kryptotrojaner erst einmal in das Firmennetzwerk eingedrungen, wird es nicht nur aufwendig, sondern auch teuer, die verseuchten Systeme wiederherzurichten. Nur mit den richtigen Präventivmaßnahmen lassen sich negative Folgen eines Ransomware-Befalls abwenden.[793]

---

790 https://lp.securelink.net/asr?gclid=CjwKCAiAmO3gBRBBEiwA8d0Q4j3Idc51m-odq8hi54cOhaj4Etog07vVMO_bS1RHWrXZ-bgtSt3KHBoC7yYQAvD_BwE, abgerufen 19.12.2019.

791 Berichte dazu siehe unter anderem über Krankenhäuser in England. https://augengeradeaus.net/2017/05/weltweite-hacker-angriffe-unter-anderem-krankenhaeuser-in-england-lahmgelegt/. Schäden in den USA und Ukraine meldet: https://www.heise-gruppe.de/presse/Krankenhaeuser-als-attraktives-Ziel-fuer-Cyberkriminelle-4255068.html.

792 Empfehlungen zu Basischecks: https://www.heise-gruppe.de/presse/Krankenhaeuser-als-attraktives-Ziel-fuer-Cyberkriminelle-4255068.html.

793 https://www.hornetsecurity.com/de/security-informationen/kryptotrojaner, abgerufen 19.12.2018.

14.3.3   Cyberangriffe mit künstlicher Intelligenz

Eine aktuelle Studie zeigt: Mit einem weltweit wachsenden Machine-Learning-Markt müssen sich Unternehmen vermehrt mit Cyberangriffen durch künstliche Intelligenz auseinandersetzen. Hacker nutzen nämlich KI verstärkt für ihre Angriffe und setzen damit die IT-Sicherheitsverantwortlichen unter Zugzwang. Der Grund dafür ist die Tatsache, dass Unternehmen oft noch nicht die Möglichkeit haben, neue KI-Technologien zur Verteidigung zu nutzen. Nur jedes vierte Unternehmen führt derzeit spezielle Überwachungswerkzeuge für den Datenverkehr, wie zum Beispiel sogenannte Intrusion-Detection- oder -Prevention-Systeme, ein.[794]

Bedrohungen erkennen: KI kann IT-Sicherheitsexperten bei ihrer Einschätzung von Bedrohungen assistieren und Entscheidungen vorbereiten. Eine auf KI basierende Software kann beispielsweise Daten wie E-Mails deutlich schneller durchsuchen und genauer und eindeutig identifizierbare Bedrohungen anhand von definierten Regeln erkennen. Das Gefährliche an KI-unterstützten Cyberangriffen ist, dass diese die herkömmlichen Sicherheitsvorkehrungen unter anderem durch Nachahmung menschlichen Verhaltens umgehen. Mithilfe einer rudimentären Software wurden beispielsweise in Indien das normale Nutzerverhalten innerhalb eines Netzwerkes beobachtet und dabei Muster erkannt. Im zweiten Schritt begann die Software, das Verhalten nachzuahmen und trat dabei bewusst in den Hintergrund. Für die Sicherheitstools war sie deshalb nur noch äußerst schwer zu erkennen. Security-Fachleute rechnen deshalb mit mehr KI-basierten Attacken aus den dunklen Ecken des World Wide Web.

In einer Umfrage von *Cylance*[795] vom August 2017 waren 62 % der befragten Sicherheitsexperten überzeugt, dass man schon 2018 mit Angriffen zu rechnen hat, die künstliche Intelligenz involvieren. KI wird in der Industrie schon seit einigen Jahren heftig diskutiert. Dabei lassen die Protagonisten aber gerne außer Acht, dass es nicht die künstliche Intelligenz gibt, sondern sie sich aus unterschiedlichen technologischen und mathematischen Ansätzen entwickelt.[796]

Aufwand für die Angreifer: So leicht ist aber der schädliche Einsatz von KI im »Cyber War« nicht. Dazu müssen die sogenannten *Blackhats* einigen Aufwand betreiben:
a) Will man künstliche Intelligenz für Angriffe nutzen, braucht man zunächst die richtige Infrastruktur. Diese für eine eigene KI-basierte Lösung selbst zu entwickeln ist nicht ganz trivial. Das liegt an einigen besonders wichtigen und gleichzeitig knappen Komponenten wie beispielsweise GPUs, die zur Entwicklung von Algorithmen unabdingbar sind. Um dieses Problem zu umgehen, werden Angreifer wahrscheinlich eine traditionelle Methode wählen. Nämlich die notwendige Rechenleistung von existierenden Hosts und Rechenzentren abzuzweigen, die sie vorher mit entsprechender Malware infiziert haben. Ist dieser Schritt erfolgreich abgeschlossen, ist es leichter Kreditkarteninformationen zu stehlen, Systeme in *Amazon Web Services* zu übernehmen oder ein *Botnetz* aufzubauen. Der Diebstahl von Rechenzeit ist heute bereits ein verbreitetes Problem, wie die *CoinMiner-Malware* beweist.

---

794 Das ist das Ergebnis der Studie »Potenzialanalyse Unternehmen schützen, Risiken minimieren« von Sopra Steria Consulting, gemeinsam mit dem FAZ-Institut, bei der 308 Entscheider und Fachkräfte verschiedener Branchen befragt wurden. https://www.soprasteria.de/newsroom/publikationen/studie/potenzialanalyse-unternehmen-sch%C3 %BCtzen-risiken-minimieren, abgerufen 19.12.2018.

795 https://www.cylance.com/de-de/index.html, abgerufen 19.12.2018.

796 Lisa Marie Waschbusch: Hacker rekrutieren Roboter für Cyberangriffe. https://www.industry-of-things.de/hacker-rekrutieren-roboter-fuer-cyberangriffe-a-784038/?cmp=nl-345&uuid=BAABAEB2-F755-44D5-9A39BD5323F1E219, aufgerufen 16.12.2018.

b) Der zweite Schritt besteht darin, den eigentlichen Algorithmus zu entwickeln. Dafür braucht man neben den Fähigkeiten auch Zeit und Geld. Aber wo sich der Einsatz lohnt, wird der Zweck die Mittel heiligen. Wenn – wie es bereits vorgekommen ist – Summen in Milliardenhöhe auf dem Spiel stehen, ist das aus Sicht einer Gruppe von organisierten Cyberkriminellen die Anstrengung wert.

c) Im dritten Schritt geht es darum, schlussendlich von der Skalierung zu profitieren. Jetzt, im Besitz eines geeigneten Algorithmus, gilt es die anvisierten Ziele mithilfe von KI tatsächlich zu erreichen und die KI-basierte Lösung möglichst kontinuierlich einzusetzen. Die Ziele sind unterschiedlich, beispielsweise sich Zugang zu den Geschäftsgeheimnissen eines Unternehmens zu verschaffen, indem der Algorithmus vortäuscht, wobei es sich angeblich um menschlichen Datenaustausch handle. Oder eine millionenschwere Blackmail-Kampagne zu lancieren. Überall da, wo ein lukrativer Gewinn winkt, würde der Algorithmus benutzt werden.

Authentifizierungen aushebeln: Eine weitverbreitete Hürde sind die *Captchas*. Diese werden verwendet, um zu prüfen, ob beispielsweise ein Formular von einem Menschen oder einem Computer ausgefüllt wurde. Teilweise werden nämlich Computer (»*Bots*«) eingesetzt, um missbräuchlich automatische Eingaben auf einer Seite zu machen. Klassische Captchas bestehen aus zufällig angeordneten Ziffern und Buchstaben, die dem Nutzer angezeigt werden. Die Abkürzung CAPTCHA steht für »Completely Automated Public Turing test to tell Computers and Humans Apart« – frei übersetzt: »Test zur Unterscheidung zwischen Mensch und Maschine«. Die maschinelle Erkennung von Captchas ist aber schon unterwegs. Klickt ein Benutzer Bilder innerhalb des Captchas und wählt er dabei die Felder aus, in denen beispielsweise Buchstaben oder Fahrzeuge zu sehen sind, lernt das neuronale Netz dadurch immer besser, wie man Buchstaben oder eben Fahrzeuge erkennt. Hacker im Dark Web können sich in ihren Foren dieselbe Idee zunutze machen und eigene Algorithmen entwickeln. Solche, die präzise erkennen wie Buchstaben oder Fahrzeuge aussehen und mithilfe dieser Tools KI-basierte Dienste entwickeln, die Captchas durchbrechen.

Tatsächlich ist Forschern genau das schon gelungen. Sie konnten einen Bot[797] entwickeln, mit dem es ihnen gelungen ist, Captchas mit einer an 90 % grenzenden Wahrscheinlichkeit zu durchbrechen. Ein skalierbarer und profitabler Ansatz. Schließlich sind Maschinen sehr effizient und ermüdungsfrei in der Lage Captchas zu täuschen und vorzugeben, es handele sich um menschliche Benutzer. So lässt sich diese Form der 2-Faktor-Authentifizierung problemlos umgehen. Es gibt zwar schon Captchas, die schwieriger zu umgehen sind, wie Schiebe-Puzzle oder drehbare Buchstaben. Allerdings sind diese Varianten weder besonders populär noch derzeit weitverbreitet.

Simulation von legitimem Traffic: Ein anderes mögliches Szenario für KI-basierte Angriffe besteht im Auffinden von Schwachstellen. Veröffentlichten Schwachstellen wird eine *CVE-Nummer*[798] zugewiesen und beschrieben, welche Arten von Schwachstellen eine Hard- oder Software aufweist. Wie eingangs erwähnt, fällt das Lesen ebenfalls in den Anwendungsbereich der künstlichen Intelligenz. Ein Angreifer könnte beispielsweise den Algorithmus trainieren, Details von Schwachstellen auf Tausenden von Websites besonders effektiv zu erkennen. Von da aus ist es nur noch ein kleiner Schritt, Schwachstellen automatisch und im großen Stil auszunutzen.

---

797 Ein »Bot« ist ein Computerprogramm, das bestimmte Aufgaben automatisiert und selbstständig ausführt, meist auch wiederholt.
798 Die Abkürzung CVE steht für Common Vulnerabilities and Exposures. CVE ist ein Industriestandard zur Benennung von Sicherheitslücken in Computersystemen. CVE-Nummern sind Kennungen für häufig auftretende Schwachstellen und Sicherheitslücken.

»Umdrehen« von KI: Auf künstlicher Intelligenz basierende Lösungen könnten auch selbst zu betrügerischen Zwecken missbraucht werden. Beispielsweise ist eine KI-basierte Lösung besonders gut darin zu erkennen, ob der auf einer Webseite ankommende Datenverkehr legitimer Traffic von menschlichen Benutzern ist. Dazu nutzt der Algorithmus eine Vielzahl unterschiedlicher Faktoren wie den Typ des Browsers, den geografischen Ursprung des Traffics und die zeitliche Verteilung. Vorstellbar ist, dass ein KI-basiertes Hackertool genau diese Informationen über die Zeit sammelt und schließlich mit bereits entwendeten Anmeldeinformationen kombiniert und für einen Angriff einsetzt.

14.3.4   KI-Einsatz auf der Seite der Verteidiger

Künstliche Intelligenz kann aber auch positiv gegen Cyberkriminalität eingesetzt werden. Insofern kann KI im Cyberwettlauf auf beiden Seiten stehen: Mal ist sie »gut«, mal »schlecht« – je nachdem, wer sie nutzt. Grundlagen der künstlichen Intelligenz werden seit einiger Zeit bereits in der *Cybersicherheit* genutzt. Zum einen aus Gründen der Skalierbarkeit, zum anderen, weil KI das Potenzial hat, Zero-Day-Angriffe zu verhindern. Die positive Nachricht dazu ist, dass ausnahmsweise die »Verteidiger« in Sachen künstlicher Intelligenz einen Vorsprung von einigen Jahren gegenüber Hackern haben, die KI in großem Stil einsetzen. Es gibt bereits Lösungen, die Problematiken wie die oben geschilderten adressieren. Das hat eindeutig mit den Einstiegshürden beim Thema künstliche Intelligenz zu tun. Diese Hürden sind allerdings nicht für alle gleich hoch. Die organisierte Kriminalität verfügt genauso über den Zugang zu den notwendigen Ressourcen wie staatlich motivierte Akteure.

Wenn sich ein Unternehmen vor potenziellen Angriffen auf Basis von maschinellem Lernen und KI schützen will, muss man verstehen, wie sie funktionieren. Ganz sicher muss man deutlich tiefer in ein Produkt einsteigen als es einem die Hochglanzbroschüren und vollmundigen Versprechungen der Anbieter glauben machen wollen. Dabei wird der Nutzer feststellen, dass auch im Bereich der IT-Sicherheit KI nicht gleich KI ist. Auch wenn mittlerweile zahlreiche Produkte und Lösungen damit werben. Wichtig ist es, zu wissen, welcher Typ KI benutzt wird und wie genau er sich in einem Produkt/einer Lösung niederschlägt und ob es überhaupt einen nennenswerten Nutzen gibt. Es ist nicht falsch, ein Kanu oder eine Fregatte als »Boot« zu bezeichnen. Trotzdem sind beide nicht das Gleiche.[799]

14.4   Konzertierte Abwehr von Cyberangriffen

Während sich Cyberbedrohungen immer weiter entwickeln und komplexer werden, erkennen viele Wirtschaftsführer, dass sie diese Herausforderung nicht allein meistern können. Deshalb bieten große Spieler wie *Deloitte* ein weltweites Netzwerk aus *Cyber Intelligence Centers* (CICs), die rund um die Uhr an 365 Tagen im Jahr in Betrieb sind. CICs stellen vollständig anpassbare Sicherheitslösungen bereit, einschließlich moderner Überwachung von Sicherheitsvorfällen, Gefährdungsanalysen, Management

---

799 Sascha Dubbel, Jürgen Schreier: Hacker blasen mit KI zum Angriff. https://www.industry-of-things.de/hacker-blasen-mit-ki-zum-angriff-a-726839/, abgerufen 16.12.2018.

von Cyberbedrohungen und Reaktionen auf Vorfälle für Unternehmen in der Region, und kommen so der steigenden Nachfrage nach Cyber Security Services nach.[800]

14.4.1   Cyber Simulationen

Cyber Simulationen können als interaktive Rollenspiele gestaltet werden, um realistische Szenarien nachzustellen. Deloitte simuliert zum Beispiel einen Hacking-Angriff, um Lücken im Unternehmen aufzuzeigen, Schwachstellen zu schließen und das Sicherheitsniveau zu heben.

Cloud Services, *BYOD*[801] und soziale Netzwerke verändern den Umgang mit Informationen in Unternehmen. Geschäftskritische Daten können immer und überall abgerufen werden – jedoch allzu oft auf Kosten der Sicherheit. Die IT-Landschaft WIRD heterogener, komplexer und damit leichter verwundbar. Firewalls und klassische Virus Scanner bieten nicht mehr ausreichend Schutz gegen raffinierte Cyberattacken, die in immer kürzeren Zeitabständen von einer steigenden Zahl motivierter und technisch versierter Angreifer gestartet werden. Spezialisierte Cyber-Security-Dienstleistungen können hier Abhilfe schaffen. Mit Cyber Simulation Services können Unternehmen unterstützt werden, Cyberrisiken frühzeitig zu identifizieren, koordiniert auf Cyberattacken zu reagieren und ein effektives Krisenmanagement zu entwickeln. Die Abwehrkette eines Unternehmens ist nur so stark wie ihr schwächstes Glied. Das interaktive Rollenspiel:

- testet realistische Szenarien mit Inhalten passend zu Unternehmen und Branche;
- deckt Schwachstellen in bestehenden Sicherheits- und Notfallkonzepten auf und bietet konkrete Handlungsempfehlungen;
- schärft das Bewusstsein für die zunehmende Bedeutung einer angemessenen Cyber Readiness für den Unternehmenserfolg;
- unterstützt das Commitment der Unternehmensführung zum Thema Cyber Security;
- erhöht die Bereitschaft, das Sicherheitsniveau der Organisation kontinuierlich zu überprüfen und zu verbessern.

14.4.2   Tipps zur Cybersicherheit

- Lernen Sie die Anatomie, Methoden und Techniken einer Cyberattacke kennen.
- Identifizieren Sie Geschäftsprozesse, Technologien und Informationen, die kritisch für Ihr Unternehmen sind.
- Implementieren Sie organisatorische und technische Sicherheitsmaßnahmen, um diese kritischen Unternehmenswerte zu schützen.
- Etablieren Sie ein Krisenmanagement mit Rollen, Verantwortlichkeiten, Melde- und Berichtswegen für den Ernstfall.
- Üben Sie die Reaktion Ihrer Organisation und Ihres Krisenmanagements im Fall eines Cyberangriffs.[802]

---

800 https://www2.deloitte.com/de/de/pages/risk/solutions/cyber-risk.html, abgerufen 11.12.2018.
801 BYOD = Bring Your Own Device, d. h. Verwendung privater Mobilgeräte im Betrieb.
802 Weiteres dazu siehe IDG-Studie 2018 zum Thema Security Priorities: https://www.splunk.com/de_de/; https://tinyurl.com/yyj9m2fy, abgerufen 4.10.2019.

14.4.3   Cyber Risk Management

Führende Berater unterstützen Organisationen dabei, Cyberangriffe zu verhindern und Vermögenswerte zu schützen. Die Hebel sind Sicherheit, Wachsamkeit und Widerstandsfähigkeit, nicht nur bei der Verhinderung von Angriffen oder der Reaktion darauf, sondern auch bei der Steuerung von Cyberrisiken, um neue Wachstumsmöglichkeiten zu eröffnen. Dazu sollten Unternehmer Cyberrisiken von Anfang an in Ihre Strategieentwicklung einbinden, um Informations- und Technologierisiken effektiver zu steuern. **Cyber Strategy:** Beratung von Führungskräften bei der Entwicklung eines Programms zur Steuerung von Cyberrisiken im Einklang mit der strategischen Ausrichtung und Risikoneigung der Organisation.

Cyber Security: Fokus auf effektive Maßnahmen im Zusammenhang mit den sensibelsten Vermögenswerten der Organisation und ein Gleichgewicht zwischen der Risikominderung und den Produktivitäts-, Geschäftswachstums- und Kostenoptimierungszielen.

Cyber Vigilance: Wissensmanagement zu Bedrohungen, Geschäftsdaten und IT-Daten, um so für Sicherheitsteams kontextbasierte Informationen zur proaktiven Identifizierung und Steuerung von Cyberbedrohungen und effektiveren Reaktion auf Vorfälle im Cyberspace bereitzustellen.

Cyber Resilience: Wir kombinieren bewährte proaktive und reaktive Prozesse und Technologien des Vorfallmanagements, um eine schnelle Anpassung und Reaktion auf Störungen aus internen oder externen Quellen im Cyberspace zu ermöglichen.[803]

14.5   Datensicherheit in der Fertigung

Als ein repräsentatives Beispiel für Datensicherheit in Unternehmen wird hier der sensibelste Bereich kurz beleuchtet, nämlich die Fertigung.

Es wird an vielen Stellen evident, dass mit der Anbindung von Unternehmen an das Internet erhebliche zusätzliche Probleme bei der Datensicherheit auftauchen können. Die Trennung von Applikation und Daten, wobei die Applikation in der Cloud und die Daten beispielsweise in einem sicheren Container vor Ort gehalten werden, kann bereits für eine gewisse Entspannung bei der Sicherheitsproblematik sorgen. Sie wird dadurch aber bei Weitem nicht gelöst. Es steht zu befürchten, dass sich Bedenken in Bezug auf Datensicherheit zu erheblichen Barrieren für die Ausbreitung der Digitalisierung in der Industrie entwickeln werden. Auf diesem Gebiet ist derzeit auch keine Entspannung in Sicht, eher das Gegenteil ist der Fall, die Probleme werden weiter zunehmen. Es besteht heute Einigkeit darüber, dass die größte Schwachstelle im Gesamtsystem nicht die Technologie, sondern der Mensch darstellt. Mit sogenannten *Awarenesstrainings* und Schulungen der Mitarbeiter ist diesem Problem nicht wirklich beizukommen. Cyber-Security-Fachleute sehen aus vielerlei Gründen intern beschäftigte Personen, seien es eigene Angestellte,

---

803 Deloitte ist von ALM Intelligence als führender Anbieter im Bereich Security Operations Consulting benannt worden. Deloitte ist von Gartner als #1 bei Security Consulting Services im 5. Jahr in Folge benannt worden. https://www2.deloitte.com/de/de/pages/risk/solutions/cyber-risk.html.

Systemadministratoren von externen IT Providern, Servicepersonal etc. als das am schwersten zu beherrschende Sicherheitsrisiko. Es gibt zwischenzeitlich bereits Unternehmen, die besonders sicherheitskritische Bereiche mit einer geschlossenen IT-Infrastruktur ausgerüstet haben. Diese existiert vollständig isoliert vom Unternehmensnetz bzw. vom Internet. Datentransfer oder Datenentnahme aus solchen sicheren Clustern kann nur unter speziell überwachten und protokollierten Prozeduren erfolgen.[804]

14.6   Dringender Handlungsbedarf

Die Bedrohungslage, in der sich die gesamte »digitale Welt« durch Cyberangriffe befindet, ist existenziell. Über die Zeit hat die Anzahl der Angriffe dramatisch zugenommen, mithilfe immer ausgeklügelter Verfahren und immer dramatischeren Schäden (siehe Abb. 52). Der Technologiewettlauf zwischen Verteidigern und Angreifern wird immer härter. Es gilt, einen Vorsprung vor den Angreifern zu wahren, technologisch, psychologisch, durch Vorbeugung und Ausbildung. Diese Leistung kann nicht mehr von Unternehmen im Alleingang bewältigt werden. Es müssen sich ganze Lieferketten und industrielle Ökosysteme zusammenschließen, um möglichst »wasserdicht« zu werden, einen Technologievorsprung zu sichern – zumindest aber auf Augenhöhe und in Kenntnis neuester Angriffstechnologien in kürzester Frist die Abwehr einsetzen zu können. Denn wann, wo, woher und wie kann nie genau prognostiziert werden. Hierfür ist ein enger Schulterschluss zwischen Staat und Wirtschaft angesagt, Europa-übergreifend. Die möglichen Feinde stehen überall.

14.7   Charter of Trust: auf dem Weg zu einem globalen Standard

Unternehmen und Staaten können die Herausforderungen, die sich aus den Cyberrisiken ergeben, nicht im Alleingang stemmen. International sind technische Standards vonnöten und Absprachen zum Verhalten. Unternehmen können sich besser im Verbund mit anderen wehren, zumal es hier um Vorleistungen in Sicherheit geht, um die Nase vorn zu haben, gegenüber Cyberangreifern. In diesem Sinne hatte der französische Staatspräsident *Emmanuel Macron* im Rahmen des Internetforums im Pariser *UNESCO*-Gebäude 2018 die Grundzüge seiner Cybersecurity-Strategie vorgestellt.[805] In Deutschland ergriff *Siemens* die Initiative mit der Entwicklung des »*Charter of Trust*«, das als Verbund zwischen Wirtschaftsunternehmen angelegt ist. Die darin fixierten Verhaltensnormen entsprechen weitgehend den Forderungen, die Macron aufgestellt hat. Nachfolgend ein Auszug aus dem Siemens-Paper:

»Das Wichtigste auf einen Blick. Erfahren Sie, was die Charter of Trust ausmacht, lernen Sie die Hintergründe kennen und informieren sie sich über die zehn Grundprinzipien für eine sicherere digitale Welt.

---

804 Anton Huber: Digitalisierung und Industrie 4.0 bei Siemens, S. 304–320, in Kai Lucks (Hrsg.): Praxishandbuch Industrie 4.0, Schäffer-Poeschel Verlag, Stuttgart 2017.
805 https://de.ambafrance.org/Internet-Governance-Forum-in-Paris-vom-12-bis-zum-14-November-2018, abgerufen 14.12.2018.

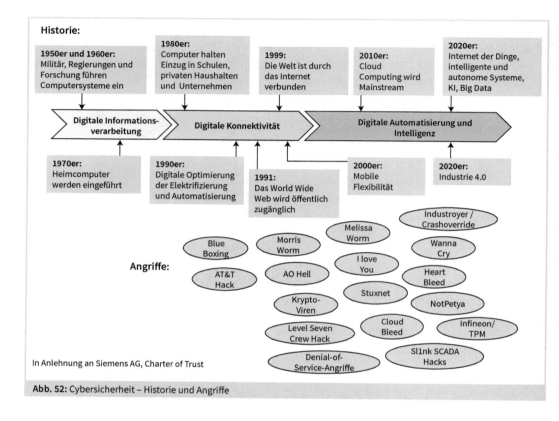

Abb. 52: Cybersicherheit – Historie und Angriffe

Die Anfänge: Warum brauchen wir eine Charter of Trust?

Künstliche Intelligenz und Big-Data-Analysen revolutionieren die Art und Weise, wie wir Entscheidungen treffen. Milliarden von Geräten sind mittlerweile durch das Internet der Dinge miteinander vernetzt, was der Interaktion eine neue Dimension und Größenordnung verleiht. So sehr diese Fortschritte unser Leben und unsere Wirtschaft auch bereichern, so steigern sie auch gleichzeitig drastisch das Risiko böswilliger Cyberangriffe.

- Der Schutz vor Attacken ist wesentlich für den Erfolg der digitalen Wirtschaft.
- Anwender müssen darauf vertrauen können, dass ihre digitalen Technologien sicher sind.
- Digitalisierung und Cybersicherheit müssen sich gemeinsam weiterentwickeln.

Cybersecurity wird das wichtigste Sicherheitsthema der Zukunft sein für Gesellschaften und Unternehmen weltweit. Die digitale Transformation wird nur dann erfolgreich sein, wenn es uns gelingt, die Sicherheit von Daten und vernetzten Systemen zu gewährleisten. Digitalisierung und Cybersicherheit sind zwei Seiten derselben Medaille! Wir können nicht erwarten, dass Menschen die digitale Transformation unterstützen, wenn die Sicherheit der Daten und der vernetzten Systeme nicht garantiert ist.

- Daten von Einzelnen und Unternehmen zu schützen,
- Menschen, Unternehmen und Infrastrukturen vor Schaden zu bewahren und
- ein zuverlässiges Fundament zu schaffen, in dem das Vertrauen in eine vernetzte digitale Welt verankert wird und auf dem es wachsen kann.«

14.7.1   Prinzipien und Zielsetzung der Charter of Trust

Die Prinzipien: »Was bedeuten sie und wie setzen wir sie konkret um? Cybersicherheit ist ein wesentlicher Faktor für den Erfolg der digitalen Wirtschaft. Die Grundprinzipien sind:

1. Verantwortung für Cyber- und IT-Sicherheit übernehmen.
2. Verantwortung in der digitalen Lieferkette übernehmen.
3. Cybersicherheit als Werkseinstellung einrichten.
4. Die Bedürfnisse der Nutzer in den Mittelpunkt stellen.
5. Innovation und Co-Creation fördern.
6. Cybersicherheit zum festen Teil der Ausbildung machen.
7. Kritische Infrastrukturen und IoT-Lösungen zertifizieren.
8. Transparenz und Reaktionskraft steigern.
9. Regulatorischen Rahmen schaffen.
10. Gemeinsame Initiativen vorantreiben.

Zu 1: Verantwortung für Cyber- und IT-Sicherheit übernehmen

Die Verantwortung für Cybersicherheit ist auf höchster Regierungs- und Unternehmensebene zu verankern, indem eigene Ministerien und *Chief Information Security Officer (CISO)* benannt werden. Es gilt eindeutige Maßnahmen und Ziele zu definieren. Und wir wollen die richtige Mentalität etablieren – und zwar auf allen Ebenen. »Cybersicherheit ist jedermanns Aufgabe«. Menschen, Organisationen und ganze Gesellschaften müssen sich auf digitale Technologien verlassen können. Sie alle werden den digitalen Wandel nur dann mittragen, wenn die Sicherheit ihrer Daten und Netzwerke gewährleistet ist. Das erfordert klare Verantwortlichkeiten auf höchster Ebene – sowohl in Unternehmen als auch bei Regierungen.

Zu 2: Verantwortung in der digitalen Lieferkette übernehmen

Unternehmen und – falls erforderlich – Regierungen müssen risikobasierte Regeln etablieren, die einen adäquaten Schutz quer durch alle Ebenen des Internets der Dinge sicherstellen, mit eindeutig definierten und verbindlichen Anforderungen. Vertraulichkeit, Authentizität, Integrität und Verfügbarkeit müssen sichergestellt werden, indem grundlegende Standards festgesetzt werden. Vernetzte Geräte müssen sichere Identitäten haben und über Schutzmechanismen verfügen, die nur autorisierten Nutzern und Geräten erlauben, auf sie zuzugreifen. Vernetzte Geräte müssen – wo immer erforderlich – Vertraulichkeit bei der Datenspeicherung und Datenübertragung sicherstellen. Unternehmen müssen in einem angemessenen Rahmen für ihre Produkte, Systeme und Dienstleistungen Updates, Upgrades und Patches bereitstellen – und das über einen sicheren Update-Mechanismus.

Zu 3: Cybersicherheit als Werkseinstellung einrichten

Das höchstmögliche angemessene Maß an Sicherheit und Datenschutz ist anzuwenden, und dies muss beim Design von Produkten, Funktionalitäten, Prozessen, Technologien, betrieblichen Abläufen, Architekturen und Geschäftsmodellen vorkonfiguriert werden. Nur wenn Sicherheitsanforderungen bereits zu Beginn des Produktlebenszyklus, und insbesondere in der Entwurfsphase, berücksichtigt werden, kann ein angemessen hohes Maß an Sicherheit gewährleistet werden. Das Gleiche gilt für alle anderen Schritte der Wertschöpfungskette – von den Funktionalitäten und Standardeinstellungen für die Sicherheitskonfiguration eines Produkts über die Herstellungsprozesse und eingesetzten Technologien bis hin zu den Betriebsprozessen – und beinhaltet auch die Architekturen und Geschäftsmodelle.

Zu 4: Die Bedürfnisse der Nutzer in den Mittelpunkt stellen

Unternehmen stellen Produkte, Systeme und Services sowie Beratungsleistungen auf Basis der Sicherheitsanforderungen ihrer Kunden bereit und stehen ihnen während eines angemessenen Lebenszyklus als vertrauenswürdiger Partner zur Verfügung. Unternehmen sind den gleichen Risiken ausgesetzt wie alle anderen IT- und Internetnutzer. Darüber hinaus sind sie häufig das Ziel von zusätzlichen Angriffen, die Privathaushalte in dieser Form nicht betreffen. Unternehmen benötigen demzufolge Produkte, Systeme und Services, die ihren speziellen Sicherheitsanforderungen über einen angemessenen Lebenszyklus hinweg entsprechen. Dazu sind:

- Sicherheitslücken durch kontinuierliche Updates und Back-ups zu schließen,
- Kontinuierliche Sicherheitsüberwachungen,
- Sicherheitsvorfälle zu identifizieren und darauf zu reagieren,
- Frühzeitige Anpassungen an veränderte Bedrohungsszenarien.

Zu 5: Innovation und Co-Creation fördern

Das gemeinsame Verständnis zwischen Unternehmen und politischen Entscheidungsträgern über Cybersicherheitsanforderungen und Regeln ist zu vertiefen, um Cybersicherheitsmaßnahmen kontinuierlich voranzutreiben und an neue Bedrohungen anzupassen. Vertraglich vereinbarte Partnerschaften von Staat und Privatwirtschaft sind zu fördern und zu unterstützen. Branchenspezifisches Wissen muss zusammengeführt werden. Nur indem wir die Zusammenarbeit zwischen Unternehmen und politischen Entscheidungsträgern verstärken und ein gemeinsames Verständnis für die Bedrohungen durch Cyberangriffe entwickeln, werden wir langfristig erfolgreich sein. Das wird uns nur durch den Aufbau von Partnerschaften und dem verstärkten Austausch von Wissen über Branchen, Universitäten und Forschungseinrichtungen hinweg gelingen.

Zu 6: Cybersicherheit zum festen Teil der Ausbildung machen

In Lehrpläne – als Studienfächer an Universitäten, in der beruflichen Ausbildung sowie bei Trainings – sind spezielle Kurse zur Cybersicherheit zu integrieren, um die Transformation von künftig benötigten Fähigkeiten und Berufsprofilen voranzutreiben. Eine beträchtliche Anzahl von IT-Sicherheitsvorfällen ist auf menschliches Versagen oder Fahrlässigkeit zurückzuführen. Das Bewusstsein für Cyberrisiken und Schutzmaßnahmen zu stärken ist deshalb die erste Verteidigungslinie. Um die IT-Sicherheit auch auf technologischer Ebene weiterzuentwickeln, müssen die Menschen in der Lage sein, sich die für die digitale Transformation notwendigen Fähigkeiten und Qualifikationen anzueignen. Nur auf diese Weise wird es ihnen gelingen, sich an die neuen Jobprofile anzupassen. Deshalb sollten entsprechende Förderprogramme für Schulen, Hochschulen und Unternehmen fortgeführt und ausgebaut werden.

Zu 7: Kritische Infrastrukturen und IoT-Lösungen zertifizieren

Unternehmen und – falls erforderlich – Regierungen müssen verpflichtende und unabhängige Third-Party-Zertifizierungen (auf Basis von zukunftssicheren Definitionen und insbesondere dort, wo Leib und Leben in Gefahr sind) für kritische Infrastrukturen und IoT-Lösungen etablieren. Kritische Infrastrukturen und *IoT-Lösungen* (z. B. *autonome Fahrzeuge, kollaborative Roboter*) sind zunehmend Cyberbedrohungen ausgesetzt. Unabhängige Zertifizierungen für sicherheitsrelevante Prozesse oder technische Lösungen können dazu beitragen, das Risiko von IT-Sicherheitsvorfällen, insbesondere wo Gefahr für Leib und Leben besteht, zu reduzieren.

Zu 8: Transparenz und Reaktionskraft steigern

Unternehmen müssen sich an einem Netzwerk für industrielle Cybersicherheit beteiligen, um neue Erkenntnisse und Informationen zu Angriffen und Vorfällen zu teilen. Dieses Engagement sollte über die derzeitige Praxis hinausgehen, die auf kritische Infrastrukturen fokussiert ist. In der digitalen Welt geht es vor allem um eines: Geschwindigkeit. Im Falle eines Cyberangriffs ist eine sofortige, koordinierte und zielgerichtete Reaktion erforderlich. Deshalb ist eine Zusammenarbeit der Unternehmen bei der Schaffung eines Netzwerks für industrielle Cybersicherheit von so großer Bedeutung. Nur so können neue Erkenntnisse und Informationen über Angriffe und Sicherheitsvorfälle umgehend geteilt werden.

Zu 9: Regulatorischen Rahmen schaffen

Multilaterale Zusammenarbeit bei Regulierung und Standardisierung muss gefördert werden, um gleiche Ausgangsbedingungen für alle Beteiligten zu schaffen, vergleichbar mit der globalen Reichweite der Welthandelsorganisation (WTO). Regeln zur Cybersicherheit sollten auch Bestandteil von Freihandelsabkommen sein. Eine Regulierung und Standardisierung kann nur dann erfolgreich sein, wenn sie auf multilateraler Zusammenarbeit basiert. Unser Ziel ist es deshalb, diese Zusammenarbeit noch weiter auszubauen, um die gleichen Ausgangsbedingungen für alle Beteiligten zu schaffen. Die *Welthandelsorganisation (WTO)* mit ihrer globalen Reichweite ist dabei unser Vorbild. Aufgrund ihrer großen Bedeutung sollte Cybersicherheit auch ein integraler Bestandteil von Freihandelsabkommen werden.

Zu 10: Gemeinsame Initiativen vorantreiben

Gemeinsame Initiativen mit allen relevanten Akteuren müssen vorangetrieben werden, um die genannten Prinzipien in den verschiedenen Bereichen der digitalen Welt unverzüglich umzusetzen. Nur wenn wir gemeinsam aktiv werden, können wir unsere Ziele erreichen. Die Charter of Trust stellt deshalb eine wichtige Grundlage für weitere gemeinsame Initiativen dar, um die 10 Grundprinzipien in den verschiedenen Bereichen der digitalen Welt zügig umzusetzen.[806]

---

806 Entnommen dem Siemens-Aufruf »Charter of Trust zur Cybersicherheit« 2018.

14.7.2   Charter of Trust: Weiterentwicklung

Im November 2018 arbeiten 17 Organisationen an der Charter of Trust. Ihre Unterschrift war lediglich der erste Schritt im gemeinsamen Prozess für mehr Sicherheit. Inzwischen haben die Partner diese Prinzipien zudem in Handlungsempfehlungen und Anforderungen aufgeschlüsselt, mit denen Unternehmen und Regierungen konkret mehr Sicherheit schaffen können.

Die Sicherheit in der digitalen Lieferkette ist ein gutes Beispiel. Unabhängig von der Branche sind daran immer eine ganze Reihe von Akteuren beteiligt – von Komponentenherstellern für Industrieprodukte bis hin zu Subunternehmern im *Cloud Service*. Bei kritischen Applikationen haben neun von zehn Mitgliedern der Lieferkette wahrscheinlich längst an fortschrittliche Cybersicherheit gedacht. Aber je nach Produkt oder Service das kann auch ganz anders aussehen – und zu komplexen Risiken führen.

Mancher Anbieter wird vielleicht von vornherein als unkritisch in Sicherheitsfragen eingestuft – beeinflusst aber dennoch das Gesamtergebnis. Wenn auch nur ein Mitglied die Sicherheit schleifen lässt, kann die gesamte Lieferkette in Gefahr geraten. Denn es ist immer das schwächste Glied einer Kette, welches die zulässige Gesamtlast definiert.

Um dieser Herausforderung zu begegnen, werden Standards für *Lieferketten* in allen Bereichen erarbeitet. Ähnlich wird bei allen Prinzipien der Charter of Trust vorgegangen. Das Ergebnis sollen pragmatische Ansätze sein, die ein Fundament für die Sicherheit in *Internet-of-Things*-Umgebungen (*IoT*) schaffen.

Zusammenarbeit ist der Schlüssel zum Erfolg der Charter. Ein einzelnes Unternehmen kann niemals allein den umfassenden Einfluss von Digitalisierung und Cybersecurity absichern und mehr Vertrauen für die Anwender schaffen. Das kann nur das Ergebnis von enger Zusammenarbeit auf allen Ebenen sein. In unserer vernetzten Welt verbinden sich Tausende von Geräten in jeder Sekunde mit dem Internet, also kann Sicherheit nicht von Ländergrenzen, Branchen oder Unternehmen definiert werden. Wir brauchen koordinierte Strategien und klare Kriterien für Sicherheit im kompletten IoT-Umfeld.[807]

Das Ziel der Charter ist, Domain-Know-how zu bündeln und das gemeinsame Verständnis von Unternehmen und politischen Entscheidungsträgern über die Anforderungen und Regeln der Cybersicherheit zu vertiefen, um die Sicherheitsmaßnahmen kontinuierlich zu verbessern und an neue Bedrohungen anzupassen. Diese Zusammenarbeit zwischen öffentlichem und privatem Sektor wird die Weitergabe von domänenspezifischen Bedrohungsinformationen verbessern und gemeinsame interoperable Standards anregen – zum Beispiel in der Frage, wie Gefahren kategorisiert werden und welche Syntax sie bestmöglich beschreibt. Deshalb sind weiterhin auch Regierungen eingeladen, sich an der **Charter of Trust** zu beteiligen. Die Mitarbeit bedeutet, einen konkreten Beitrag zur Sicherheit leisten zu können. Cyber Security ist eine der Grundvoraussetzungen für die digitale Transformation.[808]

---

807 Vgl. dazu: Julian Meyrick, 28.11.2018: IBM – Charter of Trust stärkt Zusammenarbeit in der IT für eine sichere digitale Welt. https://www.ibm.com/de-de/blogs/think/2018/11/28/charter-of-trust/, abgerufen 21.12.2018.
808 https://www.ibm.com/de-de/blogs/think/2018/11/28/charter-of-trust/, abgerufen 19.12.2018.

Teil 3:
Wettbewerbsbestimmende Felder

15 Strategische Positionierung

Ziel dieses Buches ist letztendlich die Entwicklung eines belastbaren und erfolgversprechenden Geschäftsmodells zur Digitalisierung Deutschlands im globalen Kontext und vor der Übermacht aus den USA und China. Dazu wurden Historie und Grundlagen vorgestellt (Teil 1) sowie in Teil 2 die Branchenübergreifenden Hebel und Ansätze, über die man verfügen sollte (z. B. die digitale Infrastruktur). Diese erstrecken sich über die ganze Gesellschaft, namentlich in Industrie und Verwaltung. Die Auswahl dieser Felder, wie in Abb. 53 dargestellt, orientiert sich an Technologien, Branchen und Tätigkeitsfeldern, die für die digitale Zukunft unseres Landes besonders bedeutsam erscheinen.

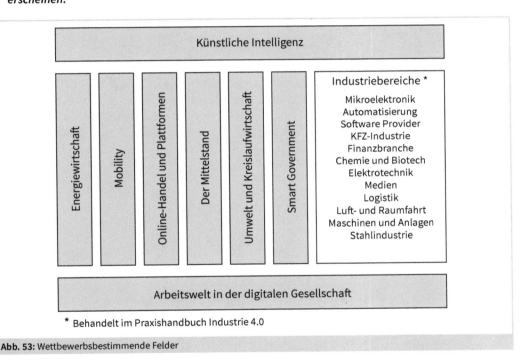

Abb. 53: Wettbewerbsbestimmende Felder

15.1 Künstliche Intelligenz

Im Kapitel 8 »Elemente und Instrumente« wurde »*künstliche Intelligenz*« als »Enabler« vorgestellt, namentlich zur Analyse von Daten, für Erkennungssysteme und zur Automatisierung. Siehe hierzu Abb. 53 »Landschaft der Technologiefelder in der sogenannten Industrie 4.0«. Die *künstliche Intelligenz (Artificial Intelligence, AI)* wird derzeit als eine Schlüsseltechnologie für die Entwicklung der digitalen Gesellschaft angesehen. Dementsprechend stellen die *USA* und *China* enorme Investments bereit, um hier die Führerschaft zu sichern (USA) bzw. zu erlangen (China). In den USA spielt sich der Wettbewerb bei AI hauptsächlich unter den »*Big Five*« der *I/BD-Industrie* ab. Daneben beherbergt Nordamerika rund 40 % der AI-orientierten Forschungsunternehmen weltweit. China hat sich auf die Fahne geschrieben, die derzeit führende USA zu überholen und dazu ein Entwicklungsprogramm mit 300 Mrd. USD dotiert, das hälftig jeweils vom Staat und von der Wirtschaft finanziert werden soll. Der *Europäischen Kommission* ist die KI lediglich 20 Mrd. € wert, für deren Bereitstellung sie bis 2020 sorgen will. Der Masterplan der *Bundesregierung* von 2018 beinhaltet ein Investment von 3 Mrd. €. Ob Europa mit diesem verhältnismäßig dünn ausgestatteten Programm neben den USA und China bestehen kann, ist fraglich. Das breite Verständnis ist heute nämlich, das KI den Wettbewerb der Zukunft bestimmen wird. Die daraus erwachsenden neuen Technologien werden einen neuen Konkurrenzbereich eröffnen. Neue Mittel ermöglichen ganz neue Strategien und Positionierungen. Dazu lieferte die Geschichte viele Beispiele. Deshalb wird das Gebiet »KI« als das vielleicht wichtigste Wettbewerbsfeld in diesem Buchabschnitt als Erstes vorgestellt.

15.2   Anwendungsfelder

Im Weiteren werden besonders wichtige Anwendungen präsentiert, teils Wirtschaftsfelder (*Energiewirtschaft, Mobility* und *Online-Handel/-Plattformen*), teils *Industriekreise* (*Mittelstand*), dazu *Umwelttechnik* mit *Kreislaufwirtschaft* und die öffentliche Hand: »*Smart Government*«. Wichtige Industriebrachen wurden bereits im »Praxishandbuch Industrie 4.0« behandelt, mit deren grundsätzlichen Rollen, Beiträgen und Lösungsansätzen für die Digitalisierung. Diese sind im rechten Block auf Abb. 53 aufgelistet. Deshalb sei hier auf dieses Werk verwiesen, das in seinem Ansatz komplementär zu dem vorliegenden Buch angelegt ist.[809]

15.3   Energiewirtschaft

Die heutige Energiewirtschaft kann heute ohne den Einsatz von IT, Internet und Online-Geschäftsabwicklung nicht funktionieren. Die Energie- und Kommunikationsnetze sind aufs Engste miteinander verbunden. Was die *Höchstspannungstechnik* (insbes. *HGÜ* und *Supraleittechnik*) für die Energiewirtschaft ist, sind die *Breitband-* und *Hochfrequenztechnik* (insbes. *5G*) für die *Kommunikationsnetze*. Im Verbund sind beide das Rückgrat für Wirtschaft und Gesellschaft. Ohne ausreichende Stromversorgung ist zum Beispiel die Vollversorgung für *Elektromobilität* nicht gegeben. Hier erfüllt Deutschland noch auf keiner Erzeugungs- und Netzebene die Voraussetzungen. Deshalb wird dieses Thema hier an zweiter Stelle positioniert.

15.4   Mobility

An dritter Stelle wird hier das breite Gebiet der *Mobilitätsversorgung* abgehandelt. Im Zentrum aktueller Diskussionen steht zwar der *Straßenverkehr*, mit den besonderen Herausforderungen im Übergang zur *Elektromobilität* und zum *autonomen Fahren*, deren Technologien finden aber auch in allen anderen *Verkehrsmodalitäten* wie *Bahntechnik, Fliegerei* und *Schifffahrt* Anwendung. Deren Steuerung und Ver-

---

809 Kai Lucks (Hrsg.): Praxishandbuch Industrie 4.0, Schäffer-Poeschel Verlag, Stuttgart 2017.

bund (*Intermodalität*) erfordert den höchsten Grad der Digitalisierung, einschließlich der Anwendungen *künstlicher Intelligenz* für die Fahrzeugführung und für die Fahrzeugkommunikation »*Car-to-Car*« und »*Car-to-Infrastructure*«. Die Mobilitätsbrache ist die wertvollste Industrie, die Deutschland hat. Dienstleistungsmodelle werden um sich greifen und das Produktionsgeschäft überlagern. Die technologisch führenden Positionen bei der Elektromobilität und beim autonomen Fahren haben wir nie gewonnen. Wir haben auf beiden Gebieten Rückstände. Im Oktober 2018 ist die deutsche *Autoindustrie* aufgewacht und hat innerhalb kürzester Zeit ein gewaltiges Investitionsprogramm aufgelegt. Die Penetration der Elektromobilität auf den Straßen ist von der Verfügbarkeit zusätzlicher Stromversorgung abhängig, die derzeit auf allen Netzebenen als kritisch einzustufen ist.

15.5   Online-Handel und -Vertriebsplattformen

In diametralem Gegensatz zur Mobility, bei der Deutschland führende Hersteller beheimatet, ist unsere Position im *Online-Handel* und im *B2C-Plattformgeschäft* denkbar schwach. Rund 50 % des deutschen Marktes wird von *Amazon* beherrscht, das seine Positionen durch hervorragend bewertete Dienstleistungen, weitere Differenzierung, anhaltendes Vordringen in der Logistik und den Aufbau lokaler Geschäfte zunehmen ausbaut. Deutsche *Online-Händler* wehren sich vehement. Der *stationäre deutsche Einzelhandel* fasst zunehmend auch online Fuß. Unsere internationale Reichweite ist aber begrenzt und global spielen wir kaum eine Rolle. »Online« ist dennoch für unsere Volkswirtschaft von hoher Bedeutung. Gewitzte Strategien, eiserner Wille und genügend Finanzmittel sind gefordert, um hier zu bestehen. Die Konsolidierung hat nämlich schon begonnen.

15.6   Die Digitalisierung des Mittelstandes

Mit 3,65 Mio. mittelständischer Unternehmen verfügt Deutschland, auf die Bevölkerungszahl gerechnet, über die größte *Firmenquote* weltweit. Die große Masse dieser Unternehmen hinkt hinsichtlich der Digitalisierung hinterher. Bei »*Big Data*«-Anwendungen besteht im Mittelstand Zurückhaltung, gegen »*künstliche Intelligenz*« sogar Abwehr. Bei der *digitalen Infrastruktur* belegt Deutschland einen der letzten Plätze im Ländervergleich. Zudem haben wir infolge der *Energiewende* die höchsten *Stromkosten* weltweit. Die Strompreise werden wegen hoher Umlagen für die noch ausstehenden *Stromtrassen* und den bereits geplanten *Braunkohleausstieg* noch weiter steigen. Eine gefährliche Ausgangslage für Deutschland. Kraftakte zur Sicherung unseres Industriestandortes sind sowohl seitens der Mittelständler selber als auch von der Regierung und Verwaltung gefordert.

15.7   Umwelt- und Kreislaufwirtschaft

Dieses Gebiet wurde hier aufgenommen, weil Deutschland hier eine technologische Führungsposition hat und durch die Digitalisierung große Potenziale gehoben werden können. Durch die Digitalisierung der *Green Tech-Branche* kann allein in Deutschland ein zusätzliches Marktpotenzial von 20 Mrd. € im Jahr 2025 generiert werden. Des Weiteren könnte die Digitalisierung der relevanten Systeme zu einer

CO2-Reduktion von 50 Mrd. Tonnen per annum führen. Die *USA* liegen auf diesem Gebiet zurück. Die *Chinesen* haben sich bereits einen Teil der in Deutschland verfügbaren Technologien angeeignet und haben erklärt, dass sie die *digitale Umwelttechnik* forcieren und beabsichtigen, in die internationalen *Umweltmärkte* einzudringen.

15.8 Smart Government

In den *Verwaltungs- und Regierungsprozessen* ist die Diskrepanz zwischen dem technisch Machbaren und der Umsetzung besonders groß. Hier kann ein enormes Potenzial gehoben werden an Einsparungen und Beschleunigung der Prozesse, an Bürgernähe und an wirtschaftlichem Nutzen, der der freien Wirtschaft zugutekommt. Die Probleme zur Implementierung liegen auf der administrativen Seite: Verwaltungsstrukturen, vorgeschobene Richtlinien und Gesetze, Technikaversion, fehlende Kompetenzen zur Einführung und zum Betrieb. Andere Länder zeigen uns, was *E-Government* leisten kann und welch kultureller Durchbruch mit *Open Government* erreicht werden kann. Benchmark sind hier die *USA*. In Europa ist *Estland* führend, aber auch die *Schweiz* und die *Niederlande* sind weiter als Deutschland. Immerhin soll bei uns bis 2020 die *E-Akte* eingeführt werden.

15.9 Arbeitswelt in der digitalen Gesellschaft

Auch die Arbeitswelten, die die Länder bieten, sind Felder, in denen die Nationen miteinander konkurrieren. Die Digitalisierung hat längst im sozialen Leben Fuß gefasst. *Digitalkompetenz* ist gefordert. Die Vorbereitung auf die digitalisierte Gesellschaft beginnt im Kindergarten und die stetige Weiterentwicklung erfordert »*lebenslanges Lernen*« bis ins hohe Alter. Deutschland hat durch Experimente und Fehlsteuerungen bei der Ausbildung einiges zu korrigieren und aufzuholen. Unsere *freiheitlich-demokratische Grundordnung* und unser *Rechtssystem* machen Deutschland attraktiv für Ausländer – gerade auch für Chinesen, die in einer »Digital-Diktatur« leben müssen und von denen viele, die Deutschland kennengelernt haben, hier bleiben möchten. Unser System darf aber nicht durch *Regularien* und teure, zeitraubende *Verwaltungsakte* übersteuert werden. Dies ist eine ernste Gefahr für das Bestehen und die Weiterentwicklung unserer *Industriegesellschaft*, die sich in einem allumfassenden *Digitalisierungsprozess* befindet. Wenn wir dabei den Anschluss verlieren, dann verlieren wir auch industrielle Wertschöpfung, *Wohlstand* und *Arbeitsplätze*. Dann ist selbst das *Grundeinkommen* gefährdet, das allen Bevölkerungsgruppen einen angemessenen Lebensstandard sichert. Denn was wir ausgeben wollen, muss zuerst erwirtschaftet werden, und zwar zunehmend digital vernetzt und in *digitalen Geschäftsmodellen*.

16 Künstliche Intelligenz: Wettlauf mit den USA und China

Das Thema »Künstliche Intelligenz (KI)« zieht sich wie ein roter Faden durch alle Abteilungen dieses Buches, denn es ist ein grundlegender Ansatz (eine »Denkrichtung« oder »Facilitator«, keine eigentliche »Technologie«) zur Mustererkennung und Automatisierung. Dessen Rolle als »Hebel« haben wir in Kapitel 8 eingeordnet und behandelt. Wie in vielen großen Kriegen der Menschheit waren einzelne Waffengattungen so innovativ, dass sie ganze Schlachten bestimmten, etwa die Elefanten bei den Römern und die »Tanks« (Panzer), die die Engländer erstmals 1916 im Ersten Weltkrieg einsetzten. Ebenso epochal ist heute die künstliche Intelligenz (engl. »Artificial Intelligence, AI«) als innovatives Feld einzustufen. Das haben die hier näher behandelten USA, China und 2018 auch die deutsche Bundesregierung erkannt. Weltweit führend im Bereich der KI sind heute anerkanntermaßen noch die USA, die rund 40% der weltweiten KI-Institutionen beherbergen. Die Weiterentwicklung wird hier von der Wirtschaft getragen, konzentriert um die »Big Five« der I/SD-Industrie (Microsoft, Apple, Amazon, Alphabet-Google und Facebook), im Verbund mit führenden Forschungsinstituten. Die Regierung hält sich weitgehend heraus und fokussiert ihr KI-Interesse auf militärische Anwendungen. Die zentrale Rolle in China spielt der Staat als oberster Unternehmer in Sachen künstlicher Intelligenz. Um die weltweite Technologie- und Industrieführerschaft zu erreichen, wurde ein KI-Entwicklungsprogramm mit 300 Mrd. USD dotiert. Das abgeschlagene Europa bringt 20 Mrd. € auf, darin 3 Mrd. von Deutschland. Angesichts so schwacher Mittel wird ein Wiederanknüpfen an einstmals führende Positionen wohl kaum möglich sein.

16.1 Deutschland als Wiege künstlicher Intelligenz

KI wurde nicht in Amerika erfunden und auch nicht in China. Das alte Europa ist die Wiege des automatischen Rechnens, der *Mustererkennung*, des *Transistors*, der Allzweckrechner, der künstlichen Intelligenz und des tiefen Lernens. Auch das *World Wide Web* entstand hier.[810]

Vor allem Deutsche schufen Grundlagen der modernen KI. Ein Beispiel: Selbstfahrende Autos wurden an der Bundeswehr-Universität München in den 1980er Jahren erfunden. Ab 1994 sah man sie bereits mit bis zu 180 Stundenkilometern auf der Autobahn. Laut dem Economist besaßen deutsche Firmen 2018 immer noch mehr Patente zu autonomen Fahrzeugen als Chinesen und Amerikaner zusammen.

An der *TU München*, entstand in den 1990er Jahren das »*Deep Learning*«-Verfahren LSTM, ein künstliches neuronales Netz, das heute die KI auf 3 Mrd. Smartphones antreibt und einen beträchtlichen Teil der Rechenressourcen der Welt verbraucht. Im Jahr 2017 beispielsweise übersetzte Facebook mit LSTM an die 200 Mio. Texte pro Stunde. Die Spracherkennung auf Handys beruht ebenfalls auf LSTM. *Business*

---

810 Das Web entstand 1989 als Projekt an der Forschungseinrichtung CERN, in der Nähe von Genf auf schweizerischem und französischem Gebiet liegend, an dem Tim Berners-Lee ein Hypertextsystem aufbaute. Die Idee hierzu stellte er erstmals am 12.3.1989 in der Forschungseinrichtung vor. https://www.google.com/search?client=firefox-b-d&channel=crow&q=wo+entstand+das+world+wide+web%3F, abgerufen 28.5.2019.

Week schrieb, LSTM sei »die wohl kommerziellste KI-Leistung, genutzt für alle Anwendungen von der Krankheitsvorhersage bis zur Musikkomposition«.

Diese Durchbrüche erwuchsen aus Einzelinitiativen kleiner versprengter Forschungsgruppen. Deutschland hat es versäumt, frühzeitig auf diesen Anfangserfolgen aufzubauen und große KI-Institute um diese Thematik herum ins Leben zu rufen.[811] Dies hätte auch die Kommerzialisierung erleichtert. Deutsche Institute schwächeln auch beim Technologie-Marketing. Die USA erscheinen da attraktiver. Führende Köpfe wanderten bereits ins Ausland.[812]

16.2   Schlüsseltechnologien und Positionierungen

16.2.1   KI-Technologien auf dem Chip: Umwälzungen der Wettbewerbslandschaft?

Manche Forscher halten die Entwicklung einer künstlichen Intelligenz, die der des Menschen generell überlegen ist, durchaus für möglich. Im Forschungsfokus stehen spezielle *Chips aus künstlichen Neuronen und Synapsen* (siehe dazu Kapitel 16 »Künstliche Intelligenz: Wettlauf mit den USA und China«). Die KI wandert damit zunehmend in Endgeräte wie *Smartphones*. Diese persönliche und dezentrale künstliche Intelligenz ist weniger von den Datenbergen abhängig, die Google und andere anhäufen. Das wird sich auf die aktuellen Gewinner auswirken, da es ihre grundlegenden Einnahmequellen angreift und sie potenziell irrelevant macht. Mithilfe von KI-Chips in den Geräten müssen sie nicht mehr über das Internet auf Datenzentren zugreifen, um ihre Aufgaben zu verrichten. Bei vielen Anwendungen entscheiden künftig Millisekunden darüber, ob ein Dienst erfolgreich ist oder nicht. Der Weg vom Nutzer zu einem Datenzentrum, das viele Kilometer entfernt liegt, kann dann zu lang werden. Insbesondere für *autonome Fahrzeuge* ist der Zeitvorteil wichtig. Deswegen muss das Datenzentrum entweder näher zum Nutzer rücken – beispielsweise direkt an Mobilfunkantennen-Standorte – oder die Arbeit wird gleich auf dem Gerät der Nutzer erledigt. Vielleicht ist damit Apple letztlich am vorteilhaftesten aufgestellt, wenn sich KI doch weitgehend auf den Chips im iPhone dezentralisieren lässt. Die Treiber sind derzeit vor allem Mikroelektronikhersteller in den USA, aber auch Chinesen.

16.2.2   Ausblick der »Big Four« der USA

Die Form der Zusammenarbeit der »Big Four[813]« der USA ist zweifellos ein Erfolgsmodell: Jeder orientiert sich in größter Breite, versucht damit, sein Geschäftsmodell ständig zu innovieren. Man arbeitet flexibel zusammen, aber auf demselben Gebiet auch wieder verdeckt und exklusiv. Die Big Four sind quasi

---

811 https://www.zeit.de/2019/10/maschinelles-lernen-ki-deutschland-forschung-amerika-china-moon-shot-projekte-innovation/ seite-2, abgerufen 4.10.2019.

812 Jürgen Schmidhuber: Die Wiege der künstlichen Intelligenz, in: ZEIT ONLINE, 27.2.2019. https://www.zeit.de/2019/10/ maschinelles-lernen-ki-deutschland-forschung-amerika-china-moon-shot-projekte-innovation, abgerufen 25.5.2019.

813 Hierzu zählen nur die Tech-Player Microsoft, Apple, Amazon und Alphabet-Google; Facebook als soziales Netzwerk wird nicht hierzu gezählt.

ein »*Innovationskartell*«, bei Bedarf offen oder geschlossen, und jeweils mit einem Netzwerk von Forschungs- und Anwendungspartnern verbunden.

Ob sich die hohen Investitionen in KI auszahlen, ist immer noch unsicher. Vor allem ist offen, ob die KI vorwiegend in der Infrastruktur angesiedelt wird oder in den Endgeräten. Hierfür gibt es gegensätzliche Positionen. Einerseits erlaubt die Miniaturisierung die Integration in die Endgeräte, vor allem dem Mobiltelefon, mit dem Vorteil der Nutzernähe – andererseits arbeiten die Netzentwickler an KI-Lösungen, die in der Infrastruktur hinterlegt werden. Dies wird zu einem der Haupteigenschaften für das zukünftige 6G-Netz werden.

16.2.3 China bringt sich in Stellung

China sieht KI als die Schlüsseltechnologie schlechthin, um damit in der nächsten Industriegeneration die weltweite Führung zu übernehmen. Der Staat hat 2018 dazu ein Entwicklungsinvestment von 300 Mrd. USD beschlossen, das hälftig von der Wirtschaft zu tragen ist. In deren Mittelpunkt stehen die sogenannten »BAT-Unternehmen« Baidu, Alibaba und Tencent.

Chinas Ansatz beim Thema künstliche Intelligenz unterscheidet sich grundlegende von der amerikanischen Strategie. Während die USA auf die Anreize der freien Wirtschaft setzen, vertraut Staatschef *Xi Jinping* der Planwirtschaft. Er strebt an, dass China bis 2030 die Nummer eins der künstlichen Intelligenz wird. Dafür sollen kurzfristig neue Theorien und Technologien entwickelt werden. Der große Durchbruch wird für bis 2025 geplant. 2030 soll dann die Technologieführerschaft erreicht sein und eine Industrie mit Jahresumsätzen von 150 Mrd. USD bestehen.[814] Doch der Wettlauf ist noch offen, und es zählen nicht nur die Gelder sondern auch die wissenschaftlichen Freiheitsgrade: Studien zeigen, dass die USA die meisten Forscher auf dem KI-Gebiet anziehen und dass Europa beim Anteil wissenschaftlicher Publikationen vorn liegt. China holt aber stark auf. [815]

16.2.4 Schwache Positionen für Deutschland und Europa

Die Jahresumfrage 2019 des *Vereins Deutscher Ingenieure* (VDI), die jährlich auf der Industriemesse in Hannover vorgestellt wird, ergab eine bedenkliche Einschätzung der deutschen Fähigkeiten und Perspektiven in Sachen künstlicher Intelligenz (KI).

Rund zwei Drittel der Befragten gaben an, dass Deutschland die Kompetenzen fehle, KI-Technologien effizient einzusetzen. Das ist durchaus kritisch in einer Zeit, in der KI auch die industrielle Produktion gründlich verändern kann. Nur 14 % sehen Deutschland im internationalen Wettbewerb in einer Führungsposition, ein Minus von mehr als 50 % im Vergleich zum Vorjahr. »Das deutet stark darauf hin, dass

814 https://t3n.de/news/wettrennen-um-ki-kuenstliche-1103867/, abgerufen 4.1.2019.
815 https://www.handelsblatt.com/politik/deutschland/kuenstliche-intelligenz-ki-experten-wandern-laut-studie-in-die-usa-ab/23742780.html?ticket=ST-26685089-x4iOqCiHTJcyTOETlIMG-ap1, abgerufen 4.10.2019

Deutschland den Anschluss im globalen KI-Wettbewerb verliert«, sagte der neue VDI-Präsident *Volker Kefer.*

An der Spitze haben sich andere Länder positioniert. Bei der Frage nach den führenden KI-Nationen wurden die Vereinigten Staaten noch etwas häufiger genannt als China. Der Abstand war vor einem Jahr noch erheblich größer. Demnach stellen sich die meisten auf ein Kopf-an-Kopf-Rennen dieser beiden Länder ein. Deutschland spielt hier keine Rolle mehr.[816]

Die Bundesregierung hat den dringenden Handlungsbedarf wahrgenommen und Ende 2018 Investitionen über 3 Mrd. € in Aussicht gestellt, die bis 2025 fließen sollten. Das Programm erscheint aber diffus. VDI-Chef Kefer kritisiert, dass noch nicht klar sei, aus welchen Töpfen die Finanzmittel kommen sollen. Auch ihre genaue Verwendung sei ungeklärt.

Im Wesentlichen sollen davon neue Professuren finanziert werden – ein Ansatz, der von vielen Seiten kritisch gesehen wird, denn es entsteht der Eindruck, dass hier Alimentierungen im Vordergrund stehen und nicht umwälzend neue Ansätze. Kefers Kommentar: »Ich frage mich, woher das entsprechende Personal kommen soll«. Auch *Jürgen Schmidhuber,* auf dessen Forschungen wesentliche KI-Kompetenzen der »Big Five« zurückgehen, äußert sich kritisch: »Wer Ideen hat, läuft zu den Amis über … Hier wird auf typisch deutsch Wissen gegenüber Ideen bevorzugt und den Kampf um die besten Leute verschlafen wir«.[817] Bereits 2019 sollten 500 Mio. € Fördergelder ausgegeben werden. Die Ministerien sind uneins über Inhalte und Ziele.[818] Schrittweise rückt die Bundesregierung von ihrem Plan ab. Medienberichten zufolge könnte die angekündigte KI-Strategie der Bundesregierung zur »Luftnummer« werden.[819]

Die EU-Kommission verabschiedete ein KI-Entwicklungsprogramm von 20 Mrd. €. Kaum vorstellbar, dass Deutschland im eher schwachen KI-Verbund mit den anderen EU-Staaten die aktuellen Rückstände aufholen kann, insbesondere auch wegen der mageren Finanzausstattung im Vergleich mit den USA und Chinas.

---

816 Uwe Marx: Ingenieure warnen vor Desaster mit Künstlicher Intelligenz, Frankfurter Allgemeine Zeitung vom 2.4.2019. https://www.faz.net/aktuell/wirtschaft/diginomics/ingenieure-warnen-vor-desaster-mit-kuenstlicher-intelligenz-16119666.html, abgerufen 25.5.2019.

817 Jürgen Schmidhuber, Professor an der TU München, gilt als Vater der modernen künstlichen Intelligenz (KI). Die lernenden neuronalen Netze, die seine Teams am Schweizer KI-Labor IDSIA (USI & SUPSI) und der TU München entwickelt haben, sind in 3 Mrd. Smartphones enthalten. Sie werden unter anderem in Facebooks automatischer Übersetzung, Googles Spracherkennung, Apples iPhone und Amazons Alexa genutzt.

818 Handelsblatt vom 22.4.2019. https://www.handelsblatt.com/meinung/kommentare/kommentar-die-bundesregierung-stuempert-bei-der-ki-foerderung/24232748.html?ticket=ST-3816081-5ngoBSbQnAmZoZV7tQZV-ap3, abgerufen 27.5.2019.

819 Im 2019 verabschiedeten Finanzplan bis 2023 wurden schließlich nur Ausgaben von 500 Mio. für die KI-Strategie geplant. Diese wurden bereits mit dem Haushalt 2019 verabschiedet. Dazu ließ Bundesfinanzminister Scholz verlauten, es würden keine zusätzlichen Mittel für die Erforschung und Verbreitung der künstlichen Intelligenz bereitgestellt werden. Die Vorhaben der Ministerien für Forschung, Wirtschaft und Arbeit sollen durch Umschichtung in deren Etats finanziert werden. Quelle: Medienberichte 20.3.2019, u. a. https://www.industry-of-things.de/ki-strategie-bundesregierung-will-foerderung-eindaempfen-a-811934/, abgerufen 28.5.2019.

16.2.5 Benchmarks und Potenziale für Deutschland

Die Bundesregierung muss Vergleichsmaßstäbe benennen, sodass sich beurteilen lässt, ob und in welchem Tempo Deutschland zu den globalen Playern USA und China aufschließt. Der digitale Wandel, vor allem die künstliche Intelligenz, bringt neue Chancen für die Wirtschaft mit sich, schafft Produktivitätsgewinne und neue Geschäftsmodelle. Die Unternehmensberatung McKinsey schätzt das jährliche Wachstumspotenzial durch künstliche Intelligenz allein in Deutschland auf 1,3 Prozentpunkte bis 2030.[820] Im Bereich der KI auf allgemein verfügbaren Daten aus dem Internet haben Google, Amazon und Microsoft die Nase vorn. Aber im Bereich von industriellen Daten etwa aus Maschinen hat Deutschland gute Voraussetzungen führend zu werden. Hier wird die KI für sehr spezifische Aufgaben in der Industrie eingesetzt. Speziell bei Fertigungsprozessen und im Bereich der Robotik steht Deutschland gut da. Dieses Potenzial muss dringend genutzt werden, denn wenn hier die Chancen Deutschlands nicht wahrgenommen werden, steht uns ein gesamtwirtschaftliches Problem bevor. Dessen Anfang liegt vielleicht schon im Jahr 2017, als der chinesische Weiße-Ware-Hersteller *Midea* den deutschen Robotic-Marktführer *KUKA* übernommen hat – der allerdings nun mit rückläufigen Zahlen kämpfen muss. Die Chinesen nehmen das gelassen.

16.3 Verständnisse und Zielgebiete für die KI

Die US-Regierung betont, dass sie der Industrie Freiraum und Motivation zur Entwicklung von Anwendungstechnologien gibt und diese durch staatliche Grundlagenarbeit fördert. Ihr Hauptzielgebiet liegt in der Verhaltensanalyse und Prognostik insbesondere im Konsumsektor. Dies bedarf der gleichen Kontrolle wie etwa in China. In China ist KI vor allem ein Staatsanliegen, sowohl zur Kontrolle der Bürger (»Sozialkonten«) als auch mit dem Ehrgeiz, die Führungsrolle in der Welt zu erreichen. Der Hauptfokus liegt bei Erkennungssystemen. In Deutschland haben sich vor allem Institute und Verbände das Thema KI auf die Fahne geschrieben, aus der Erkenntnis heraus, dass fragmentierte Alleingänge nicht durchschlagend weiterhelfen. Wenn ein Hauptfokus bestimmt werden sollte, dann ist dieser am ehesten bei Industrieanwendungen zu finden, im B2B-Geschäft, bei dem Deutschland gut positioniert ist. Eine Stärke Deutschlands liegt in der KI-Forschung und Entwicklung. So betreiben die »Big Four« der USA erhebliche FuE-Aktivitäten in der BRD und mit deutschen Partnern. Der europäische Verbund ist eher schwach: Die wichtigsten treibenden Organisationen der Länder treffen sich zweimal im Jahr in Brüssel, um sich auszutauschen und gegenseitig anzuregen. Die Entwicklung einer entscheidenden Stoßkraft in der interkontinentalen Auseinandersetzung ist aber hier nicht erkennbar, wohl weil Geschäftssinn und Geschäftsinteresse fehlen.

International sollte man in Europa zum Beispiel die Quantencomputer fördern: Das könnte die nächste Tech-Welle werden. Alle Spieler haben die hohe Bedeutung von KI in Spitzenanwendungen lokalisiert, etwa beim autonomen Fahren und Industrieanwendungen. Zunehmend werden auch die jenseits der Industrie liegenden Gebiete erkannt und erschlossen, wie etwa in der Juristerei (»*legal tech*«, »*E-Disco-*

---

820 Handelsblatt vom 15.11.218, https://www.handelsblatt.com/politik/deutschland/kuenstliche-intelligenz-fdp-fordert-konkrete-ki-strategie-in-konkurrenz-zu-usa-und-china/23636366.html, abgerufen 1.1.2019.

very«) in der Verwaltung (*Smart Government*), in der Medizin und Psychologie, wie in diesem Buch gezeigt wird. Letztlich darf kein Gebiet der Gesellschaft ausgeklammert werden und KI darf nicht isoliert, sondern muss immer im Kontext mit den zu lösenden Aufgaben und Prozessen gesehen werden. Investitionen in die KI sind damit in jedem Fall daran zu messen, welcher zusätzliche *volkswirtschaftliche Wertbeitrag* damit geleistet wird. Voraussetzung dafür ist aber, dass sich die gefundene Lösung am Markt durchsetzen kann. Das kann sie aber nur, wenn sie konkurrenzfähig ist gegenüber den Wettbewerbern in den USA und China, deren *I/SD-Industrien* ja nicht nur im Verbund untereinander operieren, sondern auch noch von der staatlichen Unterstützung profitieren: In den USA ist das vor allem das Militär, in China der staatliche Sicherheitskomplex. Die Erfolge bei der Implementierung in den einzelnen Gebieten werden letztlich auch von der Beherrschung und Bewältigung zweier Gegenkräfte bestimmt: dem *Cyberrisiko* (Kriminalität) und dem Beharrungsvermögen *verkrusteter Strukturen* insbesondere in der Verwaltung. Letzter Punkt könnte sogar ausschlaggebend für Deutschland sein – denn innovativ sind wir ja, aber leider wohl auch »Weltmeister« in *Überregulierung* und *Überadministration*, die sogar in den letzten Jahren noch weiter vorangeschritten sind. Dies ist leider auch eine »gesamteuropäische Epidemie«.

16.4   Wirtschaftsfaktor KI

Nach Prognosen des *McKinsey Global Institute* (*MGI*), sei »mit künstlicher Intelligenz bis 2030 ein zusätzlicher globaler Wertschöpfungsbeitrag in Höhe von 13 Billionen USD möglich.«[821] Bis 2030 würden circa 70% der Unternehmen mindestens eine der genannten KI-Technologien nutzen, prognostizieren die Forscher des MGI.[822] »Unternehmen integrieren künstliche Intelligenz zunehmend in ihre Kernprozesse. Das wirtschaftliche Potenzial ist riesig«, erläutert *Peter Breuer,* Seniorpartner im Kölner Büro von *McKinsey.* »KI wird zunehmend zu einem Wettbewerbsfaktor; dies kann Unterschiede zwischen Unternehmen und Ländern, die diese Technologie einsetzen und jenen, die es nicht tun, vergrößern.« Unternehmen, die KI früh implementieren, könnten ihren Cashflow verdoppeln, während die Nachzügler einen Rückgang ihres Cashflows um etwa 20% gegenüber dem heutigen Niveau verzeichnen müssten. Zum KI-getriebenen Produktivitätswachstum tragen unterschiedliche Mikro- und Makrofaktoren bei, etwa die Adaptionsgeschwindigkeit von KI-Technologie durch Unternehmen oder die Arbeitsmarktstruktur eines Landes. Mit einem möglichen zusätzlichen BIP-Wachstum von 1,3 Prozentpunkten liegt Deutschland leicht über dem Durchschnitt und gleichauf mit China, aber hinter den USA (1,5 Prozentpunkte) und Schweden (1,7 Prozentpunkte). Da sich das Produktivitätswachstum tendenziell verlangsamt, sind Länder wie Deutschland, Frankreich oder Kanada besonders gefordert, die Wertschöpfungspotenziale von KI zu nutzen. »Deutschland verfügt über genügend Kapazitäten, um Innovation in großem Maßstab realisieren und die Vermarktung von KI-Lösungen beschleunigen zu können. Nachlegen muss die BRD bei den Investitionen im Bereich Forschung und Entwicklung«, beurteilt Peter Breuer die hiesige Entwicklung. Er verweist auf China: Dort liege das zusätzliche BIP-Wachstumspotenzial auch bei 1,3 Pro-

---

821 McKinsey präzisiert, dass mit künstlicher Intelligenz (KI) das globale Bruttoinlandsprodukt (BIP) bis 2030 um durchschnittlich 1,2 Prozentpunkte pro Jahr steigen könne, und gibt weitere Werte an. Diese Prognosen scheinen aber in ihrer Präzision wenig belastbar.

822 McKinsey Gobal Institute: Notes from the AI frontier: Modeling the Impact of AI on the world economy. https://www.mckinsey.de/ news/presse/2018-09-05-ki-studie-mgi-dampfmaschine, abgerufen 5.1.2019.

zentpunkten pro Jahr, doch China verfüge über ein ungleich höheres Investitionspotenzial. Daneben flossen 2017 bereits 48 % der weltweiten Investitionen für AI-Start-ups (15,2 Mrd. USD) in chinesische Gründungen.[823]

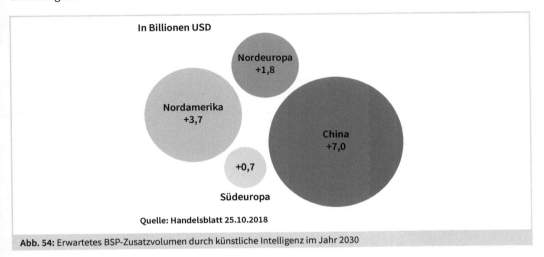

Abb. 54: Erwartetes BSP-Zusatzvolumen durch künstliche Intelligenz im Jahr 2030

16.5   Grundlegende Trends

Die Leistungsfähigkeit von Rechnern und Prozessoren sind heute nicht mehr die Engpässe für den Praxiseinsatz von künstlicher Intelligenz. Die Grenzen liegen vielmehr bei der Grundlagenforschung und der Übertragung ihrer Ergebnisse in praxistaugliche Systeme. Dies zeigt sich etwa bei der autonomen Verkehrsführung. Das Erkennen von Verkehrszeichen und die Abstimmung der Erkenntnisse mit den im Fahrzeugsystem gespeicherten und über das Netz zugelieferten aktuellen Daten ist noch eine relativ simple quasi-statische Aufgabe. Schwieriger ist es schon, die Fülle momentaner Bedingungen wie Straßenzustand, Verkehrslage, Sichtverhältnisse, Verhalten benachbarter Fahrzeuge und Sicherheitsabstände so zusammenzuführen, dass daraus die für den aktuellen Moment angemessene Geschwindigkeit und Fahrwegführung abgeleitet werden können. Das ist der Übergang zu dynamischen Systemen, die mit Realzeit-Lernschlaufen hinterlegt sind.[824]

Forschung und Entwicklung bieten dazu eine Vielfalt von Lösungen. Entscheidend ist die Umsetzungsnähe. Dazu sind aktuell verfügbare KI-Technologien mit ihren Potenzialen zu prüfen. Dies beinhaltet nicht nur technische sondern auch methodische Aspekte. Im Folgenden werden dazu Entwicklungen vorgestellt, die sich am Zeithorizont abzeichnen und die KI-Anwendungen nachhaltig verändern dürften.

823 McKinsey Global Institute: Künstliche Intelligenz – größeres Potenzial als Dampfmaschine. Press Release, https://www.mckinsey.de/news/presse/2018-09-05-ki-studie-mgi-dampfmaschine, abgerufen 5.1.2019.
824 https://www.andreas-nicklas.com/ki-trends-und-deren-bewertung/, abgerufen 14.11.2019.

16.5.1   Technische Trends

KI und Software-Schnittstellen: Die großen Tech-Unternehmen wie *Google*, *Amazon*, *Microsoft* und Co. stellen zunehmend sogenannte Software-Toolkits mit KI-Funktionen zur Verfügung. Mit diesen Schnittstellen zur Anwendungsprogrammierung (API, Application Programming Interface) werden Berechnungen an die Tech-Giganten ausgelagert. Das wiederum wird zu einer steigenden Abhängigkeit der Unternehmen führen, die diese Dienste nutzen.

KI und Hardware-Hilfe: Parallel zur Entstehung von *Software-Toolkits* werden zunehmend auch *Hardware-Toolkits* entwickelt, sprich Sensoren, die etwa sehen (Objekterkennung oder 3-D-Bildverarbeitung) oder hören (Spracherkennung) können. Kurzum: Damit wird KI bereit für Do-it-yourself-Projekte. Einzelne Bauteile können so konfiguriert werden, dass sie zum Beispiel Gesichts- und Produkterkennung übernehmen. [825]

Quantencomputer: Hier steht ein Sprung in der Informationsverarbeitung bevor. *Quantencomputer* können bei der Exploration von riesigen Datenmengen helfen, wie etwa durch den Grover-Algorithmus (ein Quantenalgorithmus zur Suche in einer unsortierten Datenbank). [826]

16.5.2   Methodische Trends

Neugier durch Curiosity Learning: Algorithmen könnten künftig menschliches Lernen nachbilden. Man muss sich aber davor hüten, anthropomorphe Ansätze nachzubilden. Einige Protagonisten postulieren zwar, dass Maschinen von morgen durch programmierte inhärente Veränderungen von Algorithmen auch in der Lage sind »out of the box« zu »denken« und dass damit ein innerer Antrieb gegeben sei. Das ist aber nicht mit den menschengegebenen Eigenschaften von Neugier und Erkundungstrieb zu verwechseln.

Gedächtnis durch LSTM Networks: Mithilfe des sogenannten »Long-Term Short-Term Memory« (LTSTM) werden die Netzwerke zunehmend eine Art *Gedächtnis* entwickeln, um auf bereits Erlerntes zurückgreifen zu können.

Umgang mit Unsicherheit durch Bayesian Networks: In Bayesian Networks[827] wird im Gegensatz zu neuronalen Netzen, die auf Mustererkennung mit Massendaten trainiert werden, nach dem »Warum« gefragt. Die künstliche Intelligenz kann somit Schlüsse ziehen, um sicherere Vorhersagen zu treffen und Wahrscheinlichkeiten zu erhöhen – etwa auch bei der Trefferquote bei der Bilderkennung. [828] Aber auch hier muss vor zu anthropomorphen Denkweisen gewarnt werden.

---

825   Zitiert nach McKinsey https://www.cio.de/a/10-ki-trends-von-mckinsey,3591982, abgerufen 14.11.2019.

826   Quantencomputer bedienen sich des Superpositionsprinzips zur Parallelrechnung und bei der Verschlüsselung der Verschränkung. Allerdings sind auch Überraschungen zu erwarten, daher sollte die Forschung hier auch offen gestaltet werden.

827   Ein bayessches Netz oder Bayesian Net ist ein gerichteter azyklischer Graph, in dem die Knoten Zufallsvariablen und die Kanten bedingte Abhängigkeiten zwischen den Variablen beschreiben.

828   https://www.cio.de/a/10-ki-trends-von-mckinsey,3591982, abgerufen 14.11.2019.

16.5.3 Geschäftliche Trends

Prognosen: Künstliche Intelligenz kann als Weiterentwicklung der *Business Intelligence* verstanden werden. Maschinelles Lernen ermöglicht analytische Vorhersagen nicht nur indem sie, wie bisher, auf bestehende Daten zurückgreifen, sondern indem sie Muster entwickeln, um Prognosen zu treffen.

Personalisierung und Automatisierung: Bei der *Personalisierung* handelt es sich im Grunde um die Anwendung der Prognose-Ergebnisse auf Basis der einzelnen Datensätze. Somit können beispielsweise Kunden immer individueller angesprochen werden. Die *Automatisierung* wird zudem menschliche Entscheider immer häufiger unterstützen, wie beispielsweise beim dynamischen Pricing oder bei Produktempfehlungen.

16.5.4 Gesellschaftliche Trends

KI und Cyber Risk und Cyber Security: Künstliche Intelligenz kann auf beiden Seiten der Cybersicherheit eingesetzt werden– sowohl von Angreifern als auch bei den Verteidigern. Neuronale Netze können nämlich auch ausgetrickst werden, zum Beispiel durch sogenannte *Adversial attacks*. Angreifer sind nämlich in der Lage, Eingaben in maschinelle Lernmodelle so umzugestalten, dass der Schutzmechanismus Fehler macht (Weiteres siehe Kapitel 14 »Cyber Security«).

KI und Compliance: Nicht nur der *Datenschutz*, muss weiterentwickelt werden. Darüber hinaus sind auch konkrete KI-Gesetze zu erlassen. Wichtige Themen dazu sind: Verantwortlichkeiten bei Autoren, Plattformen und Netzbetreibern, Überprüfung von KI-Entscheidungen und ethische Grenzbereiche.[829] Zu beachten ist, dass eine allzu frühe, vornehmlich auf Ethik ausgerichtete Orientierung, die Entwicklungen bremst und unsere Wettbewerbsfähigkeit behindert. Deshalb sollte dies einer nachgeschalteten Stufe vorbehalten bleiben.[830]

Pilotprojekte und Implementierung: Nur 8 % der befragten Unternehmen steigen in die Skalierung ihrer Pilotprojekte ein. Dass künstliche Intelligenz wirtschaftliches Potenzial hat, steht dabei außer Frage: Hochrechnungen zeigen, dass Unternehmen bis 2030 rund 70 % künstliche Intelligenz implementiert haben werden.

16.6 KI in den USA

Laut einer Studie der Unternehmensberatung *Roland Berger* und des KI-Kapitalgebers *Asgard* liegen die USA unangefochten auf Platz eins der weltweiten KI-Rangliste. 40 % aller KI-Unternehmen weltweit, seien dort angesiedelt. Tech-Riesen wie *Google* setzten neue Standards für die Industrie. Die USA ver-

---

829 Peter Breuer, McKinsey: 10 KI-Trends, 26.11.2018.
830 Das zeigt auch die historische Erfahrung: Wir haben früher auch erst Autos entwickelt und dann uns um die Verkehrstoten gekümmert. Völlig risikofreie Entwicklung gibt es nicht. Auch die aktuellen Versuche zum autonomen Fahren bergen Risiken und kosten Leben – zu viel Ethik im Voraus bremst die Wettbewerbsfähigkeit.

trauen voll auf die Innovationskraft ihrer freien Wirtschaft. Dieser Pfad ist angesichts seiner Erfolgsperspektiven wohl alternativlos – die gesellschaftliche und politische Kontrolle zur Sicherung von Freiheit und zum Schutz der Grundordnung sind dabei unabdingbar.[831]

16.6.1   KI-Strategieprogramme der US-Regierung

Die öffentliche Forschungsförderung zu KI wurde letztmalig unter der *Obama-Administration* im Mai 2016 formuliert, und zwar im *National Artificial Intelligence R&D Strategic Plan.* Als Kernziel wurde definiert: «to produce new AI knowledge and technologies that provide a range of positive benefits to society, while minimizing the negative impacts.» Dazu wurden sieben sogenannte »Strategies« vereinbart:

1. Langzeitinvestitionen in Artificial-Intelligence-Forschungsprojekte,
2. Entwicklung effektiver Methoden zur Mensch-Maschine-Zusammenarbeit,
3. Verstehen und Bearbeiten der ethischen, rechtlichen und sozialen Implikationen aus Artificial Intelligence,
4. Absicherung von Sicherheit und Schutz von AI-Systemen,
5. Entwicklung und Austausch über öffentliche Daten und Umgebungen für AI-Ausbildung und -Tests,
6. Messung und Bewertung von AI-Technologien durch Standards und Benchmarks,
7. Besseres Verständnis zum Bedarf nationaler Kapazitäten zur Erforschung und Entwicklung von AI.

Darüber hinaus wurden grundsätzliche Empfehlungen ausgesprochen, nämlich:

*   Entwicklung von Evaluationskriterien,
*   Entwicklung eines Rahmenplans zur Identifikation von Chancen und effektiver Koordination von AI-FuE-Investitionen, im Einklang mit Strategien 1 bis 6,
*   Erforschung der nationalen Landschaft zur Entwicklung und zum Erhalt einer gesunden FuE-Workforce, im Einklang mit Strategie 6.

Die *Trump-Administration* hat dann ganz bewusst die »Obama-Strategien« nicht weiterverfolgt. Präsident *Donald Trump* wolle nicht diktieren, «what is researched and developed.» Im Mai 2018 wurde dann beschlossen, ein neues *AI-Komitee* einzusetzen, das aus hochrangigen Vertretern von Forschung und Entwicklung aus der US-Regierung besteht, und das sich mit den FuE-Prioritäten und zu besserer Koordination von Bundesmitteln beschäftigen soll. An der diesbezüglichen Sitzung nahmen Vertreter von 30 Unternehmen teil,[832] sowie *Jared Kushner* als Vertreter des Weißen Hauses und *Andrew Bremberg*, Chef des Domestic Policy Councils.[833]

---

831 Vergleiche dazu https://t3n.de/news/wettrennen-um-ki-kuenstliche-1103867/, abgerufen 4.1.2019. Entscheidend für die Erlangung führender Positionen im Innovationswettbewerb ist die Freiheit des Denkens und für die Versuche. A-priori-Verbote verhindern Fortschritt. Technologieassessments etwa zu Kompatibilitäten mit sozialen, ethischen, ökologischen Standards müssen in die Entwicklungsprozesse zweifellos eingebaut werden.

832 Darunter Ford Motor Co, Boeing Co, Mastercard Inc, Amazon, Microsoft Corp., Google Alphabet, Facebook, Intel.

833 https://www.reuters.com/article/us-usa-artificialintelligence/trump-administration-will-allow-ai-to-freely-develop-in-u-s-official-idUSKBN1IB30F, abgerufen 4.10.2019.

16.6.2   KI im Militärbereich

Das Pentagon will zeitnah mithilfe künstlicher Intelligenz (KI) *militärische Schlachtfelder* dominieren, möglichst als Alleinstellungsmerkmal der USA: US-Verteidigungsminister *James Mattis* hatte Präsident *Donald Trump* daher gebeten, eine nationale KI-Strategie aufzulegen und dem Militär dabei eine besondere Rolle zuzuweisen. Er befürchtet nämlich, dass die USA mit den ambitionierten Förderplänen für künstliche Intelligenz anderer Länder wie China oder der Europäischen Union nicht mithalten können. Mattis soll auch den früheren US-Außenminister *Henry Kissinger* mit den Worten zitiert haben, dass eine *KI-Kommission* unter Führung des *Weißen Hauses* einzurichten sei. Eine solche solle für den nötigen landesweiten Antrieb sorgen und sicherstellen, dass die USA nicht nur im Verteidigungssektor führend bleibt, sondern auch bei der breiteren *»Transformation der Conditio Humana«*. Militärberater hatten nämlich darauf hingewiesen, dass KI das technologische Feld der Kriegsführung massiv verändern werde.[834]

16.6.3   Spannungsverhältnis Staat/Wirtschaft

Trump setzt im Bereich der künstlichen Intelligenz trotzdem weit stärker auf die Wirtschaft als auf den Staat. Das Pentagon will aber auch in Eigenregie voranschreiten und hat Ende Juni 2018 angekündigt, ein KI-Forschungszentrum einzurichten, das *Joint Artificial Intelligence Center* (*JAIC*). Dessen Schwerpunkt sollen Militäranwendungen sein. Die öffentliche Äußerung, hier *autonome Killerroboter* zu entwickeln, hat für Empörung bei den »Big Five« gesorgt. Das Verteidigungsressort ist nun bemüht, seine gestörten Beziehungen mit dem Silicon Valley zu kitten. Das Pentagon will zunächst 75 Mio. USD aus seinem milliardenschweren Jahresbudget in die neue Einrichtung stecken. Teil der Palette ist die besonders umstrittene *Initiative Maven*, mit der das Verteidigungsministerium eine führende Position bei der *»algorithmischen Kriegsführung«* mithilfe von Maschinenlernen einnehmen will. Das Programm soll unter anderem für Aufklärungszwecke und Drohnenschläge verwendet werden. *Google* gehört zu den Partnern des Projekts. Nach massiven Protesten und Kündigungen von Mitarbeitern will der Internetkonzern die 2019 auslaufende Kooperation aber nicht verlängern. Das Pentagon dürfte der plötzliche Widerstand aus dem *Silicon Valley* überrascht haben, da die dortige Technikindustrie rund um ein früheres Militärgelände groß geworden ist und traditionell beste Beziehungen zum Verteidigungsressort pflegt. Der Forschungsarm des Pentagons, die *Defense Advanced Research Projects Agency* (*DARPA*), hatte ja nicht nur die technische Basis für das *Internet* mit gelegt, sondern auch mit Roboterwettbewerben den Bereich der künstlichen Intelligenz nach vorn gebracht.

16.6.4   Ablehnung aus der Hightech-Community

Mittlerweile verbreitet sich aber die Besorgnis in der Hightech-Community, dass der militärisch-industrielle Komplex ihre Erfindungen einsetzt, um Menschen zu töten. US-Forscher äußern sich vehement, dass es einen deutlichen Unterschied dazwischen gibt, selbstfahrende Autos oder autonome Waffensys-

---

834 https://www.golem.de/news/usa-pentagon-fordert-ki-strategie-fuers-militaer-1808-136216.html, abgerufen 4.10.2019

teme zu entwickeln. Sie fürchten, dass Letztere eine massive Bedrohung für die Menschheit darstellen. *Elsa Kania* von der US-Denkfabrik *Center for a New American Security* spricht gar von einem einzigartigen Moment, in dem so viel Aktivismus wie nie zuvor aus dem Silicon Valley komme. *Brendan McCord*, der das *JAIC*[835] leiten soll, baut darauf, die sich ausbreitende Kluft schließen zu können. Das Zentrum werde helfen, »*unsere Partnerschaft mit der Industrie, der Wissenschaft und mit Verbündeten*« fortzuentwickeln, ist sich der frühere U-Boot-Offizier der Navy sicher. Eine Brücke auch zu Kritikern im Silicon Valley will er mit der Ansage schlagen, dass ein Fokus der Institution auf ethischen und humanitären Überlegungen liege. Ferner wolle man die kurz- und langfristige Sicherheit von KI im Auge behalten.[836]

16.6.5   KI bei Google (Alphabet)

Googles KI-Mission: «Google's mission is to organize the world's information and make it universally accessible and useful. AI is helping us do that in exciting new ways, solving problems for our users, our customers, and the world ... AI is making it easier for people to do things every day, whether it's searching for photos of loved ones, breaking down language barriers in Google Translate, typing emails on the go, or getting things done with the Google Assistant. AI also provides new ways of looking at existing problems, from rethinking healthcare to advancing scientific discovery.«[837]

KI omnipräsent: In kaum einem Dienst, der von Google angeboten wird, fehlt der Einfluss von *KI*. Fast jedes Ergebnis auf eine Google-Suchanfrage ist dadurch geprägt. Ohne *maschinelles Lernen*, lässt sich Sprache nur mit geringerer Treffsicherheit erkennen, auch bei Übersetzungen und in der Bilderkennung. In der Tat haben Konzerne wie Google und *Facebook* mithilfe von maschinellem Lernen, ihre Dienste verbessern und erweitern können. Schon vor Jahren hatte Google hatte den Wandel von »*Mobile First*« zu »*AI First*« vollzogen. [838]

Übernahme von DeepMind: DeepMind (früher: *Google DeepMind*) hat sich auf die Programmierung von *künstlicher Intelligenz* (KI) spezialisiert. Das Unternehmen wurde im September 2010 gegründet und 2014 von Google Inc. übernommen.[839] Bis dahin war dies ihre größte Übernahme in Europa. Branchenkenner schätzen den Kaufpreis auf rund 500 Mio. UDS. Mehrere kapitalkräftige Unternehmer hatten bereits in DeepMind investiert, darunter *Elon Musk*, CEO des privaten Raumfahrtunternehmens *SpaceX* und des Elektroautoherstellers *Tesla. Zu den Investoren zählten auch der Paypal*-Gründer und ursprünglicher *Facebook*-Geldgeber *Peter Thiel*, der *Skype*-Mitbegründer *Jaan Tallinn* sowie *Li Ka-shing* von *Horizon Ventures*, ein Hongkonger Magnat und einer der mächtigsten Männer Asiens.[840] Bei DeepMind wurde unter anderem auch *AlphaGo* entwickelt, ein Computerprogramm, das ausschließlich das Brettspiel Go

---

835   JAIC: Joint Artificial Intelligence Centre des Department of Defense, gegründet im Juni 2018. https://breakingdefense. com/2018/06/joint-artificial-intelligence-center-created-under-dod-cio/, abgerufen 7.1.2018.

836   https://www.golem.de/news/usa-pentagon-fordert-ki-strategie-fuers-militaer-1808-136216.html, abgerufen 1.1.2019.

837   https://ai.google/about/, abgerufen 4.1.2019.

838   https://www.gruenderszene.de/technologie/ki-google-facebook, abgerufen 4.10.2019.

839   DeepMind Technologies war ein britisches Start-up, gegründet 2010 von Demis Hassabis, Shane Legg und Mustafa Suleyman. Zu den ersten Geldgebern gehörten die Venture-Capital-Unternehmen Horizons Ventures und Founders Fund sowie der Business Angel Scott Banister. 2014 wurde das Unternehmen mit dem »Company of the Year« Award durch das Cambridge Computer Laboratory ausgezeichnet.

840   https://www.wired.de/collection/life/ausgabe-0715-den-tiefen-von-googles-superhirn, abgerufen 4.1.2019.

beherrscht. Im Oktober 2015 besiegte dies den mehrfachen Europameister Fan Hui. Somit ist es das erste Programm, das unter Turnierbedingungen einen professionellen Go-Spieler schlagen konnte. Im März 2016 trat AlphaGo sogar gegen den südkoreanischen Meister Lee Sedol an, der nach fünf Runden aufgeben musste. [841]

Google Kundenoffensive: *Kubeflow Pipeline* und *AI Hub* soll Google die Eintrittsbarrieren für den Einsatz von künstlicher Intelligenz im Unternehmensalltag senken. Nach Google müssten noch viel mehr Firmen entsprechende Technologien in ihre Arbeitsprozesse integrieren. Um das zu erreichen, hat der Internetkonzern zwei weitere neue Produkte vorgestellt, die beide dabei helfen sollen, den Einstieg zu erleichtern, und zwar wie folgt:

AI Hub soll als Plattform dienen, Firmen direkten Zugang zu vorgefertigten KI-Komponenten zu liefern. Diese Bausteine können Cloud-Kunden direkt verändern und für die eigene Organisation in Betrieb nehmen. Über die AlHub-Plattform sollen Firmen ihre eigenen Komponenten mit anderen Unternehmen teilen. Dadurch kann Doppelarbeit vermieden werden. Derzeit befindet sich das AI Hub noch in einer Entwicklungsphase und umfasst vorerst nur die von Google entwickelten Komponenten. Mit Vorlage der Beta-Version soll das Angebot an öffentlich zugänglichen Inhalten stark erweitert werden und auch Angebote von Partnern umfassen. Den Zeitpunkt lässt Google jedoch noch offen.[842]

Kubeflow ist ein Open-Source-Projekt, mit dem *Machine-Learning*-Workflows aus Googles TensorFlow als Container verpackt ausgeliefert werden können. Mit Kubeflow Pipelines soll das Projekt nunmehr um eine Lösung zur Erstellung, das Deployment und die Verwaltung wiederverwendbarer *ML-Workflows* erweitert werden. Dies werde den Entwicklungsprozess deutlich beschleunigen, da einzelne Komponenten einfacher wiederverwendbar und untereinander kombinierbar sind. [843]

Autonomes Fahren bei Google: Spezielle KI ist die Grundlage für autonomes Fahren. Dies soll im Kapitel 18 »Mobility« vertieft behandelt werden. Hier nur ein kurzer Verweis auf Google, für die die autonome Verkehrsführung, aufbauend auf deren Navigationshilfen und digitalen Karten eine herausragende strategische Rolle spielt: Im Dezember 2018 startete die Google-Tochter *Waymo* den Service mit Robotertaxis. Waymo verkauft dies in einem Blog-Beitrag vorsichtig als »nächsten Schritt auf unserer Selbstfahr-Reise« – dabei ist es ein ziemlich bedeutender Schritt, den die Kalifornier nun wagen: Denn Waymo hat nun den ersten kommerziellen *Robotertaxi-Dienst* der Welt gestartet und ist der Konkurrenz damit einiges voraus.[844]

841 https://de.wikipedia.org/wiki/DeepMind, abgerufen 4.10.2019.
842 https://t3n.de/news/google-will-die-eintrittsbarriere-fuer-kuenstliche-intelligenz-im-unternehmen-senken-1124221/, abgerufen
      4.12.2019
843 https://t3n.de/news/google-will-die-eintrittsbarriere-fuer-kuenstliche-intelligenz-im-unternehmen-senken-1124221, abgerufen
      4.10.2019.
844 Manager Magazin vom 7.12.2018, http://www.manager-magazin.de/unternehmen/autoindustrie/autonomes-fahren-waymo-
      startet-bezahlte-robotertaxi-fahrten-a-1242372.html, abgerufen 4.1.2019.

16.6.6   KI bei Amazon

Chef des *Amazon Development Centers Germany* und Director of *Machine Learning* ist *Ralf Herbrich*.[845] Er ist der KI-Chef des Weltkonzerns, ein 44 Jahre alter Deutscher aus Schwedt an der Oder, der in Berlin Informatik studierte. Er kümmert sich darum, dass sich clevere Computerprogramme im Amazon-Reich ausbreiten. Alle großen Internetkonzerne verändern stetig ihr Leistungsspektrum. Mithilfe neuester Methoden der Künstlichen Intelligenz (KI), entwickeln sie Ihre Produkte und Prozesse weiter. Gewaltige Datenmengen, stark gestiegene Rechenleistungen und bessere Softwaremodelle machen das möglich. »Mittlerweile ist es leichter aufzuzählen, wo künstliche Intelligenz noch nicht drin ist«, sagt Herbrich.[846]

Entwicklungszentrum Berlin. Herbrich arbeitet in der Berliner Entwicklungszentrale des Tech-Konzerns Amazon. Ihre Kunden nutzen vielfältige clevere Computerprogramme: Bücher oder Hausgeräte finden sie mithilfe von Amazons KI. Mit ihrer Unterstützung werden die Lieferanten ausgewählt, Kundenbewertungen registriert und sie steuert, was und wieviel die Verteilzentren einlagern sollen. Maschinelles Lernen steckt sowohl in der digitalen Assistentin *Alexa* und auch in Amazons immer wichtiger werdender *Cloud-Sparte AWS*. Algorithmen prognostizieren hier die Nachfrage nach Rechenkapazität und konfigurieren die angebotenen Dienste. Auch die Kapazitätsauslastung wird mithilfe von KI gesteuert.

Dezentralität und Deutschland: Die Amazon-Entwicklung intelligenter Computerprogramme ist weitgehend dezentral aufgestellt: an der Sprachassistenten Alexa arbeiten sie in *Aachen*. Alexas Stimme entsteht im polnischen *Danzig*, die Suchfunktion der Einkaufsplattform vervollkommnet schließlich eine Gruppe in *Barcelona*. Weitere Teams arbeiten bei *Cambridge* in Großbritannien, in *New York* und an der amerikanischen Westküste. *Deutschland* hat dabei eine gute Position. Unser Land bildet Grundlagenforscher aus und bietet die Infrastruktur, die ein Unternehmen wie Amazon braucht. Sonst hätte die Konzernführung wohl nicht eingewilligt, dass die *KI-Entwicklung* aus Deutschland heraus aufgebaut und geführt wird.[847]

KI bei Amazon-Plattformen: KI-Wissenschaftler von Amazon Web Services arbeiten an Plattformen, die Bilder erkennen, Texte verstehen undsogar Stimmungen interpretieren können. Das Cloud-Computing-Geschäft von Amazon, , ist mit einem Jahresergebnis von 24 Mrd. USD einer der schnellstwachsenden Enterprise-IT-Anbieter. Zahlreiche Start-ups speichern ihre Daten in der *Amazon Cloud*, so etwa *Flixbus*, *Mytaxi*, *Soundcloud* oder *Zalando*.

Amazon nutzt künstliche Intelligenz an verschiedensten Stellen. Am bekanntesten ist wohl die Empfehlungs-Engine auf der Handelsplattform *Amazon.de*. Auch intern kommt Amazon KI zum Einsatz, so etwa bei der *Wegeoptimierung* in Fulfillment-Zentren der Ende 2013 gestarteten Unternehmenssparte *Prime Air*, die eine Paketzustellung mit *Flugdrohnen* vorbereitet. Künstliche Intelligenz ist bei Amazon auch ein eigenes Geschäftsmodell. Das Unternehmen hat ein ganzes Paket von Software-Dienstleistungen entwickelt, die Unternehmen dabei helfen sollen, ihren Kunden einen besseren Service anzubieten.

---

845 https://www.linkedin.com/in/ralf-herbrich-28a8324/?originalSubdomain=de, abgerufen 6.1.2019.
846 https://www.faz.net/aktuell/wirtschaft/diginomics/die-kuenstliche-intelligenz-hinter-amazon-15806558.html, abgerufen 4.10.2019.
847 dito.

Sprach-Bots von Amazon bietet zum Beispiel *Amazon Lex*. Das Programm versteht Sprache in ihrem Zusammenhang und konvertiert diese in Texte. Dazu gibt es *Rekognition*, ein Service, der Bilder verstehen kann. Er erkennt sogar Stimmungslagen. Die Software lernt, indem sie sich Hunderttausende Bilder vergleicht und dabei Muster herausarbeitet. Amazon Rekognition bietet präzise Gesichtsanalysen für Erkennung in Bildern und Videos. Ihr Einsatz liegt bei der Benutzerverifizierung, beim Zählen von Personen und im Rahmen öffentlicher Sicherheit. *Polly*, ein weiteres KI-Tool von Amazon, vollzieht den umgekehrten Weg und gibt einen geschriebenen Text in Sprache aus. Mithilfe von *Deep-Learning-Technologien* wird Sprache auch synthetisiert. Die Stimme betont gemäß der Grammatik und klingt natürlich. Polly ist in mehr als 25 Sprachen und in etwa doppelt so vielen Stimmen erhältlich.[848]

Sprachassistent Alexa: Alexa ist ein Beispiel dafür. Keinen anderen *Sprachassistenten* fragen Konsumenten so häufig nach. Ein echter Gesprächspartner ist er aber nicht, im Gegenteil. Die Konkurrenz von *Google* schneidet in Vergleichstests besser ab. Wichtiger ist Amazon, der Erste im Markt zu sein.[849] Die Technologie Alexa kommt seit 2014 in den Echo-Geräten zum Einsatz. Sie wurde seitdem immer weiterentwickelt. Inzwischen ist Amazon so weit, dass jeder seine eigene Sprachausgabe bauen kann. In etwa drei Jahren wird die Stimme Emotionen ausdrücken können und Charakteristiken haben, die eine sehr natürliche Interaktion ermöglichen. Die *New York Times* zum Beispiel hat das installiert. Man kann Alexa zum Beispiel fragen, was gerade in Deutschland passiert und sie auffordern, die drei wichtigsten Geschichten des Tages vorzulesen. Das ist eine Chance für Medienunternehmen, ihre Inhalte individuell anzupassen.[850]

Weitere Programme: zusätzlich zu den drei Programmen *Polly*, *Lex* und *Recognition* brachte Amazon die Plattform *SageMaker* auf den Markt, die es Entwicklern ermöglicht, schnell und einfach *Machine-Learning-Modelle* zu erstellen, diese zu implementieren und daran zu trainieren. Hinzu kamen *Amazon Transcribe*, ein automatischer *Spracherkennungsservice*, etwa zur Transkription von Anrufen beim Kundenservice. Mit der Plattform *Translate* nutzt Amazon *Deep-Learning-Modelle* zum *Übersetzen* von Texten. Ziel sind bessere Texte, als sie mit regelbasierten Übersetzungsalgorithmen erzeugt werden können. Diese Plattform eignet sich auch für mehrsprachige Stimmungsanalysen bei Social-Media und anderen benutzergenerierten Inhalten. Mithilfe des Services *Comprehend* kann der Nutzer Textzusammenhänge erkennen und so etwa Kundenrezension analysieren. Mit der lernfähigen Videokamera *Deep-Lens* wird Programmierern das Erlernen des maschinellen Lernens erleichtert.

Kooperation mit der Max-Planck-Gesellschaft: auch in Deutschland lässt Amazon die künstliche Intelligenz erforschen. 2017 wurde eine strategische Zusammenarbeit mit der Max-Planck-Gesellschaft vereinbart. Dazu sollte ein Forschungszentrum nahe dem Campus des Max-Planck-Instituts für Intelligente Systeme in *Tübingen* eingerichtet und in den kommenden fünf Jahren 100 Stellen geschaffen werden. Neben dem *Max-Planck-Institut für Intelligente Systeme* sind das *Land Baden-Württemberg,* die *Univer-*

---

848 https://www.gruenderszene.de/technologie/ki-glenn-gore-aws, abgerufen 4.1.2018.
849 AZ.NET-Gespräch: Wo in Amazon steckt Künstliche Intelligenz, Herr Herbrich?, abgerufen 4.1.2019.
850 Interview mit Glenn Gore, Chief Architect bei Amazon Web Services (AWS) https://www.gruenderszene.de/technologie/ki-glenn-gore-aws, abgerufen 4.1.2018.

sitäten Stuttgart und *Tübingen* sowie die Unternehmen *BMW*, Bosch, *IAV*, *Daimler*, *Porsche* und *ZF Friedrichshafen* an dieser Initiative beteiligt.[851]

Künstliche Intelligenz wird in der Zukunft alle Lebensbereiche verändern – was wir einkaufen, wie wir uns unterhalten oder informieren. »Die Art, wie wir mit Medien interagieren, unterscheidet sich komplett zur Situation, wenn wir vor einem Bildschirm sitzen«, sagt *Gore*. »Ich kann diese Unterhaltung führen, während ich etwas anderes mache. Künstliche Intelligenz verändert die Art, wie wir mit Technologie in Verbindung treten. Das Faszinierende ist, dass wir gerade begonnen haben zu verstehen, was da möglich ist.«[852]

Gesundheitsmarkt: Nach dem Online-Handel drängt Amazon nun auch den Markt für elektronische Gesundheitsdienste. Dazu wurde eine Software entwickelt, die Ärzten und Krankenhäusern helfen soll, die Behandlungen von Patienten zu optimieren und dabei auch Kosten zu sparen. Die Software hilft, digitalisierte Patientenakten nach krankheitsrelevanten Informationen zu durchsuchen. Das versetzt Amazon in die Lage, automatisiert und mit hoher Präzision Details zu den Patienten zu identifizieren. So berichtet der für künstliche Intelligenz (KI) verantwortliche Manager *Matt Wood* bei *Amazon Web Services*. Hierfür wird eine Technologie verwendet, die Amazon auch schon in anderen Branchen und Industrien etwa für *Reisebüros* oder das *Lieferkettenmanagement* anbietet.[853]

Die mittels »*Deep Learnings*« trainierte Software soll Daten zu Krankheiten, Verschreibungen und Behandlungen übersichtsartig organisieren. In einem Krebsforschungszentrum in Seattle wurde sie getestet. Dort wird sie künftig auch eingesetzt, um Patenten zu identifizieren, die sich für bestimmte *Medikamententests* eignen könnten.

Zusammen mit *Warren Buffets Berkshire Hathaway* und *JPMorgan Chase* hat Amazon ein Unternehmen gegründet, das sich zunächst um Gesundheitslösungen für Firmen kümmern soll. Mittelfristiges Ziel ist aber, das Spektrum auf alle Amerikaner auszuweiten.

Des Weiteren erwarb Amazon die Online-Apotheke *PillPack*, angeblich für rund 1 Mrd. USD.[854] Die Zusammenarbeit mit Krankenhäusern beim Verkauf von Medizinzubehör wird verstärkt. Zunehmend werden Gesundheits- und Wellness-Experten eingestellt– unter anderem beim *Alexa*-Team.[855]

E-Health: Amazon experimentiert derzeit mit einer App, die sich auf elektronische Krankenakten zugreift. Auf diese Weise sollen Ärzte per Link Produktempfehlungen an Patienten weiterleiten, die diese

---

851 Handelsblatt vom 23.10.2017, https://www.handelsblatt.com/unternehmen/it-medien/kuenstlichen-intelligenz-amazon-forscht-mit-max-planck-gesellschaft-/20491360.html?ticket=ST-1076645-B03faErR0qlUFQs9Rvya-ap4, abgerufen 6.1.2019.
852 Interview mit Glenn Gore, Chief Architect bei Amazon Web Service, 6.9.2018, in: https://www.gruenderszene.de/technologie/ki-glenn-gore-aws, abgerufen 4.1.2019.
853 Wall Street Journal: Big Tech Expands Footprint in Health. https://www.wsj.com/articles/amazon-starts-selling-software-to-mine-patient-health-records-1543352136, abgerufen 6.1.2019.
854 Bericht Manager Magazin vom 28.6.2018, http://www.manager-magazin.de/unternehmen/handel/amazon-kauft-online-apotheke-pillpack-a-1215584.html, abgerufen 6.1.2019.
855 http://www.manager-magazin.de/digitales/it/amazon-draengt-mit-kuenstlicher-intelligenz-auf-den-ehealth-markt-a-1240894.html, abgerufen 4.1.2019.

dann über Amazon bestellen könnten.[856] Ob sich dieser Vorstoß als Erfolg herausstellen wird, ist noch offen. Das Marktsegment wird als sehr lukrativ eingestuft. Die Vorgehensweise kann jedoch aus Gründen der ärztlichen Ethik und des Datenschutzes auch kritisch gesehen werden.

Andere Unternehmen hatten den E-Health-Markt bereits getestet, aber mit unterschiedlichem Erfolg. So hatte *IBM* mit seinem KI-Programm *Watson* im Gesundheitsbereich zuletzt mit Rückschlägen zu kämpfen: Krebstherapien, die Watson den Ärzten nach Analyse von Patientendaten vorgeschlagen hatte, wurden teilweise als wenig zielführend bewertet. Mehrere Partner meldeten Zweifel an oder stiegen aus dem Projekt aus.

Ein Schuss nach hinten: Ein Beispiel für ein *Machine-Learning-Programm*, das nach hinten losgegangen ist, lieferte Amazon. Dort wurde eine Rekrutierungssoftware trainiert, um neue Bewerber auszusuchen. Leider wurde die KI am Ende ziemlich sexistisch erzogen. Das Rekrutierungssystem hatte gelernt, Lebensläufen mit dem Wort «woman» niedrigere Werte zuzuweisen. Das Team versuchte noch, das Programm aufzuhalten und geschlechtliche Faktoren außenvor zu lassen. Daraufhin änderten die Entwickler das Bewertungssystem. Doch dies war keine ausreichende Lösung. Also beendet Amazon Anfang 2017 das Projekt.[857]

Eine der größten Befürchtungen von KI-Forschern ist, Fehler bei Datenanalysen durch das maschinelle Lernen verstärkt werden. Dadurch wird das System schließlich falsch trainiert. Amazon hat dafür gerade ein typisches Beispiel geliefert.

16.6.7 KI bei Apple

Im Jahr 2018 warb Apple *John Giannandrea*, einen führenden KI-Fachmann von *Google* ab, ein wichtiger Neuzugang, da der Konzern aus der Sicht von Analysten bei künstlicher Intelligenz hinter *Google* und *Amazon* zurückfällt. Insbesondere Apples Sprachassistentin *Siri* wird kritisiert. In ihren Funktionen schneidet sie schlechter ab als ihre Konkurrenten *Google Assistant* und *Alexa von Amazon*. Giannandrea leitete bei Google die Forschung zur künstlichen Intelligenz. Im Unterschied zu Google ist Apple darauf bedacht, seine selbstlernenden Maschinen mit Rücksicht auf den *Datenschutz* stärker mit weitgehend anonymisierten Nutzerdaten zu trainieren. Das sehen einige Fachleuten als ein Manko. Apple selber betont dagegen, man habe dadurch keine Nachteile.

Giannandrea machte er indes deutlich, dass er von gelegentlich geäußerten apokalyptischen Warnungen gegen KI nichts hält. Eine *künstliche Superintelligenz*, also ein Computergehirn, das mit der menschlichen Intelligenz in allen Bereichen mithalten kann, erwartet er auf mittlere Sicht ganz und gar nicht. Für verantwortungslos und lächerlich hält er dementsprechende Szenarien.[858]

---

856 Weiteres siehe: https://www.grandviewresearch.com/industry/healthcare-it, abgerufen 6.1.2019

857 https://www.mobilegeeks.de/news/machine-learning-fail-amazon-verwirft-sexistisches-ki-programm/, abgerufen 4.1.2019.

858 Frankfurter Allgemeine Zeitung vom 4.4.2018, https://www.faz.net/aktuell/wirtschaft/kuenstliche-intelligenz/googles-ki-chef-wechselt-zu-apple-15525872.html, abgerufen 4.1.2019.

Smartphone-Innovationen dank KI: Apple setzt seit 2018 voll auf künstliche Intelligenz. Die neue »*Create ML*«-Schnittstelle ermöglicht die einfache Umsetzung von KI-gestützten Apps auf iPhones und Macs. Künstliche Intelligenz ist einer der neuesten Trends für Smartphones. Kaum ein Flaggschiff, das nicht einen smarten Algorithmus installierte, um etwa Kameraaufnahmen automatisch auszusteuern oder die Akkulaufzeit zu optimieren. Sowohl *Huawei*s aktueller Kirin-970-Prozessor, *Qualcomms* Snapdragon 845 und *Samsungs* Exynos 9810 werden mit besonderer Unterstützung für KI-Funktionen beworben.

Mit *Create ML* von Apple kam eine neue Schnittstelle, mit der die einfache Umsetzung von KI-gestützten Apps ermöglicht werden soll, auf den Markt, eine Erweiterung der Apple-Programmiersprache *Swift*. Create ML ist nicht auf iPhones beschränkt, sondern kann auch auf Macs verwendet werden. Weil es auf die Erweiterung von Lernmodellen setzt, die bereits in Apples Betriebssysteme integriert sind, soll es hohe Performance ermöglichen und gleichzeitig den Speicherplatz für entsprechende Komponenten in Apps deutlich reduzieren. Was KI-Upgrades für iPhones letztlich bedeuten, bleibt abzuwarten. KI-Features für Apple sind schon allein aufgrund des Fokus auf Augmented Reality von großer Relevanz.[859]

Autonomes Fahren bei Apple: Apple-Chef *Tim Cook* bestätigte im Juni 2017, dass der Konzern sein Autoprojekt auf die Entwicklung von Systemen für *selbstfahrende Autos* mit künstlicher Intelligenz (KI) ausgerichtet hat. »Wir fokussieren uns auf autonome Systeme«, sagte Cook. »Es ist eine Kerntechnologie, die wir als sehr wichtig betrachten.« Zugleich bezeichnete er die Anstrengung als die »Mutter aller KI-Projekte«. Es ist »wahrscheinlich das allerschwierigste Projekt, an dem wir arbeiten, aber es gibt auch andere«. Apple hatte dem Vernehmen nach zunächst seit 2014 an der Entwicklung eines komplett eigenen Elektroautos gearbeitet. Der Schwerpunkt des Projekts wurde 2017 auf die Entwicklung von Systemen für autonome Fahrzeuge umgelenkt.[860]

KI-Kooperationen: Apple-bietet seine Produkte als Plattform für zahlreiche KI-Anwendungen an. Nachfolgend einige Beispiele:

Accenture hat spezielle iOS-Bereiche in ausgewählten Accenture Digital Studios eingerichtet, in denen Apple-Experten in Teamarbeit Unternehmenskunden dabei helfen sollen, auf neue Weise über das iPhone und das iPad mit Kunden in Kontakt zu treten.

Apple und **Cisco** entwickeln Lösungen mit Apple Produkten in Cisco Netzwerken. Mit Integration von iOS, macOS und der neuesten Technologie von Cisco können sich Unternehmen nahtlos mit firmeneigenen Netzwerken verbinden und über Sprach- und Videolösungen zusammenarbeiten.

EnterpriseNext von **Deloitte** ist eine Abteilung mit über 5.000 Beratern, speziell für Apple. Deloitte, Marktführer in digitalen Transformationsstrategien, hilft Unternehmen, die iOS-Plattform optimal zu nutzen.

---

859 Der Standard vom 7.6.2018, https://www.derstandard.de/story/2000081139645/auch-apple-setzt-nun-voll-auf-kuenstliche-intelligenz, abgerufen 4.1.2018.
860 Interview Tim Cook, Welt online 14.6.2017.https://www.welt.de/wirtschaft/webwelt/article165516452/Apple-arbeitet-an-der-Mutter-aller-KI-Projekte.html, abgerufen 4.1.2019.

Apple und **General Electric** arbeiten in Branchen wie Energie, Transportwesen, Fertigung und Gesundheitswesen zusammen, um die Effizienz zu erhöhen und Workflows zu optimieren. Mit GE's Predix SDK for iOS werden Entwickler in die Lage versetzt, eigene Apps für iPhone und iPad zu entwickeln. Hiermit können Industriebetriebe die Leistung ihrer Maschinen und Operationen verfolgen.

IBM bietet unter der Marke *MobileFirst* für *iOS* und *Mobile at Scale* eine Sammlung von Apps und Lösungen zur Entwicklung und Verwaltung an. Mit der IBM *Watson Services für Core ML* und der IBM Cloud Developer Console für Apple können Entwickler ortsunabhängig *maschinelles Lernen* mit KI und der Cloud kombinieren.

SAP hat eine Cloud-Plattform für das *Apple-Betriebssystem iOS* entwickelt, um Entwickler in die Lage zu versetzen, schnell native iOS-Apps zu entwickeln. Solche Apps können bestehende SAP-Systeme erweitern. Sie bieten Zugang zu zentralen Unternehmensdaten und -abläufen unter Nutzung beliebter Apple-Features wie Touch ID, Ortungsdienste und Benachrichtigungen.[861]

Health Kit: Apple ist unter anderem mit seinem »Health Kit« im Gesundheitsbereich aktiv. Apple arbeitet mit dem *Kriegsveteranenministerium* der USA bezüglich einer Software zusammen, die es Veteranen ermöglichen soll, ihre Krankenakten auf iPhones zu übertragen.[862]

16.6.8   KI bei Microsoft

Microsoft ist der »Senior« unter den »Big Four« im *I/SD*-Segment der USA. Ausgehend von seiner weltweiten Führungsposition im Consumer-Software-Geschäft hat sich Microsoft in großer Breite, quasi als »Universalist« im KI-Geschäft umgesehen und sich auf KI-Plattformen als Kundenangebot etabliert. Dies läuft unter dem Namen »*Azure AI*«

Azure AI: Durch die flexible Azure-Plattform und eine breite Palette an KI-Produktivitätstools können Microsoft-Kunden die nächste Generation intelligenter Anwendungen erstellen.[863] Seit Jahrzehnten wird die KI für *Microsoft Research, Bing, Office, Windows,* Xbox und andere KI-gesteuerte Produkte verwendet. Deshalb gibt es viele erprobte vorab erstellte KI-Modelle, die die Kunden in Ihren Anwendungen verwenden können.

KI-Infrastruktur: Microsoft bietet eine umfassende Gruppe an Diensten, Infrastrukturen und Tools für die Schaffung KI-basierter Erlebnisse, nämlich Bots, die auf natürliche Weise mit Benutzern interagieren, sowie integrierte erweiterte Analysetools, um schnellere Prognosen zu erstellen. Dazu gehören folgende Azure-Daten- und -KI-Dienste:

Azure Databricks ist ein kollaborativer Analysedienst zur Entwicklung von Big-Data-Analyselösungen und KI-Lösungen mit automatischer Skalierung. Datenanalysten und Unternehmensanalysten können

---

861 Apple at Work. https://www.apple.com/de/business/partners/, abgerufen 4.1.2019.
862 http://www.manager-magazin.de/digitales/it/amazon-draengt-mit-kuenstlicher-intelligenz-auf-den-ehealth-markt-a-1240894-2.html, abgerufen 4.1.2019.
863 https://azure.microsoft.com/de-de/overview/ai-platform/, abgerufen 5.1.2019.

somit in interaktiven Arbeitsbereichen gemeinsam an Projekten arbeiten. Durch die native Integration mit *Azure Active Directory* und anderen Azure-Diensten können moderne Lösungen für Data Warehouses, maschinelles Lernen und Echtzeitanalysen entwickelt werden.

Azure Cosmos DB, eine Datenbank zum Erstellen dezentralisierter Anwendungen wurde für weltweite Distribution und horizontale Skalierbarkeit konzipiert. Der Dienst bietet eine schlüsselfertige globale Verteilung über beliebig viele Regionen hinweg, indem er Daten transparent skaliert und dort repliziert, wo Benutzer sie benötigen. Die Latenzen für Schreib- und Lesevorgänge liegen im einstelligen Millisekundenbereich überall auf der Welt.

Azure Cognitive Services ermöglicht die Nutzung intelligenter Algorithmen zur Entwicklung von Apps, Websites und Bots, um mithilfe natürlicher Kommunikationsmethoden die Anforderungen der Benutzer in Bezug auf visuelle Bildanalyse, Spracherkennung, Spracheingabe und Übersetzung zu erfüllen. Dazu gehören Bildanalyse, Spracheingabe, Suchen und Erkennen von Stimmungen, um die Wünsche von Benutzern zu erfahren.

Azure Bot Services macht das Erstellen und Verwalten von intelligenten künstlichen Gesprächspartnern, sogenannten »Bots«, sowie die Herstellung von Verbindungen möglich, um auf natürliche Weise mit den Benutzern auf Websites und Apps oder u. a. über Cortana, Microsoft Teams, Skype, Slack und Facebook Messenger zu kommunizieren.

Mit **Azure Machine Learning** unterstützt MS das Erstellen, Trainieren und Bereitstellen von Machine-Learning-Modellen und hilft, durch automatisiertes maschinelles Lernen geeignete Algorithmen und optimierte Hyperparameter zu entwickeln. Dazu gehört die automatische Skalierung von Computerressourcen und DevOps für maschinelles Lernen.[864]

Microsoft bietet mit der **Connected Vehicle Platform** eine Lösungspalette, die Hersteller und Entwickler dabei unterstützen soll, auf effektiv neue Wege zu gehen. Die Connected Vehicle Platform umfasst auf Azure basierende Dienste und Tools, die Herstellern und Zulieferern in der Automobilindustrie bei der Entwicklung vernetzter Fahrzeugtechnik helfen. Azure bietet intelligente Vernetzungen und rasche Verarbeitung großer Datenmengen, gestützt durch Big-Data-Technologien und Machine Learning..[865]

Mit **Microsoft Blockchain-as-a-Service** (BCaaS), das auf Azure in der Cloud läuft, wurde ein neues Blockchain-Zeitalter eingeläutet. Microsoft BCaaS erlaubt den Banken einerseits, mit Blockchain-Anwendungen zu experimentieren und eigene Innovationen zu fördern. Andererseits bietet es eine leistungsstarke Plattform, um Produktiv-Workloads zu unterstützen. Microsoft bietet individuelle Unterstützung bei

864 https://azure.microsoft.com/de-de/overview/intelligent/, abgerufen 5.1.2019.
865 Susanne Mehrtens, 4.6.2018: Connected Vehicle Platform von Microsoft. https://cloudblogs.microsoft.com/industry-blog/de-de/industry/automotive/sicheres-vernetztes-und-autonomes-fahren-die-microsoft-plattform-machts-moglich/, abgerufen 5.1.2019.

Blockchain-Initiativen – von der Konzeption über das Testing bis hin zur eigenen Entwicklung von blockchainbasierten Anwendungen.[866, 867]

16.7 KI in China

Weitgehend unbemerkt von der westlichen Öffentlichkeit haben chinesische Tech-Konzerne im Zukunftsmarkt künstliche Intelligenz rapide aufgeholt, sind vielfach auf Schlagdistanz an die Wettbewerber von der US-Westküste herangerückt und haben die Europäer auf Platz drei verwiesen. Noch kennt kaum jemand den Fitness-Spiegel-Entwickler *iCarbonX*. Die sogenannten »*BAT-Unternehmen*« *Baidu, Alibaba* und *Tencent* sind auch im Westen schon bekannter. Sie alle stehen in einem Wettlauf miteinander und mit ihren globalen Wettbewerbern: Wer den Standard für die künstliche Intelligenz bestimmt, der wird auch die Basis für die Wirtschaft der Zukunft kontrollieren.

16.7.1 China will den Markt für künstliche Intelligenz dominieren

Der Chinesische »*I/SD*«-Markt ist von außen verschlossen durch eine »*Chinesische Digitalmauer*«, durch die fast nichts eindringt, ein »chinesisches Intranet«. Wie bereits erläutert werden damit zwei Ziele verfolgt, nämlich Abschottung des Volkes vor ungewünschten Informationen und Schutz der eigenen I/SD-Branche. Verbindungen zum Ausland bestehen, wo es nützlich und nicht schädlich ist, und zwar in Form von Beteiligungen der Big Four der USA an Chinesen, die – je nach politischer Wetterlage – mal zugelassen mal zurückgebaut werden, sowie bei der Teilhabe an Auslandsmärkten so weit diese unter diesen Vorgaben möglich sind: etwa für den Internet-Technologen Net Ease.

Die Chinesen nutzen rigoros die offenen Technologiezugänge zu den USA und Europa: durch Entsendung von Studenten an die Spitzenuniversitäten, Teilhabe an Symposien, Besuche von Unternehmen mit (vorgeschobenem oder echtem) Interesse an Kooperationen und Übernahmen. Sie sind dabei auch verblüffend ehrlich, wenn sie sagen: »Wir verstehen das nicht, dass Ihr uns überall Zugang gewährt«.

Bei all diesen Anwendungen kann künstliche Intelligenz ihre revolutionäre Kraft entwickeln, Sie basiert im Wesentlichen auf Computerprogrammen, die selbstständig lernen, und zwar anhand der Daten, die in diese eingespeist werden. Ein autonom fahrendes Auto zum Beispiel bekommt mit jedem Bild, das seine Kameras (und die Kameras aller mit ihm vernetzten Fahrzeuge) von der Umgebung einfangen, einen immer genaueren Eindruck von der Wirklichkeit. Auf dieser Grundlage kann die Software immer bessere Prognosen erstellen. Zum Beispiel, ob die Körperhaltung einer Person am Straßenrand darauf hindeutet, dass sie gleich unvermittelt auf die Fahrbahn treten wird.

---

866 https://cloudblogs.microsoft.com/industry-blog/de-de/industry/financial-services/blockchain-as-a-service-potenziale-fur-banken/, abgerufen 5.1.2019.
867 https://cloudblogs.microsoft.com/industry-blog/de-de/industry/financial-services/blockchain-as-a-service-potenziale-fur-banken/, abgerufen 5.1.2019.

16.7.2   Läuft China den USA den Rang ab?

Die Zukunftstechnologie ist Chefsache in China, vom Staatspräsidenten *Xi Jinping* bis zum Gouverneur und Bürgermeister einflussreicher Provinzen und Städte. Der laxe Umgang mit Daten paart sich mit gewaltigen Investitionssummen und höchster politischer Priorität. Mithalten können da nur die USA. Bis 2015 (neuere Zahlen liegen nicht vor) wurden in den USA 1.489 *Patente* im Bereich des maschinellen Lernens angemeldet, China kam auf 754 Patente, während Deutschland nur 140 hervorbrachte. Doch bereits 2017 kamen 48 % des weltweiten Investments in KI aus China, aus Amerika waren es nur 38 %.

Xi Jinping: »Wir müssen die Integration der Realwirtschaft mit Spitzentechniken aus dem Internet, Big Data und Künstlicher Intelligenz vorantreiben.«[868] Bis zum Jahr 2030 steht das bereits erwähnte Ziel, China zum weltweit führenden Land für Maschinenintelligenz zu machen. Viele Provinzen haben eigene Programme ausgelegt, um mit Subventionen und Steuernachlässen lokale KI-Champions heranzuziehen.

»Seit dem Zweiten Weltkrieg lag die am weitesten fortgeschrittene Technik in den Händen der US-Regierung. Raketen, Medizin, Internet«, sagt *Bill Gates*; jetzt aber gäbe es eine Technologie, die nicht mehr von den Vereinigten Staaten kontrolliert werde.[869] Wer die Amerikaner bei der künstlichen Intelligenz übertrumpfen könnte, zeichnet sich für Gates bereits ab: »Chinesische Unternehmen erscheinen mir bei der Sache am interessantesten.« Dabei agieren Unternehmen in China niemals unabhängig von den Interessen des Staates.

16.7.3   Bereitschaft zu internationaler Zusammenarbeit- oder Beruhigungspille?

Ehrgeizige Pläne und erste Erfolge Chinas bei künstlicher Intelligenz haben im Westen Befürchtungen ausgelöst, das Land könne versuchen, einen wichtigen Zukunftsbereich allein zu dominieren. Neuerdings zeigt sich China aber weniger aggressiv: Bei der *World Artificial Intelligence Conference* im September 2018 in Shanghai erklärten sowohl Vizepremier *Lui He* als auch Präsident *Xi Jinping*, Offenheit und Kooperation bei KI seien unverzichtbar. »Wir hoffen, dass alle Länder, alle Mitglieder des globalen Dorfes, offen sind und einander unterstützen, damit wir dem Charakter von neuen Technologien als zweischneidiges Schwert begegnen können,« erklärte He. »KI steht für ein neues Zeitalter. Kooperation über Länder und Fachrichtungen hinweg ist unverzichtbar.«[870] In einem Brief, der bei derselben Konferenz präsentiert wurde, verkündete Chinas Präsident Xi Jinping eine ähnliche Botschaft: Das Land werde »Ergebnisse auf dem Gebiet der künstlichen Intelligenz mit anderen teilen«. Außerdem rief er zu internationaler Zusammenarbeit bei KI-Themen wie Ethik, Recht, Aufsicht und Sicherheit auf.[871]

---

868 Weiteres siehe Wirtschaftswoche vom 17.10.2018. https://www.wiwo.de/futureboard/china-ki-fuer-xi/23193102.html, abgerufen 6.1.2019.

869 Wie China bei künstlicher Intelligenz zur Supermacht aufsteigt. Handelsblatt vom 25.10.2018, https://www.handelsblatt.com/technik/thespark/technik-der-zukunft-wie-china-bei-der-kuenstlichen-intelligenz-zur-supermacht-aufsteigt/23225468.html?ticket=ST-984223-NaR5A7HbG9KqL3x6DoTR-ap4, abgerufen 6.1.2019.

870 Technology review online: China wird weicher bei KI, 5.10.2018, https://www.heise.de/tr/artikel/China-wird-weicher-bei-KI-4180522.html, abgerufen 6.1.2019.

871 Dito.

Diese Aussagen aus der chinesischen Führung könnten aber eher zur Beruhigung kritischer Stimmen angelegt sein. Zweifellos will China Einfluss auf Standards und Normen für die noch junge Branche nehmen. Denn Normen für andere Technologien und auch für das Internets wurden vor allem von den USA und weiteren Ländern definiert. Somit leitet sich ab, dass die chinesische Regierung stark daran interessiert ist, bei KI die internationalen Diskussionen anzuführen.[872]

16.7.4 Das Nationale KI Team

Bei der Entwicklung der Schlüsseltechnologie will der chinesische Staat nichts dem Zufall überlassen. Daher hat er die Tech-Firmen in einem »National Team« zusammengefasst. Darin soll der Suchmaschinenbetreiber *Baidu* das *autonome Fahren* vorantreiben. *Alibaba* soll KI einsetzen, um *Städte* smarter und effizienter zu machen. Der Kommunikationskonzern *Tencent* soll KI im *Gesundheitssektor* vorantreiben. Und *iFlytek* aus Shenzhen ist der nationale Champion für das Thema *Spracherkennung*. Gestützt vom Staat treiben die Firmen ihre Entwicklungen voran. »China ist führend darin, Künstliche Intelligenz auch in Geschäftsmodelle umzuwandeln«, sagt Jost Wübbeke, ehemaliger Leiter des Wirtschaftsprogramms beim Berliner Chinaforschungsinstitut *Merics* und heute Programmleiter bei der Unternehmensberatung *Sinolytics*. Firmen wie Alibaba machten schon heute vor, wie sich KI-Anwendungen in die Arbeitsabläufe der Unternehmen integrieren lassen. Bei *Cainao*, der Logistik-Tochter von *Alibaba*, überwachen Kameras den Bestand in den Lagerhäusern. So müssten nicht aufwendig Sensoren installiert werden. Die Fortschritte in der Bilderkennung machten die Prüfung mit hochauflösenden Kameras möglich. Nach demselben Prinzip werden in China bereits seit einigen Jahren Geschäfte ohne Kassierer betrieben.

Auch dort erkennen Kameras, welche Produkte Kunden aus den Regalen nehmen – lange bevor *Amazon Go* mit viel Aufwand den ersten kassenlosen Supermarkt in den USA eingeweiht hat, hat sich *Min Wanli* mit kommerziellen Anwendungen von KI beschäftigt. In China wurde er als Wunderkind hofiert, ging für seine Forschungen in die USA und arbeitete dort unter anderem für *IBM* und *Google*. Seit fünf Jahren treibt er das Thema KI bei *Alibaba* voran.[873]

16.7.5 Der chinesische KI-Masterplan

Die chinesischen Digitalkonzerne *Baidu*, *Alibaba* und *Tencent* (BAT) wollen bei künstlicher Intelligenz (KI) die Weltspitze erobern, so die Analysten des Marktforschungsunternehmens *CBInsights*,[874] die die Aktivitäten der Unternehmen vertieft untersucht haben. Die Konzerne entwickeln vernetzte Städte, entwickeln digitale Gesundheitssysteme und bauen *selbstfahrende Autos*. Die Studie zeigt zehn Trends:

---

872 https://www.heise.de/newsticker/meldung/China-kuendigt-Offenheit-und-Zusammenarbeit-bei-kuenstlicher-Intelligenz-an-4180524.html, abgerufen 6.1.2019.

873 Weiteres siehe Interview mit Min Wanli im Handelsblatt. https://www.handelsblatt.com/technik/thespark/alibabas-ki-chef-min-wanli-es-gibt-firmen-die-zeit-in-brettspiele-investieren-wir-machen-krankenwagen-schneller/23225462.html?ticket=ST-961397-UsdAEeqI2QsVAr9hvKH6-ap4, abgerufen 6.1.2019.

874 https://www.cbinsights.com/, abgerufen 6.1.2019.

1. Plattformen für Milliardenmärkte

Die sogenannten »BAT-Unternehmen« *Baidu*, *Alibaba* und *Tencent* besetzen monopolartige Positionen in der Digitalwirtschaft des mit 1,4 Mrd. Einwohnern bevölkerungsreichsten Landes der Erde. Das zu *Tencent* gehörige Messenger-Netzwerk WeChat verfügt über mehr als 1 Mrd. Nutzer. Es bietet neben Chats auch Geldüberweisungen, Fotosharing und Mitfahrgelegenheiten an. *Baidu* ist wichtigster Suchmaschinenbetreiber – vergleichbar mit Google in der »freien Welt«. Der Online-Händler *Alibaba* berichtet für 2017 einen Jahresumsatz von über 12 Mrd. USD mit mehr als 500 Millionen Kunden allein in China. [875]

2. Staat gibt Konzernen den Weg vor

Künstliche Intelligenz ist im politischen System der Volksrepublik Chefsache. Erklärtes Ziel des Staates ist die Vorherrschaft auf dem Weltmarkt für künstliche Intelligenz. Dabei gibt das Wissenschaftsministerium die Rollen für die chinesischen Konzerne vor.

3. Suchmaschinen-Riese Baidu war früher am Thema

Baidu befasste sich bereits 2010 mit künstlicher Intelligenz. Erst später präsentierten *Google* (2012) und *Nvidia* (2013) in den USA ihre Forschungsergebnisse. *Baidu* war auch schneller als seine chinesischen Hightech-Konkurrenten: *Alibaba* bekannte sich 2016 öffentlich mit dem Thema, *Tencent* erst 2017.

4. China rekrutiert im Ausland KI-Experten

Chinesische Unternehmen haben erfolgreich Experten für künstliche Intelligenz in den USA rekrutiert. Geld spielte keine Rolle. Baidu verpflichtete etwa den AI-Spezialisten *Andrew Ng*[876] von *Google* als Chef seiner Abteilung für künstliche Intelligenz. Darüber hinaus soll Baidu in den USA bei der Arbeitsbehörde die Anstellung von Machine-Learning-Spezialisten für ein Basis-Jahresgehalt von 130.000 bis 175.000 USD beantragt haben.[877]

5. Forschungsschwerpunkte in Zukunftsthemen

Die Schwerpunkte der BAT-Forschung sind *Autonomes Fahren*, *Sprach- und Gesichtserkennung* So greifen *Baidu* und *Alibaba* mit ihren Sprachassistenten *Raven H* und *Tmall Genie* die entsprechenden Produkte von *Amazon* und *Google* an. *Tencent* hat sich auf die Gesichtserkennung spezialisiert. Auf dem Gebiet des autonomen Fahrens sind alle drei Unternehmen aktiv, am besten ist hier Baidu aufgestellt.[878]

6. Investitionen in KI

Ende 2017 sorgte Tencent für Schlagzeilen, als dieser für ein Rekordinvestment von 1 Mrd. USD in das *Elektroauto-Start-up Nio* erwarb. Nio will Elektroautos auch in Deutschland verkaufen.[879] Insgesamt zählte *CBInsights* in den vergangenen vier Jahren 39 Investitionsrunden der »BAT-Konzerne« (*Baidu*, *Alibaba* und *Tencent*) in Start-ups, die sich in Machine Learning und künstlicher Intelligenz engagiert sind. Tencent führt dabei im Investitionsvolumen. Baidu verfolgt ein diversifiziertes Portfolio, das sich

---

875 https://ngin-mobility.com/artikel/china-trends/, abgerufen 5.10.2019.

876 Andrew Ng (geb. London/Großbritannien, 1976) ist ein chinesisch-amerikanischer Informatiker, bekannt für Arbeiten zur künstlichen Intelligenz, Robotik und massives Online-Lernen.

877 Technology Analysts CB Insights China.

878 https://ngin-mobility.com/artikel/china-trends/, abgerufen 5.10.2019.

879 Weiteres siehe https://t3n.de/news/chinesisches-startup-nio-2020-1095398/, abgerufen 6.1.2019.

auf insgesamt elf Wirtschaftszweige erstreckt – von Medienfirmen über Gesundheits- bis zu Hardware-Unternehmen.

7. Investments in den USA und Israel

Die BAT-Konzerne benötigen für ihr Entwicklungstempo auch ausländisches Know-how. So hat sich *Tencent* an zwölf Investments in US-Unternehmen beteiligt, *Baidu* an fünf. *Alibaba* investierte dagegen stark in israelische KI-Start-ups.

8. Smart City: Alibabas City Brain nutzt Überwachungsdaten

Der Handelsgigant Alibaba soll KI einsetzen, um Städte smarter und effizienter zu machen. Der KI-Chef Alibabas, *Min Wanli*, gibt sich pragmatisch: »Es gibt Firmen, die Zeit in Brettspiele investieren – wir machen Krankenwagen schneller«.[880] Unter dem Namen »*ET Brain*« verspricht Alibaba seinen Kunden KI-gestützte Lösungen für die unterschiedlichsten Branchen: Solarmodule werden mit weniger Abfall und höherer Leistung hergestellt, der Verkehr in Städten wird effizienter gesteuert und Abfall optimal für ein effizientes Recycling sortiert. ET Brain lockt seine Kunden mit vorab garantierten Effizienzgewinnen. Derzeit ist Min regelmäßig in Europa unterwegs, um Firmen von den Leistungen des chinesischen Systems zu überzeugen. Im Projekt City Brain greift Alibaba auf Daten von Überwachungskameras, Sensoren, Social-Media- und Regierungsdaten zurück und verwendet KI-Algorithmen, um Ergebnisse über Gesundheitsversorgung, Stadtplanung, Verkehrsmanagement und mehr zu prognostizieren. Dabei kooperiert Alibaba mit dem Technologieunternehmen *Nvidia*, dem Marktführer im Visual Computing.[881] Ferner investierte der Onlinehändler 600 Mio. USD in das Gesichts- und Bilderkennungs-Start-up *Sense-Time*, mit einem Börsenwert von über 5,4 Mrd. USD das weltweit wertvollste auf KI Computer Vision und Deep Learning fokussierte Unternehmen.[882]

9. Mobilität: Baidus Apollo-Plattform wird Selbstfahr-Ökosystem

Baidu hatte im April 2017 die offene Plattform Apollo für selbstfahrende Autos angekündigt und weltweit um Partner geworben. Inzwischen bilden rund hundert Unternehmen das Ökosystem von Baidu – darunter die Unternehmen *Bosch*, *Continental* und *Daimler*. Auch Amerikaner wie *Microsoft*, *Nvidia* und *Intel* schlossen sich Baidu an.

10. Tencent baut ein Gesundheitsnetzwerk

Tencent beabsichtigt, Gesundheitsdienste an sein soziales Netzwerk WeChat andzudocken. Dazu kooperiert der Konzern mit zahlreichen europäischen Start-ups, seit April 2018 zum Beispiel mit *Babylon Health*,[883] einer AI-basierten medizinischen Beratungsplattform für Gesundheitsakten aus Großbritan-

---

880 https://www.handelsblatt.com/technik/thespark/alibabas-ki-chef-min-wanli-es-gibt-firmen-die-zeit-in-brettspiele-investieren-wir-machen-krankenwagen-schneller/23225462.html?ticket=ST-19857050-5ZcjPUunclRFBg5xeu3w-ap3, abgerufen 5.10.2019.

881 https://www.nvidia.com/en-us/about-nvidia/ai-computing/, abgerufen 5.10.2019.

882 https://t3n.de/news/sensetime-wertvollstes-ki-startup-1020256/ abgerufen 5.10.2019. Sense Time zählt sich in China als die fünfte KI-Plattform, neben Baidu, Alibaba Cloud, Tencent und iFLYTEC .- https://pitchbook.com/profiles/company/130185-82, abgerufen 5.10.2019

883 https://www.babylonhealth.com/, abgerufen 6.1.2019.

nien. Die Patienten-Monitoring-Plattform *Medopad*[884] gab im Februar 2018 eine Kooperation mit Tencent bekannt, in die 100 Mio. Britische Pfund investiert werden sollte.[885]

16.7.6   China im KI-Wettlauf

China ist mit aller Kraft bestrebt, den KI-Wettlauf mit den USA zu gewinnen – ein Wettlauf, in dem Europa wohl längst abgeschlagen ist. Wer wird als Sieger hervorgehen? Wird der jahrzehntelange Vorsprung der USA als Tech-Nation Nummer eins hier entscheiden? Oder China mit dem Staatsapparat als KI-Unternehmer, dem sich per Dekret die nationalen Konzerne beugen müssen?

Antworten auf diese Fragen gibt *Kaifu Lee*.[886] in seinem im September 2018 erschienenen Buch »*AI Superpowers*«.[887] Er hat die beiden Ansätze zur Entwicklung von KI in den USA und China verglichen. Seiner Einschätzung nach bringt China alles mit, um als Sieger aus dem globalen KI-Wettrennen hervorzugehen. Vier Faktoren beurteilt er als entscheidend: Daten, Unternehmer, Forscher und Regulierung. China ist bereits zur weltgrößten Internetnation mit mehr als 800 Mio. Onlinenutzern aufgestiegen. Der Staat versorgt die Firmen zudem mit Zugang zu Regierungsdatenbanken und verschafft ihnen Freiräume. Bei der Forschung hängt China jedoch zurück. Noch kommt die KI-Grundlagenforschung vorwiegend aus den USA. Deren gewaltiger Wissenspool sorgt dafür, dass die USA in vielen Schlüsselbereichen der KI noch immer führt. Dieser Rückstand ist den Chinesen ein Ansporn.[888]

KI-Start-ups: Auch auf dem Gebiet des Start-up Fundings findet ein Wettlauf zwischen den USA und China statt, den China für sich entschieden hat: 2017 hat China im weltweiten Vergleich 48 % der Start-up-Investitionen getätigt und damit die *USA* (38 %) überholt. Der gesamte Rest (13 %) fällt auf »andere«, darin *Deutschland*.[889]

16.8   KI in Europa: Investments und Masterplan

Als Antwort auf die KI-Strategie der Bundesregierung hat die Konrad-Adenauer-Stiftung einen Vergleich ähnlicher Länderinitiativen angestellt. Ihr Ergebnis: Die USA und China liegen weit vorn. Europa riskiert, »sich mit gewachsenen Strukturen in der Grundlagenforschung und dem Konzept der Industrie 4.0 zwar weiter zu spezialisieren, jedoch zu eng auf fertigungsindustrielle Aspekte zu fokussieren«. Zudem kritisieren die Autoren mangelhaftes Zusammenspiel von Forschung und Wirtschaft: »Im Vergleich zu den

884 https://medopad.com/, abgerufen 6.1.2019.
885 CBInsights Reseach Briefs: Rise Of China's Big Tech I AI: What Baidu, Aliababa, and Tencent Are Working On. 26.4.2018, https://www.cbinsights.com/research/china-baidu-alibaba-tencent-artificial-intelligence-dominance/, abgerufen 5.1.2019.
886 Kaifu Lee, geb. in Taiwan, ging in die USA und schrieb dort in den 80er Jahren seine Dissertation über KI. Nach Stationen bei Apple, Microsoft und als Chinachef von Google ist er heute als Investor in Technologiefirmen unterwegs.
887 https://www.amazon.de/AI-Superpowers-China-Silicon-Valley/dp/132854639X, abgerufen 6.1.2019.
888 Handelsblatt vom 25.10.2018: Wie China bei der künstlichen Intelligenz zur Supermacht aufsteigt, https://www.handelsblatt.com/technik/thespark/technik-der-zukunft-wie-china-bei-der-kuenstlichen-intelligenz-zur-supermacht-aufsteigt/23225468.html?ticket=ST-439780-5NXHsfBlgbnzNdz5Ed1L-ap4, abgerufen 1.1.2019.
889 The Verge: China overtakes US in AI Funding with a focus on facial recognition and chips, https://www.theverge.com/2018/2/22/17039696/china-us-ai-funding-startup-comparison, abgerufen 7.1.2019.

USA, wo die Durchlässigkeit zwischen Wirtschaft und Wissenschaft über Jahrzehnte gewachsen ist, gelingt es Europa bisher jedoch nur sehr bedingt, diese Durchlässigkeit zu erzielen, ganz zu schweigen zu skalieren.«[890] Außer den USA und China gehört Europa zu den wichtigsten Treibern für die KI-Industrie: *Googles Deepmind* sitzt in London. *Facebook* forscht in Paris zu KI. *Tesla* und *Apple* zeige Interesse an europäischen Unternehmen. Diese haben durchaus einiges zu bieten: Der Übersetzungsdienst *DeepL*[891] in Köln liefert zum Beispiel bessere Ergebnisse als *Google Translate*.

Um den Anschluss im globalen Rennen um KI nicht zu verlieren, setzt die europäische Politik auf einen Mittelweg zwischen Freiheit des Marktes und gezielter Wirtschaftsförderung. Die französische Regierung will innerhalb der nächsten fünf Jahre ein Investment von 1,5 Mrd. € in die französische KI-Industrie sehen. Die britische Regierung will sich um 1 Mrd. Investitionen bemühen.

Nicht nur die einzelnen Staaten, auch die EU hat viel vor in Sachen KI. Aber wird dieser europäische Mittelweg erfolgreich sein? Und welche Rolle spielt in dem Wettrennen um Technologie die KI-Ethik, ein Gebiet auf dem Europa noch die Standards setzt?[892]

16.8.1   Deutschlands Ziel: führender KI-Standort

Damit Deutschland erneut zur Weltspitze aufschließen und von der riesigen Wertschöpfung profitieren kann, muss sich einiges ändern. In den USA und China spielt künstliche Intelligenz schon heute eine viel größere Rolle als in Deutschland. Nur die Hälfte aller deutschen Unternehmen wendet laut der *BCG Gamma-Studie* vom Juni 2018[893] überhaupt KI-Technologien an. Und das Gros davon tastet sich an die neuen technologischen Möglichkeiten heran.

Doch seit November 2018 hat auch Deutschland einen *KI-Masterplan*.[894] In das Programm sind auch Anregungen unter Vorsitz des Arbeitskreises »Artificial Intelligence« der Bitkom sowie Mitstreitern von SAP, IBM, Accenture und PwC eingegangen.[895] Um angesichts der dramatischen Entwicklung möglichst schnell wieder zu den führenden Nationen aufzuschließen, setzt die Bundesregierung in auf eine Doppelstrategie: sie will bestehende und neue Institutionen – gleichzeitig fördern. Einerseits sollen bestehende Kompetenzzentren regional weiterentwickelt werden, so etwa das bereits 1988 gegründete *Deutsche Forschungszentrum für Künstliche Intelligenz* (DFKI) oder das *Cyber Valley* in der Region Stuttgart-Tübingen. Zusätzlich sollen 100 neue Professuren entstehen. Des Weiteren soll eine »*Agentur für Sprunginnovationen*« eingerichtet werden. Ähnlich wie bei der *DARPA* in den USA sollen dazu Wettbewerbe ausgeschrieben werden, innerhalb derer Forscher, Start-ups oder Projektgruppen konkrete

890 https://pressecop24.com/forschung-studie-dominanz-usa-china-kuenstlicher/ abgerufen 5.10.2019.-https://www.pfalz-express.de/studie-belegt-dominanz-von-usa-und-china-bei-kuenstlicher-intelligenz-ki/, abgerufen 1.1.2019.

891 https://www.deepl.com/de/home, abgerufen 6.1.2019.

892 https://t3n.de/news/wettrennen-um-ki-kuenstliche-1103867/, abgerufen 4.1.2019.

893 BCG Press Release 22.6.2018, Künstliche Intelligenz: Einstellung deutscher Arbeitnehmer hängt ab von Berührungspunkten mit Zukunftstechnologien, https://www.bcg.com/de-de/d/press/20june2018-GAMMA_AI_PM_Ger-194884, abgerufen 5.1.2019.

894 Die Bundesregierung: Strategie Künstliche Intelligenz der Bundesregierung, Stand November 2018. https://www.bmbf.de/files/Nationale_KI-Strategie.pdf, abgerufen 5.1.2018.

895 Vergleiche: https://www.ityx.de/blog/merkels-ki-masterplan, abgerufen 6.1.2019.

Probleme lösen sollen und sich dazu auch für die Finanzierung ihrer Projekte qualifizieren müssen. *50 Referenzprojekte* (sogenannte »Leuchttürme«) im Bereich Umwelt und Klima sollen dazu realisiert werden. KI ist nach »europäischen Wertmaßstäben« auszubauen (Datenschutz, Datensicherheit...) und internationaler Austausch über »KI in der Arbeitswelt« soll angeschoben werden.

16.8.2 Problem Gießkanne

Kaum waren der KI-Masterplan der Bundesregierung publik, setzte auch schon Kritik ein. 3 Mrd. € – die Summe, die die deutsche Bundesregierung bis einschließlich 2025 investieren will – und auf deren Verdoppelung sie durch Länder und andere Stakeholder hofft, seien im Vergleich zu China viel zu gering, das schon jetzt in der künstlichen Intelligenz einen deutlichen Vorsprung hat und in den nächsten Jahren allein von Staatsseite 150 Mrd. USD in die KI-Forschung investieren will. So seien nicht 3, sondern 300 Mrd. nötig, kritisierte *Jürgen Schmidhuber,* der wissenschaftliche Direktor des Schweizer KI-Forschungsinstituts *IDSIA, einer* der in Deutschland bekanntesten KI-Experten..[896]

Doch auch jenseits des Vorwurfs, zu zaghaft an die Sache heranzugehen, sehen Vertreter verschiedener Seiten – Investoren, Wissenschaftler und Unternehmer – Schwächen oder Probleme, die die Bundesregierung mit der bisherigen Ausarbeitung der Strategie zu übersehen droht. Mit Forschung und Bildung allein sei es nicht getan. Wie halten wir die Experten im Land? Wie können wir das Potenzial von KI nutzen, um längst überfällige Impulse für den *»Digitalen Staat«* und seine Verwaltung zu realisieren? Grundlagenforschung allein wird Deutschland nicht zum Status einer führenden KI-Nation entwickeln. Wenn wir es aber schaffen, dies in marktfähige Produkte umzusetzen, dann könnten wir zu einer neuen Strategie gelangen.

Genau darin sehen viele Fachexperten ein Problem. Wenn wir drei bis fünf Jahre über die Verteilung von Finanzmitteln streiten, ist der Markt an uns vorbeigezogen. Statt die avisierte Förderung im *Gießkannenprinzip* auf unterschiedlichste Einrichtung zu verteilen, sollte ein zentrales *Leuchtturmprojekt* aufgezogen werden, ähnlich dem MIT, mit dessen Namen und Leuchtkraft sich auch internationale Spitzenkräfte anziehen lassen. Das sollte, um gerade auch für ausländisches Personal attraktiv zu sein, in einer für Ausländer attraktiven Metropole wie Berlin angesiedelt werden.[897]

Beispiel Gesundheitsmarkt Deutschland: Auch in Deutschland bringen sich Unternehmen im elektronischen Gesundheitsmarkt in Stellung. So ging zum Beispiel im September 2018 die *Gesundheitsdaten-App Vivy* an den Start, die bis zu 13,5 Mio. Versicherte von Kassen wie Allianz, Barmenia, DAK-Gesundheit, IKK classic, IKK Nord, IKK Südwest sowie die Versicherten mehrerer Betriebskrankenkassen und ab Februar auch die Kunden der Gothaer nutzen können.[898] Auf Basis dort gespeicherter Informationen soll die

---

896 Jürgen Schmidhuber gilt als einer der bekanntesten Forscher auf dem Gebiet der künstlichen Intelligenz (KI). Der gebürtige Münchner war Professor an der TU München, seit 1995 ist er wissenschaftlicher Direktor am IDSIA, einem Schweizer Forschungsinstitut für KI. Siehe Interview mit der Süddeutschen Zeitung 15.10.2018, https://www.sueddeutsche.de/digital/kuenstliche-intelligenz-eines-beherrschen-deutsche-firmen-ueberhaupt-nicht-propaganda-1.4170602, abgerufen 5.1.2019.
897 http://www.manager-magazin.de/digitales/it/deutsche-ki-strategie-woran-es-noch-hakt-a-1241883-2.html, abgerufen 1.1.2019.
898 https://www.wiwo.de/unternehmen/versicherer/vivy-neue-gesundheits-app-fuer-millionen-versicherte/23075014.htme, abgerufen 5.10.2019.

App zum Beispiel an Impftermine und Vorsorgeuntersuchungen erinnern, vor Wechselwirkungen von Medikamenten warnen und digital Überweisungen, U-Hefte und Mutterpässe speichern. Auch Befunde, Laborwerte, Röntgenbilder und Befunde können hochgeladen und mit behandelnden Ärzten geteilt werden. Fitnesstracker oder Geräte, die den Schlaf messen, lassen sich an die App koppeln. Weitere Kassen wie die AOK oder die Techniker Krankenkasse haben ebenfalls Pilotprojekte am Start.[899] Bundesbürger sollen darüber hinaus auch ohne Gesundheitskarte per Smartphone oder Tablet auf ihre Patientenakten zugreifen können. Neben elektronischen Patientenakten haben viele Anbieter auch andere Felder des elektronischen Gesundheitsmarktes in ihren Planungen. Von der Telemedizin über Arztbewertungs- und Buchungsplattformen wie *Jameda*[900] bzw. *Doctolib, Doctena*[901] bis hin zu Online-Beratung und Online-Medikamentenbestellung bieten sich interessante Opportunitäten für neue Geschäfte.[902]

16.8.3   Bürokratieabbau ist dringend nötig

Ein weiterer kritischer Punkt, den viele Experten als entscheidend ansehen, ist, ob es der Bundesregierung tatsächlich gelingt, die Forschung und die Unternehmensgründung zu entbürokratisieren. So sieht die KI-Strategie der Bundesregierung zwar vor, Unternehmensgründungsprogramme wie *Exist* auszubauen.[903] Doch die damit verbundenen bürokratischen Hürden und Verzögerungen sind oft beträchtlich: Beispielsweise müssen IP-Rechte bei der Loslösung von den Universitäten abgekauft werden – ein Prozess, der aufgrund seiner Dauer den Einstieg externer Investoren massiv verzögern kann oder diese sogar abschreckt. Auch in der Forschung ist nach Einschätzung von Experten ein Bürokratieabbau dringend nötig, um Deutschland als Standort für externe Spitzenforscher attraktiver zu machen:[904] Forscher sind vor allem an der Auswahl an Forschungsmöglichkeiten interessiert und daran, auch ohne großen Bürokratieaufwand Forschungsmittel zu bekommen oder sich auch Fehlschläge leisten zu können.

16.8.4   Es fehlt eine positive Vision

Die Bundesregierung beabsichtigt, rund 3 Mrd. € in künstliche Intelligenz investieren. Wie einleitend berichtet, steht die Umsetzung auf wackligen Füßen. Der überwiegende Teil soll in Forschung und Entwicklung fließen. Nach Auffassung vieler Experten braucht KI in Deutschland ein besseres Image. Viele Bürger verbinden mit dem Stichwort KI vor allem Ängste. So sorgen sich viele, dass die neuen Technologien ihnen Arbeitsplätze wegnehmen werde, dass sie die Welt weniger menschlich mache und letztlich kluge Maschinen sogar die Macht übernehmen könnten. »In Deutschland herrscht eine enorme Techno-

---

899   Bis 2021 sollen nach dem Willen von Gesundheitsminister Jens Spahn sämtliche Versicherten gesetzlich garantierten Zugang zu ihrer digitalen Krankenakte haben und diese bei einem Wechsel der Krankenkasse auch mitnehmen können.

900   Jameda Arztbewertung in Deutschland, https://www.jameda.de/arztsuche/, abgerufen 5.1.2029.

901   Doctolib, Doctena, Start-up für Arzttermine, https://www.berliner-zeitung.de/digital/start-up-fuer-arzttermine-doctolib-eroeffnet-innovation-center-in-berlin-29741286, abgerufen 5.1.2018.

902   http://www.manager-magazin.de/digitales/it/amazon-draengt-mit-kuenstlicher-intelligenz-auf-den-ehealth-markt-a-1240894-3.html, abgerufen 4.1.2019.

903   Bundesministerium für Wirtschaft und Energie: Gründungsprogramm Exist, https://www.exist.de/DE/Home/inhalt.html, abgerufen 5.1.2019.

904   Vgl. Jörg Bienert, Vorsitzender des KI-Bundesverbandes, https://www.gruenderszene.de/technologie/ki-bundesverband-interview-bienert?interstitial, abgerufen 5.1.2019.

logiefeindlichkeit. Wir brauchen eine Geschichte, die der Bevölkerung vermittelt, dass KI gut sein kann, Arbeitsplätze sichert und täglich Menschenleben rettet«[905]

Der der forschungspolitische Sprecher der FDP-Fraktion *Thomas Sattelberger* hat von der Bundesregierung klare Aussagen gefordert, wie sie die Expertenlücke im Bereich künstliche Intelligenz schließen will. In Deutschland fehlten nach seinen Angaben rund 10.000 Top-Experten für Big Data und Data Sciences sowie 85.000 KI-Architekten, vor allem in der Medizin und im Ingenieurwesen. Auch 3 Mrd. € von 2018 bis 2025 seien »Digitale Peanuts, wenn man sie auf Dutzende Einzelprojekte verteilt«. Deutschland landet nach den Worten des FDP-Politikers bislang zum Beispiel bei der Entwicklung der Patentfamilien im Machine Learning weit hinter Kanada, Korea, Japan, China und den USA. Zudem habe Deutschland derzeit nur 175 KI-Start-ups, Großbritannien hingegen 445 und die USA 2.594. Dem KI-Papier der Bundesregierung fehlten Kriterien für eine Erfolgskontrolle bei der Umsetzung, um Fortschritte, Stagnation und Rückschritte sichtbar zu machen.[906]

---

905 http://www.manager-magazin.de/digitales/it/deutsche-ki-strategie-woran-es-noch-hakt-a-1241883-3.html, abgerufen 1.1.2018.
906 Weitere Aussagen von Thomas Sattelberger zum Thema KI siehe https://www.focus.de/digital/dldaily/ex-top-manager-im-interview-fdp-politiker-sattelberger-warnt-vor-deutschlands-abstieg-von-der-weltspitze-und-sagt-wie-er-sich-noch-aufhaelten-laesst_id_10599619.html, abgerufen 5.10.2019.

17 Energiewirtschaft und Digitalisierung

Die beiden strategisch entscheidenden Netze – weltweit, kontinental und national – sind das Kommunikations- und das Energienetz. Deren Verbund bestimmt das Vorankommen der Wirtschaft, der Gesellschaft und den Wettbewerb der Länder untereinander. Deutschland hat sich mit der Energiewende positioniert: der Abkehr von der Kernenergie und dem Ausbau regenerativer Energiequellen. Dieser Alleingang hat uns die weltweit höchsten Stromkosten beschert, mit der Gefahr wirtschaftlicher Überlastung und Abwanderung energieintensiver Branchen. Andererseits eröffnet die Energiewende große Chancen, jedoch nur, wenn die Umsetzung zügig erfolgt. Technologien und unternehmerische Konzepte gibt es in Deutschland zur Genüge, wie in diesem Kapitel gezeigt wird. Wir stehen damit in keiner Weise zurück gegenüber den USA und China. Probleme sind dagegen Verkrustungen und die Interessenlagen einzelner. Ganz anders China, dessen Durchsetzungskraft auf dem Zusammenspiel zwischen Staat und Staatsunternehmen basiert, vor allem der staatlichen Netzbetreiber und dem von oben dekretierten Verbund aus Energie und Infotech. Chinas Ambitionen zielen auf ein Weltenergienetz, in dem sie eine zentrale Rolle spielen. Baustein darin ist die Strategie der »Neuen Seidenstraße« und damit auch Versuche, in das deutsche Stromnetz einzudringen. Die USA nehmen Einfluss auf die deutsche Energiepolitik, etwa durch Druck auf die Unternehmen, die mit der Erdgasversorgung aus Russland in Verbindung stehen. Der Erfolg des energiewirtschaftlichen Umbaus in Deutschland wird letztlich dadurch bestimmt, ob sich die neuen Technologien und die vielfältigen unternehmerischen Konzepte zeitnah durchsetzen lassen oder ob die Verkrustungen, die Technikfeindlichkeit und die Angst vor Veränderungen Überhand gewinnen.

17.1 Digitalisierung und Energieverbrauch

Internet und *Rechenzentren* verbrauchen weltweit so viel Energie wie der gesamte weltweite *Luftverkehr*. Ein 10-Megawatt-Datenzentrum konsumierte 2012 etwa die Energie einer Kleinstadt mit Energiekosten von rund 300.000 USD pro Monat. Laut *Emerson Network Power* gibt es weltweit über 500.000 Rechenzentren. Hochgerechnet wurden beim Betrieb des Internets also jährlich 406 Terrawattstunden (Twh) benötigt, wobei der weltweite elektrische Energieverbrauch auf 20,3 Petawattstunden geschätzt wird. Somit gingen im Jahr 2012 bereits 2 % der weltweit eingesetzten elektrischen Energie auf den Betrieb von Rechenzentren.[907] Ihr Energiebedarf nimmt dramatisch zu. Im Jahr 2016 stellten Fachleute einen Verbrauch von 416,2 Terawattstunden fest und prognostizierten für die kommende Dekade nochmals eine Verdreifachung dieses Wertes – verbraucht von dezentralen Servern bis hin zu den großen Server-Farmen. Damit verantworteten sie bereits 2016 rund 3 % des globalen Stromverbrauchs und etwa 2 % der Treibhausgasemissionen. Im konkreten Vergleich: Der weltweite Energieverbrauch von Rechenzentren übertraf signifikant den Stromverbrauch *Großbritanniens*, der 2016 bei rund 300 Terawattstunden

---

907 Gavin Hudson: How Much Energy Does the Internet Use?, 1.6.2012. Auswertung aufgrund von Daten aus dem Jahr 2012. In herkömmlichen Rechenzentren wird nur die Hälfte des Energieverbrauchs unmittelbar für das digitale Universum genutzt: Server mit E-Mails, Social-Networking-Profilen und dergleichen. Die andere Hälfte der Energie fließt in die Kühlung dieser Server oder sie geht als Wärme verloren, wenn der Strom zwischen Wechselstrom (AC) und Gleichstrom (DC) wechselt. https://cleantechnica.com/2012/06/01/how-much-energy-does-the-internet-use/, abgerufen 1.5.2019.

lag.[908] »Wenn wir auf diese Weise weitermachen, wird es untragbar – dieses Wachstum an Rechenzentren wird jenseits der kommenden 10 bis 15 Jahre nicht machbar sein,« meldet Prof. *Ian Bitterlin* von der Universität Leeds[909] und er präzisiert, dass die Rechenzenten in Japan, bei gleichbleibendem Wachstum, 2030 den gesamten Energiebedarf Japans verschlingen würden.[910]

Seit Jahren werden immer wieder kritisch-pessimistische Aussagen kolportiert, wie etwa, dass einmal Klicken so viel Energie verbraucht, dass man davon eine Tasse Tee heiß machen könnte, oder dass eine ganze Internet-Recherche eine Kanne Tee erhitzen könnte. Die zugrunde liegenden Annahmen sind wenig belastbar, zumal etwa eine Internet-Recherche sehr unterschiedlich ausfallen kann. *Google* hat daraufhin Zahlen aus ihrem eigenen Netzwerk untersucht und kommt zu dem Schluss, dass eine durchschnittliche Web-Recherche »nur« rund 0,2 Gramm CO_2 produziert während die Erwärmung von einer Kanne Tee 7 Gramm CO_2 hervorruft.[911]

Die gesamte Netzinfrastruktur verbraucht allein in Deutschland im Jahr etwa 55 Terawattstunden – umgerechnet etwa 10 mittlere Kraftwerke, die allein für den digitalen Sektor Strom erzeugen. In *Frankfurt*, wo sich die Rechenzentren in Deutschland konzentrieren, fließen etwa 20 % der städtischen Energie in den Betrieb der *Serverfarmen*. Das ist mehr als der *Frankfurter Flughafen* verbraucht.[912]

Eine Studie des Bundeswirtschaftsministeriums zur Entwicklung des Energiebedarfs der Informations- und Kommunikationstechnik kam zu dem Ergebnis, dass der Energiebedarf der Rechenzentren einschließlich der Server-, Speicher- und Netzwerktechnik sowie der dafür nötigen Infrastruktur in Deutschland von 2010 bis 2015 um 15 % auf 12 Mrd. Kilowattstunden pro Jahr gestiegen ist und bis zum Jahr 2025 weiter auf rund 1,4 Mrd. Kilowattstunden pro Jahr anziehen wird. Insbesondere steigt der Strombedarf für die Speicherung immer größer werdender Datenmengen in der Cloud. Das Streamen von Filmen und Serien erfreut sich steigender Beliebtheit und ist damit zurzeit der größte Treiber für steigende Datenmengen und zunehmenden Energieverbrauch im World Wide Web – gerade, weil es scheinbar kostenlos und selbstverständlich allzeit verfügbar ist.[913]

Große Rechenzentren haben oft eigene Umspannwerke, mitunter eigene Kraftwerke. Vor allem die Klimaanlagen verbrauchen 1/3 der Energie. Sie temperieren die Server auf etwa 25 Grad. Bei hoher Nachfrage zumeist in den Abendstunden steigt der Energiebedarf sprunghaft an, wenn alle zu Hause im Internet surfen.[914] Große Betreiber siedeln ihre Rechenzentren deshalb vermehrt in kälteren Regionen an,

908 Tom Bawden: Global Warming: Data centres to consume three times as much energy in next decade, experts warn. https://www.
     independent.co.uk/environment/global-warming-data-centres-to-consume-three-times-as-much-energy-in-next-decade-experts-
     warn-a6830086.html, abgerufen 1.5.2019.
909 Ian Bitterlin ist Chartered Engineer mit mehr als 25 Jahren Erfahrung in der Stromversorgung und Kühlung von Rechenzentren. Er
     ist CTO bei Emerson Network Power Systems in EMEA und Gastprofessor an der University of Leeds an der School of Mechanical
     Engineering.
910 Zitat übersetzt, Original auf Englisch.
911 Rick Maybury in The Telegraph, 31.5.2014: How much energy does a web search use? https://www.telegraph.co.uk/technology/
     advice/10865650/How-much-energy-does-a-web-search-use.html, abgerufen 1.5.2019.
912 Bericht des SWR aus der Sendung vom 12.7.2018: Die Ökobilanz eines Mausklicks. https://www.swr.de/odysso/oekobilanz-des-
     internets/-/id=1046894/did=21791748/nid=1046894/1jsu4be/index.html, abgerufen 10.1.2019.
913 http://www.3sat.de/page/?source=/nano/technik/198748/index.html, abgerufen 10.1.2019.
914 https://www.swr.de/odysso/oekobilanz-des-internets/-/id=1046894/did=21791748/nid=1046894/1jsu4be/index.html, abgerufen
     10.1.2019.

etwa in Nordskandinavien – um zusätzliche Speicherkapazitäten mit geringeren Kühlkosten anbieten zu können.

Unter diesem Gesichtspunkt betrachtet, wird es langfristig wenig sinnvoll sein, Unmengen an Rohdaten zu speichern nur um zu einem späteren Zeitpunkt, falls überhaupt, *Big Data Analysen* durchführen zu können. Eine gewisse Vorverarbeitung zum Zeitpunkt des Anfalls der Daten führt in vielen Fällen bereits zu einer deutlichen Reduzierung des Datenaufkommens. Im Rahmen der Entwicklung neuer Automatisierungsrechner hat dieser Gesichtspunkt bereits Eingang gefunden[915].

17.2 Der Klima-Fußabdruck von I/SD[916]

Angesichts der konzertierten Bemühungen zur Reduzierung der globalen Treibhausgasemissionen (*Greenhouse Gas Emissions*, GHGE) gemäß dem sogenannten *Pariser Abkommen von 2015*[917] findet das vom *Internet, Smart Data und Smart Devices* getriebene Branchensegment (*I/SD*) als bedeutender Verursacher bei der Emission von *Treibhausgasen* wenig Beachtung. Vielmehr wird ihr Beitrag zur Reduktion des klimatischen Fußabdrucks anderer Branchen in den Vordergrund gestellt. Die Klimabelastung von I/SD beinhaltet sowohl die Produktion als auch die Betriebsenergie von Geräten sowie die Betriebsenergie zur Unterstützung der Infrastruktur. Der relative Beitrag von GHGE dürfte von rund 1–1,6 % im Jahr 2007 auf über 14 % der weltweiten Treibhausgase im Jahr 2040 ansteigen (im Vergleich mit dem Niveau im Jahr 2016). Mehr als die Hälfte des aktuellen relativen Beitrags kommt von Desktops, Laptops und Displays.[918] Nach einer Studie der französischen Denkfabrik *The Shift Project*[919] wird der Anteil der *I/SD-Branche* an den weltweiten Treibhausgasemissionen auf 3,7 % geschätzt; das ist fast doppelt so viel wie der Beitrag der zivilen Luftfahrt (2 %) und knapp die Hälfte des Schadstoffausstoßes aller Personenfahrzeuge und Motorräder (8 %). Sorgen macht den Studienautoren vor allem die rasche Zunahme des digitalen Energieverbrauchs um circa 9 % pro Jahr. Setzt sich dieser Trend fort und steigt das Datenvolumen im Internet weiterhin um rund 30 % pro Jahr, wäre die ICT-Branche schon 2025 für 8 % aller Treibhausgasemissionen verantwortlich.

Genannt werden vier Treiber für den rasant steigenden Energieverbrauch der Branche: (1) die weltweit um zirka 11 % pro Jahr wachsende Zahl von Smartphones und deren immer energieintensivere Features, (2) die wachsende Verbreitung digital vernetzter Peripheriegeräte in Freizeit und Haushalt und komplexe Überwachungssysteme, (3) der Aufstieg des Internets der Dinge (IoT) sowie (4) die Explosion

---

915 Anton Huber: Digitalisierung und Industrie 4.0 bei Siemens, S. 304–320, in: Kai Lucks (Hrsg.): Praxishandbuch Industrie 4.0, Schäffer-Poeschel Verlag, Stuttgart 2017.

916 Zur Erinnerung: I/SD steht für das Segment »Internet/Smart Data and Smart Devices«, wie in Kapitel 5 »Das Krisengebiet« abgeleitet und definiert. Die diesem Absatz zugrunde liegenden Quellen definieren das Segment nicht weiter, betiteln dies mehrheitlich mit der Bezeichnung IKT bzw. ICT (Infokom …). Bei genauerer Analyse dieser Quellen ist jedoch im Grunde das Gebiet I/SD gemeint.

917 Die UN-Klimakonferenz in Paris 2015 (englisch *United Nations Framework Convention on Climate Change, 21st Conference of the Parties*, kurz COP 21) fand als *21. UN-Klimakonferenz* und gleichzeitig als *11. Treffen zum Kyoto-Protokoll* vom 30. November bis 12. Dezember 2015 in Paris statt.

918 Lotfi Belkhir, Ahmed Elmeligi: Assessing ICT global emissions footprint: Trends to 2040 & recommandations, Journal of Cleaner Production, 177 (2018), 448–463.

919 The Shift Project – The Carbon Transition Think Tank, https://theshiftproject.org/en/home/, abgerufen 3.5.2019.

des Datenverkehrs, was primär auf Angebote internationaler Tech-Giganten wie Google, Apple, Facebook, Amazon, Baidu oder Alibaba zurückzuführen ist.

17.3   Zunahme der Energieintensität

Während die *Energieintensität* des globalen Bruttoinlandprodukts derzeit um 1,8 % pro Jahr sinkt, ist bei der I/SD-Branche das Gegenteil der Fall. Deren Energieintensität wächst um 4 %. Das heißt, der Konsum von 1 € an digitaler Technologie verursacht einen Energiekonsum, der 37 % höher ist als noch im Jahr 2010. Dass die digitalen Geräte immer leistungsfähiger werden, ändert daran wenig, denn gleichzeitig steigt auch die Nutzung. Ein Beispiel: Zwar hat die *Batteriekapazität* von Smartphones in den letzten fünf Jahren um 50 % zugelegt; die Häufigkeit des Aufladens ist in diesem Zeitraum aber konstant geblieben, zumal die Geräte nun einfach länger genutzt werden – ein typisches Beispiel eines *Rebound-Effekts*.[920] Als aktuell besonders energietreibende Aktivität nennen die Franzosen das *Streaming* von Videos, das für über 80 % der Zunahme des Datenverkehrs im Internet verantwortlich ist. Dies benötigt 1.500-mal mehr Energie als der gewöhnliche Betrieb eines Smartphones. Wer zehn Minuten über die *Cloud* ein Video anschaut, verbraucht genauso viel Strom, wie wenn er während fünf Stunden nonstop E-Mails mit angehängten Dateien verschicken oder fünf Minuten mit einem elektrischen 2.000-Watt-Ofen heizen würde.[921]

17.4   Eskalationsrisiko Blockchain

Neben dem Cloudcomputing macht ein weiterer Trend Sorgen: Kryptowährungen. Die Blockchain-Technologie, auf der sie gründen, muss reihenweise Datensätze verketten. Eine einzige Transaktion per Digitalwährung fordert angeblich rund 10.000-mal mehr Energie als eine Buchung per Kreditkarte.[922] Nach Berechnungen des Instituts für Energiewirtschaft der TU München liegt der Energiebedarf für Bitcoin allein für die Rechnerleitung bei derzeit 40 TWh, ohne den Kühlbedarf, plus 10 TWh für Etherwallet.[923] Dies wird noch viel dramatischer, wenn die Blockchain-Technologie in die zahlreichen Anwendungen eindringt, die heutzutage angedacht werden. Merkwürdig, dass in dem aktuellen »*Blockchain-Hype*« weder die hohen Energiekosten noch die verursachenden gewaltigen Datenmengen, die dann ja weltweit auf allen Rechnern aller Beteiligten gespeichert werden müssen, adressiert werden. Die Blockchain-Technologie eröffnet zweifellos große Substitutionspotenziale aus dem Ersatz konventioneller Verwaltungs- und Dokumentationsakte, wodurch die Ökobilanz entlastet wird. Deshalb ist es heute kaum möglich, die zu erwartenden Effekte zu saldieren. Eines kann jedoch mit Sicherheit gesagt werden, nämlich dass diese Technologie noch erheblich reifen muss, um die ihr gesetzten Ziele umweltgerecht und, was die IT-Infrastruktur betrifft, kapazitätsgerecht zu erfüllen – zumal die mit jedem »Block« verbundenen Daten-

---

920 Mit Rebound-Effekt (englisch für Abprall- oder Rückschlageffekt) werden in der Energieökonomie mehrere Effekte bezeichnet, die dazu führen, dass das Einsparpotenzial von Effizienzsteigerungen nicht oder nur teilweise verwirklicht wird.
921 Thomas Fuster: Streaming ist das neue Fliegen – wie der digitale Konsum das Klima belastet. Bericht in der Neuen Zürcher Zeitung vom 16.4.2019. https://www.nzz.ch/wirtschaft/streaming, abgerufen 3.5.2019.
922 Tilman Santarius im Interview mit »DIE ZEIT«, 31.1.2018, https://www.ioew.de/news/article/erst-nachdenken-dann-digitalisieren-prof-tilman-santarius-im-zeit-interview/, abgerufen 5.10.2019.
923 Berechnungen des Instituts, Prof. Ulrich Wagner, mitgeteilt an den Autor im April 2019.

mengen kumulierend immer größer und aufwendiger werden, also ein exponentielles Wachstum der Belastungen zu erwarten ist.

17.5   Digitalisierung: Einsparpotenzial für den Energieverbrauch?

Dagegen stehen durchaus hohe energetische Einsparpotenziale, die die Digitalisierung erschließen könnte. Eine Quantifizierung ist heute nicht möglich.

Der *Global Sustainability Initiative*[924] zufolge, ein Netzwerk von 40 Internet- und Telekom-Unternehmen, könnten Informations- und Kommunikationstechnologien durch Effizienzsteigerungen bis zum Jahr 2030 ein Fünftel der weltweiten CO_2-Emissionen einsparen. Doch diese Zahlen stehen auf weichem Sand. Der Aufbau neuer digitaler Infrastrukturen und Rechenkapazitäten wird nur unzureichend gegengerechnet.[925] Die Produktion von IT-Endgeräten wird gar nicht in Rechnung gestellt, auch nicht die Änderungen des Konsumverhaltens oder die explodierende Logistik zu den Endkunden zur Auslieferung der bestellten Waren, mit ihren negativen ökologischen und verkehrstechnischen Auswirkungen. Vergleiche Kapitel 18 »Mobility«.

17.5.1   Explodierende Strompreise in Deutschland

Deutschland hat weltweit die höchsten Stromkosten. Der durchschnittliche Strompreis für Privathaushalte in Deutschland ist seit der Jahrtausendwende auf 29,42 Cent pro Kilowattstunde (2018) gestiegen. Dies entspricht einer Steigerung von 111 % beziehungsweise 6 % pro Jahr. Steuern, Abgaben und Umlagen haben sich seit 2000 verdreifacht. Insgesamt machen die staatlichen Belastungen heute über 54 % des Strompreises aus. Auf Netzentgelte entfallen fast 25 %. Lediglich 21 % bekommen die Stromanbieter für die Stromerzeugung.[926] Auf Strom lasten derzeit acht unterschiedliche Steuern und Umlagen, siehe Abb. 55. Neben der Mehrwertsteuer und der *EEG-Umlage* werden die Stromkunden für die Konzessionsabgabe, die Stromsteuer, die *KWKG-Umlage*, die *NEV-Umlage*[927], die *Offshore-Haftungsumlage* und mit der Umlage für abschaltbare Lasten zur Kasse gebeten. Damit dürfte Strom neben Tabak, Benzin und Branntwein eines der am stärksten besteuerten Güter in Deutschland sein.[928]

---

924 http://www.gsinitiative.com/.

925 Tilman Santarius im Interview mit »DIE ZEIT«, 31.1.2018. https://www.zeit.de/2018/06/digitalisierung-klimaschutz-nachhaltigkeit-strombedarf, abgerufen 5.10.2019.

926 https://1-stromvergleich.com/strom-report/strompreis/, abgerufen 11.1.2019.

927 Nach § 19 Stromnetzentgeltverordnung (StromNEV) haben bestimmte Letztverbraucher die Möglichkeit, vom örtlichen Netzbetreiber niedrigere individuelle Netzentgelte zu erhalten. Die Übertragungsnetzbetreiber (ÜNB) müssen den örtlichen Netzbetreibern die durch diese niedrigeren Entgelte entgangenen Erlöse erstatten. https://www.bundesnetzagentur.de/SharedDocs/FAQs/DE/Sachgebiete/Energie/Verbraucher/PreiseUndRechnungen/%C2%A719_strom_nev_umlage.html, abgerufen 11.1.2019.

928 Aussage von Mathias Köster-Niechziol, Energieexperte bei Verivox. Für die Auswertungen und Berechnungen wurden die Daten der europäischen Statistikbehörde Eurostat vom ersten und zweiten Halbjahr 2017 für die EU-Mitgliedstaaten herangezogen, https://www.verivox.de/nachrichten/eu-vergleich-deutschland-hat-den-hoechsten-strompreis-120480/, abgerufen 9.1.2019.

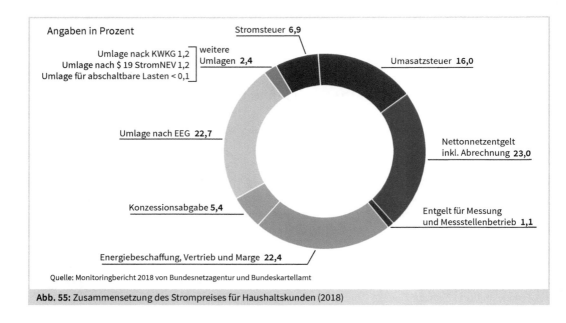

Angaben in Prozent

Stromsteuer **6,9**

Umlage nack KWKG 1,2 ⌉ weitere
Umlage nach $ 19 StromNEV 1,2 ⌉ Umlagen **2,4**
Umlage für abschaltbare Lasten < 0,1 ⌋

Umasatzsteuer **16,0**

Umlage nach EEG **22,7**

Nettonnetzentgelt
inkl. Abrechnung **23,0**

Konzessionsabgabe **5,4**

Entgelt für Messung
und Messstellenbetrieb **1,1**

Energiebeschaffung, Vertrieb und Marge **22,4**

Quelle: Monitoringbericht 2018 von Bundesnetzagentur und Bundeskartellamt

Abb. 55: Zusammensetzung des Strompreises für Haushaltskunden (2018)

Der durchschnittliche Strompreis für Industrie, Gewerbe und Dienstleistungen ist in Deutschland seit 2000 um 184 % gestiegen. Im Jahr 2018 haben die Kunden über ihre Stromrechnung allein für die Ökoumlage 24 Mrd. € gezahlt. Die Hälfte davon entfällt auf Industrie, Gewerbe, Handel und Dienstleistungen. Vor Alleingängen Deutschlands in der Energie- und Klimapolitik ist zu warnen. Das Klimaschutzziel für 2020 ist ambivalent zu beurteilen. Die daraus erwachsenden Stromkosten führen letztlich dazu, dass Unternehmen ihre Produktion ins Ausland verlagern.[929] Mit den neuen Steuern und Umlagen auf den Strom wollte die Regierung den Schadstoffausstoß von CO_2 reduzieren. Dieses Ziel wurde verfehlt, insbesondere wegen des Ausstiegs aus der Kernkraft und des in der Folge höheren Anteils von Kohlestrom.[930] Dazu später. Notwendig wäre eine Kehrtwende, damit regenerativ erzeugter Strom, etwa für die Elektromobilität, attraktiver wird.[931] Eine kurzfristige Lösung dafür zeichnet sich aber nicht ab. Vielmehr ist fraglich, ob zu der von vielen erhofften baldigen und breiten Einführung von Elektrofahrzeugen überhaupt genügend Strom bereitgestellt gestellt werden kann. Weiteres dazu siehe im Kapitel 18 »Mobility«.

Das Problem findet mittlerweile auch auf im Geschäft mit der digitalen Infrastruktur seinen Niederschlag. Betreiber von Rechenzentren wollen dieses Geschäft in Deutschland nicht mehr ausbauen und stattdessen ins Ausland gehen.[932] Auch beim Neubau der großen europäischen Netztrassen machen

---

929 Wirtschaftswoche vom 9.4.2018, https://www.google.com/search?client=firefox-b-ab&q=stromkosten+usa+industrie, abgerufen 9.1.2019.
930 https://www.freiewelt.net/nachricht/deutschland-ist-weltweit-fuehrend-beim-strompreis-10074597/, abgerufen 9.1.2019.
931 Aussage des Vorsitzenden der Hauptgeschäftsführung des Bundesverbands der Energie- und Wasserwirtschaft (BDEW), Stefan Kapferer, zitiert in »Manager Magazin«, 8.10.2018, http://www.manager-magazin.de/unternehmen/industrie/energie-strompreis-fuer-deutsche-haushalte-steigt-weiter-warnt-verband-a-1232186.html, abgerufen 9.1.2019.
932 Konkret melden dies Ende 2018 die in Deutschland engagierten US-stämmigen Rechenzentren-Betreiber.

die Anbieter jetzt – soweit es geht – einen Bogen um Deutschland. Immerhin ist der Internet-Knoten in Frankfurt am Main gemessen am Datendurchsatz der größte der Welt.[933]

17.6   Stromkosten: Vergleich Deutschland/Europa/USA/China

Hierzu liegen nur beschränke Informationen vor. Eine Studie des *Fraunhofer Instituts* von 2015 gibt einen partiellen Einblick. Innerhalb der gewählten Vergleichsgrundlage lag der deutsche Strompreis für große energieintensive Industrien mit 4,7 ct/kWh für 2012 im Mittelfeld der Strompreise in den untersuchten Regionen. In Europa können insbesondere *französische Industrieunternehmen* staatlich festgelegt niedrigere Strombezugspreise von 4,2 ct/kWh und niedriger erzielen. Besonders niedrig mit weniger als 3 ct/kWh lag der berechnete Strompreis in *Texas*. Die hier präsentierten Ergebnisse sind lediglich ein Indikator, um Strompreise in den einzelnen Ländern vergleichen zu können. In der Realität können die Strombezugskosten einzelner Unternehmen deutlich von diesen berechneten Strompreisen abweichen. Grund dafür sind unterschiedliche Abnahmestrukturen und kurzfristige wie auch langfristige bilaterale Verträge zwischen Stromkunden und -lieferanten, in die keine Einsicht besteht.

Nachfrage und Angebot auf dem *chinesischen Strommarkt* wachsen rasant. Obwohl zunehmend nicht-fossile Stromerzeugungstechnologien gefördert werden, basiert der Großteil der chinesischen Versorgung zu ca. drei Vierteln auf der Verbrennung fossiler Energieträger. Mit Chinas enormen Kohlereserven und der kostengünstigen eigenen Förderung bilden Kohlekraftwerke seit jeher die Basis der Stromerzeugung. Die gesamten Preise entlang der Wertschöpfungskette von Kohleförderung bis hin zum Verbraucher in China werden im Wesentlichen durch die Zentralregierung determiniert. Preisverhandlungen sind komplex und die Ergebnisse werden nicht veröffentlicht.[934] Insofern ist ein direkter Vergleich der Industriestrompreise Deutschland/USA/China wegen der Marktbesonderheiten, regionaler Regelungen, Branchenförderungen und bevorzugter Behandlung von Großkunden nicht möglich. Darüber hinaus läuft die Förderung strategisch wichtiger Industrien direkt aus der Kasse des Staates – und für Dritte unsichtbar. Es ist kein Geheimnis, dass auch der Strompreis dabei als Waffe eingesetzt wird.

17.7 CO_2-neutrale Energieerzeugung

Besonders China setzt wegen der großen Abhängigkeit vom CO_2-treibenden Kohlestrom auf den Ausbau klimaneutraler regenerativer Energien und auf die Kernkraft. Dies hat zu industriepolitischen Prioritäten geführt, indem China etwa die Industrie für *Solarenergie* und *Windkraft* förderte. So wurde China weltweit die Nummer 1 in der *Fotovoltaikindustrie*, auch nach dem Ausverkauf praktisch der ganzen

---

933 Der Deutsche Commercial Internet Exchange (DE-CIX). Er wird von der DE-CIX Management GmbH, einer hundertprozentigen Tochter des eco Verband der Internetwirtschaft e. V., betrieben.

934 Fraunhofer ISI/ECOFYS: Strommärkte im internationalen Vergleich, Studie vom Juni 2015 im Auftrag des Bundesministeriums für Umwelt, Naturschutz und Reaktorsicherheit, https://www.isi.fraunhofer.de/content/dam/isi/dokumente/ccx/2015/Industriestrompreise_Strommaerkte.pdf, aktuell nicht mehr verfügbar.

deutschen Herstellerbranche nach China und Konkurs des ehemaligen deutschen Vorzeigeherstellers *Solarworld*, die gegen die chinesischen *Dumpingpreise* nicht mehr bestehen konnten.[935]

Eine vergleichbare Position strebt China in der *Kernkraft* an. Anfang 2018 umfasste der zivile *Kernkraftwerkspark* der Welt 447 Reaktoren in 31 Ländern. Von den weltweit 58 laufenden Neubauprojekten befinden sich 19 in China. Vier Einheiten haben 2017 den Betrieb aufgenommen: drei in China und eines in Pakistan. Weltweit wurden im vergangenen Jahr insgesamt sechs Blöcke stillgelegt. Die elektrische Gesamt-Nettoleistung der weltweit in Betrieb stehenden Kernkraftwerke betrug Anfang 2018 rund 391.700 MW. Der Anteil der Kernenergie an der globalen Stromproduktion lag bei rund 11 %.[936]

17.8   Die Energiewende in Deutschland – und die fernere Zukunft

Der *Ausstieg* aus der *Kernkraft* ist aus Umweltgründen, wirtschaftlich und technisch kritisch zu beurteilen. Deutschland war technologisch auf der Welt führend, insbesondere auch hinsichtlich unserer Sicherheitstechnik und neuerer Reaktorkonzepte. Die Kernkraft war und ist technologisch nicht am Ende. Es gibt vielversprechende Weiterentwicklungen zur Wirtschaftlichkeit, Sicherheit und Entsorgung. Aus dem Gesichtspunkt internationaler Rollenteilung wäre es sinnvoll gewesen, als Hightech-Land die *Nukleartechnik* weiterzuführen und fossil befeuerte, einfacher zu beherrschende Technologien (etwa fossil befeuerte Kraftwerke mit Rauchgasreinigung) eher Anwendern in technologischen Schwellenregionen zu überlassen. Da die *Kohlekraftwerke* für die Grundlast nun in Deutschland mehr leisten müssen, erhöht sich unser *CO2-Ausstoß*. Das war mit der Entscheidung zum Ausstieg aus der Kernkraft allgemein bekannt, wurde aber von den Verantwortlichen kaum artikuliert. Nun ist diese Entwicklung unumkehrbar.[937] Die Akzeptanz für die Kernkraft war und ist breiten Teilen der Bevölkerung nicht vermittelbar. Damit war die deutsche Ausstiegsentscheidung politisch wohl unvermeidbar. Die deutschen Hersteller hatten sich schon lange darauf eingestellt. Besser wäre es jedoch, technologieoffen zu bleiben.

Die deutsche Kernkraftindustrie hatte sich frühzeitig darauf eingestellt, dass kein KKW mehr in Deutschland gebaut werden würde. Als Ausgleich für die am Horizont drohenden Geschäftsschließungen führte die Kraftwerkunion (ein Joint Venture von Siemens und AEG, später Siemens Energy) 1985 ein Projekt zur Diversifikation durch, auf der Basis von Technologietransfers in andere Branchen, etwa zur Medizintechnik (Excimer-Laser aus der Anreicherung) und zur Tiefwassertechnologie (Druckbeaufschlagung), insgesamt über 1.000 Technologien. In dieses Projekt fiel auch der Einstieg in die Fotovoltaik (Gründung Siemens Solar, 1986), 1991 Kauf der *Arco Solar* (USA). Dann Einstieg in die Windenergie, 2004 Kauf der *Bonus Wind* (Dänemark). Der Siemens-Ausstieg aus der Kernkraft wurde stufenweise vollzogen: über das Nuklear-Joint-Venture mit der französischen *Areva* (2001) und 2011 der vorzeitige Verkauf der Anteile an

---

935 https://www.freiepresse.de/mittelsachsen/freiberg/solarworld-pleite-der-ausverkauf-laeuft-artikel10316540, abgerufen 11.1.2019.
936 https://www.nuklearforum.ch/de/fakten-und-wissen/kernkraftwerke-der-welt, abgerufen 9.1.2019.
937 Die deutsche Forschungslandschaft gehört immer noch zu den Spitzenreitern im Bereich der Kerntechnik. Unsere Wissenschaftler beschäftigen sich vor allem mit der Entsorgung und mit der Reaktorsicherheit. Die Rückkehr der Industrie ist jedoch sehr unwahrscheinlich, eher die Auswanderung der verbliebenen Kompetenzträger in die Länder, die jetzt wieder auf die Stärkung der Kernkraft setzen.

die Nachfolgegesellschaft *Framatome*. Der Autor war an allen genannten Projekten beteiligt. 2016 fand die Windenergie-Fusion mit der spanischen *Gamesa* statt. Im Mai 2019 beschloss der Siemens-Vorstand die Abspaltung der gesamten Energiesparte und deren Börsengang.

Andere Wirtschaftsnationen denken dagegen an forcierte Ausbauprogramme. Sie setzen auf neue Technologien, die höhere Sicherheit und günstigere Kosten versprechen, insbesondere vor dem Hintergrund steigenden Strombedarfs durch Internet, Rechenzentren und Elektromobilität unter Vermeidung von CO_2, wenn regenerative Energien wegen Witterung und Dunkelheit nicht verfügbar sind. Der Beitrag der aus der Kernkraft hinzukommenden Stromerzeugung wird aber voraussichtlich marginal sein. Wir rechnen für China mit etwa 3 % der Gesamtleistung *China* will die Kernkraft bis 2030 auf 120 bis 130 Gigawatt ausbauen, dem dreifachen der heutigen Leistung. Pro Jahr sind bis dahin weitere sechs bis acht neue Kernkraftwerke geplant. *Indien* ist im März 2019 mit den *USA* übereingekommen, sechs Kernkraftwerke zu bauen. In *Japan* betreibt der größte Arbeitgeberverband derzeit starke Lobbyarbeit, um neue KKWs zu eröffnen und alte länger in Betrieb halten zu können. Kernenergie ist ihrer Meinung nach essenziell, um die Klimaziele verantwortungsvoll erreichen zu können. In *Brasilien* hat die Regierung entschieden, dass Kernkraft ein wichtiger Teil des nationalen Energieplans 2050 sein wird. Für sie ist diese Energiequelle entscheidend, um der schnell wachsenden Stromnachfrage gerecht werden zu können. Auch in *Saudi Arabien* werden nun Kernkraftwerke gebaut. Derzeit plant das Land einen Multi-Milliarden-Tender, um 2020 mit dem Bau der ersten beiden Anlagen beginnen zu können. Nach eigener Aussage will man dadurch den Eigenbedarf an Öl reduzieren, um davon mehr exportieren zu können. In den *USA* haben 15 Senatoren einen Plan eingereicht, durch den das Land wieder zur weltweiten Spitze auf dem Gebiet der Kernkraft werden soll. Republikaner und Demokraten sind sich in dieser Sache allerdings nicht einig. *Trumps* Energieminister *Rick Perry* unterstreicht jedoch, dass die US-Regierung auf Kernkraft setzt. Selbst Russland wird wieder aktiv: Die Nuklearquote soll von derzeit 19 % auf bis zu 30 % steigen, zu den derzeit 35 Meilern sollen 20 hinzukommen. Die Kernenergie soll zum Exportschlager werden, auch weil Konkurrenten wie Siemens aus der Branche ausgestiegen sind.

Neue Kernkrafttechnologien: Ingenieure arbeiten an einer vierten Generation von Kernreaktoren, die effizienter und sicherer sein sollen. Ein neuartiger Flüssigsalzreaktor nutzt etwa statt fester Brennstäbe Uran in Salzform. Neue Kraftwerke sollen auch das Entsorgungsproblem lösen. Statt neuen Abfall zu produzieren, sollen sie den alten verbrauchen. Neue Entwicklungen weisen auf kleinere Kernkraftwerke, die z. B. kein angereichertes Uran mehr brauchen, sondern mit dem nicht waffenfähigen und in der Natur reichhaltig vorkommenden Natururan arbeiten oder dem in der Erdkruste verbreiteten Metall Thorium. *Bill Gates* ist auf diesem Gebiet z. B. mit seinem Start-up *TerraPower* aktiv. Zur Kostensenkung arbeiten Wissenschaftler an kleinen modularen Reaktoren, sogenannten SMRs. Kernenergie-Start-Ups und einige Wissenschaftler pochen darauf, dass Kernkraft als klimaneutrale Energiequelle nötig sei, um den Klimawandel zu bremsen. Kritiker halten diese Versprechen noch für verfrüht. Von anderer Seite wird die These vertreten, dass Länder wie Deutschland aufgrund des weiter stark ansteigenden Strombedarfs – insbesondere aus der Elektromobilität und der Internet-Nutzung – gar nicht in der Lage sein dürften, ausreichend Strom aus Windkraft und Fotvoltaik zu generieren, um das Ziel einer CO2-neutralen Energieerzeugung ohne den Rückgriff auf Kernenergie (anderer Länder?) oder auf den »Hoffnungswert Kernfusion« (weiteres dazu siehe unten).

17.9 Elektromobilität, konkurrierende Antriebs- und Energiekonzepte

Sollte sich eine flächendeckende *Elektromobilität* durchsetzen, würde dies für Deutschland circa zu einer Verdoppelung des Strombedarfs führen. Angesichts der aktuellen Lage (Ausbau regenerativer Energien, Netzausbau, Versorgungssicherheit bei sonnen- und windarmen Zeiten, s. u.) heißt dies, dass Elektrofahrzeuge im Wesentlichen mit »*Kohlestrom*« fahren müssten. Damit wäre dies ein durchaus kritisches Szenario. Besser wäre eine Diversifizierung auf verschiedene Energiekonzepte, etwa dem bewussten Einbezug und der Weiterentwicklung von Dieselantrieben (inklusive Reduzierung der Stickoxide im Abgas von *Dieselmotoren* durch SCR-Kats[938]) und Nutzung von *synthetischem Dieseltreibstoff*[939] – zumindest als Brückentechnologien. Leider wird die Debatte derzeit einseitig zugunsten des Elektro-(*Lithium*-)Batterie-Konzepts geführt, das in seiner Umweltbilanz sowie technisch und logistisch nicht optimal ist: (1) die Umweltbelastung im Lebenszyklus der Batterie (Herstellung + Nutzung + Recycling) entspricht nach derzeitiger Produktionstechnik[940] einem Abgasausstoß eines Verbrennungsmotors über eine Fahrstrecke von 80.000 km, (2) die Batterien sind extrem schwer, dementsprechend teuer kommen der Energieverbrauch insbesondere beim Stop-and-go-Verkehr sowie Reifen- und Straßenabnutzung mit Feinstaubabrieb, (3) Lithium ist nur begrenzt verfügbar, (4) Entsorgung und Recycling schwerer Lithiumbatteriesätze sind mit Risiken behaftet, teuer und großtechnisch noch nicht gelöst, (5) die Stromversorgung ist auf allen Ebenen nicht darauf ausgelegt: Die *Hochspannungs-Gleichstrom-Übertragungsnetze* (HGÜ) sind bei Weitem noch nicht ausgebaut. Rund 3.000 km fehlen in Deutschland, deren Genehmigungsgeschwindigkeit lag 2015 bei rund 60 km pro Jahr. Unterirdische Supraleit-Kabel werden das Problem nicht lösen: zu teuer, schwierig zu verlegen, breite Trassen, die wegen Aufheizung praktisch für nichts anderes genutzt werden können.[941] Die *Mittelspannungsnetze* müssen in den Städten erst noch unter den Straßendecken weiter ausgebaut werden. Die *Schnellladestationen* müssten erst in großem Volumen errichtet werden. Dafür fehlen die Anschlüsse und der Platz. Momentan werden die wenigen Ladestationen, die für Schnellladung (1/2 Stunde) eingerichtet sind, in den Innenstädten von Elektro-Langzeitparkern besetzt, sodass die Nächsten sich gar nicht anschließen können. Die Ladung eines Teslas am normalen Hausstromnetz dauert dagegen über 20 Stunden. An einer zusätzlichen Konzentration von Elektroladestationen, etwa innerhalb neuartiger »*Parkmaschinen*« kommen wir nicht vorbei, da nur dort die notwendige Dichte entsprechender Leistungsanschlüsse angeboten und durch zeitversetzte Ladung die zu installierende Leistung und Leitungskapazität auf ein tragbares Niveau herabgesetzt werden kann. Weiteres dazu siehe Kapitel 18 »Mobility«.[942]

---

938 Zur Technik dazu siehe https://www.auto-motor-und-sport.de/kaufberatung/abgasreinigung-nox-diesel-adblue-scr-kat-harnstoffeinspritzung/, abgerufen 8.5.2019.

939 Synthetischer Diesel verringert die Emission von gefährlichen Schadstoffen ohne teure Nachrüstungen. Weil er viel sauberer verbrennt als normaler Diesel, entstehen weniger Schadstoffe wie Stickoxide (NO_x) und Feinstaub. Weiteres siehe dazu https://www.edi-hohenlohe.de/zukunftskraftstoffe, abgerufen 8.5.2019.

940 Mit dem Übergang zu hochvolumigen Fertigungen, der Weiterentwicklung von Fertigungstechnik, Batterietechnik/-chemie und Recyclingverfahren sind dagegen deutliche Reduktionen der CO_2-Belastung im Lebenszyklus von Batterien zu erwarten.

941 Eine genauere technische Analyse findet sich in https://www.eike-klima-energie.eu/2018/05/16/hochspannungs-gleichstrom-uebertragung-hgue-in-erdverlegung-ein-technischer-unsinn/, abgerufen 11.1.2019.

942 Zu verweisen ist auf das Forschungs- und Entwicklungsprojekt »MMI Metropolitan Mobility Infrastructure« des Autors gemeinsam mit dem Mathematiker Dr. Helmuth Blaseio im Jahr 2018. Weiteres dazu im Kapitel 18.

17.10   Keine Disruption sondern »Ökosystem Mobilität«

Der zeitnahe »disruptive« Umstieg aller Fahrer für Personen- und Lastverkehr auf das Elektromotor-Batterie-System ist ein Szenario, das wohl im Extremen so nicht kommen wird, denn die Penetration mit Elektrofahrzeugen wird eine gewisse Zeit in Anspruch nehmen und als wahrscheinlicheres Szenario dürfte ein »Ökosystem Mobilität« unter vielfachen Energieträgern zum Tragen kommen, nämlich (a) *Strom-Batterie-Systeme*, (b) *wasserstoffbasierte Antriebe*, (c) *klassische Brennstoffe* (Benzin/Diesel) und (d) *gebundene Wasserstoffe*. Die Probleme der rein auf H_2 beruhenden Speicherung sind nämlich die hohen Drücke, die Notwendigkeit zur tiefen Kühlung und der Verlust des molekular kleinen Gases, der letztendlich die Nutzung von geschlossenen Räumen (insbesondere Abstellen in Garagen, später auch zunehmend noch in geschlossenen Fahrwegen – dazu kommen wir später) verbietet bzw. limitiert. Als Lösung für diese Probleme sind insbesondere synthetische *Wasserstoff-Kohlenstoff-Verbindungen* interessant, basierend auf altbekannten Verfahren, die neuerdings wieder stärker in den Vordergrund der Diskussion rücken. Damit kommt zum Beispiel die industrielle Herstellung eines *synthetischen Dieseltreibstoffs* ins Gespräch. Norwegen zum Beispiel plant dazu derzeit eine ganze Serie großer Anlagen.[943]

17.11   Problem Wasserstoffspeicher

Einer der größten Hemmschuhe ist der *Wasserstoffspeicher*. Zwar ist die Energiedichte von Wasserstoff auf die Masse bezogen[944] etwa viermal größer als die von Benzin oder Diesel, aber das Wasserstoffgas lässt sich bislang nur mit schweren Tanksystemen, also nicht wirklich kompakt im Auto verstauen. Um dieses Problem zu überwinden, wird an neuen Technologien gearbeitet.

Die Zeit der Millenniumswende war die Ära der *Carbon-Nanotubes*. Deren Speicherkapazitäten erwiesen sich jedoch als nicht hinreichend. Seit einigen Jahren setzt die Wissenschaft auf *MOFs*, eine besondere Klasse von Kristallen. Diese *Metal-Organic-Frameworks* haben metall-organische Gerüststrukturen. Die Bindung des Wasserstoffs an die MOFs ist relativ schwach. Die Moleküle werden nicht chemisch gebunden, sondern durch physikalische Kräfte, *Van-der-Waals-Kräfte*, gehalten. Derzeit untersuchen die *MOF*-Forscher weltweit, welchen Einfluss die Porengröße und verschiedene Metalle auf die Bindung von Wasserstoff haben.

Eine andere Lösung bieten *Metallhydride*. Diese gibt es bereits seit 30 Jahren und sie sind als Speichermaterialien im Einsatz, etwa auf modernen *U-Booten*, die bei Tauchfahrt auf leisen Brennstoffzellenbetrieb umschalten. Für Autos sind sie aber zu schwer. Deshalb wird derzeit an neuen, komplexen Metallhydriden gearbeitet, in denen sich verschiedene Metalle miteinander kombinieren lassen. Ausgereift ist bislang noch keine Technik – weder die MOFs noch Metallhydride. Doch die Ergebnisse sind beachtlich, und so schließt sich in puncto Wasserstoffspeicher allmählich die Lücke zwischen Wunsch und Wirklichkeit.[945]

---

943 Näheres dazu siehe »Manager magazin«: neuer Treibstoff soll Verbrennungsmotor retten. Norweger bauen gigantische Fabrik für Wunder-Diesel, http://www.manager-magazin.de/unternehmen/autoindustrie/norwegen-investoren-bauen-fabrik-fuer-wunder-diesel-a-1156215-2.html, abgerufen 11.2.2019.

944 Wasserstoff hat von allen Brennstoffen mit 33,33 kWh/kg die höchste Energiedichte (bezogen auf die Masse; Methan: 13,9 kWh/kg, Benzin: 12 kWh/kg) und mit 3,0 kWh/Nm3 eine der geringsten Energiedichten (bezogen auf das Volumen; Methan: 9,97 kWh/Nm3, Benzin: 8.800 kWh/m3).

945 Bericht Max-Planck-Gesellschaft »Das Raumwunder im Tank«, https://www.mpg.de/1326157/wasserstoff, abgerufen 9.1.2019.

17.12 Schließlich doch die Kernfusion?

Die **Kernfusion** steht am ferneren Horizont: die klima- und strahlungsneutrale unerschöpfliche Energiequelle. Dazu wurde 1985 das Projekt **ITER** von **Michail Gorbatschow, Francois Mitterand** und **Ronald Reagan** als visionäres Friedensprojekt angestoßen. Neben der Europäischen Union und den USA nehmen China, Indien, Russland, Japan und Südkorea am Projekt teil. Der Fusionsreaktor **ITER** in Frankreich ist schon lange im Bau, doch der geplante Start hat sich immer wieder verschoben. Die Inbetriebnahme des ITER soll 2025 stattfinden, wird sich aber voraussichtlich verschieben.[946] 2035 etwa soll der ewige Traum von der Fusion Realität werden.[947]

Gespräche mit Fusionsforschern drehen sich darum, ob denn die Fusion zur deutschen Energiewende passt. Abseits der Euphorie um den Boom erneuerbarer Energien sind wichtige Fragen der Energiewende ungeklärt: Wie lässt sich eine CO_2-freie Stromversorgung bei bewölktem Himmel und Windstille gewährleisten? Wie kann der steigende Stromverbrauch im Zuge der Digitalisierung bewältigt werden? Welche Rolle können unterschiedliche Konzepte von Speichern übernehmen, angesichts von Kosten und Lageanforderungen?[948] Auf künftige Technologiesprünge zu hoffen, ist keine Lösung. Die Kernfusion könnte – als Ergänzung zu erneuerbaren Energien – in absehbarer Zeit eine liefern. Vielleicht ist deswegen die Faszination für dieses Thema weltweit ungebrochen. Der *ITER* ist nach der *Apollo-Mission* und der internationalen *Raumstation ISS* das drittgrößte Forschungsprojekt der Geschichte. Außerdem bauen mehrere ITER-Partnerländer an eigenen, kleineren Fusionsprojekten, so etwa China, die USA, Japan, Großbritannien und auch Deutschland mit *Wendelstein 7 X* in Greifswald. Denn die Vorteile der Technologie sind klar: Der Reaktor kann nicht explodieren, sondern nur ausgehen. Brennstoff ist nicht radioaktives Uran, sondern Wasserstoff. Und der wenige, leicht strahlende Abfall ist nach Nutzungsende des Reaktorgebäudes schon nach 100 Jahren abgeklungen.[949]

Grundsätzlich gilt: Alle fossilen Rohstoffe gehen mit der Zeit zur Neige. Wir verbrauchen an allem in relativ kurzer Zeit viel mehr als in Tausenden von Jahren nachwächst.[950] Statt Rohstoffe zu verbrennen, sollten wir sie für wertvollere Funktionen bewahren: für möglichst langlebige Produkte, [951] für deren Nachhaltigkeit und Wiederverwendung sorgen – und damit für die nachkommenden Generationen, die wahrscheinlich auch über bessere Verfahren und wichtigere Anwendungsfelder verfügen wird. Rohstoffe ein für alle Mal durch Verbrennung quasi zu vernichten ist die schlechteste Lösung.

---

946 Interview mit Hartmut Zohm vom Max-Planck-Institut für Plasmaphysik in Garching, 4.10.2018, https://www.spektrum.de/news/kernfusion-wie-geht-es-bei-iter-voran-und-ueberholen-uns-die-chinesen/1595228, abgerufen 9.1.2019.

947 Bericht des BDI von der Baustelle in Cadarache, Südfrankreich. https://bdi.eu/artikel/news/100-millionen-grad-heiss/, abgerufen 9.1.2019.

948 Einen systematischen Überblick zu Energiespeichertechnologien gibt https://www.ingenieur.de/technik/fachbereiche/energie/technologien-des-energiespeicherns-ein-ueberblick/, abgerufen 8.5.2019.

949 Weiteres siehe Max-Planck-Institut für Plasmaphysik: Fusion Basics, Stand & Perspektiven, https://www.ipp.mpg.de/46293/fusion_d.pdf, abgerufen 9.1.2019.

950 Eine differenzierte Betrachtung über Reichweiten fossiler Rohstoffe – statisch bzw. dynamisch – bietet die BVG Bundesverband Erdgas, Erdöl und Geoenergie e. V. in: https://www.bveg.de/Erdgas/Rohstoffe/Reichweite-fossiler-Rohstoffe, abgerufen 8.5.2019.

951 Insbesondere ist an die ölbasierte Kunststoffproduktion zu denken. Bedauerlicherweise gehen jedoch an die 50 % der Kunststoffproduktion in Wegwerfartikel und kurzlebige Güter. Nur 16 % des Plastikmülls wird in Deutschland recycelt. Der Zersetzungsprozess in der Natur kann mehrere hundert Jahre dauern.

17.13   Digitalisierung der Energiewirtschaft

Die *Energiewende* ist das bisher größte nationale Infrastrukturprojekt: Die *digitale Transformation* der Energiewirtschaft ist integraler Bestandteil der Energiewende. Immer mehr Energieversorger nutzen diesen Trend und bündeln ihre Ideen in Digitalisierungsstrategien. Es geht um nicht weniger als die Frage, wer sich wie und mit welchen Geschäftsmodellen am Energiemarkt der Zukunft behaupten wird.

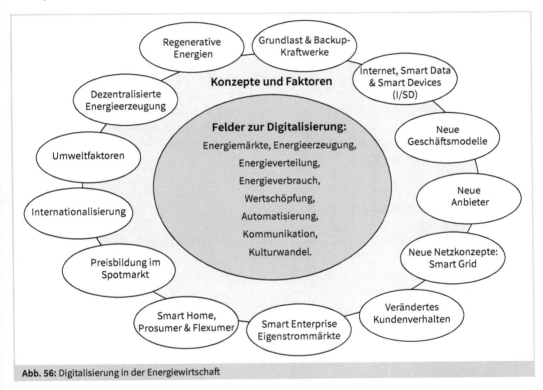

Abb. 56: Digitalisierung in der Energiewirtschaft

Die Integration von rund 1,6 Mio. dezentralen Erzeugungsanlagen bedeutet, dass wir die Verteilung und Steuerung des Stroms neu organisieren müssen. Die Digitalisierung ist hierbei der Hebel schlechthin – die Unternehmen der Energiewirtschaft sitzen im Schaltraum.

Heute beschäftigt sich die Energiewirtschaft intensiv auch damit, wie große Datenströme aus Einspeisung, *Smart Metering* oder auch dem Netzbetrieb gemanagt werden können. Das Ziel sind effiziente, schnelle und automatisierte Prozesse. Energieunternehmen müssen zu echten Datenspezialisten werden. Nur so können sie mehr über die Bedürfnisse der Kunden erfahren und entsprechende Produkte und Services anbieten.

Die Digitalisierung erfordert auch, dass Unternehmen ihre internen Prozesse optimieren müssen, so etwa durch das sogenanntes *Process Mining*. Optimierte interne Prozesse sind zudem notwendig, um auf die geänderten Bedürfnisse von Kunden reagieren zu können. Das Produkt Strom bleibt auch in einer digitalisierten Welt gleich. Was sich ändert, sind beispielsweise die Vertriebswege, um dieses Produkt zu vermarkten und die Anforderungen der zu beliefernden Kunden. Diese werden immer mehr vom reinen Konsumenten zum aktiven Marktakteur im Energiesystem. Der digitale Kunde möchte komfortable, personalisierte und sofort verfügbare Produkte. Auf der Vertriebsseite hat das beispielsweise den Effekt, dass digitale *Multichannel-Plattformen* ausgebaut werden. Dadurch wollen die Unternehmen die Interaktion mit dem Kunden bündeln: online, mobil, im *Callcenter* und beim Vor-Ort-Vertrieb.

17.14   Erosion der Branchengrenzen

Die digitale Transformation bricht zudem *Wertschöpfungsgrenzen* auf; zumindest dort, wo das in der Energiewirtschaft regulatorisch möglich ist. Daten kennen keine Grenzen und können übergreifend gesammelt, aufbereitet und analysiert werden, um daraus Produkte und Services zu erzeugen. Aber nicht nur die Wertschöpfungsgrenzen verschwimmen im Zuge der Digitalisierung, auch die Branchengrenzen erodieren und die Zusammenarbeit mit neuen Teilnehmern gewinnt an Bedeutung. Beispielsweise umfasst das Thema *Elektromobilität* mehrere Wertschöpfungsstufen in der Energiewirtschaft und »öffnet« gewissermaßen eine neue »Branche«.

17.15   Kulturwandel durch Digitalisierung

Hinzu kommt, dass die Digitalisierung einen zunehmenden Kulturwandel in den Unternehmen erfordert. Dabei nehmen neues Wissen, neue Formen der Zusammenarbeit, neue Verfahren und *agile Methoden* (zur Definition und Methodiken dazu siehe Kapitel 12 »Organischer Umbau: Wertschöpfungskonzepte«) in der Zusammenarbeit oder digitale Kommunikationstechnologien eine zentrale Rolle ein. Grundsätzlich geht es darum, die eigenen Mitarbeiter für die digitale Welt zu qualifizieren oder entsprechendes Personal einzustellen.

Die Frage, wie sich das bereits jetzt schwer greifbare Gebilde »Digitalisierung« weiterentwickelt, wird die Energiewelt in den nächsten Jahren intensiv beschäftigen. Die Energiewende wird durch die Digitalisierung eine neue Dynamik entfalten. Die Frage ist, wer sich mit welchen Geschäftsmodellen am Energiemarkt der Zukunft behaupten wird. Dabei spielen Schnelligkeit, Mut und Kreativität eine entscheidende Rolle. Auch die Kunden werden davon künftig immer mehr profitieren.[952]

17.16   Digitale Transformation der Energiewirtschaft

Die Digitalisierung löst bisherige Grenzen zwischen den klassischen Wertschöpfungsstufen der Energieversorgung auf, schafft neue Geschäftsmodelle und Wettbewerber und lässt Kunden sowie ihre individuellen Wünsche noch mehr in den Mittelpunkt rücken (vgl. Abb. 56). Treiber dieser Entwicklung sind:

---

952 https://www.bdew.de/energie/digitalisierung/was-bedeutet-der-trend-der-digitalisierung-fuer-die-energiewirtschaft/, abgerufen 9.1.2019.

Technologien: Mit neuen Internetanwendungen wie *Big Data Analytics* oder *Cloud-* und *Mobile Computing* können Energieversorgungsunternehmen den spezifischen Anforderungen der Digitalisierung in der Energiewirtschaft begegnen. So lassen sich beispielsweise die zunehmenden dezentralen Erzeugungsanlagen besser steuern und koordinieren.

Energiewirtschaftliche Treiber: Die deutsche Energiebranche unterliegt einem regulatorischen Rahmen. Neben der Energiewende und der daraus resultierenden Flexibilisierungsnotwendigkeit spielen auch neuere gesetzliche Vorgaben wie zum Beispiel das *IT-Sicherheitsgesetz*[953] oder das *Gesetz zur Digitalisierung der Energiewende*[954] eine entscheidende Rolle und beeinflussen die Digitalisierung in der Energiewirtschaft nachhaltig.

Neue Geschäftsprozesse und -modelle: Immer neue und zum Teil branchenfremde Unternehmen stoßen auf den deutschen Strom-, Gas- und Wärmemarkt. Darunter finden sich Lösungsplattformen, die sich zwischen den Endkunden und den Energieversorger schieben. Der ursprünglich »direkte« Energieversorger wird damit zum Zulieferer degradiert und verliert den direkten Kundenzugang. Für das größtenteils assetbasierte Geschäftsmodell von Energieversorgern bedeutet das einen signifikanten Wandel. Sie müssen neue Produkte und Angebote entwickeln, testen und an den Kunden bringen.

Kundennachfrage und Anbieterdruck: Der digitale Energiekunde erwartet eine andere Ansprache und hat andere Anforderungen an die Unternehmen. Darauf müssen die Unternehmen reagieren und Produkte und Angebote stringent auf den digitalen Kunden ausrichten.

Die Bandbreite und Vielschichtigkeit des Themas Digitalisierung stellt hohe Anforderungen an die Identifizierung und Priorisierung möglicher Handlungsfelder für die Erstellung und Implementierung einer Digitalisierungsstrategie. Dazu identifizierte das Digitalisierungsteam des **BDEW** acht Themenfelder. Diese teilen sich in drei Handlungsfelder und fünf Instrumente. Das Fundament bilden die fünf Instrumente *(Big) Data Analytics*, *Plattformen*, interne Prozessdigitalisierung, Marktkommunikation und Branchenstandards sowie IT-Architektur/-Sicherheit und Datenschutz. Auf diesem Fundament bauen drei Handlungsfelder auf: Wandlung in der Wertschöpfung, Kundenzentrierung und digitales Unternehmen, siehe Abb. 57.

---

953 Gesetz zur Erhöhung der Sicherheit informationstechnischer Systeme (IT-Sicherheitsgesetz), gültig seit Juli 2015. https://www.bsi.bund.de/DE/Themen/Industrie_KRITIS/KRITIS/IT-SiG/it_sig_node.html, abgerufen 12.1.2019.
954 Gesetz zur Digitalisierung der Energiewende vom 29.8.2016. Bundesgesetzblatt Jahrgang 2016 Teil I Nr. 43, ausgegeben zu Bonn am 1. September 2016.

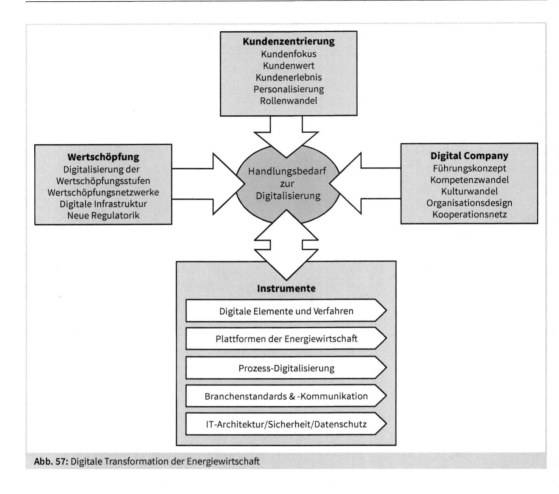

Abb. 57: Digitale Transformation der Energiewirtschaft

17.17   Wandel in der Wertschöpfung

Seit Beginn der *Liberalisierung der Energiemärkte* Anfang der 1990er Jahre ist die Energiewirtschaft einem kontinuierlichen strukturellen Veränderungsprozess unterworfen. Veränderte regulatorische Rahmenbedingungen führten zunächst zu neuen Organisationsformen. Die Energiewende sorgt zudem seit beinahe zehn Jahren für eine starke Diversifizierung der Marktteilnehmer. Diese Entwicklungen wandelten nicht nur die Marktakteure, auch sämtliche Wertschöpfungsstufen waren und sind starken Änderungsprozessen unterworfen. Die einst festen System- und Prozessgrenzen, die sich in der Energiewirtschaft herausgebildet hatten, werden zum Teil im Zuge der Energiewende durch neue Akteure und Geschäftsmodelle aufgeweicht. Beispiele dafür sind Direktvermarkter oder auch der wachsende Stromeigenverbrauch bei Endkunden. Auch die Digitalisierung macht nicht an Wertschöpfungsstufen und -grenzen halt: Der Kunde übernimmt selber Funktionen eines Herstellers. Er wandelt sich damit zum sogenannten »*Prosumer*«. Im Weiteren übernimmt er die Rolle, Versorgungsengpässe auszugleichen, eine wirtschaftlich attraktive Aufgabe.[955] Für diese Funktionsverbindung fand sich die Bezeichnung »*Flexumer*«.

17.18   Kundenzentrierung

Die Rolle sowohl des Haushalts- als auch des Industriekunden in der Energiebranche wandelt sich zunehmend vom reinen Konsumenten zum aktiven Marktakteur im Energiesystem. In einem neuen Marktumfeld, das geprägt ist durch technische und digitale Neuerungen sowie die fundamentalen Änderungen durch die Energiewende gilt es, die neuen Kundenbedürfnisse zu dechiffrieren und Produkte, Dienstleistungen und Geschäftsmodelle mit einer konsequenten Kundenzentrierung im Unternehmen aufzubauen. Die Kundenerfahrungen aus anderen Sektoren (alles, sofort, überall und preiswert) werden auch auf Erwartungen in der gesamten Customer-Journey in der Energiewirtschaft übertragen.

17.19   Das digitale Energieversorgungsunternehmen

Nicht nur die Energiebranche als solche wird sich durch die Digitalisierung verändern, jedes einzelne Energieversorgungsunternehmen ist davon betroffen. Ein veränderndes Kundenverhalten und der Markteintritt neuer Wettbewerber mit digitalen Produkten bzw. Geschäftsmodellen erhöhen den Effizienzdruck und die Notwendigkeit zur Anpassung der Unternehmen. Der Anpassungsbedarf entsteht dabei nicht nur in der IT oder bei den internen Prozessen. Das gesamte Unternehmen mit seiner Kultur, der Führung, der Organisation, den Mitarbeitern, den Kompetenzen und der Innovationsfähigkeit steht auf dem Prüfstand der Anpassungsfähigkeit. Das erfordert die Konzeption oder Einbettung einer umfassenden Digitalisierungsstrategie als elementaren Bestandteil der Unternehmensstrategie. Dabei gilt es, den Strategieprozess stetig anzupassen und zu überprüfen, um sich ständig »neu zu erfinden« und dadurch erfolgreich auf neue Herausforderungen reagieren zu können (Weiteres dazu siehe Kapitel 10 »Das Management des digitalen Wandels« und Kapitel 11 »Organischer Umbau: Wertschöpfungskonzepte«).

17.20   Big Data Analytics für die Energiewirtschaft

Bereits heute liegt der Energiewirtschaft ein enormes Portfolio an Daten zugrunde, das nur wenig und meist ausschließlich in einzelnen Unternehmensbereichen genutzt wird. Durch Datenanalyse können relevante Geschäftsentwicklungen und Risiken schnell erkannt werden und ohne Zeitverzug strategische und operative Entscheidungen getroffen werden. Die Fähigkeit, schnelle datenbasierte Entscheidungen treffen zu können, ist ein entscheidender Wettbewerbsvorteil.

---

955 Etwa bei der Realisierung besonders profitabler Spotmarktpreise.

17.21   Marktkommunikation und Branchenstandards

Die Digitalisierung erhöht die Geschwindigkeit, mit der Standards gesetzt, etabliert und durch neue Standards wieder abgelöst werden. Durch Standards können Kostenvorteile geschaffen werden, Handelsbarrieren sinken und zusätzlicher Nutzen für den Endnutzer durch Komplementärgüter entstehen. Die langwierige Erarbeitung und Etablierung eines Standards darf aber keinesfalls Entwicklung und Innovation einschränken. Um eine De-facto-Standardisierung durch ein einzelnes dominierendes Unternehmen und kosten- und zeitintensive Eigenentwicklungen zu vermeiden, können Kooperationen und Branchenlösungen ein geeignetes Mittel sein, um Ineffizienzen vorzubeugen (sogenannte »Community Standards«).

17.22   Digitale Infrastruktur

Einen Handlungsschwerpunkt bildet das Thema Infrastruktur. Ohne eine leistungsfähige und flächendeckende digitale Infrastruktur verlieren deutsche Unternehmen im Wettbewerb um digitale Geschäftsmodelle. Hier fordert die digitale Agenda der Energiewirtschaft konkrete politische Maßnahmen, um eine leistungsfähige digitale Infrastruktur auszubauen. Hierzu zählt auch, den Unternehmen der Energie- und Wasserwirtschaft eine exklusive Funkfrequenz zum Aufbau eines Mobilfunknetzes zur Verfügung zu stellen, die den hohen Anforderungen hinsichtlich Verfügbarkeit und IT-Sicherheit entspricht, welche die Unternehmen aus der Branche – als Betreiber von kritischen Infrastrukturen – benötigen. Die Nutzung des digitalen Funkfrequenzbereichs des 450-MHz-Bandes wäre dafür besonders geeignet und sollte daher der *Energie- und Wasserwirtschaft* zugesprochen werden.

17.23   Digitalisierungsstrategien

Die *Energiewende* sorgt für eine hohe Dynamik in der Energiewirtschaft und bewirkt einen fundamentalen Wandel der gesamten Branche. Auch wenn der Ausbau der Erzeugungskapazitäten im Bereich der *erneuerbaren Energien* in den letzten Jahren eine beachtliche Entwicklung genommen hat, steht die Energiewirtschaft noch am Beginn des Umbaus der Energieversorgung. Die Herausforderung eines sicheren und bezahlbaren Energieversorgungssystems auf Basis erneuerbarer Energien wird durch die Digitalisierung eine zusätzliche Dynamik erhalten und neue Lösungen, Herausforderungen und Potenziale generieren. Hierfür wird es zunehmend notwendig, neben der Energiewende auch die Digitalisierung in die strategische Unternehmensplanung aufzunehmen. Dabei befinden sich die deutschen Energieversorgungsunternehmen vielfach noch in einer Frühphase. In vielen *Energieversorgungsunternehmen (EVU)* geht es mit der Digitalisierung deutlich schlechter voran als erhofft. Manche stoppen teure Technologieeinführungen sogar[956] – so etwa die Stadtwerke Rosenheim. Die Mehrheit befindet sich noch in der Planungsphase oder hat noch gar nichts unternommen. Die Auswirkung der digitalen Transformation

---

[956] PwC-Partner Philipp Schmidt 18.10.2018 über Ursachen und Wirkungen – und funktionierende Wege zum digitalen Erfolg, https://www.pwc.de/de/energiewirtschaft/digitalisierung-in-evu-mit-kleinen-schritten-gegen-die-grosse-enttaeuschung.html, abgerufen 11.1.2019.

auf die Versorgungswirtschaft im Allgemeinen und auf die Energieversorgungsunternehmen im Speziellen wird häufig noch unterschätzt.

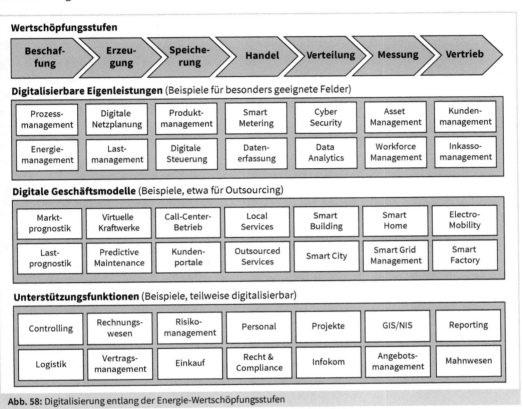

Wertschöpfungsstufen

| Beschaffung | Erzeugung | Speicherung | Handel | Verteilung | Messung | Vertrieb |

Digitalisierbare Eigenleistungen (Beispiele für besonders geeignete Felder)

| Prozess-management | Digitale Netzplanung | Produkt-management | Smart Metering | Cyber Security | Asset Management | Kunden-management |
| Energie-management | Last-management | Digitale Steuerung | Daten-erfassung | Data Analytics | Workforce Management | Inkasso-management |

Digitale Geschäftsmodelle (Beispiele, etwa für Outsourcing)

| Markt-prognostik | Virtuelle Kraftwerke | Call-Center-Betrieb | Local Services | Smart Building | Smart Home | Electro-Mobility |
| Last-prognostik | Predictive Maintenance | Kunden-portale | Outsourced Services | Smart City | Smart Grid Management | Smart Factory |

Unterstützungsfunktionen (Beispiele, teilweise digitalisierbar)

| Controlling | Rechnungs-wesen | Risiko-management | Personal | Projekte | GIS/NIS | Reporting |
| Logistik | Vertrags-management | Einkauf | Recht & Compliance | Infokom | Angebots-management | Mahnwesen |

Abb. 58: Digitalisierung entlang der Energie-Wertschöpfungsstufen

17.24   Plattformstrategien

Als weiteres treibendes Element der Digitalisierung hat sich die Etablierung von Plattformen herausgestellt. In Plattformen korrelieren Daten, Vernetzung und bessere IT in einem Produkt, das als Schnittstelle zwischen zwei (oder mehreren) Parteien dient. Die Geschwindigkeit der globalen Verbreitung von Plattformen, die dem Nutzer meistens in Form von mobilen Apps zur Verfügung gestellt werden, ist dabei enorm. Hat *Facebook* (online seit 2004) noch circa 3,5 Jahre Zeit gebraucht, um 50 Mio. User auf seiner Plattform zu haben, waren es bei der Fotoplattform *Instagram* (online seit 2009) nur noch sechs Monate. Auch die Energiebranche verwendet zunehmend internetbasierte Plattformen. Für die Energiewirtschaft gilt es, auszuloten, inwiefern sie von plattformbasierten Geschäftsmodellen profitieren kann und wo diese sinnvoll genutzt werden können. Eine digitale Kundenschnittstelle als zweiseitige Plattform kann sowohl dem Unternehmen als auch dem Kunden einen Mehrwert verschaffen.

17.25 Neue Geschäftsmodelle – neue Wettbewerber

Der Wandel in der Wertschöpfung ermöglicht neue Geschäftsmodelle und lockt neue Wettbewerber an (vgl. Abb. 58). Die einst festen System- und Prozessgrenzen, die sich in der Energiewirtschaft herausgebildet hatten, werden zum Teil im Zuge der Energiewende durch neue Akteure und Geschäftsmodelle aufgeweicht. Damit wird der überkommene Prozess der Energiewirtschaft in der bisherigen Verteilung der Rollen und Aufgaben neu sortiert. Beispiele dafür sind Direktvermarkter oder auch der wachsende Stromeigenverbrauch bei Endkunden, die auch Strom selber generieren, gleichzeitig zum Lieferanten werden, damit zu sogenannten »Prosumer« oder »Flexumer« migrieren. Auch private Haushalte werden zunehmend sowohl Produzent als auch Konsument von Strom (»Prosumer«). Sie nehmen damit eine völlig neue Rolle im Energiemarkt ein. *Next Kraftwerke* oder *energy & meteo systems* sind Beispiele für neue Anbieter, deren Geschäftsmodell auf einem *virtuellen Kraftwerk* basiert. Aber auch etablierte Anbieter aus der Energiewirtschaft sind mit eigenentwickelten virtuellen Kraftwerken zahlreich am Markt vertreten.

Energiespeicher: In den Markt für Energiespeichertechnologien treten auch neue Unternehmen z. B. aus dem Automobilsektor ein, die das Thema Elektromobilität besetzen wollen. *Tesla* installiert nicht nur ein Netz von kostenlosen Ladestationen, das Unternehmen entwickelt auch die Speichertechnologie weiter, wie beispielsweise die »Power Wall« als Stromspeicher für zu Hause. Auch ein Joint Venture von *BMW* und *Viessmann* sowie andere Automobilhersteller arbeiten an neuen Speichersystemen.

Dezentralisierung: Die dezentrale Energieerzeugung wird weiter zunehmen. Energieversorger können sich hierbei als Dienstleister rund um Anlagen (Bau, Wartung, Leasing, Vernetzung usw.) anbieten oder auch selber eine dezentrale Energieerzeugung aufbauen, inklusive einer Infrastruktur für die Stromspeicherung (wie beispielsweise *Power-to-Gas*) sowie Ladestationen für die Versorgung von Elektrofahrzeugen

Netze und Steuerung: Auch bei der Übertragung und Verteilung von Energie sorgen die Energiewende und die Digitalisierung für Veränderungen. Bedingt durch die Zunahme dezentraler Erzeugungseinheiten steigt die Komplexität der Netzsteuerung. Zur Sicherung der Verfügbarkeit von Energie und zur stärkeren Einbindung der Verbraucherseite werden Software-Lösungen und Sensortechnik eingesetzt, die zusätzliche Daten im Netzbetrieb generieren, analysieren und die Netzsteuerung automatisieren.

Wartung: So könnte künftig die zustandsbasierte Wartung weiter optimiert und effizienter gestaltet werden und damit dazu beitragen, in der Instandhaltung die erfahrungsbasierte oder empfehlungsbasierte Wartung sukzessive abzulösen, was die Betriebskosten senkt. Auch neue sparsame, platzsparende und tendenziell kostengünstige Netzkomponenten wie digital regelbare Transformatoren erhöhen die Effizienz des Netzbetriebs. Weiterhin ist davon auszugehen, dass neue, auf Echtzeitdaten basierende Netzplanungs- und Simulationslösungen den Netzaus- und -umbau erleichtern und verbessern können. Im Rahmen des *Workforce-Managements* sind für Mitarbeiter im Außendienst mobile Lösungen interessant, die über Geräte wie Smartphones oder Tablets bedient werden. Insbesondere durch die Automatisierung der Personaleinsatzplanung sowie eine durchgängige digitale Störungsbearbeitung können in der Regel Effizienzpotenziale gehoben werden. Mobil optimierte Dokumentationen von Infrastruktur und Leitungsnetzen, kombiniert mit Bild- und Geodaten, erleichtern den Arbeitsablauf vor Ort und verbessern die Reaktionszeit zum Beispiel im Störfall. Die nächste Ausbaustufe mobiler Anwendungen ist bereits erkennbar: *Virtualisierung* (»*Virtual Reality*«). So können beispielsweise mithilfe von *Datenbrillen* unzugängliche (unterirdische) Leitungssysteme virtuell dargestellt, Montage- und Wartungsanleitungen eingeblendet oder Echtzeitinformationen angezeigt werden.

Smart Grid: Zahlreiche Anbieter rund um *Smart-Grid-Lösungen* sind entstanden. Anbieter wie *Venios*, *AutoGrid*, *Space-Time Insight* oder *Silver Spring* bieten zum Beispiel datenbasierte Echtzeitvorhersagen im Netz. Die Digitalisierung ermöglicht Software-Lösungen, die ein datenbasiertes Management des Verbrauchs in Echtzeit, Echtzeitabrechnungen oder individuelle Tarife ermöglichen. Unternehmen wie *Opower*, *EnergyHub*, *GreenPocket* oder *Tendril* bieten eine Software, die dem Kunden den Effizienzgewinn von intelligenter Verbrauchssteuerung visualisiert. *Amphiro* baut intelligente Systeme zu Verbrauchsanzeigen, die im Leitungssystem oder in Armaturen eingesetzt werden. Die 2006 gegründete *in.power* ist einer der neuen Messstellenbetreiber mit einer Web Schnittstelle zur Zählerverwaltung.

Smart Home: Auch in Bezug auf Messwerte von verschiedenen Heizungstechnologien entstehen neue vernetzte Gesamtsysteme (*Gebäudetechnik* bis hin zum *Smart Home*). So werden beispielsweise Verbrauchs- und Leistungsdaten des Heizungskessels »aus dem Keller« benutzerfreundlich auf einem mobilen Endgerät per App visualisiert. Wahlweise können Nutzer, Wärmelieferant oder Wartungsinstallateur damit Einstellungen vornehmen und Werte optimieren. Zur Optimierung der Regelung gehört beispielsweise die automatische Verbrennungsanpassung der Erdgasgeräte auf unterschiedliche Gasbeschaffenheiten. Auch Energieversorger sind schon im Smart-Home-Markt aktiv: *British Gas* investierte in Smart Home durch die Übernahme des Start-ups *AlertMe* im Jahr 2014, einem Anbieter von intelligenten Thermostaten. Über die dafür entwickelte mobile Anwendung (App) zur Steuerung der Thermostate bietet British Gas auch Self Services wie Terminvereinbarungen, Rechnungen einsehen, Messdaten übertragen oder Verbrauchsbenchmarking an. 50 % der Nutzer sind über die App täglich im Austausch mit British Gas. Das *Energiemanagement* von privaten und gewerblichen Gebäuden kann ein neues Betätigungsfeld für Energieversorgungsunternehmen sein. Auch wenn der Markt für Smart Home oder *Smart Facilities* noch relativ überschaubar ist, so kann man davon ausgehen, dass im Zuge der weiteren Digitalisierung die Nachfrage deutlich steigen wird. Dabei werden Produktpakete angeboten, die neben energetischen Lösungen auch Zusatzprodukte wie Versicherungen, Sicherheitsanwendungen und die Unterstützung für Senioren beinhalten. Energie ist dabei nur ein Einstieg in das Geschäftsfeld Smart Home. Produkte, welche die größtmögliche Komplexitätsreduzierung und den meisten Komfort für den Kunden bieten, werden favorisiert – egal aus welcher Branche sie kommen. Fehlende Elemente werden dann bei der Produktgestaltung wie auch über Kooperationen oder sogenannte *White-Label-Produkte* integriert.

Das »Kraftwerk im Keller«: Für das Energiemanagement werden vor allem die Herausforderungen der Flexibilisierung und Dezentralisierung neue digitale Produkte prägen. Die Vermarktung von in kleinen und kleinsten Erzeugungsanlagen generiertem Strom, der nicht vom Produzenten (bspw. Haushalt oder Industriebetrieb) verbraucht wird, muss einfach und für den Kunden nachvollziehbar erfolgen. Das funktioniert nur über digitale standardisierte Produkte im Massenmarkt. Hierbei ist sowohl die intelligente Einspeisung oder Abschaltung sinnvoll, die Flexibilitätspotenziale ausnutzt, als auch eine Vermarktung einzuspeisender Mengen, welche die größtmögliche Wertschöpfung ermöglicht.

Vermarktung für die »Prosumer« und »Flexumer«: Vergleichbar mit dem Abschluss eines Liefervertrages zwischen Kunde und Lieferant werden von Vertrieben künftig standardisierte Produkte angeboten, die mit wenig Aufwand für den Kunden eine optimale Vermarktung seiner eingespeisten Energie ermöglichen, sei es über lokale Label (*Regioenergie*) oder andere spezifische Merkmale der Energieproduktion. Diese Produkte, die Vermarktung und *Energiemanagement* umfassen können, sind untereinander vergleichbar und werden sich ebenso in *Vergleichsportalen* finden wie Lieferangebote. Denkbar sind hierbei jedoch auch intelligente Algorithmen, die über ein Portal dem Kunden ermöglichen, seine selbst erzeugte Energie oder Flexibilität optimal zu vermarkten, und die so einfach zu bedienen sind, dass sie keiner Unterstützung durch Dienstleister bedürfen.

Smart Enterprise: Neben neuen Lösungen für Haushalte und Messsysteme gehen immer mehr Unternehmen mit hohem Energieverbrauch wie die *Deutsche Telekom* (Energiemanagementsystem) oder *BMW* und *Viessmann* (Smart Energy Backbone) dazu über, ihr Energiemanagement selbst zu steuern und die eigenen Lösungen am Markt als Dienstleistung anzubieten. Sie treten so in direkte Konkurrenz zu einigen Energieversorgungsunternehmen, die schon seit einiger Zeit solche Energiedienstleistungen anbieten.

Energiehandel und -Direktvermarktung: Die Menge der direkt vermarkteten Energie hat in letzter Zeit zugenommen. Dieser Vorgang wird unter anderem intensiviert durch die wachsende Anzahl von (privaten) Anlagenbetreibern, Smart Micro Grids und virtuellen Kraftwerken. Durch Datenerhebung und -verarbeitung in Echtzeit verbessert die Digitalisierung insbesondere den kurzfristigen Energiehandel an der Börse (Intra-day, Day ahead oder After-day). So können beispielsweise virtuelle Kraftwerke ihre Angebote an der Börse optimieren, indem sie softwaregesteuert in Hochpreisphasen anbieten. Weiterhin ermöglicht die Digitalisierung virtuelle (cloudbasierte) Marktplätze, insbesondere für regionale oder lokale Energiemärkte. Diese virtuellen Marktplätze handeln automatisiert mit Energie in Echtzeit und können auf Basis von Sensordaten der angebundenen Haushalte, entsprechend der Nachfrage, schnell skalieren und vor allem »lernen«, um die Allokation von Angebot und Nachfrage weiter zu optimieren. Neben den neu entstehenden Handelshäusern als Kraftwerke, Clean Energy Sourcing oder »*Energy-to-Market-Geschäft*« (*E2M*) ist der automatisierte Energiehandel in Echtzeit ein Geschäftsfeld, das insbesondere durch die Digitalisierung vorangetrieben wird. Beispielhaft hierfür steht das Partnerkonsortium *PeerEnergyCloud* (*PEC*). Ziel dieses Projekts ist die Entwicklung von sicheren Cloud-Lösungen zur intelligenten Nutzung erneuerbarer Energien und zur effizienten Vermarktung über einen virtuellen Marktplatz. Dies unterstreicht die Entwicklung, dass lokale bzw. regionale Direktvermarktung und der Aufbau von regionalen virtuellen Marktplätzen immer weiter zunehmen und sich dadurch ein potenzielles neues Geschäftsfeld für Energieversorgungsunternehmen eröffnet.

Die Rolle des Internets: Die Digitalisierung trägt auf zwei Ebenen dazu bei, den bisherigen Vertrieb, Kundenservice und das Marketing der Energieversorger zu verändern. Zum einen nimmt die Bedeutung digitaler *Marketing-* und Vertriebskanäle deutlich zu. Verbraucher und gewerbliche Kunden informieren sich gleichermaßen zuallererst im Internet, besuchen *Preisvergleichs-* oder sonstige *Vermittlungsportale* mit Personalisierungsmöglichkeiten, vertrauen Empfehlungen und Erfahrungsberichten in sozialen Medien mehr als Werbebotschaften und schließen auch immer häufiger direkt online Verträge ab – und das über unterschiedliche Zugänge wie Smartphones, Tablets oder PCs.

Gleiche Entwicklungen finden im *Kundenservice* statt. Neben dem Angebot von Problemlösungen im Internet und Self Services wie Rechnungsdownload, Online-Tarifänderungen, Störungsmeldung oder Vertragsverwaltung ist das Internet auch erste Anlaufstelle für persönliche Services wie die Vereinbarung eines Rückrufs, den Text-Chat mit Servicepersonal oder die Terminvereinbarung. Zum anderen besetzen neue Wettbewerber mit Tarifangeboten und Produkten zur Verbesserung der Energieeffizienz die Kundenschnittstelle. Im *Vertrieb* gewinnen Marktplätze, Vermittlungs- und *Vergleichsportale* wie *CHECK24*, *VERIVOX*, *TopTarif*, *Preisvergleich*, *Polarstern* oder *Konsument* immer mehr an Bedeutung und sorgen durch Transparenz für steigenden Preisdruck. Neue Wettbewerber besetzen strategisch wichtige Themen wie beispielsweise *Smart Home* im Haushalt. *Google* mit *Nest*, *Apple* mit *HomeKit* und die *Deutsche Telekom* mit *Smart Home* stehen ebenso in den Startlöchern wie zahlreiche spezialisierte Anbieter, z. B. *Loxone*, *Tado*, *ecosy* oder *ROCKETHOME*.

17.26   Aufbrechen der klassischen Leistungsketten

Die Digitalisierung macht nicht an den überkommenen Wertschöpfungsstufen und -grenzen halt. Mehr noch: Sie verstärkt das Aufbrechen der einst festen System- und Prozessgrenzen und befördert die Entwicklung von dynamischen Wertschöpfungsnetzwerken. Bevor einzelne Geschäftsmodelle wie zum Beispiel »*Predictive Maintenance*«, »*virtuelle Kraftwerke*« usw. in größerem Umfang realisiert werden können, muss als Grundlage die notwendige systemische Zusammenarbeit und Sicherheit hard- und softwareseitig aufgebaut sein. Weiterhin verschwimmen durch die Digitalisierung sogar die *Branchengrenzen* der Energiewirtschaft insgesamt. Verdeutlicht wird diese Entwicklung durch das Erscheinen neuer, bislang branchenfremder Marktteilnehmer. Innerhalb der bestehenden Wertschöpfungskette intensivieren neue spezialisierte, handlungsschnelle und zum Teil branchenfremde Unternehmen den Wettbewerb.

Die Digitalisierung in der Energiewirtschaft bildet auch die Basis für die *Vernetzung* mit anderen Branchen zu umfassenden digitalen Netzwerken. Dies verstärkt unter anderem die Notwendigkeit, branchenübergreifende Konzepte und Standards zu entwickeln und miteinander intelligente Märkte auf Basis *intelligenter Netzwerke* zu etablieren. Neben den Auswirkungen der Digitalisierung auf die Verteilung der Wertschöpfung zwischen Versorgungsunternehmen und Kunden mit allen dazugehörenden Prozessen und Prozesselementen betrifft die Digitalisierung weitere Bereiche der Energiewirtschaft. Insbesondere werden sich neue Auswirkungen auf die Zusammenarbeit mit externen Lieferanten und Dienstleistern ergeben, sodass der Einkauf und die *Logistik* hier grundlegende Neuerungen erfahren werden.

17.27   Neue technologische Treiber

Die digitalisierte Erzeugung in der Energiewirtschaft liefert durch *vernetzte Sensoren* in den Anlagen Daten, um die Energieerzeugung intelligent zu orchestrieren oder um frühzeitig bedarfsgerechte Wartung und Instandhaltung auszulösen (sogenannte »*predictive maintenance*«). Durch die Vernetzung entsteht die Möglichkeit, die Energieerzeugung automatisiert zu steuern und in Echtzeit an die gemessenen und prognostizierten Energieverbräuche anzupassen. Das Zusammenschalten dezentraler Erzeugungsanlagen zu »virtuellen Kraftwerken« ist beispielsweise schon heute Realität.

17.28   Der europäische Verbund

Der deutsche Energiemarkt ist eng mit den europäischen Nachbarmärkten verwoben, insbesondere hinsichtlich grenzüberschreitender Lieferbeziehungen. Die deutsche Energiewende funktioniert nur im europäischen Verbund, etwa durch den Verkauf überschüssigen Stroms aus regenerativer Erzeugung in die Nachbarländer oder der Bezug von »Atomstrom« aus Frankreich und Tschechien, wenn deutsche Kraftwerke etwa die Grundlast nicht abdecken können. Aufgrund der markbedingten *Spotmarktpreise* werden bei Überangeboten *negative Preise* berechnet. So kann es vorkommen, dass sich die Franzosen die Abnahme »überschüssigen« Stroms aus deutscher Windenergie bezahlen lassen. Dagegen muss Deutschland gleichfalls zahlen, wenn bei großer *Residuallast* französischer »*Nuklearstrom*« angefordert wird.

Grenzüberschreitender Verbund: Die Verteilung läuft über das *europäische Verbundsystem* (*EV*), ein europaweites engmaschiges Stromnetz aus Hoch- und Höchstspannungsleitungen zur Verteilung von elektrischer Energie.[957] Der Vorteil des Netzes ist, dass Schwankungen im Verbrauch und in der Erzeugung erheblich besser ausgeglichen werden können, als wenn jedes Land oder Region ein alleinstehendes Stromversorgungsnetz hätte.

Supergrid: Zukünftig soll ein Hochleistungs-Fernnetz geschaffen werden, das sogenannte »Supergrid«. Dies soll, als leistungsfähige Hochspannungs-Gleichstrom-Übertragung (HGÜ) ausgeführt, weit voneinander entfernte Gebiete miteinander verbinden.[958] Das europäische Supergrid soll durch überregionale Verknüpfung die mit dem Ausbau von Windkraft- und Fotovoltaikanlagen verstärkt fluktuierende Stromproduktion verstetigen und damit den Ausbau von Speicherkraftwerken minimieren.[959] Grundsätzlich gilt, dass die Fernübertragung mittels HGÜ der Speicherung von Strom im Allgemeinen wirtschaftlich überlegen ist und daher möglichst vorgezogen werden sollte.[960]

Risiken aus Komplexität: Mit der steigenden Anzahl von Systemelementen nehmen auch die Wechselwirkungen in diesem System zu. Die Steuerbarkeit des Systems sinkt. Die bisherigen Mechanismen greifen immer schlechter und die Gefahr eines Systemkollapses steigt. Dem kann nur durch ein entsprechendes lebensfähiges Systemdesign (etwa ein Energiezellensystem) begegnet werden, was bisher weitgehend fehlt oder erst in Ansätzen passiert.[961] Die große Hoffnung liegt in »smarten« digitalen *Steuerungstechnologien*. Besondere Aufmerksamkeit ist der *Netzsicherheit* sowohl hinsichtlich Energie-

---

957 Es existieren zwar in Europa aufgrund der räumlichen Aufteilung mehrere voneinander getrennte Verbundsysteme, im Allgemeinen wird unter dem europäischen Verbundsystem das zentraleuropäische Verbundnetz jener Länder verstanden, welche die ehemalige Union for the Co-ordination of Transmission of Electricity (UCTE) umfassen (»UCTE-Verbundnetz«).

958 Thomas Klaus et al.: *Energieziel 2050: 100 % Strom aus erneuerbaren Quellen*. 2010, S. 132 (Projektbroschüre als PDF – Herausgeber: Umweltbundesamt); Homepage: The North Seas Countries Offshore Grid Initiative. http://www.benelux.int/nl/kernthemas/holder/energie/nscogi-2012-report/, abgerufen 12.1.2019.

959 Mark Z. Jacobson, Mark A. Delucchi: Providing all global energy with wind, water, and solar power, Part II: Reliability, system and transmission costs, and policies, in: Energy Policy 39, Vol. 3, (2011), 1170–1190, doi:10.1016/j.enpol.2010.11.045.

960 Volker Quaschning: Systemtechnik einer klimaverträglichen Energieversorgung in Deutschland für das 21. Jahrhundert, Düsseldorf 2000, S. 150.

961 Weiteres dazu siehe https://www.saurugg.net/strom-blackout/das-europaeische-stromversorgungssystem, abgerufen 12.1.2019.

erzeugung, ihrer Übertragung und ihrer digitalisierten Steuerung zu widmen: vor allem gegen etwaige *Cyberangriffe*[962] (siehe Kapitel 14 »Cyber Securitiy«).

17.29   Angriffe aus USA und China

Beide Länder, *USA* und China, greifen in die Energiesouveränität Deutschlands und Europas ein. Zankapfel zwischen Deutschland und den USA ist zum Beispiel die 1.200 Kilometer lange Gaspipeline »*Nord Stream 2*« durch die Ostsee. Sie ist bereits zum größten Teil gebaut, sollte bereits Ende 2019 in Betrieb gehen und dann jährlich bis zu 55 Mrd. Kubikmeter Erdgas aus Russland nach Deutschland transportieren. Trump drohte im Herbst 2018 mit Sanktionen, weil wir uns vom »Feind Russland abhängig« machen: Die am Bauprojekte beteiligten Unternehmen würden dann vom US-amerikanischen Markt ausgeschlossen. Im Januar 2019 wies er seinen deutschen Botschafter *Richard Grenell* erneut an, seiner Forderung Nachdruck zu verleihen. Nicht bekannt war Trump, dass Deutschland – selbst im »*Kalten Krieg*« – seit Herbst 1973 Gaslieferungen von Russland bezieht, damit ein Drittel seines Bedarfs deckt, diese nie ernstlich gestört wurden[963,964] und sogar noch auf weitere Energieträger ausgebaut werden sollten,[965] wogegen sich allerdings politischer Widerstand in Deutschland erhob. Geglättet wurden die Spannungen mit Trump durch die Zusage von Wirtschaftsminister *Peter Altmaier* im Februar 2019, die USA am deutschen Gasmarkt zu beteiligen, Flüssiggas aus den USA zu beziehen und dafür die entsprechenden Flüssiggas-Terminals für die Löschung der amerikanischen *LNG*[966]-Schiffe, die Gasspeicherung und Netzeinspeisung zu bauen. Damit war ein eigentliches Ziel der US-Administration erfüllt.[967]

17.30   Chinas Neue Seidenstraße

Die *Chinesen* verfolgen mit ihrer »*Belt & Road*«-Strategie (»*Neue Seidenstraße*«) auch den Bau eines *Eurasischen Energieverbundes*, selbstverständlich unter den Hegemonieansprüchen Chinas. So wird der Bau von Infrastruktureinrichtungen, darunter auch Kraftwerke und Strommagistralen, von chinesischer Seite vor allem in Osteuropa finanziert, insbesondere in der *Visegrad-Gruppe*.[968] China hat auch einen HGÜ-Verbund bis in die EU hinein im Auge: Strom- und Informationsnetze gehören genauso in das

---

962   Weiteres dazu siehe: Das Smart Grid im Zeitalter des Cyber War. https://www.saurugg.net/2015/blog/stromversorgung/das-smart-grid-im-zeitalter-des-cyberwar, abgerufen 12.1.2019.

963   Das Interesse Russlands an der »Direktlinie Nordstream 2« liegt vor allem daran, die Ukraine zu umgehen und aus diesem Deal herauszuhalten.

964   Diese Zusammenarbeit wurde sogar als »Beginn einer wunderbaren Freundschaft« zwischen Russland und Deutschland gefeiert. DIE ZEIT vom 10.10.2013, https://www.zeit.de/2013/42/1973-gas-pipeline-sowjetunion-gazprom, abgerufen 23.3.2019.

965   Die Zusammenarbeit beschränkte sich dabei nicht aufs Gas: 1974 bot die Sowjetunion sogar an, vier Kernkraftwerke zu bauen, die Strom nach Westberlin und in die Bundesrepublik liefern sollten. Das Projekt scheiterte. Aber das Erdgas-Röhrengeschäft wuchs mit weiteren Verträgen, die Öllieferungen verdreifachten sich bis 1973, und auch der Import von angereichertem Uran aus dem Osten stieg. Zeitgleich bezogen andere EG-Mitglieder wie Frankreich und Italien ebenfalls sowjetisches Gas. https://www.zeit.de/2013/42/1973-gas-pipeline-sowjetunion-gazprom, abgerufen 23.3.2019.

966   LNG = Liquid Natural Gas.

967   Der stellvertretende US-Energieminister Dan Brouillette reagierte erfreut auf die Pläne Deutschlands, Flüssiggasterminals zu bauen. »Die Europäer haben einen bemerkenswerten Fortschritt in ihrer Infrastruktur gemacht«, sagte Brouillette nach einem Treffen mit Wirtschaftsminister Peter Altmaier im Februar 2019. Zitiert nach »DIE ZEIT« vom 15.2.2019, https://www.zeit.de/wirtschaft/2019-02/nord-stream-2-fluessiggas-pipeline-russland-usa-energieminister, abgerufen 23.3.2019.

968   Visegrad ist ein loser Verbund der mitteleuropäische Staaten Polen, Tschechien, Slowakei und Ungarn.

Konzept der »Neuen Seidenstraße« wie Autobahnen, Schienen, Luftverkehr und Wasserwege. Nicht nur die Finanzströme sind dabei »Einbahnstraßen«[969], sondern auch die Richtung der Medienströme: nur von Ost nach West, Strom aus Westeuropa und insbesondere freie Informationen aus dem westlichen *Internet* nach China sind absolut tabu. Darüber hinaus versucht es China auch auf direktem Wege den Einstieg die deutsche Energieversorgung. So wollte die chinesische *State Grid* im März 2018 den deutschen Netzbetreiber *50Hertz* erwerben. Damit hätte sich China erstmals an einer kritischen Infrastruktur in Deutschland beteiligt. Selbstverständlich gehört die Energieversorgung in China zu den Branchen, die gegen Auslandsbeteiligungen völlig geschützt sind. Der 50Hertz-Fall hatte die Politik alarmiert, die schließlich auf der Basis des Außenhandels-Wirtschaftsgesetzes (AWG) die Übernahme untersagte.

17.31 China und die europäische Kernkraft

Wie weit die Chinesen in den Energiemarkt Europas eingedrungen sind, zeigt deren Engagement an der englischen *Kernkraft*. Während Deutschland seine Meiler nach und nach abschaltet, gehen die Briten ja bekanntermaßen einen anderen Weg. In Zusammenarbeit mit dem französischen Energiekonzern *EDF* werden derzeit die zwei Kernkraftwerke *Hinkley Point C1 und C2* in Großbritannien gebaut. Die Finanzierung der Kraftwerke kommt zu einem Drittel aus China, zwei Drittel soll die EDF beitragen.[970] Möglicherweise gehen die Franzosen unüberschaubare Risiken ein: Wenn die Kredite der Chinesen über zwei Jahre nicht bedient werden können, fällt das Eigentum der Anlagen an China – das ist jedenfalls die Regel für die Bauten in den Visegrad-Staaten. Die EDF ist aber so hoch verschuldet, dass sie gefährdet ist.[971]

17.32 China und der weltweite Energieverbund

Dabei ist die auf Europa gerichtete chinesische Energiestrategie nur ein Stein in ihrem weltweiten Puzzle: Nach *Zhenya Liu*, dem langjährigen Chef des chinesischen Stromnetzbetreibers *State Grid Corporation of China (SGCC)*, geht es um die ganz große Vision – ein Stromnetz, das Länder rund um den Globus miteinander verbindet. In dessen Mittelpunkt liegt sein Heimatland China. Bis 2050 will State Grid die Vision von einem *Weltstromnetz* verwirklichen, dem »Gobal Link«, und zwar in drei Schritten: Bis 2020 will man die regionale Vernetzung vorantreiben, bis 2030 den Ausbau der erneuerbaren Energien, bis 2050 schließlich die interkontinentale Vernetzung. Seit 2013 haben sich State Grid und weitere chinesische Firmen demnach mit rund 123 Mrd. USD in Stromnetze auf der ganzen Welt eingekauft. Entsprechende

---

969 China lehnt z. B. die Beteiligung europäischer Unternehmen am Bau von Projekten im Zuge ihres »Belt & Road«-Programms prinzipiell ab, auch innerhalb des EU-Raums und will sich nicht den europäischen Vergaberichtlinien und ihrer Sozialgesetzgebung unterwerfen.

970 Beim Besuch des chinesischen Präsidenten Xi Jinping in Großbritannien im Oktober 2015 wurde ein Vertrag unterzeichnet, laut dem sich der chinesische Staatskonzern China General Nuclear Power Group mit einer Summe von 6 Mrd. GBP (6,6 Mrd. €) an den Gesamtkosten von geschätzt 18 Mrd. GBP (19,9 Mrd. €) beteiligen wird. Die übrigen Kosten trägt der französische Konzern EDF.

971 Die Kapitalmärkte verzeichnen die EDF unter hochriskant. Seit Ende 2015 notiert die EDF demzufolge nur noch in der zweiten Börsenliga. Weiteres z. B. in: http://www.manager-magazin.de/magazin/artikel/edf-frankreichs-stromkonzern-in-der-krise-a-1192441.html, abgerufen 13.1.2019.

Deals gab es unter anderem in *Chile, Brasilien, Russland, Portugal, Nigeria, Südafrika, Pakistan, Australien* und auf den *Philippinen*. Hochgerechnet ergibt sich ein Investment von über 450 Mrd. USD.[972]

17.33   Deutschland und Europa: Ausblick und offene Fragen

Die Digitalisierung des Energiesystems, im Verbund mit Internet, Smart Data und Smart Devices (*I/SD*), also die Fortentwicklung zum »*Smart Grid*« hat letztlich das Potenzial, die Energiewende zum Erfolg zu führen. Ein weitgehend automatisiertes und digital vernetztes Energiesystem, in dem Energieflüsse in Echtzeit gemessen, gesteuert und gehandelt werden, ist die Vision von Branchenvertretern. Damit ist es aber nicht getan: Es muss auch Bewegung in die Gesellschaft kommen, dass der noch ausstehende enorme Ausbau der Energienetze zügig umgesetzt wird. Seine Verzögerung und die hohen Strompreise gefährden den Standort Deutschland. Denn wir erkaufen uns den Alleingang aus dem *Atomausstieg* und die Vorreiterschaft in der Umsetzung dezentraler regenerativer Energien durch den Luxus weltweit höchster *Stromkosten*. Das deutsche Solargeschäft ist wegen der über 10 Jahre immer restriktiver gewordenen Solarpolitik der Bundesregierungen, geführt von Union, SPD und FDP vor allem nach China abgewandert. Dagegen steht das weitere stürmische Wachstum des chinesischen Fotovoltaikmarktes. So wurden allein im ersten Quartal 2018 in China 9,65 Gigawatt (GW) Fotovoltaik neu zugebaut – ein Wachstum von 22 % gegenüber dem Vorjahresquartal. Wo der Markt ist, blühen auch die Hersteller: Die Chinesen beherrschen mittlerweile die weltweite *Fotovoltaik*-Industrie. Sie haben die führenden deutschen Hersteller aufgekauft und die verbliebenen durch Preiskämpfe in die Insolvenz getrieben.

Im internationalen Kontext der Energieversorgung hat Deutschland das Nachsehen. Wenn uns – angesichts der Energiewende und der Abschaltung von Kernkraft und Kohle – Strom fehlt, dann müssen wir ihn zu hohen Spotmarktpreisen bei unseren Nachbarn einkaufen. Wenn unsere regenerativen Anlagen zu viel Strom produzieren und der Markt mit Strom überschwemm wird, dann drehen sich die Spotmarktpreise in den Negativbereich und wir müssen für jede Kilowattstunde, die uns die Nachbarn abnehmen, auch noch dazuzahlen. Angesichts weltweit höchster Strompreise sind Abwanderungen von weiteren energieintensiven Industrien aus Deutschland zu erwarten. Damit sinkt die Wertschöpfung in Deutschland. Strom ist für viele Menschen bereits jetzt unbezahlbar; jedoch seine Kosten werden in den kommenden Jahren weiter deutlich steigen. 600.000 Haushalte wären schon 2010 wegen nicht bezahlter Stromrechnungen von einer Stromsperre betroffen gewesen. Diese Zahl steigt von Jahr zu Jahr. Das Schlagwort »*Energiearmut*« macht die Runde und wird von einer Randerscheinung zu einem Massenphänomen.[973]

Zweifellos bietet die Energiewende in Verbindung mit den *I/SD-Technologien* neuen Geschäftskonzepten und neuen Anbietern die Chance, Deutschland in eine führende Position zu bringen. Das muss jedoch ganz schnell gehen – eine schleppende Entwicklung hat genau den gegenteiligen Effekt. Wir alle sind gefragt und damit auch verantwortlich.

---

972 Bericht von Spiegel Online vom 7.6.2018 unter Bezug auf die Financial Times, www.spiegel.de/wirtschaft/unternehmen/china-treibt-globales-stromnetz-voran-a-1211629.html, abgerufen 13.1.2019.

973 https://www.verivox.de/strom/themen/energiearmut/, abgerufen 13.1.2019.

18 Mobility

Mobilität ist die Basis jeder Leistungs- und Industriegesellschaft. Sie ist die Grundlage für interna-
tionale Zusammenarbeit und Vernetzung. Darin liegt auch ihr wesentlicher Beitrag zur Sicherung
des Weltfriedens, denn Nationalismus herrscht nur unter denjenigen, die die Menschen auf dieser
Welt und ihre Beiträge zur Kultur, Ökonomie und Ökologie nicht kennen. Mobilität ist aber nicht
selbstverständlich und nicht lastenfrei zu haben. Reisen belastet die Umwelt durch Verbrauch von
Rohstoffen und Ausstoß von Schadstoffen. Die erforderliche Infrastruktur versiegelt Böden und
verändert Landschaften. Doch die uns zur Verfügung stehenden Technologien können aus dem
Dilemma heraushelfen. Im Kapitel 17 »Energiewirtschaft und Digitalisierung« wurden bereits Rollen
und Potenziale regenerativer Energien sowie Strom als Sekundär- und jetzt auch Primärenergie
behandelt. Diese können in wesentlichen Teilen den Verbrauch fossiler Rohstoffe für die Mobilität
ersetzen und den CO2-Ausstoß stark senken. Die Elektromobilität hat in allen Verkehrssektoren
Einzug gehalten. Sie ist teilweise seit über 100 Jahren dort etabliert (Bahn), teilweise ganz neu und
in einem dynamischen Entwicklungsprozess (Schifffahrt, Luftfahrt). Die digitale Leistungselekt-
ronik in Verbindung mit digitaler Steuerung und Nachrichtentechnik macht dies möglich. Größte
Aufmerksamkeit in der öffentlichen Diskussion hält die Elektromobilität im Straßenverkehr. In
Verbindung mit autonomer Fahrzeugführung – die im Übrigen auch bei den anderen Verkehrsträ-
gern Einzug gehalten hat – stehen wir in der größten Revolutionsphase des Verkehrswesens seit
der Erfindung des Automobils, die in diesem Buch als »vergessene« eigentliche vierte industrielle
Revolution (1885–1915) vorgestellt wurde: die »erste Revolution der Mobilität« in der Neuzeit (siehe
Kapitel 2). Der Haupttreiber für die heutige neuerliche Revolution der Mobilität ist die Digitaltech-
nik in ihrer höchsten Ausprägung: Ohne »Realzeit-Kommunikation« geht autonomes Fahren im
Massenverkehr nicht. Alternativ und ergänzend ist die Weiterentwicklung der Bilderkennung gefor-
dert: künstliche Intelligenz auf einem Chip – eines der zur Zeit ehrgeizigsten Entwicklungsprojekte.
Die faktischen Barrieren sind dagegen fast trivialer Natur, aber leider entscheidend: In Deutschland
besteht immer noch kein industrieweiter Standard für Mobilitätskommunikation auf der Straße,
weder »Car-to-Car« noch »Car-to-Infrastructure« – eine Grundvoraussetzung für den breiten auto-
nomen Verkehr. Darüber hinaus fehlt uns die Stromversorgung auf allen Ebenen, vom Kraftwerk bis
zur Stromzapfstelle – zumindest wenn wir von einer zeitnahen breiten Elektromobilität ausgehen
würden. Auch die Infrastruktur ist ein limitierender Faktor: Autonomes Fahren heißt nicht »auto-
matisch« weniger Verkehr, sondern sogar mehr fahrende Fahrzeuge, wenn jedes Auto nur so gering
besetzt ist wie bisher und weil die fahrerlosen Autos, in Ermangelung von Parkplätzen, endlos
durch die Straßen fahren, bis sie wieder Fahrgäste aufnehmen. Ohne neue Ideen für die Straßen-
infrastruktur und durch eine radikale Abkehr von der Ideologie der »Autogerechten Stadt« aus
den 60er Jahren des 20. Jahrhunderts werden wir die Probleme nicht lösen. Deshalb sind andere
Geschäftsmodelle notwendig: Die Autohersteller mutieren zu Mobilitätsanbietern, das Auto ist nicht
notwendigerweise mehr im Besitz des Einzelnen, der autonome Individualverkehr migriert in den
öffentlichen Verkehr – beide sind nicht mehr trennbar. Neue Finanz- und Eigentumsmodelle müssen

her, um neue Arten von Infrastrukturen bauen zu können [974] *Um den totalen Verkehrskollaps zu vermeiden, ist die Vernetzung aller Individuen miteinander erforderlich: Für Erstkontakte ist immer ein persönliches Zusammentreffen nötig, also Reisen und Mobilität. Zweitkontakte können dagegen, besonders im Arbeitsleben, über Hochleistungskommunikationsnetze laufen. Arbeitsplätze von zu Hause müssten dann zur Regel und zur echten Alternative werden, vorausgesetzt dass (für den normalen Bürobetrieb) 4G-Netzverbindungen überall und flächendeckend verfügbar sind. Für IT- und Fertigungsarbeitsplätze sowie für andere Hochleistungsanwendungen ist 5G (Latenzzeit 1 Millisekunde) unbedingt erforderlich. Nur so können wir die Anzahl von Fahrten und Flügen auf das Notwendige reduzieren und dem totalen Verkehrsinfarkt ausweichen. Dieser droht nämlich allen Metropolen der Welt: denen der USA, Chinas und Europas. Nur auf diese Weise können wir unseren Hochtechnologiestandort Deutschland, unsere Position in der Welt sichern. Auch das autonome Fahren setzt eine Quasi-Realzeit-Kommunikation voraus, wie sie von 5G angeboten wird.*

18.1   Der integrale Ansatz

Die Digitalisierung der Mobilität ist aus einer integralen Sicht zu behandeln. Diese umfasst alle Verkehrssysteme, die *Luftfahrt*, den *Wasserverkehr*, *Schienenverkehr* und die *Straße*. Alle Verkehrssysteme sind im Verbund zu beurteilen, dem durchlässigen Wechsel der Verkehrsträger je nach Bedarf und Limitierungen (Kosten, Zeit, Verfügbarkeit, Risiko, technische und rechtliche Beschränkungen usw.), die sogenannte *Intermodalität*, siehe Abb. 59. Der Wechsel der Verkehrsträger während einer Reise, sei es für Personen oder Güter, spielt eine immer größere Rolle angesichts der immer steigenden Ansprüche. Diese resultieren aus der immer noch anwachsenden Mobilität, der zunehmenden Beschränkungen aus der Auslastung der verfügbaren Infrastruktur, Ressourcenverbrauch, Umweltbelastung, Kosten- und Wettbewerbsdruck. Zudem spielen Maßnahmen gegen Ausfälle und Verzögerungen eine immer größere Rolle. Fast überall droht der *Verkehrsinfarkt,* dem der Nutzer durch Vorausschau entgehen möchte und dem Planer und Betreiber systemisch und im Tagesgeschäft entgegenwirken müssen. Zur Lösung dieser vielfältigen Anforderungen liefert die Digitalisierung wesentliche Beiträge.

Die Intermodalität spielt sowohl für den *Personen-* als auch für den *Güterverkehr* eine zunehmende Rolle. Hierbei konkurrieren alle Verkehrssysteme miteinander, jedoch in unterschiedlichen Konstellationen und Marktpositionen. Wir fokussieren uns hier auf den zivilen Verkehr – obwohl alle Verkehrssysteme auch für militärische Zwecke genutzt werden können und es teilweise separate militärische Systeme gibt. Die *Wertreiber–* so die hier gewählte Bezeichnung – sind die bereits genannte Intermodalität, die *Fahrzeuge*, die *Wege* mit ihrer *Infrastruktur* (etwa Bahnhöfe, Flughäfen, die Instandsetzung), die jeweiligen *Sicherheitssysteme* (etwa Flugsicherung, Bahnbetriebssysteme), die *Fahrzeugführung* mit Automatisierung bis hin zur autonomen Führung, die Transport-*Informationssysteme* für Güter und Personenverkehr und die *Energieversorgung*, bestehend aus der Kette von der *Energiebeschaffung* (Öl, Gas usw.), über *Energieumwandlung* (Kraftwerke), die *Energieverteilung* (internationale Netze, Fernverbindungen,

---

974 Hierbei ist auf das Forschungs- und Entwicklungsprojekt MMI Metropolitan Mobility Infrastructure zu verweisen, in Zusammenarbeit zwischen dem Autor und dem Mathematiker Dr. Helmuth Blaseio.

regionale und lokale Verteilung sowie Anschlüsse). Prinzipiell sind dies die tragenden Säulen für alle Verkehrssysteme.

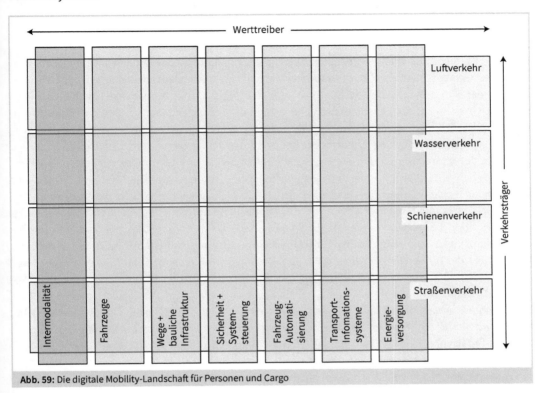

Abb. 59: Die digitale Mobility-Landschaft für Personen und Cargo

18.2   Die Digitalisierung: Lösungsbeiträge für alle Verkehrssysteme

Grundsätzlich gilt für die Digitalisierung bei allen Verkehrssystemen, dass sowohl die beweglichen Objekte als auch die *Infrastruktur* so auszurüsten sind, dass die beweglichen Objekte sowohl miteinander kommunizieren können (im Straßenverkehr sogenannte »*Car-to-Car-Kommunikation*«) als auch mit den entsprechenden Infrastruktureinrichtungen (im Straßenverkehr »*Car-to-Infrastructure-Kommunikation*« oder das »autonome Schiff« mit der *Hafenautomatisierung*). Dies ist eine der entscheidenden Voraussetzungen zur autonomen Verkehrsführung. Anhand ihrer technischen Leistungsfähigkeit ist die Reife der autonomen Verkehrsführung in den verschiedenen Verkehrssystemen festzumachen. Diese ist, wie im Folgenden gezeigt wird, von System zu System sehr unterschiedlich.

18.2.1   Luftverkehr

Die Digitalisierung und Automatisierung bis hin zur *autonomen Flugzeugführung* ist im Luftverkehr unter allen Verkehrsmitteln am meisten fortgeschritten. Ab dem Startpunkt können Verkehrsflugzeuge automatisch (autonom) gesteuert werden, bis zum Wiederaufsetzen auf der Landebahn. Auf dem Rollfeld können Flugzeuge gleichfalls automatisch geführt werden, das sogenannte *Taxiing*.[975] Im Luftraum dient die automatische Radarbildanalyse der bordautonomen Flugzeugführung.[976] *Autopiloten* können den Flieger autonom vom Start bis Landung leiten.[977] *Automatische Flugführung* mittels *Autopilot* und *Autothrottle*[978] erlauben bereits heute die Einhaltung komplexer Flugsituationen.[979] Wenn es zu Schwierigkeiten kommt, werden akustische und optische Warnsignale gegeben, sodass der Pilot bereit zum Eingreifen ist. All dies läuft über voll digitale Systeme ab. Die Autopiloten werden von komplexen *Algorithmen* auf immer schnelleren Mikroprozessoren gesteuert. Dieser Prozess begann Mitte der Fünfzigerjahre mit der ersten *Fly-by-Wire-Technik* (FBW) bei militärischen Fluggeräten, damals noch ausschließlich in den USA. In Europa begann man sich erst Ende der sechziger Jahre mit FBW zu beschäftigen, als Deutschland, Frankreich und England zusammen den PA-200 *Tornado* entwickelten. Von den technischen Errungenschaften und Erfahrungen bei der Entwicklung dieses Mehrzweckkampfflugzeugs profitierte der Konzern *Airbus* und entwickelte daraufhin den Airbus A320, eines der ersten Verkehrsflugzeuge, das ausschließlich über FBW gesteuert wurde – Vorläufer war die *Concorde*.[980] Das *Flight Management System* (FMS) ist für einen wichtigen Teil des Fluges verantwortlich, die Navigation. Das FMS erleichtert den Piloten die Planung ihrer Flugstrecke und berechnet aus mehreren Sensoren die aktuelle Position. Das FMS besteht im Ganzen aus zwei redundanten Computern, die sämtliche Berechnungen durchführen. Bei dem *A320* ist das FMS noch ein eigenständiges System mit eigenem Computer. Aber je mehr die Fly-by-Wire-Systeme und Digitalisierung im Flugzeug fortschreiten, desto mehr verschmelzen einzelne Systeme. So finden sich in der Familie der *A330* und *A340* Autopilot (AP) und FMS in einem System.[981] Und in der neuesten Generation, wie dem *A380*, sind sämtliche Systeme des AP im FMS-Computer untergebracht und bilden ein ganzes System.[982] Eine Landung mit Autopilot auf der Landebahn und das anschließende Ausrollen auf der Landebahnmittellinie wird als *CAT-III-Landung* oder *Autoland* bezeichnet. Eine CAT-III-Landung erfordert ein entsprechend ausgerüstetes und zugelassenes Flugzeug, eine dafür geschulte und zugelassene Besatzung und einen entsprechend ausgerüsteten und zugelassenen Flugplatz. CAT-III-Landungen dürfen, abgesehen von bestimmten Flugzeugmustern, nur noch mit dem Autopiloten aufgrund dessen etwa viermal höherer Reaktionsgeschwindigkeit geflogen werden. Bei modernen *Fly-by-Wire*-Systemen (*Tornado, Airbus, F-16, Eurofighter*) verschwimmen die Grenzen der einzelnen Systeme. Moderne, wegen ihrer Agilität instabil konzipierte Kampfflugzeuge können ohne Rechnerunterstützung nicht mehr geflogen werden. Zusätzlich wird durch die implementierten Flugsteuerungssysteme eine Einhaltung des *Flight Envelopes*[983] erzwungen. Eine Überschreitung

---

975   Als Rollen oder Taxiing wird in der Fliegersprache die langsame Bewegung eines Luftfahrzeugs auf dem Boden bezeichnet, beispielsweise um vom Vorfeld zur Start- und Landebahn und zurückzugelangen. Im Gegensatz zum Pushback erfolgt das Rollen mithilfe der eigenen Antriebs.

976   Bernd Korn, Deutsches Zentrum für Luft- und Raumfahrt: Automatische Radarbildanalyse zur bordautonomen Flugzeugführung, Thesis (D. Ing.), Technischen Universität Carolo-Wilhelmina zu Braunschweig, 2002.

977   Eine technische Darstellung des gesamten Prozesses findet sich im Werk »Flugregelung« von Rudolf Brockhaus, Springer-Verlag, 2013. https://books.google.de/books?id=QU8dBgAAQBAJ&pg=PR11&lpg=PR11&dq=automatische+flugzeugf%C3%BChrung&source=bl&ots=BhSgDhyKmM&sig=-J313Mc-CdE0kCzhxm4gZZbdmgA&hl=de&sa=X&ved=2ahUKEwis8MHAye_fAhVRJVAKHWYQB2YQ6AEwD3oECAIQAQ#v=onepage&q=automatische%20flugzeugf%C3%BChrung&f=false, abgerufen 15.1.2019.

978   Zur Steuerung des Energieeinsatzes unter den speziell gesetzten Flugcharakteristika

979   Weiteres siehe DepositOnce: FG Flugmechanik, Flugregelung, Aeroelastizität. https://depositonce.tu-berlin.de/handle/11303/6773, abgerufen 15.1.2019

980   Aircraft Systems, Mechanical, electrical, and avionics subsystems integration, 3. Auflage: Ian Moir, Allan Seabridge, Wiley 2011

981   Aircraft Systems, Mechanical, electrical, and avionics subsystems integration, 3. Auflage: Ian Moir, Allan Seabridge, Wiley 2011

982   Der Autopilot, eine kurze Einführung: Nikolai Reed, Universität Würzburg 2013

983   Flight Envelopes oder Flugenveloppen kennzeichnen den zulässigen Betriebsbereich eines Flugkörpers. Er wird von einer Matrix sich gegenseitig beeinflussender Parameter bestimmt, die ihrerseits nur bestimmte Werte annehmen dürfen: alle denkbaren Kombinationen aus Geschwindigkeit, Höhe, Anstellwinkel, Schiebewinkel, Gewicht, Schwerpunkt und Flugzeugkonfigurationen.

der physikalischen Grenzen (Aerodynamik und auch strukturelle Belastungen) wird dadurch weitgehend unterbunden. Die Umsetzung von unbemannten Flugzeugen ist heute schon Realität. Allerdings scheitern diese Systeme an ihren noch eingeschränkten Einsatzmöglichkeiten. Spezielle Manöver (Aufklärung, Übernahme von einzelnen Flugphasen wie »Cruise« oder sogar die vollautomatische Landung) sind bei entsprechender Peripherie aber heute schon Stand der Technik.

Drohnen: Unbemannte Fluggeräte, gemeinhin als *Drohnen* bezeichnet, sind, vom Militär kommend, mittlerweile in den kommerziellen Sektor (etwa zu Erkundungen oder Lasttransport, siehe etwa Anwendungen von *Amazon*) und in den Privatbereich vorgedrungen. Sie können, je nach Einsatzgebiet, ferngesteuert werden oder autonom navigieren. Die kleinsten militärischen Geräte sind insektenähnliche Apparate, die autonom-schwarmgesteuert sind und in einer Vielzahl zum Einsatz etwa im Häuserkampf kommen können. Der technische Fortschritt dringt bis in den Freizeitbereich vor. Wissenschaftler des *MIT Computer Science and Artificial Lab* (*CSAIL*) haben einen neuen Algorithmus für Drohnen entwickelt, der den teilweise autonom fliegenden Geräten einen perfektionierten Rundumblick verschafft. Mithilfe eines leistungsstarken Prozessors und Erkennungssoftware können die Drohnen auch bei Spitzengeschwindigkeiten von bis zu 50 km/h blitzschnell Hindernisse erkennen und rechtzeitig ausweichen, bevor es zu einem Crash kommt. Das Ganze funktioniert so gut, dass die Drohnen auch grazil durch Baumkronen hindurchfliegen können und den Weg kreuzende Äste keine Gefahr mehr darstellen.[984]

Flugsicherung: Die Infrastruktur-Schnittstellen für den Flieger befinden sich in den Towers auf den Airports, in Deutschland koordiniert durch die Kontrollzentrale Karlsruhe. Täglich finden in Deutschland bis zu 10.000 Flüge der kommerziellen Luftfahrt statt. Lotsen der Flugsicherung sorgen für ihren sicheren Abstand und eine bedarfsgerechte Flugführung. Mehr und mehr werden die Fluglotsen bei dieser Arbeit durch immer komplexere und immer enger vernetzte technische *Assistenzsysteme* unterstützt. Dabei ändert die fortschreitende Automatisierung der Lotsentätigkeit die Anforderungen an die *Mensch-Maschine-Schnittstelle* kontinuierlich und tiefgreifend.[985] Dennoch wird dieser Bereich lokal immer noch von Menschen bestimmt, den Streckenlotsen und den Platzlotsen.[986]

Flughafenautomatisierung: Flughäfen sind, neben den Seehäfen, nach Bauvolumen, Flächen und Personalbedarf die größten Infrastruktur- und Dienstleistungseinrichtungen der Gegenwart. Dabei gibt es eine deutliche Arbeitsteiligkeit: Seehäfen konzentrieren das Gros des weltweiten Cargoverkehrs auf sich, während die meisten Flughäfen auf Passagiere ausgerichtet sind. Die *Flughafenautomatisierung* geht wesentlich über die IT-Schnittstelle zum Flieger hinaus, z. B. in Verwaltung, Logistik, Sicherheit, Instandhaltung und Reinigung. Oberste Priorität für Flughäfen und Fluggesellschaften besteht darin, ihren Passagieren ein einzigartiges Reiseerlebnis zu bieten. Und um diesen Bedarf zu decken, schlossen sich *Gemalto*, weltführendes Unternehmen für digitale Sicherheit, und *IER*, führender Entwickler von Lösungen zur Verbesserung von Waren- und Personenverkehr, zusammen, um *Fly to Gate* zu schaffen,

---

984 https://www.trendsderzukunft.de/intelligenter-algorithmus-lenkt-autonom-fliegende-drohnen-mit-50-kmh-sicher-durch-baeume/, abgerufen 15.1.2019.

985 https://2017.wud-berlin.de/events/automatisierung-von-lotsenaufgaben-in-der-flugsicherung/.

986 Weiteres zum Mensch-Maschine-System Flugsicherung und deren Automatisierungssystemen findet sich in der Präsentation »Algorithmen statt Fluglotsen?« von Jörg Buxbaum, Teamleiter R&D DFS Deutsche Flugsicherung GmbH, https://fg-tav.gi.de/fileadmin/FG/TAV/40.TAV/RD_DFS_GI_1.1.pdf, abgerufen 15.1.2019.

ein umfassendes Selbstbedienungserlebnis für Reisende am Flughafen. Best Practices und Implementierungsrichtlinien werden zurzeit von der *IATA* und *ACI*-Smart-Security-Programmen festgelegt, um verstärkte Sicherheit mit größerer operativer Effizienz und einem verbesserten Passagiererlebnis zu kombinieren.[987]

Der in Asien zweitwichtigste internationale *Flughafen Changi* in *Singapur* will nun Vorreiter bei der Automatisierung werden und den Menschen durch Maschinen ersetzen. Dann sollen auf dem Weg vom Flugzeug zum Ausgang lediglich die Zollbeamten menschlich bleiben. Das im Oktober 2017 eröffnete Terminal 4 wird aufgrund der modernen Infrastruktur zum Test und zur Weiterentwicklung von Automatisierungslösungen genutzt. Ziel ist die Optimierung der Technik für das riesige Terminal 5, das Ende des nächsten Jahrzehnts eröffnen soll und dann Platz für bis zu 50 Mio. Passagiere pro Jahr schaffen soll. Damit wäre es das größte und am weitesten automatisierte Passagierterminal weltweit.[988]

18.2.2   Wasserverkehr

Schiffsautomatisierung ist ein alter Traum. Die in Kiel ansässige *Raytheon Anschütz*[989] ist seit über 100 Jahren der Weltmarktführer für moderne Schiffsnavigation: früher Erfinder des Kreiselkompasses, heute Vorreiter für integrierte Brückensysteme.[990] Noch ist das voll autonom fahrende, mannschaftslose *Seeschiff* eine Fiktion. Doch weltweit arbeiten Forscher und Techniker daran, dass diese Wirklichkeit wird. Nachdem noch vor wenigen Jahren autonome maritime Systeme allein in der *Unterwasserforschung* und -vermessung sowie im *Verteidigungsbereich* präsent waren, hat sich dies in den letzten Jahren radikal verändert. Heute koordinieren namhafte und etablierte Unternehmen weltweit Initiativen zur Entwicklung von Schiffen der nächsten Generation. Diese sollen in der Lage sein, Hindernisse über und unter Wasser eigenständig zu erkennen und diese zu umgehen – und dies auch entsprechend der Regeln des nationalen und internationalen Seeverkehrs. Technisch ist dies grundsätzlich schon heute möglich. Vorreiter sind hier *Norwegen*, *Finnland*, *Großbritannien* und *Dänemark*, wo die Entwicklungen *autonomer maritimer Systeme* von staatlicher Seite unterstützt werden. Erste Testgebiete wurden bereits ausgewiesen. Diese ermöglichen es, autonome maritime Systeme unter Echtbedingungen einzusetzen und zu prüfen. So können Unternehmen ihre Entwicklungsprojekte schrittweise aus Modellversuchen heraus bis zur Marktreife voranzutreiben. Gleichzeitig erhalten die für die Schifffahrt zuständigen Aufsichts- und Regulierungsbehörden die Möglichkeit, aus dem Verlauf der Entwicklungen neue Vorschriften für diese neuen Technologien abzuleiten und so frühzeitig Einfluss auf deren Entwicklung und deren Einsatz zu nehmen. Wie beim Einsatz aller neuen Technologien müssen auch für die *autonome Schifffahrt* Regularien entwickelt werden, um einen sicheren Betrieb zu gewährleisten. Dies umfasst vor allem Fragen der Steuerung, der Überwachung, der Daten- und Zugriffssicherheit und der Fernzugriffsmöglichkeiten. Autonome Wasserfahrzeuge müssen anhand ihres Anwendungsfalles sowie ihres *Autonomiegrads* klas-

---

987 https://www.gemalto.com/deutschland/behorden/selbstbedienungslosungen-am-flughafen, abgerufen 15.1.2019.

988 Felix Baumann, 17.9.2018: Der Flughafen der Zukunft braucht kein Personal. https://www.mobilegeeks.de/news/singapur-der-flughafen-der-zukunft-braucht-kein-personal/, abgerufen 15.1.2019.

989 https://www.raytheon-anschuetz.com/, abgerufen 15.1.2019.

990 Digitale Woche Kiel – Das autonome Schiff – Digitalisierung in der Schifffahrt. Veranstaltung bei Anschütz Kiel am 12.9.2018, https://digitalewochekiel.de/programm/digitalisierung-in-der-schifffahrt-start-ups-an-bord/, abgerufen 15.1.2019.

sifiziert und reguliert werden. Dazu sind umfangreiche *Risikobewertungen* und *Technologiefolgeabschät-zungen* notwendig, die ebenfalls nicht ohne ausgiebige Versuchsfahrten möglich sein werden. Und für den Einsatz autonomer und möglicherweise führerloser Schiffe gibt es vielfältige Möglichkeiten. Hierzu gehören beispielsweise Schiffe zur Versorgung und Inspektion von *Offshore-Installationen* der Öl-, Gas- und Windenergiebranche auf dem Meer, die von einem festen Basishafen aus angelaufen werden. Denn ein unbemanntes Schiff könnte auch unter Bedingungen noch operieren, unter denen keine Besatzung mehr auslaufen würde. Selbst im Bereich der *Aquakultur* ist der Einsatz entsprechender unbemannter Systeme vorstellbar, die eigenständig zu Arbeitsfahrten aufbrechen. Aber auch *autonome Fähren*, die zwei oder drei Häfen bzw. Anleger über kürzere Distanzen verbinden, sind ebenfalls vorstellbar. Hierbei kann es sich ebenso um innerstädtische Personenfähren, wie um Verbindungen in Flussmündungen, über Meeresarme oder zu der Küste vorgelagerten Inseln handeln. Auch abseits des *Seeverkehrs* gibt es Anwendungspotenziale, die *Binnenschifffahrt* ist ein solches Beispiel. Ähnlich wie im Landtransport ist das Transportfahrzeug hier an vorgegebene Trassen gebunden und die Umwelteinflüsse sind im Vergleich zur Seeschifffahrt geringer und besser vorhersagbar. Das Schiff operiert also in einer Umgebung, die besser kontrollierbar ist. Aufgrund ihrer veränderten Kostenstruktur können regelmäßige Linienver-kehre mit kleineren Einheiten, die sich im konventionellen Betrieb nicht rechnen, möglicherweise auto-nom sinnvoll betrieben werden. Analog hierzu sind beispielsweise auch Fuhren zwischen Terminals mit fahrerlosen *Bargen* innerhalb größerer Hafengebiete denkbar, die sich heute aufgrund der Kostenstruk-tur nicht wirtschaftlich gestalten lassen. Auch lassen sich mit autonomen Systemen höhere Verkehrs-taktungen realisieren, als sie im konventionellen Betrieb wirtschaftlich sinnvoll wären. So kann z. B. die Binnenschifffahrt durch die Einrichtung regelmäßiger Linienverkehre im Vergleich zum Landtransport wettbewerbsfähiger werden[991]

Hafenautomatisierung: Auch die Automatisierung der Häfen ist ein Feld der »allumfassenden Digitali-sierung«, aber kein ganz neues. Wie einführend erläutert umfasst die Automatisierung des Wasserver-kehrs sowohl die Fahrzeuge als auch die Infrastruktur und verlangt nach einem einheitlichen Schnitt-stellensystem, der »Car-to-Port-Communication«. Dies ist derzeit aber nur »insular« gelöst, etwa in der Schiffsführung durch den *Nord-Ostsee-Kanal*, bei der, je nach Kanalabschnitt, nur jeweils definierte Schiffsgrößen einander begegnen dürfen. Vorreiter in Deutschland dürfte der *Hamburger Hafen* sein, mit zahlreichen Anwendungen (Hafenlogistik, Kostenerfassung), Randbedingungen (Wasserstand Elbe vs. Tiefgang Schiff) und Zielen (Ausrichtung der Schiffe wegen Feuergefahr) und vieler anderer. Tech-nologisch gilt der Hamburger *HHLA Container Terminal Altenwerder (CTA)* weltweit als »State of the Art«. Ein komplexes, von der HHLA programmiertes und ständig weiterentwickeltes IT-System übernimmt die Steuerung verschiedener Elemente, von der Containerbrücke bis zur Lagerhaltung. Das optimierte Zusammenspiel ist Basis der hohen Effizienz des Terminals. Automatisierte Förderfahrzeuge, *Automa-tically Guided Vehicles (AGV)*, sorgen für den Transport zwischen den Brücken und dem Containerlager. Den schnellsten Weg sucht eine eigens entwickelte Software anhand von mehr als 19.000 Transpondern, die in die AGV-Fläche eingelassen sind. Deren Signale dienen zur Positionsbestimmung der Fahrzeuge. Sie tanken bei Bedarf auch selbstständig oder fahren zur Ladestation für den Batteriewechsel.[992]

---

991 Wilko Bruhn, Fraunhofer Center für Maritime Logistik und Dienstleistungen CML Hamburg: Maritime Weitschaft – an der Schwelle zur autonomen Schiffahrt. https://www.schiffundhafen.de/fileadmin/user_upload/PDF/CMLshf617.pdf, abgerufen 15.1.2019.

992 https://hhla.de/de/container/altenwerder-cta/so-funktioniert-cta.html, abgerufen 15.1.2019.

Die weltgrößte Lösung – wie könnte es anders sein – streben wieder einmal die Chinesen an: mit dem »Geisterhafen von *Quingdao*«. Das *Qingdao New Qianwan Automatic Container Terminal* ist damit das erste asiatische Containerterminal, das vollautomatisch funktioniert. Es arbeitet weitgehend autonom. Doch dies ist nur der Anfang, denn Qingdao soll bald der größte Hafen der Welt sein. *Künstliche Intelligenz* und gut ausgebildete chinesische Spezialisten überwachen vom Büro aus die Prozesse. Hafenarbeiter sucht man vergebens. Insgesamt schafft das Terminal eine Umschlagsmenge von 5,2 Mio. T€ mit zwei vollautomatischen Landungsstellen an einem 660 Meter langen Kai. Dort verladen sieben Containerbrücken, 38 Stapelkräne und 38 Elektro-Trucks vollautomatisch die Container.[993]

18.2.3   Schienenverkehr: Rail Automation

Deutsche Bahn:
Der Handlungsbedarf bei der DB ist nach Jahren des Sparens groß. Der ungebremste Anstieg der Passagierzahlen soll von einer veralteten Flotte und sanierungsbedürftiger Infrastruktur bewältigt werden. Konsequenzen sind Verspätungen und Zugausfälle. Die Gründe dafür sind wohl vor allem in mangelhafter Koordination der einzelnen Verantwortungsbereiche zu suchen. Vermutlich hat man sich mit der Fragmentierung der Aktivitäten, insbesondere auch hinsichtlich der Digitalisierung verhoben, anstelle die Kräfte auf wenige Projekte mit den größten technisch-wirtschaftlichen Hebeln zu konzentrieren.

Einigkeit herrscht zwischen Eigentümer, dem Bund und der Geschäftsführung der Deutschen Bahn, dass nun höchste Zeit zur durchgreifenden Umsetzung der *Digitalisierung* besteht. Das Thema ist nicht neu. Seit einigen Jahren arbeitet die DB an über 150 Digitalisierungsprojekten.[994] Der vormalige Vorstandsvorsitzende der DB, *Rüdiger Grube*, bezeichnete die Digitalisierung als den größten Umbruch für die Deutsche Bahn seit der Bahnreform im Jahr 1994. Die Digitalisierung der Bahn ist in der Tat ein Jahrhundertprojekt. Die einzige volldigitalisierte Strecke in Deutschland verläuft momentan von München nach Berlin. Die Züge werden, z. T. signalfrei, über GPS und Magnetstreifen am Boden geleitet. Dabei ist das Streckennetz der Deutschen Bahn insgesamt 40.000 Kilometer lang. Mithilfe der Digitalisierung soll auch Zugverkehr ins Ausland einfacher werden, vor allem im Güterverkehr. 20 % mehr Züge könnten so auf derselben Strecke fahren. Und es müssten keine neuen Trassen gebaut werden, wenn die vorhandenen besser ausgelastet sind. Neue Strecken zu bauen, dauert länger und ist sehr viel teurer. Aber auch die Umrüstung kostet viel Geld, das die Bahn nicht hat.[995]

McKinsey errechnet dafür Kosten in Höhe von bis zu 35 Mrd. €.[996] Die Finanzierung ist ungewiss. Die Finanzposition der DB ist denkbar schwach, denn die Nettoverschuldung des Konzerns wächst immer mehr und geht an die 20-Mrd.-€-Grenze.[997] Es wird darüber gesprochen, dass die DB im Gegenzug Auslandsbeteiligungen verkaufen muss.

---

993 Bericht von Schenker 15.12.2017, https://logistik-aktuell.com/2017/12/15/qingdao-hafen-automatisierung/, abgerufen 15.1.2019.
994 https://www.bmvi.de/SharedDocs/DE/Artikel/DG/digitalisierung-der-db.html, abgerufen 16.1.2019.
995 https://www.br.de/nachrichten/wirtschaft/bahn-startet-digitalisierung,R45DjSn, abgerufen 16.1.2019.
996 https://www.handelsblatt.com/unternehmen/handel-konsumgueter/etcs-system-die-bahn-braucht-bis-zu-35-milliarden-euro-fuer-die-digitalisierung/23090890.html, abgerufen 16.1.2019.
997 Bericht vom 10.9.2018: Bahnvorstand schlägt Alarm. https://www.br.de/nachrichten/wirtschaft/bahn-vorstand-schlaegt-alarm,R3G6lAQ, abgerufen 16.1.2019.

Für rund 7,5 Mio. Menschen in unserem Land ist die DB nicht mehr nur täglicher Chauffeur. Für die meisten von ihnen ist sie auch digitaler Reisebegleiter – über Apps, On-Bord-Entertainment oder in der Social-Media-Kundenbetreuung. Beides verfolgt die DB weiter – den physischen Transport und die vollständige digitale Kundenbegleitung vor, während und nach der Reise. Mit neuen Angeboten auf der Schiene, auf dem Smartphone und mit ganz neuen Mobilitätsformen wie On-Demand-Services auf der Straße, bei denen auch elektrische *TukTuks* oder *autonome Kleinbusse* im Nahverkehr eingesetzt werden. Auch in Produktion und Organisation der physischen Verkehre hat die Digitalisierung Einzug erhalten. Sensoren und Algorithmen ermöglichen bereits heute die vorausschauende Instandhaltung von Zügen und Infrastrukturanlagen – genauso wie flexiblere und effizientere Lösungen beim Transport, der Lagerung und Distribution von Gütern.

Die Digitalisierungsstrategie der Deutschen Bahn umfasst nahezu alle Unternehmensbereiche. Sie adressiert **vier Programme**:

Smart Mobility: DB setzt im Personenverkehr auf eine vorsichtige Variante der (im Wesentlichen unternehmensinternen) *Intermodalität*, die aber im Grunde nichts Neues ist. Sie will nach eigener Aussage ein digitales Kundenerlebnis schaffen: im Zug, Auto, Bus oder mit dem Leihrad. Das setzt schon bei der Reiseplanung an und reicht bis zu Abrechnung und Kundenfeedback. Ziel ist es, alle Wege von A nach B digital abzubilden, um jedem Kunden die passende Lösung zu bieten. Im Mittelpunkt steht die weitere Vernetzung der Verkehrsträger sowie deren physischer und digitaler Angebote. Deshalb fördert die DB über *Start-up-Beteiligungen* auch *Ridesharing-Dienste*, Taxi- & Limousinen-Vermittler oder *Vergleichsportale* für Mobilität.

Smart Logistics: Industriekunden können bei der DB bereits heute Gütertransporte in Echtzeit verfolgen, selbst Temperaturschwankungen oder Erschütterungen im Container. Innovative Lagerlösungen sind ein weiterer Teil des Kundenmehrwerts bei der Digitalisierung von Prozessen in der Logistik, die die DB gezielt fördert. Online-Portale verbessern zudem sukzessive den Zugang zu Transportleistungen und erhöhen die Effizienz an der Kundenschnittstelle. Im Güterverkehr sind bereits über 600 »intelligente Loks« auf der Strecke, die eigenständig Daten über ihren Zustand melden. Bis Ende 2020 sollen europaweit bis zu 2.000 intelligente Loks unterwegs sein und den Bahnbetrieb im Gütertransport stabiler machen.

Smart Assets: Mittels Sensoren und Big-Data-Analysen kann die DB den Zustand von Bahnanlagen oder Fahrzeugen aus der Ferne in Echtzeit überwachen und sie genau dann warten, wenn es nötig wird. Auch Fahrstühle, Rolltreppen und Uhren in Bahnhöfen verfügen über moderne Sensorik. Zunehmend können so Unregelmäßigkeiten frühzeitig erkannt und behoben werden, bevor es zu Störungen kommt. Fahrerassistenzsysteme tragen außerdem dazu bei, Züge energiesparend und umweltschonend zu steuern. Zur Digitalisierung der Infrastruktur zählt auch die sukzessive Einführung des modernen Zugsteuerungssystems *ETCS (European Train Control System)* sowie digitaler Stellwerke.

Smart Administration: Zunehmend werden administrative Prozesse bei der DB mithilfe intelligenter IT sowie nutzerfreundlicher Applikationen verlässlicher und einfacher gemacht und beschleunigt, Fehlerquellen reduziert. Der digitale Fortschritt soll auch den Mitarbeitern der DB zugutekommen. So können Reisekosten per App abgerechnet werden. Das *Social Intranet* des Konzerns ist die digitale Kommunikationsplattform für rund 200.000 Mitarbeiter allein in Deutschland. Das News-, Chat- und Datenaustausch-Portal steht als mobile Website und demnächst als App auch allen zur Verfügung, die keinen Büroarbeitsplatz oder Zugriff auf sonstige IT-Anwendungen des Unternehmens haben.[998,999]

Globales Benchmarking: Der weltweite Zusammenschluss von rund 200 Bahnunternehmen, der *Union Inter Des Chemins de Fer* (*UIC*), unternimmt Vergleiche über die Ausrüstung, Auslastung und Leistungen der angeschlossenen Betriebe.[1000]

Europäischer Bahnenverbund: Laut einer internationalen Umfrage der Management- und Technologieberatung *BearingPoint* von Entscheidungsträgern bei Bahnbetreibern zum Thema *Connected Train*, eröffnet sich den europäischen Betreibern durch die Digitalisierung ein breites Spektrum an Möglichkeiten. Die Zukunft der Industrie liegt in einem integrierten, digitalisierten Streckennetz und der Nutzung von vernetzten Zügen. Diese Zukunft erfordert jedoch die Zusammenarbeit und Koordination aller Beteiligten. Der Einfluss der *Digitalisierung* schreitet je nach Funktion oder Geschäftsbereich unterschiedlich voran. Für die europäischen Eisenbahnbetreiber stellt die Digitalisierung eine der letzten Chancen dar, um mit anderen Verkehrsträgern wie Low-Cost-Fluggesellschaften, Fernbussen und autonomen Pkws/Lkws konkurrieren zu können. Die Digitalisierung von Wartungs- und Beschaffungsabläufen spielt zurzeit noch eine untergeordnete Rolle, jedoch bestehen in den nächsten Jahren in diesem Bereich die stärksten Wachstumspotenziale. Als treibende Kraft für die Digitalisierung dominieren eher qualitative Faktoren. Nicht-monetäre Ziele wie Servicequalität (90 %) und Strategieentwicklung (78 %) bewertet die Eisenbahnbranche als vorrangiger im Vergleich zu Kostensenkungen (74 %) und Umsatzsteigerungen (60 %). Als Hemmfaktoren, die einer erfolgreichen Digitalisierung der Eisenbahnen zurzeit noch im Weg stehen, treten zwei besonders hervor. Zum einen stellt die Durchdringung der neuen Technologien in die bestehenden Betriebsabläufe und Anlagen (Fahrzeuge und Schienennetz) ein Hindernis dar (78 %). Zum anderen wird die fehlende Verfügbarkeit von Big Data in einer heterogenen Prozess- und IT-Umgebung bemängelt (77 %).[1001]

China: Die *China Rail* (*CR*)[1002] hat das weltweit längste Netz von Schnellfahrstrecken in Betrieb. Weitere sind im Bau, ebenso wie Bahnstrecken zum Transport von Rohstoffen aus dem Norden und Westen in die überwiegend im Osten des Landes gelegenen Wirtschaftszentren. Am Schienengüterverkehr haben Schüttguttransporte für Kohle, Erz und Getreide hohen Anteil. Seit 2015 werden die internationalen Transportkorridore nach Europa über Russland, die Mongolei und Kasachstan ausgebaut (*Neue*

---

998   https://www.deutschebahn.com/de/Digitalisierung, abgerufen 5.10.2019.

999   Weiteres siehe Broschüre der Deutschen Bahn: Mobilität in der digitalen Welt, https://www.deutschebahn.com/resource/blob/250702/4a2d5a75708fc93c7b393326bd9e607c/Brosch%C3%BCre-Mobilit%C3%A4t-in-der-digitalen-Welt-data.pdf, abgerufen 16.1.2019.

1000 Die International Union of Railways, UIC, ist der Eisenbahn-Weltverband und vertritt über 200 Bahnunternehmen weltweit, unter anderem auch die Deutsche Bahn. Zur besseren Vergleichbarkeit der Unternehmen hat die UIC ein infrastrukturelles Benchmarking-System entwickelt, in dem die Bahnunternehmen ihre Spezifika erfassen und über komplexe Berechnungen im Hintergrund das Asset Management auswerten und vergleichen können, https://uic.org/, abgerufen 17.1.2019. Die Deutsche Bahn macht keine konzernspezifischen Angaben. Schriftliche Anfragen blieben unbeantwortet.

1001 Bearing Point Pressemitteilung über eine Umfrage unter Entscheidungsträgern der Eisenbahnbetreiber. https://www.bearingpoint.com/de-de/ueber-uns/pressemitteilungen-und-medienberichte/pressemitteilungen/digitalisierung-eroeffnet-grosse-chancen-fuer-europaeische-eisenbahnindustrie/, abgerufen 4.10.2019.

1002 Der Eisenbahnverkehr in der Volksrepublik China wird überwiegend von der China *Railway* (*CR*) betrieben, der Staatsbahn der Volksrepublik China.

Seidenstraße). Das Streckennetz umfasst heute (2019) mehr als 150.000 km, fünfmal soviel wie in Deutschland.[1003] Davon sind in China 30.000 km Hochgeschwindigkeitsstrecken. 60 % der Strecken sind zwei- oder mehrgleisig, 70 % elektrifiziert. Zur Zugsicherung wird ein System namens CTCS verwendet, das technisch mit dem ETCS-System verwandt ist. Da Projekte, ohne Hilfe aus dem Ausland einen eigenen Hochgeschwindigkeitszug zu produzieren, nicht über das Prototypenstadium hinauskamen, erfolgte die Entwicklung des Rollmaterials mittels Technologietransfer in Kooperation mit den Herstellern *Siemens*, *Alstom*, *Bombardier* und *Kawasaki*. Beim Hochgeschwindigkeitsverkehr wird ein Gitternetz angestrebt, bei dem landesweit vier parallele Nord-Süd-Strecken ebenso viele Ost-West-Strecken überlagern. Schwerpunkt für den Neubau konventioneller Eisenbahnstrecken sind der Westen und die Mitte des Landes. 80 % der chinesischen Großstädte sollen 2020 mit Hochgeschwindigkeitszügen verbunden sein.[1004] Dabei soll es aber nicht bleiben: CRRC möchte sogar ihre Hochgeschwindigkeitszüge noch übertrumpfen. Im Fokus der Firma stehen inzwischen *Magnetschwebebahnen*. In Shanghai verkehrt seit 2004 fahrplanmäßig eine modifizierte Version der deutschen Entwicklung *Transrapid* auf einer 30 Kilometer langen Strecke. Im Mai 2016 folgte die erste chinesische Eigenproduktion im Vorortsverkehr der 7-Millionen-Stadt *Changsha*.[1005] Zum Grad und Fortschritt der Digitalisierung des Zugverkehrs in China finden sich keine konkreten Aussagen. Bei der Aufmerksamkeit und dem Ehrgeiz, mit dem sich China diesem Thema widmet, dürfte sicher kein Nachholbedarf bestehen – eher das Gegenteil.

USA: Die Eisenbahnen in den *USA*, *Kanada* und *Mexiko* sind eng miteinander verknüpft. So wurden Strecken in Kanada und Mexiko von US-Eisenbahnen gebaut. Bahnen aus Mexiko und Kanada haben Anteile an US-Eisenbahnen oder betreiben Strecken in den USA. Diese Verbindungen wurden seit der Bildung der NAFTA 1994 noch verstärkt und sind auch beim Rollmaterial sichtbar: Fast alle US-amerikanischen, kanadischen und mexikanischen Lokomotiven und Waggons können freizügig zwischen den drei Ländern verkehren. Die Gesamtstreckenlänge wird mit 220.000 km angegeben.[1006] Mit dem Aufschwung der Wirtschaft nach dem Zweiten Weltkrieg begann gleichzeitig auch der Niedergang der Eisenbahnen. Durch das Vordringen von Pkw, Lkw und Flugzeug sowie dem Bau von Highways verringerte sich das Transportaufkommen drastisch. Nach einer dramatischen Konsolidierung gibt es zu Beginn des 21. Jahrhunderts jeweils zwei große Eisenbahngesellschaften im Osten (*Norfolk Southern* und *CSX*) und im Westen (*BNSF* und *Union Pacific*). Dazu kommen noch die beiden kanadischen transkontinentalen Eisenbahngesellschaften *Canadian Pacific Railway* und *Canadian National*, wobei Letztere durch den Erwerb der Illinois Central Railroad auch eine Verbindung zum Golf von Mexiko hat. Beim Personenverkehr hat sich keine Änderung gegenüber den 1990er Jahren ergeben. Die staatliche Gesellschaft *Amtrak* ist auf Zuschüsse in Millionenhöhe angewiesen und trotz Investitionen und Restrukturierungen nicht in der Lage, ihre Züge wirtschaftlich zu betreiben. Zu den Problemen trägt bei, dass Amtrak den größten Teil der betriebenen Strecken nicht besitzt, sondern Verkehrsrechte erwerben muss und ihre Züge gegenüber den langsamen Güterzügen benachteiligt sind. Der Sicherheitsstandard ist für den gemischten Betrieb begrenzt, erst 2008 wurde per Gesetz die Einrichtung von *Positive Train Control*, einem Zug-

---

1003 Basis Strecken der DB: gut 33.000 km. https://de.wikipedia.org/wiki/DB_Netz, abgerufen 16.1.2019.

1004 https://www.handelszeitung.ch/unternehmen/technologie/wie-china-die-herrschaft-im-eisenbahnbau-uebernimmt-1306562#, abgerufen 16.1.2019.

1005 https://www.handelszeitung.ch/unternehmen/technologie/wie-china-die-herrschaft-im-eisenbahnbau-uebernimmt-1306562#, abgerufen 16.1.2019.

1006 Laut association of Merican railroads. Rail Fast Facts For 2017. Association of American Railroads, Dezember 2018, abgerufen 5.1.2019.

beeinflussungssystem vorgeschrieben. Der Ausbau sollte bis 2015 auf den mit Personen- und Güterzügen genutzten Strecken abgeschlossen sein. Dieses Ziel wurde verfehlt, der Kongress verschob deshalb
den Fertigstellungstermin auf Ende 2018. Gegenüber dem Verkehr auf Langstrecken steht der weitere
Ausbau des Pendel- und Nahverkehrs in den großen Zentren des Nord-Ost-Korridors, in und um Chicago
sowie in Kalifornien.[1007] Insgesamt ist Nordamerika ein »Flugland« und »Autoland«. Die Bahnen haben
dagegen einen Rückstand. *Digitalisierung* findet im Rahmen der Verbreitung von Normen und Technologietransfers unter den weltweit führenden Bahnherstellern statt, getrieben auch von Kundenerwartun-
gen an Diensten und Informationen.

Bahnhersteller am Beispiel der Weltmarktspitze für Rolling Stock: Die Spitze am Weltmarkt wird derzeit angeführt von der *Chinese Rail Road Corporation Limited (CRRC)*. Sie ist heute umsatzmäßig so groß
wie alle ihre westlichen Wettbewerber zusammen: *Siemens, Alstom, Bombardier* und *General Electric*
(Elektroloks) nach der Fusion mit *Wabtec*.

Die CRRC entstand, wie berichtet, 2015 durch die Fusion der beiden zum *chinesischen Eisenbahnministerium* gehörigen beiden staatseigenen Unternehmen *China CNR Corporation Limited* (CNR) und *CSR
Corporation Limited* (CSR).[1008] Ihre Technik geht auf das systematische Gegeneinander-Ausspielen der
westlichen Anbieter im Wettbewerb um den chinesischen Markt zurück. Beispielhaft wurde dazu bereits
über das Siemens-Joint-Venture mit dem chinesischen Eisenbahnministerium berichtet, das praktisch
am Tag nach der Fertigstellung des Prototyps der »Chinalok« seitens der Chinesen gekündigt wurde,
wonach die Chinesen diese Lok großvolumig im Alleingang fertigen. Mittlerweile hat CRRC teilweise die
Nase vorn, etwa mit deren Hochgeschwindigkeitszug, der durchgängig 400 km/h erreicht, während wir
in Deutschland nur abschnittsweise auf maximal 350 km/h kommen.

Elektrolokomotiven stellen nach Technologie und Marktvolumen das wichtigste Marktsegment dar. Der
Marktanalyst *SCI* schreibt 2016: »Trotz Chinas Beschaffungsrückgang bleibt die Nachfrage nach Elektrolokomotiven mit 4,6 Mrd. € weltweit auf Wachstumskurs. Auch in Europa bleibt die Nachfrage nach
E-Lokomotiven hoch. Mit einem Wachstum von 7,8 % p. a. in den nächsten fünf Jahren liegt Afrika sogar
vor den Leitregionen Asien, GUS und Europa. Aufgrund des geringen Elektrifizierungsgrades in Nord-
und Südamerika wie auch Australien sind Elektrolokomotiven in diesen Regionen nur von marginaler
Bedeutung.«[1009]

Die Fusion *Siemens Transportion* mit *Alstom Bahntechnik* wäre eine direkte Antwort auf die Chinesen, die
jetzt erste Erfolge beim Einstieg in die europäischen Märkte verzeichnen könnten.[1010] Die EU-Kommission
hat unter ihrer Antitrust-Vorsitzenden *Margrethe Vestager* jedoch die kartellrechtliche Genehmigung

---

1007 https://de.wikipedia.org/wiki/Geschichte_der_Eisenbahn_in_Nordamerika, abgerufen 17.1.2019.

1008 Eine genaue Darstellung der Marktanteile und ihrer Entwicklungen findet sich im Excel-Format zum Download unter https://www.
       sci.de/document/news/worldwide-rolling-stock-manufacturers-2018/?no_cache=1&tx_news_pi1 %5Bcontroller%5D=News&tx_
       news_pi1 %5Baction%5D=detail&cHash=ba084a70d6f8ad881541016c802418c0, abgerufen 17.1.2019.

1009 https://www.sci.de/document/news/worldwide-rolling-stock-manufacturers-2018/?no_cache=1&tx_news_
       pi1 %5Bcontroller%5D=News&tx_news_pi1 %5Baction%5D=detail&cHash=ba084a70d6f8ad881541016c802418c0, abgerufen
       17.1.2019.

1010 Die Deutsche Bahn orderte kürzlich 16 Rangierloks von der CRRC, ein an sich unbedeutender Auftrag, nachdem Siemens-Alstom
       und Bombardier kein Interesse an diesem Auftrag hatten. Strategisch ist dies aber für die Chinesen ein großer Schritt, weil sie
       nun den Prozess der Zulassung beim kritischen Eisenbahn-Bundesamt lernen können. Und die DB signalisiert damit Gegenwehr

verweigert, weil sich die beiden Fusionspartner nicht auf die Auflagen der EU-Kartellbehörde einlassen wollten und pauschal auf das »Modell Airbus« beriefen.[1011] Hauptziel wäre die Zusammenführung der beiden Hochgeschwindigkeits-Systemzüge ICE und TGV gewesen, um auf tragfähige Kostenpositionen und Volumina zu kommen.[1012] Kritiker befürchteten, dass hier ein weiteres staatliches »Subventionsloch« gegraben worden wäre. Auch Airbus steht ja in der Kritik, vor allem aus den USA.[1013]

Der Zusammenschluss von *GE Transportation* und *Wabtec*[1014] setzt hingegen auf die Verbreiterung der Marktpräsenz und auch auf eine vertikale Integration der Wertschöpfungsebenen in der Neufahrzeugproduktion und Komponentenherstellung. GE Transportation ist weltweiter Marktführer von Diesellokomotiven, Wabtec ist eines der führenden Unternehmen im Bereich Fahrzeugkomponenten. Damit ist die US-Fraktion eher auf den Güterverkehr ausgerichtet.

Die Digitalisierung der Loks und der Systemzüge ist eines der entscheidenden technologischen Wettbewerbsfelder im Bahngeschäft. Hier geht es erstens um die Weiterentwicklungen dieses wichtigen Anwendermarktes bei der digitalen Leistungselektronik für die Antriebe, zweitens um die (Schwachstrom-) Digitaltechnik für das Hochsicherheitssystem Bahn (in Europa nach dem Standard ETCS European Train Control System), mit der auch in diesem System zentralen Bedeutung der Fahrzeug-Infrastruktur-Kommunikation, und drittens alle Systeme für die Fahrgastinformation und -unterhaltung, jeweils unter Nutzung des Internets. Zu Letzterem zählen die Systeme zur Steuerung und Information der Intermodalität, über die im Weiteren noch berichtet wird. Die Weiterentwicklung der digitalen Leistungselektronik gehört zu den Spitzentechnologie-Clustern in Deutschland.[1015] Hochleistungs-Lokantriebe sind ein wichtiges Marktsegment neben industriellen und meist stationären Elektroantrieben. Insofern wird an dieser Stelle das wohl wichtigste Segment der Digitalisierung in der Starkstromtechnik berührt,[1016] während wir uns im Übrigen in diesem Buch im Bereich der Schwachstromtechnik[1017] bewegen.

---

gegen das »Duopol« aus Siemens-Alstom und Bombardier (neben wenigen anderen wie dem Mittelständler Stadler), um sich günstige Preise zu sichern. Siehe auch Wirtschaftswoche vom 10.7.2018.

1011 Ein Hauptkritikpunkt der EU-Kommission ist die dominierende Marktposition, die die Fusionspartner in der Signaltechnik Europas zusammenbringen: 90% Marktanteil. Weiteres siehe: https://www.spiegel.de/wirtschaft/unternehmen/siemens-alstom-fusion-gestoppt-margrethe-vestager-hat-recht-a-1251796.html, abgerufen 2.7.2019.

1012 Dies dürfte aber technisch und hinsichtlich unterschiedlicher Lieferketten eine äußerst anspruchsvolle Aufgabe geworden sein, die einige Jahre in Anspruch nehmen würde. Die Franzosen haben dabei ja leider auch nicht die besten Voraussetzungen hinsichtlich der Kompatibilität ihrer Führungssysteme und der Kooperationsbereitschaft ihrer Gewerkschaften. Ob angesichts zu erwartender »nationaler Sonderregelungen«, Kämpfen um die Standorte und dem erforderlichen Zeitbedarf bis zur Inbetriebnahme einer voll integrierten neuen Systemzuggeneration der wirtschaftlich notwendige »Net Present Value« herauskommen würde, ist auch höchst fraglich.

1013 Die USA unter Trump werfen der EU vor, Airbus massiv zu subventionieren. Die EU retourniert, dass die Subventionshöhe nur dem Vorteil entspricht, den Boeing aus dem Militärgeschäft zieht, das ja auch keinem völlig freien Biet-Wettbewerb unterliegt. Die Streitschlichtungskommission der WTO erklärte Anfang Oktober 2019 Strafzölle gegen Airbus für zulässig.

1014 Wabtec Corporation (Westinghouse Air Brake Technologies Corporation) ist ein amerikanisches Unternehmen, das im November 1999 aus der Fusion der Westinghouse Air Brake Company und MotivePower Industries entstand.

1015 Cluster Leistungselektronik im ECPE e.V., »Die nächste Generation der Leistungselektronik – Leistungshalbleiter – Bauelemente mit hohem Bandabstand und deren Systemintegration«, www.clusterle.de.

1016 Die Leistungselektronik ist ein Teilgebiet der Elektrotechnik, das sich mit der Umformung elektrischer Energie mit schaltenden elektronischen Bauelementen beschäftigt. Typische Anwendungen sind Umrichter oder Frequenzumrichter im Bereich der elektrischen Antriebstechnik, Solarwechselrichter und Umrichter für Windkraftanlagen zur Netzeinspeisung regenerativ erzeugter Energie oder Schaltnetzteile.

1017 Als Sammelbegriff bezeichnet die Schwachstromtechnik Anwendungen für Signal-, Fernmelde- und Nachrichtentechnik, die meist mit schwachen Strömen und geringen Leistungen arbeiten.

18.3   Elektromobilität überall

Das Thema Energiewirtschaft in Verbindung mit der Digitalisierung haben wir in Kapitel 17 behandelt und darin auch Fragen zur *Elektromobilität auf der Straße*. Als wahrscheinlichstes Zukunftsszenario für die Straße haben wir ein »Ökosystem Mobilität« herausgearbeitet unter Mischung aller verfügbaren Energieträger. Der »disruptive« zeitnahe Wechsel zum Elektroauto für alle findet so nicht statt. Zumindest ist ein langer Übergang zu erwarten, dann dürfte aber auch der Wasserstoffantrieb seinen Marktanteil fordern.

An dieser Stelle ist ein kleiner Exkurs angesagt, der einen Blick zur Elektrizitätsfrage auf alle Verkehrsträger öffnet. Elektroantriebe im Verkehr wurden erstmals für Schienenfahrzeuge entwickelt. Nachfolgend eine kleine Auswahl aus Geschichte und aktueller Entwicklung:

Elektrolokomotiven: Eine frühe experimentelle elektrische Schienenbahn wird *Thomas Davenport* (Williamstown/Vermont, 1802 – Salisbury/Vermont, 1851), einem Schmied aus den USA, zugeschrieben. Er führte 1835 ein von einem elektrischen Motor betriebenes Modell einer Schienenbahn vor. Das Unternehmen von *Werner Siemens* baute 1879 für die Berliner Gewerbeausstellung eine zweiachsige Elektrolokomotive. Sie gilt als erste praxistaugliche Elektrolok. Die erste Elektrolokomotive, die im Dauerbetrieb zum Einsatz kam, war die 1882 von *Siemens & Halske* für die Königlichen Steinkohlenwerke Zauckerode (Osterzgebirge) gefertigte Grubenlokomotive »Dorothea«. 1901–1903 wurden von der Studiengesellschaft für Elektrische Schnellbahnen auf der Militäreisenbahn Marienfelde–Zossen–Jüterbog Schnellfahrversuche durchgeführt. Der benötigte Drehstrom wurde den Fahrzeugen über eine dreipolige Oberleitung zugeführt. Die Leistungsregelung erfolgte nicht in den Triebfahrzeugen, sondern im Kraftwerk. Der Triebwagen der *AEG* erreichte dabei eine Geschwindigkeit von 210 km/h.[1018] Beispiele für moderne Hochleistungs-Elektrolokomotiven sind *Bombardier TRAXX*, *Siemens EuroSprinter* und *Alstom Prima*. Ihr Antrieb in der Lok besteht aus durch Thyristoren gesteuerter »digitaler« Stromzuführung und den eigentlichen elektrischen Leistungsmotoren.[1019] Die erste Generation der *Hochgeschwindigkeits-Systemzüge* wurde noch mit elektrischen Triebköpfen (»Elektroloks«) versehen, so der *ICE 1* und der Alstom *TGV*. In den jüngeren Generationen der Hochgeschwindigkeits-Systemzüge sind die Antriebe unter den Waggons über den ganzen Zug verteilt, angesteuert durch Digitaltechnik. Bei dem in Deutschland entwickelten Magnetbahnsystem des *Transrapid* liegt der »Linearmotor«[1020] teils auf der Strecke – der sogenannte Wanderfeld-Stator, der den Zug in elektromagnetischem Wechsel (Digitaltechnik) nach vorn zieht und drückt. Der Schwebezustand wird durch hochfrequente Elektromagnete erzeugt (gleichfalls Digitaltechnik), die (beim System Transrapid) den Zugkörper nach oben ziehen. Die einzige Transrapidstrecke für den Regelbetrieb wurde von *Siemens/Thyssen* gebaut und 2004 in *Shanghai* in Betrieb genommen. In Deutschland wurde sehr frühzeitig über die breite Einführung der Magnetbahntechnologie nachgedacht.[1021] Viele Widerstände und grundlegende strategische Fehler führten letztlich jedes Mal

---

1018 Klaus-Jürgen Vetter: Das große Handbuch der Elektrolokomotiven, Bruckmann, München 2003.
1019 Weiteres siehe https://de.wikipedia.org/wiki/Elektrolokomotive, abgerufen 18.1.2019.
1020 Bereits vor dem elektrischen Rotationsmotor erfunden und 1854 für Charles Grafton Page in den USA patentiert (US-Patent 10480 »Improvement in electro-magnetic engines«).
1021 Z. B. bei der City Bahn GmbH in München, ein Spin-off von Messerschmitt-Bölkow-Blohm (MBB), bei der der Autor an diesem Projekt als Werkstudent 1973 mitarbeiten durfte.

zum Abbruch der Projekte. Nach dem Aus für dieses System in Deutschland wird die Siemens-Thyssen-Technik in China weiter betrieben und von der CRRC vermarktet (s. o.).

Mischsysteme aus Elektromotoren und Verbrennern sind seit jeher in der Bahn und in der Schifffahrt zu Hause: überall wo kein Stromanschluss gegeben ist und die Vorteile der Mitführung von Energie (Treibstoff) und der Hochlauf mit dem großen Drehmoment des Antriebes über Strom zu kombinieren sind – sogenannte *dieselelektrische Antriebe*. Heute werden diese Systeme alle mithilfe von Leistungselektronik digital angesteuert.

Schifffahrt: Die massive Umweltbelastung aus der »Dreckschleuder Schiff«,[1022] insbesondere wegen der Verbrennung der zuvor hoch aufzuheizenden bitumennahen Schweröle hat in jüngster Zeit zu zahlreichen Entwicklungen von reinen Elektroantrieben für Schiffe geführt. Etabliert ist der Elektroantrieb seit Jahrzehnten im *U-Boot-Bau* und bei Forschungsschiffen (siehe Kapitel 17). *Siemens* baute nun für Norwegen *Elektrofähren*, für die an den Landestellen die Batterien ausgewechselt werden. Eine Fähre allein reduziert den Treibstoffverbrauch um 63.000 Tonnen und die Kohlendioxid-Emissionen um 200.000 Tonnen jährlich.[1023] Die *Hurtigrouten* setzen ein Hybridsystem ein, bei dem – für leise Strecken im Eismeer – temporär auf Elektrobatterie-Systeme umgeschaltet wird. Damit macht die Seefahrt eine Kehrtwende, wie sie der Luftfahrt noch bevorsteht und der Autobranche Probleme bereitet: weg vom Öl, hin zum Batterieantrieb. Dutzende Schiffe sind bereits im Bau, bei denen zumindest ein Teil des Antriebs von einer Batterie gefüttert wird. Wie in der Autobranche gilt es noch, Reichweiten zu steigern und die Technologien zu verfeinern. Unbestritten aber ist: Ein neuer Markt baut sich auf, von dem auch deutsche Unternehmen profitieren werden. Siemens ist bei der Entwicklung ganz vorn dabei.

Luftfahrt: Bei kleinen *Drohnen* ist die Elektromobilität der Standard. Doch gibt es bereits Ansätze für kleinere Personen- und Lastflugzeuge. Ein Weg ist die On-Board-Stromerzeugung durch *Fotovoltaik*, getriggert durch immer leichtere Solarzellen-Technologien, bis hin zu beschichteten Folien, die zwar leicht aber noch mit relativ geringem Wirkungsgrad behaftet sind.[1024] Das Hauptproblem ist – wie könnte es anders sein – das Batteriegewicht. Auch müssten Flughäfen komplett umgebaut werden. Ein Technologieumbruch im Flugzeugantrieb steht uns trotzdem bevor. Künftig werden *Hybridantriebe*, als Kombination von Elektro- und Verbrennungsmotoren, die bisher üblichen kerosinbetriebenen *Turbinentriebwerke* ablösen. In Nischenmärkten kann es für kleinere Modelle auch zu einem reinen Elektroantrieb kommen. Ohne hybrid-elektrische Konzepte werden sich die langfristigen Umweltschutzziele nicht erreichen lassen. *Siemens* unterhält eine eigene Entwicklungstruppe zu Elektroantrieben im Flugverkehr.[1025] Tatsächlich steht die Luftfahrtbranche vor einer großen Herausforderung. Täglich verbrennen Flugzeuge 1 Mrd. Liter Kerosin. Zudem wird sich die Zahl der größeren Modelle binnen 20 Jahren auf etwa 38.500 Stück nochmals verdoppeln. Gleichzeitig soll sich aber nach dem Willen der EU-Kommission bis zum Jahr 2050 der Ausstoß schädlicher Treibhausgase je Flugkilometer um 75 % verringern und der Lärm um etwa zwei Drittel sinken. Der US-Konzern *Boeing*, der enge Beziehungen zum weltgrößten

---

1022 Mittlerweile nach Hausbrand (China), Kraftwerken und Autoverkehr der viertgrößte CO2-Emittent auf der Welt.
1023 https://www.welt.de/wirtschaft/article171461871/Diese-Schiffe-verdraengen-die-Dreckschleudern-vom-Meer.html#cs-Schwimmende-Stromer-Setting-a-Course-for-Carbon-Free-Shipping.jpg, abgerufen 18.1.2019.
1024 https://www.photovoltaik-web.de/photovoltaik/module/sondermodule/solarfolien-pv-folien, abgerufen 18.1.2019.
1025 Aussagen des Entwicklungsleiters Frank Anton bei der Siemens AG im Gespräch mit dem Autor.

Triebwerkhersteller *General Electric* pflegt, hat schon 2012 mit der Flugzeugstudie *Sugar Volt* ein Konzept für ein hybrid-elektrisches Flugzeug vorgestellt.

Einig sind sich zudem die Experten, dass ein Flugzeug mit Hybridantrieb aus Gasturbine und Elektromotor anders aussehen wird als heutige Flugzeuge. Die Triebwerke könnten einen größeren Durchmesser haben. Womöglich kommt aber auch eine höhere Anzahl an Triebwerken zum Einsatz. Noch wird heftig diskutiert, welches Konzept am erfolgversprechendsten ist, z. B. stellt man sich die Frage, wann der Schub aus der Gasturbine und wann vom Elektromotor kommen sollte.

Die *Airbus Group* beansprucht für sich bereits die führende Position in der E-Fliegerei. Unter dem Projektnamen *E-Thrust* gibt es Überlegungen für ein größeres Airbus-Flugzeug, zu dem *Rolls-Royce* und *Siemens* den Antrieb liefern könnten. Im *Ludwig-Bölkow-Forschungscampus* bei München arbeiten im Projekt *PowerLab* Unternehmen, Wissenschaft und Forschungseinrichtungen am Flugzeugantrieb der Zukunft. Untersucht wird die Eignung hybrider und vollelektrischer Antriebe für Flugzeuge und Hubschrauber.[1026]

18.4   Straßenverkehr: Angriffspunkte Elektromobilität und autonomes Fahren

18.4.1   Der disruptive Wandel in der Autoindustrie

Keine Branche in Deutschland steht vor so gewaltigen Umbrüchen wie die Autoindustrie – der Sektor in Deutschland mit der höchsten Mitarbeiterzahl, der größten Wertschöpfung, dem größten Forschungs- und Entwicklungsbudget, dem stärksten Steuerzahler. Die leicht zeitversetzten Umbrüche kommen aus vier Richtungen: (1) die Digitalisierung der Fertigung hin zur »Smart Factory«, (2) die *Elektromobilität*, (3) das *autonome Fahren*, (4) der Wandel der *Geschäftsmodelle*.

Die Erfahrung zeigt, dass grundlegende industriell-soziale Änderungen, besonders wenn sie schlagartig zu Umbrüchen führen, hohe Risiken für die betreffenden Unternehmen darstellen, insbesondere Bedeutungsverlust, technische Rückstände, Abbau von Wertschöpfung und Konkurse. An zahlreichen Branchen wurde dies in diesem Buch vorgestellt. Von all diesem ist die deutsche Autobranche bedroht, wegen der vielfältigen Angriffsflächen sogar gefährdet. Sollte diese Industrie den Wandel nicht siegreich überstehen, droht der Abstieg Deutschlands als führende Wirtschaftsnation.

Die *deutschen Autohersteller* liegen sowohl bei der *Elektromobilität* als auch bei der Entwicklung des *autonomen Fahrens* gegenüber den jeweils führenden Anbietern auf dem Globus klar zurück, wie sie nun selber eingestehen. Zu lange haben sie die Erfolge der *Neueinsteiger* und auch Marktführer *Tesla* (bei der Elektromobilität) und der Google-Tochter *Waymo* (im autonomen Fahren) übersehen. Zu lange haben die Erfolge mit den Verbrennern, mit bisherigen Geschäftskonzepten und sehr erfolgreichen Premium-Autos die Sicht auf die Zukunft verdeckt. Jetzt sind sie aber erschreckt aufgewacht und planen schlagar-

---

1026 Originalton der BMW Group Pant Spartanburg: BMW Manufacturing is the BMW Group global center of competence for BMW X models. https://www.bmwusfactory.com/manufacturing/factory-products/plant-spartanburg-vehicle-models/, abgerufen 19.1.2019.

tig gewaltige Programme, um nicht nur aufzuholen, sondern sich auch wieder neue Führungspositionen zu erkämpfen. Doch dazu später.

Automotive Smart Factory: Das Konzept der vollvernetzten digitalisierten Fabrik ist ein Kernthema der »Industrie 4.0«. Es trägt viele Facetten, die sich wie ein roter Faden durch dieses Buch ziehen. Deutschland gehört dabei zu den führenden Nationen, speziell in der Autobranche und etwa auf Augenhöhe mit *Japan* und *Korea*. Die Chinesen holen vor allem dank deutscher Unterstützung auf. Die klassischen Amerikaner *Ford* und *General Motors* liegen zwar automobiltechnisch eher zurück, betreiben aber eine Aufholjagd bei den neuen Technologien.[1027] *Tesla* ist ein Sonderfall als Neueinsteiger und aggressivster Spezialist für Elektroantrieb und Batterietechnik. *Siemens* ist Weltmarktführer bei der Fabrikautomatisierung, mit der digitalen Fabrik (»*Mindsphere*«), speziell auch bei Simulation, Planung und Implementierung von integralen Automatisierungskonzepten für die Autoindustrie. Hinsichtlich des Automatisierungsstandes gehören die deutschen Automobilkonzerne (die sogenannten OEMs Original Equipment Manufacturers) *VW*, *Daimler* und *BMW* zur weltweiten Spitzengruppe.

Komponentenhersteller: Dies trifft auch auf die Spitze der deutschen Zulieferer zu: *Bosch, Continental*[1028] und *Schäffler*[1029]. Sie sind als Komponentenhersteller stark in der Elektromobilität und autonomer Fahrzeugführung engagiert. Bosch gehört zum Beispiel zu den wichtigsten Zulieferern Teslas und wurde im Vorfeld der *CES 2019* mit zahlreichen Innovationspreisen für Elektromobilität und autonomes Fahren ausgezeichnet. Ihre integrale Kompetenz zeigten sie mit einem Konzeptfahrzeug eines fahrerlosen, elektrischen Shuttles mit integrierten Services für die Innenstadt.[1030] Daneben verfügt Deutschland über die breiteste Palette mittelständischer Zulieferer in der Autoindustrie weltweit, um deren Technologie und Nachhaltigkeit uns alle anderen Nationen beneiden. Nicht aus Zufall sind diese ein Hauptübernahmeziel chinesischer Unternehmen.

Deutschland und die USA: Die Autoindustrie ist eine der globalisiertesten Branchen überhaupt. Die deutschen Automobilhersteller und -zulieferer sind weltweit mit Fertigungen präsent, vor allem in den USA und China. Wo eine neue Autofabrik aufgebaut wird, müssen auch die Zulieferer mitziehen. *VW*, *Daimler* und *BMW* sind mit Fertigungen in China und den USA präsent, bedienen von dort sogar teilweise den Weltmarkt. BMW ist der größte Autoexporteur der USA – vor *Chrysler* und *Ford*. So etwa BMW in *Spartanburg* (USA), deren globales Kompetenzzentrum für die sogenannten Sport Utility Vehicles, SUVs[1031]. »Die Deutschen sind böse, sehr böse«, hatte Präsident *Trump* über die Verkaufserfolge der Deutschen in den USA unlängst gewettert und dabei Wesentliches unterschlagen. Aus den amerikanischen Werken von BMW und Mercedes werden jedes Jahr Fahrzeuge im Wert von zusammen rund 10 Mrd. USD in alle Welt verschifft, auch nach China. Im Falle von BMW sind es mehr als 70 % der US-Pro-

---

1027 Weiteres zu Ford siehe https://www.vision-mobility.de/de/news/ford-neue-plaene-fuer-e-autos-und-connectivity-2256.html und zu General Motors https://www.elektroauto-news.net/2018/general-motor-invest-e-mobilitaet, abgerufen 24.1.2019.
1028 Continental setzt dabei stärker auf Antriebsmix. Weiteres siehe https://www.automobil-industrie.vogel.de/faecherstrategie-continental-setzt-auf-antriebsmix-a-758832/, abgerufen 24.1.2019.
1029 Zu Schäfflers Strategie bei der Elektromobilität siehe http://motorzeitung.de/news.php?newsid=536689, abgerufen 24.1.2019.
1030 Bericht im Vorfeld der CES am 13.12.2018. https://www.vision-mobility.de/de/news/ces-2019-bosch-ueberrascht-2518.html, abgerufen 24.1.2019.
1031 BMW Group global center of competence for BMW X models.

duktion.[1032] *Mercedes* fertigt in den USA allein in *Tuscaloosa County*, Bundesstaat Alabama. Dort werden gleichfalls SUVs hergestellt, vor allem für den nordamerikanischen Markt.[1033] Wenn Trump im Handelsstreit mit China Importsteuern verhängt und sich China rächt, dann trifft es vor allem die deutsche Autoindustrie: deren Exporte aus den USA nach China und Zulieferungen deutscher Komponentenhersteller wie Bosch zu den Amerikanern, ohne die die amerikanischen Autobauer technologisch abgehängt wären. Die Hauptverlierer wären die USA und Deutschland. Das einzige US-basierte Werk des VW-Konzerns wurde 2011 in *Chattanooga*, Tennessee eröffnet. VW will auch Elektroautos in den USA bauen und *Tesla* Paroli bieten. Drei Elektromodelle sind für die USA geplant. Größte Chancen hat das Werk Chattanooga.[1034] Derzeit sucht der Konzern einen alternativen Standort – eine Milliardeninvestition, auch als »Wiedergutmachung« aus dem Abgasskandal.[1035] Erste in den USA gefertigte Elektroautos sollen von VW bereits 2020 auf den Markt kommen.[1036] Mercedes plant neun neue Elektroautos bis 2022. Zunächst liegt der Fokus aber auf Hybriden. In seine E-Mobilitäts-Offensive investiert der Daimler-Konzern 10 Mrd. €.[1037] Tesla wird in den USA nicht hauptsächlich von den »Nationalspielern« *Ford* und *General Motors* angegriffen, sondern von VW, BMW und Mercedes. Beim autonomen Fahren aber sieht es anders aus: Hier greifen die »Big Four« der I/SD-Branche in den USA an.

Deutschland und China: Mit 1,4 Mrd. Menschen ist China der größte Absatzmarkt der Erde. Innerhalb von 30 Jahren hat sich der Automarkt in China von fast null auf inzwischen 26 Mio. Neuzulassungen im Jahr gesteigert. Bis 2025 soll die Zahl der verkauften Pkws auf 35,5 Mio. steigen.[1038] Der Pkw-Absatz soll in zwei Dekaden bei 50 Mio. jährlich liegen, mehr als die Hälfte des globalen Jahresvolumens. VW verkauft heute schon die Hälfte unter seiner Marke in China. Allein im Jahr 2018 waren dies rund 4 Mio. Fahrzeuge, ein Plus von über 12 % zum Vorjahr. Die drei deutschen Premiumbauer Audi, BMW und Daimler konnten zusätzlich knapp zwei Mio. Autos verkaufen: ein Plus von 13 %.[1039] Die deutsche Automobilindustrie ist ziemlich abhängig von China. Verschlechtert sich das Geschäft in China, könnten unsere Autobauer in Schwierigkeiten geraten. Es war legitim von den Autobauern, die Marktchancen in China zu nutzen, auch wenn sie dafür Joint Ventures eingehen mussten, die den chinesischen Autobauern einen Startvorteil in der neuen Branche gebracht haben. Wer sich den Plan der Chinesen aber genau ansieht, stellt fest, dass Peking ausländischen Herstellern – ob lokalisiert nicht – keinen Platz in der nationalen *Industriepolitik* einräumt. Bis 2025 soll ein Großteil der Produktion von einheimischen Unternehmen übernommen werden. Das gilt für 80 % der Konsumgüter wie *Fernseher*, *Kühlschranke* und *Klimaanlagen*, für 80 % des *Maschinenbaus* im Land, für fast alle *Stahlprodukte* und auch für 80 % der E-Autos. Unsere Autobauer kommen im chinesischen Zukunftsplan nicht vor.

1032 https://www.tagesspiegel.de/wirtschaft/deutsche-autobauer-in-den-usa-bmw-ist-die-job-maschine-in-south-carolina/22673200.html, abgerufen 19.1.2019.

1033 Siehe: Standortübersicht Mercedes-Fertigungen. https://facts.daimler.com/fileadmin/user_upload/cars/downloads/MBC_Produktionsstandorte_PDF_ANSICHT.pdf, abgerufen 19.1.2019.

1034 https://www.electrive.net/2018/10/24/vw-plant-bau-von-drei-elektro-modellen-in-nordamerika/, abgerufen 19.1.2019.

1035 https://www.merkur.de/wirtschaft/vw-plant-milliarden-investitionen-in-nordamerika-zr-9525876.html, abgerufen 19.1.2019.

1036 Nach Aussage des VW-Nordamerika-Chefs Scott Keogh am Rande einer Automesse in Los Angeles, http://www.spiegel.de/wirtschaft/unternehmen/volkswagen-will-werk-fuer-elektroautos-in-amerika-bauen-a-1240978.html, abgerufen 19.1.2019.

1037 https://ecomento.de/2018/09/07/mercedes-benz-9-neue-elektroautos-bis-2022-geplant/, abgerufen 19.1.2019.

1038 https://www.wiwo.de/politik/ausland/bmw-audi-und-co-die-deutsche-automobilindustrie-ist-absolut-abhaengig-von-china/19786780-2.html, abgerufen 21.1.2019.

1039 https://www.wiwo.de/politik/ausland/bmw-audi-und-co-die-deutsche-automobilindustrie-ist-absolut-abhaengig-von-china/19786780-2.html, abgerufen 21.1.2019.

Wenn der E-Mobilität die Zukunft gehört, dann gehört die Zukunft China – so das Kalkül der Zentralregierung. In keinem Land der Erde wird daher *Elektromobilität* so massiv staatlich gefördert und vorangetrieben wie in China. Bereits vor 10 Jahren sprach das Zentralkomitee die Erkenntnis aus, dass emissionslose, alternative Antriebe auch für westliche Hersteller neu sind und dass China folglich, wenn es auf diese Technik setzt, Europa überholen kann. Diese Strategie wurde konsequent umgesetzt: 1,197 Mio. Weltneuzulassungen von E-Autos gab es 2017, ein Zuwachs von 58 % gegenüber 2016. Davon entfiel allein die Hälfte auf China. Westeuropa kam nur auf 285.000 Einheiten, davon Deutschland 109.731.

Dennoch: Reine Absatzzahlen oder Straßennetzkilometer machen noch keine Automobilweltmacht. Es fehlt an exportfähigen Automobilen und am Innovationspotenzial. Alles, was die chinesische Autoindustrie heute ausmacht – etwa Design, Entwicklungs- und Produktionstechnik – wurde aus dem Westen, vor allem Deutschland, importiert, dazugekauft oder via Joint-Venture-Zwang implementiert. Die E-Mobilität auf Batteriebasis, so wie China sie vorexerziert, könnte sich als Irrweg erweisen. Spätestens wenn größere Volumina an E-Automobilen in den Verkehr entlassen werden und die Stromerflotte wächst, führen strukturelle Engpässe zum Kollaps des Systems – auch in China. China kann also nur dann Autoweltmacht werden (und Deutschland ablösen), wenn dem *Verbrennungsmotor*, vor allem dem *Diesel*, seine überlegene Wettbewerbsfähigkeit genommen wird. China hat sich aber voll auf den Elektroantrieb verlegt. Scheitert diese Technik, scheitert auch Chinas Autoindustrie. Allerdings wirkt sich die Diesel-Verdammung in Deutschland vorteilhaft für die chinesischen Autobauer aus. Der Meinung der deutschen Autoexperten zufolge ist China auf dem Weg zur Autoweltmacht – allerdings »unter Strom« auf Batteriebasis.[1040] Die Pfade aus Wasserstoff und Diesel könnten aber auch in eine andere Richtung gehen. Wie in Kapitel 17 »Energiewirtschaft und Digitalisierung« gezeigt wurde, gibt es Verfahren, um Wasserstoff, der durch regenerativ gewonnenen Strom isoliert wird, in synthetischen Dieseltreibstoff umzuwandeln und auch problemlos im Tank zu speichern. Damit hätte der Diesel praktisch »Strom im Tank« und wäre sogar in der Umweltbilanz gegenüber dem System Elektroantrieb-Batterie überlegen, wie mehrfach erläutert wurde. Eine große Hürde ist allerdings die Wirtschaftlichkeit dieses Systems, vor allem wegen des relativ geringen durchgestochenen Wirkungsrades (von der Herstellung bis zum Verbrauch). Nur wenn Deutschland sein technologisches Potenzial nicht wahrnimmt, hat China eine Chance, zur führenden Automobilweltmacht aufzusteigen.

Die Amerikaner sehen die Welt ganz anders: *Tesla* hat BMW im November 2018 an der Börse überholt,[1041] obwohl *BMW* mit rund 100 Mrd. € Umsatz[1042] fast 30-mal mehr Umsatz erlöst als Tesla, die binnen einem Jahr auch noch ihren Verlust auf 700 Mio. USD verdoppelten.[1043] Das wirft aber ein Licht auf die Erwartungshaltungen der Investoren – und gänzlich falsch dürften diese ja auch nicht liegen.

1040 https://www.n-tv.de/wirtschaft/China-lacht-ueber-die-deutsche-Autoindustrie-article20542956.html, abgerufen 21.1.2019.
1041 https://www.automobilwoche.de/article/20181111/NACHRICHTEN/181119997/boersenwert-tesla-ueberholt-erstmals-bmw, abgerufen 21.1.2019.
1042 https://www.finanzen.net/bilanz_guv/BMW, abgerufen 21.1.2019.
1043 Tesla hat seinen Umsatz binnen seinem Jahr um 26 % auf 3,4 Mrd. USD erhöht. Zugleich machte das Unternehmen mehr als 700 Mio. USD Verlust, eine Verdoppelung binnen einem Jahr. Meldung »DIE ZEIT« vom 3.5.2018, https://www.zeit.de/wirtschaft/unternehmen/2018-05/elektroautobauer-tesla-elon-musk-model-3-umsatzsteigerung-verlust. Das Manager Magazin meldet im August 2018 eine Umsatzsteigerung um über 40 % auf 4,0 Mrd. USD http://www.manager-magazin.de/unternehmen/autoindustrie/tesla-verlust-steigt-deutlich-schneller-als-der-umsatz-a-1221288.html, abgerufen 21.1.2019.

Auswirkungen aus der E-Mobilität auf die Autobranche: Die Angriffe aus der Antriebstechnik spielen sich hauptsächlich unter den Fahrzeugbauern und ihren Zulieferern ab. Das sind die vorgenannten etablierten *Autohersteller*, ihre *Zulieferer*, *Neueinsteiger* wie *Tesla* und aufsteigende Mittelständler, denen die sinkende Komplexität des reinen Elektroantriebes gegenüber dem Verbrenner und erst recht gegenüber dem hochkomplexen *Hybridantrieb*, entgegenkommt. Denn: Ein Elektroantrieb hat nur etwa ein Zehntel der Komponentenzahl eines vergleichbaren Verbrennungsantriebes. Die großen Autohersteller müssen sich deshalb auf grundlegende Veränderungen einstellen. Zum einen sinkt deren Wertschöpfung mit der Folge von Mitarbeiterabbau, zum anderen haben große Zulieferer wie *Bosch* die Elektrokomponenten voll in ihrer Hand, dazu die Fähigkeit zur Integration mit Mechanik. Daraus resultieren elektromechanische Lösungen wie etwa das *Cornermodul* nahe am oder im Rad, das Antrieb, Bremsfunktionen, Sicherheit (z. B. *ABS*), Stromanschluss, Steuerung vom Lenkrad und Vernetzung mit der Bordinformatik (Fahrzeug/ Komfort/Fahrerinformation) integriert. Die Verbindungen im Informationsnetz und die Energieversorgung laufen nur noch über Kabel, womit der gesamte mechanische Antriebsstrang entfallen kann. Dadurch ergeben sich weitere Gewichtsersparnisse und Vereinfachungen. Der klassische OEM verliert dadurch an Wertschöpfung, die vom Corner-Hersteller ersetzt wird und zu dem der *Batteriehersteller* als neuer Spieler hinzutritt. Diese Vereinfachungen erlauben, dass *mittelständische Anbieter* in diesem Geschäft vordringen. Das betrifft vor allem Kleinserien und Spezialitäten. Bekanntestes Beispiel ist der *Streetscooter* der Deutschen Post, der auf eine Entwicklung aus der *RWTH Aachen* hervorgeht[1044]: ein preiswerter und relativ einfacher Elektrotransporter für die Straße. Mit 1.669 Zulassungen war der *Streetscooter* 2016 das vierterfolgreichste reine Elektroauto in Deutschland, nach *Renault* (3.157 E-Autos), *BMW* (2.864) und *Tesla*. Ursprünglich sollte der E-Transporter ausschließlich für eigene Zwecke eingesetzt werden. Das Fahrzeug ist aber so erfolgreich, dass es auch international vermarktet wird.[1045] Probleme bereiten im Frühjahr 2019 allerdings die Batterien wegen auffallend vieler sehr schwer zu löschender Brände.[1046]

18.5   Vom Fahrassistenten zum autonomen Fahren

Im Unterschied zur E-Mobility auf der Straße kommen die Treiber zum autonomen Fahren aus der *I/SD*-Branche, vor allem von den »Big Four« (Microsoft, Apple, Amazon, Alphabet) der USA. Diese arbeiten vorwiegend mit den etablierten Autoherstellern zusammen, haben aber durchaus auch den Ehrgeiz, selber in die Autoproduktion einzusteigen. Das Kapital haben sie allemal: Theoretisch könnte allein *Apple* mit seinen Finanzrücklagen alle drei deutschen Premiumhersteller der Autobranche zusammengenommen aufkaufen.[1047]

1044 Die Entwicklung geht auf Achim Kampker, bis Ende 2013 Leiter des Lehrstuhls für Produktionsmanagement an der Fakultät für Maschinenwesen der RWTH Aachen zurück, in Zusammenarbeit mit Günther Schuh, seit 2002 Inhaber des Lehrstuhls für Produktionssystematik an der RWTH Aachen, als privatwirtschaftlich organisierte Forschungsinitiative, zusammen mit 80 mittelständischen Unternehmen und zahlreichen Forschungseinrichtungen, wie dem Werkzeugmaschinenlabor WZL der RWTH Aachen. Das Unternehmen firmiert heute unter dem Namen StreetScooter GmbH.

1045 https://t3n.de/news/streetscooter-deutsche-post-814375/, abgerufen 21.1.2019.

1046 Berichtet wird, dass für die Löschung eines Brandes einer Li-Ionen-Batterie 20 Kubikmeter Wasser erforderlich sind, während ein normales Löschfahrzeug der deutschen Feuerwehr lediglich 2 Kubikmeter Wasser fassen kann. Dieses Problem verursachte auch bei Tesla-Bränden in den USA Probleme, verstärkt durch das Austreten giftiger Substanzen, die die Brandbekämpfung erschwerten und zu Verätzungen führten.

1047 Apple hat Medienberichten zufolge über 250 Mrd. USD an Reserven angehäuft – und damit mehr Barmittel als Großbritannien und Kanada in ihren ausländischen Staatsreserven zusammen. https://t3n.de/news/250-milliarden-apple-geldreserven-819710/, abgerufen 21.1.2019.

18.5.1   Die »Big Five« der USA

Microsoft setzt auf seine *Connected Vehicle Platform*: Die Microsoft-Dienste setzen auf mehreren Ebenen an, um Hersteller dabei zu unterstützen, ihren Kunden ein Plus an Flexibilität und Sicherheit zu verschaffen. Die Leistungspakete sind:

- **Telematik und prädiktive Dienste:** Telemetriedaten – von Benachrichtigungen über vorausschauende Wartungen bis hin zur »Mein Auto suchen«-Funktion.
- **Produktivität und digitales Leben:** Vernetzung des Autos mit Produktivitätsdiensten wie Skype und Cortana, die durch Sprachsteuerung die Ablenkung des Fahrers minimieren.
- **Vernetzte, fortschrittliche Fahrerassistenzsysteme:** Bereitstellung von Straßen- und Umgebungsinformationen für Fahrer oder autonome Fahrsysteme in Echtzeit.
- **Erweiterte Navigation:** kontextbewusste Streckenführung und dynamische Standortdienste (z. B. Geofencing) durch die Kombination von Navigations- und Benutzerdaten.

Darauf basierend ist Microsoft eine Reihe von Kooperationen eingegangen. Beispiele dazu sind:
- **Renault-Nissan:** setzt als erster Hersteller auf die *Connected Vehicle Platform*, nachdem sie 2016 die Partnerschaft rund um vernetztes Fahren angekündigt hatten.
- **Volvo:** Skype for Business wird in die Modelle der Volvo 90er-Serie integriert.
- **BMW:** arbeitet mit Microsoft gemeinsam an BMW Connected Vehicle, die BMW Open Mobility Cloud, basierend auf Microsoft Azure und Office 365 als Produktivitätslösung im Auto.

Weitere Partner der Automobilindustrie werden zur Entwicklung vernetzter Autos durch die Kombination von IoT, Datenanalysen, Produktivitätstools und einer globalen Cloud-Infrastruktur eingeworben.[1048]

Apple: Seit Jahren investiert Apple in die Zukunftstechnologie des autonomen Fahrens. Experten sehen den Konzern jedoch gegen die Wettbewerber als abgeschlagen. Viele der arrivierten Hersteller forschen bereits seit Längerem mit anderen Partnern am autonomen Fahren und wollen ihren Erfolg und auch ihr Know-how nicht mit Apple teilen bzw. autonom fahrende Fahrzeuge mit der eigenen Marke am Markt platzieren. Dabei hatte sich Apple bereits vor Jahren mit großen Ambitionen dem Thema »autonomes Fahren« genähert. Einst waren am Markt sogar Gerüchte umgegangen, Apple plane, ein eigenes *Apple-Car* oder *iCar*. Ein Projekt namens »*Titan*«, mit dem Apple eine Neuerfindung des Autos betrieben hatte, wurde offenbar aufgegeben. Statt die Planung eigener Autos voranzutreiben, beschränkt sich das Unternehmen darauf, Software für selbstfahrende Autos bereitzustellen. Größere Kooperationen mit Herstellern wollen Apple nicht gelingen. Die Ankündigung, im Hauptquartier von Apple selbstfahrende Personentransporter zwischen seinen Standorten in Kalifornien pendeln zu lassen, gilt in der Branche als Abgesang auf das »*Titan*«-Projekt. Dabei spielt eine neue Kooperation mit *VW* eine Rolle. Die *T6-Transporter*, mit der die Apple-Angestellten befördert werden sollen, kommen aus Wolfsburg, Apple liefert dabei die Software, die die Fahrzeuge autonom steuern soll.[1049] Zudem hatte sich Apple 2017 in einer

---

1048 https://cloudblogs.microsoft.com/industry-blog/de-de/industry/automotive/sicheres-vernetztes-und-autonomes-fahren-die-microsoft-plattform-machts-moglich/, abgerufen 5.1.2019.

1049 https://www.handelsblatt.com/unternehmen/industrie/modellprojekt-apple-kooperiert-mit-vw-bei-selbstfahrenden-autos/22596346.html?ticket=ST-1198426-GNtj7Zw2K932LTXJTwzK-ap1, abgerufen 21.1.2019.

für den Konzern ungewöhnlichen Investition mit 1 Mrd. USD am chinesischen Fahrdienstvermittler *Didi Chuxing* beteiligt.[1050]

Bleibt die Frage, welche Schritte das Unternehmen weiter unternehmen könnte, um beim Thema »autonomes Fahren«, doch noch »in die Gänge« zu kommen. Die VW-Kooperation wird als Zeichen gewertet, dass sich Apple endgültig dafür entschieden hat, beim Autothema ein Software-Dienstleister zu werden. Dazu passt auch die jüngste VW-Vereinbarung: Volkswagen setzt Apples Sprachassistent *Siri* jetzt auch als Türöffner im Auto ein, aber nur in den USA.[1051]

An der Wall Street wird immer wieder über ein mögliches Manöver spekuliert, mit dem sich Apple als ernsthafter Herausforderer von *Waymo* und *Google* positionieren könnte: Eine Übernahme von *Tesla* könnte den Weg dahin ebnen. Mit den Schulden des US-Elektroauto-Herstellers und einem Aufschlag auf den derzeitigen Aktienkurs von Tesla würde Apple bis zu 70 Mrd. USD dafür in die Hand nehmen müssen.[1052] Gefahren wird aber schon. Im Frühjahr 2018 bekam Apple die Erlaubnis zum Test selbstfahrender Autos in Kalifornien. In dem Bundesstaat dürfen insgesamt 33 Hersteller, Zulieferer und Tech-Firmen autonome Autos prüfen.

Google/Alphabet: Die Alphabet-Tochter *Waymo* ist am weitesten, wenn es um das Testen der Hard- und Software von computergesteuerten Autos im Echteinsatz geht. Rund 1,5 Mio. Meilen haben die Waymo-Autos bereits an Erfahrungen gesammelt, die gesamte Konkurrenz kommt nicht einmal auf ein Fünftel dieses Wertes. Rund 600 *FiatChrysler*-SUVs, die bereits auf den Straßen fahren, werden laut dem Unternehmen demnächst Tausende weitere Fahrzeuge folgen. Im März 2018 wurde eine Kooperation mit *Jaguar* unterzeichnet, bei der Waymo bis zu 20.000 *Land Rover* seiner Elektroflotte eingliedern darf.

Im Dezember 2018 startete Waymo den ersten kommerziellen Robotertaxidienst der Welt, geht dies aber sehr vorsichtig an: nur in einigen Vororten in der Stadt Phoenix im US-Bundesstaat Arizona, nur für rund 400 Einwohner, die den Service in den vergangenen Monaten bereits kostenlos getestet hatten. Zum Start des Dienstes sind auch menschliche Sicherheitsfahrer an Bord, die die Fahrten überwachen und im Notfall eingreifen.

Waymo ist damit seinen US-Konkurrenten *Uber* und *General-Motors* Selbstfahr-Tochter *Cruise Automation* voraus, die geplante bezahlte Fahrdienste mit selbstfahrenden Fahrzeugen noch starten müssen. *Daimler* und *Bosch* planen ebenfalls einen Robotertaxidienst. Der Testbetrieb soll 2019 anlaufen – vermutlich in San Francisco. *Volkswagens* Mobilitätstochter *Moia* will Anfang des kommenden Jahrzehnts autonome Fahrzeuge in den Stadtverkehr schicken. Der 2019 in Hamburg startende *Moia-Shuttledienst* setzt auf menschliche Fahrer, auch wenn die Selbstfahrtechnik bereits in Grundzügen an Bord ist.

Waymo hat mit *Jaguar* und *Fiat Chrysler* Lieferverträge über Zehntausende Fahrzeuge abgeschlossen, die zu *Robotertaxis* umgebaut werden. Das Unternehmen arbeitet auch an autonom fahrenden Lkws.

1050 Welt Online vom 14.6.2017, https://www.welt.de/wirtschaft/webwelt/article165516452/Apple-arbeitet-an-der-Mutter-aller-KI-Projekte.html, abgerufen 4.1.2019.

1051 https://www.t-online.de/digital/id_84774942/apple-und-vw-arbeiten-am-fernsteuerbaren-auto.html, abgerufen 21.1.2019.

1052 Tagesschau de. Vom 4.6.2018. https://www.tagesschau.de/wirtschaft/boerse/apple-autonomes-fahren-101.html, abgerufen 21.1.2019

Zudem will Waymo seine Selbstfahrtechnik auch anderen Unternehmen gegen Gebühr zur Verfügung stellen. Allerdings wächst der Druck auf Waymo, denn andere Unternehmen gehen in dieselbe Richtung. *General Motors* will ab 2019 eine große Flotte selbstfahrender Autos in Großstädten auf die Straße bringen. *Volvo* hat eine Vereinbarung mit *Uber* über 24.000 selbstfahrende Autos ab 2019 geschlossen.[1053]

Amazon: Amazon will sich die Verkehrsrevolution durch *Roboterfahrzeuge* zu Nutze machen. Der weltgrößte Online-Händler hatte bereits 2016 ein auf autonomes Fahren fokussiertes Team gebildet. Amazon geht es nicht darum, eine Fahrzeugflotte zu bauen, sondern zu klären, welche Rolle selbstfahrende Fahrzeuge bei der Zustellung von Waren spielen könnten. Amazon steht noch am Anfang. Es passt aber zu den Anstrengungen des Konzerns, immer mehr Waren in Eigenregie auszuliefern. Amazon arbeitet an der Zustellung mit autonom fliegenden *Drohnen*. Selbst ein Patent für *fliegende Warenhäuser* hat das Unternehmen angemeldet.[1054] Amazon-Mitarbeiter loten mögliche autonome Fahrfunktionen und deren Verwendungsmöglichkeiten für den *automatisierten Lieferverkehr* aus. Anders als bei Drohnen will Amazon jedoch keine eigenen Lieferwagen bauen. Dennoch bemüht sich Amazon, autonom fahrende Lkws zum Patent anzumelden. Dabei geht es um das Zusammenspiel zwischen verschiedenen selbststeuernden Lkws. Auch einen *Lkw mit 3-D-Drucker*, der auf dem Weg zum Kunden Produkte herstellt, will Amazon patentieren.[1055]

Facebook: Eigene Aktivitäten sind nicht bekannt. *Facebook* hat jedoch eine starke Multiplikatorwirkung für die Verbreitung von Beispielen und Konzepten für die Technologien des autonomen Fahrens.

Einschätzung der Technologie: Beim autonomen Fahren gilt *Waymo* in der Branche als führend. Selbst VW-Chef *Herbert Diess* gestand ein, dass Waymo dabei den Wolfsburgern voraus sei. Allerdings sind auch die Pläne der Konkurrenten ambitioniert: *GM*s Selbstfahr-Tochter *Cruise* will mit ihrem *Roboterauto-Fahrdienst* im Jahr 2019 in mindestens einer amerikanischen Stadt loslegen. Das Start-up *Drive.ai*[1056] hat seinen *Robotaxi*-Testbetrieb in Arlington, Texas vor Kurzem für alle Interessierten geöffnet. Kunden können sich dort allerdings nur zwischen einigen Gebäuden und Gebieten befördern lassen.[1057]

Waymo-Chef *John Krafcik* glaubt selber nicht, dass selbstfahrende Autos jemals komplett ohne menschliche Hilfe auskommen werden. Es werde immer Situationen geben, die sie nicht komplett autonom bewältigen könnten. Allerdings sieht er auch große Chancen für den Einsatz der Technologie. Auf einer Konferenz des Wall Street Journals sagte er, dass es der Industrie wohl niemals gelingen werde, Autos zu bauen, die zu jeder Jahreszeit und bei allen Wetterlagen autonom fahren können. »Autonomie wird immer ein paar Einschränkungen haben« und weiter: »Man weiß nie, was man nicht weiß, bevor man wirklich in einer Sache drinsteckt und versucht, sie umzusetzen«, sagte er. Das größte Potenzial für auto-

---

1053 https://www.automobil-produktion.de/hersteller/wirtschaft/waymo-kauft-tausende-selbstfahrende-fiat-chrysler-minivans-339.html, abgerufen 22.1.2019.

1054 Frankfurter Allgemeine Zeitung vom 24.7.2017, https://www.google.com/search?client=firefox-b-ab&q=amazon+autonomes+fahren, abgerufen 22.1.2019.

1055 Bericht von Golem.de am 25.4.2017, https://www.golem.de/news/lieferwagen-amazon-will-auch-autonom-fahren-1704-127467.html, abgerufen 22.1.2019.

1056 Filmische Darstellungen finden sich auf deren Homepage: https://www.drive.ai/, abgerufen 22.1.2019

1057 Manager Magazin vom 7.12.2018. http://www.manager-magazin.de/unternehmen/autoindustrie/autonomes-fahren-waymo-startet-bezahlte-robotertaxi-fahrten-a-1242372.html, abgerufen 21.1.2019.

nome Fahrzeuge sieht Krafcik derzeit im *Speditionsbereich*, wo schon in den nächsten Jahren die ersten selbstfahrenden Lastwägen auftauchen würden. Derzeit werden in den USA etwa 50.000 Lkw-Fahrer gesucht, wobei der Bedarf an Truckern in den nächsten Jahren auf bis zu 275.000 steigen soll. Für solche Fahrten seien autonome Systeme sehr gut geeignet: »Güter größtenteils auf Autobahnen von Lager zu Lager zu transportieren ist ziemlich simpel«, meint Krafcik.[1058]

Bis selbstfahrende Autos jedoch wirklich im Alltag ankämen, dürften noch einige Jahrzehnte vergehen, glaubt der Waymo-CEO. Mit dieser Einschätzung ist er nicht alleine: Eine Studie des *ADAC* (s. u.) geht davon aus, dass im Jahr 2050 nur jeder fünfte Fahrzeugkilometer ohne menschliches Zutun erfolgen könnte, wobei dieser Wert stark von den befahrenen Straßentypen abhängig ist.[1059]

18.5.2   Autonomes Fahren in China

China ist der weltgrößte Markt für *E-Mobilität* und ein Vorreiter, wenn es darum geht, Quoten für den Verkauf von E-Autos zu setzen. Mit seiner Bevölkerung von über 1,3 Mrd. Menschen sowie umfangreichen Datensammlungen der Regierung und großer IT-Firmen gilt die Volksrepublik außerdem als idealer Standort, um *autonomes Fahren* und *künstliche Intelligenz* zu entwickeln. Daher bemühen sich auch deutsche Firmen dort um eine Zulassung. Die Regierung in Peking setzt dabei den Zugang zu »*Big Data*« als Lockmittel ein. »Deutschland will weitere Märkte erschließen, gerade in China«, sagte Ministerpräsident Li im Juli 2018 gegenüber der deutschen Bundeskanzlerin »Wir sind gerne bereit, Daten zur Verfügung zu stellen.«[1060]

China treibt massiv das *autonome Fahren*, die *Elektromobilität* und die Vernetzung von Autos voran. Das Ziel der Regierung ist, dass lokale Firmen mit globalen Pionieren wie *Waymo* oder *Tesla* konkurrieren können. Die Regierung erforscht nach Angaben des Verkehrsministeriums zudem, wie die Straßeninfrastruktur an selbstfahrende Autos angepasst werden kann. China werde zurückfallen, wenn es nicht die Initiative übernehme, warnt *Xin Guobin*.

Regularien: In China droht wegen der unterschiedlichen Zuständigkeiten von Zentral- und Regionalregierungen oft ein Flickenteppich von Regeln, was technische Neuerungen wie *Fahrerassistenzsysteme* angeht. Die USA haben seit 2016 Richtlinien für Tests autonomer Fahrzeuge. Auch Japan oder Singapur sind China mehrere Schritte voraus. Selbst errichtete Hindernisse muss China noch aus dem Weg räumen – darunter militärisch bedingte Vorschriften für die Kartografie, die das Erstellen hochauflösender Karten erschweren – die für selbstfahrende Autos essenziell sind.[1061]

Konsumenten: Im Rahmen einer Umfrage von *McKinsey* zeigten 98 % der chinesischen Konsumenten ein Interesse an der Nutzung autonomer Fahrzeuge. In Deutschland lag das Ergebnis bei nur 69 % und

---

1058 Manager magazin vom 7.12.2018. www.manager-magazin.de/unternehmen/autoindustrie/autonomes-fahren-waymo-startet-bezahlte-robotertaxi-fahrten-a-1242372.html, abgerufen 22.1.2019.

1059 https://www.wired.de/article/waymo-chef-autos-werden-niemals-komplett-autonom-fahren, abgerufen 21.1.2019.

1060 Bericht vom Treffen zwischen Bundeskanzlerin Merkel und dem chinesischen Premierminister Li Kequiang in Berlin, 10.7.2018, https://de.reuters.com/article/deutschland-china-auto-idDEKBN1K018R, abgerufen 22.1.2019.

1061 https://www.car-it.com/neue-richtlinien-fuer-autonomes-fahren-in-china/id-0055987, abgerufen 22.1.2019.

auch in den USA antworteten so nur 70 % der Befragten. McKinsey geht davon aus, dass die Kosten für autonom geführte Mietfahrzeuge zwischen 2025 und 2030 denen von bemannten Taxis entsprechen werden.[1062]

Technologieplattform Apollo: Das vom Internet-Unternehmen *Baidu* gegründete *Konsortium Apollo* gilt als führende Technologiegruppe für autonomes Fahren in China. Dabei verfolgt das Unternehmen einen sogenannten Open-Source-Ansatz und arbeitet bereits mit mehr als 130 Partnern aus Industrie und Wissenschaft zusammen, darunter auch *Microsoft, Continental, Bosch* und *Audi. Volkswagen* ist 2018 dem Apollo-Vorstand beigetreten und will Expertise im autonomen Fahren federführend für weitere Konzernmarken in China aufbauen. Auch *BMW* hat einen Sitz in diesem Gremium.[1063]

BAIC und Baidu: Der Internet-Konzern *Baidu,* der unter anderem die gleichnamige in China recht bekannte Suchmaschine betreibt, will bereits in einigen Jahren nahezu *autonom* fahrende Autos in sehr großer Zahl auf den Markt bringen. Die Flotte soll das Ergebnis einer Zusammenarbeit mit dem chinesischen Automobilkonzern *BAIC* sein. BAIC wird die Produktion der Autos übernehmen, während Baidu die Technologie fürs autonome Fahren beisteuert. Das Internet-Unternehmen betreibt bereits seit Längerem die Plattform *Apollo* für autonome Technologien. An dieser sind 50 Partner beteiligt, darunter etwa *Audi, Bosch, BMW, Continental, Microsoft, Intel, Nvidia, Tomtom* und die chinesischen Unternehmen *Cherry Automobile, Great Wall Motors* und *Changan Automobile.*[1064]

Baidu möchte die Software für die Fahrzeuge offen entwickeln, so Baidu-Chef *Robin Li.* Diese wird dann jedem kostenlos zur Verfügung stehen. Grundlage soll das Betriebssystem *DuerOS* sein, das für Autos angepasst werden soll. Mit der Software wird Baidu sich um die Bereiche *Internetsicherheit, Bilderkennung* und *autonomes Fahren* kümmern. 2019 sollen die ersten Wagen auf den Markt kommen, die im autonomen Fahren *Level 3* erreichen. Diese Fahrzeuge können in bestimmten Situationen allein fahren, haben aber weiterhin ein Lenkrad und müssen generell vom Fahrer gesteuert werden. *Level 4* soll 2021 erreicht werden – das Auto fährt dann die meiste Zeit allein, aber der Fahrer kann jederzeit übernehmen. Darüber, wann *Level 5* erreicht werden kann, macht Baidu keine Angaben. Auf diesem Level fahren Autos komplett autonom, ohne dass ein menschlicher Fahrer eingreifen kann.[1065] Allein *Baidu* will in den nächsten drei Jahren fast 1,3 Mrd. € in 100 verschiedene Projekte investieren. Ehrgeiziges Ziel des Konzerns ist, bis 2020 straßentaugliche Technologie für komplett autonome Fahrzeuge zu entwickeln.[1066]

Tencent: Auch Chinas größtes Internet-Unternehmen, die Investment-Holding *Tencent,* arbeitet an *selbstfahrenden Autos.* Bisher hat Tencent die Technologie rund um das autonome Fahren in Shenzhen in

1062 https://t3n.de/news/alibaba-autonome-fahrzeuge-1025248/, abgerufen 22.1.2019.
1063 Pressemeldung 2.11.2018, https://www.automobilwoche.de/article/20181102/NACHRICHTEN/181109989/autonomes-fahren-in-china-volkswagen-steigt-bei-baidu-plattform-apollo-ein.
1064 Automobilwoche vom 2.11.2018, https://www.automobilwoche.de/article/20181102/NACHRICHTEN/181109989/autonomes-fahren-in-china-volkswagen-steigt-bei-baidu-plattform-apollo-ein, abgerufen 22.1.2019.
1065 https://www.trendsderzukunft.de/autonomes-fahren-der-schritt-zur-massenproduktion-kommt-aus-china/, abgerufen 22.1.2019.
1066 Christiane Kühl, car IT 18.4.2018, https://www.car-it.com/neue-richtlinien-fuer-autonomes-fahren-in-china/id-0055987, abgerufen 22.1.2019.

China getestet, in der von der Staatsregierung ausgerufenen »*Metropole des autonomen Fahrens*«. Nach Meldungen chinesischer Presseorgane hat der Anbieter verschiedener Internetdienste Anfang April 2018 damit begonnen, *autonome Fahrzeuge* in den Vorstädten von Peking zu testen.[1067]. Vor Kurzem wurde zudem bekannt, dass man sich nun auch im Silicon Valley engagieren will und sich vertraglich auf das digitale Kartenmaterial der deutschen *HERE* (s. u.) verpflichtet.[1068]

Alibaba: Nach *Baidu* und *Tencent* bekräftigte auch *Alibaba*, dass der Konzern Straßentests mit autonomen Fahrzeugen durchführt. Das hat der chinesische E-Commerce-Riese gegenüber der *South China Morning Post* bestätigt. Nach Angaben der Publikation, die selbst zur Alibaba-Gruppe gehört, finden die Tests bereits regelmäßig statt. Ziel sei die Entwicklung vollständig autonomer Fahrzeuge. Wie weit sich Alibaba diesem Ziel bisher genähert hat, bleibt allerdings unklar.[1069] Alibaba ist bereits in der Luft und beliefert Kunden im *Shanghaier* Jinshan-Industriepark per Lieferdrohnen mit Essen und Paketen. Wer in der Gegend arbeitet, erhält seine Bestellungen im Schnitt innerhalb von 20 Minuten.[1070]

JD.Com: Das Unternehmen ist nach Alibaba der zweite große Konkurrent von *Amazon*, investiert massiv in das *autonome Fahren, Lieferdrohnen* und *vollautomatische Logistikzentren*. In Changsha (Provinz Hunan) sollen alle Aspekte des autonomen Fahrens primär in der Logistik angewandt werden. Zudem hat JD massiv in die Flotte automatisierter Fahrzeuge investiert, um die Effizienz zu steigern. Seit September 2018 baut man E-Transporter in Kooperation mit *SAIC* und *Dongfeng*. Die Investitionen werden von der chinesischen Regierung gefördert.[1071,1072]

Changan: Der Staatsriese *Changan Automobile Co.* kündigte an, demnächst die Produktion eines kompakten Crossover mit Autonomie Level 2[1073] zu starten. *Volvo*-Eigentümer *Geely* heuerte den schwedischen Spezialisten für Sicherheitssysteme, *Autoliv*, und dessen Software-Joint-Venture *Zenuity* an, um Fahrassistentensysteme der dritten Ebene zu entwickeln, mit denen das Auto in den meisten Situationen selbst fährt.[1074]

Byton: Dieses Spin-out des chinesischen Unternehmens *Future Mobility Corporation (FMC)* für Elektromobilität und autonomes Fahren vergleicht sich erst gar nicht mit etablierten Wettbewerbern, sondern setzt eigene Maßstäbe. *Carsten Breitfeld*, Mitgründer, CEO und ehemaliger *BMW*-Manager, propagiert eine grundlegende Neudefinition des Automobils mit dem Leitspruch »We don't want to improve the car, we want to improve people's lives«. Erst vor Kurzem kündigte er an, bereits im April 2019 die Produktion des *Elektro-SUV M-Byte* hochzufahren – Rekordzeit, wenn man bedenkt, dass die Marke noch keine zwei Jahre am Markt existiert. Wie das Beispiel Byton zeigt, ist deren Automobil-Know-how ein aktueller Importschlager im Reich der Mitte –»Made in Germany« wird dort auch künftig einen hohen Stellenwert

---

1067 https://t3n.de/news/alibaba-autonome-fahrzeuge-1025248/, abgerufen 22.1.2019.

1068 https://www.autonomes-fahren.de/tencent-here/, abgerufen 22.1.2019.

1069 Meldung von t:n am 17.4.2018, https://t3n.de/news/alibaba-autonome-fahrzeuge-1025248/, abgerufen 22.1.2019.

1070 https://aiomag.de/lieferdrohnen-und-lieferroboter-china-gibt-vollgas-12540, abgerufen 22.1.2019.

1071 https://www.autonomes-fahren.de/jd-investiert-in-changsha/, abgerufen 22.1.2019.

1072 Weiteres zu JD Com, insbesondere zu deren Logistik- und Shop-Konzepten siehe https://www.wiwo.de/futureboard/jd-com-mischt-alibaba-auf-jd-com-speerspitze-der-kuenstlichen-intelligenz/23116970-2.html, abgerufen 22.1.2019.

1073 Level 2 bedeutet teilautomatisiertes Fahren, wobei das Auto einzelne Fahraufgaben übernimmt, bei gleichzeitiger Längs- und -Querführung des Fahrzeugs.

1074 https://www.car-it.com/neue-richtlinien-fuer-autonomes-fahren-in-china/id-0055987, abgerufen 22.1.2019.

besitzen. Deutscher Ingenieurgeist kombiniert mit chinesischer Software-Expertise und dem Zugriff auf lokale, kostengünstige Produktionsstandorte bergen ungeahnte Potenziale. Mit dem Wegfall des festgeschriebenen Zwangs eines chinesischen Joint-Venture-Partners ab 2022 eröffnen sich zudem neue Zusammenarbeits- und Beteiligungsmodelle an der Schwelle zum weltweit größten Mobilitätsmarkt.[1075]

18.5.3   Autonomes Fahren bei deutschen und europäischen Anbietern

Audi hat einen Level-3-Fahrassistenten [1076] in der Schublade, den der Autobauer aber mangels passender Gesetzgebung in Deutschland nicht auf die Straße bringen darf, und im Koalitionsvertrag ist nur verzeichnet, dass die Regierung bis zum Ende der laufenden Legislaturperiode eine Gesetzgebung bis zum Level 5 [1077] des autonomen Fahrens auf den Weg bringen will. Das wäre dann 2021. Bis dahin rollen in China wohl Abertausende Fahrzeuge autonom durch die Städte.

Die Verzögerungen führen dazu, dass vor allem Europa im Rennen um das autonome Fahren rettungslos abgehangen wird – und dies, obwohl die hier ansässigen Unternehmen sich massiv für das autonome Fahren einsetzen. Doch nur, wer in der Lage ist, seine Fahrzeuge auch in großen Flächenversuchen in der realen Welt einzusetzen, wird auch die nötigen Erfahrungen machen. Dass *Daimler* sein *Level-4-Auto* in Peking statt in Berlin oder Paris einsetzen muss, spricht Bände und zeugt von der Dringlichkeit, mit der man die Gesetzeslage ändern muss.

Es bedeutet aber auch, dass die europäischen Hersteller aufhören müssen, bei der Entwicklung autonomer Fahrzeuge ihre eigenen Ziele verfolgen. Im Moment sammeln die Hersteller ihre Daten getrennt. Jeder lernt seine Systeme auf einem eigenen Weg an. Es ist aber nicht effektiv, wenn die Industrie getrennte Systeme entwickelt, die im Grunde am Ende alle dasselbe können müssen. Statt die gesammelten Daten wie einen Schatz zu hüten, sollte man sie zusammenlegen und untereinander teilen. Nur so werden die europäischen Hersteller der drohenden technologischen Übermacht aus China etwas entgegensetzen können.

Ein gutes Beispiel für diese Art der Zusammenarbeit gibt es schon. Den für das autonome Fahren wichtigen Kartendienst *HERE* hat die deutsche Industrie schon vor einigen Jahren zusammengekauft. HERE gehört den deutschen Autobauern *Audi*, *BMW* und *Mercedes-Benz*, sowie den beiden Zulieferern *Bosch* und *Continental*. Eine chinesische Beteiligung scheiterte im Jahr 2018 wegen Intervention aus den USA. Weitere Partner von HERE sind *Amazon*, *Intel*, *Pioneer*, *Esri*, *Nvidia*, *Mobileye*, *Oracle* und *DJI*.

HERE zählt mittlerweile zu dem wichtigsten Anbieter in dem Bereich. Jüngst hat er auch den bisherigen Branchenprimus *Google Maps* vom Thron gestoßen und hat nicht nur vor, die Erde zu kartografieren,

---

1075 Wirtschaftswoche vom 16.1.2019: https://www.wiwo.de/unternehmen/auto/innovationen-neue-wege-statt-imitation-wie-chinas-autobauer-die-deutschen-ueberholen/23873384.html, abgerufen 22.1.2019.

1076 Level 3 bedeutet **hochautomatisiertes Fahren:** Die Steuerung des Fahrzeuges erfolgt via Computer, wobei der Fahrer auf Anforderung das Lenkrad übernimmt.

1077 Level 5 bedeutet vollautonomes Fahren, das heißt dass das System während der Fahrt jegliche Situation bewältigen kann sodass keinerlei Eingriff durch den Fahrer mehr erforderlich ist. Im Unterschied dazu definiert sich Level 4 »hochautomatisiertes Fahren« so, dass die Steuerung des Fahrzeuges via Computer erfolgt, wobei der Fahrer auf Anforderung das Lenkrad übernimmt.

sondern auch den Luftraum abzustecken. Außerdem engagiert dieser sich verstärkt beim Warentracking und im Indoor-Bereich.[1078]

Es ist Zeit, dass die europäische Autoindustrie das *HERE-Modell* auch bei der Entwicklung des autonomen Fahrens übernimmt.[1079]

Umsetzung auf Deutschlands Straßen: Die massenhafte Verbreitung autonomer Fahrzeuge auf Deutschlands Straßen wird noch mehrere Jahrzehnte in Anspruch nehmen. Frühestens 2040 ist laut *ADAC*-Studie mit den ersten autonomen Systemen zu rechnen, die auch für die Landstraße geeignet sind. Auch danach soll die Entwicklung nur schleppend vorangehen. Im Jahr 2050 soll nur jeder fünfte Fahrzeugkilometer ohne menschliches Zutun erfolgen können. »Während auf Autobahnen schon gut 40 % der Fahrleistung automatisiert erbracht werden könnten, sind es auf Landstraßen noch weniger als 4 %«, schreiben die Autoren. Dabei könnten autonome Fahrzeuge ihr *Sicherheitspotenzial* vor allem auf Landstraßen entfalten: Dort werden heute mit 60 % die meisten Verkehrstoten verzeichnet. Die Autoren beschäftigen sich auch mit der Übergangszeit, in der autonom und menschlich gesteuerte Fahrzeuge parallel im Straßenverkehr unterwegs sein werden. Durch die lange Lebensdauer eines Fahrzeugs wird es wohl eine ganze Weile dauern, bis nur noch Fahrzeuge auf dem Markt ankommen, die zumindest die Autobahn autonom meistern können. Nach einem optimistischen Szenario der Studie sollen im Jahr 2030 bis zu 2,1 Mio. Fahrzeuge mit »*Autobahnpilot*« auf Deutschlands Straßen unterwegs sein. Erst ab 2040 soll es in größerer Zahl Autos geben, die komplett autonom fahren können.[1080]

18.5.4   Weitere Kooperationen deutscher Hersteller

Daimler und *BMW* prüfen eine umfangreiche Kooperation beim *autonomen Fahren*. Angedacht ist eine Zusammenlegung der Entwicklungsaktivitäten, sogar Patente könnten sich die Unternehmen gegenseitig offenlegen. Mit der Zusammenarbeit wollen die beiden Autobauer die milliardenschweren Entwicklungskosten beim Zukunftsthema »autonomes Fahren« senken und einen Industriestandard etablieren.

Die oben genannte und Anfang 2019 bekannt gemachte Kooperation zwischen *Volkswagen* und *Ford* im Bereich Fahrzeugentwicklung und Elektromobilität soll später auf selbstfahrende Autos, Mobilitätsdienste und Elektroautos ausgeweitet werden.[1081]

Die deutschen Autobauer setzen bei der Entwicklung von Elektrofahrzeugen und autonomem Fahren, wie oben gezeigt wurde, besonders auf den riesigen chinesischen Markt. Allein *Volkswagen* will dort zusammen mit dem Partner *FAW* und anderen chinesischen Unternehmen bis 2022 insgesamt 15 Mrd. €

1078 https://www.autonomes-fahren.de/tencent-here/, abgerufen 22.1.2019.
1079 https://ngin-mobility.com/artikel/china-gewinnt-das-rennen-um-das-autonome-auto/, abgerufen 22.1.2019.
1080 Bericht von wired, 19.10. 2018, https://www.wired.de/article/adac-studie-bis-zum-autonomen-fahren-dauert-es-noch, abgerufen 21.1.2019.
1081 Manager Magazin vom 21.1.2019, http://www.manager-magazin.de/unternehmen/autoindustrie/bmw-und-daimler-pruefen-kooperation-fuer-autonomes-fahren-a-1249046.html, abgerufen 21.1.2019.

in diese Zukunftsthemen und deren Erforschung investieren. *BMW* baut künftig mit dem Autobauer *Great Wall* Elektroautos in China.[1082]

18.6   Zeithorizonte

Elektromobilität: Die Deutschen sind dramatisch ins Hintertreffen geraten. Trotz Produktionsproblemen und einer teilweise schlechten Verarbeitungsqualität wird *Teslas* Model 3 zum absoluten Mega-Seller. In den USA hat der Kompaktstromer die Konkurrenz quasi weggebombt. Tesla hat in den USA den Stromer *BMW* i3 zum Ladenhüter werden lassen. Die Münchner haben ihren einstigen Elektro-Zeitvorteil verspielt.[1083]

Jetzt blasen die deutschen Hersteller zu Aufholjagd. Bei *Mercedes* soll bis 2022 das gesamte Portfolio elektrifiziert sein, bei *Smart* bereits 2020. Bei Autobatterien arbeitet *Daimler* mit der chinesischen *CATL* zusammen.[1084] Auch *BMW* ist aufgewacht. Bis 2025 werden 25 elektrifizierte Fahrzeuge angepeilt. Neben den rein elektrifizierten Modellen wird BMW zudem auf *Plug-in-Hybride* setzen. Das China-Geschäft soll massiv vorangetrieben werden. Als erster ausländischer Automobilhersteller hat BMW eine Vereinbarung mit ihrem lokalen Partner *Brilliance* zur Übernahme der Mehrheit am Joint Venture *BMW Brilliance Automotive* geschlossen. Des Weiteren wurde ein neu ins Leben gerufenes Joint Venture mit dem Namen »*Spotlight Automotive Limited*« für die Entwicklung und Produktion elektrischer Fahrzeuge in China am Markt positioniert.[1085] Bei *VW* findet unter dem neuen Vorstandsvorsitzenden *Herbert Diess* ein dramatischer Strategieschwenk statt.[1086] Bis 2023 beabsichtigt *Volkswagen* eine Wende hin zur Elektromobilität. Laut Beschluss des Aufsichtsrats vom November 2018 soll die enorme Summe von 44 Mrd. € in Elektromobilität, das autonome Fahren, Mobilitätsdienste und Digitalisierung investiert werden. VW beabsichtigt mit dieser Strategie, bei den E-Autos der Zukunft die Nummer 1 zu werden.[1087]

Da niemand so genau weiß, wie schnell sich das Breitengeschäft in der E-Mobilität entwickelt und den Markt durchdringt, setzen die deutschen Hersteller auf Fertigungslinien, in denen Verbrenner, Hybride und reine E-Autos gemeinsam hergestellt werden können. Das ist heute mit der voll-digital gesteuerten und vernetzten Fabrik schon möglich, selbst wenn wir an der optimalen »*Smart Factory*« noch nicht ganz angekommen sind. So können die Produzenten flexibel auf die Nachfrage reagieren, welches Antriebskonzept auch immer gewünscht wird.

Autonomes Fahren: Nach der oben zitierten *ADAC*-Studie liegt die Einführung des autonomen Fahrens in Deutschland im Jahr 2030 bei Autobahnen bei geschätzter 40 %iger Durchdringung. Dagegen ist im

1082 Reuters vom 10.7.2018, https://de.reuters.com/article/deutschland-china-auto-idDEKBN1K018R, abgerufen 22.1.2019.
1083 https://www.focus.de/auto/elektroauto/bmw-i4-2021-nach-tesla-schock-bmw-baut-jetzt-doch-den-i4-aber-zu-spaet_id_9784822.html, abgerufen 23.1.2019.
1084 https://www.elektroauto-news.net/elektroautos/mercedes, abgerufen 23.1.2019.
1085 https://www.elektroauto-news.net/2018/bmw-konsequenter-ausbau-elektromobilitaet, abgerufen 23.12.2019.
1086 https://www.wiwo.de/unternehmen/auto/neue-volkswagen-strategie-elektromobilitaet-soll-die-wende-bringen/14876586-2.html, abgerufen 23.1.2019.
1087 https://www.elektormagazine.de/news/vw-investiert-44-milliarden-in-elektroautos.

gemischten Stadtverkehr erst 2040 auch nur eine marginale Präsenz (geschätzte 4 %) zu erwarten.[1088] Dominant autonomer Verkehr dürfte sehr viel später kommen. Eine Vollpräsenz, auch in kritischen Sondersituationen, etwa bei schwieriger Witterungslage wird von Fachleuten heute ausgeschlossen. Dies sagt selbst der CEO des Markführers *Waymo*, wie oben zitiert.

48 % der Unternehmen in der deutschen Automobilbranche sind der Meinung, dass selbstfahrende Autos schon in 15 Jahren breit etabliert sein werden. 2 % glauben sogar an eine schnellere Durchsetzung. 15 % erwarten den Durchbruch in 20 Jahren, 29 % rechnen mit 25 Jahren oder länger. Nur 6 % sind überzeugt, dass sich das autonome Fahren nie breit durchsetzen wird. Das zeigt eine repräsentative Befragung der *Bitkom*.[1089]

18.7   Engpass Straßenverkehrsinfrastruktur

Ausschlaggebend für die Penetration der Märkte, sowohl bei der *Elektromobilität* als auch beim *autonomen Fahren* sind zweifellos die technisch-wirtschaftliche Verfügbarkeit und die Kundenentscheidungen. Daneben gibt es aber auch andere Hürden, wie etwa ungeklärte Umwelt- und Technologiefragen,[1090] die Bereitstellung von Rohstoffen[1091] und die Stromversorgung, die bereits mehrfach angesprochen wurde (siehe v.a. Kapitel 17 »Energiewirtschaft und Digitalisierung«). Eine zentrale Rolle spielt dabei auch die *Verkehrsinfrastruktur*. Wie oben gezeigt, wird sich vor allem das autonome Fahren je nach Straßentyp, Fahrspur und Sondersituation sehr unterschiedlich verbreiten. Als Erstes werden *Autobahnen* den autonomen Verkehr beflügeln, voraussichtlich im *Lkw-Verkehr*, dabei wahrscheinlich auch durch die Bildung von »virtuellen Güterzügen«. Sehr viel später kommt der gemischte Innenstadtverkehr. Die Entwicklung haben wir aber in unserer Hand. Denn wenn wir den Verkehr entmischen – das heißt zum Beispiel Trennung des autonomen Verkehrs vom fahrergesteuerten Auto – dann könnte hier der Vormarsch des autonom fahrenden Autos stark beschleunigt werden, etwa um 10 Jahre. Hierbei sind natürlich »Greenfield«-Situationen bevorteilt, wo neue Straßen und Highways gebaut werden, am Rande von Metropolen, im interurbanen Verkehr. Da haben die USA und China zweifellos einen Standortvorteil gegenüber der verdichteten Bebauung, der alten Wegenetze, der restriktiven Genehmigungspraxis in Deutschland[1092] und der extrem langen Umsetzungsprozesse für neue Verkehrswege, sei es auf der Schiene, auf der Straße und für Flughäfen (z. B. *Berlin Brandenburg*). Leider sind wir Deutschen darin wohl das Schlusslicht auf der Welt. Ein Hochindustrieland, das weiter eine Führungsposition in der Welt halten will, kann sich das eigentlich gar nicht leisten. Dieses Thema wird in Kapitel 22 »Smart Government« vertieft.

1088 Bericht von wired, 19.10. 2018, https://www.wired.de/article/adac-studie-bis-zum-autonomen-fahren-dauert-es-noch, abgerufen 21.1.2019.

1089 https://www.bitkom.org/Presse/Presseinformation/Jedes-zweite-Automobilunternehmen-erwartet-Durchbruch-fuer-autonomes-Fahren-bis-2030.html. https://www.mediadefine.com/page,aktuelle-nachrichten-it-management,automobilbranche-autonomes-fahren-2030-realitaet,0,0,40,0,de.htm.

1090 Wie berichtet sind dies insbesondere offener Streit um die Bewertung der verschiedenen Belastungsparameter (CO2, Feinstaub, NOx, Feinststäube und andere) vor allem Belastung durch die Batterietechnik, die Dieselfrage nach Einführung der Harnstoff-Katalysatoren, neueste Wasserstoff-Kohlenstoff-Entwicklungen und Speichertechnologien.

1091 BMW hat z. B. entschieden, Lithium und andere für die Batterietechnik notwendige Rohstoffe selber direkt einzukaufen und diese dann den Batteriezulieferern für deren Fertigung zur Verfügung zu stellen. Hintergrund sind vergleichbare Modelle im Verbund mit anderen Zulieferern, z. B. für Aluminium.

1092 Genannt wurde in diesem Artikel z. B. die Genehmigung von Testfahrt-Strecken in Deutschland, weshalb die deutschen Anbieter auf China ausweichen.

Die Verkehrssituation in Deutschland ist an einer kritischen Grenze angekommen. Der *Verkehrsinfarkt* steht bevor, insbesondere in den Metropolen, wenn das Steuer nicht radikal umgeworfen wird. Dies betrifft Straße und Schiene in ähnlichem Maße. *München* ist deutscher Meister im Verkehrsstau. Der autonome Straßenverkehr allein wird dieses Problem nicht lösen, sondern noch verstärken, wenn wir nicht zusätzlich eingreifen, denn das autonome Auto wird nach Entladung so lange leer durch die Straßen weiterfahren, bis es den alten Fahrgast (oder einen neuen) wieder aufgenommen hat. Denn Parkplätze gibt es fast überall zu wenig und erst recht keine ausreichende Zahl von Ladestationen, wenn der Massenandrang kommen sollte. Die Probleme dezentraler Ladestationen sind nämlich ungelöst.[1093] Wir bräuchten anstelle konventioneller Parkhäuser sogenannte »*Parkmaschinen*«, spezialisiert auf autonome E-Autos, in denen automatischer Vertikaltransport, verdichtetes Parken und konzentrierte »getaktete« und automatisierte Elektroladung angeboten werden.[1094] Das autonome Auto wird im gemischten Verkehr nicht schneller vorankommen als das personengeführte. Und der Mischverkehr in verdichteten Siedlungen wird technisch erst relativ spät möglich sein, wie gezeigt wurde.

Beschleunigung des autonomen Verkehrs: Wir können aber die Einführung des *autonomen Fahrens* um ca. 10 Jahre beschleunigen, wenn wir dafür gesonderte Straßen oder zumindest abgetrennte Fahrspuren zur Verfügung stellen. Damit kann auch der Fahrzeugdurchsatz pro Spur um mindestens 30 % erhöht werden. Dies wird in gewachsenen Stadtbereichen nur begrenzt möglich sein. Deshalb muss man sich auch überlegen, auf mehrere Ebenen zu gehen, also den Verkehr vertikal zu trennen. Auf diese Weise wäre es sogar möglich, von der Ideologie der »*autogerechten Stadt*« aus den 60er Jahren des 20. Jahrhunderts Abstand zu nehmen und – wo möglich – die volle »Ebene 0« dem Bürger zurückzugeben: für Freizeit, Fußgänger und Radverkehr. Der autonome Straßenverkehr kann dabei hoch konzentriert auf schmalen Spuren ebenerdig, auf einer höheren Ebene oder direkt unter der bisherigen Straße geführt werden. Legt man die autonome Fahrstrecke auf eine höher gelegte Ebene wird die vormalige Straßen- oder Verkehrsfläche für weitergehender Nutzungen frei und kann sogar baulich zu einem lang gestreckten »*Fahrhaus*« eingefasst werden, das in mehreren Ebenen Büroraum, Gewerbe, Freizeit (Ebene 0) und Verkehr (Ebene 1) vereint. Die vertikale Verbindung ist (im äußeren Bereich) durch Rampen, im inneren durch automatisierte paternosterartige Aufzüge mit Linearantrieb[1095] herzustellen. Das Modell könnte sich durch die Freisetzung von zuvor verkehrsgebunden Flächen, die sogar über mehrere Stockwerke vervielfachbar sind, sogar selbst finanzieren: durch Maut (von den autonomen Fahrzeugen), die automatisch nutzergerecht abgebucht wird und durch Mieten für Büro, Gewerbe, Gaststätten, Freizeiteinrichtungen. Auch die Park- und Ladeproblematik könnte entschärft werden, indem Fahrhaus und *Parkmaschinen* zu einem System verbunden werden. In den menschenleeren Parkmaschinen parken die leeren Fahrzeuge mit mehrfacher Dichte (kein Türenöffnen und keine Verkehrsflächen) autonom und erhalten Ladestrom per App-Steuerung. Die Gemeinden wären durch die Maut und die zusätzlichen Gewerbe-

---

1093 Näheres dazu siehe z. B. die Studie »Erforderliche Lade-Infrastruktur für Elektromobilität und daraus abgeleitete Konsequenzen für EV-Charging Geschäftsaktivitäten« von Dr. Frank Höhne, Delta4 Consulting, verfügbar unter https://www.brsi.de/events/studien_details.php?id=900.

1094 Dieses und Weiteres siehe das Forschungs- und Entwicklungsprojekt MMI Metropolitan Mobility Infrastructure des Autors gemeinsam mit dem Mathematiker Dr. Helmuth Blaseio. Kontakt über den Autor.

1095 Das »Vertikalkonzept« wurde in Rücksprache mit thyssenkrupp entwickelt, die die Technologie und Erfahrung aus dem Transrapid mit horizontalem Linearmotor-Antrieb auf die Vertikale übertragen haben. Die daraus resultierende von einem Linearmotor angetriebene Zelle kann automatisch, mit der IT der Fahrzeugführung verbunden, die Fahrzeuge aufnehmen, sogar nach Bedarf horizontal verlegen und sowohl die höher oder niedriger gelegte autonome Fahrbahn als auch die Parkmaschine und die »Ebene Null« verbinden.

einahmen entlastet. Und es könnte schnell und preisgünstig (durch Standardisierung und Vorfertigung) gebaut werden. In historischen Straßenräumen, bei denen derartige gestalterische Eingriffe nicht gewünscht sind, kann man die autonome Fahrstrecke im Tagebau direkt unter die Straßenplatte verlegen. Das wäre allerdings teurer, würde länger dauern und sich nur teilweise über Maut finanzieren.[1096] Dies alles ist aber nur möglich durch leistungsfähige Digitalisierung, Stromversorgung, Elektromobilität (um Abgase in den geschlossenen Fahrräumen auszuschließen) und der besagten autonomen Fahrzeugführung, zur Verdichtung und sicheren Führung des Fahrzeugverkehrs.[1097]

Weitere Medizin gegen den Verkehrsinfarkt: Das vorgenannte Modell reicht natürlich nicht allein aus, um dem *Verkehrsinfarkt* zu entgehen, der uns in den meisten *Metropolen*, in vielen Städten und sogar im *Fernverkehr* erwartet. Weitere Mittel müssen koordiniert eingesetzt werden. Wir erwarten ja, dass sich das Geschäftsmodell der Autohersteller nachhaltig wandelt, hin zum Mobilitätsanbieter. Sie stellen also Fahrzeuge bereit und engagieren sich an Informationssystemen zur Verkehrsführung. Damit dürfte das Modell der bedarfsweisen Nutzung von autonom geführten Fahrzeugen in den Vordergrund treten: weniger Autos im persönlichen Besitz; mehr Fahrzeuge, die nach Bedarf gerufen und genutzt werden – das autonome Taxi für alle. *BMW* und *Daimler* betreiben dieses Geschäft ja bereits beim konventionellen *Carsharing*-Geschäft, das sie im Dezember 2018 fusioniert haben,[1098] um damit letztlich *Uber* eine geballte Kraft entgegenzusetzen. Wie bereits angesprochen kann die Menge der gleichzeitig fahrenden Autos und des ruhenden Verkehrs aber nur dadurch nachhaltig reduziert werden, wenn diese Fahrzeuge von Fahrer zu Fahrer ohne längere Leerfahrten dazwischen weitergegeben werden oder wenn mehrere Nutzer gleichzeitig die Fahrzeuge nutzen: das Modell »*Sammeltaxi*«. Das reicht aber bei Weitem nicht aus, wie jüngste Erfahrungen in *New York* zeigen. Dort hat die Uber-Flotte so zugenommen und dem öffentlichen Nahverkehr so viele Fahrgäste entzogen, dass dadurch das Aufkommen von Einzelfahrzeugen um 70.000 gleichzeitig fahrende Uber-Autos angestiegen ist. Dies wurde bereits besprochen. Der Bürgermeister hat darauf die Vergabe weiterer Lizenzen gestoppt. Entscheidend ist die *Fahrgastbündelung*. Um dies umfänglicher zu realisieren, sind auch größere Fahrzeuge einzusetzen, also autonom fahrende »Sammler«. Diese könnten die Brücke schlagen zum *Busverkehr,* und damit – die genannten Einschränkungen und Voraussetzungen eingerechnet – zum *öffentlichen Nahverkehr.* Folgt man dieser Logik noch einen Schritt weiter, dann lautet die Prognose, dass (autonomer) Individualverkehr und öffentlicher Nahverkehr ineinander migrieren und damit auch gemeinsam auf separaten Trassen geführt werden können. Dies ist allerdings ein anderes Modell als das zuvor beschriebene des autonom geführten, elektromobilen »Pkws«, das ja nur einen kleinen Trassenquerschnitt braucht. Das Modell des durch die Autonomisierung möglichen ineinander migrierten »privaten« Verkehrs, des »*autonomen Carsharings*« und des autonomen öffentlichen Verkehrs öffnet konsequenterweise auch die Tür zu neuen *Finanzierungsmodellen*, angefangen von der Kostenerhebung (automatische Nutzungserfassung bis zur Abbuchung, ermöglicht durch *I/SD*), über *Trassennutzungsgebühren*, Verbrauchserfassungen (alles automatisiert)

1096 Mit der Verlegung des autonomen Fahrweges unter die Straßenebene könnte auch der in vielen Städten längst fällige Austausch der unterirdischen Ver- und Entsorgung verbunden werden, indem diese in offen zugängliche Versorgungstrassen verlegt werden, die leichter zu warten sind.

1097 Das Gesamtkonzept wurde im vorgenannten Projekt MMI Metropolitan Mobility Infrastructure vom Autor gemeinsam mit dem Mathematiker Dr. Helmuth Blaseio entwickelt, durchgerechnet und in Gesprächen mit der Industrie und der öffentlichen Hand verifiziert. Rückfragen bitte über den Autor.

1098 Kartellrechtliche Genehmigung zur Fusion von Drive Now und Car2go im Dezember 2018. https://blog.mercedes-benz-passion. com/2018/12/der-weg-ist-frei-letzte-behoerde-genehmigt-fusion-von-car2go-und-drivenow/, abgerufen 24.12.2019.

bis hin zu Eigentumsrechten (private Beteiligungen, Mobilitätsanbieter aus der Industrie, professionelle Investoren, öffentliche Hand usw.), die sogar sekundenschnell und global gehandelt werden können, etwa über *Blockchain*. Diese Kombination verspricht, durch die große Menge, durch bedarfsgesteuerte Wegeführung, durch bedarfsgerechte Auswahl der Fahrzeuggröße und -typen eine höhere Auslastung der Fahrzeuge, weniger Verkehr, weniger Energiebedarf und weniger Unfälle. Ein Traum? Nicht ganz: Wir müssen dazu aber die Protagonisten an einen Tisch bringen und Pilotprojekte starten. Sonst kommen wir auch hier zu spät.

18.8   Intermodalität

Aber selbst diese Medizin reicht nicht aus. Konsequenter Verbund zwischen allen Verkehrsträgern ist erforderlich, also der bedarfsorientierte Wechsel zwischen Straße, Schiene, Luft und Wasser. Dazu müssen die *Informationssysteme* für die Fahrgäste bereitgestellt werden, eine Abstimmung der Schnittstellen (Wechselpunkte unter den Verkehrsträgern, Abstimmung der Fahrpläne, Erfassung und Abrechnung der Nutzungsgebühren) und koordinierte Bereitstellung der Kapazitäten, bedarfsgerecht, idealerweise aus Buchungen, Nutzerdaten, Sensorik, Muster- und Bilderkennung ermittelt – letztlich auch wieder ein Thema für den Einsatz *künstlicher Intelligenz* oder – einfacher konzipiert – durch Berücksichtigung wichtiger Erfahrungs- und Einflussgrößen: Lastverläufen (Berufsverkehr, Strom, Wasser, Fernsehen), aktuellen Umständen (Wetter, Großveranstaltungen) usw. Das ist zweifellos ein großes Unterfangen. Einzelne Verkehrsträger wie die *Deutsche Bahn* machen, wie berichtet, derzeit den Anfang. Dies trifft auch nicht nur auf den *Personenverkehr* zu, sondern auch auf den *Gütertransport* und dies muss zur weiteren Optimierung auch verbunden, vernetzt und abgestimmt erfolgen – etwa durch Kapazitätszuweisungen und Priorisierungen.[1099] Der größte Nutzenbeitrag ist sicherlich aus intermodalen Informations- und Steuerungssystemen zu erwarten, also aus der sprichwörtlich *allumfassenden Digitalisierung*. Technisch ist das und wird das zweifelsfrei möglich. Die eigentlichen Hürden liegen bei der Bereitschaft und Fähigkeit zur Zusammenarbeit unter den vorgenannten Protagonisten, vor allem der öffentlichen und der privaten Verkehrsträger. Das kann die Umsetzung durchaus um 10 Jahre und mehr verzögern. Dann stehen wir aber bereits mitten im totalen Verkehrsinfarkt, bei Personen, bei Gütern, im Nah- und im Fernverkehr. Kein Land auf der Welt ist davon so bedroht wie Deutschland: durch Egoismen der Einzelnen, Ansprüche zur Durchsetzung angeblicher persönlicher Rechte, Bürokratien, überzogene Regularien, dichte und veraltete Infrastrukturen und als immer noch stärker belastetes Transitland mitten in Europa. Weiteres wird dazu im Kapitel 22 »Smart Government« behandelt.

1099   Beispiel Bahn: Hier hat z. B. der Personenverkehr tagsüber Vorrang, der Güterverkehr nachts.

19 Online-Handel und -Vertriebsplattformen

Der weltweit größte Online-Marktplatz ist China, in dem fast die Hälfte des weltweiten E-Commerce-Absatzes anfällt. Platzhirsch ist hier Alibaba mit seiner Plattform-Tochter Tmall. Der Weltmarktführer Amazon dominiert mit großem Abstand den Online-Handel in seinen Kernländern USA, Deutschland, Japan und Großbritannien. Im Online-Handel findet derzeit eine Konsolidierung statt: Kleine Anbieter werden abgedrängt, die großen gewinnen. Amazon kann seine dominierende Stellung mit 47 % Marktanteil im deutschen Online-Geschäft noch weiter ausbauen, auch dank hervorragender Kundenbewertungen im Service. Amazon besetzt zunehmend Marktnischen und dringt zunehmend in den stationären Markt ein, in dem es vor allem die etablierten Warenhäuser bedroht. Der stationäre Einzelhandel in Deutschland hat eine erfolgreiche Gegenbewegung gestartet und verbucht zunehmende Marktanteile im Online-Geschäft. Erfolgsfaktoren dabei sind hohe Professionalität, Differenzierungsstrategien und Kundenkenntnisse bzw. Kundendaten, die sich auch im stationären Geschäft gut generieren lassen.

19.1 Definitionen und Eingrenzung

Online-Handel und Online-Vertriebsplattformen sind Teil des E-Commerce. Neben dem eigentlichen Online-Handel werden dazu auch *Streaminggeschäfte* und Leistungen im Sektor *Kundenservice* und *Online-Banking* gerechnet. Dieses Kapitel richtet sich auf das Konsumgeschäft (Business-to-Consumer, B2C). Das professionelle Handels- und Plattformgeschäft (Business-to-Business, B2B) mit seinen Abertausenden von spezialisierten Händlern, Plattformen und Lösungsanbietern wird hier nicht behandelt. Lediglich das Geschäft mit *Software as a Service* (*SaaS*) nehmen wir hier nochmals auf (siehe Kapitel 10).

Im Kapitel 3 »Der Weg zur allumfassenden Digitalisierung« wurden repräsentativ für die drei Regionen USA, China und Deutschland die jeweils führenden Online-Händler und Marktplattformen im B2C-Segment vorgestellt, nämlich *Amazon* (Händler und Plattform, USA), *eBay* (Plattform, USA), *Alibaba* (Händler und Plattform, China), *JD.com* (Händler und Plattform, China), *Otto-Group* (Händler und Plattform, Deutschland) und *Zalando* (Händler, Deutschland).

19.2 Weltmarkt

Das weltweite Marktvolumen beim E-Commerce beträgt 2019 etwa 1,82 Bio. €. Laut Prognose wird im Jahr 2023 ein Volumen von 2,48 Bio. € erreicht; dies entspricht einem jährlichen Umsatzwachstum von 8,0 %. Größtes Marktsegment ist die Modebrache mit einem Volumen von 542 Mio. € im Jahr 2019.[1100] Gemessen an den E-Commerce-Umsätzen stellte China im Jahr 2018 mit 529 Mrd. € das stärkste Land dar. Die USA folgten mit einem Umsatzvolumen in Höhe von knapp 430 Mio. € auf dem zweiten Platz.[1101]

1100 Statista Analyse Oktober 2018.
1101 Datenbasis Statista DMO.

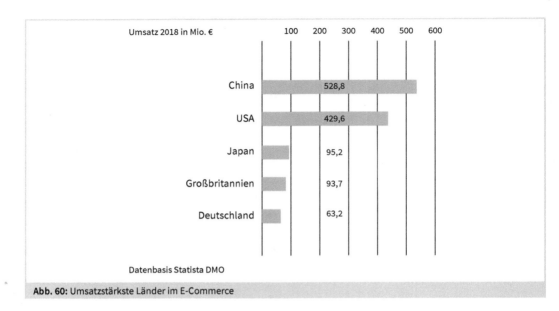

Umsatz 2018 in Mio. €

	Umsatz
China	528,8
USA	429,6
Japan	95,2
Großbritannien	93,7
Deutschland	63,2

Datenbasis Statista DMO

Abb. 60: Umsatzstärkste Länder im E-Commerce

In vielen Ländern der Welt beherrschen drei große Player den Online-Handel: die beiden amerikanischen Riesen *Amazon* und *eBay* sowie die chinesische Handelsplattform *Alibaba*. Die zunehmende Bedeutung des E-Commerce spiegelt sich auch in deren Umsatzentwicklung wider. In einem Ranking der umsatzstärksten Onlineshops weltweit belegte *amazon.com* mit einem E-Commerce-Umsatz in Höhe von rund 58 Mrd. € den ersten Platz.

Umsatz in Mrd. € 2017

Shop	Umsatz	Segment	Umsatz
Amazon Welt	57,9	Generalist	
Apple	18,3	Generalist	
Walmart	12,4	Bekleidung	
Amazon GER*	10,2	Elektronik	
Amazon UK*	6,8	Elektronik	
Homedepot	5,2	Generalist	
Bestbuy	4,7	Bekleidung	
Macys	4,1	Elektronik	
Tesco	3,8	Food, Bank, Kleidung	
Target	3,5	Generalist	

Quellen: Geschäftsberichte, Pressemitteilungen, Unternehmenswebsites
* In Welt enthalten

Abb. 61: Die weltgrößten Onlineshops

19.3 Markt China

China ist der weltweit größte E-Commerce-Markt. Knapp die Hälfte des globalen *E-Commerce*-Umsatzes wird hier getätigt – fast eine Billion USD. Schätzungen gehen davon aus, dass der Anteil von China am weltweiten E-Commerce-Umsatz bis zum Jahr 2020 auf 60 % ansteigen wird. Mit einer zweistelligen jährlichen Wachstumsrate wird sich darin der *Online-Einzelhandel* von 17 % der Gesamtausgaben im Konsumgeschäft im Jahr 2017 auf 25 % im Jahr 2020 hocharbeiten. Damit setzt China globale Standards für das gegenwärtige und zukünftige Geschäftsmodell. Getrieben wird dies durch Erstnutzung von Mobilgeräten, innovative soziale Netze und vertrauenswürdige digitale Zahlungssysteme. 415 Mio. Konsumenten sichern das Wachstum. E-Business trägt auch den grenzüberschreitenden internationalen Einzelhandel und ebnet Marken den Weg nach China schneller als nur durch das Online-Geschäfte allein. Das boomartige Wachstum des E-Commerce-Sektors hat die Aufmerksamkeit der Regierung auf sich gezogen und diese bewogen, dieses Wachstum noch zu unterstützen. China schreibt derzeit das erste E-Commerce-Gesetz, mit dem Transaktionssicherheit, Urheberrechte und Konsumentenschutz abgesichert werden sollen.

Was *eBay* im »Westen« ist, ist Tmall.com in China. *Tmall* ist eine Plattform, die von *Alibaba* betrieben wird und über die mehr als 50 % des B2C-Handels abgewickelt wird. Als Ergänzung wird die Cross-Border-Plattform Tmall Global betrieben, welche auf den Verkauf von ausländischen Produkten orientiert ist und auch Firmen ohne Firmensitz in China den Produktverkauf in China ermöglicht. Per Stand Mai 2018 sind bereits 18.000 Marken aus 74 verschiedenen Ländern dort vertreten.[1102]

Ein wichtiges Instrument für den E-Commerce in China sind die national etablierten *Apps* für Smartphones und Desktop-Plattformen. Die App-Entwicklung in der westlichen Welt folgt meist einem Muster: Ein Nutzungszweck pro App, es bleibt simpel. Dagegen sind die chinesischen Apps umfassende Alleskönner – etwa *WeChat*. Damit können die fast 900 Mio. Nutzer nicht nur chatten, sondern auch online shoppen, im stationären Einzelhandel bezahlen, Stromrechnungen bezahlen, Arzttermine buchen, Jobs suchen, Kinotickets buchen und vieles mehr.[1103]

PwC identifizierte neun Trends in seiner E-Commerce-Studie, wonach sich China deutlich vom Ausland (vor allem den USA und Europa) abhebt:

1. **Neuerung des Einzelhandels**
   a) Migration der Händler in Omni-Channel-Vertriebskonzepte. Vergleichsweise hohe Nutzung von Onlineshopping (52 % vs. 46 % stationär).
   b) Nutzbarmachung von Kundendaten. 3rd-party-Datenplattformen gewinnen an Bedeutung.
2. **Entertainment- und Social-Media-getriebener E-Commerce**
   a) E-Commerce verbunden mit Entertainment: *Alibaba's Tmall*-Plattform dominiert den B2C-Kommerz in China mit 53 % Marktanteil, jedoch über 97 % nutzen diese als Online-Suchmaschine.
   b) Innovationen an den Schnittstellen Mobile und soziale Medien: höhere Mobile-Nutzung für E-Commerce als in anderen Weltregionen: China 52 % vs. weltweit 14 %. 41 % der Chinesen nutzen soziale Netze zum Empfang von Kaufempfehlungen.

1102 https://www.unit-m.de/china-als-ecommerce-markt-zahlen-und-fakten/, abgerufen 30.1.2019.
1103 https://blog.searchmetrics.com/de/china-research-cloud-ecommerce/, abgerufen 27.1.2019.

c) Soziale Medien lenken die »Customer Journey« im End-to-End-Konsumgeschäft.

d) Rolle der Key Opinion Leader: 29 % der Konsumenten in China nutzen soziale Medien, um zu sehen, welche Marken en vogue sind und was die »Internet-Berühmtheiten« empfehlen. Zum Vergleich: 13 % der Kunden weltweit.

3. **Neue Wachstumssegmente**

a) Die Segmente Kleidung und Elektronik sind gereift und weisen nur noch niedriges Wachstum aus. Die neuen Online-Wachstumssegmente sind schnelllebige Konsumgüter und Lebensmittel.

b) Luxusgüter treten in den Vordergrund, nachgefragt von jungen Käufern. Damit große Chancen für neue Luxusgüter-Webseiten (BNP-Studie: Nur 21 von 34 untersuchten Luxusmarken haben eine Webseite).

c) Initiiert von Präsident *Xi Jinping*, treten Sport und Gesundheit in den Vordergrund des Interesses. Hierbei sind Online-Wachstumsraten von 11 % zu erwarten (zum Vergleich: Der gesamte Apparel-Markt weist ein Wachstum um die 5 % aus).[1104]

19.4   Markt USA

Insgesamt ist der US-amerikanische E-Commerce-Markt 398 Mrd. USD schwer – davon entfallen rund 26 % auf die zehn führenden Unternehmen. Wie in Deutschland ist auch auf der anderen Seite des Atlantiks *Amazon* die unangefochtene Nummer eins. 2017 erwirtschaftete der Versandriese in seinem Heimatmarkt über amazon.com fast 53 Mrd. USD Umsatz (nur Direktverkäufe und somit ohne den Umsatz des Marktplatzes). Auf Platz zwei folgt mit deutlichem Abstand *walmart.com* (14 Mrd. USD) vor apple.com (6,3 Mrd. USD).[1105]

19.5   Markt Deutschland

Der Umsatz im deutschen E-Commerce-Markt wird für 2019 mit rund 69, 3 Mrd. € geschätzt und für das Jahr 2023 mit einer jährlichen Wachstumsrate von 7,8 % auf einen Wert von 86,3 Mrd. € prognostiziert. Größtes Marktsegment im Jahr 2019 sind Elektronik und Medien mit einem Umsatz von 21,17 Mrd. €.[1106] Seit 2015 findet eine langsame aber deutliche Konsolidierung statt. Die Gewinner sind die Großen, vor allem Amazon. Die kleineren Shops verzeichnen bei der Umsatzentwicklung einen Abwärtstrend. So hat sich der deutsche E-Commerce-Markt in den vergangenen Jahren stark konzentriert. Rund 40 % des Gesamtumsatzes von den Onlineshops fielen auf die zehn größten Anbieter. Die 90 Shops hinter den Top Ten kommen gemeinsam gerade einmal auf 11,8 Mrd. € Umsatz.[1107] m Jahr 2017 wollten 90 % der Shops mobil erreichbar sein, etwa 36 % verfügten über eine eigene App. Um die Kundenloyalität zu stärken, sind heutzutage *Loyalty-Programme* und die Anbindung an soziale Netzwerke für Webshop-Betreiber unerlässlich. Einen Shop in sozialen Netzwerken präsent zu machen ist extrem wichtig, aber allein reicht das nicht aus, zumal viele Unternehmen diese Kanäle auch nicht richtig nutzen, weil einfach

---

1104 PwC-Studie »Total Retail 2017: eCommerce in China – the future is already here«. https://www.pwccn.com/en/retail-and-consumer/publications/total-retail-2017-china/total-retail-survey-2017-china-cut.pdf, abgerufen 28.1.2019.

1105 https://www.e-commerce-magazin.de/die-zehn-fuehrenden-online-shops-den-usa.

1106 https://de.statista.com/outlook/243/137/ecommerce/deutschland, abgerufen 28.1.2019.

1107 https://www.stores-shops.de/technology/die-konzentration-bleibt-hoch/ abgerufen 4.10.2019.

das Wissen nicht vorhanden ist oder nicht ausreichend in Social-Media-Marketing investiert wird. Viele Shops haben mittlerweile eigene Loyalty-Programme vergleichbar mit *Amazon Prime*. Meistens werden zusätzliche Rabatte, exklusive Artikel oder Events angeboten. Im Gegensatz zu Amazon Prime steht also nicht der schnellere Versand im Vordergrund und es gibt natürlich keine Videoinhalte wie bei Prime.

Aus diesem Grund sind auch fast alle Shops der Top-100-Gruppe (s. o.) in sozialen Netzwerken präsent. Dabei liegt *Facebook* mit 95,1 % ganz vorn, gefolgt vom sozialen Netzwerk Google Plus mit 83,8 %, das aber 2018 offiziell eingestellt wurde.[1108] Auch relativ neue soziale Kanäle wie *Instagram* (64 %) und *Pinterest* (55,3 %) werden kräftig genutzt [1109] Wenn man jedoch Googles Trendaussagen folgt, liegt Facebook (wie übrigens auch *Xing*) längst auf Abwärtsfahrt.

19.6   Marktführer Amazon

Rund 46 % des Online-Handelsgeschäftes in Deutschland läuft über Amazon. Neun von zehn Deutschen bestellen dort.[1110] Und die Dominanz von Amazon wächst dramatisch. So zeichnete der US-Konzern für den überwiegenden Teil des deutschen Marktwachstums in Höhe von 4,7 Mrd. € im Jahr 2017 verantwortlich. Der Umsatz von Amazon selbst legte im besagten Jahr um 1,1 Mrd. € zu und der Umsatz von Händlern auf dem Amazon Marketplace um 2,1 Mrd. €. In Abb. 62 findet sich eine Gegenüberstellung der zehn größten Onlineshops in Deutschland.

Umsatz in Mio. € 2017

Shop	Umsatz	Segment	Umsatz
Amazon	8,816	Generalist	
Otto Group	2,956	Generalist	
Zalando	1.281	Bekleidung	
Notebooksbilliger	751	Elektronik	
Mediamarkt	734	Elektronik	
Lidl	594	Generalist	
Bonprix	591	Bekleidung	
Cyberport	533	Elektronik	
Conrad	494	Elektronik	
Alternate	472	Elektronik	

Quellen: Geschäftsberichte, Pressemitteilungen, Unternehmenswebsites

Abb. 62: Die 10 größten Onlineshops in Deutschland

1108 Laut Presseberichten vom 22.3.2018 z. B.: https://www.t-online.de/digital/internet/id_85452624/google-plus-stellt-seinen-dienst-ein-inhalte-jetzt-sichern-.html, abgerufen 25.3.2019.
1109 https://www.internetworld.de/e-commerce/zahlen-studien/online-handel-waechst-kleinen-shops-nachsehen-1392937.html, abgerufen 28.1.2019.
1110 Untersuchung der Unternehmensberatung PricewaterhouseCoopers (PwC) bei einer Umfrage 2017.

Ähnlich stark wie in Deutschland ist Amazon in *Japan*, den *USA* und *Großbritannien*. Im Rest der Welt ist der Konzern nicht ganz so erfolgreich. Im globalen Durchschnitt liegt der Anteil der Amazon-Nutzer unter den Online-Einkäufern bei 56 %. Die großen Online-Anbieter bauen ihre Marktmacht kontinuierlich aus, zulasten des stationären Handels. Das zeigt sich auch im lukrativen Weihnachtsgeschäft. Hier muss sich der stationäre Handel auf weiter rückläufige Geschäfte einstellen.[1111]

Dass Amazon den Online-Handel so dominiert, liegt an der konkurrenzlos breiten Produktvielfalt, an den günstigen Preisen und der schnellen Auslieferung. Auf *Amazon.de* werden knapp 160 Mio. Produkte angeboten. Die Preisführerschaft versucht Amazon durch Einkaufsvorteile und systematische Preisvergleiche (*Data-Mining*) abzusichern. Die Händler auf der Amazon Plattform müssen Best-Preis-Angebote vorweisen. Zum Tagesgeschäft gehört selbstverständlich die systematische Preisvergleichssuche mittels interner (»Smart Data«-)Datenbanken und externer Plattformen. Zunehmend nutzen Online-Händler aus Billigregionen in Fernost die Amazon-Plattform, gründen deutsche Töchter oder erscheinen unter deutschen Namen. Diese können dann dank Vor-Ort-Einkäufen konkurrenzlos günstige Preise anbieten. Danach können aber Probleme sowohl für die deutschen Endkunden entstehen als auch für Amazon: etwa Lieferung von Produkten, die nicht den europäischen CE-Standards entsprechen oder bei denen die Preiserstattung nach Rückgabe überhaupt nicht vorgesehen ist. Größte Herausforderungen im B2C-Geschäft generell sind *Fake-Bewertungen* und die Priorisierungen schwacher Produkte über Search Engine Marketing (SEM).[1112]

Amazons Interesse und die zu lösende Herausforderung bei der Kundengewinnung liegen darin, dem Nutzer in den Suchergebnissen genau diejenigen Produkte anzuzeigen, die er mit größter Wahrscheinlichkeit zunächst anklicken und anschließend kaufen wird. Um diese Aufgaben zu meistern, geht Amazon in zweistufig vor. Im ersten Schritt werden aus dem riesigen Sortiment diejenigen Produkte herausgefiltert, die inhaltlich grundsätzlich zu der Suchanfrage passen. Im zweiten Schritt werden die gefilterten Produkte sortiert und angeordnet. Diese Anordnung wird durch einen *Rankingalgorithmus* festgelegt. Zur Bestimmung der Kaufwahrscheinlichkeit werden zwei Gruppen von Faktoren berücksichtigt. Die erste Gruppe von Faktoren sind Performance-Faktoren. Sie bilden die vergangene Leistung des Produktes bzw. den Erfolg bei Kunden ab und werden mit den Metriken Klickrate (engl. *Click-through-rate*, *CTR*), *Conversion Rate* und Absatz erfasst. Die zweite Gruppe von Faktoren sind die *Relevanzfaktoren*. Mithilfe der Relevanzfaktoren wird ermittelt, wie gut ein Produkt inhaltlich zu der Suchanfrage passt. Die Relevanz wird maßgeblich mithilfe von *Keywords* ermittelt.[1113] Händler, die sich erfolgreich auf der Amazon-Online-Marktplattform positionieren wollen, sollten die Methodiken Amazons genau studieren.

Unter den Generalisten wurde Amazon 2018 bei einer Untersuchung von 33,3 % der Befragten als bester Händler bezeichnet. Damit verwies der Händler starke Konkurrenten wie *eBay* (9,4 %) und *Otto* (6,8 %) mehr als deutlich auf die Plätze. Der Bedarfskauf landet heute fast ausschließlich bei Amazon. Viele

---

1111   Bericht DW: Online-Handel: Internet verschmilzt mit echter Welt. Vom 6.11.2018 https://www.dw.com/de/online-handel-internet-verschmilzt-mit-echter-welt/a-46169067, abgerufen 28.1.2019.

1112   Search Engine Marketing steht als Oberbegriff für Search Engine Optimization (SEO) und Search Engine Advertising (SEA).

1113   Eine genauere Anleitung, wie Online-Händler die Amazon-Plattform optimal nutzen gibt u. a. sellics: https://sellics.com/de/blog-amazon-seo-ranking-algorithmus, abgerufen 25.3.2019.

Konsumenten nutzen bei der Recherche nach Produkten gar nicht mehr *Google*, sondern gehen direkt in die Suchmaske von Amazon.[1114]

Die Marktmacht Amazons ist den *Kartellbehörden* seit Langem ein Dorn im Auge. Im November 2018 nahm zum Beispiel das deutsche *Bundeskartellamt* den Online-Riesen ins Visier. Die Behörde leitete ein Missbrauchsverfahren gegen den US-Konzern ein. Das Amt prüfte die Geschäftsbedingungen und Verhaltensweisen von Amazon gegenüber den Händlern. Hierzu gehört insbesondere das sogenannte »*Starway to hell*«. Konkret meint man damit, dass Amazon den Erfolg einiger Händler mit bestimmten Produkten bzw. in bestimmten Nischen über den Marketplace kontrolliert, zumal Amazon ja alle Daten hat. Ist es nun lukrativ für Amazon, ebenso in dieses Segment einzusteigen, kann es schnell passieren, dass Amazon eigene Produkte (z. B. *Amazon Basic*) in diesem Segment produzieren lässt und diese anschließend selbst im Marktplatz positioniert. Der Händler verliert dann immer mehr Umsatz und aus einer Nische ist ein Segment mit mehreren Anbietern geworden. Amazon gewinnt also in jedem Fall.

In ihrer Doppelrolle, die Amazon einnimmt – als der mit Abstand größte Online-Händler in Deutschland und dazu noch führender Internet-Marktplatz – fungiert Amazon als eine Art »*gatekeeper*« (Torwächter) gegenüber Kunden, so die Kartellwächter. Diese Doppelrolle birgt das Potenzial für Behinderungen von anderen Händlern auf der Plattform.[1115] Hinzukommt die Tatsache, dass Amazon möglicherweise bereits eine höhere Bedeutung als Produktsuchmaschine hat als Google selbst.

In diesem Zusammenhang ist noch auf *Amazon Echo* zu verweisen und das dazugehörige Conversational User Interface (Sprachassistent) *Alexa*, die mittlerweile untersagten *Dash-Buttons*[1116] sowie *Amazon Prime*. Alexa und Prime dürften über die sogenannten Lock-in-Effekte Amazons Marktmacht nachhaltig zementieren.

Besonders rentabel für Amazon ist deren *S3 Cloud* – eine mietbare IT-Infrastruktur. Diese nutzen auch *Netflix* & Co. (siehe unten).[1117] Ihr Simple Storage Service (*Amazon S3*) ist ein Objektspeicherdienst, der branchenführende Skalierbarkeit, Datenverfügbarkeit, Sicherheit und Leistung bietet.[1118]

1114 Bericht des Handelsblatts vom 14.5.2018. https://www.handelsblatt.com/unternehmen/handel-konsumgueter/studie-deutschlands-beste-haendler-nach-amazon-kommt-lange-nichts/22163426.html?ticket=ST-972107-apdrRPdTvzXfQeIcoC1Y-ap1, abgerufen 27.1.2019.

1115 Bericht u. a. auf Tagesschau am 29.11.2018. https://www.tagesschau.de/wirtschaft/amazon-kartellamt-101.html, abgerufen 25.3.2019.

1116 Die WLan-Bestellknöpfe ermöglichen Prime-Mitgliedern, per Knopfdruck Waschmittel, Windeln oder Zahnpasta zu bestellen. Da sich Amazon das Recht vorbehält, den Preis zu erhöhen oder Kunden ein anderes Produkt zu schicken, hatte das Oberlandesgericht München die Buttons im Januar 2019 für unzulässig erklärt – und so Kritikpunkte der Stiftung Warentest bestätigt. Trotz seiner jüngsten Entscheidung will der Konzern das Urteil nicht akzeptieren. https://www.test.de/Dash-Buttons-Amazon-nimmt-Bestellknoepfe-vom-Markt-5079271-0/, abgerufen 12.4.2019.

1117 Zum diesbezüglichen Amazon-IT-Angebot siehe: https://aws.amazon.com/de/s3/pricing/, abgerufen 25.3.2019.

1118 Zu deren Inhalten siehe: https://aws.amazon.com/de/s3/, abgerufen 25.3.2019.

19.7   Streaminggeschäfte und Software as a Service (SaaS)

Digitalprodukte und -dienstleistungen sind prädestiniert für reine Online-Vertriebsformen. Innovative Online-Vertriebsmodelle sind *Streamingdienste* und Software-Dienstleistungen (SaaS). Hier konnten sich Unternehmer positionieren, die ganze Branchen digitalisiert haben. Ein Beispiel dazu lieferte *Bertelsmann* mit der vollständigen Digitalisierung seines Musikgeschäftes.[1119]

Musikstreaming: Marktführer beim Musikstreaming ist *Spotify*. Musikstreaming nimmt großen Einfluss darauf, wie Musik gehört und verbreitet wird. Spotify ist kein neutraler Kanal, sondern greift auch als Akteur ins Geschehen ein: Was in der Musiklandschaft heute zählt oder nicht, entscheidet Spotify zu großen Teilen mit seinen Algorithmen mit. Damit reiht sich die Streaming-Plattform in die Kette großer und mächtiger Digitalunternehmen wie *Facebook* oder *Google* ein. Die Vormachtstellung in der Streaming-Branche nutzt das Unternehmen gekonnt aus, um seine Marktanteile noch weiter auszubauen. Dabei gibt Spotify vor, auf der Seite der Musik zu stehen, befriedigt aber tatsächlich vor allem die Interessen der Investoren im Hintergrund. Dies berichteten schwedische Wissenschaftler. Nach Bekanntwerden der Studie ging Spotify dagegen vor und versuchte, der Forschungsgruppe die Fördergelder entziehen zu lassen. Auch wenn es zu keiner Klage kam, zeigt dieser Versuch, dass Transparenz im Firmenkonzept von Spotify offenbar nicht vorgesehen ist.[1120] Die Branche und das Geschäftsmodell sind offensichtlich attraktiv: *Aldi* und *Lidl* stiegen 2016 ein,[1121] im März 2019 verkündete *RTL*, 350 Mio. € in Streaming zu investieren.[1122]

Filmstreaming: Weltweit bekannt ist der US-stämmige von *Reed Hastings* und *Marc Randolph* 1997 in Los Gatos (Kalifornien) gegründete Marktführer *Netflix* der sich mit dem kostenpflichtigen Streaming von Filmen und Serien beschäftigt. Zunächst als Online-Videothek mit dem Versand von Filmen auf DVD und Blu-Ray an seine Abonnenten gegründet stieg Netflix 2007 ins *Video-on-Demand*-Geschäft ein und machte die Inhalte per Streaming für Abonnenten zugänglich. Im Dezember 2018 hatte Netflix weltweit 139 Mio. Abonnenten. Das Unternehmen kam Mitte 2018 auf einen Börsenwert von ca. 142 Mrd. USD. Seit 2012 bietet Netflix für seine Kunden auch Eigenproduktionen neben den Wiederholungen anderer Fernsehserien an. Anfangs setzte Netflix beim Streaming ausschließlich auf Produkte und Technologien von *Microsoft*. Mittlerweile werden viele Codecs genutzt. Die Bitrate der Videos wird beim Streaming an die Geschwindigkeit der Internetleitung des Zuschauers angepasst (*Adaptive Bitrate Streaming*). Netflix nutzt für seine IT-Infrastruktur *Amazon Web Services*. Masterkopien der Filme werden auf *Amazon-S3-Servern* gespeichert.

Software as a Service (SaaS) ist ein Teilbereich des *Cloud Computings*. Das *SaaS*-Modell basiert auf dem Grundsatz, dass die Software und die IT-Infrastruktur bei einem externen IT-Dienstleister betrieben und

---

1119 Siehe dazu: Jörg Caumanns: Auswirkungen der Digitalisierung auf die Musikindustrie, S. 525–533, in: Kai Lucks (Hrsg.): Praxishandbuch Industrie 4.0, Schäffer-Poeschel Verlag, Stuttgart 2017.

1120 Bericht dazu von Christoph Möller: »Die fragwürdigen Geschäfte von Spotify«. https://www.swr.de/swr2/kultur-info/studie-tear-down-ueber-die-fragwuerdigen-geschaefte-des-streaming-anbieter-spotify/-/id=9597116/did=23445650/nid=9597116/z31jh4/index.html, abgerufen 25.3.2019.

1121 Bericht von laut.de vom 2.11.2016: https://www.laut.de/News/Lidl-YOU-Discounter-krempeln-Streaming-Markt-um-02-11-2016-13078, abgerufen 25.3.2019.

1122 Ankündigung in der Jahresbilanz-Pressekonferenz. https://www.dwdl.de/nachrichten/71413/rtl_group_will_350_mio_euro_in_streaming_investieren/, abgerufen 25.3.2019.

vom Kunden als Dienstleistung genutzt werden. Als Beispiele sind *MS Office 365* und *Salesforce.com*[1123] zu nennen. Die Nutzung erfolgt in der Regel auf Abonnementbasis. Daher eignet sich SaaS ideal für geschäftlich genutzte Software wie E-Mail, Instant Messaging und Customer Relationship Management (CRM). Die Idee, geschäftliche Anwendungen zentral zu hosten, entstand in den 1960er Jahren. Mit dem Aufstieg des Internets entwickelten sich in den 1990ern sogenannte Anwendungsdienstleister (*Application Service Providers*, ASPs). Dabei wurden Anwendungen von Drittanbietern von einem ASP-Betreiber verwaltet und gehostet, allerdings musste immer noch Software auf den Computern der Nutzer installiert werden.

SaaS ist eine Weiterentwicklung des ASP-Modells. Hier verwalten Betreiber und Anbieter ihre eigene Software. Es ist keinerlei Installation erforderlich, da die Software sofort über das Internet bereitgestellt wird. Mittels *Cloud Computing* kann ein Unternehmen IT-Ressourcen über das Internet nach Bedarf beziehen. Damit bedeutet das SaaS-Cloud-Modell für die Geschäftswelt heute erhebliche Effizienz und Kosteneinsparungen.[1124] Weitere onlinebasierte Geschäftsmodelle werden in Kapitel 10 »Das Management des digitalen Wandels« vorgestellt. Eine Übersicht der Ansätze findet sich in Abb. 35.

19.8   Kaufverhalten im europäischen Vergleich

Zwar wächst der Online-Handel, das bedeutet aber nicht unbedingt das Aus für das lokale Shopping. Laut *PwC* zücken knapp 60 % der Deutschen mindestens einmal pro Woche in stationären Geschäften ihr Portemonnaie. Das sind mehr als vor drei Jahren, als nur 46 % den Weg in die Geschäfte fanden. In anderen europäischen Ländern steht der klassische Einzelhandel schlechter da. Im europäischen Durchschnitt kaufen dort nur 43 % ein. Das ist das Ergebnis der »Global Consumer Insights Survey 2018«, für den PwC über 22.000 Verbraucher in 27 Ländern befragte.

Inzwischen hat so mancher stationäre *Händler* den *Online-Handel* für sich entdeckt und bietet seine Ware auch dort an. Daneben stoßen auch die *Hersteller* selber ins Internet vor. Nach Daten des *Handelsverbandes Deutschland* hat ein Viertel der klassischen Händler einen eigenen Online-shop. Rund 15 % verkaufen ihre Ware über Online-Marktplätze wie Amazon oder eBay. So ist der stationäre Handel über seine Internet-Geschäfte stärker gewachsen als die ursprünglichen Online-Händler.[1125]

19.9   Kampf um das stationäre Geschäft

Der Wandel verläuft aber auch umgekehrt: Einige virtuelle Händler wagen den Schritt in die reale Welt. Auch Platzhirsch Amazon setzt auf Offline-Geschäfte. Erste Amazon-Go-Läden gibt es bereits in den

---

1123 Zu den Leistungen sieh deren Homepage: https://www.salesforce.com/de/?ir=1, abgerufen 12.4.2019.

1124 Weiteres zum Ansatz von SaaS siehe: https://www.salesforce.com/de/learning-centre/tech/saas/, abgerufen 25.3.2019.

1125 https://www.dw.com/de/online-handel-internet-verschmilzt-mit-echter-welt/a-46169067, abgerufen 28.1.2019

USA.[1126] Die Buchhandlung *Amazon Books* war der erste Aufschlag des weltgrößten E-Commerce-Händlers im stationären Einzelhandel, nachdem zuvor mit Kooperationspartnern der lokale Verkauf getestet worden war. Die erste Buchhandlung wurde 2015 am Heimatstandort in Seattle eröffnet. Aktuell gibt es USA-weit 13 Läden, drei weitere sind angekündigt. Ebenfalls in Seattle wird ein Konzept für den Lebensmittelhandel getestet: *Amazon Go* ist ein Laden-Prototypen ohne Kasse, in dem die Amazon-Mitarbeiter einkaufen können. 2017 hat der E-Commerce-Riese dann für fast 14 Mrd. USD den US-basierten und weltweit größten Biolebensmittelhändler *Whole Foods Market* übernommen.[1127] Auch seine eigenen Produkte bietet Amazon stationär an, allerdings mit anderem Konzept: Aktuell pflegt man in den USA etwa 60 zeitlich begrenzte Pop-up-Stores, die meist in Einkaufszentren betrieben werden. Präsentiert werden dort auch die hauseigenen Produkte wie beispielsweise die *Kindle*-Reader, die *Echo*-Lautsprecher und die *Fire*-Tablets.[1128]

Auch in Deutschland hat Amazon eine Offensive im lokalen Handel gestartet, hält sich jedoch hinsichtlich Konzept, Produkten und Städten bedeckt. So ist auch der *Lebensmittelhandel* ein Geschäftsfeld, in dem Amazon wachsen kann – nicht nur über die technisch anspruchsvollen Amazon-Go-Märkte, sondern vielmehr dadurch, dass sich das Unternehmen nach dem US-Vorbild mit *Whole Foods* in eine bestehende Kette einkauft. Auch in Europa gibt es schließlich Warenhaus- und Lebensmittelketten, an denen sich Amazon aufgrund seiner gut gefüllten Kassen nicht verheben würde.[1129]

19.10   Datenquelle Einzelhandel

Was Amazon aber in der Fußgängerzone genauso gut kann wie im Online-Handel: Kundendaten sammeln und auswerten, dem Kaufinteressenten möglichst viele digitale *Touchpoints* bieten, und ihn damit in einer personalisierten *Customer Journey* begleiten. Das Kennen und zielsichere Beraten der Kunden ist eines der wichtigsten Differenzierungsmerkmale (Unique Selling Propositions, USPs) der kleinen Fachgeschäfte. Diese Fachgeschäfte wird der Amazon-Handel in der Fläche weniger stören als die eher unpersönlichen Auftritte von Unternehmen wie *H&M*, *Saturn* oder *Karstadt*, für die es nämlich umso weniger Existenzberechtigung gibt, je mehr Amazon seine Kunden in- und auswendig kennt.

Egal ob beim herkömmlichen Bestellen von hochpreisigen Waren, beim Abrufen von Filmen und Musiktiteln im Rahmen der diversen Abo-Modelle oder eben auch beim Erwerben der »fast moving consumer goods«, der Dinge des täglichen Lebens, die man regelmäßig wieder kauft – Amazon hat in den letzten Jahren bewiesen, dass man den Kunden so regelmäßig und so nachhaltig wie möglich ansprechen sollte, um ihm nach Möglichkeit bei jeder Gelegenheit das passende Angebot zu machen. Und da gehört einfach der stationäre Handel dazu.

1126 https://www.dw.com/de/online-handel-internet-verschmilzt-mit-echter-welt/a-46169067, abgerufen 28.1.2019.
1127 Whole Foods Online Ltd. In Deutschland aktiv: https://www.buywholefoodsonline.eu/?gclid=EAIaIQobChMIjeu1uaqV4AIVWYXVCh
      0JDgbWEAAYASAAEgJmUvD_BwE, abgerufen 30.1.2019.
1128 https://www.buchreport.de/2017/12/18/amazon-will-laeden-in-deutschland-eroeffnen/, abgerufen 30.1.2019.
1129 https://t3n.de/news/deutschland-amazon-laeden-einzelhandel-887879/, abgerufen 30.1.2019.

In Deutschland wird das Netz jetzt so eng geknüpft, dass Amazon einzelne Segmente und Regionalmärkte angreift, wie etwa den Lebensmittelbereich unter der Marke »Amazon pantry«[1130] Im Frisch- und Kühlwarenbereich können bestimmte Lieferungen zwei Stunden nach Bestellung erfüllt werden, insbesondere bei »Amazon fresh«.[1131]

19.11   Bedrohung für den lokalen Einzelhandel

Wenn es auch übertrieben erscheint, Amazon den Griff nach der Weltherrschaft zu unterstellen, das Königreich des Handels auf allen Vertriebskanälen könnte es früher oder später durchaus erobern. Der deutsche Handel tut gut daran, sich darauf einzustellen und sich auf seine Kernkompetenzen in Hinblick auf Beratungsqualität und maßgeschneidertes Warenangebot zu besinnen.[1132]

19.12   Professionalisierung

Doch heißt das, dass alle anderen – und speziell die traditionellen stationären Händler – den Kampf gegen Amazon aufgeben können? Ist der übermächtig scheinende Online-Riese unverwundbar? Viele Händler beweisen das Gegenteil, sind doch die technischen Systeme für einen guten Onlineshop heute preiswert und einfach für jeden verfügbar. Aber auch gute Shops müssen sich immer wieder neu erfinden und bereits vorhandene USPs weiter ausbauen bzw. neue entwickeln.

Das Geschäft im E-Commerce hat sich in den letzten Jahren nicht nur vom Marktvolumen sehr stark vergrößert, die Player agieren wesentlich professioneller und nutzen alle Möglichkeiten im *Performance-Marketing*. Im Unterschied zu Online-Marketing bezeichnet Performance-Marketing den Einsatz von Online-Marketing-Instrumenten mit dem Ziel, eine messbare Reaktion und/oder Transaktion mit dem Nutzer zu erzielen. Dazu zählen *Display Werbung*, Search Engine Advertising (SEA), *Search Engine Optimization (SEO)*, *Retargeting*, *Affiliate Marketing*, Social Media oder personalisierte Newsletter. Das Marketing insgesamt hat sich somit in den letzten Jahren signifikant verändert.

Wer heutzutage ein großes E-Commerce unternehmen aufbauen will, muss eher die Eigenschaft eines Tech-Unternehmens als eines Online-Händlers mitbringen. Echte Wettbewerbsvorteile erzielen die Großen nur mit dem nötigen Wissen über die eigenen Kunden. Daten sind entscheidend, um möglichst Informationen über Kunden zu erhalten und auszuwerten.

1130 https://www.amazon.de/amazon-pantry/b?ie=UTF8&node=5787992031, abgerufen 30.1.2019.

1131 https://www.amazon.de/gp/help/customer/display.html?nodeId=202071690, abgerufen 30.1.2019.

1132 Tobias Weidemann: Was Amazon-Läden für den deutschen Einzelhandel wirklich bedeuten, https://t3n.de/news/deutschland-amazon-laeden-einzelhandel-887879/, abgerufen 30.1.2019.

19.13 Marke und Kundenbindung

Entscheidend sind auch die Kundenbindung und eine starke Marke, der die Verbraucher vertrauen. In der Kundenumfrage »Beste Händler 2018«[1133] zeigt sich deshalb, dass in den Top Ten der stationären Händler und der Onlineshops häufig die gleichen Unternehmen auftauchen. Die Kombination von Kundenbindung und Beherrschung der technischen Konzepte scheinen gerade die klassischen Händler gut zu beherrschen. So sind nach Zahlen des *HDE* im E-Commerce 2017 ausgerechnet die Unternehmen am stärksten gewachsen, die ihre Wurzeln im stationären Geschäft haben. Sie legten um 12,8 % zu. Reine Internethändler verbuchten nur ein Wachstum von 10,8 %.

Sehr intensiv um die Kundenbindung kümmert sich etwa die Buchhandelskette *Thalia*. So liegen in den Buchhandlungen beispielsweise persönliche Buchrezensionen der Thalia-Mitarbeiter als Tipps für die Kunden aus. Ganz vorne in der Rangliste der besten stationären Händler liegen die beiden Drogerieketten *dm* und *Rossmann*. In einem engen Zweikampf um die Vorherrschaft in der Branche überbieten sie sich geradezu in Serviceleistungen für die Kunden. Das färbt auch auf den E-Commerce ab. Bei den Onlinehändlern liegen sie in der Gunst der Kunden auf Platz vier und sechs.

19.14 Erfolg und Cash-Bedarf

Wie sehr ein enger Zweikampf um den Kunden die Qualität aus Sicht der Verbraucher heben kann, zeigen auch die im Online-Geschäft tätigen Lebensmittelketten *Edeka* [1134] und *Rewe*.[1135] Sie haben beide intensiv ins Angebot und die Geschäfte investiert. Nach der Handelsblatt-Umfrage aus dem Jahr 2018 belegt Edeka Platz vier und Rewe Platz fünf. Aber diese Positionen verblassen gegenüber dem Kundenliebling Amazon, der als Generalist mit seinen besonders guten Serviceleistungen die Position eins in Deutschland hält. Als herausragend wird das Angebot von *Amazon Prime Now* gewertet, mit seinem Angebot von Elektronik, Lebensmitteln, Drogerieartikeln und Tierbedarf,[1136] allerdings mit »Tankstellenpreisen«.

Fachleute beurteilen die E-Commerce-Angebote von Rewe & Co. nämlich als wenig praktikabel. Deren *User Experience*[1137] (und Customer Journey) sei vergleichsweise schwach durchdacht. Sieger in der Kundenbewertung ist der reine Online-Versender *Allyouneedfresh*,[1138] 2010 von der *Deutschen Post*

1133 Verbrauchrumfrage des Instituts Service Value im Auftrag des Handelsblatts, veröffentlicht 14.5.2018, https://www.handelsblatt.com/unternehmen/handel-konsumgueter/studie-deutschlands-beste-haendler-nach-amazon-kommt-lange-nichts/22163426.html, abgerufen 30.1.2019.

1134 Online-Geschäft mit Edeka über Bringmeister.de, https://www.bringmeister.de/?city=munich&gclid=Cj0KCQjwoebsBRCHARIsAC3JP0KVDd658o4fqCdokmQkbPFsLBaFfygF_9RYSTK-ymTJvwiU7TWdULcaAhXEEALw_wcB, abgerufen 6.10.2019.

1135 Im Online-Geschäft mit Rewe Dein Markt. https://shop.rewe.de/?ecid=sea_google_ls_brands_[tmk-0001|ex|ls]_rewe-online-[tmk-0001|eco-0008|1|ex|ls]_text-ad_773169727_42322593044&gclid=EAIaIQobChMIhLXrzpCV4AIVVuJ3Ch2ghwQeEAAYASAAEgKUBfD_BwE, abgerufen 30.1.2019.

1136 Zum Angebot siehe: https://www.google.com/search?client=firefox-b-d&q=amazon+prime+now, abgerufen 25.3.2019.

1137 User Experience bezeichnet die gesamte Nutzererfahrung. Ein Onlineshop kann zum Beispiel eine gute Usability (Nutzerfreundlichkeit) haben aber dennoch eine schlechte UX (User Experience).

1138 Handelsblatt-Umfrage 2018. Für diese Studie untersuchte das Forschungsinstitut Service Value im Auftrag des Handelsblatts insgesamt 597 stationäre Händler sowie 954 Webshops in 97 verschiedenen Branchen von Angelshops über Apotheken bis zu Werkzeugversendern. Pro Unternehmen wurden jeweils 1000 Kunden zu ihren Erwartungen und Erfahrungen befragt. https://

gegründet. Nach dem Vorbild von *Zalando* habe man in den ersten Jahren Werbegelder »in dreistelliger Millionenhöhe« ausgegeben, ohne jedoch einen ähnlichen Erfolg wie der Modeversender zu erzielen, meldete Paket-Chef der Deutschen Post, *Achim Dünnwald*, im Oktober 2018. »Da künftig nicht mehr als 50 Mio. € zur Verfügung stehen«, sagte Dünnwald, »hat dies zu der Überzeugung geführt, das zu beenden.« So wurde der Händler an *Delticom* verkauft, den 1999 in Hannover gegründeten Online-Reifenhändler.[1139]

19.15   Hilfe durch Netzwerke

Der *Bundesverband E-Commerce und Versandhandel (bevh)* verfügt über ein breites Netzwerk aus E-Commerce-Experten. Im Rahmen von Arbeitskreisen sowie Fachgemeinschaften bietet er eine Plattform zum aktiven Austausch über aktuelle Trends, Neuheiten sowie Themen, die alle Branchen beschäftigen. Derzeit gehören 500 Unternehmen zum bevh. Darunter sind Versender mit Katalog- und Internet-Angebot.[1140] Daneben bietet der *HDE-Monitor* 2018 Marktdaten und Analysen zum Online-Handel in Deutschland.[1141] Eine Liste der 100 größten Onlineshops in Deutschland bietet das *EHI Retail Institute*.[1142]

www.handelsblatt.com/unternehmen/handel-konsumgueter/studie-deutschlands-beste-haendler-nach-amazon-kommt-lange-nichts/22163426.html?ticket=ST-972107-apdrRPdTvzXfQeIcoC1Y-ap1, abgerufen 27.1.2019.

1139 Handelsblatt vom 27.9.2018, https://www.handelsblatt.com/unternehmen/handel-konsumgueter/e-commerce-die-post-verkauft-online-supermarkt-allyouneed-fresh-an-delticom/23123254.html?ticket=ST-736646-dnSKINuBM05fwePpftNH-ap4, abgerufen 30.1.2019.

1140 https://www.bevh.org/, abgerufen 27.1.2019.

1141 https://einzelhandel.de/online-monitor, abgerufen 27.1.2019.

1142 https://www.ehi.org/de/top-100-umsatzstaerkste-onlineshops-in-deutschland/, abgerufen 27.1.2019.

20 Digitalisierung des Mittelstandes

> Deutschland verfügt über rund 3,6 Mio. Unternehmer – kein Land dieser Welt hat einen so breit aufgestellten etablierten Mittelstand. Die Chinesen gründen jährlich jedoch fast genauso viele Unternehmen. Wie viele davon pro Jahr übernommen werden oder untergehen, ist unbekannt. »The Mittelstand« wurde in den USA schon vor einigen Jahren als deutsches Erfolgsmodell erkannt, vor allem wegen seiner Langfrist-Orientierung, und seitdem ausgebaut.[1143] In den deutschen Konzernen ist die Digitalisierung überall angekommen. Unsere Autoindustrie hat jüngst mit einem gewaltigen Kraftakt eine Aufholjagd gestartet. Im Mittelstand wird die Digitalisierung sehr unterschiedlich verfolgt. Es gibt Vorreiter – aber die Masse der Unternehmen hängt zurück. Ihre Selbsteinschätzungen bieten ein zu optimistisches Bild, denn unter Digitalisierung werden Dinge verstanden, die eigentlich selbstverständlich sind. Immerhin rund 60 % der Unternehmen sind mit ihren Geschäftskunden digital vernetzt, jedes dritte Unternehmen gibt vor, schon »Smart Services« zu nutzen, jedes fünfte »Big Data«.[1144] Bei komplexeren Themen wie digitalen Geschäftsmodellen und künstlicher Intelligenz ist der Mittelstand außerordentlich zurückhaltend und eher risikoavers. Die Verbindung mit Start-ups praktiziert nur ein kleiner Teil und die digitale Infrastruktur ist beängstigend schlecht – angesichts ihrer Bedeutung für unseren Standort eine gefährliche Lage. Verbesserungsbedarf herrscht überall – seitens der Unternehmen und seitens der öffentlichen Hand. Kraftakte zur Aufholjagd sollten überall greifen. Voraussetzungen dazu sind realistische Positionsanalysen – Benchmarks dazu sind auch in den USA und China zu suchen.

20.1 Digitalisierung im Mittelstand

Die Digitalisierung mittelständischer *Geschäftsmodelle* – und somit auch die Entwicklung solcher Strategien – darf keinen Selbstzweck verfolgen. Am Anfang eines solchen Prozesses sollte eine Überprüfung der aktuellen Gegebenheiten stehen: Werden wir mit dem derzeitigen Geschäftsmodell und unserer momentanen Strategie auch in Zukunft Erfolg haben? In der Folge sollte überlegt werden, ob und inwieweit eine Digitalisierung von Aktivitäten integrativer Bestandteil des existierenden Geschäftsmodells werden muss oder ob gänzlich neue Geschäftsmodelle entwickelt werden müssen, um den veränderten Bedingungen im Wettbewerb und insbesondere den veränderten Kundenwünschen besser Sorge tragen zu können. Digitalisierung ist auch kein Thema, das bottom-up bspw. allein durch die IT-Abteilung getrieben werden sollte. Es handelt sich vielmehr um ein strategisches Kernthema, das mittelständische Geschäftsführer, Vorstände, Aufsichtsräte, Beiräte und Gesellschafter beschäftigen muss.

1143 Als Erfolgsfaktoren des deutschen Mittelstandes sehen die Amerikaner vor allem die Nachhaltigkeit, also die Abkehr von den Quartalsergebnissen als zentrales Steuerungsziel. Darüber hinaus unterscheidet sich der größere deutsche Mittelstand vom US-Mittelstand vor allem durch die Internationalisierung, während kleinere US-Unternehmen stark auf ihren großen nationalen Markt fokussiert sind. Die Bewegung hin zum »Mittelstandsmodell« zeigt sich u. a. durch die Delistings in den USA, d. h. Unternehmen von der Börse zu nehmen, Miteigner auszukaufen und privat weiterzuführen.

1144 Angaben quer über die Industrie, einschließlich Großunternehmen und Konzerne.

20.2 Digital Readiness: Wo steht Deutschland?

Die *OECD* hatte für das *World Economic Forum*, zuletzt im Jahr 2016, einen *Networked Readiness Index* entwickelt. Dieser stellt die wirtschaftlichen Perspektiven dar, die sich für die Länder durch ihren Entwicklungsstand in Bezug auf die Informations- und Kommunikationstechnik bieten. Die Positionen im Ranking sind für einzelne Länder und Parameter in Abb. 63 zusammengefasst. Die führenden Positionen nehmen ein: Singapur, Finnland, Schweden, Norwegen und die USA. Deutschland liegt auf Rang 15, China überraschenderweise nur auf Rang 59.[1145]

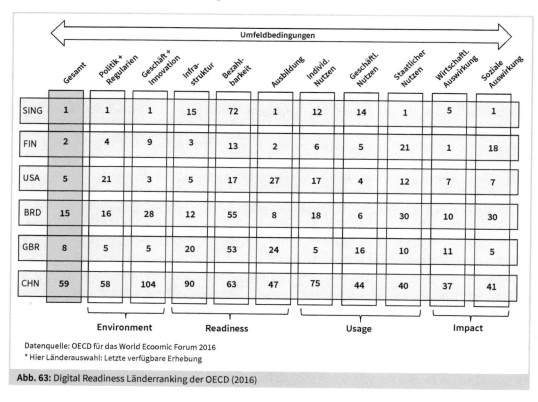

	Gesamt	Politik + Regularien	Geschäft + Innovation	Infra-struktur	Bezahl-barkeit	Ausbildung	Individ. Nutzen	Geschäftl. Nutzen	Staatlicher Nutzen	Wirtschaftl. Auswirkung	Soziale Auswirkung
SING	1	1	1	15	72	1	12	14	1	5	1
FIN	2	4	9	3	13	2	6	5	21	1	18
USA	5	21	3	5	17	27	17	4	12	7	7
BRD	15	16	28	12	55	8	18	6	30	10	30
GBR	8	5	5	20	53	24	5	16	10	11	5
CHN	59	58	104	90	63	47	75	44	40	37	41

Umfeldbedingungen

Environment — Readiness — Usage — Impact

Datenquelle: OECD für das World Ecoomic Forum 2016
* Hier Länderauswahl: Letzte verfügbare Erhebung

Abb. 63: Digital Readiness Länderranking der OECD (2016)

Da die Erhebung schon etwas zurückliegt (es liegt auch keine neuere Studie vor) sind die Daten nur noch bedingt aussagefähig. Auch ist zu kritisieren, dass die OECD mit ihren Ratings und Empfehlungen nicht immer richtig gelegen und Deutschland manchmal die falsche Richtung gewiesen hat.[1146] Dennoch

---

1145 https://widgets.weforum.org/gitr2016/, abgerufen 31.1.2019.
1146 Meinung des Autors: getrieben durch die normative Kraft der OECD-Abschaffung des universitären Diplomgrades und Ersatz durch den Master. Forcierung des Gymnasialanteiles in den Schulabgängern mit dramatischem Niveauverlust des Abiturs bei inflationär exzellenten Benotungen. Forcierung des Studentenanteils unter Vernachlässigung der Berufsausbildung. Derzeit (Jan. 2019) haben wir 2,7 Mio. Studenten aber nur 1 Mio. gewerbliche Auszubildende, welches auf beiden Seiten zu dramatischen Schieflagen führt: Aufseiten vor allem mittelständischer Unternehmen fehlen uns betriebliche Mitarbeiter in der Fertigung und Handwerker. Dagegen bekommen wir einen Überschuss von Akademikern in nicht marktgerechtem Bedarf, die demzufolge keine angemessenen beruflichen Perspektiven haben. Es stellen sich bei uns Zustände ein, wie sie bereits in Frankreich eingetroffen sind: Der »akademische Taxifahrer« wird zur Norm.

sind einige Bewertungen und Kommentare der OECD herauszustellen, die für die aktuelle Situation bedeutsam sind:

Digital Readiness USA: In den USA finden sich auch für die Breite der Unternehmen äußerst günstige wirtschaftliche und innovationsfördernde Randbedingungen. Diese haben die agilsten und digitalisiertesten Branchen hervorgebracht. Auch der öffentliche Sektor nutzt digitale Technologien erfolgreich, bietet seinen Bürgern effektive Dienstleistungen und ermöglicht damit ihre breite Teilhabe an der Gesellschaft. Alle partizipieren an sehr günstigen Breitbandangeboten. Die Wirkung der Digitalisierung ist auf allen Bereichen stark und dynamisch, vor allem auch im sozialen Bereich: etwa mit Zugang zu Online-Diensten für alle.

Digital Readiness China: Hervorzuheben ist die große Verbreitung des mobilen Breitbandangebotes. Große Anstrengungen bei der Verbreitung von Digitaltechnologien und für Innovationsprozesse, um dem Land zu einer ertragstarken Wirtschaft zu verhelfen. Bedeutende Initiativen zur Steigerung von *Patentanmeldungen* sind zu beobachten. Die Fortschritte bei der Digitalisierung werden sich im wirtschaftlichen und sozialen Bereich zukünftig stark niederschlagen. Als schwierig werden die Geschäftsbedingungen beurteilt: nach Daten der Weltbank (2016) die hohe Besteuerung der Wirtschaft (67,8 %) sowie lange und komplexe Prozesse zur Gründung neuer Unternehmen, die junge und wettbewerbsfähigere Firmen davon abhält, in den Markt einzutreten. Aus dieser Erkenntnis heraus hat die Regierung 2016 ein Reformprogramm aufgesetzt, um die *Geschäftsgründungsprozesse* landesweit zu verschlanken. Die daraus erwachsenden Verbesserungen sollten sich in den Folgejahren niederschlagen.

Digital Readiness Deutschland: Deutschland fällt zurück, trotz eines sehr guten regulatorischen Umfeldes. Mehr müsse getan werden, um *Neugründungen* zu erleichtern, z. B. indem Zeitbedarf und Prozeduren bis zum Geschäftsstart reduziert werden. Die bauliche Infrastruktur ist eine der besten der Welt, wogegen die Preise für *Breitbandanschlüsse* vergleichsweise teuer sind und noch weiter anziehen. Ihre Nutzung steigt weiter, aber dies reicht für eine Verbesserung in der Bewertung nicht aus. In der geschäftlichen Nutzung von Netztechnologien läge Deutschland mit an der Spitze der Länder (Pos. 6),[1147] aber die öffentliche Verwaltung liegt stark zurück (Pos. 30). Vor diesem Hintergrund forderte die Wirtschaft bereits 2016 von der Regierung, eine stärker ausgeprägte *digitale Vision* zu entwickeln.[1148]

20.3 Infrastrukturelle Voraussetzungen

Die Verfügbarkeit digitaler Infrastruktur ist für den Mittelstand ein wichtiger Standortfaktor und eine entscheidende Voraussetzung zur Digitalisierung des Geschäftes. Genaueres siehe dazu im Kapitel 9 »Digitale Infrastruktur«. Nachfolgend sei nur die Anschlussthematik im internationalen Vergleich kurz angerissen:

1147 Dies ist eine dramatische Fehlbeurteilung der OECD, vergleiche dazu Abb. 64. Der Autor schrieb die OECD mit der Bitte um Erklärung an, erhielt jedoch keine Antwort.
1148 Global Information Technology Report 2016 des World Economic Forum, basierend auf einer Analyse der OECD, http://reports. weforum.org/global-information-technology-report-2016/country-and-regional-trends-from-the-nri/?doing_wp_cron=15489556 59.3104848861694335937500, abgerufen 1.2.2019.

Breitbandverfügbarkeit: Wie eine Erhebung des *TÜV-Rheinland* im Auftrag des Bundesministeriums für Verkehr und digitale Infrastruktur ergab, lag der Breitbandausbau im Jahr 2017 lediglich bei niedrigen Verbindungsraten von bis zu 6 (MBit/s). Besonders in den ländlichen Regionen sind viele Gemeinden noch immer abgehängt. So liegt die Breitbandverfügbarkeit dort für Bandbreiten von über 30 MBit/s durchschnittlich bei 55 %. Von mehr als 50 MBit/s profitiert nur rund ein Drittel der ländlichen Gemeinden. Dass diese Verbindungsgeschwindigkeiten heute längst überholt sind, hat auch die Bundesregierung erkannt. Die parteiübergreifende Forderung aus dem Wahlkampf, dass Deutschland eine »Gigabit-Nation« werden müsse, hat es in den Koalitionsvertrag 2018 von Union und SPD geschafft.[1149] Gigabit meint dabei Übertragungsraten von über 1.000 MBit/s. Das kann durch Glasfaseranschlüsse erreicht werden. Doch um den Glasfaserausbau ist es in Deutschland noch schlechter bestellt.[1150]

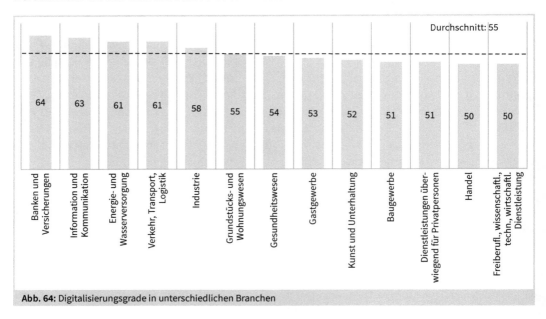

Abb. 64: Digitalisierungsgrade in unterschiedlichen Branchen

Glasfaserausbau: Im Vergleich mit anderen OECD-Staaten liegt Deutschland beim Glasfaserausbau auf den hinteren Plätzen. Während in Japan der Anteil von Glasfaseranschlüssen an allen stationären Breitbandanschlüssen im Juni 2017 bei 76,2 % lag und Südkorea mit 75,6 % nur knapp dahinter rangierte, waren es in Deutschland gerade einmal 2,1 %. Das sind über 20 % weniger als im OECD-Durchschnitt. Dabei sind es keineswegs nur die als technikaffin geltenden asiatischen Staaten, die Deutschland den Rang ablaufen. Auch in Europa, insbesondere im Baltikum und in den skandinavischen Ländern, ist der Glasfaserausbau deutlich weiter. Selbst Spanien liegt mit 40 % Ausbau weit vor Deutschland.

1149 Regierungsbildung 2018. Koalitionsvertrag zum Download über https://www.mdr.de/nachrichten/politik/inland/download-koalitionsvertrag-quelle-spd-100.html, abgerufen 2.2.2019.
1150 FAZ vom 6.3.2018: Darum liegt Deutschland bei der Digitalisierung hinten, https://www.faz.net/aktuell/politik/inland/digitalisierung-darum-liegt-deutschland-im-eu-vergleich-hinten-15480625.html, abgerufen 31.1.2019.

20.4 Digitalisierungsgrad im Deutschen Mittelstand

Die Digitalisierung im deutschen Mittelstand schreitet zwar langsam aber stetig voran. Der Digitalisierungsindex ist über alle Branchen hinweg im Vergleich zum Vorjahr von 54 auf jetzt 55 Punkte gestiegen – bis zu 100 Punkte sind möglich. Diesen Spitzenwert würde ein Unternehmen erreichen, wenn es sämtlichen digitalen Handlungsfeldern die höchste Relevanz zuordnen könnte und dabei maximal zufrieden mit der Umsetzung wäre. Noch wichtiger: Nahezu jedes zweite Unternehmen hat die Digitalisierung in seiner Geschäftsstrategie verankert, ergab die Studie der *Telekom* zur Digitalisierung im Mittelstand von 2018. Der Grund: Immer mehr Betriebe machen mit der digitalen Transformation mehr Umsatz, erreichen neue Kunden und entwickeln leichter digitale Geschäftsideen. Um auch mittelfristig wettbewerbsfähig zu bleiben, investieren die Unternehmen derzeit massiv in die digitale Weiterbildung ihrer Mitarbeiter. Den Ausbau der digitalen Kompetenz ihrer Mitarbeiter bewerten die Unternehmen als wichtigen Erfolgsfaktor.[1151]

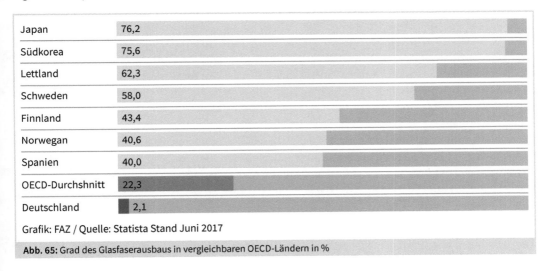

Japan	76,2
Südkorea	75,6
Lettland	62,3
Schweden	58,0
Finnland	43,4
Norwegan	40,6
Spanien	40,0
OECD-Durchshnitt	22,3
Deutschland	2,1

Grafik: FAZ / Quelle: Statista Stand Juni 2017

Abb. 65: Grad des Glasfaserausbaus in vergleichbaren OECD-Ländern in %

20.5 Branchenunterschiede

Führende Branchen: Unternehmen aller Branchen haben Transformationsfortschritte gemacht, sie kommen jedoch mit unterschiedlichem Tempo voran: *Banken* und *Versicherungen* liegen vorn, dicht gefolgt von Unternehmen aus den Bereichen *Informations- und Kommunikationstechnik* (*IKT*) auch die *Transport- und Logistikbranche* oder die *fertigende Industrie* schneiden überdurchschnittlich gut ab.

Handel und E-Commerce: Wie in Kapitel 19 »Online-Handel und -Plattformen« berichtet, betrieben 2015 rund 11 % der 3,6 Mio. deutschen Unternehmen ein *Online-Geschäft*, mit stark wachsender Tendenz. Der stationäre Einzelhandel steht zunehmend unter Druck, seine Leistungen auch im *Internet* anzubieten. Die Erfolgskriterien dabei sind hauptsächlich Differenzierungsstrategien (vor allem gegenüber *Amazon* und anderen Großen), Servicequalität und Professionalität des Auftritts.

1151 Repräsentative Studie »Digitalisierungsindex Mittelstand 2018« von techconsult im Auftrag der Deutschen Telekom, https://www. digitalisierungsindex.de/studie/gesamtbericht-2018/, abgerufen 31.1.2019.

KMUs und Handwerk: »Irgendwie digital« ist praktisch jeder: durch Nutzung der Mobilfunktechnologie, des Internets, der IT und Datenvernetzung etwa zum *Steuerberater*. In diesem Kapitel geht es aber um Tieferes, nämlich um die Automatisierung von Prozessen mithilfe von Daten, *Mustererkennung*, um datengetriebene neue Geschäftsansätze, Online-Geschäfte und Ähnliches. Naheliegenderweise verläuft die Penetration bei der Digitalisierung »von oben nach unten«. So sind größere Unternehmen in der Regel die Ersten, die den digitalen Umbau aufnehmen. Mit zeitlicher Verzögerung und beschränkt auf einzelne Gebiete dringen die Anwendungen in mittlere und kleinere Unternehmen und in das *Handwerk* vor. Für diese bieten sich vor allem fertige von der *I/SD-Industrie* angebotene Produkte an, wie etwa das Mittelstandspaket von *Microsoft* mit seinen Workplace- und *Cloud-Lösungen*.[1152] *Google* bietet seit Längerem ein Paket für den deutschen Mittelstand an.[1153] Eine systematische Durchsicht und Vergleich von Angeboten, die alle über das *Internet* kommuniziert werden, ist zu empfehlen.

Dienstleister: Hier ist das Bild sehr unterschiedlich: Technische Berater wie *Architekten* und *Ingenieure* gehören zu den ersten Branchen, die auf ihrem Gebiet mit der Digitalisierung angefangen haben. Dafür stehen die frühen deutschen Gründungen von Software-Häusern wie *RIB Software SE* (gegr. 1961) und der *Nemetschek Group* (gegr. 1963). Siehe dazu Kapitel 3 »Der Weg zur allumfassenden Digitalisierung«. Weit hinten in der Skala liegen Dienstleister wie *Rechtsanwälte*, *Wirtschaftsprüfer* und *Steuerberater*, obwohl deren Automatisierungs- und Digitalisierungspotenzial sehr hoch ist. Rein technisch ließe sich bereits heute die Arbeit von Steuergehilfen weitgehend automatisieren. Es sind jedoch kulturell-organisatorische Gründe, die den Einstieg verzögern und behindern. Genannt werden: (1) kein wirtschaftlicher Bedarf, weil das jetzige Geschäftsmodell renditestark ist, (2) Kunden wollen das nicht, (3) Mitarbeiter sträuben sich, (4) es fehlt die Kompetenz zur Führung derartig komplexer Umstellungsprojekte. Die Voraussetzung zur Digitalisierung/Automatisierung dieser Aufgaben sind natürlich *Standardisierungen*, Einführung von Technologien der *Mustererkennung* und der *Textanalyse*, insbesondere die *automatisierte Vertragsanalyse*. Letzteres bahnt sich mit der automatischen »E-Discovery« bereits seinen Weg in den breiten Markt. In den USA und Großbritannien ist deren Einsatz teilweise schon vorgeschrieben. Die in Deutschland tätigen internationalen Großkanzleien nutzen dies bereits. Weiteres dazu siehe Kapitel 16 «Künstliche Intelligenz: Wettlauf mit den USA und China«. Den meisten deutschen Mittelständlern ist dies nicht einmal bekannt. Sie werden sich aber wundern, wie schnell das auch ihr Geschäft ändern könnte oder sie bedrohen wird.

20.6   Digitalisierung zahlt sich aus

Selbst bei einzelnen digitalen Maßnahmen können die Unternehmen mit einem digitalen Mehrwert rechnen. So erzielten 35 % der Unternehmen durch Digitalisierungsmaßnahmen eine Umsatzsteigerung. Außerdem erhöhten 45 % der Unternehmen dadurch die Kundenzufriedenheit. Doch auch interne Prozesse lassen sich durch die Digitalisierung optimieren, wie die besagte Studie der *Telekom* zeigt. Das

---

1152 Siehe dazu etwa die Produkte, die unter Microsoft Azure vermarktet werden, https://azure.microsoft.com/de-de/, abgerufen 2.2.2019.

1153 Zum Google-Paket siehe Weiteres unter: https://www.heise.de/newsticker/meldung/Google-umgarnt-den-Mittelstand-151607.html, abgerufen 2.2.2019.

stellten 50 % der befragten Unternehmen fest, während 44 % die Qualität ihrer Produkte oder ihres Service steigerten.

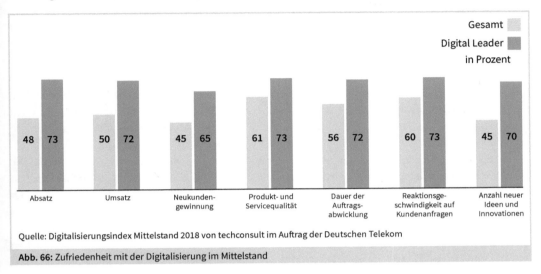

Quelle: Digitalisierungsindex Mittelstand 2018 von techconsult im Auftrag der Deutschen Telekom

Abb. 66: Zufriedenheit mit der Digitalisierung im Mittelstand

So konnten Unternehmen mit einem überdurchschnittlichen Digitalisierungsgrad ihren Umsatz um mindestens 10 % erhöhen. Besonders deutlich fällt der Zugewinn aus, wenn die Unternehmen mit großem Engagement an der *Transformation* arbeiten und den digitalen Wandel schon früh eingeleitet haben. Paradebeispiel sind hier die *Digital Leader*. Darunter sind in der Studie jene 10 % der Unternehmen zu verstehen, die die Digitalisierung bereits besonders erfolgreich umgesetzt haben. Ihre digitale Konsequenz zahlt sich aus: Die digitalen Vorreiter sind mit den Geschäftskennzahlen viel zufriedener. Die gemessenen Werte liegen um mindestens 20 Prozentpunkte über jenen der restlichen Unternehmen.[1154]

20.7   Digitaler Umbau im Mittelstand

Eine 2018 durchgeführte Analyse der *Technischen Universität München* zur Digitalisierung im deutschen Mittelstand ergab:
1. **Wandel:** Mehr als zwei Drittel der deutschen Führungskräfte beschreiben den Digitalisierungsprozess in ihrem Unternehmen eher als inkrementell, also durch kleine aufeinanderfolgende Schritte geprägt. Weniger als ein Drittel spricht von *Disruption*, also der schlagartigen Abkehr von bisherigen Geschäftsmodellen oder Produkten, um mit dem »next big thing« richtig abzuräumen.
2. **Erwartungen an Start-ups:** Kooperationen mit Start-ups gehen mehr als die Hälfte der Firmen ein. Dabei erwartet niemand einen Quantensprung bei der Entwicklung neuer Produkte und Dienstleistungen. Die Motivationen sind das Gewinnen neuer Denk- und Arbeitsweisen, das frühe Erkennen wichtiger Trends, das Fördern unternehmerischen Denkens oder das Gewinnen von Innovationsimpulsen.

---

3. **Kooperationen mit Start-ups:** Fast jedes vierte große Unternehmen geht direkte Partnerschaften mit Start-ups ein. 18,7 % der Befragten gaben an, dass ihre Firmen Start-ups Räume, Manpower oder Produktions-Know-how zur Verfügung stellen.

4. **Wenige Accelerator:** Dass ihre Unternehmen einen Accelerator unterstützen oder gleich eine eigene Start-up-Fabrik, einen Inkubator, aufgebaut haben, gaben nur jeweils 4 % der Führungskräfte an.

5. **Erfahrungen bei der Zusammenarbeit:** Was die Zusammenarbeit zwischen Start-ups und schon länger am Markt tätigen Unternehmen oftmals erschwert, sind die unterschiedlichen Geschwindigkeiten: langwierige Abstimmungsprozesse auf der einen Seite, agile Arbeitsmethoden auf der anderen.

6. **Erwartungshaltungen von Start-ups:** Start-ups suchen Partner, die sie weiterbringen, nicht bremsen. Zehn im Rahmen der HVB-Studie ebenfalls befragte Gründerinnen und Gründer fordern daher, dass etablierte Unternehmen ihre Entscheidungsgeschwindigkeit erhöhen.

7. **Suche von IT-Spezialisten:** Mehr als 70 % der Befragten sind der Meinung, dass IT-Fachkräfte der entscheidende Faktor sein werden, um den Wandel erfolgreich zu gestalten. Demnach ist fast jedes dritte Unternehmen mit der Akquise geeigneter Informatiker, Programmierer und Wirtschaftsingenieure beschäftigt.

8. **Erwartungen von IT-Spezialisten:** Die wichtigsten Anreize für die umworbenen Fachkräfte sind laut Umfrage ein spannendes Arbeitsumfeld (53,3 %) und gute Fortbildungsmöglichkeiten (41,1 %) – interessanterweise noch vor guter Bezahlung mit 39,8 %.

9. **Pflicht zum Kulturwandel:** Wer sich zu einem digitalen Unternehmen wandeln und geeignetes Personal für sich begeistern will, muss seine Unternehmenskultur entsprechend umkrempeln. Als wichtigstes Instrument dafür nennen die befragten Führungskräfte flexible Arbeitsmodelle.

10. **Transparenz:** Mitbestimmung und Transparenz im Unternehmen sind Aspekte, die der Generation Y wichtig sind: Mehr als 60 % der Befragten halten einen internen Informationsaustausch für essenziell.

11. **Entwicklungsprozess:** Rund ein Viertel der Befragten gab an, dass bei ihren Unternehmen der Kunde nicht in die Entwicklung neuer Produkte und Dienstleistungen einbezogen wird. Wenn deutsche Unternehmen ihre Kunden überhaupt zu neuen Erzeugnissen befragen, dann erst am Ende des Entwicklungsprozesses.

12. **Kundendaten:** Start-ups beziehen in der Regel Kundendaten gleich zu Beginn des Entwicklungsprozesses ein, um nicht in eine falsche Richtung zu arbeiten. Ziel ist nicht ein vollkommen fertiges Endprodukt, sondern eine funktionale Basisversion, auch »*Minimum Viable Product*« (*MVP*) genannt. Mithilfe des Feedbacks darauf lässt sich dann eine verbesserte Version entwickeln, die die Kundenbedürfnisse berücksichtigt.[1155]

20.8   Digitalisierungsprojekte im Mittelstand

Ein Digitalisierungsprojekt ist eine Sonderform eines durchgreifenden organischen Umbaues (siehe dazu Kapitel 12 »Organischer Umbau: digital getriebene Wertschöpfung«) in all seinen Aspekten (also beileibe nicht nur technologischer Natur), der verknüpft sein kann mit dem Eingehen externer Part-

---

1155 Studie zur digitalen Transformation 2018, im Auftrag der Hypovereinsbank, durchgeführt von der Technischen Universität München, https://www.hypovereinsbank.de/hvb/ueber-uns/das-unternehmen/digitalisierung-innovationen/studie-zur-digitalen-transformation, abgerufen 31.1.2019.

nerschaften, dem Um- und Ausbau der Wertschöpfungskette zu sogenannten »digitalen *Ökosystemen*« unter Einbezug von Kunden, Lieferanten, Wettbewerbern und verschiedenen Möglichkeiten des Zusammenschlusses mit *Start-ups* (siehe dazu das Kapitel 13 »Externer Umbau: Digitalisierung M&A«).

Strategien und Ziele mittelständischer Unternehmen haben bisher nur wenig mit Digitalisierung im strategischen Sinne gemein. Im Mittelstand wird Digitalisierung meist als eher operatives Thema verstanden, das zwar der Unterstützung der Strategie dient, im Sinne einer Dienstleistungsfunktion aber keinen eigenen Wertschöpfungsbeitrag generiert. Die Digitalisierung ist ein fortschreitender dynamischer Prozess, der viele einzelne Trends und Entwicklungen an Unternehmen heranträgt, die die Art und Weise verändern, in der Geschäfte im *B2B*- und *B2C*-Bereich abgewickelt werden. Um die Bedeutung aktueller Entwicklungen wie z. B. Big Data und Informationssicherheit für das eigene Unternehmen evaluieren zu können, müssen mittelständische Unternehmen aktiv die Unternehmensumwelt nach erfolgreichen und weniger erfolgreichen Beispielen scannen. Es gilt, Technologien und Techniken dahin gehend zu untersuchen, ob sie einen Wertschöpfungsbeitrag für das Unternehmen leisten können und letztlich die Umsetzung von Strategien erleichtern. Über allem steht die Frage: Wie können wir unser Unternehmen, unsere Mitarbeiter, Produkte und Leistungen durch Digitalisierung besser machen? Es gilt, sich nicht in operativen Details und Themen zu verlieren: ein Fehler, der allzu häufig passiert.

Prozessketten: Mittelständische Unternehmen befinden sich meist in integrierten, unternehmensübergreifenden *Wertschöpfungsketten*, die sich durch enge Verbindungen von Unternehmen, Kunden und Lieferanten auszeichnen. Im Kontext der Digitalisierung gilt es, die bereits genannte Analyse von Technologien und Techniken um eine Betrachtung der (digitalen) Wertschöpfungskette zu erweitern: Welche Aktivitäten sind in meinem Unternehmen primäre, welche eher unterstützende Aktivitäten, und an welchen Stellen bestehen Schnittstellen, die aktiv gesteuert werden müssen? Es empfiehlt sich eine detaillierte Aufschlüsselung nicht nur der Produktion, sondern auch administrativer Bereiche sowie insbesondere der Schnittstellen zu *Lieferanten* (Einkauf) und *Kunden* (Marketing/Vertrieb) an. Hier bieten sich enorme Potenziale, die durch einen vermehrten Einsatz digitaler Lösungen gehoben werden können.

Planung: So wie die IT-Strategie Teil der *Unternehmensstrategie* sein sollte, sollte die Planung der Digitalisierung Bestandteil der strategischen Maßnahmenentwicklung sein. In der Informatik und Wirtschaftsinformatik wurden verschiedene Vorgehensweisen zur Strukturierung der Planung entwickelt. So gibt es Grundsätze: Neben der Ausrichtung an der Maßnahmenplanung sollte die Digitalisierungsplanung aufgrund von sich ändernden Rahmenbedingungen regelmäßig überprüft und nach Bedarf neu ausgerichtet werden. Darüber hinaus gilt eine rechtzeitige Umsetzung der Planung als wichtig, da sonst ein zu großer Druck bei den Anwendern entsteht. Ein weiterer Grundsatz besteht darin, die Ergebnisse zu prüfen, indem beispielsweise *Benchmarks* mit Technologieführern der eigenen Branche vorgenommen werden – und das nicht nur im inländischen Vergleich.

Projektorganisation: Digitalisierung ist ein Prozess, der strategisch angegangen werden und somit auch planerisch vonstattengehen muss. In Projektform gegossen, gehören hierzu auch Evaluationen und Prüfungen aufgrund gesetzter Meilensteine. Dies bedeutet nicht, dass Unmengen von Kennzahlen und Statistiken zu jedem einzelnen Digitalisierungsprojekt geführt werden müssen, sondern dass strukturierte und teilzielorientierte Werte zu setzen und zu verfolgen sind. Statt blinder »Big Data« geht es um analysierte »*Smart Data*«. Eines sollte immer klar sein: Der Erfolgsbeitrag digitaler Aktivitäten kann nur dann sinnvoll nachvollzogen und in einen unternehmerischen Lernprozess überführt werden, wenn digitale Aktivitäten einer Evaluation von Effizienz und Effektivität unterliegen. Eine besondere Bedeutung kommt hier der Begleitung durch externe Akteure zu. In vielen spezialisierten Bereichen kann die mittelständische Geschäftsleitung oder der IT-Leiter nicht den gesamten Digitalisierungsprozess im Detail überblicken. Eine Unterstützung durch Berater und Systemhäuser bietet dem Mittelstand die Möglichkeit, Fachwissen mit der eigenen unternehmerischen Expertise gewinnbringend zu verbinden.

Kulturwandel: Wenn Technologien und Techniken nicht zur Kultur eines mittelständischen Unternehmens passen, bringt die Digitalisierung solcher Aktivitäten wenig, sie richtet ggf. noch Schaden an. Im Kontext der Digitalisierung gilt es, den schwierigen Spagat zwischen gebotener Innovation und gewünschter Tradition zu finden. Hier hat der Mittelstand gegenüber Großunternehmen oft einen Vorteil.

Kontrolle der Digitalisierung: Im Anschluss an die Umsetzungen sollte nach einem Meilensteinkonzept die Kontrolle der Zielerfüllung im Digitalisierungsprozess erfolgen. Hierzu sind Plan- und Ist-Daten einander gegenüberzustellen. Die *Digitalisierungskontrolle* wird nach Sachverhalten, periodisch, kontinuierlich oder ad hoc durchgeführt. Im Hinblick auf die Sicherheit von IT-Systemen versteht man unter der Digitalisierungskontrolle manuelle und automatisierte Maßnahmen, die Informationssysteme und die enthaltenen Informationen sicherstellen. Die Kontrolle umfasst auch die ständige Überprüfung der Wirksamkeit von Digitalisierungsmaßnahmen. Als Instrumente zur Kontrolle von Digitalisierungsprojekten im Mittelstand wurden in einer Untersuchung von *Deloitte* in der Prioritätenfolge genannt: (1) Kennzahlenvergleiche, (2) persönliche Gespräche, (3) Berichte, (4) Zielerreichungsgrade, (5) Budgets und (6) Meilensteine. Auffallend am Ergebnis der Untersuchung waren jedoch die sehr geringen Nennungszahlen. Diese verdeutlichen, dass die Kontrolle der Digitalisierung noch bei Weitem nicht so gut ausgeprägt ist, wie dies von den Probanden in eher globalen Fragen glaubwürdig gemacht wurde.[1156]

20.9   Zusammenarbeit mit Start-ups

Wie die Ausführungen zeigen, kann die Zusammenarbeit mit Start-ups neue Sichtweisen und Pfade offenlegen. Laut Untersuchung des *Digitalverbandes Bitkom* (Juli 2018) kooperiert nur ein Drittel der Mittelständler lose mit *Start-ups*, etwa durch Zusammenarbeit bei Gründerwettbewerben. Jedes zehnte Unternehmen entwickelt mit Start-ups gemeinsame Produkte oder Dienstleistungen. Bei kleineren Unternehmen mit zwischen 20 bis 49 Mitarbeitern beträgt der Anteil nur 6 %, im Mittelstand mit 50 bis 499 Mitarbeitern sind es 11 % und bei größeren Unternehmen ab 500 Mitarbeitern sogar 22 %. Aber nur 9 % der Unternehmen sind finanziell an Start-ups beteiligt.

Unter den Start-ups liegen die Vorbehalte gegenüber etablierten mittelständischen Unternehmen beim Wunsch nach Unabhängigkeit (48 %), keinem Mehrwert (36 %), keiner passenden Projekte (29 %). Sie

---

1156 Deloitte: Digitalisierung im Mittelstand, http://www.forschungsnetzwerk.at/downloadpub/Digitalisierung-im-Mittelstand.pdf, abgerufen 1.2.2019.

geben aber auch an, dass Mittelständler kein Interesse an einer Zusammenarbeit mit Start-ups zeigen und dass die Zeit zur Zusammenarbeit dafür fehlt.[1157]

An dieser Stelle sind jedoch viel mehr Mut und Offenheit einzufordern, denn die Potenziale und Möglichkeiten sind überraschend groß, wenn man sich wirklich (ergebnisoffen) zusammensetzt und Ideen, Perspektiven und Einschätzungen austauscht. Diese Offenheit ist in den USA viel größer, und selbst China forciert auf höchster Ebene neuerdings die Kooperation zwischen etablierten Unternehmen und Start-ups. Es gibt inzwischen fast überall in Deutschland entsprechende Orte und Gelegenheiten der Vernetzung und nicht zuletzt die *Digital-Hub-Initiative* der *Bundesregierung*.

20.10   Förderung zur Digitalisierung im Mittelstand

Mit der *Digital Hub Initiative* bietet die *Bundesregierung* an zwölf Kompetenzstandorten in Deutschland die Vernetzung des Mittelstandes und von Unternehmen mit Innovationspartnern aus Wissenschaft und Gründerszene. Die Standorte und ihre Fachschwerpunkte sind in Abb. 67 dargestellt. Die Angebote liegen vor allem bei Zugang und Nutzung der Netzwerke.

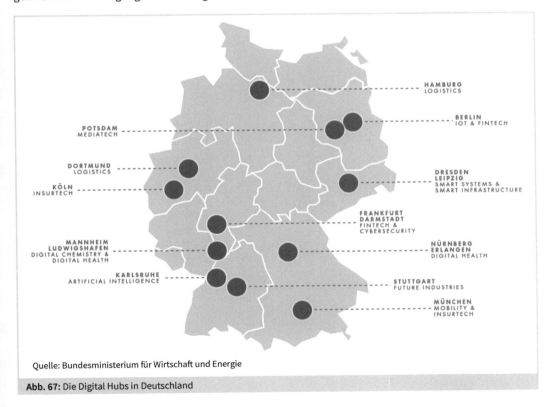

Quelle: Bundesministerium für Wirtschaft und Energie

Abb. 67: Die Digital Hubs in Deutschland

1157 Pressebericht zur Bitkom-Studie am 10.7.2018, https://www.bitkom.org/Presse/Presseinformation/Mittelstand-hat-kaum-Kontakt-zu-Startups.html, https://www.munich-startup.de/38206/kooperation-mittelstand-startups/, abgerufen 2.1.2019.

Darüber hinaus gibt es das Förderprogramm »*go-digital*« des *Bundesministeriums für Wirtschaft und Energie*. Mit seinen drei Modulen »Digitalisierte Geschäftsprozesse«, »Digitale Markterschließung« und »IT-Sicherheit« richtet sich »go-digital« gezielt an kleine und mittlere Unternehmen der gewerblichen Wirtschaft und an das Handwerk. Praxiswirksam bietet das Programm Beratungsleistungen, um mit den technologischen und gesellschaftlichen Entwicklungen im Bereich Online-Handel, Digitalisierung des Geschäftsalltags und dem steigenden Sicherheitsbedarf bei der digitalen Vernetzung Schritt zu halten.[1158] Die *Industrie- und Handelskammern* haben ein Netzwerk von Vor-Ort-Services zur Digitalisierung eingerichtet. Diese unterstützen bei Beratung, Fördermitteln, Recht und Internet.[1159]

Manche mag es überraschen, dass auch *China* und die *USA* für Digitalisierungsprojekte mit deutschen Unternehmen Interesse zeigen – nicht für jedes, aber bei besonders spannenden Themen. Wie in Kapitel 18 »Mobility« gezeigt wurde, bietet sich China zum Beispiel für Straßentests im Realverkehr zum *autonomen Fahren* an, wofür es in Deutschland derzeit keine Genehmigungen gibt – und zwar explizit für deutsche Unternehmen und unter Zusicherung der Datenautonomie.[1160] Das *Silicon Valley* ist eine internationale Spielwiese – auch deutsche Unternehmen und insbesondere deutsche Start-ups sind willkommen, arbeiten dort an der Digitalisierung und partizipieren an der offenen Unternehmerkultur, dem Austausch mit US-Firmen und -Forschungseinrichtungen. An keiner Stelle der Welt kann man auf so viele *I/SD-Initiativen* in so engem Raum treffen und sich mit ihren Protagonisten austauschen.

1158 Kontakt: EuroNorm GmbH, Stralauer Platz 34, 10243 Berlin, go-digital@euronorm.de. Weiteres siehe https://www.bmwi.de/ Redaktion/DE/Artikel/Digitale-Welt/foerderprogramm-go-digital.html, abgerufen 2.2.2019.
1159 https://www.ihk.de/digitalisierung#ihk-finder, abgerufen 2.2.2019.
1160 Datensicherheit wird von offizieller chinesischer Stelle zugesagt – tatsächlich wurden die Tester aber aufgefordert, den einschlägigen Behörden Messgrößen zu übermitteln.

21 Umwelt und Kreislaufwirtschaft

> *Die Digitalisierung der GreenTech-Branche in Deutschland wird im Jahr 2025 ein zusätzliches Marktvolumen von mehr als 20 Mrd. € eröffnen. Treiber sind vor allem digitale Geschäftsmodelle, weniger die Beherrschung einzelner digitaler Technologien. In den fünf digitalen Systemen »Connected urban mobility«, »Connected energy«, »Smart grid«, »Building information network« und »Industrie 4.0« könnte der CO2-Ausstoß allein im Jahr 2025 um 50 Mio. Tonnen reduziert werden. Deutschland hat auf diesem Gebiet nicht nur führende Positionen, sondern auch noch beträchtliches Ausbaupotenzial. Im Gegensatz zur rückwärtsgewandten US-Umweltpolitik von Präsident Trump verfolgen einige US-Staaten ehrgeizige Umweltprogramme. China fühlt sich dank deutschen Technologietransfers in der Lage, bald Umwelttechnik auf dem Weltmarkt anzubieten – trotz dramatischer Umweltprobleme im Inland. Damit bestehen für deutsche Unternehmen zwar auch in den amerikanischen und den asiatisch-chinesischen Märkte neue Geschäftsmöglichkeiten, jedoch nur dann, wenn überlegene Geschäftsmodelle und Technologien angeboten werden können.*

21.1 Umwelteffekte: Unsicherheit und Rückstand

Hinsichtlich Nutzen und Lasten aus der Digitalisierung für die Umwelt bestehen große Unsicherheit und Meinungsvielfalt. Dieses Thema liegt in Diskussion und Analyse immer noch zurück. Die Nachhaltigkeitsforscher müssen stark aufholen. So wird das Thema Digitalisierung im Hauptdokument des 2015 von den *Vereinten Nationen* verabschiedeten *»Sustainable Development Goals«* (SDG) an keiner Stelle erwähnt.[1161] 2015 hatten sich die Vereinten Nationen mit der *»Agenda 2030«* nämlich 17 anspruchsvolle Nachhaltigkeitsziele gesetzt, die allen Staaten als Richtschnur bis zum Jahr 2030 dienen sollen. Der *Wissenschaftliche Beirat der Bundesregierung Globale Umweltveränderungen* (WBGU) beruft sich 2018 darauf und hält es für essenziell, die Digitalisierung mit Blick auf die notwendige Transformation zur Nachhaltigkeit zu gestalten. Seine Prämissen sind (1) »Digitalisierung braucht dringend Gestaltung.« und (2) »Nachhaltigkeit ist eine Vision globalen langfristigen Wohlergehens.« und stellte dazu einen Fragenkatalog auf.[1162] Die aktuelle Lage beurteilt der WBGU als außerordentlich: »Die Digitalisierung könnte zum ›Brandbeschleuniger‹ von Umweltzerstörung, Klimawandel und sozialer Spaltung werden«. Jetzt seien klare Regeln gefordert. [1163]

Das *Fraunhofer-Institut für System- und Innovationsforschung* konstatierte noch im Januar 2016: »Ob und inwieweit die Digitalisierung [...] zu einer Umweltentlastung führen kann, ist mit dem derzeitigen Kenntnisstand [...] nicht abschätzbar. Eine genaue Analyse der Chancen und Herausforderungen des digitalen

1161 Aussage Dirk Messner, eines der beiden Vorsitzenden des Wissenschaftlichen Beirats Globale Umweltveränderungen (WBGU) der Bundesregierung, Taz 2.9.2018, Ausbruch aus den Silos, http://www.taz.de/!5529399/, abgerufen 4.1.2019.
1162 Wissenschaftlicher Beirat der Bundesregierung 2018. Digitalisierung: worüber wir jetzt reden müssen. Der WBGU ist ein unabhängiges wissenschaftliches Beratungsgremium der Bundesregierung, das Handlungs- und Forschungsempfehlungen für die Politik erarbeitet. https://www.wbgu.de/fileadmin/user_upload/wbgu.de/templates/dateien/veroeffentlichungen/impulspapier/digitalisierung.pdf, abgerufen 4.2.2018.
1163 https://www.spiegel.de/wissenschaft/mensch/digitalisierung-und-umwelt-utopie-und-horror-liegen-dicht-nebeneinander-a-1261870.html, abgerufen 6.10.2019.

Wandels unter Umweltgesichtspunkten sowie eine darauf aufbauende Positionierung des BMUB sind [...] noch nicht erfolgt«.[1164]

Dementsprechend unterschiedlich fallen die Urteile über die Bilanz aus Wirtschaft und Umwelt aus.

21.2   Positive wirtschaftliche Effekte

Der digitale Wandel hat mit neuen technologischen Möglichkeiten bereits einen nachhaltigen Nutzen für den Umweltschutz gebracht. Die Digitalisierung führt zu modifizierten Unternehmensprozessen und ermöglicht Kosteneinsparungen und Effizienzverbesserungen. Vom papierlosen Büro, über Videokonferenzen, Online-Bestellungen, Online-Trainings, Energie-Management (z. B. »Home Automation«) etablieren sich zunehmend Prozesse, die natürliche Ressourcen schonen und dem Umweltschutz dienen. Auch die Möglichkeiten aus dem Homeoffice zu arbeiten, haben einen positiven Effekt auf die Energiebilanz eines Unternehmens. Ebenso hilft der Erfahrungsaustausch mit anderen Unternehmen aber, *Best Practices* kennenzulernen und energiesparende Technologien in den eigenen Prozessen zu etablieren.

Obwohl der Energiebedarf für IT steigt, hat die Reduktion von Geschäftsreisen und Papier einen weit größeren Hebel, der sich gerade für Mittelständler und das Kleingewerbe positiv in der *CO2-Bilanz* bemerkbar macht. Allein die Umstellung, dass Rechnungen heute digital verschickt werden können, spart Mengen von Papier. Reduziert ein Unternehmen den Bedarf für seine Materialien, können Kosten dauerhaft gesenkt und zugleich die Umwelt geschont werden – eine Win-win-Situation. Wirtschaftliche Nachhaltigkeit gehört mittlerweile zur Philosophie vieler Unternehmen und die Relevanz von energieeffizienten und umweltfreundlichen Technologien wird auch in Zukunft weiter an Bedeutung gewinnen.[1165]

21.3   Negativbilanz

Laut einer Untersuchung der deutschen NGO *PowerShift*[1166] wird die Industrie 4.0, also der technische Wandel, mehr Rohstoffe und Energien verschlingen, als oft angenommen wird. Die Digitalisierung der Ökonomie wird den Verbrauch metallischer *Rohstoffe* anheizen, deren Abbau schon heute zu Menschenrechtsverletzungen und Umweltzerstörung führt, warnt die Organisation PowerShift. Als zentrale Herausforderung wird der ansteigende Verbrauch von metallischen Rohstoffen in der Studie beschrieben. »Die von der Industrie versprochene Dematerialisierung ist nicht abzusehen. Im Gegenteil: Die mit Industrie 4.0 verbundenen Technologien werden die Nachfrage nach metallischen Rohstoffen antreiben«, verweist *Hannah Pilgrim*, die Co-Autorin der Studie, auf die steigende Nachfrage nach Lithium, Sel-

---

1164 Fraunhofer-Institut für System- und Innovationsforschung ISI: Digitalisierung und Umwelt: Auswirkungen des digitalen Wandels auf Umwelt, Stadtentwicklung und Klimaschutz, https://www.isi.fraunhofer.de/de/competence-center/nachhaltigkeit-infrastructursysteme/projekte/digiumwelt.html, abgerufen 4.2.2019.

1165 Zitiert nach featured Business, Umweltschutz & Nachhaltigkeit: Die grüne Seite der Digitalisierung, 10.1.2016, https://www.vodafone.de/business/featured/digitales-business/digitale-geschaeftsprozesse/umweltschutz-nachhaltigkeit-die-gruene-seite-der-digitalisierung/, abgerufen 4.1.2019.

1166 PowerShift – Verein für eine ökologisch-solidarische Energie- & Weltwirtschaft e. V. wurde 2010 in Berlin gegründet, https://power-shift.de/powershift-2/, abgerufen 4.2.2019.

tenerdmetallen, Tantal oder Kobalt. Die vermehrte Digitalisierung in den vergangenen zwei Jahrzehnten habe den Verbrauch von natürlichen Rohstoffen nicht gesenkt. »Im Gegenteil – wir verbrauchen von allem immer mehr: mehr fossile Energieträger, mehr Metalle und Mineralien, mehr Baumaterialien und mehr Biomasse«, heißt es dort.

			2000	2010	2017	2020	2030
Metalle	Aluminium	in 1.000 t	31.000	40.000	66.000	74.674	112.698
	Kupfer	in 1.000 t	13.000	15.000	21.000	25.138	33.808
	Gold	in t	2.540	2.460	3.250	3.640	5.311
	Rohstahl	in 1.000 t	848.000	1.140.000	1.720.000	1.873.863	2.493.270
	Palladium	in kg	173.000	209.000	236.000	259.259	354.657
	Platin	in kg	153.000	210.000	248.000	281.090	426.736
	Zinn	in t	279.000	299.000	256.000	260.019	273.875
	Blei	in t	3.200.000	3.470.000	5.679.412	6.229.124	9.372.461
	Zink	in t	8.770.000	10.000.000	17.010.798	18.657.280	28.072.104
	Silber	in t	18.100	20.800	32.109	35.217	52.988
	Chrom	in t	3.260.000	6.910.000	10.476.364	11.413.531	15.186.283
	Magne-sium	in t	428.000	622.000	1.032.191	1.127.837	1.500.644
Fossile Brenn-stoffe	Erdöl	1.000 Barrels/ Tag	74.955	83.272	91.955	95.437	99.525
	Erdgas	Mrd. m^3	2.411	3.192	3.735	3.957	4.646
	Kohle	in Mio. t	4.701	7.252	8.352	8.644	9.007

Abb. 68: Jährliche Produktionsmengen verschiedener Rohstoffe

21.4   Problem Elektromobilität

Das lässt sich auch am Beispiel der E-Autos sehen. Der Bergbaukonzern *BHP Billiton* rechnet laut *PowerShift* vor, dass in einem konventionellen *Verbrennungsmotor* knapp 20 kg Kupfer verbaut sind. In einem *Hybridauto* wird bereits die doppelte Menge verwendet und in einem elektrischen Auto 80 kg. Laut BHP Billiton steige daher die Kupfernachfrage bis 2035 um 8,5 bis 12 Mio. Tonnen pro Jahr. Das Fazit für diese Sparte fällt daher aus rohstoffpolitischer Sicht negativ aus: Zwar ersparen E-Autos der Atmosphäre umweltschädliche Abgase, aber am aktuellen Problem eines zu hohen Rohstoffverbrauchs ändere das nichts, heißt es in ihrer Studie.[1167]

1167 PowerShift – Verein für eine ökologisch-solidarische Energie- & Weltwirtschaft e. V. befasst sich mit energie-, klima-, rohstoff-, handels- und wirtschaftspolitischen Fragen (PowerShift e. V.). Durch Bildungs- und Öffentlichkeitsarbeit, Forschung und politische Aktivitäten möchte sie zu einer globalen Energie- und Rohstoffwende sowie gerechteren weltwirtschaftlichen Beziehungen

Branchenvertreter hoffen, dass Deutschland nicht nur Produktionsstandort für Elektroautos, sondern auch für die Batterie- und Zellproduktion werden kann. Laut *McKinsey* könnten bis zu 75 % der Wertschöpfungskette in Deutschland stattfinden, die restlichen 25 % entfielen lediglich auf den Einkauf von im Land nicht vorhandenen Rohstoffen. Die Produktion von Elektrofahrzeugen führt also mitnichten zu einer grundsätzlichen Reduktion des Materialverbrauchs in der Pkw-Produktion, sondern erhöht ihn sogar. Hinzu kommt die Gewichtszunahme von Elektroautos gegenüber Verbrennern, die – ja nach Modell – bei rund 1.200 bis 1.500 kg liegt. Das führt zu mehr Reifenabrieb, Feinstaub und erhöhter Straßenabnutzung. Rohstoffpolitisch führt der Eins-zu-eins-Ersatz von diesel- und benzinbetriebenen Pkws durch Elektroautos in eine Sackgasse.

21.5   Problem Netze und Rechenzentren

Mehrfach wurde bereits der Konflikt zwischen steigender Nutzung von Internet und Cloud einerseits und die darauf zurückführenden Energiekosten andererseits angesprochen. Vgl. dazu die Kapitel 9 »Digitale Infrastruktur« und 17 »Energiewirtschaft und Digitalisierung«. Dazu gibt es viele Vergleiche, dass etwa die Energie für Datenübermittlung und den Betrieb für Rechenzentren bereits heute dem Gesamtenergiebedarf für die zivile Luftfahrt entspricht.

Andrew Ellis, Professor für optische Kommunikation an der *Aston Universität* präzisierte 2015, dass bereits 8 % der Energieerzeugung in *Großbritannien* durch Internet und Rechenzentren verschlungen werden und dass diese unter Hochrechnung der aktuellen Entwicklung im Jahr 2035 die gesamte Energie verbrauchen würden, die in GBR erzeugt wird.[1168] Des Weiteren beschäftigt sich u. a. *Greenpeace* mit diesem Thema. Die bekannten Analysen betrachten jedoch nur die öffentliche Infrastruktur. Der private und industrielle Verbrauch durch den Betrieb von peripheren Netzen und Endgeräten, die in der Hand von Unternehmen und Privatleuten sind, ist dabei noch gar nicht erfasst.

21.6   Position Deutschland

Im **Umwelt-Ranking** schneidet Deutschland vergleichsweise schwach ab. Nach einer Studie der *Bertelsmann-Stiftung* kam die BRD 2015 nur auf Platz 6 von 34 *OECD*-Staaten. So verursachte jeder Deutsche der Studie zufolge 614 kg Müll pro Jahr – der Schnitt liegt bei gerade 483 kg, und ein modernes Industrieland wie *Japan* produziert nur etwas mehr als die Hälfte des Pro-Kopf-Abfalls der Deutschen. Auch die deutsche *Landwirtschaft* ist nach Ansicht der Gutachter nicht besonders ökologisch. Pro Hektar würden 94 kg zu viel *Nitrate* und *Phosphate* auf die Äcker gebracht, das könne die Böden schwer schädigen. Auch die Luft ist längst nicht so sauber, wie sie sein sollte: Bei der Feinstaubbelastung liegt Deutschland auf Platz 27 von 34 Ländern. Laut Studie beutet die Bundesrepublik auch ihr *Grundwasser* zu sehr aus und

---

beitragen. Studie: Ressourcenfluch 4.0. Die sozialen und ökologischen Auswirkungen von Industrie 4.0 auf den Rohstoffsektor. Upload unter https://power-shift.de/wp-content/uploads/2017/02/Ressourcenfluch-40-rohstoffe-menschenrechte-und-industrie-40.pdf, abgerufen 4.2.2019.

1168 Bericht in The Guardian vom 13.11.2015, Can the digital revolution be environmentally sustainable?, https://www.theguardian.com/global/blog/2015/nov/13/digital-revolution-environmental-sustainable, abgerufen 6.2.2019.

vernachlässigt den Schutz bedrohter Arten.[1169] Das *Yale Center for Environmental Law & Policy* (*YCELP*) stuft Deutschland 2018 im weltweiten Vergleich mit Position 13 noch relativ günstig ein. Unsere Nachbarn machen es aber besser: Die Schweiz liegt auf Position 1, gefolgt von Frankreich und Dänemark. Die Briten liegen auf Platz 6.[1170]

Umwelttechnik: Der zunehmende weltweite Bedarf nach »grünen« Produkten, Verfahren und Dienstleistungen ist deutschen Anbietern bereits in den letzten Jahren zugutegekommen. Besonders in nachfragestarken EU-Staaten, aber auch in den *BRICs*-Ländern hat Deutschland bei Klimaschutztechnologien bereits heute eine überdurchschnittlich starke Marktstellung. Deutsche Unternehmen hielten 2016 am Weltmarkt der Querschnittsbranche »Umwelttechnik und Ressourceneffizienz« einen Anteil von 14 %. Der Anteil Deutschlands an der globalen Wirtschaftsleistung bezifferte sich auf 4,6 %. Setzt man diese beiden Werte zueinander in Relation, zeigt sich die überproportional hohe Bedeutung der deutschen *Umwelttechnik* und *Ressourceneffizienz* auf den internationalen Märkten. Deren Stellenwert für die Wirtschaft am Standort Deutschland macht nicht nur die expansive Entwicklung der Marktvolumina und die zunehmende Exportnachfrage deutlich, sondern auch der wachsende Beitrag zur Wirtschaftsleistung. Im Jahr 2016 lag der *GreenTech*-Anteil am Bruttoinlandsprodukt (BIP) bei 15 % – gegenüber 2013 entspricht dies einer Steigerung um zwei Prozentpunkte.[1171]

Digitalisierung: Die Digitalisierung macht auch vor der Umwelttechnik nicht halt. Deutschland muss sich darauf einstellen. Die deutsche GreenTech-Branche ist schon heute technologisch hoch entwickelt und ein Wachstumsmarkt. Weitere Fortschritte werden weniger durch einzelne Innovationen getrieben sein, sondern durch das Verknüpfen von Komponenten zu Systemlösungen. Dies ist im Weiteren zu vertiefen.

21.7   China zum Vergleich

Umwelt Ranking: China ist dabei, die USA als größten CO_2-Verursacher abzulösen, holzt nach Regierungsangaben 25 Mio. Bäume pro Jahr allein für Einweg-Essstäbchen ab, ist der größte Konsument für Produkte aus bedrohten Arten und entsorgt laut der *chinesischen Akademie der Wissenschaften* im Fluss Jangtse jährlich 14 Mrd. Tonnen Abfall. Dementsprechend liegt China im *Environmental Performance Index* 2018 am Ende des Mittleren Drittels auf Platz 120, nur noch gefolgt von ärmeren Ländern.[1172]

Zugleich ist China eines der artenreichsten Länder der Erde mit einer faszinierenden Natur und einer immer aktiveren Umweltschutzbewegung. Der *ökologische Fußabdruck* Chinas hat sich seit den 1960er Jahren verdoppelt. Inzwischen verbraucht die Volksrepublik China zweimal mehr Ressourcen als nachhaltig wäre. Dennoch fällt der ökologische Fußabdruck jedes einzelnen der 1,3 Mrd. Chinesen beschei-

1169 Berichtet von Bild 8.9.2015, https://www.bild.de/geld/wirtschaft/umweltschutz/deutschland-beim-umweltschutz-mangelhaft-42492508.bild.html, abgerufen 4.2.2019.
1170 Berichtet Ingenieur.de am 7.10.2015, https://www.ingenieur.de/technik/fachbereiche/umwelt/die-20-umweltfreundlichsten-laender-welt/, abgerufen 4.2.2019.
1171 Bundesministerium für Umwelt, Naturschutz und nukleare Sicherheit: Greentech Made in Germany. Weiteres siehe Umwelttechnologieatlas für Deutschland, http://www.greentech-made-in-germany.de/umwelttechnik-deutschland/, abgerufen 4.2.2019.
1172 EPE Environmental Performance Index 2018, Tabelle der EPI-Rankings, https://epi.envirocenter.yale.edu/downloads/epi2018policymakerssummaryv01.pdf, abgerufen 6.2.2019.

den aus – verglichen mit den Nachbarn in Japan, uns Deutschen oder gar den USA. Nur einer von 70 Chinesen besitzt ein Auto, im Westen ist jeder Zweite motorisiert. Seit das Ausmaß und die Folgen der Umweltschäden nicht mehr zu übersehen sind, steht das Thema »Umweltschutz« bei der chinesischen Regierung ganz oben auf der Agenda. Die neue Regierung hat das Schlagwort von der »harmonischen Gesellschaft« geprägt. Der Reichtum soll besser verteilt und die wirtschaftliche Entwicklung umweltverträglich werden. Keine einfache Aufgabe: China hat 22 % der Weltbevölkerung zu ernähren – und das mit äußerst knappen Ressourcen. Das Land verfügt nur über 9 % der weltweit landwirtschaftlich nutzbaren Fläche und 6 % der Süßwasservorräte.[1173]

Umwelttechnik: Die enormen Umweltprobleme besonders infolge von *Kohleverbrennung* und *Giftmüllentsorgung* hat China erkannt und versucht dem entgegenzusteuern, etwa durch massiven Ausbau der *Kernkraft* und *Fotovoltaik*. Dennoch wird der *CO_2-Ausstoß* noch weiter zunehmen. Laut dem 13. Fünfjahresplan soll die Recyclingquote in China auf 35 % anwachsen. Darüber hinaus soll knapp die Hälfte des Abfalls in Zukunft verbrannt werden. Somit bewegt sich China weg von der Deponierung, des heutigen Hauptentsorgungsweges. Hierfür geht die chinesische Regierung von knapp 38 Mrd. USD Investitionsvolumen aus. Zur Modernisierung der Abfallwirtschaft greift China bisher stark auf deutsche Technik zurück. China ist die Nummer 2 der Abnehmerländer deutscher Abfall- und Recyclingtechnik mit einem deutschen Exportvolumen von 412 Mio. €. Unangefochten auf Platz eins liegen die USA mit 492 Mio. €. Chinesische Importe von Abfalltechnik aus Deutschland weisen Wachstumssteigerungen von 55 Mio. € pro Jahr auf. China plant nicht nur die Modernisierung der eigenen Kreislaufwirtschaft, sondern auch den Know-how-Erwerb, um damit auch auf dem Weltmarkt zu gehen.

Bis Mitte 2017 war China das wichtigste Importland weltweit für bestimmte Abfälle. Dies galt aus deutscher Sicht vor allem für Kupfer und Kunststoffe. Nach China wurden allein im Jahr 2016 recycelte Kunststoffe im Wert von rund 167 Mio. € exportiert. Dies hat sich mit dem Importverbot im Jahr 2017 für bestimmte Kunststoffe oder Alttextilien geändert. Neu ist auch, dass der chinesische Staat Ernst macht mit der Durchsetzung von Umweltauflagen. Einer *VDMA*-Umfrage aus dem Januar 2018 unter chinesischen Tochterunternehmen europäischer Firmen zufolge gaben 18 % an, dass sie umweltbehördlich überwacht wurden. 9 % mussten Umwelttechnik nachrüsten – mit Investitionen bis zu 750.000 €.[1174]

Digitalisierung: Das Thema »Digitalisierung in der Umwelttechnik« ist in der politischen und wirtschaftlichen Welt Chinas offensichtlich noch nicht angekommen – zumindest findet sich dieses Stichwort in keinem der öffentlich zugänglichen Berichte.

1173 WWF: China Artenvielfalt im Reich der Mitte. Chinas Probleme, Chinas Potenziale. https://www.wwf.de/themen-projekte/projektregionen/china/probleme-und-potenziale/, abgerufen 4.2.2019. Weiteres siehe Hintergrundinformation »Die Umweltsituation in China«, www.wwf.de.
1174 Bericht des Bundesverbandes Sekundärrohstoffe und Entsorgung vom 17.5.2018, https://www.bvse.de/recycling/recycling-nachrichten/3122-china-macht-sich-unabhaengiger-von-umwelttechnik-aus-deutschland.html, abgerufen 4.2.2019.

21.8   USA zum Vergleich

Umwelt Ranking: Im *Environmental Performance Index* von 2010 schnitten die Vereinigten Staaten katastrophal ab, Kopf an Kopf mit Paraguay.[1175] Laut Index 2018 konnten sie unter *Obama* stark aufholen. Sie liegen nun mit Position 27 »nur« noch als Schlusslicht unter den etablierten Industrieländern.[1176] Diese Position wird die USA aber schnell wieder verspielen, wenn ihr Präsident es darauf anlegt: Für *Trump* sind Naturschutz und Klimapolitik nur lästige Hindernisse, die der wirtschaftlichen Entwicklung der USA schaden. Sein Motto lautet: Deregulieren, wo es nur geht. Und das macht er seit seinem Amtsantritt systematisch und aus seiner Perspektive mit großem Erfolg. Den unter Präsident *Obama* ausgegebenen Energie- und Umweltschutzzielen fühlt sich die neue US-Regierung nicht mehr verbunden. Dies gilt für die Pariser Zusage, den US-Ausstoß an klimaschädlichen Treibhausgasen bis 2025 um 26 bis 28 % gegenüber dem Stand von 2005 zu verringern, ebenso wie für die Vorgaben des von der Vorgängeradministration entwickelten *Clean Power Plans* (*CPP*). Weit über 50 Umweltstandards haben Trump und seine Leute seit Amtsantritt im Januar 2017 abgeschafft oder blockiert und damit die Politik seines Vorgängers Obama umfassend zurückgedreht.[1177] Wie kein Präsident vor ihm steht er für eine Energiepolitik von gestern, als Handlanger der fossilen Energien, veralteter Industrien[1178] und gegen die Zukunft.

Hans Joachim Schellnhuber, Direktor am Potsdam-Institut für Klimafolgenforschung, resümiert dazu: »Dem Fortschritt der weltweiten Klimapolitik wird es nicht substanziell schaden, wenn Amerika tatsächlich das Paris-Abkommen verlässt; schaden wird es aber den USA. China und Europa werden globale Führer auf dem Weg zu einer sauberen und sicheren Energiezukunft, und sie werden ihre Position verstärken, wenn die USA zurückrutschen ins Nationale. Auch innovative US-Bundesstaaten wie *Kalifornien*, immerhin die sechstgrößte Volkswirtschaft der Welt, werden weiter Emissionsreduktionen vorantreiben. Die Leute von Trump hocken in den Schützengräben der Vergangenheit, statt die Zukunft aufzubauen. Sie erkennen nicht: Die Klimakriege sind vorbei – das Wettrennen um nachhaltigen Wohlstand läuft.«[1179]

Umwelttechnik: Die Bundesstaaten und Kommunen der USA halten jedoch an ihren ambitionierten Umweltzielen fest. Dies wird entscheidenden Einfluss auf die Nachfrage nach Umwelttechnologien haben. So gibt es in fast allen Teilmärkten für Umwelttechnologien weiterhin gute Geschäftschancen, allen voran beim Ausbau der erneuerbaren Energien, aber auch bei der Netzinfrastruktur, in der Wasserwirtschaft und im Recyclingsektor. Unternehmen müssen sich differenziert mit den regionalen Unterschieden und den Bedingungen in ihrem jeweiligen Marktsegment auseinandersetzen.

1175 Aus dem Environmental Performance Index 2010 (EPI), der auf dem Weltwirtschaftsforum in Davos vorgestellt wurde, https://www.wissenschaft.de/umwelt-natur/island-ist-spitze/, abgerufen 4.2.1019. Weiteres zum Environmental Performance Index der Yale-University siehe https://epi.envirocenter.yale.edu/, abgerufen 4.2.2019.

1176 Tabelle der EPI Rankings im Environmental Performance Index 2018, durchgeführt vom Yale Center for Environmental Law & Policy, Yale University Center for International Earth Science Information Network, Columbia University, in Zusammenarbeit mit dem World Economic Forum, https://epi.envirocenter.yale.edu/downloads/epi2018policymakerssummaryv01.pdf, abgerufen 6.2.2019.

1177 Eine Auswahl der Entscheidungen bis März 2018 präsentierte der Stern unter dem Titel: Wie Donald Trump Krieg gegen die Umwelt führt, https://www.stern.de/politik/ausland/wie-donald-trump-krieg-gegen-die-umwelt-fuehrt---ein-ueberblick-7926732.html, abgerufen 4.2.2019.

1178 Etwa der Forcierung der technologisch stark zurückgefallenen Stahlindustrie im »Rust Belt«.

1179 ZEIT ONLINE: US-Ausstieg aus Paris-Abkommen, Seite 2: Mehr Schaden für die USA als für den Rest der Welt, https://www.zeit.de/wissen/umwelt/2017-05/donald-trump-klimapolitik-pariser-abkommen-ausstieg-forschung/seite-2, abgerufen 4.2.2019.

Die USA gehören bei der Nutzung der *Wind-* und *Solarenergie* zu den international führenden Nationen. Sowohl auf Bundesebene als auch auf Bundesstaatenebene gibt es vielfältige Unterstützung, etwa durch Steuervorteile, Quotenregelungen und ambitionierte bundesstaatliche Fördermaßnahmen. Zudem sind die Kosten der erneuerbaren Energien inzwischen so weit gesunken, dass sie unter guten Bedingungen auch konventionellen Energieträgern den Rang ablaufen können. Gerade Regionen im Mittleren Westen und im »*Rust Belt*« der USA setzen zum Teil stark auf erneuerbare Energien. Diese Entwicklungen haben dazu beigetragen, dass 2016 rund 63 % der neuen Kraftwerkskapazitäten aus dem Bereich der erneuerbaren Energien (EE) beigesteuert wurden. Zwar möchte die Trump-Regierung nun die Kohle als Energieträger in Form von »*clean coal*« fördern, viele Experten bezweifeln aber, dass dies langfristig die Transition weg von Kohle und hin zu Erdgas und EE aufhalten wird.[1180] Ein weiteres Betätigungsfeld für Umwelttechnologieanbieter liegt in der Eindämmung von Umweltbelastungen durch *Fracking*. Der hohe Wasserverbrauch und die Belastungen für den Boden verlangen sowohl nach hochwertigen Wasserschutztechnologien als auch nach Erfahrungen im Bergbau und der Tiefenbohrung. Zudem ist der Energieverbrauch so groß, dass dafür extra lokale Kraftwerke gebaut werden müssen. Die Verbesserung der Energieeffizienz ist in den USA bisher eher selektiv ein Thema. Dies liegt vor allem daran, dass Energie vielerorts sehr billig ist. Die *Energieeffizienz* von *Wohngebäuden* ist in der Regel noch sehr stark ausbaufähig. Im kommerziellen Gebäudesektor sind wegen der Popularität des »*grünen Bauens*« die Marktchancen für Energieeffizienzprodukte und -dienstleistungen besser. Standards wie *LEED*[1181] oder *Energy Star*[1182]sorgen hier für eine rege Nachfrage. Durch den LEED-Standard finden auch umweltfreundliche Materialien und die Ressourceneffizienz verstärkt Beachtung. Die *Wasserinfrastruktur* hat in vielen Teilen der USA einen hohen Investitionsbedarf. Viele Rohrleitungssysteme sind dringend sanierungsbedürftig, und aufgrund von Dürreproblemen kommt es in manchen Regionen zunehmend zu Versorgungsengpässen. Interessant für den Einsatz neuer, intelligenter *Wassermanagement*-Systeme könnten die Staaten *Kalifornien* und *Texas* sein. Die Unterversorgung mit Wasser, vor allem im landwirtschaftlichen Bereich in den trockenen Teilen der Bundesstaaten könnte durch den Einsatz intelligenter Management- und Bewässerungssysteme abgemildert werden.[1183]

Die *Recyclingquoten* sind in den USA noch vergleichsweise gering. Bevölkerungswachstum und steigende Urbanisierung bei gleichzeitigen Deponieraumengpässen lassen jedoch das Problem der *Abfallentsorgung* immer dringender werden. Selektiv setzen einzelne Städte interessante Programme auf. Hier könnten sich auch deutsche Unternehmen bei Planung, Aufbau und Umsetzung einbringen. Schwierig ist zurzeit noch die Etablierung von Systemen zur Mülltrennung, wodurch das Recycling von Materialien erschwert und die thermische Verwertung in den Vordergrund gerückt wird. Das industrielle Recycling,

---

1180 Bericht von GTAI Germany Trade & Invest vom 14.6.2017, Umwelttechnik hat in den USA auch nach Ausstieg aus dem Pariser Klimaabkommen Chancen, https://www.gtai.de/GTAI/Navigation/DE/Trade/Maerkte/suche,t=umwelttechnik-hat-in-den-usa-auch-nach-ausstieg-aus-pariser-klimaabkommen-chancen,did=1732476.html, abgerufen 6.2.2019. Weitere Informationen: http://www.gtai.de/GTAI/Navigation/DE/Trade/Maerkte/Branchen/Branche-kompakt/branche-kompakt-erneuerbare-energien,t=branche-kompakt-usmarkt-fuer-solaranlagen-macht-kraeftigen-wachstumssprung,did=1668538.html; http://www.gtai.de/GTAI/Navigation/DE/Trade/Maerkte/Branchen/Branche-kompakt/branche-kompakt-erneuerbare-energien,t=branche-kompakt-aussichten-fuer-windenergie-in-den-usa-bleiben-trotz-fragezeichen-positiv,did=1659272.html, abgerufen 7.2.2019.
1181 LEED steht als Abkürzung für: Leadership in Energy and Environmental Design, ein Klassifizierungssystem für energiesparendes Bauen.
1182 ENERGY STAR ist ein US-amerikanisches Umweltzeichen für energiesparende Geräte, Baustoffe, öffentliche/gewerbliche Gebäude und Wohnbauten.
1183 Weitere Informationen https://www.gtai.de/GTAI/Navigation/DE/Trade/Maerkte/Trends/infrastruktur,t=usa-benoetigen-hohe-investitionen-in-wasser-und-abfallwirtschaft,did=1719734.html, abgerufen 6.10.2019.

etwa von Metallen, hängt stark an den Rohstoffpreisen, die in den letzten Jahren vergleichsweise niedrig waren. Eine Erholung der Rohstoffpreise und eine anziehende Industriekonjunktur könnten Recyclingtechnologien und den Einsatz von Sekundärrohstoffen künftig wieder attraktiver machen.[1184]

Digitalisierung und Umwelttechnik werden in den USA selten in Verbindung gebracht. In den »klassischen Industrien« liegen die USA nicht an der Spitze. Anders die »*Big Four*[1185]« der *I/SD-Branche*, die sich auch hier exponieren. Dazu einige Beispiele: In seinem Earth Lab will *Microsoft* mit Künstlicher Intelligenz das Klima retten.[1186] *Apple*-Gründer *Steve Jobs* trieben immer ehrgeizige Umweltzeile. So vermeldete der Konzern kürzlich, dass alle Standorte mit Ökostrom betrieben werden. Sogar im jährlich erhobenen »*Greener Electronics Ranking*« der Umweltschutzorganisation *Greenpeace* landete das Unternehmen im vergangenen Jahr auf dem zweiten Platz, direkt hinter dem Smartphone-Hersteller *Fairphone*.[1187] *Google* positionierte sich schon länger als Umweltschutzvorbild[1188] und bietet kostenlose Umwelt-Apps für nachhaltiges Handeln an.[1189]

21.9   Digitale Umwelttechnik: Perspektiven für Deutschland

21.9.1 CO_2-Einsparpotenzial

Die Bundesregierung prognostiziert für die *GreenTech-Branche* in Deutschland im Jahr 2025 durch Digitalisierung ein zusätzliches Marktvolumen von mehr als 20 Mrd. €.[1190] Es geht vor allem um *digitale Geschäftsmodelle*, nicht um die Beherrschung einzelner digitaler Technologien.[1191] Für die GreenTech-Branche[1192] in Deutschland bietet die digitale Transformation Chancen und Risiken. Sie befindet sich schon heute auf einer hohen technologischen Entwicklungsstufe. Weitere Fortschritte werden weniger durch Einzelinnovationen getrieben, sondern durch das Verknüpfen von Einzelkomponenten zu Systemlösungen. Die Digitalisierung hat sich zu einem Treiber dieser Systembildung entwickelt. Dies wird im Weiteren präzisiert.

1184 Dito.
1185 Zu den »Big Four« zählen Microsoft, Apple, Amazon und Alphabet (Google), nicht jedoch Facebook, die hinzugenommen wird wenn man von den »Big Five« spricht. Facebook wird hier ausgeklammert, da keine bemerkenswerten Geschäfte in der Umwelttechnik.
1186 Bericht Heise Online vom 21.11.2018, https://www.heise.de/newsticker/meldung/EarthLab-Microsoft-will-mit-KI-das-Klima-und-die-Erde-retten-4228925.html, abgerufen 6.2.2019.
1187 Handelsblatt vom 11.4.2018, So umweltfreundlich ist Apple wirklich, https://www.handelsblatt.com/unternehmen/it-medien/us-konzern-so-umweltfreundlich-ist-apple-wirklich/21157250.html?ticket=ST-1585768-1P3teaRqKoyfymYYPxGo-ap4, abgerufen 6.2.2019.
1188 Heise Online vom 8.9.2010, https://www.heise.de/newsticker/meldung/Google-sieht-sich-als-Umweltschutz-Vorbild-1339457.html, abgerufen 6.2.2019.
1189 Eine Aufstellung von Apps zum Thema Umwelt und Nachhaltigkeit liefert etwa: Nachhaltig-sein.info, https://nachhaltig-sein.info/klimawandel/gruene-nachhaltige-umwelt-apps-smartphone-ios-apple-android-google-play, abgerufen 6.2.2019.
1190 Bundesministerium für Umwelt, Naturschutz und nukleare Sicherheit, Greentech Made in Germany, http://www.greentech-made-in-germany.de/digitaler-wandel/, abgerufen 7.2.2019.
1191 https://www.rolandberger.com/de/Publications/Die-Digitalisierung-in-der-GreenTech-Branche.html, abgerufen 3.2.2019.
1192 Die GreenTech-Branche als Querschnittsbranche. Umwelttechnik und Ressourceneffizienz wird über sechs Leitmärkte definiert: umweltfreundliche Erzeugung, Speicherung und Verteilung von Energie, Energieeffizienz, Rohstoff- und Materialeffizienz, Nachhaltige Mobilität, Kreislaufwirtschaft und Nachhaltige Wasserwirtschaft.

21.9.2   Digitalisierung

GreenTech-Innovationen entlang digitaler Systeme tragen zur Vermeidung und Minderung von Umweltbelastungen bei. Der ökologische Effekt durch Digitalisierung lässt sich beispielhaft anhand der Reduktion des *Kohlendioxid-Ausstoßes* darstellen. In den fünf digitalen Systemen »*Connected urban mobility*«, »*Connected energy*«, »*Smart grid*«, »*Building information network*« und »*Industrie 4.0*« könnte der CO_2-Ausstoß allein im Jahr 2025 um 50 Mio. t reduziert werden. Wird das ökologische Potenzial der Digitalisierung auf alle digitalen Systeme, die Umwelttechnik und Ressourceneffizienz betreffend, hochgerechnet, ergibt sich über den Betrachtungszeitraum von 2016 bis 2025 sogar eine Einsparung von rund 200 Mio. t CO_2. Dies entspricht im Jahr 2025 einer jährlichen Reduktion von 50 Mio. t. Zum Vergleich: 2014 emittierte Deutschland 902 Mio. t CO_2-Äquivalente.[1193] Dies errechnet sich wie folgt:

Connected Energy: 13 Mio. t CO_2-Einsparung
- regenerative Energien,
- Gebäudeautomation,
- Speichertechnologien;

Smart Grid: 7 Mio. t CO_2-Einsparung
- Power2X-Technologie,
- intelligente Zähl- und Verbrauchsmesssysteme,
- Regelungstechnologien für Netze;

Building Information Modelling: 7 Mio. t CO_2-Einsparung
- stoffliche Verwertung,
- effiziente Bauverfahren und Baustoffherstellung,
- Einsatz von nachwachsenden Rohstoffen;

Connected Urban Mobility: 3 Mio. t CO_2-Einsparung
- alternative Antriebe,
- Carsharing,
- Verkehrsleitsysteme,
- E-Tankstellen;

Industrie 4.0: 2 Mio. t CO_2-Einsparung
- ressourceneffiziente Produktionsverfahren,
- Mess-, Steuer- und Regelungstechnik,
- effiziente elektrische Antriebe;

Saldo und Hochrechnung:
- ergibt eine Summe von 32 Mio. t Energieeinsparung,
- dies deckt jedoch nur 74 % des Gesamtpotenzials,
- hochgerechnet auf 100 % ergibt sich ein gewichtetes Gesamtpotenzial von rund 50 Mio. t CO_2-Einsparung im Jahr 2025.[1194]

1193 Quelle: Bundesamt für Umweltschutz 2017.
1194 Berechnung nach einer Studie von Roland Berger, 2016: In der Berechnung wird von fünf exemplarischen digitalen Systemen ausgegangen, die im Gesamtmarktvolumen 74 % abdecken. Die Abdeckung ergibt sich aus der Betroffenheit von Marktsegmenten von dem jeweiligen digitalen System. Die Hochrechnung wurde gewichtet mit dem CO_2-Entlastungspotenzial der einzelnen

21.9.3 Zusätzliches Marktpotenzial durch Digitalisierung

Umwelttechnik und Ressourceneffizienz sind starke Markttreiber. Die Digitalisierung kann den Expansionskurs dieser Branche weiter beschleunigen: Bedingt durch Synergie- und Systemeffekte, die aus dem Ausbau der digitalen Systeme entstehen, wird die Nachfrage nach Produkten, Verfahren und Dienstleistungen der Umwelttechnik und Ressourceneffizienz voraussichtlich steigen. Weitere Hochrechnungen prognostizieren durch die Digitalisierung der *GreenTech*-Branche in Deutschland im Jahr 2025 ein zusätzliches Marktvolumen von mehr als 20 Mrd. €, etwa 3 % des insgesamt prognostizierten Marktvolumens von 2025. Dies verteilt sich auf sechs Leitmärkte. Der einzelne Beitrag zu diesem Potenzial fällt allerdings unterschiedlich aus. Am geringsten ist das durch die Digitalisierung induzierte zusätzliche Wachstum in den Leitmärkten **Nachhaltige Wasserwirtschaft** sowie **Rohstoff- und Materialeffizienz**. Die vier Haupttreiber sind somit:

Leitmarkt Kreislaufwirtschaft: Dieser Leitmarkt weist mit 6 % das höchste durch die Digitalisierung induzierte prozentuale zusätzliche Marktwachstum im Vergleich aller sechs Leitmärkte auf; das entspricht einem zusätzlichen absoluten Marktvolumen von 2 Mrd. €. Die Digitalisierung ermöglicht die effizientere Wiederverwertung von verbauten Rohstoffen und die Erhöhung der Recyclingquote bei Abfällen. Davon profitiert die Entwicklung der Technologielinie »Rohstoffliche Verwertung«. Die Weiterentwicklung der Technologielinie »Abfallsammlung und -transport« wird durch die Digitalisierung ebenfalls beschleunigt. Die verstärkte Nutzung digitaler Daten schafft hier Synergieeffekte durch die Abstimmung zwischen Verbrauchern, Abfallsammlern und den Kapazitäten in der Abfallaufbereitung.

Energieeffizienz: Hier beträgt das zusätzliche Marktvolumen 4 % bezogen auf das gesamte Leitmarktvolumen des Jahres 2025, was einem zusätzlichen absoluten Marktvolumen von 7 Mrd. € entspricht. Im Marktsegment der Energieeffizienz von Geräten wird die Nachfrage nach intelligenter Weißer Ware stimuliert, weil *smarte Haushaltsgeräte* das Energieeffizienzpotenzial in digital vernetzten Systemen besser nutzen können. Der verstärkte Einsatz von digitalen Daten und der höhere Automatisierungsgrad steigern den Nutzen der Gebäudeautomatisierung immens – was zu einem Entwicklungsschub dieser Technologielinie beiträgt.

Energieerzeugung, -speicherung und -verteilung: Die Digitalisierung führt hier zu einer besseren Integration der stark schwankenden erneuerbaren Energien. Damit profitieren Technologielinien zur dezentralen Energieerzeugung wie *Fotovoltaik*, *Windenergie* oder *Biomasse* direkt von Systemeffekten. Diese Technologielinien lassen sich vernetzen und ergänzen, um *Speichertechnologien* intensiver und wirtschaftlicher zu nutzen. Dafür stehen verschiedene zentrale und dezentrale Speicher zur Verfügung; so profitieren auch die Technologielinien der elektrochemischen und mechanischen Speicher von den Systemeffekten. Dadurch wird ein zusätzliches Marktvolumen von 3 % erwartet (4 Mrd. €).

Mobility: Hier wird durch die Digitalisierung mit einem zusätzlichen Marktvolumen von 3 % gerechnet (4 Mrd. €). Die digitale Transformation trägt in diesem Leitmarkt durch Automatisierung und Vernetzung

Marktsegmente durchgeführt. Studie von Roland Berger: Think Act. Beyond Mainstream. Die Digitalisierung in der GreenTech-Branche. Im Auftrag des Bundesministeriums für Umwelt, Naturschutz und Reaktorsicherheit. https://www.rolandberger.com/de/Publications/Die-Digitalisierung-in-der-GreenTech-Branche.html, abgerufen 6.10.2019.

maßgeblich zur Entwicklung der Technologielinie der alternativen Antriebsarten bei. Zum einen werden *Elektrofahrzeuge* besser in *Carsharing*-Systeme integriert, was das Marktvolumen der alternativen Antriebe erhöht und zu einem Ausbau der *Ladeinfrastruktur* führen dürfte. Zum anderen machen Fortschritte auf dem Gebiet des autonomen Fahrens neue *Mobilitätslösungen* mit Hybrid- und Elektroantrieben attraktiver.[1195]

21.10   Zusammenarbeit mit den USA

Die USA sind ein offener und liberaler Markt, in dem dynamische Unternehmen mit neuen Ideen willkommen sind. KMUs der *Umweltwirtschaft* sollten sich vor dem Eintritt in den amerikanischen Markt intensiv mit den Voraussetzungen in ihrem Teilmarkt beschäftigen und die verschiedenen Regionen gegenüberstellen. Die USA sind sehr groß und müssen differenziert betrachtet werden, um lokale Regelungen und Marktchancen zu evaluieren. Dabei sollten sich Unternehmen zuerst auf eine oder wenige Absatzregionen konzentrieren und sich über ausschreibende Stellen und mögliche lokale Partner informieren. Die Außenhandelskammern vor Ort informieren und organisieren Reisen in mögliche Zielgebiete und helfen bei der Anbahnung von Kontakten.[1196] Einschränkend ist zu bemerken, dass Gemeinschaftsunternehmen mit Amerikanern vor allem in klassischen Branchen kulturell schwierig sein können. Anstelle von Investitionen in *hoch automatisierte Lösungen* präferieren Amerikaner eher *Handarbeit* mit Arbeitskräften aus dem breiten *Niedriglohnsektor*. *FuE-Aktivitäten* werden wegen langer Verpflichtungen kritischer gesehen als in Deutschland, dafür sind kleinere und mittlere US-Unternehmen stärker als bei uns bereit, in *M&A* zu investieren und darüber ad hoc Technologien zu erwerben (Weiteres dazu im Kapitel 13 »Externer Umbau: Digitalisierung M&A«).

21.11   Zusammenarbeit mit China

Die Erfolge ausländischer Unternehmen und Investoren in China sind nach Branchen sehr unterschiedlich. Die westliche *I/SD-Branche* ist in China schwach oder nicht vertreten, weil China seinen Markt weitgehend abschottet. Das wirtschaftliche Entwicklungsniveau innerhalb der Regionen Chinas ist sehr unterschiedlich, beispielsweise der Einkommen, der Infrastrukturen sowie Unterstützungsleistungen (z. B. Logistik, Bankwesen und Zahlungsverkehr). Zudem bestehen große kulturelle Unterschiede zwischen städtischen und ländlichen Gebieten einerseits, aber auch der großen Zahl von Provinzen andererseits. Große operative Probleme der *Wholly Owned Foreign Enterprises* (WOFEs)s[1197] in China entstanden überwiegend aus Versäumnissen, die Geschäftsmodelle, technologische Plattformen und

---

1195 Berechnung nach Bundesamt für Umwelt und Naturschutz (BUMB) und Roland Berger, https://www.rolandberger.com/de/ Publications/Die-Digitalisierung-in-der-GreenTech-Branche.html, abgerufen 4.2.2019.

1196 Zu kontaktieren über: http://www.ahk-usa.com.

1197 Eine Wholly Owned Foreign Enterprise (WOFE) ist eine Unternehmensform und eine Form des Markteintritts nach China. Diese ist eine begrenzt haftende Unternehmensform, welche der deutschen Gesellschaft mit beschränkter Haftung ähnelt. Eine WOFE ermöglicht, anders als während der Gründung eines Repräsentanzbüros, ausländischen Firmen das Einstellen von lokalen und ausländischen Arbeitskräften sowie die Durchführung von gewinnbringenden Aktivitäten wie z. B. das Anbieten von Dienstleistungen, die Herstellung, den Handel und den Export von Waren. Die Unternehmung kann ohne die Zusammenarbeit mit einem chinesischen Partner unabhängig in China agieren.

Organisationsstrukturen und unterstützende Dienstleistungen (z. B. Banken und Logistik) auf die chinesischen Verhältnisse anzupassen.[1198] Risiken bestehen auch durch das systematische Ausnutzen von *Joint Ventures*, etwa bei gemeinsam entwickelten Technologien: Sobald diese marktreif sind, pflegen chinesische Partner das jeweilige Gemeinschaftsunternehmen zu kündigen und die erworbene Technologie im Alleingang zu vermarkten.[1199] Wie oben beschrieben, hat China in der Vergangenheit stark auf deutsche Umwelttechnologien gesetzt, davon viel gelernt und will damit demnächst in ausländische Märkte einsteigen. Chancen haben deutsche Neueinsteiger vor allem, wenn sie mit neuen Technologien und Geschäftsmodellen den chinesischen Markt bereichern. *Digitalisierung* und *Automatisierung* können dabei wichtige Treiber sein – bei netzbasierten Geschäften, siehe obige Einschränkung, ist aber Vorsicht angebracht. *Infrastrukturgeschäfte* sind für Ausländer tabu. Selbst bei infrastrukturnahen Lösungen gibt es Probleme. So wurde *Uber*, trotz Milliarden-Vorleistungen, der Marktzugang nach China vollständig verwehrt.

1198 Vertiefend dazu siehe das Gutachten von Prof. Feng Li, Cass Business School, University of London im Beitrag »China – das Land der begrenzten Möglichkeiten« vom 14.8.2018, https://www.cloudcomputing-insider.de/china-das-land-der-begrenzten-moeglichkeiten-a-741289/, abgerufen 7.2.2019.

1199 Als Beispiel wurde dazu die Entwicklung der »China-Lokomotive« gemeinsam von Siemens mit dem chinesischen Eisenbahnministerium genannt.

22 Smart Government

Das heute gängige Konzept des »Smart Government« entstand in mehreren Entwicklungsphasen, die etwa mit der Jahrtausendwende ihren Anfang nahmen. Neue Technologien eröffneten dem Regierungs- und Verwaltungshandeln immer weitere Möglichkeiten. Diese erzeugten Erwartungen bei den Bürgern, getriggert durch Erfahrungen mit dem Internet und aus der Online-Wirtschaft, die sich auf den Bereich der Politik und der öffentlichen Verwaltung übertragen ließen. Den Takt für die Implementierung schlugen aber immer die Institutionen selber, gestärkt durch Strukturen, Macht-gefüge, Gesetze und Regularien. Somit entstand eine immer größer werdende Diskrepanz zwischen dem, was sich technisch anbot, und dem, was zur Umsetzung kam. Vor dem Hintergrund unter-schiedlicher politischer Systeme und Kulturen drifteten die Länder auseinander. China entwickelte eine Digital-Diktatur. Die US-Administrationen realisierten früh die offene internetgetriebene Kommunikation und propagierten als jüngste Stufe das Open-Government-Konzept. Europa in seinen vielen Schichtungen und Herkünften brachte Vorreiter hervor, die weniger von überkomme-nen Strukturen gebremst waren (z. B. Estland) oder wegen einfacherer Strukturen einfach flexibler sind: die »kleinen Schnellbote« Belgien, Niederlande und die Schweiz. Deutschland in seiner kom-plizierten und verwobenen Regierungs- und Verwaltungsstruktur tut sich schwer. Immerhin wurde hierzulande 2013 das »E-Government-Gesetz« erlassen, dessen Ansprüche relativ bescheiden sind. Frankreich ist da nicht viel weiter, aber jenseits des Rheins werden neue Technologien für die Ver-waltung direkter diskutiert.

22.1 Zur Definition

Unter *Smart Government* ist die Abwicklung geschäftlicher Prozesse im Zusammenhang mit dem Regie-ren und Verwalten (Government) mithilfe von intelligent vernetzten Informations- und Kommunikati-onstechniken zu verstehen. Ein intelligent vernetztes Regierungs- und Verwaltungshandeln nutzt die Möglichkeiten intelligent vernetzter Objekte und cyberphysischer Systeme zur effizienten wie effekti-ven Erfüllung öffentlicher Aufgaben. Dies schließt das Leistungsportfolio von *E-Government* und *Open Government* einschließlich Big Data und Open Data mit ein. Im Kern geht es um ein nachhaltiges Regie-rungs- und Verwaltungshandeln im Zeitalter des Internets der Dinge und des Internets der Dienste, die technisch auf dem Internet der Systeme, dem Internet der Menschen und dem Internet der Daten auf-setzen. Diese Definition umfasst sowohl die lokale oder kommunale Ebene, die regionale oder Landes-ebene, die nationale oder Bundesebene sowie die supranationale und globale Ebene. Eingeschlossen ist somit der gesamte öffentliche Sektor, bestehend aus Legislative, Exekutive und Jurisdiktion sowie öffentliche Unternehmen.[1200]

1200 In Anlehnung an Jörn von Lucke: Smart Government – wie uns die intelligente Vernetzung zum Leitbild »Verwaltung 4.0« und einem smarten Regierungs- und Verwaltungshandeln führt, The Open Government Institute, Zeppelin-Universtät, Friedrichsha-fen 2015. S. 4, https://www.zu.de/institute/togi/smartgovernment.php, abgerufen 8.1.2019.

22.2   Frühe Ansätze – alte Barrieren

Unter dem Titel »*Electronic Government*« wurden vor gut fünfzehn Jahren in der Schweiz Konzepte entwickelt, wie die bisher analogen Verwaltungsprozesse elektronisch abgewickelt werden können. Schon damals war die Rede von einer integrierten Lösung, die einen Umzug von einem Ort zum anderen mittels Mausklick möglich machen soll. Auch wenn viele Entwicklungen stattgefunden haben: Diese Herausforderung harrt noch immer einer praktikablen Lösung, so wie viele andere. Jede Gemeinde hat ihre eigene Software, die angebunden sein will, ohne dass sich in der Gemeinde etwas ändern darf. Die Einführung von E-Government ist im Grunde eine Schnittstellenproblematik, die durch proprietäres Denken und Handeln sabotiert werden kann.

22.3   Entwicklungsphasen

E-Government hat seit seinen Anfängen verschiedene Reifephasen durchlaufen. In seiner frühen Phase, bekannt als *E-Government 1.0*, war es wichtig, Regierungsinformationen online zu stellen und so viele elektronische Dienste wie möglich zu schaffen. Die Bürger online und nicht in Einklang zu bringen, ist für alle Regierungen, die das Leben der Menschen verbessern wollen, zur Notwendigkeit geworden. Mit dem Aufkommen von *Web-2.0-Tools* und -Anwendungen, wie z. B. *Wiki, Mikroblogging*, sozialen Netzwerke und Videonetzwerken, verlagerte sich die Priorität von E-Government von E-Services auf die Benutzer. Mit der Benutzerorientierung war *E-Government 2.0* festgelegt.

Gemäß *UNESCO*-Definition ist »*E-Governance* […] die Nutzung von IKT durch den öffentlichen Sektor, mit dem Ziel, die Bereitstellung von Informationen und Dienstleistungen zu verbessern und die Beteiligung der Bürger am Entscheidungsprozess zu fördern.«[1201] E-Government kann als Funktion von vier Variablen definiert werden: Governance (G), Informations- und Kommunikationstechnologie (ICT), Business Process Re-Engineering (BPR) und E-Citizen (EC). Es bezieht sich auch auf die Bereitstellung von Informationen und Dienstleistungen der nationalen und staatlichen Behörden durch Bürger und Bürgerinnen oder Unternehmen oder andere Regierungsbehörden über digitale Medien.

In einer weiteren Phase fand der Übergang zum »*Smart Government*« statt. Smart Government ist keine Neuauflage von E-Government, sondern beschreibt vielmehr die Auswirkungen bzw. das Ergebnis dreier technologischer Entwicklungen auf den Staat und die Verwaltung von morgen: (1) Digitale Koordinations- und Transaktionsplattformen ersetzen zusehends öffentliche Intermediäre als *Trusted Third Parties* und prägen die neue Organisationslogik kollektiven Handelns, (2) Erkenntnisse aus der Forschung zum menschlichen Entscheidungsverhalten und die zunehmende Verfügbarkeit von Echtzeitinformationen fördern die Definition öffentlicher Programme und Maßnahmen basierend auf dem realen statt dem vermuteten Verhalten der gesellschaftlichen Akteure, (3) Systeme der *künstlichen Intelligenz* unterstützen immer deutlicher den professionellen und unparteiischen Umgang von öffentlichen Entscheidungsträgern mit Ermessensfragen. Zusammengenommen können diese Entwicklungen den Aufbau,

---

1201 https://www.academia.edu/6283380/E-Government_and_E-Governance_Definitions_Domain_Framework_and_Status_around_the_World, abgerufen 6.10.2019.

die Organisation und die Führung eines öffentlichen Gemeinwesens positiv transformieren, wenn früh-zeitig eine öffentliche Diskussion über die gesellschaftlichen Implikationen und Herausforderungen der neuen Technologien begonnen wird.[1202]

Die jüngste Phase der Reifungsphase von E-Government, *Open Government*, begann 2009 in den *Ver-einigten Staaten*, breitete sich aber auch in den europäischen Ländern sehr schnell aus. Dieses neue Konzept bringt Innovationen in Bezug auf die *Öffnung der Regierung* für Bürger und Unternehmen und den Aufbau einer vertrauenswürdigen Beziehung. Eine offenere Regierungsführung, die Einbeziehung von Mitgliedsgruppen in staatliche Operationen und ihre Zusammenarbeit bei neuen Diensten und ver-schiedenen Angelegenheiten sind einige der Hauptmerkmale von Open Government.

22.4   Das Open-Government-Konzept

Regierungsdaten, als Informationen des öffentlichen Sektors, sind eine wertvolle Ressource für die Gesellschaft, wenn sie öffentlich und offen ist. Als Teil der Open-Government-Bewegung öffnen Regie-rungen ihre Daten für die öffentliche Nutzung. Offene Daten in einem Regierungskontext stellen Infor-mationen der öffentlichen Verwaltung dar, die der Öffentlichkeit digital, über das Internet, ohne Ein-schränkungen und auf eine Weise zur Verfügung stehen, die die Analyse und Weiterverwendung fördert. Normalerweise enthält es Daten zu *Transport*, *Geodaten*, *Wetterinformationen*, *Berichten*, Bildern und anderen Informationen von öffentlicher Bedeutung. Offene Daten sollten die folgenden Funktionen erfüllen: Suchen, Verwenden und Teilen. Dies bedeutet, dass Regierungen Daten so bereitstellen soll-ten, dass Daten indiziert und durchsucht werden können, und zwar in einem Format, das die Wiederver-wendbarkeit von Daten ermöglicht.[1203]

22.5   Neue Chancen – neue Barrieren

Die neuen Anwendungen, die sich aus der Digitalisierung ergeben, weisen indes in eine Zukunft, die weit über die reine Automatisierung bestehender Prozesse und Formulare hinausgeht. Im Gegensatz zum Electronic Government, das noch durch faktische Integrationsverweigerung verhindert werden konnte, lässt sich heutzutage die Entwicklung nicht stoppen. Man ist entweder dabei, oder man macht sich über-flüssig. Wie also sieht die Verwaltung von morgen aus? Ein Stichwort dazu ist die »*Personalized Adminis-tration*«: Die in der Verwaltung vorhandenen Daten sind so reichhaltig, dass es möglich wird, für jeden Einwohner individualisierte Lösungen zu entwickeln. Gelingt es der Verwaltung, dass damit die Kon-takte zwischen Einwohner und Verwaltung einfacher und bequemer werden, so werden diese Angebote auch genutzt. Warum soll nicht mein Auto die Parkgebühren automatisch bezahlen, wenn ich irgendwo auf dem Parkplatz stehe? Wäre es nicht möglich, meine Steuern direkt aus den vorhandenen Daten zu

1202 Labinot Demaj: Smart Government: Die Verwaltung und den Staat der Zukunft denken, in: Informatik Spektrum, April 2018, Band 41, S. 123–137, https://link.springer.com/article/10.1007/s00287-018-1098-x, abgerufen 8.2.2019.

1203 Petar Milic, Leonid V. Stoimenov: Framework for open Data mining in e-government, Konferenzpapier, September 2012, https://www.researchgate.net/profile/Petar_Milic/publication/261565880_Framework_for_open_data_mining_in_e-government/links/59a904f9458515eafa8a7220/Framework-for-open-data-mining-in-e-government.pdf, abgerufen 6.10.2019.-

errechnen und vom Einkommen abzuziehen? Kann meine Lebenssituation automatisch jene staatlichen Angebote aktivieren, die mir weiterhelfen?

22.6 Kybernetische Politik

Ein weiteres Thema ist die »*Kybernetische Politik*«: Dank der Erfassung des Verhaltens vieler Einwohner können neue politische Maßnahmen direkt und praktisch ohne Zeitverzögerung evaluiert werden. Die bisherige Ex-post-Evaluation, die in der traditionellen Politikanalyse immer noch einen hohen Stellenwert genießt, kommt vielfach zu spät. Dank dem direkten Feedback wird es hingegen möglich, Maßnahmen in einem Trial-and-Error-Prozess zu testen, bevor sie flächendeckend ausgerollt werden.

»*Government Bots*« öffnen weitere Möglichkeiten: Wie in der Privatwirtschaft zunehmend üblich, dürften auch in der Verwaltung strukturierbare Prozesse automatisiert werden. Die »Bots« sind Programme, die diese Funktionen übernehmen. Suche nach gemeinsamen Terminen, Prüfung von Auszahlungsbelegen, Messen von Gebäudeabständen, Überwachen von Immissionswerten – all das ist automatisierbar und wird dereinst von Programmen erledigt.

22.7 Brave New World? – Datenschutz

Die neuen Möglichkeiten erinnern uns unweigerlich an *Orwells* »1984« und *Huxleys* »Brave New World« oder deren moderne Version, die »Hunger Games«[1204]. In der Tat kommen wir diesen Visionen mit Riesenschritten näher oder wir sind schon mittendrin. Wir sprechen in diesem Zusammenhang auch von einer »*Singapurisierung*«[1205], d. h. von der Vorstellung, dass es dank Technik den umfassend organisierten, reglementierten, regierten und damit perfekten Staat geben kann. Orwell führt uns allerdings vor Augen, dass diese Staatsform auch dem Missbrauch ausgeliefert ist, und die Geschichte bestätigt die Gefahr. Der schon von *Thomas Hobbes* beschriebene »Leviathan« will beherrscht sein, seine Allmacht will eingeschränkt und demokratisch kontrolliert sein. Die heutigen Ansätze des Datenschutzes dürften hierbei kaum genügen, neue Maßnahmen sind notwendig.

22.8 Potenzial

Beim Thema *Smart Government* tun sich deutsche Behörden schwer. Dabei ist das Potenzial riesig: Der Zeitaufwand für einzelne Verwaltungsdienstleistungen kann bei Bürgern und Behörden um bis zu 60 % reduziert werden und Unternehmen können jährlich bis zu 1 Mrd. € einsparen. Das zeigt eine gemeinsame Analyse des Branchenverbands *Bitkom* und der Unternehmensberatung *McKinsey* mit dem Titel

---

1204 The Hunger Games ist ein US-amerikanischer Science-Fiction-Film aus dem Jahr 2012, der auf dem Buch »Die Tribute von Panem – Tödliche Spiele« von Suzanne Collins basiert.
1205 Unter Singapurisierung wird die Entwicklung hin zu kommerzialisierten und kontrollierten Städten verstanden. Typisch dafür sind Condominium Towers mit Eigentumswohnungen, die wie abgeschottete Wohn- und Lebensbereiche funktionieren.

»Smart Government – Wie die öffentliche Verwaltung Daten intelligent nutzen kann«.[1206] Das große Potenzial für Deutschlands Verwaltungen erklärt sich daraus, dass immer mehr und immer vielfältigere Daten gesammelt werden können und gleichzeitig die Kosten für deren Speichern und Auswerten sinken, während Fortschritte im Bereich der Statistik und *künstlichen Intelligenz (KI)* immer bessere Möglichkeiten zur *Datenanalyse* bieten.

Entscheidend ist, sich immer an den Nutzerbedürfnissen zu orientieren. Auch externe Kooperationen spielten eine zentrale Rolle: »Behörden sollten über Partnerschaften mit Start-ups oder Forschungseinrichtungen nachdenken und sich mit anderen Behörden aktiv austauschen.[1207] Praktische naheliegende Anwendungen von Smart Government fallen in drei Kategorien. Diese und die daraus resultierenden Einsparungen sind lt. *McKinsey*:

- **nutzerfreundliche und effiziente Dienstleistungen** für Bürger und Unternehmen:
  - ca. 50–60 % Zeiteinsparung für Bürger und Verwaltung,
  - ca. 1 Mrd. € jährliche Einsparung für Unternehmen,
  - 10-mal mehr Vertrauen in den Staat und seine Stellen;
- **datengestützte Entscheidungshilfen** für die Verwaltung:
  - ca. 15–20 % Einsparungen durch Prozesseffizienz,
  - ca. 30–40 % Einsparungen durch Reduktion von Fehlern und Betrug;
- **innovative Nutzung von »Open Data«:**
  - ca. 3 Bio. USD zusätzlicher ökonomischer Wert pro Jahr.[1208]

Die erfolgreiche Umsetzung von *Smart Government* lässt sich an folgenden Faktoren festmachen:

Nutzerfokus: Verwaltungsleistungen können erst dann nutzerfreundlich gestaltet werden, wenn die Entwickler unter anderem genau verstehen, wie der Aufwand für den Bürger konkret reduziert werden kann. So sollten Behörden Angebote nach dem Nutzen für die jeweilige Zielgruppe der Bürger priorisieren und sie so gestalten, dass Bürger und Unternehmen sie tatsächlich nutzen.

Zusammenarbeit in interdisziplinären Teams: Erfolgreiche Anwendungen entstehen, wenn interdisziplinäre Teams aus fachlichen, rechtlichen und technischen Experten agil zusammenarbeiten. Durch Einbeziehung sämtlicher wichtiger Perspektiven entstehen bessere Lösungen. Agiles Vorgehen ermöglicht es, schnell Ergebnisse mit Nutzern und anderen Stakeholdern zu erproben und iterativ zu verbessern. Damit reduziert sich die Zeit bis zur Umsetzung einer praxistauglichen Anwendung.

IT-Kompetenz: Fachliche Unterstützung ist für den gesamten Prozess unabdingbar. Bereits im Vorfeld sollte dafür Sorge getragen werden und bereits mit dem Start des jeweiligen Projektes sind Experten

---

1206 https://www.mckinsey.de/~/media/mckinsey/locations/europe%20and%20middle%20east/deutschland/news/
       presse/2018/2018-11-21-smart%20government/smart%20government_de.ashx, abgerufen 10.2.2019.
1207 Studie von McKinsey in Zusammenarbeit mit Bitkom: Wie die öffentliche Verwaltung Daten intelligent nutzen kann, November
       2018, Download der Studie, Bericht vom 30.11.2018, unter https://www.kommune21.de/meldung_30344_Von+Smart+
       Government+profitieren.html, abgerufen 8.2.2019.
1208 Studie von Mc Kinsey, November 2018: Smart Government – Wie die öffentliche Verwaltung Daten intelligent nutzen
       kann. https://www.mckinsey.de/~/media/mckinsey/locations/europe%20and%20middle%20east/deutschland/news/
       presse/2018/2018-11-21-smart%20government/smart%20government_de.ashx, abgerufen 6.10.2019.

einzubeziehen, um die Optimierungshebel zu definieren, Machbarkeit, kostenoptimale Pfade auszuloten und mit diesen Erkenntnissen Dienstleistungsangebote einzuholen: im Behördenfeld, von Hochschulen und von Beratern.

Infrastrukturen und Kulturen: Smart-Government-Anwendungen sind oft auf den Austausch oder die Zusammenführung von Daten über Behördengrenzen hinweg angewiesen. Deshalb kommt die Politik nicht umhin, den Aufbau einer entsprechenden Infrastruktur gezielt zu fördern. Auch die Etablierung einer Mentalität »Learning by doing« in Behörden ist ein wichtiger kultureller Faktor.

Zentrale Koordination von Datenverknüpfung und -Aufbereitung: Viele Erfolgsbeispiele setzen die Verknüpfung von Daten aus verschiedenen Quellen voraus. Hierfür sollte ein zentraler Akteur benannt werden oder eine gemeinsame Drehscheibe zwischen den Behörden, bestehend aus Vertretern der zusammenarbeitenden Behörden. Diese sollte die beitragenden Stellen koordinieren.

Offenheit für technologiebedingte strukturelle Veränderungen: Eine wesentliche Voraussetzung gerade für besonders innovative Anwendungen ist Offenheit der Beteiligten gegenüber neuen Technologien und damit einhergehenden strukturellen Veränderungen. Gerade datengestützte Entscheidungshilfen verändern den Arbeitsalltag von Mitarbeitern häufig radikal.

Schutz personenbezogener Daten: Zur Nutzung von Verwaltungsdaten ist der Schutz personenbezogener Informationen ein zentrales Thema, das schon in der Konzeptionsphase einzubeziehen ist. Behörden können in vielen Fällen pragmatische und kreative Lösungen finden, die hohen Schutz gewährleisten. So bietet sich etwa an, Daten erst zum Zeitpunkt der Nutzung und nach digitaler Authentifizierung des Nutzers zusammenzuführen.

Partnerschaften und Netzwerke: Strategische Partnerschaften und Kooperationen helfen der Verwaltung, Fähigkeiten für die Umsetzung von Smart Government aufzubauen und externe Ressourcen zu mobilisieren. Dazu kann etwa die Zusammenarbeit mit einschlägigen Hochschulinstituten, Verbänden und Beratungsunternehmen gesucht werden. Erfahrungen anderer Behörden, auch grenzübergreifend, können herangezogen werden.[1209]

Einbindung übergeordneter Stellen: Erfolgreiche Smart-Government-Initiativen binden die Leitungsebene aus Politik und Verwaltung eng ein, um Sichtbarkeit und Unterstützung sicherzustellen. Dies ist gerade für behördenübergreifende Projekte wichtig. Für die beteiligten Mitarbeiter ist es einfacher, die erforderliche Zeit aufzubringen, wenn die Leitungsebene dies explizit befürwortet oder einfordert. Auch eine gute Öffentlichkeitsarbeit ist oftmals von großer Bedeutung, um Nutzer über neue Angebote zu informieren und mögliche Bedenken, beispielsweise zum Datenschutz, proaktiv anzusprechen.

[1209] McKinsey liefert in seiner Studie mehrere Beispiele für Best Practice und Kooperationen, auch im internationalen und grenzüberschreitenden Kontext. https://www.mckinsey.de/~/media/mckinsey/locations/europe%20and%20middle%20east/deutschland/news/presse/2018/2018-11-21-smart%20government/smart%20government_de.ashx, abgerufen 6.10.2019.

22.9   Once-Only-Prinzip

Konzept: Ein wesentliches Instrument für die Umsetzung des Smart-Government-Konzeptes ist das soge-nannte *Once-Only-Prinzip*. Ziel desselben ist, dass Bürger und Unternehmen bestimmte Standardinformationen den Behörden und Verwaltungen nur noch einmal mitteilen müssen. Unter Einbeziehung von Datenschutzbe-stimmungen und der expliziten Zustimmung der Nutzer ist es der öffentlichen Verwaltung dann erlaubt, die Daten wiederzuverwenden und untereinander auszutauschen. Das Once-Only-Prinzip ist Teil der Bemühungen der Europäischen Union, den Digitalen Binnenmarkt durch Verringerung des Verwaltungsaufwands für Bürger und Unternehmen weiterzuentwickeln.[1210] Die Anwendung des Once-Only-Prinzips in den öffentlichen Verwal-tungen aller *EU-Mitgliedstaaten* ist einer der Wege zur Verringerung des Verwaltungsaufwands. Auf dieses Ziel hatten sich die Minister der EU-Mitgliedstaaten in der Ministererklärung über elektronische Behördendienste im Jahr 2009 geeinigt.[1211] Die *EU*-weite Anwendung von Once-Only ist auch eine der Säulen der Strategie für den Digitalen Binnenmarkt und eines der Grundprinzipien des *EU-eGovernment-Action-Plan 2016–2020*.[1212] Das Once-Only-Prinzip ist ein wichtiges Mittel zur Verringerung des Verwaltungsaufwands in den EU-Mitgliedstaa-ten, da der Austausch bereits gesammelter Informationen kostengünstiger und weniger aufwendig ist als das wiederholte Sammeln und Speichern dieser. Darüber hinaus können *Datenschutzbelange* besser berücksichtigt werden.[1213]

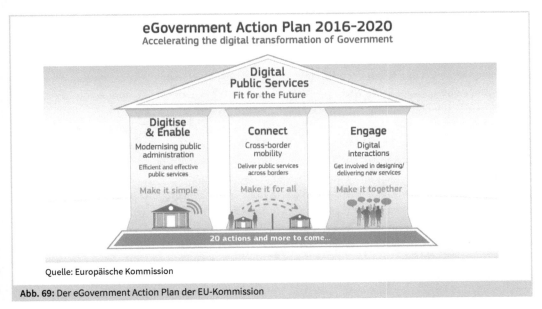

Quelle: Europäische Kommission

Abb. 69: Der eGovernment Action Plan der EU-Kommission

1210 European eGovernment Action Plan 2016–2020, last Update 16.8.2018, in: Digital Single Market, https://ec.europa.eu/digital-single-market/en/european-egovernment-action-plan-2016-2020, abgerufen am 10.2.2019.

1211 Mitteilung der Kommission an das Europäische Parlament, den Rat, den Europäischen Wirtschafts- und Sozialausschuss und den Ausschuss der Regionen: Strategie für einen digitalen Binnenmarkt für Europa. https://eur-lex.europa.eu/legal-content/DE/TXT/?uri=CELEX:52015DC0192, abgerufen 10.2.2019.

1212 European eGovernment Action Plan 2016–2020, in: Digital Single Market, https://ec.europa.eu/digital-single-market/en/european-egovernment-action-plan-2016-2020, abgerufen 10.2.2019.

1213 Interoperability and privacy, 16.1.2018, https://www.linkedin.com/pulse/interoperability-privacy-andres-kütt/, abgerufen 10.2.2019.

Nutzen: Die Hauptvorteile von Once-Only für öffentliche Verwaltungen liegen in der Prozessoptimierung und einer potenziell höheren Verwaltungseffizienz.[1214] Dazu gehören weniger Anrufe in Kundenservicezentren, eine geringere Anzahl papierbasierter Anträge, eine schnellere Bearbeitung von Verwaltungsvorgängen, Zeitersparnis durch geringeren Datenerfassungsbedarf und weniger Datenfehler durch die Abschrift von Daten. Dadurch könnten die öffentlichen Verwaltungen Kosten sparen und die Qualität einiger öffentlicher Dienstleistungen könnte verbessert werden.[1215] Die grenzüberschreitende Umsetzung des Prinzips kann auch dazu beitragen, die in- und ausländischen Personen und Unternehmen bei der Nutzung von staatlichen Leistungen, die sie zur Übermittlung von Informationen an Behörden verpflichten, gleichzustellen. Eine bessere öffentliche Wertschöpfung kann wiederum insgesamt Legitimität, Transparenz und Rechenschaftspflicht der öffentlichen Verwaltungen verbessern.[1216]

Hürden: Laut einer Studie im Auftrag der *EU-Kommission* stößt Once-Only in der gesamten EU auf technische, organisatorische, semantische und rechtliche Hindernisse bei der Umsetzung.[1217] Dies beginnt bereits bei der Bereinigung von Inkonsistenzen zwischen Daten zum selben Sachverhalt aus verschiedenen Ämtern. Auf technischer Seite mangelt es an einer umfassenden und sicheren *Datenaustauschlösung*, an interoperablen Katalogen und IT-Systemen. Dazu fehlen die Infrastrukturen für einen sicheren und datenschutzkonformen Austausch. Es bestehen organisatorische Barrieren und mangelnde Bereitschaft der Verwaltungen zur Zusammenarbeit und zum Datenaustausch. Darüber hinaus lässt der politische Wille zu wünschen übrig. Weitere Herausforderungen resultieren aus fehlenden oder zu stark verteilten Registern und in unzureichender *Interoperabilität* der vorhandenen Register und Daten. Darüber hinaus bestehen Barrieren durch unterschiedliche Standards, Taxonomien, Datenmodellen und der Datenqualität. Zu den rechtlichen Hindernissen gehören die Heterogenität der nationalen Rechtsrahmen, der *Datenschutz* und die Wahrung der *Privatsphäre*. Diese Aspekte behindern eine schnelle und weitgehende Implementierung des Once-Only-Prinzips auf europäischer Ebene.

Nationale Umsetzungen: Bis 2014 hatten 25 europäische Länder damit begonnen, Once-Only bis zu einem gewissen Grad umzusetzen und 13 Länder verfügten über Rechtsvorschriften, die die Umsetzung des Prinzips für Unternehmen und Einzelpersonen unterstützen. Allerdings ist die Umsetzung in der gesamten EU noch immer fragmentiert, und die Erfahrungen mit grenzüberschreitenden Anwendungen von Once-Only beschränken sich auf einige wenige Dienste und Fälle. Die am weitesten fortgeschrittenen Once-Only-Infrastrukturen gibt es in *Belgien*, *Estland* und den *Niederlanden*, die über nationale Rechtsvorschriften verfügen und deren Umsetzung auch durchsetzen.[1218] Im August 2017 ließ die EU-Kommission verlauten, dass sie eine Verordnung zu einer einheitlichen digitalen Schnittstelle plant, ein sogenanntes *Single Digital Gateway*, um einen Austausch von Daten durch Behörden untereinander nach

---

1214 Tarmo Kalvet, Maarja Toots, Robert Krimmer: D2.7 Drivers and barriers for the Once Principle Project, 29.8.2017, http://toop.eu/sites/default/files/D27_Drivers_and_Barriers.pdf, abgerufen 10.2.2019.

1215 Tallinn Digital Summit Background Paper, in: EU2017.EE, 31.5.2017, https://www.eu2017.ee/political-meetings/tallinn-digital-summit, abgerufen 10.2.2019.

1216 EU-wide digital Once-Only Principle for citizens and businesses – Policy options and their impacts, in: Digital Single Market, 1.2.2017, https://ec.europa.eu/digital-single-market/en/news/eu-wide-digital-once-only-principle-citizens-and-businesses-policy-options-and-their-impacts, abgerufen 10.2.2019.

1217 Siehe Fußnote zuvor.

1218 Siehe Fußnote zuvor.

dem Once-Only-Prinzip zu ermöglichen. Dieses zentrale digitale Zugangstor soll die Entwicklung des Binnenmarktes und vor allem des digitalen Binnenmarktes vorantreiben.[1219]

Datenschutz und Datensparsamkeit: Der EU-Datenschutzbeauftragte *Giovanni Buttarelli* hatte das Once-only-Konzept der EU-Kommission im Rahmen der geplanten Reform des Binnenmarkt-Informationssystems prinzipiell geprüft. Er sieht in seiner noch 2017 veröffentlichten Stellungnahme einige »Schlüsselaspekte« rund um die Privatsphäre der Beteiligten als offen an. So vermisst er etwa eine klare Rechtsbasis, auf der die angegebenen Daten wiederholt verarbeitet und gegebenenfalls auch mit anderen öffentlichen Verwaltungen ausgetauscht werden dürften. Zudem mahnt er, dass durch den neuen Ansatz die Prinzipien der *Zweckbestimmung* und der *Datensparsamkeit* nicht ausgehebelt werden dürften. Der Vorschlag müsse in dieser Hinsicht in Einklang gebracht werden mit der *Datenschutz-Grundverordnung (DSGV)*. Der europäische Gesetzgeber sollte auch noch verdeutlichen, wie die darin enthaltenen Auflagen für eine wirksame Einwilligung in jedem Fall berücksichtigt werden können. Nicht zuletzt gelte es, einige praktische Fragen etwa der Möglichkeit der Kontrolle der Nutzer über ihre Daten zu beantworten und damit eventuell verknüpfte Probleme zu lösen.[1220]

22.10   Smart Government in den USA

Herausforderungen: Die Chancen und Probleme sind dieselben wie in Europa – wie könnte es anders sein. Auch in den USA gibt es keine »magische Formel« für eine Verwaltung, die diejenigen Daten besser nutzt, in deren Besitz sie bereits ist. Die Denkweise ist aber eine andere: Auch in der Verwaltung wird, ähnlich wie in der Industrie, vom »Wert der Daten« ausgehend argumentiert. Dabei gibt es viele Pfade, das latente Potenzial zu erschließen. Entscheidend ist, das Wertpotenzial zu erkennen, das die aktuell verfügbaren Daten bergen – und diesen Wert für die Bürger zu erschließen. Auch die Amerikaner stellen fest, dass dazu verschiedene Hürden überwunden werden müssen, um die relevanten Daten verfügbar zu machen. Einige sind technischer Natur: Nutzer sind zum Beispiel oft unfähig, auf Daten zuzugreifen, die in verschiedenen Systemen hinterlegt sind. Andere Hürden sind kultureller Natur: Verschiedene Abteilungen legen keinen großen Wert darauf, Daten außerhalb ihrer eigenen Organisation auszutauschen. Auch rechtliche Barrieren und private Vorbehalte gegenüber dem Daten-Sharing müssen berücksichtigt werden. So muss etwa eine Abteilung, die sensitive Daten mit einer anderen Einheit teilt, sicherstellen, dass ausreichende Cyber-Sicherheitsmaßnahmen zum Schutz dieser Daten getroffen sind.

Unterschiede zu »Old Europe«: Die US-amerikanische Verwaltung ist offener gegenüber Innovationen und unternehmerischer geprägt als in der EU. Die Kultur der »Big Five« der US-basierten *I/SD-Branche* wirkt bis in die Verwaltungen hinein. Das Ergebnis ist das stärkere Bewusstsein, dass sich die Verwaltung in den USA bereits in einem neuen Informationszeitalter befindet, mit neuen Regeln zur Wertgenerierung. *Google, Amazon, Apple, Microsoft* und *Facebook* sind als die größten Börsenwerte der USA

1219 Once-Only-Prinzip: EU plant zentrale Daten-Schnittstelle, Bericht des Datenschutz-Beauftragten vom 4.8.2017, https://www.datenschutzbeauftragter-info.de/once-only-prinzip-eu-plant-zentrale-daten-schnittstelle/, abgerufen 16.2.2019.

1220 Stefan Krempl: »Once-only«-Prinzip: EU-Datenschützer drängt auf Nachbesserung bei der E-Government-Initiative, in: Heise online, 4.8.2017, https://www.heise.de/newsticker/meldung/Once-only-Prinzip-EU-Datenschuetzer-draengt-auf-Nachbesserungen-bei-E-Government-Initiative-3792852.html, abgerufen 10.2.2019.

allgegenwärtige Beispiele – und geben selbst den Verwaltungen Ansporn, wertorientiert zu handeln. Die Potenziale dazu sind größer als in föderalen Strukturen wie der BRD oder der nationalen Fragmentierung Europas. Denn die USA sind ein großer weitgehend homogener Markt, ein einheitlicher Rechtsraum und alle sprechen dieselbe Sprache. Der Kopf einer administrativen Einheit versteht sich eher als »Manager« denn als Verwalter. Dementsprechend offener ist man in den USA gegenüber Veränderungen und man findet in der »Verwaltung« häufiger den Anspruch » To deliver value to the citizens« – und dies ist durchaus auch ökonomisch zu verstehen. Die Offenheit zeigt sich vor allem in der natürlichen Bereitschaft, Barrieren in der Zusammenarbeit zu überschreiten: »Smart governments often foster partnerships between government, businesses, non-profits, community groups, universities, and hospitals – with all entities focused on a shared goal: creating a smarter state and improving the lives of citizens«.[1221]

22.11   Lernen von den USA

Kein Land der Erde hat eine so große Affinität zu Daten, Datenerhebungen und Studien wie die USA. Der Hunger nach datenbasierten Gutachten und Empfehlungen geht in alle Bereiche des sozialen Lebens. Für den Marktforscher sind die USA ein »Traumland« wegen der fast unendlich vielen Analysen und Untersuchungen. In keinem Land ist das unternehmerische Berichtswesen so formalisiert und ausgeprägt wie in den USA. Dies ist die geradezu »kulturelle« Plattform, auf der die Digitalisierung aufsetzt. Die bereits genannte größere Bereitschaft in den USA, sich mit neuen Lösungen auseinanderzusetzen, bietet auch Anregungen zur Entwicklung des E-Governments in »Old Europe«, zum Beispiel:[1222]

Centers of Excellence: Ministerien und Behörden sind sich bewusst, dass sie den Wert von Daten verbessern, wenn sie diese strukturiert aufbereiten. Einer der Wege ist, zentralisierte Datenanalysen durchzuführen. Ein Center of Excellence (*CoE*) für Datenanalysen, besetzt mit Datenwissenschaftlern, Informationsdesignern und Vertretern kognitiver Wissenschaften kann organisationsübergreifenden Wissensaustausch anschieben. Ein CoE für Datenanalyse kann Kompetenzen, Instrumente und Technologien teilen und vermitteln, um die Bedürfnisse aller staatlichen Verwaltungen zu befriedigen. Dieses CoE kann die Rolle eines »Tiger Teams« übernehmen, das alle datenorientierten Herausforderungen aufgreift, die sich aus Problemen ergeben, die ein Staatsführer zu lösen hat – beispielhaft: von der Rauschgiftkrise über medizinischen Betrug bis zu deren Distributionsnetz. Die Zusammenarbeit über die »Daten-Community« hinweg kann die Informationen liefern, die die Führungen der Bundesstaaten für ihre Entscheidungen benötigen.

Proaktives E-Government: Datengetriebene öffentliche Politik kann Verwaltungen helfen, Ressourcen dort einzusetzen, wo sie am dringendsten benötigt werden. Prognosemodelle, wie auch andere Verfahren der Datenanalyse und deren Visualisierung erlauben es den Bundesstaaten, sich mehr auf Prävention zu konzentrieren als auf Reaktionen und Reparaturen. Als Beispiel wird ein nicht ehelicher Elternteil

---

1221 Zitiert nach Deloitte insights: Mark Price, William Eggers, Rana Sen: Smart Government – Unleashing the power of data, https://www2.deloitte.com/insights/us/en/industry/public-sector/state-leadership/smart-government-unleashing-the-power-of-data.html, abgerufen 10.2.2019.

1222 Die Texte in den nachfolgenden vier Blöcken stellen eine Übersetzung und Verdichtung aus der o. g. Deloitte-Studie »Unleashing the power of data« dar.

angeführt, der seinen Zahlungsverpflichtungen nicht nachkommen wird. Ein Vorhersagemodell kann dagegen vorzeitig Vollzugsbeamten Warnsignale vermitteln, welche nicht ehelichen Elternteile wahrscheinlich in Verzug geraten werden. Dies kann das zuständige Amt in die Lage versetzen, proaktiv mit potenziell säumigen Zahlern zu kommunizieren und ihnen Hilfe anzubieten, bevor sie erstmals ihre Zahlung verpassen.

Personalisierte Verwaltung: Staatliche Behörden mit einer starken Datenbasis können ihre Aktivitäten von reinen Dienstleistungen in die Richtung personalisierter Bürgererfahrungen umlenken. Die Verwaltungen können sich da am Beispiel von *Oracle* orientieren: Durch deren Akquisition von *Opower*[1223] nutzen sie Kundendaten und Analysen zu Behavioral Economics, um Kunden zu motivieren, Energie zu sparen. Opower generiert Berichte, die den Energieverbrauch eines Haushaltes mit dem Verbrauch ihrer Nachbarn vergleicht, die in ähnlichen Wohnungen leben. Durch solche Berichte und durch ein Online-Vergleichsportal hat das Unternehmen die Erfahrung gemacht, dass sich Kunden auf diese Weise am leichtesten zu Sparsamkeit beim Energieverbrauch bewegen lassen. Dazu werden auch Instrumente wie Einsparungsziele, Erfolgspunkte und Auszeichnungen eingesetzt.

Programmierschnittstellen: Mit den heute verfügbaren Technologien geht es bei der Erstellung eines unternehmerischen Systems weniger darum, Dutzende unterschiedlicher Agenturen und Behörden dazu zu bringen, eine einzige Plattform zu verwenden, und Systeme von Systemen zu schaffen, die auf Datenaustausch basieren und die ein gemeinsames Verständnis in der Definition dieser gemeinsam genutzten Daten haben. Der Schlüssel dazu ist vielmehr eine Strategie für *Anwendungsprogrammierschnittstellen* (*application programming interfaces*, *APIs*) – Tools, mit denen ein Computerprogramm mit einem anderen kommunizieren kann. APIs ermöglichen die Wiederverwendung und gemeinsame Nutzung der zentralen IT-Ressourcen der Regierung. Sie können auch die Entwicklung von Drittanbieteranwendungen aus Regierungsdaten erleichtern.

Einbezug unstrukturierter Daten: Landesregierungen denken meistens im Sinne von strukturierten Daten. Wenn sie jedoch ihre Datenfähigkeiten erweitern, sollten sie auch unstrukturierte Datenquellen wie *Video-Feeds*, Überwachungskameras, öffentliche Tweets und sogenannte »geotagged 311«-Berichte[1224] in Betracht ziehen. Neue Analysewerkzeuge ermöglichen es nun, solche unstrukturierten Daten zu analysieren, um das Unklare zu beleuchten, wodurch die Effektivität erhöht und die Entscheidungsfindung verbessert werden kann.[1225]

1223 Opower liefert »Software-as-a-Service« im Energiebereich und wurde im Mai 2016 von Oracle übernommen.
1224 Unter der Rufnummer 311 können sich Bürger bei Stadtverwaltungen in den USA beschweren: etwa über Graffiti, unsaubere Parks, Straßenschäden und Fehler bei der Straßenbeleuchtung. Dazu werden auch Apps angeboten. Beispiel siehe http://www.calgaryherald.com/news/calgary/City+says+gives+citizens+power+make+city+better/8349051/story.html, abgerufen 12.2.2019.
1225 Weiteres, insbesondere Beispiele aus den US-Staaten, siehe Mark Price, William D. Eggers, Rana Sen (alle Deloitte): Smart government: Unleashing the power of data, https://www2.deloitte.com/insights/us/en/industry/public-sector/state-leadership/smart-government-unleashing-the-power-of-data.html, abgerufen 10.2.2019.

22.12   Smart Government in China

China ist durch ständige Ausweitung der digitalen Instrumente eines Überwachungsstaates geprägt. So ist zumindest der Außeneindruck, den China erweckt. Die betreffende Leitlinie liest sich wie folgt:[1226]

Guideline: Der Staatsrat hat am 12.1.2017 eine Leitlinie zur Förderung der Integration von *Internet* und *Regierungsdiensten* herausgegeben. Ziel ist es, eine *Online-Plattform* einzurichten, die bis Ende 2020 die Serviceprobleme aller Abteilungen und Regionen des Landes miteinander verbindet. Durch den Einsatz modernster Technologien wie *Big Data* und *Cloud Computing* kann die Plattform sowohl online als auch offline über PCs, Smartphones, Offline-Selbsthilfe-Terminals und administrative Service-Center dargestellt werden. Die Notwendigkeit zur *Standardisierung* ist zu unterstreichen. Die Leitlinie drängt dazu, dass die entsprechenden Abteilungen ein einheitliches Standard- und Verwaltungssystem für die Verwaltungsfragen einrichten, einschließlich Namen, Rechtsgrundlagen und Grundcodes. Das *Unified-ID-Authentifizierungssystem*, ein einheitliches *Zahlungssystem* und eine elektronische *Zertifizierungsbibliothek* sollen ebenfalls eingerichtet werden, um gemäß der Richtlinie eine komfortable, offene und effiziente Regierung aufzubauen. Die Daten werden von Behörden auf allen Ebenen und Regionen sowie von Zertifikaten und Diensten gemeinsam genutzt, damit die Bürger ihre Verwaltungsakte nach Belieben erledigen können, ohne persönlich in Erscheinung treten zu müssen. Auf der Grundlage der Benutzererfahrung wird auch ein *Evaluierungsmechanismus* eingerichtet, bei dem Drittinstitutionen und Online-Überwachungsplattformen eingesetzt werden. Die Serviceplattform wird drei Ebenen haben – die nationale Ebene, die Provinzebene und die Stadtebene, so die Leitlinie.[1227]

Sozialkredit-System: Zentraler Baustein ist das in der Volksrepublik China betriebene *Sozialkredit-Scoring*, ein auf verschiedene Datenbanken zugreifendes, online betriebenes Rating-System, bei dem beispielsweise die Kreditwürdigkeit, das Strafregister und das soziale und politische Verhalten von Unternehmen, Personen und weiteren Organisationen wie z. B. Nichtregierungsorganisationen zur Ermittlung ihrer Reputation verwendet werden.[1228] Das Ziel besteht darin, die chinesische Gesellschaft durch eine umfassende Überwachung zu mehr »Aufrichtigkeit« im sozialen Verhalten zu erziehen.[1229] Das derzeit auf freiwilliger Basis funktionierende System soll Ende 2020 für die nahezu 22 Mio. Einwohner *Pekings* verpflichtend in Betrieb sein. Angestrebt wird damit die Steigerung der »Aufrichtigkeit in Regierungsangelegenheiten«, der »kommerziellen Integrität«, der »sozialen Integrität« und der »gerichtlichen Glaubwürdigkeit«.[1230]

1226 Übersetzung des Autors aus der englischen Version des Erlasses vom 12.1.2017.

1227 The State Council The People's Republic of China: China to build a smart government, updated 12.1.2017, http://english.gov.cn/policies/latest_releases/2017/01/12/content_281475539976142.htm, abgerufen 12.2.2019.

1228 Heise online: 34C3: China – Die maschinenlesbare Bevölkerung, 28.12.2017, https://www.heise.de/newsticker/meldung/34C3-China-Die-maschinenlesbare-Bevoelkerung-3928422.html, abgerufen 12.2.2019.

1229 State Council Guiding Opinions concerning Establishing and Perfecting Incentives for Promise-keeping and Joint Punishment Systems for Trust-Breaking, and Accelerating the Construction of Social Sincerity, 18.10.2016, https://chinacopyrightandmedia.wordpress.com/2016/05/30/state-council-guiding-opinions-concerning-establishing-and-perfecting-incentives-for-promise-keeping-and-joint-punishment-systems-for-trust-breaking-and-accelerating-the-construction-of-social-sincer/, abgerufen 21.2.2019.

1230 Planning Outline for the Construction of a Social Credit System (2014–2020), in: China Copyright and Media, 14.6.2014, https://chinacopyrightandmedia.wordpress.com/2014/06/14/planning-outline-for-the-construction-of-a-social-credit-system-2014-2020/, abgerufen 12.2.2019.

Übertragung auf Unternehmen

Das Sozialkreditsystem Chinas soll auch auf Unternehmen übertragen werden. Die EU-Handelskammer und die Deutsche Handelskammer in Peking warnen: ein »radikaler Wandel« ist in Sicht, so heißt es in einem Positionspapier der EU-Kammer. So sei es »zutiefst besorgniserregend« wie wenig vorbereitet die europäischen Niederlassungen darauf sind. Das Sozialkreditsystem kann damit »Leben und Tod für einzelne Unternehmen« bedeuten. [1231]

Integrierte Datenbanken: Integriert werden staatliche und private Datenbanken auf nationaler und subnationaler Ebene. Es fließen zur Berechnung Daten zur finanziellen *Bonität*, zum *Strafregister* und zu weiteren als relevant erfassten Verhaltensweisen ein. Des Weiteren ist anzunehmen, dass Daten der ausgesuchten Partnerunternehmen wie *Alibaba Group*, *Tencent* und *Baidu* in die Bewertung einfließen werden.[1232] Der *Alibaba*-Manager *Min Wanli* bestätigte dem Handelsblatt im Oktober 2018, dass seine Firma ein eigenes Bonitätssystem aufbaut, das als Vorlage für das staatliche System dienen könnte: »Wir sind überzeugt, dass unser Punktesystem eine gute Hilfe für die Regierung sein kann. Der Staat überlegt sogar, unser Punktesystem zu übernehmen. Falls er das möchte, unterstützen wir gerne«.[1233]

Testphase: Das System befindet sich bis 2020 in der Testphase. Im Pilotprojekt in der Stadt *Rongcheng* im Osten Chinas starten Personen mit 1000 Punkten. Je nach Verhalten werden Punkte hinzuaddiert oder abgezogen.[1234] Zur Bewertung werden neben der Kreditwürdigkeit, der Zahlungsfähigkeit und dem Strafregister auch das persönliche Verhalten und persönliche Beziehungen herangezogen.[1235]

Seit 2017 sind bereits in mehreren chinesischen Städten derartige Systeme zu Testzwecken aktiv.[1236] Nach *Antonia Hmaidi* von der Universität Duisburg-Essen laufen zurzeit mehr als 70 Pilotprojekte, in denen verschiedene Aspekte des Systems getestet werden. Dabei sei aber nicht klar, welche Faktoren letztlich in die Bewertung der Bürger einfließen. Zudem stehen die Behörden offensichtlich vor großen technischen Herausforderungen.[1237]

1231 https://www.zeit.de/wirtschaft/2019-08/ueberwachung-china-sozialkreditsystem-eu-handelskammern, abgerufen 6.10.2019.

1232 Rachel Botsman: Big data meets Big Brother as China moves to rate its citizens, 21.10.2017, https://www.wired.co.uk/article/chinese-government-social-credit-score-privacy-invasion; Cashless Society, Cached Data: Security Considerations for a Chinese Social Credit System; The Citizen Lab, in: The Citizen Lab, 24.1.2017, https://citizenlab.ca/2017/01/cashless-society-cached-data-security-considerations-chinese-social-credit-system/, abgerufen 12.2.2019.

1233 Alibabas KI-Chef Min Wanli im Handelsblatt 27.10.2018: »Es gibt Firmen, die Zeit in Brettspiele investieren – wir machen Krankenwagen schneller«, https://www.handelsblatt.com/technik/thespark/alibabas-ki-chef-min-wanli-es-gibt-firmen-die-zeit-in-brettspiele-investieren-wir-machen-krankenwagen-schneller/23225462.html?ticket=ST-4860383-7elAenRstHH3CLNunrQ1-ap5, abgerufen 12.2.2019.

1234 Axel Dorloff: Chinas Sozialkredit-System: Auf dem Weg in die IT-Diktatur. Weiteres siehe unten.

1235 Rachel Botsman, 21.10.2017: Big data meets Big Brother as China moves to rate its citizens, https://www.wired.co.uk/article/chinese-government-social-credit-score-privacy-invasion, abgerufen 12.2.2019.

1236 Axel Dorloff, 5.9.2017: Chinas Sozialkredit-System: Auf dem Weg in die IT-Diktatur, in: Deutschlandfunk Kultur, Weltzeit Archiv, https://www.deutschlandfunkkultur.de/chinas-sozialkredit-system-auf-dem-weg-in-die-it-diktatur.979.de.html?dram:article_id=395126, abgerufen 12.2.2019.

1237 Antonia Hmaidi: «The Social Credit System – Why It's Both Better and Worse ThanWe can Imagine«. https://media.ccc.de/v/35c3-9904-the_social_credit_system, abgerufen 12.2.2019.

Als spezielle Überwachungsprogramme sind darüber hinaus beispielhaft zu nennen:

Schulüberwachung: Laut *The Verge*[1238] verfolgen Schulen in der chinesischen Provinz *Guizhou* Schüler durch mit dem Internet verbundene Uniformen. Zu den Uniformen gehören ein Paar Chips, die in die Schulterpolster eingebaut sind und die überwachen, wann Schüler ankommen und die Schule verlassen. Sie können Alarm auslösen, wenn Schüler versuchen, das Gebäude während der Schulzeit zu verlassen. Sie verfolgen auch, ob Schüler während des Unterrichts einschlafen und können mit Fingerabdrücken oder Gesichtserkennungstechnologie kombiniert werden, um Zahlungen zu ermöglichen. Darüber können Beamte wohl die Standorte der Schüler verfolgen, während sie außerhalb der Schule Uniformen tragen.

Hausüberwachung: Beamte in Peking verwenden laut *Engadget*[1239] intelligente Schlösser, die mit Gesichtserkennungssystemen in öffentlichen Gebäuden verbunden sind. Das Ziel der intelligenten Schlösser besteht darin, die Sicherheit im Wohnungssystem zu verbessern, indem nur anerkannten Mietern der Zugang gewährt wird, während gleichzeitig Praktiken wie illegale Untervermietung unterbunden werden. Sie verfolgen auch, wann bestimmte Bewohner die Räumlichkeiten betreten und verlassen. Das Management überprüft damit auch ältere Bewohner, die schon länger nicht mehr gesehen wurden. Durch ein solches System erhalten sie umfassende Protokolle für Ein- und Ausgang. Die Möglichkeit, Gäste einzuladen, wird möglicherweise eingeschränkt. Die Wohnbehörden planen, die intelligenten Schlösser bis Ende Juni in allen öffentlichen Wohnprojekten der Stadt – hier wohnen über 120.000 Mieter – installieren zu lassen.

Industriepartnerschaften: Unternehmen wie *Huawei*, die mit Städten in China Partnerschaften eingehen, haben nicht notwendigerweise Bedenken gegen solche Praktiken. Das ebnet möglicherweise den Weg für lukrativere Smart-City-Verträge und wirkungsvolle Erkenntnisse für den Netzwerkanbieter, der damit seine Verbindungen zu Regierungskunden stärkt.

Ganz anders sieht dagegen die Situation von *AT&T* in den USA aus. Sie beabsichtigen zwar, ihre kommenden *5G-Netzwerke* zu nutzen, um »*Surveillance-as-a-Service*« zu unterstützen, müssen den Umfang ihrer Projekte aber einschränken, was die Verbraucher freuen wird und die Marke vor Schaden schützt.[1240]

Autonomes Fahren: Wie berichtet, erlaubt China internationalen Anbietern die Nutzung von Chinas Straßen – auch im regulären Verkehr – für Testfahrten von autonom geführten Fahrzeugen. Dies wird vor allem von deutschen Herstellern gern angenommen, das dies in der BRD untersagt ist. Hierzu senden mehr als 200 Hersteller von Elektroautos, darunter *Volkswagen, BMW, Daimler, Tesla, Ford, General Motors, Nissan, Mitsubishi* und *Nio* seit 2017 gemäß nationaler Normung ca. 61 Messwerte, darunter zur

---

1238 The Verge ist ein amerikanisches Technikportal und Mediennetzwerk. Das Unternehmen ist ein Tochterunternehmen von Vox Media mit Sitz in Manhattan, New York. Veröffentlicht werden Nachrichtenmeldungen, Leitartikel, Produktrezensionen, Podcasts und Videos auf einem eigenen YouTube-Kanal.

1239 Engadget ist ein mehrsprachiges Blog-Netzwerk, welches auf täglicher Basis über Gadgets und Unterhaltungselektronik berichtet. Engadget führt mehrere Blogs, auf Englisch und auch anderen internationalen Sprachen.

1240 Peter Neumann, Business Insider 3.1.2019: Chinese officials are using smart devices for surveillance – including connected uniforms to track students, https://www.businessinsider.com/chinese-government-smart-device-surveillance-2019-1?IR=T, abgerufen 12.2.2019.

Akku- und Motorenfunktion und Standortdaten regelmäßig an Auswertezentren.[1241] Das widerspricht auf eklatante Weise der Zusage von Präsident *Xi Jinping* gegenüber *Angela Merkel*, dass nämlich die Messdaten der Hersteller geschützt sind (siehe dazu Kapitel 18 »Mobility«).

Kritik: Das chinesische »E-Government-System« ist vor allem ein Mittel der Machtsicherung mit den Instrumenten des 21. Jahrhunderts. Die kommunistische Partei glaubt, mit *Big Data* und *künstlicher Intelligenz* Steuerungsmechanismen schaffen zu können, um die Wirtschaft zu verpflichten und das Einparteiensystem zu stärken. Damit schaffen sie den perfekten Überwachungsstaat, der über die Vorstellungswelt von *George Orwell* (»1984«) hinausgeht. Das Konzept ist durchaus auch Ausdruck der technologischen Innovationen in China. Die von Peking entwickelten Überwachungstechniken dürften demnächst global exportiert werden. Vor allem in Schwellenländern könnte der chinesische »*Techno-Autoritarismus*« Nachahmer finden.

Gefahren: Das System birgt aber durchaus auch Gefahren für die Technologiefirmen in China. Während der Staat über Jahre den Aufstieg von Internetkonzernen wie *Baidu*, *Alibaba* und *Tencent* gefördert hat, werden die Unternehmen nun dazu gedrängt, dem Staat ein ausgefeiltes Überwachungssystem zu bauen. Baidu, Alibaba und Tencent müssen nun ihre Kompetenzen und ihre Daten einbringen, um eine möglichst effiziente staatliche Überwachung möglich zu machen. Wer es dagegen wagt, sich in den sozialen Medien über Missstände im Land zu beschweren, bekommt Punkte abgezogen. Als »Produkt« steht am Ende der »kommunistische Musterbürger«, der sich ohne Murren der totalen Kontrolle unterwirft.

22.13   Technische Potenziale

Die vorgenannten Beispiele und Anwendungsfelder zeigen, dass wir noch am Anfang stehen. Die unterschiedlichen Rechtsräume und Verwaltungskulturen, gerade zwischen den USA, Europa und China, bringen geradezu gegensätzliche Ansätze und Perspektiven hervor.

Diese bergen jedoch große Potenziale, je nach Reifegrad der Technologie sicherlich unterschiedlich. Einige Beispiele zeigen auch, dass die bereits oder demnächst verfügbaren Technologien nicht nur isoliert eingesetzt werden können, sondern auch im Verbund. Darüber hinaus gibt es, vor allem in Deutschland und Europa, viel höhere strukturelle Barrieren und rechtliche Hürden gegenüber automatisierten administrativen Prozessen.

Unter diesen Einschränkungen sind abschließend und exemplarisch an dieser Stelle einzelne Technologien im Kontext von Smart Government vertiefend zu erläutern (das gesamte Technologiefeld und deren Struktur wurde in Kapitel 8 »Elemente und Instrumente« bereits vorgestellt).

1241 Erika Kinetz, 30.11.2018: In China, your car could be talking to the government, https://apnews.com/4a749a4211904784826b45e 812cff4ca, abgerufen 12.2.2019.

22.14   Data-Mining

Data-Mining-Techniken können eine entscheidende Rolle für ein effektives und effizientes Management von E-Government spielen. Diese bezeichnen die IT-gestützte systematische Suche nach Daten und Informationen und sie ist unter den hier näher vorgestellten Technologien sicher die reifste: In der heutigen datengetriebenen Welt hat sich Data-Mining in den meisten Feldern fest etabliert. Welche Branche, welche Behörde kommt denn überhaupt noch ohne eine systematische Aufbereitung von Daten aus? Doch die Größe, die Breite und die Methodiken machen den Unterschied.

Data-Mining umfasst E-Government-Dienstleistungen zwischen Regierungs- und Verwaltungsstellen (*G2G*), zwischen Institutionen der öffentlichen Hand und ihrer Mitarbeiter (*G2E*), zwischen öffentlicher Hand und Bürger (*G2C*) sowie öffentlicher Hand und Nichtregierungsorganisationen (*G2B*), hauptsächlich zur Bereitstellung von Regierungs- und Verwaltungsdiensten, zum Informationsaustausch, für Transaktionen und zur Integration von separaten Systemen.

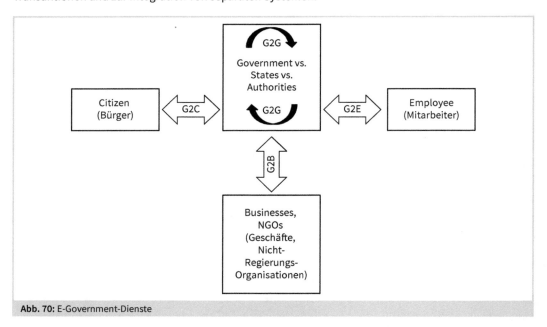

Abb. 70: E-Government-Dienste

Data-Mining kann auf alle Arten von Daten angewendet werden. Im Folgenden soll Data-Mining im Kontext von *Open Government* (s. o.) näher beleuchtet werden. Open Data ist ein neues Konzept für die Entwicklung zum Smart Government, wie einleitend beschrieben. Es steht für Informationen des öffentlichen Sektors, die uneingeschränkt zur Verbreitung und Nutzung zur Verfügung stehen.

Ein Framework für Open-Data-Mining umfasst vier Aufgaben: *Datenerfassung*, *Datenverarbeitung*, *Mustererkennung* und *Musteranalyse*.

Datenerfassung: Bei der Sammlung notwendiger Daten, die als offen veröffentlicht werden, muss ein umfassender Data-Mining-Plan vorhanden sein, der Datenquellen, Datenerfassung sowie Systemdesign und -fähigkeiten abdeckt. Dieser Plan ermöglicht die Identifizierung und Bewertung der Ziele des Data-Mining-Programms und dessen Erfolgswahrscheinlichkeit bei der Erreichung dieser Ziele. Es sollte Folgendes ansprechen: Datenquellen, aus denen das Programm Daten bezieht; Datenerfassung – wie und unter welchen Bedingungen Daten erfasst oder abgerufen werden –; Systemdesign und -funktionen, einschließlich Verwaltung der Datenintegrität.

Datenverarbeitung: Bei der Datenverarbeitung werden aus verschiedenen Quellen gesammelte Rohdaten in Daten umgewandelt, die zur Erkennung von Mustern und zur Erkennung von Wissen geeignet sind. Es umfasst drei Stufen: *Datenbereinigung*, *Datenintegration* und *Datentransformation*. In der Datenbereinigungsphase müssen alle ungültigen und unbrauchbaren Daten entfernt werden. Dieser Vorgang wird in den meisten Fällen vor der Veröffentlichung von Daten durchgeführt. Um Daten zu analysieren, die auf mehreren verschiedenen Datenquellen verteilt sind, ist eine Datenintegration erforderlich. Nur so kann das Data-Mining effektiv durchgeführt werden. Die Datentransformationsphase impliziert die Datentransformation in ein für die Verarbeitung und Analyse geeignetes Format. Das Speichern von Daten in bestimmten Formaten wie XML, XLS, CSV, TXT oder KML bietet eine bessere Unterstützung für das Erkennen von Mustern.

Mustererkennung: Für die Mustererkennung in den Regierungsdaten können verschiedene Methoden und Algorithmen angewendet werden: Statistiken, KI-gestütztes Data-Mining, *maschinelles Lernen*, Anwendung von *Mustererkennungssystemen* usw. Für die Analyse von offenen Daten sind die häufigsten Techniken: Assoziationsregeln und Klassifizierung. Die Stärke einer Assoziationsregel wird an ihrem Support und ihrer Konfidenz gemessen. Der Support bestimmt, wie oft eine Regel auf ein bestimmtes Dataset anwendbar ist, während die Konfidenz eine Wahrscheinlichkeit (Häufigkeit) der Vereinigung der Elementmengen X und Y bestimmt. Angesichts einer Menge von Datensätzen besteht das Problem der Mining-Zuordnungsregeln darin, alle Zuordnungsregeln zu generieren, die über einen Support und eine Konfidenz verfügen, die über der geforderten Mindestunterstützung und dem Mindestvertrauensgrad liegen. Da Datensätze eine große Anzahl offener Daten enthalten, ist es erforderlich, den Speicherplatz dieser Daten zu reduzieren und nur die Daten zu extrahieren, die für die Analyse von Interesse sind.[1242]

Musteranalyse: Das Ziel der *Musteranalyse* ist die Beseitigung unnötiger Regeln, die entdeckt wurden. Es ist üblich, eine Software-Anwendung zu verwenden, die eine definierte Methode für die Musteranalyse der offenen Daten bereitstellt. Durch Visualisierungstechniken, wie beispielsweise die grafische Darstellung von Mustern oder das Zuweisen von Farben zu unterschiedlichen Werten, können häufig allgemeine Muster oder Trends in den Daten hervorgehoben werden. Weiteres zum Thema Data-Mining im allgemeinen Methodenkontext wurde im Kapitel 8 »Elemente und Instrumente« vorgestellt – siehe dort insbesondere Abb. 23, in der ein revolvierender Prozess konzeptionell unter Differenzierung und Einbezug zusätzlicher Arbeitsstufen vorgestellt wurde.

Resümee: Data-Mining hat in den letzten Jahren beträchtliche Aufmerksamkeit erlangt, da immer mehr Daten zur Verfügung stehen. Der hier vorgestellte Rahmen für *Open-Data-Mining* ist auf große Datenmengen ausgelegt. Diese Herausforderung ist sehr bedeutsam, da die Daten der offenen Regierung immens

1242 Weiteres siehe: https://de.wikipedia.org/wiki/Assoziationsanalyse, abgerufen 6.10.2019.

wachsen. Mit diesem Framework können offene Daten effizient analysiert und nützliche Informationen extrahiert werden. Das Definieren und Implementieren eines Frameworks für Open-Data-Mining ist nur ein Schritt in der Analyse von Open Data. Darüber hinaus ist es notwendig, neue Wege zur Interpretation der erhaltenen Informationen zu definieren, die den offenen Daten mehr Bedeutung verleihen.[1243]

22.15   E-Discovery – sichere Vertragsrecherche

Der Begriff *E-Discovery* (in UK auch *eDisclosure*) steht im angloamerikanischen Rechtsraum für ein juristisches Verfahren, das die Erfassung und Vorlage von Beweisen bei Rechtsstreitigkeiten oder Ermittlungen umfasst. In der heutigen Unternehmenswelt werden Dokumente nicht mehr in Aktenschränken aufbewahrt, sondern als digitale Informationen in Dateiordnern auf Desktop-Computern, mobilen Geräten und Servern. Das Identifizieren als Daten und Vorlegen all dieser elektronisch gespeicherten Informationen (Electronically Stored Information, ESI) wird mittlerweile als E-Discovery bezeichnet. Das *Electronic Discovery Reference Model (EDRM)* wird als linearer Workflow dargestellt. E-Discovery ist jedoch ein kontinuierlicher Prozess mit ineinander verflochtenen Phasen, die oft parallel ablaufen. Bei einem Projekt können sich Daten zur gleichen Zeit in mehreren Phasen des EDRM befinden und derselbe Schritt wird oft mehrmals ausgeführt. Unternehmen und ihre Anwälte sind nicht länger mit einem einzelnen Projekt beschäftigt, sondern verfügen über ein ganzes Portfolio von Projekten, die gleichzeitig bearbeitet werden und sich in unterschiedlichen EDRM-Phasen befinden.

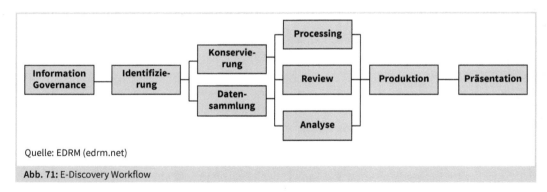

Quelle: EDRM (edrm.net)

Abb. 71: E-Discovery Workflow

Datenmengen und Smart Government: Mit den wachsenden Datenmengen steigt auch das Risiko, das mit der Analyse all dieser Daten verbunden ist, sowie der Zeitaufwand für deren Sichtung. Dazu gehören neben klassischen »Akten-Dokumenten« auch E-Mails, Tabellen, Präsentationen, Voicemail, Textmitteilungen, soziale Medien. *Information Governance* verlangt festgelegte Prozesse mit entsprechender Datenverwaltungstechnologie, die diese unterstützen. E-Discovery-Technologie kann sowohl zur Archivierung wie auch zum Informationsmanagement verwendet werden, um Risiken leichter zu erkennen, zu beurteilen und reduzieren zu können.

1243 Petar Milic, Natasa Velkovic, Leonid Stoimenov: Framework for Open Data Mining in e-Government, Conference Paper, Sept. 2012. https://www.researchgate.net/publication/261565880_Framework_for_open_data_mining_in_e-government, abgerufen 6.10.2019.

Internationale Anwendungen: Mithilfe von E-Discovery-Technologien können Dokumente erfasst, gesichtet und vorlegt werden, um offizielle Anforderungen an eine Offenlegung zu erfüllen. Unternehmen in EMEA- und APAC-Ländern, die keine offiziellen E-Discovery-Regelungen haben, nutzen die Technologie im Vorfeld von Rechtsstreitigkeiten (Litigations) oder bei Ermittlungen durch Regulierungsbehörden, um personenbezogene Daten zu redigieren oder interne Untersuchungen und präventive Audits durchzuführen.[1244] In angelsächsischen Ländern ist die Anwendung von E-Discovery zur systematischen und automatisierten (Vor-)Untersuchung von Verträgen z. T. bereits vorgeschrieben. So wurden – wie bereits berichtet – von einer internationalen Kanzlei im Auftrag der britischen Regierung rund 130.000 Verträge mithilfe von E-Discovery gesichtet, um die Auswirkungen des *Brexits* lokalisieren und bewerten zu können.

Finanzverwaltung: Aus Kreisen großer Anwaltskanzleien wird vermutet, dass Finanzbehörden bereits für umfangreiche nationale und internationale Recherchen in großem Umfang E-Discovery-Verfahren einsetzen. Solche Einsätze sind derzeit wohl eher im angloamerikanischen Raum anzutreffen, werden aber in kurzer Zeit auch in größeren deutschen Ämtern anzutreffen sein. Die staatlichen Stellen halten sich zu diesem Thema bedeckt.

22.16 Potenzial Blockchain – sichere Dokumentation von Prozessen

Blockchains und *Distributed Ledger Technologies* (DLTs)[1245] könnten Bürokratien verschlanken, den Verwaltungsaufwand reduzieren und Prozesse effizienter gestalten. Zudem können sie dort Vertrauen schaffen, wo sonst eine Mittlerinstitution zwischengeschaltet war: durch das Verifizieren von Identität, das Nachverfolgen von Objekten bzw. Assets und das Zertifizieren von Transaktionen. Besonders in Bereichen, die sich um *Smart Contracts* und dezentralisierte Organisation drehen, besteht ein enormes Potenzial. Denn hier geht es um eine gemeinschaftliche Wirtschaftspraxis, in der Daten innerhalb eines Netzwerks mit gemeinsamen Zielen und Interessen für einen übergreifenden finanziellen und sozialen Nutzen geteilt werden. Damit besitzen Blockchains und andere DLTs ein großes Potenzial, um Zugänge zu demokratisieren, die *Sharing Economy* weiter voranzubringen, Verwaltung effizienter zu gestalten und Konsumenten zu stärken.

Durch die Eliminierung von Manipulationsmöglichkeiten hat die Technologie auch in anderen Bereichen ein großes Potenzial, Korruption zu verhindern, beispielsweise auch bei der Registrierung von Besitz und *Unternehmensbeteiligungen* (z. B. *M&A*). Außerdem kann die Blockchain Transparenz in administrative Leistungsketten bringen.

1244 Weiteres siehe KL Discovery, die sich mit 43 Niederlassungen in 19 Ländern als weltweit führender Anbieter für E-Discovery-Management-Lösungen sehen, https://www.kldiscovery.com/de/ueber-uns/, abgerufen 15.2.2019.

1245 Ein Distributed Ledger ist eine Art Datenbank, die auf mehrere Standorte, Regionen oder Teilnehmer verteilt ist. Ein Distributed Ledger muss dezentral sein, sonst würde es einer zentralisierten Datenbank ähneln, wie sie die meisten Unternehmen heute verwenden. Die Blockchain ist jedoch nur eine bestimmte Art von Distributed Ledger. Denn nicht jedes verteilte Hauptbuch ist eine Blockchain. Wenn die verteilte Datenstruktur in Form einer Kette vorliegt, bei der nicht verwandte Transaktionen zu Blöcken zusammengefasst werden, die mit Hashes verkettet sind, handelt es sich um eine Blockchain. Näheres siehe https://blockchainwelt.de/dlt-distributed-ledger-technologie-ist-mehr-als-blockchain/, abgerufen 15.2.2019.

Für all diese Bereiche braucht es jedoch *Regulierungen* und vor allem starke Akteure bzw. Institutionen, die bestimmte Regeln einhalten, damit die angestrebte Verlässlichkeit und Nachvollziehbarkeit der Daten auch zustande kommt. Voraussetzung für den Erfolg von auf Blockchain basierenden Lösungen ist somit, dass bestehende Systeme bereits eine entsprechende Legitimität und Stärke besitzen – ein bloßes »Überstülpen« der neuen Technologie dort, wo es keine Strukturen gibt oder Korruption herrscht, ist mit großer Wahrscheinlichkeit zum Scheitern verurteilt.

22.17 Beispiel Notariate und Kataster

In den meisten Ländern des *Zivilrechts* (= bürgerlichen Rechts) wird zwischen Notar und Rechtsanwalt unterschieden. Umgekehrt kennen die *Common-Law*-Länder nur den Rechtsanwalt. Der Notar ist kein Rechtsanwalt und es ist ihm sogar verboten, Recht zu sprechen. In Ländern des Zivilrechts macht die Authentizitätssicherung den Notar zu einem einzigartigen Juristen.

Der Notar existiert in den Common-Law-Ländern nicht als solcher, da das Konzept der authentischen Urkunde, das in den Ländern des Bürgerrechts eine präventive Gerechtigkeit darstellt, fehlt. Daher sieht das Rechtssystem des Common Law kein öffentlich zertifiziertes Instrument vor, das von einer neutralen Rechtsperson ausgegeben wurde, der seinen Inhalt mit voller Beweiskraft belegt und ohne weitere rechtliche Überprüfung zur Durchsetzung bringt.

Viele Untersuchungen über die notariellen Funktionen und die Anwendungen, die durch das *Blockchain-Konzept* abgedeckt werden können, weisen darauf hin, dass die Blockchain durch Einrichtung eines permanenten, öffentlichen, unveränderlichen, manipulationssicheren und zugänglichen Datenregisters die notarielle Praxis, wie sie derzeit existiert, ersetzen kann. Somit kann die *Authentizitätssicherung* von einem Computernetzwerk übernommen werden. Gegenwärtig scheint diese Aussage auf die notarielle Praxis der Common-Law-Länder beschränkt zu sein. In den zivilrechtlichen Ländern das Gegenteil zuzugeben, würde den Begriff der Authentizität, wie wir ihn verstehen, ignorieren. In diesbezüglichen Artikeln und Publikationen wird die Authentizität meist als eine Ableitung des Begriffs des Originals verstanden und nicht als einzelne Fähigkeit, die einer Handlung verliehen wird.

Authentizität wird als die Situation dargestellt, in der eine Person die Blockchain verwenden würde, um das Eigentum an ihrem Dokument und seine Integrität nachzuweisen. Dies ist der Begriff des Existenznachweises. Das Existenznachweissystem ist nicht komplex, unterscheidet sich jedoch von der von uns bekannten Authentizität. Eine Datei hat genau wie ein Mensch einen eigenen Fingerabdruck. Mit der Veröffentlichung in der Blockchain behauptet der Benutzer, dass er der Inhaber eines Dokuments ist, um Beweise für spätere Streitigkeiten vorzubereiten. Es gibt also einen Nachweis der Existenz, der Echtheit dieses Nachweises und damit des Dokuments, aber absolut keine einzige Tugend, die insbesondere die Vollstreckbarkeit mit sich bringt. Die Blockchain wird dann einfach als Register verwendet, vermittelt jedoch nicht die Authentizität, wie wir sie kennen: Nur ein gesetzlicher Eingriff kann dies erreichen.

Damit könnte die Blockchain das Gebiet des Authentizitätsnachweises nach und nach erobern. Man könnte sich durchaus eine private Blockchain vorstellen, deren Mitgliedern eine spezielle öffentliche Gewalt übertragen wird. Innerhalb ihres Netzwerks könnten validierte Transaktionen mit authentischer

Stärke ausgestattet werden – mit allen Konsequenzen auch in einem Land des Zivilrechts. Damit könnten konkrete Anwendungen die Welt des Immobilien- und des unternehmerischen Vertragsrechts revolutionieren. Dies betrifft dann insbesondere auch die Ausdehnung des Systems der Landregistrierung und Vertragsabsicherung auf Länder des Common Law.[1246]

22.18   Implikationen für Start-ups und M&A

Die im Zuge der Verbreitung neuer Geschäfts- und Führungsmodelle stattfindende Welle an Übernahmen von *Start-ups*, *Joint Ventures* und Ausgliederungen werden durch hohe Transaktionskosten und großen Zeitaufwand belastet, die auch auf die Einschaltung von Notaren zur Beurkundung von Verträgen zurückgehen. Dies trifft vor allem *Mittelständler*, besonders wenn Beteiligungen aus strategischen Gründen schrittweise ausgebaut werden sollen, da bei jedem Schritt wieder ein beurkundeter Vertrag nötig ist. Die Belastungen aus derartigen Verfahren schlagen im finanziell schwach aufgestellten Mittelstand hart auf. Das betrifft insbesondere junge innovative Brachen, die wegen hoher Rechtskosten sogar ihre *FuE-Budgets* zurückschneiden müssen. Der tatsächliche Wertbeitrag, den notariell zu beglaubigende Prozesse bringen, ist diesen Unternehmen schwer zu vermitteln. Blockchainbasierte Lösungen könnten dagegen viel preiswerter und schneller beigebracht werden.

22.19   Rechenleistung und Energiebedarf

Wenn es um Kritik an der Blockchain-Technologie geht, ist oft von dem massiven Strombedarf und gewaltigen Speichermengen die Rede. Der *Bitcoin-Blockchain* wird ein Stromverbrauch zugerechnet, der es mit dem von ganzen Staaten aufnehmen kann. Doch möglicherweise finden sich Lösungen im Vorgang selbst: Die Community der Ethereum-Plattform hat z. B. einen neuen Mechanismus für die Validierung eingeführt, das sogenannte »*Proof of Stake*«. Im Gegensatz zum »*Proof of Work*«, bei dem alle Teilnehmer im Netzwerk die Blockchain unter Einsatz großer Rechenleistung absichern, werden beim »Proof of Stake« Teilnehmer nach einem bestimmten Verfahren ausgewählt, die dann die Transaktionen validierten.[1247]

22.20   Perspektiven

Zukünftig sind im Bereich der Konsensmechanismen sicherlich noch weitere Entwicklungen zu erwarten, um Sicherheit und Nachhaltigkeit der Blockchain besser vereinbaren zu können. Der Hype um Blockchains und DLTs kühlt zwar wieder etwas ab. Aber das ist durchaus positiv, denn nun können wir

---

1246 In der französischsprachigen Rechtsliteratur wird die Thematik der notariellen Beglaubigung versus Blockchain-Einsatz heftig diskutiert – auffallend mehr als in Deutschland. Der Absatz unter dem Zwischentitel »Notariate und Kataster« ist eine Zusammenfassung und Übersetzung des Artikels von Rémy Charras: Notaire vs. Blockchain: Conflit d'autenticité, erschienen am 19.6.2016 in Jurischain, http://jurischain.com/notaire-vs-blockchain/, abgerufen 15.2.2019.

1247 Weiteres siehe Blockchain-Studie der Technologiestiftung Berlin: Shermin Voshmgir: Blockchains, Smart Contracts und das Dezentrale Web, https://www.technologiestiftung-berlin.de/fileadmin/daten/media/publikationen/170130_BlockchainStudie.pdf, abgerufen 16.2.2019.

nüchtern auf die Lösungsansätze schauen, die tatsächlich sinnvoll sind und ihnen die Zeit geben, die sie benötigen, um Wirkung zu entfalten. Wir haben es mit einer noch sehr jungen Technologie zu tun. *Obwohl Blockchain-Technologien längst der Grundlagenforschung entwachsen sind, gibt es noch großen* Forschungsbedarf in den möglichen Anwendungsbereichen, der sowohl durch Unternehmen als auch im öffentlichen Sektor zu leisten ist.

22.21   Das E-Government-Gesetz in Deutschland

Im Vergleich zu den aufgezeigten technologischen Potenzialen und auch gegenüber der Offenheit der US-amerikanischen Verwaltung wirkt das 2013 von der Bundesregierung erlassene Gesetz zur Förderung der elektronischen Verwaltung sowie zur Änderung weiterer Vorschriften (E-Government-Gesetz)[1248] in seinen Ansprüchen und Anwendungsfeldern eher bescheiden. Immerhin »dient [es] dem Ziel, die elektronische Kommunikation mit der Verwaltung zu erleichtern und Bund, Ländern und Kommunen zu ermöglichen, einfachere, nutzerfreundlichere und effizientere elektronische Verwaltungsdienste anzubieten.«[1249] Die wesentlichen Regelungen des Gesetzes sind:

- Verpflichtung der Verwaltung zur Eröffnung eines elektronischen Kanals und zusätzlich der Bundesverwaltung zur Eröffnung eines *De-Mail*-Zugangs,
- Grundsätze der elektronischen Aktenführung und des ersetzenden Scannens,
- Erleichterung bei der Erbringung von elektronischen Nachweisen und der elektronischen Bezahlung in Verwaltungsverfahren,
- Erfüllung von Publikationspflichten durch elektronische Amts- und Verkündungsblätter,
- Verpflichtung zur Dokumentation und Analyse von Prozessen,
- Regelung zur Bereitstellung von maschinenlesbaren Datenbeständen durch die Verwaltung (»Open Data«).

Schriftformersatz: Ein wesentliches Hindernis für E-Government-Angebote der öffentlichen Verwaltung bestand darin, dass als elektronisches Äquivalent der Schriftform allein die *qualifizierte elektronische Signatur (qeS)* zugelassen war und diese keine hinreichende Verbreitung hat. Mit dem Gesetz werden daher neben der qeS weitere sichere Technologien zur elektronischen Ersetzung der Schriftform zugelassen. Hierfür wurden zwei Technologien identifiziert, mit denen alle Funktionen der Schriftform abgebildet werden können. Das erste dieser Verfahren ist De-Mail mit der Versandoption »absenderbestätigt«, welche eine »sichere Anmeldung« voraussetzt. Das zweite Verfahren sind Web-Anwendungen der Verwaltung in Verbindung mit sicherer elektronischer Identifizierung durch die *eID-Funktion* des neuen Personalausweises. Außerdem soll eine Rechtsverordnung die rasche Anpassung an die deutschlandwie europaweite technologische Weiterentwicklung sicherstellen. Damit können dann weitere ausreichend sichere Verfahren als Schriftformersatz festgelegt werden.[1250]

1248 Der Deutsche Bundestag hatte in seiner 234. Sitzung am 18.4.2013 den von der Bundesregierung eingebrachten Gesetzentwurf – BT-Drucksache 17/11473 – beschlossen. Der Bundesrat stimmte am 7.6.2013 dem Gesetz zu. Das Gesetz ist am 1.8.2013 in Kraft getreten.

1249 Zitat: Untertitel zur Gesetzeseinführung, https://www.verwaltung-innovativ.de/DE/E_Government/E-Government-Gesetz/e-government-gesetz_node.html, abgerufen 26.3.2019.

1250 Sinngemäß zusammengefasst aus der Veröffentlichung der Bundesverwaltung, https://www.verwaltung-innovativ.de/DE/E_Government/E-Government-Gesetz/e-government-gesetz_node.html, abgerufen 26.3.2019.

Barrieren in Deutschland

Aus dem Kreis deutscher Fachberater für E-Government wird heftige Kritik an der Politik geäußert:

- Die aktuelle DSGVO und die EU-Urheberrechtsreformgesetze lassen E-Government-Konzepte teilweise im Bereich der Content Distribution als nicht realisierbar erscheinen, insbesondere in Richtung Open Government oder Open Data.
- Blockchain- und Cryptocurrency-Ansätze lassen sich für E-Government-Projekte aus den gleichen Gründen kaum realisieren.
- E-Government heißt letztlich auch, Bildungspolitik und Forschung optimal zu integrieren. Über Logins[1251] und/oder Payed[1252] Services hinaus (siehe OECD) scheint dieser Pfad weitgehend verschlossen.

Allein die EU-Urheberrechtsreform und die aktuell diskutierten Uploadfilter lassen aus fachlicher Sicht Interaktivitäten mit den Bürgern kaum zu. Viele Kommunen werden wohl soziale Kanäle (Twitter, Facebook usw.) offline nehmen, da in den Verwaltungen kaum Know-how für diese Art der digitalen Kommunikation existiert und weiter keine Ressourcen bereitgestellt werden. Beratende Unternehmen im Umfeld der digitalen Transformation sehen die deutsche Politik mit ihren Entscheidungen auf einem Wissensniveau von 1980. E-Government ist aus fachlicher Sicht nicht die Einführung von digitalen Formularen, sondern die digitale Interaktion mit Bürgern und Unternehmen. Insbesondere digital transformierte Unternehmen werden wohl innerhalb der nächsten Zeit ihren Hauptsitz nach Skandinavien, UK (hier idealerweise Schottland) oder die USA verlegen müssen, um überhaupt die Rahmenbedingungen vorzufinden, die eine positive Unternehmensentwicklung versprechen.[1253]

22.22   Umsetzung: multidisziplinäre Teams und Offenheit

Die weitere Umsetzung von Smart-Government-Ansätzen wird von rechtlichen und strukturellen Barrieren bestimmt sowie von der Bereitschaft zum Wandel. Technologien sind genügend vorhanden, angefangen von etablierten und reifen Ansätzen (Data-Mining u. a.) bis hin zu grundlegend neuen Konzepten (Blockchain u. a.), deren Einsatzmöglichkeiten sich erst noch in Praxisversuchen beweisen müssen, und für die die juristischen Voraussetzungen auch erst zu schaffen sind. Auch mangelnde Fähigkeiten zum komplexen Projektmanagement sind große Umstiegshürden – die deutschen Schwächen wurden selbst bei »konventionellen« Infrastrukturprojekten der letzten Jahre überdeutlich offengelegt.[1254] Aber selbst aus diesen können wir hier lernen, denn die Digitalisierung steht nicht im leeren Raum, sondern sie basiert letztlich auf der analog tickenden Welt und schlägt sich nieder bis zu »brick and mortar«.

Der Einstieg ins *Smart Government* erfordert vertiefte interdisziplinäre Kenntnisse zu den Technologien der Digitalisierung, zu Verhaltenswissenschaften, zu neuen Geschäftsmodellen und neuen Pfaden zur

---

1251 Weiterführende wissenschaftliche Artikel über Logins beim E-Government finden sich über den Link https://scholar.google.de/scholar?q=e+government+logins&hl=de&as_sdt=0&as_vis=1&oi=scholart, abgerufen 30.4.2019.

1252 Lösungsbeispiele aus zahlreichen Regionen für »e-government payed services« finden sich über den Link https://scholar.google.de/scholar?hl=de&as_sdt=0%2C5&as_vis=1&q=e+government+payed+services&btnG=, abgerufen 30.4.2019.

1253 Fachgespräche mit einschlägigen Unternehmen. Erfahrungsbericht von Johann Renée Ebert (siehe Liste der Berater für dieses Buch) gegenüber dem Autor.

1254 Etwa die Projekte Elbphilharmonie Hamburg, Stuttgart 21, Berlin-Brandenburg (BER).

Erstellung angestrebter Wirkungen im öffentlichen Raum. Dazu sind juristische, politikwissenschaftliche und organisatorische Kompetenzen der öffentlichen Verwaltung gefordert. Erfahrene Anwender sind gesucht, Behörden und Kommunen, die bereit sind, Pilotversuche zu tragen. Den Regierungen und Verwaltungen sei angeraten, sich mit der Privatwirtschaft zusammenzusetzen, die einerseits weiter ist bei der Digitalisierung, andererseits als Zielgruppe für die Verwaltungsleistungen die »Kundensicht« vertreten kann. Auch der »Blick über den Zaun« öffnet Perspektiven: Wie gezeigt wurde, hat Europa viele gute Beispiele zur Umsetzung zu bieten. Der ökonomische und soziale Nutzen, den die Digitalisierung erschließt, ist unzweifelhaft groß.

Smart Government kann auch eine riesige Chance sein, frühzeitig eine öffentliche Verwaltung zu gestalten, die unsere Grundordnung weiterhin verteidigt: offene und transparente Diskurse, faire und demokratische Entscheidungsprozesse, Schutz der Freiheit und Integrität der Bürgerinnen und Bürger. Um nicht weniger geht es nämlich, wenn wir Digitalisierung im politisch-administrativen System ernst nehmen. »Gouverner, c'est prévoir.«[1255]

1255 Kuno Schadler, Labinot Demaj, Universität St. Gallen: Verwaltung von morgen, in: Neue Zürcher Zeitung, 11.1.2017, https://www.nzz.ch/meinung/smart-government-verwaltung-von-morgen-ld.139040, abgerufen 8.2.2019.

23 Arbeitswelt in der digitalen Gesellschaft

Die im Zuge der sogenannten »vierten industriellen Revolution« stattfindende Digitalisierung umfasst alle Lebensbereiche: vom Privaten über Gesellschaft, öffentliche Verwaltung bis zur Regierung und zu allen internationalen Angelegenheiten. Damit geht ein grundlegender Wandel der Arbeitswelt einher, nicht nur technologischer, sondern auch kultureller Natur. Arbeitsprofile ändern sich, neue Berufsbilder entstehen, damit auch neue Jobs. Dagegen werden Tätigkeiten, die heute noch vom Menschen getragen werden, zukünftig automatisiert. Dies führt zur Entlastung von Routinetätigkeiten und zur Unterstützung bei körperlichen Belastungen. Damit werden auch Arbeitsplätze wegfallen. Die Ausgangslage Deutschlands ist kritisch, vor allem wenn man die »digitale Übermacht« der USA und Chinas in Rechnung stellt. Aber auch intern sind wir schlecht aufgestellt: Wir leisten uns (im OECD-Schnitt) eine der schwächsten digitalen Infrastrukturen, die höchsten Strompreise, Überregulierungen, verkrustete Strukturen in der Verwaltung bei einer – im Vergleich zu USA und China – beängstigend kleinen Digitalwirtschaft. Wir stehen vor einer schwierigen Umbauphase und haben noch wenig Klarheit, ob diese zum Erfolg führen wird. Die Position Deutschlands als eine der führenden Wirtschafts- und Technologiemächte ist gefährdet. Wir haben jahrelang geschlafen. Jetzt sind wir völlig erschreckt aufgewacht. Plötzlich werden gewaltige Mittel in der Industrie zum Umbau bereitgestellt. Der Staat wacht auf, entdeckt die künstliche Intelligenz als Treiber – und dennoch bleiben unsere Programme weit zurück gegenüber den Anstrengungen in den USA und China. Vor diesem Hintergrund beleuchtet dieses Kapitel die Herausforderungen für die Gesellschaft in Deutschland, vor allem die Veränderungen in unserer Arbeitswelt. Dies umfasst sowohl die Automatisierungen und Arbeitsplatzmigrationen in Industrie und Gewerbe als auch die digitale Prozessführung bei der öffentlichen Hand. Um diese zu bewältigen, brauchen wir neue Lehrangebote, ein »Life long digital learning«. Unsere Arbeitsplätze ändern sich und wir werden uns einem Kulturwandel hin zu einer »Digitalisierten Gesellschaft« stellen müssen. Diese eröffnet auch Chancen für eine bessere Arbeits- und Lebensqualität.

23.1 Innovationen und Innovationswettlauf

Die »disruptiven« Entwicklungen im Zuge der allumfassenden Digitalisierung betreffen nicht nur neue Technologien und *Geschäftsmodelle,* sondern sie umgreifen alle Dimensionen des unternehmerischen und administrativen Handelns. Dies wurde im Kapitel 11 »Organischer Umbau: digital getriebene Wertschöpfung« bereits ausführlich behandelt. Das Innovationsgeschehen überspringt die klassischen Organisationsgrenzen. Immer mehr Unternehmen binden neue Ideen und Impulse für Produkte und Dienstleistungen von außen ein. Wirtschaft, Dienstleister, Regierungen und Verwaltungen sind zu enger und systematischer Zusammenarbeit aufgefordert. Die Zusammenarbeit mit *Start-ups,* die temporäre Kooperation mit Selbstständigen, mit Studierenden, Hochschulen und Forschungseinrichtungen nimmt stark zu. Der digitale Arbeitsmarkt wird demzufolge eine große Bandbreite an flexiblen Arbeitsverhältnissen ausprägen. Organisationen müssen bereit sein, ihre bisherigen Grenzen zu sprengen und sich auch durch Zusammenschlüsse, Abspaltungen und Ausgründungen neu aufzustellen. Weiteres hierzu findet sich im Kapitel 13 »Externer Umbau: Digitalisierung M&A«. Nur wer mit dem Veränderungsdruck Schritt hält, wird überleben: »Wer nicht mit der Zeit geht, der geht mit der Zeit«. Dieser »disruptive« Druck findet allerorten, in allen Bereichen des gesellschaftlichen Lebens statt – mal schneller, mal verhaltener. Maßgeblich für die Taktung sind nicht mehr die nationalen Spieler, sondern die weltweit agilsten Wettbewerber. Internationale Orientierung ist angesagt, oft auch Präsenz und Teilhabe an den dynamischsten Orten der Welt – etwa im brodelnden Silicon Valley oder auch in China. Sonst wird Deutschland einfach abgehängt. Das Risiko, dass dies passiert, war noch nie so groß.

Wenn wir in dieser zukünftigen *Economy 4.0* erfolgreich sein wollen, müssen wir uns auf die neuen Entwicklungsmöglichkeiten schnellstmöglich einstellen und Gestalter sein. Bekannte Internetunternehmen und ehemalige Start-ups wie *Google*, *Apple* und *Facebook* haben eindrücklich gezeigt, welche Auswirkungen Innovationen im Zeitalter der Digitalisierung haben. Das *Silicon Valley* und die Technologieparks in China schlagen den Takt. Zu lange haben wir nur nach innen geblickt: Die Benchmarks liegen jenseits unserer Grenzen, selbst unsere »kleinen Nachbarn« in Europa machen es besser, wie die *OECD* in zahlreichen Analysen nachweist.

23.2   Industrieller Wandel

Die Digitalisierung wurde und wird von der Industrie und den onlinebasierten Geschäften getrieben. Anwendungen der öffentlichen Hand ziehen nach. Siehe dazu Kapitel 22 »Smart Government«.

23.3   Automatisierungspotenziale

Die Interpretation und schnelle Nutzung von Daten lassen Maschinen immer leistungs- und reaktionsfähiger werden. *Autonome Systeme* halten mehr und mehr Einzug in unsere Lebens- und Arbeitswelt, wie beispielsweise die aktuelle Diskussion um autonomes Fahren zeigt. Solche »intelligenten« Systeme werden wir als Assistenz- und Expertensysteme vermehrt in der Wissens- und Büroarbeit erleben, in der Dienstleistung als Smart-Service-Systeme und in der Fabrik und Logistik z. B. als mit Menschen kooperierende Montageroboter und Logistiksysteme.

23.4   Neue Geschäftsmodelle

Unternehmen mit neuen Geschäftsmodellen treiben die Digitalisierung mit neuen Services und Produkten voran. Der Wandel vollzieht sich in allen Wertschöpfungssystemen mit teils disruptivem Charakter. Plattformstrategien scheinen besondere Bedeutung zu erlangen und smarte Produkt-Service-Lösungen – *Everything-as-a-Service* – werden immer mehr gefragt. Aktuelle Stichworte in dieser Diskussion sind im Bereich Mobilität z. B. Sharing und *Smart Mobility*, im Bereich Energieversorgung z. B. Smart Grid und Smart Metering, und im Bereich der Produktion z. B. autonome Logistik, Individualisierung, Losgröße 1, On-Demand-Produktion oder Self-Servicing. Ermöglicht wird dies durch die digitale Vernetzung. Zentrale Rollen spielen dabei die Verfügbarkeit von immer preiswerterer Sensorik (z. B. Kamera- und Radarsysteme), personalisierte Mobile Devices, immer leistungsfähigere Algorithmen und eine immer umfassendere Datenverarbeitung. Big Data, Data Analytics und Cloud Computing sind die aktuellen Schlagwörter.

23.5 Entlastung des Menschen

Die Automatisierung und Robotik versprechen Entlastungen des Menschen von Routinearbeiten im Büro und bei körperlichen Anforderungen in der Fertigung, der Logistik, bei der Pflege alter Menschen und auf dem Bau. Der Bauarbeiter der Zukunft ist gegenüber seinem Pendant von gestern nicht nur zeitlich voraus, sondern auch körperlich klar im Vorteil. Noch schwerere Lasten wuchtet er mit mehr Präzision und weniger Anstrengung. *Exoskelette*, die schon heute die Produktivität etwa im *Schiffsbau* erhöhen, könnten bald auch alternde Arbeitnehmer unterstützen.

23.6 Mensch-Maschine-Interaktion

Die Vernetzung von Maschinen und Anlagen schafft Mehrwert aus Daten, Informationen und neuem Wissen, das mithilfe von Algorithmen auch künstlich generiert wird. Auf diese Weise steigern wir die Produktivität, schonen Ressourcen, erhöhen die Sicherheit und erleichtern die Arbeit. Der Mensch macht dabei den Unterschied. Mit seiner Empathie, Kreativität und Problemlösungskompetenz ist und bleibt er unverzichtbar. Diese Talente lassen sich nicht digitalisieren. Allerdings verändern sich Jobprofile und Qualifikationen. Interdisziplinäres Arbeiten und die Bereitschaft, immer wieder Neues zu lernen, werden wichtiger. Der digitale Wandel ist auch ein kultureller Wandel.[1256]

Die neuen intelligenten Systeme agieren menschenähnlich und mit dem Menschen interaktiv. Wir erleben ganz neue Formen der Maschine-Maschine- und der *Mensch-Maschine-Kooperationen*. Die automatischen *Erkennungssysteme* nutzen auch Sprache und Gestik. Die Wertschöpfung wird in einer neuen Form der Arbeitsteilung erbracht.

Ihre Fähigkeiten stellen die smarten Maschinen in vielen Produktionshallen schon unter Beweis. Etwa in der *Automobilindustrie* arbeiten Roboter längst an der Seite menschlicher Kollegen. In rasender Geschwindigkeit schweißen sie Stahlteile zusammen, montieren Sitze oder verschrauben Einzelteile. Per 3-D-Bildverarbeitungsprogramm am Kopf des Roboters »sieht« dieser jeden Fehler und bessert sofort nach. Bei der Qualitätskontrolle müssen Menschen nur noch selten eingreifen.

Die »Fabrik 4.0« fordert auch »Personal 4.0«. »Die Menschen werden in Nischen arbeiten, die Problemlösungskompetenz und andere einzigartig menschliche Fähigkeiten erfordern«, so *Marco Annunziata* von *General Electric*. »Die Roboter übernehmen die Fließbandarbeit.« Arbeitnehmer sind auf allen Ebenen

---

1256 Wie Industrie 4.0 die Arbeitswelt verändert. 5 Fragen an Christoph Kübel, Arbeitsdirektor der Robert Bosch GmbH, veröffentlicht 27.11.2018, https://www.bosch-presse.de/pressportal/de/media/pressemappen/press_kit_177088_de.pdf, abgerufen 17.2.2019.

die kreativen Köpfe hinter der Produktion; von ihnen wird unkonventionelles Denken gefordert. Der Weg zur intelligenten Fabrik führt zurück zum Individuum.[1257]

23.7 Potenzialabschätzungen

Der Wohlstand wird letztlich von dem bestimmt, was erwirtschaftet wird, der Werterzeugung in Industrie und Gewerbe. Davon müssen die Ausgaben für Gesellschaft, Soziales und Staat getragen werden. Ohne diese ist unsere freiheitlich-demokratische und soziale Grundordnung nicht zu haben. In den Ausgabenpositionen stecken aber auch gewaltige Wertvernichtungen durch verkrustete Strukturen, ineffiziente Prozesse, Abwehr gegen Neuerungen, Ignorierung der gewaltigen Verbesserungspotenziale, die die Digitalisierung und Automatisierung in der Verwaltung erschließen kann: sogenannte Opportunitätskosten. Letztere wiegen schwer, können aber nicht so leicht quantifiziert werden, auch weil es die rein ökonomische Betrachtung nicht ausreicht: Es geht letztlich um »Werte« im gesellschaftlich-sozialen Bereich.

Zur ökonomischen Wertsteigerungsseite gibt es dagegen Aussagen, aus denen hier exemplarisch einige vorgestellt werden:

Accenture quantifiziert:
- 85.000 USD Einsparungen im Durchschnitt pro Mitarbeiter, wenn fünf der folgenden digitalen Technologien miteinander kombiniert werden: autonome Fahrzeuge, Augmented Reality, Big Data, maschinelles Lernen und mobile Datenverarbeitung.
- 6 Mrd. USD zusätzlicher Börsenwert, der durchschnittlich mit einem nur leicht veränderten Mix digitaler Technologien erreicht werden kann: autonome Roboter, mobile Datenverarbeitung, autonome Fahrzeuge, 3-D-Druck und maschinelles Lernen.
- 1,6 Mrd. USD Einsparung bei Unternehmen im Bereich Industrieanlagen, wenn autonome Roboter, künstliche Intelligenz, Blockchain, und 3-D-Druck kombiniert werden.[1258]

Roland Berger/BDI (2015) beziffern das zusätzliche Wertschöpfungspotenzial in der europäischen Industrie bei erfolgreicher Umsetzung des Digitalisierungsprozesses auf 1,25 Bio. € bis 2025. Davon entfallen 425 Mrd. € auf Deutschland.[1259]

Die Boston Consulting Group (BCG Deutschland) geht von einer zusätzlichen Erschließung von 1 Bio. USD an Opportunitäten aus, und zwar nach Umsetzung in einem dreiteiligen Vorgehen:

1257 Vergleiche dazu: Statusreport des Fachausschusses 7.22 »Arbeitswelt Industrie 4.0« im Fachbereich 7 »Anwendungsfelder der Automation« der VDI/VDE-Gesellschaft Mess- und Automatisierungstechnik (GMA) von 2016, http://jahresbericht.vdi.de/fileadmin/user_upload/VDI-Statusreport_Arbeitswelt_Industrie_4.0.pdf, abgerufen 17.2.2019.

1258 Accenture: Industrie X.0 – Die kluge Mischung macht's. Mit digitaler Technologie den Markt gewinnen. https://www.accenture.com/de-de/industrie-X0-digital-neuerfindung?c=de_de_industryxo_10448420&n=psgs_brand_1218&gclid=Cj0KCQiAtbnjBRDBARIsAO3zDl9jit7LeytEur9tbAanO8finuI9AUBZ7b3aWKWr6k6xHGKfQJYy9YsaAuSHEALw_wcB, abgerufen 21.2.2019.

1259 Institut der Deutschen Wirtschaft, Analyse Nr. 109: Digitalisierung und Mittelstand, S. 26f. https://www.iwkoeln.de/fileadmin/publikationen/2016/312107/IW-Analyse_2016_109_Digitalisierung_und_Mittelstand.pdf, abgerufen 21.2.2019.

(1) Redesign der Prozesse, (2) Auswahl der richtigen digitalen Instrumente und daraus (3) Wertgenerierung durch Einsatz digitaler Technologien.[1260]

23.8   Digital Readiness in der deutschen Industrie

Die *Bitkom* stellte im April 2019 fest: »Digitalisierung kommt in den deutschen Unternehmen an«.[1261] Die Kernaussagen sind:

- Unternehmen stellen steigenden Wettbewerbsdruck fest und passen Produkte und Dienstleistungen an.
- Aber nur jedes fünfte Unternehmen investiert 2019 in digitale Geschäftsmodelle.
- Großer Nachholbedarf beim Einsatz neuer Technologien.

Zwei Drittel (65 Prozent) der Unternehmen ab 20 Mitarbeiter aus allen Branchen sagen, dass IT- und Internet-Unternehmen in ihren Markt drängen. Auch Unternehmen anderer Branchen werden durch die Digitalisierung plötzlich zu Wettbewerbern (60 % der Aussagen). 42 % müssen einräumen, dass Konkurrenten, die früh auf die Digitalisierung gesetzt haben, ihnen nun vorauseilen. Mehr als die Hälfte der Befragten bieten im Zuge der Digitalisierung mit ihren Unternehmen völlig neue Produkte und Dienstleistungen an und mit 45 % bekennen, dass sie Produkte vom Markt nehmen mussten. »Digitalisierung erzeugt mehr Wettbewerb und dieser Wettbewerb führt zu mehr Innovationen«, erklärte Bitkom-Präsident Achim Berg. [1262]

Die grundlegende Fragestellung zur Gestaltung einer Arbeitswelt 4.0 betrifft die Geschwindigkeit und den Umfang von Digitalisierung und Automatisierung. Hierbei befinden wir uns in dem Dilemma, dass einerseits heute Digitalisierung und innovative Automatisierung vor allem bei kleinen und mittleren Unternehmen wesentlich langsamer erfolgen als vielfach erwartet.[1263] Andererseits ist davon auszugehen, dass vom Markt akzeptierte und bei Wettbewerbern implementierte Lösungen sehr schnell in die eigenen Unternehmensprozesse umgesetzt werden müssen. Auch hier gilt: »Wer zu spät kommt, den bestraft das Leben«.

23.9   Digital Readiness in der deutschen Bevölkerung

Der *D21-Digital-Index*[1264] veröffentlicht ein jährliches Lagebild zur digitalen Gesellschaft. Die Kernaussagen in seinem Lagebericht vom 2018 zeigen eine Teilung der Bevölkerung in drei Hauptgruppen: 34 % sind

---

1260 Digital BCG: Die Zukunft der Digitalisierung hat bereits begonnen. https://www.bcg.com/de-de/digital-bcg/overview.aspx, abgerufen 21.2.2019

1261 https://www.bitkom.org/Presse/Presseinformation/Digitalisierung-kommt-den-deutschen-Unternehmen, abgerufen 6.10.2019.

1262 Dito.

1263 Ingenics/Fraunhofer IAO: Industrie 4.0 – Eine Revolution der Arbeitsgestaltung. Wie Automatisierung und Digitalisierung unsere Produktion verändern werden, Ulm, 2014; Agiplan et al.: Erschließen der Potenziale der Anwendungen von Industrie 4.0 im Mittelstand, Berlin, 2015.

1264 Die Initiatoren des D21-Digital-Index unter Schirmherrschaft des Bundesministeriums für Wirtschaft und Energie und zahlreichen Vertretern von Wirtschaft, Stiftungen und öffentlicher Hand befragten zuletzt knapp 20.500 Bundesbürger zum Digitalisierungsgrad der Gesellschaft in Deutschland. Leitung der Geschäftsstelle: Lena-Sophie Müller, lena-sophie.mueller@initiatived21.de.

den digitalen Vorreitern zuzuordnen – Menschen, die sich alltäglich und souverän in der digitalen Welt bewegen und mit den aktuellsten Entwicklungen Schritt halten. Den größten Teil machen mit 41% die digital Mithaltenden aus, also Personen, die sich gelegentlich in der digitalen Welt bewegen und dort einigermaßen zurechtfinden. Das bedeutet aber auch, dass ein ganzes Viertel der Bevölkerung zu den digital Abseitsstehenden gehört. Diese partizipieren gar nicht oder nur in sehr geringem Umfang an der digitalen Welt, siehe Abb. 72.

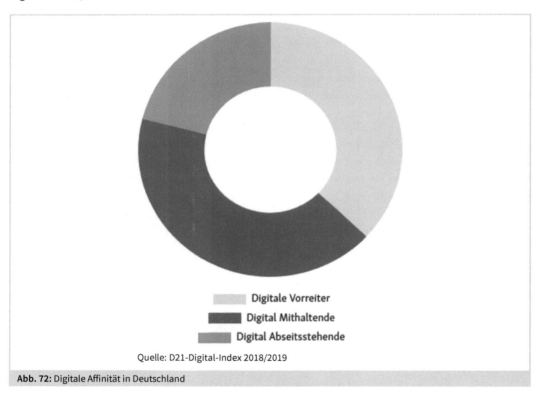

Quelle: D21-Digital-Index 2018/2019

Abb. 72: Digitale Affinität in Deutschland

Die zentralen Ergebnisse aus der Befragung 2018 sind:
- Die Gesellschaft wird digitaler – erstmals Rückgang der weniger digital affinen Gruppen zugunsten der digitalen Vorreiter.
- Leichte Steigerung bei der Internetnutzung, dennoch 16 Mio. BundesbürgerInnen digital abseitsstehend.
- Mobiles Arbeiten ist bei den Berufstätigen in Deutschland noch die Ausnahme, hauptsächlich weil es im jeweiligen Beruf oder Unternehmen nicht möglich ist.
- Weiterhin große Skepsis gegenüber intelligenten Geräten wie Robotern im Job oder digitalen Assistenten zu Hause.
- Hohe Verbreitung von Smartphones und Notebooks, Tablets werden weniger genutzt.
- 84% der deutschen Bevölkerung sind online, große Zuwächse bei über 60-Jährigen.
- Digitale Gesundheitsanwendungen und Smart Home sind noch nicht verbreitet, aber Offenheit ist teilweise vorhanden.

Problematisch ist immer noch die Spaltung zwischen Jung und Alt ebenso wie zwischen Männern und Frauen, wenn es um die Digitalkompetenz und die Nutzungsvielfalt geht. Hier müssen wir noch mehr tun, damit alle Teile der Bevölkerung unabhängig von Alter und Geschlecht an der Digitalisierung kompetent und souverän teilhaben können. Denn viele Teile unseres Lebens sind ohne die Nutzung eines stationären oder mobilen Devices nur noch schwer zugänglich.[1265]

23.10   Junge Menschen und »Digital Nerds«

In Bezug auf die Menschen ändern sich vor allem die Anforderungen der jungen Menschen, die mit hoher IT-Affinität digital sozialisiert und »always online« sind und mit Digitaltechnik geradezu emphatisch umgehen: Eine große Affinität in der Nutzung von Apps aus dem *Internet* und *Plattformen*, von *Chatrooms*, *WhatsApp*, *Twitter* und Co., die gemeinsame Nutzung von Daten und Ressourcen – also Sharing – ist Ausdruck ihrer Einstellungen und Bedürfnisse. Die *Generation Y* ist mit dem Internet aufgewachsen. Sie hat einen Großteil der Alltagstechnik vollumfänglich in ihr Leben integriert und in sehr vielen Fällen eine hohe Adaptionsfähigkeit bewiesen, was die Schnelllebigkeit unserer Lebenswelt angeht. Sie ist es gewohnt, virtuell und global zu kommunizieren. Sie kennt und verlangt kooperatives Miteinander auf Augenhöhe. Die Generation Y vertritt die Zeit, in der wir heute leben – sie ist folglich elementar für den Wandel, vor dem wir stehen.

23.11   Ältere Mitarbeiter

Gleichzeitig sind die Anforderungen von Menschen zu erfüllen, die diese Affinität zum Digitalen aufgrund von Alter oder Qualifikation so nicht haben. Auf dem Weg in die zukünftige digitale Welt müssen wir sorgsam darauf achten, Menschen aller Qualifikations- und Altersklassen mitzunehmen. Dies setzt selbstverständlich deren Einsatzbereitschaft und Motivation voraus, auch mitzugehen, und dabei ebenfalls zu investieren und Verantwortung zu übernehmen.

23.12   Substitutionspotenziale und Ersatz menschlicher Arbeit

Die Digitalisierung und Automatisierung erleichtert dem Menschen die Arbeit oder nimmt sie ihm komplett ab. Hier drängt sich unweigerlich die Frage auf, welche Aufgaben die Mitarbeiter übernehmen sollen, die durch Maschinen ersetzt werden. Zahlreiche Fließbandarbeiter sind bereits aufgrund der Automatisierung aus den Produktionshallen verdrängt worden. Sie laufen Gefahr, in schwierige oder ausschließlich befristete Arbeitsverhältnisse zu geraten. Zukünftig wird dieses Dilemma nicht nur Produktionsmitarbeiter betreffen. Selbstlernende und *intelligente Systeme* werden sogar die Zahl der benötigten Programmierer reduzieren. Die Auswirkungen der industriellen Revolution werden außerdem in der gesamten Arbeitswelt spürbar sein.

1265 D21-Digital-Index 2018/2019: Lagebild der Digitalen Gesellschaft, https://initiatived21.de/publikationen/d21-digital-index-2018-2019/, abgerufen 19.2.2019.

Dazu werden verschiedene Szenarien diskutiert. Sie reichen von der Zunahme an *Assistenzsystemen*, um menschliche Arbeit physisch und kognitiv besser zu unterstützen, bis hin zu Automatisierungsszenarien, in denen einzelne Tätigkeiten vollständig von Maschinen oder Software-Algorithmen übernommen werden.

Diese Entwicklungen können unsere Arbeit – auf längere Sicht betrachtet – erheblich verändern. *Andrew McAfee* und *Erik Brynjolfsson* vom MIT nennen diese erwartete Entwicklung »*The Second Machine Age*«.[1266] Zukünftig können zahlreiche bislang von Menschen durchgeführte standardisierte Prozesse und Routinetätigkeiten von Maschinen und Software übernommen werden. Hierzu zählen sowohl Tätigkeiten aus der Büro- als auch der Fabrikarbeit. Amerikanische Studien sagen voraus, dass in den nächsten 10 bis 20 Jahren 47 % der heutigen Jobs ein hohes Risiko besitzen, durch Digitalisierung und Automatisierung ersetzt zu werden.[1267] Eine Studie *des Instituts für Arbeitsmarkt- und Berufsforschung (IAB)* hat für Deutschland kürzlich den Verlust von 490.000 Arbeitsplätzen in den nächsten zehn Jahren durch die Digitalisierung prognostiziert.[1268] Im gleichen Zeitraum sollen den Autoren zufolge aber auch 430.000 neue Jobs entstehen, mit veränderten Arbeitsinhalten und Qualifikationsanforderungen.

23.13   Aufwertung von Arbeitsfunktionen

In den flachen Hierarchien und agilen Teams der »Industrie 4.0« kann jeder Mitarbeiter zukünftig auch hoch qualifizierte Fach- und Führungsfunktionen übernehmen. Er trägt Verantwortung, organisiert seine Aufgaben. Er wird zum Dirigenten eines Orchesters aus Programmen und Robotern. Vorreiter ist die Automobilindustrie. Die Automatisierung schuf dort neue und hochwertige Arbeitsplätze. Die Roboter werden zu Partnern der Menschen. Beide arbeiten direkt zusammen und ergänzen ihre Stärken zu Prozessen, die höchste Qualität, Effizienz und Produktivität hervorbringen. Der Roboter vollzieht seine Arbeit auf Basis des Wissens und Anweisung des Mitarbeiters und der Mitarbeiter profitiert wiederum von freien Kapazitäten, während der Roboter ihm schwere Arbeiten und Routinen abnimmt.[1269]

23.14   Bedrohte Berufe

Ganz allgemein kann Folgendes gesagt werden: Roboter werden in Zukunft überall dort zum Einsatz kommen, wo routinierte Vorgänge stattfinden. Hieraus ergibt sich die Schlussfolgerung, dass einige Berufe stärker von der Industrie 4.0 bedroht sind als andere. Branchen, in denen sehr viel routinierte Arbeiten stattfinden, sind unter anderem die eher einfachen und wenig vielfältigen Funktionen in:

1266 Erik Brynjolfsson, Andrew McAfee: The Second Machine Age: Wie die nächste digitale Revolution unser aller Leben verändern wird, Plassen Verlag, Kulmbach 2014.

1267 Carl Benedikt Frey, Michael Osborne: The Future of Employment: How Susceptable are Jobs to Computerisation?, Oxford University Press, Oxford 2013.

1268 Institut für Arbeitsmarkt- und Berufsforschung: Industrie 4.0 und die Folgen für Arbeitsmarkt und Wirtschaft; Szenario-Rechnungen der BIBB-IAB-Qualifikations- und Berufsfeldprojektionen, IAB-Forschungsbericht 8/2015, 2015.

1269 Arbeit 4.0 – Der Mensch in der Industrie 4.0, in: bimos, https://www.bimos.com/B/de/news/2953/arbeit-40---der-mensch-in-der-industrie-40, abgerufen 17.2.2019.

- Industrieller Fertigung,
- Transport,
- Verwaltung,
- Landwirtschaft.

23.15 Stabile Berufsfelder

Menschen mit einer hohen beruflichen Qualifikation sind am wenigsten von einschränkenden Entwicklungen betroffen. Automaten werden ihnen aller Voraussicht nach Routineaufgaben (»Fließbandarbeit«) abnehmen und ihnen den Zugang zu neuen, anspruchsvolleren Aufgaben ermöglichen – soweit diese verfügbar sind. Die Frage der Aufnahmefähigkeit bemisst sich am Verhältnis zwischen der Anzahl von Freisetzungen und dem Bedarf an höherwertigen Positionen.

Komplexe, anspruchsvolle und Berufe mit vielseitigen Kompetenzen und stark wechselnden Arbeitsfunktionen stehen eher auf der sicheren Seite. Dazu zählen vor allem auch soziale und kreative Berufsbilder. All diese werden aber IT-Bezüge haben. Beispiele hierfür sind:
- Erzieher und Sozialpädagogen, ausgerüstet mit digitaler Infrastruktur,
- Hochwertige Handwerkssparten, speziell mit dualen Kompetenzen (IT/Netze),
- Arbeitsdisponenten und Logistiker, unterstützt durch automatisierte Prozesse,
- Bauleiter mit Entscheidungs- und Führungsfunktionen, unterstützt durch IT,
- Krankenpfleger unter Zuhilfenahme von Pflegerobotern,
- Ernährungsberater mit Zugriff auf einschlägige Informationsplattformen.

Darüber hinaus werden auch ganz neue Berufe entstehen. Der Bereich IT-Sicherheit sowie von Robotik dominierte Felder werden von dieser positiven Entwicklung besonders begünstigt sein. Robotern fehlt regulär nicht nur Kreativität,[1270] sondern auch der gesunde Menschenverstand, die Improvisation und die Möglichkeit spontan »per Hand« einzugreifen. Immer dann, wenn diese kombinierten Fähigkeiten gefragt sind, also Vielseitigkeit im Sinne von komplementären Kompetenzen gefordert sind, ist es eher unwahrscheinlich, dass diese Stelle von einer Maschine besetzt wird.

23.16 Beispiel: der Journalist

Wenn es um das Thema »Bedrohung der Arbeit durch Roboter« geht, wird gern das Beispiel des *Journalisten* genannt. Die Technik ist inzwischen soweit, dass es hoch entwickelte Schreibroboter gibt, die teils hochwertige Texte verfassen können. Als Grundlage dienen ihnen riesige Datenbanken, Algorithmen und verschiedene Wortbausteine. Was auf den ersten Blick nach einer Bedrohung für die gesamte schreibende Gilde aussieht, ist aber differenziert zu sehen. Da den Schreibrobotern sowohl Kreativität,

---

1270 Das wird sich selektiv und in einem mittleren und längeren Zeithorizont aber ändern, wenn nämlich systematisch automatische Änderungen bei den Algorithmen vorprogrammiert werden. Dann nämlich werden auch Automaten und Roboter in der Lage sein, »out of the box« neue Möglichkeiten jenseits des Üblichen zu erschließen, quasi »kreativ« zu handeln. Siehe dazu das Kapitel 16 »Künstliche Intelligenz – Wettlauf mit den USA und China«.

Initiative (zum Telefon greifen, zum Tatort reisen usw.) als auch der gesunde Menschenverstand fehlen, können sie längst nicht alle gewünschten Texte liefern. Überall dort, wo tiefer gehende Recherche verlangt wird und komplexe Verbindungen hergestellt werden müssen, stoßen die Maschinen an ihre Grenzen. Derzeit kommen die Roboter vor allem zum Einsatz, wenn es darum geht, Sport- und Wetterartikel zu schreiben. Hier geht es zum größten Teil nämlich ausschließlich um die Auswertung von vorliegenden und bereits strukturierten Fakten, Messungen und Statistiken. Die journalistische Standardberichterstattung dürfte auf dieser Basis bald weitgehend automatisierbar sein – der investigative Journalismus sicher nicht. Aber die systematische Datenrecherche (»E-Discovery«) wird auch hier einziehen.

23.17   Arbeitsplatzsaldo: Gewinn oder Verlust?

Bedrohung für Deutschland

Künstliche Intelligenz und Automatisierung werden die Arbeitswelt in Deutschland dramatischer verändern, als in anderen Industrieländern. Besonders betroffen sind die jüngeren und flexiblen Arbeitnehmer. Forscher der *Organisation für wirtschaftliche Zusammenarbeit und Entwicklung* (*OECD*) haben untersucht, wie viele Stellen in den Mitgliedsländern tatsächlich durch Automatisierung verschwinden könnten. Das Ergebnis ist überraschend: Deutsche Arbeitnehmer sind demnach von der neuen Digitalisierungswelle überdurchschnittlich stark betroffen. Hierzulande ließen sich weit mehr Stellen als in anderen wohlhabenden Ländern durch Roboter und Software ersetzen, schreiben die Forscher.

Experten aus Deutschland schätzen, dass etwa 18 Mio. Arbeitsplätze von der Industrie 4.0 bedroht sind. Beinahe jeder fünfte Arbeitnehmer hierzulande könnte demnach in den kommenden 15 bis 20 Jahren durch Roboter und Software ersetzt werden. Weitere 36 % müssen sich darauf einstellen, dass sich ihr Arbeitsalltag dramatisch ändert, weil ein großer Teil ihrer Tätigkeiten mittelfristig von Maschinen erledigt werden kann.

Deutschland liegt damit weit über dem Durchschnitt der Mitgliedsländer der OECD. Im Schnitt könnten in diesen Volkswirtschaften rund 14 % aller Jobs relativ einfach durch Computer und *Algorithmen* ersetzt werden, schreiben die Forscher; das entspräche immerhin 66 Mio. Arbeitnehmer in allen OECD-Ländern zusammengerechnet. Für knapp ein weiteres Drittel aller Arbeitnehmer dürfte sich der Arbeitsalltag erheblich verändern.

Dass hierzulande besonders viele Arbeitnehmer von der digitalen Entwicklung betroffen sein könnten, hat zwei Gründe. So spielt die Struktur der Industrie eine Rolle. Volkswirtschaften, die große Industrien haben, haben ein höheres Risiko für Automatisierung. Deshalb sind etwa Jobs in Deutschland und Japan besonders bedroht. Entscheidend ist, ob Tätigkeitsprofile trotz gleicher Berufsbezeichnungen von Land zu Land stark divergieren. Das lässt sich am Beispiel eines Automechanikers erklären: Ein Fachmann, der in der Fabrik eines deutschen Autoherstellers arbeitet, wird ganz andere Tätigkeiten haben als ein Meister in einer kleinen Autowerkstatt in Italien – obwohl beide die gleiche Berufsbezeichnung haben.

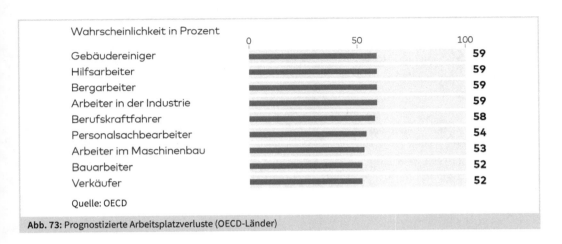

Abb. 73: Prognostizierte Arbeitsplatzverluste (OECD-Länder)

Auch innerhalb der Volkswirtschaften ist das Risiko, am Arbeitsplatz durch Maschinen ersetzt zu werden, unter Arbeitnehmern nicht gleich verteilt. Zwar wird immer wieder argumentiert, dass auch anspruchsvolle Jobs demnächst von künstlicher Intelligenz ersetzt werden könnten. Laut OECD sei diese Behauptung allerdings nicht haltbar; vielmehr würden vor allem einfache Tätigkeiten zuerst verschwinden. Küchenhilfen seien davon betroffen, Reinigungspersonal, Helfertätigkeiten, aber auch Arbeiter am Bau, in der Industrie und in der Logistik.

OECD-Experten haben außerdem die Altersgruppe identifiziert, die von der Automatisierung besonders betroffen sein wird: heutige Teenager. »Automatisierung wird mit großer Wahrscheinlichkeit eher für Jugendarbeitslosigkeit sorgen als für eine Welle von Frühverrentungen«, warnen die Forscher.[1271] Weiteres dazu folgt im Zusammenhang mit dem aktuellen Schulsystem und dem Bedarf nach großen Veränderungen.

23.18   Arbeitsplatzsubstitutionen: divergierende Prognosen

Inwieweit die Prognosen der OECD-Forscher auch tatsächlich eintreffen werden, ist indes unklar. Viel wird beispielsweise davon abhängen, ob Unternehmen wirklich alle technischen Möglichkeiten ausschöpfen. Angesichts dieser Unsicherheiten sind sich auch Forscher nicht einig, wie viele Jobs durch Roboter verschwinden werden.

Wissenschaftler der *Oxford-Universität* gehen davon aus, dass Roboter in den nächsten 20 Jahren rund 700 Berufe ersetzen werden. Andere blicken weitaus weniger pessimistisch in die Zukunft und geben an, dass es keinesfalls zu einer Massenarbeitslosigkeit kommen wird, da mit dem Wegfall alter Berufe immer auch neue Berufe entstehen. Ganz allgemein kann gesagt werden, dass die Meinungen der Wissenschaftler und Experten sehr weit auseinandergehen.

1271 Bericht zur OECD-Studie , veröffentlicht am 5.4.2018, https://www.welt.de/wirtschaft/article175180209/OECD-Studie-Roboter-bedrohen-die-Karrieren-Tausender-Teenager.html, abgerufen 19.2.2019.

In der wohl bekanntesten Untersuchung dieser Art kamen Wissenschaftler zu dem Ergebnis, dass in den USA in den kommenden zwei Jahrzehnten beinahe die Hälfte aller Arbeitsplätze durch Roboter oder Software ersetzt werden könnte. Die Volkswirte der Bank *ING-Diba* hatten die Studie auf Deutschland übertragen und kamen zu dem Ergebnis, dass die sich beschleunigende Technologisierung mittel- und langfristig 18 Mio. Stellen und damit mehr als die Hälfte aller Arbeitsplätze hierzulande bedrohe.

Andere Wissenschaftler halten solche Prognosen für übertrieben; das Mannheimer *Zentrum für Europäische Wirtschaftsforschung* (*ZEW*) etwa kam jüngst nach einer Befragung von 2.000 Managern zu dem Schluss, dass die Digitalisierung von 2011 bis 2016 dafür gesorgt hat, dass mehr Arbeitsplätze neu geschaffen als vernichtet wurden. Ob sich solch eine Entwicklung aus dem Wirtschaftsboom der vergangenen Jahre allerdings fortschreiben lässt, ist unklar.[1272] In der sich derzeit abzeichnenden Abkühlung der Weltwirtschaft ist dies eher kritisch zu sehen.

23.19   Schwache Datenlage

Alle Vorhersagen über die Auswirkung der allumfassenden Digitalisierung auf die Arbeitsplatzentwicklung stehen somit auf tönernen Füßen. Dies betrifft die vorgenannten globalen Prognosen der OECD gleichermaßen wie Voraussagen der *Bundesregierung*, Umfragen in der Industrie oder einzelner Studien von Stiftungen und anderer Nichtregierungsorganisationen. Die Hintergründe für die Unsicherheiten sind vielfältig. Da ist zum Beispiel der *undefinierte Aufsetzpunkt*. Dies geht bereits auf die Frage zurück, was schon Digitalisierung ist und was nicht. Denn bei großzügiger Auslegung ist ja schon jeder »digitalisiert«, weil alle ein Mobiltelefon haben, die meisten einen PC mit privatem und (bei vielen auch) beruflichem Internetzugang, Unternehmens-Intranet und Zugriff auf Daten und digitale Formulare. Ohne diese und ohne die große IT-Durchdringung zur Unternehmensberichterstattung und -führung würde weder unsere Wirtschaft noch die Verwaltung funktionieren, auch ohne die elektronische Vernetzung zum automatischen Datenabgleich, etwa mit den *Finanzämtern*, *Steuerberatern* und *Infrastrukturanbietern* liefe fast gar nichts. Dies ist bereits Teil unserer »digitalen Wirklichkeit«, die sich ja in einer ständigen Fortentwicklung von Arbeitsprofilen, Produktivitätsgewinnen, dem Abbau überkommener Arbeitsmodelle und der Schaffung neuer Berufsprofile niedergeschlagen hat. Hier rächt sich auch die Mär von den »disruptiven« technisch-sozialen Revolutionen, die zu Eingang dieses Buches ausführlicher behandelt wurde. Zur Erinnerung: Die sogenannte »Industrie 3.0« geht letztlich in einem Übergangsprozess in die sogenannte »Industrie 4.0« über. Die Unterschiedlichkeit dieser »Revolutionen« wurde in diesem Buch eingehend behandelt und als definierender Treiber für die »Industrie 4.0« wurde das Segment »*Internet/ Smart Data* and *Smart Devices*« (*I/SD*) herausgearbeitet, siehe Kapitel 5 »Das Krisengebiet«.

1272 Ingenics/Fraunhofer IAO: Industrie 4.0 – Eine Revolution der Arbeitsgestaltung. Wie Automatisierung und Digitalisierung unsere Produktion verändern werden, Ulm, 2014; Agiplan et al.: Erschließen der Potenziale der Anwendungen von Industrie 4.0 im Mittelstand, Berlin, 2015.

23.20 Historische Erfahrungen

Die Beurteilungen des Arbeitsmarktes aus der (historischen) Perspektive der »Industrie 3.0« könnte kaum unterschiedlicher als die (prognostizierenden) Sicht der »Industrie 4.0« ausfallen: Wir sind uns einig, dass technisch-soziale (industrielle) Revolutionen in der Geschichte auf längere Sicht immer zu Mehrbeschäftigung geführt haben, ohne Zweifel auch nach bitteren Übergangsphasen, etwa bei den Webern, die zu den Aufständen von 1844 führten. So hat auch die »Industrie 3.0« zu mehr Beschäftigung und zu breitem Wohlstand geführt. Ohne sie wäre Deutschland nach dem Zweiten Weltkrieg nicht wieder zu einer so erfolgreichen Wirtschaftsmacht aufgestiegen.

23.21 Diametrale Gegensätze

Die Vorhersagen im Zuge der »allumfassenden« (also Wirtschaft, Gesellschaft, öffentliche Hand und Staatsführung tief durchdringenden) Digitalisierung liegen teilweise im diametralen Gegensatz zur historischen Erfahrung. Nach einer schwierigen Übergangsphase (in der wir uns bereits befinden) dürfte die Zukunft für den Arbeitsmarkt düster sein: *Vernetzte Automaten* und Roboter, ausgerüstet mit *künstlicher Intelligenz* vernichten massenweise Arbeitsplätze, vom einfachen Hilfsjob im Büro und auf der Straße bis zu intellektuell anspruchsvollen Tätigkeiten. Zweifellos entstehen aber auch neue Berufsprofile, aber vergleichsweise wenige und die nur im hoch bezahlten IT-nahen Bereich und auch eher bei älteren Beschäftigten, die ihre Berufs- und Lebenserfahrung auf die Waagschale legen können (die weniger durch Automaten ersetzbar ist). Aber die Jugend, die erst noch lernt, könnte die »verlorene Generation« sein, wenn sie in Zukunft mit der »künstlichen Intelligenz« konkurrieren muss.

Diese Denkhaltung ist nicht die Einzige, es gibt auch optimistischere Szenarien, aber sie ist die Vorherrschende und sie hat – konsequenterweise – auch die Diskussion über das *bedingungslose Grundeinkommen* angeschoben, das in diesem Kapitel noch zu behandeln ist. Diese Denkhaltung ist aber – aus einem überraschenden Grunde – falsch und weist – aus einem anderen, auch überraschenden Grunde – möglicherweise doch auf ein realistisches Risikoszenario.

Gesellschaftliche Akzeptanz: Wie an mehreren Stellen angesprochen wird die nähere Zukunft nicht durch das technisch Mögliche bestimmt, sondern von dem gesellschaftlich Akzeptierten. Das lässt sich an konkreten Sachverhalten exemplarisch belegen. So wird das technologische Potenzial zur Automatisierung der Arbeiten eines Steuergehilfen, insbesondere bei der Buchung von Ausgaben nach Kostenstellen und Kostenarten und weitere berufstypische Tätigkeiten, von IT-Fachleuten bei bis zu 100 % angesetzt. Die Beharrungskräfte sind jedoch weit größer. Befragungen und Gespräche des Autors haben hierzu fünf Faktoren erkennen lassen: (1) das aktuelle Geschäftsmodell ist wirtschaftlich attraktiv, somit gibt es keinen Handlungsdruck, (2) die Kunden wollen die Automatisierung gar nicht, denn sie brauchen die persönliche Rücksprache, (3) der persönliche Steuerberater vermittelt das Gefühl einer emotionalen Partnerschaft gegenüber den »kalten« Finanzamt, (4) deshalb wird insbesondere auch die Überbrückung des Steuerberaters und die »automatisierte Steuererklärung« durch Datenzuordnung beim Finanzamt abgelehnt, (5) die Dienstleister – neben den Steuerberatern gilt Ähnliches auch für Wirtschaftsprüfer, Anwälte und beratende Ingenieurberufe – haben nicht die Kompetenzen zur Führung der dafür notwendigen komplexen unternehmerischen Umbauprojekte.

Technologisches Potenzial: Dagegen lässt sich leicht argumentieren, dass die Techniken, die der rasant fortschreitenden Entwicklung, die summarisch der künstlichen Intelligenz zugerechnet werden, insbesondere die *Bilderkennung, Mustererkennung, Schrifterkennung, Spracherkennung,* Erkennung von *Verhaltensmustern, Big-Data-Analysen* und vor allem deren Integration früher oder später doch einen so großen Veränderungsdruck erzeugen werden, dass der Totalverlust ganzer Berufsgruppen einkalkuliert werden muss.

Migration versus Disruption: Wie die Geschichte zeigt, läuft dieser Prozess doch nicht so schnell ab und die Penetration ist äußerst unterschiedlich. Wir haben es hier eher mit Migrationen zu tun als mit »Disruptionen« – und einem allgemeinen Bruch erst recht nicht. Dies zeigt sich derzeit bei der Rücknahme von Erwartungen an eine zeitnahe Einführung des autonomen Fahrens, eines der anspruchsvollsten Gebiete, die mithilfe künstlicher Intelligenz zu lösen ist. Heutige Erkenntnislage ist, dass einfachere Anwendungen – etwa die Führung ganzer Lkw-Kolonnen als *»virtuelle Güterzüge«* auf Autobahnen – recht bald kommen werden, etwa im Zeitraum von 5 bis 10 Jahren. Die volle Durchmischung des gesamten Straßenverkehrs zwischen »personengeführt« und »autonom« wird noch mindestens 10 Jahre länger benötigen und die totale »Autonomisierung« wird nach Aussage des derzeitigen Technologieführers nie kommen, denn immer wird es Sondersituationen geben, bei der ein Fahrzeug von Menschen geführt werden muss – und seien es nur noch Nischen, die dann verbleiben, wie Noteinsätze, Sonderfahrzeuge, Extremwetter und Offroad.

Hier soll nicht der Gemütlichkeit das Wort geredet werden, sondern wir müssen uns ein realistisches Bild vom Zeitbedarf für die Einführung der neuen Technologien und ihrer zu erwartenden Penetrationstiefen in den Marktsegmenten machen. Übergänge werden uns eine begrenzte Zeit zur Anpassung geben. Aber die dazu notwendigen Arbeiten müssen wir jetzt anpacken.

Wettbewerb Global: Damit kommen wir zum zweiten Punkt der oben genannten »Überraschungen«, der Wettbewerb. Damit sind wir wieder bei der Grundfrage dieses Buches: Deutschland steht zweifellos in einer schwachen Position gegenüber den *USA* und *China.* Schubartig und für viele nicht sichtbar, werden uns laufend neue Technologien aus deren »Kristallisationszentren der Automatisierung« zur Verfügung gestellt. Deren Auswirkungen sind gravierend. Ein Beispiel aus dem täglichen Leben: Automatisierte Übersetzungen, jetzt direkt von einer Weltsprache zu jeder anderen[1273], die (fast) so gut sind wie von einem professionellen Übersetzer und die in einer Sekunde einen ganzen Absatz liefern. Die Grundlage dazu bilden die *»Mega-«Big-Data,* nämlich die Einspeisung tausender von Büchern und Millionen von Dokumenten mit ihren von Fachleuten erarbeiteten Übersetzungen. Aus den Kontexten heraus synthetisiert der automatische Übersetzer die passendsten Transkriptionen. Übertragen und erweitert auf andere Anwendungen steht uns die Sprachübersetzung in Echtzeit ins Haus – das heißt, dass zwei Gesprächspartner direkt in ihren Muttersprachen miteinander diskutieren können, ohne die Muttersprache des anderen im Geringsten zu kennen.

Daraus lassen sich drei Botschaften ableiten: (1) der Vorsprung der *»Big Five«* der USA mit ihren Unmengen an Datensätzen ist bereits so groß, dass Deutschland kaum noch aufholen kann, (2) die Penetration

---

1273 Bisher liefen automatisierte Übersetzungen über die Zwischenstufe Englisch, also nach einer »Sternschaltung«.

in den Markt dürfte bei den meisten professionellen Anwendungen »top down« erfolgen, braucht also einige Zeit, bis sie in der Breite ankommt, (3) im Konsumbereich kann die Verbreitung über Smart Devices (Mobiltelefone, neue Geräte wie die »Intelligente Brille« oder das »künstliche Ohr«) schlagartig vor sich gehen. Die *Chipentwickler* sind schon dabei, die Grundlagen dazu zu schaffen, etwa auf der Technologiebasis von *Grafikkarten*, die zu dezentraler künstlicher Intelligenz führen können. Deutschland steht übrigens bei Schlüsseltechnologien hierzu nicht im Abseits. Aber zusammenfassend zur oben genannten »Nummer zwei« der negativen Überraschungen ist damit zu rechnen, dass wir in Deutschland weiter Wertschöpfung verlieren, zugunsten von unseren Wettbewerbern und darin vor allem gegenüber den »Big Five« in den USA.

Außenbedrohung schon heute: Dass dies kein Zukunftsszenario ist, sehen wir derzeit am *Online-Handel*. Trotz großer Anstrengungen des deutschen Einzelhandels, sowohl der stationären Anbieter als auch der Online-Geschäfte, baut *Amazon* seine gewaltige Marktposition in Deutschland immer noch weiter aus: durch Verdichtung der Logistik und Verkürzung der Lieferzeiten (bis hin zum Stundentakt), durch Ausweitung der Dienstleistungsgeschäfte, durch Besetzung immer weiterer Marktsegmente (selbst noch innerhalb des Lebensmittelgeschäftes und in spezifischen Regionalstrategien), durch Kostenvorteile (Größe, Logistiktarife usw.), systematisches Ausspionieren und Auslistung mittelständischer Onlineshops, die auf ihrer Plattform arbeiten, Verlängerung der Wertschöpfungskette durch Einstieg in den Warentransport bis in die letzte Meile, durch detaillierteste Kenntnisse von Kunden, durch führende Technologien, die das stationäre Geschäft revolutionieren (von kundenspezifischen Preisen bis zur vollautomatischen Kasse und Abbuchung – dank Kombination aus elektronischen Funklösungen, Bilderkennung, Mustererkennung, Gesichtserkennung und detaillierten Kenntnissen über den einzelnen Kunden, seinen Gewohnheiten und seinem Verhalten). Im Bereich dieser innovativen Technologien gibt es weltweit unter den »Big Five« einen regen Austausch und durch diese kann das Kundenverhalten weitgehend beeinflusst und antizipiert werden.

Implosionsrisiko: Dennoch ist das Risiko, durch Kräfte von außen »zerdrückt« zu werden, jetzt vor allem aus den USA – die Chinesen stehen erst »an der Schwelle« – nicht das einzige Problem, das Deutschland hat und das den deutschen Arbeitsmarkt schwer beschädigen könnte: Hinzu kommen retardierende Kräfte im Inneren Deutschlands. Diese sind vielfältig, aber sie gehen auf einige Grundmuster zurück. Da ist die überbordende *Bürokratie* und Verwaltung. Gegen jedwede Automatisierung gibt es Vorbehalte, Vorschriften, Gesetze und Pfründen, die es zu schützen gilt. Da gibt es eine breite *Technologiefeindlichkeit*. Ganze Brachen sind aus Deutschland geflüchtet, mussten schließen, wurden ins Ausland verkauft. Deutschland hat führende Technologiepositionen verloren, neue Technologien werden verboten: *Gentech* muss mit wichtigen Verfahren ins Ausland ausweichen. *autonome Fahrtests* sind im deutschen Straßenverkehr verboten. Die deutschen Hersteller gehen dazu nach China. Nach der *Energiewende* haben wir nun die höchsten *Strompreise* der Welt und diese werden wegen des geplanten Kohleausstiegs und fehlender Netze noch weiter steigen. Breite oder gar vollständige *Elektromobilität* geht in Deutschland gar nicht, weil allen Ebenen nicht ausreichend vorbereitet sind: von der Stromerzeugung über die Netze bis zur Verteilung. Die *Strompreise* sind so hoch, dass in Deutschland nicht mehr in Rechenzentren investiert wird. Die Betreiber gehen ins Ausland. Deutschland liegt an einer der letzten Stellen der OECD-Länder beim *Glasfaserausbau*. Unser *Ausbildungssystem* ist schieflagig: Derzeit stehen 2,7 Mio. Abiturienten mit inflationär guten Noten gegen 1 Mio. gewerblich Auszubildende. Erstere werden häufig ohne Orientierung am Markt vorbei geschult und sind möglicherweise die ersten Opfer der »Digitalisierungssubstitution«, während uns Letztere bereits jetzt fehlen. Gerade deren Berufsprofile wären durch ihre Kombination von manuellen Fähigkeiten in Verbindung mit dem Umgang von IT und Ökonomie (duales Ausbildungskonzept, Berufsschulen) besonders resistent gegen die Substitution durch Automaten. Leider ist Deutschland durch falsche Orientierung an Ideologien der *OECD,* zu der ja auch die *PISA-Studien* gehören, in eine gefährliche Sackgasse geraten. Andere Länder, wie Frankreich, die diesen falschen Weg schon vor uns gegangen sind, haben bereits die Kehrtwende vollzogen und sind nun bemüht das »Deutsche System« der dualen Ausbildung voranzubringen und vom »studierten Taxifahrer« wegzukommen.

Das Steuer herumreißen: Die aktuelle Diskussion in der breiten Öffentlichkeit und die Aufmerksamkeit in der Politik verheißen, dass die Botschaft angekommen ist. Deutschland ist in einer schwierigen Lage. Obwohl Deutschland nach dem Zweiten Weltkrieg im IT-Bereich keinen Rückstand hatte, sind wir in den letzten 50 Jahren immer mehr ins Hintertreffen geraten. Wir haben uns zu lange auf unseren Meriten in der klassischen Industrie ausgeruht. Die Autoindustrie wurde zur wichtigsten Branche in Deutschland, bei der Fabrikautomatisierung, die ja eng damit zusammenhängt, sind wir noch weltweit führend. Unser »liebstes Kind« ist jedoch stärker gefährdet als alle anderen Branchen (siehe dazu Kapitel 18 »Mobility«). Und auf den heute entscheidenden Feldern haben wir die Führung nie gesucht und nie erreicht: Beim elektrischen Fahren liegt *Tesla* an der Spitze und beim autonomen Fahren anerkanntermaßen die *Google*-Tochter *Waymo.* Lange hat es gedauert, bis die Dramatik der Lage bei den deutschen Vorständen angekommen ist, und es brauchte Personalwechsel, bis das Ruder herumgerissen werden konnte. Keine Zahl zeigt die Dramatik stärker als bei VW: Im Herbst 2018 wurde ein Investitionsprogramm von 44 Mrd. € für Elektromobilität und autonomes Fahren verabschiedet, nach den Kursverlusten durch den *Dieselskandal* fast halb so viel wie der Börsenwert des gesamten Konzerns – teilweise zu finanzieren durch Kapazitätsabbau und Freistellungen von Mitarbeitern. Obwohl die Zeichen der Zeit seit Langem am Horizont zu sehen sind, wird erst jetzt – spät – gehandelt und viele sehen ihre Zukunft in einem immer noch zu rosigen Bild. So steht die oben zitierte eher ambivalent bewertende der Analyse der *Bitkom* im Gegensatz zu freien Aussagen in der Breite des Mittelstandes, der seinen Digitalisierungsgrad 2018 praktisch in allen Branchen äußerst optimistisch einschätzt (siehe Kapitel 20, insbesondere Abb. 64) – wiewohl beim Thema »künstliche Intelligenz« meist abgewunken wird. Ob die Fragestellungen in der Öffentlichkeit und insbesondere in der Politik richtig ankommen, mag bezweifelt werden. Man kann es ihr auch nicht verübeln, denn das Problemfeld ist komplex, die Begriffe sind unklar und wer hat schon die Zeit, sich in der Tiefe damit zu beschäftigen?

Wettbewerbsfeld künstliche Intelligenz: Dazu nur ein Zahlenvergleich: Die *EU-Kommission* will bis 2020 gemeinsam mit der Industrie rund 20 Mrd. € für künstliche Intelligenz zur Verfügung stellen. Ein zunächst rund 100 Mio. € schwerer Fonds aus EU-Mitteln soll ab 2020 Start-ups die Finanzierung erleichtern. Über sogenannte *Innovationshub*s sollen auch Mittelständler profitieren. Der Nachholbedarf ist groß: Nach einer Umfrage der *Boston Consulting Group* wenden nur 20 % der deutschen Unternehmen KI-Lösungen an.[1274] Anfang 2019 hat die Bundesregierung ein Programm zur Erforschung der künstlichen Intelligenz aufgelegt, mit einem Investitionsvolumen von 3 Mrd. € über 10 Jahre. Der Digitalverband Bitkom kriti-

---

1274 Handelsblatt vom 29.11.2018, https://www.handelsblatt.com/politik/international/kuenstliche-intelligenz-made-in-europe-20-milliarden-bis-2020-das-ist-die-ki-strategie-der-eu/23696932.html?ticket=ST-2863157-51YLpCZQReJknhBqBjbs-ap5, abgerufen 20.2.2019.

sierte die finanziellen Zusagen als zu gering.[1275] Im Juli 2018 beschloss der Staatsrat der Volksrepublik China offiziell: Das Land soll bis 2030 führende KI-Macht der Welt werden, anvisiert wird eine neue KI-Branche im Wert von 130 Mrd. €.[1276]

23.22   Evaluierungsansatz für Deutschland

Vorbehalte: Unter den genannten Vorbehalten der beschränkten Prognostizierbarkeit wird nachfolgend an Beispielen der Versuch einer Evaluierung zur Arbeitsplatzsubstitution infolge der allumfassenden Digitalisierung und Automatisierung vorgestellt.

	Büro + Verwaltung	Fertigung	Logistik	Engineering	Einzel-handel	Automotive	Bau + Montage	Gast-gewerbe	Gesund-heits-wesen	Substi-tutions-hebel
Automatisierungs-Potenzial	+++	++	++	++	+	++	+	+	+	15
Routinen	++	++	++	++	++	+	+	++	+	15
Ausführend	+++	+++	++	++	++	+++	+	+++	++	21
Geringe Vielfalt	+++	+++	+++	++	++	+++	+	++	+	20
Dokumentenorientiert	+++	+	++	+++	+	+++	+++	+	++	19
Standardisiert	+++	+++	++	++	++	+++	+	+	+	18
Digitale Arbeitshilfen	+++	+++	+++	+++	++	+++	+	+	++	21
Körperliche Entlastung	+	+++	++	+	++	+++	+++	+	++	18
Neue Geschäftsmodelle	++	+++	+++	+++	+++	+++	++	++	++	23
Substitutionswirkung	23 (85 %)	23 (85 %)	21 (78 %)	20 (74 %)	17 (63 %)	24 (89 %)	14 (52 %)	14 (52 %)	14 (52 %)	

(Prozentsatz: Wirkung / max. Punktzahl von 27)

Abb. 74: Evaluierung zur Arbeitsplatzsubstitution

Auswahl: Hierzu wurden Sektoren aus Wirtschaft und Verwaltung ausgewählt, die ein besonderes Gewicht in unserer Volkswirtschaft haben und deren Tätigkeitsprofil auch auf andere Branchen übertragbar ist, sodass wir mit diesen Beispielen einen Großteil der gewerblichen und administrativen Tätigkeiten in Deutschland abbilden. Auf der anderen Achse der Abbildung finden sich Faktoren, die die Automatisierung beeinflussen, und zwar sowohl als Treiber als auch als bremsende Kräfte.

1275 Welt Wirtschaft vom 14.11.2018, https://www.welt.de/wirtschaft/article183877012/Kuenstliche-Intelligenz-Deutschland-investiert-Milliarden-in-neue-Techniken.html, abgerufen 20.2.2019.

1276 Handelsblatt vom 25.10.2018, https://www.handelsblatt.com/technik/thespark/technik-der-zukunft-wie-china-bei-der-kuenstlichen-intelligenz-zur-supermacht-aufsteigt/23225468.html, abgerufen 20.2.2019.

Gewichtung: Die Gewichtung sowohl der Faktoren als auch ihrer Wirkungen auf die Anwendungsfelder beinhaltet zwei Faktoren, nämlich die technische Tiefe (oder auch Innovationshöhe) malgenommen mit der erwarteten Breitenwirkung auf den Arbeitsmarkt (Anzahl der betroffenen Menschen).

Mittelwerte: In dieser summarischen Darstellung bleiben Differenzierungen zwischen intellektuell anspruchsvolleren und einfacheren Tätigkeiten unberücksichtigt. Auf diese wichtige Unterscheidung wurde bereit hingewiesen, denn einfache serielle Routinearbeiten lassen sich deutlich stärker automatisieren als anspruchsvolle, vielseitige Jobs, die mit erfahrenen Fachleuten besetzt werden, die auf eine hohe gewerbliche oder akademische Ausbildung bzw. langjährige Praxis verweisen können. Deshalb bietet dieses Bild auch nur einen mittleren Wert für den Grad der Bedrohungslage. Anspruch dieser Darstellung ist aber, die Wirkungen der einzelnen Faktoren auf der y-Achse herauszustellen und damit das Gewicht ihres Einflusses auf die Automatisierung.

Zeitvariable: Wie gezeigt, liegen anspruchsvolle Analysen vor. Deren Aussagen driften aber weit auseinander wegen Informationsmängeln, hoher Prognoseunsicherheiten bei den Eingangsdaten und wegen völligen Fehlens der zeitlichen Komponente: Sprechen wir über die nächsten 5, 10, 20 oder 30 Jahre? Diese Zeitvariable bestimmt nämlich die Aussagekraft und um diesen hohen Unsicherheitsfaktor geht es letztlich. In den einzelnen Aufsätzen des Teils 3 dieses Buches (»Wettbewerbsbestimmende Felder«) wurde dies jeweils angesprochen. Ein Beispiel dazu: Eklatant sind die Unsicherheiten zum Fortschreiten der Technologien in der Fahrzeugführung, von fahrerunterstützenden Systemen bis zum vollautonomen Fahren ohne menschlichen Eingriff in unterschiedlichen Straßen- und Verkehrslagen sowie verschiedenen Penetrationsgraden. Hier treffen wir auf eine Prognosebandbreite von 10 bis über 20 Jahren bezüglich Automatisierung und Fahrersubstitution.

Einflussfaktoren: Die auf der y-Achse aufgelisteten Einflussfaktoren können treibende oder bremsende Kräfte sein. Die resultierende Wirkung dieser Antagonisten entscheidet über den Substitutionsgrad menschlicher Arbeitskraft durch Automaten. Wie bereits gezeigt, wird der faktische Umsetzungsgrad weniger durch das technisch Machbare bestimmt, sondern mehr durch das gesellschaftlich Akzeptierte. Der technische Fortschritt weist nur auf das Potenzial für die Umsetzung – und er erzeugt Erwartungshaltungen, die den technikaffinen Bevölkerungsteil ermutigt, Veränderungen zu fordern und Druck auf das wirtschaftlich-administrative System auszuüben. Hier findet eher ein fortschreitender Anpassungsprozess statt als eine »Disruption«, von der alle reden. Zweifellos gibt es darin Brüche bei Technologien oder Durchbrüche im Markt, die schwer vorhersehbar sind. Ein Beispiel jüngerer Geschichte ist der Durchbruch der (damals analogen) Mobilfunktechnologie: Selbst die führenden Marktspieler konnten den Zeitpunkt nicht vorhersagen und wurden überrascht.[1277]

23.23   Die Faktoren in der Reihenfolge ihrer Wirkungsstärke

Neue Geschäftsmodelle: Die Summe der Gewichte (Spalte rechts) führt der Faktor »neue Geschäftsmodelle« an, der mit der größten Auswirkung durch Digitalisierung verbunden ist: sogenannte »digitale

---

[1277] Dies traf international Motorola, später Nokia und in Deutschland vor allem Siemens als Hersteller und Mannesmann als Betreiber.

Geschäftsmodelle«. Auf die Arbeitsplätze wirkt dieser Faktor in beide Richtungen: neue Arbeitsplätze bei neuen Geschäftsansätzen und Substitution bzw. Zurückdrängung herkömmlicher Geschäftsansätze und Abbau von Arbeitsplätzen dort.

Ausführende Tätigkeiten: Stark bedroht durch Automatisierung sind generell ausführende Tätigkeiten. Dies betrifft nicht nur mechanische Aufgaben im Gewerbe. Auch akademische Jobprofile sind bedroht, etwa die Associates bei Anwaltskanzleien und Wirtschaftsprüfern, die die serielle Durchsicht von Verträgen und Finanzdokumenten übernehmen. Auch Ämter sind betroffen, etwa bei Steuerbehörden und Finanzverwaltungen. Hier setzen automatisierte Erkennungssysteme an, wie etwa »E-Discovery«.

Digitale Arbeitshilfen: Wie die Bezeichnung angibt, finden hier Teilsubstitutionen statt, durch IT-Hinterlegung (Büro), Assistenzsysteme wie virtuelle Realität (Fertigung, Montage und Wartung). Darüber hinaus entstehen zahlreiche Anwendungen in fast allen Sparten. Dadurch Steigerung der Qualität und Produktivität. Deshalb Arbeitsplatzabbau.

Geringe Vielfalt: Eintönige Tätigkeiten verschwinden als Erste, hier droht also hoher Arbeitsplatzverlust, sowohl in Verwaltung als auch in Industrie, Gewerbe und Landwirtschaft. Investitionen in Automatisierung sind hier besonders wirtschaftlich, weil relativ einfache Systeme und große Volumina den Bereich bestimmen.

Dokumentenorientierung: In der herkömmlichen Welt arbeiten wir mit Dokumenten, in denen Daten physisch untrennbar miteinander verbunden sind. Zukünftig werden wir indirekt mit Daten arbeiten, die automatisiert aus Dokumenten extrahiert, mit einer Kennung verbunden und dann der Zielanwendung zugeführt werden. In der weiteren Zukunft werden wir unmittelbar mit den Daten arbeiten (ohne Dokumentenbindung). Diese können manuell oder automatisch eingelesen werden und stehen dann allen relevanten Anwendungen zur Verfügung. Dort werden sie automatisiert für deren spezielle Zwecke umgeformt: etwa Zahl zu Grafik, zu Statistik, zur Steuer, zur Rechnung oder zur Bauzeichnung. Die Datenerfassung braucht dann auch nur einmal erfolgen: nach dem »Once-only-Prinzip« (siehe dazu Kapitel 22 »Smart Government«).

Standardisierung: Die Schaffung eines einheitlichen Verständnisses über die zugrunde zu legenden Daten, genauer gesagt die Definitionen und Dimensionen, ist eine zentrale Voraussetzung, dass Daten auch von verschiedenen Stellen (behördenübergreifend, von Unternehmen zu Unternehmen, im Gesundheitswesen usw.) sinnvoll verwendet werden können. *Big Data Analytics* und Austausch sogenannter offener Daten bringen nur Mehrwert, wenn nicht nur Zahlen vorhanden sind, sondern auch Klarheit, was damit gemeint ist. Dies betrifft nicht nur digitale Zahlen, sondern auch *Bildtechniken, Erkennungssysteme, Datenschnittstellen* usw.

Körperliche Entlastung: Diese betrifft vor allem »Blue Collar«- und »White Collar«-Berufe, also in der Fertigung, in der Logistik, am Bau, beim Einzelhandel, in Gesundheit und Pflege. Dazu gehören intelligente Fahr- und Hebegeräte, selbstständige Roboter, intelligente *Exoskelette* usw., also vor allem *cyberphysische Systeme* mit Antrieben, Sensorik, Energieversorgung, künstlicher Intelligenz und Vernetzung.

Routineprozesse: Dies betrifft Arbeitsabläufe in allen Bereichen, vor allem sogenannte »Unterstützungsprozesse«, die nach festen Regeln und Rhythmen ablaufen, sowohl im Büroumfeld als auch auch in Werkhallen und für die Infrastruktur.

Anwendungsfelder in der Reihenfolge der Substitutionswirkung

Automotive: Dieses Feld umfasst die Hersteller und Zulieferer, die lokal und weltweit vernetzt sind. Dies ist die Branche schlechthin, in der Neuerungen ihren Anfang nahmen, etwa *Kaizen*. Aufgrund großer Volumina, weltweiter Plattformen und Produktvielfalt zahlen sich Investitionen in Automatisierung und Digitalisierung hier besonders aus. Es führt die Liste wegen hoher Effekte für die Volkswirtschaft aus Hightech-(Pilot)-Anwendungen und als größte Branche in Deutschland an.

Fertigung: Dieser Sektor ist führend bei Potenzial und Umsetzung der Automatisierung und Digitalisierung. Dies ist auch Ausdruck der relativ langen Historie der Fabrikautomatisierungen und dem besonderen ökonomischen Hebel, den diese wegen hoher Löhne in Deutschland und unserer technologisch hohen Ansprüche bietet.

Büro und Verwaltung: Dieser Bereich ist durch sehr hohes Automatisierungspotenzial gekennzeichnet. Der Schwerpunkt liegt vor allem bei einfacheren Funktionen, das Potenzial für Hightech-Anwendungen ist enorm, die Widerstände sind groß und der Rückstand bei der öffentlichen Hand auffallend.

Logistik: Das Potenzial ist hoch, die Umsetzung bisher schwach, vor allem wegen zahlreicher Inkompatibilitäten und Schwächen im Handling beim grenzüberschreitenden Warenverkehr. Lohndumping bremst den Fortschritt im Binnenverkehr. Start-ups zeigen, wie es digital geht.

Engineering: Dieser Bereich ist als frühestes Anwendungsfeld digitaler Programme mit am weitesten entwickelt, insbesondere was das Design betrifft (*CAD, CAE* usw.). Wegen geringerer Serieneffekte als bei der Fertigung etwas geringeres Automatisierungspotenzial, sonst mit Fertigung im Gleichklang.

Einzelhandel: Forciert durch das Vordringen des Online-Handels derzeit erfolgreiche Gegenbewegung. Große Verbesserungspotenziale durch optimiertes Warenmanagement von der Bestellung bis zum Kunden. Voll automatisierte Kassensysteme, Kundenerkennung, kundenspezifische Preise und Lieferdienste schließen die Lücke zum Online-Geschäft.

Bau und Montage: Die größten Hebel liegen hier in den noch wenig entwickelten Digitalisierungsketten zwischen zentraler (Vor-)Fertigung und lokalem Bau bzw. Montage. Besonders beim Bau Rückstand bei der Automatisierung und physischer Entlastung der Arbeit.

Gastgewerbe: In diesem Lowtech-Sektor besteht Potenzial zur Entlastung bei einfacheren Arbeiten. Smarte Buchungssysteme setzen sich bereits durch. Neue Geschäftsmodelle durch Plattformen, Lieferungen, Vernetzungen, Kettenbildungen bilden sich am Horizont ab.

Gesundheitswesen: In diesem extrem heterogenen Sektor bieten sich viele neue Automatisierungsanwendungen. Vor allem in der Diagnostik (computerunterstützte Bilderkennung, Ferndiagnostik), aber auch in Therapie (z. B. *Robotik im OP*), in der Pflege (Roboterunterstützung), in der *personalisierten Medizin* (Pharma) in der Labormedizin (*Analysis-on-a-Chip*) und bei der *Implantat-Medizin* (3-D-Chips zur Analytik und Therapie am Horizont).

23.24 Das digitale Büro: ein Grundtypus

Für alle obengenannten Arbeitsfelder wird das »digitale Büro« zur Regel werden, deswegen sei diese Organisationsform hier allgemein betrachtet.

23.24.1 Was ist ein digitaler Arbeitsplatz?

Wir kennen noch das klassische Intranet: statische *HTML*-Seiten, die zur Darstellung von Unternehmensinformationen wie Telefonverzeichnissen, Unternehmensrichtlinien und aktuellen Neuigkeiten dienen. Interaktionen von Konsumenten und Mitarbeitern in Unternehmen waren da nicht vorgesehen. Der Nutzen dieser Systeme war so stark beschränkt, dass Intranets eher ein Leben als lästiges oder unbekanntes Beiwerk fristeten.

In der nächsten Evolutionsstufe wurden Intranets um diese fehlenden Interaktionsmöglichkeiten erweitert: Soziale Elemente wie Teilen, Liken und Kommentieren, wir sie aus der privaten Welt bereits kennen, oder das Diskutieren zu bestimmten Themen in Communities sind eingeführt und bringen auch Mitarbeiterinnen und Mitarbeiter von Unternehmen zusammen. Weitere Unternehmensanwendungen sind bereits häufig in speziellen Wissensplattformen implementiert.

23.24.2 Und wie sieht die Zukunft aus?

Mit Weiterentwicklung des Intranets hin zu einer integrierten und nutzerzentrierten Arbeitsplattform deckt der sogenannte digitale Arbeitsplatz Bereiche ab, die den Mitarbeiterinnen und Mitarbeitern ein völlig neues Arbeitserlebnis mit neuen Freiheiten und Möglichkeiten bieten und für das Unternehmen große Wettbewerbs- und Kostenvorteile bringen können. Im Fokus stehen eine bessere Zusammenarbeit und leichtere Kommunikation. Eine wichtige Rolle spielt hier die *User Experience*. Der Veränderungsprozess geht dabei weit über Technologien hinaus und hat Auswirkungen auf die gesamte Unternehmenskultur.

23.24.3 Fazit

Der digitale Arbeitsplatz stellt die neue Evolutionsstufe bisheriger *Intranet-Lösungen* dar und eröffnet Unternehmen und Mitarbeitern völlig neue Möglichkeiten. Er fördert Kreativität und Innovation, optimiert die Anwendungslandschaft und Arbeitsabläufe, verbessert die Kommunikation im Unternehmen und senket die operativen Kosten. Dadurch erschließt er auch Wettbewerbsvorteile auf dem Arbeitsmarkt – durch das Image als moderne Organisation mit attraktiven Arbeitsplätzen der Zukunft.[1278] Dies

---

1278 Digital Workplace – Intranet der Zukunft, 12.11.2018, https://www.gisa.de/digital-workplace-intranet-der-zukunft/, abgerufen 19.2.2019.

gilt in gleichem Maße für Industrie, Gewerbe, privatwirtschaftliche Dienstleister und die gesamte öffentliche Hand: Ämter, Versorger und Ministerien.

23.25 Management des Übergangs zur »Industriegesellschaft 5.0«

23.25.1 Flexibilisierung und Agilität

Ein ganz wesentliches Merkmal der genannten Veränderungen hin zu einer *Industriegesellschaft 5.0*[1279] und ihrer Arbeitsformen ist die zunehmende Dynamik der Wirtschaft. Sehr häufig ist in diesem Zusammenhang die Rede von der *agilen Organisation*, die sich dynamisch und erfolgreich an veränderte Rahmenbedingungen anpasst. Spätestens hier zeigt sich die entscheidende Rolle, die die Flexibilität zukünftig einnehmen wird. Im Besonderen findet die Diskussion zum Thema Flexibilität im Kontext der Arbeitszeiten, veränderter innerbetrieblicher Arbeitsprozesse sowie Veränderungen der Qualifikationsanforderungen statt.

Die hohe Bedeutung von Flexibilität folgt zum einen aus den Anforderungen des zunehmend globalisierten und digitalisierten Wirtschaftsgeschehens,[1280] zum anderen aber auch aus den Bedürfnissen der Beschäftigten. Wünsche, mobil und von zu Hause aus arbeiten zu können sowie ausreichende Freiheiten bei Arbeitszeiten und Arbeitsorten zu haben, sind weit verbreitet. Gründe liegen beispielsweise bei einer guten Vereinbarkeit von Familie und Beruf oder im Betreuen von ganz jungen und zunehmend auch älteren Angehörigen. Eine Reihe von Unternehmen haben bereits Betriebsvereinbarungen geschlossen, die den Rahmen für die individuelle Wahl der Arbeitszeit regeln. Vermehrt wird diese Regelung auf die Wahl des Arbeitsorts erweitert. Voraussetzung hierfür ist, dass mobiles Arbeiten und Präsenz im Sinne einer *Vertrauenskultur* optimal gestaltet werden.

23.25.2 Gestaltungsräume entwickeln

Um Auswirkungen und Gestaltungsspielräume menschlicher Arbeit umfassend und systematisch im Kontext der Digitalisierung zu diskutieren, ist es notwendig ein handlungsleitendes, ganzheitliches Beschreibungsmodell mit relevanten Dimensionen und Entwicklungsperspektiven an der Hand zu haben. Hierzu wurde das Beschreibungsmodell für Arbeit des *Fraunhofer IAO* entwickelt, das die folgenden Dimensionen enthält: Arbeitsziel, Arbeitstätigkeit, Arbeitsort, Arbeitsmittel, Organisation, Quali-

---

1279 Siehe dazu Kapitel 2 »Die industrielle Entwicklung in der Neuzeit: Kontinuum, Schübe, Disruptionen«. Hier wurde auf die »vergessene« industrielle Revolution zwischen 1885 und 1915 hingewiesen, der »Mobilisierung«, wonach wir uns heute nicht in der vierten, sondern in der fünften industriellen Revolution der Neuzeit befinden. Dementsprechend befinden wir uns heute in der »Industriegesellschaft 5.0«.

1280 Dieter Spath (Hrsg.), Oliver Ganschar, Stefan Gerlach, Moritz Hämmerle, Tobias Krause, Sebastian Schlund: Produktionsarbeit der Zukunft – Industrie 4.0, Fraunhofer-Verlag, Stuttgart 2013; StepStone Trendstudie 2016: Jobs nach Maß – Was Fachkräfte wollen, Düsseldorf, 2016.

fizierung, Beschäftigung, Führung, Mensch. Dazu werden in Fachausschüssen mögliche Entwicklungs-
richtungen weiterverfolgt.[1281]

23.25.3   Gesetzliche Rahmenbedingungen

Um bessere und flexiblere Lösungen für Unternehmen und Beschäftigte zu erreichen, müssen die
gesetzlichen und tariflichen Rahmenbedingungen geklärt werden. Arbeitgeber und Gewerkschaften
sind gefordert, innovative Regelungen für *Arbeitszeitmodelle* und mobile Arbeitsformen zu finden und
damit zuverlässig und genügend Gestaltungsspielraum bietende Leitplanken für Vereinbarungen auf
betrieblicher Ebene zu schaffen. Die Beteiligung der Beschäftigten kann ein wichtiger Beitrag für ihre
gute Ausgestaltung sein.

Bundesarbeitsministerin *Andrea Nahles* hat mit dem *Grünbuch »Arbeiten 4.0«* unter anderem den Dis-
kurs zum Thema Flexibilität gestartet, den sie in einem Arbeitszeitdialog fortsetzen will. Es bleibt zu
hoffen, dass dieser Weg auch mit der nötigen Konsequenz gegangen wird. Im Sinne der geschilderten
Entwicklungen sind in jedem Fall größere Flexibilitätskorridore wünschenswert, die den Bedürfnissen
der Unternehmen entsprechen und durch den Aushandlungsprozesse in den Betrieben gestützt und
gefördert werden.

23.26   Macht künstliche Intelligenz dumm?

»Intelligente Systeme« durchdringen zunehmend unsere Arbeitswelt. Ziel ist eine Erhöhung der Produktivität und Flexibilität der Beschäftigten. Diese Systeme werden sich nach und nach sowohl auf die
Wissens- als auch die Produktionsarbeit auswirken. Aber die Auswirkungen der »allumfassenden Digitalisierung« sind eher negativ, wenn wir sie einfach passiv hinnehmen, anstatt diese aktiv strategisch zu
steuern und gezielt optimierend einzusetzen.

Die Gefahren lauern von Beginn an: Wir wissen, dass die frühkindliche Entwicklung stark von der Haptik
gefördert wird, vom Basteln, Malen, Werken – schlichtweg von der *»Intelligenz der Hände«*. Dies geht
zunehmend verloren, weil unsere Kinder und Enkel einen Großteil ihrer Zeit, selbst während der Schul-
stunde und bis in die Nacht hinein, auf ihren Smartphones spielen. Statt selbstständig und kreativ Texte
aufzusetzen, wird von »Dr. Google« per »Copy & paste« blind kopiert, ohne zwischen Sinn und Unsinn
unterscheiden zu können. Fähigkeiten des »wissensextrahierenden« Lesens können in der Schule nicht
mehr vermittelt werden. Die Schüler verstehen nicht mehr, was da in Lettern abgebildet ist. Selbst
Abiturienten sind teilweise nicht mehr in der Lage, Texte vorzulesen, geschweige denn zu verstehen.
Sprachkompetenzen gehen verloren. Fremdsprachenfächer leiden besonders darunter. Der Rückgang
der Deutschkenntnisse in Frankreich ist sogar noch dramatischer als die Französischkenntnisse an deutschen Schulen. Angehende Germanistikstudenten brauchen Grundseminare zum Erfassen von Texten.

1281 Vergleiche dazu: Wilhelm Bauer, Sebastian Schlund, Tobias Strölin: Modellierungsansatz für ein arbeitsplatznahes Beschreibungsmodell der Arbeitswelt Industrie 4.0, in: Steffen Wischmann, Ernst Andreas Hartmann (Hrsg.): Zukunft der Arbeit – Eine
praxisnahe Betrachtung. Springer Verlag, 2016.

Für deutsche Konzerne ist die Abi-Note fast schon egal, weil sie als wertlos empfunden wird. Durch Assessments versuchen sie, die Spreu vom Weizen zu trennen. Die schwerste intellektuelle Prüfung ist wohl nicht mehr das Abitur, durch das fast alle Schüler durchgeschoben werden, sondern die Führerscheinprüfung: Schon 39 % fallen bei der Theorie durch. Die Verführung ist auch viel zu groß: Zum Beispiel sind die über das Internet angebotenen Übersetzungsprogramme mittlerweile so leistungsfähig, dass Texte von 1.000 Zeichen in wenigen Sekunden in hoher (aber noch nicht ganz perfekter) Qualität abgerufen werden können. Damit steht »*künstliche Intelligenz*« allen zur Verfügung. In Verbindung mit der weit fortgeschrittenen Text-to-Speech-Technologie wird es in ganz kurzer Zeit möglich sein, dass Menschen unterschiedlicher Muttersprachen direkt und in Realzeit miteinander kommunizieren können, ohne dass die eine Seite die Sprache des anderen im Entferntesten kennt (siehe oben). Das liefert das »*künstliche Ohr*«. Wieso dann noch Sprachen lernen? Nur etwa zum gegenseitigen kulturellen Verständnis? Nur als intellektuelles Training? Um das Gehirn auf Fähigkeiten vorzubereiten, die in der wissensgetriebenen digitalen Gesellschaft auf uns zukommen? Oder reichen die automatische Übersetzung, die Führung der Handgriffe mithilfe der Datenbrille aus? Kann es sich eine hochindustrielle Gesellschaft wirklich leisten, dass die Masse intellektuell und manuell verblödet? Kann das wirklich der Schritt in die digitale Gesellschaft sein oder führt dieser eher zurück, heraus aus der Hochindustrie?

23.27   Eine Ausbildungsinitiative ist gefordert

Um den Auswirkungen und neuen Anforderungen der Digitalisierung Rechnung zu tragen, benötigen wir verstärkt Bildungsanstrengungen in Kitas, Kindergärten, Schulen, Hochschulen sowie in der beruflichen Aus- und Weiterbildung, um einerseits neue Qualifikationen für den Umgang mit digitalen Medien zu erwerben als auch Beschäftigte auf neue Tätigkeiten vorzubereiten.

23.27.1   Kindergarten und Schule

Teamarbeit, kooperative Wissensvernetzung, Forschergeist und das Fragenstellen werden vom Kindergarten an aktiv und spielerisch trainiert. Das sind elementare Kompetenzen, die wir in der Arbeitswelt der Zukunft brauchen. Diese Kompetenzen werden aber nicht flächendeckend im deutschen Schul- und Bildungssystem vermittelt. Im Gegenteil: Die Umstellung auf Bachelor- und Master-Abschlüsse an den Hochschulen war eine strategisch schwache Bildungsentscheidung.

Die Verkürzung von 13 auf 12 Schuljahre war ein Fehler, der teilweise wieder revidiert wird. Auch die Gemeinschaftsschule für alle, ein Modell, das sich heutzutage geradezu flächendeckend über die Bundesländer ausbreitet, ist eine Sackgasse, die den leistungswilligen und begabten Schüler zu wenig fordert, weil die schwächsten den Takt bestimmen. Differenzierung ist auch hier erforderlich. Der Glaube, dass alle auf dasselbe Intelligenzniveau zusammengeschoben werden können, basiert auf einer falsch verstandenen Sozialromantik und widerspricht grundsätzlichen Erkenntnissen der Intelligenzforschung. Es ist nicht die Prägung allein, die alle intelligent macht. Die erblich vermittelte intellektuelle Gabe bestimmt die Bandbreite der Entwicklungsmöglichkeiten. Zweifellos wird diese nicht »eins zu eins« von Generation zu Generation weitergegeben und zweifellos muss jedes Kind, egal aus welcher

Schicht es kommt, die Chance zur Förderung haben. Und bekanntermaßen ist das Gehirn bis ins hohe Alter hinein elastisch und intellektuelle Forderung fördert die Ausbildung der Intelligenz. Deshalb brauchen wir weiterhin ein Schulsystem, das differenziert, das über alle Ebenen durchlässig ist und das auf jeder Ebene und in jeder Schulart auch Leistung abfordert – teils stärker intellektuell orientiert, teils auf die berufliche Praxis ausgerichtet. Die zwangsweise Zusammendrängung aller Leistungspotenziale von Schülern in Gesamtschulklassen bis in die sogenannte Oberstufe führt zu Abwehr bei den Schwächeren, Unterforderung der Stärkeren und zu unerträglicher Belastung bei den Lehrern – ablesbar an dramatischer Zunahme von Fehlzeiten, Burn-outs und Frühverrentungen.

Dagegen wurde auf Kosten unserer Zukunft ein riesiges Versuchslabor implementiert, dem ein strategisches Konzept und die pädagogische Grundlage fehlen. So wurde nach dem Prinzip »Trial and Error« experimentiert und herumlaboriert. Deutschland hat ein vorbildliches Schul- und Ausbildungssystem hingegeben und ein schwaches angloamerikanisch geprägtes übernommen. Wir sind wie die Lemminge den *OECD*-Empfehlungen nachgelaufen und haben uns *PISA*-Urteilen gebeugt. Dabei hat die OECD ihre eigenen PISA-Ergebnisse nicht nur fehlerhaft interpretiert, sondern diese auch noch politisierend eingesetzt, um die Schulsysteme ihrer Mitglieder zu verändern.[1282]

Deshalb müssen wir jetzt gleichzeitig an zwei Fronten arbeiten: Das differenzierende aber offene Ausbildungssystem wieder retablieren, dabei aber nicht stehen bleiben, sondern den besonderen und im Vorgenannten bereits angesprochenen Wandel zur digital orientierten »Ausbildung für die *Industriegesellschaft 5.0*« hinbekommen. Angesichts des Rückstandes, des doppelten Anspruchs, der sozial verbrämten Widerstände und einer Elterngeneration, die ihre eigentliche Rolle an Kitas und Schulen delegiert, ist dies eine schwere politische Aufgabe.

23.27.2   Hochschulen und gewerbliche Ausbildung

In der Qualifizierung für die Arbeit in digital vernetzten Prozessen und Systemen liegt eine große, vielleicht die größte gesellschaftliche Herausforderung, um unser Land zukunftsfest zu machen. Wir brauchen zusätzliche Bildungsanstrengungen in Schulen und Hochschulen und in der beruflichen Qualifizierung (Aus- und Weiterbildung). Und auch jeder Einzelne muss für sich für seine Beschäftigungsfähigkeit im digitalen Zeitalter engagieren.

23.27.3   Betriebliche Weiterbildung

Derzeit plant nicht einmal jeder vierte Betrieb Aus- und Weiterbildungsprogramme zum Thema »Industrie 4.0.« Wir beobachten in den Unternehmen momentan eher Kürzungen der Personalentwicklungsbudgets. Dabei müssten die Unternehmen genau jetzt anfangen, in die Mitarbeiter zu investieren.

1282 Schelte an der OECD und an »PISA« kommt mittlerweile sogar aus dem Kreis führender OECD-Mitarbeiter. Harte Kritik äußerte zu Beispiel der ehemalige deutsche OECD-Bildungsdirektor Andreas Schleicher in ZEIT ONLINE vom 7.2.2018, https://www.zeit.de/gesellschaft/schule/2018-02/bildungspolitik-pisa-studien-daten-oecd-kritik, abgerufen 27.3.2019.

Das Anlagevermögen der Zukunft sind nicht Maschinen, Roboter oder Software-Programme, sondern vor allem die Menschen, die sie bedienen, weiterentwickeln und kreativ verwerten. (Weiter-)Bildung kommt im zukünftigen Veränderungsprozess eine Schlüsselfunktion zu, wenn es um die Wettbewerbs- und Zukunftsfähigkeit von Unternehmen geht.

Trotzdem zeigen Umfragen, dass Weiterbildung in kaum einem EU-Land so vernachlässigt wird, wie in Deutschland. »Lebenslanges Lernen« ist für viele Menschen und Unternehmen nach wie vor nicht mehr als eine Phrase, was zunehmend gefährlich wird.

Beispiel Bosch: In den vergangenen fünf Jahren hat Bosch mehr als 1 Mrd. € in die Weiterbildung seiner Mitarbeiter investiert. Derzeit bietet das Unternehmen rund 19.000 Schulungsprogramme an. Mit der Initiative »*Bosch Learning Company*« will der Konzern eine Lernkultur im Unternehmen etablieren, die eigenverantwortliches informelles Lernen im beruflichen Alltag ermöglicht. In umfangreichen Qualifizierungsprogrammen werden Mitarbeiter fit für Themen wie Elektromobilität, Software oder auch digitale Transformationen. Für Mitarbeiter in der Fertigung bietet das Unternehmen spezifische Weiterbildungsprogramme an. Im Lehrgang zur »Fachkraft für Industrie 4.0« werden die Teilnehmer für die Anforderungen der vernetzten Fertigung qualifiziert. Bosch vermittelt neben technologischem Fachwissen neue Methoden wie agiles Arbeiten. An- und ungelernten Mitarbeitern macht die Firma Angebote, sich für höherwertige Aufgaben zu qualifizieren. Um die Weiterbildung der Mitarbeiter zu fördern, unterstützt das Unternehmen sie mit Stipendien oder auch Freistellungen. Dabei arbeitet die Konzernleitung eng mit den Betriebsräten zusammen.[1283]

23.27.4   Life-long-learning

Lebenslanges Lernen darf keine leere Floskel bleiben, sondern die Unternehmen müssen sich ernsthaft damit auseinandersetzen, welche Fähigkeiten und Kompetenzen ihnen in Zukunft ihre unternehmerische Wettbewerbsfähigkeit sichern. Noch können Unternehmen nämlich den Wandel so gestalten, dass sie die Mitarbeiterinnen und Mitarbeiter vorbereiten und mitnehmen können.[1284] So provozierend es klingen mag: Das gilt für die Kita-Kinder bis zu den Siebzigjährigen. Schon im Vorschulalter werden Weichen gestellt, ist Sozialisierung und Vorbereitung auf die digitale Welt vonnöten – am Besten nicht durch »Smart Devices« und Medienkonsum, sondern durch Zuwendung und Vermeidung der heute so verbreiteten »Wohlstandsverwahrlosung« – Eltern müssen sich intensiv den Kindern zuwenden können, dürfen nicht dem Zwang des »Double Income« ausgeliefert sein: eine sozialpolitische Frage (siehe oben).

Lernen im Alter: Die digitale Welt geht auch nicht am Alter vorbei. Das Internet eröffnet eine Teilhabe an der Gesellschaft, wie sie es nie vorher gegeben hat. Nicht mehr nur das passive Konsumieren von Medien ist angesagt, sondern das Einbringen der Lebenserfahrung der Alten. Die zunehmend längere »passive« Lebenszeit nach der Pensionierung, die uns trotz Erhöhung des Rentenalters bleibt, gibt die Chance,

---

1283 Bosch-Arbeitsdirektor Christoph Kübel im Interview: »Wie Industrie4.0 die Arbeitswelt verändert«, veröffentlicht 27.11.2018, https://www.bosch-presse.de/pressportal/de/media/pressemappen/press_kit_177088_de.pdf, abgerufen 17.2.2019.

1284 Interview Melanie Vogel: Industrie 4.0 und der Weg in die Arbeitswelt 4.0, vom 17.5.2018, https://ingenieurversteher.de/2018/05/17/industrie-4-0-und-der-weg-in-die-arbeitswelt-4-0-interview/, abgerufen 19.2.2019.

Erlebtes weiterzugeben. Wie an anderer Stelle bereits angesprochen sind es die Erfahrungswerte, die sich am wenigsten digitalisieren lassen. Damit bietet das Alterswissen, das Erleben eines langen Zeitraumes, die Chance, Erfahrungen aus Kontinuitäten, langfristigen Zyklen einzubringen, und diese dem teilweise blinden Glauben an totale, allumfassende und plötzliche Disruptionen entgegenzusetzen. Auch der handwerklich geprägte »Alte« hat der Gesellschaft was zu bieten, nämlich das Geschick der Hände, das der heutigen Jugend durch das bereits getadelte »Daddeln« an den »smarten« Geräten verloren geht. Die »Intelligenz des Physischen« ist hier gefragt, die Weitergabe der haptischen Kompetenz der alten Generation an die ganz junge: der Großeltern-Enkel-Bezug. Auch dies ist keine Einbahnstraße, sondern die Chance, die analog-physische Welt mit der digitalen zu verbinden. Das sollte als Neuorientierung für einen »Generationenvertrag 5.0« in die Breite getragen werden.

23.28   Nachholbedarf bei der öffentlichen Hand

Wie bereits im Kapitel 22 »Smart Government« angesprochen hat die *öffentliche Hand* einen Rückstand bei der Digitalisierung und Automatisierung, bedingt durch geringen ökonomischen Druck, bremsende Regularien, kulturelle Widerstände und Strukturen. Dabei sind Verbesserungspotenziale und der Veränderungswunsch der Bürger nicht geringer als gegenüber der freien Wirtschaft. Andere Länder sind hier Vorreiter – Deutschland eilt mal wieder nach. Grundsätzlich gelten bei den öffentlichen Diensten, Verwaltungen und Regierungsstellen die gleichen Regeln und Erfahrungen, wie für die Industrie. Mehr noch: Durch falsche Weichenstellungen, zeitaufwendige und teure Verfahren, die der Industrie und den Privaten aufgebürdet werden, kann unserem Land nachhaltiger Schaden zugefügt werden. Die »allumfassende Digitalisierung« macht vor den Staatsvertretern nicht halt.

23.28.1   Public-private-Partnerships

An dieser Stelle wären gemeinsame Aktivitäten zwischen Privatwirtschaft und öffentlicher Verwaltung anzuregen, einerseits um die grundlegenden Verständnishürden abzubauen und andererseits um gemeinsam den Wissensstand und die Pfade zur Digitalisierung voranzubringen. Der Lerneffekt wird dabei nicht nur in eine Richtung gehen, sondern beide Seiten können voneinander lernen.

Auf ein frühes Beispiel blickt die *Siemens AG* in China zurück: das *Siemens Management Institute*, das in Zusammenarbeit mit dem Arbeitsministerium in Beijing aufgezogen wurde. Hier saßen anfänglich Siemensianer und Verwaltungsbeamte Seite an Seite in den Seminarräumen. Mittlerweile unterhält Siemens in China eine ganze Reihe von Institutionen zum Erfahrungsaustausch und für Forschungen gemeinsamen mit lokalen Universitäten, mittelständischen Unternehmen und Verwaltungen – speziell auch für *IoT, Automatisierung*, zur Entwicklung neuer Geschäftsmodelle und digitaler *Ökosysteme*.[1285]

1285 https://new.siemens.com/cn/en/company/about/siemens-in-china.html, abgerufen 6.10.2019.

23.28.2   Empfehlung an die öffentliche Hand

In Kenntnis dessen, was die Verwaltungen anderer Länder schon erreicht haben und wie diese mit der Industrie zusammenarbeiten, sei auch der öffentlichen Hand in Deutschland der grenzüberschreitende Wissens- und Erfahrungsaustausch angeraten – nicht nur mit anderen Verwaltungen, sondern gerade auch mit deren Industrie, speziell den Granden im Sektor von *Internet, Smart Data* und *Smart Devices* (I/SD).

23.29   Grundsicherung und Grundeinkommen

Angesichts der gegensätzlichen Prognosen über die Substitution menschlicher Arbeit durch Automaten müssen sich die Staaten auch auf Szenarien einstellen, in denen es nicht mehr genügend Erwerbstätigkeiten geben wird. Wie bestreiten dann diejenigen ihren Lebensunterhalt, die kein Gehalt mehr bekommen? In der schon lange währenden Diskussion stehen Modelle der bedingten Unterstützung, in Deutschland etwa in Fortentwicklung von *Hartz IV*, oder ein *bedingungsloses Grundeinkommen*. Das bedingungslose Grundeinkommen wäre die größte Veränderung der Arbeitswelt seit der *Bismarck'schen Sozialreformen*.[1286] Einige der wichtigsten Argumente sind in Abb. 75 zusammengefasst.

	Bedingtes Grundeinkommen (Nachfolge Hartz IV)		Bedingungsloses Grundeinkommen	
	pro	contra	pro	contra
Motivation zur Findung von Arbeit	gegeben	Es gibt gar keine Arbeitsangebote		fehlende Motivation
Psychische Belastung durch Suche		gegeben	keine Belastung	
Lebensziele verwirklichen	Arbeit als eine Lebenserfüllung		Lebensträumen nachgehen	
Potenziell mehr Menschen ohne Job	durch Bemühung wohl weniger ohne Job			wahrscheinlich
Differenzierung der Bedürftigkeit	gegeben, je nach sozialer Lage			keine Differenzierung
Bezahlbarkeit	eher bezahlbar			kaum bezahlbar

Abb. 75: Argumente zum Grundeinkommen

Die Auslegung ist von sozial-gesellschaftlichen Glaubensbekenntnissen bestimmt. Die Diskussion muss sachorientiert vertieft werden.

1286 1883 die gesetzliche Krankenkasse, 1884 die Unfallversicherung, 1889 die Rentenversicherung.

Ein Grundeinkommen verschlänge den dreifachen Bundeshaushalt. Wollte man jedem Bundesbürger 1.000 € monatlich überweisen, bräuchte es rund 82 Mrd. € pro Monat, auf das Jahr gerechnet fast eine Billion. Der Bundeshaushalt gibt Projekte dieser Größenordnung nicht her. Allerdings – so sagen es Verfechter – gehe ein Teil der bisherigen Bundesausgaben im Grundeinkommen auf. So ließe sich Geld sparen: *Hartz IV* fiele weg, auch das *Kindergeld*. Der Bundeshaushalt langt dennoch bei Weitem nicht aus. Zwar bekommt das Bundesministerium für Arbeit und Soziales den Löwenanteil des Haushalts, davon dient auch ein hoher Anteil zur Versorgung von Hartz-IV-Empfängern. Doch von dem Geld zahlt der Staat auch die nötige Infrastruktur und den Beamtensold. Und deshalb zeigt sich: Für ein Grundeinkommen stünden nur rund 160 Mrd. € im Jahr zur Verfügung.[1287]

Es werden sich auch differenzierende Lösungen finden. So etwa in der Frage, ob wirklich alle – auch Wohlhabende – an einer bedingungslosen Grundsicherung teilnehmen sollten und wie die notwendige viel stärkere Unterstützung von Schwerbehinderten, insbesondere Schwerstbehinderten, zu leisten ist. Auch das Kindergeld ist ein »Differenzierer« und eine Abwehr auch gegen die »Nachwuchsarmut«.

Unser Sozialstaat lebt durch Differenzierung. Eine Pauschalisierung für alle würde genauso in die Sackgasse führen wie die *»Steuererklärung auf dem Bierdeckel«*. Aber Differenzierungen, auch nach sozialer Sicherung und Steuern, lassen sich durch adäquate Algorithmen und digital hinterlegte Modelle sicherer und gerechter lösen – zumindest als Entscheidungsraster und unterstützendes Medium für die bearbeitenden Beamten. Da die Differenzierung also nicht aufgegeben werden kann, wird es keine Einsparungen bei den sozial wirklich Bedürftigen geben. Damit werden die zusätzlichen Ausgaben für ein bedingungsloses Grundeinkommen unbezahlbar. Die Argumentation, dass man die zusätzlichen Gelder etwa durch eine *»Robotersteuer«* eintreiben könnte, ist abwegig. Denn das würde Deutschland im weltweiten Kostenwettbewerb genauso zurückwerfen, wie etwa die extrem hohen *Stromkosten*, bei denen wir ja bereits Weltspitze sind und die infolge der aktuellen politischen Weichenstellungen noch weiter ansteigen werden und uns ins wirtschaftliche Abseits treiben können. Stimmen aus der deutschen Wirtschaft, die sich für ein bedingungsloses Grundeinkommen starkgemacht haben, ist nachdrücklich zu widersprechen. Da hat wird wohl häufig zu kurz gedacht und gehofft, dass sich ein Konzern aus seiner sozialen Verpflichtung verabschieden und die Versorgung von entlassenen Mitarbeitern der Gemeinschaft aufbürden kann. Dem stehen sozialistisch denkende Hardliner entgegen, die zusätzliche Gewinnabschöpfungen von Konzernen fordern. Das ist auch keine gute Idee, denn dann wandern diese aus und die Digitalisierung wird ausgebremst.

1287 NDR am 12.11.2016, 16:40: Geld ohne Arbeit – funktioniert das? https://www.ndr.de/themenwoche/gerechtigkeit/Bedingungsloses-Grundeinkommen-Finanzierung,grundeinkommen132.html, abgerufen 22.2.2019.

23.30   Ergebnisse aus Modellversuchen

Finnland: Finnland hat das bedingungslose Grundeinkommen zwei Jahre lang getestet. Das Projekt wurde vorzeitig abgebrochen. Arbeitslose fühlten sich glücklicher und gesünder, fanden aber weder besser noch schlechter Arbeit.[1288] Neue Jobs nahmen nur wenige an.[1289]

Mecklenburg-Vorpommern: Verlosung von monatlichen 1.000-Euro-Leistungen des gemeinnützigen Start-up-Vereins »Mein Grundeinkommen«. Unternehmensverbände für Mecklenburg-Vorpommern stehen der Idee kritisch gegenüber: »Es werden keine Anreize geboten, um neue Arbeit aufzunehmen«.[1290]

Schweiz: Die Schweiz ist das erste Land, das über ein bedingungsloses Grundeinkommen abgestimmt. Landesweit stimmten 23,1 % der Vorlage zu. Laut Umfrage würden von der arbeitenden Bevölkerung nur 2 % mit Bestimmtheit ihren Arbeitsplatz aufgeben.[1291]

Rheinau, Schweiz: Von 2019 an sollten die Bürger im schweizerischen Rheinau ein Grundeinkommen erhalten. Es sollte etwa 2.200 € betragen – wer mehr verdient, sollte den Betrag wieder zurückzahlen.[1292] Finanzieren sollte über Crowdfunding erzielt werden. Doch dann fehlte das Geld. Der Versuch ist höchstwahrscheinlich momentan zum Scheitern verurteilt.[1293]

Berlin: Im Dezember 2018 wagt ein Berliner Verein ein Sozialexperiment: Deutschlandweit sollen 500 Menschen über drei Jahre testen, ob eine finanzielle Grundsicherung ohne Bedingungen und Sanktionen funktioniert und Menschen schneller in Arbeit bringt. Bedingung ist, dass die Teilnehmer bereits Grundsicherung oder Hartz IV beziehen. Allerdings sollen nur 250 Probanden auf diese Weise in den Genuss einer bedingungslosen Grundsicherung kommen. Die 250 übrigen Teilnehmer werden zu einer Kontrollgruppe gehören, die den üblichen Sanktionsmöglichkeiten ausgesetzt bleibt.[1294]

Italien: In Italien bereitet die populistische Regierung im Herbst 2018 die Einführung eines sogenannten bedingungslosen Grundeinkommens vor und erfüllt damit ein Wahlversprechen der *Fünf-Sterne-Bewegung*. Hinter diesem Vorhaben verbirgt sich allerdings nichts anderes als eine an Bedingungen geknüpfte Grundsicherung unterhalb des Hartz-IV-Niveaus, die aber von der italienischen Regierung als progressive soziale Errungenschaft gefeiert wird.[1295] Andere Länder – andere Erwartungen.

1288 ZEIT ONLINE: Test zum Grundeinkommen zeigt keine Wirkung auf den Arbeitsmarkt. https://www.zeit.de/thema/grundeinkommen, abgerufen 22.2.2019.

1289 Meldung Medienwoche Arbeitsmarkt vom 21.02.2019, https://medienwoche.ch/2019/02/21/finnland-bedingungsloses-grundeinkommen-arbeitslos-und-gluecklich/, abgerufen 22.2.2019.

1290 Redaktionsnetzwerk Deutschland Reportage 20.2.2019, 19:30, http://www.ostsee-zeitung.de/Mecklenburg/Rostock/Menschen-aus-MV-erzaehlen-So-lebt-es-sich-mit-1000-Euro-Grundeinkommen2, abgerufen 22.2.2019.

1291 Grundeinkommen: Nach der Abstimmung ist vor den Wahlen, https://www.grundeinkommen.ch/, abgerufen 22.2.2019.

1292 Süddeutsche Zeitung Magazin vom 3.9.2018, https://www.sueddeutsche.de/wirtschaft/rheinau-eine-mini-schweiz-testet-das-grundeinkommen-1.4113947, abgerufen 22.2.2019.

1293 Gut 130.000 € kamen zusammen. Gebraucht würden etwa 5,5 Mio. €. Spiegel online vom 4.12.2018, http://www.spiegel.de/wirtschaft/soziales/bedingungsloses-grundeinkommen-schweizer-dorf-fehlt-geld-a-1241753.html, abgerufen 22.2.2019.

1294 Bericht Gründerszene Berlin vom 6.12.2019, https://www.gruenderszene.de/perspektive/grundeinkommen-test-berlin?interstitial, abgerufen 22.2.2019.

1295 Quelle wie vor.

23.31   Ein internationales Problem

Einfache Lösungen wird es nicht geben. Der Grad der Veränderungen und seine zeitlichen Gradienten sind noch nicht deutlich. Aber auf einen durchgreifenden Wandel müssen wir uns einstellen, nicht nur technologisch, sondern vor allem auch sozial: Denn ein weiteres Fortschreiten der Spaltungen der Gesellschaften in Arm und Reich, ein Abdriften der Mittelschichten nach unten, ist untragbar. Diesem Problem sind die meisten Industriestaaten ausgesetzt, in der westlichen Welt besonders die USA. Dort drückt vor allem der »*Rust Belt*« mit seiner verkommenen Auto- und Stahlindustrie. Der krasse Gegensatz ist das *Silicon Valley* mit seiner Konzentration der *I/SD-Branche*. China zerfällt in reiche Industriecluster wie *Shangai* und das *Yangtse-Delta*, in denen sogar die Arbeitskräfte rar werden und arme Kantone, vor allem im Westen.[1296] Das Land bekommt die Probleme mit fast 300 Mio. sozial ungesicherten Wanderarbeitern kaum in den Griff: Der massive industrielle Ausbau und Verstädterungen sollten helfen. Die aufgebauten Produktionskapazitäten sind für das Land überdimensioniert, teilweise sind die Märkte schon gesättigt, etwa beim *Bau* oder in der *Stahl- und Eisenbahnindustrie*. Deshalb fördert China in den Export, deshalb ist das *Megaprojekt Seidenstraße* vital. So wird der Wettbewerbsdruck vor allem die Exportnation Deutschland treffen, aus dem Westen bedrängt von den USA und im Osten von China. Deshalb der Wettlauf um neue Märkte und deshalb die enorme Bedeutung der allumfassenden Digitalisierung, bis zur Forcierung der *künstlichen Intelligenz*.

23.32   »Ethik 4.0«?

Je eigenständiger die Maschinen werden, umso lauter wird der Ruf nach ethischen Standards: Wie können ethische Überlegungen in die Programmierung, Überwachung der Systeme und die Kontrolle der Algorithmen eingehen, wenn Automaten anfangen, diese ohne unser Zutun zu verändern? Wie können wir sicherstellen, dass Roboter keinen ungewollten Schaden verursachen? Wie kann der Mensch in den millisekundenschnellen und für uns unsichtbar ablaufenden Prozessen noch sicherstellen, dass die automatisierten Entscheidungen immer auf der Basis seiner ethischen Werte getroffen werden? Auf die Eskalationsrisiken, die aus rein digitaler Logik letztlich hervorgehen können, wurde in diesem Buch mehrfach hingewiesen, in der dramatischsten und für die Menschheit sicher »finalen« Ausprägung im autonom roboterinduzierten und -geführten Atomkrieg. Siehe dazu das Kapitel 14 »Cyber Security«.

Angesichts all dessen ist die wichtigste Innovation, die heute gefordert ist, eine Innovation des Verhaltens und der Haltung: mentale, soziale, ethische Innovationen. Die Grundfragen: Wie gehe ich als Individuum damit um und welche Richtung soll die Gesellschaft einschlagen? Smartes Verhalten und smarte Haltung, »*Ethik 5.0*«?[1297]

1296 Weiteres siehe die Analyse von GTAI Germany Trade & Invest vom 19.6.2018, https://www.gtai.de/GTAI/Navigation/DE/Trade/Maerkte/suche,t=chinas-industriezentren-gehen-die-wanderarbeiter-aus,did=1932230.html, abgerufen 22.2.2019.

1297 Hintergrundüberlegungen und Forderungen (aber keine Lösungsvorschläge) hierzu liefert Robert Stubenrauch Robert. Stubenrauch@clusterland.at; Redaktion: innovating@apa.at in seinem Beitrag Ethik 4.0: Neue Technologien erfordern neue Haltungen, https://science.apa.at/rubrik/kultur_und_gesellschaft/Ethik_4_0_Neue_Technologien_erfordern_neue_Haltungen/SCI_20140220_SCI39911359217056534, abgerufen 22.2.2019.

Einen dialektischen Denkansatz stellt *Petra Grimm* vor. Dabei überträgt sie die Symbolik der griechischen Mythologie auf den Prozess der Digitalisierung und stellt das *Prometheus-Narrativ* im Sinne des Gemeinwohls in den Gegensatz zum *Hermes-Narrativ* im Sinne der Ökonomisierung.[1298]

Lassen wir abschließend den Autor *Franz Alt* zu Wort kommen: »Zukunft heißt: *Industrie 4.0, Arbeit 4.0, Energie 4.0, Landwirtschaft 4.0, Bauen 4.0, Politik 4.0.* Das alles sind auch ethische Herausforderungen [...] Das bedeutet mehr Verantwortung aller Handelnden, denn die gesamte Wirtschaft wird dank der Digitalisierung dezentraler organisiert sein als bisher. Das heißt auch: In Zeiten von *Facebook, künstlicher Intelligenz, Apple* und *Google* ist ein starker Staat und eine gut funktionierende *Kartellbehörde* nötig.« Verantwortungsvoller Umgang mit der Digitalisierung schlägt sich nieder in fairen Produktpreisen, guten Arbeitsbedingungen und angemessener Entlohnung der Mitarbeiter. Wir müssen uns fragen, ob wir alles dürfen, was wir technisch können. »Im Zeitalter der Digitalisierung müssen wir weit mehr als bisher über die Folgen unseres Tuns nachdenken, wenn wir als Spezies überleben wollen [...] Dafür brauchen wir eine zweite Aufklärung, sozusagen eine Aufklärung der Aufklärung. Mit dem Verstand allein kommen wir nicht zur Vernunft. Die großen Weisheitslehrer wie *Buddha, Jesus, Mahatma Gandhi, Albert Schweizer, Nelson Mandela* oder der *Dalai Lama* können uns dabei helfen. Eine säkulare Ethik ist im Zeitalter der Digitalisierung das, was früher die Religionen waren.«[1299] Diese großen Namen aus allen Kulturkreisen zeigen es: Wir stehen nicht nur in einer nationalen, sondern in einer globalen Verantwortung.

1298 Prof. Dr. Petra Grimm: Digitale Ethik – Reflexion über Grundwerte und ethisches Handeln, in: Zukunftslabor digital der Bundeszentrale für Politische Bildung, 17.4.2018, http://www.bpb.de/lernen/digitale-bildung/medienpaedagogik/268087/digitale-ethik-reflexion-ueber-grundwerte-und-ethisches-handeln, abgerufen 22.2.2018.

1299 Inhalte und Zitate aus dem Interview von Anselm Bilgri mit Franz Alt am Rande einer Ethik-Konferenz, 22.3.2018, https://anselm-bilgri.de/die-neue-herausforderung-ethik-4-0/, abgerufen 22.2.2019.

Teil 4:
Folgerungen für die digitale Zukunft Deutschlands

24 Wie aus unseren Industrieunternehmen die digitalen Champions von morgen werden

Von Karl-Heinz Streibich, Co-Vorsitzender der Plattform Lernende Systeme und Präsident acatech

Deutschland und Europa liegen bei der Digitalisierung zurück gegenüber den USA und China, insbesondere wegen der Größenunterschiede bei den Verbrauchermärkten, der Datenregulierung und europäischer Kleinstaaterei. Besonders unsere gute Ausgangsposition im B2B-Bereich bietet Chancen, zu digitalen Champions aufzurücken, allen voran die DAX-Konzerne und der breite deutsche Mittelstand. Vertrauensnetzwerke der Anwendermärkte können als »Trusted Communities« die Vorreiter für Kollaborationsstrukturen in der digitalen Plattform-Ökonomie werden. Zur Erreichung der Ziele sind 5 Punkte zu berücksichtigen: (1) Software-Plattformen, (2) Künstliche Intelligenz, (3) offene Datenräume, (4) Kollaborationsnetzwerke und (5) Standardisierungen.

Deutschland hat das Potenzial, die nächste Generation globaler digitaler industrieller Champions zu schaffen. Unsere Volkswirtschaft ist heute in der Spitzengruppe der Nationen mit der größten Wirtschaftskraft. Schaut man jedoch genauer hin, worauf unsere Exporterfolge fußen, dann zeigt sich: Die Basis unseres Erfolgs sind im Wesentlichen die technologischen Errungenschaften unserer Väter und Großväter.

Es wird deshalb oft geschrieben, dass Deutschland und Europa hoffnungslos rückständig bei der Erschließung des Potenzials der digitalen Welt seien. Sicher, in den *USA* haben sich die ersten digitalen Plattformchampions entwickelt. Mit ihren exponentiell skalierenden Software-Plattformen aggregieren sie riesige Datenmengen. Sie werden begünstigt durch wenig *Datenregulierung* im Vergleich zu Deutschland und durch riesige Verbrauchermärkte im Vergleich zur europäischen Kleinstaaterei. *China* steht bereit, *Indien* und weitere werden folgen. Die Kernfrage also lautet: Was ist unser Weg in Deutschland und Europa, um bestmöglich ins digitale Zeitalter zu kommen?

Das Ziel dabei ist klar: Unsere heutigen Unternehmens-Champions müssen und können die neuen digitalen Champions werden. Sie können Anbieter von Betriebssystemen für ganze Branchen werden – weltweit. Unsere Ausgangsposition im *B2B*-Bereich ist hervorragend: Wir haben aus Deutschland heraus internationalen Erfolg mit globalen Exportchampions. Allen voran, die *DAX-Konzerne* und der große deutsche *Mittelstand*. Beide Gruppen ziehen bereits den größten Teil ihrer Wertschöpfung aus Exportmärkten und nicht aus Deutschland.

Da die *Home-Country-Identität* einer globalen Marke aus Deutschland jedoch einen Wert hat, wird es gelingen, auch bei diesen global agierenden Unternehmen einen gemeinsamen Aufbruch für den Standort Deutschland zu schaffen – und das in enger europäischer Zusammenarbeit. Darin liegt die Antwort für Deutschland und Europa, um sich im globalen Wettbewerb der Plattformökonomie zu behaupten.

Bisher ging die Entstehung von Industriestandards meistens von den größten Märkten aus. Wir haben in Deutschland jedoch bereits gezeigt, dass Vertrauensnetzwerke der Anwenderunternehmen erfolgreicher sein können als einzelne Firmen. Solche *Trusted Communities* sind die Vorreiter für Kollaborationsstrukturen in der digitalen Plattformökonomie. Indem wir solche Trusted Networked Partnerships bilden, erzeugen wir große Schwungmassen.

So gewinnen wir die zweite Runde der Digitalisierung – gemeinsam. Es ist nämlich einfacher, aus unserer starken Industrielandschaft heraus die neuen Betriebssysteme durch digitale Plattformen aufzubauen, als umgekehrt von digitalen Plattformunternehmen ausgehend die europäische Industrie nachzuvollziehen.

Für die Zielerreichung sind fünf Punkte zu berücksichtigen:

1. **Software-Plattformen** weisen Prozesskosten auf, die gegen null gehen. Deshalb skalieren sie exponentiell und sind von Anfang an global einsetzbar. Das heißt, der Pionier ist von den Late Startern praktisch nicht mehr einholbar. Somit werden diese Plattformen die neuen Betriebssysteme ganzer Branchen. »The winner takes it all«.

2. **Künstliche Intelligenz** wird der Innovationstreiber der Zukunft sein. KI-Forschung und die Entwicklung von Algorithmen auf Basis unseres industriellen Domainwissens muss ab jetzt unser Fokus sein. Künstliche Intelligenz gibt Plattformökosystemen unbegrenzte Möglichkeiten an die Hand, aus Daten zu lernen und daraus auch neue Geschäftsmodelle zu generieren. Daten stellen den Rohstoff für KI dar, wobei sich KI und die Plattformökonomie gegenseitig verstärken. Das heißt im Umkehrschluss: Wenn wir bei den Plattformen nicht reüssieren, dann sind wir auch bei KI nicht wirklich relevant.

3. **Offene Datenräume** oder Open Data Spaces. Wie schaffen wir es, beim Lernen durch Datenmassen aufzuholen gegenüber den seit Jahren beim Datensammeln voraneilenden *B2C-Plattformen* aus USA und China? Wie erreichen wir ein »Common-Level-Playing-Field« gegenüber Wirtschaftsräumen, die größer und weniger reguliert sind, und somit – eben durch die umfassendere Datengewinnung – viel bessere Wachstumsbedingungen bieten? Unsere große Chance haben wir im industriellen Bereich durch unsere Datenhoheit und der Domainexpertise. Wir haben die Daten; wenn auch noch jeder für sich, aber wir haben sie. Ebenfalls haben wir das Know-how in den Bereichen, in die digitale Plattformunternehmen unbedingt vordringen wollen. Damit hiesige Unternehmen, insbesondere der Mittelstand, ihre Stärken ausspielen, aber Chancengleichheit beim Zugang zu Daten erlangen, schlage ich vor: Wir bilden *Open Data Konsortien*. Viele Datenbereiche können wir als vorwettbewerbliches Gemeingut sehen und gemeinsame Datenräume schaffen – Datenräume, die für Nutzer offen sind, die aber auch nach rechtlichen und ethischen Gesichtspunkten geregelt sind: Geschützt bleiben natürlich weiterhin kritische Betriebsdaten, geistiges Eigentum und Privatheit.

4. **Kollaborationsnetzwerke:** Jede Trusted Network Community als offene User Community ist stärker als jede einzelne Firma im B2B-Bereich, egal wie groß sie ist. Beispiele aus dem deutschen Maschinenbau wie *Adamos* zeigen: Wenn jeder DAX-Konzern mit seiner eigenen IoT-Plattform global reüssieren will, dann scheitern alle. Viel besser stehen die Chancen, wenn wir Vertrauensnetzwerke pro Branche aus Deutschland heraus zu globalen Champions machen. Dafür braucht es Tempo! Denn: »The winner takes it all«.

5. **Standardisierung** bleibt eine zentrale Aufgabe, wenn Deutschland in der globalen Spitze präsent bleiben will. Offene Plattformen brauchen gemeinsame offene Standards – ob im PLM, in der industriellen Fertigung oder in der Automation. Diese Standards werden in der digitalen Welt nicht durch Einzelunternehmen und einzelne Industriestandorte definiert, sondern durch starke Vertrauensnetzwerke der Anwenderunternehmen. Wir brauchen also einen starken Geist der Zusammenarbeit über alle Industriebereiche hinweg.

In der digitalen Welt zu den Gewinnern zu gehören ist wahrhaftig alternativlos für uns. Gehen wir es proaktiv an!

25 Digitalplan Deutschland: durch Zusammenarbeit zum Erfolg

Von Mario Ohoven, Präsident des Bundesverbandes Mittelständischer Wirtschaft

Deutschland hinkt bei der Digitalisierung meilenweit hinterher. Zuerst hat die Politik die Weichenstellung für digitale Technologien verschlafen, anschließend den Aufholprozess durch Überregulierung und Bürokratie gebremst. Noch haben wir Trümpfe auf der Hand, die aber zeitnah gespielt werden müssen. Damit der Digitalplan Deutschland zum Erfolg wird, ist vor allem Zusammenarbeit gefordert.

Mittlerweile dürfte es sich bis in die letzten Ecken der Republik herumgesprochen haben, und auch die Politik hat verstanden: An der Digitalisierung führt kein Weg vorbei. Die Wirtschaft ist hier schon weiter, denn die Unternehmen wissen, nur mit der richtigen Digitalisierungsstrategie bleiben sie auch in Zukunft international wettbewerbsfähig.

Die aktuelle Ausgangssituation lässt auch Optimisten zweifeln, ob die Aufholjagd gelingt. Vergleichen wir den Fortschritt der Digitalisierung sind die USA 16-mal stärker als Deutschland, China ist bereits jetzt viermal so stark. Betrachtet man die Investitionsdichte, welche bei Zukunftstechnologien entscheidend ist, wird die Diskrepanz noch deutlicher. Während China 300 Mrd. USD in sein Programm zur Weiterentwicklung der künstlichen Intelligenz investiert, stellt die Bundesregierung gerade einmal 3 Mrd. USD zur Verfügung. Nur zum Vergleich: Das Rentenpaket schlägt mit über 36 Mrd. € bis 2025 zu Buche. Deutschland ist, was das Gigabit-Internet angeht, auf dem Stand eines Dritte-Welt-Landes, im Datenschutz regiert die Überregulierung. Und wenn es dann einmal ein deutsches Unternehmen mit federführenden Schlüsseltechnologien gibt, sichern sich chinesische Investoren sofort die Mehrheiten. Allein im Zeitraum 2015 bis 2018 gab es über 200 solcher Übernahmen.

25.1 Mittelstand als Schlüssel zum Erfolg

Welche Trümpfe bleiben Deutschland überhaupt noch für die Zukunft? Es sind vor allem die Vorteile der Vergangenheit, die uns bislang stark gemacht haben, auf die wir uns aber auch weiterhin verlassen können. Produkte »Made in Germany« bleiben international überaus geschätzt. Noch immer kommen 50 % aller *Hidden Champions*, also heimlicher Weltmarktführer, aus dem deutschen Mittelstand. Der Mittelstand fungiert nach wie vor als Innovations- und Wachstumsmotor der deutschen Wirtschaft, unsere Klein- und Mittelbetriebe (KMU) bilden mehr als acht von zehn jungen Menschen eines Jahrgangs im einzigartigen dualen Ausbildungssystem aus. Deshalb liegt im digitalisierten Mittelstand der Schlüssel zum Erfolg. Die Frage, wann denn der nächste Digital-Gigant aus Deutschland kommt, sozusagen das Erbe von »Tech-Dino« SAP antritt, ist nicht die Lösung des Problems. Konzerne verfügen über die finanziellen Mittel, sich auf eigene Kosten Gigabit-Leitungen legen zu lassen und sich KI-Experten aus den Hochschulen und Forschungsinstituten heraus zu verpflichten. Die Schwachstelle der Großunternehmen wiederum, und damit zugleich die Chance für den Mittelstand, ist die Abhängigkeit von ihren zumeist mittelständischen Zulieferern.

25.2   Digitale Austauschplattform

Damit die Digitalisierung nicht nur im deutschen Mittelstand in seiner ganzen Breite ankommt, sondern in naher Zukunft auch Trends setzt, müssen alle Akteure an einem Strang ziehen und sich gegenseitig unterstützen. Damit meine ich Wirtschaft, in Gestalt von KMU und Großkonzernen, aber auch die Politik auf Landes- und Bundesebene sowie insbesondere die Wissenschaft, repräsentiert durch anwendungsorientiert forschende Institute und Universitäten. Es existieren bereits zahlreiche Strategiepapiere von allen genannten Akteuren, doch diese Ansätze greifen zu kurz, weil sie stets nur die eigene Perspektive berücksichtigen. Damit stehen sie dann erratisch in der politischen Landschaft. Zudem verfügen die Player jeweils nur über partielles Wissen. Der mittelständische Unternehmer kann beispielsweise seine Forderungen unter Umständen nicht hinreichend aus politischer Perspektive reflektieren, dem Politiker auf Bundesebene fehlt dagegen in der Regel die Erfahrung, wie sich Gesetze in der betrieblichen Praxis auswirken. Der Digitalplan Deutschland darf deshalb kein finales Produkt sein, nach dem Motto »Abgestimmt, abgedruckt, abgeheftet«, der analoge Weg also. Aus Sicht des Mittelstands muss der Digitalplan vielmehr eine digitale Austauschplattform sein, täglich auf dem neuesten Stand und immer in Bewegung.

Forschungsinstitute besitzen schon heute wertvolles Wissen über zukünftige Schlüsseltechnologien. Bei einem besseren Austausch auf einer solchen Plattform könnte die Wirtschaft schon heute beginnen, ihr Geschäftsmodell zu modernisieren. Die Politik wiederum wäre in der Lage, frühzeitig die notwendigen rechtlichen Weichen zu stellen. Mittelständische Unternehmen hingegen wissen, wo sie der Schuh in der Praxis drückt, sie können die Hochschulen bei der Verknüpfung von Theorie und Praxis unterstützen. Dies würde es den Wissenschaftlern ermöglichen, neue Modelle zu entwickeln, wie sich digitale Technologien noch effizienter in den Mittelstand vermitteln lassen.

Das Digitalisierungszeitalter hat gerade erst begonnen. Noch stehen die Chancen für Deutschland gut, die verlorene erste Halbzeit aufzuholen. In einzelnen Bereichen könnten wir dank des innovativen Mittelstands schon bald zur Weltspitze aufschließen, sogar die technologische Führung übernehmen. Dazu zählen *Blockchain, E-Health, Umwelttechnik, Mobilität* sowie *E-Government*, selbst *künstliche Intelligenz*. Deutschlands Stärken sind seine mittelständisch geprägte Wirtschaft, eine in weiten Teilen funktionierende Verwaltung und ein hoch effizienter Forschungssektor. All diese Akteure müssen besser zusammenspielen, damit wir das digitale Potenzial voll ausschöpfen können.

Jetzt müssen die nächsten Schritte folgen. Die Diskussion darüber, ob überall *schnelles Internet* verfügbar sein muss, ist ebenso unsinnig wie realitätsfern. Denn 70 % der Mittelständler, darunter die meisten Hidden Champions, haben ihren Firmensitz fernab der Ballungszentren. Damit unsere Unternehmen die *digitale Transformation* erfolgreich meistern können, hat die Politik die nötigen Voraussetzungen zu schaffen. Hier bleibt noch viel zu tun. Von 4,4 Mrd. € für den *Breitbandausbau* sind innerhalb von drei Jahren nur 82 Mio. € abgeflossen. Der Mittelstand insgesamt braucht endlich bessere Rahmenbedingungen, etwa eine steuerliche Forschungs- und Entwicklungsförderung, wie es sie in 31 von 36 OECD-Ländern gibt, nur hierzulande nicht.

»Nicht Angst vor, sondern Freude auf« – diese Maxime sollte auch für die Digitalisierung gelten. Alle Akteure, Hochschulen, Forschungseinrichtungen, Mittelstand, Politik und Verwaltung müssen ins Gespräch kommen. Dann ist mir um den Digitalplan Deutschland, um unsere wirtschaftliche Zukunft nicht bange.

26 Der Handel auf dem Sprung zur Technologiebranche

Von Josef Sanktjohanser, Präsident des BDE, Handelsverband Deutschland e. V.

> *Deutschland hinkt beim Online-Handel hinterher. Zwar wurde der Beruf des E-Commerce-Kaufmanns auf den Weg gebracht, doch das Arbeitszeitrecht muss angepasst und flexibler werden. Der Handel ist in die Innenstädte zurückzuholen. Ein fairer Wettbewerbsrahmen ist zu schaffen: Es ist unakzeptabel, dass die marktstarken Onlinehändler und Plattformen aus Nicht-EU-Ländern vielfach keine Steuern zahlen. Die Rechtslage beim Datenschutz stärkt den Wettberber aus dem Ausland und belastet gerade kleinere Unternehmen in Deutschland. Die Bundesregierung muss an mehreren Stellschrauben drehen.*

Der *Einzelhandel* entwickelt sich zur Technologiebranche. *Algorithmen, künstliche Intelligenz* und Big Data revolutionieren die Branche. Immer mehr stationäre Händler profitieren vom Online-Boom. Doch längst nicht alle Händler können die Chancen der Digitalisierung für sich nutzen und mit der Digitalisierung Schritt halten. Besonders kleinen mittelständischen Betrieben fehlen oft das Know-how und die notwendigen finanziellen Mittel für Investitionen in neue Technologien. Hinzu kommt, dass die *digitale Infrastruktur* vielerorts unterentwickelt ist. Im Vergleich zu anderen Ländern hinkt Deutschland hier immer noch hinterher. Für zahlreiche Unternehmen und Regionen ist das mittlerweile ein existenzielles Problem.

Gerade in ländlichen und strukturschwachen Regionen haben die Bürgerinnen und Bürger oftmals das Gefühl, von der insgesamt positiven Entwicklung in unserem Land abgekoppelt zu sein. Gleichwertige Lebensverhältnisse im gesamten Bundesgebiet zu schaffen, darf daher kein bloßes Lippenbekenntnis bleiben, sondern muss endlich Realität werden. Dazu bedarf es einer leistungsfähigen digitalen Infrastruktur, guter Verkehrsanbindungen und einer funktionierenden öffentlichen Daseinsvorsorge flächendeckend in ganz Deutschland. Wir setzen uns dafür ein, dass der stark mittelständisch geprägte Einzelhandel die notwendige Infrastruktur bekommt, die er braucht, und dass er unternehmerische Freiräume hat, um sich für den digitalen Wandel zu rüsten.

26.1 Freiräume für Investitionen

In rasantem Tempo verändern sich auch die Anforderungen an die *Qualifikation der Beschäftigten*. Deshalb haben wir den neuen Beruf des *E-Commerce-Kaufmanns* auf den Weg gebracht. Damit die Branche auch morgen noch ausreichend Nachwuchs findet, muss aber die Attraktivität der beruflichen Bildung und der Karrierewege deutlicher hervorgehoben werden. Darüber hinaus muss das heutige veraltete *Arbeitszeitrecht* dringend an die digitale Realität angepasst und flexibilisiert werden.

Auch die Entlastung von Verbrauchern und Unternehmen ist ein vorrangiges Thema für uns. Die Hinzurechnungen von Mieten und Pachten bei der *Gewerbesteuer* beispielsweise sorgen dafür, dass viele Händler – auch in Jahren ohne Gewinn – zur Kasse gebeten werden. Wann, wenn nicht jetzt sollte die Bundesregierung die Kaufkraft besonders von einkommensschwachen Haushalten stärken. Es ist viel versprochen worden. Aber die Diskussion um die Abschaffung des Soli hält an, ebenso kommt die Entlastung von Abgaben und Umlagen wie der *EEG-Umlage* nicht voran.

26.2   Stärkung vitaler Innenstädte

Hauptstandort des mittelständischen Handels sind häufig die *Innenstädte*. Eine Politik für den Handel muss daher auch eine Politik gegen die Verödung von Innenstädten und von ländlichen Räumen sein. Deshalb müssen Städte, Kommunen und Gemeinden diesen Handelsstandort stärken. Die oft diskutierten und in einigen Fällen eingeführten Fahrverbote schwächen den Standort. Ganzheitliche Ansätze wie die Förderung des öffentlichen Personennahverkehrs, der *E-Mobilität* oder der *Nachtlogistik* beim Lieferverkehr spielen in der aktuellen Debatte nur eine untergeordnete Rolle. Die Politik muss sich hier mit allen Beteiligten an einen Tisch setzen und Lösungsansätze erarbeiten.

Der Einzelhandel ist wichtiger Eckpfeiler vitaler Innenstädte und bringt sich schon jetzt aktiv ein. So haben unsere Unternehmen angeboten, ihre 38.000 Parkplätze in Deutschland für den Aufbau von Ladestationen für Elektrofahrzeuge zur Verfügung zu stellen. Das könnte die E-Mobilität beflügeln und wesentlich zur Verbesserung der Luftqualität beitragen.

26.3   Fairer Wettbewerbsrahmen

Die Politik muss die Rahmenbedingungen setzen, damit auch wir in Deutschland und Europa die Chancen neuer Technologien für uns nutzen können. Um im Wettbewerb mit den großen Plattformanbietern aus den USA, aber auch aus Fernost, bestehen zu können, brauchen wir einen fairen *Wettbewerbsrahmen* mit gleichen Rechten und Pflichten für alle Marktteilnehmer. Es ist nicht akzeptabel, dass die ohnehin marktstarken Onlinehändler und Plattformen aus Nicht-EU-Ländern hierzulande vielfach keine Steuern zahlen, wie jedes andere Unternehmen auch, und auch bei Verstößen gegen den Verbraucherschutz in Deutschland vielfach nicht belangt werden.

Rechtssicherheit ist gerade für kleinere Unternehmen ohne eine eigene Rechtsabteilung zur Herausforderung geworden. Die *Datenschutzgrundverordnung* verunsichert die Branche erheblich. Und die Kluft zwischen europäischen und US-Unternehmen würde durch die geplante *ePrivacy-Verordnung* noch größer, weil die globalen Internet-Giganten sich die Zustimmung ihrer Nutzer pauschal bereits mit den Geschäftsbedingungen einholen. Das verzerrt den Wettbewerb und schwächt den digitalen Binnenmarkt. Die Verordnung erreicht damit das Gegenteil von dem, was ursprünglich beabsichtigt war: Sie stärkt die ohnehin schon Starken, schwächt damit den Wettbewerb sowie die Wettbewerbsfähigkeit und Vielfalt insbesondere europäischer Anbieter, die nicht zu den amerikanischen Log-in-Giganten zählen.

Um die Rahmenbedingungen für den mittelständischen Handel zu verbessern, muss die Bundesregierung an einigen Stellschrauben drehen. Die kleinen Handelsunternehmen müssen die Chance bekommen, den Strukturwandel positiv anzunehmen und die Vorteile der Digitalisierung zu nutzen.

27 Herausforderungen des beruflichen und allgemeinbildenden Schulwesens durch die Digitalisierung

Von Heinz-Peter Meidinger, Präsident des Deutschen Lehrerverbandes

Die Diskussion um die Digitalisierung im Bildungswesen wird zu eng auf die technische Ausstattung von Schulen eingegrenzt. Darüber hinaus muss Medienkompetenz gelehrt werden – als neue Kulturtechnik. Die Ausblendung des dualen Bildungssystems als Quelle für unseren Wohlstand rächt sich heute: Nicht der Akademikermangel ist derzeit das größte Problem, sondern der Mangel an gewerblich Auszubildenden. Berufliche Bildung muss attraktiver werden, die Polarität zwischen akademischer und beruflicher Bildung ist aufzubrechen. Die Durchlässigkeit des Bildungswesens darf nicht dazu führen, dass die Berufsbildung zu einer Durchgangsstation fürs Studium degradiert wird. Zeitnah muss ein Digitalplan II her, um den Innovationsschub nicht abreißen zu lassen.

Es wird wohl niemand bestreiten, dass sich noch vor rund 20 Jahren fast niemand die Dynamik und Totalität der Veränderung unserer Gesellschaft durch die fortschreitende Digitalisierung vorstellen konnte. Zwar haben sich die Lebensbedingungen immer schon verändert, noch nie in der Geschichte klaffen aber – und das ist ein globaler Prozess – die Erfahrungswelten verschiedener Generationen so weit auseinander wie heute. **Lehrpläne, Ausbildungsordnungen, Lehrerbildung, die Passung von Bildungs- und Beschäftigungssystem – das alles gehört umfassend auf den Prüfstand.**

Die Digitalisierung stellt insbesondere auch unser Bildungssystem vor enorme Herausforderungen. Dies wurde in der Vergangenheit oft verengt auf die technische Ausstattung von Schulen, die zweifellos wichtig ist und zu deren Verbesserung der gerade unterschriebene Digitalpakt einen wichtigen Beitrag leisten kann. Es geht aber letztendlich um mehr – darum, unsere Jugendlichen und Kinder für eine Welt fit zu machen, in der Digitalisierung vor keinem Lebens- und Gesellschaftsbereich haltmacht und zudem integrativer Bestandteil der eigenen Realitätswahrnehmung ist.

Digitale Mündigkeit oder auch digitale Souveränität muss ein zentrales Bildungsziel aller Schularten werden. *Medienkompetenz* ist neben Lesen, Schreiben und Rechnen die vierte *Kulturtechnik*, die junge Menschen erlernen müssen. Dabei stehen wir vor der historischen Herausforderung, sowohl in beruflichen als auch in allgemeinbildenden Schulen auf diese riesige Herausforderung angemessen zu reagieren. Dies betrifft:

- *die technologische Perspektive*, die Technik bereitzustellen und sie verstehen lernen,
- *die anwendungsorientierte Perspektive*, die Technik sinnvoll nutzen zu können,
- *die gesellschaftlich-kulturelle Perspektive*, d. h. auch die gesellschaftlichen Auswirkungen zu reflektieren und ein kritisches Medienbewusstsein zu entwickeln.

Im Hinblick auf die Zukunftsfähigkeit des deutschen Bildungswesens fokussierte sich die politische Debatte lange Zeit auf die Frage, wie man die Akademikerquoten in Deutschland erhöhen könne. Vor allem die *OECD* erweckte in ihren Einschätzungen der internationalen Bildungsvergleichsstudien lange

Jahre ständig den Eindruck, dass vorrangig die massive Steigerung der Studierendenzahlen entscheidend für den wirtschaftlichen Erfolg Deutschlands sei. Die gerade in Deutschland überragende Bedeutung der beruflichen Bildung und des *dualen Systems* für unseren Wohlstand wurde ausgeblendet. Das rächt sich heute zum Teil. **Nicht der Akademikermangel ist das derzeit größte Problem auf dem deutschen Arbeitsmarkt, zumal in diesem Bereich die internationale Mobilität relativ hoch ist, sondern der massive Mangel an Fachkräften, Facharbeitern und Lehrstellenbewerbern.**

Gerade zu einem Zeitpunkt, wo wir im Handwerk, den Klein- und Mittelbetrieben auch den personellen Innovationsschwung durch neue Mitarbeiter dringend bräuchten, die mit ihrem Know-how und ihren Kompetenzen mithelfen, die Digitalisierung voranzutreiben und den Herausforderungen standzuhalten, klafft in diesem Bereich die größte Bedarfslücke.

Der Deutsche Lehrerverband (DL) sieht hier die Politik in Deutschland massiv in der Pflicht, mehr für eine Steigerung der Attraktivität beruflicher Bildung und deren auch praktischer Gleichwertigkeit mit der akademischen Bildung zu tun. Nach wie vor werden zwar – selbstverständlich mit recht – Milliarden für eine kostenfreie akademische Bildung ausgegeben, aber nur relativ wenig Millionen für die Förderung der beruflichen Bildung.

Als DL-Präsident begrüße ich es in diesem Zusammenhang, dass bei der Ausgestaltung des Digitalpakts das berufliche Schulwesen in angemessener Weise berücksichtigt wurde. Klar ist aber auch, dass *zeitnah ein Digitalpakt II* folgen muss, um den Innovationsschub nicht abreißen zu lassen. Die kürzliche Absage des Finanzministers, den Digitalpakt über den derzeitig vereinbarten 5-Jahres-Zeitraum fortzuführen, kann so nicht akzeptiert werden.

Große Hoffnungen setze ich in die Ergebnisse der im Herbst 2018 konstituierten Enquete-Kommission »Berufliche Bildung in der digitalen Arbeitswelt«. Dabei sehe ich **mehrere Handlungsfelder**. Es geht erstens darum, die Attraktivität beruflicher Bildung durch Maßnahmen der Qualitätssteigerung und mehr Durchlässigkeit zwischen den Bildungsgängen zu erhöhen, zweitens sicherzustellen, dass an den Berufsschulen hoch qualifizierte Lehrkräfte mit digitalen Kompetenzen zur Verfügung stehen und drittens ein gesellschaftliches Umdenken zu fördern, das der beruflichen Bildung auch in den Köpfen der Menschen die Wertschätzung verschafft, die diese braucht und verdient.

Zu Letzterem gehört, dass die **Polarität von akademischer und beruflicher Bildung auch ein Stück weit überwunden und aufgebrochen wird**. Eine Blaupause dafür liefern ja unsere Betriebe und Unternehmen selbst, in denen Kooperation und institutionalisierte Zusammenarbeit zwischen Fachkräften unterschiedlicher Bildungsgänge, Qualifikationsprofile und Arbeitstypen gang und gäbe sind. Letztendlich geht es um die **Integration von Wissenschaft und beruflich begründetem Erfahrungswissen**, beruhend auf einer viel stärkeren Durchlässigkeit und Flexibilisierung von Bildungsgängen, als wir sie heute haben.

Dabei muss allerdings die Gefahr vermieden werden, dass im Rahmen dieser Erhöhung der Durchlässigkeit der Berufsbildung nur die Funktion einer Durchgangsstation zum Studium zugewiesen wird. Letztendlich geht es um eine potenzialreiche Gestaltung neuer Formen der Kombination von wissenschaftlichem und berufspraktischem Wissen, bei der digitale Kompetenz und Mündigkeit eine gemeinsame, aber auf unterschiedlichen Wegen erworbene neue Schlüsselqualifikation darstellen muss.

28 Anstöße zu einem Digitalprogramm Deutschland

28.1 Grundlegende Herausforderungen

Deutschland hat ein doppeltes Problem: der gewaltige und noch zunehmende internationale **Außendruck, vor allem von den USA und China sowie die Selbstzerstörungskräfte, die zu einer Implosion unserer Industriegesellschaft führen können**. Beides wird getriggert und verstärkt durch die allumfassende Digitalisierung, durch *Disruptionen*, die sich durch die gesamte Gesellschaft ziehen.

Diese Probleme greifen so tief und sind so stark gesellschaftlich verwoben, dass diese nicht mehr von einzelnen Kadergruppen gelöst werden können, sondern nur im Schulterschluss aller. **Das »magische Dreieck« aus Bürgern, Unternehmen und dem »E-Staat« ist gefordert.**

Aber gerade hier trifft Deutschland eine strukturelle Schwäche, nämlich unsere *»Silostrukturen«*: Industrie, Verwaltung, Wissenschaft und Politik stehen einander wie fremde Welten gegenüber. Karrieren laufen fast nur innerhalb der einzelnen »Behälter« ab. Im Bundestag sitzen vorwiegend Berufspolitiker, vor allem Juristen.[1300] Erfahrungsträger aus Industrie- und Gewerbe sind eher unterrepräsentiert. Vor allem fehlen aber Vertreter mit langjähriger Berufserfahrung, vor ihrem Einsatz in der Politik. Kompetenzen komplexen Projektmanagements auf der Basis praktischer Umsetzungserfahrung sind nur wenig ausgeprägt.

Dem Übergewicht und dem »Außendruck« aus den USA und Chinas, könnte ein starkes und geeintes Europa durchaus Paroli bieten. Die gesamtwirtschaftliche Kraft und die Größe der Bevölkerung sollten eigentlich als tragfähige Gegengewichte Wirkung zeigen. Die Wirklichkeit ist leider eine ganz andere: **Europa ist zersplittert.** Unterschiedliche Wirtschaftskräfte, Nationalismen, egomane Führer und populistische Hörigkeit teilen den Kontinent. Die Digitalisierung eint nicht den Kontinent, sondern verstärkt die Alleingänge. Die Versuche Brüssels, deren Protagonisten zusammenzuführen, sind äußerst schwach und wirken weder engagiert noch kompetent. Die bereitgestellten Mittel zur Erforschung der künstlichen Intelligenz sind geradezu ein Hohn, wenn man diese in den Vergleich mit den USA und China stellt: Dort geht es um Größenordnungen von 300 Mrd. USD, bei uns um 20 Mio. (Europa gesamt), darin 3 Mio. in Deutschland.

28.1.1 Schwacher europäischer Verbund

Deutschland kann sich bei der Digitalisierung nicht auf einen schlagkräftigen europäischen Verbund verlassen. Die Initiativen der EU-Staaten sehen wie eine zufällige Sammlung von Aktivitäten Einzelner aus. Es ist kein inhaltlicher Fokus erkennbar, keine Bündelung von Kräften, kein abgestimmtes Programm mit Rollenzuweisungen auf Regierungen, Forschungsinstitute und Wirtschaftsunternehmen. Die Länderini-

---

1300 Zum Ausbildungshintergrund der Abgeordneten im Bundestag sieh: https://www.berliner-zeitung.de/politik/berufe-im-bundestag-was-haben-die-abgeordneten-eigentlich-gelernt--30418446, abgerufen 18.6.2019.

tiativen, die Verbundeffekte und die Vertreter der *I/SD-Branche* im europäischen Ausland erscheinen so schwach, dass diese gar nicht erst als Grundlage für die Gewichtung eines (nicht existierenden) »Digitalen Europas« herangezogen werden konnten. Konsequenterweise beschränkt sich der in diesem Buch verwendete *Wertansatz der I/SD-Branche* im Vergleich zu den USA und China auf die Vertreter Deutschlands.

28.1.2   Positions- und Branchenverluste Deutschlands

Deutschland selber hat im Digitalgeschehen der vergangenen Jahrzehnte viele führende Positionen verloren. Geblieben sind einige anerkannte Forschungsinstitute, auf die etwa grundlegende Ansätze zur neuesten Generation künstlicher Intelligenz zurückgehen und andere Grundlagentechnologien, wie noch zu zeigen ist. Führende Rollen in der Forschung haben sich einige dieser Institute bewahren können. Sie arbeiten aber vorwiegend für die *Big Four* der USA, die ihre Ergebnisse am Markt zu Cash machen und den Nutzen davontragen. Führende Positionen bei der Umsetzung an den Online-Märkten hat Deutschland kaum erreichen können – mit Ausnahme weniger Unternehmen, die zum Beispiel für die Bewertung der deutschen I/SD-Branche herangezogen wurden, siehe dazu Kapitel 5 »Das Krisengebiet«, insbesondere Abb. 17. Starke Ausgangspositionen hat Deutschland verspielt, wie etwa der Versandhändler *Quelle*,[1301] der weit vor der *Amazon*-Gründung schon international bedeutend war aber den Wandel vom Katalog- zum Online-Geschäft nicht wahrgenommen hatte.

Potenziale, Instrumente und Kulturen der *Internet-Wirtschaft* wurden in Deutschland einfach ignoriert. Viele wissensbasierte Branchen hat Deutschland verloren. Dabei gingen nicht nur die Lichter der betreffenden Unternehmen aus, sondern deren Ausstrahlung auf andere Branchen, die damit verbundenen Wissensquellen gingen verloren, die Innovationen in anderen Industrien hätten befeuern können. Dazu zählen weite Bereiche der *Halbleiterindustrie*, praktisch die gesamte *Computerindustrie*, die *Konsumelektronik*, die *Kommunikationsindustrie*, Teile der *Elektromedizin*, der größte Teil der *Pharmabranche* und *Biotechnik*, die *Kernkraft* und zuletzt die *Fotovoltaik*. Andere Branchen, insbesondere aus dem Rohstoffbereich, wie etwa Stahl und Aluminium, können sich wegen hoher Energiekosten nicht mehr halten. Die Auswanderung der *Rechenzentren* ist aus demselben Grund am Horizont erkennbar. Hochleistungs-Kommunikationsnetze werden neuerdings um Deutschland herumgeführt, weil die Genehmigungen hierzulande zu aufwendig sind, weil das Wachstum nicht mehr aus Deutschland kommt, sondern aus den europäischen Nachbarstaaten und weil die in Planung und Bau befindlichen kontinental übergreifenden Hochleistungs-Kommunikationsfestnetze (etwa im Kontinentalverbund Asien-Europa-Afrika) ihre Hauptknoten nicht in Deutschland haben müssen.[1302]

1301 Als Versandhaus von Gustav Schickedanz 1927 gegründet; Insolvenz im Jahr 2009. Gründung Amazon durch Jeff Bezos im Jahr 1994.

1302 Am Horizont steht eine weitgehende Konzentration der Kommunikationsnetze auf einen weltweiten satellitenbasierten Funkverkehr. Während Satelliten heute Teilaufgaben, vor allem im gebündelten Fernverkehr übernehmen, sind zukünftig Satellitennetze denkbar, wie sie Elon Musk vorschlägt, mit über 12.000 niedrig fliegenden Satelliten weltweit, auf die die Nutzer dann direkt zugreifen können. Diese Idee hat einen grundsätzlich logisch konsequenten Hintergrund: Die 6. Mobilfunkgeneration (»6G«) erschließt Bandbreiten, die nicht mehr von Netzen abgedeckt werden können und das Potenzial von Glasfaserleitungen sprengen. Deshalb wird die Menschheit irgendwann (Fachleute sprechen von »deutlich nach 2030«) Festnetze (angefangen von der gebäudeinternen Installation bis zu den verschiedenen Global Area Networks) durch Mobilfunknetze ersetzen. Es gibt jedoch auch andere Gründe, die für den Erhalt von Festnetzen sprechen, wie die Sicherheitsfragen und Nutzer spezifische Gründe.

28.1.3 Ausbruch aus der Verliererspur

Unsere zentrale Herausforderung lautet also: Wie können wir den seit Jahrzehnten fortschreitenden *Branchenverlust* stoppen, wie die bereits auf weitere Verluste eingestellten Weichen umstellen? Wie können wir den *Abbau von Wertschöpfung* in Deutschland umkehren? Welche Chancen bieten uns in diesem Zusammenhang die Digitalisierung, digitale Geschäftsmodelle und die spezifischen Stärken des deutschen Ausbildungskonzeptes? Welche Fehlsteuerungen der vergangenen Jahre müssen dazu dringend korrigiert werden? Wie schützen wir uns gegen die Abwanderung von Kompetenzträgern? Wie kann Deutschland wieder zu einem der beliebtesten Arbeitgeber avancieren? **In summa: Wie kann Deutschland seine Position als Spitzenindustriestandort sichern?** Was leisten die Digitalisierung, digitale Geschäftsmodelle und digitale Wissensfelder und dazu? Welche Kompetenzen brauchen wir in Schlüsseltechnologien der künstlichen Intelligenz? Wie sollten wir uns dabei von den USA und von China abheben?

28.1.4 Umsetzungsoffensive

Nach den Jahrzehnten des Verharrens und der Positionsverluste brauchen wir nun einen Umbruch, und zwar nicht durch Streuung in Form der von der Bundesregierung anvisierten 100 Jungprofessuren, die, auf die bestehenden Institute verteilt, wohl eher die bestehenden Strukturen verfestigen. Wir sollten vielmehr den Fokus auf ganz neue Ansätze richten, im Verbund von Grundlagenentwicklungen mit Umsetzungen: **Leuchtturmprojekte statt Streuverluste, klotzen statt kleckern.** Vereinzelung zieht nicht. Der Gewaltakt, der vor uns liegt, fordert den **Kräfteverbund aus Industrie, Gesellschaft und Verwaltung.**

28.1.5 Kulturwandel

Auch ein Kulturwandel muss her: **Geschäftsinteressen sind mutig in den Vordergrund** zu stellen, nicht nur Grundlagen schaffen, aus denen andere die Geschäfte entwickeln. Wir müssen der weitverbreiteten **Technologiefeindlichkeit entgegenwirken**, Freude am Forschen, am Entwickeln und am Umsetzen in unserer Gesellschaft neu verankern. Das beginnt in der Kita, umfasst alle Lebensbereiche und geht bis ins hohe Alter. Wir müssen die **Bedenkenträger ins Abseits stellen**: Erst anpacken, dann die Sozial- und Umweltverträglichkeit prüfen. Es werden sich dazu schon Wege zur Lösung dieser Fragen finden. Nicht umgekehrt, nämlich vor lauter Sozial- und Umweltangst gar nicht erst mit der neuen Lösungssuche anfangen. **Die Digitalisierung hat das Potenzial, enorm positive soziale, gesellschaftliche und umweltfördernde Beiträge zu erschließen**. Dies liegt in der Grundeigenschaft, dass neue Technologien immer ungeahnte Potenziale und Wege eröffnen. Zweifellos sind Internet und Rechenzentren nicht energie- und umweltneutral zu haben. Hierauf gingen wir schon ein und dies behandeln wir im Folgenden noch. Doch die Einsparpotenziale sind noch gar nicht genau gerechnet. Vorliegende Studien sind wenig belastbar.

Was wir realisieren müssen, ist ein »**magisches Dreieck der digital orientierten Gesellschaft**«: **smarte Bürger** und smarte Unternehmen im smarten Staat. »Smart« steht dabei für »vernetzt«. Daneben ist

»**Agilität**« gefordert, auch ein Fachbegriff, der das digitale Zeitalter gut beschreibt. Dieser steht für Offenheit zum Wandel, Lösungsorientierung, Übernahme persönlicher Verantwortung und Aufbrechen jedweder Verkrustungen.

28.2   Problemlösungen

Der **notwendige Wandel Deutschlands muss,** nach einer Zeitstrecke der Stagnation, **ein radikaler,** ein disruptiver **sein.** Die Digitalisierung ist nur ein Thema und darf nicht isoliert gesehen werden. Es geht vielmehr um einen Totalumbau, der alle Bereiche – die Wirtschaft, die Verwaltung und die Regierung – umfasst und nur im Schulterschluss aller, getragen durch die Gesellschaft, gelöst werden kann.

Die **Probleme,** die sich ungelöst aufgetürmt haben, sind struktureller Natur und haben ihre Ursachen gleichzeitig in allen vorgenannten Bereichen: der **Atomisierung** der Verantwortung (aus Angst, es nicht richtig und juristisch belastbar zu machen und in Hinwendung zu immer größerer Spezialisierung auf allen Fachgebieten) unter Verlust der Übersicht und der Erkenntnisse der Zusammenhänge und der **Problemvielfalt,** deren gleichzeitige Lösung zu einer **Totalblockade** führt. Der Mathematiker spricht hier von überbestimmten Systemen. Das führt letztlich dazu, dass die großen richtungsweisenden Entscheidungen nicht umgesetzt werden können, sondern dass stattdessen nur inkrementell verbessert wird, mit der Folge noch weiterer **Festigung des Status quo.**

Einige Probleme davon sind globaler Natur, sie treffen also auch die *USA* und *China.* Einiges davon ist in Deutschland besonders stark ausgeprägt und verhindert die notwendigen großen Umsetzungen. **Dazu müssen** aber **bestimmte Grundregeln gekippt werden,** eventuell auch einige Grundverständnisse, die letztlich auf unsere Verfassung zurückzuführen sind. Dazu gehört auch die Datenschutz-Grundverordnung, die nicht en bloc abgeschafft werden darf, aber auf das Notwendige zurückzustutzen ist.

Die Frage ist somit, ob und inwieweit unser **politisch-soziales System,** basierend auf der Verfassung, reformiert und der **neuen Zeit angepasst** werden muss. Hier geht es nicht im Entferntesten, das chinesische Modell der *Digital-Diktatur* zu übernehmen und auch nicht das vollkommen datendurchlässige System der »*Big Five*« der USA zu kopieren. Hier geht es darum, ein »neues« **digital orientiertes System Deutschland** auf die Beine zu stellen, am besten im **Verbund Europas.**

Deutschland kann hier eine Führungs- und Leitfunktion übernehmen. Aber nur, wenn sich die Protagonisten unseres Landes aus Wirtschaft, Verwaltung und Politik zusammensetzen und in erster Priorität zum schnellen Handeln und zu grundlegenden langfristigen Weichenstellungen entscheiden. Nicht Wissenschaft ist dabei der hauptsächliche Treiber, sondern die Fähigkeit zur Umsetzung.

Man bedenke nochmals dabei, dass Europa und damit Deutschland **zwei Kräften entgegenarbeiten** muss: **dem Außendruck** (der kommt vor allem aus den USA und China) **und dem negativen Innendruck,** folglich dem **Implosionsrisiko,** das wir selber zu verantworten haben, indem wir uns ein System leisten, das unfähig zur Anpassung an die Zukunft ist. Im Klartext hart formuliert: **Das industriell geprägte Gesellschaftssystem Deutschland ist in heutiger Form nicht überlebensfähig** – dafür bräuchte es nicht einmal die Angriffe aus den USA und China. Das ist auch nicht auf die **Digitalisierung** allein zurückzuführen – diese **verschärft** aber **den Handlungsdruck**.

Der notwendige radikale Wandel kann nur im Schulterschluss von Wirtschaft, Verwaltung und Politik herbeigeführt werden – getragen von der Sozialgesellschaft. Maßstäbe liefern Vergleiche mit der Außenwelt, mit den jeweils besten Playern auf dem Globus, und zwar auf jedem der vorgenannten Gebiete. **Introversion und Innenvergleiche** waren immer **tödlich**. Das sollten wir aus den großen Fehlsteuerungen der Vergangenheit gelernt haben. **Umfassendes Benchmarking** (im Vergleich mit den weltweit besten Unternehmen, Verwaltungen und Regierungen) unter Entwicklung **dynamischer, zukunftsorientierter Ziele** ist angesagt.

28.2.1 Die Rolle von Daten

Daten und Wissen sind Lebensgrundlagen wie Wasser und Luft: Sie dürfen nicht kostenlos sein – sonst werden sie vergeudet. Gemeinsam ist ihnen, dass sie die Lebensgrundlagen für menschliche Gesellschaften sind. Die scheinbaren Unterschiede sind, dass Wasser und Luft (also unser biologisches Ökosystem) nicht begrenzt zur Verfügung stehen, Daten aber schon. Das ist aber in dieser Vereinfachung falsch, denn: Daten belasten die Umwelt, insbesondere Wasser und Luft. Allein der CO_2-Abdruck von Internet-Nutzung und Rechenzentren ist bereits heute ein größeres Klimaproblem als die Luftfahrt. Wenn das Wachstum von Datenerzeugung und Datenverkehr weiter so steigen wird wie bisher und wenn die Energieversorgung (insbesondere Verstromung) nicht weiter ausgebaut würden, dann stände für nichts anderes mehr Strom zur Verfügung als eben für die in diesem Buch hervorgehobenen Aktivitäten aus dem Bereich *Internet, Smart Data und Smart Devices (I/SD)*. Weltweit würde das Licht ausgehen, würde die Wasserversorgung zusammenbrechen und die Atemluft würde weniger.

Ein Horrorszenario? Mitnichten. Vielmehr eine **Forderung nach grundlegendem Richtungswechsel**. Die Vorhersage des **Club of Rome** holt uns schließlich ein, mit den nun sichtbar werdenden »**Grenzen des Wachstums**« – also nichts prinzipiell Neues. Und Warner aus damaliger Zeit sollten wieder Gehör finden, etwa (auf publizistischer Ebene) *Frederic Vester* mit seinem Credo »**Denken, lernen, vergessen**« – letzteres müssen wir systematisch einbauen. In die heutigen Digitalsysteme muss die Suche nach Methoden der **Datenökonomie und der Datenlöschung** integriert werden. Dies betrifft schließlich uns alle bis hin zum Individuum – nicht nur die digitalen Nerds, sondern alle, Senioren eingeschlossen. Auf die zu erwartenden technologischen **Fortschritte zur weiteren Ökonomisierung** dürfen wir uns **nicht verlassen**, denn die Entwicklung der vergangenen Jahre hat gezeigt, dass diese **nicht ausreichen**. Damit verhält es sich mit den Daten eben doch so wie mit Wasser und Luft: **Schließlich müssen Daten auf allen Ebenen bepreist werden**. Das geht natürlich nur in globaler Abstimmung, in Zusammenarbeit Europas mit den *USA, China* und anderen Staaten. **Deutschland im Verbund Europas** könnte die Modellierung und Durchsetzung eine **Treiberrolle** übernehmen.

28.2.2   Globale Datenströme

Die amerikanischen Spieler (allen voran die »Big Five«), und der »Staatsunternehmer China« (der den industriellen Zwangsverbund vor allem der »BAT«-Konzerne führt) haben erkannt, dass sich kostenlose Datenströme, wenn sie nur im Sinne der Eigeninteressen genutzt und kostenlos verfügbar sind, dem Eigeninteresse der USA und Chinas nutzen. In den USA vor allem den »Big Five« der internetorientierten Industrie, die dafür sorgen, dass das Handelsbilanzdefizit durch Lizenzströme aus dem Ausland (vor allem aus Europa) mehr als ausgeglichen wird, sodass die saldierte Leistungsbilanz der USA positiv ausfällt. In China sichert die totale digitale Vernetzung im Verbund mit den Sozialkonten zur Kontrolle aller Bürger in jedweder Lebenssituation für die Stabilisierung des diktatorischen Systems, das nach dem *Tianmen-Blutvergießen* zum Erhalt des politischen Systems einfach notwendig wurde. Um dies aber nicht falsch auszulegen: Die große Mehrheit der Bürger Chinas begrüßt dies, denn es gibt ihnen Sicherheit und Prosperität – die Gegnerschaft ist eher schmal und Randgruppen wie Uiguren und Tibetaner werden auf Abstand gehalten, in Lagern isoliert und »umgeschult«. Indirekt mitverantwortlich ist letztlich auch Europa, der wichtigste Exportmarkt für die Amerikaner und auch für die Chinesen – insbesondere auch, weil sich Europa bisher nicht auf Importbedingungen zur Einhaltung von Menschen- und Arbeitsrechten und eine angemessene Besteuerung der I/SD-Player einigen konnte.

28.2.3   Kontrolle der Datenströme

Damit fließen unkontrollierte Datenströme um die Welt. Transatlantisch in alle Richtungen, was China betrifft nur als Einbahnstraße Richtung Ausland. Der »Inbound-Weg« ist hermetisch verschlossen, die letzten Löcher wurden in der letzten Zeit auch noch verstopft.

Unkontrollierte Datenmigrationen, durch staatliche **Informationsabgriffe, Industriespionage** und **Cyberattacken** sind eine viel **größere Bedrohung für Deutschland als Asylantenströme:** Barrieren sind aber tödlich für Deutschland, denn wir prosperieren ja vor allem durch die Offenheit der Datenflüsse. Völlige Kontrolllosigkeit ist aber unverantwortlich: Wir brauchen ein Datenmanagementsystem, das alle Sozialpartner einbindet, und Schutzmechanismen. Das erfordert aber gesellschaftlichen Konsens und eine klare Linie. Konzepte dazu gibt es schon. Sie befinden sich in der Umsetzung und müssen europaweit ausgebaut werden – sogar unter spezifischer Einbindung von Amerikanern und Chinesen. Weiteres dazu später.

28.3   Grenzen des Wachstums

28.3.1   Technische Grenzen

Die heute erkennbaren technischen Möglichkeiten stellen auf absehbare Zeit und allein genommen keine Grenzen für das Wachstum im weltweiten Datenverkehr dar. Es gibt zwar einige Hürden, diese erscheinen dank neuer Ideen und Technologien jedoch als überwindbar. So sind etwa die physikalischen Grenzen der Speicherdichte in etwa erreicht. Das *Moore'sche Gesetz* im klassischen Sinne hat damit ausgedient, aber viele neue Ideen, die in ganz andere Richtungen gehen, können weitere Potenziale erschließen. So können etwa auf Chips Strukturen weggelassen werden, die für die konkreten Anwendungen im Einzelfall nicht notwendig sind. Es wird weitere Fortschritte bei Rechenverfahren geben, die die Prozesse vereinfachen. Vielleicht kann man Rechenleistungen auch teilweise substituieren, indem man auf Rechenbibliotheken zurückgreift, in der die Ergebnisse vergleichbarer Aufgaben abgelegt sind. Dies kann ein weiteres Anwendungsfeld von *Mustererkennung* und *künstlicher Intelligenz* sein. Auch »künstliche Intuition« könnte hier eine Rolle spielen: Rechenaufgaben ersetzen durch künstliches Erfahrungswissen. Der Fantasie sind hier kaum Grenzen gesetzt.

Folgerung: **die IT-Technik ist nicht die Grenze, auch nicht das** (technische) **Marktpotenzial des I/CT-Segments** sondern es sind andere Faktoren, die als »*Antagonisten*« wirken. Dazu gehören *Wirtschaftlichkeit, Energiebedarf, Umweltbelastung,* (Cyber-)*Sicherheit* und kulturell-psychologische Hürden, aus denen *Technikaversionen, Zukunftsängste* und *Verkrustungen* von Strukturen erwachsen. Dies ist im Folgenden näher zu behandeln.

28.3.2 Energie: Bedarf versus Verfügbarkeit

Das *Fraunhofer-Institut* schätzt den Energiebedarf für Rechenzentren in Deutschland bei derzeit 10 bis 15 TWh.[1303] Das entspricht dem Bedarf von etwa zehn Mio. Menschen, also dreimal soviel wie Berlin. Da die Nutzungsintensität der Rechenzentren pro Jahr weit über dem Bevölkerungswachstum liegt – Experten gehen von Verdoppelungen alle zwei Jahre aus – kann man hochrechnen, wann die Serverpopulation (im Energiebedarf gemessen) größer sein müsste als die Bevölkerung Deutschlands. Dabei sind aber technische Fortschritte bei der Energieeffizienz einzukalkulieren, die den Wachstumseffekt dämpfen.[1304] Dies illustriert die Dramatik der Entwicklung und macht deutlich, dass es so nicht auf Dauer weitergehen kann und nicht weitergehen wird. **Die Grenzen des Wachstums von Internet- und Cloud-Nutzung sind durch deren Energiebedarf bestimmt.**[1305]

Verschiedene Hochrechnungen aus England und Japan kommen zu ähnlichen Ergebnissen: Setzt sich das Wachstum für den Stromverbrauch der Rechenzentren fort, dann wird – **bei gleichbleibender Stromerzeugung – 2030 der gesamte lieferbare Strom von der ICT-Infrastruktur verbraucht werden**. Im Klartext hieße dies, dass sich der **Strombedarf bis 2030 weltweit verdoppeln** würde. Dieses Szenario ist auch durch günstigste Annahmen über den Ausbau der Energieversorgung nicht realisierbar (s. u.).

Größter Treiber beim Stromverbrauchswachstum ist das Streaming. Französische Wissenschaftler rechnen dem Streaming von Videos besonders hohen Energieverbrauch zu. Dieser benötigt 1500-mal mehr Energie als der Betrieb eines Smartphones und ist für über 80 % der Zunahme des Datenverkehrs verantwortlich. Hinzukommen werden als besonders große Verbrauchstreiber die *Blockchain-Anwendungen,*

1303 Nach Aussage von Clemens Rohde, Leiter des Geschäftsfelds Energieeffizienz beim Fraunhofer Institut für System- und Innovationsforschung in Karlsruhe, zitiert in: https://www.swr.de/wissen/20-jahre-google-umweltfacts-zu-suchmaschinen/-/id=253126/did=22378814/nid=253126/d2azhl/index.html, abgerufen 23.5.2019.
1304 Weiteres siehe Kapitel 9 »Digitale Infrastruktur«.
1305 Weitere Daten und Vergleiche dazu siehe im Kapitel 17 »Energiebedarf und Digitalisierung«.

deren Verbrauchsschub sich ja noch gar nicht in der Energiebilanz niedergeschlagen hat. Lediglich die Pilotanwendung »*Bitcoin*« hat schon einen signifikanten Energiefußabdruck hinterlassen: Der Bedarf für die Rechnerleistung wird mit derzeit 40 TWh berechnet plus 10 TWh für *Etherwallets*.[1306]

Setzt sich der bisherige Trend fort und steigt das Datenvolumen weiterhin um 30 % pro Jahr, dann wäre die ICT-Branche weltweit schon 2025 für 8 % der Treibhausgasemissionen verantwortlich. Bereits heute wird die CO_2-Emission aus ICT und I/SD auf das Doppelte taxiert, das die Luftfahrt abgibt (alle Daten dazu siehe Kapitel 17 »Energiewirtschaft und Digitalisierung«).

28.3.3   Produktions- und Folgekosten

Noch nicht eingerechnet in dieses Szenario sind die Aufwendungen und Belastungen für die Produktionen und den Anlagenbau im *ICT-Sektor*, angefangen von der Mikroelektronik über Produkte und Systeme für Rechenzentren, Peripheriegeräte sowie speziell im *I/SD-Segment* etwa für Herstellung, Logistik und Recycling sämtlicher Smart Devices und die Logistikosten und -belastungen in der Folge des Online-Geschäftes. Hierzu gehören selbstverständlich nicht nur die direkt zurechenbaren Aufwendungen, sondern auch die nicht erfassten Kosten und Belastungen, etwa für den Straßenverkehr und die Umwelt.

28.3.4   Einsparpotenziale

Fairerweise müssen Einsparungen als Positivwirkungen der sogenannten »*Industrie 4.0*«, besser noch unter Einbezug aller Positiveffekte der »*Industriegesellschaft 5.0*« gegengerechnet werden. Hierzu gibt es zahlreiche Ansätze, die aber alle an Abgrenzungsproblemen kranken und an wenig belastbaren Prognosen über Verhaltensweisen, etwa in der Frage, wie viel Transportaufwendungen eingespart werden durch die Nutzung von Home Offices, durch intelligente Bündelung von Gütertransporten und wie viel Energie sich einsparen lässt durch intelligente Vernetzung und Steuerung aller Verbrauchsebenen (bottom-up) vom Smart Device (etwa der intelligenten vernetzten Waschmaschine) über Smart Home (einschließlich der *Prosumer*), der intelligenten Verteilnetze, der datengetriebenen Versorgungsnetze und des Kraftwerkparks.

28.3.5   Geringe Belastbarkeit und politische Färbungen

Bei der Sichtung der Studien fällt auf, dass Aussagen in vielen Fällen wunschbestimmt und auch politisch gefärbt sind. Verständlicherweise sind auch Aussagen der Bundesregierung und ihrer Ministerien

---

1306 Etherwallet bezeichnet eine auf Etherium basierte Blockchain-Technologie. Ethereum ist ein verteiltes System, dessen Teilnehmer (Ethereum Accounts oder Contracts) das Ethereum-eigene Peer-to-Peer-Netzwerk nutzen, um Daten ohne einen zentralen Server auszutauschen. Im Unterschied zu Bitcoin ist Ethereum jedoch keine reine Kryptowährung, sondern auch eine Plattform für sogenannte Dapps (Decentralized Apps), die aus Smart Contracts bestehen. Für Smart Contracts gibt es eine Vielzahl von Anwendungen, unter anderem E-Voting-Systeme, virtuelle Organisationen, Identitätsmanagement, Vertragsmanagement und Crowdfunding.

häufig gefärbt, um die Öffentlichkeit in Sicherheiten zu wiegen – die aber nicht gegeben sind.[1307] Dementsprechend stellt das *Institut der Deutschen Wirtschaft* fest, dass die Prognosewerte für die Auswirkungen auf die Volkswirtschaft weit auseinanderliegen.[1308]

28.3.6   Zusammentreffen mit der E-Mobilität

Die Frage nach der Belastung der deutschen Stromversorgung durch die Elektromobilität hat zu zahlreichen Studien geführt. Bei einem 100 %igen Ersatz der Verbrennerflotte von derzeit rund 46,5 Mio. Pkws und 7 Mio. Lkws liegen die Verbrauchsprognosen zwischen 100 Terawattstunden (TWh) für den Pkw-Verkehr (nach *McKinsey*) und 175 TWh für Pkw und Lkw (nach *PwC*).[1309] Das Umweltministerium prognostiziert für eine vollständig elektrifizierte Pkw-Flotte rund 90 TWh. Bei einem aktuellen Verbrauch von rund 530 Terawattstunden (TWh) im Jahr entspräche dies einem Zusatzbedarf von gut 175 TWh, also rund einem Drittel der aktuellen Bruttostromerzeugung in Deutschland. Dies könnte zwar theoretisch von der heute gelieferten Strommenge von 210 TWh über erneuerbare Energien getragen werden, die Stromproduktion in Deutschland könnte jedoch aktuell die Nachfrage nicht decken, wenn auf einen Schlag der komplette Straßenverkehr elektrifiziert würde und alle externen Faktoren gleich blieben. Allerdings gilt zu beachten, dass Deutschland momentan Stromexporteur ist: 2017 betrug die Nettostromerzeugung 621 TWh. Dem gegenüber stand der besagte Verbrauch von rund 530 TWh. Demnach haben wir ein Energiepolster, sodass nicht die komplette zusätzliche Nachfrage durch neue Kraftwerke produziert werden müsste.[1310]

28.3.7   Dreifachbelastung aus Haushaltungen, E-Mobilität und Internet/Cloud

Wie oben gezeigt, würde bei weiterhin ungebremstem Wachstum des Stromverbrauchs für die Nutzung von Internet und Rechenzentren, der Strombedarf bis 2030 etwa beim Doppelten für die Haushaltungen von heute liegen.[1311] Die Elektromobilität käme dann als Zusatzbelastung mit plus 30 % der aktuell gelieferten Energiemenge. Durch zeitversetzte Abforderung des Kfz-Stroms, durch Nutzung von Stromspitzenproduktionen, die bisher ins Ausland verkauft werden und durch den Einsatz intelligenter Steuerungen und Speicher (Smart Grids) **könnte der zusätzliche Stromversorgungsbe-**

1307 Als eines von vielen Beispielen sind die Aussagen der Bundesregierung zum Strombedarf bei vollständiger Durchsetzung der Elektromobilität anzuführen, die sie auf 1/6 des zusätzlich notwendigen Produktionsvolumens einschätzen, während kritischere Studien auf zusätzlich 1/3 kommen. Außerdem argumentiert die Bundesregierung, dass das von ihr errechnete Zusatzvolumen bereits heute durch die bestehenden regenerativen Anlagen abgedeckt werden kann. Damit stellt sich die Frage, woher denn die bisherigen Abnehmer ihren regenerativ erzeugten und gelieferten Strom beziehen sollen, wenn dieser in die Elektromobilität fließt. Die Probleme des weiteren Ausbaues von Netzen und Anlagen und der Verzögerungen durch Einsprüche liegen außerhalb ihrer Betrachtung.

1308 Siehe dazu Kapitel 23 »Arbeitswelt in der Digitalisierten Gesellschaft«, Abschnitt 23.7.

1309 Eine Gegenüberstellung der Studienergebnisse findet sich bei Edison Handelsblatt vom 24.10.2018, https://edison.handelsblatt.com/erklaeren/so-viel-strom-braeuchte-ein-vollstaendig-elektrischer-strassenverkehr/23204256.html, abgerufen 4.6.2019.

1310 Weiteres siehe: Bundesministerium für Forschung und Technologie, https://www.bmu.de/fileadmin/Daten_BMU/Download_PDF/Verkehr/emob_strom_ressourcen_bf.pdf, sowie Wirtschaftswoche: Elektromobilität Hält das Stromnetz dem E-Auto-Boom stand?, https://www.wiwo.de/technologie/mobilitaet/elektromobilitaet-reicht-der-strom/20231296-2.html, abgerufen 4.6.2019.

1311 Zugrunde gelegt: Heutiger Strombedarf der in Deutschland betriebenen Rechenzentren entspricht 10 Mio. Einwohnern. Konservativ gerechnet: Verdopplung des Strombedarfs alle drei Jahre, d. h. Faktor 8 bis 2030. Damit käme der Strombedarf allein für Rechenzentren etwa auf gleiche Höhe wie die (nicht weiter wachsende) Bevölkerungszahl.

darf aus der Elektromobilität (cetris paribus) wohl aufgefangen werden. Voraussetzung ist aber, dass der Netzausbau dynamischer vorankommt als bisher. Zur Erinnerung: Heute fehlen noch rund 3.000 km Hochspannungsnetze und die Ausbaugeschwindigkeit kommt aufgrund von Einsprüchen nicht wesentlich über 80 km pro Jahr hinaus. Die bereits jetzt erreichte unschöne Dichte von dezentralen Onshore-Windkraftanlagen sollte prioritär durch »zentrale« (d. h. stark gebündelte) Offshore-Anlagen ergänzt werden, vor allem wohl in der Ostsee. Des Weiteren bestehen Engpässe auf der Verteilerebene. In Düsseldorf etwa wurden in den vergangenen 25 Jahren die Hälfte der 5.000 kleinen Ortsnetztrafos demontiert, weil die privaten Haushalte immer weniger Strom verbrauchten. Diese und noch mehr müssen nun neu aufgestellt werden und das gesamte städtische Verteilnetz ist auf den Zusatzbedarf aus der Elektromobilität auszurichten. Dabei könnte die Konzentration von Stromauslässen in sogenannten *Parkmaschinen* eine Rolle spielen, die sich als automatisierte und verdichtete Lösungen für autonom geführte Fahrzeuge anbieten – etwa nach dem Muster von Hochregallagern oder der »Schwarmführung« ganzer Fahrzeugreihen, um Bewegungsräume nur dort bereitzustellen, wo sie aktuell erforderlich sind. **Das größte Problem für die Implementierung der Elektromobilität liegt somit bei der Infrastruktur in Ballungszentren.**

28.3.8   Summa summarum: Energieszenario 2030

Zusammengefasst würde sich unter der Annahme gleichbleibenden Strombedarfs für die »klassischen« Anwendungen (Haushaltungen, Industrie und Infrastruktur – jedoch ohne ICT) plus Strombedarf für ICT **und** I/SD (unter der Annahme gleichbleibend fortgeschriebenem Wachstums) plus Elektromobilität unter Annahme der Vollausrüstung der gesamten Fahrzeugflotte (Pkws plus Lkws) der jetzige **Stromverbrauch in Deutschland von heute bis 2030 um den Faktor 2,3 vergrößern.** Hierin sind die oben genannten Produktions- und Logistikkosten für die Bereiche ICT und I/SD noch nicht eingerechnet. Wir lassen sie hier außen vor, weil Einsparungen gegenzurechnen sind – aber die bisher vorliegenden Studien aus verschiedenen Gründen führen zu keinem auch nur annähernd einheitlichen Bild.

Das kritische Gesamtszenario mit dem Faktor 2.3 ist in keiner Weise darstellbar und auch nicht wünschenswert, denn (1) keine der Versorgungsstufen kann dies in Deutschland leisten, selbst unter größten Anstrengungen an Investitionen und Liberalisierung der Genehmigungspraxis nicht,[1312] (2) die Durchsetzung einer nochmaligen Energiewende unter Wiedereinbezug der Kernkraft ist weder gesellschaftlich noch politisch vermittelbar, neue Energiequellen wie die Kernfusion sind noch nicht marktreif, (3) die Umweltbelastung würde sich noch verstärken, die nachhaltige Wirkung ist ohne einen grundlegenden

---

1312 Wie gezeigt wurde, haben wir weder die entsprechenden Perspektiven für den Ausbau der zentralen und dezentralen Energieversorgung, noch über den Ausbau der Fernnetze, noch bei den Verteilnetzen und auch nicht bei den notwendigen Anschlüssen. Auch die unbegrenzte Weiterführung der Kohlekraftwerke würde nicht ausreichen. Vielmehr müssten wir die Kernkraft reaktivieren und das hieße wegen der auslaufenden Wartung jetziger KKWs und der am Horizont stehenden neuen Kernkrafttechnologien den Neubau von Kernkraftwerken in Deutschland. Im Vorfeld dazu müsste eine neue Kernkraftindustrie aufgebaut werden. Die Kernfusion käme da in jedem Fall zu spät.

Richtungswechsel kritisch zu sehen[1313] und (4) das Europäische Ausland kann und wird uns mit Stromimporten in dieser Größe nicht helfen.[1314] Sie steht ja vor denselben Problemen.

28.3.9   Cyber Security

Datenschutz[1315] und *Datensicherheit*[1316] sind grundlegende Voraussetzungen zur Wertsicherung datenbezogener Aktivitäten in Industrie, Gesellschaft und Verwaltung. Näheres dazu siehe Kapitel 14 »Cyber Security«. Die Bedrohungen nehmen zu und die Angreifer bedienen sich der jeweils neuesten verfügbaren Technologien. Deshalb haben wir es hier mit einem stetigen Wettlauf zwischen Verteidigern und Angreifern zu tun. Grundprinzip aller sollte deshalb sein, bei allen Einsatzfaktoren immer auf der Höhe der neuesten Technologien zu sein. Dies betrifft Hardware, Software in Computersystemen, Netzen und jedwede Schutzfunktionen auch personalpolitischer und infrastruktureller Natur, denn die meisten Angriffe kommen von intern, beruhen auf Nachlässigkeit und krimineller Antriebe gleichermaßen. Die Angreifer adressieren zunehmend ganze Netze von Unternehmen, Individuen, Behörden und den Gesamtstaat als Verbund aller. Deshalb müssen sich die Verteidiger zusammenschließen, also in der Wirtschaft etwa durch Zusammenarbeit in der gesamten *Lieferkette* bzw. im jeweiligen *digitalen Ökosystem*. Dies geschieht z. B. durch das von der Industrie gegründete, international ausgerichtete *Charter of Trust*. Zur Zusammenarbeit sind auch Regierungen eingeladen, denn international operierenden Angreifern ist internationale Zusammenarbeit entgegenzusetzen. Die Bundesregierung mit ihren Behörden und Institutionen muss dabei als Netzwerkmanagementsystem für Strukturierung, Einsatzleitung und Weiterentwicklung fungieren und dabei supranationale Beiträge nutzen und zu liefern, damit alle Parteien im Verbund auf der Höhe der Entwicklungen bleiben.

Seit 2017 seit besteht dazu die von der Bundesregierung gegründete *Zentrale Stelle für Informationstechnik im Sicherheitsbereich (Zitis)*, die neue Werkzeuge für Bundeskriminalamt, Bundespolizei und Verfassungsschutz entwickeln soll. Ebenfalls seit 2017 arbeitet der vom Verteidigungsministerium ins Leben gerufene *Cyber Innovation Hub* daran, die *Bundeswehr* auf den technologischen Spitzenstand zu bringen und Start-ups aus der IT-Sicherheit zu fördern. Und seit 1991 existiert das *Bundesamt für Sicherheit in der Informationstechnik (BSI)*, das Unternehmen und Behörden in Deutschland vor Attacken aus dem Netz schützen soll. Trotz aller bereits angestellten Bemühungen bestehen noch Lücken zwischen der Erforschung von Technologien an Universitäten und der Entwicklung von einsetzbaren Anwendungen. Dafür wurde die *Agentur für Innovationen in der Cybersicherheit* gegründet, die gemeinsam beim Bundesinnenministerium als auch beim Bundesverteidigungsministerium angesiedelt ist und Anfang 2019 ihre Arbeit

---

1313 Dies belegen auch große internationale Untersuchungen wie etwa die an anderer Stelle herangezogene Studie des französischen Think-Tanks The Shift Project. Bericht daraus von Sascha Mattke vom 19.3.2019, https://www.heise.de/tr/artikel/Wie-Digitalisierung-das-Klima-belastet-4339249.html, abgerufen 7.6.2019.

1314 Weil unbezahlbar insbesondere vor dem Hintergrund der Spotmarktvereinbarungen und zumal die dafür benötigten Fernnetze gar nicht bereitgestellt werden können. Zu rechnen wären mit weiteren 3.000 bis 5.000 km. Zur Erinnerung: Die Baugeschwindigkeit (nach Abwehr lokaler Widerstände) liegt derzeit in Deutschland noch immer bei 60-80 km pro Jahr.

1315 Zur Definition des Begriffes Datenschutz: Dieser bezieht sich auf personenbezogene Daten, nämlich informationelle Selbstbestimmung und Schutz der Privatsphäre.

1316 Zur Definition des Begriffes Datensicherheit: Dieser ist weiter gefasst und betrifft grundsätzlich jede Form von Daten, die vor dem unbefugten Zugriff und Missbrauch geschützt werden sollen.

aufnahm.[1317] Das als GmbH ausgegründete Unternehmen soll theoretische Forschung zur IT-Sicherheit anschieben und die Verbindung zur praktischen Anwendung herstellen. Die Forscher sollen neuronale Netze, neue Arten von Speichermedien oder auch automatisierte Systeme entwickeln, die *Cyberangriffe* frühzeitig aufdecken. Auch gesellschaftspolitische Projekte sind vorgesehen – etwa neue Wege, den Bürgern das Thema Cybersicherheit nahezubringen.

Die großen Herausforderungen für diese Institutionen sind, die richtigen Mitarbeiter zu finden und die Grundlagenentwicklung so auszurichten, dass Deutschland auch in bahnbrechenden Umsetzungen gegenüber den USA und China wieder Führungspositionen erreicht. *Benchmarking* mit dem Ausland und systematisches Netzwerkmanagement mit den Partnern aus Industrie und Verwaltung sind dazu unerlässliche Aktivitäten, auf die besonders starkes Gewicht zu legen ist.

28.3.10   Kulturelle Widerstände

Deutschland leidet unter einer Spaltung der Gesellschaft: auf der einen Seite der Anspruch, zu den führenden Industriegesellschaften zu gehören, auf der anderen Seite Technikangst, Technikaversion und Industriefeindlichkeit. Dies ist ein Problem, das bis auf die Nachkriegszeit zurückgeht, nämlich auf die Proteste der 1968er.[1318] Diese Generation hat bis heute die Industriekritik geprägt und letztlich, aus den erworbenen Positionen in Gesellschaft und Verwaltung, auch zur Verdrängung ganzer wissensbasierter Branchen beigetragen. Darüber hinaus haben Regularien hierzulande verhindert, dass deutsche Unternehmer führende Positionen an entscheidenden *Wissensdienstleistungsbranchen* entwickeln konnten. So sind die weltweit führenden Anwaltskanzleien, Wirtschaftsprüfungen und Strategieberatungen alle in US-amerikanischer Hand. Deutsche sind nur in zweiter Liga, meist regional begrenzt, dabei.

28.3.11   Intellekt versus Vermarktungskraft

Mangel an Ideen und mangelnde Intelligenz waren nicht die Gründe für das Versagen. Auch nicht die geringere Kopfzahl, im Vergleich mit den USA und China. Wie in Kapitel 16 »Künstliche Intelligenz: Wettlauf mit den USA und China« gezeigt, gehen viele Entwicklungen auf Europäer, insbesondere auf Deutschland zurück. Bei uns entstand das *World Wide Web*. Wir entwickelten in den 80er Jahren an der Bundeswehr-Universität München die ersten *selbstfahrenden Autos* und das *Deep-Learning-Verfahren* LSTM, ein künstliches neuronales Netz wurde in den 1990er Jahren an der TU München erfunden.

1317 Bericht zur Gründung siehe ZEIT ONLINE vom 29.8.2018, https://www.zeit.de/digital/internet/2018-08/cybersicherheit-bundesregierung-innovation-cyberagentur-netzpolitik, abgerufen 9.6.2019.

1318 Die Nachvollziehbarkeit dieser Proteste ist nicht infrage zu stellen, denn sie richtete sich gegen die Vertreter der Wirtschaft und Gesellschaft, die sich über die Nazizeit in die neue Republik hinübergerettet hatten.

28.3.12 Deutsche Versäumnisse

Deutschland hat es versäumt, die seinerzeit versprengten Forschergruppen zu bündeln, aus diesen Kristallisationspunkten große KI-Institute zu schaffen und dort Verbünde zur Vermarktung zu schaffen, wie etwa bei der *Stanford-Universität*. Einer über 20 Jahre laufenden Fehlentwicklung können wir nicht nachlaufen. Die auf Stanford zurückgehenden »Big Five« der USA haben das Rennen gemacht. China hat Wissen aus den USA und Europa abgesaugt – noch heute arbeiten führende KI-Forschungsgruppen in Deutschland vorwiegend für die US-Big-Four und im Auftrag der Chinesen. Und dann hat China den eigenen Markt so abgeblockt, zuletzt den verbliebenen Aktivitäten aus den USA den Hahn abgedreht, dass hier eine »geschützte zweite Digitalwelt« entstehen konnte.

28.4 Strategien für Deutschland

28.4.1 Geteilte Hemisphären

Derzeit haben wir es mit geteilten digitalen Welthemisphären zu tun, die USA operiert aus Positionen der Digital-Hegemonie heraus und China schützt seinen Markt durch Total-Blockaden. Hinter dem »eisernen digitalen Vorhang« entstehen die neuern Technologieführer, wie etwa *Huawei*, nunmehr eindeutig führend bei G5-Netztechnologien (bald auch G6), gegen die Trump nun die etablierten US-Spieler, insbesondere die zurückgefallene *Cisco*, schützen muss. Und in der Mitte? Europa, vor allem Deutschland, die ihre Märkte für alle Seiten offenhält und vor der Übermacht im gesamten *I/SD-Portfolio* (also auch im vom *Amazon* dominierten Online-Handel) keine glaubwürdige und keine Qualitäts- und Massentauglichen Gegenhalte-Strategien entwickelt hat. Der Kampf in der ersten Liga findet zwischen den USA und China statt. Deutschland ist abgehängt, Europa ist zersplittert. Die in diesem Buch entwickelten Zahlen zeigen überdeutlich das **Wertverhältnis der I/SD-Branchen USA: China : Deutschland = 16 : 4: 1.**

28.4.2 Strategische Handlungsfelder und -optionen

Deutschland muss vor diesem Hintergrund einen belastbaren Plan für den Einstieg und die Entwicklung unserer »*Industriegesellschaft 5.0*« entwickeln. Anderenfalls würde es seine Rolle als Industriestaat und seinen Wohlstand verlieren. Strategien sind angesagt und vor allem der unbedingte Wille, die Strategien konsistent in Taten zu überführen. Deren **Erfolge sind anhand mehrerer Kriterien zu messen**, wie: unternehmerische Leistungen (Wertbeiträge für Gesellschafter, Aktionäre und Staat – etwa Steuern) und nachhaltige Sicherung eines fairen, generationengerechten gesellschaftlich-sozialen Systems unter Beachtung ökologischer Ziele.

Dazu bestehen folgende Handlungsfelder bzw. -optionen:
* Grundlagen sichern: bedarfsbestimmte digitale Infrastruktur,
* Gegenhaltestrategien oder Allianzen: Deutschland gegenüber USA und China,
* Wertschöpfung nach Deutschland holen – Digitalisierung als Hebel,
* Beispiel: Online-Geschäfte und Plattformen,
* Unternehmensgründungsprogramme: bürokratische Hürden abbauen,

- Hightech-Offensive: Leapfrogging durch Innovationen,
- die neue KI spezifisch fördern,
- Expertenlücken schließen,
- Ausbildungsoffensive,
- Smart Government: Barrierenabbau,
- Mut!

28.4.3   Grundlagen sichern: bedarfsbestimmte digitale Infrastruktur

Grundlegende Voraussetzung für die weitergehende Digitalisierung unserer Industrie, Gesellschaft und Verwaltung – insbesondere beim Gegenhalten im Vergleich mit den USA und China – ist die *digitale Infrastruktur*. Hier gilt es, massive Rückstände aufzuholen, flächendeckend *G4 LTE* als Mindeststandard für alle verfügbar zu halten und den *G5-Ausbau* nach Plan aber differenziert und Kosten-Nutzen-orientiert umzusetzen. In der Differenzierung liegt der Schlüssel: Für die gesamte Bevölkerung brauchen wir flächendeckend und ohne Funklöcher den Datenstandard, den G4 LTE bietet. Darüber hinaus wird Quasi-Realzeit-Technologie notwendig, die die Mobilfunkgeneration 5G mit einer »Travel Time« von einer Millisekunde bietet. Dies ist jedoch nur für spezielle Anwendungen erforderlich, wie beim autonomen Fahren, bei der Fertigungssteuerung und in bildgebenden Realzeit-Applikationen, vor allem in der Medizin. Dazu müssen aber nicht überall die entsprechenden Mobilfunkantennen installiert werden. Die würden auch gar nicht das Problem flächendeckend lösen, wenn nämlich von dezentralen Punkten auf weltweit verteilte Rechenzentren der »Cloud-Ebene« zugegriffen wird. Wegen der großen Entfernungen, des weltweit verteilten Routings und Rechenleistungen würde sich nämlich die Travel Time auf bis zu 100 Millisekunden verlängern. Deshalb sind lokale Lösungen gefordert, wie etwa die bereits vorgestellte »Ebene« des Fog Computings, lokale 5G-Overlay-Netze (etwa für Großkunden), die etwa per Richtfunk oder spezielle Fernleitungen miteinander zu globalen Netzen verknüpft werden können. Lokale Leistungen mit schnellster Antwortzeit können auch durch *Edge Computing* erbracht werden. Mit anderen Worten: **Es sind die neuesten verfügbaren Techniken miteinander zu verbinden,** sodass für jeden Einzelfall kostengünstige Leistungen bereitgestellt werden. Das 5G-Netz ist also nur im Verbund mit regionalen und lokalen Infrastrukturen sinnvoll und wirtschaftlich. **Vorrangiges Ziel des Regierungshandelns** muss dabei sein, insbesondere die **benachteiligten Regionen, vor allem in den neuen Bundesländern,** so **zu versorgen,** dass hier der wirtschaftlich, industrielle Ausbau verstärkt wird. Denn wir haben seit der Wiedervereinigung das Problem der »Binnenmigration«, weg vom Osten, hin zu den westlichen Metropolen. Deren Folgen (etwa Mietenexplosionen und Arbeitskräftemangel auf der einen Seite, Entvölkerung und fortschreitende Deindustrialisierung auf der anderen) ist entgegenzuwirken. Ein passendes Digitalprogramm, das nicht nur die Infrastruktur umfasst, könnte hier essenzielle Anschübe liefern.

28.4.4   Gegenhaltestrategien oder Allianzen: Deutschland gegenüber USA und China

Die Frage, ob jemand frontal gegen einen überlegenen Gegner (Wettbewerber) Front machen sollte, ist nach strategischer Lehrmeinung im Allgemeinen zu verneinen, insbesondere dann nicht, wenn es sich um dasselbe Geschäftsmodell (z. B. Online-Vertrieb), die gleiche regionale Ausrichtung (»global«) und dieselbe Technologiegeneration (z. B. systematische Massen-Auswertung von Kundeninformationen) handelt.

Dies impliziert Ausweichstrategien, also etwa Differenzierungen gegenüber einem Volumenanbieter wie *Amazon*. Grundsätzlich ist dies der Weg, der sich größeren deutschen Onlinehändlern im B2C-Geschäft anbietet. Fragt sich nur, wo das Differenzierungspotenzial liegt. Die Wege deutscher Anbieter sind dabei nicht immer sehr ideenreich.[1319] Dennoch versprechen sich größere deutsche Player auch Erfolge durch frontale Angriffe auf Amazon durch Volumen-Investitionen.[1320]

Das Allianzmodell findet sich quasi als »generische« Lösung, indem rund 50.000 kleinere Händler die Amazon-Plattform nutzen – und damit den berüchtigten »Auslistungsstrategien« des Online-Riesen ausgeliefert sind. Diese wurden bereits mehrfach angesprochen. Etwa die systematische Suche nach prosperierenden Händlern, dem Zwang zur Offenlegung von deren Lieferverträgen und danach Verdrängung durch Übernahme des Segments durch Amazon-Direktgeschäft.

Die Fülle der differenzierten Möglichkeiten kann hier nicht ausgebreitet werden. Lediglich die spezielle Situation im *B2B-Geschäft* sei hier zu beleuchten. Hierbei ist die USA weniger dominierend und Deutschland wegen der großen Breite des Mittelstandes und seiner starken Fertigungsindustrie eher in der Lage, durch die enorme Vielfalt der Möglichkeiten eine große Armada von kleineren Schnellbooten auf die Reise zu schicken, die von großen Playern wie *Amazon* weniger leicht getroffen werden können. Immerhin verfügt Deutschland bereits heute über mehr als 1.000 mittelständische Weltmarktführer (diese nicht nur im industriellen Fertigungsbereich) und hätte damit durchaus das Potenzial, diese per Online und digitale Plattformen auszubauen und als digitale Ökosysteme zu vernetzen. Näheres zu digitalen Geschäftsmodellen siehe Kapitel 10 »Das Management des digitalen Wandels«, darin insbesondere die Abb. 35 und Kapitel 12 »Organischer Umbau: digital getriebene Wertschöpfung«.

28.4.5   Wertschöpfung nach Deutschland holen – Digitalisierung als Hebel

Der Verlust einer Industrie hatte immer eine große Wirkung auf die gesamte Wertschöpfung in Deutschland. Der Verlust einer einzigen Branche ging immer über Branchengrenzen hinaus, besonders wenn andere Industrien als Zulieferer und Abnehmer in die Wertekette eingebunden waren und wenn damit Spitzenwissen verloren ging, das nirgendwo mehr verfügbar gemacht wurde: vor allem in den wissensbasierten Branchen.[1321]

1319 Die Samwer-Brüder kopierten etwa regelmäßig die Geschäftsmodelle, die in den USA erfunden wurden, allerdings sehr erfolgreich wie etwa mit Zalando. Mehr als 100 Firmen haben sie auf diese Art gegründet, unter dem Dach ihrer Rocket-Holding in Berlin laufen über 70 Internet-Unternehmen in 50 Ländern zusammen. 27.000 Menschen werden dort beschäftigt, der Gesamtumsatz soll bei 3 Mrd. € liegen. Weiteres siehe https://www.faz.net/aktuell/finanzen/aktien/zalando-mehr-die-samwers-und-die-kunst-des-kopierens-13139369.html, abgerufen 11.6.2019.

1320 Etwa Zalando. Originalton Geschäftsführer Ritter: »Wir räumen dem Wachstum weiterhin Vorrang vor der Gewinnmarge ein.« Zalando folgt damit einer ähnlichen Logik wie der ungleich größere (und mehr als doppelt so alte) US-Konzern Amazon, https://www.welt.de/wirtschaft/article174091226/Zalando-Online-Haendler-will-die-Strategie-von-Amazon-kopieren.html, abgerufen 11.6.2019.

1321 Zu nennen ist beispielhaft die Kernkraftbranche. Beim Technologie-Erhebungs-Projekt der Kraftwerk Union (KWU) wurden in den Jahren 1985–1990 über 2.000 Technologien identifiziert, die geschäftsspezifisch, zum Großteil einzigartig in ihrer Spitzenausprägung waren. Viele davon konnten in andere Branchen transferiert werden. Die meisten gehen mit dem Ausstieg aus der Kernkraft verloren – ein unwiederbringbarer Verlust für Deutschland, weit über die Energiesparte hinaus. N.b.: Der Autor war seinerzeit als Mitarbeiter der KWU an diesem Projekt beteiligt und hatte später in seiner Zuständigkeit bei M&A bei Siemens auch mit Ausstieg und Verkauf der Nukleargeschäfte zu tun.

Kostensituationen, Rohstoff- und Energiekosten sowie Forderungen der Zielländer nach lokaler Wertschöpfung führten besonders seit Mitte der 80er Jahre dazu, dass Wertschöpfungen aus Deutschland hinaus verlagert wurden, das sogenannte »Offshoring«. Teilweise verlagerte sich der Schwerpunkt in einzelne Zielländer – etwa weil sich global optimierte »World Scale Factories« in den großen Abnahmeländern besser rechnen und global verteilte Wertschöpfung eine gute Versicherung gegen Währungsschwankungen ist.

Die anhaltenden und auf Dauer gefährlich werdenden Verluste an Wertschöpfung haben in den letzten Jahren zu einer Gegenbewegung geführt mit dem Ziel, wieder Wertschöpfung nach Deutschland zurückzuholen.[1322] Diese Bewegung fußt darauf, dass durch die Hochautomatisierung nicht mehr die direkten Lohnkosten standortentscheidend sind, sondern die Verfügbarkeit und Konzentration von Spitzenkompetenzen. Damit kann Deutschland einen Standortvorteil ausspielen, nämlich das breite und gute *Ausbildungsniveau*, das im Weiteren noch zu behandeln ist. Das Gegenargument, dass es zu wenig Arbeitskräfte in den Spitzentätigkeiten gibt, lässt sich dadurch entkräften, dass wir uns in Deutschland zu viele unproduktive Tätigkeiten leisten, gerade auch in der Industrie. Viel mehr noch ist der Standort Deutschland durch weiter anwachsende Verwaltungen gefährdet, durch zementierte administrative Prozesse und eine immer noch ausufernde *Regularienflut*. Die dadurch gebundenen Kräfte aus Industrie und Verwaltung können an produktive Stellen versetzt werden: wir haben eigentlich keinen *Fachkräftemangel*, sondern einen **Mangel an konsequenter Umsetzung effizienter Organisationsmodelle.** Hier müssen die **deutsche Industrie und auch die Verwaltung dringend ansetzen. Die Digitalisierung ist der zweite Schritt** – sie eröffnet in diesem Zusammenhang ein zusätzliches gewaltiges Potenzial – **als erster Schritt ist die organisatorische Optimierung angesagt: Nur einen Gesunden kann man zu Hochleistungen führen.**

28.4.6   Virtualisierung in der Wertschöpfung

Mehrfach wurden die Möglichkeiten, die sich aus der Virtualisierung von Produkten ergeben, angesprochen. Damit können Entwicklung- und Fertigungsprozesse mindestens um Faktor zwei beschleunigt werden. Dieser Pfad impliziert auch, dass weltweite kundennahe kleine Fertigungen, sogenannte »Minifabs«, in relativ kurzer Zeit aufgebaut werden können, die miteinander zu vernetzen sind und behördliche Forderungen nach lokaler Wertschöpfung erfüllen.

28.4.7   Weltweite Lokalisierung von Fertigungsmodulen

Ein neuer dezentraler Fertigungsansatz ist die »*Factory in a Box*«, i.e. eine Fabrik (bzw. Fabrikmodul) mit allen Funktionen in einem Container. Eine so gestaltete Minifab kann innerhalb von 72 Stunden zu jedem Platz der Erde transportiert werden und lässt sich vor Ort innerhalb von zwei Stunden von zwei Personen in Betrieb setzen.[1323] Mit flexibel einsetzbaren lokalisierten Fertigungen könnten drei Fliegen

---

1322 An die Spitze dieser Bewegung hat sich das Institut für Produktionserhaltung (INFPRO) gesetzt, initiiert und unter Vorsitz von Dr. Oliver Prause.

1323 Amazon versucht sich sogar mit Fertigungsleistungen im fahrenden Transport.

mit einer Klappe geschlagen werden, nämlich (1) Reaktion auf *Donald Trump*, um *Zollschranken* flexibel zu umgehen mit denen er unter wechselnden Vorzeichen ständig droht, (2) Ausspielen von Vorteilen des hohen deutschen Kompetenzniveaus hinsichtlich Konzepten und Betrieb von Fertigungen,[1324] (3) sehr breite Nutzenbasis durch den unvergleichbar großen deutschen Mittelstand.

28.4.8 Digitale Ökosysteme systematisch entwickeln

Aufbauend auf Konzepten einzelner Unternehmer ließen sich als weiterer Schritt daraus systematisch die Bildung *digitaler Ökosysteme* entwickeln: durch Zusammenschlüsse aus mehreren Unternehmen, mit dem Ziel der Abdeckung der ganzen Wertschöpfungstiefe, das Ganze in einem Netzwerk und wegen der Notwendigkeit, die höheren Steuerungsanforderungen des Netzes und des Datenmanagements im Upstream- und im Downstream-Prozess der Wertschöpfung: von der Erfassung und Prognose des Kundenverhaltens bis zurück zum Rohstoff. Weiteres dazu siehe Kapitel 12 »Organischer Umbau: digital getriebene Wertschöpfung«.

28.4.9 Ausweichstrategien gegenüber den USA und China

Die Chancen speziell für die deutsche Wirtschaft sind sowohl für kundennahe *Minifabs* als auch für digitale Ökosysteme für Deutschland sind als vergleichsweise (speziell gegenüber den USA und China) günstig einzuschätzen und die »**Ausweichpotenziale**« gegenüber den USA und China sind **groß**. Die Hürden dagegen sind besonders im mittleren bis kleineren Mittelstand hoch, etwa wegen finanzieller Möglichkeiten, struktureller Voraussetzungen und Vorbehalten gegenüber dem Einsatz verteilter automatisierter Prozesse und insbesondere gegenüber der KI. Deshalb sollten sich größere Unternehmungen finden, die hier Rollen als Vorreiter übernehmen können. **Wir sollten diese Pfade prioritär verfolgen - auch mit Unterstützung der einschlägigen Verbände, Einbindung von Fachinstituten und eventuell zu fördern durch die öffentliche Hand.**

28.4.10 Beispiel: Online-Geschäfte und -Plattformen

Als Sprung, den sich die deutsche Wirtschaft vornehmen sollte, wäre die Steigerung um eine Größenordnung zu empfehlen: **10.000 solcher Online-Schnellboote sollten wir anstreben**. Dies klingt sehr hoch. Aber angesichts von rund 3,6 Mio. Unternehmen in Deutschland könnte dies eine realistische Zielmarke sein. Die Anzahl und Vielfalt der in den USA und China basierten Wettbewerber lässt keine kleine Lösung zu. Besonders China ist dabei zu beachten, denn dieses Land hat seinerseits strategische Vorstöße im B2B-Bereich angekündigt – und könnte aufgrund des Drucks aus dem Ausland, der zu beobachtenden weiteren Öffnung des chinesischen Marktes und dem Interesse an ausländischen Technologien vermehrt auch für die Zusammenarbeit mit deutschen Unternehmen aufgeschlossen

---

1324 Von verschiedenen Seiten wird hierzu vorgebracht, dass das deutsche duale Ausbildungssystem und das höhere Ausbildungsniveau gegenüber den USA Vorteile bringen, die genutzt werden können: kompetente, breit ausgebildete und selbstständig denkende Mitarbeiter – in Letzterem auch ein Vorteil gegenüber Kräften aus China.

sein. Aber Achtung: Der Schutz vor dem Absaugen von Technologien durch Verträge, Erpressung und Spionage hat oberste Priorität. Cyberrisiken und chinesische Personalpolitik sind zu beobachten, etwa die vorgeschriebene Entsendung von Parteisekretären selbst in Joint Ventures mit ausländischen Partnern. In den USA steht B2B weniger im Vordergrund. Aufgrund der »*America-First*-Bewegung« ist Local Content als Eintritts und Stabilitätsfaktor angesagt. Hier liegen die besonderen Erfolgschancen für die oben genannten Minifabs.

28.4.11 Unternehmensgründungsprogramme: bürokratische Hürden abbauen

Die KI-Strategie der Bundesregierung sieht zwar vor, Unternehmensgründungsprogramme wie *Exist* auszubauen.[1325] Doch die damit verbundenen bürokratischen Hürden[1326] und Verzögerungen sind beträchtlich – deren langsamer und unvorhersehbarer Abbau gefährdet die Bereitschaft von Investoren, sich in Deutschland zu engagieren. Sie weichen mit ihren Targets ins Ausland aus. Besonders erfolgversprechende deutsche *Start-ups* werden nach den USA verkauft.

28.4.12 Hightech-Offensive: Leapfrogging durch Innovationen

Erfolg im Leistungswettbewerb unter den führenden Industrienationen impliziert führende Technologiepositionen in Geschäftssegmenten mit Wachstumsperspektiven, die sich monetarisieren lassen: Neben Forschung und Entwicklung liegt der Schlüssel des Erfolges bei der Umsetzung am Markt. Wie bereits angesprochen reicht es nicht aus, die besten Grundlagenentwicklungen zu betreiben und über die neuesten Technologien zu verfügen: **Wir brauchen** darüber hinaus auch **den Willen und die Potenziale zur digitalen Umsetzung in unseren eigenen Industrien und nicht nur als Forschungsdienstleister für die USA und China** – wie dies etwa auf dem Gebiet der künstlichen Intelligenz der Fall ist.

Die Auswahl der Arbeitsfelder entscheidet über den Erfolg. Es macht z.B. wenig Sinn, weiter in die klassische KI zu investieren und im Gießkannenprinzip Gelder zu verteilen. Weiteres dazu siehe im Folgenden.

An verschiedenen Stellen in diesem Buch wurden hochinnovative Gebiete angesprochen. Zur systematischen Suche sei auf die einschlägigen Hochschulen und speziellen Studien zu verweisen. An dieser Stelle sollen einige wichtige Felder nochmals herausgestellt werden:[1327]

1325 Ziel des vom Bundesministerium für Wirtschaft und Energie aufgelegten Gründungsprogramm Exist ist, »[…] das Gründungsklima an Hochschulen und außeruniversitären Forschungseinrichtungen zu verbessern. Darüber hinaus sollen die Anzahl und der Erfolg technologieorientierter und wissensbasierter Unternehmensgründungen erhöht werden.« Weiteres siehe https://www.exist.de/DE/Home/inhalt.html und https://www.exist.de/DE/Programm/Ueber-Exist/inhalt.html, abgerufen 5.1.2019.

1326 Beispielsweise müssen IP-Rechte bei der Loslösung von den Universitäten abgekauft werden. Siehe Kapitel 3.2.

1327 Systematiken zu Innovationsfeldern finden sich unter anderem bei: Uwe Hilzensbecher: Innovationsstrategie: Fokus auf Systematik und Selektion der Innovationsfelder bringen Rendite, Springer-Verlag 2010, https://www.springerprofessional.de/innovationsstrategie-fokus-auf-systematik-und-selektion-der-inno/3110564. Als Grundlage bieten sich Trendforschungen an. Siehe dazu z. B.: Angela Hengsberger: Trendforschung: Wie man Trends identifiziert, https://www.lead-innovation.com/blog/trendforschung-wie-man-relevante-trends-identifiziert. Der Münchner Kreis beschäftigt sich z. B. mit dem engeren Feld der Innovationsfelder der digitalen Welt. Siehe dazu deren Zukunftsstudien unter www.zukunft-ikt.de, alle abgerufen 20.6.2019.

- **Nano-Computing, Quantencomputer und Bio-Rechner:**
  International sollte man in Europa die Quantencomputer fördern, das könnte die nächste Tech-Welle werden.
- **Biotech, Gentechnik und Pharma:**
  Finden hier die kommenden technologischen Durchbrüche statt? Fraunhofer arbeitet bereits an DNA-Biocomputern. Via Gentechnik steht die Heilbarkeit von Krebssorten am Horizont.
- **Kernfusion**
  Gemeinschaftsprojekt ITER in Frankreich. In längerer Perspektive die Hoffnung auf die Erschließung einer quasi grenzenloser CO_2-freier Energiequelle.
- **Potenziale für »Industrie 6.0«?**
  Alle genannten Projekte könnten Beiträge für eine weitere Technologierevolution liefern.

28.4.13 Kritische Fragen

Die deutsche Forschung ist auf all diesen Gebieten aktiv, häufig in internationalen Verbundprojekten. Hinsichtlich der angesprochenen Kapitalisierung der Ergebnisse für den Standort Deutschland sind jedoch kritische Fragen angebracht:

- Das sogenannte *Leapfrogging* (d. h. das Überspringen von Technologie- und Industriegenerationen) ist immer kritisch, weil in den meisten Fällen Vorwissen und Erfahrungen aus der davor liegenden Generation mitentscheidend sind.
- Bieten wir rechtlich die Voraussetzungen für die Schlüsselaktivitäten auf den genannten Gebieten? – Beispiel: Genforschung.
- Bieten wir angemessene Finanzierungen – insbesondere im Vergleich mit den USA und China?
- Bieten wir konkurrenzfähige Arbeitsplätze, Forschungsumgebungen und Gehälter, um Spitzenforscher in Deutschland anzuziehen und zu halten?
- Fokussieren wir die Programme angemessen: Konzentration auf Themen und Institute anstelle von »Gießkannenstrategien«?

Wieder einmal: Hier ist internationales *Benchmarking* angesagt. Zum Vergleich sind Spitzeninstitute und Unternehmen mit weltweiten Führungspositionen heranzuziehen. Das gilt nicht nur für Forschungseinrichtungen und Industrien, sondern auch für Behörden und Regierungsstellen.

28.4.14 Die neue KI spezifisch fördern

Konzerne wie Google und *Facebook* haben mithilfe von maschinellem Lernen, einem Teilbereich der künstlichen Intelligenz, ihre Dienste verbessert und erweitert. *Google* hatte schon vor Jahren den Wandel von »*Mobile First*« zu »*AI First*« vollzogen. Die großen wirtschaftlichen Erfolge der »*Big Five*« der *I/SD-Industrie* der USA beruhen schlichtweg auf der Menge der gesammelten Daten und klassischer Methoden der Datenauswertung (etwa Data-Mining). Dagegen ist die »*neue KI*« zu stellen.

Die »neue KI« dreht sich fast ausschließlich um *maschinelles Lernen* und tiefe *neuronale Netze* wie LSTM.[1328] Es ist die neue KI, die jetzt weltweit mit Milliardenbeträgen gefördert wird, nicht die alte KI, obwohl diese heute noch die Börsenwerte der Big Five in den USA treibt.[1329] Genau auf diesem hochinnovativen Gebiet müssen Deutschland und Europa angreifen, um wieder in die Spitzenliga aufzurücken, die mittlerweile von den USA und China dominiert wird.

28.4.15   Verkrustungen abbauen

Will Deutschland Erfolg haben, darf es keine aus der Zeit gefallenen verkrusteten Strukturen stärken, insbesondere zugunsten von Vertretern der alten KI. Diese haben wenig zur neuen KI beigetragen, aber bei Politikern beanspruchen sie mehr Förderung für ihre alten Institute. Die Bundesregierung läuft Gefahr, dass mit dem angesagten Programm der Finanzierung von 100 Professuren vor allem alte Institute mit ihren Ansätzen zur »alten KI« alimentiert werden.

28.4.16   Fokussierung der Fördermittel

Gefördert werden sollten neue Organisationen und Institute, Start-ups und visionäre »*Moonshoot-Projekte*«, um die »neue« KI mit den alten Stärken des Standorts Deutschland zu verbinden. Es soll keine Streuung von Ressourcen oder sogar Rasenmähermethoden angesetzt werden[1330], sondern die Fokussierung auf weit in die Zukunft tragende »Leuchtturmprojekte« erfolgen, die darüber hinaus auch große Chancen für Vermarktung durch deutsche Unternehmen haben – möglichst weltweit und durchaus auch im Verbund mit ausländischen Partnern.

28.4.17   Professionelles Assessment

Der Mittelvergabe sollten professionelle Assessments vorgeschaltet werden, durch Teams aus einschlägiger Wissenschaft, Industrie und Ministerien. Die gemeinsam zu bestimmenden Beurteilungskriterien müssen beinhalten: (1) ethische Vertretbarkeit,[1331] (2) wissenschaftlich-technologische

---

1328 LSTM steht für »Long Term Short Term Memories«. Weiteres dazu siehe Kapitel 16 »Künstliche Intelligenz: Wettlauf mit den USA und China«.

1329 Schmidhuber präzisiert: »Heutige KI analysiert durch passive Mustererkennung auf dem Smartphone Lesevorlieben oder Ähnliches, um vorherzusagen, was den jeweiligen Nutzer als Nächstes interessieren könnte […]. Zwar gehören Unternehmen, die die aktuelle KI-Welle reiten (Amazon, Alibaba, Facebook, Tencent, Google), derzeit zu den wertvollsten der Welt. Doch Marketing und Werbung machen nur einen winzigen Teil der Weltwirtschaft aus. Die nächste, viel mächtigere KI-Welle wird die industrielle Herstellung aller möglichen Produkte umwälzen. Europa kann dabei die zentrale Rolle spielen.« Quelle: Die Wiege der künstlichen Intelligenz, in: ZEIT ONLINE, 27.2.2019, https://www.zeit.de/2019/10/maschinelles-lernen-ki-deutschland-forschung-amerika-china-moon-shot-projekte-innovation, abgerufen 25.5.2019.

1330 Mit »Rasenmähermethoden« ist speziell die Gleichbehandlung einschlägiger Institute, Behörden und Industrien gemeint, d.h. sogar im Einzelfall Abbau von Förderungen, obwohl diese besonders erfolgversprechende Forschungsrichtungen haben können.

1331 Eventuell ist ein Ethikbeirat zu entwickeln und einzusetzen, der speziell auf digital orientierte Felder bzw. deren Applikationen in anderen Wissensfeldern ausgerichtet ist. Die sich daraus ergebenden Ausschlüsse von Projekten muss jedoch äußerst eng gehalten werden, um chancenreiche Vorhaben nicht von vornherein auszuschließen – insbesondere dann nicht, wenn sich perspektivisch für spätere Anwendungen ethisch bedingte Totalausschlüsse vermeiden lassen.

Reichweite,[1332] (3) Positionierung gegenüber Institutionen in den USA, China und anderswo[1333], (4) zu erwartende Potenziale aus der Umsetzung,[1334] auch (5) Agilität[1335] ist nachzuweisen, d. h. schnelle Umsteuerbarkeit bei frühen Signalen und entsprechenden Zwischenergebnissen, je nach Projekttypus zusätzlich[1336] Meilensteinplanung, Meilensteinkontrolle unter Ausschluss von Folgeverpflichtungen.

Politische, soziale und umwelttechnische Belange spielen zwar bei Umsetzungsfragen eine Rolle – diese müssen aber zeitlich nachgeschaltet werden und sind bei der Programmauswahl nicht entscheidend.[1337]

28.4.18 Expertenlücken schließen

Expertenlücken in Bereichen wie IT und insbesondere für künstliche Intelligenz müssen dringend geschlossen werden. In Deutschland fehlen rund 10.000 Top-Experten für Big Data und Data Sciences sowie 85.000 KI-Architekten.[1338] Auf dem auf dem Arbeitsmarkt sieht es düster aus: Im vierten Quartal 2018 gab es im Monat durchschnittlich 126.000 offene Stellen für Ingenieure und Informatiker, knapp 43.000 davon fielen auf den IT-Bereich. Das entspricht einer Steigerung von 6 % gegenüber dem Vorjahr.[1339]

28.4.19 Auslandsakquise

Wir brauchen ein Programm zur Akquise und Einstellung von Spitzenkräften aus dem Ausland. Dabei sollten wir die besondere Attraktivität Deutschlands in die Waagschale werfen: freiheitlich-demokratische Ordnung und Strukturen, attraktive Lebensräume, kulturelle Offenheit. Barrieren wie die deutsche Sprache müssen überwunden werden: Englisch sprechende Teams sollten zur Normalität werden, Gehälter müssen mit den USA konkurrieren können, wenn entsprechende Leistungen zu erwarten sind. Diese setzen aber auch Freiräume voraus, die wir sichern müssen.

1332 Zeithorizonte, Breite des Applikationsfeldes. Dies sind aber keine absoluten Kriterien, sondern sie sind auch aus dem Kontext eines sich ergebenden Portfolios der deutschen Investments zu beurteilen – Fokussierungsmöglichkeiten desselben eingeschlossen.

1333 Unter Einsatz international bewährter industrieller Benchmark-Methodiken. Der Autor warnt explizit vor Verwendung von Daten und »Anhängung« an die Vorgehensweise der OECD. Unter »anderswo« sind speziell Drittländer zu verstehen, die sich insgesamt starke Positionen bei KI erarbeitet haben bzw. stark investieren wollen. Zu nennen sind etwa Japan, Südkorea und Israel. Hierbei sind wiederum deren Schwerpunkte einzurechnen.

1334 Perspektiven aus den erfolgversprechendsten Business Cases.

1335 Agile Methodiken, Strukturen und Kulturen sind besonders fördernswert. Siehe dazu Beschreibungen in Kapitel 12 »Organischer Umbau: digital getriebene Wertschöpfung«.

1336 Für Großprojekte insbesondere im Wissensmanagement bietet sich das Nachfolgende an. Dies kann aber bei kleinen agil zu führenden Projekten zu unpassenden Belastungen führen. Es ist im Einzelfall zu entscheiden.

1337 Es gilt hier, einer spezifisch deutschen Krankheit entgegenzuwirken, nämlich dass erfolgversprechende Programme gar nicht erst aufgegriffen werden, weil politische, soziale, ethische oder umwelttechnische Widerstände zu erwarten sind. Wir schließen damit typischerweise weit ausgreifende und erfolgversprechende Technologien aus. Wenn deren Grundlagen, Verfahrensweisen usw. erkannt sind, dann ist die Zeit gekommen, die vorgenannten Verträglichkeitsprüfungen vorzunehmen und – bei Compliance-Problemen – systematisch Wege zur Konfliktlösung zu suchen. Erst wenn diese sich nicht als auffindbar erweisen, sollte das Projekt aufgegeben und das Investment abgeschrieben werden.

1338 Aussage Thomas Sattelberger, forschungspolitischer Sprecher der FDP-Fraktion.

1339 Aussage VDI-Präsident Kefer.

28.4.20   Ausbildungsoffensive

Digitalkompetenz ist für alle Altersklassen angesagt: von der Kita bis in hohe Alter. Das Programm zur Ausrüstung von Schülern und Schulen mit Laptops und digitaler Infrastruktur ist ein Grundbaustein. Dieser reicht, wie der Beitrag von Heinz-Peter Meidinger im Kapitel 27 zeigt, aber nicht aus: Deutschland muss seine führende Position in der gewerblichen und akademischen Ausbildung wiedergewinnen, am besten durch weiteren Ausbau des dualen Ansatzes, der auf möglichst alle Ausbildungen jeweils adäquat angewendet werden sollte. Eine erfolgreiche Industriegesellschaft basiert auf den Leistungsfähigkeiten aller. Wir brauchen Leistungsdifferenzierung und auch Leistungseliten. Die einseitige Nivellierung und Absenkungen der Leistungsanforderungen in den vergangenen Jahren waren Fehler, die zu korrigieren sind. Das angloamerikanische Ausbildungsmodell, das uns die *OECD* als beispielgebend vorgespiegelt hat, ist ein Irrweg. Deutschland kann insbesondere durch bezahlbare und hervorragende Ausbildung in der Breite gegenüber den USA punkten und gegenüber der Verschulung in China gewinnen. Dies kann sich, wie gezeigt, durchaus auch in Zurückholung von Wertschöpfung nach Deutschland niederschlagen.

28.4.21   Smart Government: Barrierenabbau

Verkrustungen, Schutz alter Pfründen und vorgeschobene Regularien blockieren den längst fälligen Umbau von Behörden und Verwaltungen in Deutschland. Verfahren sind zu teuer, zu kompliziert, dauern zu lange und der Nutzen für die Bürger und Unternehmer ist oft nicht vermittelbar. Verbesserungspotenziale sind erkannt. Neue Technologien sind genügend vorhanden. Andere Länder machen es uns vor, wie etwa die Baltenstaaten oder die USA. Hieran sollte sich die deutsche Verwaltung messen: **Internationales Benchmarking ist angesagt**.

Deutschland muss seinen eingeschlagenen Pfad auf den Prüfstand stellen: Unser Land tut sich in seiner komplizierten und verwobenen Verwaltungsstruktur schwer. Das E-Government-Gesetz von 2013 ist in seinen Ansprüchen zu bescheiden und muss revidiert werden. Der von der EU-Kommission ausgerufene *eGovernment-Aktionsplan 2016–2020* bedarf der Umsetzung. Administrative Hürden und Widerstände müssen in Deutschland dringend abgebaut werden, etwa gegenüber der **Anwendung des Once-Only-Prinzips**. Die aktuelle *Datenschutz-Grundverordnung (DSGVO)* und die *EU-Urheberrechtsreformgesetze* lassen E-Government-Konzepte im Bereich der Content-Distribution teilweise als nicht-realisierbar erscheinen, insbesondere in Richtung Open Government oder Open Data. Beratende Unternehmen im Umfeld der digitalen Transformation sehen die deutsche Politik mit ihren Entscheidungen auf einem Wissensniveau von 1980. Insbesondere digital transformierte Unternehmen werden ins Ausland getrieben, um überhaupt die Rahmenbedingungen vorzufinden, die eine positive Unternehmensentwicklung versprechen.[1340] An den Haupthebeln ist besonders zu arbeiten: (1) **nutzerfreundliche und effiziente Dienstleistungen für Bürger und Unternehmer,** (2) **datengestützte Entscheidungshilfen für die Ver-**

1340 Fachgespräche mit einschlägigen Unternehmen. Erfahrungsbericht von Johann Renée Ebert (siehe Liste der Berater für dieses Buch) gegenüber dem Autor.

waltung und (3) **innovative Nutzung von »Open Data«**. Weiteres dazu siehe Kapitel 22 »Smart Government«.

28.4.22   Einsatz von Defensivwaffen: Kartellverbote, Marktzugänge, Steuern und Abgaben

Um es gleich vorweg zu fassen: **Juristische Schritte ersetzen keine Strategie** – weder auf Unternehmens- noch auf Staatsebene. Und erst recht nicht in einem so neuen und so beweglichen Feld wie der allumfassenden Digitalisierung. Dennoch sind Rechtsmittel angesagt, wenn der freie Wettbewerb gefährdet ist, wenn Verbraucher- und Persönlichkeitsrechte verletzt und wenn diese auch noch durch unfaire Steuer- und Gehaltsmodelle »subventioniert« werden. Um all dies geht es hier, vor allem gegenüber den *Big Five*[1341] der USA im internationalen *I/SD-Geschäft*. Und deshalb sind die entsprechenden rechtlichen Pfade staatlicherseits zu verfolgen und kritische Sachverhalte unternehmerseits kritisch zu beobachten, wenn nicht sogar meldepflichtig.

Zwei Tatbestände ragen heraus: (1) *marktbeherrschende Stellungen* und Geschäftspositionen, die den freien Wettbewerb gefährden und (2) der unzulässige und der unkontrollierte Datenaustausch, also die *Verletzung von Persönlichkeitsrechten* durch die besagte Gruppe.

Als Beispiel für Ersteres – aber dies nicht allein – ist die Marktmacht von *Amazon* festzuhalten: Sie ist mittlerweile so groß, dass diese in vielen Ländern und gemessen an unterschiedlichen Jurisdiktionen als wettbewerbsrechtlich kritisch einzuschätzen ist, zum Beispiel mit Markanteilen von typischerweise über 50 %[1342] im B2C-Online-Handel, die derzeit sogar noch zunehmen, unter Einsatz unfairer Praktiken zur Preispolitik und zur gezielten Verdrängung von Anbietern, die auf ihrer Plattform arbeiten. Dieser Sachverhalt wurde bereits mehrfach adressiert.[1343] Verschiedene Kartellbehörden behalten diese Entwicklungen im Blick, vor allem die kritische *US Antitrust Authority*, aber auch die *EU-Wettbewerbskommission* und das *Bundeskartellamt*.

Das zweite Thema wird in der Öffentlichkeit am stärksten mit *Facebook* in Verbindung gebracht: Die ungebremste Sammlung von Nutzerdaten, deren Auswertungen und der offene Austausch innerhalb des Facebook-Konzerns, auch mit den Töchtern *Instagram* und *WhatsApp*. Bekannt ist aber auch der Austausch unter den *Big Five* und weiteren, etwa die Weitergabe aller Transaktions- und Kundendaten, die bei *PayPal*[1344] anfallen. Aus den »Big Data«, die nunmehr bei allen genannten Protagonisten gesammelt werden, entstehen dort mithilfe von *Data-Mining* und *Mustererkennungen* weitreichende Kenntnisse über Kunden, deren Kaufverhalten und sogar Prognosen über diese, die den Betroffenen selber nicht

---

1341 Zur Erinnerung: Gemeint sind Microsoft, Apple, Amazon, Google (Alphabet) und Facebook. Besagte »Anklagepunkte« gehen jedoch über diese weit hinaus. So sind beispielsweise aus der »jüngeren Generation« auch Airbnb und Uber wegen mehrerer kritischer Tatbestände verfolgenswert.
1342 Zum Beispiel in Deutschland. Hinzu kommen Erfolge beim Eindringen in den stationären Handel in Deutschland.
1343 Die Situation wird von vielen Fachbehörden mittlerweile so gravierend eingestuft wie etwa 1913 die Marktmacht von Standard Oil – der die Zerschlagung dieses Konzerns zur Folge hatte. Auch dazu wurde in diesem Buch berichtet.
1344 PayPal gehörte ehemals zu eBay, die in diesem Zusammenhang auch beobachtungswürdig sind.

einmal bekannt sind.[1345] Bedrohlich ist die Tatsache, dass revolvierende maschinelle Feinauswertungen auch *Algorithmen* nutzen[1346], die Personengruppen und Personen brandmarken können.

Das Kartellrecht ist die schärfste Waffe gegen Fehlentwicklungen, vor allem wegen der hohen Strafmaße. Hinzu tritt das *Verbraucherschutzrecht*, das in den USA bereits länger und breiter in Anspruch genommen wird und dem sich in letzter Zeit auch das Bundeskartellamt stärker zuwendet.

Schärfere Regeln, hohe Strafen, Zerschlagungen, Barrieren (wirksame »Firewalls«) zwischen den Unternehmen[1347] gehören sowohl in den USA als auch in der EU zu den Instrumenten und Denkmodellen der zuständigen Behörden.

Die Erfahrung zeigt aber, dass die Umsetzung radikaler Mittel nicht unbedingt zielführend ist: Eine Zerschlagung kann durchaus dazu führen, dass die dadurch geschaffenen spezialisierteren Einzelunternehmen in Summe noch effektiver am Markt operieren als das Ursprungsunternehmen.

Für den betroffenen Unternehmer kommt hinzu, dass sich die Verfahren über viele Jahre hinziehen können, sodass das aktuelle Problem bis zum Richterspruch eher durch die eigene Pleite »gelöst« wird. Das gerade abgeschlossene Verfahren gegen Facebook lief dagegen relativ zügig ab: Es brauchte »nur« drei Jahre.

Ganz schwach ist der Konsument aufgestellt: Da kaum ein Kunde wegen missbräuchlicher Nutzung seiner Daten klagt, kommt hier zu wenig zusammen, als dass ein Gericht daraus ermisst, tätig werden zu müssen: »Wo kein Kläger ist, ist kein Richter«.

An dieser Stelle lautet demnach die **Empfehlung sowohl an die Unternehmer als auch an die Konsumenten, kritischer zu sein, hellhöriger, sich eventuell zusammenzuschließen und Klagen einzureichen.** Aber, wie einleitend gesagt: **Kurzfristig wirksame Pfade sind das nicht und Vorwärtsstrategien ersetzt dies auch nicht. Dennoch: Im Verbund zwischen Unternehmern, zwischen Konsumenten macht der Gang zu den Wettbewerbsbehörden durchaus Sinn. Die Höhe des gemeinsam aufzubauenden Drucks ist es, den »Big Five« und anderen Zugeständnissen abzuringen.**

Dazu gehört auch das ständige Anmahnen, angemessene Steuern und Gehälter zu bezahlen, das Arbeitsrecht einzuhalten und sich tariflich an die Usancen der Branchen zu halten: *Amazon* darf nicht von den günstigeren *Logistiktarifen* profitieren während die kleinen Anbieter *Einzelhandelstarife* zahlen sollen.

1345 Als ein Beispiel wurde in diesem Buch der Fall referiert, bei der einer Kundin in den USA eine Schwangerschaft zugeschrieben wurde, die in der Familie noch gar nicht bekannt war – aufgrund von Kaufverhaltensanalysen.

1346 Hier ist stark zu differenzieren: In »statische« Algorithmen können z. B. unterschwellig rassistische Urteile einfließen, die den Beurteilenden entspringen. Durch immer feinere Datenläufe können die betreffenden Ergebnisse immer stärker herausgehoben werden. Bei der Nutzung höherwertiger Anwendungen, etwa durch systematisch-maschineninduzierte »dynamisch« sich verändernde Algorithmen können derartige Effekte sowohl gedämpft als auch verstärkt werden. Die Zurückführung von Aussagen auf Tatbestände wird dabei aber immer schwieriger: Der Mensch kann durchaus unkontrollierbar zum »Opfer der Maschine« werden.

1347 Oder sogar innerhalb einzelner (bei Facebook zur Abgrenzung von deren Töchtern).

Hoffnung dagegen wecken die im Juni 2019 laufenden Verhandlungen der OPEC-Staaten über international zu vereinbarende Mindeststeuersätze und damit das flächendeckende Austrocknen von *Steueroasen*. Dies trifft natürlich alle, auch die »Old Economy«. Zurecht.

28.5 Mut!

Nur Mut, Deutschland und Europa: Hört zu, was die Bürger wollen. Nicht der Blick aus 10.000 Meter Höhe liefert die entscheidenden Erkenntnisse, sondern die Sicht aus der Nähe: am IT-Arbeitsplatz, in der automatisierten Fertigung, beim digitalen Dienstleister und mitten in der Schulklasse.

Nehmt zur Kenntnis, worüber die digitalisierte Industrie und die Social-Media-Branche klagen! Bewegt Euch, lernt im Quertransfer zwischen Industrie, Forschung und Verwaltung! Erkennt und umgeht die Blockaden aus Komplexität und unlösbaren Zielkonflikten!

Die unvermeidbaren großen Umbrüche, in denen wir stehen, erfordern starke Bewegungen, die manchmal nur durch schmerzhafte Schnitte möglich sind. Manches, was wir jetzt nicht in vorausschauender digital orientierter Logik aktiv aufgreifen, wird uns später treffen und die von uns noch geschützten verkrusteten Strukturen ohnehin niederreißen.

Wir würden dann zu Getriebenen statt zu Treibern und letztlich zu Verlierern der digital orientierten Weltgemeinschaft.

Deshalb ist weitreichende Vorausschau erforderlich. Unsere Verantwortung endet nicht mit der Legislaturperiode oder mit dem Arbeitsvertrag. Unsere Verantwortung reicht über Generationen hinweg. An unseren Taten werden wir zu messen sein.

Stichwortverzeichnis

Symbols

3-D-Druck 330

3-D-Drucken 281, 308

3-D-Kameras 214

3-D-Verfahren 213

3. Industrielle Revolution 283

5G-Netz 359

5G-Netzausbau 248

6G-Netz 360

16 plus 1 177

163.com 92

A

Abakus 36

Abwehrmaßnahmen 328

Accenture 444

ADAC 512, 513

Additionssystem 33

After-Sales Service 332

Agilität 342, 348, 364, 628

Agrochemie 52

AI 186

AI Hub 439

Airbnb 85, 293

Airbus 500

Akquisitionsfinanzierung 385

Alexa 440, 525

Algorithmen 188

Alibaba 80, 148, 150, 449, 451, 510, 519, 520, 571

Alibaba Group 90

Alipay 90

Alphabet Inc. 83

Alstom 95, 495, 496, 498

Altaba 81

Alt, Franz 614

Amazon 56, 81, 148, 174, 299, 425, 434, 440, 489, 519, 520, 522, 639, 648

Amazon Books 528

Amazon Cloud 440

Amazon Go 528

Amazon Lex 441

America first 174

América Móvil 113

American Data Inc. 78

Anleihenanalyse 195

Anticipatory Shipping 304

Antrieb
  – dieselelektrischer 499

Anwendungen der Digitalisierung 34

Anwendungsprogrammierschnittstellen (application programming interfaces, APIs) 569

Anything as a Service 302

API 205, 335

Apple 56, 63, 77, 79, 100, 105, 303, 443, 444, 479, 505

Applications 163

Arbeitsplatzentwicklung 594

Arbeitsplatzorganisation 359

Arbeitsplatzverlust 593

Arbeitswelt 4.0 587

Arbeitszeitmodelle 605

AREVA 296

ARPANET 75

Artificial Intelligence 186, 374

Asset Management
  – Automatisierung 239

Assistenzsysteme 130, 489, 590

AT&T 56, 112

Audi 324

Aufbruchsstimmung 320

Augmented Reality 128, 130

Ausbau
  – organischer 271

Ausbildung 640, 646

Außenhandels-Wirtschaftsgesetz (AWG) 125

Austauschplattform
  – digitale 620

Authentifizierung 214

Authentizitätssicherung 578

Autofahrer
  – künstliche 218

Autoindustrie 25, 98, 119

Automatically Guided Vehicles 491

Automatisierung 186, 196, 273, 331, 435, 557, 589, 595, 609

Automatisierungsrevolution 43

Automatisierungssysteme
- lernfähige 199

Automatisierungsunternehmen 385

Automobil 60

Automobilindustrie 585

Automotive 142, 148

Autopilot 488

Awarenesstraining 415

Azure AI 445

Azure Bot Services 446

Azure Cognitive Services 446

Azure Cosmos DB, 446

Azure Databricks 445

Azure Machine Learning 446

B

B2B-Geschäft 347

B2B-Unternehmen 235

B2C-Geschäft 233, 347

Babylonier 36

BaFin (Bundesanstalt für Finanzdienstleistungsaufsicht) 238, 244

Baidu 91, 449, 451, 509, 571

Baselining 276

BAT-Unternehmen 181, 447, 450

Bautechnik 51

BCG (Boston Consulting Group) 244

Beamforming 254

Behavioral Finance 231

Beifischungseffekt 404

Belt & Road Initiative 88, 118, 126, 177

Belt & Road-Stratergie 483

Benchmark 541

Benchmarking 275, 629, 636, 643

Benutzungskopien 36

Benz, Carl Friedrich 52

Bequemlichkeit 234

Berger, Roland 435

Berners-Lee, Tim 76

Berufsbildung 624

Bessemer, Henry 49

Bestellabwicklung 197

Best Practice 276

Best Practice Database 388

Betriebssoftware 265

Bezahlen
- mobiles 109

Bezos, Jeff 81

Big Data 155, 331, 392, 508, 596

Big-Data-Analyse 383, 459

Big Data Analytics 297, 328, 336, 471, 473, 601

Big Five 67, 77, 78, 89, 138, 140, 148, 149, 150, 174, 262, 403, 423, 427, 437, 567, 596, 628, 637

Big Four 71, 407, 553

Bilderkennung 208, 509, 596

Bilderkennungssensor 211

Bildungssystem 623

Binnenmigration 638

Bioinformatik 156

Biologie
- synthetische 65

Biometrie 212

Bionik 219

Biotechnologie 64

Bitcoin 222

Bitkom 587

Blackhats 410

Blindenschrift 32

Blockchain 220, 222, 226, 227, 385, 460, 577, 578, 581, 631

Blockchain-Technologie 142, 392

BMWi 181

Boeing 499

Booking.com 94

Boole'sche Algebra 37

Börsengang 271

Bosch 501, 504, 608

Botnetz 410

Bots 411

Braille, Louis 39

Branchenverlust 627

Brandmeldegeschäft 327

Brandsimulation 323, 327

Braun, Wernher von 54, 57

Breitband 535, 536

Breitbandanschluss 256

Breitbrandinfrastruktur 256

Brexit 117, 123, 577

Building Information Modelling 554

Bundeskartellamt 525

Bundesnetzagentur 247, 255

Burda-Gruppe 290
Büro
  – digitales 603
Bürokratie 597
Business Inkubatoren 237
Business Model Canvas 351
Business to Consumer 332
Buurtzorg 363
BYOD 413

C
Cambridge Analytics 180
Cancom 108
Capital Asset Pricing Model 236
CAPTCHA 411
Carsharing 306, 516, 556
Carve-Outs 396
CENELEC 50159 296
Center of Excellence (CoE) 568
CERN 76
Change Agent 317
Change Leader Coaching 319
Change-Management 319
Charter of Trust 399
Chemie 50, 52
Chief Digital Officer 128, 132, 315
Chief Financial Officer 133
Chief Information Security Officer 417
China 58, 69, 79, 86, 87, 99, 101, 118, 125, 139, 145,
  146, 150, 158, 168, 429, 463, 481, 502, 508, 521, 535,
  544, 549, 556, 570, 596, 628, 641
China 2049 177
China Daily 143
China Mobile 111, 145
China Rail 494
China Telecom Corp 113
Chinese Rail Road Corporation Limited 496
Chinese Railway Rolling Stock Corporation 125
Chirurgie
  – computerunterstützte 162
Cisco 138, 143, 444
Clean Power Plans 551
Click-through-rate 524
Closed Loop Manufacturing 330
Cloud 70, 77, 108, 137, 160, 204, 260, 347, 396, 460,
  471, 538, 638

Cloud-Computing 129, 257, 326, 527
Cloud-Hype 260
Cloud Service 420
CO2-Ausstoß 545, 550, 554
CO2-Bilanz 546
CoinMiner-Malware 410
Colocation 258
Compliance 72
Computer Aided Engineering 324
Computerlinguistik 214
Connected Energy 554
Connected Urban Mobility 554
Connected Vehicle Platform 446, 505
Consumer-Bereich 301
Continental Scale Factory 126
Conversion Rate 524
Coopetition 203, 309, 314, 403
Corporate-Rechenzentrum 260
Cort, Henry 47
Create ML 444
Ctrip 94
Curiosity Learning 434
Customer Analytics 327
Customer Journey 132, 528
Customer Relationship Management 193, 198
Customer Value Marketing 235
CVE-Nummer 411
Cyber-Attacken 245
Cyber Intelligence Centers 412
Cyber-physische Systeme 269
Cyberrisiko 133, 432, 435, 481
Cyber Security 165, 244, 292, 399, 435, 636
Cybersicherheit 386, 412
Cylance 410

D
D21-Digital-Index 587
Dachstandort 250
Daimler 363
Dampflok 44
Danaher 360
Darknet 401
Data Analytics 237, 368, 407
Data-Mining 192, 232, 236, 383, 524, 574, 581, 647
Daten 273
Datenanalyse 382, 563

Datenbanksysteme 193

Datenerfassung 574

Datenhaltung 331

Datenkrieg 180

Datenmanagement 374

Datenmenge 205

Datenräume
 – offene 618

Datenregulierung 617

Datenschutz 72, 85, 98, 121, 165, 180, 227, 386, 401, 435, 443, 564, 565, 566, 567, 622, 635

Datenschutz-Grundverordnung 292, 403

Datensicherheit 252, 369, 401, 635

Datenströme 630

Datenverarbeitung 575

Datenverarbeitungssystem 35

Datenverfügbarkeit 132

DATEV 311

DB Mobility Logistics AG 303

DDoS-Attacken 400

DE-CIX 258

DeepL 453

Deep Learning 427, 441, 442

Deep Neural Networks 214

Deloitte 412, 444

De-Mail 580

Design 189

Design Studios 238

Design-Thinking 350

Detektor 209

Deutsche Bahn 307, 492

Deutsche Post DHL 303

Deutsches Forschungszentrum für Künstliche Intelligenz 453

Deutsche Telekom 96, 112, 248, 478, 479

Deutschland 56, 68, 97, 115, 146, 150, 168, 178, 431, 522, 533, 535, 581, 620, 625, 634, 639, 645, 649

DevOps 326, 351

Dezentralisierung 202

Dienstleistungen 344

Diesel 503

Dieselmotor 466

Diesel, Rudolf 52

Dieselskandal 598

Digital Assistants & Templates 376

Digitalaufschlag 394

Digital-Diktatur 23, 158, 174, 628

Digitale Fabrik 107, 300

Digitale Geschäftsmodelle 26

Digitale Infrastruktur 179

Digitale Produkt-Standort-Matrizen 381

Digitalfirmen 391

Digital-Gemeinschaft Deutschland in Europa 169

Digital Hub Initiative 543

Digitalisierung 34, 45, 64, 70, 101, 129, 135, 155, 158, 165, 167, 185, 322, 369, 461, 469, 487, 492, 494, 496, 517, 533, 537, 538, 555, 557, 583, 587, 589, 594, 595, 605, 620, 621, 628
 – allumfassende 23
 – analoger Informationen 37

Digitalisierungsdruck 330

Digitalisierungsgrad 312

Digitalisierungskontrolle 542

Digitalisierungsprojekte 318

Digitalisierungsstrategie 115

Digitalisierung von M&A 390

Digital-Kartell 23

Digitalkompetenz 426, 646

Digital Leader 539

Digital Learning 374

Digitalpakt 624

Digitalplan Deutschland 619, 620

Digitalprogramm Deutschland 26

Digital Readiness Assessments 131

Digitaltechnik 41

Digitalübertragung 41

Digital Ventures 237

Discrete Event Simulation 328

Disruption 44, 46, 539

Distributed Ledger Technologies (DLTs) 221, 577

Diversifikation 271

Domain-Hosting 286

Drohne 92, 304, 499, 489, 507

Dropbox 301

DSGVO 292, 395

Due Diligence 374, 384

Dünnwald, Achim 531

E

eBay 82, 293, 520

Echtzeit 223, 252, 387

E-Commerce 109, 298, 519, 521

Economy 4.0 584

Edeka 530

Edge Computing 247, 261

Edge-Computing 262

Edge Data Center 260

E-Discovery 311, 383, 538, 576, 577, 592, 601

Effizienz 342

E-Government 559, 560, 568, 573, 574, 581, 646

E-Government-Gesetz 580

Einbettung 185

Einkaufsverhandlung 240

Einsparpotenzial 224

Einzelhandel 621

Electronic Discovery Reference Model (EDRM) 576

Elektrobranche 282

Elektromobilität 160, 424, 450, 466, 470, 485, 498,
   500, 503, 508, 510, 512, 514, 548, 556, 597, 622, 633

Elektronische Speicherung 31

Embedded Systems 121, 124, 128

Emmanuel Macron 415

Emotionale Reaktionen 212

Endgeräte 261

End-to-end-Prozess 379

Energie
   – erneubare 474
   – regenerative 457

Energiebedarf 548, 631, 633

Energieeffizienz 552, 555

Energieintensität 460

Energiekosten 165

Energiemanagement 477, 478

Energieverbrauch 458

Energieversorgung 58, 60, 161, 360, 486

Energiewende 469

Energiewirtschaft 424

Energy Star 552

Energy-to-Market-Geschäft 478

Enhanced Mobile Broadband 251

Entscheidungssituation
   – interdependente 240

Entscheidungsträger 315

Entsorgung 281

Entwicklung 326

Entwicklungsländer 282

Entwicklungsschub 43

Environmental Performance Index 549, 551

Equinix 258

Erfahrungskurve 54

Erfolgsquoten 372

Erhard, Ludwig 57

e-shelter 258

Estland 566

ET Brain 451

Etherwallet 632

Ethik 5.0 613

Europa 94

Europäischen Union 178

Europäischer Gerichtshof 305

Everything as a Service 157, 302, 584

Executive Team 358

Exoskelett 585, 601

Extraktionstool 311

Extreme Programming 349

Eye Tracking 232

F

Fabrik
   – digitale 159

Facebook 84, 287, 507, 647

Facebook-Daten 180

Fachkräftemangel 365

Fähre
   – autonome 491

Fahren
   – autonomes 160, 289, 405, 424, 485, 500, 505,
      509, 510, 511, 512, 515, 544, 572

Fahrerassistenzsystem 508

Fahrzeug
   – autonomes 419, 428, 444, 447, 450, 451

Fake News 84

Faktoren
   – weiche 315

Familien-Investoren 271

Farfetch 96

Faxgerät 40

Feedback 345

Feedbackkultur 317

Ferndiagnostik 162

Fernschreibmaschine 40

Fertigungssteuerungen 405

Fertigungssysteme
   – autonome 333

Fingerabdruck
 – elektronischer 224
Fintechs 239
Fleming, Alexander 50
Flexumer 347, 473, 476, 478
Flight Management System 488
Flughafenautomatisierung 489
Fly-by-Wire 488
Fog Computing 260
Ford, Henry 48
Forschung 201, 344
Forschung und Entwicklung 124, 431, 432, 642
Fotovoltaik 463, 483, 499, 550, 552, 555
Frankreich 117
Fraunhofer Heinrich-Hertz-Institut 263
Freemium 288
Frequenzbänder 250
Frequenzvergabe 249
Friend-foe-detection 404
Friend-foe-detection systems 211
Führung
 – datenbasierte 314
 – partizipative 269
Führungsmodell 337
Führungssystem 67
Führung von Fahrzeugen 206
Fünf-Sterne-Bewegung 612
Fußabdruck
 – ökologischer 549

G
GAIN (Game Theory In Negotiation) 241
Gatekeeper 525
Gates, Bill 79, 152, 448
Geheimdienstnetz 401
Geldverkehr 225
Generation 6G 262
Generationenvertrag 5.0 609
Generation Y 589
Gentechnik 643
Gesamtanlageneffektivität 353
Geschäfte
 – digitale 272
Geschäftsgründungsprozess 535
Geschäftsmodell 282

 – datengetriebenes 368
 – digitales 164, 265, 426
Geschäftsrisiko 369
Gesetz
 – Moore'sches 155
Gesichtserkennung 158, 212, 450
Gesundheitsdienste
 – elektronische 442
Gesundheitswesen 200
Glasfaser 251
Glasfaserausbau 536
Glasfasernetz 255, 263
Globalisierung 66, 68, 69, 115, 126
Globalisierungsstrategien 66
Global Sustainability Initiative 461
Go-digital 544
Google 79, 83, 174, 287, 434, 438, 450, 458, 479, 506
Google Analytics 292
Google DeepMind 438
Google Maps 83, 290, 511
Government Bots 562
Grammatiken
 – formale 215
GreenTech-Branche 425, 545, 549, 553, 555
Grimm, Petra 614
Großunternehmen 127
Grundeinkommen
 – bedingungsloses 595, 610, 611, 612
Grundlagen der Digitalisierung 34

H
Hackathon 351
Hacker 87, 292
Hackerangriff 244
Hahn 176
Halbleiterbereich 268
Halbleiterproduktion 64
Halbleitertechnik 41, 73
Hamburger Hafen 175, 491
Handel
 – stationärer 527
Handelsgeschäft 225
Härtegradbild 388
Härtegradkonzept 372
Härtegradmodell 381

Hartz IV 610, 611
Hastings, Reed 526
Hauptmeilensteine 370
HCD 188
Header 222
HEMIX 290
HERE 511
Hewlett, William 74
Hidden Champions 619
Hidden Markov Modell 215
Hightech-Start-ups 348
Hitachi 361
Hochgeschwindigkeits-Systemzug 497, 498
Hochspannungs-Gleichstrom-Übertragung
  (HGÜ) 480
Hochspannungs-Gleichstrom-Übertragungsnetze
  (HGÜ) 466
Hochtechnologien 348
Home-Country-Identität 617
Hopp, Dietmar 106
Hoshin kanri 356
Huawei 263
Human Centered Design 188
Huxley, Aldous 562
Hybrid 370
Hybridantrieb 504
Hybridmodell 370
Hype 167

I
IBM 105, 106, 289, 445
Identifikationsnummer 225
Identität 212
  – Patienten 227
Identitätsdiebstahl 213
Identitätsmanagement 226
Implementierungsphase 381
Implementierungsverfolgungstools 374
Implosionsrisiko 26
Indexstrukturen 193
Industrie 180
Industrie 3.0 273, 282
Industrie 4.0 24, 62, 67, 70, 101, 115, 120, 130, 155, 157,
  185, 205, 208, 236, 265, 367, 545, 554, 590, 592, 595
Industrie-4.0-Strategie 351
Industrie 5.0 24

Industrieerfahrung 54
Industriefeindlichkeit 26
Industriegesellschaft 5.0 23, 46, 637
  – digitale 185
Industrielle Revolution 24, 41, 45, 46, 50, 56, 65, 157,
  169, 583
Industriespionage 72, 87
Information Governance 576
Information Retrieval 193
Informations- und Kommunikationsindustrie 42
Informations- und Kommunikationstechnik 136, 285
Informationsverluste 373
Infrastruktur 399, 486, 487, 514
  – digitale 423, 621, 638
Initiative Maven 437
Innenstadt 622
Innovation 342
Innovationshub 598
Innovationskartell 429
Inputgrößen 380
Instrumente 341
Integration 388
Integrität 224
Intel 75
Intellectual Property 393
Intelligente Automation 198
Intelligenz
  – menschliche 333
Intermodalität 425, 486, 493, 517
Internet 23, 40, 42, 67, 69, 73, 75, 76, 138, 226, 368,
  401, 457
Internetknoten 257
Internet of Services 137
Internet of Things (IoT) 119, 121, 137, 157, 202, 252
  420
Internet of Things & Services 69
Internetprovider 107
Internetwirtschaft 331
Interoperabilität 566
Interxion 258
Intranet 182, 377
Intrusion-Detection-Systeme 295
Investmentbanken 378
IoT 107
IoT-Lösungen 419
iPhone 290

I/SD 284, 308
 - Internet/Smart Data & Smart Devices 247
I/SD-Bereich 136, 140, 152
I/SD-Branche 143, 149, 459, 556, 567, 610, 613, 626, 632
I/SD-Geschäfte 24, 99, 111, 116, 117, 122, 124, 135, 140
I/SD-Industrie 88, 89, 126, 432
I/SD-Segment 178
I/SD-Technologie 287, 483
I/SD-Unternehmen 101, 104, 146
Italien 117
IT-Branche 138, 140, 149
IT-Dienstleistungsbranche 146
ITER 468
IT-Experten 393
IT-Industrie 140, 145

J
Jacquard, Joseph-Marie 39
Japan 59, 60, 178, 218
Japan Industry Association 218
JD.com 91, 510
Jinping, Xi 58, 429, 448
Jobs, Steve 79
Joint Artificial Intelligence Center 437
Joint Ventures 270
JPMorgan 110

K
Kagermann, Henning 44
Kaizen 337, 341
Kaizen-Modell 366
Kameraeinheit 209
Kanalbündelung 253
Kanban 343
Kapazitätsmanagement 318
Kapitalmarkttheorie 231
Karstadt 151
Kaufpreisprämien 394
Kavo Dental 361
KCI 357
Kefer, Volker 430
Kennzahlensystem 353
Kequiang, Li 125
Kernenergie 457

Kernfusion 468
Kernkraft 462, 464, 482, 550
Kernprozess 354
Kernziele 339
KI-Masterplan 453
Klarna 96
Knowledge Discovery in Databases 192
Knowledge Graph 83
Koch, Robert 49
Kommunikationsrevolution 43
Kompetenz
 - digitale 391, 624
Kompetenzmanagement 376
Komplexität 243, 394
Kondratieff, Nikolai 45
Konrad-Adenauer-Stiftung 452
Kosteneskalation 373
Kraftwerk
 - virtuelles 161, 476, 479
Kraftwerk im Keller 477
Krankenhäuser 405
Kreditkarte
 - virtuelle 109
Kreditwesengesetz 244
Kreislaufwirtschaft 555
Kryptotrojaner 400, 408
Kryptowährung 223
Kubeflow 439
Kultur
 - digitale 313
Kulturwandel 343, 627
 - digitaler 317
Kundenfeedback 364
Kundennutzen 274, 354
Kundenorientierung 344
Kundentreue 262
Kundenwert 340
Künstliche Intelligenz (KI) 25, 65, 86, 91, 92, 128, 142, 181, 185, 187, 232, 263, 273, 312, 328, 333, 346, 360, 387, 399, 423, 427, 434, 438, 485, 492, 517, 560, 595, 606, 613, 618, 631, 645
KVP 357
Kybernetik 207
 - biologische 219
Kybernetische Politik 562

L

Länderrisiken 404
Langzeitarchivierung 36
Laserscanner 291
Latenzzeiten 359
Lean Management 139, 279, 315, 337
Lean-Management-Strategien 345
Lean Manufacturing 60
Lean-Reifegrad 352
Lean Start-up 350, 366
Leapfrogging 166, 643
Lebensmittelhandel 528, 529
LEED 552
Leibniz, Gottfried Wilhelm 37, 38
Leica Microsystems 361
Lernen
 – lebenslanges 426, 608
 – maschinelles 644
LG Electronics 64
Licklider, J.V.R. 76
Lidar 291
Lieferando 304
Lieferkette 420
Lieferverkehr
 – automatisierter 507
Livecycle 122, 127
Logistik 288
Lokalisation 212
Lösungsanbieter 164
Lovelace, Ada Countess of 48
LTE 248
Luftraum 304

M

Machine Learning 231, 406, 441, 443
Machine to Machine 251, 304
Macintosh 80
Made in China 2025 116, 125
M&A-Führungsmodell 367
Magnetbahntechnologie 125
Mähroboter 296
Mail-Hosting 286
Makigami 354
Managed Service 325
Management
 – schlankes 343

Managementsystem 294
Manifest
 – agiles 349
Mao 174
M&A-Prozess 272
M&A-Prozesse 367
Marketing-Automatisierung 234
Marktforschung 243
Marktwert 143
Marshallplan 55
Massive Machine Type Communications 251
Massive Multiple Input Multiple Output 254
Materialflussanalyse 328
Materialtechnik 201
Mathematik
 – analoge 31
 – diskrete 31
Mattis, James 437
Max-Planck-Institut für Intelligente Systeme 441
McKinsey Global Institute 432
Mechanisierung 47
Mechatronik 218
Medien 210
Mediendatenbanken
 – digitale 382
Medienkompetenz 623
Medizintechnik 298
Megatrends 192
Megvii 214
Mehrantennen-Systeme 254
Meidinger, Heinz-Peter 623
Meilensteinplan 375
Meilensteinziele 388
Meituan-Dianping 93
Menschheitsgeschichte 43
Mensch-Maschine-Interaktion 297
Mensch-Maschine-Kooperation 585
Mensch-Maschine-Netzwerk 159
Mensch-Maschine-Schnittstelle 137
Mensch-Maschine-System 206, 269, 336
Mentoring 318
Mergers & Acquisitions 66, 131, 139
Methodenmix 316
Micro Data Center 260, 285
Microsoft 77, 79, 100, 105, 434, 505, 538
Mikrocontroller 203

Mikroelektronik 24, 64, 141

Mikromechanik 162

Mikroprozessor 203

Mikrosystemtechnik 204

Mikrotechnik 204

Miniaturisierung 77

Minifabs 122, 126, 128, 164, 308, 640, 641

Minimum Viable Product\« 540

Mitarbeiter 358

Mitarbeiterabwanderung 316

Mitarbeitermotivation 315

Mitarbeiterzufriedenheit 339

Mittelstand 129, 533, 537, 539, 542, 579, 619, 620

Mobilfunk 249

Mobilisierung 43, 50, 51, 52, 157

Mobilität 485

Mobility 555

Mobility as a Service 305

Modellbildung 323

Modellierung
  – computergestützte 329

Moderne Portfolio Theorie 239

Monopolisierung 152

Moore, Gordon 155

Moore'sches Gesetz 630

Morse, Samuel 39

Müller-Stewens, Günter 45

Multidimensionale Analyse 205

Multiplex Section Protection 295

Münchner Sicherheitskonferenz 406

Musk, Elon 82

Musteranalyse 210, 575

Mustererkennung 209, 216, 427, 575, 596, 631

N

Nachhaltigkeit 339, 342, 546

Nachrichtenübertragung 31

Nahles, Andrea 605

Nanotechnologie 204

National Artificial Intelligence R&D Strategic Plan 436

NATO 177

Nemetschek Group 538

NetEase 92

Netflix 84, 290, 301, 526

Network
  – Bayesian 434

Networked Readiness Index 534

Networkslicing 254

Netz
  – neuronales 215, 644

Netzwerke
  – dynamisches 203
  – virtuelles 203, 325

Netzwerkstrukturen 350

Neurowissenschaft 232

New World Trainings 319

NGO 182

Nippon Telegraph & Telephone Corp 112

Nixdorf 98

Nobel, Alfred 50

Nodes 223, 228

Nokia Corp 96

Notenschrift 32

NTT 62

Nutzung
  – synergistische 336

Nylon 53

O

Objektschutz 293

OCR 216

OECD 181, 534, 592, 594, 598, 607, 646

Ohm, Georg Simon 48

Ohoven, Mario 619

Ökologie 201

Ökosystem
  – digitales 122, 124, 126, 133, 38, 541, 609, 635, 641

Ökosystem Mobilität 467, 498

Ölindustrie 51

Olympische Spiele 93

Omidar, Pierre 82

Once-Only-Prinzip 565, 601, 646

Online-Anbieter 89

Online-Auktion 300

Online-Handel 142, 194, 210, 233, 298, 425, 519, 527, 537, 597

Online-Lieferdienst 89

Online-Plattformen 298

Onlineshop 108

Open Data 563, 574, 646

Open-Data-Mining 575

Open Government 559, 561 646

Operating Cash Cycles 243
Opower 569
Optimierung 323
Optimierungspotenzial 207
Orange S.A. 96
Ordnungssystem 352
Organisation
– agile 366, 604
Orwell, George 86, 562, 573
Otto Group 108, 148, 150
Oxford-Universität 593

P
Package Switching 75, 98
Packard, David 74
pamyra 293
Parkmaschine 634
Pascal, Blaise 38
Pasteur, Louis 49
Patentanmeldung 535
Path Protection 295
Patientensicherheit 162
PayPal 82, 288, 305
Pay per Use 302
PDCA 357
Performance-Analyse 389
Performance-Marketing 529
Personalized Administration 561
Phänomenologische Methode 190
Phosphatdünger 157
Piräus Port Authority 175
Plant Simulation 334
Platform as a Service 300, 334
Plattformanbieter 368
Plattformangebote 373
Plattformen
– digitale 346
Plattform Industrie 4.0 118
Plattformkonzepte 280
Plattformlösungen 387
Plattner, Hasso 106
Polly 441
Porsche 362
Portfoliotheorie 236
Positive Train Control 495

Post-Transaction-Phase 390
PowerShift 546, 547
Predictive Analysis 231
Predictive Maintenance 479
Preisanpassungslösungen 378
Preisvergleichsportal 478
Pressemeldung
– automatisierte 382
Private Key 222
Problemlösungsprozess 199
Product Lifecycle Management 107, 198, 330
Produkt
– virtuelles 119, 128
Produktionsgrobplanung 197
Produktions- und Logistikprozesse 202
Programmplanung 318
Project Database 385
Projektmanagementtool 372, 377
Projektunterstützungsdienste
– digitale 376
Prosumer 347, 472, 476, 478, 632
Prototyp 333
Prozesse 196
Putin, Wladimir 174
PwC 521

Q
Qualitätsmanagement 350
Qualitätssicherung 326
Quantencomputer 434, 643
Quelle 626
Quihoo 360 Technology Co. Ltd. 94
Quingdao 492

R
Randolph, Marc 526
Rankingalgorithmus 524
Rapid Prototyping 351
Reaktionszeit 255
Realzeit-Datenübermittlung 247
Rechenhilfsmittel 36
Rechenmaschine 38, 40
Rechensystem 352
Rechenzentrum Datacenter 259
Recherche 378

Rechtssicherheit 622

Recycling 552

Regelung 196

Regelungssystem 199

Regionalisierung 126

Regnault, Henri Victor 53

Reifegrad 374

Reifegrad-Assessment
– digitales 393

Ressourcen 281, 315

Ressourceneffizienz 549

Ressourcenmanagement 203

Revolution
– digitale 156

Rewe 530

RFM-Analyse 235

Risiken 230

Risikoabwägung 226

Risikoanalyse 194

Risikoklassen 403

Risikomanagementsystem 72

Risikovermeidung 316

Robo-Advisor 238

Robotaxi 507

Roboter 207, 217, 281
– humanoider 218
– kollaborativer 419

Roboterfahrzeug 507

Robotertaxi 506

Robotic Process Automation 187

Robotics 185

Robotik 60, 62, 63, 92, 431, 590, 591

Rock, Arthur 74

Rohstoff
– natürlicher 228

Rohstoffverbrauch 546, 547

Roundtrip 260, 359

RSTP 295

Rückwärtsintegration 271

Rust Belt 552, 613

S

Samsung Electronics 63

Sanktjohanser, Josef 621

SAP 100, 102, 105, 106, 117, 140, 445

Satellitennavigation 291

Sattelberger, Thomas 456

Saugroboter 296

Schaltkreistechnik 34

Schickard, Wilhelm 38

Schifffahrt
– autonome 490

Schiffsautomatisierung 490

Schlüsseltechnologie 202, 390, 392

Schmidhuber, Jürgen 430, 454

Schmitz Cargobull 363

Schutzmaßnahmen 328

Scout24 108

Screening 383

Scrum 350

Security as a Service 293, 526

Segmentträger für die Smart Factory 115, 122

Selbstorganisierte Betriebsführung 198

SenseTime 214

Sensor 203, 209

SensorCloud 205

Sensoriksystem 297

Sensorsystem 191

Serienproduktion 39

Server-Hosting 286

Serviceplattform 570

SEW-Eurodrove 363

Shockley, William Bradford 74

Siemens 88, 95, 98, 107, 111, 144, 308, 324, 415, 495, 496, 498, 499, 609

Siemens KWU 296

Siemens, Werner von 49

Signalaufbereitung 203

Signalverarbeitung 203

Signatur
– qualifizierte elektronische 580

Silicon Valley 73, 78, 101, 123, 437, 544, 584

Silostruktur 625

SIMATIC 300

Simulation
– dynamische 329

Simulationsexperiment 321

Simulationsmethode 190

Simulationsmodell 321

Sinanet 92

Single Digital Gateway 566

Sinnesorgane 209

Siri 443, 506

Small Cells 253

Smart Administration 493

Smart Assets 493

Smart Camera 211

Smartcar 90

Smart Contract 227

Smart Data 135, 136, 233, 280

Smart Devices 135, 141, 144

Smart Enterprise 478

Smart Factory 120, 121, 142, 353, 500, 501

Smart Government 85, 163, 426, 432, 559, 560, 562,
   563, 574, 581, 582

Smart Grid 200, 477, 483, 554

Smart Home 161, 200, 288, 477

Smart Learning 286

Smart Logistics 493

Smart Metering 469

Smart Mobility 493, 584

Smartphone 187, 215, 233

Smartphone-Technik 63

Smart Power 200

Smart Services 136

SNP-Interface-Scanner 387

Social Media 327

SoftBank 62, 112

Software as a Service 131

Software-Zwilling 163, 322

Sohu.com Inc. 93

Solvay, Ernest 49

Soziale Markwirtschaft 57

Sozialkonten 182

Sozialkredit-System 88, 570

Speichermedien 41

Spieltheoretiker 242

Spieltheorie 230, 240

  – algorithmische 240

  – evolutionäre 240

Spotify 96, 301, 526

Spracherkennung 214

Sprossenradmaschine 39

Staffelwalze 39

Staffelwalzenprinzip 39

Standardisierung 185, 202, 618

Standard Oil 78

Stanford University 74, 92, 637

Start-up 67, 85, 96, 116, 121, 123, 130, 133, 152, 164,
   167, 269, 272, 289, 340, 365, 369, 380, 452, 493, 539,
   541, 542, 579, 583, 642

  – internes 128

State Grid Corporation of China (SGCC) 482

Statista 288

Stellenwertsystem 34

Stellglieder 207

Stephenson, George 49

Steuerfachangestellte 310

Steuerung 196

  – von Prozessen 206

Stickstoffdünger 53

Strategieberatung 71

Strategieprüfung 383

Streaming 84, 251, 460

Streamingdienst 77, 310, 526

Streetscooter 504

Streibich, Karl-Heinz 617

Stromerzeuger 161

Strommarkt

  – chinesischer 463

Strompreis 461, 462, 463, 483

Stromverbrauch 634

Stromversorgungsinfrastruktur 256

Strukturen

  – agile 337

Subventionen 257

Südkorea 62

Sumerer 36

Supercell 96

Supply Chain Management 198

Supply Chain Management Dienst 309

Surveillance as a Service 572

Sustainable Development Goals 545

Synergien 379

Synergy Libraries 384

System

  – cyber-physisches 137, 142, 159, 201

  – duales 624

  – intelligentes 589

System-on-Chip-Lösung 263

Systemverhalten

  – dynamisches 321

Szenarioplanung 322

T

Täterbeschreibung 195

Taxi-App 306

Technologiefeindlichkeit 597

Technologietransfer 68

Technologieunternehmen 380

Technomatics 335

Telefónica S.A 96, 113

Telekom-Betreiber 138, 140, 144, 149

Telekommunikationsnetze 295

Tencent 89, 148, 449, 451, 509, 571

Terminal Value 167

Terranova 263

Tesla 503, 513, 598

Texterkennung 216

  – automatische 216

Text Mining 193

Thalia 530

Thatcherismus 123

The Lean Startup 363

The Second Machine Age 590

Third Generation Partnership Project 255

Tian'anmen-Platz 87

Time Delay Neural Networks 215

Tools

  – digitale 382

Toyota 344

Trainer 319

Transaktion 221

Transaktionsphase 377

Transaktionsregister 220

Transparenz 223

Treibhausgase 459, 464

Trojaner 295

Trump, Donald 174, 436, 551

Trumpf AXOOM 111

Trusted Community 617

Trusted Network Community 618

Turing, Alan 54

U

Uber 85, 293, 305, 506, 516

UberPop 306

Übersetzung

  – maschinelle 217

Übersetzungsprogramm 217

Überwachung 196

Überwachungsprogramme 572

Ultra-Reliable and Low Latency Communications 251

Umsetzungsplanung

  – strategische 356

Umsetzungszeit 371

Umwelt 281

Umwelt-Ranking 548

Umweltschutz 546

Umwelttechnik 297, 549

  – digitale 426

Umweltwirtschaft 556

Unärsystem 33

UNESCO 415

United Internet AG 107

Unity 96

Universität 70

Unterhaltungselektronik 60

Unternehmen

  – kleine 130

  – mittelständische 425

  – mittlere 130

Unternehmensberatung 71, 375

Unternehmensfusion 321

Unternehmenskultur 312, 316

Unternehmensleitbild 345

Unternehmensstrategie 541

Unternehmensziele 192, 341

Ur-Zahlenmodell 31

USA 55, 73, 78, 99, 123, 139, 145, 146, 150, 168, 452, 481, 495, 501, 522, 535, 544, 551, 561, 567, 596, 628, 639, 641

User Experience 530, 603

US Robotic Industry Association 218

US-Wirtschaft 314

V

Value at Risk 236, 240

Value Generation 274

Value Generation Strategie 279

Venture Capital 131

Veränderung 342

  – industrielle 367

  – positive 320

Verbände 182

Verbesserungsdruck 338

Verbesserungsmaßnahme 280

Verbesserungspotenzial 358

Verbesserungsprozess

  – kontinuierlicher 345

Verbraucherschutzrecht 648

Verbrennungsmotor 44

Verbundsystem

  – europäisches 480

Verfahren

  – automatisiertes 368

  – biometrisches 214

  – experimentelles 243

  – kryptografisches 221

Vergleichsportal 299

Verhaltensmanagement 234

Verhaltensmuster 229, 273

Verhaltensökonomie 230

Verhandlungsmacht 378

Verizon 80, 112

Verkehr 200

  – intermodaler 307

Verkehrsinfarkt 166, 486, 515, 516

Verkettung

  – kryptografische 221

Vernetzung 186, 202, 479

Verschlankung 340

Verschleiß 201

Versorgungsnetz 228

Verwaltung 166, 182

Verwaltungseffizienz 566

Verwaltungsportal 163

Vester, Frederic 629

Vietnamkrieg 55

Viren 295

  – polymorphe 408

Virtual Data Room 385

Virtualisierung 124, 269, 308, 324, 477

Virtual Reality 107

Virtuelle Maschine 325

Virtuelle Realität 185, 208, 242

Vivendi S.A. 96

Vodafone Group 95, 112

Volkswagen 57, 513

Vorwissen 210

W

Wandel

  – digitaler 268

  – disruptiver 318

Wasserfallprinzip 350

Wasserstoff 467

Wasserstoffspeicher 467

Watt, James 47

Waymo 506, 507, 514, 598

Webhosting 286

Web Mining 193

Weiterbildung

  – betriebliche 607

Wertgenerierungskonzept 379

Wertmanagement 379

Wertpapierhandel 225

Wertschöpfung 354

Wertschöpfungskette 276, 541

Wertschöpfungsmanagementsystem 358

Wertschöpfungsnetz 345

Wertsteigerung 586

Wertstromanalyse 279, 379

Wettbewerbsumgebung 349

Whole Foods Market 81

Welthandelsorganisation 419

Wiedeking, Wendelin 362

Wholly Owned Foreign Enterprises (WFOEs) 419, 556

Wertbeitrag 373

Windows 79

Wirecard 102, 109

Wirtschaftsprüfer 375

Wirtschaftsprüfung 71

Wissenschaftlicher Beirat der Bundesregierung Globale Umweltveränderungen (WBGU) 545

Wissensdatenbanken 378

Wissenstransfer 68, 70, 168

WLAN-Hotspot 253

Workflow 310

Wozniak, Steve 75, 79

X

XaaS 283

Xiaoping, Deng 58

Y

Yahoo 80

Z

Zahlensystem 33, 34
Zahlschrift 32
Zalando 110, 150
Zappos 110
Zedong, Mao 58
Zentrum für Europäische Wirtschaftsforschung
  (ZEW) 594
Ziele
  – harte und weiche 340

Zielorientierung 370
Zielrealisierung 374
zLabels 111
Zuckerberg, Mark 84
Zukunftscenter 238
Zukunftsprognosen 194
Zuordnung 212
Zweiter Weltkrieg 55, 57, 60
Zwilling
  – digitaler 107

Der Autor

Prof. Dr.-Ing. Kai Lucks

Prof. Dr.-Ing. Kai Lucks ist geschäftsführender Gesellschafter des MMI Merger Management Instituts sowie Gründer und Vorsitzender des Bundesverbandes Mergers & Acquisitions. Er hat 35 Jahre bei Siemens und seinen Joint Ventures im Medizin- und Energieerzeugungsbereich gearbeitet, zuletzt in der Siemens-Zentrale als weltweit Verantwortlicher für alle Kooperationen und Strategieprojekte des Konzerns und seiner Geschäftsbereiche. Er zeichnete verantwortlich für den Aufbau des Systems für M&A-Integration, mit dem globalen Center of Competence. Dies beinhaltete die Betreuung von rund 1.300 M&A-Verantwortlichen in allen Regionen, Geschäftsbereichen und Beteiligungen der Siemens AG. Als Global Head of M&A-Integration leitete er zahlreiche Großprojekte. Er studierte Bauwesen an der TU München und hält eine Honorarprofessur für integrales M&A-Management an der Technischen Hochschule Ingolstadt. Er ist Ehrenmitglied der US-amerikanischen Mergers & Acquisitions Association (AM&AA) und der Chinese M&A Association (CMA). Er hat mehrere Bücher und zahlreiche Artikel über M&A verfasst, unter anderem als Kolumnist für Die Welt Online und im Kreis der »Denker der Wirtschaft«. Er ist Berater bei Private Equity und Partner beim Transaktionshaus LKC. Als Unternehmer ist er im Finanzbeteiligungsbereich tätig, mit einer Plattform für Unternehmensbewertung und mit der Entwicklungsplattform für Elektromobilität und Autonomes Fahren: MMI Metropolitan Mobility Infrastructure. Ausgehend von großen Infrastrukturprojekten, die Kai Lucks weltweit verantwortete, engagiert er sich für internationale Zusammenarbeit besonders mit den USA, Lateinamerika, China, im weiteren asiatischen Raum, dem Nahen und Mittleren Osten sowie in Afrika, wo er vielfach zu Forschungs- und Kooperationsreisen unterwegs ist.

E-Mail: kai.lucks@merger-mi.de

Die Gast-Autoren

Heinz-Peter Meidinger

Heinz-Peter Meidinger, geb. 1954, ist Oberstudiendirektor, verheiratet und hat eine Tochter.

Studium der Fächer Deutsch, Geschichte, Sozialkunde und Philosophie in Regensburg, Stipendiat der Konrad-Adenauer-Stiftung. Lehrtätigkeit an verschiedenen Gymnasien, Seminarleiter für das Fach Deutsch in der Lehrerbildung 1997 bis 2003, Schulleiter des Robert-Koch-Gymnasiums Deggendorf seit 2003.

Von 2001 bis 2003 war Meidinger stellvertretender Vorsitzender des DPhV, von 2003 bis 2017 Bundesvorsitzender des Deutschen Philologenverbandes. Im Juli 2017 trat Heinz-Peter Meidinger das Amt als Präsident des Dachverbandes Deutscher Lehrerverband an.

Mario Ohoven

Mario Ohoven ist gelernte Banker, stammt aus alter rheinischer Unternehmerfamilie und steht seit 1998 an der Spitze des BVMW. Der BVMW vertritt im Rahmen seiner Mittelstandsallianz mehr als 900.000 Mitglieder.

Seit ca. 30 Jahren ist Mario Ohoven im Bereich Vermögensanlagen tätig. In führenden Positionen hat er die Entwicklung steueroptimierter Investitionen entscheidend beeinflusst. Seine Unternehmensgruppe gehört seit über 25 Jahren zu den Marktführern auf dem Gebiet Vermögensanlagen. Das Volumen der Investitionsvorhaben beträgt fast drei Milliarden Euro.

Mario Ohoven ist bekannt für seine Wirtschafts- und Kapitalmarktprognosen: 2000 warnte er vor dem Absturz der Technologiewerte; 2007 warnte er vor einem »Finanz-Tsunami«. Sein Buch DIE MAGIE DES POWER-SELLING ist in der 13. Auflage erschienen und wurde in zwölf Sprachen übersetzt.

»Mr. Mittelstand« ist zugleich Präsident des europäischen Mittelstandsdachverbandes European Entrepreneurs (CEA-PME) in Brüssel.

Josef Sanktjohanser

Josef Sanktjohanser, geb. im September 1950 in Wissen/Sieg/Westerwald, ist Mitinhaber und Unternehmer in der PETZ REWE GmbH in Wissen und Präsident des Handelsverbandes Deutschland (HDE). Vom 1. März 2004 bis 30. Juni 2012 war er Mitglied des Vorstands der REWE-Zentral AG und der REWE-Zentralfinanz eG, Köln. Zum 30. Juni 2012 ist Sanktjohanser planmäßig aus dem Vorstand der REWE GROUP ausgeschieden.

Nach einem Studium der Betriebswirtschaftslehre an der Universität Köln trat er als geschäftsführender Gesellschafter in das elterliche, mittelständische Lebensmittelhandel-Unternehmen PETZ ein.

1986 wechselte Sanktjohanser als Geschäftsführer zur REWE-Handelsgesellschaft Koblenz. Von 1991 bis Februar 2004 leitete er die REWE West und war in weiteren Führungspositionen als Niederlassungsleiter und Geschäftsführer in der REWE-Gruppe tätig. Im Februar 2004 wurde er in den Vorstand der REWE GROUP berufen. Dort verantwortete er zuletzt die Geschäftsfelder Unternehmenskommunikation mit Public Affairs und Konzernmarketing.

Heute wirkt Sanktjohanser als Mitinhaber und Unternehmer in der PETZ REWE GmbH in Wissen mit.

Josef Sanktjohanser ist seit dem 30. Oktober 2006 Präsident des HDE.

Karl-Heinz Streibich

Karl-Heinz Streibich ist Co-Präsident und Vorsitzender des Senats von acatech, der Deutschen Akademie der Technikwissenschaften. Zuvor war der Diplom-Ingenieur (FH) für Nachrichtentechnik von 2003 bis 2018 Vorstandsvorsitzender der Software AG. Er ist Vorsitzender des Aufsichtsrats der Dürr AG, Mitglied des Aufsichtsrates der Deutschen Telekom AG, der Münchener Rück AG und der Siemens Healthineers AG. Gemeinsam mit Bundesministerin Anja Karliczek führt er den Vorsitz der 2017 vom Bundesministerium für Bildung und Forschung (BMBF) gegründeten Plattform Lernende Systeme – Die Plattform für Künstliche Intelligenz. Zusammen mit Klaus Vitt, Staatssekretär im Bundesministerium des Innern und Beauftragter der Bundesregierung für Informationstechnik, hält Karl-Heinz Streibich den Co-Vorsitz der Plattform »Digitale Verwaltung und öffentliche IT« des Digitalgipfels der Bundeskanzlerin.

Ihr Feedback ist uns wichtig!
Bitte nehmen Sie sich eine
Minute Zeit:

www.schaeffer-poeschel.de/feedback

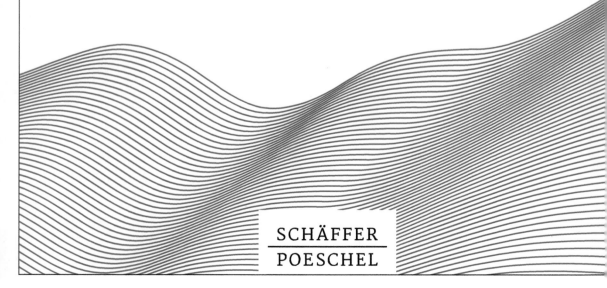